enseignement - formation - restauration - hôtellerie
collection dirigée par Dominique BRUNET-LOISEAU

TECHNOLOGIE CULINAIRE

PERSONNEL
EQUIPEMENTS - MATERIEL - PRODUITS
HYGIENE ET SECURITE

par MICHEL MAINCENT

Ce livre a obtenu, en 1989, le Grand Prix du meilleur ouvrage de l'Académie Nationale de Cuisine

ACADÉMIE NATIONALE DE CUISINE

Photos de Yves POCCARD CHAPUIS
Photo couverture : une des cuisines du Lycée hôtelier Jean Drouant - Paris

Éditions BPI - Espace Clichy - 38, rue Mozart - 92587 Clichy cedex - 01 41 40 81 46

Collection ENSEIGNEMENT - FORMATION RESTAURATION - HÔTELLERIE

- **LE VIN ET LES VINS AU RESTAURANT** *(édition mise à jour 99)*
  Elaboration - Origines - Dégustation - Conservation - Service - *par Paul Brunet*
- **LE VIN ET LES VINS ÉTRANGERS**
  Origines - Productions - Cépages - Caractères - Accords vins et mets *par Paul Brunet*
- **PRATIQUE DU BAR ET DES COCKTAILS**
  Etudes sur les boissons - Cocktails - Technologie du bar - Gestion
  par Michel Cailhol et Bernard Grosselin
- **TRAVAUX PRATIQUES DE CUISINE**
  Fiches techniques de fabrication - *par Michel Maincent*
  Edition en langue anglaise :
- **PRACTICAL KITCHEN WORK**
  The basic arts of cooking - *par Michel Maincent, traduction Michael Anker*
- **CUISINE DE RÉFÉRENCE**
  Préparations et techniques de base - Fiches techniques de fabrication
  par Michel Maincent
- **SAVOIRS ET TECHNIQUES DE RESTAURANT** - en 2 ouvrages - **Tome 1** : un savoir professionnel pour un service de qualité - **Tome 2 :** organisation et technologies professionnelles - *par Christian Ferret*
- **CONNAISSANCE DES PRODUITS EN RESTAURATION**
  par Christian Ferret et Jean-Michel Framery
- **TRAVAUX PRATIQUES DE RESTAURANT - Tome 1**
  Préparations - Découpages - Flambages - *par T. Boulicot et D. Jeuffrault*
- **TRAVAUX PRATIQUES DE RESTAURANT - Tome 2**
  Mise en place - Décoration - Service - *par Thierry Boulicot*
- **Technologie culinaire : FICHES D'ÉVALUATION** - en 2 ouvrages : livre du professeur, livre de l'élève - *par M. Faraguna et M. Muschert*
- **MODULES DE TECHNOLOGIE CULINAIRE - Tome 1 :** Les produits
  en 3 ouvrages : livre du professeur, livre de l'élève, matrices pour transparents
  par M. Faraguna et M. Muschert
- **MODULES DE TECHNOLOGIE CULINAIRE - Tome 2 :** Vocabulaire culinaire - Matériel - Personnel - Préparations - Cuissons - Culture technologique - en 3 ouvrages : livre du professeur, livre de l'élève, matrices pour transparents
  par M. Faraguna et M. Muschert
- **GESTION - Tome 1**
  Entreprise hôtelière - Comptabilité - Informatique
  par M.N. Bontoux, B. Clauzel, G. Lejet et F. Pierson
- **GESTION - Tome 2**
  Achats - Comptabilité - Coûts - Ventes - Informatique - Personnel
  par M.N. Bontoux, B. Clauzel et F. Pierson
- **GESTION - Tome 3**
  Diagnostic économique et financier - Politique générale de l'entreprise hôtelière
  par Thierry Lautard

Egalement disponibles, les **CORRIGÉS** pour chacun des trois tomes

- **PLAN COMPTABLE PROFESSIONNEL DE L'INDUSTRIE HÔTELIÈRE**
- **12 CAS D'ENTREPRISES HÔTELIÈRES CORRIGÉS ET EXPLIQUÉS**
  Pochette 1 - Outils de gestion : Comptabilité - Coûts - Marges - Prix
  par B. Clauzel, P. Goureaux, F. Jouvet, M. Leurion et F. Pierson
- **12 CAS D'ENTREPRISES HÔTELIÈRES CORRIGÉS ET EXPLIQUÉS**
  Pochette 2 - Cas de synthèse : Exploitation - Finance - Marketing - Implantation - Prévision - *par M. Balfet, M.N. Bontoux, B. Clauzel, P. Goureaux et F. Pierson*
- **MARKETING DANS LES INDUSTRIES DE L'ACCUEIL**
  Hôtellerie - Tourisme - *par C. Balfet, M.N. Bontoux, M. Balfet et B. Clauzel*
- **GESTION DE L'ENTREPRISE en 2 tomes** (Bac. Pro. Restauration 1ère et 2ème années) *(édition 99) par Nicole Bach et Jean-Claude Oulé.* **CORRIGÉS** disponibles
- **GESTION HÔTELIÈRE** (Bac. Techno. Hôtellerie - Première)
  par M.N. Bontoux et F. Pierson
- **GESTION HÔTELIÈRE** (Bac. Techno. Hôtellerie - Terminale)
  par M. Leurion, T. Lautard et J.J. Cariou. **CORRIGÉ** disponible
- **CAS PRATIQUES DE GESTION HÔTELIÈRE** (Bac. Techno. Hôtellerie - Terminale)
  CORRIGÉ disponible - *par Florent Rey*
- **TECHNIQUES ET MOYENS DE GESTION** - Comptabilité - Finance - Fiscalité (BTS Hôtellerie-Restauration 1ère année) - en 3 ouvrages : le manuel, les travaux pratiques, le corrigé des travaux pratiques - *par Jean-Claude Oulé*
- **TECHNIQUES ET MOYENS DE GESTION** - Comptabilité - Finance - Fiscalité (BTS Hôtellerie-Restauration 2ème année) - en 4 ouvrages : le manuel, le corrigé du manuel, les travaux pratiques, le corrigé des travaux pratiques - *par J.C. Oulé*
- **OUTILS MATHÉMATIQUES APPLIQUÉS À LA GESTION HÔTELIÈRE**
  par Isabelle Goyeneix et Pascal Goureaux
- **PHYSIQUE ET CHIMIE APPLIQUÉES AUX ÉQUIPEMENTS DE L'HÔTELLERIE-RESTAURATION** - *par Laure Fort*
- **ÉQUIPEMENT - SCIENCES APPLIQUÉES** *(édition augmentée)* - Fonctionnement - Entretien - Sécurité. **CORRIGÉ** disponible - *par Alain Chrétien et Brigitte Rougier*
- **TECHNOLOGIE DES ÉQUIPEMENTS ET DES PRODUITS** - Fiches techniques (formations hôtelières/sanitaires et sociales. **CORRIGÉ** disponible - *par Alain Chrétien et Brigitte Rougier*
- **SCIENCES APPLIQUÉES À L'ALIMENTATION** - Besoins et rations alimentaires - Menus - Régimes simples - *par Dominique Brunet-Loiseau*
- **SCIENCES APPLIQUÉES À L'ALIMENTATION ET À L'HYGIÈNE** (CAP-BEP)
  Nutrition - Microbiologie - Règles d'hygiène - *par Dominique Brunet-Loiseau*
- **MODULES DE SCIENCES APPLIQUÉES À L'HYGIÈNE ET À L'ALIMENTATION** en *5 ouvrages : version professeur, version élève.* **FICHES D'ÉVALUATION :** *version professeur, version élève.* **MATRICES** pour transparents, par M. Faraguna et M. Muschert
- **CONNAISSANCE DE L'ENTREPRISE HÔTELIÈRE,** de son environnement économique, juridique et social *(nouvelle édition 99).* **CORRIGÉ** disponible - *par Christiane Balanger*
- **DROIT DE L'ENTREPRISE HÔTELIÈRE** *(avec mise à jour) - par Renée Graglia*
- **ÉCONOMIE ET DROIT** (Bac. Techno. Hôtellerie - Seconde)
  par Renée Graglia et Jean-Luc Cordon
- **ÉCONOMIE ET DROIT - Dossiers d'activité** (Bac. Techno. Hôtellerie - Terminale)
  par Jean-Jacques Cariou et Florent Rey
- **MERCATIQUE HÔTELIÈRE ET TOURISTIQUE** (BTS Hôt.-Rest. et BTS Tourisme 1ère ann.) *par Corinne Van der Yeught*
- **BIENVENUE DANS LE MONDE DE L'HÉBERGEMENT** (CAP-BEP 1ère année)
  en 2 ouvrages : version professeur, version élève. **CORRIGÉ** disponible
  par G. Czapiewski, M.C. Lefer et F. Mainot
- **ACCUEILLIR, HÉBERGER** (Bac. Techno. Hôtellerie Terminale)
  par Michel Hartbrot et Bruno Leproust
- **L'ALLEMAND EN 10 LECONS - Serveurs - Cuisiniers** - *par Elisabeth Brikké*
- **L'ESPAGNOL EN 10 LECONS - Serveurs - Cuisiniers** - *par Elisabeth Brikké*
- **L'ESPAGNOL EN RESTAURATION**
  Cocina - Restaurante - Bar - Gastronomia - *par Paule Ducarteron*
- **ANGLAIS BAC PRO**
  Livret d'exercices. **CORRIGÉ** disponible - *par Gilles Raguin*
- **L'ANGLAIS EN 10 LECONS - restaurant** *(nouvelle édition 99) - par Elisabeth Brikké*
- **DÉCORS ET PRÉSENTATIONS**
  Assiettes - Plats - Buffets froids - *par Jean-Pierre Lebland et Olivier Dugabelle*
- **L'ART DES PRÉSENTATIONS**
  Assiettes - Plats - Buffets et tables dressés - Pièces factices - Techniques de décor Canapés - *par J.P. Lebland*
- **ANNALES Bac. Pro. Restauration** en 2 ouvrages : sujets et corrigés 1994 - 1995
- **ANNALES BEP hôtellerie-restaur./CAP cuisine- restaur.-hébergement** : 1998
- **ANNALES BTS hôtellerie-restauration** en 2 ouvrages : sujets et corrigés 1997 - 1998

Collection LES FEUILLETS PRATIQUES

- **VINS ET FROMAGES DE FRANCE À LA CARTE** - *par Gérard Boisseau-Deschouarts*
- **VINS ET FROMAGES DE L'UNION EUROPÉENNE À LA CARTE**
  par Gérard Boisseau-Deschouarts
- **COMPRENDRE LA CUISINE POUR MIEUX LA MAÎTRISER** - *par Dominique Béhague*
- **FICHES TECHNIQUES DE RESTAURANT**
  Présentation des produits et préparation - *par Jean-Michel Flageul*
- **TABLEAUX ET DOCUMENTS DE GESTION**
  par M.N. Bontoux, B. Clauzel et F. Pierson

Collection ENSEIGNEMENT - FORMATION - TOURISME

- **DROIT DU TOURISME** - agences de voyages (BTS Tourisme-Loisirs)
  par Danièle Rubio-Ayache
- **L'ANGLAIS DU TOURISME EN 30 ESCALES** - *par Elisabeth Brikké*
- **AGENCES DE VOYAGES ET GESTION**
  Tome 1 : Economie d'entreprise - Comptabilité - Statistiques. **CORRIGÉ** disponible
  par Bernard Clauzel et Georges Lejet
- **PLAN COMPTABLE PROFESSIONNEL DES AGENCES DE VOYAGES**
- **GÉOGRAPHIE DU TOURISME** - *par J.C. Dinety et E. Proust*
- **ÉCONOMIE TOURISTIQUE** (BTS Hôtellerie-Restauration, formations supérieures)
  par Pascal Goureaux
- **LES GRANDS BASSINS TOURISTIQUES MONDIAUX** - *par M. Cogen-Vermesse, J.C. Dinety et E. Proust*

Collection BEP-CAP - LE PROGRAMME COMPLET ILLUSTRÉ

- **VINS ET AUTRES BOISSONS** - *par Paul Brunet*
- **TECHNOLOGIE RESTAURANT** en 2 ouvrages : 1ère année, 2ème année
  par Christian Ferret
- **TECHNOLOGIE CULINAIRE** en 2 ouvrages : 1ère année, 2ème année
  par M. Maincent, R. Labat et R. Leman

Collection BEP-CAP - FORMATION PAR ALTERNANCE

- **RESTAURATION** - Technologie de restaurant - Œnologie - Technologie d'hébergement - en 4 ouvrages : 1ère année, 2ème année, chacun : version professeur, version élève
  par J.F. Augez-Sartral
- **SCIENCES APPLIQUÉES** - Alimentation, équipements, hygiène - en 2 ouvrages : version professeur, version élève - *par J.F. Augez-Sartral*
- **L'ENTREPRISE ET SON ENVIRONNEMENT** - Droit usuel - Eléments comptables - Environnement économique - Droit social - Institutions politiques. **CORRIGÉ** disponible
  par Chritiane Balanger

Collection BEP-CAP - LE PROGRAMME EN 100 PAGES

- **CONNAISSANCES TECHNOLOGIQUES DE RESTAURANT** en 3 ouvrages : manuel, cahier d'exercices et corrigé - *par O. Sapelkine*
- **CONNAISSANCES TECHNOLOGIQUES DE CUISINE** en 3 ouvrages : manuel, cahier d'exercices et corrigé - *par J.P. Vichard*
- **SCIENCES APPLIQUÉES AUX ÉQUIPEMENTS ET INSTALLATIONS DES LOCAUX PROFESSSIONNELS** - *par A. Chrétien et B. Rougier*
- **SCIENCES APPLIQUÉES À L'ALIMENTATION ET À L'HYGIÈNE**
  par A. Chrétien et B. Rougier
- **ANGLAIS** - Savoirs et savoir-fairel. **CORRIGÉ** disponible - *par G. Raguin*

ISBN 2-85708-043-3 ISSN 0981-6615

SOMMAIRE

PRÉFACE

La cuisine est un domaine sans frontière que l'on parcourt longtemps sans cesser d'apprendre, de chercher, de comprendre, d'enrichir ses connaissances.

Cela commence pour l'élève, en acquérant des bases techniques solides et indispensables qui constitueront son bagage culinaire et lui permettront, si elles sont très bien assimilées, une pratique courante. L'amour du métier s'éveille alors, et les habitudes naissent.

La cuisine devient chose facile quand on la maîtrise, mais le temps pour y arriver dépend des capacités de chacun : en effet, il faut fournir un travail soutenu, faire preuve de beaucoup de volonté et de rigueur, et surtout accepter de rater, quitte à recommencer jusqu'à la réussite. Plus tard, l'élève ou l'apprenti pourra se dégager de ces bases pour créer de nouveaux plats au gré de sa fantaisie et de son imagination, et s'adapter à son temps.

L'ouvrage de «Technologie Culinaire» de Michel Maincent, illustré de plus de 400 photos couleur et de nombreux tableaux, se distingue par une présentation jeune, conciliant ainsi clarté et pédagogie. Par ailleurs les différents aspects professionnels sont développés en intégrant le plus possible l'hygiène et la sécurité.

Le manuel de Michel Maincent aidera le jeune cuisinier débutant en lui donnant les notions nécessaires à affronter la vie professionnelle, mais il intéressera aussi de nombreux professionnels.

Je félicite mon confrère du travail de recherche qu'il a fourni afin de rendre cet ouvrage efficace et facilement compréhensible.

Pierre Troisgros

P. TROISGROS

REMERCIEMENTS DE L'AUTEUR

Photos, réalisations : Yves Poccard Chapuis.

Photo couverture : une des cuisines du lycée hôtelier Jean Drouant, 20, rue Médéric, Paris.

Locaux : Monsieur J.C. Charles, Proviseur
Monsieur Gauthier, Président de l'APHRL
Messieurs Sommet et Toupense, Directeurs

Petit matériel et coutellerie : Etablissements E. Dehillerin 18-20, rue Coquillère, Paris 1er.

Produits de la pêche : Mr Guérichet et le personnel de la Pêcherie des Lilas, Paris.

Viandes, volailles, charcuterie : Mr Billebeault et le personnel des boucheries Roger Paris.

Sous vide : Paul Champier «La table dans le bon sens» Paris.

Ovo-produits : France Ponte S.A. Arpajon 91291 - ABCD Ploërmel 56800.

Sucre : Béatrice Regner C.E.D.U.S. 30, rue de Lübeck Paris.

Produits surgelés : Bonduelle, Davigel S.A., Dieppe.

Produits appertisés : U.P.P.I.A., Paris.

Matériel de cuisson : Photothèque de l'Electricité de France (EDF) - Sodel rue St-Honoré Paris.

Matériel : Etablissement Welbilt, Rémy Le Naour.

Avec la participation de :

Dominique Brunet-Loiseau

Olivier Dugabelle professeur technique au LEP rue Belliard Paris.

Pierre et Michel Troisgros et la brigade du restaurant «Troisgros» Roanne.

E. Tabourdiau et la brigade du restaurant «Bristol» Paris.

Mr Plaisance «Les galets» Veules les roses (76).

La direction, la brigade de cuisine et de pâtisserie des établissements Fauchon Paris.

Le «Jules Verne» restaurant de la Tour Eiffel Paris.

Véronique Foucault conseil Oncle Ben's Paris.

Patrick Mony conseiller Technique Bonduelle.

Mr de la Cotardière société de «l'Air Liquide».

Philippe Mitreau Belin professionnels.

Jean Ducourtieux, le centre interprofessionnel de documentations et d'informations laitières, La Scapa, La Dorina, les services vétérinaires et les sociétés Schöler Movenpick (glaces et sorbets) Bonnet Becuwe, Hobart, Robot coupe, Dito, Dito Sama, Friginox, Rosinox, Inoxform, Inox équipement, Tournus équipement, Irac, Ets Galicier, Agencinox Proci, Bertrand, Carboxyde française, Média Concept (Bank), Parmigiana France.

L'auteur exprime toute sa gratitude aux responsables de ces établissements qui ont bien voulu lui prêter leur matériel et mettre leurs locaux à sa disposition.

Par ailleurs, il tient à remercier très vivement tous les collègues et professionnels qui lui ont apporté une aide très précieuse.

BIBLIOGRAPHIE

Journal L'Hôtellerie, les revues Néo Restauration, revue technique des hôtels et restaurants (Equip'Hôtel).
Les cahiers du Comité Permanent de la Restauration Collective.
Les textes d'intérêt général 26 rue Desaix Paris.

- Dehove, réglementation des produits et services, qualité, consommation et répression des fraudes. Editions du Commerce.
- La restauration sociale et commerciale. Informations techniques des services vétérinaires, Hygiène technologie, Nutrition réglementation.
- Les produits de la pêche, poissons, crustacés, mollusques, Gousset, Tixérant et Roblot. Direction des services vétérinaires, Ministère de l'Agriculture.
- Hygiène et restauration, Dominique Brunet-Loiseau. Editions BPI.
- Sciences appliquées à l'alimentation, Dominique Brunet-Loiseau. Editions BPI.
- Manuel élémentaire d'alimentation humaine, J. Trémolières, Y. Serville et R. Jacquot.
- Guide professionnel de la restauration, par Michel Godefroy. Editions LT Jacques Lanore.
- Nouveau Larousse gastronomique.
- Guide culinaire, A. Escoffier. Flammarion.
- Technologie culinaire. Unieco. Educatel. Rouen.
- Répertoire de la cuisine, TH. Gringoire et L. Saulnier. Flammarion.
- Traité de pâtisserie moderne, E. Darenne, E. Duval. Flammarion.
- Connaissance et utilisations des produits laitiers en cuisine. Centre interprofessionnel de documentations et d'informations laitières (C.I.D.I.L.).
- Code de la charcuterie et de la salaison (Réglementation et usages). Centre technique de la charcuterie et de la salaison, et des conserves de viandes. M.N.E. Paris.
- Guide des fruits et des légumes frais, Scapa. Editions Max Brézol.
- Coupes et découpes des viandes de boucherie. Office National Interprofessionnel des viandes de l'élevage et de l'aviculture (O.F.I.V.A.L.).
- Les dossiers de la restauration «La lettre orange». Scapa.
- Les techniques nouvelles de production culinaire. Promotour. Editions Fivedit.
- La cuisine sous vide, Georges Pralus.
- Brochure pédagogique huiles et margarines, Astra Calvé.
- Brochure pédagogique huiles végétales. Editions du Pylône Paris.
- Publication éducative «Les surgelés et la restauration» (Findus restauration).
- Les produits surgelés, documentation éditée par la Fédération Interprofessionnelle de la Congélation Ultra Rapide à l'intention du corps enseignant.
- Documentation sur les conserves appertisées U.P.P.I.C., Paris 7ème.
- Le guide d'utilisation des viandes cuites. Groupe d'études de la consommation hors foyer, 71, avenue Victor Hugo, 75116 Paris.
- Le sous vide en cuisine. François Choain, Philippe Noël. Editions LT Jacques Lanore.
- Les guides de Direction générale de l'alimentation. Service de la qualité alimentaire et des actions vétérinaires et phytosanitaires. 175, rue du Chevaleret, 75013 Paris.

STRUCTURE DES ENSEIGNEMENTS A L'EDUCATION NATIONALE

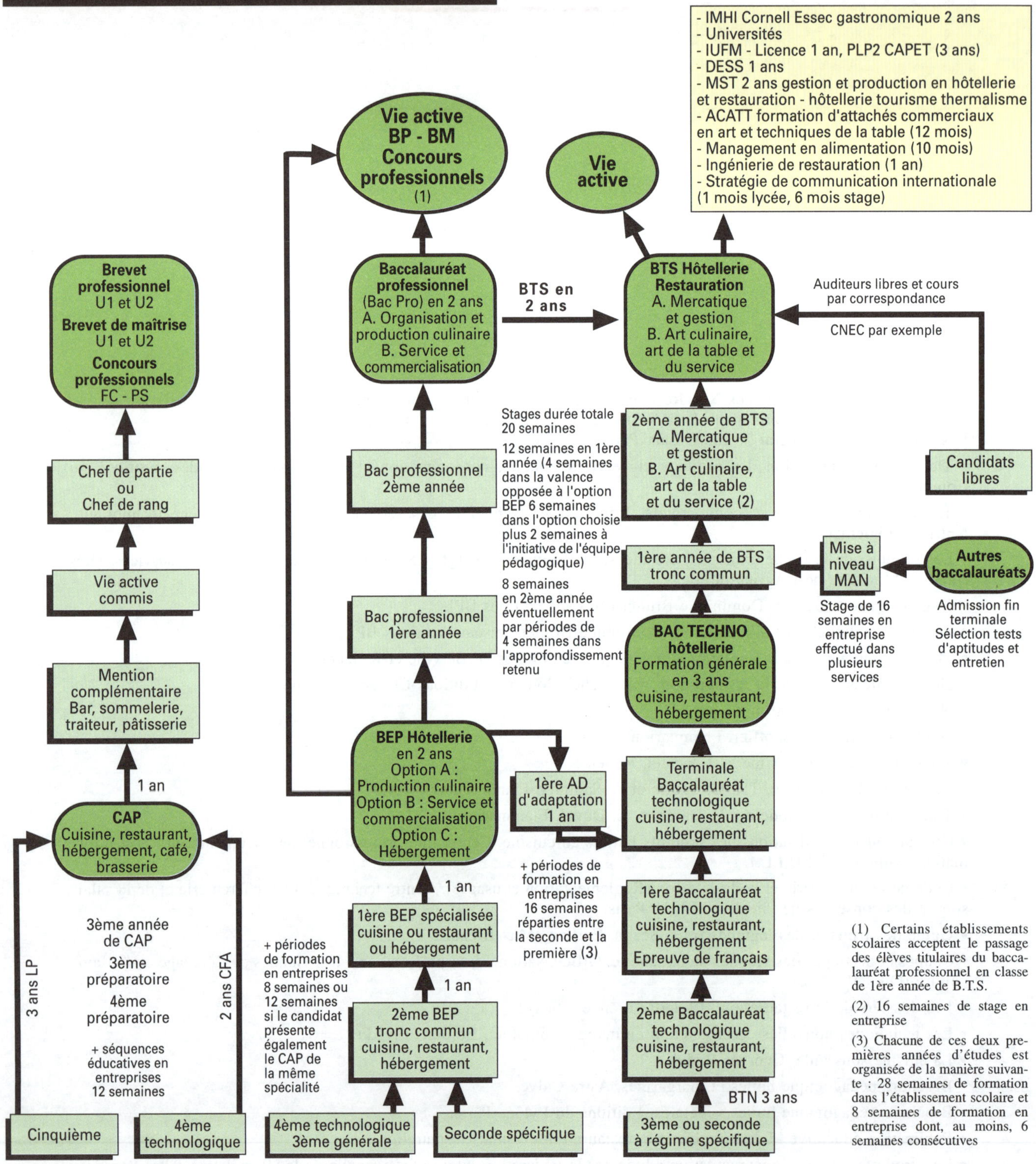

(1) Certains établissements scolaires acceptent le passage des élèves titulaires du baccalauréat professionnel en classe de 1ère année de B.T.S.

(2) 16 semaines de stage en entreprise

(3) Chacune de ces deux premières années d'études est organisée de la manière suivante : 28 semaines de formation dans l'établissement scolaire et 8 semaines de formation en entreprise dont, au moins, 6 semaines consécutives

- CAP : Certificat d'Aptitude Professionnelle
- BEP : Brevet d'Etudes Professionnelles
- BTN : Bac Technologique
- BAC Pro : Baccalauréat Professionnel
- BP : Brevet Professionnel
- BM : Brevet de Maîtrise
- BTS : Brevet Technicien Supérieur
- DESS : Diplôme Enseignement Spécialisé Supérieur
- MST : Maîtrise de Sciences et Techniques
- IUFM : Institut Universitaire de Formation de Maîtres
- CFA : Centre de formation des apprentis
- LP : Lycée professionnel
- LT : Lycée technique - Ecole hôtelière
- PS : Promotion sociale
- FC : Formation continue
- U1, U2 : Unités capitalisables
- AD : Adaptation
- MAN : Mise à niveau

LE PERSONNEL HÔTELIER

GENERALITES ET STATISTIQUES

La restauration et l'industrie hôtelière représentent deux branches parmi les plus importantes et les représentatives de l'économie française.

Elles sont représentées en 1990 par :

- *8 258 hôtels sans restaurant*
- *34 013 hôtels avec restaurant*
- *95 166 restaurants et cafés-restaurants*
- *2 643 traiteurs*
- *37 533 débits de boissons sans spectacle*
- *4 015 débits de boissons avec spectacle*
- *10 829 cafés-tabacs*
- *11 193 cafés associés à une autre activité*

LES DIFFERENTS TYPES D'HOTELLERIE ET DE RESTAURATION

(Documents A.N.F.I.H. - 3, rue de la Ville Lévèque - Paris).

HOTELLERIE FAMILIALE

Cette hôtellerie de caractère artisanal est en général exploitée par le « patron » et sa famille et compte peu d'employés.

C'est le genre d'entreprise où le client souhaite découvrir ou retrouver :

- un accueil aimable et attentionné,
- une table de qualité,
- une chambre gaie et propre.

Le français est très sensible à la petite auberge de campagne, à son atmosphère régionale sympathique, empreinte de gentillesse naturelle.

Les clients sont nombreux à faire un détour pour le petit hôtel ou restaurant qu'ils connaissent, ou qu'ils espèrent découvrir.

75 % des entreprises hôtelières françaises appartiennent à cette catégorie, ce qui représente 40 % du nombre de chambres en France (établissements homologués de tourisme et non homologués).

Un jeune homme ou une jeune fille aimant le contact humain s'y trouvera parfaitement à l'aise et pourra y progresser, personnellement conseillé par le chef d'entreprise.

LES MOYENNES ENTREPRISES DE L'HOTELLERIE ET DE LA RESTAURATION

Elles se situent entre l'hôtellerie familiale, à caractère artisanal, et les chaînes hôtelières à caractère plus industriel et fortement structurées.

Ces établissements se caractérisent par leur volonté d'associer un important volume d'activités et des services toujours plus personnalisés.

Les différents lieux de production sont proches les uns des autres et permettent d'avoir un regard sur le fonctionnement d'ensemble, quel que soit le poste occupé. Ce sont d'excellents terrains de formation et de perfectionnement.

Ces entreprises représentent 20 % des établissements hôteliers et 43 % des chambres en France.

Des jeunes gens, attirés par les contacts humains et ayant le goût de l'organisation, peuvent réaliser dans ces entreprises une vie professionnelle équilibrée et y construire leur carrière. Ils y trouveront des fonctions polyvalentes qu'ils pourront assumer à partir d'une gestion élaborée et de contacts permanents avec la clientèle.

LA GRANDE HOTELLERIE ET LA HAUTE GASTRONOMIE

C'est une hôtellerie et une restauration qui perpétuent les grandes traditions et dont la permanence dans « l'Industrie Hôtelière » est assurée. En effet, plus on assistera au développement des chaînes hôtelières et de la restauration industrielle, plus le public appréciera l'ambiance raffinée, nuancée d'attentions de la grande hôtellerie et de la haute gastronomie.

Que vient chercher le client dans ce cadre prestigieux ?

- La grande tradition française adaptée aux exigences de la clientèle d'aujourd'hui.
- Une cuisine de grande renommée, accompagnée de vins de qualité.
- Un personnel hautement qualifié qui assure un service de grande classe.

Après avoir fait un stage dans un établissement de ce type, un jeune homme ou une jeune fille se voit ouvrir facilement les portes de l'hôtellerie française ou étrangère.

LES GRANDES CHAINES HOTELIERES INTERNATIONALES

Les grandes chaînes hôtelières sont nées aux Etats-Unis ; mais nous voyons croître leur nombre de plus en plus rapidement, non seulement en France, mais dans le monde entier.

En France, ces chaînes représentent actuellement 10 % des établissements homologués de tourisme, mais leur constant développement permet d'envisager d'y suivre une belle carrière dans des domaines pratiquement illimités.

Ces chaînes se partagent une clientèle aisée, habituée aux « voyages d'affaires », aux « congrès », aux « séminaires ».

Pour ceux qui aiment les voyages, ces chaînes leur donneront la possibilité d'apprendre ou de perfectionner leur connaissance en langues étrangères.

LES DIFFERENTES FORMES DE RESTAURATION

La restauration s'oriente actuellement vers deux secteurs principaux bien distincts :

- **La restauration sociale**
  anciennement appelée restauration collective ou de masse, elle s'adresse plus spécifiquement à une clientèle captive (lycéens, malades, prisonniers) donc réservée à certains groupes de consommateurs.

- **La restauration commerciale**
  elle est représentée par toutes les entreprises de restauration ouvertes à tous les types de clientèle.

LA RESTAURATION SOCIALE

Exemples d'établissements :

- **La restauration scolaire :** primaire, secondaire, universitaire, privée...
- **La restauration hospitalière ou de la santé :** hôpitaux, cliniques, maisons médicalisées, de repos, de retraite...
- **La restauration des entreprises :** secteur public et privé.
- **La restauration du tourisme social :** colonies de vacances, maisons familiales, auberges de jeunesse...
- **La restauration des armées et des prisons.**

Formes d'exploitation de la restauration sociale :

Les établissements de restauration sociale sont le plus souvent :

- **autogérés** (indépendants)

  Dans ce cas, le propriétaire exploite et gère directement son établissement.
- **concédés ou intégrés**

  Ici, il est fait appel à un «sous-traitant» (sociétés de restauration). Ces sociétés fournissent le plus souvent la main-d'œuvre, les produits, un savoir-faire, une image de marque et une assistance en gestion (Compass France, Avenance, Eurest, Médirest, Scolarest...).

LA RESTAURATION COMMERCIALE

Exemples d'établissements :

- **La restauration classique ou traditionnelle :**

  Il s'agit généralement de petites ou de moyennes entreprises à caractère familial. La restauration peut être simple ou à vocation gastronomique.

  Le chef est souvent le propriétaire, les produits utilisés sont frais, le restaurant se situe à proximité immédiate de la cuisine, les préparations sont réalisées «à la commande».

  Il est à noter que la fonction restaurante est fréquemment associée à la fonction d'hébergement.

- **La restauration à thème :**

  Elle se caractérise par des formules évolutives et novatrices. Le thème retenu correspond à une clientèle ciblée, il implique un décor et une ambiance spécifiques. La prestation est la même dans toutes les unités. La cuisine est souvent d'assemblage et certaines préparations peuvent provenir de cuisines centrales ou d'ateliers de fabrication certifiés.

Les thèmes les plus souvent rencontrés sont :

- un ou plusieurs produits «leader» : crêpes, pizzas, produits de la mer, paëllas, couscous, pâtes alimentaires, sushi, saumon, fruits, tartes et quiches, pâtisseries, glaces et sorbets..., vins.
- le terroir : bistrots, bouchons, winstube, brasseries, fermes auberges.
- un pays et sa culture : restaurants japonais, chinois, grecs, turcs, italiens, russes, tunisiens, marocains, israéliens.
- une région du globe : restaurants Tex-Mex, antillais, nord-africains.
- une préparation conviviale : fondues, raclettes, pierrades, tartiflettes.
- un mode de cuisson : cuire à la vapeur, griller (grills, steak-houses).

- **La restauration associée à des activités de loisirs :**
  - Les restaurants des villages de vacances, des parcs de loisirs, des croisières fluviales ou maritimes, des clubs de sports, des terrains de camping.

- **La restauration rapide :**
  - Le service est simplifié (au comptoir, ou vente à emporter), les conditionnements sont souvent jetables, les produits utilisés sont standardisés et proviennent pour la plupart de l'industrie agro-alimentaire.

    Fast-food ou prêt à manger, snacks, friteries, sandwicheries, viennoiseries, saladeries, unités mobiles de vente à emporter, «drive in», cafétéria ou self-service, coffee-shop, restauration automatique...

- **La restauration des transports :**
  - Le concept de restauration fait souvent appel à l'assemblage et à la liaison froide sous vide. Quelques finitions et la remise en température s'effectuent sur place.

    Restauration ferroviaire, aérienne, maritime.

- **La restauration ou portage à domicile :**
  - Traiteurs et restaurateurs proposent une large gamme de plateaux repas.

    Pizzas, spécialités indiennes, chinoises peuvent être obtenues rapidement par coursiers en liaison chaude.

- **La distribution automatique**

- **Formes d'exploitation de la restauration commerciale :**

  Il existe plusieurs formes d'exploitation, elles sont classées selon le degré d'indépendance juridique, financière et commerciale :
  - les établissements indépendants : ils possèdent une autonomie juridique et financière, le propriétaire exploite son restaurant en nom propre
  - les établissements de chaînes : ils sont sous la responsabilité de la chaîne mais peuvent garder une certaine autonomie
  - les établissements franchisés : il s'agit d'une collaboration contractuelle entre le restaurateur (le franchisé) et l'entreprise franchisante (le franchiseur) qui apporte selon le contrat et moyennant une participation financière du franchisé, une raison sociale, un nom, une marque, une notoriété, des sigles commerciaux, un savoir-faire et une assistance technique, juridique et financière.

EXEMPLE D'UN ORGANIGRAMME D'UN GRAND HOTEL

L'organisation d'un grand hôtel de chaîne laisse généralement apparaître quatre grands départements principaux :

- **Le service du hall ou la réception**
- **Le service des étages**
- **Le service de restauration**
- **Le service administratif, financier et commercial**

Le Directeur général coiffe les principaux cadres supérieurs :

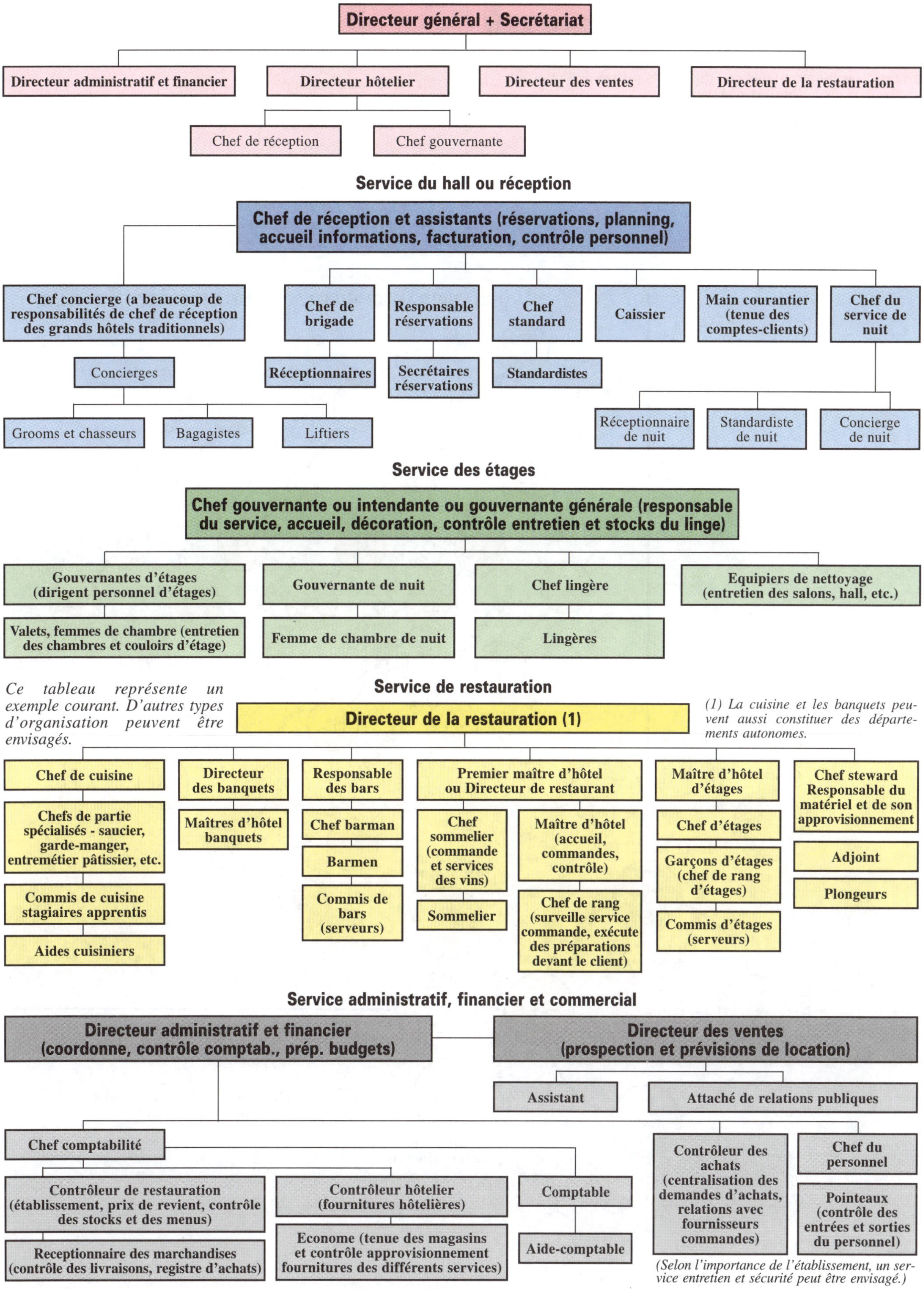

LE SECTEUR DE LA RESTAURATION

Présentation hiérarchique des différents postes de la cuisine à l'intérieur d'un hôtel de chaîne.

1 Direction principale de l'hôtel
24 Directeur de la restauration (F et B manager*)
31 Executive chef ou chef principal
41 Chef de la cuisine principale ou centrale
42 Chef du grill

** F and B : food and beverage manager*

43 Chef du coffee shop
44 Chef du restaurant gastronomique
45 Chef du restaurant du personnel
51 Chef saucier
52 Chef garde manger
53 Chef poissonnier
54 Chef grillardin
55 Chef entremétier
56 Chef boucher
57 Chef pâtissier
(51 à 57 : Chefs de partie)
61→67 1er et 2ème commis
71→75 Apprentis, stagiaires et aides de cuisine
81 Chef steward **82→85** Plongeurs batterie

ORGANIGRAMME HIERARCHIQUE DU SECTEUR CUISINE

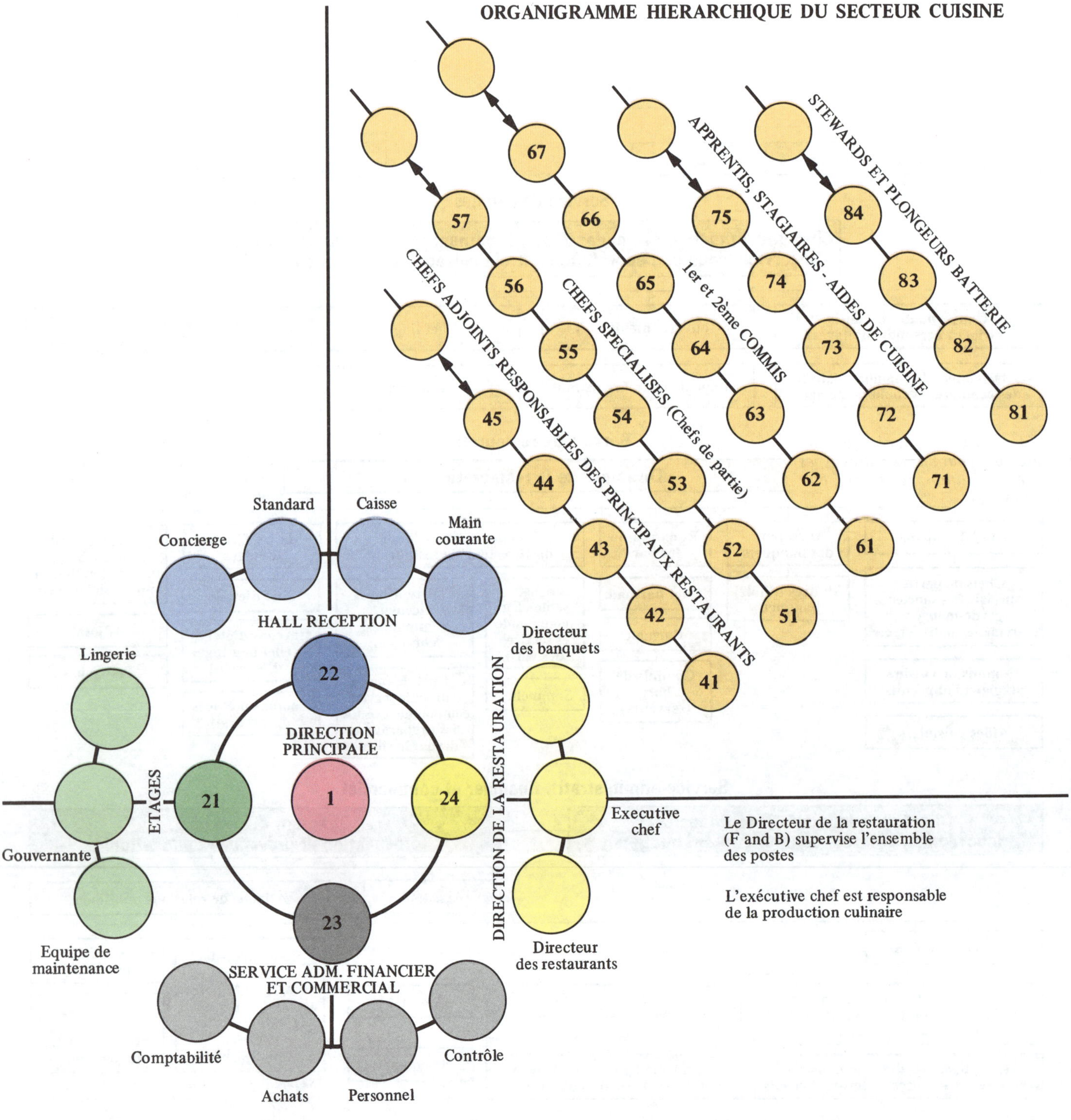

Le Directeur de la restauration (F and B) supervise l'ensemble des postes

L'exécutive chef est responsable de la production culinaire

ORGANISATION DU TRAVAIL EN CUISINE LA BRIGADE TRADITIONNELLE

La préparation des aliments est assurée dans les restaurants importants par un ensemble de cuisiniers : **LA BRIGADE.**

La brigade est dirigée par le chef de cuisine. Pour le seconder, le chef a sous son autorité un ou plusieurs sous-chefs, et des chefs de partie. Le nombre varie suivant l'importance de l'établissement.

Les chefs de partie sont aidés, selon leur tâche, par les premiers commis, les commis, les apprentis et les stagiaires.

Remarque :

La notion de brigade implique obligatoirement une organisation du travail en «parties» (départements) distinctes spécialisées (viandes, poissons, légumes, grillades...) et hiérarchisées (chef, sous-chef, chefs de partie, premier commis, commis...). Actuellement cette organisation rigide se simplifie. Les cartes des restaurants proposent moins de spécialités et le nombre de cuisiniers est réduit.

Les restaurants s'organisent aujourd'hui autour de trois secteurs principaux :

- **la cuisine chaude** (viandes, poissons et garnitures) ;
- **la cuisine froide** (toutes les préparations froides) ;
- **la pâtisserie** (lorsque celle-ci n'est pas achetée à l'extérieur).

La notion de brigade classique disparaît donc au profit d'une équipe réduite et plus polyvalente.

ORGANIGRAMME TYPE D'UNE GRANDE CUISINE

1 - DIRECTION de la cuisine

Chef de cuisine

Chefs adjoints

Sous-chefs

2 - RELATIONS entre la cuisine et le restaurant

Aboyeur

3 - EXÉCUTION :

● **responsables des principales parties**	Saucier poissonnier	Garde manger	Entremétier	Rôtisseur
● **responsables des parties secondaires ou sous-ordres**	Poissonnier	Boucher Chef de froid	Potager	Grillardin Friturier
	Pâtissier	Tournant		

● **responsabilités accessoires** — Communard — Chef de garde

● **aides qualifiés** — 1er et 2ème commis

● **aides non qualifiés** — Apprentis, stagiaires — Aides de cuisine

Cuisine Troisgros

ROLES, FONCTIONS ET RESPONSABILITÉS DE CHACUN DES MEMBRES

CHEF

Rôle technique

Il est responsable de l'organisation du travail en cuisine (production culinaire, gestion, rendement, animation, recherche, analyse, etc.).

En collaboration avec la direction de son service, il établit les menus, la carte et fait des suggestions. Il détermine les prix de revient et suggère le prix de vente. Il choisit les produits, établit un cahier des charges, définit les standards de qualité, réalise les fiches techniques de fabrication.

Il définit les besoins en approvisionnement (feuilles de marché, bon de commande) supervise l'ensemble de la production culinaire et conseille.

Il répartit les tâches équitablement en fonction de l'importance de l'établissement.

Il s'assure du respect des usages professionnels, de la bonne application et du respect des règles d'hygiène et de sécurité.

Il met en place les procédures de nettoyage, les modes opératoires et les documents de contrôle.

Il est, entre autres, le responsable du bon fonctionnement et de la maintenance des équipements matériels et des locaux. Il peut être l'**aboyeur.**

Rôle social

Suivant l'importance de l'établissement, il participe aux décisions d'embauche, de licenciement ou de remplacement du personnel de la cuisine.

Il gère tous les plannings du personnel (horaires, remplacements, congés...).

Il établit un système d'information et de communication entre les différents services.

Il établit un système de valorisation et de promotion de ses cuisiniers.

Il sensibilise ses employés à la vie de l'entreprise en suscitant la motivation. Et enfin, il est responsable de la politique sociale de sa cuisine et du perfectionnement de son personnel, ainsi que de la formation des apprentis.

Rôle relationnel et commercial

Il négocie toutes les manifestations (banquets, buffets, cocktails...).

Il s'informe de la satisfation des consommateurs ; sa présence physique à la fin du service dans la salle de restaurant peut être appréciée par certains clients.

SAUCIER

Le saucier était, dans les grandes brigades traditionnelles, le chef de partie qui avait le travail le plus délicat. Les responsabilités de son poste le conduisaient souvent vers la fonction de second.

Le saucier confectionne tous les fonds, sauf le fumet de poisson, toutes les sauces, sauf la hollandaise, toutes les viandes en sauces, les sautés, les poêlés, les braisés, les viandes pochées ainsi que les petites garnitures d'accompagnement et d'appellation.

GARDE MANGER

Le garde manger est le responsable de la cuisine froide. Il réalise toutes les préparations froides (gelées, sauces froides, buffets froids, parfois les hors d'oeuvre froids).

Il reçoit, contrôle et «garde en dépôt» les denrées en provenance de l'économat. Il prépare toutes les denrées avant la mise en cuisson. Il est le responsable du parage et du pièçage des viandes de boucherie, de volaille et de gibier, du filetage et du portionnage des différents poissons.

Ces deux dernières responsabilités disparaissent progressivement au profit de l'achat de produits semi-élaborés.

Durant le service, il distribue toutes les marchandises avant cuisson aux différentes parties.

Il est responsable des bonnes rotations des produits et de l'entretien des enceintes réfrigérées. Il surveille, renouvelle les stocks, établit un relevé journalier des denrées qu'il remet chaque soir au chef de cuisine.

Selon l'importance de l'établissement et le choix des matières premières (brutes ou semi-élaborées), il peut être aidé par un boucher et par un ou plusieurs chefs de froid pour la réalisation et le décor des buffets.

ENTREMETIER

L'entremétier est chargé de la réalisation des potages, des œufs (coque, mollets, durs, pochés, brouillés, en cocotte, en omelette), de la préparation et de la cuisson des légumes frais et secs (sauf les légumes grillés et frits) de la confection de certaines entrées chaudes (gnocchis, quiches, soufflés). Dans les brigades où il n'y a pas de pâtissier, c'est lui qui est chargé de la réalisation des entremets de cuisine (soufflés sucrés, crêpes, crèmes caramel, fruits condé, etc.).

Autrefois il pouvait être déchargé de son travail par un «potager» pour la réalisation des consommés, des potages et des soupes. (Aujourd'hui cette fonction a pratiquement disparu).

ROTISSEUR

Il est responsable de l'habillage des volailles destinées à la mise en place du garde manger. Il taille toutes les pommes de terre traitées à la friture. Lorsqu'il n'y a pas de «communard», le rôtisseur prépare aussi le repas du personnel. La tradition veut qu'il soit responsable de la mise en place de persil haché dans tous les autres postes. Il est secondé éventuellement par un grillardin et un friturier.

PATISSIER

Le travail du pâtissier d'hôtel est très différent de celui du pâtissier de «boutique». Le pâtissier d'hôtel n'est pas responsable uniquement de la confection des pâtisseries, mais aussi de tous les entremets de cuisine (crèmes caramel, vanille, chocolat, charlottes diverses, puddings, fruits condé, oeufs à la neige, crêpes, etc.). Il réalise, comme en boutique, les petites et les grosses pièces de pâtisserie, les glaces, les sorbets, les bombes, les petits fours ainsi que les viennoiseries et les petits pains spéciaux pour les petits-déjeuners.

Il est aussi responsable de la fabrication des pâtes salées pour la cuisine (pâtes à choux, à crêpes salées, à nouilles, brisées, à foncer, feuilletée pour la réalisation des bou— chées, des vols au vent, des croustades, des quiches, etc.).

POISSONNIER

Dans toutes les petites brigages, ce travail est effectué par le saucier. Dans un restaurant spécialisé dans les produits de la mer, c'est évidemment le poste le plus important.

Il traite tous les poissons, les mollusques, les crustacés sauf ceux qui se font frire ou griller.

Il réalise tous les fumets de poisson, les veloutés de poisson et toutes les sauces « poisson » en général.

Il est responsable des petites garnitures accompagnant les poissons, des pommes à l'anglaise, de la sauce hollandaise

TOURNANT

Le tournant remplace les chefs de partie lorsqu'ils sont en repos.
Le problème ne se pose pas dans les établissements bénéficiant de deux jours de fermeture hebdomadaire.

Dans certains grands établissements une véritable équipe de chefs tournants est nécessaire.

Pour un jeune cuisinier, désirant se perfectionner rapidement, c'est le poste le plus intéressant en raison de la fréquence de la rotation.

RESPONSABLE DU ROOM SERVICE

Il prépare les repas servis dans les étages.

COMMUNARD

Le communard est responsable de la préparation des repas du personnel. Ce poste est généralement confié, suivant l'importance de l'établissement, à un bon premier commis ou à un jeune chef de partie débutant.

Lorsque l'importance du restaurant ne nécessite pas un communard, c'est le rôtisseur qui est chargé de ce travail.

Certains établissements hôteliers de très grande importance font parfois appel à une société extérieure de restauration.

LA TENUE PROFESSIONNELLE

LA REGLEMENTATION

La tradition et la législation exigent le port d'une tenue professionnelle.

L'article 16 de la circulaire du 9 août 1978 rappelle au personnel qu'il doit obligatoirement porter un vêtement de travail clair afin que toutes les salissures se distinguent au premier coup d'œil et une coiffure propre devant envelopper l'intégralité de la chevelure.

Le vêtement de travail n'est donc pas une fantaisie mais une obligation ; elle représente une mesure d'hygiène en restauration mais elle est également le reflet de votre personnalité, elle représente le restaurant où vous travaillez ; une tenue négligée, tachée attirera la suspicion sur la maison.

La responsabilité de l'employeur est engagée en matière de propreté corporelle et vestimentaire.

- Toque Maintenant l'intégralité de la coiffure.
- Veste blanche croisée.
- Tour de cou absorbant.
- Tablier recouvrant les genoux.
- Torchon déplié accroché au cordon du tablier.
- Pantalon pied de poule bleu et blanc.
- Chaussures couvrantes et confortables.

LES DIFFÉRENTS ELEMENTS DE LA TENUE PROFESSIONNELLE

LA VESTE

Pur coton ignifugé ou, 50 % coton, 50 % polyester.

La veste doit être croisée largement devant afin de former un plastron assurant une protection efficace contre la chaleur des fourneaux ainsi que des éventuelles projections sur la poitrine.

Les manches sont à rabats afin de protéger les poignets de la chaleur et le système de boutonnage doit permettre de l'ôter rapidement en cas de brûlures.

Elle doit être ajustée afin d'éviter les risques d'entraînement mécanique.

Elle devra avoir des qualités isothermiques (protection de la chaleur) difficilement inflammable, hydrophile (absorption de la transpiration) facile d'entretien et de très haute résistance.

LE PANTALON

Pur coton ignifugé ou 65 % coton, 35 % polyester.

En pied de poule bleu et blanc.

Les choisir sans revers (hygiène) bien taillés et confortables.

Le polyester coton n'est pas ignifugé mais il ne présente pas de risque d'auto-inflammation.

LES COIFFES (toque, calot et charlotte)

Coton (en disparition) en non tissé, 100 % viscose, Sericel double épaisseur d'ouate de cellulose.

Obligatoires, elles sont destinées à contenir complètement et à retenir les cheveux source de forte contanimation ainsi que toutes les souillures d'origine capillaire. **Elles doivent envelopper l'intégralité de la chevelure** tout en assurant une bonne aération du cuir chevelu, elles protègent les cheveux des buées et des vapeurs grasses ainsi que des odeurs.

Toutes ces coiffes doivent être légères, agréables à porter, réglables (taille et hauteur) et absorbant bien la transpiration.

LE TOUR DE COU

Coton ou métis

Pointe de tissu très absorbante dont le rôle est d'absorber la transpiration du cou et du visage. Le tour de cou doit être changé après chaque service en aucun cas il ne devra être réutilisé humide.

LE TABLIER

Coton extra fort ou métis.

Sans bavette il doit être replié à la ceinture afin de protéger son utilisateur de la chaleur et se **porte à la longueur convenable (au-dessous des genoux).** Il est maintenu par deux cordons dont la boucle doit être dissimulée à l'intérieur afin de ne pas s'accrocher. Le cordon sert également à maintenir le torchon.

LES TORCHONS

Coton, métis.

Servent uniquement pour la prise des récipients et plats chauds.

En aucun cas ils ne doivent servir à s'essuyer les mains ni à nettoyer ou essuyer le matériel.

LES CHAUSSURES

Cuir de préférence.

Couvertes et en cuir de préférence afin d'assurer une plus grande protection en cas de brûlure ou de chute d'objets (couteaux).

Antidérapantes, résistantes et confortables de couleur claire et maintenues en parfait état d'entretien.

Certains fournisseurs de vêtements professionnels proposent des chaussures de sécurité donnant à priori satisfaction.

LES GANTS ALIMENTAIRES

Fibres de polyéthylène thermocollées (jetables) ou en caoutchouc nitrile.

Pour les collectivités et cuisines centrales une protection supplémentaire doit être apportée au niveau de la préparation et du conditionnement des plats cuisinés à l'avance.

De fabrication ambidextre, ils doivent former un écran total aux bactéries, être microporeux à l'air afin d'éviter la transpiration, imperméables, résistants, souples permettant une bonne préhension des objets et restituant le plus fidèlement possible le toucher.

Ils doivent être jetables pour les préparations de viande hachée, farces à base de viande, de poisson et d'œuf, lavables et supportant la désinfection (pour la préparation des crudités, salades composées, mélange de légumes) au moins après chaque demi-journée d'utilisation.

LE MASQUE BUCCO-NASAL

100 % micro-fibres de polyester enrobé de non tissé.

Composé d'un filtre de micro-fibres de polyester enrobé de non tissé, il forme écran à 99,6 % aux particules de 0,5 micron et plus, il arrête donc les staphylocoques.

Il doit être confortable, pratique et s'adaptant bien au visage, il est jetable.

LE TABLIER DE PROTECTION

Toile caoutchoutée double face

Pour l'épluchage et le lavage des légumes.

L'habillage des volailles, poissons et tous travaux d'éviscération.

Permet d'assurer une meilleure protection.

LES GANTS DE PROTECTION

Mailles d'acier inoxydable soudées.

Ce gant sera utilisé pour la découpe et le désossage des carcasses de viande ainsi que pour l'ouverture des huîtres et l'apprentissage de l'utilisation du fusil.

Conclusion

Plusieurs fournisseurs de vêtements de travail proposent actuellement un éventail très large de tenues professionnelles dans des qualités différentes, le choix se portera donc sur la durabilité, la facilité d'entretien, le confort, l'esthétique et la personnalisation du vêtement (broderie ou sigle de l'établissement).

La présentation est le reflet de la personnalité, soyez donc toujours bien coiffé, correctement habillé, tenue toujours propre, veste fermée, tour de cou bien noué, tablier à la bonne hauteur, chaussures bien cirées, mains et ongles propres, ce sont là des attributs qui ne peuvent que renforcer votre personnalité en vous donnant encore plus confiance en vous-même. Restez toujours conscients que la clientèle vous observe constamment.

De vous efforts dépend le succès de votre restaurant ainsi que la satisfaction de vos clients.

LA COUTELLERIE PROFESSIONNELLE

La boîte à couteaux ou la mallette des apprentis

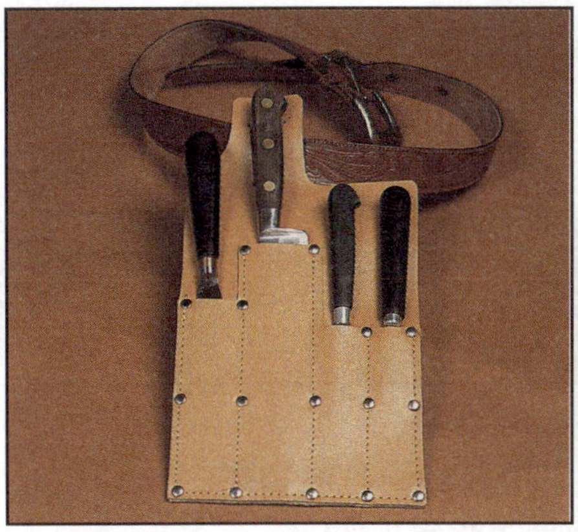

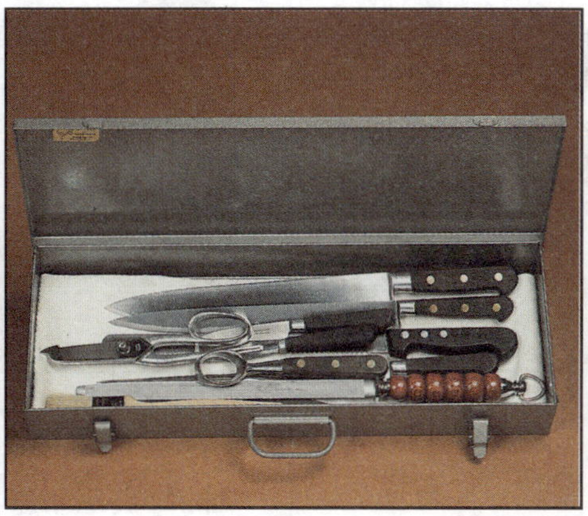

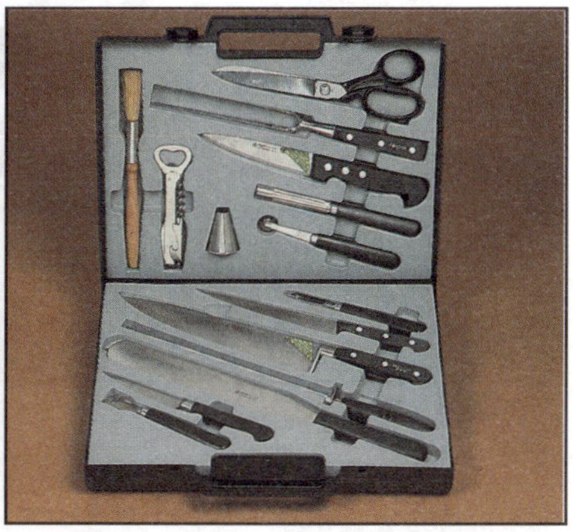

Le travail en cuisine nécessite l'utilisation de couteaux.

- Certains, d'utilisation courante appartiennent personnellement au cuisinier.
- D'autres, d'utilisation plus spécifique seront à la charge de l'entreprise (feuille à fendre, couperet, batte, etc.).

Les différentes utilisations des couteaux (épluchage, taillage, tournage, désossage) étant très diverses, les couteaux le seront également.

Les lames peuvent être courtes, épaisses, rigides, flexibles mais toujours adaptées à un travail particulier.

C'est pourquoi le choix judicieux d'un couteau a une importance prépondérante dans la qualité, la rapidité, la précision et la sécurité d'un travail donné.

COMPOSITION DES COUTEAUX

Les couteaux se décomposent en deux parties :

La lame (en acier au carbone ou en acier inoxydable).

Le manche (généralement en bois hêtre, palissandre ou en plastique noir Rislam, nylon inaltérable–.

LA LAME : elle se prolonge par une partie appelée la soie qui s'insère dans le manche selon deux types de montage :

– *Montage à virole*
La soie est emprisonnée et collée au ciment coutelier dans le manche (il est déconseillé de laisser tremper ce type de couteaux à l'eau chaude).

– *Montage à rivets*
La soie est maintenue entre deux plaquettes appelées « côtes » rivées qui forment le manche. Ce sont des modèles plus lourds mais offrant une plus grande résistance.

LE MANCHE : il doit être suffisamment long et épais afin de bien maintenir le couteau en permettant à son utilisateur de maîtriser parfaitement les gestes de découpe et de contrôler le parcours de la lame.

Montage à rivets

Montage à virole

LA SECURITE LORS DE L'UTILISATION DES COUTEAUX

Ces outils sont particulièrement dangereux mais beaucoup d'accidents peuvent être évités :

- par l'achat de couteaux de bonne qualité et parfaitement entretenus
- par la rationalisation des gestes et par une excellente méthode d'organisation du poste de travail
- par un poste de travail maintenu en ordre et toujours débarrassé de tous les couteaux inutiles. (La méthode consistant à placer tous ses couteaux en «exposition» sur un torchon près de sa planche à découper est à proscrire).
- par la conception de postes de travail séparés et suffisamment spacieux afin que l'utilisateur ne puisse pas être heurté ou heurter lui-même son voisin.
- par des utilisateurs d'une grande stabilité émotionnelle, particulièrement conscients et avertis des risques engendrés par une mauvaise utilisation, et ne devant en aucun cas se laisser distraire pendant un travail de découpe ou de taillage.

Les couteaux doivent tous être rangés dans le même sens et dans un endroit pratique placé à proximité immédiate de la table de travail (tiroir sous le plan de travail, barre aimantée).
Il est rappelé que l'on ne doit pas se déplacer un couteau à la main, mais que dans un cas extrême, il est indispensable de diriger la pointe du couteau vers le sol et de se déplacer sans affolement.
Ils ne doivent jamais être donnés à laver à la plonge, ni déposés au fond des bacs.
Dans le cas d'un prêt de couteaux, ils doivent être tendus (donnés) par le manche.

Tableau des différents couteaux et petits outils individuels ou collectifs utilisés en cuisine

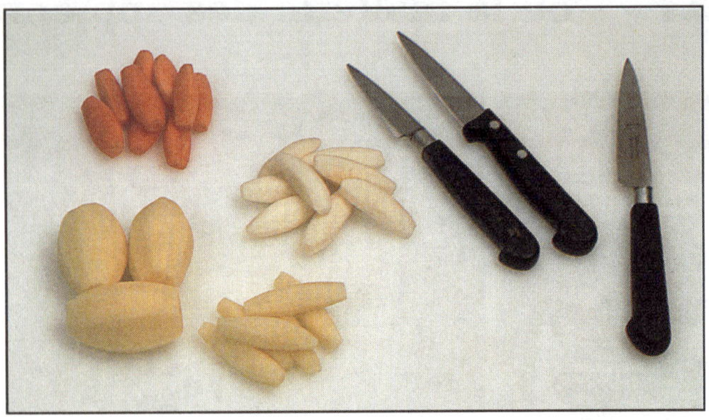

COUTEAU D'OFFICE

Manche noir à virole.

Lame de 7 à 11 cm.

Sert principalement à éplucher et tourner les légumes.

COUTEAU « FILET DE SOLE »

Lame très flexible de 17 à 20 cm.

Sert principalement à lever les filets de poisson et occasionnellement à ciseler les oignons ou les échalotes.

COUTEAU EMINCEUR

Lame rivetée rigide et épaisse de 18 à 22 cm.

Sert principalement à tailler et à émincer les légumes.

COUTEAU DE CUISINE OU DE CHEF

Lame rivetée très épaisse de 25 à 30 cm.

Sert principalement à découper les viandes crues, les volailles et à hacher finement.

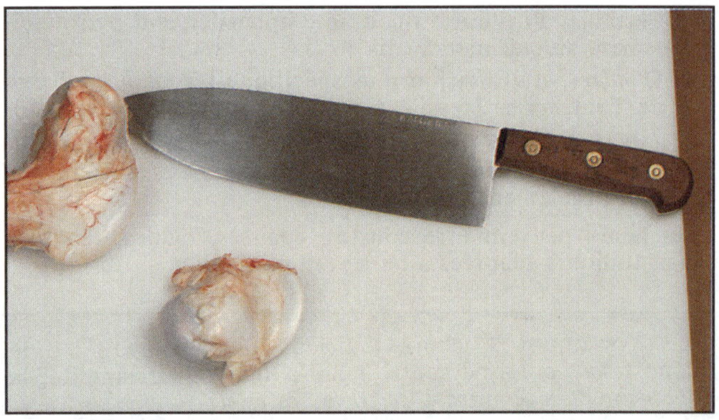

COUTEAU ABATTE OU ABATTRE OU 1/2 BATTE

Lame rivetée particulièrement épaisse au talon 6 à 8 mm - de 25 à 30 cm.

Sert particulièrement à fendre les sections cartilagineuses et osseuses, à concasser les os ou à aplatir les pièces de viande.

COUTEAU A POISSON

Lame rivetée de 35 à 40 cm aux dents profilées.

Sert principalement à couper les darnes de gros poissons.

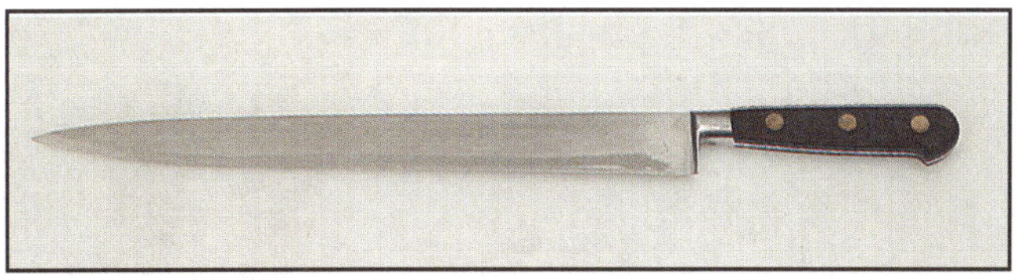

COUTEAU TRANCHE-LARD

Manche noir à virole, lame flexible de 30 à 35 cm.

Sert principalement à trancher les viandes rôties (gigot, grosses pièces de bœuf sans os), et occasionnellement à lever les filets des très gros poissons ronds (saumon, colin).

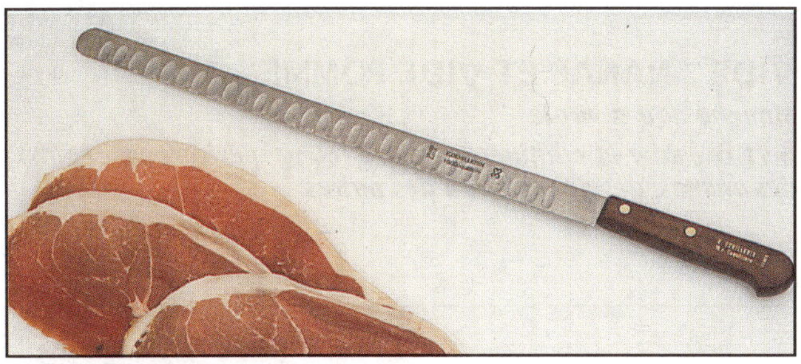

COUTEAU A JAMBON A L'OS

Lame flexible « à olive » rivetée de 28 à 32 cm.

Sert principelement à découper des tranches fines et minces (jambon, saumon fumé ou mariné).

COUTEAU SCIE

Lame rigide rivetée de 20 à 25 cm.

Sert principalement à couper le pain, le pain de mie, les entremets, la génoise, les biscuits.

COUTEAU A DENERVER

Lame flexible rivetée de 15 à 20 cm.

Sert à parer, dénerver, dégraisser les pièces de viandes de boucherie.

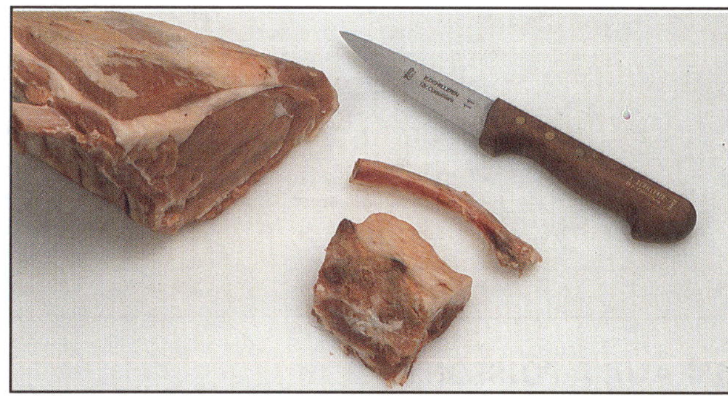

COUTEAU A DESOSSER

Lame rigide rivetée de 14 à 18 cm.

Sert à désosser les pièces de viandes crues (carré d'agneau, de veau, etc.).

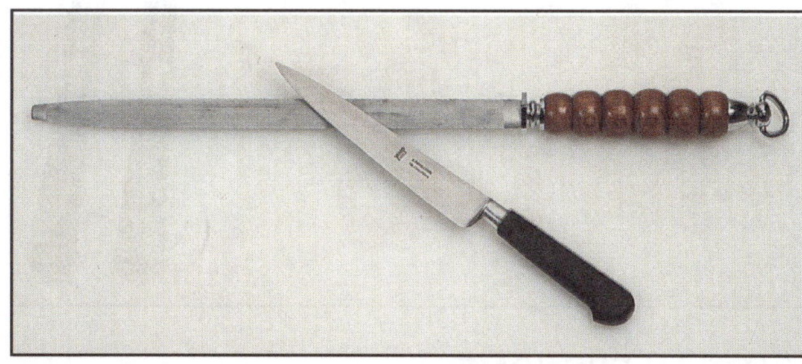

FUSIL A MECHE RONDE ET PLATE

30 cm

Sert à redonner « le fil » aux couteaux (le tranchant).

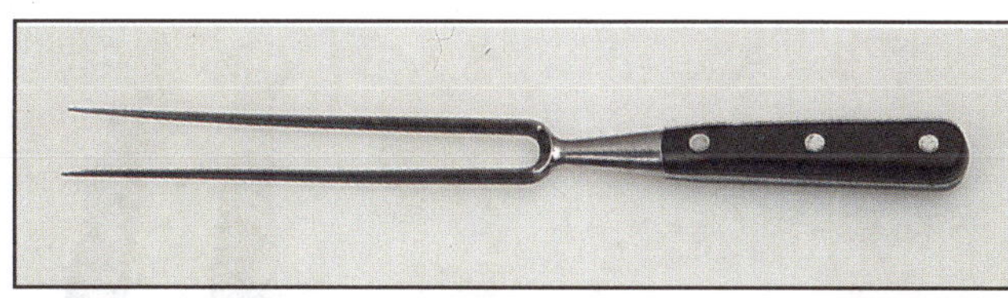

FOURCHETTE « DIAPASON »

Sert à retourner les pièces supportant d'être piquées (volailles, pièces de viandes blanches).

Différents modèles de

SPATULE PLATE et de SPATULE COUDEE

Lame inox flexible à virole ou rivée de 15 à 30 cm.

Sert à retourner les viandes ou les poissons ne supportant pas d'être piqués, à masquer, lisser et égaliser.

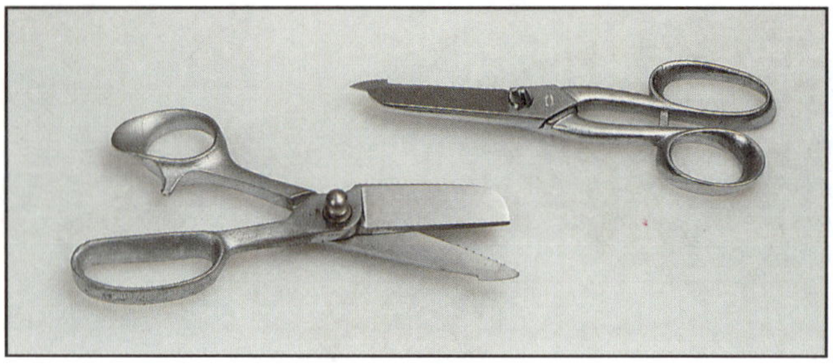

CISEAUX A POISSON

Acier poli ou inoxidable à très forte denture.

Sert à ébarber les poissons.

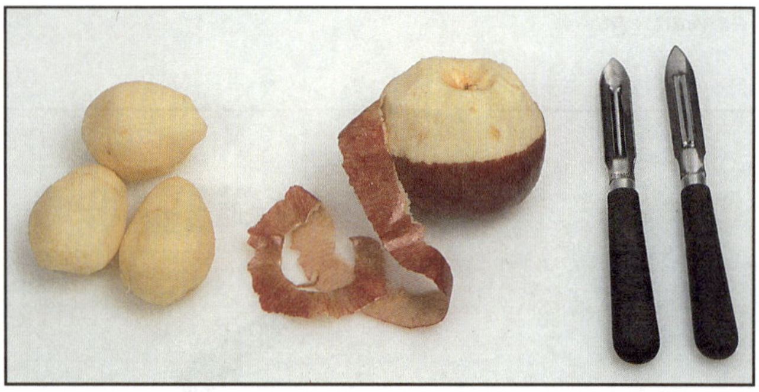

COUTEAU ECONOME

Manche noir à virole.

Sert exclusivement à peler (éplucher) les légumes et certains fruits).

COUTEAU CANNELEUR

Manche noir à virole. Modèle pour gaucher.

Sert à historier (canneler) les légumes et les fruits (carottes, concombres, citrons, oranges).

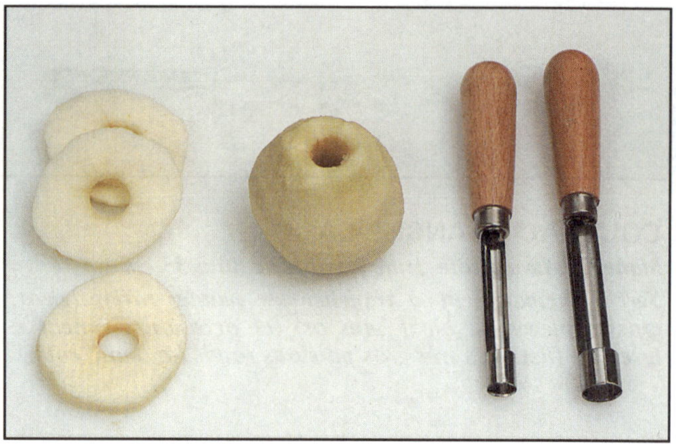

VIDE ANANAS ET VIDE POMME

Manche noir à virole

Sert à évider et éliminer le centre (cœur, péricarpes, pépins) des ananas, des pommes ou des poires.

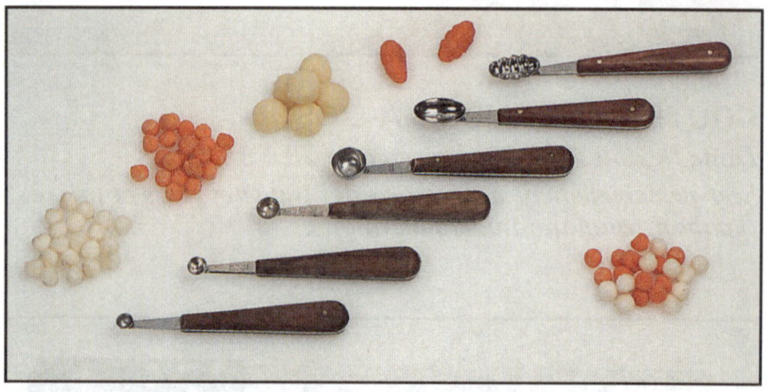

CUILLER A LEVER LES LEGUMES

Manche noir à virole.

Cuillers appelées suivant leurs utilisations : à ox-tail, à pommes noisettes, parisienne, etc.

COUTEAU A DENTS DE LOUP

Manche noir à virole.

Sert à historier certains fruits et légumes.

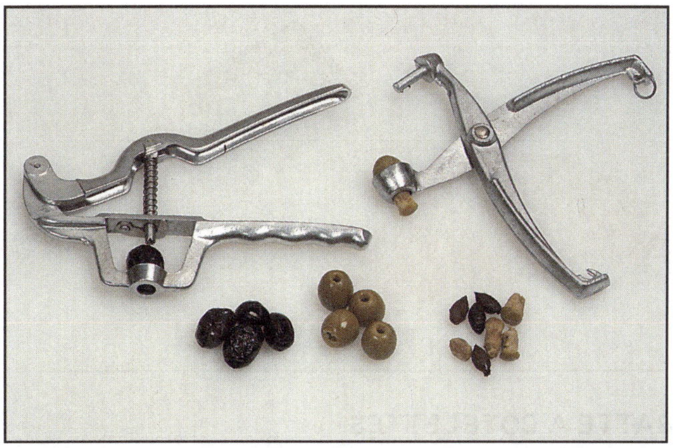

DENOYAUTEUR OU PINCE A DENOYAUTER
Sert à éliminer les noyaux des olives ou des cerises.

COUTEAU ECAILLEUR
Sert à l'habillage des poissons (écailler).

COUTEAU A HUITRES
Sert principalement à ouvrir les huîtres. Selon la longueur et la flexibilité de la lame, ces couteaux peuvent servir à ouvrir d'autres coquillages (coquilles Saint-Jacques, praires, palourdes, moules...).

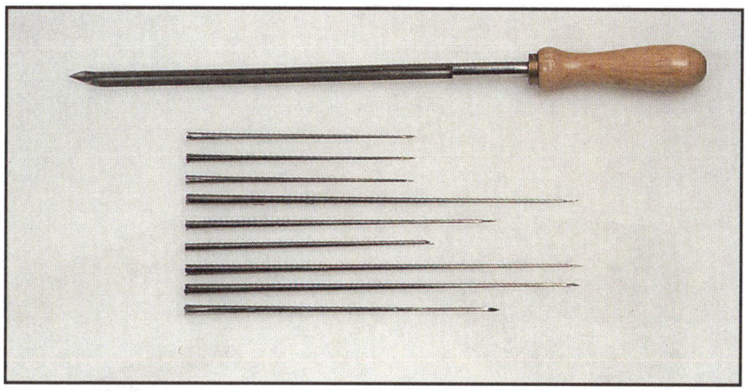

LARDOIR
Manche à virole.

Sert à larder les grosses pièces de viande de boucherie. Ex. : aiguillette de bœuf.

AIGUILLE A PIQUER
Sert à piquer certaines petites pièces de viande, d'abat ou de poisson de petits bâtonnets de lard gras, de truffe ou de rouge de carotte.

AIGUILLE A BRIDER
Sert à l'aide de ficelle à fixer et maintenir les membres des volailles afin de favoriser la présentation et régulariser la cuisson.

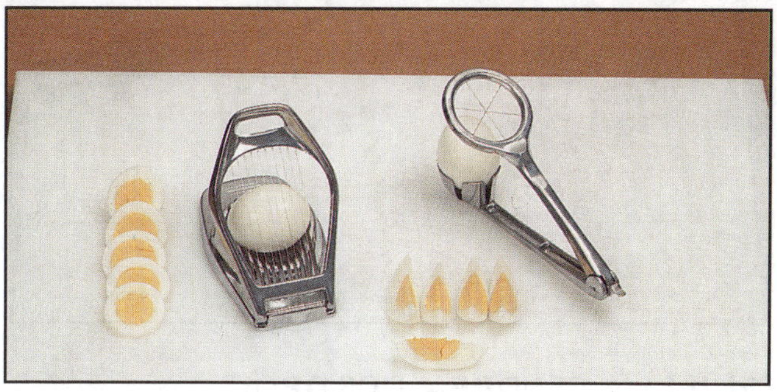

COUPE ŒUFS
Sert à découper régulièrement les œufs en tranches ou en quartiers.

CORNE ET RACLETTE DE CAOUTCHOUC

Permettent de corner efficacement.

PINCEAUX PLATS

Permettent de lustrer au beurre les grillades, les omelettes ou de dorer les pièces de pâtisserie avant cuisson.

FEUILLE A FENDRE A DOS DROIT

Permet de fendre, couper ou concasser les parties cartilagineuses ou osseuses des grosses pièces de viande.

BATTE A COTELETTES

Permet d'aplatir et de régulariser l'épaisseur de certaines pièces de viande ou de poisson.

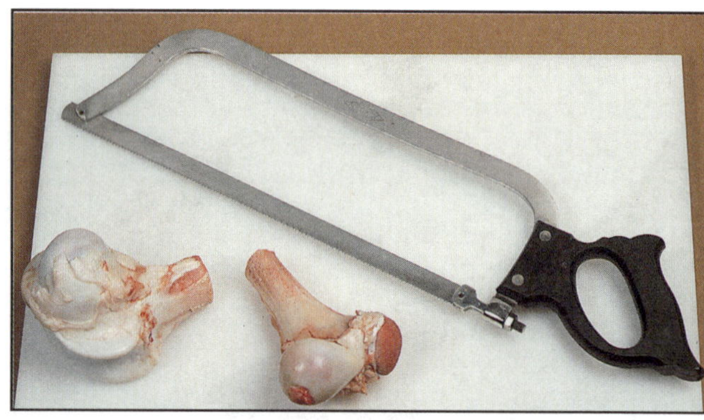

SCIE A OS

Permet de partager certaines carcasses ou de couper de gros os particulièrement durs.

MANDOLINE

Permet différentes tailles de légumes
- *Julienne*
- *Pommes paille*
- *Pommes allumettes*
- *Pommes chip*
- *Pommes sautées*
- *Pommes gaufrettes*
- *Carottes navets émincés*

L'ENTRETIEN DES COUTEAUX

- Les couteaux doivent être maintenus en parfait état de propreté et bien affûtés (dans le cas contraire l'utilisateur doit fournir un effort supplémentaire et contrôle difficilement la précision du parcours de sa lame en aggravant de ce fait les risques de coupures).
- L'affûtage doit être pratiqué régulièrement et aussi souvent que nécessaire à l'aide d'un fusil. L'importance de la garde du fusil sera prépondérante en matière de sécurité, il existe plusieurs méthodes d'affûtage, celle qui consiste à placer le tranchant de la lame vers l'extérieur et non vers la main est vivement conseillée.
- Le port d'un gant métallique pour un débutant peut être envisagé.
- Lorsque le tranchant est devenu trop épais, et que le fil ne peut plus être redonné à l'aide d'un fusil, il faut reporter les couteaux chez le coutelier repasseur. Celui-ci à l'aide d'une meule à eau et sans chauffer, émoudra (amincira) l'acier de la lame afin de lui redonner le fil de coupe.
- Les couteaux doivent être lavés après chaque utilisation (eau chaude plus détergent désinfectant, puis rincés à l'eau très chaude à + de 65 °C) et rangés à l'abri de tout risque de contamination.
- L'utilisation des trousses, gaines, sacoches en cuir hermétique est à proscrire.
- La désinfection des couteaux peut se faire suivant leur fabrication par trempage dans de l'eau additionnée d'un désinfectant ou dans de l'eau javellisée suivie d'un rinçage à + de 65 °C ou par l'utilisation pour les cuisines centrales ou les ateliers de découpe d'une armoire de stérilisation :

Remarque

Afin de se déplacer en toute légalité sur la voie publique et particulièrement hors du territoire français, il est conseillé de retirer, muni de sa carte professionnelle, un port d'armes réglementaire auprès de la Préfecture ou du commissariat de police.

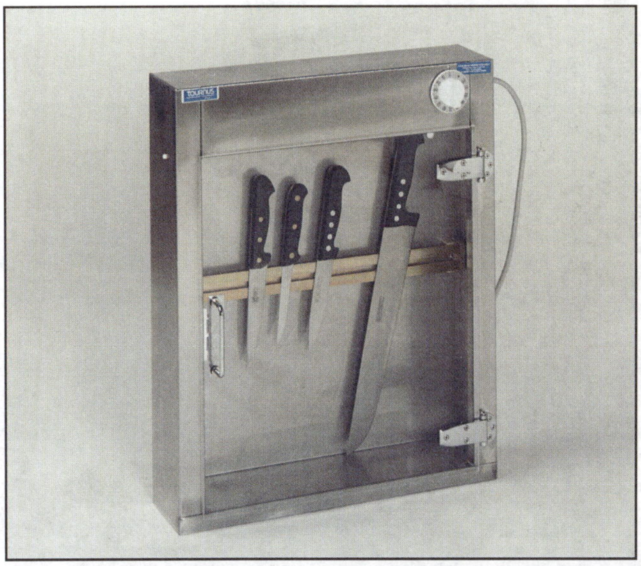

Documentation Tournus

ARMOIRE DE STERILISATION A OZONE
Cette armoire est équipée d'un tube germicide à vapeur de mercure qui a une action stérilisante absolue sur les germes.

LA MALETTE DE TRANSPORT ET LA BOITE A COUTEAUX

Le transport des couteaux nécessite l'emploi d'une mallette ou d'une boîte de sécurité. Elle doit permettre le rangement méthodique des couteaux.

L'intérieur souvent en plastique thermoformé ou en mousse de polyéthylène doit être démontable, lavable et facile à désinfecter. Il permet de protéger le tranchant des lames et d'atténuer le bruit durant le transport.

Mallettes ou boîtes doivent être munies d'un système de verrouillage par cadenas ou serrure à code.

Pour des raisons d'hygiène évidentes les trousses fermées, carquois ceinture ou gaines sont à proscrire.

COUTEAUX MAL RANGES
COUPURES ASSUREES

Cuisine du restaurant « Les Galets » à Veules-les-roses – Photo Berenger – EDF

L'IMPLANTATION DES LOCAUX

Malgré les différents arrêtés réglementant les conditions d'hygiène, malgré toutes les recommandations des services vétérinaires, des commissions de sécurité, malgré les conseils des techniciens installateurs de cuisines, les articles de presse, les livres spécialisés ou encore les sanctions des tribunaux, il faut bien reconnaître que de nombreuses erreurs subsistent encore.

PRINCIPALES ERREURS A EVITER

Locaux ou annexes en nombres insuffisants ou mal délimités

- Absence de locaux spécifiques, annexes mal délimitées ou pas suffisamment séparées. (plonge batterie dans la zone de cuisson, légumerie mal isolée, absence de local isolé pour l'entreposage des poubelles, etc.)

Surfaces et volumes mal répartis

- Mauvaise répartition des surfaces et des volumes : réserves et économat trop petits ou trop importants, existence de réserves à tubercules lorsque l'on travaille avec des pommes de terre surgelées, etc.
- Cuisine trop petite : souvent encombrée, d'organisation difficile, trop chaude où les risques d'accidents et de contamination sont augmentés, etc.
- Cuisine trop grande : déplacements fréquents, perte de temps, fatigue inutile, difficultés d'entretien et d'amortissement, etc.
- Couloirs et passages de largeur insuffisante, dont les murs et les angles sont mal protégés pour le passage des chariots.

Postes de travail mal délimités et mauvaise organisation

- Postes de travail mal délimités, pas assez séparés et organisation inadéquate : gêne pendant le travail, perte de temps, prestation souvent de qualité inférieure, risques de contamination et de toxi-infections, etc.

Ce qu'il faut faire :

Epluchage → lavage → taillage → des légumes	→ cuisson → dressage → envoi des plats
zone ou secteur de travail délimité ou légumerie	zone ou secteur de travail délimité cuisine chaude, cuisine froide, pâtisserie, glacerie

Marche en avant mal respectée

- Absence de logique dans la progression rationnelle du produit, de son arrivée vers sa transformation (secteurs propres et souillés pas suffisamment distincts ou se croisant).

Ce qu'il faut faire :

Arrivée des marchandises contrôles →	Stockage séparé par catégorie de produits →	Préparations préliminaires →	Cuisson et élaboration des plats →	Distribution →
zone ou secteur séparé	locaux séparés et chambres froides positives et négatives spécifiques par nature de produits	locaux ou secteurs séparés	locaux séparés cuisine chaude, cuisine froide, pâtisserie, glacerie	zone ou secteur séparé mais proche des secteurs de cuisson

Aménagement mal adapté

- Cuisine trop chaude et mal ventilée, ou ventilation bruyante.
- Cuisine émettrice de nuisances diverses (odeurs, buées, vapeurs, bruits dans les autres locaux ou vers l'extérieur).
- Cuisine mal éclairée, ou dont les reflets ont une incidence sur la couleur naturelle des produits.
- Cuisine éloignée de la salle de restaurant (refroidissement des plats, contrôle difficile, perte de temps...)
- Cuisine d'un niveau différent par rapport à la salle (dénivellement, marches, escaliers, monte-charge, risque d'accidents...).
- Cuisine éloignée ou d'un niveau différent par rapport aux annexes (légumerie, garde-manger, économat, difficultés de contrôle, perte de temps...).
- Matériaux utilisés de qualité insuffisante et ne correspondant pas aux normes en vigueur (putréscibles, inflammables, rugueux, difficiles à entretenir et à désinfecter...).
- Sols glissants, absence de pente conduisant vers des grilles d'évacuation.
- Points d'eau en quantité insuffisante.
- Absence de lavabos à commande non manuelle (lavage des mains dans les bacs à plonge ou à légumes...).

Aménagement matériel

- Hauteur des tables inférieure à 0,85 m.
- Ecartement entre les fourneaux et les tables de travail trop étroit, inférieur à 1,20 m.
- Appareils de cuisson en nombre ou capacité mal adaptés.

Equipement frigorifique

- Volume de stockage réfrigéré insuffisant, et parfois absence de séparation ou d'enceintes spécifiques par catégorie de produits.
- Existence de marches d'accès aux chambres froides interdisant l'entreposage sur échelles mobiles ou sur chariots de stockage.
- Absence de refroidisseur ou de machine à fabriquer des glaçons.

Locaux sanitaires

- Vestiaires en quantité insuffisante.
- Pas de séparation intérieure afin d'isoler les vêtements civils des vêtements professionnels.
- Local souvent trop petit, mal aéré et pas chauffé.
- Absence de WC, de lave-mains réglementaires, et parfois même d'eau chaude ou de douches.

Local réservé au stockage des poubelles

- Trop petit ou inexistant, très rarement réfrigéré et dont l'accès oblige l'utilisation des couloirs réservés au circuit propre.

Conclusion :

L'étude d'une cuisine doit faire l'objet d'une attention particulière.

Il n'y a pas de solution type, chaque installation pose ses problèmes particuliers.

Une cuisine réfléchie et bien conçue permet :

- d'éviter une remise en conformité toujours trop onéreuse
- d'améliorer les conditions de travail (confort, hygiène, sécurité)
- d'améliorer l'efficacité du travail (rapidité, rentabilité)
- de mieux contrôler les différents secteurs et de limiter les risques de perte et de gaspillage
- d'améliorer et de faciliter la gestion
- d'améliorer et de faciliter la maintenance (entretien des différents locaux et équipements)
- d'apporter à la clientèle une meilleure prestation tant sur les plans diététique, gastronomique et hygiénique.

Photo EDF

LE PROJET

Pour bien maîtriser le projet et commencer sur des bases précises, il faut déterminer avec exactitude :

L'emplacement de la construction ou de son aménagement

- La situation géographique (centre ville, périphérie, proximité des grands axes routiers, zones rurales, site classé, protégé, etc.) ;
- L'environnement et l'exposition (zone de concentration urbaine importante, proximité d'un site touristique, d'une gare, d'un aéroport, de la mer, de la plage, de la montagne, etc) ;
- Les possibilités architecturales (taille, forme, niveaux, etc.).

Le style, la classe et la nature de l'établissement, puis les perspectives d'évolution

- Exploitation de type familial, de chaîne, à vocation gastronomique, restauration à thème, auberge, gril, crêperie, banquet, etc.

L'identité de la clientèle souhaitée

- De passage, d'affaires, hommes, femmes, âges, professions, etc ; analyse du coût moyen d'un repas en fonction de la clientèle ciblée.

L'importance de l'entreprise

- Prévision du nombre de couverts (déjeuners, dîners par jour, pour une année) ;
- Possibilité d'un service banquets, vente à emporter, traiteur ;
- Nombre de places assises, coefficient de rotation ou de remplacement ;
- Possibilités d'agrandissement ;
- Prévision de l'effectif d'ouverture, puis de l'effectif progressif ;
- Détermination des jours de fermeture de l'établissement (fermeture hebdomadaire, annuelle...) ;
- Détermination des jours de congé hebdomadaires, annuels, de l'amplitude horaire, soit une équipe avec coupure l'après-midi, soit deux équipes en journée continue).

Le système de restauration

- Menus fixes, menus avec choix, cartes.
- Restauration traditionnelle, réalisée sur place avec consommation immédiate.
- Restauration d'assemblage (utilisant des produits semi-élaborés).
- Restauration de finition (remise des plats en température et dressage).
- Restauration différée dans le temps et dans l'espace avec le système de liaison adapté (chaude, réfrigérée, surgelée)

Le choix du système de restauration permettra de déterminer les différents secteurs ou les zones de productions utiles, leurs surfaces, leur équipement ou matériel adapté, ainsi que les volumes de stockage.

La qualité, la nature et le conditionnement des produits utilisés

- Denrées fraîches et brutes, utilisation des produits semi-élaborés (bases et aides culinaires, produits d'assemblage ou Produits Alimentaires Intermédiaires (PAI) afin de choisir le matériel le mieux approprié et son utilisation rationnelle.

Le système d'achat, de stockage,et de conservation des produits

- Centrales d'achat, marché d'intérêt national (MIN), fournisseurs en gros, 1/2 gros, détaillants, acheteurs personnels ... pour déterminer la périodicité des livraisons, ainsi que les stocks minimaux et maximaux.

Le coût matière prévisionnel des différentes prestations

- En fonction des fiches techniques de fabrication.

La concurrence actuelle, éventuellement future

L'analyse pertinente point par point de ces interrogations permettra d'établir une approche encore très incomplète du projet. Il faudra ensuite déterminer la taille, les surfaces, les volumes, les différents secteurs de production, les circuits des marchandises et du personnel, le positionnement des équipements matériels, les points d'arrivée et d'évacuation d'eau, les points d'arrivée et la puissance des différentes énergies choisies (gaz, électricité, mazout) et comparer ensuite les différentes solutions, afin de déterminer la meilleure rentabilité de l'investissement et envisager les éventuelles possibilités d'évolution ou de progression.

Lorsque l'ébauche du projet prend forme, il faut constituer une équipe d'étude spécialisée.

Etude à laquelle doivent être associés :

Le maître de l'ouvrage

- Le propriétaire, le responsable ou les exploitants professionnels.
- Les différentes directions spécialisées s'il y a lieu (restauration, achat, maintenance).
- Les économes ou intendants dans les établissements de l'administration.

Le maître d'œuvre

- Cabinet d'architectes spécialisés, promoteurs, ...

Les fabricants, techniciens installateurs des diverses disciplines

- Electricité, gaz, froid, ventilation, équipement matériel.

Les utilisateurs

- Chefs et responsables de cuisine.

Les services vétérinaires
(Direction départementale des services vétérinaires)

- qui conseilleront sur les règles d'hygiène à respecter et donneront leur agrément si nécessaire.

La Direction Technique Départementale pour la commission de sécurité.

Un conseiller financier

- Pour le choix des prêts les plus appropriés.

C'est en additionnant les idées, les divers points de vue, et l'expérience de chacun des participants, que cette seconde approche doit permettre de réaliser le tracé du premier plan.

Attention, une cuisine mal conçue et mal adaptée à la formule de restauration sera difficile à exploiter et à rentabiliser. Elle coûtera beaucoup plus chère qu'une cuisine longuement réfléchie mais initialement réussie.

LE PLAN

LES PRINCIPALES REGLES A NE JAMAIS PERDRE DE VUE

1) Déterminer les secteurs indispensables de travail (certains sont facultatifs dans les petites entreprises).

2) Etablir les circuits les plus courts possible.

3) Respecter le principe de la marche en avant.

Les secteurs indispensables de travail

Il existe des activités « salissantes » (épluchage des légumes, habillage des volailles, du gibier, des poissons) et d'autres exigeant la plus rigoureuse propreté (mettant en œuvre un équipement spécifique). Il est donc indispensable de prévoir avec précision toutes les zones de travail correspondant à chacune des tâches à exécuter.

Dans une cuisine on distingue trois secteurs principaux dont les circuits seront impérativement distincts (tableau suivant).

Les circuits

Les diverses tâches doivent s'effectuer dans un ordre logique : réception des marchandises, stockage, préparation, cuisson, dressage, consommation immédiate ou conditionnement, refroidissement stockage puis transfert. Les différents secteurs doivent donc être organisés avec des circuits séparés, biens définis et les plus courts possible.

La marche en avant

(secteurs propres et secteurs sales)

La marche en avant correspond à une succession logique et rationnelle des différentes opérations, depuis la livraison des marchandises jusqu'à leur consommation.

Cette progression doit être conçue de telle sorte qu'il ne puisse y avoir aucune possibilité de retour ni de croisement entre le «secteur des produits propres» et le «secteur des produits souillés».

REPARTITION DES SECTEURS ET DES ZONES DE TRAVAIL EN FONCTION DE LA MARCHE EN AVANT

Evacuation des déchets	Principe de la marche en avant	Locaux spécifiques	Personnel concerné
Emballages, cartons, cageots	**Réception et contrôle des marchandises Déconditionnement**	Bureau de contrôle, hall avec quai de déchargement	Intendant Econome Chef de cuisine Manutentionnaire Acheteur Directeur d'achats
Petits emballages	**Stockage des denrées à des températures spécifiques**	Economat, chambres froides positives et négatives, timbres à poissons	Econome Manutentionnaires Aides de cuisine Garde manger
Epluchures, parures, déchets de toutes natures	**Préparations préliminaires**	Salle de préparations préliminaires - épluchage des légumes - éviscération des poissons et des volailles	Aides ou garçons de cuisine Apprentis Stagiaires
Déchets, parures, graisses, eaux grasses	**Cuissons et réalisation de tous les mets**	Cuisine chaude Cuisine froide Pâtisserie, glacerie	Chef de cuisine Chefs de partie Commis Apprentis
Retours non consommables, déchets	**Distribution**	Passe	Chef de cuisine, Second Aboyeur

PROGRESSION DES DENREES SELON LE PRINCIPE DE LA MARCHE EN AVANT

Réception des denrées (pesée, comptage, vérification, déconditionnement)

Contrôle qualificatif des denrées
Vérification des étiquettes, estampilles et marques de salubrité
Contrôle quantitatif, pesée, comptage, calibre
Comparaison des bons de commande et des bons de livraison

Stockage avant préparation

- Fruits et légumes
- Poissons, Mollusques, Crustacés
- Viandes, Volailles, Gibiers
- Economat (épicerie), Produits d'entretien

Températures de conservation (voir encadré page 22)

Préparations préliminaires

Epluchage, lavage des légumes
Eviscération des volailles, des poissons, des gibiers
Local facile à laver et à désinfecter ; il peut être climatisé de + 10 à + 15° C maximum

Confection des plats cuisinés

Seuls les produits propres peuvent pénétrer dans cette zone

EXEMPLE D'UNE IMPLANTATION TRADITIONNELLE CONCUE SELON LE PRINCIPE DE LA MARCHE EN AVANT

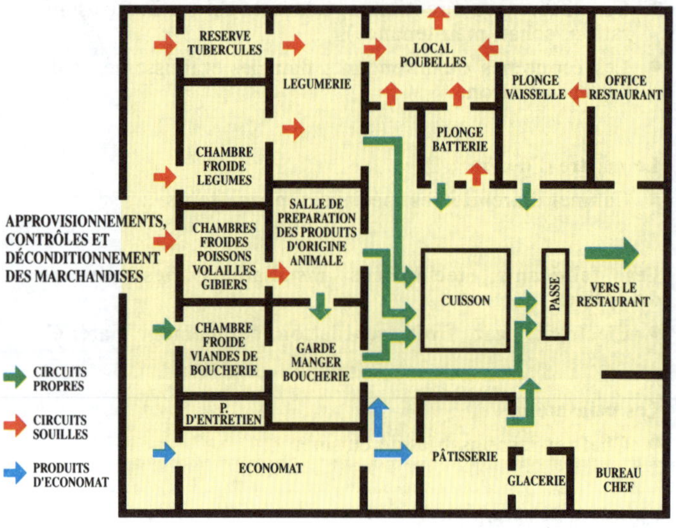

Remarque :

Une seule salle de préparations préliminaires peut être utilisée. Les différentes opérations doivent être séparées dans le temps et la salle doit être lavée et désinfectée entre chaque période de travail. .

EXEMPLE DE PLAN D'UNE CUISINE CLASSIQUE

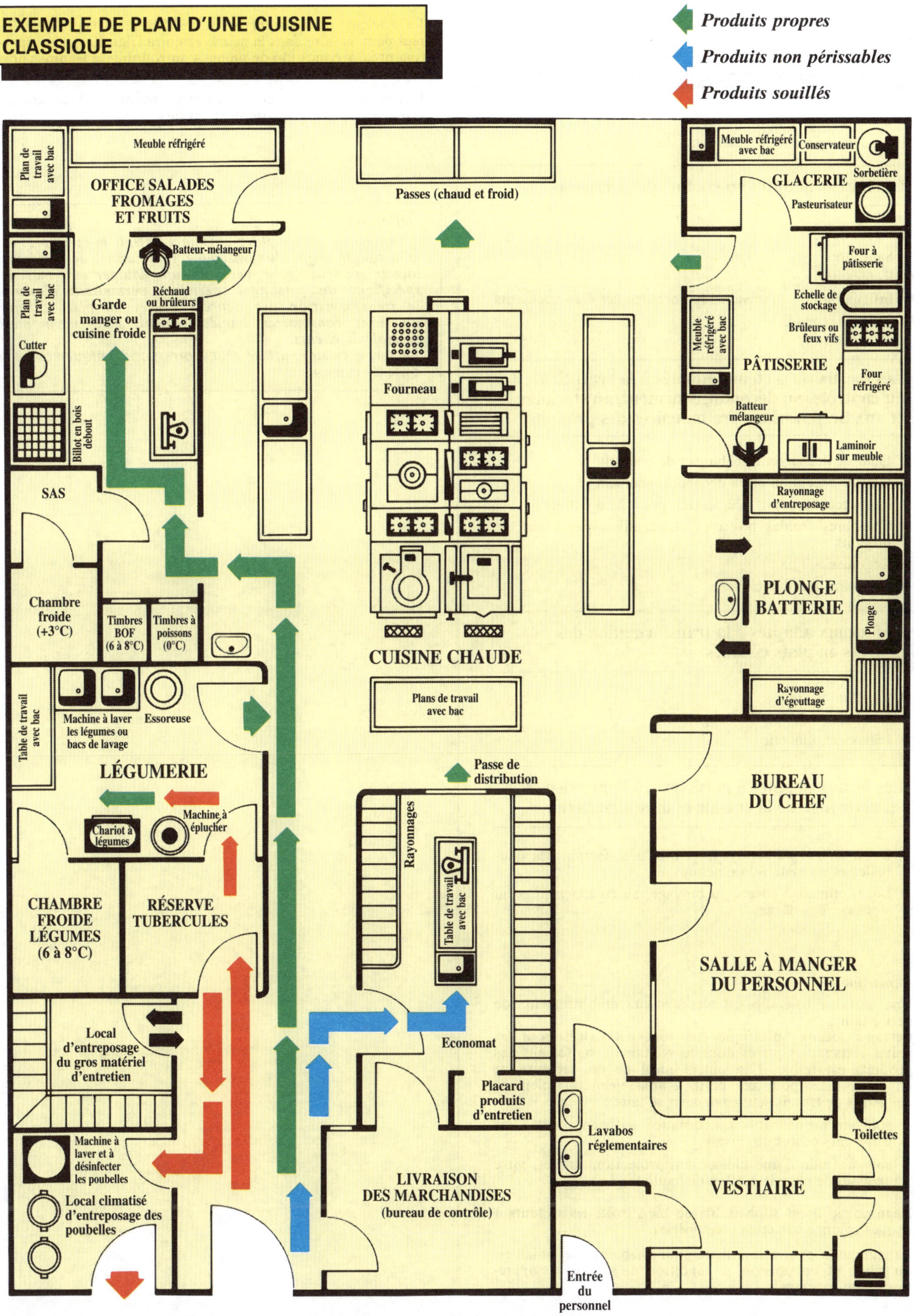

DIFFÉRENTS LOCAUX - ZONES - SECTEURS DE TRAVAIL

Ils se décomposent en quatre grandes parties :

Les locaux adaptés au confort du personnel

- Vestiaires
- Sanitaires
- Réfectoire
- Infirmerie
- Salle de repos

(Réfectoire, Infirmerie, Salle de repos : suivant l'importance des établissements)

Les locaux ou secteurs adaptés à la réception, au contrôle, au déconditionnement, au stockage et aux préparations préliminaires des produits

- Quai de déchargement, bureau de contrôle
- Hall de réception et de déconditionnement
- Economat (produits d'épicerie), produits d'entretien
- Chambres froides positives et négatives par nature de produits
- Légumerie
- Garde manger boucherie

Les locaux adaptés à la transformation des denrées en plats cuisinés

- Cuisine chaude
- Cuisine froide (garde manger)
- Pâtisserie, glacerie

Les locaux adaptés à la réserve, à l'entretien et au nettoyage de la cuisine et de son matériel

- Local adapté au nettoyage et à la désinfection des poubelles et du matériel de nettoyage
- Local climatisé adapté au broyage, au compactage et au stockage des déchets

Remarque :
Une certaine tolérance est accordée aux établissements de petite taille.
Certains locaux spécifiques ne sont pas exigés pour les petits restaurants privés dont le volume de traitement des produits est faible. L'isolement idéal de ces secteurs est un mur, mais pour ces petits établissements l'isolement des zones de travail peut également se faire :

- soit en maintenant une distance suffisante entre les différents postes de travail,
- soit à l'aide d'une cloison antiprojection (muret, vitre épaisse) de plus de 1,50 m de hauteur.

Néanmoins, il est souhaitable de bien isoler les secteurs à risques (plonge batterie et légumerie).

La légumerie peut être utilisée pour l'habillage des volailles, du gibier et du poisson, à condition de séparer les opérations dans le temps.

Le stockage et la conservation des différents types de denrées peut se faire dans la même armoire frigorifique compartimentée, à condition de ne pas y introduire de légumes non épluchés ou non lavés, ni les plats cuisinés.

L'ensemble des différents locaux, zones ou secteurs de travail constitue : **le complexe cuisine.**

Définition :
L'expression « complexe cuisine » définit la cuisine et ses annexes. Il s'agit d'un ensemble fonctionnel de différents locaux conçus pour recevoir un équipement matériel spécifique du personnel spécialisé, permettant d'assurer la transformation des denrées brutes en plats cuisinés qui sont consommés immédiatement, pour un nombre variable de clients.
Le terme cuisine, utilisé seul, correspond uniquement à la zone de cuisson.

LE COMPLEXE CUISINE

Zones ou secteurs de travail

Après le tracé du plan, il faut retenir trois règles essentielles :

1) Déterminer des secteurs ou des zones de travail
2) Rechercher les circuits les plus courts possible
3) Respecter la marche en avant

Une cuisine réfléchie et bien agencée répond aux impératifs suivants :

– Elle doit être en rapport avec l'image de marque que l'on souhaite donner à l'établissement (type de restauration, classe, etc.) ;

– Elle doit être conçue de façon à respecter scrupuleusement les trois règles essentielles d'implantation (voir ci-dessus) ;

– Les rapports des surfaces et des volumes attribués aux différents locaux ou zones de préparation doivent être calculés judicieusement en fonction de l'importance et de la nature du système de restauration (traditionnel, différé) ainsi que des perspectives d'avenir.

– Les matériaux doivent être de qualité et conformes à la législation en vigueur (résistants aux chocs, imperméables, imputréscibles, durables, faciles à nettoyer...) ;

– Elle doit être conçue de manière à assurer sa maintenance de façon efficace (nettoyage, lavage, désinfection) et à respecter facilement les règles d'hygiène.

– Elle doit être conçue de préférence de plain-pied avec tous les autres secteurs, services annexes, principalement avec la salle à manger, et à proximité de tous les autres services. A un étage inférieur peuvent être installés les réserves d'approvisionnement, les locaux du personnel ainsi que les locaux techniques.

– Elle doit permettre d'améliorer les conditions d'exploitation, de contrôle et de gestion.

– Elle doit être bien orientée, bien éclairée (principalement au-dessus des plans de travail, les escaliers et les couloirs).

– Elle doit être bien ventilée, de façon efficace et silencieuse.

– Elle doit être conçue de façon à implanter judicieusement et rationnellement le matériel fixe (sans surnombre, pas de capacité ou de débit mal adapté). Cette implantation doit ensuite permettre son remplacement ou son adaptation à l'évolution fonctionnelle et conjoncturelle de l'entreprise.

– Elle doit permettre d'améliorer notablement les conditions de travail (en limitant les déplacements, en rationnalisant les gestes et en limitant les efforts).

– Elle doit permettre enfin d'apporter. à la clientèle une meilleure prestation et une plus grande satisfaction.

REGLES GENERALES D'IMPLANTATION ET D'AMENAGEMENT DES LOCAUX ET ZONES DE PREPARATION D'UNE CUISINE

Les locaux ne doivent pas constituer du fait de leur implantation, un risque d'insalubrité pour les denrées. Ils doivent être munis des dispositifs nécessaires à leur protection contre toutes souillures éventuelles et construits sans communication avec toute source d'insalubrité.

UTILISATION DES LOCAUX

Les cuisines et leurs annexes ne doivent en aucun cas servir à l'habitation, ni être utilisées pour d'autres usages que ceux auxquels elles sont destinées (garage pour cycles, cyclomoteurs).
La présence d'objets, de produits susceptibles de transmettre aux denrées des propriétés nocives ou des caractères anormaux est interdite, de même est déconseillée la présence d'animaux, notamment chiens, chats, oiseaux, de plantes ou fleurs.

Ne rangez jamais les produits d'entretien avec les produits alimentaires.
Ne pas accepter en cuisine de personnes non autorisées et en tenue civile.
Pratiquer une lutte systématique contre les insectes et les rongeurs. Installer des appareils à ultra sons et des grilles foudroyantes pour les insectes.
Ne rangez jamais les produits dangereux (eau de javel, alcool à brûler, dégraissant) avec les produits alimentaires ; les stocker dans un placard spécifique fermant à clé.

DIMENSIONS ET SURFACES

Ils doivent être de dimensions suffisantes pour que les activités professionnelles relatives à la confection des repas puissent s'y exercer dans des conditions convenables.

HAUTEUR SOUS PLAFOND

La hauteur sous plafond devrait si possible être au moins égale à deux mètres cinquante dans les locaux neufs.
Pour les locaux anciens lorsque les conditions d'aération et de ventilation sont suffisantes, la hauteur de 2,20 m est admise.
La structure devra éviter la transmission des sons et la réverbération de la lumière.

AGENCEMENT

Les locaux et postes de travail doivent être disposés de façon à assurer une progression continue des différentes opérations.

L'acheminement des denrées vers les lieux d'entreposage, de préparation, de cuisson, de distribution ou de consommation doit suivre un circuit distinct de celui des déchets et ordures afin que le secteur propre et le secteur souillé ne se chevauchent pas (Principe de la marche en avant).

Soyez logique dans la progression de votre travail. Déterminez des circuits courts et distincts entre le secteur propre et les secteurs souillés.
Eviter les croisements et les retours.
Marche en avant : objectif n° 1 = hygiène.
Eviter toute contamination croisée avec des aliments présentant un niveau d'hygiène différent.

TEMPERATURE

Les locaux de préparation et d'entreposage doivent être construits, agencés et équipés de façon que leur température intérieure soit compatible avec la bonne conservation des denrées et produits, quelle que puisse être notamment la température extérieure. La température de la cuisine froide doit être comprise entre + 12 et + 15 °C.

SOURCES DE POLLUTION EXTERIEURE

Les installations doivent être conçues de façon que soient évitées, à l'extérieur des locaux et annexes, les pollutions, notamment celles provoquées par le vent, les afflux d'eau, les insectes et les rongeurs.

Les opérations telles que l'épluchage et le lavage des légumes, le lavage des matériels, des ustensiles, de la vaisselle, ainsi que le déballage des matières premières, doivent être effectuées dans des locaux ou des emplacements distincts affectés à cet usage.

Les produits bruts appartiennent au secteur souillé. Ils doivent être préparés dans un local séparé ou dans un secteur suffisamment éloigné des produits propres pour éviter tout risque de contamination. Après l'épluchage et le lavage des légumes, l'éviscération des volailles et des poissons, le dépeçage des gibiers, tout le local et tout le matériel doivent être soigneusement lavés et désinfectés.

AMENAGEMENT DES LOCAUX

Le sol, les murs et les cloisons jusqu'à une hauteur suffisante (1,80 à 2 m), afin de ne constituer aucun risque de pollution même occasionnelle pour les denrées, doivent être faits de matériaux dont les critères réglementaires retenus seront : l'hygiène, la sécurité, la durabilité.

Pour les sols

- anti-glissants
- imperméables et imputréscibles
- non poreux
- résistants aux chocs mécaniques et thermiques
- non inflammables
- résistants aux charges, passages des chariots et à l'usure
- faciles à nettoyer, désinfecter et à entretenir.

Pour les murs, murets d'isolement et cloisons

- imperméables, imputréscibles, non inflammables
- résistants aux chocs mécaniques et thermiques
- parfaitement lisses et résistants aux agressions chimiques des détergents et désinfectants
- faciles à nettoyer et à désinfecter

Le raccordement entre murs et sols et des murs entre eux doit être aménagé en gorge arrondie.

Les revêtements et peintures des murs et cloisons, au-dessus de la hauteur où le risque de pollution existe, des portes, des fenêtres et des plafonds, doivent être lisses, lavables, résistants à l'humidité et aux fortes températures et **maintenus en bon état d'entretien.**
La pente des sols est prévue de façon à diriger les eaux résiduaires ou de lavage vers un orifice d'évacuation muni d'une grille et d'un siphon garni d'eau avec raccordement à l'égout public chaque fois qu'il en existe.

- Le sol doit être lavé, nettoyé, désinfecté aussi souvent que nécessaire, et au moins à l'issue de chaque période de travail.
- Le balayage à sec est proscrit : les poussières mises en suspension dans l'air peuvent se redéposer sur les surfaces de travail et sur les aliments. Utiliser des raclettes, des balais à franges humides, ou des balais brosse avec serpillères.
- Après chaque utilisation, le matériel doit être lavé, désinfecté, rincé et mis à sécher.

Un plan de nettoyage (journalier, hebdomadaire, mensuel et annuel) doit être affiché.
Des procédures de nettoyage et de désinfection et des documents d'autocontrôles doivent être élaborés.
Ces documents peuvent être consultés par les services vétérinaires.
Un bon nettoyage du sol permet de limiter les risques de glissade et de contamination des matériels et des aliments. Le balayage à sec et l'utilisation de la sciure de bois sont contraires à une bonne hygiène. Utiliser des balais à franges genre mop ou balais Faubert et des raclettes. Le caractère glissant accidentel peut être pallié par l'utilisation de produits antidérapants absorbants réglementaires agréés.

AERATION - VENTILATION

Les locaux et leurs annexes doivent être aménagés de telle sorte que l'aération, la ventilation, la filtration soient satisfaisantes et que soient efficacement assurés le captage et l'élimination rapide des odeurs, fumées, buées ou vapeurs de cuisson dans les lieux de préparation et d'entreposage, afin que celles-ci ne constituent pas une source d'altération pour les denrées.
Les normes AFNOR précisent les indices de confort se rapportant aux conditions de travail. dans les locaux fermés affectés au travail, le volume d'air par personne ne doit pas être inférieur à 7 m^3 et 10 m^3 pour les laboratoires et cuisines.

ECLAIRAGE

Les locaux doivent être pourvus d'un éclairage suffisant, naturel ou artificiel, ne modifiant pas sensiblement les couleurs.

APPROVISIONNEMENT EN EAU

Les locaux doivent être approvisionnés uniquement en eau potable chaude et froide sous pression suffisante.
Les tuyauteries froides sont, si nécessaire, calorifugées afin qu'elles ne puissent donner lieu à des condensations de vapeur.
Les locaux ne doivent pas être traversés par les tuyaux d'évacuation d'eaux usées ou pluviales ou aboutissant à des fosses d'aisance.

INSTALLATIONS SANITAIRES

L'établissement doit comporter, pour le personnel, des installations sanitaires suffisantes (lavabos, vestiaires, cabinets d'aisance avec chasse d'eau, ne communiquant pas directement avec les salles de travail).
Les cabinets d'aisance doivent être maintenus en parfait état de propreté et d'utilisation et pourvus de papier hygiénique et des fournitures nécessaires aux soins corporels.

Les lavabos doivent être à commande non manuelle, approvisionnés en eau chaude et froide, munis d'une brosse à ongles, équipés de distributeurs automatiques nécessaires au nettoyage et à la désinfection des mains. Les appareils permettant le séchage des mains ou des essuie-mains à usage unique doivent être placés à côté des lavabos.

Pour un lavage vraiment efficace, se savonner les mains avec un savon liquide et germicide contenu de préférence dans un distributeur rechargeable, durant une vingtaine de secondes. Rincer soigneusement pendant 10 secondes et se sécher à l'aide d'un système autorisé. Les torchons de cuisine sont à proscrire.

Soignez votre présentation ; elle est le reflet de votre personnalité.
N'oubliez jamais que le client vous regarde !

Remarque

Le caractère glissant des sols peut être évité par différents moyens :

- par un nettoyage et entretien méthodique du sol (dégraissage, lavage, rinçage après chaque période de travail) ;
- par le choix judicieux d'un revêtement de sol, exemples :
  - grès cérame antiglissant à grains de carbure noyés dans la masse ;
  - résines acryliques à granulés de quartz.
- par le port de chaussures antidérapantes ;
- par l'utilisation de granulés absorbants antidérapants, de nature minérale, conformes à la réglementation (l'utilisation de la sciure de bois est interdite). Néanmoins sont autorisées les particules de bois traitées à haute température.
  - Le sel de cuisine n'est pas conseillé (détérioration des équipements, risque de salpêtre).

NORMES ET DONNEES ERGONOMIQUES

Document INOXYFORM

- hauteur minimum sous plafond : 2,50 m
- hauteur minimale du carrelage en zones d'éclaboussures : 1,80 à 2 m.
- hauteur des tables destinées au travail debout : 0,85 à 0,90 m
- profondeur des tables de travail : 0,60 à 0,70 m (plus profonde, la position devient courbée)
- profondeur des bacs de lavage : 0,45 m maximum (plus profond, la position devient courbée)
- largeur entre les tables et le fourneau : 1,20 m minimum
- largeur entre deux fourneaux : 1,50 minimum
- largeur de passage pour un chariot : largeur du chariot + 0,25 m de chaque côté.
- surface de plan de travail par personne : 1,20 m²
- hauteur sous hotte : 1,90 m
- débordement de la hotte 0,20 m.

RÉPARTITION DES SECTEURS ET DES ZONES DE TRAVAIL EN FONCTION DE LA MARCHE EN AVANT				
EVACUATION DES DECHETS	PRINCIPE DE LA MARCHE EN AVANT	LOCAUX SPECIFIQUES	PERSONNEL CONCERNE *1	OBSERVATIONS
Vers le local poubelles	Réception et contrôle des marchandises	Bureau de contrôle, hall avec quai de déchargement	Intendant Econome Chef de cuisine Manutentionaire	Contrôle qualitatif des denrées, vérification de l'hygiène, des étiquettes, des estampilles et marques de salubrité. Contrôle quantitatif (pesée, nombre de pièces, calibres, etc.). Comparaison bons de livraison et bons de commandes. Contrôle des températures, des DLC et des DLUO.
Emballages papiers, cartons, cageots	Stockage des denrées avant préparation	Economat, chambres froides positives et négatives	Econome	• Produits d'entretien et de papeterie dans un local séparé. • denrées sèches, produits d'épicerie et conserves stables, température entre + 15 ° et 18 °C maximum.
		légumerie ch. froides positives	Aides de cuisine	• fruits et légumes frais conservés entre + 6 et + 10 °C. • fruits et légumes surgelés conservés à – 18 °C.
		garde manger chambres froides positives et négatives	Chef boucher Chef garde manger	• BOF conservés à + 6 °C • viandes + 3 °C maximum • volailles, gibiers non dépouillés + 4 °C • poissons sous glace 0 à + 1 °C • plats cuisinés frais à + 3 + 4 °C maximum • semi-conserves non stabilisées + 10 °C maximum.
Epluchures, parures, déchets de toutes natures	Préparations préliminaires	Légumerie pour les épluchages, lavage et habillage	Aides ou garçons de cuisine	• épluchage, lavage, décontamination et parfois taillages des légumes. • la légumerie (lorsqu'elle existe) peut être équipée de chambres froides spécifiques pour la conservation des légumes.
		Garde manger pour les désossages et découpages des viandes	Chef boucher ou garde-manger	• les habillages des volailles, gibiers et poissons peuvent être réalisés à la légumerie • dans les cuisines centrales, le travail de la viande doit s'effectuer dans un local climatisé à + 10 à + 12 °C
		Pâtisserie, glacerie	Chef pâtissier	• la réalisation des glaces et des sorbets doit s'effectuer dans un local séparé de la pâtisserie.
Déchets, parures, graisses, eaux grasses	Cuisson	«Cuisine chaude» ou zone de cuisson Pâtisserie	Chefs de partie Commis apprentis Pâtissiers	• Seuls les produits propres peuvent pénétrer dans cette zone. • Voir cours sur « la cuisine ».
	Conservation temporaire avant distribution	Cuisine froide ou garde-manger «Passe» table chaude pâtisserie		• Les plats froids, hors-d'œuvre sont conservés au garde-manger (cuisine froide). • Les pâtisseries peuvent être exposées en salle sur un meuble réfrigéré. • Les plats doivent être maintenus à une température supérieure à + 63 °C.
Déchets restes	Distribution et contrôle des bons	Passe	Aboyeur (chef de cuisine)	• La distribution doit s'effectuer en silence sous le contrôle du chef de cuisine et sous la remise d'un bon.
	ou dans le cas d'une restauration différée *2			
	Conditionnement	Zone de conditionnement *3	Chefs de partie aides de cuisine	• Abaissement de la température des plats cuisinés indifféremment conditionnés de + 63 à + 10 °C en moins de 2 heures.
	Refroidissement	Zone de refroidissement rapide en cellule	Chefs de partie	• Abaissement de la température des plats cuisinés indifféremment conditionnés de + 65 à + 10 °C en moins de 2 heures.
	Stockage	Chambres froides négatives ou positives spéficiques		• En chambres froides positives spécifiques dans le cas de la liaison froide (+ 3 °C) en chambres froides négatives spécifiques dans le cas de la liaison surgelée (– 18 °C).
	Transfert	Camion isotherme et frigorifique	Chauffeur livreur	Seulement dans le cas d'une restauration différée dans l'espace.

*1 Voir cours sur la brigage
*2 Dans le cas de la liaison chaude les repas conditionnés sont gardés dans des containers calorifiques et distribués dans les plus brefs délais.
*3 Voir cours sur la restauration différée.

SECTEURS SOUILLES
SECTEURS PROPRES

LE GARDE-MANGER OU LA CUISINE FROIDE

DESCRIPTION

Véritable centre de travail à l'intérieur du complexe cuisine, le garde-manger doit être implanté à proximité immédiate de l'économat et de la cuisine chaude (à cause de la distribution des marchandises pendant le service et de l'envoi des préparations froides). Local frais et aéré (12 à 15 °C maximum), le garde manger doit correspondre parfaitement aux normes générales énoncées lors de l'implantation et l'aménagement des locaux. IL doit, entre autre, être parfaitement éclairé à cause du travail minutieux qui doit y être réalisé (dressage, décors) et particulièrement facile à entretenir.

En restauration différée, il est nécessaire de prévoir une zone complémentaire pour le dressage des plats froids, et un atelier climatisé de découpe des viandes lorsque celles-ci sont traitées sur place.

Document CIDELCEM

DIFFERENTES FONCTIONS DES CHEFS DE PARTIE RESPONSABLES DES PREPARATIONS FROIDES

Le Chef garde manger supervise l'ensemble du travail dont il est le responsable. Suivant l'importance de l'établissement, il peut être secondé par un ou plusieurs bouchers pour le détail de la viande, et par un ou plusieurs « chefs de froid » ou décorateurs spécialisés dans la réalisation des pièces de buffet et dans les décors.

Travaux exécutés au garde-manger

- Toutes les préparations de boucherie (lorsqu'il n'y a pas de boucherie spécialisée), parage, désossage, et découpe à la commande des différentes pièces de viande.
- Tous les stockages des denrées périssables à des températures réglementées. Exemple : viandes, poissons, gibiers, produits de charcuterie stabilisés ou non, produits laitiers ainsi que l'économat du jour nécessaire aux préparations froides.
- Le découpage et le stockage des poissons (darnes, filets, tronçons).
- La préparation et le dressage de tous les plats froids. Exemples : buffet froid, salades composées, crudités lorsqu'elles ne sont pas préparées à l'office, les gelées, les terrines, les pâtés et galantines, les potages froids, les aspics, les sauces froides, vinaigrette, mayonnaise et leurs dérivés...
- La conservation des denrées après cuisson (en fonction de la législation) : 24 heures pour les plats cuisinés, 3 jours lorsqu'ils sont refroidis à l'aide d'une cellule de refroidissement, et 6 jours lorsque l'établissement possède un agrément des services vétérinaires.
- L'inventaire journalier de toutes les denrées restant en stock. Cette fiche d'inventaire permettra au chef de cuisine de préparer les commandes du lendemain.

INSTALLATION ET EQUIPEMENT

Hormis le matériel classique, table de travail en acier inoxydable, bacs, billot en bois debout pour la découpe des sections osseuses, batteurs-mélangeurs, cutters, mixeurs, hachoir, balances, réchaud, lave-mains réglementaires, etc., le garde-manger doit être pourvu en matériel producteur de froid (positif et négatif, en surface et en volume suffisant).

Il est indispensable de prévoir des chambres froides ou des armoires frigorifiques compartimentées, pour stocker chaque catégorie de produit à sa bonne température et de prévoir des compartiments ou « timbres » spécifiques pour chaque partie.

Une machine à fabriquer les glaçons s'impose également pour le travail de la gelée, la fabrication de farces et le glaçage des poissons.

En restauration différée il faut prévoir un secteur équipé d'une cellule de refroidissement rapide et des enceintes frigorifiques spécifiques à la conservation des plats cuisinés.

Différentes températures de stockage et de transport

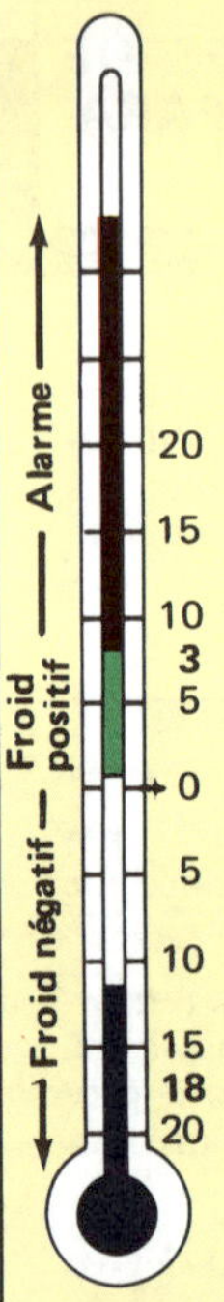

FROID POSITIF

• Charcuterie et produits stables, semi-conserves de produits de la pêche	+ 15 °C max.
• Toutes les semi-conserves excepté celles à base de produits de la pêche	+ 10 °C max.
• Fruits et légumes sauf fruits exotiques (bananes)	+ 6 à + 10 °C
• Huîtres, moules et autres coquillages	+ 5 °C max.
• Œufs réfrigérés	+ 5 °C
• Fromages à pâte molle et à pâte persillée	0 à + 8 °C
• Produits laitiers frais non stérilisés et beurre	0 à + 6 °C
• Volailles, lapins, gibiers, ovoproduits	0 à + 4 °C
• Produits de charcuterie non stabilisés	0 à + 4 °C
• Végétaux et préparations de végétaux crus prêts à l'emploi	0 à + 4 °C
• Plats préparés à l'avance	0 à + 3 °C
• Pâtisseries, crèmes pâtissières, plats froids préparés le jour même, sandwichs et fonds de sauce	0 à + 3 °C
• Abats, viandes découpées de boucherie	0 à + 3 °C
• Poissons, crustacés, mollusques autres que vivants	0 à + 2 °C sous glace

FROID NÉGATIF

• Toutes autres denrées congelées	- 12 °C
Toutes denrées surgelées	
• Abats, lapins, volailles, gibiers, poissons	- 18 °C
• Crème glacée	- 18 °C

Divers produits transformés (ex. : produits à base de viande, de poisson, yaourts, fromages frais, pâtisseries fraîches : température définie sous la responsabilité du fabricant ou du conditionnement.

Dans les petits établissement et à défaut d'enceintes spécifiques à chaque catégorie de produit, des emplacements distincts doivent être réservés à la conservation de ces denrées (à l'exception des légumes terreux non épluchés et du gibier non dépouillé ou non plumé qui doivent toujours être déposés à part).

Dans ce cas, c'est la température la plus basse nécessaire à la conservation de l'un des produits qui doit être retenue.

Cellule de refroidissement rapide
Document Carboxique de France

Document Carboxique de France

LES INSTALLATIONS FRIGORIFIQUES

Les expressions « chambre froide positive », « chambre climatisée » ou « enceinte frigorifique », correspondent à un local climatisé dont la température de régime est supérieure à 0 °C.

Les expressions « chambre froide négative » ou « chambre de conservation des produits congelés ou surgelés » correspondent à un local ou un meuble dont la température de régime est inférieure à 0 °C.

La «cellule de refroidissement» correspond à un appareil à froid mécanique CO2 ou à froid cryogénique capable d'abaisser la température des préparations culinaires de plus de 63 °C à + 10 °C en moins de deux heures. Les «cellules de congélation» permettent, lorsque l'établissement est agréé, d'effectuer la congélation.

Installation des chambres froides positives et négatives

- Le revêtement intérieur doit être lisse, résistant aux chocs, imperméable, imputréscible, facile à laver et à désinfecter, aménagé en gorges arrondies.
- A l'intérieur des enceintes, le bois est déconseillé. Les rayonnages doivent être en conformité avec la législation et réalisés en «matériaux alimentaires» (acier inoxydable, alliage d'aluminium - duralinox anodisé - acier chromé, recouvert d'un film de résine ou d'un vernis époxyde). Les rayonnages, les clayettes ou les tablettes perforées doivent être amovibles, robustes, résistants aux chocs, faciles à nettoyer et à désinfecter, démontables pour assurer le nettoyage du sol et des murs, modulables, stables, sans angles aigus, sans recoins, ni rebords, ni saillies, pour ne pas retenir les éventuels déchets alimentaires (sang, sauces) et pour favoriser l'écoulement des condensats.
- Les portes des chambres froides doivent pouvoir être ouvertes manuellement de l'intérieur, même si elles sont verrouillées.
- Les chambres froides, d'un volume supérieur à 10 m^3, doivent être munies d'un dispositif d'avertissement sonore permettant à toute personne enfermée accidentellement de donner l'alarme.
- Pour les chambres froides destinées à la conservation des plats cuisinés à l'avance, ou recevant de la viande hachée, prévoir des thermomètres enregistreurs de contrôle avec visualisation extérieure.
- Il est judicieux de prévoir le raccordement de l'installation frigorifique à un groupe électrogène (en cas d'interruption prolongée d'électricité).

Quelques conseils d'utilisation des chambres froides positives

- Faire fonctionner l'appareil sans interruption.
- Ne pas gêner le fonctionnement du ventilateur.
- Eloigner le groupe compresseur de l'enceinte frigorifique (dégagement de chaleur).
- Ne pas toucher au réglage du thermostat.
- Prévoir un affichage extérieur de la température de la chambre, et la contrôler tous les jours. Reporter les indications sur une fiche de contrôle.
- Dégivrer périodiquement l'appareil (sauf dans le cas d'un appareil automatique).
- Nettoyer, désodoriser et désinfecter régulièrement surtout les crochets, les bacs à viande et les timbres à poissons.
- Ne pas laisser les lumières allumées (dégagement de chaleur).
- Ne pas ouvrir trop souvent les portes, et surtout les refermer immédiatement.
- Ne pas introduire d'aliments chauds (risque de condensation).
- Ne pas gêner la circulation de l'air entre les clayettes, ni près des parois.
- Ne rien poser au sol.
- Entreposer les aliments sous faible épaisseur, à couvert dans des récipients spécifiques à cet usage (récipients en polycarbonate) recouverts d'un couvercle ou d'un film alimentaire (important).
- Effectuer une rotation rationnelle des produits, les étiqueter si besoin.
- Ne pas placer d'aliments «sablonneux» en hauteur (champignons, épinards).
- N'introduire dans l'enceinte que des produits en parfait état de fraîcheur (risque de contamination).

Document Inoxyform

L'ÉCONOMAT

DESCRIPTION

Local annexé à la cuisine, destiné à la réserve des produits non périssables (produits d'épicerie, parfois de cave, de papeterie, d'entretien, etc.).

Remarque :
Les produits d'entretien doivent être impérativement réservés à part des produits alimentaires, dans un local ou un meuble fermant à clef.

Exemples des produits d'épicerie couramment rencontrés à l'économat :

- Produits de biscuiterie et de biscotterie ;
- Produits de pâtisserie (fruits secs, amandes, préparations déshydratées pour desserts et entremets) ;
- Sucre, sirop, glucose, nappages, confitures, gelées de fruit, fruits au sirop, etc.
- Pâtes alimentaires, semoules, riz, farines, légumes secs ;
- Epices, condiments, vinaigres, moutardes ;
- Cafés, chocolats, thés, infusions ;
- Fonds de sauce, sauces, bouillons, potages déshydratés ;
- Conserves appertisées de toutes natures ;
- Semi-conserves (à réserver en enceinte réfrigérée suivant les informations du fabricant) ;
- Les huiles, parfois les margarines, etc.

Issus de l'industrie, ces produits plus ou moins élaborés appartiennent tous à des familles très diversifiées. Le responsable de l'économat et les utilisateurs ont donc tout intérêt à exploiter les informations figurant sur les emballages ou communiquées par les fabricants :

- conditions de stockage optimales (température, degré hygrométrique) ;
- date limite d'utilisation optimale (DLUO) ou date de péremption.
- mode d'emploi et suggestions d'utilisation.

Toutes ces marchandises sont contrôlées et entreposées à l'économat sous la responsabilité de l'économe. Celui-ci établit des fiches de stocks permettant d'obtenir un inventaire permanent de chaque produit. On assiste actuellement à une informatisation progressive de la gestion des stocks.

EXEMPLE D'UNE FICHE DE STOCK TRADITIONNELLE

Cette fiche doit comporter :

- la nature du produit et son conditionnement (ex. boîte 4/4)
- le nom, l'adresse et le n° de téléphone ou la raison sociale du fournisseur ;
- les dates de livraison et de sortie du produit ;
- les quantités entrées ou sorties ;
- la quantité de marchandises restant en stock ;
- le prix unitaire hors taxes et le montant total.

Désignation du produit ou n° du code						Adresse du fournisseur n° de téléphone				
Date	Entrées			Sorties			Stock			Stock minimum
	Quantité	Prix	Montant	Quantité	Prix	Montant	Quantité	Prix	Montant	

Remarque :
La colonne « stock minimum » autorise la passation de la commande évitant tout risque de rupture.

La marchandise ne peut sortir de l'économat que sous la remise d'un bon dit « bon de sortie », rédigé en trois exemplaires, daté et signé par le responsable de chaque service.

Répartition des 3 exemplaires :

– 1 exemplaire pour l'économe ;
– 1 exemplaire pour la comptabilité générale
– 1 exemplaire pour le demandeur, pour contrôler si la marchandise distribuée correspond bien à la marchandise demandée.

L'INSTALLATION

Située à proximité de l'arrivée des marchandises, l'économat doit permettre de ranger les différents produits rationnellement, dans les meilleures conditions de conservation, d'hygiène et de sécurité, mais aussi pour assurer un meilleur contrôle et en faciliter la gestion.

- Prévoir un accès au quai de déchargement ou à l'arrivée des marchandises. Cet accès doit être aisé, large, afin de faciliter le passage des chariots de manutention (lorsqu'il y a une différence de niveau, un monte-charge s'avère nécessaire).
- Le local doit être sec, bien aéré (bien ventilé), surtout lorsque l'économat est situé au sous-sol. La température idéale de l'économat doit être de 15 °C.
- Il faut veiller tout particulièrement à l'absence de toute source de chaleur (groupe compresseur des chambres froides, tuyauterie d'alimentation en eau chaude ou de chauffage, proximité de la chaufferie).
- Prévoir une ouverture de porte suffisamment large et protégée par des cornières métalliques pour le passage des chariots.
- La surface et le volume de stockage doivent être appréciés en fonction de l'importance de l'établissement, mais aussi en fonction de la fréquence des livraisons.
- Maintenir la propreté du sol, des murs et du plafond en parfait état d'entretien (balayage à sec interdit).
- Entreposer les denrées rationnellement sur des étagères ou des rayonnages appropriés, jamais à même le sol.
- Disposer les conditionnements les plus lourds au niveau inférieur et les produits les plus courants à portée de mains.
- Interdire l'accès aux animaux (chiens, chats, oiseaux).
- Prendre les dispositions nécessaires pour éliminer insectes et rongeurs par un procédé ne présentant aucun danger sur le plan alimentaire (se renseigner auprès des spécialistes).

Remarque sur les rayonnages d'entreposage

Ranger « rationnellement et dans les meilleures conditions d'hygiène et de sécurité » doit être une préoccupation essentielle pour l'économe. Certains fabricants proposent maintenant des matériels agréés par le LERPAC* et répondant à ces critères.

Quel que soit le choix des matériaux utilisés, c'est à dire :
– acier galvanisé et zingué par électrolyse ;
– acier chromé recouvert d'un film de résine et d'un vernis époxyde ;
– alliage d'aluminium (duralinox anodisé) ;
– acier inoxydable (beaucoup plus onéreux mais matériau idéal).

tous les rayonnage et leurs étagères doivent répondre aux qualités suivantes :
– faciles à nettoyer et à désinfecter ;
– modulables, faciles et rapides à démonter sans outils particuliers, robustes et résistants aux charges et à l'oxydation ;
– stables et adaptables à toutes les configurations (en angle, en épi, en linéaire), sans angles aigus, sans recoins, parfaitement plats, sans rebords ni saillies pour éviter toute retenue accidentelle d'aliments ;
– les montants doivent êtres lisses, sans cannelures ni visseries ;
– les tablettes peuvent être pleines, lisses ou perforées ;
– les clayettes assurent la circulation de l'air ambiant ;
– les rayonnages peuvent être dotés de tiroirs ou de bacs étanches.

Remarque
La « qualité alimentaire » n'est pas obligatoire pour l'économat. Néanmoins, les étagères en bois sont à proscrire, car elles retiennent les poussières et les parasites, et elles se nettoient difficilement.

* *LERPAC : Laboratoire d'Etudes et de Recherches pour l'Alimentation Collective (le laboratoire donne son agrément pour les matériels répondant aux normes prévues par la réglementation).*

DUREE MOYENNE DE CONSERVATION DES PRODUITS DE L'ECONOMAT

De conservation facile, les produits d'épicerie n'échappent pas au vieillissement. Il est donc impératif d'établir une rotation rationnelle et méthodique des stocks :

premier arrivé – premier sorti

LA RECEPTION ET LE STOCKAGE DES PRODUITS

Recommandations :

- Contrôler avec le livreur la correspondance entre le bon de commande et le bon de livraison ou éventuellement la facture.
- Contrôler scrupuleusement l'état des emballages et tout particulièrement les produits conditionnés sous vide.
- Contrôler efficacement le température de livraison (+ 2 °C pour les produits réfrigérés; - 18 °C pour les produits surgelés par exemple).
- Contrôler les qualités physiques et organoleptiques des produits (compter, mesurer, peser, toucher, retourner, sentir, goûter...).
- Contrôler les DLC (date limite de consommation) et les DLUO (date limite d'utilisation optimale).
- Stocker immédiatement les produits et respecter les températures réglementaires de stockage.
- Appliquer toujours la règle du «FIFO» (first in, first out) : les produits restant en stock sont placés devant afin d'être sortis les premiers.
- Contrôler tous les jours les DLC des produits en stock.

LA LÉGUMERIE

DESCRIPTION

Local annexé à la cuisine, principalement destiné à l'épluchage, au lavage, à la désinfection et au taillage des légumes.

Il doit communiquer en amont avec le stockage des matières premières (réserve à tubercules, chambres froides) et en aval avec le local des préparations froides (salades, légumes pour crudités, etc.) et la zone de cuisson.

Il est possible d'y aménager un secteur pour l'habillage des volailles et des poissons (plans de travail, bacs de lavage).

L'existence de ce local dépend bien entendu de l'importance de l'établissement, mais aussi de la nature et de la quantité de légumes à traiter. **L'utilisation progressive des légumes de la 4ème (et bientôt de la 5ème gamme) concourt à la disparition de ce local.**

INSTALLATION DU LOCAL

- Local bien aéré, bien ventilé, frais, facile à laver et à désinfecter dont les murs doivent être recouverts d'un revêtement lisse, clair, imperméable, imputréscible, résistant aux chocs mécaniques et maintenu en parfait etat d'entretien.
- Les raccordements sol/murs, murs/plafond doivent être aménagé en gorges arrondies et la pente du sol doit être dirigée vers une bouche d'évacuation munie d'une grille et d'une bonde siphoïde.
- La réserve à tubercules doit être largement ventilée, fraîche (risque d'échauffement et de fermentation), et les légumes doivent être maintenus à l'abri de la lumière, du gel, des insectes et des rongeurs.

Des risques d'accidents graves existent à la légumerie, en raison de l'utilisation de nombreux appareils électromécaniques et de l'ambiance très humide qui y règne. Il faudra donc veiller tout particulièrement à la qualité de l'installation électrique et à posséder les systèmes de protection exigés pour ce type de matériel (se renseigner auprès des CRAM - Caisses Régionales d'Assurance Maladie).

EQUIPEMENT

- Enceintes frigorifiques à + 6 °C, + 8 °C.
- Eplucheuse à légumes et accessoires.
- Bacs de lavage et de trempage avec arrivée d'eau froide (0,70 m de largeur, 0,45 m de profondeur, 0,90 m de hauteur) ; au-delà de ces cotes, la position de l'opérateur devient courbée et pénible).
- Bacs mobiles de transfert d'une hauteur convenable avec bonde de vidange et flexible de remplissage.
- Plans de travail dont la hauteur doit être comprise entre 0,90 et 0,95 m (plus si le personnel est appelé à travailler assis sur des tabourets hauts), et recouverts d'acier inoxydable. Les paillasses carrelées sont à proscrire.
- Machine à laver les légumes.
- Essoreuse.
- Appareils électro-mécaniques (coupe-légumes, râpes, mixeurs, cutters, etc).
- Rayonnages réglementaires pour le rangement du matériel.
- Jet à haute pression pour le lavage et la désinfection du matériel et du local.

LE LABORATOIRE DE PÂTISSERIE EN RESTAURATION

DESCRIPTION

Local indépendant annexé à la cuisine dans lequel le ou les pâtissiers réalisent les préparations suivantes :

- Les pâtes salées et sucrées (brisée, à foncer, sucrée, feuilletée, etc.) ;
- Les crèmes et appareils divers (anglaise, pâtissière, au beurre, appareil à crème prise, etc.) ;
- Les entremets de cuisine (bavarois, soufflés, crêpes, riz sucré, etc.) ;
- Les différentes pièces de pâtisserie (mokas, savarins, religieuses, mille feuilles, etc.) ;
- Les différentes pièces de confiserie et chocolaterie (bonbons, pâtes de fruits, truffes, etc.) ;
- Les petits fours frais et secs (choux, éclairs, palmiers, langues de chat, cigarettes, etc.) ;
- Les entrées de pâtisserie salées (allumettes, talmouses, bouchées, ramequins, etc.) ;
- Les petites garnitures de pâtisserie salées (paillettes au fromage, fleurons, etc.) ;
- Les amuse-bouche de l'apéritif (petits feuilletés divers, quichettes, pizzas, etc.).

Laboratoire de Pâtisserie Fauchon Paris

Remarque

Si l'on propose des glaces « maison », celles-ci doivent être réalisées dans un local distinct, aménagé à cet effet (voir chapitre suivant).

Suivant l'importance de l'établissement, sa nature et sa situation géographique, l'équipe de pâtissiers peut être importante et constituer une véritable brigade : tourriers, fourniers, chocolatiers, confiseurs, glaciers.

La fabrication des croissants, des brioches, des petits pains et des pains en général peut être confiée à des boulangers-pâtissiers.

L'utilisation de produits semi-élaborés (à terminer) et de produits terminés – congelés ou réfrigérés conditionnés sous atmosphère gazeuse – modifie progressivement l'organisation du travail, la conception et l'installation du local, et le degré de qualification du personnel.

Un local pâtisserie ou glacerie ne s'impose pas dans les entreprises s'approvisionnant à l'extérieur, d'où la nécessité de prévoir les approvisionnements lors de la conception du projet.

INSTALLATION DU LOCAL

D'une manière générale, la fabrication des pâtisseries, crèmes et glaces constitue une des sources les plus importantes de toxi-infections alimentaires. De rigoureuses précautions d'hygiène doivent donc être observées dans ces locaux : voir le «Guide de bonnes pratiques d'hygiène» à paraître courant 1995.

L'implantation doit être, de préférence, réalisée à proximité de la cuisine pour favoriser le passage des commandes, l'envoi des préparations et leur contrôle.

Par ailleurs, de nombreuses préparations salées sont fréquemment réalisées avec la collaboration de l'entremétier (quiches, allumettes, dartois, saucissons en brioche, etc.).

L'organisation des gestes et l'emplacement du matériel doivent correspondre à une progression logique et rationnelle du travail, avec le souci permanent du respect des règles de la marche en avant :

arrivée des marchandises
↓
préparations
↓
cuissons
↓
débarrassage
↓
finitions
↓
départ des prestations

LE MATERIEL

Le matériel de cuisson

- **Les fours** : à 1, 2 ou 3 étages, à chauffage direct ou indirect, à accumulation, à air pulsé, à convection dirigée, etc.
  Ils peuvent être placés sur des étuves pour la fermentation des pâtes levées, le dessèchement des meringues ou des petits fours secs. Les fours électriques sont les plus utilisés à cause de la très grande précision de leur thermostat.
- **Les chambres de pousse contrôlée.** Ce ne sont pas vraiment des appareils de cuisson. D'une part elles permettent de réserver les viennoiseries au froid pendant la nuit, puis elles se transforment d'autre part (après une programmation précise) en étuve ou chambre de pousse afin d'assurer la fermentation des pâtes.
- **Les cuiseurs et pasteurisateurs à crèmes.**
- **Les brûleurs découverts ou réchauds** (cuisson des crèmes, des sirops, des compotes).

Le matériel électro-mécanique

- Batteur mélangeur ou pétrin mécanique ou fouet électrique (suivant l'importance de l'établissement) : fabrication des pâtes et des crèmes.
- Laminoir : pour abaisser les pâtes.
- Broyeur et mixeur : pour la fabrication des pâtes, des mousses, des purées ou des coulis, etc.
- Aérobatteur et distributeur de crème chantilly.
- Injecteur à crème pour garnir les choux, éclairs, etc.

Les tables de travail

- Tables de travail en acier inoxydable, munies de bacs de lavage.
- Tours ordinaires recouverts de marbre comblanchien, de travertin et de granit poli.

  Les tables et les tours peuvent être munis de tiroirs profonds pour l'entreposage du sucre et de la farine.
- Tours réfrigérés : de présentation analogue aux tours ordinaires, ils sont équipés d'un groupe compresseur incorporé ou non. L'intérieur est aménagé de façon à recevoir les plaques et les grilles à pâtisserie.

  Une balance est installée à proximité immédiate du plan de travail.

Le matériel de manutention

- Echelles de fournil pour l'entreposage des plaques de cuisson.
- Chariots à glissières pour les grilles à pâtisserie. Choisir ce matériel en acier inoxydable ou en duralinox (afin d'en faciliter le nettoyage et la désinfection) et muni de butées de retenue évitant ainsi tout risque de glissement des grilles pendant le déplacement.

Le matériel de rangement

- Placards, en acier inoxydable ou en duralinox anodisé, équipés de rayonnages faciles à nettoyer et à désinfecter.

Les appareils producteurs de froid

Chaque laboratoire de pâtisserie doit posséder un équipement frigorifique bien adapté au volume de la production.

- Tours réfrigérés
- Enceintes frigorifiques ou chambres froides positives et négatives
- Vitrines réfrigées
- Refroidisseur à crème
- Cellule de refroidissement, cellule de congélation
- Conservateur à produits congelés.

Le petit matériel de préparation et les principaux moules utilisés en pâtisserie

Poêlons à sucre (cuivre non étamé).

Bassins et fouet à blancs.

Plaque et grille à pâtisserie, tourtières.

Tamis, rouleau, brosse à farine, coupe pâte, pique-vite.

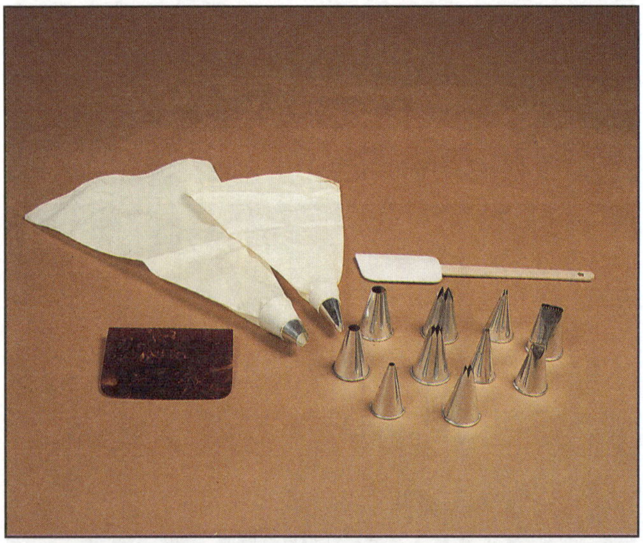

Poches douilles diverses cannelées et unies, corne et maryse.

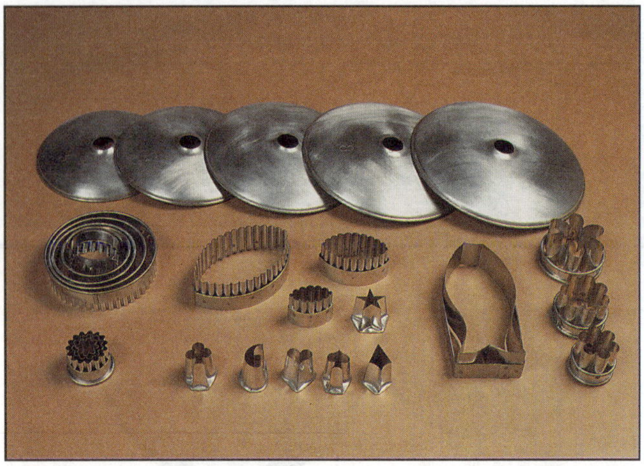

Coupe-pâte ou emporte pièces : calibres à « vol-au-vent », découpoirs ovale et ronds cannelés, à pâte d'amande ou à gelée, poisson, fleurs diverses.

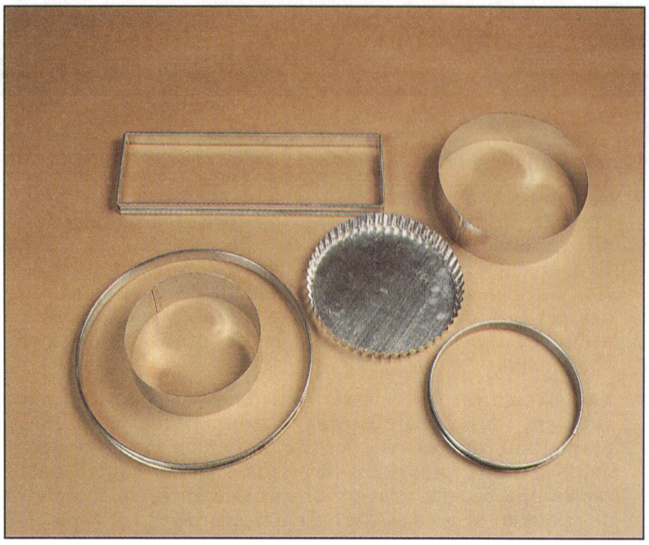

Moules sans fond ou à fond mobile : rectangle à flan, cercles à tartes, cercles à entremets, tourtière cannelée à fond mobile.

Goutière à bûche de Noël, caisse à génoise, moules à manqué ronds et carré, moules ronds cannelés dits « à pain de Gênes ».

Moules à Kouglof, moules à « trois frères » (fond torsadé et douille centrale), moules à manqué rond à rosace.

Moules à brioches mousselines et à côtes, moules à charlottes, darioles de tailles diverses.

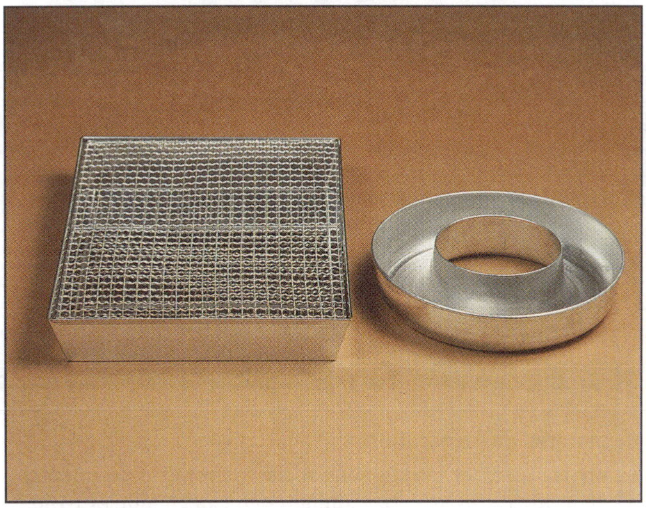

Candissoire et couronne à savarin.

Moules à tarte Tatin.

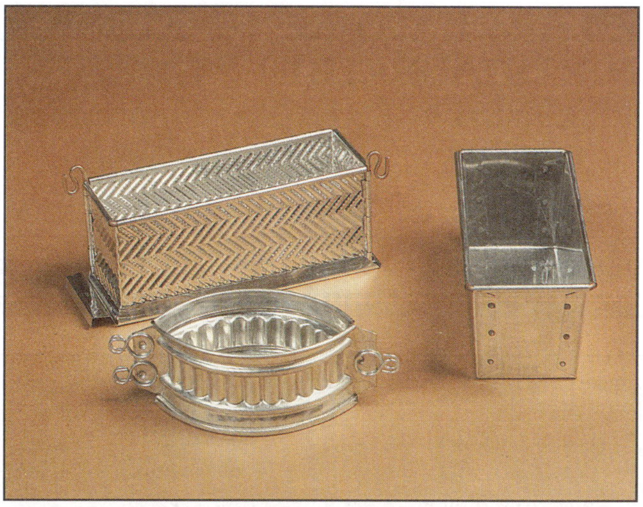

Moule à pâté long à charnières, moule à pâté ovale à côtes et à charnières, moule à cake.

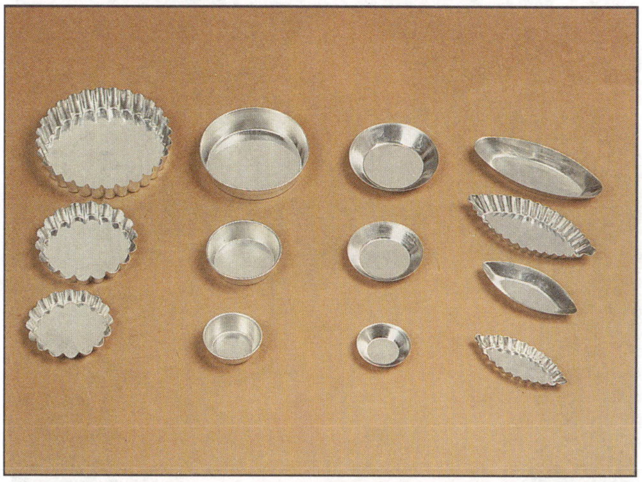

Tartelettes cannelées, millassons à quiches ou à flans, tartelettes unies, barquettes unies ou cannelées.

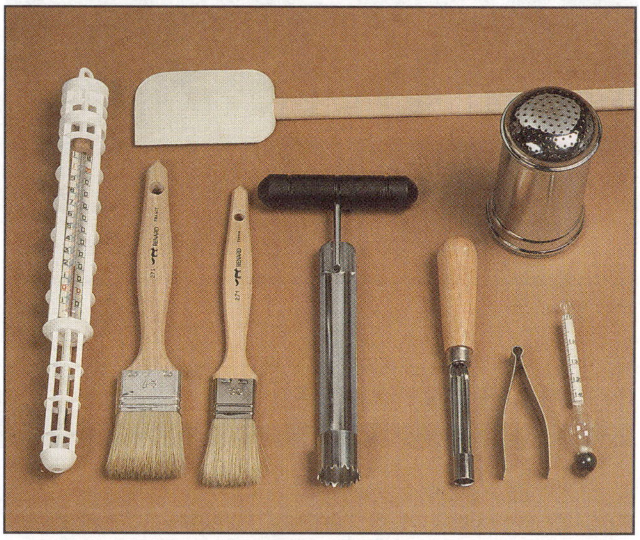

Thermomètre à sucre ou de confiseur, pinceaux à dorure, vide ananas et vide pomme, pince à chiqueter ou à tarte, pèse sirop, saupoudreuse ou saupoudrière ou glacière, raclette caoutchouc ou maryse ».

LE LABORATOIRE DE FABRICATION DES GLACES EN RESTAURATION

DESCRIPTION

Local annexé à la pâtisserie et adapté à la fabrication des produits suivants :

- crèmes glacées, glaces aux œufs et aux fruits
- sorbets aux fruits, aux vins, alcools et liqueurs
- appareils à bombes, à parfait et à soufflé glacé
- entremets glacés (vacherins, omelettes norvégiennes, mille feuilles, Saint-Honoré glacés, etc.).

Document Schöller

INSTALLATION DU LOCAL

La fabrication des crèmes glacées et l'implantation du local doivent être réalisées selon les conditions fixées par la législation correspondante (à paraître courant 1995).

Le souci majeur du glacier doit être la rationnalisation de son travail dans les meilleures conditions d'hygiène.

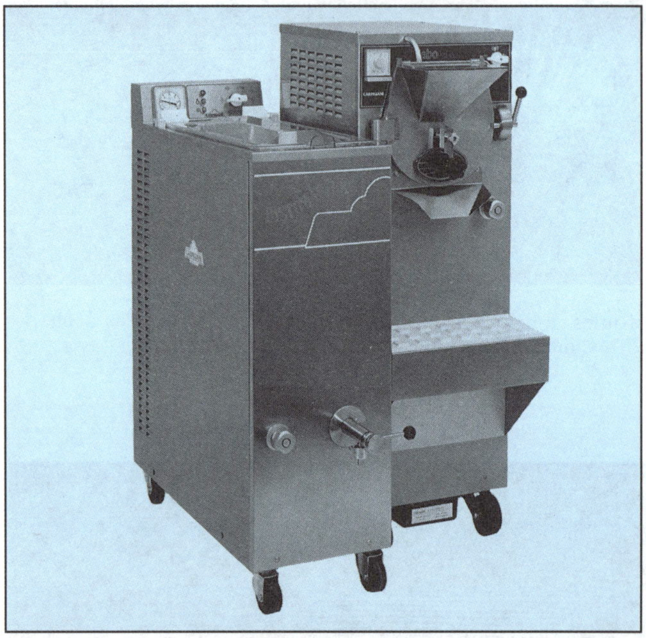

Equipement de base pour laboratoire glacier – Carpugiani

EQUIPEMENT

Le matériel de préparation

Le choisir en acier inoxydable, facile à laver et à désinfecter

- Plan de travail avec bac alimenté en eau chaude et froide
- Petit matériel (calottes, bahuts, bacs à glace, cuillers, louches, chinois, mesures, moules divers, etc.).

Le matériel électro-mécanique

- Mixeur et presse-fruits

Le matériel de cuisson

- Plaques de cuisson ou réchaud
- Pasteurisateur : cet appareil permet le mélange du mix, la pasteurisation, le refroidissement et la maturation.

Le matériel de sanglage ou de congélation

- Turbine à saumure (en voie de disparition)
- Turbine ou freezer à détente directe : la congélation est assurée thermostatiquement par un puissant groupe compresseur produisant un froid intense par circulation de gaz frigorigène (fréon 502) dans des tubulures enveloppant le bol de la turbine.
- Turbine automatique pour « soft ice » (crème glacée), principalement utilisée pour la vente directe en magasin.

Le matériel de stockage des glaces

- Conservateurs fermés ou à vitrine, à température variable selon le but recherché :
  - à – 20 °C minimum pour la conservation
  - à – 10 °C pour la température de service

Le matériel de rangement

- Placards de rangement, en duralinox anodisé ou en acier inoxydable, fermant hermétiquement et équipés de rayonnages amovibles faciles à démonter, à laver et à désinfecter.

- Le petit matériel utilisé lors de la fabrication des glaces (calottes, chinois, bacs et cuillères à glace doivent être désinfectés (produit à pouvoir désinfectant agréé) et rincés après chaque utilisation, égouttés sans essuyage (ou essuyés à l'aide d'un linge stérilisé ou d'un essuie-tout en papier jetable) puis réservés à l'abri de toutes souillures extérieures jusqu'à la prochaine utilisation.

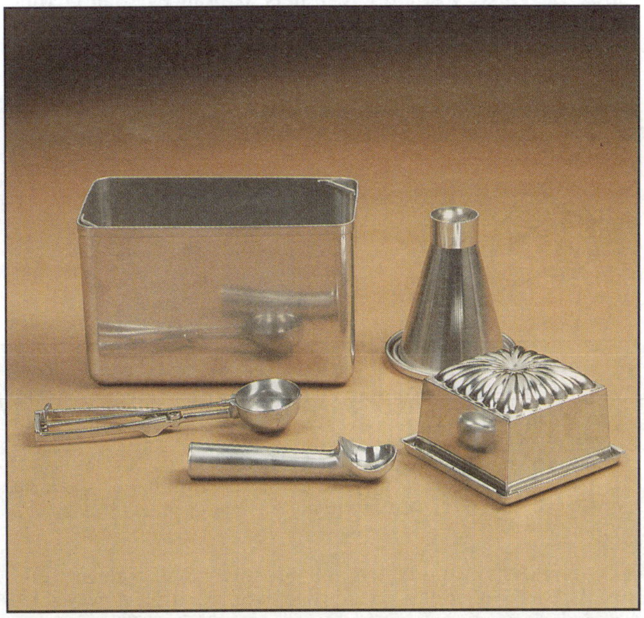

Bacs et cuillères à glaces, moule carré à rosace, moule à bombes.

LE MATERIEL DE NETTOYAGE

- Double bac en acier inoxydable
- Etuve de stérilisation pour le petit matériel métallique
- Lave-mains réglementaire équipé d'un distributeur de savon bactéricide et d'un système d'essuyage à usage unique
- Distributeur de papier absorbant stérile (essuie-tout jetable)
- Distributeur de détergent-désinfectant (agréé)
- Placard de rangement des produits de nettoyage.

LES VESTIAIRES DU PERSONNEL

REGLEMENTATION

Extrait du code du travail (Installations sanitaires) Article R 232-22.

« Les chefs d'établissements doivent mettrent à la disposition de leur personnel les moyens d'assurer la propreté individuelle ... ».

Les dispositions relatives à l'aménagement des vestiaires sont précisées par le code du travail, la réglementation du ministère de l'agriculture exige, que ces locaux soient parfaitement aérés, ventilés, éclairés et chauffés, distincts pour les hommes et les femmes ; ils devront être maintenus en parfait état d'entretien.

En outre, ils ne doivent en aucun cas communiquer directement avec les locaux de préparation et de stockage des produits alimentaires, ou de la salle de restaurant.

EQUIPEMENT

LE PLACARD PERSONNEL

- Chaque cuisinier doit disposer d'un placard individuel à deux compartiments, muni de deux patères :
  - l'une pour les vêtements personnels,
  - l'autre pour les vêtements de travail.

LES W.C.

- Des urinoirs et cabinets d'aisance avec cuvette et chasse d'eau, pourvus de papier hygiénique, les portes doivent s'ouvrir vers l'extérieur et elles doivent être pourvues d'un système de décondamnation extérieure (dans l'éventualité de secourir une personne atteinte d'un malaise).

LES LAVABOS

- Placés à la sortie immédiate des W.C.
- A commande « non manuelle », approvisionnés en eau chaude et froide avec un mitigeur réglable, et équipés de distributeurs automatiques de savon bactéricide, ainsi que de brosses à ongles souples.
- Si la commande est « au pied » elle doit être constituée d'une barre d'acier inoxydable placée à 15 cm du sol (rien ne doit être fixé au sol). Elle peut également être « au genou » ou « à détection de présence » par cellule photo électrique.

Des appareils permettant le séchage des mains à usage unique (à air chaud ou essuie mains, plus un récipient à couvercle destiné à recevoir les serviettes utilisées) doivent être placés à côté des lavabos.

Deux systèmes hygiéniques de lave-mains

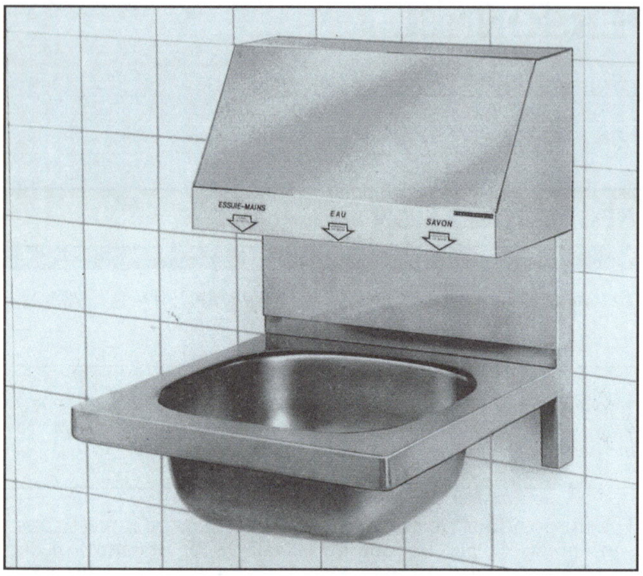

Procinox IPM – Commande électronique de l'eau et du savon. Lave bras.

Procinox Dual – Commande au pied de l'eau et du savon Bin – DP Receveur d'essuie-mains.

LES DOUCHES

- Elles ne sont pas obligatoires, mais vivement conseillées (installations séparées hommes et femmes).
  Elles doivent être installées dans des cabines individuelles à raison d'une cabine pour huit salariés.
  La température de l'eau doit être réglable, les locaux chauffés et bien ventilés.

CONSEIL

Une affiche doit recommander le lavage des mains en sortant de ces lieux. Elle doit aussi porter le nom de la personne ou du responsable à prévenir en cas de mauvais fonctionnement ou de rupture de stock.

Remarque :

Dans le cas de petits établissements servant moins de 50 couverts par service, il est toléré que les installations sanitaires (lavabos, vestiaires, cabinets d'aisance) soient communes au personnel de l'établissement et aux clients. Dans ce cas, sont exigées pour ces locaux des installations conformes aux prescriptions précédentes.

En conclusion

Les mains doivent toujours être lavées et désinfectées avant chaque manuipulation, notamment à chaque reprise du travail ;

Le port de gants à usage unique est recommandé pour la confection des farces de la viande hâchée et pour réaliser des mélanges ;

Les ongles seront courts et brossés aussi souvent que nécessaire à l'aide d'une brosse souple afin d'éviter les micro-lésions de la peau propices aux petites infections et aux mycoses ;

Retirer bagues, chevalières et gourmettes, susceptibles de garder lors des manipulations, des déchets fermentescibles ;

En cas de blessure superficielle, non purulente, utiliser un doigtier étanche;

Il paraît superflu de rappeler qu'il doit être formellement interdit de cracher dans les lieux où séjournent les aliments et qu'il faut éviter de tousser, éternuer ou postillonner au-dessus des aliments (le port du masque naso-buccal est recommandé pour les personnels enrhumées).

La chevelure doit être soignée et de longueur convenable, entièrement rassemblée par une coiffe.

Il est interdit de fumer dans les lieux de préparation

Les personnes étrangères aux services n'ont pas accès aux zones de préparation, de cuisson, de distribution ou de conditionnement des aliments.

LA PLONGE BATTERIE

LE MATERIEL

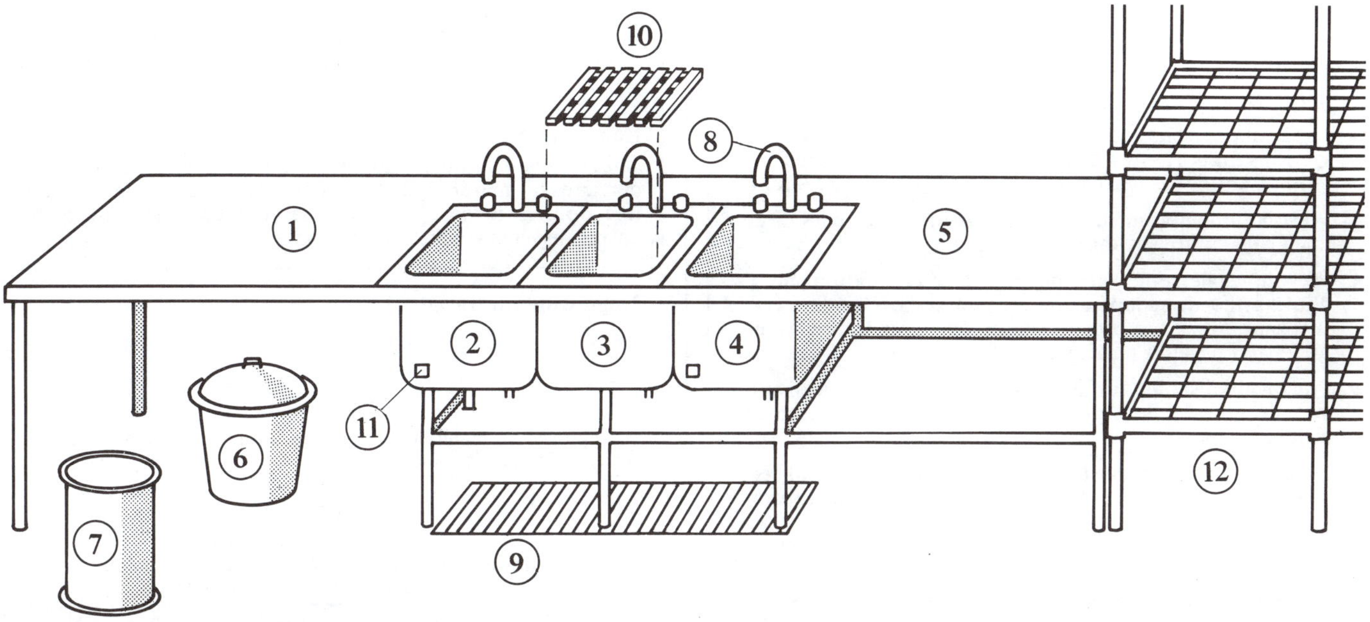

1 Table d'entreposage du matériel
2 Bac de trempage
3 Bac de lavage
4 Bac de rinçage
5 Table de dégagement, éventuellement égouttoir
6 Poubelle étanche munie d'un couvercle
7 Réserve des graisses usées
8 Alimentation en eau chaude et froide
9 Evacuation des eaux usées munie d'une grille et d'un siphon
10 Caillebotis lesté protégeant le fond du bac
11 Système éventuel de réchauffage de l'eau
12 Rayonnages

DESCRIPTION

Local ou secteur annexé à la cuisine et réservé :

- au lavage, à la désinfection et au rinçage du matériel de cuisine (batterie) ;
- à l'entreposage momentané du matériel sale (en attente d'être lavé) et du matériel propre (avant son rangement) dans les différents postes de travail, ou mieux dans un local approprié.

INSTALLATION

Les conditions réglementaires relatives à l'installation de la cuisine et de ses annexes s'appliquent tout particulièrement à la plonge-batterie

- La disposition du matériel doit être réalisée en fonction d'une progression logique et rationnelle du travail (marche en avant).
- L'installation doit être conçue de façon à éviter toutes les formes de pollution.
- Le sol, les murs doivent être revêtus de matériaux lisses, étanches, résistants aux chocs mécaniques, imperméables, imputréscibles, faciles à nettoyer et à désinfecter, résistants aux agents chimiques (détergents, désinfectants).
- Les raccordements sol/murs et murs/plafond doivent être aménagés de préférence en gorge arrondie.
- Les portes, plafond et fenêtres doivent être recouverts de peinture lisse, lavable, d'un ton clair sans brillance, résistante à l'humidité et maintenue en parfait état d'entretien.
- L'aération et la ventilation doivent être suffisantes (pour corriger le degré hygrométrique élevé, proche de la saturation, à cause de la vapeur et des buées).
- L'éclairage doit être bien adapté au-dessus des bacs, sans zones d'ombres, et suffisant pour constater aisément la propreté du matériel.
- Le sol doit être recouvert d'un matériau antidérapant efficace.

- La pente du sol doit être prévue de façon à diriger les eaux vers des grilles d'évacuation munies d'un siphon.
- Les bacs à plonge et, suivant les cas, la machine à laver la batterie doivent être alimentés en eau potable, chaude et froide, sous pression suffisante afin de permettre le remplissage rapide des bacs ou de la machine.
- Prévoir les besoins en eau chaude avec une marge de sécurité suffisante principalement pendant les heures de pointe.
- L'utilisation d'un robinet mélangeur, ou mieux un mitigeur, s'avère indispensable.
- Les canalisations de vidange doivent être prévues de sections importantes et munies de siphons accessibles permettant de les nettoyer et de les désinfecter aisément.
- Prévoir un caniveau sur toute la longueur des bacs, avec une grille crantée évitant les glissades.
- Prévoir également, sur un regard d'évacuation muni d'une grille de récupération et d'un siphon de diamètre suffisant, un jet à pression pour dégrossir le pré-lavage ou le trempage du matériel.
- Prévoir un distributeur automatique de produits lessiviels avec doseur afin de supprimer la manutention du produit les mains nues.
- Dans le cas d'une cuisine de collectivité ou centralisée, prévoir une surface assez grande, ainsi que des ouvertures suffisamment larges et protégées par des cornières métalliques, facilitant le passage, le lavage et la désinfection des chariots.

CHOIX DU MATERIEL

Traditionnellement composée de deux bacs, la plonge batterie manuelle devrait pourtant en comporter trois. Ceci permet d'effectuer rapidement et rationnellement les différentes opérations de trempage, de lavage et de rinçage du matériel. En cuisine centralisée et en restauration collective (plus particulièrement en milieu hospitalier), un bac complémentaire pour la désinfection du matériel est indispensable.

- Le matériel doit être en acier inoxydable (sans angles aigus) dont les qualités d'entretien sont incontestables
- Les dimensions des bacs peuvent être variables, en fonction du volume du matériel à traiter et de l'existence éventuelle d'un lave-batterie mécanique. Toutefois, il faut tenir compte de la possibilité d'immerger sans difficulté le gros matériel de cuisson lors du trempage (rondeaux, plaques à rôtir, etc.).
- Des bacs trop larges ou trop profonds constituent un handicap sérieux au niveau du confort du travail : approche des robinets trop difficile posture courbée, efforts supplémentaires pour soulever le matériel lourd, fatigue inutile, ralentissement de la cadence.
- L'évacuation des bacs, située au fond et dans un angle doit comporter un tube de trop plein protégé par une grille, évitant ainsi aux déchets d'obstruer les canalisations.
- Les fonds des bacs peuvent être recouverts d'un caillebotis afin de les protéger.
- Prévoir de chaque côté des bacs si l'emplacement le permet, soit un égouttoir fenté et nervuré facilitant l'écoulement de l'eau, soit des rayonnages ajourés démontables et mobiles d'une hauteur maximum d'1,40 m, permettant l'entreposage, l'égouttage et le séchage du matériel.

- Prévoir également, sur le plan d'entreposage un orifice sans angle aigu, placé sur une poubelle afin de recevoir les déchets provenant du râclage des récipients.
- L'ensemble « poste plonge » doit être doté d'un dosseret de protection limitant au mur les risques d'humidité causés par les éclaboussures des déchets et des eaux de lavage et de rinçage.
- Les murs situés derrière la plonge devront de préférence être carrelés à une hauteur suffisante (1,80 m) afin de permettre leur nettoyage et leur désinfection journalière.

Remarque :

Toutes les souillures adhérant au dosseret, au mur ou derrière le matériel difficilement accessible, représentent une nourriture de choix pour les mouches, les cafards ou autres insectes volants ou rampants.

Progression du travail

Arrivée du matériel sale

▼

Entreposage

Entreposage du matériel sale, plan de travail ou rayonnage en acier inoxydable amovible ou démontable, facile à laver et à désinfecter.

▼

Râclage

Orifice d'évacuation des déchets
Poubelle munie d'un sac étanche à usage unique affectée spécifiquement à la plonge.

▼

Trempage

Bac de trempage

▼

Lavage

Bac de lavage protégé par un caillebotis.

▼

Rinçage

Bac de rinçage.

▼

Egouttage

Egouttoir incliné et nervuré.

▼

Entreposage

Rayonnage ajouré permettant l'aération, l'égouttage et le séchage du matériel propre en attente d'être raccroché ou rangé.

▼

Départ du matériel propre.

DIMENSIONS DU POSTE DE TRAVAIL « PLONGE »

- hauteur souhaitée . . . . 0,90 m
- profondeur des bacs . . . . 0,50 m
(au-delà la posture devient courbée)
- hauteur maximum des rayonnages . . . . . 1,40 m

LE LAVAGE MANUEL DE LA BATTERIE

« Faire la plonge » est souvent considéré comme un travail simple, à la portée de tout le monde, ne demandant aucune qualification ni connaissance particulière.

Cependant ce travail mérite beaucoup d'intérêt si l'on désire que le matériel lavé soit propre et sain. La plonge doit être effectuée dans les meilleures conditions d'hygiène, de sécurité et de rentabilité.

Lors de l'embauche, le plongeur ne doit pas être uniquement informé de ses horaires de travail. Il doit aussi être sensibilisé aux problèmes d'hygiène et d'efficacité de la technique à appliquer : le responsable doit lui expliquer clairement une méthode de travail progressive, rationnelle, méthodique, alliant efficacité, rapidité et sécurité.

METHODE DE TRAVAIL

Le remplissage des bacs

- Remplir les bacs jusqu'au niveau du trop plein en eau chaude à 45/50 °C pour le bac de lavage et 60 à 65 °C pour le bac de rinçage.
- Evaluer le volume du bac de lavage pour déterminer la quantité de détergent à utiliser. En fonction du choix du produit et des recommandations du fabricant, déterminer la dose nécessaire de produit à utiliser par plonge, donner au plongeur une mesure correspondant à cette dose. L'utilisation d'un distributeur branché sur la robinetterie permet d'effectuer automatiquement des solutions de lavage à concentration désirée, évitant ainsi le gaspillage et assurant des résultats constants de lavage.

Le tri du matériel

- Commencer par le matériel le moins sale (plaques à débarrasser, calottes, bahuts, etc.), pour ne pas saturer trop rapidement le bac de lavage.

Le râclage

- Permet d'éliminer les déchets restants qui risqueraient de souiller trop rapidement le bain de lavage en le rendant inefficace ; mais permet aussi de limiter les risques d'obstruction des canalisations lors des vidanges.

Le trempage

- Le trempage permet de ramollir les souillures trop fortement accrochées aux fonds des récipients de cuisson. Il facilite et accélère le lavage.

Ces opérations sont indispensables car elles permettent d'obtenir une amélioration appréciable du rendement, de l'efficacité et procure un meilleur résultat.

Le lavage

- Après le tri, le râclage et le trempage, frotter le matériel à l'aide d'un tampon à récurer. Proscrire les éponges métalliques qui usent prématurément les étamages, rayent le matériel et favorisent ainsi l'accrochage des aliments au fond des récipients.
- ***Renouveler le bain de lavage aussi souvent que nécessaire.*** Ne changer l'eau que partiellement appauvrit et dilue la solution détergente de lavage.
- Certains bacs de lavage sont équipés d'un système de chauffage permettant de maintenir la température du bain.
- La vieille méthode consistant à utiliser pour la batterie en cuivre une pâte à récurer « de fabrication maison » (mélange de farine, poudre de grès ou sable tamisé, gros sel, blancs d'œufs et vinaigre) donne des résultats acceptables, mais présente l'inconvénient d'obstruer les canalisations et de rayer le matériel. Une autre vieille méthode consistant à conserver le bain de lavage durant plusieurs services avec une quantité indéterminée de vieux citrons est inconcevable sur le plan de l'hygiène, et le pouvoir dégraissant de ces « bouillons de culture » est plus que douteux. L'acidité recherchée en utilisant du citron ou du vinaigre peut être avantageusement compensée par l'utilisation de produits spéciaux du commerce permettant de traiter indifféremment les cuivres, l'acier inoxydable et l'aluminium, cette acidité solubilisant les sels calcaires.

Un lavage efficace ne peut être réalisé qu'en respectant les règles suivantes :
– Qualité, propreté et température du bain de lavage.
– Dosage rigoureux du détergent.
– Progression rationnelle et méthodique du travail : tri, râclage, trempage, lavage, rinçage, égouttage, rangement ou accrochage
– ou –
tri, râclage, trempage, lavage, désinfection, rinçage, égouttage, rangement à l'abri de toute pollution.

Le rinçage

- Toute opération de lavage doit être obligatoirement suivie d'un rinçage. Il doit être effectué à l'eau claire courante, à une température comprise entre 60 et 65 °C, et l'eau doit être maintenue propre et renouvelée aussi souvent que nécessaire. L'utilisation d'une douchette à pression est idéale. L'eau très chaude est anti-microbienne et facilite le séchage.

L'égouttage (séchage sans essuyage)

- Pour un meilleur égouttage et séchage, le matériel doit être placé, à l'envers ou verticalement, suivant sa nature, sur des rayonnages ajourés. Les planches à découper ne doivent pas être empilées mais placées sur un support permettant de les maintenir séparées.

Le séchage

- L'essuyage de la batterie au torchon (encore fréquemment pratiqué) est une méthode onéreuse car elle demande beaucoup de temps, de main d'œuvre, multiplie les manipulations, immobilise de la place et ne peut être considéré comme un procédé hygiénique. Le torchon étant un véhicule de germes et de bactéries d'un ustensile sur un autre, le matériel propre doit être rangé à l'abri de tout risque de contamination jusqu'à la prochaine utilisation. Certaines pièces peuvent être recouvertes d'un film alimentaire (couteaux de hachoirs, mixeurs...).

Remarque :

Lorsqu'un séchage rapide est souhaité, celui-ci peut être facilité par un essuyage à l'aide d' « essuie-tout » jetable, particulièrement absorbant, résistant et ne peluchant pas.

La désinfection

- La désinfection, conseillée pour tout le matériel est obligatoire pour tous les appareils entrant en contact avec les produits d'origine animale : hachoir, cutter, mixeur, trancheur, grilles et couteaux, ouvre-boîtes, etc., et matériel de préparation de la pâtisserie, des glaces ou des crèmes glacées.

  Tous ces appareils doivent être, après utilisation, démontés, lavés soigneusement, rincés et désinfectés, après chaque demi-journée de fonctionnement. Deux solutions : soit après le lavage, laisser tremper le matériel dans une eau additionnée d'un désinfectant autorisé ou dans une eau javellisée, ou après un pré-lavage, laver à l'aide d'un détergent-désinfectant agréé (norme NF). Quel que soit le procédé retenu, le matériel sera soigneusement rincé à l'eau courante, égoutté, séché et réservé à l'abri de toute source de pollution jusqu'à la prochaine utilisation.

Le petit matériel (poches, douilles, grilles, couteaux de hachoir) peut être également désinfecté par une ébullition prolongée, ou par passage d'une dizaine de minutes au minimum dans un cuiseur à vapeur ou un multi-cuiseur.

QUELQUES CONSIGNES DE SECURITE

- Ne laissez jamais un ustensile coupant dans les bacs de plonge lorsqu'ils sont remplis (couteau).
- Prévenez toujours le personnel de plonge lors des débarrassages de matériel chaud.
- Empilez soigneusement et rangez correctement le matériel que vous apportez à la plonge.
- Eliminez le matériel ébréché ou rendu coupant par l'usure.
- Adoptez la bonne position pour soulever le matériel lourd (position de l'haltérophile).
- Ne portez pas à la plonge le matériel délicat (chinois, douilles, tamis, fouets, ...).
- Lavez et désinfectez vous-mêmes les petits accessoires des appareils électro-mécaniques (grilles, couteaux, cuves, etc.).

LE LAVAGE DE LA BATTERIE EN MACHINE

Progressivement le lavage de la batterie se mécanise. Cette mécanisation est favorisée par l'évolution des techniques, de la technologie et de la législation en matière d'hygiène :

- amélioration des produits détergents, anti-calcaires, désinfectants ;
- machines de plus en plus performantes, rapides, robustes, fiables et efficaces

Mais il est aussi favorisé par la difficulté de recruter un personnel compétent.

Les avantages de l'utilisation d'une machine pour le lavage de la batterie sont nombreux :

- mécanisation complète des opérations (pré-lavage, lavage, séchage) ;
- gain de temps (diminution des manutentions, pas d'égouttage ni de séchage) ;
- rotation rapide de la batterie ;
- diminution des frais de main d'œuvre ;
- gain de place ;
- produits lessiviels mieux dosés.

Actuellement, la plonge-batterie réalisée en machine ne dispense pas le restaurateur de l'installation d'une plonge traditionnelle. En effet, certains gros récipients de cuisson (rondeaux, marmites, plaques à rôtir, russes, sauteuses...) nécessitent fréquemment un brossage manuel. La machine permet surtout un gain de temps appréciable en prenant en charge le petit matériel de préparation ou de débarrassage (plaques, calottes, bahuts, chinois, louches, etc.).

Quelle que soit la méthode utilisée (lavage manuel ou en machine), le local plonge (murs, sol, grilles d'évacuation, siphons), le matériel de lavage (machine à laver la batterie, bacs, caillebotis, égouttoirs), les rayonnages de séchage et d'entreposage, les poubelles destinées à recevoir les produits de râclage, les tampons à récurer, les raclettes, les éponges et les lavettes doivent, après chaque journée de travail, être lavés, bien désinfectés et séchés.

LE RANGEMENT DES PRODUITS D'ENTRETIEN ET DE DÉSINFECTION

Pour éviter tout risque de confusion, de gaspillage ou de pollution, les produits destinés au lavage et désinfection du matériel et de la plonge doivent être distribués tous les jours et rangés dans un meuble strictement affecté à cet usage.

LE LOCAL D'ENTREPOSAGE DES POUBELLES ET L'ÉVACUATION DES DÉCHETS

DESCRIPTION ET EQUIPEMENT

Le local «poubelles» doit être isolé et ne doit pas communiquer avec les autres locaux affectés à la restauration. Appartenant au secteur souillé, il ne doit y avoir aucune possibilité de croisement avec les secteurs propres.

Fermé et maintenu à l'abri des insectes et des rongeurs, il doit être bien ventilé. Une légère dépression par rapport aux autres locaux diminue le risque de propagation des odeurs.

La climatisation de ce local à + 10 °C s'impose dans les régions chaudes et surtout lorsque l'enlèvement des déchets n'est pas quotidien. Le volume du local dépend de l'importance de l'établissement et de la fréquence de passage des services de la voirie.

Facile à laver et à désinfecter, il doit être alimenté en eau chaude sous pression suffisante et équipé d'un système d'évacuation des eaux usées muni d'une bonde siphoïde. Il doit aussi comporter un poste de lavage et de désinfection des poubelles.

D'accès facile pour les camions de la voirie, il peut être équipé, si nécessaire d'un quai d'enlèvement des ordures (quai strictement réservé à cet usage).

EVACUATION DES DECHETS

Il existe de multiples solutions pour traiter les déchets des établissements hôteliers, collectivités et restaurants. Un tri sélectif s'impose. Le verre, les plastiques alimentaires, l'aluminium (boîtes) doivent être séparés des déchets alimentaires.

LE COMPACTEUR

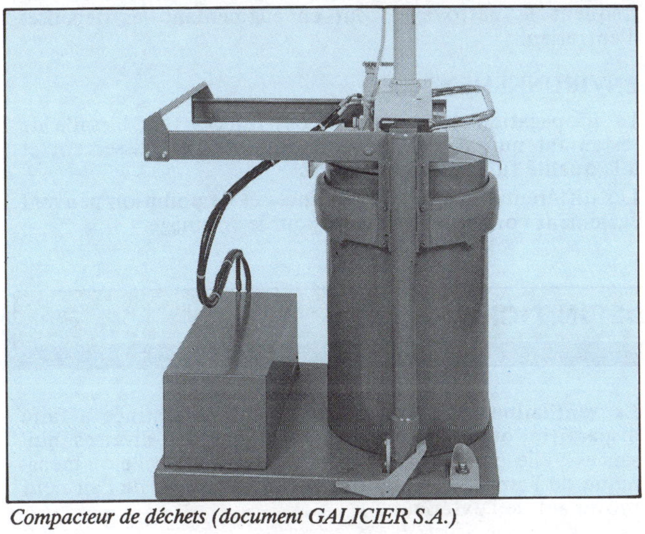

Compacteur de déchets (document GALICIER S.A.)

Les déchets sont jetés dans un volume fermé dont l'une des parois est constituée par un plateau qui, sous l'action d'un vérin, se déplace pour réduire de plus en plus le volume. Grâce aux fortes pressions exercées, les déchets sont écrasés et aplatis pour n'occuper finalement qu'un espace très réduit.

Il est recommandé pour les déchets qui occupent un volume important (de préférence secs) : emballages, cartons, cageots, boîtes, etc.).

LE DECHIQUETEUR ET LE BROYEUR

Broyeur à déchets alimentaires - modèle 3 CV (document CODIGEL)

La réduction des volumes est obtenue d'une façon différente : par déchiquetage. Un déchiqueteur est doté de couteaux qui divisent en une multitude de petits morceaux prenant une place plus réduite.

Le broyeur exerce une action mécanique d'écrasement et de division analogue à celle du marteau qui casse et qui divise.

Ces appareils se divisent en deux catégories :

– Les broyeurs à déchets alimentaires (à voie humide). Ils peuvent être montés sur l'orifice d'écoulement d'un bac ou d'un évier. Ils traitent plus particulièrement les déchets à haute teneur en humidité, et assurent l'évacuation directement à l'égout dans un fort courant d'eau.
– Les broyeurs à déchets par voie sèche. Ils ne sont pas dotés d'une évacuation à l'égout, mais limitent leur action à une réduction importante de volume.

L'INCINERATEUR

Il brûle les déchets combustibles seulement.

Le volume des cendres est négligeable et peut être facilement évacué.

Remarque :

Ces trois solutions sont plus complémentaires que concurrentes.

Dans un établissement important on peut trouver réunis : un broyeur à déchets alimentaire installé à la plonge, un broyeur, à bouteilles, emballages à l'économat, et un compacteur qui rassemble les déchets volumineux.

L'EVACUATION DES DECHETS

Les poubelles de la cuisine

Dans les cuisines et lieux de préparation des aliments, la collecte des déchets et détritus devrait être effectuée dans des sacs étanches à usage unique ou dans des récipients étanches munis de couvercles, affectés au seul local cuisine.

Les récipients, contenant les déchets, rebuts ou détritus de toute sorte, doivent être évacués des locaux de travail dès qu'ils sont pleins, obligatoirement après chaque période de travail, et placés dans des poubelles de voirie munies de couvercles qui ne doivent jamais pénétrer dans la cuisine.

Les poubelles de la voirie

Celles-ci sont entreposées dans des locaux fermés réservés à cet usage, distincts des resserres à aliments, maintenus à une température aussi basse que possible et bien ventilés, à l'abri des insectes et rongeurs, faciles à nettoyer, à laver et à désinfecter. Les poubelles de la voirie doivent être, après chaque utilisation, nettoyées et désinfectées.

L'évacuation des emballages

Dès qu'ils ont été vidés de leur contenu, les emballages divers doivent être évacués dans les mêmes conditions que les déchets et détritus.

Le système d'évacuation par conduit

En présence d'un système d'évacuation par conduit, les déchets, rebuts et détritus (avant d'être évacués) doivent être placés impérativement dans un sac étanche à usage unique. Le nettoyage et la désinfection de l'ouverture doivent être effectués journellement.

Les déchets, détritus et emballages doivent suivre un circuit distinct de celui des denrées alimentaires.

VENTILATION, CLIMATISATION ET CONDITIONNEMENT DE L'AIR

REGLEMENTATION

Plusieurs textes réglementent la ventilation des cuisines professionnelles :

- L'arrêté relatif à l'hygiène des aliments.
- Les normes AFNOR précisant les indices de confort se rapportant aux conditions de travail.
- La réglementation de la lutte contre l'incendie dans les locaux recevant du public (voir en fin de chapitre).

Dans une cuisine professionnelle, le fonctionnement des appareils de cuisson et de lavage représente une source inévitable de nuisances diverses. L'humidité, les buées, la chaleur excessive, les vapeurs graisseuses, les fumées, les odeurs, ou les gaz brûlés apparaissant lors de la confection des plats créent une atmosphère plus ou moins désagréable pouvant avoir une influence néfaste sur les conditions de travail, sur la qualité sanitaire et la conservation des préparations, sur l'entretien des locaux et sur l'environnement.

Les locaux et leurs annexes doivent être aménagés de telle sorte que l'aération, la ventilation, la filtration soient satisfaisantes, et que soient efficacement assurés le captage et l'élimination rapides des odeurs, fumées, buées, ou vapeurs de cuisson dans les lieux de préparation et d'entreposage afin que celles-ci ne constituent pas une source d'altération pour les denrées.

CONDITIONS DE TRAVAIL

Une atmosphère surchauffée, polluée et trop humide rend les conditions de travail pénibles, et contribue ainsi à diminuer la productivité du personnel.

QUALITE HYGIENIQUE DES PREPARATIONS

Une mauvaise climatisation (température et degré d'humidité trop élevés) accélère le processus de dégradation des aliments.

ENTRETIEN DU MATERIEL ET DES LOCAUX

La condensation des buées et des vapeurs grasses sur les vitres, les murs, ou le plafond rend plus difficile et plus fréquent le nettoyage, tout en augmentant les dépenses d'entretien.

ENVIRONNEMENT

La propagation des odeurs et des fumées vers la salle de restaurant nuit à l'image de marque de l'établissement et à la qualité finale des prestations.

Les différentes sources de nuisances et de pollution peuvent également constituer une gêne pour le voisinage.

DEFINITIONS

La ventilation de l'air est une opération destinée à faire disparaître ou à atténuer au maximum les diverses nuisances : elle consiste à extraire de façon naturelle ou mécanique de l'air vicié ou pollué, puis à introduire de l'air neuf provenant de l'extérieur.

Le conditionnement de l'air permet le calcul précis et le contrôle qualitatif et quantitatif de l'extraction et de l'introduction de l'air, de sa température et de son degré d'humidité.

La climatisation permet, en plus de la ventilation, de réchauffer ou de rafraîchir le local selon sa nature et la saison.

Températures souhaitées selon les locaux :

– ***cuisine chaude***	*+ 25 à + 32 °C*
– ***garde manger***	*+ 15 °C*
– ***légumerie***	*+ 15 °C*
– ***économat***	*+ 15 °C*
– ***boucherie***	*+ 12 °C*
– ***local d'entreposage des poubelles***	*+ 10 °C*

Remarque

La température a une influence directe sur le degré d'humidité de l'air. A + 26 °C, par exemple, l'air est capable d'absorber deux fois plus d'eau qu'à + 18 °C, trois fois plus qu'à + 10 °C, et six fois plus qu'à 0 °C.

UNE CLIMATISATION EFFICACE DE L'AIR DOIT REMPLIR LES CONDITIONS SUIVANTES :

- Extraire convenablement les produits polluants apparaissant au cours de la préparation et de la cuisson des aliments, sans rejets extérieurs risquant de nuire au voisinage et sans bruit de fonctionnement.
- Réintroduire de l'air neuf climatisé et filtré. L'arrêt des diverses micro-particules et poussières en suspension dans l'air procure un environnement plus sain. Les préparations bénéficient de meilleures conditions d'hygiène.
- Eviter aux différentes émanations et odeurs de se diffuser dans les zones de travail de la cuisine, et de se propager dans les locaux voisins, en particulier vers la salle de restaurant.

  Dans le cas d'une ventilation mécanique, il est nécessaire de prévoir un volume d'air extrait supérieur au volume réintroduit (1 m³ d'air extrait pour 0,80 m³ d'air réintroduit). Cette légère mise en dépression du local évite les risques de propagation des polluants vers l'extérieur. Le regroupement de tous les appareils de cuisson sous une hotte permet de limiter la dispersion des buées et des vapeurs vers les différentes zones de travail.
- Eviter aux vapeurs grasses et aux buées de se condenser. La condensation peut être limitée par différents moyens :
  - un système d'extraction performant et bien entretenu ;
  - une excellente isolation thermique ;
  - un soufflage d'air chaud situé le plus près possible des points froids ;
  - le calorifugeage des parties les plus froides (tuyaux d'eau par exemple).

  La condensation dépend principalement du degré d'humidité de l'air, de sa température et de la température des parois.
- Maintenir des conditions de température et d'hygrométrie acceptables. Les appareils de cuisson produisent et dégagent de la chaleur et de la vapeur en quantité importante : une marmite de 100 litres dégage environ 2,5 kg d'eau sous forme de vapeur à température d'ébullition.

  Les températures comprises entre + 25 et + 32 °C sont favorables à un abaissement de l'humidité relative de l'air et limitent les risques de condensation sur les parois froides.

La climatisation de l'air ou plus exactement son rafraîchissement ne doit pas pour autant provoquer de courants d'air. La vitesse de circulation de l'air (entre 0 et 2 mètres du sol) doit être de l'ordre de 0,50 mètre par seconde, le maximum étant de 0,80 mètre par seconde.

Remarque

Il est généralement admis que la quantité d'air à apporter doit correspondre à un renouvellement de 20 à 30 fois par heure du volume de l'air du local.
Exemple : pour un local de L 10 m x l 8 m x h 3 m, le volume d'air est de 240 m³. La quantité d'air à renouveler par heure est donc (240 m³ x 20 = 4 800 m³). Ce renouvellement doit s'effectuer en tenant compte des zones de confort : le courant d'air ne doit pas être sensible. C'est pour cette raison que la vitesse de circulation de l'air doit être comprise entre 0,50 et 0,80 mètre par seconde au maximum.

Les différents systèmes d'extraction sont munis de filtres dont le rôle principal consiste à retenir le maximum de vapeurs graisseuses et à éviter leur condensation contre les parois des conduits d'évacuation. Ces filtres limitent ainsi les éventuels risques d'incendie.

Pour rester efficaces, les filtres doivent être :
– faciles d'accès ;
– d'un démontage aisé ;
– nettoyés et désinfectés très soigneusement et régulièrement.

La réglementation la plus ancienne (parue au Journal Officiel du 23 mars 1965) demande aux restaurateurs de procéder au dégraissage complet et au nettoyage des ventilateurs au moins une fois par mois, et aussi souvent que nécessaire pour les filtres. L'article 39 du 18 mai 1975 exige un dégraissage quatre fois par an, mais il n'est pas tenu compte de l'importance de l'installation, ni du volume d'extraction. Il est donc nécessaire et obligatoire, pour limiter les risques d'incendie, pour éviter les plaintes des employés, de la clientèle ou du voisinage, et les éventuelles sanctions de la Préfecture de Police, de maintenir en parfait état d'entretien l'intégralité du système de ventilation.

Plusieurs procédés de nettoyage peuvent être envisagés :

Pour les filtres et tous les accessoires démontables
Procéder par trempage à chaud à l'aide d'un produit détergent spécifique, comme il est indiqué au chapitre du nettoyage du gros matériel.

Pour les gaines, conduits et cheminées d'évacuation
Selon l'étanchéité des conduits, le nettoyage peut être obtenu par projection de vapeur à basse ou à haute pression et additionnée d'un détergent biodégradable, ou par projection de mousse détergente avec rinçage à la vapeur. Ce nettoyage est généralement confié à une entreprise de maintenance spécialisée.

DIFFERENTS TYPES DE VENTILATION

(source Gaz de France)

- **Ventilation naturelle avec hotte**
- **Ventilation mécanique avec hotte**
- **Ventilation mécanique sans hotte appelée aussi ventilation « par induction ».**

VENTILATION NATURELLE AVEC HOTTE

Elle s'effectue par l'intermédiaire d'une hotte, surplombant les appareils de cuisson, qui se comporte comme un réservoir capable d'absorber les buées, vapeurs grasses et gaz brûlés.

Cette hotte est raccordée à un conduit vertical, traité comme un conduit de fumées, chargé par tirage naturel d'évacuer l'air vicié à l'atmosphère. Pour que cette évacuation soit efficace, il faut que de l'air neuf puisse entrer dans la cuisine et remplacer l'air vicié évacué.

Des ouvertures situées en partie basse permettront de mettre la cuisine en communication avec l'extérieur. Leurs emplacements seront choisis pour permettre un balayage aussi complet que possible sans apporter de gêne aux occupants. Des gaines ou des déflecteurs pourront diriger l'air neuf, réchauffé en hiver et, éventuellement, rafraîchi l'été.

L'hiver, des radiateurs ou des échangeurs pourront être placés devant les ouvertures pour éviter toute sensation désagréable aux occupants. Des précautions seront prises contre le risque éventuel de gel.

Remarque

A l'heure actuelle, il n'est plus question de concevoir une installation neuve sans la mécaniser. La ventilation naturelle ne permet pas d'obtenir de forts débits, surtout l'été ! L'absence de filtres provoque le dépôt de vapeurs grasses sur le conduit et augmente les risques d'incendie.

VENTILATION MECANIQUE AVEC HOTTE

Dans ce cas, la convection naturelle de l'air est forcée et contrôlée grâce à une tourelle d'aspiration refoulant à l'extérieur l'air vicié par l'intermédiaire d'un conduit.

Des bouches de soufflage d'air chaud sont disposées tout autour de la hotte. Cet air chaud aspiré à l'intérieur de la hotte entraîne les émanations polluantes du fourneau et évite leur propagation dans les locaux.

Pour remplir ce rôle, la hotte doit être particulièrement recouvrante. Elle doit avoir une hauteur au sol de 1,90 mètre et de 0,80 mètre minimum au plafond, déborder des appareils de 0,20 à 0,30 mètre et avoir des pans latéraux inclinés à 30 °. Munie d'un faux plafond à ouvertures réglables, elle permet de mieux répartir l'aspiration créée par le ventilateur dans le conduit d'extraction.

Au-dessus de ces ouvertures sont placés des filtres à graisse dont le démontage doit être aisé. Il vaut mieux choisir une hotte qui comporte dans sa partie inférieure une gouttière destinée à recueillir les condensations. Cette gouttière peut être raccordée à une évacuation des eaux usées. Dans le cas d'une installation simplifiée, le réseau de soufflage peut être remplacé par des « aérothermes » munis d'une prise d'air extérieur, ou par de simples radiateurs derrière lesquels ont été pratiquées des ouvertures dans les murs.

Remarque :

Il existe de nouveaux modèles de hottes très élaborés :

- *hottes à plafond filtrant,*
- *hottes à inertie et auto-nettoyantes,*
- *hottes à récupération d'énergie.*

Dans les hottes à inertie, les filtres traditionnels sont remplacés par des jeux de chicanes qui obligent l'air chaud à un cheminement au cours duquel les particules de graisses se séparent de l'air par différence de densité. La hotte à inertie assure une parfaite maîtrise des débits instantanés, elle permet de supprimer les pare-vapeurs et les doubles enveloppes. A l'issue du cycle de cuisson, un lavage intérieur des chicanes par pulvérisation d'eau chaude assure l'évacuation des graisses.

Le principe de fonctionnement des hottes à récupération d'énergie est basé sur la circulation d'un fluide caloporteur (en général de l'eau ou du fréon) à l'intérieur d'éléments de récupération (absorbeurs). L'eau ou le fluide ainsi réchauffé peut être utilisé pour le chauffage ou le préchauffage de l'eau sanitaire.

VENTILATION MECANIQUE SANS HOTTE

Ce système est adopté lorsque l'implantation d'une hotte n'est pas possible à cause d'un manque de hauteur sous plafond ou pour des raisons d'ordre esthétique.

Comme dans le cas précédent, l'installation comporte deux parties : une partie « soufflage » et une partie « extraction ».

Les bouches sont placées sur le même plan, juste au-dessous du plafond.

L'air pulsé à grande vitesse et sous un angle très fermé, de manière à créer un fort courant d'air, repris par les bouches d'extraction à l'autre extrémité de la pièce, entraîne les couches inférieures et les produits polluants qui y sont diffusés.

L'inconvénient majeur du procédé est qu'il laisse les produits polluants dans l'atmosphère avant de les évacuer.

Il nécessite une extraction plus importante que dans le cas d'une hotte et les frais de fonctionnement sont plus élevés.

Les captages sont assurés par des caissons filtrants raccordés au circuit d'évacuation.

Extrait de la réglementation officielle applicable à la ventilation des grandes cuisines

« Les cuisines doivent comporter une extraction d'air vicié, de buées et de graisses présentant les caractéristiques suivantes :

- Les hottes, ou autres dispositifs de captation doivent être construits en matériaux incombustibles.
- Le conduit d'évacuation doit être construit en matériau incombustible et être stable au feu de durant 1/4 d'heure. Il doit conduire aussi directement que possible à l'extérieur où doit se trouver la partie verticale, à moins que les hottes ne soient munies de filtres à graisse absolument efficaces et correctement entretenus. Le conduit d'évacuation doit comporter le moins de changements de direction possible. Ses parois doivent se trouver à au moins 0,5 mètre des parties inflammables non protégées et, sauf obligation technique impérative, à au moins 0,5 mètre des circuits électriques. Lorsque le conduit est admis à traverser d'autres locaux, il doit être isolé pour éviter la surchauffe des locaux traversés.
- Les conduits doivent être munis de trappes de visite d'au moins 3 dm^2 d'ouverture, éloignés d'axe en axe de 3 mètres au plus, avec une trappe à chaque changement de direction et une à la base de toute partie verticale de conduit d'un réceptable de résidus.
- Le circuit d'extraction d'air doit comporter, soit un filtre à graisse, soit une boîte à graisse facilement nettoyables. Si le réceptacle prévu à l'alinéa précédent est à moins de 6 mètres de la hotte d'extraction, il peut être considéré comme une hotte à graisse.
- Les registres à fermeture automatique éventuels doivent être normalement ouverts et doivent se fermer par rupture de fusible. Cette fermeture doit entraîner automatiquement et dans tous les cas, l'arrêt des ventilateurs d'extraction.
- Pendant la période de fonctionnement des foyers, le circuit d'extraction d'air doit être nettoyé complètement, y compris les ventilateurs, au moins une fois par mois. Les filtres doivent être nettoyés aussi souvent que nécessaire, et en tout cas au minimum une fois par mois. »

LA RESTAURATION DE MASSE

STATISTIQUES

Nouveau fruit d'une civilisation de consommation et de services ou simple adaptation aux contraintes quotidiennes de l'existence, le traditionnel repas à la table disparait à grands pas.

La restauration de masse connaît actuellement une expansion rapide et continue : 13 % des repas sont maintenant consommés en restauration collective ou commerciale, soit plus de cinq milliards de repas.

EVOLUTION DES REPAS PRIS HORS DOMICILE

Evolution du marché français de la restauration collective et commerciale : 1978-80 à 1990

(Source Gira)

	1978/1980		1985		1990	
	Nombre de repas (en millions)	Part du marché %	Nombre de repas (en millions)	Part du marché %	Nombre de repas (en millions)	Part du marché %
Restauration sociale	3.034 (*)	65,2	3.340	65	3.535	63,9
Restauration commerciale	1.620(**)	34,8	1.800	35	2.000	36,1
Total	4.654	100	5.140	100	5.535	100

(*) : 1978 - (**) : 1980

FACTEURS RESPONSABLES DE CETTE EVOLUTION

L'urbanisation et ses phénomènes annexes

- implantation des zones industrielles (phénomène de concentration)
- éloignement souvent important entre le lieu de travail et l'habitation
- difficultés et complexités des déplacements.

Le progrès social

- horaires plus souples
- journée continue
- travail à la carte
- travail féminin
- croissance des loisirs

La législation du travail

- 1913 : obligation de mise à la disposition des personnels d'entreprises, d'un local pour prendre les repas
- 1936 : accélération de l'action sociale
- 1945 : création des Comités d'Entreprises
- 1960 : amélioration de la loi 1913

L'évolution technologique

- organisation rationnelle du travail
- matériel moderne et performant
- cuisine centrale
- restauration différée
- systèmes de distribution (liaisons chaudes, réfrigérées, surgelées)

Critères économiques

- aides accordées aux repas pris hors domicile (tickets restaurant).

LES DIFFERENTES FORMES DE LA RESTAURATION DE MASSE

La restauration collective à caractère social

L'enseignement
- enseignement supérieur
- enseignement secondaire public
- enseignement primaire public
- enseignement privé

Les restaurants d'entreprises

Les restaurants d'inter-entreprises (zones industrielles)

Etablissements à caractère hospitalier
- hôpitaux publics
- cliniques privées
- maisons d'enfants
- maisons de retraite et hospices.

Foyer de jeunes travailleurs

Maisons des jeunes et de la culture

Les casernes de l'armée

Les établissements pénitenciers.

La restauration commerciale

Les restaurants de type «cafétéria» (appelés autrefois «self service»)...
La restauration à thème.
Les snacks.
La restauration des transports (maritime, ferroviaire, aérien, autoroutier).
La restauration des grands magasins, grandes surfaces et centres commerciaux.
La restauration des centres de loisirs, de sports et de culture (clubs hippiques, aéroclubs, etc.).
La distribution automatique.

La néo-restauration

Définition : source Néo-restauration

La néo-restauration, ou restauration novatrice, répond à une conception évolutive de la consommation hors foyer. Elle réunit les établissements commerciaux et collectifs, quelles que soient leur importance et leur localisation, appliquant une politique moderne de restauration. Les exploitants de ces établissements indépendants ou adhérents d'une chaîne volontaire, affiliés ou éléments constitutifs d'une chaîne intégrée, sont des professionnels répondant aux critères suivants :

- Connaissance du marché et adaptation de la (ou des) formule(s) de restauration aux besoins de ce marché.
- Prestations de qualité, à base de cuisine bonne et simple, faisant notamment appel aux spécialités régionales.
- Prix adaptés à la (ou aux) clientèle(s) visée(s).
- Utilisation de procédés ou techniques modernes de préparation , et de conservation des plats, gestion par comptabilité analytique et tableau de bord en vue de rentabiliser leur exploitation.
- Formation permanente
- Remise en cause permanente des positions acquises.

La néo-restauration est un état d'esprit dont se réclament les professionnels soucieux de répondre à l'évolution constante des goûts et des besoins de la vie moderne.

Différentes formules de néo-restauration

- **Restaurant avec buffet** (buffet scandinave, etc.) : cette formule consiste à présenter en vrac, sur table ou sur comptoir installé dans la salle clients, un choix de hors-d'œuvre, fromages, desserts et éventuellement de plats chauds et de vins dont les clients se servent eux-mêmes ou avec l'aide d'un personnel de service pour les consommer à table. Le prix du repas, généralement forfaitaire est lié au choix du plat principal chaud, permet au client de se servir à volonté, notamment en hors-d'œuvre, fromages et desserts.

- **Cafétéria** : unité de restauration exploitée en libre-service présentant un assortiment complet de préparations (chaudes et froides) et de boissons proposées visuellement au client pendant une amplitude d'ouverture importante. Le système de distribution des repas peut correspondre à l'une des formules suivantes :

  - comptoir linéaire (ou front line) devant lequel défilent les clients ;
  - libre circulation (scramble ou free flow) : meubles de distribution disposés de telle sorte qu'aucun sens de circulation n'est imposé ;
  - carrousel : meuble tournant présentant les différents plats sur plusieurs niveaux ;
  - automatique : le client se sert moyennant l'introduction de pièces de monnaie ou de jetons dans des appareils de distribution automatique.

  La cafétéria comporte par ailleurs une salle-client dans laquelle ceux-ci pénètrent après avoir payé leur repas ou qu'ils payent en sortant.

- **Brasserie** : unité de restauration dont l'ambiance reflète l'art de vivre alsacien. Carte courte et simple, plats pris à toute heure, formule mi-bar mi-restaurant avec spécialités alsaciennes (choucroutes, flammeküche, palette de porc, boudin, cervelas, saucisse de Strasbourg), bocks de bière et vins d'Alsace. S'ajoute fréquemment un banc extérieur de fruits de mer à consommer sur place ou à emporter.

- **Bistrot** : compromis entre le bar et le restaurant. Les bistrots actuels servent dans un cadre des années 30 des prestations simples, traditionnelles, à connotation régionale et de terroir (petits vins de pays, pot au feu, petit salé aux lentilles, potées, mousse au chocolat, oeufs à la neige, etc...). Le service y est rapide et le coût moyen du repas pondéré.

- **Coffee shop** : unité de restauration dont la salle est implantée de façon à permettre un service très fonctionnel à la place. La salle, équipée d'un ou de plusieurs comptoirs de formes géométriques différentes, avec service intérieur relié aux postes de préparation, peut également comporter des tables avec service à la place. Le choix des clients s'effectue sur une carte dont l'assortiment est généralement court et comporte notamment le petit déjeuner.

- **Crêperie** : unité de restauration dont le thème principal de la carte comporte des crêpes salées et sucrées préparées à la vue du client, avec service à table.

- **Fast food** : unité de restauration rapide à amplitude d'ouverture importante où l'on peut consommer sur place (assis ou debout) ou emporter un assortiment limité (parfois une prestation unique) de produits à faible prix unitaire et présentés dans un emballage approprié excluant la vaisselle traditionnelle.

- **Ferme auberge** : unité de restauration implantée en zone rurale proposant un nombre réduit de spécialités régionales permettant de faire un repas complet avec service à table.

- **Gril (ou grill) ou steak-house** : unité de restauration à service traditionnel et à carte limitée basée sur la viande (ou le poisson) dont la cuisson (grillade) est faite à la vue du public et dont la décoration présente un caractère typé (généralement de type rustique).

- **Pizzeria** : unité de restauration dont le thème principal de la carte comporte des pizzas généralement préparées à la vue du client avec service à table.

- **Pub** : unité de restauration caractérisée par une décoration de style anglais, dont le nombre de places assises est relativement limité. Le pub est un lieu de rencontre où l'on propose surtout des boissons et quelques plats chauds ou froids consommés au bar ou servis à table.

- **Bar à vin** : unité de restauration avec service de vins « au verre ». La carte est simple et propose généralement des charcuteries, des salades composées et quelques spécialités régionales.

- **Snack** : unité de restauration rapide avec service à table, dont la carte simplifiée propose des prestations simples (croque-monsieur, etc.) préparées à la vue du client. La carte du snack comporte également quelques plats principaux plus élaborés, ayant un caractère permanent ou non.

- **Divers** : peuvent être considérés dans cette rubrique, des restaurants de type traditionnel, classés ou non, qui servent des prestations de qualité, et se caractérisent par un système de gestion moderne.

IMPORTANCE DES REPAS SERVIS PAR UNITE DE RESTAURATION ET PAR JOUR

– *la restauration universitaire*	*1600 repas/jour*
– *la restauration hospitalière*	*1000 repas/jour (2 x 500)*
– *cafétérias des grandes surfaces*	*800 repas/jour*
– *les Armées*	*500 repas/jour*
– *les écoles secondaires publiques*	*400 repas/jour*

57 % des restaurants à caractère social servent moins de 100 couverts par jour. En 1986 on estimait à 196 000 le nombre des restaurants en France (hors cafés et bars) dont 107 000 établissements de restauration commerciale et 89 000 restaurants sociaux.

Taille moyenne des restaurants collectifs et commerciaux. *(Source Gira)*

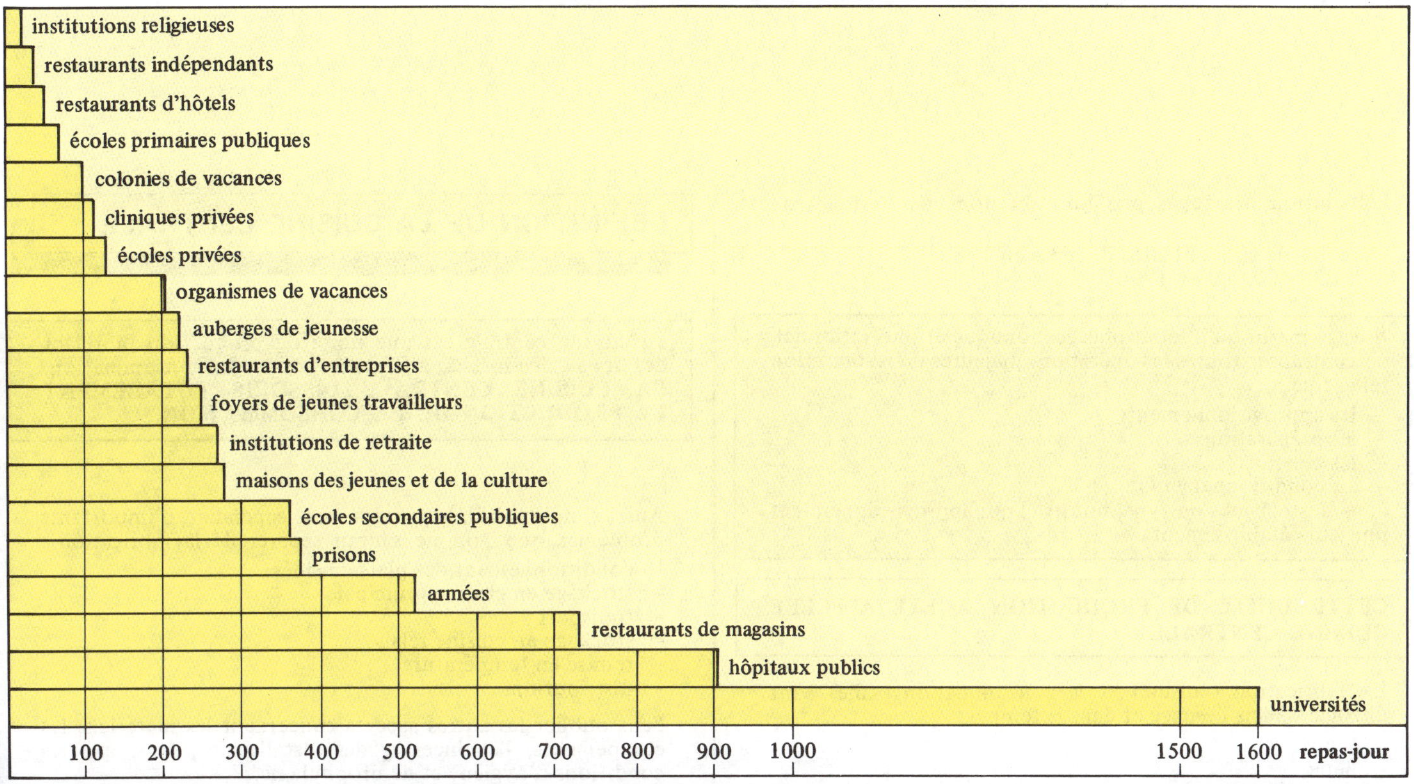

EVOLUTION DE LA RESTAURATION PAR SECTEUR

Evolution de la restauration par secteur de 1975 à 1985. *(Source Gira)*

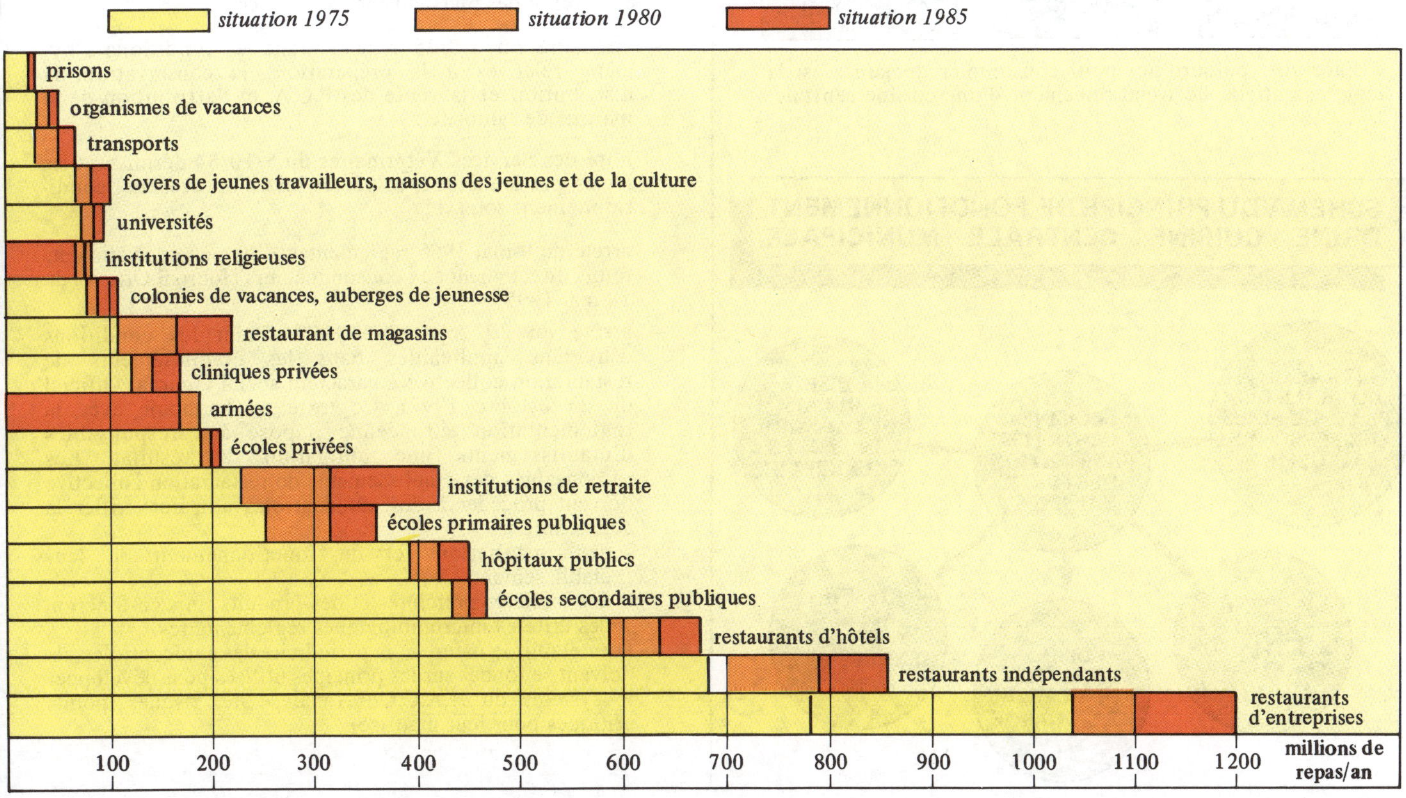

LA CUISINE CENTRALE

L'évolution des repas pris hors du domicile s'est accrue rapidement :

– moins de cinq milliards de repas en 1983
– 5 535 000 000 en 1990

Il est apparu, qu'il serait plus économique et plus rationnel, de centraliser toutes les opérations majeures de restauration telles que :

– les approvisionnements
– les préparations
– les cuissons
– les conditionnements

dans des cuisines de type industriel qui approvisionneraient plusieurs établissements.

CETTE UNITE DE PRODUCTION A ETE APPELEE CUISINE CENTRALE

La fabrication (cuisine) et la consommation (salle) sont dissociées dans l'espace et dans le temps.

– temps
– lieux

L'établissement distribuant les plats cuisinés provenant de la cuisine centrale est appelé cuisine relais, cuisine terminale ou restaurant satellite.

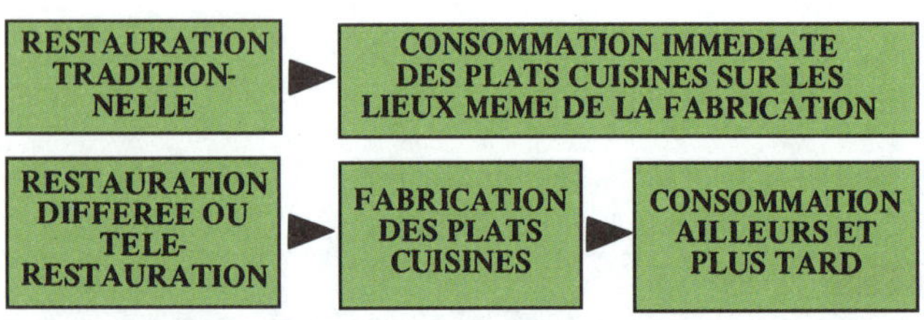

« Fabriquer aujourd'hui pour consommer demain » est la règle essentielle de fonctionnement d'une cuisine centrale.

SCHEMA DU PRINCIPE DE FONCTIONNEMENT D'UNE CUISINE CENTRALE MUNICIPALE

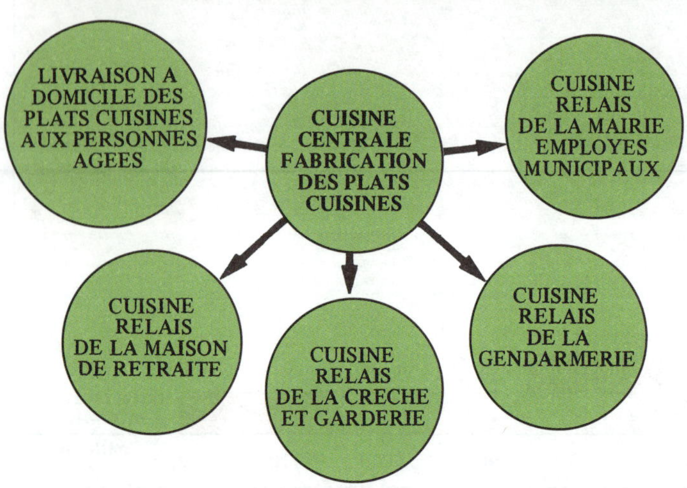

DEFINITION DE LA CUISINE CENTRALE

La cuisine centrale est une unité de production fabricant des repas destinés à différents points de consommation. **LA CUISINE CENTRALE DISSOCIE TOTALEMENT LA PRODUCTION DE LA CONSOMMATION.**

Aussi simple soit-il, le procédé pose cependant d'importants problèmes que l'on ne saurait séparer de la fabrication :

– conditionnement des plats cuisinés
– stockage en cuisine principale
– transport
– stockage en cuisine relais
– remise en température
– distribution.

Sans oublier les autres aspects concernant les matériels, les équipements, l'engineering des installations, ainsi que les conditions d'hygiène et de prophylaxie.

La fabrication des plats cuisinés à l'avance est soumise à une réglementation particulièrement stricte qu'il faut impérativement connaître (voir textes ci-après).

– règlementation du 1/2/74 sur le transport des denrées périssables

– règlementation du 26/6/74 sur les conditions d'hygiène relatives à la préparation, la conservation, la distribution et la vente des plats cuisinés à l'avance

– circulaire du 3/3/75 réglementant les conditions d'hygiène relatives à la préparation, la conservation, la distribution et la vente des P.C.A. et l'attribution de la marque de salubrité

– note des Services Vétérinaires du 5/10/84 définissant les règles particulières à respecter lors d'un éventuel conditionnement sous vide

– arrêté du 9 mai 1995 réglementant l'hygiène des aliments remis directement aux consommateurs (Journal Officiel du 18 mai 1995)

– arrêté du 29 septembre 1997 fixant les conditions d'hygiène applicables dans les établissements de restauration collective à caractère social (Journal Officiel du 23 octobre 1997). Ce texte en harmonie avec la réglementation européenne impose aux responsables d'établissements une obligation de résultat. Les responsables des établissements de restauration collective doivent procéder à des autocontrôles afin de vérifier la conformité :
  - des installations et du fonctionnement de leur établissement,
  - des matières premières et des produits finis en fonction des critères microbiologiques réglementaires.

  Pour établir la nature et la périodicité des autocontrôles, ils doivent se fonder sur les principes utilisés pour développer le système du H.A.C.C.P. (analyse des risques, points critiques pour leur maîtrise).

MARQUE DE SALUBRITE D'UN ETABLISSEMENT PREPARANT DES PLATS CUISINES A L'AVANCE

Aucune cuisine centrale ne peut fonctionner sans que les Services Vétérinaires du département où elle est implantée n'aient vérifié la conformité des installations et ne lui aient délivré une « marque de salubrité », ni sans les analyses bactériologiques de prélèvements hebdomadaires garantissant la qualité hygiénique des plats cuisinés à l'avance.

Ø extérieur = 20 mm
13 = *numéro minéralogique du département*
202 = *numéro d'enregistrement à la D.S.V.*
P.C. = *plat cuisiné*

Cette marque de salubrité doit être apposée sur tous les conditionnements qui renferment les plats cuisinés et sur tous les « documents comptables » : bons de livraison, factures, ...

LA CREATION D'UNE CUISINE CENTRALE PEUT SE JUSTIFIER PAR L'ANALYSE DES CRITERES SUIVANTS

L'aspect social

– amélioration et humanisation des conditions de travail
– régularité du rythme de travail par la disparition du « coup de feu »
– étalement du travail sur la journée ou sur la semaine suivant la formule de distribution.
– horaire normal de travail et de repas
– congés hebdomadaires réguliers.

L'aspect économique

– gestion facilitée et centralisée
– meilleure utilisation des matières premières
– coût d'achat matière plus intéressant (achats en quantité importante, centrales d'achat)
– surface au sol moins importante et prix d'achat au m^2 moins élevé (installation décentralisée en zone industrielle)
– amortissement rapide du matériel (spécificité, fabrication en continu, utilisation optimale des installations)
– énergie moins coûteuse (programmation du travail en dehors des heures de pointe).

L'aspect hygiénique

– respect des règles d'hygiène facilité par la spécificité des installations, du matériel et des locaux.
– respect du principe de la « marche en avant » (voir tableaux suivants)
– contrôle sanitaire permanent
– locaux spécifiques à chaque type de préparation (légumerie, cuisine chaude, cuisine froide, etc.).

SCHEMA DIRECTEUR DE PRINCIPE

Le cheminement des plats cuisinés de la cuisine centrale à la consommation

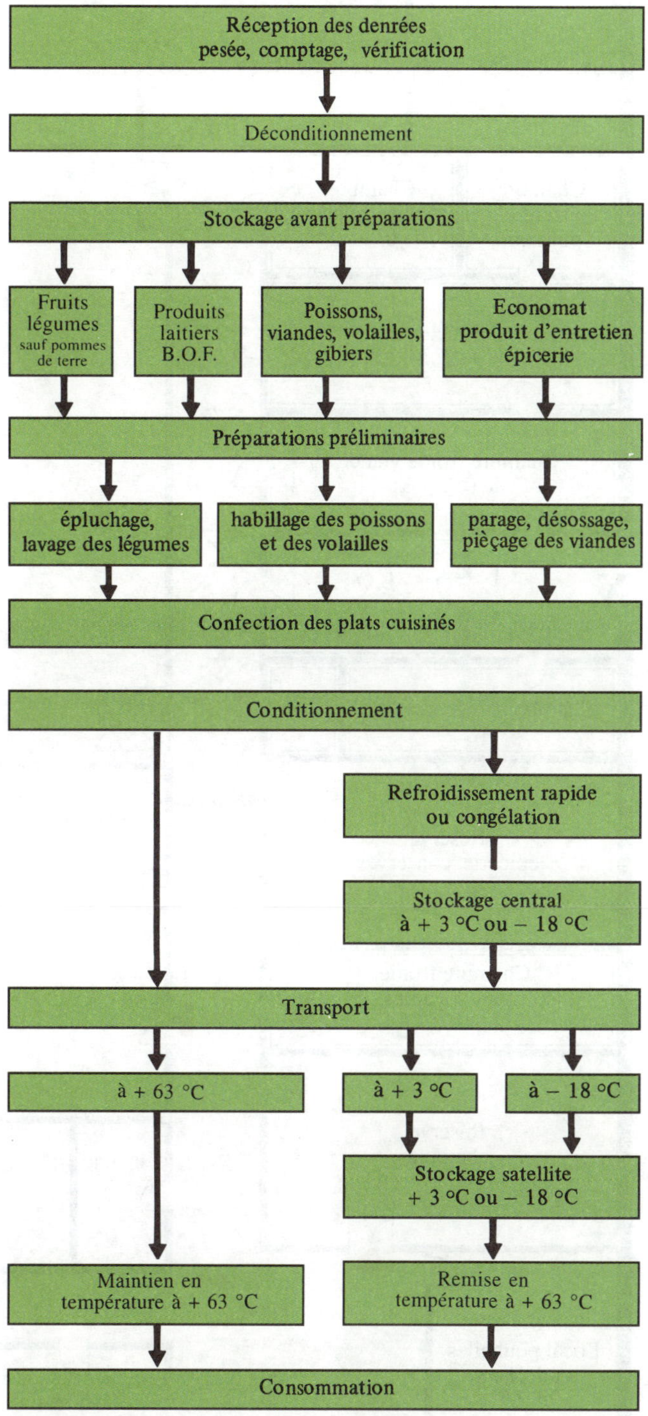

REGLE :
De la réception des marchandises à la consommation des plats cuisinés, les circuits empruntés par les déchets résultant de l'épluchage, le lavage des légumes, du parage et nettoyage des denrées alimentaires ne doivent en aucun cas, rencontrer les circuits des préparations élaborées vers la distribution.

Les principales étapes de la marche en avant doivent se faire dans des locaux séparés (voir le plan suivant donné à titre d'exemple).

EXEMPLE TYPE D'UN PLAN D'UNE CUISINE CENTRALE

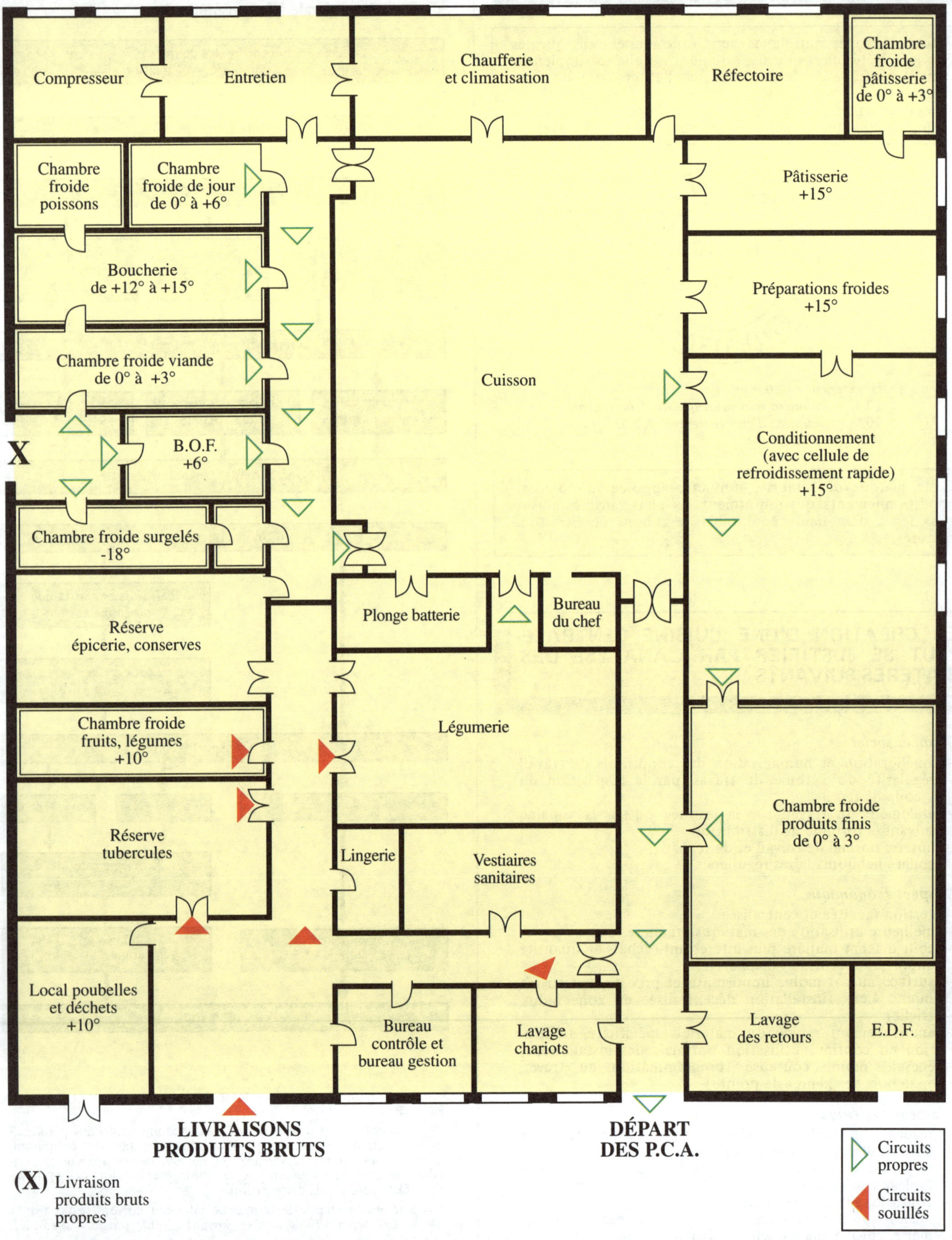

LA RESTAURATION DIFFÉRÉE

Après le principe de fonctionnement d'une cuisine centrale, voici la deuxième partie du procédé qui consiste à dissocier la fabrication de la consommation.

DEFINITION

On donne le nom de restauration différée à un système qui consiste à consommer «ailleurs et plus tard» des repas qui en restauration traditionnelle auraient été servis «sur place et tout de suite».
Ce système implique la mise en place d'un suivi (traçabilité) de l'arrivée des produits à la remise du plat au consommateur.

LA RESTAURATION DIFFEREE PEUT ETRE ASSUREE PAR TROIS TECHNIQUES

1) La liaison chaude
2) La liaison réfrigérée
3) La liaison surgelée

+ 63 °C

LA LIAISON CHAUDE
(différée seulement dans l'espace)

Définition

Cette technique consiste dès la fin de la cuisson à maintenir les aliments à une température égale ou supérieure à + 63 °C, et ce jusqu'à la remise au consommateur.
Les repas seront consommés le jour même de leur fabrication. Aucune préparation de la veille n'est acceptée.
Aucun reste n'est toléré.
(voir les différentes étapes du procédé, tableau suivant).

Secteurs d'activité
- hôpitaux, cliniques (blocs pavillonnaires)
- restaurants universitaires et scolaires rapprochés
- tous les restaurants satellites dont l'éloignement reste compatible avec le maintien des plats cuisinés à une température supérieure ou égale à + 63 °C.
- traiteurs
- livraison de plats cuisinés dans les bureaux et chez les particuliers
- portage de repas au domicile des personnes âgées.

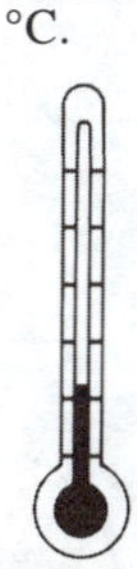

+ 3 °C

LA LIAISON REFRIGEREE
(différée dans l'espace et dans le temps)

Définition

Cette technique consiste à abaisser rapidement la température des plats cuisinés conditionnés ou non de + 63 °C à + 10 °C à cœur, en moins de deux heures, grâce à une cellule de refroidissement rapide.
Les plats sont alors stockés dans une chambre froide spécifique à + 3 °C. La température est contrôlée par un thermomètre enregistreur.
Le séjour en chambre froide des plats cuisinés ainsi refroidis ne peut excéder 4 jours, sauf dérogation après étude de vieillissement.
Les plats cuisinés seront ensuite acheminés vers les cuisines relais par camions isothermes toujours à + 3 °C.
La remise en température de consommation doit s'effectuer de + 3 °C à + 63 °C en moins d'une heure.
(voir les différentes étapes du procédé, tableau suivant).

Secteurs d'activité
- cuisine centrale, restaurants communaux et inter-communaux
- restaurants d'entreprises ou inter-entreprises
- restauration scolaire et universitaire
- restauration commerciale (vente dans les magasins, grandes surfaces, restaurants traditionnels)
- chaîne de restauration
- livraison de plateaux repas (particuliers, bureaux, personnes âgées)
- restauration ferroviaire
- catering aérien
- traiteurs restaurant de finition ou cuisine terminale

Toutes possibilités : le système permet de conserver les plats cuisinés pendant 4 jours et d'effectuer les livraisons lointaines. Possibilité de dérogation après étude de vieillissement.

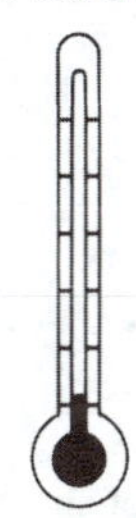

- 18 °C

LA LIAISON SURGELEE
(différée dans l'espace et dans le temps)

Définition

Il s'agit d'une technique de conservation des plats cuisinés en basse température permettant de les garder plusieurs mois (en principe jusqu'à 12 mois, mais en général 3 ou 4 mois ; temps nécessaire à la rotation).
Cette technique consiste à abaisser rapidement la température des plats cuisinés, conditionnés à - 18 °C à cœur par passage en cellule de refroidissement rapide (passage de + 63 °C à + 10 °C en moins de deux heures).
La température de - 18 °C à cœur est souvent obtenue en moins de quatre heures suivant la texture, l'homogénéité, et l'épaisseur du plat cuisiné.
Les plats cuisinés sont alors stockés et transportés par camions frigorifiques à une température égale ou inférieure à - 18 °C.
(voir les différentes étapes du procédé, tableau suivant).

Secteurs d'activité
- secteur de l'industrie alimentaire
- chaîne de restauration
- différents points de vente (restaurants traditionnels, grandes surfaces, commerce de détail)
- restauration commerciale et collective

Toutes possibilités : le système présente une grande souplesse quant à la conservation et à la distribution lointaine des plats cuisinés.

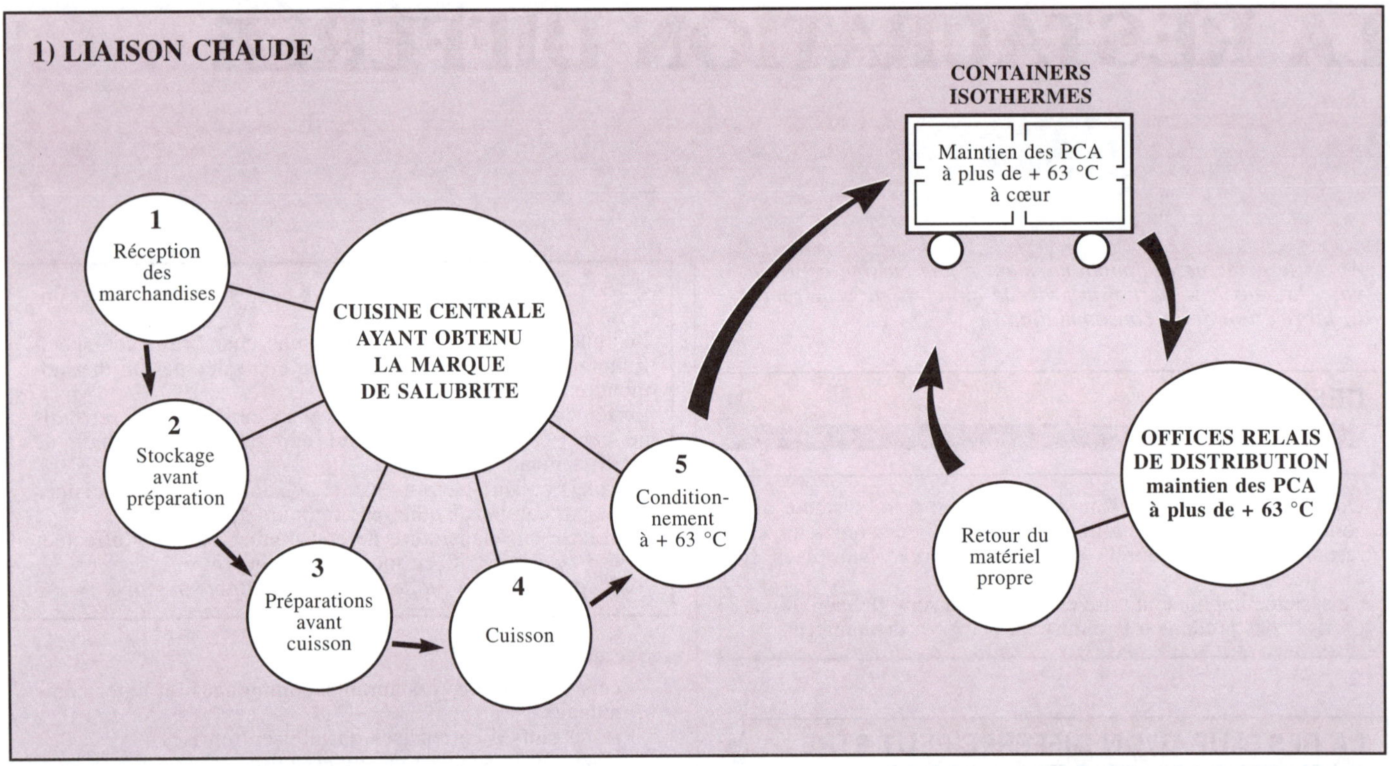
1) LIAISON CHAUDE
CONTAINERS ISOTHERMES
Maintien des PCA à plus de + 63 °C à cœur
1 Réception des marchandises
CUISINE CENTRALE AYANT OBTENU LA MARQUE DE SALUBRITE
2 Stockage avant préparation
3 Préparations avant cuisson
4 Cuisson
5 Condition-nement à + 63 °C
OFFICES RELAIS DE DISTRIBUTION maintien des PCA à plus de + 63 °C
Retour du matériel propre

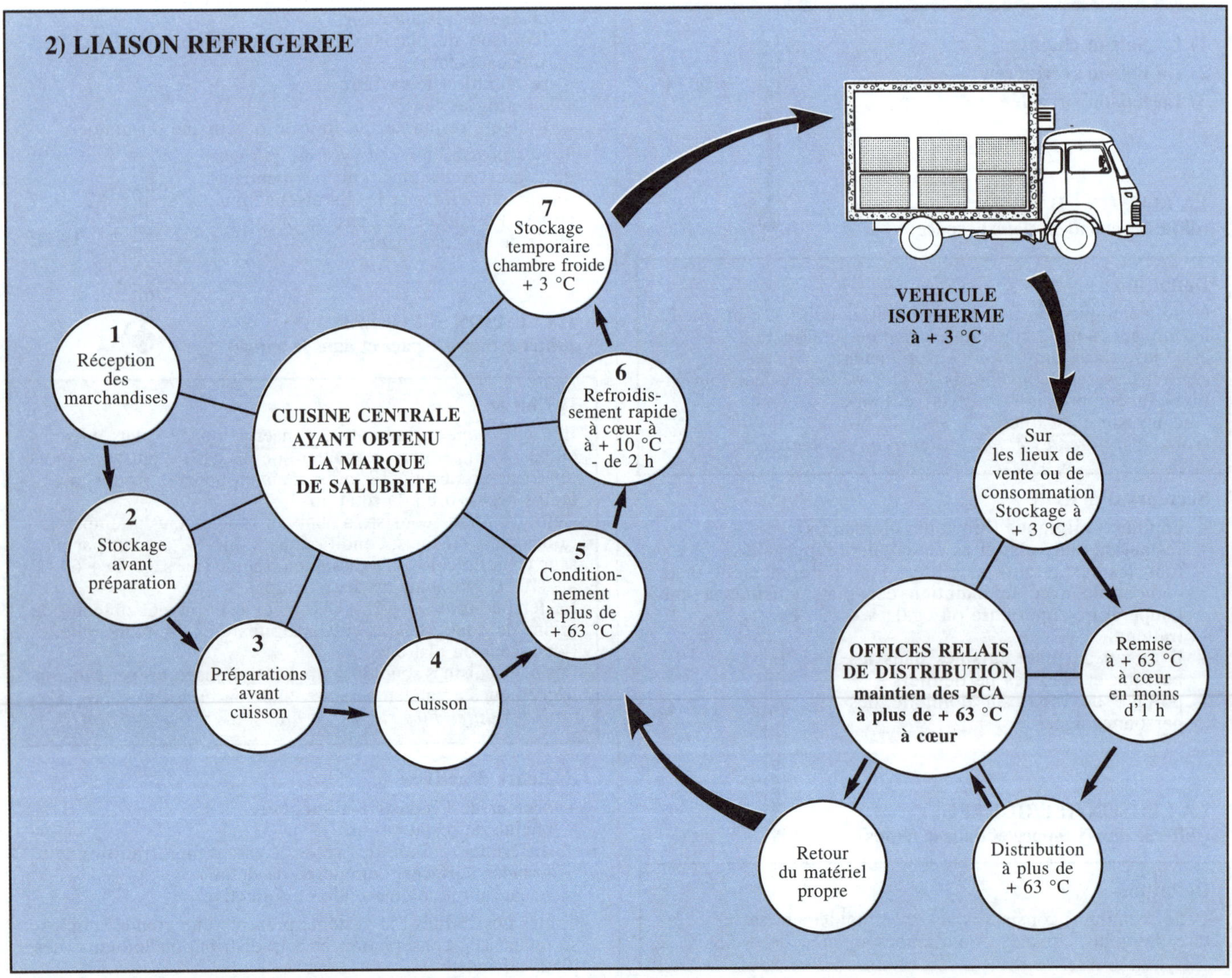
2) LIAISON REFRIGEREE
7 Stockage temporaire chambre froide + 3 °C
VEHICULE ISOTHERME à + 3 °C
1 Réception des marchandises
CUISINE CENTRALE AYANT OBTENU LA MARQUE DE SALUBRITE
6 Refroidis-sement rapide à cœur à + 10 °C - de 2 h
2 Stockage avant préparation
3 Préparations avant cuisson
4 Cuisson
5 Condition-nement à plus de + 63 °C
Sur les lieux de vente ou de consommation Stockage à + 3 °C
OFFICES RELAIS DE DISTRIBUTION maintien des PCA à plus de + 63 °C à cœur
Remise à + 63 °C à cœur en moins d'1 h
Retour du matériel propre
Distribution à plus de + 63 °C

3) LIAISON SURGELEE

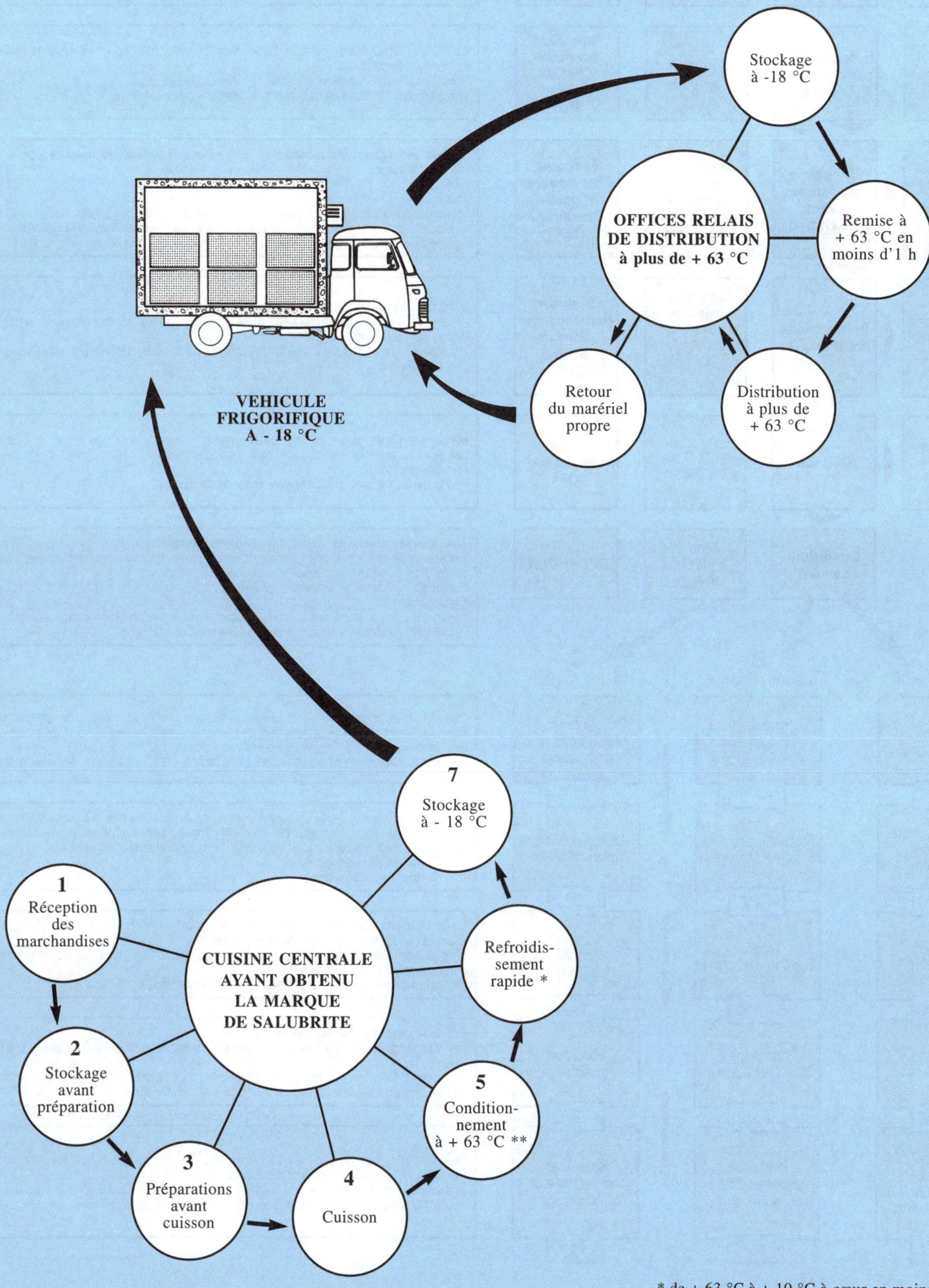

* de + 63 °C à + 10 °C à cœur en moins de 2 heures puis abaissement à - 18 °C

** certaines préparations sont refroidies réglementairement pour faciliter le tranchage

TABLEAU RECAPITULATIF

S.P (Secteur propre) — S.S (Secteur souillé)

CUISINE CENTRALE

Evacuation des déchets	**Principe de la marche en avant**	Locaux spécifiques	***Personnel concerné***	**TECHNIQUES RÉGLEMENTATION HYGIÈNE**
Vers le local poubelles + 10 °C	**Réception des marchandises Contrôle**	Bureau de contrôle	***Intendant Econome Chef de cuisine MO****	Contrôle qualitatif des denrées, vérification de l'hygiène, des étiquettes, des estampilles et marques de salubrité. Contrôle quantitatif, pesées, nombre de pièces, calibres, etc. Comparaison des bons de livraison avec les bons de commande.
Eliminer les emballages cartons papier cageots	**Stockage des denrées avant préparations**	Chambre froide positive Chambre froide négative Economat	***Econome Chef boucher et garde-manger OEA****	**Denrées périssables : froid positif** - fruits et légumes + 6 à + 10 °C - B.O.F. + 6 °C - viandes + 3 °C - poissons sous glace 0 à + 2 °C - volailles + 4 °C - gibier non dépouillé + 4 °C **Denrées périssables : froid négatif** - viandes - 10 °C - volailles, abats - 12 °C - crèmes glacées - 20 °C - autres produits surgelés - 18 °C **Denrées sèches, conserves produits stables, épicerie, etc.** + 15 °C à + 18 °C
Evacuer immédiatement les épluchures, parures, os, déchets	**Préparations préliminaires**	Légumerie, habillage poissons, boucherie cuisine froide, garde-manger	***Boucher Garde-manger Aides de cuisine OEA****	Dans des locaux séparés climatisés pour la viande (+ 10 °C). Epluchage, lavage des légumes, habillage des poissons et des volailles, parage, désossage des viandes. Les locaux, le matériel ainsi que les poubelles seront lavés, désinfectés, après chaque phase de travail.
Evacuer immédiatement les déchets, parures, graisses	**Cuisson**	Cuisine chaude pâtisserie	***Chef de partie OP****	Même technique qu'en cuisine traditionnelle, suivant l'importance de la cuisine centrale, le matériel de cuisson peut être automatisé (rotosauteuse, rotofriteuse, rotorôtisseur). Voir cours de technologie sur le gros matériel de cuisson.
	Condition-nement	Zone de condition-nement	***OP* et OEA****	Zone séparée, proche de la zone de cuisson (refroidissement). Les agents de conditionnement seront dotés d'une tenue rigoureusement propre, d'une coiffe, d'un masque bucco-nasal et de gants à usage unique. Conditionnement par unité individuelle ou de 2, 4, 8, portions ou en plats multi-portions gastronormes*. Les conditionnements seront couverts ; cloches métalliques, thermosoudage, sertissage. La date de fabrication sera portée sur tous les conditionnements.

A Liaison chaude	**B** Liaison réfrigérée	**C** Liaison surgelée	
	Refroidissement rapide en moins de 2 heures	Refroidissement rapide en moins de 2 heures	Cette opération impose le passage des plats cuisinés dans une cellule de refroidissement rapide capable d'abaisser, en moins de 2 heures un plat ayant atteint lors de la cuisson une température d'environ + 80 °C. Soit à + 10 °C à cœur en liaison réfrigérée, ou soit à - 18 °C à cœur en liaison surgelée.
+ 63 °C	+ 3 °C	- 18 °C	

CUISINE RELAIS

A Liaison chaude	**B** Liaison réfrigérée	**C** Liaison surgelée	
Pas de stockage livraison immédiate	Stockage chambre froide positive	Stockage chambre froide négative	Les plats cuisinés réfrigérés ou surgelés sont conservés dans des chambres froides en parfait état de fonctionnement. Les chambres froides sont exclusivement réservées à cet usage et leur température est contrôlée par un thermomètre enregistreur. + 3 °C pour les plats réfrigérés - 18 °C pour les plats surgelés.
+ 63 °C	+ 3 °C	- 18 °C	
Transport immédiat	Transport camion isotherme	Transport camion frigorifique	Liaison chaude : containers hermétiquement fermés après les conditionnements, chariots chauffants (+ 63 °C) camion isotherme. Liaison réfrigérée : en gastro-boxes réfrigérés (+ 3 °C), gaz carbonique plaques eutectiques puis camion isotherme. Liaison surgelée : camion frigorifique (producteur de froid à - 18 °C).
+ 63 °C	+ 3 °C	- 18 °C	
	Stockage avant distribution	Stockage avant distribution	Pas de stockage pour la liaison chaude. Les plats cuisinés peuvent être indifféremment stockés en cuisine centrale ou en cuisine relais. Toutefois la durée maximum ne peut excéder 4 jours en liaison réfrigérée et 3 ou 4 mois en liaison surgelée (date de fabrication sur les conditionnements).
+ 63 °C	+ 3 °C	- 18 °C	
Possibilité util. containers calorifiques à accumulation ou branchés sur courant él.	Remise en température de consommation	Remise en température de consommation	Plusieurs systèmes sont utilisés : air chaud pulsé, infra-rouges obscures, enceinte à micro-ondes, cuiseur vapeur, multi-cuiseurs. La remontée en température doit s'effectuer de 1 18 °C ou de + 3 °C en moins d'une heure. Ne remonter en température que la quantité nécessaire au repas.
+ 63 °C	+ 63 °C	+ 63 °C	

DÉTRUIRE LES PLATS CUISINÉS RÉCHAUFFÉS, ON NE PEUT PAS REFROIDIR ET RÉCHAUFFER UNE DEUXIÈME FOIS.
La platerie est lavée sur place en cuisine relais et relavée et désinfectée au retour en cuisine centrale.
Les containers ainsi que les véhicules ayant servis au transport des plats cuisinés seront lavés et désinfectés tous les jours.

* *OEA : Ouvrier d'entretien et d'accueil de cuisine (polyvalent) - OP : Ouvrier professionnel - MO : Maître ouvrier*

LA DISTRIBUTION DES PLATS CUISINÉS EN RESTAURATION DIFFÉRÉE

De la cuisine relais à la salle à manger, les moyens de transitions sont multiples :

– comptoirs des libres-services

– chariots chauffants des services à table.

Quelle que soit l'organisation de la distribution, l'essentiel est que les plats chauds soient servis chauds (+ 65 °C), ce qui signifie, suivant les cas : des comptoirs ou des chariots chauffants efficaces, un bon matériel isotherme, des plats de service bien calorifugés (porcelaine à feu).

LES CONDITIONS DE REUSSITE

– L'hygiène, la qualité de la prestation
– Le choix, la variété, les couleurs et la présentation des mets
– L'équilibre nutritionnel des menus
– L'information du consommateur, la signalisation, l'éclairage, l'animation
– Le caractère promotionnel de certaines préparations
– Le décor, la qualité de l'environnement
– La détention de la licence 4
– L'hygiène, la tenue et l'amabilité du personnel.

Sont autant de points clefs extrêmement importants pour que le système de distribution retenu soit une complète réussite.

LA CONCEPTION DU SYSTEME DE DISTRIBUTION

Le système de distribution le plus couramment adopté en restauration collective ou commerciale est de type CAFETERIA.

DEFINITION

La cafétéria est une unité de restauration exploitée en LIBRE SERVICE : elle présente un assortiment de préparations chaudes et froides et des boissons, proposées visuellement au consommateur pendant une amplitude horaire d'ouverture appropriée.

Les produits doivent être exposés de façon attractive et avoir une apparence telle, qu'elle encourage le consommateur à choisir et à équilibrer son menu dans les meilleures conditions.

LES DIFFERENTS SYSTEMES DE DISTRIBUTION

1. **Le libre service linéaire**
2. **Le carrousel**
3. **Le libre service composé de comptoirs en îlots, scramble ou free flow**
4. **La restaurette automatique.**

LE LIBRE SERVICE LINÉAIRE

La formule du comptoir linéaire (ou front line) est la première à avoir été appliquée pour la distribution des repas en libre service.

Comptoir linéaire (document Inoxyform)

PRINCIPE

Le client se déplace le long de la chaîne et compose son menu.

Hors d'œuvre – Fromage – Dessert – Plat garni + boisson.

Le règlement s'effectue en fin de ligne.

Exemple d'une chaîne de distribution linéaire

1 meuble stockage plateaux
1 poste hors d'œuvre réfrigéré
1 poste boisson fromage
1 poste plats garnis (étuve table chaude)
1 meuble couverts-verres
1 meuble caisse.

La table chaude peut être ravitaillée par la cuisine à l'aide de bains-marie roulants à accumulateurs.

COMPTOIR DE DISTRIBUTION LINEAIRE

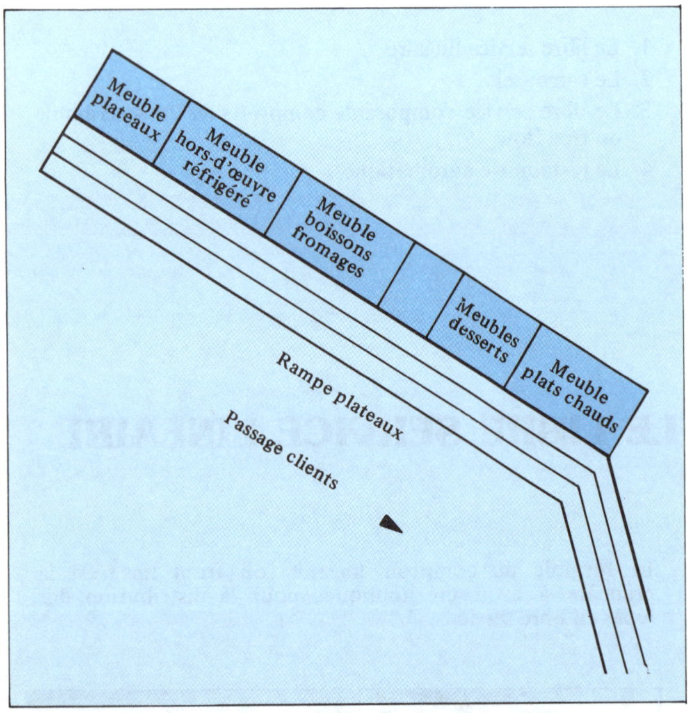

Avantages et inconvénients du procédé

Avantages

Relation clients/personnel. Le consommateur peut faire apporter des modifications à son menu.

Contrôle qualitatif et quantitatif. Le responsable voit ce que prend le client, il entend ses réflexions, peut y remédier.

Inconvénients

Blocages, hésitation du client. Le client est tenu de passer devant tous les postes et donc de subir l'attente, même s'il ne désire qu'un plat.

Un trop grand choix augmente les risques de blocages (indécision du consommateur).

Le libre service linéraire demeure, par conséquent, une solution valable pour les établissements importants et qui sont limités par la surface des locaux.

LE LIBRE SERVICE CARROUSEL

Le client ne se déplace pas le long d'une chaîne. Ce sont les galeries de présentation des plats qui défilent devant le client.

PRINCIPE

Le client se présente devant l'un des 6 guichets de distribution d'un carrousel (voir tableau), trouve son plateau dans le bas du meuble et compose son menu à partir de ce qui lui est présenté sur 4 niveaux d'étagères .

1 série hors d'œuvre
1 série plats garnis
2 séries fromages et desserts.

ANATOMIE DU POSTE DE DISTRIBUTION PRESENTE

Chaque poste présente, sur deux mètres de diamètre, un comptoir linéaire de 6,28 m² (voir plan).

Il comprend :

- 1 bloc moteur avec un pupitre de commande et tunnel infra-rouge pour les plats garnis.
- 4 galeries de présentation
- 2 meubles « rotoplates » avec chauffe assiettes, une banque de stockage électro-thermique (les containers sont de modèles différents), une table chaude et des échelles de stockage (préparations froides, hors d'œuvre, salades, fromages).
- 1 meuble caisse avec une rampe à plateaux.

Carrousel - Lycée hôtelier Jean Drouant

DETAIL D'UN POSTE DE DISTRIBUTION DE TYPE CARROUSEL

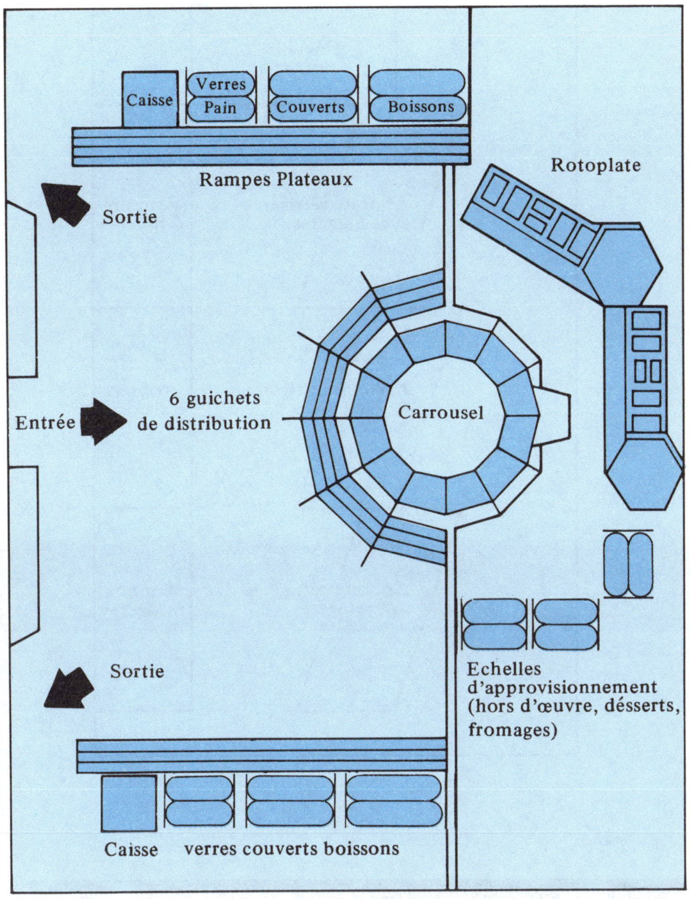

REMARQUE

Si le client désire choisir parmi toutes les variétés qui lui sont proposées, il doit attendre un tour complet du self, soit environ 1 minute. Il se dirige ensuite vers l'une des deux caisses prenant au passage ses couverts et sa boisson.

Avantages et inconvénients du procédé

Avantages

Réduction de la surface de distribution

Suppression des blocages en chaîne. L'hésitation d'un client ne stoppe pas le débit des autres guichets.

Le carrousel est attractif, le débit peut être important.

Inconvénients

Choix important d'où hésitation et la rotation devant les guichets diminue.

Visualisation difficile.

Contact clients/service difficile.

Impossibilité d'observer le mécontentement ou la satisfaction de la clientèle.

Ce système de distribution peut apporter une solution aux grosses entreprises par son gain de place et son débit important.

LE LIBRE SERVICE FREE FLOW OU SCRAMBLE

La particularité de ce système de distribution est de « casser » la formule linéaire pour dissocier les différents postes. (Hors d'œuvre, plats garnis, desserts, etc.).

Des petites salles de 12 à 30 places confèrent un caractère plus intime.

Un coin cafétéria permet de prolonger la discussion.

PRINCIPE

Le client pénètre dans la surface de distribution, passe devant le bloc plateaux/couverts.

Il lit le tableau d'affichage qui lui suggère les plats du jour, les prix, des conseils nutritionnels (équilibre du menu).

Comme dans un hypermarché, le client évolue devant les quatre comptoirs de distribution et, fait son choix.

Le menu composé, le client sort par l'une des deux caisses et règle le montant de son plateau.

ANATOMIE DU SYSTEME PRESENTE

Les 24 m2 de comptoir proposés se divisent en :

– 2 postes autonomes de plats chauds avec accès direct en cuisine.
– 2 postes autonomes de préparations froides.

AIRE DE DISTRIBUTION

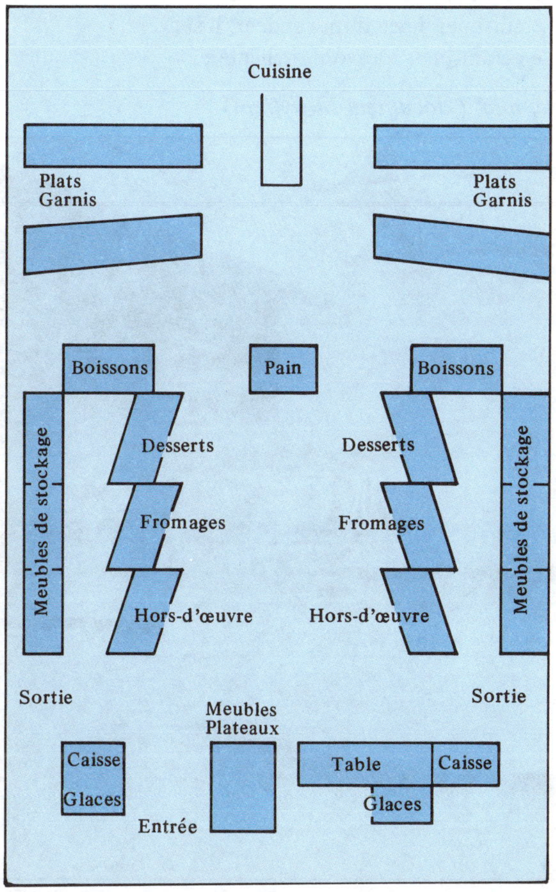

1 poste « plats chauds » comprend :

2 bains-marie électriques
2 étuves de stockage
1 grill
2 friteuses

POSTE « PLATS CHAUDS »

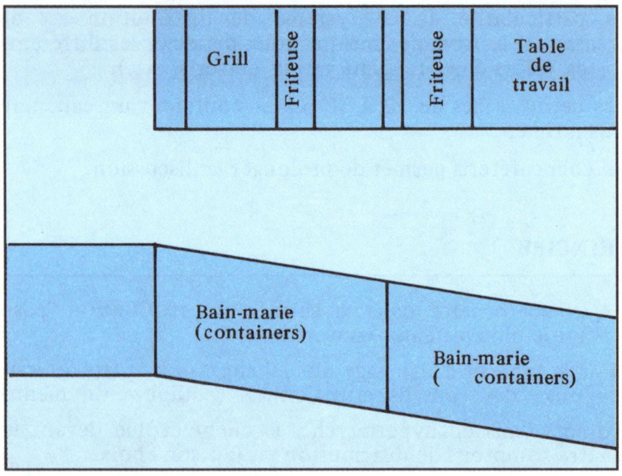

Les principaux avantages sont d'ordre psychologiques

- Une entière liberté de circulation est laissée au client
- Le client compose lui-même son menu en toute tranquilité
- Les réactions des autres clients n'interviennent pas dans son choix.
- Le client n'est pas conditionné
- Le système permet une exposition spectaculaire des plats.
- Pas de file d'attente (si l'agencement est adapté à la masse)
- Le contact humain est préservé.
- Le cuisinier devient un vendeur, il suggère.
- Le gérant peut recevoir sa clientèle.

1 poste « préparations froides » comprend :

1 boutique hors d'œuvre
1 boutique patisserie/fromages
1 boutique dessert
1 boutique boisson

POSTE « PLATS FROIDS »

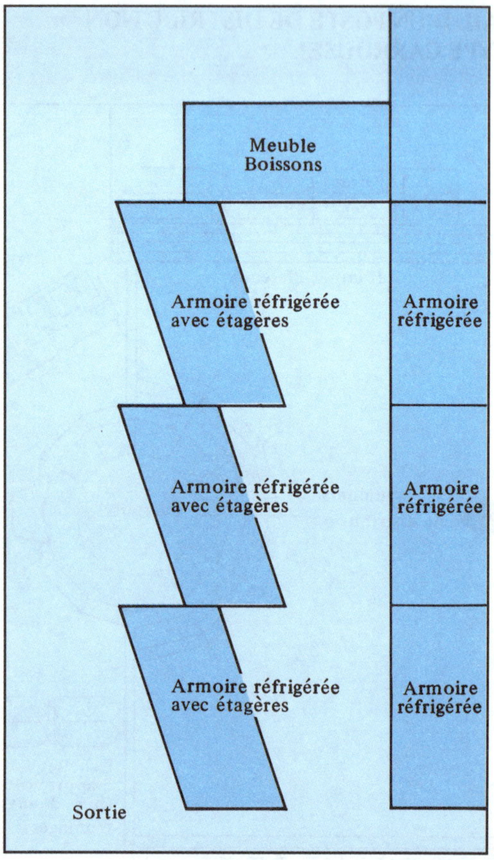

"Scramble" (document Inoxyform)

LA RESTAURETTE AUTOMATIQUE

Ce système assure la distribution automatique des prestations et remise en température grâce à des enceintes à micro-ondes.

Il peut résoudre les problèmes de restauration :

- des petites et moyennes entreprises (moins de 500 couverts par jour)
- des équipes de nuit et de week-end des grandes entreprises.

REMARQUE

Les salles sont à la disposition du personnel en dehors des heures de repas pour les boissons et collations froides.

PRINCIPE

En entrant, le consommateur trouve un comptoir pour les couverts et les plateaux et la batterie de distributeurs automatiques.

Pour la remise en température des plats réfrigérés ou surgelés, des enceintes à micro-ondes sont mises à sa disposition.

ANATOMIE DE LA CHAINE

La zone de distribution comprend :

1 distributeur de jetons
1 distributeur de hors d'œuvre
2 distributeurs de boissons
2 distributeurs de plats garnis
1 distributeur fromages
1 distributeur desserts
1 distributeur café-chocolat
9 enceintes à micro-ondes

Restaurette automatique (document ROBOSERVE)

AIRE DE DISTRIBUTION
RESTAURETTE AUTOMATIQUE DE 200 PLACES

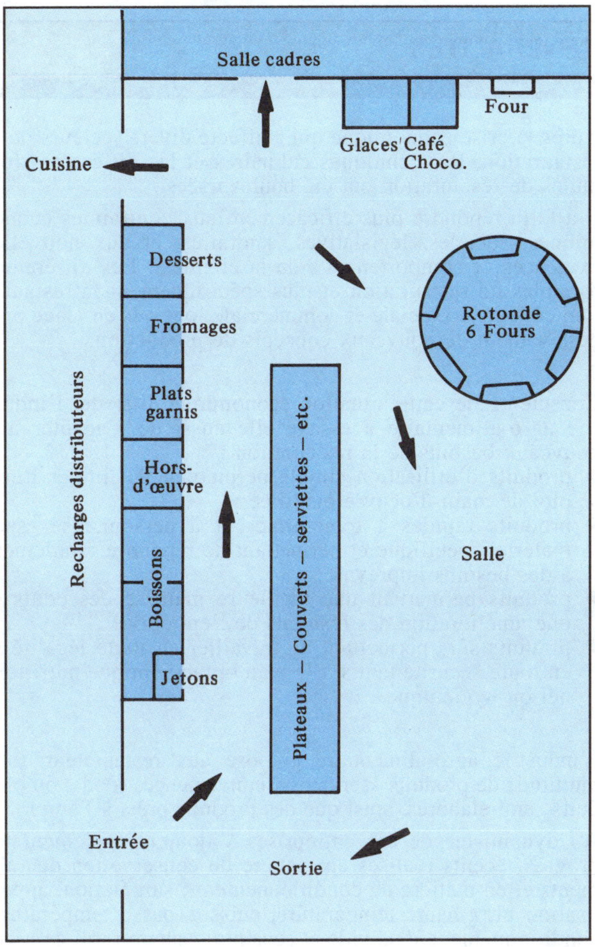

Avantages et inconvénients du procédé

Avantages

Encombrement faible, surface de distribution réduite
Le client élabore lui-même son menu.
En dehors des heures de repas le système se prête très bien à la distribution des collations.
Supression de la cuisine.

Inconvénients

Nécessité de former la clientèle à ce type de distribution.
Difficultés d'adaptation à l'automatisation de la formule.
Mauvaise visualisation des surgelés
Supression de la cuisine.

L'intérêt de cette formule est donc son adaptation aux P.M.E. qui ne peuvent pas assurer l'investissement d'une cuisine, d'une chaîne de distribution et les frais de personnel.

Source des plans : Néo-restauration.

LES DIFFÉRENTS CONCEPTS DE PRODUCTION

GÉNÉRALITÉS

Après la crise économique qui a affecté divers secteurs de la restauration, les techniques culinaires et les différentes formules de restauration ont été bouleversées.

Il a fallu répondre plus efficacement aux contraintes économiques, sociales, législatives, sanitaires, et aux nouvelles exigences et comportements de la clientèle. Les différentes formules de restauration et plus spécifiquement la restauration collective (sociale et commerciale) ont mis en place progessivement de nouveaux concepts de production.

Consciente de cette situation économique difficile, l'industrie agro-alimentaire a essayé elle aussi de s'adapter aux nouveaux besoins de la restauration :

- produits d'utilisation simple permettant de limiter l'emploi de main-d'oeuvre qualifiée ;
- produits rapides à transformer et à personnaliser sans matériel spécifique et permettant de répondre rapidement à des besoins imprévus ;
- produits permettant une meilleure maîtrise des coûts et une amélioration des résultats de l'entreprise ;
- produits sûrs permettant de travailler en toute légalité et en toute sécurité tant sur le plan organoleptique nutritionnel qu'hygiénique.

L'industrie agro-alimentaire propose aux restaurateurs une multitude de produits «services» (conveniences foods) ou produits semi-élaborés, ainsi que des produits prêts à l'emploi.

Au dynamisme de ces entreprises s'ajoutent également les progrès récents réalisés en matière de conservation des aliments et en matière de conditionnement : surgélation, appertisation ultra-haute température, cuisson basse température, conditionnement sous vide et sous atmosphère raréfiée associé à la réfrigération et à la pasteurisation, la déshydratation et la lyophilisation.

A ces différentes technologies s'ajoute, par ailleurs, la collaboration étroite qui associe l'industrie et certains représentants de la cuisine classique artisanale.

CLASSIFICATION

- Le concept de fabrication traditionnelle
- La cuisine d'assemblage ou de composition
- Le concept dit «cuisine 45»*
- La cuisine terminale

LE CONCEPT DE LA FABRICATION TRADITIONNELLE

Il correspond aux formules de restauration familiales et/ou à vocation gastronomique de type «haute cuisine». L'intégralité des prestations est réalisée sur place, à partir de produits bruts, et de préférence de produits de terroir.

* Terme utilisé par l'ouvrage «La cuisine d'assemblage», paru dans «Les études de la Revue Technique EQUIP'HOTEL» aux Editions BPI.

PRINCIPE

Arrivée des marchandises • *zone ou secteur séparé*	Contrôle qualitatif et quantitatif des denrées
Déconditionnement des produits selon leur nature et leur présentation commerciale • *zone ou secteur séparé*	Elimination des cageots, cartons et gros conditionnements Transvasement de certains produits dans des bacs munis de couvercles (faciles à nettoyer et à désinfecter)
Stockage des denrées, avant préparation<, à des températures spécifiques • *chambres froides* • *économat ou réserves*	Denrées sèches, produits d'économat + 15, + 18° C maxi Viandes de boucherie 0 à + 3° C Volailles, gibiers, lapins 0 à + 4° C Poissons 0° glace fondante BOF + 6° C Fruits et légumes (sauf fruits exotiques) + 6, + 10° C Pommes de terre, bulbes local frais et ventilé à l'abri de la lumière, des insectes et des rongeurs
Préparations préliminaires • *Locaux spécifiques (légumerie, boucherie, garde manger...)*	Epluchage, lavage, éventuellement le taillage des légumes Habillage des poissons et des volailles Préparation des gibiers Désossage, parage des viandes de boucherie
Cuissons ou élaboration des mets • *cuisine chaude* • *cuisine froide ou garde manger* • *pâtisserie glacerie*	Les différentes préparations culinaires sont réalisées à la commande sous la direction du chef de cuisine
Distribution	Les mets sont servis immédiatement à la clientèle

- Ce concept nécessite la mise en place et l'application d'un process logique et rationnel appelé «marche en avant». Il impose de nombreux locaux spécifiques et l'emploi de main d'oeuvre nombreuse et hautement qualifiée.

Néanmoins, ces formules de restauration font parfois appel à un certain nombre de produits semi-élaborés provenant de spécialistes artisans régionaux (produits de charcuterie, poissons fumés, confits, foie gras, caviar...).

La restauration classique, notamment de type «haute cuisine», perpétue la tradition gastronomique de notre pays : elle est le gardien privilégié du patrimoine et de la culture culinaire.

LA CUISINE D'ASSEMBLAGE

DEFINITION

Expression apparue dans l'industrie agro-alimentaire au début des années 1980 pour désigner la fabrication de repas à partir d'un ensemble de produits semi-élaborés issus des différentes technologies industrielles (appertisation, surgélation, conditionnement sous vide ou atmosphère contrôlée, lyophilisation). Leurs appellations sont diverses : aides ou bases culinaires, produits services, P.A.I. (produits alimentaires intermédiaires), produits végétaux des différentes gammes.

Selon ce concept, la réalisation de repas à partir de la multitude des produits semi-élaborés proposés a nécessité l'adaptation du matériel de cuisson et de remise en température : cuiseurs vapeur haute et basse pression, fours mixtes ou polycuiseurs, tous équipés de programmation électronique pour contrôler le couple indissociable temps/température.

La tendance actuelle associe à cette définition les produits frais et les plats cuisinés prêts à l'emploi.

Le concept de «cuisine d'assemblage» se caractérise par l'emploi de produits semi-élaborés provenant de l'industrie agro-alimentaire. Mais toute cuisine n'est-elle pas assemblage et association à partir du moment où elle fait appel à des produits d'origines diverses ?

Pré-élaborer des mets dans sa cuisine à partir de matières premières brutes et les assembler harmonieusement au moment du service ressemble étrangement à de l'assemblage personnalisé.

Dans le cadre d'une organisation classique du travail, chaque chef de partie (garde-manger, entremétier, saucier, rôtisseur, pâtissier...) participe à la réalisation des mets, le travail de chacun d'eux est assemblé en finition lors du dressage du plat.

De ce fait, les industriels de l'agro-alimentaire préfèrent utiliser le terme de «cuisine de composition», ce qui laisse envisager la possibilité au cuisinier assembleur d'associer judicieusement les produits pour les personnaliser et les valoriser. Ceci est indispensable à la motivation, à l'esprit d'initiative et à la responsabilisation des exécutants. Malheureusement, la rationalisation du travail, et le respect des coûts exigent l'observation scrupuleuse de standards pré établis qui sont dictés par la lecture des fiches techniques de fabrication.

PRINCIPE

Cuisine traditionnelle	**Cuisine d'assemblage ou de composition**
Tous les produits utilisés sont achetés frais. Toutes les préparations et la consommation se font sur place.	Actes culinaires réalisés à partir de produits plus ou moins élaborés issus des multi-technologies industrielles La consommation peut être différée.

Certaines étapes de la production traditionnelle sont réalisées en amont par les industries agro-alimentaires :

- Epluchage, lavage, taillage et conditionnement des légumes ;
- Parage, désossage, piéçage et condionnement des viandes de boucherie (parfois pré-cuisson basse température) ;
- Habillage, piéçage, calibrage des poissons ;
- Elaboration de nombreuses bases culinaires, fonds blanc, brun de veau, de volaille, de canard, jus d'agneau, de poulet, etc...
- Bases pour potages, hors d'oeuvre et garnitures diverses ;
- Ovoproduits ;
- Bases pâtissières, crèmes de base, pâtes diverses.

EXEMPLE DE LA RÉALISATION D'UNE ESTOUFFADE DE BOEUF BOURGUIGNONNE ET PÂTES FRAÎCHES AU BEURRE

Eléments de la recette	Modes de conservation
Eléments principaux • boeuf : paleron, gîte à la noix, basse côte, morceaux de 0,050 kg • huile d'arachide	morceaux découpés, conditionnés sous vide et réfrigérés
Garniture aromatique carottes oignons ail bouquet garni	4ème gamme «sous vide» réfrigéré frais
Mouillement vin rouge Passetougrain fond brun de veau lié ou sauce vin rouge ou marchand de vins **Garniture d'appellation** poitrine de porc découpée en lardons champignons de Paris petits oignons	 déshydraté déshydraté salée, atmosphère raréfiée lyophilisés surgelés
Garniture d'accompagnement pâtes fraîches beurre huile d'arachide	atmosphère raréfiée pasteurisé

Le concept de cuisine d'assemblage ne regroupe pas des produits issus d'un seul et même procédé de conservation. Il met en oeuvre un ensemble de technologies plus ou moins élaborées.

Définition des différentes gammes de produits

Les différentes gammes de produits correspondent à l'évolution historique et logique de la présentation commerciale des produits. Elle part des produits frais, commercialisés à l'état brut pour arriver à la présentation la plus récente, appelée 5ème gamme (produits végétaux cuits sous vide, pasteurisés et réfrigérés).

En classant les produits en fonction de l'évolution de leur présentation commerciale, on peut distinguer actuellement six grandes familles de produits alimentaires.

LES PRODUITS DE PREMIERE GAMME : PRODUITS BRUTS

Il s'agit des produits végétaux (fruits et légumes) commercialisés à l'état brut.

Ils nécessitent des conditions de stockage et de préparation précises concernant la température et l'hygrométrie. Ils doivent être stockés et préparés à l'écart des autres denrées qui ont un niveau d'hygiène différent. Ils sont travaillés en légumerie, à part.

LES PRODUITS DE DEUXIEME GAMME : APPERTISES ET SEMI-CONSERVE

Ce sont les fruits et les légumes appertisés (voir cours sur les procédés de conservation) qui sont des conserves et des semi-conserves. Selon la définition officielle, les produits appertisés sont conditionnés en emballage étanche aux liquides, aux gaz et aux micro-organismes et ont subi un traitement thermique ayant pour but de détruire ou d'inhiber totalement d'une part, les enzymes, d'autre part les micro-organismes, leurs toxines et leurs spores dont la présence ou la prolifération pourrait altérer la denrée considérée, ou la rendre impropre à la consommation humaine.

LES PRODUITS DE LA TROISIEME GAMME : CONGELES ET SURGELES

Il s'agit des produits végétaux conservés par le froid négatif (- 18° C) : produits surgelés et congelés (voir cours sur les procédés de conservation). Ils sont épluchés, lavés, parfois taillés et blanchis. Ils sont conditionnés en emballages non étanches et sont conservés à une température inférieure à - 18° C. Ils comportent une DLUO, date limite d'utilisation optimale, avec l'expression : «à consommer de préférence avant le...».

LES PRODUITS DE LA QUATRIEME GAMME : VEGETAUX CRUS CONDITIONNES SOUS VIDE OU SOUS ATMOSPHERE CONTROLEE

Ce sont des produits végétaux sélectionnés, épluchés, lavés, désinfectés, rincés, essorés, parés, calibrés ou tournés. Ils sont «prêts à l'emploi» pour la préparation des crudités, ou «prêts à être marqués en cuisson» pour la préparation des hors d'oeuvre, des potages et des garnitures d'accompagnement. Ils sont conditionnés en poches étanches, sous vide, ou sous atmosphère contrôlée ou raréfiée. Ils peuvent être stockés 6 jours maximum à une température de + 4° C et comportent une DLC (date limite de consommation).

Remarque : les légumes râpés «pasteurisés» ont subi une légère pasteurisation (flash pasteurisation) qui permet d'allonger la durée réglementaire de conservation : environ 21 jours selon le barème «temps/température» appliqué.

LES PRODUITS DE LA CINQUIEME GAMME : VEGETAUX CUITS OU PASTEURISES, CONDITIONNES SOUS VIDE

Cette catégorie regroupe les produits végétaux cuits avant ou après leur conditionnement (blancs de poireaux, betteraves rouges, endives, fonds d'artichauts, blancs de céleri, pommes de terre...). Conditionnés sous vide ou sous atmosphère raréfiée, ces produits reçoivent un traitement thermique à une température comprise entre + 65 et + 85° C leur assurant une conservation à + 4° C maximum durant de 21 à 42 jours. Une DLC figure sur le conditionnement.

> Afin d'éviter le développement de micro-organismes et en particulier des anaérobies pathogènes, les produits de 4ème et de 5ème gammes pasteurisées doivent impérativement être stockés à une température comprise entre 0 et + 4° C maxi-

Remarque :

Afin d'allonger la durée de conservation des produits cuits de la 5ème gamme, certains industriels appliquent des barèmes de chauffage supérieurs à 100° C, ceci dans le but d'inhiber totalement les micro-organismes et leurs toxines. Ces produits s'apparentent alors aux produits appertisés de la 2ème gamme. Ils sont conditionnés en emballages souples et se conservent plusieurs mois à la température ambiante.

LES PRODUITS SEMI-ELABORES DESHYDRATES

Cette catégorie regroupe les produits semi-élaborés appartenant au secteur de l'épicerie (économat). Ils permettent de réaliser des préparations culinaires ou pâtissières en supprimant certaines étapes de la fabrication traditionnelle (fonds de sauce, potages, liants, mix pour glaces, poudres à crèmes et à flans, poudre d'oeufs...).

LE CONCEPT DIT «CUISINE 45»

Ce concept utilise principalement des produits de quatrième et de cinquième gammes et les poissons et les viandes prêts à l'emploi conditionnés sous vide. Le choix des produits prêts à l'emploi et cuits réduit le rôle de la cuisine à un lieu de stockage, d'assemblage, de remise en température et de distribution.

Les produits sont stockés selon leur température réglementaire de conservation. Les principaux locaux affectés aux préparations préliminaires disparaissent (boucherie, légumerie, pâtisserie) au profit de deux zones principales de production : la cuisine chaude et la cuisine froide).

Les instigateurs de ce concept parlent d'économie au niveau des surfaces de préparation, des volumes de stockage, et de l'utilisation de matériel polyvalent ; les détracteurs lui reprochent une diminution de main-d'oeuvre due à l'emploi d'un personnel formé mais non qualifié.

Ce concept trop spécialisé ne peut s'appliquer dans toutes les formules de restauration. Il ne permet pas de répondre aux «besoins particuliers» : repas plus élaborés à partir de produits frais (repas de direction, invitations particulières, manifestations diverses à caractère gastronomique).

PRINCIPE

Arrivée des produits de 4ème et de 5ème gammes et des produits conditionnés d'origine animale

↓

Stockage en enceintes réfrigérées spécifiques

Déconditionnement

↙ ↘

Cuisine chaude	Cuisine froide
Assemblage, cuisson ou remise en température Dressage	Assemblage Dressage

↓ ↓

Distribution

Ce concept répond facilement aux impératifs d'hygiène.

LA CUISINE TERMINALE

Dans ce genre d'établissement, seuls sont utilisés des produits prêts à l'emploi et les plats cuisinés à l'avance (PCA).

Les seules préparations réalisées sur place sont les grillades et les fritures, si la carte en comporte.

La surface de la cuisine est réduite. Les équipements se limitent au matériel de stockage (enceintes réfrigérées et conservateurs de produits surgelés s'il y a lieu) et au matériel de remise en température (bain-marie, enceinte à micro-ondes, polycuiseurs, tables chaude et froide de dressage, grillade et friteuse si nécessaire).

Le personnel est formé à la remise en température. Rarement qualifié, il n'a qu'à respecter des standards de dressage préétablis. Son travail ne lui demande que peu d'initiative et de créativité.

PRINCIPE

Arrivée des produits
Plats cuisinés à l'avance (P.C.A) - produits prêts à l'emploi

↓

Stockage spécifique

Economat	Enceintes réfrigérées	Conservateur
+ 15 + 18° C	0 à + 3° C	- 18° C
appertisés	P.C.A sous vide et	P.C.A surgelés
P.C.A sous vide	P.C.A sous vide	- 20° C
appertisés	pasteurisés et stérilisés	glaces et sorbets

Déconditionnement

↙ ↘

Préparations chaudes	Préparations froides
Remise en température réglementaire	Dressage / assaisonnement

↓ ↓

Distribution

La production culinaire est linéaire selon un standard impersonnel. Elle est la même dans tous les points de vente. Les produits sont simples à utiliser et à servir, réguliers en goût, calibrés, d'aspect et de prix constants.

AVANTAGES DE L'UTILISATION DES PRODUITS SEMI-ELABORES

L'utilisation des produits semi-élaborés procure des avantages sur le plan de l'organisation.

- produits faciles à recevoir, à contrôler et à stocker
- préparations rapides et souples d'utilisation
- produits de bonne qualité hygiénique provenant de laboratoires ou d'ateliers agréés
- produits calibrés et de qualité constante permettant de respecter plus facilement les prévisions
- applications de bonnes pratiques d'hygiène.

L'utilisation des produits semi-élaborés procure les avantages d'ordre économique suivants :

- simplification de la gestion des stocks : portions individuelles, grammage précis
- meilleure maîtrise des coûts de main d'oeuvre, d'énergie, de matières premières et par conséquent amélioration des ratios de productivité
- augmentation de l'activité de l'établissement sans pour autant avoir recours aux extras (banquets, séminaires, cocktails)
- adaptation facile à une fréquentation irrégulière
- meilleure motivation du personnel grâce à la mise en place, à l'utilisation de P.A.I rendant l'équipe plus disponible pour faire face à des tâches plus valorisantes (cuisson, présentation), pour mettre au point de nouvelles prestations, pour adapter la carte et les menus aux nouvelles exigences de la clientèle, pour analyser des résultats, corriger des erreurs, tester de nouveaux produits...)

Les produits d'assemblage ou de composition donnent une grande liberté d'association et de personnalisation à ceux qui savent les utiliser.

INCONVENIENTS ET INQUIETUDES FACE À LEUR UTILISATION

Les inquiétudes sont d'ordre psychologique et social :

- disparition progressive du personnel qualifié
- standardisation des prestations qui entraîne évidemment la lassitude des convives, leur désintérêt
- démotivation du personnel qui ne fait pas toujours l'effort de valoriser le produit. La prestation ne variera que si l'on permet au cuisinier d'apporter sa touche personnelle
- mise en cause de la réputation et de l'amour propre des cuisiniers et des restaurateurs face à leur clientèle et à leurs confrères.

La standardisation et la banalisation sont les deux dangers qui guettent la cuisine d'assemblage.

CONCLUSION

Face à l'offre diversifiée en qualité et en service, les professionnels de la restauration doivent connaître parfaitement tous les différents produits, maîtriser les différentes technologies industrielles de la conservation (appertisation, surgélation sous vide, déshydratation) et utiliser le matériel le mieux adapté à leur choix.

Le concept de la cuisine d'assemblage ne laisse pas la place à l'improvisation. Ce n'est qu'au travers d'une formation rigoureuse, classique et en maîtrisant à la perfection toutes les bases techniques que le cuisinier peut associer les différents produits dans une composition réussie.

Débarrassé des tâches rarement motivantes, le cuisinier peut se consacrer entièrement à son métier : cuisiner, améliorer, valoriser, présenter, personnaliser et enrichir.

Le cuisinier doit s'investir afin que sa cuisine ne soit pas une sorte de «kit» ou de puzzle de produits de l'agro-alimentaire, un assemblage sans âme, uniformisé et impersonnel.

Il faut rechercher les meilleurs fournisseurs, tester les nouveaux produits, les comparer et mettre en place une stratégie de fabrication permettant d'optimiser au mieux les résultats.

La solution idéale n'existe pas ! Elle dépend des paramètres suivants :

- de l'environnement du restaurant ; situation, concurrence
- de l'importance de la clientèle et de ses exigences ; coût moyen par couvert
- de son positionnement sur le marché ; image de marque
- de la formule de restauration concernée
- de la régularité de l'activité ou des fluctuations de la clientèle
- de la qualité et du nombre d'employés disponible
- du rapport «degré d'élaboration/productivité» que l'on souhaite obtenir
- des opportunités du marché et de son évolution
- des locaux et des équipements en matériels.

La réflexion du cuisinier doit passer par toutes ces possibilités. Il doit pouvoir choisir de cuisiner à partir de produits bruts, de produits semi-élaborés ou de produits prêts à l'emploi ou utiliser les trois possibilités à la fois.

LE MATÉRIEL DE CUISSON

GÉNÉRALITÉS

Afin de déterminer la nature, le nombre, l'importance et la disposition des appareils de cuisson, il est nécessaire de prendre successivement en considération :

- L'importance de l'établissement
- La formule de restauration envisagée (traditionnelle, à thème, grill, etc.)
- Le nombre de repas à préparer par service
- La composition de la carte, des menus, des spécialités
- L'organisation (consommation sur les lieux de fabrication, cuisine d'assemblage, de finition)
- La forme, la surface et le volume des locaux
- La disposition et l'agencement des différents appareils (fourneau adossé au fourneau central)
- Les différentes sources d'énergie possibles
- Les possibilités d'évolution ou d'agrandissement de l'établissement.

En règle générale, les appareils seront :

- d'autant plus spécialisés que l'établissement est important ou la carte plus spécifique
- d'autant plus variés que la carte est étendue.

Cuisine Troisgros

LE FOURNEAU

Pièce principale de la cuisine chaude, il était le seul appareil dont disposait le cuisinier pour assurer l'intégralité de ses cuissons.

En effet, le fourneau traditionnel procure à son utilisateur tous les modes de cuisson dans la gamme la plus large de températures permettant de :

- **Pocher, sauter, rissoler, frire**
  Cuissons réalisées à l'aide de russes, marmites, rondeaux, sautoirs, sauteuses et bassines à friture, par chauffage direct sur les feux nus ou brûleurs et sur la plaque.
- **Mijoter, suer**
  Cuissons lentes et régulières réalisées sur la plaque de mijotage.
- **Rôtir, poêler, braiser**
  Cuissons réalisées dans le four par rayonnement de la sole, de la voûte et des parois.

Classification

Deux types de fourneaux peuvent être retenus :

- **Le simple service**
  fourneau composé de deux brûleurs ou feux nus, d'une plaque de mijotage, placés sur un four à chaleur statique ou à convection.
- **Le double service**
  fourneau composé de quatre brûleurs, d'une ou de deux plaques de mijotage et de deux fours.

Fourneau Royal Chef – Document Rosinox

Composition du fourneau

En fonction du nombre de repas à préparer et des critères énoncés ci-dessus, le simple ou le double service est, selon l'importance de l'établissement, assemblé à d'autres appareils de cuisson plus spécifiques.

Exemples : 1 ou 2 marmites de contenance différente
1 sauteuse basculante
1 friteuse à deux bacs
1 gril
1 salamandre
1 zone neutre de dressage.

L'assemblage d'appareils de cuisson de types différents constitue le fourneau

Les appareils de cuisson de types différents peuvent être disposés isolément ou groupés ou assemblés entre eux.

L'assemblage d'appareils de cuisson du même type compose une « batterie » (seulement en cuisine de collectivité).

Exemple : une batterie de marmites basculantes, de sauteuses ou de fours.

Remarque :

La plupart des constructeurs ont adopté des dimensions communes, dites « aux normes européennes » et « gastronormes », ce qui permet toutes les combinaisons possibles, l'adjonction d'appareils complémentaires ou leur éventuel remplacement.

Disposition du fourneau ou d'une batterie d'appareils de cuisson

- **Le fourneau ou la batterie centrale**
  le fourneau ou la batterie peuvent être disposés en milieu de cuisine, ils sont composés d'éléments placés dos à dos sur deux lignes et accessibles sur les deux ou quatre faces.
- **Le fourneau ou la batterie adossés ou muraux**
  le fourneau ou les assemblages d'appareils de cuisson du même type peuvent être disposés, côte à côte avec une seule façade et un plan de travail unique.
  Ils sont disposés contre un mur, protégé des éclaboussures par un dosseret métallique.

Cuisine du Jules Verne – Tour Eiffel – Paris

Hôtel Bristol Paris

Sources d'énergie

Le choix se réalise en fonction des facilités d'approvisionnement de la région, et des possibilités de stockage de l'établissement (local à charbon, cuve à mazout, citerne ou bouteilles de propane, etc.).

Les prix étant actualisés, les coûts d'utilisation sont à peu près identiques pour tous les combustibles.

Une profonde évolution s'est faite au niveau des appareils de cuisson : le bois, le charbon et le mazout ont été progressivement remplacés par le gaz et l'électricité, pour des raisons de commodité et de facilité d'usage.

Le gaz est l'énergie la plus utilisée en grande cuisine professionnelle, mais l'électricité progresse régulièrement avec l'apparition sur le marché de nouveaux matériels particulièrement fiables (plaques à induction) et la réalisation d'établissements (hôtels restaurants ou collectivités) « tout électrique ».

Il existe aussi des appareils mixtes gaz pour les feux nus et pour la plaque de mijotage et électrique pour les fours.

Du point de vue de l'énergie, l'évolution est marquée par :

- **la réduction de la consommation** (brûleurs séquentiels, Top Flam', plaques à induction, veilleuse individuelle par brûleur, meilleure isolation, meilleure étanchéité),
- **la souplesse d'utilisation** (plaque, coup de feu à montée rapide en température, régulation électronique par thermostats précis, fours avec chauffe séparée de la sole et de la voûte, etc),
- **la sécurité** (brûleurs avec dispositifs de sécurité de flamme par thermocouple, plaques de cuisson indéformables),
- le gaz doit être obligatoirement coupé dans le cas d'une panne de ventilation.

TABLEAU COMPARATIF ENTRE LES PRINCIPALES SOURCES D'ENERGIE		
SOURCE	**AVANTAGES**	**INCONVENIENTS**
LE GAZ « DE VILLE »	• Montée rapide en température • Baisse rapide (souplesse d'utilisation et économie d'énergie) • Propre • Paiement des factures après consommation	• Risque de grèves • Nécessité d'installer une ventilation performante, aux normes et vigueur afin d'évacuer l'intégralité des gaz brûlés toxiques • Risques d'explosion lors d'une mauvaise utilisation.
LE PROPANE	• Montée et baisse en température très rapide (souplesse d'utilisation et économie d'énergie) • Possibilité d'installation en milieu isolé (haute montagne) • Propre	• Installation extérieure d'une cuve ou d'un local pour entreposer les bouteilles • Paiement des factures avant utilisation • Nécessité d'installer une ventilation performante • Risques d'explosion
L'ELECTRICITE	• Peu de frais d'installation • Particulièrement propre • Températures régulières et précises (surtout pour les fours) • Pas d'odeur, pas de fumée, pas d'émanation de gaz brûlés • Pas de stockage de combustible • Paiement partiel après utilisation • Pour les plaques à inductions : – économie d'énergie – pas de cuisine surchauffée – pas de carbonisation des projections (plaques froides).	• Risque de grève • Pas de coup de feu (sauf pour les plaques à induction) • Montée lente en température • Baisse en température difficile (inertie assez longue) • Matériel cher • Nécessité d'utiliser une batterie spéciale particulièrement onéreuse.

Evolution du matériel de cuisson professionnel

1974 : choc pétrolier ; les constructeurs mettent en place différents systèmes permettant d'économiser de l'énergie.
1980 : ils s'intéressent à l'ergonomie, à la sécurité, aux finitions, et aux normes.
1990 : contexte économique difficile ; les constructeurs s'attaquent aux coûts de production desquels découlent les prix de vente.

Aujourd'hui nous sommes arrivés à la synthèse de tous ces critères : performance, ergonomie, nettoyabilité, fiabilité et respect des normes.
Le fourneau traditionnel a de plus en plus tendance à être remplacé par des appareils spécifiques de tel ou tel mode de cuisson.

D'abord les marmites, les sauteuses basculantes, les grils, les friteuses, les bains-marie, et plus récemment :
– les fours à air pulsé, à convection forcée ou dirigée, dotés de températures pré-sélectionnées au degré près ;
– les multicuiseurs alliant la convection à la vapeur (fours mixtes) ;
– les cuiseurs à vapeur, les steams régulés thermostatés ;
– les fours à rayonnement (enceinte à micro-ondes, four à infra-rouges obscurs ou l'association des deux, etc.).

Parallèlement à cette évolution et à cause d'elle, la conception même « du poste de cuisson » se modifie, l'organisation du poste de travail et des circuits en subissent les conséquences.

Les matériels modernes bénéficient de l'évolution des produits des techniques :
– de la métallurgie, avec les acier inoxydables
– de la chimie, avec les plastiques et les réfractaires
– de la mécanique et de la robotique avec les usines d'assemblage
– de l'électronique avec les équipements de commande, de régulation et de sécurité.

Choix des appareils

L'acquisition d'un appareil de cuisine est toujours une décision importante, qu'il s'agisse d'une unité (simple service ou double service) ou d'un élément qui doit s'insérer dans un ensemble à créer ou existant (gril, friteuse). Il existe sur le marché de multiples modèles d'appareils et le professionnel est donc assuré de trouver celui qui correspond effectivement à ses besoins.

Les principales exigences des utilisateurs :
– obtenir une bonne qualité de cuisson (souplesse, rendement, régularité)
– accélérer les temps de cuisson (excellent rendement, montée rapide en température)
– obtenir des économies d'énergie (veilleuse, thermostat précis, brûleurs séquentiels)
– avoir des appareils robustes et fiables
– avoir des appareils faciles à entretenir
– avoir des appareils faciles à manipuler
– avoir des appareils d'une esthétique agréable
– avoir des appareils dont les règles d'hygiène et de sécurité sont respectées (thermocouple*, bonne étanchéité, bonne isolation, etc.).

QUALITES TECHNIQUES D'ENTRETIEN ET DE SECURITE DES APPAREILS DE CUISSON

ENTRETIEN

Choisir des appareils dont :

- Les assemblages sont conçus de façon à éviter tous les dépôts et faciliter le nettoyage
- Tous les coins et les bordures sont en angles arrondis
- Les surfaces sont en acier poli inoxydable, inattaquable et robuste
- Les différents appareils sont montés sur pieds et non sur socle, avec horizontabilité réglable.
- Les brûleurs peuvent être démontés sans outillage particulier
- Les plaques électriques sont basculantes
- Les brûleurs sont munis de tiroirs de propreté
- Les formes sont dépouillées et sans enjolivures
- Les différents organes de raccordement se font de préférence en façade.

SECURITE

- Tous les angles sont arrondis pour éviter les coupures, les chocs, ou les accrochages des vêtements
- Toutes les surfaces de travail (plaques) sont parfaitement planes, sans ressauts, stables et sur vérins réglables
- La façade est équipée d'une barre de protection
- Les portes sont parfaitement équilibrées avec contrepoids indéréglable (risques de brûlures)
- Toutes les pièces sont interchangeables
- Les robinets sont encastrés et protégés en retrait de toute source de chaleur (accrochage, brûlures)
- Les poignées de porte sont parfaitement isolées
- Le gaz peut être coupé immédiatement en cas de panne de ventilation
- L'étanchéité est parfaite (dégagement de vapeur, brûlures)
- Le calorifugeage est excellent (déperdition de chaleur, source d'inconfort)
- Les brûleurs sont équipés de veilleuse de sécurité
- Les circuits électriques sont résistants et protégés par des fusibles et voyants lumineux.

Hygiène, sécurité, environnement et économie d'énergie influent donc favorablement sur l'évolution du matériel de cuisson.

*** Thermocouple :** le thermocouple est un système de sécurité dont certains appareils à gaz sont dotés. Si pour une raison accidentelle la flamme s'éteint (débordement d'un liquide, courant d'air), l'arrivée du gaz est coupée immédiatement.

Fonctionnement :

La position d'allumage est obtenue en maintenant appuyé le bouton poussoir d'armement, ce qui a pour effet de fermer le clapet du brûleur principal et d'ouvrir le clapet de veilleuse. En même temps, on procède à l'allumage manuel ou électrique de la veilleuse qui se trouve alimentée en gaz.

La flamme de la veilleuse chauffe un système métallique et au bout de 10 à 20 secondes on peut relâcher le bouton poussoir. Sous l'effet de la chaleur le système métallique provoque l'ouverture du clapet du brûleur et le gaz s'enflamme au contact de la veilleuse.

Tout incident se traduit par un retour à la position initiale (fermeture de l'arrivée du gaz au brûleur) dans un laps de temps de quelques secondes (source : Gaz de France).

LE BRULEUR SEQUENTIEL

Définition

Le brûleur séquentiel est un nouveau procédé, mis au point par le Gaz de France avec le concours des différents constructeurs de matériel de cuisson, permettant de programmer très exactement l'apport de chaleur nécessaire à la cuisson de préparations délicates et de longue durée.

Ce système permet de supprimer les ralentis « approximatifs » des brûleurs lors des opérations de mijotage, en les remplaçant par des « séquences » de cuisson adaptées à chaque recette avec des périodes données d'allumage et d'arrêt automatique de la flamme.

Schéma du système séquentiel

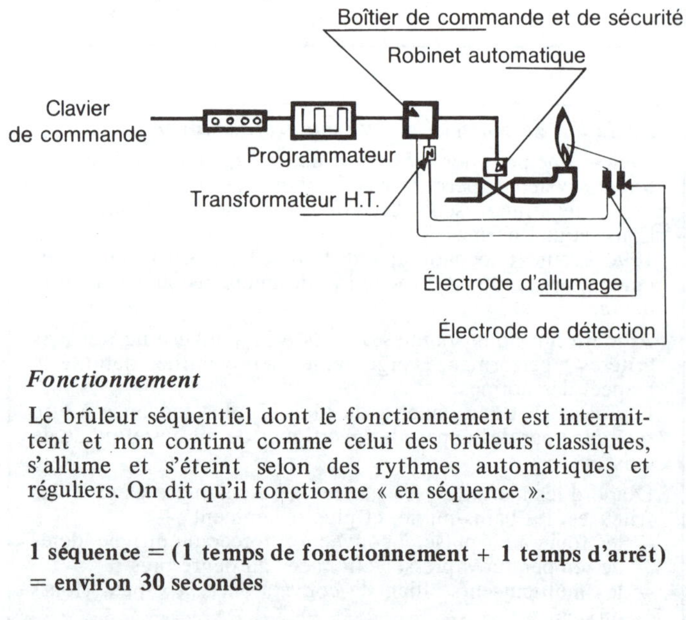

Fonctionnement

Le brûleur séquentiel dont le fonctionnement est intermittent et non continu comme celui des brûleurs classiques, s'allume et s'éteint selon des rythmes automatiques et réguliers. On dit qu'il fonctionne « en séquence ».

1 séquence = (1 temps de fonctionnement + 1 temps d'arrêt) = environ 30 secondes

fonctionnement continu

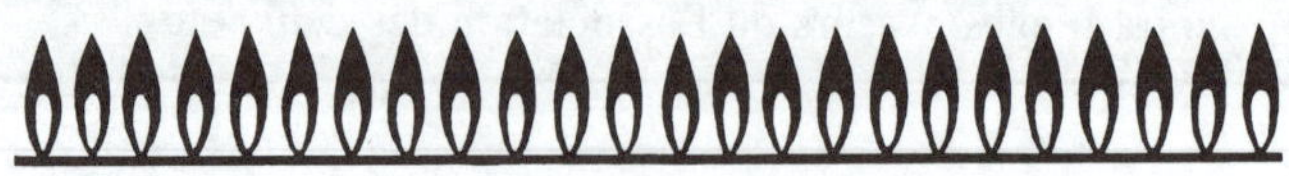

fonctionnement en séquence

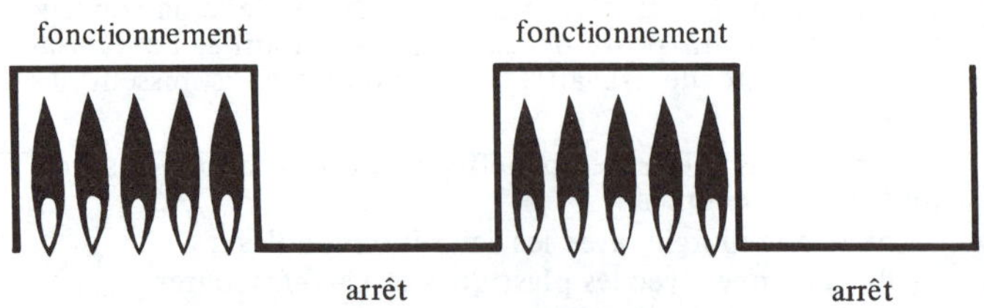

Le rythme des séquences est régulier, il correspond à 30 secondes environ.
En fonction de la séquence choisie, seul varie le rapport du temps de fonctionnement et du temps d'arrêt.

Ce rapport $\frac{\text{Temps d'arrêt}}{\text{Temps de fonctionnement}}$

et le nombre de séquences sont prédéterminés par le constructeur, ils varient donc d'un appareil à l'autre.

Exemple :

pour un brûleur découvert :
15/15 - 10/20 - 6/24 - 4/26 - 2/28
pour une marmite à chauffage direct ou une sauteuse, on peut choisir six séquences à l'intérieur d'un cycle de 10 minutes :
25/575 – 30/570 - 60/540 - 100/500 - 133/367 - 250/350.

Avantages du système

– **Permet d'économiser l'énergie**
  • le brûleur fonctionne par intermittence
– **Procure une meilleure qualité de cuisson**
  • la chaleur se diffuse de façon homogène au fond des récipients, en évitant les points de surchauffe et empêchant les aliments de coller.
– **Permet de limiter les opérations de surveillance**
  • même lors d'une cuisson longue, la chaleur est mieux répartie, les aliments risquent moins de brûler.
– **Permet d'éviter la déformation des récipients de cuisson**
  • en évitant les points de surchauffe.
– **Supprime, si on le désire, l'ébullition pour les fonds, consommés ou sauces délicates.**
– **Rend l'atmosphère plus confortable et moins surchauffée**
  • en limitant les vapeurs excessives.
– **Rend le nettoyage de la batterie et du matériel beaucoup plus aisé**
  • puisque les aliments attachent moins aux récipients (possibilité d'utiliser dans de meilleures conditions un lave batterie) ;
  • le réglage précis limite les éventuels débordements, le fourneau sera plus facile à entretenir.
– **Permet de réduire les pertes en poids, ou par évaporation, des produits traités**
– **Permet de supprimer les traditionnelles marmites à bain-marie.**

LE TOP FLAM'

Le Top Flam' est un détecteur de récipient grâce auquel le feu découvert ne s'allume totalement que lorsque l'on pose la casserole dessus.
Si on enlève la casserole, il s'éteint et seule une veilleuse reste allumée, témoin de la flamme.
Dans les cuisines professionnelles, les brûleurs feux vifs, même non utilisés, restent souvent allumés. Sans aucun souci et sans rien modifier aux habitudes du chef, le Top Flam' apporte donc de nombreux avantages :

- économie d'énergie : jusqu'à 50 % du gaz naturel consommé,
- sûreté accrue : suppression des risques de brûlure quand le feu reste découvert,
- simplicité d'utilisation,
- amélioration des conditions de travail : avec le Top Flam', les feux découverts fonctionnent exclusivement pour la cuisson, et ne dégagent donc plus de chaleur superflue.

La conception entièrement mécanique du Top Flam' assure une très grande fiabilité au système, dans toutes les conditions d'utilisation.

Grâce à la souplesse du capteur, le Top Flam' fonctionne aussi bien si l'on pose les récipients dessus que lorsqu'on les fait glisser, délicatement ou brutalement.

Le système Top Flam' peut être implanté sur des feux vifs existants, dans des conditions à préciser avec les constructeurs et installateurs.

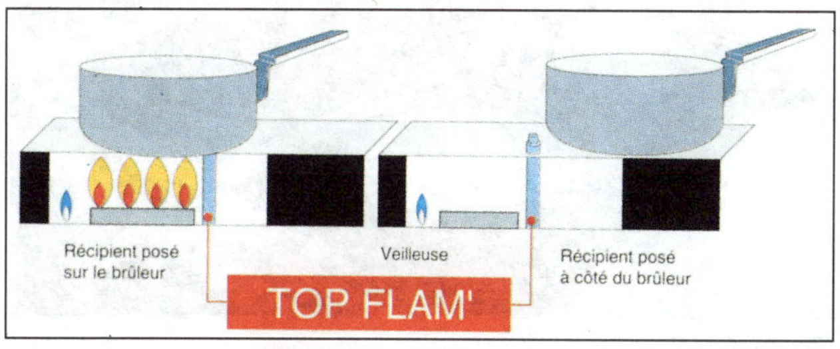

Document Gaz de France

LA CUISSON PAR INDUCTION

Avec les foyers à induction, il ne s'agit plus de transmettre la chaleur à l'aliment à cuire, à partir d'un foyer, par l'intermédiaire d'un récipient, mais de créer cette chaleur dans le corps même du récipient culinaire, et ce à l'aide de courants induits.

Principe

Le chauffage par induction est basé sur la création, à proximité d'un corps conducteur électrique, d'un champ magnétique variable, créant ainsi des courants induits dans la masse métallique qui s'échauffe alors sous leur action.

En effet, quand une bobine est alimentée en courant alternatif par un générateur à hautes fréquences, il se forme un champ magnétique important autour des spires. L'introduction dans ce champ d'une pièce métallique (récipient de cuisson) donne naissance à des températures élevées en surface. La quantité de chaleur dépend de la conductivité électrique, de la perméabilité et de la forme de la pièce métallique ainsi que de son emplacement dans le champ magnétique. Si la bobine d'induction, utilisée dans l'industrie est remplacée par une bobine plate, disposée sous une plaque de vitrocéramique par exemple, une table de cuisson est réalisée.

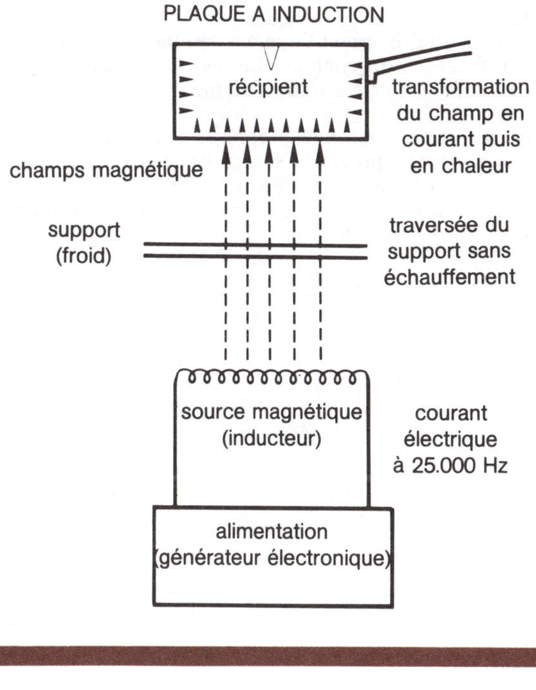

Photo EDF

Fonctionnement

Le récipient culinaire est placé sur le plan de travail au-dessus de la bobine d'induction alimentée par une source de courant alternatif (25 à 30 kHz). Des courants à hautes fréquences sont alors induits directement dans le récipient où ils donnent naissance aux calories nécessaires à la cuisson des aliments.

Le choix des récipients

Les récipients culinaires doivent être parfaitement adaptés à ce type de chauffage. Mais il n'est pas indispensable que les fonds soient dressés, puisque la chaleur est produite directement dans le récipient. Il faut cependant utiliser un matériau magnétique tel que le fer, la fonte, ou l'acier doux, l'acier inoxydable spécial.

En revanche l'aluminium, l'inox non ferritique et le verre à feu sont à proscrire.
Les récipients en cuivre ou en aluminium nécessitent des fonds rapportés en acier ou en inox ferritique.

Cependant certains ustensiles traditionnels fonctionnent également avec ce procédé :
- les poêles noires,
- les casseroles émaillées,
- les casseroles en fonte.

L'énergie émise par l'inducteur est régulée en fonction de la possibilité de réception qu'offre la masse du récipient. Pour cela les dimensions du récipient doivent être suffisantes pour permettre une bonne réceptivité et d'obtenir de la puissance.

Réglages

Les plaques à induction réagissent immédiatement aux réglages.
Contact mis, le récipient ferromagnétique posé sur la plaque s'échauffe avec son contenu. Le récipient rétiré, la production de chaleur s'arrête immédiatement.

La plaque vitrocéramique proprement dite ne chauffe pas, c'est le récipient qui est la source de chaleur. Bien sûr, elle chauffe légèrement car le récipient de cuisson lui communique une partie de sa chaleur en retour mais les risques de brûlure sont minimisés.

Avantages

Economie d'énergie importante (de 40 à 60%)
- le contact s'effectue seulement lors de la pose du récipient et s'arrête immédiatement lorsque celui-ci est enlevé ;
- la consommation est proportionnelle à la taille du récipient.

Propreté
- puisque seul le récipient s'échauffe, les projections de cuisson tombent sur une plaque froide et ne carbonisent pas, la surface de vitrocéramique lisse se nettoie d'un coup d'éponge ;
- les hottes d'aspiration restent propres plus longtemps et le débit d'aspiration peut être limité.

Ambiance de travail
- cuisine moins surchauffée, moins de vapeurs, de buées et d'odeurs de graisses carbonisées, ventilation moins bruyante et les corvées de nettoyage sont allégées.

Sécurité
- une masse métallique minimum est nécessaire (un couteau oublié ne chauffe pas) ;
- la surface de cuisson étant pratiquement froide, les risques de brûlures et d'incendie sont minimisés.

Souplesse d'utilisation

Puissance maximum (100), résultat très rapide. Il faut compter environ 1 minute pour faire bouillir 1 l d'eau. Entre 30 et 40, la puissance est suffisante pour rissoler rapidement. Les faibles puissances 04, 05, sont réservées au mijotage ou au maintien au bain-marie.
Certaines préparations ont tendance à attacher ; ainsi le lait brûle un peu plus facilement. Il faut mettre un peu d'eau au fond du récipient avant de mettre le lait et sélectionner une puissance faible.

Précautions d'utilisation
- n'utiliser que des récipients «spécial induction», ne pas les faire chauffer à vide (détérioration)
- éviter les chocs sur la plaque vitrocéramique
- ne pas la laver à grande eau et éviter tous les produits abrasifs
- vérifier obligatoirement les filtres toutes les semaines, les nettoyer à l'eau savonneuse et les changer tous les ans
- mettre l'appareil hors tension avant tout nettoyage
- les cartes de crédit, bandes magnétiques, les montres ou les titres de transport magnétisés peuvent être affectés s'ils sont trop près de la plaque quand celle-ci est en fonctionnement. Un poste radio peut être parasité, une télécommande peut ne pas fonctionner correctement
- les porteurs de stimulateur cardiaque doivent s'assurer que leur appareil n'est pas facilement affecté par les ondes électromagnétiques engendrées par le fonctionnement de la plaque.

LA PLAQUE VITROCERAMIQUE (VITROGAZ)

Deux brûleurs radiants de 8 kW, placés sous la plaque vitrocéramique lui assurent une montée en température très rapide. Par ailleurs, l'allumage et le contrôle de flamme sont automatiques.

Avantages : hygiène, propreté, ergonomie

La plaque vitrocéramique est facile à nettoyer grâce à sa surface de travail entièrement plane et étanche ; la propreté est donc aussi assurée à l'intérieur du matériel.
Polyvalente, elle peut être utilisée comme un feu vif grâce à la forte puissance des brûleurs gaz ou comme plaque de mijotage en n'utilisant qu'un brûleur sur deux et en laissant ainsi la chaleur se diffuser sur toute la surface.

FOURS INDÉPENDANTS

Les fours des fourneaux sont parfois de capacité insuffisante et des fours indépendants à gaz ou à l'électricité sont alors nécessaires. Ces fours peuvent être installés isolément, juxtaposés ou superposés, groupés en « batterie » ou incorporés au fourneau.

Il existe plusieurs types de fours indépendants :
- les fours classiques ou à convection naturelle,
- les fours à convection forcée,
- les fours à convection forcée et à vapeur.

LES FOURS A CONVECTION NATURELLE

La convection apparaît « schématiquement » comme le phénomène naturel caractérisant les courants internes déclenchés au sein d'une masse liquide ou gazeuse par des différences de température. Ces mouvements s'expliquent par des variations de densité consécutives au froid et à la chaleur. L'air chaud plus léger s'élève toujours, et l'air froid redescend (le ballon dirigeable, basé sur les propriétés ascendantes et descendantes de l'air chauffé est l'exemple le plus démonstratif de ce phénomène physique).

Pour ce type de four, la convection naturelle est si lente que ces fours sont généralement qualifiés « de fours à chaleur statique ». La cuisson s'effectue plus par rayonnement que par la convection de l'air chaud.

Batterie de fours indépendants à convection naturelle
Photothèque EDF

PRINCIPE DE FONCTIONNEMENT

Le four à convection naturelle fonctionne grâce aux echanges thermiques produits entre l'air contenu dans la chambre de cuisson et les aliments qui y sont introduits.

Porté à haute température, l'air s'élève dans l'enceinte de cuisson et forme des colonnes invisibles au-dessus de la source de chauffage (résistances électriques ou brûleurs à gaz). En s'élevant, l'air chauffé donne ses calories aux parois du four, aux plaques et aux aliments à cuire. Peu à peu refroidi, l'air redescend vers la source de chaleur. Cette rotation s'effectue naturellement et lentement pendant toute la durée de fonctionnement de l'appareil.

Il est nécessaire de préchauffer le four avant son utilisation et les cuissons ne s'effectuent que sur un seul niveau.

Les appareils à gaz sont en principe équipés d'un thermostat et d'une veilleuse de sécurité par thermo couple.

Principe de fonctionnement d'un four à convection naturelle (four à gaz)

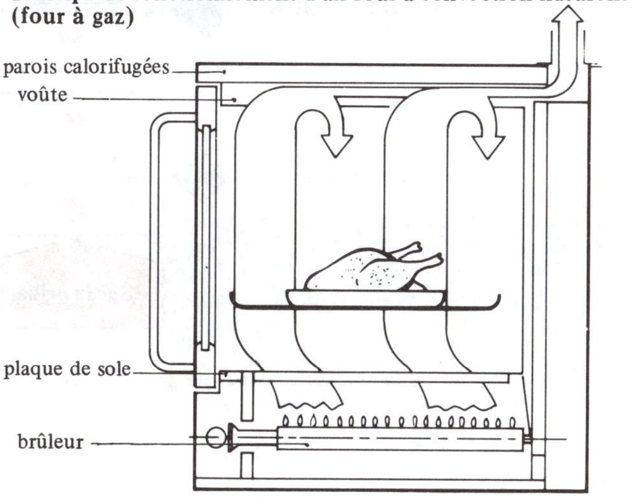

La cuisson s'effectue sur un seul niveau

CHOIX DE LA BONNE HAUTEUR DE LA PLAQUE OU DE LA GRILLE A L'INTERIEUR DU FOUR

Il y a dans les fours à convection naturelle une légère différence de température entre la partie supérieure et la partie inférieure. Il faut donc choisir la bonne hauteur dans le four.

En règle générale :

- plus on positionne haut, plus la chaleur est élevée sur le dessus de la préparation (cuisson avec coloration – gratin –) ;
- plus on positionne bas, plus la chaleur est forte en-dessous du produit alimentaire (cuisson des quiches, des tartes garnies, des soufflés par exemple) ;

Entre ces deux solutions, le positionnement de la plaque ou de la grille de cuisson placée au tiers inférieur de la hauteur du four assure (dans un appareil correctement réglé) une cuisson régulière.

Si les préparations ne sont :

- pas assez colorées sur le dessus et le dessous :

  ou → augmenter la température
  → augmenter le temps de cuisson

- pas assez colorées dessus, trop colorées dessous :
  - positionner la plaque plus haut dans le four, ou doubler la plaque de cuisson
- pas assez colorées dessous, trop colorées dessus :
  - positionner plus bas, recouvrir d'une feuille d'aluminium
- pas assez colorées dessous, bien colorées dessus :
  - enfourner légèrement plus bas
- pas assez colorées dessus, bien colorées dessous :
  - enfourner plus haut dans le four

Remarque :

Les appareils électriques sont généralement équipés d'un thermostat de sole et de voûte* indépendant, qui assure un réglage plus précis des températures de cuisson.*

* *Sole : plaque métallique constituant la partie inférieure de l'enceinte de cuisson.*

* *Voûte : plaque métallique constituant la partie supérieure de l'enceinte de cuisson.*

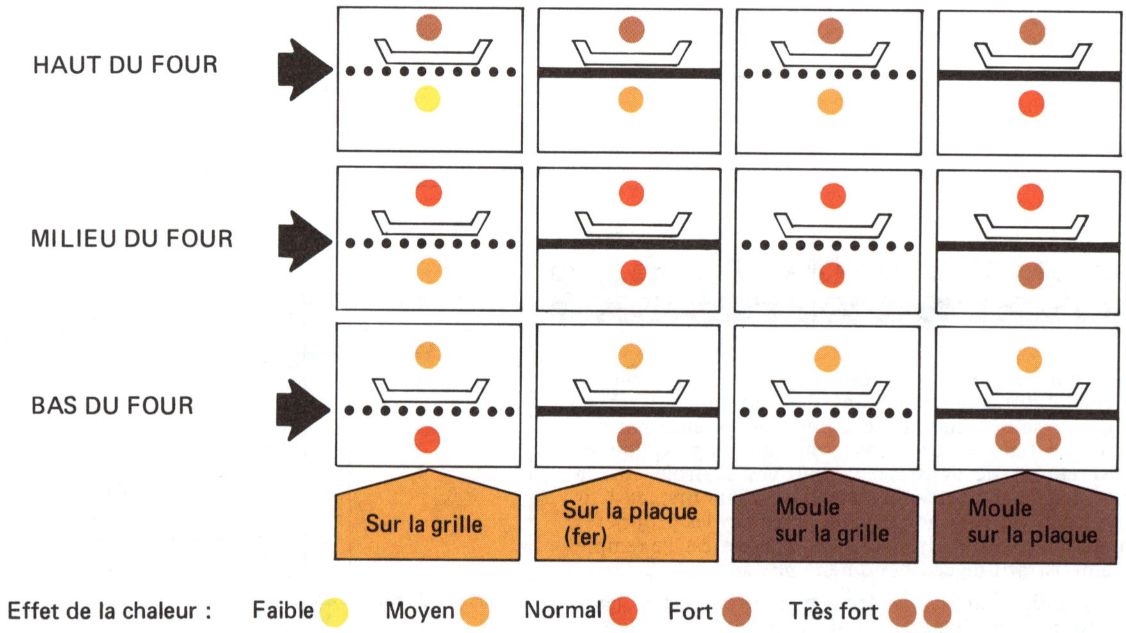

CORRESPONDANCE DES INDICATIONS DE TEMPERATURE

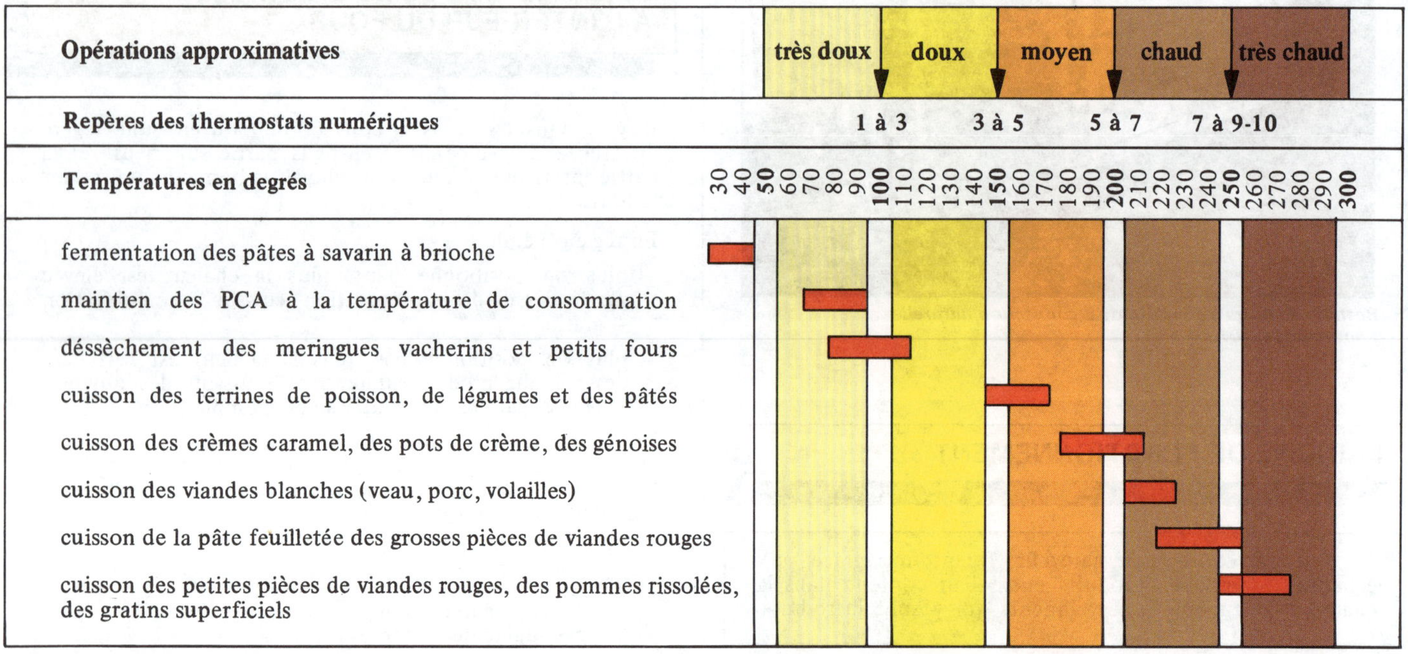

En règle générale, il faut baisser la température pour les grosses pièces et l'augmenter proportionnellement pour les plus petites.

Remarque :

Les fours à convection naturelle disparaissent progressivement au profit d'appareils plus polyvalents (four à convection forcée dirigée, polycuiseur, multicuiseur par exemple).

LE REGLAGE DE LA TEMPERATURE DE CUISSON

Hormis les appareils récents dotés d'un affichage digital de la température au degré près, la majorité des fours professionnels possèdent un thermostat qui règle et maintient automatiquement la température.

Les fours électriques sont généralement proposés avec une graduation en degrés Celsius. Les fours à gaz ont une graduation numérique allant de 1 à 10 (1 chiffre correspond approximativement à 30 °C).

LES FOURS A CONVECTION FORCEE

« Chaleur tournante », « air pulsé », « convection dirigée et forcée » sont des dénominations imagées qui désignent des appareils de cuisson dont l'air ambiant a été mis en mouvement grâce à une ou plusieurs turbines accélérant les échanges thermiques. Ces appareils sont généralement qualifés de fours à « chaleur dynamique ».

Four à convection forcée – Photothèque EDF

DIFFERENTS TYPES D'APPAREILS

LES FOURS A CONVECTION FORCEE SIMPLE
(chaleur tournante)

L'air est directement brassé dans l'enceinte de cuisson par une ventilation mécanique. Ces appareils dont la régularité de cuisson demeure insuffisante en cuisine professionnelle, sont principalement réservés à un usage ménager.

Four à convection forcée simple avec chariot d'enfournement Photothèque EDF

Coupes d'un four à convection forcée simple

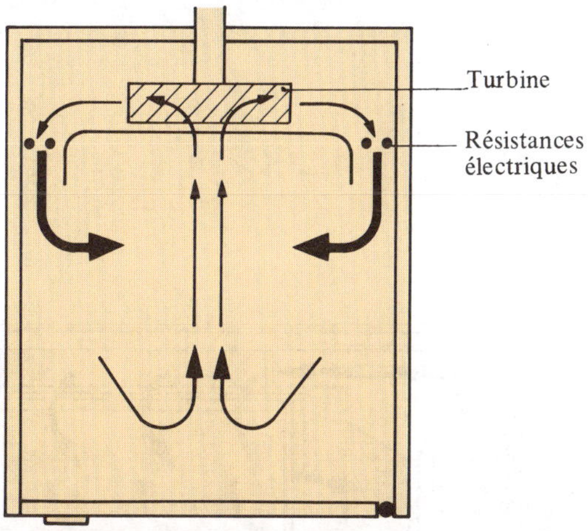

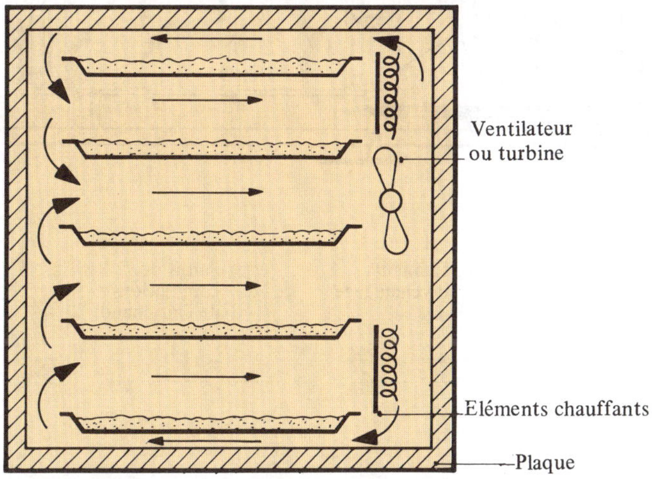

LES FOURS A CONVECTION FORCEE DIRIGEE

PRINCIPE DE FONCTIONNEMENT

L'air ambiant du moufle (chambre de cuisson) est aspiré par une turbine mue par un moteur électrique. Il réchauffe au contact de résistances ou d'un brûleur, puis guidé et pulsé au travers de canaux, judicieusement répartis à l'intérieur du four. Les canaux de répartition sont orientés vers les plats et conçus pour que les échanges thermiques soient identiques en tous points du four.

Puis l'air est à nouveau aspiré par la turbine, et il s'établit ainsi un cycle continu.

La température du four est contrôlée par un thermostat qui enclenche le chauffage.

La durée de cuisson est réglable grâce à une minuterie équipée d'un avertisseur sonore de fin de cuisson. Pour améliorer l'homogénéité de la température, quelques fabricants font alterner le sens de rotation du ventilateur.

La plupart des appareils possèdent un dispositif de sécurité qui provoque, lors de l'ouverture de la porte, l'arrêt automatique du chauffage et de la ventilation.

Les appareils récents sont dotés d'un humidificateur à débit variable. La vapeur d'eau améliore les échanges thermiques et diminue les pertes de froid à la cuisson. Ce système est particulièrement apprécié pour la cuisson des viandes blanches (porc, veau et volailles).

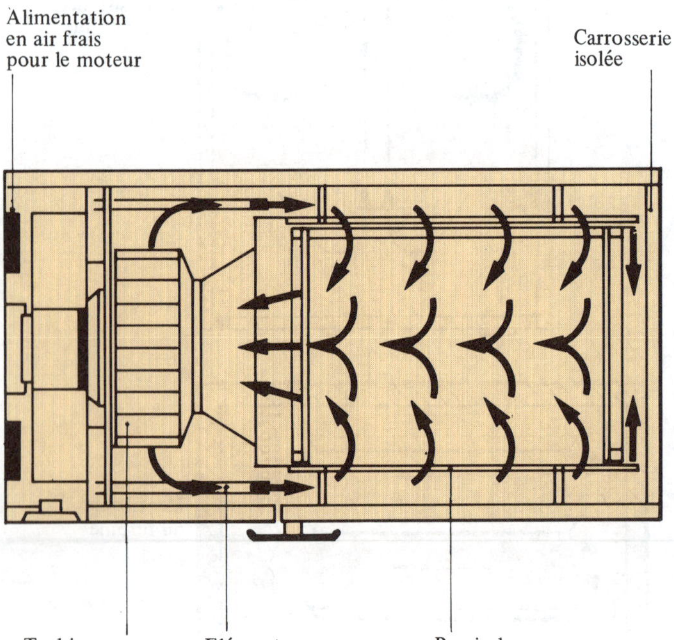

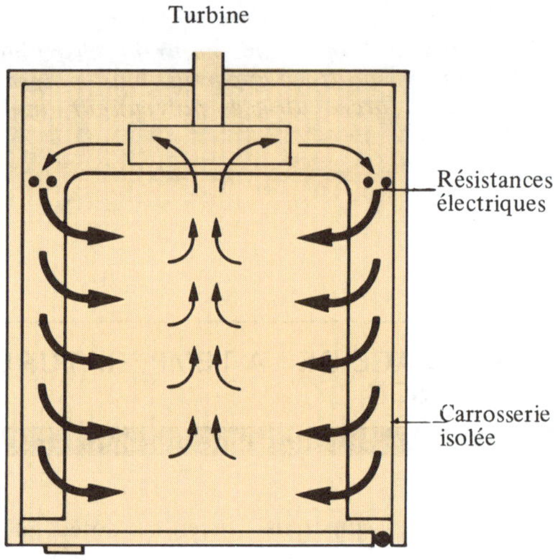

L'air chaud pénètre dans l'enceinte de cuisson par les canaux de répartition

Coupe schématique d'un four à convection forcée dirigée à sens alterné.

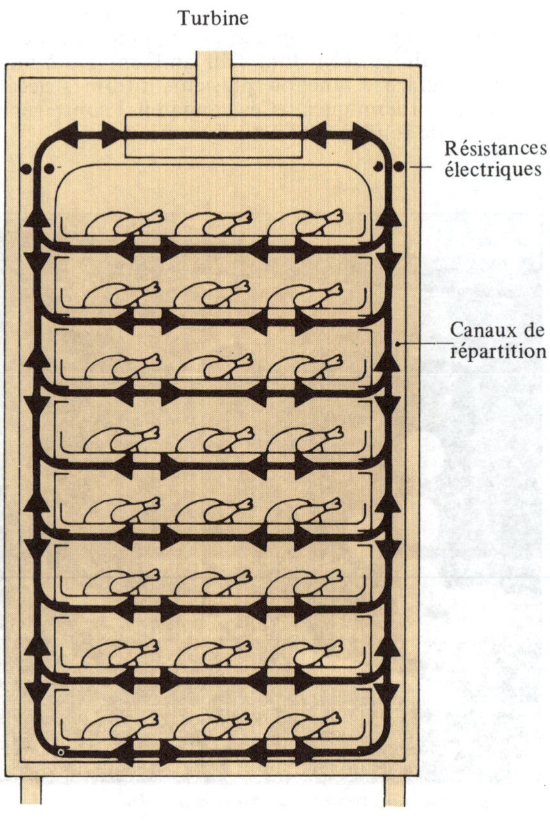

LES FOURS A CONVECTION FORCEE ET A VAPEUR SANS PRESSION OU FOURS MIXTES
(polycuiseurs et multicuiseurs)

Ces appareils polyvalents permettent plusieurs types de cuisson :

- cuisson traditionnelle en atmosphère sèche de 50 à 300 °C (rôtis de viandes rouges, pommes rissolées, gratins, patisseries, etc.) ;
- cuisson humide à 180 °C (viandes pochées, rôtis de viandes blanches, etc.) ;
- cuisson à la vapeur à 100 °C (poisson, légumes par exemple).

EQUIPEMENT

Ces appareils à convection forcée sont équipés d'un générateur intégré produisant de la vapeur.

Le chauffage des résistances du générateur de vapeur est directement commandé par le régulateur électronique de la température intérieure du four.

Le moufle, l'axe du moteur et les joints de porte sont étanches.

Les indications de température sont généralement données par affichage digital. Certains appareils sont équipés d'une sonde permettant de mesurer la température « à cœur » du produit.

Multicuiseur – Restaurant Troisgros – Roanne

Remarque :

La programmation de ces appareils est extrêmement précise et souvent électronique. Elle permet:

- *la cuisson à « basse température », principalement utilisée pour les viandes de boucherie ;*
- *la décongélation et la cuisson des préparations surgelées ou congelées ;*
- *la cuisson des préparations conditionnées sous vide ou sous atmosphère contrôlée ;*
- *la remise en température de consommation des plats cuisinés à l'avance, réfrigérés, sous vide ou surgelés ;*
- *le maintien momentané des PCA à la température de consommation (+ 65 °C).*

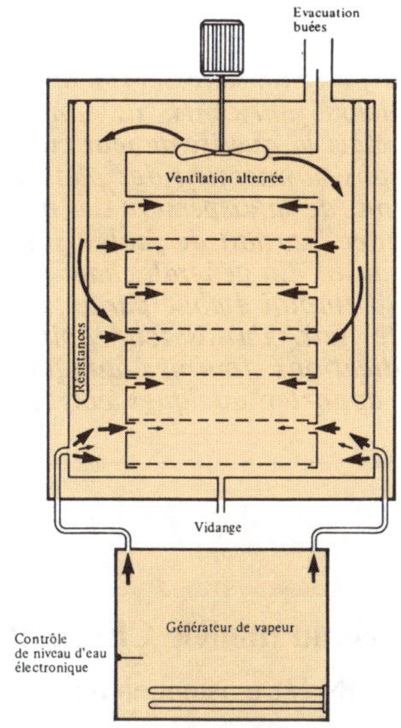

Coupe d'un four à convection forcée et à vapeur sans pression.

LES AVANTAGES DE L'UTILISATION D'UN FOUR A CONVECTION FORCEE PAR RAPPORT A UN FOUR A CONVECTION NATURELLE

Les avantages sont nombreux :

- gamme de modèles très étendue (de 2 à 150 kW) et de cuisson et la remise en température des plats cuisinés à l'avance, réfrigérés ou surgelés ;
- appareils « polyvalents » permettant une grande variété adaptée à toutes les formules de restauration ;
- montée rapide en température, de 5 à 10 minutes suivant les modèles. Les préparations qui ne nécessitent pas d'être saisies peuvent être introduites directement dans le four sans préchauffage ;
- économie d'énergie ;
- températures de cuisson plus basses par rapport à l'utilisation d'un four à convection naturelle (de 20 à 40 °C inférieurs)
  - moins de graisses brûlées,
  - moins d'encrassement,
  - moins de fumées,
  - limite les pertes de poids des aliments par déshydratation superficielle (utilisation de l'humidificateur)
- entretien et nettoyage simplifiés grâce aux parois en acier inoxydable amovibles ;
- régulation souple permettant le contrôle de la puissance avec précision ;
- bonne qualité de cuisson ;
- contrôle automatique de temps de cuisson par programmation (allège la surveillance) ;
- facilité et rapidité de manutention. Lorsque le chargement s'effectue par chariots, ceux-ci sont préparés à l'extérieur du four (porte ouverte moins longtemps, pertes d'énergie réduites, risques de brûlures limités) ;
- diminution de la surface occupée au sol (cuisson sur plusieurs niveaux) ;
- meilleures conditions de travail pour l'utilisateur (les fours à convection forcée sont généralement placés sur des socles permettant l'enfournement ou le défournement à la bonne hauteur.

Remarque :

Tous ces fours à air pulsé ne se ressemblent pas pour autant. Si l'on en croit leurs fabricants, ils sont tous robustes, fiables, pratiques. Mais la qualité de leur cuisson dépend du débit de l'air, du positionnement des plats à l'intérieur de l'enceinte de cuisson, de la dispersion des masses d'air et de l'état de maintenance : autant de facteurs qui varient d'un constructeur à un autre. En général, chaque four est accompagné d'une table d'emploi établie par le fabricant après un étalonnage. De ce fait, l'utilisateur doit suivre scrupuleusement les indications fournies auxquelles il pourra, avec l'expérience, apporter quelques correctifs personnels.

Four mixte Cleveland modèle CEC 110

Modèle 10 niveaux GN 1/1 existent en 6 niveaux, 10 niv., 20 niv., et 20 niv 2/1

Il est équipé d'un dispositif faisant l'objet d'un brevet mondial permettant le contrôle de l'hygrométrie «HYGROPLUS»(1).

Outre ses fonctions principales (vapeur, air pulsé, mixte, vario-vapeur(2) (30°-99°C), remise en température, humidificateur automatique en air pulsé grâce à des commandes electroniques digitales par touches sensitives), il est équipé de fonctions complémentaires hygroplus «S» refroidissement rapide, utilisation 1/2 énergie, turbine 1/2 vitesse, contrôle des températures (30° => 300°C) sonde à cœur(3), cuisson avec Delt-T(4), démarrage différé, cuisson basse température et maintien, fonction autonettoyage, douchette de nettoyage incorporée.

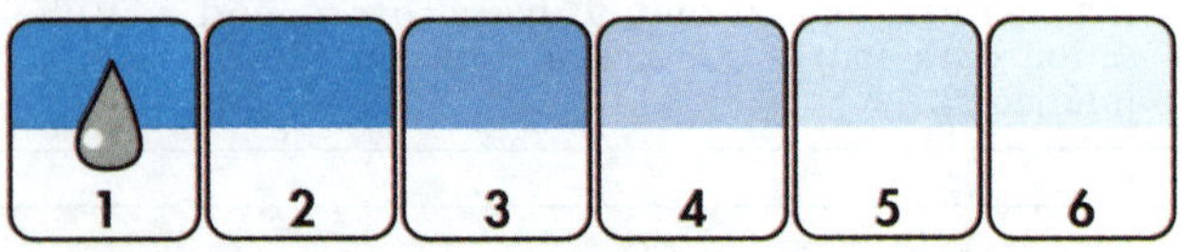

(1) **HYGROPLUS :** la fonction hygroplus (Brevet mondial) assure un contrôle parfait du degré d'hygrométrie souhaité dans l'enceinte du four (la fonction prend en compte l'humidité dégagée par le produit).

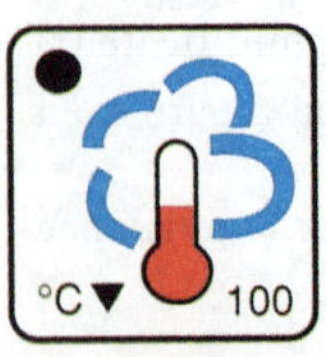

(2) **VARIO-VAPEUR :** la fonction vario-vapeur contrôle la température dans l'enceinte du four entre 30° et 99°C (point d'ébullition) pour pochage, blanchiment, cuisson sous-vide, cuisson à l'étouffé.

(3) **SONDE A CŒUR :** pilotage intégral des cuissons avec coupure automatique en fin de cuisson. Contrôle automatique des divers pas de programmes des cuissons basse température et des cuissons en mode Delta-T.

(4) **CUISSON DELTA-T :** cuisson à l'aide de la sonde à cœur. Grâce à cette fonction, le four maintient pendant toute la cuisson une différence de température constante entre la température à cœur et celle de l'enceinte.

ENCEINTES A MICRO-ONDES

PRINCIPE DE FONCTIONNEMENT

Enceinte à micro-ondes – Photothèque EDF

Un four classique utilise l'air chaud comme moyen de transfert de la chaleur. La source d'énergie utilisée (gaz ou électricité) chauffe d'abord les parois du four, puis la température ambiante s'élève et l'air chaud communique sa chaleur aux aliments par rayonnement et convection.

Dans une enceinte à micro-ondes, les ondes électro-magnétiques sont produites par un ou plusieurs générateurs appelés « magnétrons ». Les magnétrons transforment l'énergie électrique (sous forme de courant continu) en énergie de haute fréquence (2450 MHz). Ces ondes se propagent à la vitesse de la lumière (300 000 km seconde) et produisent une agitation intermoléculaire atteignant 2,450 milliards de vibrations par seconde. Ces vibrations ont la propriété d'élever rapidement la température.

Les aliments sont composés de molécules diverses (protéines, graisses, sucres, eau, etc.) qui ne sont pas électriquement neutres.

Une onde électro-magnétique est composée de deux charges électrique et magnétique soumises à un champ électromagnétique. L'aliment voit ses molécules se comporter comme des aimants et s'aligner parallèlement au champ. Le champ étant alternatif, chaque changement de sens de courant du courant provoque un changement d'orientation des molécules. La fréquence est de plusieurs millions de hertz par seconde et la friction des molécules les unes contre les autres entraîne une élévation de la température. Par conséquent, les micro-ondes ne sont pas une forme de chaleur, mais une forme d'énergie qui par interaction avec les aliments provoque leur échauffement.

Dans l'enceinte à micro-ondes, les ondes sont envoyées par un ou plusieurs guides d'ondes sur un diffuseur rotatif (pales d'agitateur) qui les répartit dans l'enceinte.

Réfléchies par les parois métalliques, elles sont concentrées sur le produit alimentaire. Celui-ci est généralement placé sur une plaque de sole rotative ou un plateau tournant.

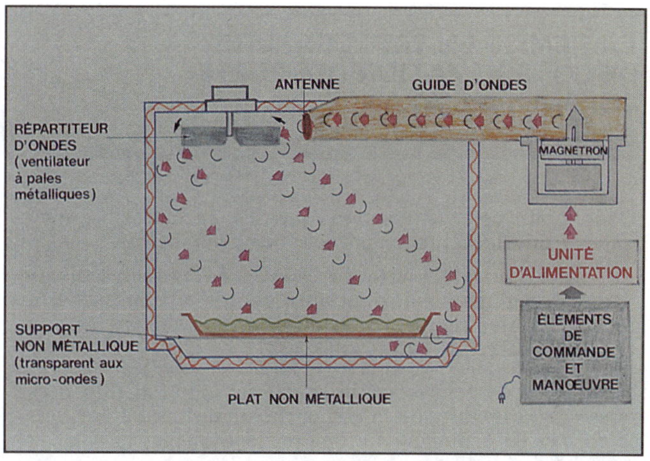

LA PUISSANCE RESTITUEE

La puissance restituée est la puissance émise par le magnétron dans l'enceinte. Les appareils à micro-ondes ont une puissance restituée variant de 5000 à 6000 Watts. On estime qu'elle représente 50 % de la puissance installée lors de l'acquisition de l'appareil. Lors de l'achat d'une enceinte à micro-ondes, c'est la puissance restituée qui doit être prise en compte pour choisir l'appareil, car c'est elle qui détermine la rapidité de fonctionnement.

CARACTERISTIQUES

Les appareils à micro-ondes sont présentés sous la forme d'enceintes d'une capacité variable (entre 20 et 35 l) ou de tunnels. Ils doivent être étanches au rayonnement électromagnétique. La densité du flux énergétique des fuites émises ne doit pas être supérieure à 50 Watts m^2, en tout point distant d'au moins 5 centimètres de la surface extérieure de l'appareil. La porte de l'enceinte, généralement réalisée en matériau transparent, permet l'observation des produits exposés au rayonnement. Ces points sont parfaitement étanches et un dispositif de sécurité stoppe l'émission d'ondes en cas d'ouverture.

Plusieurs dispositifs de sécurité assurent la protection de l'utilisateur et de l'appareil. Les appareils les plus récents sont équipés de commandes par microprocesseurs, d'une programmation électronique par touches digitales, d'une sonde de température intérieure de produits et ils stoppent l'émission d'ondes en fin de cuisson. Les nouveaux magnétrons en céramique permettent l'emploi de tous les récipients traditionnels, y compris ceux en aluminium.

DIFFERENTES UTILISATIONS

Les ondes traversent certains matériaux

Les matériaux électriquement neutres sont « transparents » à l'énergie des micro-ondes: **Il n'y a pas de production de chaleur.**

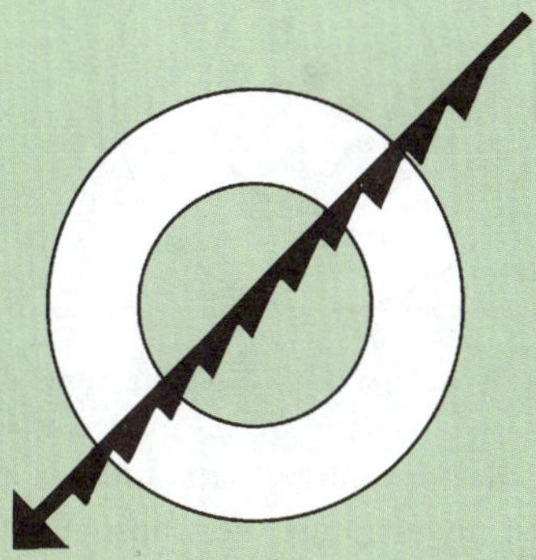

Les micro-ondes traversent ainsi l'air, les matières plastiques (le polycarbonate), le papier, le carton, la céramique, la faïence, la porcelaine (sans décor métallique).

C'est donc le **contenu**, et non le **contenant**, qui est le siège des vibrations électro-magnétiques. L'aliment s'échauffe, le récipient ainsi que l'air ambiant de l'enceinte restent froids (ils ne sont chauffés que par l'aliment échauffé).

Les ondes sont réfléchies par les matériaux métalliques :

Il n'y a pas de production de chaleur

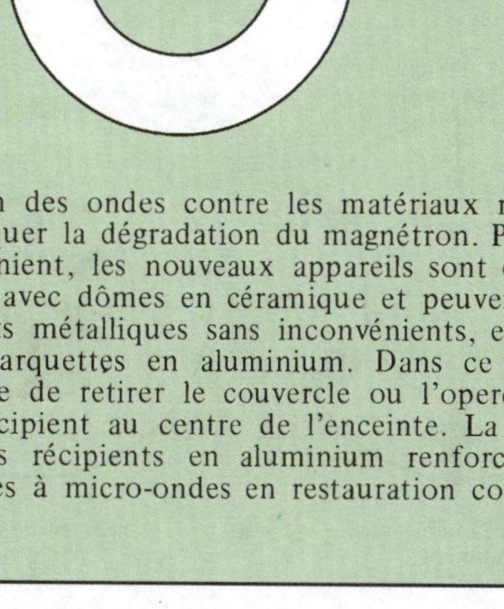

La réflexion des ondes contre les matériaux métalliques peut provoquer la dégradation du magnétron. Pour pallier cet inconvénient, les nouveaux appareils sont équipés de magnétrons avec dômes en céramique et peuvent recevoir les récipients métalliques sans inconvénients, et en particulier les barquettes en aluminium. Dans ce cas, il est indispensable de retirer le couvercle ou l'opercule et de placer le récipient au centre de l'enceinte. La possibilité d'utiliser les récipients en aluminium renforce l'intérêt des enceintes à micro-ondes en restauration collective ou différée.

Les ondes sont absorbées par les aliments (et plus particulièrement par les aliments riches en eau)

Il y a production de chaleur

Les enceintes à micro-ondes permettent de nombreuses utilisations :

- décongeler des produits bruts ou des plats cuisinés ;
- remettre en température de consommation des plats cuisinés à l'avance (surgelés, réfrigérés, conditionnés sous vide) : potages, boissons chaudes, plats en sauce ;
- réaliser ou terminer certaines cuissons ;
- accélérer les durées de cuisson en association avec un autre procédé classique assurant la coloration.

LA DECONGELATION

Les micro-ondes pénètrent dans les aliments sur une épaisseur de 2 à 3 centimètres. Au-delà, la propagation de la chaleur à cœur d'un aliment plus épais s'opère, comme en cuisson traditionnelle, par conduction.

Pour favoriser l'homogénéisation des températures et éviter le risque d'une surcuisson superficielle, il est préférable de choisir le fonctionnement par séquences (décongélation, repos, décongélation, repos, etc.) La plupart des appareils possèdent une touche spéciale commandant le cycle de décongélation.

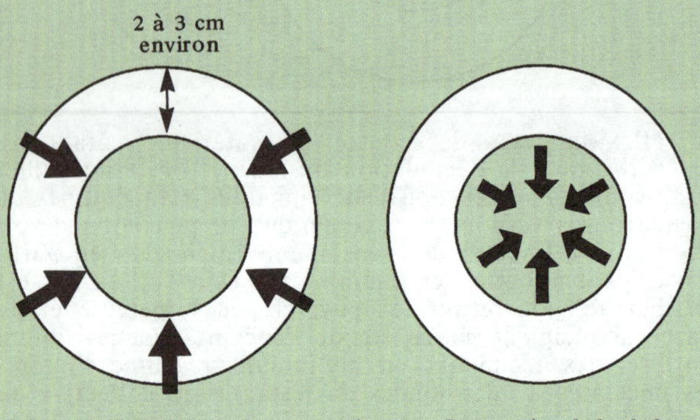

Pénétration des micro-ondes dans l'aliment **puis** **Propagation de la chaleur par conduction**

LA REMISE EN TEMPERATURE DE CONSOMMATION DES PLATS CUISINES A L'AVANCE

C'est pour cette utilisation que les enceintes à micro-ondes trouvent actuellement leur principal intérêt.

En raison de la rapidité du chauffage, les temps d'exposition des aliments doivent être choisis au plus juste. La répartition des températures au sein de l'aliment se poursuit après l'arrêt de l'émission.

Les durées de remise en température sont fonction de la masse de la texture, de la compacité et surtout de la richesse en eau de l'aliment. Le beurre, le fromage, la gelée, le chocolat, le fondant ou le nappage par exemple, peuvent être ramollis très facilement par micro-ondes.

LA CUISSON

Il est possible de cuire dans les enceintes à micro-ondes, mais ce n'est pas leur véritable vocation. Ces appareils ne colorent pas comme les fours classiques. Toutefois, la coloration des aliments à la poêle ou en sauteuse, le quadrillage des grillades peuvent être obtenus de façon traditionnelle, et la cuisson peut être rapidement terminée par micro-ondes.

La remise en température de préparations à base de pâte sèche (pâte brisée, feuilletée) n'est pas recommandée (ramollissement).

CONSEILS D'UTILISATION

- Maintenir une propreté méticuleuse, à l'intérieur de l'appareil : les déchets alimentaires absorbent l'énergie et réduisent l'efficacité de l'appareil ;
- Ne pas introduire d'aliments conditionnés dans des récipients hermétiques (bocaux, sachets plastiques) ou œufs en coquille, car ils peuvent exploser sous l'action de la chaleur. Il faut perforer ou ouvrir les sachets des plats cuisinés à l'avance conditionnés sous vide ;
- Couvrir tous les aliments à risque de projections (escargots, poisson meunière...) d'un film plastique alimentaire de cuisson ou d'une cloche en polycarbonate ;
- Cuire les aliments fragiles (poissons par exemple) entre deux assiettes pour éviter un dessèchement superficiel ;
- Retourner fréquemment les pièces entières pour uniformiser leur température ;
- Eviter le fonctionnement à vide et l'utilisation d'assiettes à décor métallique (ou ou argent) ;
- Faire réaliser l'installation par un installateur agréé ;
- Souscrire un contrat de maintenance ; éviter les réglages et les réparations personnelles ;
- Vérifier fréquemment l'étanchéité des points de la porte ;
- Nettoyer fréquemment le filtre à air.

AVANTAGES DE L'UTILISATION D'UNE ENCEINTE A MICRO-ONDES

- Permet des utilisations rapides et immédiates (pas de préchauffage) ;
- Améliore les conditions de travail et facilite le service :
  - les préparations et le dressage sur assiettes peuvent être effectués à l'avance. L'intensité du service (coup de feu) est diminuée ;
  - évite toutes les manipulations de transvasement. Les produits conditionnés peuvent être directement placés dans l'enceinte de cuisson ;
  - limite l'utilisation du matériel traditionnel de cuisson et allège le travail de la plonge. Les aliments n'attachent pas aux récipients ;
  - limite les problèmes de surchauffage de la cuisine.
- Améliore la qualité hygiénique des préparations :
  - rapidité de décongélation ou de remise en température. Ces opérations sont effectuées à la commande.
- Préserve la qualité nutritionnelle des aliments.
- Conserve le goût, la texture et la couleur originels.
- S'adapte à la préparation de certains régimes :
  - les aliments peuvent cuire avec peu d'eau et sans matières grasses.
- Encombrement réduit.
- Utilisation simple et accessible à tout le personnel.

Exemples de durée de remise en température effectuée dans un appareil de puissance 3000 Watts restitués

Nature des plats	Poids en kg ou portions	Durée par portion en secondes*
Potages	1	60
Pizzas ou quiches	1	30
Poisson portion plat	0,250	100
Viandes en sauce	0,300	120
Quart de poulet	0,250	150
Hamburger	0,200	60
Petits pois	0,200	130
Riz, pâtes, purée	0,200	180
Patisseries chaudes	1	20 à 40

* *Durées en secondes pour la remise en température de préparations réfrigérées de (+ 3 °C à + 70 °C)*

CUISEUR A VAPEUR

Procédé rapide et efficace de transmission de la chaleur, la vapeur est de plus en plus utilisée en cuisine professionnelle.

PRINCIPE DE LA CUISSON A LA VAPEUR

Pour passer d'un état liquide à 100 °C à un état gazeux à 100 °C et à la pression atmosphérique normale au niveau de la mer, un gramme d'eau accumule 540 calories dans sa vapeur. Au contact d'un corps plus froid (aliment à cuire), la vapeur restitue sa chaleur et se condense, retrouvant ainsi son état liquide initial. La réserve calorifique de la vapeur est importante : il suffit de peu d'eau, à l'état de vapeur pour fournir à un aliment froid la quantité d'énergie nécessaire à le chauffer.

DESCRIPTION DES APPAREILS

Les cuiseurs à vapeur se présentent sous la forme de compartiments étanches, calorifugés, le plus souvent en acier inoxydable de forte épaisseur, et utilisant la vapeur comme moyen de transfert de la chaleur par action directe sur le produit alimentaire. La cuisson des aliments s'effectue, avec ou sans pression, à travers des paniers ou des tiroirs pleins ou perforés, aux dimensions « GASTRO-NORMES », montés sur des glissières.

Restaurant « Les Galets » à Veules-les-Roses –M.G. Plaisance – Photothèque EDF

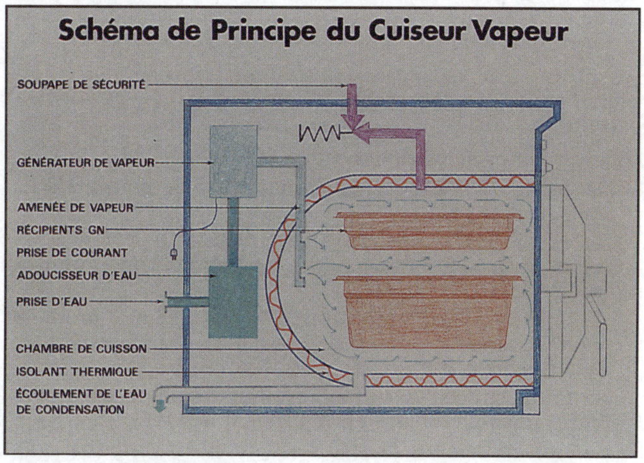

La vapeur peut être produite dans l'enceinte même, ou par un générateur de vapeur indépendant (chaudière ou vaporisateur). Dans ce dernier cas, la vapeur produite est dirigée dans la chambre de cuisson par des rampes ou des orifices judicieusement répartis, pour obtenir une dispersion bien homogène.

Le chauffage de l'eau du générateur est assuré par un thermoplongeur immergé (résistances blindées) ou par un brûleur à air soufflé.

L'alimentation en eau peut être automatique ou manuelle, avec possibilité d'avoir un adoucisseur incorporé.

En général, les appareils à pression sont dotés d'un système de sécurité interdisant la mise sous pression aussi longtemps que la porte n'est pas correctement verrouillée.

Les appareils les plus sophistiqués présentent une programmation électronique assurant :

- le remplissage du générateur avec contrôle du niveau d'eau de sécurité ;
- la fermeture de la porte avec purge d'air et verrouillage de sécurité ;
- l'ouverture de la porte en fin de cuisson, avec décompression et évacuation des condensats ;
- la mise en pression du générateur de vapeur.

La pression de la vapeur est contrôlée par un « pressostat » (manomètre de contrôle de pression).

Une minuterie avec affichage digital et avertisseur sonore et lumineux assure l'automaticité du fonctionnement et assure la décompression en fin de cuisson.

Une douchette peut être installée pour réaliser le nettoyage du compartiment de cuisson et le refroidissement des légumes par aspersion.

Remarque :

Les cuiseurs à vapeur ont leur place dans toutes les cuisines : ils remplacent avantageusement les marmites encastrées, les marmites mobiles et les rondeaux.

Cuiseur à vapeur de collectivité avec chariot d'enfournement
Photothèque EDF

CLASSIFICATION DES CUISEURS A VAPEUR

La classification peut se faire au niveau de la pression de vapeur utilisée.

On distingue ainsi :

LES CUISEURS A VAPEUR SANS PRESSION

Ils sont appelés communément à « pression atmosphérique », à « vapeur fluante », à « vapeur humide » ou à « vapeur saturée ».

La pression de vapeur est la pression atmosphérique (pression relative de zéro bar) ; la température de cuisson est voisine de 100 °C.

Elle permet principalement :
- la cuisson des produits délicats (filets de poissons frais ou surgelés) ;
- la remise en température de produits déjà cuits, des plats cuisinés à l'avance, des préparations conditionnées sous vide ;
- le maintien en température de ces mêmes produits (durée variable selon leur résistance à l'oxydation et à la surcuisson) ;
- la fin de cuisson de certains produits volontairement peu cuits à haute ou basse pression avant le service ;
- la cuisson de certains légumes de couleur verte (haricots verts), qui conservent mieux leur couleur et leur aspect si la cuisson est effectuée sans pression.

Remarque :

La durée de cuisson sans pression est beaucoup plus longue et la consommation d'énergie plus importante.

LES CUISEURS A VAPEUR AVEC PRESSION (vapeur sèche ou surchauffée)

- **Basse pression**

La pression de la vapeur se situe entre 0,3 et 0,5 bar, ce qui correspond à une température comprise entre 104 et 109 °C.

Les cuissons sont plus rapides que dans les marmites classiques où la température de l'eau est proche de 100 °C. Elles s'appliquent à des produits compacts (surgelés) ou à de gros calibres.

Exemples : pains d'épinards surgelés, grosses pommes de terre, artichauts, œufs durs, etc.

- **Haute pression**

La pression de vapeur est de l'ordre de 1 bar, ce qui correspond à une température de 120 °C.

La cuisson est très rapide et s'applique particulièrement à des produits frais ou surgelés de fine coupe ou de petit calibre.

Exemples : jardinière de légumes, macédoine, petits pois, bouquets de choux fleurs, choux de Bruxelles, pommes vapeur, etc.

- **Triple pression**

Pour couvrir la gamme de cuisson de tous les produits, certains fabricants proposent des appareils capables de fonctionner avec 3 pressions différentes : pression atmosphérique, 0,4 bar et 1 bar.

A titre indicatif : les pressions de vapeur correspondent aux températures suivantes : 0 Bar = 100 °C ; 0,2 Bar = 105 °C ; 0,4 Bar = 109 °C ; 0,6 Bar = 113 °C ; 0,8 Bar = 117 °C ; 1 Bar = 120 °C ; 2 Bars = 138 °C.

Photothèque EDF

	Haute pression 1 bar	Basse pression 0,4 bar	Sans pression
Température de la vapeur	120 °C	109 °C	≃ 100 °C
Avantages	Gain de temps	Cuisson plus progressive **Cuit tous les calibres**	Cuissons délicates. Remise et maintien en température de légumes fragiles et de plats cuisinés
Inconvénients	Parfois destruction des couches superficielles et manque de cuisson à cœur pour certains calibres	Temps de cuisson augmentés	Temps de cuisson trop longs pour produits fractionnés de petits calibres

Note : peut assurer la stérilisation des conserves sous boîtes métalliques serties (chaîne « Haute Pression »).

LES PRINCIPAUX AVANTAGES DES CUISEURS A VAPEUR

Les avantages sont nombreux :

- **Economie de temps**

Les durées de cuisson à vapeur basse ou haute pression sont inférieures à celles de la cuisson en marmite.

Il n'y a pas de préchauffage, la chaleur latente est toujours disponible. Rappelons que dans une marmite traditionnelle, il faut environ 1 heure pour porter 150 litres d'eau à ébullition.

L'inertie est très faible lors de l'introduction d'aliments dans le compartiment de cuisson (réserve de calories).

La cuisson peut être réalisée au fur et à mesure des besoins. Les différentes manutentions (brassage, refroidissement, égouttage, réchauffage ou remise en température) sont limitées.

- **Economie d'eau et d'énergie**

Il n'est pas nécessaire de chauffer jusqu'à l'ébullition une grande quantité d'eau (ensuite rejetée à l'égout). Seule la quantité nécessaire à la production de vapeur est utilisée.

- **Economie de produits**

La cuisson est pratiquement réalisée à la commande, les quantités à cuire sont ajustées aux besoins, la mise en place est réduite et les pertes sont limitées.

Absence de pertes dues à la surcuisson, aux manipulations et à l'éventuel écrasement des produits fragiles au fond des marmites.

- **Economie d'entretien**

Le matériel est construit en acier inoxydable : les aliments n'adhèrent pas. Une douchette peut être installée.

- **Economie de surface**

Les appareils sont de faible encombrement.

- **Préservation des qualités organoleptiques des produits** (couleur, odeur, saveur, texture, etc.)
  - qualités gustatives : les aliments conservent bien leur saveur. Rappelons que la perte de saveur des aliments à la cuisson est principalement due au passage de certaines substances solubles dans l'eau de cuisson (protéines hydrolysées en acides animés, sucres, sels minéraux, etc.).
  - qualités nutritionnelles : la cuisson rapide à la vapeur, sans eau et en absence d'air préserve une grande partie des vitamines hydrosolubles et oxydables et une partie des sels minéraux.

MARMITES

DESCRIPTION

Les marmites sont des cuves calorifugées, profondes, de forme ronde, carrée ou rectangulaire avec des angles arrondis. Elles sont réalisées en aluminium laminé de forte épaisseur ou en acier inoxydable. Les marmites sont munies d'un couvercle bien équilibré et d'un robinet de vidange.

Marmite ronde basculante – photothèque EDF

DIFFERENTS TYPES DE MARMITES

Il existe différents types de marmites :
- **marmites fixes ou basculantes ;**
- **marmites à chauffage direct ;**
- **marmites à chauffage indirect ou marmites à bain-marie ;**
- **marmites à surpression ou autoclave à vapeur.**

REMARQUE
Pour la cuisson des viandes et des légumes, les marmites sont progressivement remplacées par des cuiseurs à vapeur, des polycuiseurs ou des multicuiseurs. Ces appareils réduisent considérablement les manipulations et diminuent ainsi les risques d'accidents et de brûlures.

INSTALLATION

Les marmites peuvent être installées isolément (marmites indépendantes) groupées en batterie, ou encastrées dans un fourneau. Leur installation nécessite une alimentation en eau chaude et froide, un raccordement à l'évacuation des eaux usées et à une ventilation particulièrement performante.

Photothèque EDF

UTILISATIONS

Ces appareils permettent la cuisson des aliments dans une grande quantité de liquide.
- Cuisson des légumes à l'anglaise, du riz créole, des pâtes alimentaires, etc.
- Cuisson des viandes pochées (pot-au-feu, poulardes, blanquettes, langues, etc.).
- Cuisson des œufs mollets et des œufs durs.
- Blanchiment des légumes, des viandes, des abats, etc.
- Confection des fonds blancs et bruns, des fumets, des potages taillés, etc.

REMARQUE
L'utilisation de la marmite à chauffage direct n'est pas conseillée pour la cuisson des préparations qui ont tendance à attacher (laitages, crèmes, potages liés, sauces, purées).

CHOIX DU MATERIEL

Lors de l'achat d'une marmite, il est nécessaire de bien veiller aux points suivants :
- Choisir l'appareil en fonction de ses ***aptitudes spécifiques*** (chauffage direct, indirect, marmite à surpression).
- Choisir la ou les marmites dont le ou les volumes correspondent ***aux nombres de couverts à préparer*** ; les choisir également en fonction du matériel équivalent, existant ou à venir (cuiseur vapeur, polycuiseur, par exemple).
- La cuve doit être ***de préférence ronde et en acier inoxydable.*** Les cuves carrées et rectangulaires doivent être conçues avec des angles arrondis pour faciliter leur nettoyage. Deux cuves de dimensions différentes sont préférables à une seule cuve de volume important. Les cuves trop grandes sont dangereuses, leur nettoyage est fastidieux et la position de l'utilisateur est particulièrement pénible.
- L'habillage extérieur (carrosserie) doit comporter ***des angles bien arrondis*** et être en ***acier inoxydable poli et satiné*** facilitant son entretien.
- La marmite peut être disposée ***sur un socle en acier inoxydable,*** ou sur ***un piètement avec des vérins réglables*** donnant une légère inclinaison pour accélérer l'évacuation des eaux résiduelles par le robinet de façade.
- ***Le robinet,*** de forte section, doit être ***démontable*** et pratiquement ***inobturable.***
- Un ***tamis à glissière*** (crépine) permet de retenir les aliments lors de la vidange.
- Le ***fond*** de la cuve doit être ***épais et indéformable.***
- Le ***calorifugeage*** doit être soigné pour éviter les dispersions de chaleur.
- ***Le couvercle doit être équilibré par des ressorts compensateurs et blocable*** dans toutes les positions. ***La poignée de manœuvre*** ne doit pas être placée sur le couvercle, mais en façade pour éviter les risques de brûlure dus à la vapeur s'échappant lors de son ouverture.
- ***Les organes de commande*** et de réglage doivent être bien ***isolés, regroupés en façade,*** placés à portée de main mais à l'abri de la chaleur, des chocs et des débordements.
- Les marmites basculantes doivent être équipées d'un ***dispositif de sécurité*** bloquant la cuve dans toutes les positions.

EQUIPEMENT DE CHAUFFE

- Résistances blindées, étanches, plaquées sous la cuve, régulées par un thermostat pour les appareils électriques.
- Brûleurs atmosphériques à 1, 2 ou 3 couronnes concentriques, munis d'une veilleuse d'allumage et d'un système de sécurité par thermocouple.

Les appareils fonctionnant au gaz sont munis d'une mître d'évacuation des gaz brulés. Il est possible d'utiliser un brûleur de type « séquentiel ».

MARMITES A CHAUFFAGE DIRECT

Les résistances électriques ou les brûleurs à gaz sont directement placés sous la cuve de cuisson. Ces marmites ne permettent que les cuissons dans un liquide.

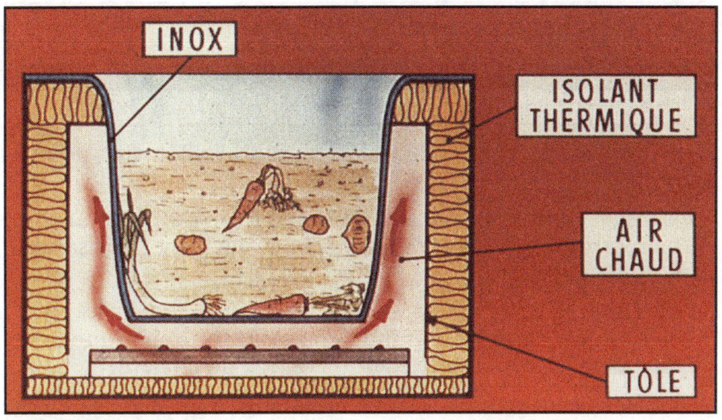

Photothèque EDF

MARMITES A CHAUFFAGE INDIRECT

La cuve est située à l'intérieur d'une double enveloppe contenant un fluide intermédiaire (eau, vapeur, fluide spécifique).

Lorsque le fluide intermédiaire est l'eau, la marmite est appelée à « bain-marie ». La double enveloppe contenant le fluide intermédiaire assure un chauffage progressif et régulier de la cuve. Une soupape de sécurité contrôle la pression du fluide. Outre la cuisson dans une grande quantité de liquide, ces appareils permettent plus spécialement la cuisson des préparations qui ont tendance à attacher (laitages, potages liés, crèmes, veloutés, sauces, purées, etc).

Certaines marmites à chauffage indirect sont équipées d'un système de refroidissement par circulation d'eau froide dans la double enveloppe.

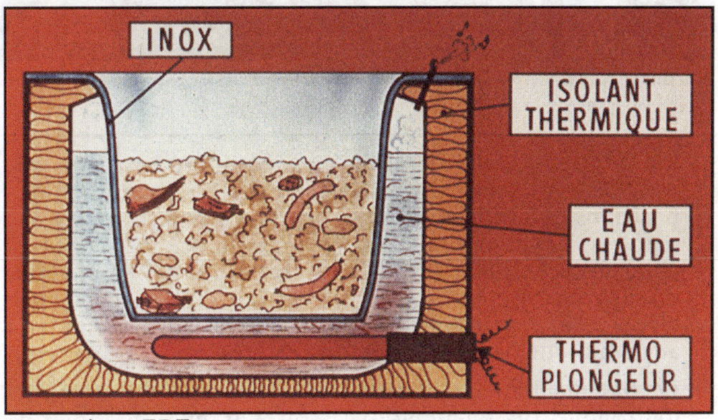

Photothèque EDF

Mini marmites CLEVELAND (ou marmites de table)

Modèles TKET 6T 25 litres, KET 12T 45 litres et KET 20T 80 litres

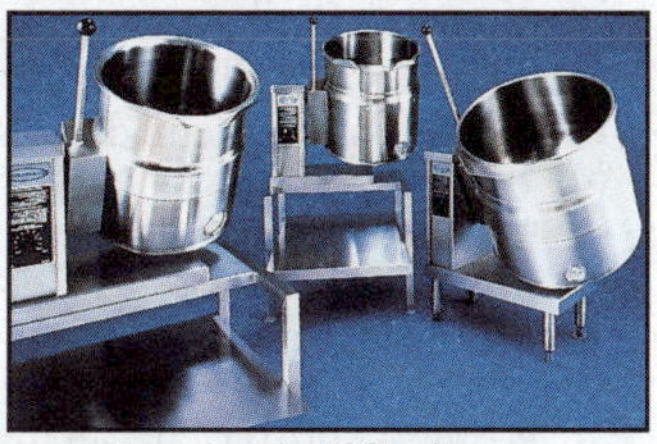

Ces marmites «de table» particulièrement souples d'utilisation sont plus spécifiquement adaptées aux petites et moyennes productions.
Les poignées sont décentrées et permettent un meilleur basculement, les couvercles sont amovibles et elles sont équipées de très larges becs verseurs.
La régulation électronique de la température dans la double enveloppe est à moins de 1°C près.

Marmite basculante électrique Welbit Cleveland

Modèle KEL 60T

Gamme de 100 à 375 litres à double enveloppe 2/3 de la cuve.
Un système électrique règle la température dans la double enveloppe à moins de 1°C près.
Le système de basculement par pignons est très résistant.
Le liquide de la double enveloppe est distillé, déminéralisé, anticorrosif et antigel.
Ce modèle permet de chauffer 180 litres d'eau de 15°C à 100°C ± 5 % en moins de 25 minutes.

Marmite basculante gaz

Modèle turbo gaz KGL 60T

Mêmes performances et souplesse d'utilisation que les modèles électriques.
Ecistent depuis peu en «Mini marmite» 25 et 45 litres.

Document Welbit

Cuiseurs à vapeur «Cleveland»

Principe de fonctionnement

Cuisson sans pression à convection de vapeur	Cuisson sous pression conventionnelle
100 % Vapeur Pression dans le moufle = 0 Pression de la vapeur = 0 Condensation de la vapeur à 100°C Coefficient de transfert de chaleur typique : 2.26 W/hr/m²/°C **Compartiment sans pression**	**90 % Vapeur - 10 % Air** Pression dans le moufle = 840 g Pression de la vapeur = 630 g Condensation de la vapeur Coefficient de transfert de chaleur typique : 0.75 W/hr/m²/°C **Compartiment sous pression**

Nota : La présence de 0,5 % d'air dans un compartiment est à même de réduire le coefficient de transfert fr chaleur de 50 %.

La présence d'air dans une enceinte de vapeur est une barrière au transfert de chaleur. La conception du cuiseur vapeur à convection «Cleveland» permet la purge de l'air dans le compartiment de cuisson. Ce but est atteint par une entrée continue de vapeur fluante. L'amélioration des performances est illustrée en figure 1 prouvant ainsi que le coefficient de transfert de chaleur dans un compartiment sans pression (à vapeur fluante) est de l'ordre de 3 fois supérieur...
Autre avantage : «cette vapeur fluante et continue nettoie l'enceinte de toute effluve susceptible de dénaturer et la qualité et la couleur du produit.
Un élément supplémentaire qui affecte le transfert de chaleur est le dépôt de condensats à la surface des aliments. Là encore la convection forcée de vapeur évite cette accumulation de condensats qui isole les aliments du transfert de chaleur.
La convection forcée de vapeur tourne autour des aliments, transférant ainsi une quantité de chaleur six fois supérieure à celle de l'eau bouillante dont elle est issue...
La cuisson à une température uniforme de 100°C est plus rapide. Mais, plus important, si la valeur ne dépasse jamais 100°C, on conserve aux aliments leur valeur nutritionnelle, leur goût et leur couleur...
- Les produits ne peuvent brûler, durcir, sécher... Leur réduction est minimum.
- Les aliments sont plus clairs, colorés, gouteux, et leur valeur nutritionnelle est supérieure.

MARMITES A SURPRESSION OU AUTOCLAVE A VAPEUR

Les marmites à surpression ou autoclave à vapeur possèdent un couvercle à charnière de forte épaisseur, fermant hermétiquement grâce à des étriers d'acier et à un joint de caoutchouc alimentaire. Le verrouillage du couvercle et le joint assurent une parfaite étanchéité.

La pression de cuisson est de l'ordre de 50 millibars : elle est contrôlée par une valve de sécurité.

Une soupape de décompression évite tout incident à l'ouverture du couvercle.

Les avantages d'une marmite à surpression par rapport à une marmite classique sont les suivants :
- plus grande rapidité de cuisson, d'où gain de temps et économie d'énergie ;
- meilleure présentation des aliments (qualités organoleptiques mieux préservées) ;
- meilleure qualité nutritionnelle.

REMARQUE
Lors de l'utilisation des marmites à surpression, il faut veiller tout particulièrement au couvercle qui doit toujours assurer une fermeture absolue, à l'état du joint de caoutchouc (le changer périodiquement, dès que nécessaire) et au parfait fonctionnement de la ou des soupapes de sécurité.

SAUTEUSES

DESCRIPTION

Les sauteuses sont des cuves peu profondes (20 à 25 cm), de forme parallélépipédique, à fonds plats parfaitement droits, et munies de couvercles équilibrés.

Le chauffage est assuré soit par des résistances électriques blindées et étanches, soit par des brûleurs multirampes à gaz.

Il existe différents types de sauteuses :
- **sauteuses fixes**
- **sauteuses basculantes**
- **sauteuses automatiques ou rotosauteuses destinées essentiellement aux collectivités importantes.**

REMARQUE :
Malgré leur diversité, les sauteuses présentent souvent des dimensions similaires. Ces modules s'intègrent facilement dans des ensembles de cuisson existants. Les sauteuses peuvent être installées isolément, groupées en batterie, ou intégrées dans un fourneau. Leur installation nécessite une éventuelle alimentation en eau chaude et froide, un raccordement à l'évacuation des eaux usées et à une ventilation particulièrement performante.

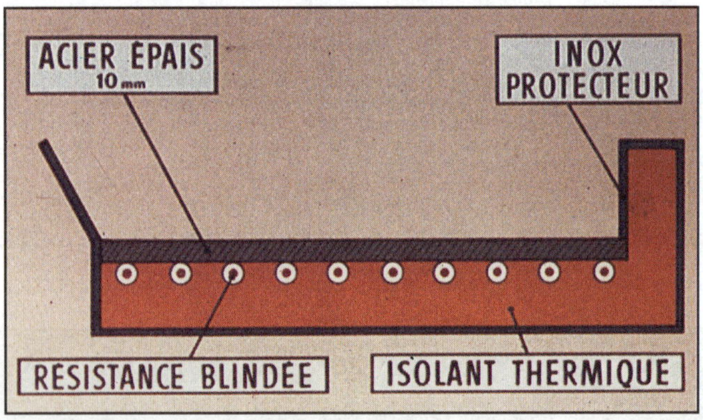

Coupe d'une sauteuse – photothèque EDF

UTILISATIONS

Appareils de cuisson polyvalents, les sauteuses conviennent principalement pour la cuisson des viandes et des poissons sautés (côtes, steaks, escalopes, darnes, filets par exemple), pour la confection des ragoûts, des viandes braisées, du riz pilaf ou des omelettes, pour étuver les légumes, rissoler les pommes de terre, etc.

Les sauteuses peuvent aussi être utilisées comme gril à plaque lisse pour la cuisson des hamburgers, comme friteuse pour la cuisson des filets panés et croquettes de poisson, ou comme marmite pour pocher certaines pièces de viande (pot-au-feu, petit salé, blanquette par exemple).

CHOIX DU MATERIEL

Lors de l'achat d'une sauteuse, il faut veiller aux points suivants :
- La cuve doit être en acier inoxydable, avec des angles bien arrondis (à large rayon), afin de faciliter l'utilisation et le nettoyage.
- Le fond en acier doux poli, en fonte ou en acier inoxydable, doit avoir une grande épaisseur, être parfaitement dressé et être un excellent diffuseur de chaleur.
- Le bec verseur doit assurer la vidange rapide de la cuve dans les meilleures conditions d'hygiène et de sécurité.

Sauteuse basculante – photothèque EDF

- Le couvercle articulé doit être équilibré à l'aide de ressorts compensateurs et rester ouvert dans toutes les positions. La poignée de manœuvre doit être parfaitement isolée pour limiter les risques de brûlures, et être conçue de facon à éviter les accrochages des vêtements ou des chariots. Lors de l'ouverture du couvercle, un bossage intérieur situé en périphérie doit permettre aux eaux de condensation de retomber dans la cuve.
- Le basculement de la cuve est assuré soit par un vérin hydrolique ou pneumatique, soit par une vis sans fin munie d'une roue à manivelle. Le système doit permettre la vidange intégrale de la cuve et son arrêt dans toutes les positions. Un dispositif de sécurité doit permettre de bloquer le basculement de la cuve en cas de relâchement accidentel du vérin.
- Le robinet mélangeur doit être muni d'un col de cygne orientable et d'un système de blocage interdisant son fonctionnement en dehors de la cuve. Son installation ne doit pas gêner la fermeture du couvercle.
- Les organes de commande et de réglage (boutons, manettes, voyants) doivent être regroupés en façade, disposés à portée de main ou facilement accessibles, être démontables, placés à l'abri de la chaleur, des chocs et des éventuels débordements.

- Les équipements de chauffe doivent assurer la répartition homogène de la chaleur sur toute la surface du fond et éviter les points de surchauffe. Les sauteuses électriques sont munies de résistances blindées et étanches. La régulation de la température est obtenue par un thermostat et le contrôle est effectué par un voyant lumineux. Le chauffage au gaz par brûleurs multirampes doit être muni d'un thermocouple de sécurité et d'une mître d'évacuation des gaz brûlés. Il est possible d'installer un système d'allumage automatique (piezo-électrique).

En cas de défaillance du thermostat, un limitateur de température automatique doit permettre d'assurer la cuisson en toute sécurité.

– Un caniveau, muni d'une grille d'évacuation et d'un siphon, doit être placé directement sous le bec verseur de façon à limiter les risques d'épandage sur le sol, les éclaboussures au cours des opérations de basculement, mais aussi pour faciliter le nettoyage.

PRODUCTIVITE, ROBUSTESSE, FIABILITE, FACILITE D'ENTRETIEN, SECURITE, ECONOMIE D'ENERGIE sont les qualités essentielles à considérer lors de l'acquisition d'un appareil de cuisson.

ROTOSAUTEUSE

Cet appareil permet de cuire en continu toutes les petites pièces de viande en tranches (hamburgers, steaks, côtes, escalopes, saucisses, crépinettes, etc.).

Les différentes opérations des températures, d'acheminement des denrées, de retournement et de « défournement » sont entièrement automatiques. La vitesse d'acheminement est fonction de l'épaisseur des produits et du point de cuisson désiré.

Les pièces progressent d'abord en glissant sur la sole de la cuve supérieure, puis grâce à la goulotte semi-circulaire, se retournent en glissant sur la sole inférieure. Les produits cuits sont automatiquement dirigés vers un conteneur.

La cuve supérieure se soulève pour faciliter le nettoyage de la cuve inférieure.

ENTRETIEN ET NETTOYAGE

Voir généralités sur l'entretien et le nettoyage des appareils de cuisson en fin de chapître.

FRITEUSES

DESCRIPTION

Photothèque EDF

Les friteuses sont des cuves remplies d'un « bain de friture » (corps gras pour fritures profondes) dans lequel sont immergés des paniers contenant des aliments à frire.

EQUIPEMENTS DE CHAUFFE

LES APPAREILS ANCIENS

sont à chauffage direct. Les résistances électriques ou les brûleurs à gaz sont placés directement sous la cuve. Les performances de ces appareils sont faibles, la totalité du bain d'huile est portée à la température de cuisson ; les particules se détachant des aliments carbonisent et la qualité du corps gras s'altère rapidement (coloration rapide du bain d'huile et des aliments traités, dégagement de fumées et de mauvaises odeurs, saveurs douteuses et aliments indigestes).

Schéma d'une friteuse « à chauffage direct »

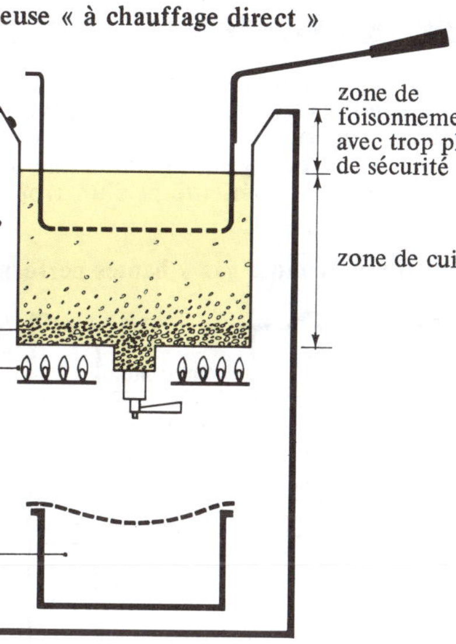

(doc. GDF/Bergerang (prix APRIA 82)*

LES APPAREILS RECENTS

sont pratiquement tous « à zone froide ». Ils possèdent dans la partie basse de leur cuve un volume d'huile dont la température doit être inférieure d'au moins 60 °C à celle du bain de cuisson (Norme NF D 32725).

Cette particularité permet aux déchets, qui se détachent des aliments au cours de la cuisson, de tomber (par gravité) dans cette zone où la température n'est pas suffisante pour les carboniser. Le bain d'huile de la zone de cuisson n'étant pas altéré par les déchets, sa durée d'utilisation est prolongée.

Le volume de la zone froide correspond généralement au tiers du volume total du bain de friture. Certains constructeurs conseillent de garnir la zone froide avec de l'eau.

Les équipements de chauffe (résistances électriques mobiles et blindées, ou brûleurs à gaz tubulaires ou à air soufflé ou radiants (genre «nid d'abeille») en céramique à très grande surface d'échange permettent une répartition optimum de la chaleur et préviennent la formation de dépôts carbonisés tout en facilitant les opérations de nettoyage. Ils sont situés ou immergés dans la partie inférieure du bain de cuisson au-dessus de la zone froide. Les puissances sont variables selon les constructeurs. Pour les appareils performants, il faut compter au moins 1 kW par litre d'huile à chauffer.

Schéma d'une friteuse « à zone froide »

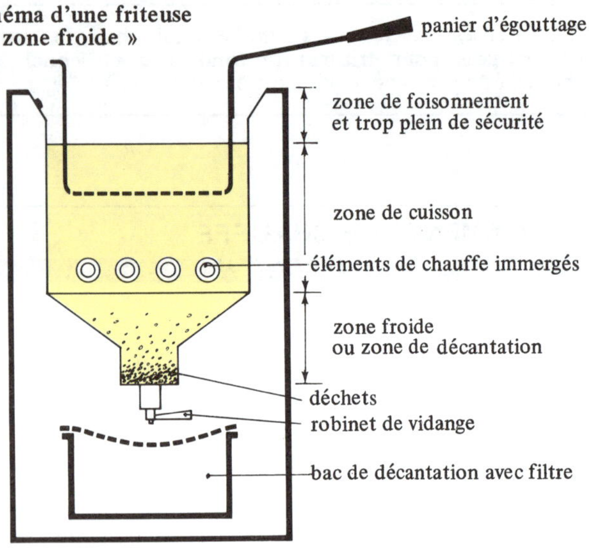

CUVE

La cuve, de forme ronde ou parallélépipédique avec des angles arrondis, doit être en acier inoxydable (les matériaux oxydables dénaturent plus rapidement les corps gras), parfaitement calorifugée, munie d'une zone de foisonnement à sa partie supérieure et d'un trop plein de sécurité.

Schéma d'une friteuse gaz « hautes performances »

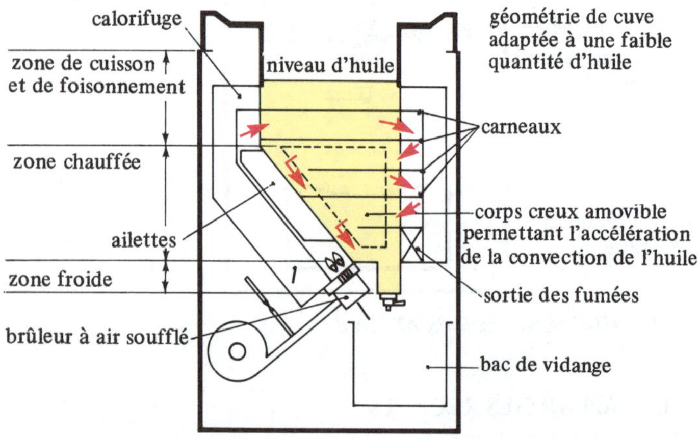

Le robinet de vidange doit être pratique et facile d'accès. Le couvercle peut servir de dosseret durant l'utilisation de la friteuse. Il doit être amovible, facile à nettoyer, maintenu en position haute par un système de verrouillage, et sa poignée doit être isolée.

Certains constructeurs ont adopté une géométrie de cuve particulière permettant d'utiliser une faible quantité d'huile. Des corps creux amovibles, peuvent être installés à l'intérieur de la cuve, ils accélèrent la convection de l'huile.

PANIER D'EGOUTTAGE

Le panier d'égouttage a une contenance qui correspond normalement à la capacité de la friteuse. Il s'agit d'un cadre garni d'un treillis à mailles fines en acier inoxydable.

Il doit être facile à nettoyer, maniable, équilibré et muni d'une poignée isolée. Certaines friteuses sont équipées d'un système de relevage automatique des paniers.

REGULATION

La régulation est indispensable sur ce genre d'appareil. Un thermostat permet à l'utilisateur de sélectionner la température la mieux adaptée à la cuisson de l'aliment.

Pour plus de précision, le thermostat doit être gradué en degrés centigrades et non en repères numériques.

Un deuxième thermostat de sécurité, appelé « limiteur de température », permet d'arrêter le fonctionnement de la friteuse en cas de panne du thermostat de température. Il évite la détérioration du bain d'huile et limite les éventuels risques d'incendie.

Une minuterie permet de déterminer les durées de cuisson.

Certains appareils sont équipés d'une programmation électronique qui détermine automatiquement la température et la durée de cuisson en fonction de chaque aliment.

BAC DE DECANTATION OU DE VIDANGE

D'une capacité importante, il doit être d'un accès pratique et facile à nettoyer. Il peut comporter des poignées isolées et un filtre métallique démontable.

Certains friteuses sont équipées d'un système de filtration automatique de l'huile.

DIFFERENTS TYPES DE FRITEUSES SONT UTILISES

- **friteuses à chauffage direct**
- **friteuses à zone froide**
- **friteuses à zone froide hautes performances**
- **friteuses de transfert ou de translation**
- **friteuses en continu ou rotofriteuses**
- **friteuses à pression ou surcuiseur à pression d'huile**
- **friteuses sans huile à air chaud**

Friteuse FRYMASTER de Welbit, 1er constructeur mondial. Matériel à grand rendement et faible litrage d'huile. Système de filtration et de nettoyage intégré. Economie d'huile 30 % minimum.
2 x 50 kg (surgelé 6 x 6 à -18°C)
Relevage automatique des paniers.

Modèle FOOT PRINT gain de place par intégration du filtre sous les friteuses.
Gamme gaz avec brûleur turbo-chargé et allumage électronique.
Gamme électrique avec résistances nettoyables par Pyrolyse.

INSTALLATION

Les friteuses peuvent être disposées sur un plan de travail : friteuses de petites capacités style « snack », encastrées, installées isolément, groupées en batterie ou incorporées dans un fourneau.

L'installation nécessite une ventilation performante, de préférence sous hotte d'aspiration, et une mître d'évacuation pour les appareils fonctionnant au gaz.

Pour permettre un nettoyage plus aisé : prévoir un raccordement aux eaux usées par un regard muni d'une grille et d'un siphon.

UTILISATIONS

Ces appareils permettent toutes les cuissons par immersion dans l'huile :

- **viandes** : croquettes, cromesquis, rissoles, fritots, etc ;
- **poissons** : petites fritures, goujonnettes, filets, croquettes, poissons « portion », soles, merlans, etc. ;
- **légumes** : pommes allumettes, soufflées, croquettes, Dauphine, courgettes, aubergines, etc. ;
- **entremets** : beignets.

CHOIX DU MATERIEL

Lors de l'achat d'une friteuse, divers points importants doivent être pris en compte :

HYGIENE

- cuve, carrosserie et accessoires en acier inoxydable, avec angles arrondis ;
- organes de fonctionnement protégés des graisses et des débordements ;
- résistances amovibles, couvercle démontable, accessibilité totale au nettoyage ;
- fond de cuve incliné vers le robinet de vidange ;
- filtrage automatique de l'huile.

SECURITE

- isolation maximale (on doit pouvoir tenir facilement la main sur les parois) ;
- zone de foisonnement importante avec trop plein anti-débordement ;
- ensemble des commandes de régulation parfaitement isolé et regroupé en façade pour contrôler visuellement et immédiatement le fonctionnement ;
- régulation thermostatique de haute précision avec voyants lumineux de contrôle ;
- thermostat limiteur de température de sécurité pour éviter les risques d'incendies ;
- bac de récupération pratique, de grande capacité muni de poignées isolées ;
- les appareils à gaz doivent aussi être munis d'une veilleuse d'allumage de sécurité par thermocouple.

ECONOMIE D'ENERGIE, DE CORPS GRAS ET PERFORMANCES

- forte puissance et montée rapide en température ;
- durée de remontée en température entre deux charges, extrêmement rapide (surtout pour l'utilisation de produits surgelés).
  Une remontée en température trop lente, entraine la pénétration de l'huile dans l'aliment qui devient indigeste, et la durée de cuisson est augmentée.
- régulation de la température par thermostat précis et minuterie pour la durée de cuisson ;
- haut rendement thermique ;
- production importante pour une capacité d'huile réduite.

RECOMMANDATIONS

- Choisir un corps gras supportant les températures élevées de façon répétée (voir cours sur les cuissons chapitre « frire »).
- Vérifier le niveau d'huile et le rectifier si nécessaire.
- Ne pas mélanger deux corps gras d'origine différente (risque de production de mousse et de débordement).
- Frire les aliments par petites quantités (pour limiter les chocs thermiques).
- Rincer et essorer soigneusement les aliments humides (pour éviter le bouillonnement et les projections).
- Eliminer tous les excédents de farine, mie de pain et pâte à frire dont les déchets carbonisés détériorent le bain de friture.
- Régler judicieusement la température du thermostat en fonction de l'aliment à frire : 130 à 140 °C pour les produits surgelés, 150 à 160 °C pour pocher les pommes de terre et cuire les beignets, 160 à 170 °C pour cuire les pommes sèches du type paille, chips et gaufrettes, 180 °C pour dorer les pommes allumettes et Pont Neuf.
- Ne jamais dépasser la température de + 180 °C.
- Ne pas saler au-dessus de la friteuse.
- Filtrer soigneusement le bain de friture après chaque service et nettoyer la friteuse.
- Couvrir la friteuse seulement après le complet refroidissement du corps gras (risque de condensation et de rancissement).
- Surveiller la qualité du bain et le changer aussi souvent que nécessaire.

Filtration régulière, matériel bien entretenu, température précise du bain prolongeront la durée du bain de friture et procureront des aliments frits de bonne qualité gustative et hygiénique.

FRITEUSES DE TRANSFERT, FRITEUSES EN CONTINU ET FRITEUSES A PRESSION

Ce sont des appareils de grande production utilisés principalement en agro-alimentaire, en cuisine de collectivité ou en restauration rapide.

- La friteuse de transfert supprime partiellement les manutentions. Elle comporte généralement 2 bacs de grande capacité, 1 silo de stockage sur chariot.
  Chaque bac est équipé d'un panier en acier inoxydable perforé à fond ouvrant et relevage mécanique.

Les paniers coulissent sur deux rails et viennent se déverser automatiquement dans le silo situé entre les deux friteuses.

- La friteuse en continu est équipée d'un tapis roulant, traversant de façon continu et régulière un bain d'huile maintenu à température constante. La vitesse est choisie selon l'épaisseur du produit et le degré de cuisson à obtenir. Les manutentions sont limitées à la mise du produit sur le tapis et à son débarrassage en fin de cycle de cuisson.
- Les friteuses à pression sont plus spécialement utilisées dans les unités de restauration rapide pour la cuisson des morceaux de poulet, des steaks hachés et des « fishs and chips ». Une minuterie indique la fin de la cuisson et le déverrouillage du couvercle.

Schéma d'une friteuse « de transfert »

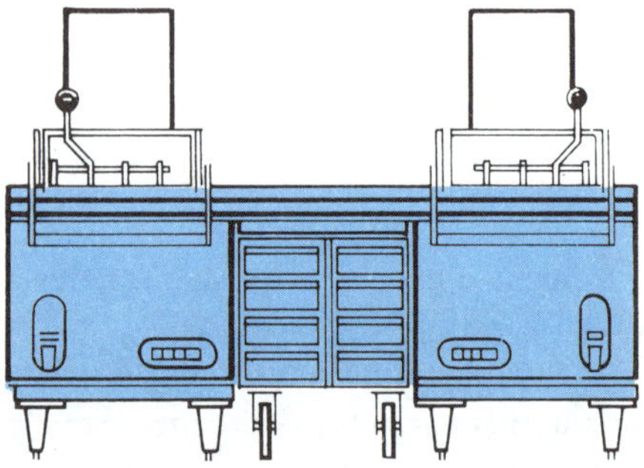

GRILS ou GRILLADES

DESCRIPTION

Les grils ou grillades sont des appareils permettant d'effectuer rapidement la cuisson des aliments à l'air libre, soit par contact avec l'élément chauffant, soit par rayonnement auprès d'un foyer incandescent.

Les différents types de grils ou de grillades utilisés sont les suivants :

GRILS OU GRILLADES PAR CONTACT
(cuisson par conduction)

Photothèque EDF

- gril à plaques lisses : ce type d'appareil est principalement utilisé en restauration collective et en restauration rapide pour la cuisson des hamburgers et des œufs ;
- gril à plaques nervurées ou rainurées : il permet le quadrillage des produits traités ;
- gril à plaque rainurée en vitrocéramique ;
- gril avec deux plaques chauffantes rainurées superposables et articulées, dont l'écartement varie selon l'épaisseur de l'aliment : il permet la cuisson simultanée sur les deux faces d'un aliment.

Les grils à plaques lisses et les grils à plaques rainurées ou nervurées sont légèrement inclinés vers l'avant pour assurer le bon écoulement des graisses vers un tiroir de récupération (lèchefrites).

GRILS PAR RAYONNEMENT

Ce sont des grils barreaudés et reposant sur des éléments chauffants :

- braise de charbon de bois (les grils à charbon de bois sont parfois appelés « prussienne ») ;
- roche volcanique, céramique ou porcelaine : matières réfractaires portées à l'incandescence par des résistances électriques ou des brûleurs à gaz ;
- résistances électriques blindées ;
- tubes de quartz.

Grill barreau de cuisson feu rayonnement infra-rouge photothèque EDF

REMARQUE

Les résistances électriques et les tubes de quartz sont également utilisés pour la fabrication de certains grils spécifiques :

- *broiler automatique (gril rotatif destiné à la cuisson des hamburgers et à griller les petits pains) ;*
- *grille-pains (toaster) ;*
- *salamandre.*

Les meilleures performances sont obtenues avec les appareils à rayonnement infra-rouge :

- *braise de charbon de bois*
- *pierre volcanique, céramique et porcelaine réfractaires ;*
- *appareils électriques à tubes de quartz.*

La température des infra-rouges à l'air libre est voisine de 1000 °C.

Quel que soit l'appareil retenu, les produits grillés ne doivent jamais entrer en contact avec les flammes, les fumées ou les produits de la carbonisation des corps gras qui s'écoulent sur les éléments chauffants (toxicité).

Une ventilation efficace doit permettre l'évacuation immédiate de la vapeur et des fumées, sans nuire à la qualité du rayonnement.

MATERIAUX UTILISES

Les grils à plaques lisses, nervurées et barreaudés peuvent être réalisés : en acier coulé, en fonte de forte épaisseur, en acier inoxydable, en acier au chrome, ou en alliage d'acier, chrome et nickel.

Le choix du matériau a une incidence directe sur la diffusion de la chaleur et la qualité de la cuisson.

Les appareils utilisant l'acier inoxydable, le chrome et le nickel présentent divers avantages :

– ils supportent de hautes températures sans se déformer (600 à 900 °C),
– ils possèdent un « volant thermique » élevé autorisant des cadences de grillage élevées,
– leur nettoyage est très facile.

Certains modèles récents sont autonettoyants par pyrolyse.

INSTALLATION

Les grils peuvent être placés soit sur un plan de travail à proximité des friteuses, soit sur le dessus d'un meuble neutre ou d'une étuve permettant de maintenir les produits grillés et les assiettes au chaud.

Le gril est parfois combiné avec la salamandre, ou installé dans la salle de restaurant, intégré dans un ensemble décoratif et attractif.

UTILISATIONS

Ces appareils permettent d'effectuer toutes les cuissons grillées :

– viandes : steaks, entrecôtes, tournedos, côtelettes, noisettes, brochettes, etc. ;
– poissons : darnes, tronçons, poissons « portion », soles, daurades, bars, sardines, maquereaux, etc. ;
– légumes : tomates, champignons, épis de maïs, etc.

ENTRETIEN ET NETTOYAGE

Voir généralités sur l'entretien et le nettoyage des appareils de cuisson en fin de chapitre.

SALAMANDRE

DESCRIPTION

La salamandre est formée d'une enceinte ouverte comportant un plafond rayonnant.

Le dégagement des côtés convient pour l'utilisation de plats de grandes dimensions, il facilite la manipulation et permet la surveillance des préparations.

Les plats sont disposés sur une grille à hauteur réglable. Le positionnement à différents niveaux permet de régler l'approche de la source de rayonnement pour obtenir la coloration souhaitée.

Dans certains cas, la grille est remplacée par une plaque épaisse : pour la remise en température des quiches, des pizzas ou des croque-monsieur, par exemple.

Suivant les fabricants, un axe horizontal peut être installé pour la réalisation des cuissons à la broche.

Une plaque de récupération (lèche-frite) en acier inoxydable recouvre intégralement la sole : cette plaque doit être choisie démontable et facile à entretenir.

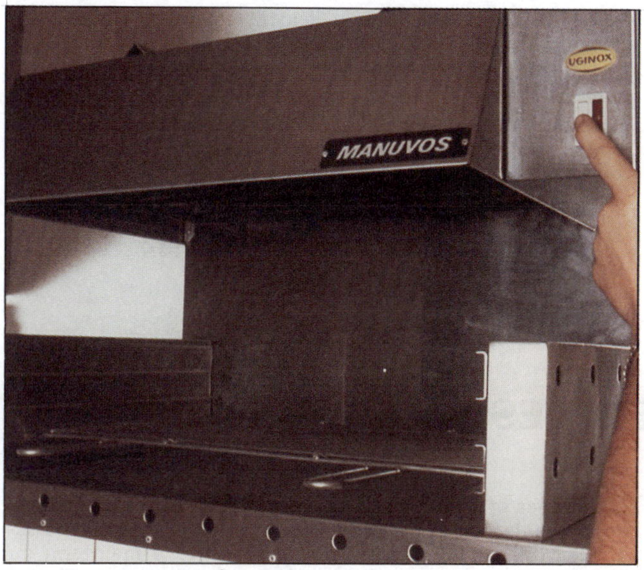

Salamandre – photothèque EDF

EQUIPEMENTS DE CHAUFFE

Selon les modèles, les salamandres sont équipées d'un ou plusieurs brûleurs à gaz comportant plusieurs rampes. Ces brûleurs radiants de type « infra-rouge » assurent un rayonnement uniforme sur toute la surface de la grille. Le rayonnement peut être amélioré par un plafond formé de plaquettes en fonte nervurée ou de picots.

Les appareils électriques sont équipés de résistances blindées ou de tubes de quartz et de voyants lumineux de contrôle.

INSTALLATIONS

La salamandre peut être accrochée à une paroi verticale ou être posée sur une étuve. En restauration traditionnelle, elle est souvent accrochée à une mître de fourneau, et parfois combinée avec un gril.

La salamandre doit être installée à une hauteur convenable pour faciliter la visualisation et la surveillance du produit traité. En aucun cas les éléments radiants ne doivent se trouver à la hauteur des yeux de l'utilisateur.

UTILISATIONS

La salamandre a différentes utilisations possibles :

- la confection des gratins : gratinée à l'oignon, gratin de macaroni, de choux-fleurs, etc ;
- le glaçage des préparations salées : sauces poisson, pièces de viandes poêlées ou braisées, etc. ;
- le glaçage de préparations sucrées : crêpes au sucre, beignets divers, tarte Tatin, etc. ;
- le réchauffage des pizzas, des tartes, des quiches, etc. ;
- la réalisation des croque-monsieur, des toasts, du pain grillé, etc. ;

Elle permet de :

- griller sans contact avec l'élément chauffant (cette technique donne d'excellents résultats lors de la cuisson des viandes très grasses : saucisses, crépinettes, côtes de porc, etc.) ;
- dorer, colorer, sécher et redonner du 2 croustillant » à des préparations conditionnées sous vide d'air ou sous atmosphère contrôlée.
- chauffer les assiettes ou cuire rapidement directement dans l'assiette, les poissons taillés en fines escalopes (éventail de saumon, filet de rouget-barbet, lamelles de coquille Saint-Jacques, etc).

ÉTUVES ET TABLES CHAUDES

Les étuves et tables chaudes ne sont pas véritablement des appareils de cuisson car elle tiennent souvent lieu de passe-chaud. Elles sont principalement destinées à maintenir au chaud les plats terminés ou à chauffer les assiettes. En pâtisserie, les étuves sont utilisées pour la fermentation des pâtes levées (croissants, brioches, savarins, etc.), à dessécher les meringues et les petits fours, ou encore à réserver certains entremets servis tièdes.

Les étuves et tables chaudes sont des armoires calorifugées dont l'intérieur et le dessus peuvent être chauffés séparément de 2 façons : soit par des résistances électriques, soit par des brûleurs linéaires à gaz munis d'une veilleuse d'allumage de sécurité.

Le réglage des températures intérieures et du dessus est obtenu grâce à deux thermostats.

Lors de l'achat d'une étuve ou d'une table chaude, la facilité d'entretien, le calorifugeage, la souplesse de l'aménagement intérieur, le positionnement des étagères, et la consommation en énergie doivent être les principaux critères de choix.

Photothèque EDF

LE NETTOYAGE DU MATERIEL DE CUISSON

Pour assurer l'entretien et le nettoyage du gros matériel de cuisson dans de bonnes conditions, il faut choisir du matériel en acier inoxydable, robuste, sans angles aigus, ni recoins difficiles d'accès. Tous les éléments de carrosserie, de chauffe et tous les accessoires doivent être mobiles, faciles à démonter, à laver et à désinfecter. La préférence doit être donnée aux appareils de contenance petite ou moyenne. Les appareils larges ou trop profonds sont difficiles à entretenir : la position de l'utilisateur est inconfortable et parfois dangereuse.

Les opérations de nettoyage peuvent être rendues moins pénibles grâce aux conseils suivants :

- Eviter d'atteindre des températures trop élevées.
  Les produits de projection apparaissant avec une température trop élevée attachent contre les parois des appareils, carbonisent, produisent de la fumée et se transforment parfois en substances plus ou moins nocives pour la santé.
- Après chaque utilisation, éliminer systématiquement tous les résidus alimentaires et les projections adhérant aux parois des appareils, au niveau de la zone de cuisson et du sol.
- Etablir un programme de nettoyage (horaires quotidiens, hebdomadaires, mensuels). Ce programme pratique doit reprendre l'ensemble des opérations à effectuer par matériel, et l'attribution nominative des tâches.
  Les appareils de cuisson étant fréquemment regroupés, l'utilisation d'un pistolet ou d'un jet à haute pression (avec dosage automatique du produit détergent) et d'une raclette est très efficace et très pratique.

RECOMMANDATIONS PARTICULIERES

- **Couper le courant avant toutes les opérations de nettoyage.**
- **Eviter de projeter de l'eau sur les organes de commande et de régulation électrique.**
- **Ne pas utiliser de produits aérosols sur les surfaces encore chaudes.**
- **Ne pas mélanger de l'eau de javel avec un produit détartrant.**

LE NETTOYAGE DES MARMITES, DES SAUTEUSES ET DES FRITEUSES

- Vider l'appareil à la fin du service.
- Rincer à l'eau chaude pour éliminer le plus gros des résidus alimentaires.
- Nettoyer à l'aide d'un tampon à récurer et une solution détergente.
- Nettoyer la zone d'éclaboussure et brosser le sol.

– Vérifier les bordures et les couvercles.

– Rincer plusieurs fois à grande eau.

– Laver et désinfecter le ou les canivaux, les grilles et les siphons d'évacuation des eaux usées.

Une fois par semaine, il est conseillé de procéder à un nettoyage plus approfondi en utilisant un détergent décapant alcalin spécifique.

Pratiquer par trempage à chaud :

– Remplir l'appareil au 3/4 d'eau chaude et chauffer à 80 °C environ.

– Ajouter le liquide ou la poudre détergente.

– Terminer le remplissage avec de l'eau chaude afin d'homogénéiser le produit et de faciliter sa dissolution.

– Arrêter le chauffage.

– Laisser en contact couvercle fermé durant une heure ou selon les prescriptions d'emploi du produit.

– Vider l'appareil.

– Rincer plusieurs fois à grande eau.

REMARQUE :

Une attention particulière doit être portée au niveau des robinets de vidange que l'on doit nettoyer soigneusement à l'aide d'un écouvillon et aux rebords des couvercles qui peuvent conserver des traces de produit détergent.

Il est préférable d'introduire le produit après chauffage, ceci afin d'éviter la formation de mousse et les risques de débordement lors de la montée en température.

LA BATTERIE DE CUISINE

DEFINITION

La batterie de cuisine regroupe l'ensemble du matériel ou des « ustensiles » mobiles nécessaires à la préparation et à la cuisson des aliments.

CLASSIFICATION

La batterie de cuisine comprend trois sortes de matériel :

- le matériel mobile de cuisson (russes, sauteuses, sautoirs, etc.)
- le matériel de préparation et le matériel à débarrasser (plaques, calottes, bahuts, bains-marie, bacs « gastronormes »*)
- le petit matériel ou ustensiles accessoires (louches, écumoires, fouets, chinois, etc.).

MATERIAUX UTILISES

MATERIEL MOBILE DE CUISSON

- **Cuivre non étamé :** bassines à reverdir, poêlons à sucre, bassins à génoises.
- **Cuivre étamé de forte épaisseur,** martelé ou embouté : russes, sauteuses, sautoirs, etc.
- **Cuivre extérieur, acier inoxydable intérieur** (inocuivre, cuprinox, cuivre-inox) : russes, sauteuses, sautoirs, casserolettes, cocottes rondes et ovales, poêles rondes et ovales, matériel de présentation et de flambage.
- **Cuivre de forte épaisseur plaqué nickel** idem cuivre et inox.
- **Aluminium embouti ou martelé de forte épaisseur :** rondeaux, marmites basses et hautes, plaques à rôtir, turbotières, poissonnières.
- **Acier inoxydable** – 18/10 – fond cuivre ou aluminium recouvert d'acier inoxydable (fond « sandwich ») : russes, sautoirs, sauteuses, rondeaux, marmites, etc.
- **Tôle d'acier noir de forte épaisseur** : poêles à poissons, à omelettes, à crêpes, à blinis, dessous de tourtières, plaques à pâtisserie, bassines à friture.
- **Fonte** : marmite à ragoûts, cocottes, poêlons.

MATERIEL DE PREPARATION ET MATERIEL A DEBARRASSER

- **Acier inoxydable** : plaques, calottes, bahuts.
- **Plastiques alimentaires** (polycarbonates) : bacs modulaires aux dimensions « gastronorme » (GN).

PETIT MATERIEL ET USTENSILES ACCESSOIRES

- **Accier inoxydable** : louches, pochons, spatules à réduction.
- **Fer étamé** (en voie de disparition) : araignées, paniers à nids, passoires à queue.

PROPRIETES DES MATERIAUX

Les matériaux utilisés pour la fabrication du petit matériel mobile de cuisson doivent être :

- fabriqués à partir de matériaux alimentaires ne présentant aucun risque de toxicité ;
- bons conducteurs de la chaleur sans point de surchauffe et indéformables ;
- résistants aux chocs, aux mauvais traitements et aux utilisations successives ;
- faciles à entretenir.

Les récipients utilisés sur les plaques électriques doivent être pourvus de fonds renforcés et dressés au tour pour avoir une surface parfaitement plane, indéformable et une bonne conductibilité de la chaleur.

Pour les récipients spécifiques aux plaques à induction, voir le cours correspondant.

Les poignées, les anses, et les queues doivent être stables, équilibrées faciles à tenir et solidement fixées par des rivets de forte section.

LE CUIVRE

Matériau le plus utilisé en restauration classique et néo-traditionnelle, le cuivre convient parfaitement à tous les types de cuisson :

- il a une bonne résistance mécanique et possède la meilleure conductibilité de la chaleur malheureusement il est lourd, cher, difficile à entretenir.

Le ré-étamage peut poser certains problèmes (les étameurs se font de plus en plus rares).

Ces difficultés peuvent être résolues par l'utilisation de bi-métaux (cuivre et inox, cuivre et nickel).

Certains ustensiles ne sont pas étamés :

- bassins à blancs et poêlons à sucre : ces ustensiles ne sont pas étamés car l'étamage est fragile (frottement intensif du fouet, chaleur du caramel, détériorant l'étamage) ;
- bassine à reverdir : permet de fixer la couleur verte des légumes grâce à la formation d'un complexe cuivre-chlorophylle ;
- bassine à confiture : permet d'obtenir des gelées ayant une meilleure tenue.

Dans le cas de l'utilisation du matériel non étamé, il est indispensable de le nettoyer avant chaque utilisation avec du sel et du vinaigre, puis de rincer soigneusement à l'eau courante pour bien éliminer le vert de gris.

L'utilisation en cuisine du matériel en cuivre nécessite les précautions suivantes :

- nettoyage au sel et au vinaigre avant chaque utilisation pour le matériel non étamé ;
- vérification régulière de l'étamage, particulièrement au fond du récipient et au niveau des rivets, des anses, ou de la queue.

Le cuivre est un matériau de cuisson et non de débarrassage : il ne faut jamais y laisser séjourner les aliments (risque d'oxydation du cuivre avec formation de vert de gris).

L'ACIER INOXYDABLE

L'acier inoxydable convient tout particulièrement aux cuissons dans un liquide : cuisson des fonds, des fumets, des pâtes, du riz créole, cuisson à l'anglaise des légumes.

Il est résistant, indéformable et très facile d'entretien. Il se prête très bien au lavage en machine.

Il ne présente pas l'inconvénient du ré-étamage du cuivre, mais il est moins bon conducteur de la chaleur et les aliments attachent facilement.

Pour pallier ce défaut, les fabricants proposent des fonds en cuivre ou en aluminium de forte épaisseur recouverts d'acier inoxydable.

L'ALUMINIUM

Matériau plus souvent réservé aux gros ustensiles peu utilisés : marmites, grandes plaques à rôtir, poissonnières, matériel de restauration collective.

- léger, bon marché, bon conducteur de la chaleur ;
- moyennement résistant aux chocs mécaniques, se rayant facilement et noircissant les préparations si l'on utilise un fouet ou un ustensile métallique ;
- facile à entretenir.

MATÉRIEL MOBILE DE CUISSON

Russe
(cuivre étamé et acier inoxydable)
permet de cuire les aliments en petites quantités dans un liquide

Sautoir
(cuivre étamé et acier inoxydable)
permet de réaliser les viandes sautées (côtes de porc ou de veau, tournedos noisettes, etc.)

Sauteuse (cuivre étamé)
permet :
- de réaliser les viandes sautées (côtes de veau, noisettes d'agneau, suprêmes de volaille),
- d'étuver les légumes,
- de confectionner les sauces (hollandaise, béarnaise, veloutés, Béchamel, etc.)

Rondeau plat ou bas
(cuivre étamé et acier inoxydable)
permet de cuire lentement et régulièrement les ragoûts, les poêlés, les braisés et de réaliser les sauces et les veloutés

Rondeau haut ou marmite basse
(acier inoxydable et cuivre étamé)
permet de cuire dans un liquide (fonds potages, pâtes alimentaires, riz créole, légumes secs, viandes pochées, etc.)

Marmite ou « pot au feu »
(cuivre étamé et acier inoxydable)
permet de cuire dans une grande quantité de liquide

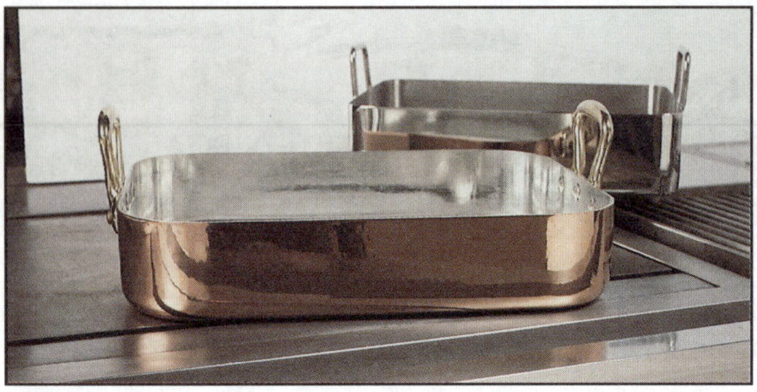

Plaque à rôtir
(cuivre étamé et acier inoxydable)
permet de rôtir les viandes et les volailles

Plaque à poisson
(cuivre étamé)
permet de cuire les poissons pochés au court-mouillement

Braisière
(cuivre étamé)
permet de braisé de grosses pièces de viande

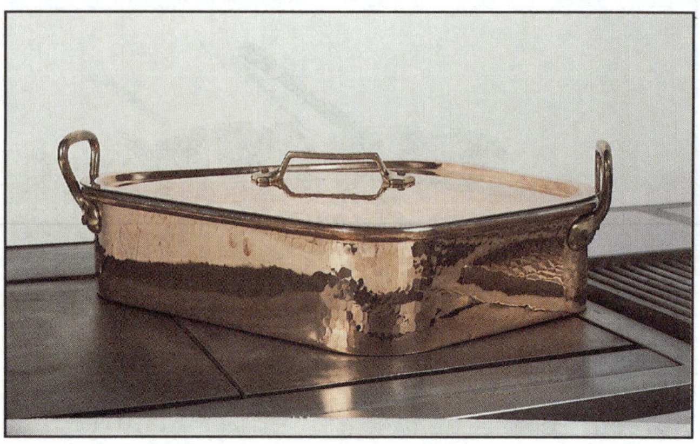

Turbotière
(cuivre étamé)
permet de pocher ou de braiser les poissons plats (turbots, barbues...)

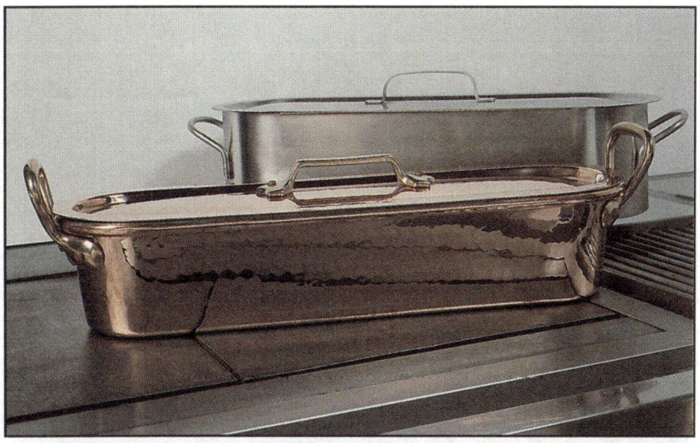

Poissonnière
(cuivre étamé et acier inoxydable)
permet de pocher ou de braiser les poissons longs (saumons, brochets, tronçons de colin...)

Marmite à pommes vapeur
permet de cuire ou de présenter des pommes vapeur

Casserole à pommes Anna
(cuivre étamé)
permet de cuire les pommes Anna, Darphin et leurs dérivés

Bassine à friture
(tôle d'acier)
permet de frire en petites quantités

Poêles (tôle d'acier noir de forte épaisseur)
- poêle à poisson ovale
  permet de cuire les poissons meunière
- poêle à omelettes
  permet de réaliser les omelettes ou de sauter certains légumes (pommes de terre, endives, courgettes, aubergines)
- poêle à crêpes
  permet de réaliser les crêpes

MATÉRIEL DE PRÉPARATION ET MATÉRIEL A DÉBARRASSER

Plaque à débarrasser
(acier inoxydable)
permet d'éplucher, de transporter ou de débarrasser les aliments

Calotte
(acier inoxydable)
permet de débarrasser, de transporter ou de réserver les aliments ; peut être utilisée pour laver les légumes

Bahut
(acier inoxydable)
permet de débarrasser, de transporter ou de réserver des aliments dans un liquide ; peut être utilisé pour laver les légumes et dégorger les viandes et les poissons

Bain-marie à sauce
(acier inoxydable, cuivre étamé)
permet de débarrasser et de maintenir les sauces au chaud

Bain-marie à potage
(acier inoxydable)
permet de débarrasser et de maintenir les potages au chaud

Bain-marie à sauces
(acier inoxydable)
permet de débarrasser et de maintenir les sauces au chaud
La caisse à bain-marie (plaque à bords hauts) comporte une grille. Cette caisse reçoit les bains-marie et de l'eau qui ne doit pas bouillir.

Bac gastronorme (GN)
(acier inoxydable) récipients modulaires et gerbables permet de débarrasser, de refroidir, de transporter, de remettre en température ou de cuire les aliments (peut s'insérer dans les comptoirs de distribution)

Bac gastronorme (GN)
(polycarbonate) récipient modulaire et gerbable permet de préparer, congeler, débarrasser et servir les aliments.
Les dimensions des bacs gastronormes correspondent aux normes internationales de standardisation du matériel de cuisson.

LE PETIT MATÉRIEL OU USTENSILES ACCESSOIRES

Chinois étamine et chinois ordinaire
(acier inoxydable)
permet de passer (filtrer) les fonds, les sauces et les potages

Passoire à anses et passoire à queue
(acier inoxydable et aluminium)
permet d'égoutter les aliments ou de les réchauffer « en chauffante »

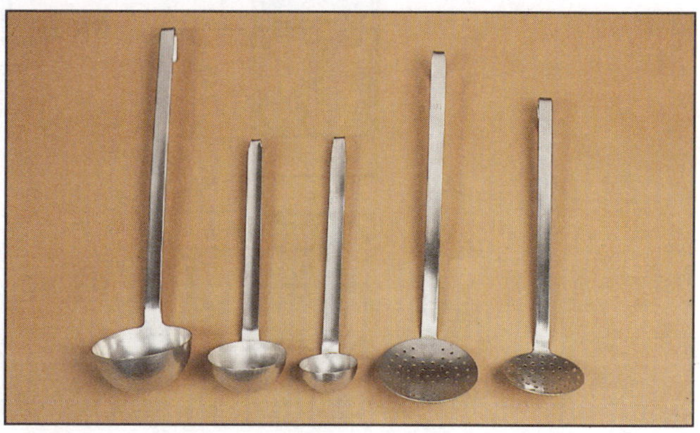

Louches – Pochons – Ecumoires
(acier inoxydable)

Différentes spatules
– à réduction
à poisson (acier inoxydable)
– en bois : les spatules en bois permettent de mélanger les préparations consistantes

Fouet à blancs (fils d'acier étamés, manche en bois) permet de monter les blancs en neige et les génoises

Fouet à sauce (acier inoxydable) permet de mélanger ou de fouetter intimement les mélanges liquides ou peu liés

* DEFINITION DE LA « GASTRO-NORME » (GN)

Cette dénomination correspond à la normalisation des dimensions intérieures des appareils utilisés en Grande Cuisine pour les cuissons, les stockages divers, la réfrigération, la manutention, etc. Ces normes spécifiques sont maintenant retenues par les principaux Constructeurs Européens. En 1971, la commission Suisse des normes pour la Restauration, l'Hôtellerie et la Collectivitié, a édité les documents fixant les dimensions intéressant aussi bien les récipients que les clayettes, les glissières supports, les tables, les plateaux, les cuves de plonges, etc.

Cette harmonisation est très importante, car l'utilisateur peut ainsi rationaliser ses plateries, ses grilles, ses clayettes et tous les moyens de transport, bien qu'utilisant des matériels de provenances diverses.

La GN 1/1 (530 x 325 mm) est l'unité de base qui remplace l'ancienne plaque de cuisson 40 x 60 cm.

Il existe un multiple de cette base, la GN 2/1 (530 x 650 mm), ainsi qu'un certain nombre de sous-multiples GN 2/3 - GN 1/2 - GN 1/3 - GN 1/4 - GN 1/6 - GN 1/9.

La normalisation dimensionnelle des emballages rigides et semi-rigides a apporté une standardisation à l'ensemble des matériels de cuisine et de transport; il est recommandé de n'utiliser que des éléments conformes à cette norme pour ne pas être pénalisé lors d'une éventuelle évolution ultérieure.

Remarque :

En patisserie les normes européennes (60 x 40) sont les plus utilisées.

RECIPIENTS NORMALISES

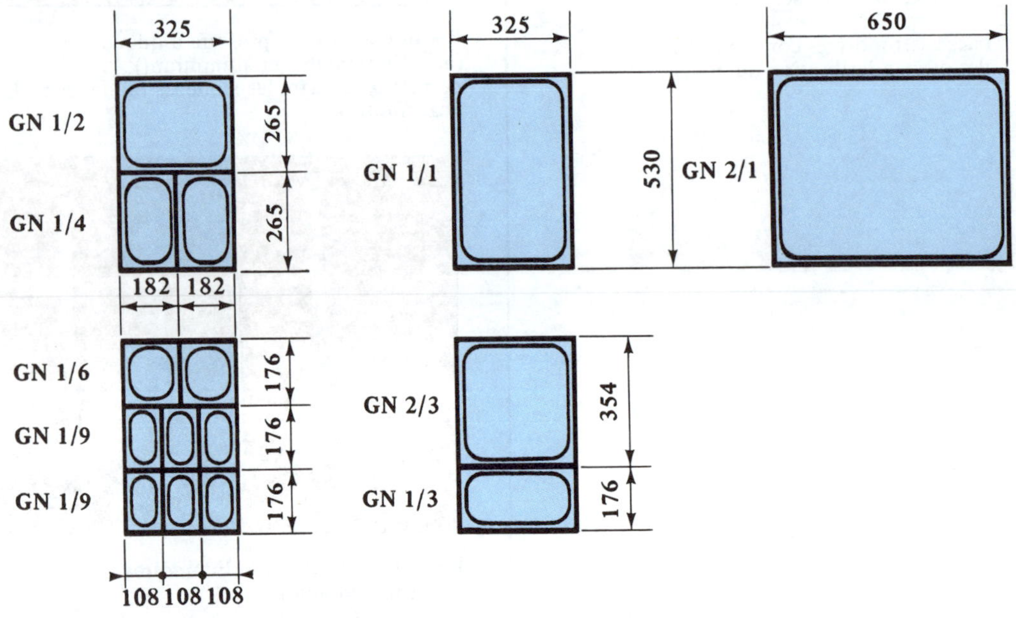

LE MATÉRIEL ÉLECTROMÉCANIQUE

DEFINITION

Le matériel électromécanique constitue l'ensemble des appareils (robots) possédant un moteur électrique. Ce matériel permet :

- de gagner du temps ;
- de rendre le travail moins pénible ;
- d'obtenir un meilleur rendement ;
- d'utiliser au mieux les produits ;
- de réaliser des économies (régularité du travail et rapidité).

Quelques exemples d'appareils électromécaniques :

- ***le batteur mélangeur et ses accessoires ;***
- ***l'éplucheuse, la laveuse et l'essoreuse à légumes ;***
- ***le trancheur universel ;***
- ***le cutter à cuve tournante ;***
- ***le turbo broyeur et le mixeur ;***
- ***le hachoir à viande ;***
- ***le tranche pain ;***
- ***le laminoir etc.***

Document Robot-coupe

CHOIX DES APPAREILS

Le salon de l'hôtellerie Equip'Hotel expose chaque année de nouvelles machines, les catalogues des installateurs de cuisine s'enrichissent sans cesse de nouveaux appareils, il est donc indispensable de définir avec précision les besoins strictement indispensables.

Les besoins sont définis en fonction :

- de l'importance de l'établissement ;
- du nombre de couverts à préparer ;
- de l'importance de la carte et des menus ;
- du système de restauration (traditionnelle, assemblage) ;
- de la qualité et de la nature de l'approvisionnement des denrées (produits à traiter sur place, produits épluchés et découpés, surgelés, sous vide, etc.).

En règle générale un inventaire lucide des besoins permet de choisir le matériel le mieux proportionné à la fabrication.

Dans un petit restaurant, le choix sera limité de préférence à des appareils « polyvalents » (batteur-mélangeur, mixeur et cutter) afin d'éviter tout risque de double emploi. Dans les grandes cuisines, un équipement spécifique sera choisi par poste de travail.

LA SECURITE

Les machines électromécaniques sont des appareils dont l'utilisation et les opérations d'entretien présentent des risques potentiels.

Les risques auxquels sont exposés les utilisateurs proviennent le plus souvent de la présence d'une lame tranchante ou d'organes mobiles tournants (parmentière et essoreuse).

Le code du travail classe ces machines dans la catégorie des **appareils dangereux** et rappelle la notion de faute personnelle et la responsabilité individuelle d'un chef d'entreprise ou d'un gérant ou directeur qui enfreindrait les dispositions légales relatives à la sécurité.

Il est rappelé que les salariés de **moins de 18 ans** ne peuvent utiliser ce genre d'appareil, toutefois sous la surveillance directe d'un moniteur ou professeur, les apprentis ou élèves peuvent y être autorisés pour les besoins de la formation.

Il convient en tout état de cause que le restaurateur sache apprécier et prévenir tout risque d'accident.

CONSEILS D'UTILISATION

- Vérifier le bon état du cable d'alimentation et de sa liaison à la terre.
- Vérifier le bon calibrage des fusibles.
- Manipuler sans brutalité les leviers, poignées, interrupteurs, sélecteurs de vitesses, etc.).
- Utiliser les appareils conformément aux notices livrées par le constructeur (utiliser toujours les gardes, pousse talons pour les trancheurs, pilons pour les machines à hacher).
- Respecter les volumes et les poids compatibles avec les appareils (en cas de bourrage : couper immédiatement l'alimentation en électricité).
- Effectuer les opérations de nettoyage hors tension (appareil débranché).
- Prendre le maximum de précautions pour manipuler les lames, les couteaux ou autres parties tranchantes (utiliser des gants anti-coupure).
- Utiliser des produits de nettoyage et de désinfection autorisés (il est rappelé que les appareils tranchants doivent être lavés et désinfectés par chaque demi-journée de travail.
- Vérifier périodiquement le bon fonctionnement des organes de sécurité.

Exemple d'une affiche de sécurité distribuée par les établissements DITO-SAMA et devant être placée au-dessus des appareils « à hauts risques ».

A afficher obligatoirement sur le lieu d'utilisation

ATTENTION
SECURITE DU TRAVAIL

PRECAUTIONS A OBSERVER

1. L'utilisation de cette machine est interdite à toute personne non habilitée
2. Interdiction formelle d'introduire les mains dans la zone de travail pendant le fonctionnement.

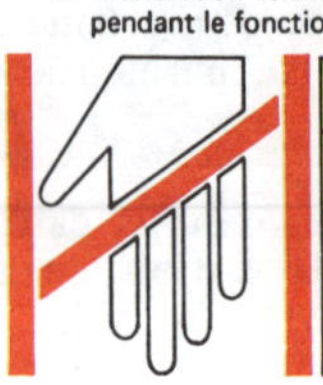

ZONES INTERDITES	
MELANGEUR : intérieur de la cuve	COUPE PAIN : alimentation et évacuation
HACHOIR : goulotte d'alimentation	COUPE LEGUMES : alimentation et évacuation
PASSE TOUT : intérieur de la cuve	EPLUCHEUSE : chambre d'épluchage.

3. N'utilisez que les équipements livrés avec la machine (Pilon, etc..) Prohiber couteau, fourchette.
4. Toujours arrêter la machine avant toute intervention ou démontage.
5. Respecter les consignes et conseils d'utilisation figurant sur le mode d'emploi joint à la machine.

DIFFERENTS TYPES D'APPAREILS

Document Dito Sama

LE BATTEUR MELANGEUR

Le batteur mélangeur fait partie des combinés indispensables dans toutes les cuisines, il s'agit en effet d'un outil d'une utilisation quasi universelle puisqu'il est à la base du pétrissage, du malaxage et du battage, il se transforme même par l'adjonction d'une dizaine d'accessoires (machines auxiliaires) en coupe-légumes, hachoir à viande, cutter, meule, passe purée, râpe à fromage, etc.

Les cuves de volumes différents sont remontées en position de travail grâce à un mécanisme démultiplié actionné par un levier ou un volant.

Chaque modèle peut recevoir outre les machines auxiliaires, un fouet, un crochet ou une palette.

Les vitesses sont commandées suivant les marques, soit par un levier (3 à 6 vitesses) soit par un variateur à vitesse progressive.

* L'évolution technologique de ces dernières années a encore accru les performances et la sécurité.
Des équipements de protection et de sécurité ont été mis en place pour entraver l'accès à la cuve afin d'éviter l'introduction accidentelle de la main dans la zone de travail de l'outil soit : sous la forme d'une grille de protection en acier inoxydable, soit d'une protection électromagnétique. Un champ magnétique circule autour d'une barre placée au dessus de la cuve et dès que la main ou un métal s'approche de la zone controlée, la machine s'arrête automatiquement.

En cas d'urgence, il peut y avoir un bouton d'arrêt type « bouton coup de poing ».

Certains appareils peuvent recevoir en option un système de chauffage, un chariot porte cuve et un racleur de cuve.

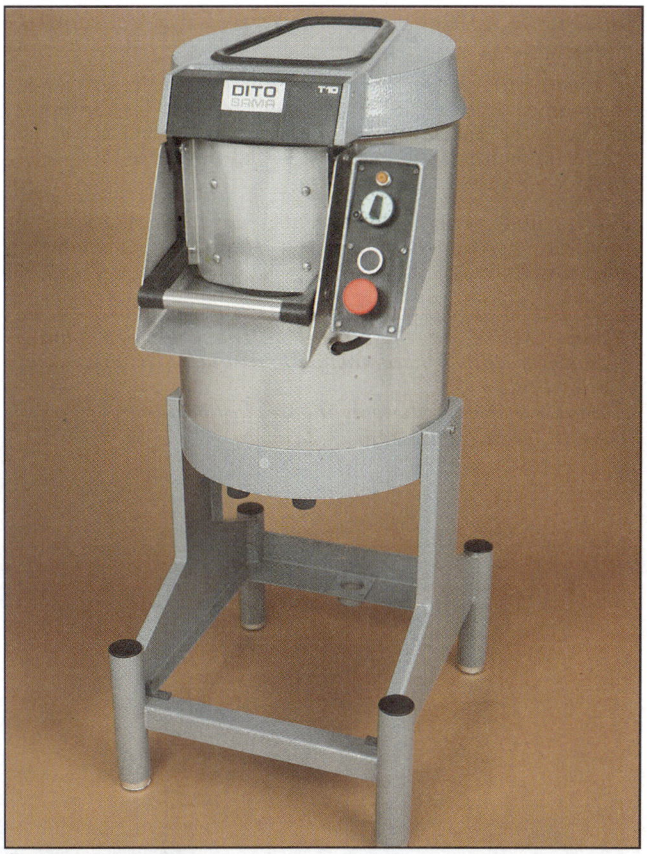

Document Dito Sama

L'EPLUCHEUSE

Ce modèle épluche les pommes de terre, les carottes, les navets, les céleris-raves, les salsifis et par le biais d'un changement de plateau, effectué instantanément sans outil, épluche également, les oignons et les pommes, fruits. Il existe une option plateau abrasif spécial pour le grattage des moules et des coquillages.

a) Principe

L'abrasif :
L'abrasif agit par usure de la surface du tubercule tout comme le ferait un papier de verre, les épluchures ressemblent à du son de blé.

Les couteaux :
Les couteaux agissent de la même façon que les couteaux manuels mais en enlevant seulement de fines facettes de la surface du tubercule, les pommes de terre sont plus lisses et non pelucheuses.

b) Fonctionnement

– mettre le moteur en marche,
– verser les pommes de terre,
– replacer le couvercle,
– ouvrir l'arrivée d'eau.

Surveiller attentivement, ne pas laisser tourner plus que nécessaire.

– arrêter l'eau,
– évacuer les pommes de terre,
– arrêter la machine,
– nettoyer soigneusement l'éplucheuse ainsi que le filtre de récupération.

* ***Pendant le fonctionnement ne pas placer la main à l'intérieur de la machine. Débrancher l'appareil avant le nettoyage.***

Document Robot-coupe

LE COUPE LEGUMES

Le coupe légumes permet, en combinant entre eux plateaux, grilles et râpes, de réaliser de nombreuses sortes de découpes différentes (+ de 60 pour certains modèles) tranchage, émincage, effilage, râpage. Sert également à tailler les pommes de terre traitées à la friture ainsi que la macédoine.

* ***Les plateaux, grilles et râpes doivent être soigneusement lavés et désinfectés après chaque utilisation.***

Document Bonnet

L'ESSOREUSE A LEGUMES

Afin de présenter des produits de meilleure qualité et non gorgés d'eau, il est nécessaire d'utiliser une essoreuse à légumes (salades, haricots verts, pommes de terre frites).

a) Fonctionnement

Un moteur électrique entraîne une cuve de forme cylindrique, par la force centrifuge, la salade se débarrasse de son eau.

* ***Ne jamais retirer la salade avant l'arrêt complet de l'appareil.***

Il est nécessaire de porter son attention sur l'efficacité et la rapidité du système de freinage de la cuve.

Document Irac

LA LAVEUSE DE FRUITS ET DE LEGUMES

Ces machines permettent de répondre à une utilisation importance principalement dans les restaurants de collectivités.

Un cycle de quelques minutes assure la complète disparition des impuretés et des parasites.

Economie d'eau, gain de temps, travail moins pénible et hygiène plus poussée, sont les multiples avantages de cette machine.

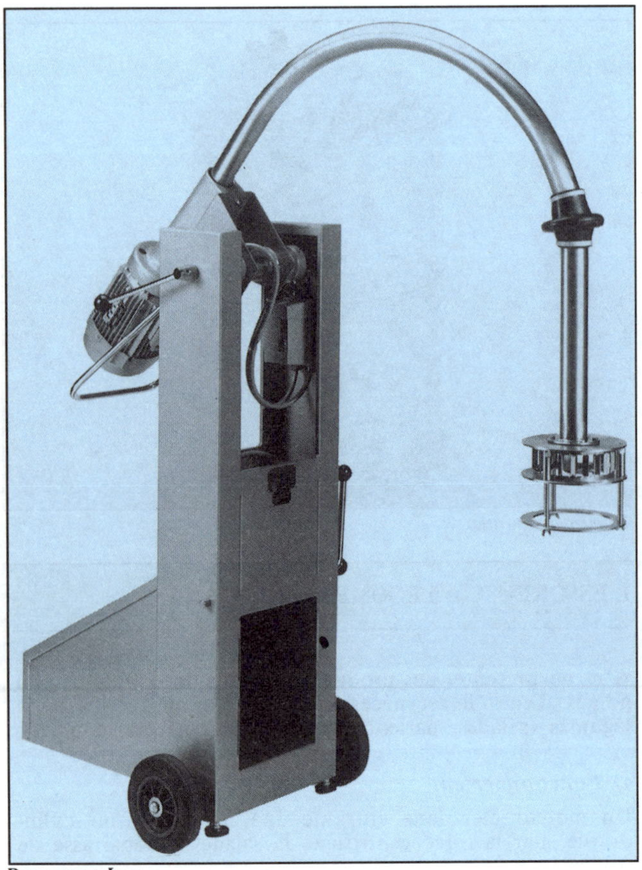

Document Irac

LE TURBO BROYEUR MELANGEUR (girafe)

Appareil de grosse production réservé aux collectivités importantes.

Le turbo broyeur mélangeur permet de réduire en purée les pommes de terre, les épinards, les potages, les compotes de fruits, de mélanger les œufs pour les omelettes, de monter la sauce mayonnaise. (400 kg de purée, 500 l. de potage en 5 minutes).

Cet appareil permet de diminuer les manipulations, il supprime les transvasements en travaillant directement dans la marmite de cuisson.

* ***La tête plongeante tourne à 1 400 t/mn, il est donc indispensable de toujours maintenir l'appareil plongé pendant son fonctionnement (risque d'éclaboussures et de brûlures).***
Débrancher immédiatement après l'utilisation.
Nettoyer soigneusement.

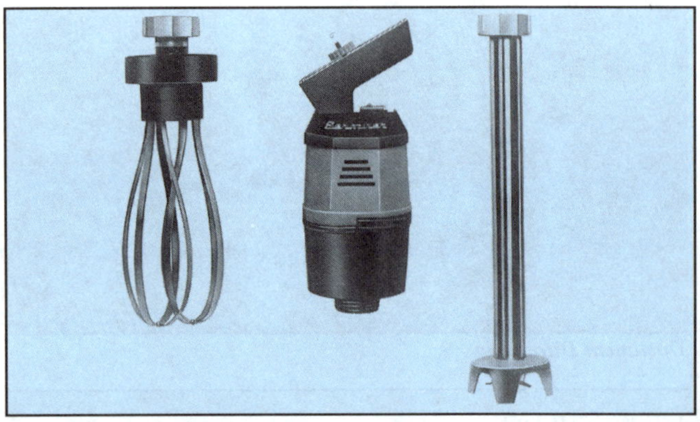

Document Ets Bertrand

LE FOUET ET LE MIXEUR PLONGEANT

Ces appareils légers et maniables ont l'avantage de travailler directement dans les récipients de cuisson en limitant de ce fait les manipulations ainsi que les transversements.

Certains de ces appareils peuvent être équipés d'un support spécial s'adaptant sur le bord des récipients et permettant de laisser travailler le mixeur seul.

Grâce à sa vitesse en charge de 8500 à 10000 tours/minute, le mixeur permet de réduire en purée les légumes (les pommes de terre, épinards) ainsi que tous les potages.

Le fouet équipé d'un variateur électronique permet de programmer sa vitesse en fonction de son utilisation (mélanger des purées, des œufs pour les omelettes, battre les blancs en neige, les génoises, etc.).

* ***Toujours maintenir l'appareil plongé pendant son fonctionnement (risque d'éclaboussures et de brûlures graves)***
Débrancher immédiatement l'appareil après chaque utilisation et pratiquer un nettoyage minutieux.
Vérifier périodiquement le bon état du couteau ainsi que son parfait équilibre.

Document Bonnet

LE HACHOIR A VIANDE (modèle sur table)

Permet comme son nom l'indique de hacher toutes les viandes pour la confection des farces diverses et des steaks hachés.

Choisir l'appareil entièrement en acier inoxydable, sans aspérités afin de faciliter le nettoyage et entièrement démontable sans outil.

* ***L'utilisation du poussoir pour amener les denrées vers le fond de la goulotte est obligatoire.***

Ne jamais visser l'écrou de corps à l'excès.

Ne jamais laisser l'appareil fonctionner à vide (risque d'échauffement).

Soyez rigoureux quant à l'état des grilles et des couteaux.

La viande hachée étant un produit particulièrement vulnérables et rigoureusement réglementée, le hachoir devra être obligatoirement lavé après chaque utilisation et désinfecté après chaque demi-journée d'utilisation.

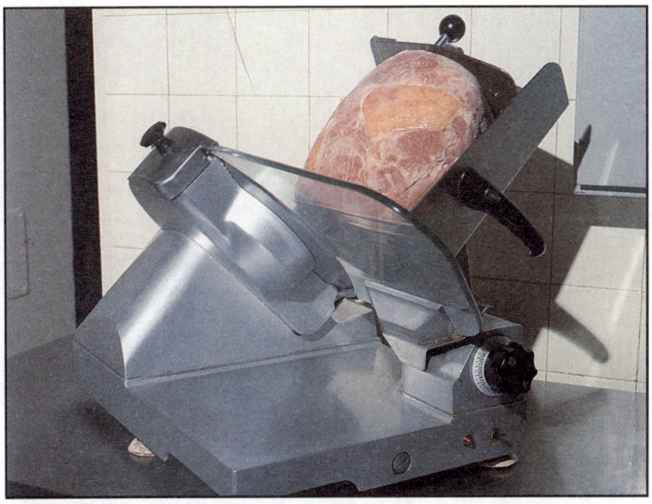

LE TRANCHEUR UNIVERSEL

Cette machine permet de découper rapidement et régulièrement la charcuterie, les viandes cuites sans os (rôtis) le pain de mie pour les canapés, etc.

L'épaisseur des tranches est réglée grâce à un sélectionneur de grande précision. Certains appareils sont munis d'un affûteur automatique efficace et amovible et d'un compteur de tranches.

* ***Appareil particulièrement dangereux (les 2/3 des accidents de machine en cuisine se produisent lors de l'utilisation et du nettoyage du trancheur).***

Utiliser toujours le pousse talon dans tous les travaux de tranchage.

Utiliser les goulottes d,alimentation pour la coupe des saucissons.

Arrêter la coupe lorsque le produit ne présente plus une épaisseur suffisante.

Interdire la coupe en biais.

Pour le nettoyage, débrancher l'appareil et ramener l'épaisseur à zéro, puis enlever le chariot et le cache-lame.

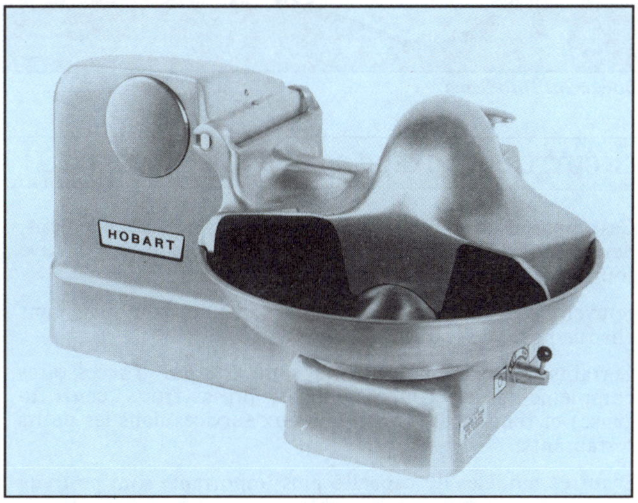

Document Hobart

LE CUTTER OU MIXEUR A CUVE TOURNANTE

Le cutter est un appareil performant indispensable dans toutes les cuisines.

La grande vitesse de rotation du couteau (1500 à 3000 tours/minute) permet d'obtenir en quelques secondes du persil ou des oignons finement hachés, de confectionner des farces diverses (quenelles, terrines, chair à saucisse, viande hachée) des beurres composés, la sauce mayonnaise et ses dérivés, de pétrir diverses pâtes (brisée, sablée, détrempe de feuilletage).

* ***Les risques sont essentiellement dus aux couteaux rotatifs. Risque d'éclatement et de coupures lors du nettoyage. Tous ces appareils doivent être munis d'un système de verrouillage absolu lié à la fermeture du capot et provoquant l'arrêt complet de l'appareil si celui-ci est mal positionné ou fermé.***

En cas de bourrage ne jamais introduire un ustensile (manche de couteau ou spatule) ni même la main : arrêter l'appareil à l'aide du bontou « coup de poing » débrancher et déverrouiller le capot.

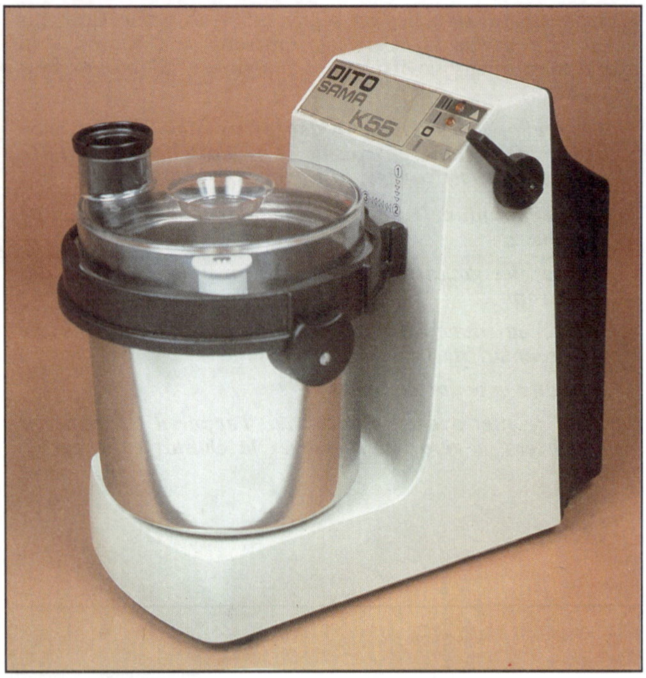

Document Dito Sama

Document Dito Sama

LE CUTTER OU MIXEUR A CUVE FIXE

Ces appareils très répandus dans les cuisines actuellement, permettent les mêmes utilisations que les cutters à cuve tournante (hachage, pétrissage, malaxage).

Souvent de plus petites tailles, ils sont indispensables dans chaque poste de travail.

Certains modèles polyvalents sont équipés d'accessoires complémentaires (coupe légumes, presse fruits, centrifugeuse) et rendent de très nombreux services dans les petits restaurants.

D'autres modèles de capacité plus importante sont pourvus d'une cuve basculante blocable dans toutes les positions.

* *Un dispositif de sécurité interrompt automatiquement et brutalement l'arrivée du courant si le couvercle est ouvert pendant le fonctionnement de l'appareil.*
Ces appareils traitant souvent des denrées d'origine animale, devront être obligatoirement lavés après chaque utilisation et désinfectés après chaque demi-journée de fonctionnement.

LE TRANCHE PAIN ELECTRIQUE

Le coupe pain débite en tranches régulières tous les pains de forme longue. Le débit peut atteindre jusqu'à 7200 tranches à l'heure, pour les appareils les plus performants.

* *Les coupe-pain doivent répondre aux dernières exigences en matières de sécurité du travail :*
- *haute grille de protection à l'entrée des pains ;*
- *rideau de protection à la sortie des tranches ;*
- *grille de protection intérieure interdisant l'approche de la main ;*
- *arrêt automatique du moteur à l'ouverture du capot ;*
- *sécurité électrique en cas de manque de tension.*

Débrancher l'appareil après chaque utilisation, éliminer les morceaux de pain et les miettes, nettoyer à sec le corps de l'appareil et vérifier l'affûtage des lames.

LES CUISSONS

LES CUISSONS

DEFINITION

Cuire un aliment, c'est l'exposer à la chaleur, ou à des radiations capables de le chauffer (cas des enceintes à micro-ondes), pour le modifier ou le transformer sur le plan physico-chimique.

Les différents moyens de transfert de la chaleur habituellement utilisés en cuisine sont :

- **l'air chaud**
  cuissons au four
- **l'eau de constitution des aliments**
  cuissons à l'étouffée ou à l'étuvée, en papillote, ...
- **les liquides bouillants**
  cuissons réalisées dans de l'eau, dans un fond, un fumet, un sirop, du lait ;
- **les corps gras**
  cuissons dans une petite quantité de corps gras ou par immersion (sauter, frire) ;
- **les « ondes » électromagnétiques**
  cuissons en enceintes à micro-ondes ;
- **les rayons électromagnétiques**
  cuissons aux rayons infra-rouges ;

ou l'association de certaines d'entre elles :

- **par rayonnement et conduction**
  rôtir, griller ;
- **par convection et conduction**
  rôtir dans un four à convection avec injection de vapeur (polycuiseur) ;
- **par rayonnement et radiation**
  griller, rôtir, cuire dans une enceinte à micro-ondes « multi-fonctions » équipée de résistances électriques

Le transfert de la chaleur est ainsi réalisé sous diverses formes :

- **par rayonnement thermique**
  griller, cuire sous une salamandre, rôtir, ... ;
- **par conduction**
  rôtir, sauter, frire, griller, cuire à la vapeur, ... ;
- **par convection**
  rôtir dans un four à convection forcée ou dirigée ;
- **par radiation ou rayonnement électromagnétique**
  cuire grâce aux micro-ondes, aux infra-rouges ;

MODIFICATIONS PHYSIQUES ET ORGANOLEPTIQUES APPORTEES PAR LA CUISSON

La cuisson peut modifier l'aspect, la couleur, l'odeur, la saveur, la consistance, le volume, le poids des aliments, etc.

LA COULEUR

La cuisson peut modifier la couleur d'origine des aliments, et ceci en fonction de leur nature (animale ou végétale), leur composition chimique et du mode de cuisson considéré.	
Les protéines et pigments des viandes (myosine, myoglobine, myoalbumines, etc.) coagulent et changent de couleur. Les modification varient selon la technique de cuisson, l'intensité de la source d'énergie et la durée d'exposition à la chaleur.	Les cuissons par conduction et rayonnement (rôtir, griller, sauter, frire) colorent les aliments (surtout extérieurement).
Le changement de couleur des végétaux dépend de la nature de leurs pigments, du degré d'acidité du milieu de cuisson (pH), mais aussi de l'action de certaines enzymes présentes dans leurs tissus (oxydases par exemple).	La cuisson ou le blanchiment immédiat des légumes verts dans l'eau bouillante salée permet d'inactiver immédiatement les enzymes responsables du jaunissement.
La chlorophylle (pigment vert) jaunit lorsque le légume cuit trop longtemps à couvert.	Cuire les légumes verts à découvert pour rendre le milieu plus basique car le gaz carbonique (acidifiant) peut s'échapper.

Les flavones (pigments jaunes) deviennent plus claires en milieu acide, et plus foncées en milieu basique.	
Les anthocyanes (pigments bleu rouge) rougissent en milieu acide (pH 2 à 4), et deviennent pourpres ou violettes en milieu basique.	Particulièrement visible lors de l'assaisonnement ou la cuisson des betteraves et des choux rouges.
Les tanins sont responsables du brunissement ou du noircissement de certains fruits et légumes coupés.	Le noircissement peut être retardé ou évité par l'utilisation de jus de citron ou autre élément acidifiant.
Les préparations riches en amidon (farine, roux, pâtes, pâtisseries, mie de pain) chauffées se dextrinisent, caramélisent puis carbonisent.	Coloration des pâtes, du pain, des pâtisseries, des aliments farinés, sautés ou frits. Remarque : les produits carbonisés sont toxiques.

L'ODEUR

La cuisson peut libérer certains arômes volatiles (souvent très liés à la saveur). D'autres arômes qui étaient fortement emprisonnés dans les structures cellulaires diffusent à l'intérieur des tissus et liquides cellulaires, et peuvent mieux se dissoudre dans le milieu de cuisson et le parfumer.

Certaines techniques de cuisson judicieusement conduites permettent de préserver, développer ou concentrer les parfums.
D'autres techniques permettent de se débarrasser volontairement de certains composés volatiles désagréables à odeur sulfurée ou soufrée (composés présents dans les choux, les oignons, les poireaux) et qui peuvent être éliminés par cuisson à découvert dans une grande quantité d'eau.

LA SAVEUR

Selon la technique utilisée, la cuisson renforce ou atténue le goût des aliments, elle permet ainsi toutes sortes d'harmonies et de mélanges de saveurs.

- Certains composés sapides et solubles dans l'eau (acides aminés provenant de l'hydrolyse des protéines, arômes, sucres, sels minéraux) migrent sous l'action de la chaleur, soit vers l'intérieur de l'aliment (phénomène de concentration), soit vers l'extérieur (phénomène d'expansion).
- A l'inverse, des arômes extérieurs à l'aliment, provenant par exemple du fond, du fumet, de la garniture aromatique, de liquides salés ou sucrés, etc., passent à l'intérieur de l'aliment. Les migrations dans un sens ou dans l'autre sont dues à des phénomènes de «diffusion» (simple propagation) ou «d'osmose» (migration des molécules cherchant à compenser les différences de concentrations).
- La dextrinisation et la caramélisation des amidons et des sucres fait apparaître des composés aux saveurs caractéristiques.
- Les acides aminés provenant de l'hydrolyse des protéines ont des saveurs très appréciées (bouillons de viandes par exemple, nuoc-mam).
- Les corps gras utilisés pour la cuisson transmettent leurs saveurs aux aliments ainsi que la nature et la quantité de garniture aromatique utilisée.

Pocher les aliments dans un fond corsé ou dans un liquide concentré permet de limiter les pertes en éléments sapides et solubles. La forte concentration du liquide de cuisson s'oppose par phénomène d'osmose au passage des substances de l'aliments vers le liquide.

VOLUME ET POIDS

La cuisson peut modifier le volume et le poids des aliments. Plusieurs phénomènes peuvent être observés :

- Perte en eau par déshydratation superficielle pour les aliments cuits par concentration, au four ou à l'étuvée. Ce dessèchement est proportionnel à la durée d'exposition à la chaleur, à l'importance des surfaces alimentaires offertes et à l'intensité calorifique appliquée.
- **Pertes en matières grasses par fusion** à la chaleur. Ces pertes sont également proportionnelles à la température de cuisson, sa durée d'application et évidemment à la teneur lipidique de l'aliment.
- Augmentation de volume par réhydratation pour les pâtes, le riz, les légumes secs et tous les produits déshydratés.

Le choix du mode de cuisson, du matériel le plus approprié, le respect des durées de cuisson, et le réglage précis des températures sont autant de points importants à surveiller si l'on désire limiter les pertes en poids et en volume des aliments.

- Les cuissons par « poêlage », en cocotte, en papillote, sous vide, dans un four à convection avec injection de vapeur fluante, par exemple, permettent de limiter avantageusement les pertes en eau des aliments qui ont la réputation de sécher facilement (veau, volaille, porc, ...).

LA CONSISTANCE

Les aliments correctement cuits sont généralement plus tendres, plus onctueux et plus digestes. Les modifications apportées par la chaleur ont plusieurs explications :

– La coagulation des protéines animales ou végétales.	
– Viandes : le ramollissement des tissus conjonctifs à base de collagène (protéine responsable de la dureté d'une viande et qui a la propriété de se gélifier après une cuisson prolongée). Les os renferment également du collagène qui permet de fabriquer des gelées (gélatine).	Plus une viande est riche en tissu conjonctif (collagène), plus la durée de cuisson nécessaire est longue. Les poissons renferment peu de collagène et cuisent donc rapidement.
– Végétaux : la gélification et l'épaississement des pectines (protéines ayant la propriété de se gélifier en refroidissant (exemples des confitures).	Le calcaire de l'eau se combine avec l'acide pectide en formant un complexe qui durcit le végétal. L'eau adoucit permet des cuissons plus rapides. La gélification des pectines est plus importante en milieu acide (confitures).
– Le ramollissement de la cellulose des végétaux.	
– L'amidon cru est indigeste. Cuit en milieu humide, il prend également une consistance gélifiée (empois d'amidon).	Epaississement des crèmes, des sauces, des potages, etc.
– Cuit en milieu sec (au four par exemple) et à température élevée, l'amidon se dextrinise, caramélise plus ou moins, durcit, devient croustillant, et colore les aliments riches en amidon.	Produits plus ou moins caramélisés et dorés (pâtisseries, barquettes, tartelettes, gratins, croûte de pain).
– La réaction de Maillard est responsable de la croûte très appréciée des pains, pâtisseries, viandes et poissons grillés, etc. Il s'agit d'une réaction très particulière et très répandue, obtenue par chauffage en atmosphère sèche de protéines combinées à des glucides. (La farine est constituée d'amidon et d'un peu de protéines, les viandes sont formées de protéines et d'un peu de glucides, etc.). La réaction de Maillard explique aussi le goût de ces aliments.	

MODIFICATIONS CHIMIQUES

- La cuisson modifie la structure de certaines molécules de l'aliment et peut ainsi le rendre plus digeste.

Exemple
La cuisson prolongée transforme (hydrolyse ou découpe) les protéines en peptides*, puis en acides aminés ; les glucides en sucre simple (glucoses) ; l'amidon en dextrines** et glucoses.

Ces transformations (hydrolyses) sont facilitées lorsque le milieu est acide.

**** peptides***
petits bouts de protéines. Rappelons que les protéines sont de longues chaînes formées de milliers de molécules d'acides aminés.
***** dextrines***
petits bouts d'amidons. Rappelons que les amidons sont de longues chaînes formées de milliers de molécules de glucoses.

- La cuisson apporte une garantie sanitaire aux aliments :
  - en inhibant ou en détruisant certains micro-organismes indésirables (moisissures, levures, bactéries d'altération, bactéries pathogènes), en fonction de la température atteinte et la durée de la cuisson ;
  - en détruisant certains composés plus ou moins toxiques contenus à l'état naturel dans certains aliments, en éliminant certains produits chimiques utilisés en agriculture ou en élevage industriel.

- La cuisson rapide préserve mieux la teneur vitaminique des aliments (vitamine C des végétaux par exemple) grâce à la destruction des « oxydases » responsables de leur oxydation.

  Paradoxablement la cuisson prolongée détruit une grande partie des vitamines particulièrement sensibles à la chaleur (A, C, B1, B5, B12 par exemple).

- La cuisson à l'anglaise fixe la couleur verte des végétaux riches en chlorophylle (destruction des oxydases correspondantes).

- La cuisson peut modifier la valeur nutritionnelle des aliments en leur faisant prendre toutes sortes de composés hydrosolubles (sels minéraux, vitamines hydrosolubles, protéines, sucres) des graisses et de l'eau.

- La cuisson facilite la migration de certains composés rendus solubles : soit vers l'intérieur de l'aliment, soit vers l'extérieur selon le mode de cuisson choisi.

  C'est cette migration qui permet de classer les différents types de cuisson en trois catégories :

– les cuissons par expansion ou dissolution
– les cuissons par concentration
– les cuissons alliant les deux phénomènes (concentration et dissolution) et appelées cuissons mixtes.

Types de cuisson et symboles	Modes de cuisson et aliments traités	
CUISSON PAR EXPANSION OU DISSOLUTION 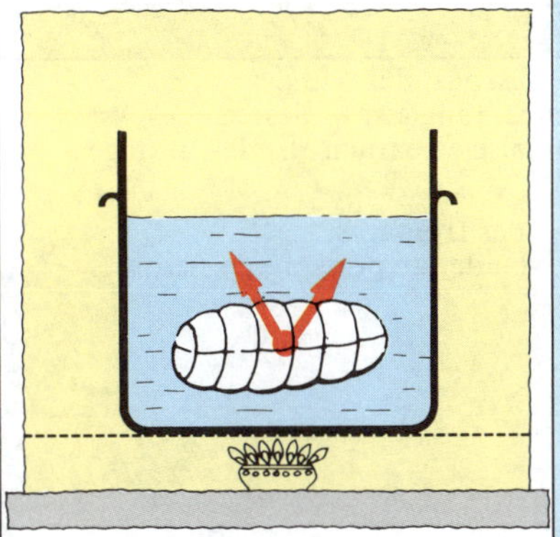	**Pocher** (départ liquide froid) – cuisson et blanchiment des pommes de terre ; – cuisson des légumes secs ; – cuisson des poissons pochés au court-bouillon, ou au court-mouillement ; – cuisson et blanchiment des viandes et des abats (bœuf pour consommés, volailles pochées, blanquette de veau, poitrine demi-sel, tête et pieds de veau, etc.) ; – mouillement des fonds bruns, blancs et des fumets.	Les éléments nutritifs, sapides ou arômatiques, les substances indésirables, l'excès de sel, l'écume apparaissant lors du blanchiment, etc., s'échappent en partie de l'aliment. Les échanges entre l'aliment et le liquide de cuisson sont favorisés.
CUISSON PAR CONCENTRATION 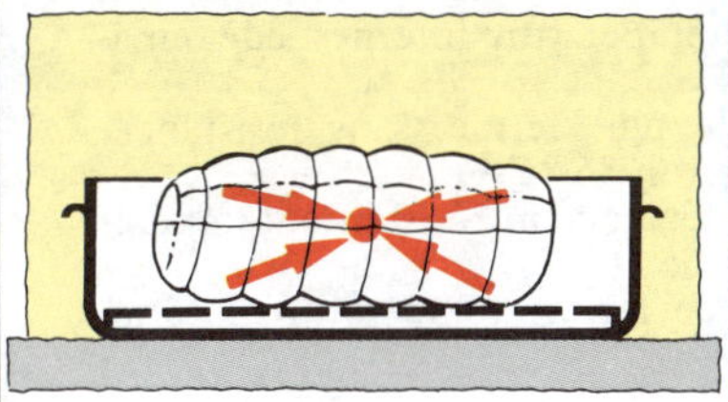	**Pocher** (départ liquide bouillant) – viandes : pot-au-feu, bœuf à la ficelle, gigot à l'anglaise ; – abats : langues congelées ; – poissons au bleu, truite, saumon ; – crustacés : homards, langoustes ; – œufs : coque, mollets, durs, pochés ; – légumes verts : haricots verts, épinards ; – riz, pâtes, farinage ; – fruits au sirop. **Cuire sous vide, en papillote, en croûte.** **Cuire à la vapeur** **Rôtir** **Griller** **Frire** **Sauter, rissoler** **Poêler**	La brusque exposition de l'aliment à la chaleur provoque la coagulation superficielle des protéines, la formation d'empois la caramélisation des glucides ou la réaction de Maillard (cuisson en atmosphère sèche). Les aliments « nutritifs » sapides et arômatiques restent en partie à l'intérieur de l'aliment.
CUISSON MIXTE OU UNION DES DEUX PHENOMENES - concentration par rissolage - expansion après le mouillement 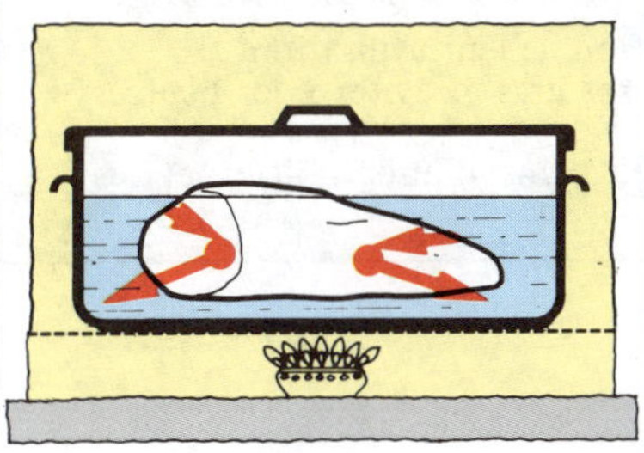	**Braiser** (aiguillette de bœuf, canard, etc.) ; **Sauter en sauce** (ragoûts) – navarins – estouffades – coq au vin, etc.	– Dans un premier temps, coagulation superficielle des protéines, et réaction de Maillard lors du rissolage, avec phénomène de concentration. – Dans un deuxième temps, ramollissement des fibres cellulaires et passage des éléments « nutritifs », sapides ou aromatiques dans la sauce de cuisson, avec phénomène d'expansion.

REMARQUE

Il est indispensable de garder une certaine réserve au sujet de ces phénomènes. Une cuisson par concentration même bien conduite, laisse s'échapper des sucs et des principes nutritifs sans lesquels il serait impossible de réaliser les jus ou les sauces par déglaçage.

RAPPEL DE L'ACTION DE LA CHALEUR SUR LES NUTRIMENTS COMPOSANT LES ALIMENTS

LES PROTIDES OU PROTEINES	
Les protéines coagulent à des températures variant selon leur environnement (présence de sel, de sucre ou d'amidon, de graisses, etc)	– Cuisson des viandes, des poissons, des œufs. – Epaississement des crèmes (anglaise), des sauces (sabayons, Mornay, hollandaise, béarnaise), des potages (veloutés, consommés liés).
Les protéines seules coagulent aux alentours de 65 °C. Dans les aliments qui renferment toutes sortes d'autres nutriments, elles coagulent entre 65 °C (blanc d'œuf pur, viandes, poissons) et 95 °C (crème pâtissière riche en amidon). ***Exceptions :*** la caséine du lait ne coagule pas à la chaleur mais elle coagule en présence d'une certaine quantité d'acide ou d'une forte concentration d'alcool ; le collagène et les pectines ne coagulent pas mais gélatinisent en refroidissant.	– Fabrication des yaourts et des fromages. – Fabrication des gelées de viande, de poisson, de fruits.
Coagulation facilitée en milieu acide.	– Utilisation du vinaigre blanc pour la cuisson des œufs pochés, du citron pour la cuisson des poissons délicats.
Certaines protéines qui sont solubles dans les liquides de cuisson peuvent coaguler vers 70 °C (en formant une « écume »).	– Myoalbumines pour les viandes et les os. – Lactalbumines pour le lait. – Ovalbumines pour les œufs. – Certains légumines pour les légumes secs. – Réalisation des fonds et des fumets.
Changement de couleur dû aux pigments des muscles en fonction de la température, les pigments de la viande passent du rouge ou du rose à une teinte plus claire, puis irisée, et finalement au gris brun. Les changements de couleurs de pigments apparaissent parallèlement au phénomène de coagulation des protéines. ***Remarque importante :*** *Au-dessus de 68 °C, les protéines perdent leur pouvoir de rétention d'eau, et les viandes ou poissons dont la température interne dépasse 68 °C perdent de leur jutosité.* *Cuisson prolongée : hydrolyse des protéines avec détachement et dissolution des fibres musculaires.*	– Permet de reconnaître à la vue et au toucher les différents points de cuisson. – Bleu : consistance molle, température interne tiède, environ 40 °C. – « Saignant » : consistance plus ferme, sans résistance, température interne d'environ 55 °C. – « A point » : consistance légèrement résistante, température interne voisine de 60/65 °C. – « Bien cuit » : consistance ferme, température interne voisine de 75 °C.

LES LIPIDES	
Fusion à des températures différentes selon leur nature chimique (nature des acides gras constitutifs, longueur des acides gras, degré de saturation ou d'insaturation).	– Environ 10 °C pour les huiles en général. – 32-35 °C pour le beurre. – 40 à 45 °C pour les autres graisses animales, les margarines, et les huiles végétales saturées (palme, coprah).
Décomposition (point de fumée) à des températures variant selon leur nature chimique et leur degré de raffinage. ***Remarque :*** Les corps gras trop chauffés sont indigestes, voire toxiques et dangereux. Ils présentent également des risques d'inflammabilité. Par ailleurs, la décomposition dépend de la durée d'application de la température (cas des bains de friture), et de la présence de particules carbonisées.	– Environ 130 °C pour le beurre. – Environ 140 °C pour la margarine. – 180° à 220 °C pour certaines huiles. – 220° à 260 °C pour les huiles utilisées en friture. Choisir les corps gras en fonction de leur utilisation. – Ne pas faire brûler les corps gras et éviter « les beurres noisettes ». Surveiller la température des bains d'huile, filtrer et les changer dès que nécessaire.

LES GLUCIDES

Les sucres : dissolution dans l'eau, obtention d'un sirop, ébullition du sirop, concentration par évaporation de l'eau, caramélisation. Risque de cristallisation dans le cas d'un sirop saturé ou sursaturé.	Cuisson des sirops de sucre (filet, boulé, cassé, caramel). « Graisser » le sirop avec un peu de glucose, de crème de tarte, de l'acide tartrique, ou du jus de citron.
L'amidon chauffé à sec ou avec un corps gras, dextrinisation partielle, et réaction de Maillard (brunissement de la croûte).	– Roux, farine torréfiée. – Pâtes sèches (feuilletée, brisée, à foncer, sablée).
Chauffé en présence d'un liquide : épaississement (empois) proportionnel au taux de concentration de l'amidon ou à la quantité de liquide.	Sauces à base de roux (béchamel, sauce tomate). Crème pâtissière. Potages, crèmes et veloutés.
La cuisson prolongée et la présence d'acide « relâchent », c'est-à-dire liquifient les empois d'amidon. La cellulose se ramollit et devient plus digeste.	Ajouter le vin blanc réduit, le jus de citron, les tomates, ou tout ingrédient acide en fin de cuisson, si l'on veut garder une consistance épaisse.

L'EAU

Ebulition-évaporation. L'eau est utilisée comme moyen de transfert de la chaleur à l'aliment. Selon sa concentration en substances dissoutes, l'eau pénètre dans l'aliment ou s'oppose au passage des éléments solubles vers le milieu de cuisson par phénomène d'osmose.	– Aliments pochés, cuits à l'anglaise ou étuvés. – Cuisson dans un fond blanc ou dans un fumet corsé (foie gras par exemple).
La plupart des végétaux, principalement les légumes à feuilles perdent une grande partie de leur eau de constitution lors de la cuisson.	Cuisson des épinards, des laitues, de l'oseille, des champignons, etc., dans une petite quantité d'eau bouillante.
Les substances aromatiques, les acides organiques, les protéines solubles ou hydrolisées, les sels minéraux et les vitamines hydrosolubles migrent partiellement dans l'eau de cuisson. Ce passage est proportionnel à la quantité de liquide, aux surfaces offertes (aliments finement découpés) et à la durée de la cuisson.	Réalisation des fonds, des fumets, des sauces, des jus, des potages, etc.
Les légumes et les fruits secs, les pâtes, le riz, les céréales, etc., se réhydratent à la cuisson et augmentent de volume.	Cuisson des légumes et des fruits secs, des pâtes, du riz, des céréales, dans une grande quantité de liquide.

LES SELS MINERAUX ET LES VITAMINES HYDROSOLUBLES

Ils se dissolvent dans l'eau de trempage et de cuisson, passage proportionnel à la quantité de liquide, aux surfaces offertes et à la durée de cuisson. ***Exception :*** le sel de cuisine pénètre dans les aliments non salés.	– Ne pas laisser tremper les aliments plus longtemps que nécessaire. – Utiliser juste la quantité d'eau indispensable à la cuisson des aliments. – Ne pas les laisser séjourner dans l'eau après la cuisson. – Chaque fois que cela est possible, cuire les aliments en entier. – Appliquer de préférence des cuissons à la vapeur ou sous vide.

POCHER

DEFINITION

Pocher : c'est cuire un aliment par immersion dans un liquide (eau, fond, fumet, court-bouillon, lait, sirop).

Cette technique de cuisson s'applique à tous les aliments ; seuls les liquides et la durée de cuisson varient en fonction du produit à pocher.

La température de mise en cuisson permet de distinguer deux types de pochages :

– Départ dans un liquide froid.
– Départ dans un liquide bouillant.

POCHER DEPART DANS UN LIQUIDE FROID

TYPE DE CUISSON

EXPANSION

INTERET DE LA TECHNIQUE

Provoquer un échange de saveur entre l'aliment à pocher et le liquide de cuisson, et modifier sa composition. Selon les lois de l'osmose, les composés dissous vont de la solution la plus concentrée vers la solution la moins concentrée.

Le solvant (liquide de cuisson) va de la solution la moins concentrée vers la solution la plus concentrée.

Ce double mouvement se poursuit jusqu'à l'équilibre des deux concentrations.

Un liquide de cuisson concentré et riche en éléments dissous s'oppose à la sortie des substances sapides et aromatiques des aliments mis en cuisson.

Lors du pochage, il y a rapidement diffusion des substances solubles et sapides, des composés nutritifs hydrosolubles (vitamines, sels minéraux, certaines protéines, acides aminés, etc.) vers le liquide. Le liquide aromatique, salé ou sucré, a tendance à pénétrer à l'intérieur de l'aliment et à le parfumer.

Les applications pratiques de ce principe sont nombreuses :

- les aliments pauvres en eau (légumes et fruits déshydratés ou secs, riz, pâtes alimentaires...) se réhydratent et augmentent de volume,
- les aliments riches en eau, faiblement minéralisés et cuits dans de l'eau salée, perdent une partie de leur eau de constitution, tandis que le sel pénètre dans l'aliment,
- les substances solubles et aromatiques des courts-bouillons, fonds et fumets, le sucre des sirops, le sel ajouté à l'eau de cuisson pénètrent dans l'aliment. Dans le cas d'une eau calcaire, le calcium pénètre dans l'aliment et peut le durcir,
- parallèlement à la cuisson de l'aliment, le liquide s'enrichit en substances dissoutes et aromatiques, en sels minéraux, vitamines, protéines solubles, acides aminés, etc. Il est donc intéressant de récupérer ce liquide pour la réalisation de la sauce d'accompagnement (poularde pochée sauce suprême, blanquette de veau à l'ancienne, etc.).

Ces divers phénomènes ont une très grande importance en cuisine : ils modifient la structure de l'aliment, sa saveur et sa valeur nutritionnelle.

Blanchir pour éliminer les impuretés (protéines coagulées), l'écume et l'excédent de sel selon le cas (les myoalbumines hydrosolubles remontent à la surface et forment l'écume).

CHEFS DE PARTIE RESPONSABLE

- Viandes : saucier.
- Poissons : poissonnier.
- Légumes secs : entremétier.
- Pommes de terre :

ALIMENTS TRAITES

VIANDES DE BOUCHERIE

- Bœuf : réalisation de la marmite pour les consommés et les gelées.
- Veau : blanquette, fricassée.
- Os de veau : fonds blanc et brun.
- Mouton : blanquette et fricassée.
- Porc : jambon, petit salé, produits divers de salaison...

ABATS NON CONGELES

- Langues, cervelles, amourettes, ris.

BLANCHIMENT DES VIANDES ET DES ABATS

- Blanquette, poularde, poitrine demi-sel, pieds, langue, tête, ris de veau, etc.

BLANCHIMENT DES LEGUMES SECS ET DES CEREALES

- Pois cassés, riz, etc.

CUISSON DES LEGUMES SECS

- Lentilles, pois cassés, haricots, etc.

BLANCHIMENT DES POMMES DE TERRE RISSOLEES

- Pommes cocottes, noisettes, parisiennes, château, parmentier.

CUISSON DES POMMES DE TERRE

- A l'anglaise.

VOLAILLES

- Os et abattis de volaille.
- Poularde pochée, chaud-froid de volaille, fond blanc de volaille.

POISSONS

- Tronçon de colin, de cabillaud ou de turbot ; darne de colin ou de lieu.
- Saumon, brochet, truites pochés au court-bouillon, etc.
- Arêtes et parures de poissons maigres.
- Fumet, consommé, gelée de poisson.

Remarque sur la cuisson des poissons au court-bouillon

Une cuisson trop longue entraîne la séparation des fibres musculaires et l'émiettement de la chair du poisson (pauvre en collagène). Cette « friabilité » impose différentes précautions :

- *acidifier le court-bouillon avec du vin blanc, du vinaigre, ou du jus de citron ; sauf pour la cuisson des poissons à chair rose saumon, la truite de mer ou saumonée car les acides décolorent la couleur naturelle du poisson.*
  Les poissons à chair blanche et nacrée se cuisent dans de l'eau, du lait, ou dans de l'eau additionnée de jus de citron,
- *éviter absolument l'ébullition : cuire à 95 °C maximum,*
- *envelopper les gros poissons cuits entiers avec une mousseline protectrice.*

MATERIEL UTILISE

Récipients à bords hauts : russe, rondeau haut, marmite, poissonnière, turbotière, marmite encastrée en collectivité.

POCHER DEPART DANS UN LIQUIDE BOUILLANT

TYPE DE CUISSON

CONCENTRATION

La cuisson prolongée des viandes dans un liquide bouillant entraîne le ramollissement des fibres musculaires (hydrolyse progressive) et laisse échapper les substances solubles et aromatiques. Le phénomène de concentration ne s'applique donc qu'aux cuissons de faible durée.

INTERET DE LA TECHNIQUE

La brusque immersion d'un aliment dans un liquide dont la température est voisine de l'ébullition provoque la coagulation immédiate des protéines superficielles. Il en résulte une plus grande difficulté de passage des substances solubles et aromatiques vers le liquide de cuisson.

Pocher un aliment dans un liquide bouillant permet ainsi d'obtenir une viande plus sapide et un liquide de cuisson moins savoureux. Dans le cas des légumes, la cuisson dans un liquide bouillant (cuisson à l'anglaise) présente plusieurs avantages :

- elle accélère le temps de cuisson,
- elle préserve la couleur verte des légumes riches en chlorophylle,
- elle précipite une partie du calcaire de l'eau, en l'empêchant ainsi de se combiner avec le sel, les pectines ou les légumines, et en évitant de durcir le végétal (ce phénomène concerne le carbonate acide de calcium dissous dans l'eau et qui correspond à la dureté temporaire),
- elle préserve la teneur vitaminique (en détruisant les oxydases) et les sels minéraux.

L'utilisation d'un fond corsé et riche en éléments dissous limite avantageusement la sortie des substances hydrosolubles de l'aliment.

MATERIEL UTILISE

Idem pocher, départ dans un liquide froid.

CHEFS DE PARTIE RESPONSABLE

Viandes	: saucier.
Poissons	: poissonnier.
Légumes verts	
Riz, pâtes alimentaires	: entremétier.
Œufs	
Fruits pochés	: pâtissier.

ALIMENTS TRAITES

VIANDES DE BOUCHERIE

- Bœuf : pot-au-feu, filet de bœuf à la ficelle.
- Agneau : gigot à l'anglaise.

ABATS

- Langues congelées.

VOLAILLES

- Magret de canard en pot-au-feu.

POISSONS

- Truites, saumons de fontaine, brochetons vivants (cuisson « au bleu »).

CRUSTACES

- Homards, langoustes, langoustines, crabes, crevettes (cuisson à l'eau bouillante fortement salée et condimentée).

MOLLUSQUES

- Bigorneaux, bulots, etc.

ŒUFS

- Œufs « à la coque », mollets, durs (eau vinaigrée pour les œufs pochés).

PATES ALIMENTAIRES FRAICHES OU INDUSTRIELLES,GNOCCHIS

- Utiliser une grande quantité d'eau bouillante salée, pour bien diluer l'amidon.

RIZ « CREOLE »

- Idem.

BLANCHIMENT ET CUISSON A L'ANGLAISE DES LEGUMES

- Haricots verts, laitues, endives, choux, carottes, petits pois, épinards, asperges..., légumes surgelés, etc.
  (ne concerne pas les légumes secs et les pommes de terre).

CUISSON PARTICULIERE AUX CHAMPIGNONS DE COUCHE

- Petite quantité d'eau bouillante salée, beurrée et citronnée.

CUISSON DES LEGUMES ET DES ABATS DANS UN BLANC

- Eau bouillante salée, citronnée, huilée et additionnée de farine diluée.

DESSERTS

- Fruits au sirop (pêches, abricots, poires, etc.).
  Cuisson du riz, de la semoule, du tapioca au lait par exemple.

SAUCES ET GARNITURES D'ACCOMPAGNEMENT

Les sauces et les garnitures d'accompagnement servies avec les viandes et les poissons pochés doivent être simples, légères, pour respecter la saveur naturelle de l'aliment.

Exemples de sauces et garnitures courantes :

Aliments	Sauces d'accompagnements	Suggestions garnitures
Viandes pochées		
Poularde	sauces suprême et dérivés	riz pilaf, pâtes fraîches
Blanquette de veau	velouté, crème réalisée avec la cuisson	idem
Pot-au-feu	bouillon de la marmite ; sauce raifort ou sauce tomate	légumes de la marmite et pommes de terre à l'anglaise
Abats	sauce vinaigrette tiède ; sauce ravigotte, moutarde, gribiche	pommes vapeur ou à l'anglaise
Poissons	beurre fondu, blancs et dérivés sauce hollandaise et dérivés coulis de légumes	pommes vapeur ou à l'anglaise choux-fleurs, brocolis, fonds d'artichauts, asperges, endives, carottes Vichy
Légumes chauds	beurre fondu, sauce hollandaise et dérivés coulis de légumes	
Légumes froids	sauce vinaigrette, mayonnaise et dérivés	

Remarque sur l'utilisation du couvercle

Le couvercle ralentit l'évaporation du liquide de cuisson et limite la vaporisation de la vapeur. En effet, le couvercle emprisonne entre lui et la surface du liquide une couche de vapeur saturante. La vaporisation ne se fait que lorsque la vapeur s'échappe du couvercle. Avec un couvercle et un bon réglage il est possible d'économiser de l'énergie. L'utilisation du brûleur séquentiel s'avère intéressante lors de la cuisson dans un liquide.

En revanche les légumes verts ou les légumes riches en composés sulfurés ou soufrés volatils doivent cuire à découvert (choux, oignons, ail, par exemple).

Cuisson dans l'eau de constitution ou « à l'étouffé ».

Beaucoup d'aliments, notamment les végétaux, contiennent suffisamment d'eau pour cuire dans leur propre eau de constitution : chiffonnade d'oseille ou de laitue, fondue d'épinards, d'endives, de tomates, julienne de légumes. Ils sont cuits lentement, sous faible épaisseur, recouverts d'une feuille de papier sulfurisé dans un récipient muni d'un couvercle. Le papier et le couvercle ralentissent l'évaporation de l'eau de constitution ; la vapeur se vaporise et se condense sous le couvercle, puis retombe dans le récipient. Les pertes en substances solubles sont réduites au minimum, ce qui permet de classer cette technique de cuisson dans les cuissons par concentration.

CUIRE A LA VAPEUR

DEFINITION

Cuire à la vapeur : c'est placer un aliment en présence de vapeur d'eau chaude dont la chaleur permet de réaliser la cuisson de cet aliment.

Cette technique de cuisson s'applique principalement à tous les aliments traditionnellement pochés ou cuits à l'anglaise. Mais aussi à la décongélation, à la remise et au maintien en température des plats cuisinés à l'avance, à la cuisson des aliments conditionnés sous vide, au blanchiment de certaines viandes et de certains légumes. Les fruits et les tomates peuvent être mondés, la peau des petits oignons plus facilement enlevée grâce à une simple montée en pression dans un cuiseur à vapeur.

TYPE DE CUISSON

CONCENTRATION

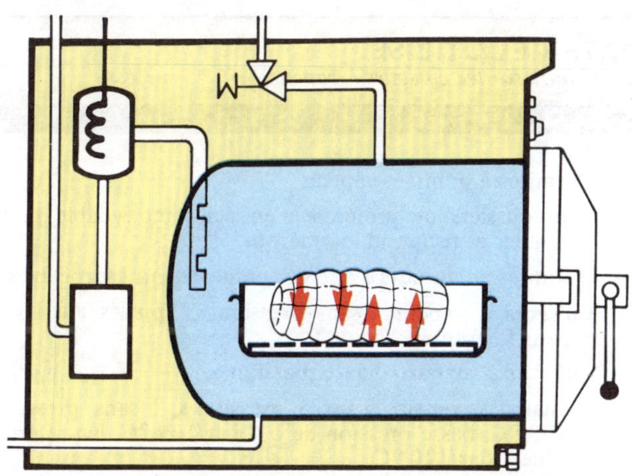

INTERET DE LA TECHNIQUE

Cuire un aliment plus rapidement que s'il était poché et en limitant les transvasements.

Limiter les phénomènes d'osmose. Les aliments n'étant pas en contact avec une importante quantité d'eau liquide, les substances hydro-solubles sont mieux retenues : l'aliment est plus sapide.

Préserver les qualités organoleptiques et nutritionnelles de l'aliment.

Dans ce domaine, la cuisson à la vapeur possède de nombreux avantages. Elle évite l'utilisation de corps gras et maintient la saveur originelle des mets (à condition de ne placer sur la même grille que des aliments qui se marient bien). Mais elle a aussi l'inconvénient de ne pas chauffer suffisamment les graisses de composition pour les faire fondre. Il faut donc choisir de préférence des aliments dont la teneur en lipides est limitée, et ne pas servir en accompagnement des sauces particulièrement riches (beurres fondus ou sauce hollandaise, par exemple).

La cuisson à la vapeur respecte bien la saveur des aliments, mais si le goût est au départ fort ou médiocre, il le demeurera à l'arrivée. Pour cette raison, il est indispensable de blanchir dans une grande quantité d'eau les légumes frais dont l'odeur est particulièrement prononcée (choux, légumes d'arrière saison, par exemple).

CHEFS DE PARTIE RESPONSABLES

Légumes : entremétier.
Viandes : saucier.
Poissons : poissonnier.

ALIMENTS TRAITES

Tous les aliments pouvant être pochés. Il faut veiller à répartir uniformément les aliments, en les calibrant bien, pour obtenir une cuisson régulière.

MATERIEL UTILISE
(voir cours sur les cuiseurs à vapeur)

- Marmites à pommes vapeur.
- Couscoussiers de préférence en acier inoxydable pour diminuer les risques d'oxydation.
- Marmites et cuiseurs à circulation de vapeur (autoclaves).
- Cuiseurs à vapeur « sans pression », appelés aussi « à vapeur fluante ».
- Cuiseurs à vapeur « haute pression ».
- Cuiseurs à vapeur « triple pression » : sans pression $\simeq$ 100 °C, basse pression de o,4 bar/109 °C, haute pression de 1 bar/120 °C.

CUIRE SOUS VIDE

DEFINITION

Cuire sous vide : c'est placer un aliment dans un conditionnement (sachet ou barquette) étanche et thermorésistant, en extraire l'air et le souder hermétiquement. La cuisson est réalisée à une température inférieure à 100 °C dans une ambiance humide (eau chaude, polycuiseur, cuiseur à vapeur par exemple). La cuisson est obligatoirement suivie d'un refroidissement rapide en cellule. La durée de conservation en enceinte frigorifique, à + 3 °C maximum, est limitée dans l'état actuel de la législation à une durée fixée entre 6 et 21 jours, en fonction des conditions de fabrication.

(voir chapitre sur la conservation et la cuisson sous vide).

TYPE DE CUISSON

CONCENTRATION

INTERET DE LA TECHNIQUE

- Mieux préserver les qualités nutritionnelles, hygiéniques et organoleptiques.
- Conserver la totalité des substances volatiles et hydrosolubles à l'intérieur de l'aliment, notamment les composés aromatiques.
- Réduire les pertes en poids de l'aliment en évitant l'évaporation et le dessèchement.
- Allonger la durée de conservation (6 jours ou davantage).
- Simplifier et alléger le service, limiter l'intensité du « coup de feu » (les aliments sont remis en température à la commande).
- Améliorer la répartition et l'organisation du travail : préparation et cuisson en dehors de la période du service ; préparation des banquets en différé, meilleure utilisation des périodes « creuses », etc.

ROTIR

DEFINITION

Rôtir : c'est soumettre un aliment à l'action de la chaleur sèche produite par un four ou une rôtissoire.

Cette technique de cuisson s'applique plus particulièrement à des grosses pièces de viande, de volaille ou de gibier, provenant d'animaux jeunes et tendres, ou pour des morceaux d'excellente qualité de 1ère catégorie.

TYPE DE CUISSON

CONCENTRATION

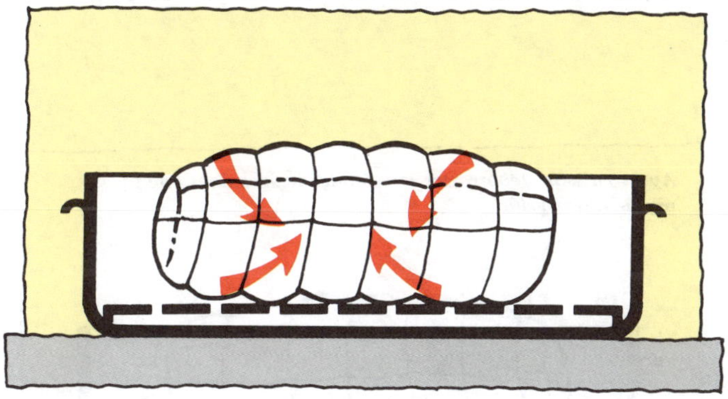

INTERET DE LA TECHNIQUE

- Coagulation superficielle ou complète des protéines, selon qu'il s'agisse d'une viande blanche ou rouge.
- Formation d'une croûte plus ou moins colorée, croustillante et particulièrement sapide.

CHEF DE PARTIE RESPONSABLE

Rôtisseur.

ALIMENTS TRAITES

VIANDES DE BOUCHERIE

- Bœuf (tranche, contre-filet, filet, noix de rumsteak, train de côtes).
- Veau (noix, sous-noix, noix pâtissière, longe, carré). Il est préférable de traiter ces morceaux par poêlage.
- Agneau (gigot, selle, carré, épaule).
- Porc (rouelle ou rôti dans le jambon, filet, carré).

VOLAILLES

- Coquelets, poulets, canetons, dindonneaux, pintadeaux, lapereaux, pigonneaux, oie, etc.

GIBIERS

- Gigue, cimier ou selle, filet, carré de chevreuil, de cerf ou de biche, filet et carré de sanglier, râble de lièvre ou de garenne, faisans, perdreaux, cailles, etc.

POISSONS

- Grosses pièces, généralement traitées sur la peau : bar, saumon, turbot, etc. La cuisson des gros poissons grillés se termine au four.

LEGUMES

- Grosses pommes de terre (version actualisée des légumes sous la cendre).

MATERIEL UTILISE

- Plaque à rôtir comportant de préférence une grille perforée.
- Fours à convection naturelle ou forcée, broches et rôtissoires.
- Fours à convection forcée et injection de vapeur pour les viandes blanches et les viandes conditionnées sous vide.
- Cuiseurs à vapeur pour les pièces rissolées et conditionnées sous vide en sachets thermo-résistants.
- Enceintes à micro-ondes équipées de résistances (voir cours sur le matériel de cuisson).

TECHNIQUE DE CUISSON

- Peser, parer, dégraisser, dénerver, désosser, piquer, barder, ficeler, brider les pièces, selon leur nature.
- Evaluer la température et la durée de cuisson, puis régler le four. Cette évaluation est souvent empirique et s'acquiert avec l'expérience. Il faut tenir compte de la nature de la pièce à rôtir : qualité, couleur de la viande, conformation, épaisseur et poids du morceau, et du résultat souhaité (saignant, à point, bien cuit).

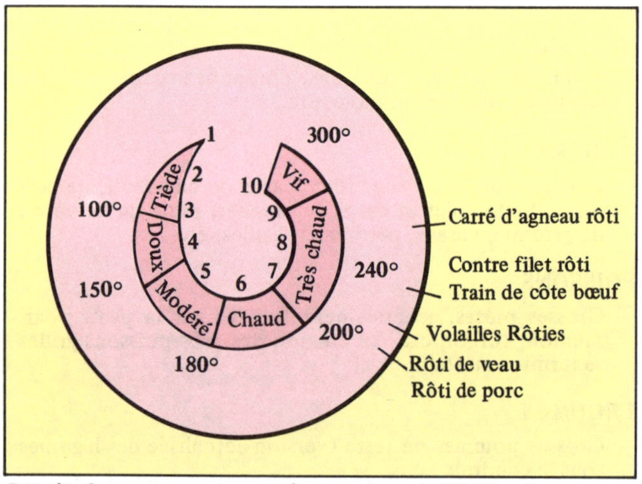

Les viandes rouges sont marquées en cuisson à 250 °C puis, en fonction de l'épaisseur la température est abaissée à 200/220 °C.

La diffusion régulière de la chaleur et la précision du thermostat sont également déterminantes pour la qualité du produit final.

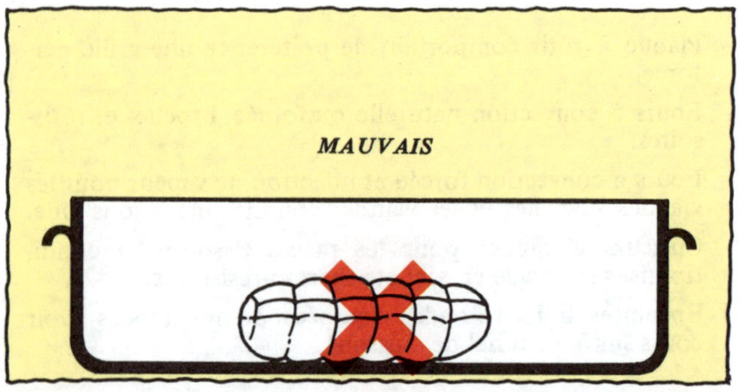

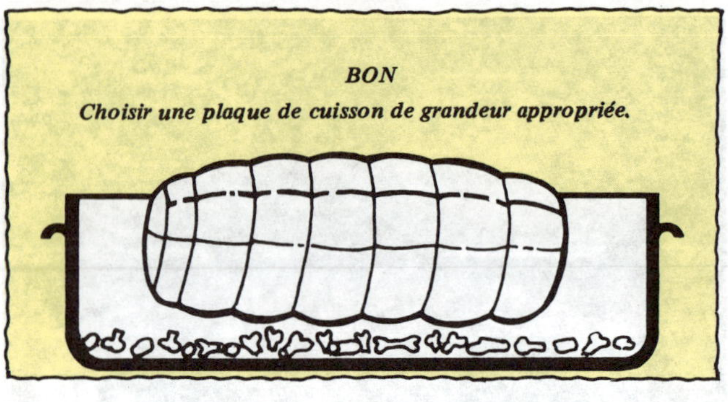

- Choisir une plaque de cuisson aux dimensions bien adaptées à la pièce à traiter (trop grande, les sucs brûlent et la réalisation du jus est impossible).
- Saler et poivrer juste avant la mise en cuisson ; les viandes rouges peuvent être salées après la formation de la croûte superficielle.

- Isoler la pièce à rôtir par rapport au fond de la plaque et la graisse de fusion, avec une grille, ou par l'intermédiaire des os concassés et des parures.
  Dans le cas d'un four peu performant, il est conseillé de faire rissoler les pièces avant de les placer dans le four.
- « Nourrir » la pièce durant sa cuisson en l'arrosant fréquemment.

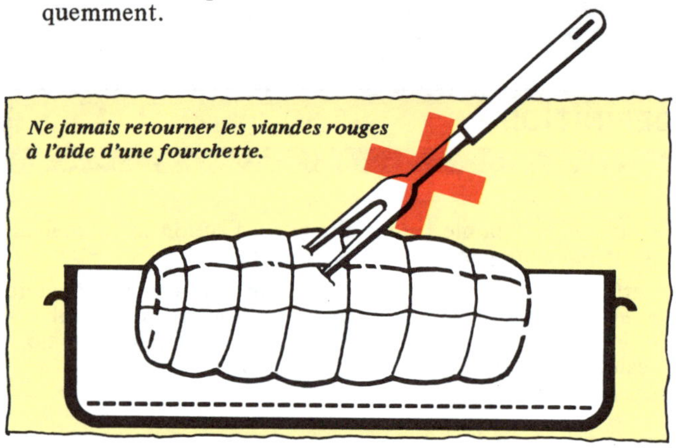

- Retourner les viandes rouges sans les piquer.

- Contrôler la durée de cuisson.
  Il faut compter approximativement 20 à 25 min. par livre pour les viandes rouges, et 5 min. par livre supplémentaire.
  - 18 à 22 min. pour un carré d'agneau,
  - 40 à 50 min. pour un poulet de 1,400 kg,
  - 50 à 60 min. pour un gigot de 2,700 kg,
  - 50 à 55 min. pour une selle d'agneau farcie,
  - 60 à 75 min. pour un rôti de porc de 1,500 kg,
  - 120 à 150 min. pour un carré de veau paré de 2 kg.

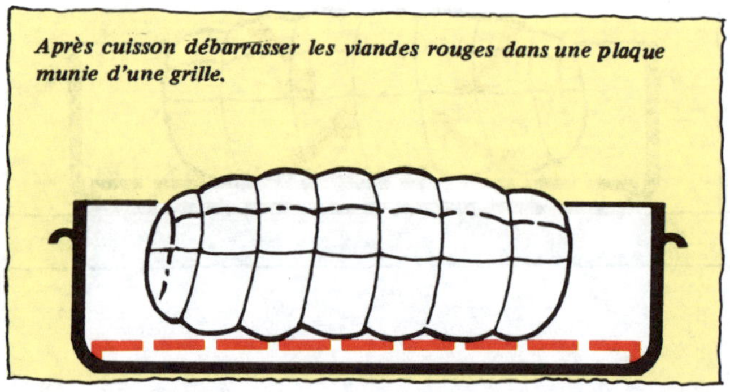

- Débarrasser la pièce et la placer en attente sur une plaque comportant une grille ou des assiettes retournées (seulement pour les viandes rouges). Maintenir au chaud, assaisonner légèrement.

Remarques :

La grille ou les assiettes retournées permettent d'isoler la pièce de viande rouge du fond de la plaque à débarrasser, pendant la période d'attente, le jus et la graisse qui s'écoulent, ramollissent la surface de la pièce lorsqu'elle reste en contact avec eux.

Les grosses pièces de viandes rouges sont réservées dans un endroit chaud(45 à 50 °C maximum) durant 15 à 30 min. selon leur épaisseur. Cette attente favorise la détente des fibres musculaires et l'uniformisation de la couleur.

JUS DE ROTI

- Dégraisser partiellement.
- Ajouter éventuellement une très petite quantité de garniture aromatique (Mirepoix taillée très fine, ail et thym pour l'agneau).
- Pincer si nécessaire (les sucs doivent être caramélisés et non brûlés : risque d'amertume).
- Déglacer à l'eau froide.
- Porter à ébullition, réduire jusqu'au degré de concentration souhaité.
- Vérifier l'assaisonnement.
- Passer au chinois étamine.
- Réserver le jus à couvert dans un bain-marie.

DETERMINATION DES POINTS DE CUISSON

La viande chauffe en prenant de la chaleur à l'air ambiant présent dans l'enceinte de cuisson. La température intérieure s'élève progressivement par conduction. Les protéines coagulent en changeant de texture. C'est donc à la consistance, avec l'expérience et un sens développé de l'observation (odeurs, couleurs, bruits), que le rôtisseur détermine la cuisson désirée. Néanmoins, dans le cas de cuissons particulièrement précises (cuisson à basse température, cuisson sous vide par exemple), un thermo-sonde peut être utilisé.

DRESSAGE

Pièces entières

- Dresser la pièce au centre du plat (l'entame peut être enlevée). Les petits gibiers à plumes peuvent être disposés sur un croûton garni de farce à gratin.
- Placer le plat durant quelques secondes à l'entrée d'un four chaud.
- Verser un peu de jus au fond du plat, et arroser de beurre noisette (cette opération peut être avantageusement remplacée par un lustrage au pinceau).
- Disposer le cresson en bouquets.
- Servir le jus de rôti en saucière.

Pièces tranchées dressées sur assiettes

- Le tranchage est effectué « à la commande », au fur et à mesure des besoins.
- Disposer le jus et la garniture sur l'assiette préchauffée.
- Placer la tranche de viande sans la napper.

GARNITURES D'ACCOMPAGNEMENT

Exemples de garnitures courantes

- Jardinière de légumes.
- Bouquetière.
- Légumes verts, légumes secs (flageolets, haricots blancs).
- Pommes sèches traitées en friture.
- Gratins de légumes, etc.

POÊLER

DEFINITION

Poêler : c'est soumettre un aliment à l'action de la chaleur produite par un four en plaçant cet aliment dans un récipient creux, hermétiquement fermé, et en le posant sur une garniture aromatique.

Cette technique de cuisson s'applique principalement aux grosses pièces de viande de boucherie ou de volaille, pièces qui risqueraient de dessécher si elles étaient rôties.

Anciennement, les poêlés étaient classés dans les rôtis spéciaux, réalisés en cocotte ou en casserole.

TYPE DE CUISSON

CONCENTRATION

INTERETS DE LA TECHNIQUE

Le but est de limiter le dessèchement de l'aliment en évitant de l'exposer directement à la chaleur.

Le récipient couvert permet de maintenir un certain degré d'humidité provenant de l'eau de végétation de la garniture aromatique.

CHEF DE PARTIE RESPONSABLE

Saucier.

ALIMENTS TRAITES

VIANDES DE BOUCHERIE

- Veau : noix, sous noix, noix pâtissière, longe, selle farcie, rognonnade , filet, carré, épaule et poitrine farcie.
- Mouton : gigot et épaule farcis.
- Porc : filet, carré.

VOLAILLES

- Poulardes, chapons, dindes, canards, pintades, rôtis de dinde et de dindonneau.

GIBIERS

- Faisans, perdrix, cailles, filet ou carré de sanglier.

MATERIEL UTILISE

- Récipients creux avec couvercles, russes ou sauteuses, rondeaux, cocotte « petite braisière ».
- En collectivité, l'utilisation de « polycuiseurs ou multicuiseurs » donne sensiblement les mêmes résultats.

TECHNIQUE DE CUISSON

- Parer, dégraisser, dénerver, désosser, piquer, barder, ficeler ou brider les pièces à poêler, selon leur nature.
- Evaluer la température et la durée de cuisson, puis régler le four.
- Choisir un récipient de cuisson ayant des dimensions bien adaptées à la pièce à traiter.
  S'il est trop grand, les sucs et la garniture aromatique brûlent et la réalisation du fond de poêlage devient impossible.
- Foncer le récipient avec un matignon crue, déposer la pièce assaisonnée et l'arroser copieusement de beurre fondu.
- Couvrir et placer le récipient dans un four chaud à 200 °C.
- Arroser fréquemment.
- Retirer le couvercle en fin de cuisson pour favoriser la coloration de la pièce.
- Contrôler l'à-point de la cuisson (le jus sortant de la volaille doit être parfaitement clair).
- Débarrasser la pièce sur une plaque comportant une grille ou des assiettes retournées.
- Clocher ou recouvrir avec une feuille de papier d'aluminium, et réserver au chaud.

FOND DE POELAGE

- Pincer les sucs si nécessaire.
- Déglacer (Madère, Porto, Cognac pour les gibiers), réduire.
- Mouiller avec du fond brun de veau, de volaille ou de gibier (selon le cas). Le fond doit être corsé, gélatineux et légèrement lié.
- Réduire doucement.
- Passer le fond de poêlage au chinois étamine, sans fouler.
- Dégraisser soigneusement.
- Vérifier l'assaisonnement.
- Réserver le fond de poêlage à couvert dans un bain-marie.

Glacer la pièce au four ou sous la salamandre.

- Les pièces servies entières et découpées devant le client sont glacées en les exposant à l'entrée d'un four très chaud, ou sous la salamandre, et en les arrosant sans arrêt avec leur fond de poêlage.
- Les pièces découpées en cuisine ne sont généralement pas glacées.

DRESSAGE

- Sur plat long légèrement creux, ou dans une cocotte (bi-métal) avec couvercle.
- Dresser la pièce au centre du plat, disposer la garniture harmonieusement tout autour.
- Napper et servir le reste du fond de poêlage dans une saucière.
- Les pièces tranchées ne sont jamais nappées.

Remarque

Cette technique de cuisson traditionnelle comporte souvent quelques variantes :

- *la pièce peut être rissolée avant la mise en cuisson,*
- *la garniture aromatique peut être ajoutée en cours de cuisson,*
- *la coloration peut être évitée lorsque le fond de poêlage renferme de la crème (filet de veau ou poularde aux morilles),*
- *le fond de poêlage peut être dégraissé avant le déglaçage. Cette technique est plus pratique et plus rapide, mais elle prive le fond de poêlage des saveurs et des arômes liposolubles fixés par le beurre au cours de la cuisson.*

GARNITURES D'ACCOMPAGNEMENT

Exemples choisis parmi les garnitures les plus courantes :

- Petits légumes nouveaux, tournés ou levés à la cuillère, et glacés.
- Lardons, champignons, pommes cocottes, noisettes ou château, petits oignons glacés.
- Laitues et endives braisées.
- Garnitures Choisy, Dubarry, Bruxelloise, Judic, Florian, Renaissance, Richelieu, etc.

GRILLER

DEFINITION

Griller c'est soumettre un aliment à l'action directe de la chaleur rayonnante, ou à la chaleur par contact c'est-à-dire par un gril ou une salamandre.

Cette technique de cuisson rapide (effectuée à la commande) s'applique principalement à de petites pièces : légumes, abats, produits de charcuterie, poissons, viandes tendres (d'excellente qualité et de 1ère catégorie provenant de préférence d'animaux jeunes).

TYPE DE CUISSON

CONCENTRATION

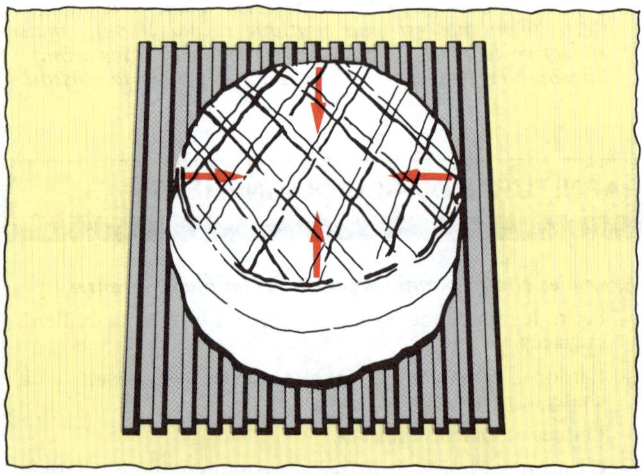

INTERET DE LA TECHNIQUE

Elle permet de coaguler rapidement des protéines superficielles, de caraméliser l'amidon, ou de provoquer la réaction de Maillard, dans le but de préserver les « sucs » se trouvant à l'intérieur de la pièce. Elle fait également apparaître des composés ayant un goût très apprécié (réaction de Maillard).

CHEF DE PARTIE RESPONSABLE

Grillardin (sous les ordres du rôtisseur, selon l'importance de la brigade).

ALIMENTS TRAITES

VIANDES DE BOUCHERIE

- Bœuf (steaks, entrecôtes, contre filets, « pavés », tournedos, chateaubriands, côtes, etc.).
- Veau (côtes, escalopes, médaillons, noisettes...).
- Agneau (rouelles de gigot, côtelettes, lambchops, mutton chops, noisettes, brochettes, etc.).
- Porc (côtes, grillades).

VOLAILLES

- Coquelets, poulets (4/4), pintadeaux, pigeonneaux, brochettes de volaille.

GIBIERS

- Chevreuil, cerf et biche, sanglier, pigeon (côtelettes, noisettes, etc.).

ABATS

- Veau, agneau, porc, bœuf (rognons, foie, ris, etc.).

PRODUITS DE CHARCUTERIE

- Bacon, poitrine fumée, saucisses, boudins blanc et noir, andouillettes, pieds de porc, etc.

POISSONS

- Poissons « portions » : soles, maquereaux, sardines, rougets barbets...
- Grosses pièces : bar ou loup, turbotins, daurades...
- Darnes de saumon, de thon, d'espadon...
- Tronçons de turbot, de barbue, d'anguille...
- Filet de sole, de turbot, de barbue...
- Brochettes de poisson, etc.

CRUSTACES

- Homards, langoustes ; brochettes de scampis, gambas, langoustines...

MOLLUSQUES

- Coquilles St Jacques, moules, huitres, etc.

LEGUMES

- Champignons, tomates, épis de maïs, etc.

MATERIEL UTILISE

- Différents grils : à plaque lisse, à plaque nervurée, à plaque barreaudée, rotatif (broilers).
- Salamandre (voir cours sur le matériel de cuisson).

Les grillades réalisées sur les grils barreaudés à charbon de bois (braises portées à incandescence) donnent les meilleurs résultats.

TECHNIQUE DE CUISSON

(voir également le livre de Travaux Pratiques)

- Nettoyer soigneusement les barreaux ou la plaque du gril, à l'aide d'une brosse métallique et d'un chiffon huilé.
- Régler l'intensité calorique en fonction de la nature, de l'épaisseur et de la conformation de l'aliment à traiter.
- Enduire les pièces à griller d'une fine couche d'huile ou de beurre clarifié, ou les placer dans une marinade instantanée (cas des poissons par exemple). La fine pellicule de matière grasse régularise la répartition de la chaleur et évite à l'aliment d'« attacher » sur le gril.
- Disposer les pièces dans le sens de la diagonale et les quadriller en les faisant pivoter d'un quart de tour (bien doser le degré de quadrillage).
- Les retourner et quadriller l'autre face.
- Terminer la cuisson au four (seulement pour les grosses pièces épaisses).
- Débarrasser les grillades et les placer sur une plaque comportant une grille ou des assiettes retournées.
- Brosser et nettoyer le gril.

Remarques

- *Les grillades de viandes rouges ne se piquent pas : l'utilisation de la fourchette étant déconseillée, les retourner à l'aide d'une spatule.*
- *L'assaisonnement doit être réalisé juste avant la mise en cuisson. Dans le cas des viandes rouges, servies bleues, saignantes ou à point, le sel est ajouté en fin de cuisson après la formation de la « croûte » superficielle (le sel a la propriété de faire « ressortir » le sang et les sucs).*
- *La température du gril doit être réglée avec précision : trop saisies, les grillades prennent un goût métallique de corne brûlée. On dit que la grillade est « ferrée » et il se forme alors des composés toxiques.*
- *Les pièces de viandes rouges peu épaisses doivent être saisies sur un gril très chaud (steaks, entrecôtes). Les pièces plus épaisses (châteaubriands, côtes de bœuf) doivent être saisies au départ, ceci afin de favoriser le phénomène de « croûtage » et empêcher la sortie des sucs (éléments nutritifs et sang) de la pièce en traitement. L'intensité calorique doit ensuite être diminuée pour faciliter la pénétration de la chaleur.*
- *Les pièces épaisses sont réservées sur assiettes retournées ou sur une grille dans un endroit chaud 45 à 50 °C maximum) durant quelques minutes afin de favoriser l'uniformisation de la couleur et la détente des fibres musculaires.*
- *Les viandes blanches et les poissons sont assaisonnés avant la cuisson. La température du gril doit être réglée de façon à obtenir simultanément la cuisson et la coloration de la pièce traitée.*
- *Les aliments panés se cuisent à une température plus modérée.*

LES DIFFERENTS POINTS DE CUISSON

Trois critères permettent de déterminer avec précision l'à-point de la cuisson des grillades :

- **la couleur** intérieure et extérieure de la pièce ;
- **la consistance** (reconnaissable au toucher et à la pression du doigt) ;
- **la température** atteinte au cœur de la pièce.

Exemple de la cuisson des viandes rouges

Différents points de cuisson	Consistance	Couleur intérieure	Température intérieure
Bleu	molle et flasque	rouge	35 à 40 °C (juste tiède)
Saignant	un peu plu ferme, légèrement résistante en surface	rouge-rose	50 à 55 °C
A point	résistante en surface, mœlleuse au centre	rose (quelques gouttes de sang peuvent perler en surface)	60 à 65 °C
Bien cuit	ferme	blanc-gris	70 à 80 °C

DRESSAGE

Les grillades sont dressées sur des plats beurrés, longs ou ronds (selon leur forme), ou sur assiette :

- Dans le cas de grillades ayant un point de cuisson différent placer toujours la pièce la plus cuite à plat et en premier. Les autres sont ensuite disposées en se chevauchant par ordre de cuisson décroissant (bien cuit, à point, saignant, puis bleu), ceci afin d'éviter tout risque de surcuisson.

– Lustrer au beurre clarifié.

– Au moment du départ du plat, ajouter les éléments de finition ou de décor (bouquet de cresson, persil en branche, citrons historiés, etc.).

GARNITURES D'ACCOMPAGNEMENT

Exemples de garnitures courantes

– Pommes sèches traitées en friture (paille, allumettes, Pont Neuf, gaufrettes, croquettes et dérivés).

– Tomates et champignons grillés.

– Gratins divers (pomme de terre, courgettes, aubergine, courgette et tomate, etc.).

– Légumes verts au beurre.

SAUCES ET BEURRES D'ACCOMPAGNEMENT

– Pour les viandes :
  - sauce : Béarnaise et ses dérivés (Choron, Foyot, Paloise), Marchand de vins, Bordelaise, Hollandaise, à la moutarde de Meaux,
  - beurre : Maître d'Hôtel, d'anchois, de crevettes, de saumon fumé, de moutarde, Bercy (pour les poissons), etc.

Remarques sur l'à-point de la cuisson des viandes

– *Contrairement à certaines idées répandues, la viande bleue ou saignante ne présente pas une valeur nutritionnelle réellement supérieure à la viande bien cuite (les protéines bien coagulées sont d'ailleurs beaucoup mieux assimilées...).*

– *Il faut également insister sur les inconvénients d'une importante consommation d'aliments grillés ou fumés ; les grillades ferrées, légèrement carbonisées ou trop longtemps exposées à la fumée de graisses brûlées, peuvent nuire à l'organisme. Elles contiennent des benzopyrènes (hydrocarbures aromatiques polycycliques) dont le potentiel cancérigène a été clairement démontré.*

SAUTER

DEFINITION

Sauter : c'est cuire un aliment à feu vif, généralement à découvert dans une petite quantité de corps gras.

Cette technique de cuisson rapide (de préférence effectuée à la commande) s'applique principalement à de petites pièces : légumes, œufs, abats, produits de charcuterie, poissons, volailles, gibiers, viandes de boucherie provenant d'animaux jeunes, viandes tendres d'excellente qualité et de 1ère catégorie.

TYPE DE CUISSON

CONCENTRATION

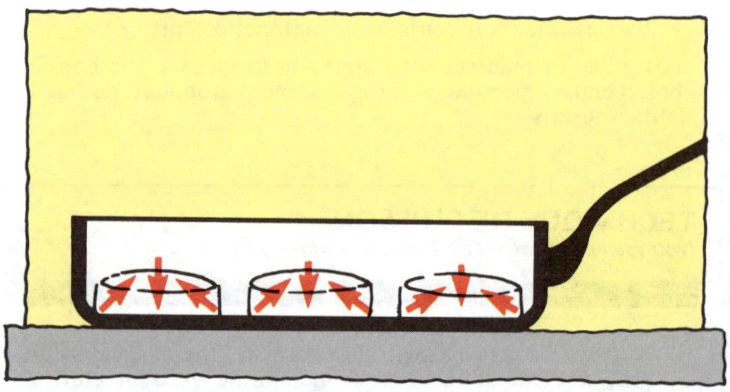

INTERETS DE LA TECHNIQUE

– Formation rapide d'une croûte obtenue par la combinaison de plusieurs réactions physicochimiques (coagulation superficielle des protéines, réaction de Maillard concernant les protéines et les glucides chauffées ensemble, caramélisation de l'amidon) suivant la nature du produit et le point de cuisson choisi.

– Maintien à l'intérieur de la pièce traitée du maximum de substances sapides et nutritives (sucs).

Remarque

Les pièces de viandes rouges (tournedos, entrecôtes, noisettes) sont saisies vivement, puis la température est diminuée jusqu'au point de cuisson souhaité.

La cuisson des viandes blanches (porc, veau, volaille) et des pièces panées (côtes d'agneau Maréchal, escalopes viennoise par exemples) est conduite beaucoup plus lentement : la cuisson et la coloration doivent être obtenues conjointement.

CHEF DE PARTIE RESPONSABLE

Saucier.

ALIMENTS TRAITES

VIANDES DE BOUCHERIE

- Bœuf (tournedos, pavé de rumsteak, entrecôtes, steaks, etc.).
- Veau (côtes, médaillons de filet, escalopes).
- Agneau (côtelettes, noisettes, épigrammes).
- Porc (côtes, filet mignon).

VOLAILLES

- Poulet (« quarts », suprêmes, cuisses, escalopes).
- Dindonneau (escalopes, filets, steaks hachés ou formés).
- Canard (filets, magrets, cuisses, poitrine « façon tournedos »).

GIBIER

- Chevreuil, cerf et biche, sanglier (côtelettes, noisettes).
- Faisans, pigeons, cailles (suprêmes).

ABATS

- Bœuf, veau, agneau, porc (foie, rognons, cervelles, ris, cœur).

PRODUITS DE CHARCUTERIE

- Saucisses, boudins noir et blanc.

PRODUITS DE LA PECHE

- Poissons « portion » : soles, truites, rougets, merlans (meunière ou à l'anglaise).
- Filets suprêmes ou escalopes : saumon, turbot, barbue, sole, etc.
- Darnes : colin, cabillaud, saumon, etc.
- Crustacés : langoustines, écrevisses, crevettes, etc.
- Mollusques : coquilles St Jacques, ormeaux, petits calamars, lambis, etc.

ŒUFS

- Sautés à la poêle (poêlés), à la diable, omelettes, etc.

LEGUMES

- Crus : pommes de terre sautées, blanchies et rissolées (cocottes, parisiennes, Parmentier, Château), courgettes, aubergines, champignons, oignons, etc.
- Cuits : pomme miettes, pommes lyonnaise, choux fleurs, choux de Bruxelles, épinards, haricots verts, endives, etc.

DESSERTS

- Crêpes, bananes flambées...

MATERIEL UTILISE

- Sautoirs, sauteuses, poêles ; sauteuse basculante ou rotosauteuse en cuisine de collectivité.

Le matériel choisi est en rapport avec la quantité d'aliments à traiter. Dans un récipient trop grand, la matière grasse brûle les sucs carbonisent, et le déglaçage, s'il y a lieu, devient impossible (amertume).

TECHNIQUE DE CUISSON

- Parer, dégraisser, dénerver, désosser, découper, aplatir (pour obtenir une cuisson régulière, il faut que les pièces aient la même épaisseur), manchonner, barder, ficeler, ou éplucher, laver, tailler ou tourner suivant la nature des aliments (voir livre de travaux pratiques).
- Certaines pièces peuvent être piquées ou marinées (gibier).
- Les aliments trop humides ou séchant facilement à la cuisson sont généralement farinés (foie, escalopes, côtes de veau, suprêmes, cuisses de volaille par exemple).
- Choisir un récipient de grandeur appropriée et une matière grasse bien adaptée à la cuisson (risque de décomposition à température élevée). Le mélange « beurre clarifié + huile de cuisson » donne souvent le meilleur résultat.
- Assaisonner, sauf les viandes rouges qui seront salées et poivrées en fin de cuisson.
- Cuire en fonction du point de cuisson souhaité. Les pièces épaisses (cuisses de volaille par exemple) peuvent être terminées au four et à couvert.
- Débarrasser les pièces sur une plaque comportant une grille ou des assiettes retournées (pour les isoler du sang ou du jus qui pourrait s'en écouler).
- Maintenir au chaud.

SAUCE D'ACCOMPAGNEMENT

- Si la composition le permet, ajouter éventuellement une petite garniture aromatique (échalotes, oignons ciselés, champignons émincés par exemple).
- Suer sans coloration.
- Dégraisser.
- Déglacer (Porto, Madère, vin blanc, rouge, etc.).
- Réduire et mouiller au choix :
  - avec un excellent fond brun de même nature et légèrement lié,
  - avec de la crème (selon la couleur recherchée pour la sauce),
  - ou avec les deux.
- Puis réduire à nouveau (ajouter éventuellement un peu de glace de viande).
- Vérifier l'assaisonnement et l'onctuosité.
- Passer au chinois étamine.
- Monter la sauce au beurre et tamponner.

Remarque

Quelle que soit sa couleur, la sauce doit être courte, légèrement liée, onctueuse et brillante. Elle doit juste napper l'aliment et recouvrir le fond du plat ou de l'assiette.

Les poissons meunière sont nappés, au moment de leur envoi, avec du jus de citron et du beurre noisette.

En aucun cas, les pièces de viande sautées ne doivent cuire ou finir de cuire dans leur sauce !

DRESSAGE

- Suivant leur forme, dresser les pièces sur une assiette individuelle ou sur plat rond ou long : pièces rondes disposées en couronne sur plat rond, pièces longues placées légèrement chevauchées et en diagonale sur plat long.

  En cuisine traditionnelle, les pièces délicates (noisettes, tournedos par exemple) sont généralement posées sur des croûtons de pain de mie, sautés ou frits au beurre clarifié, et légèrement lustrés à la glace de viande. Cette pratique devient de plus en plus rare.
- Si l'appellation en comporte une, la petite garniture est incorporée à la sauce (champignons, morilles, juliennes, diverses, etc.).
- Le plat est placé à l'entrée du four durant quelques secondes ; ou l'assiette passée sous la salamandre est nappée juste au moment de l'envoi.

FRIRE

DEFINITION

Frire : c'est cuire un aliment entièrement ou terminer sa cuisson par immersion dans un corps gras porté à haute température. Cette température varie en fonction de la nature et la grosseur de l'aliment à traiter, et du résultat souhaïté (cuisson avant coloration, cuisson et coloration, coloration et finition). Il s'agit d'une technique de cuisson réalisée « à la commande », qui s'applique principalement à de petites pièces crues ou cuites, soigneusement épongées ou séchées. Si la surface de l'aliment est pauvre en protéines (albumine) et en amidon, il suffit d'y remédier par enrobage : préparation à base de farine, de mie de pain, de pâte à frire, de pâte à crêpe, de pâte à choux, etc.

TYPE DE CUISSON

CONCENTRATION

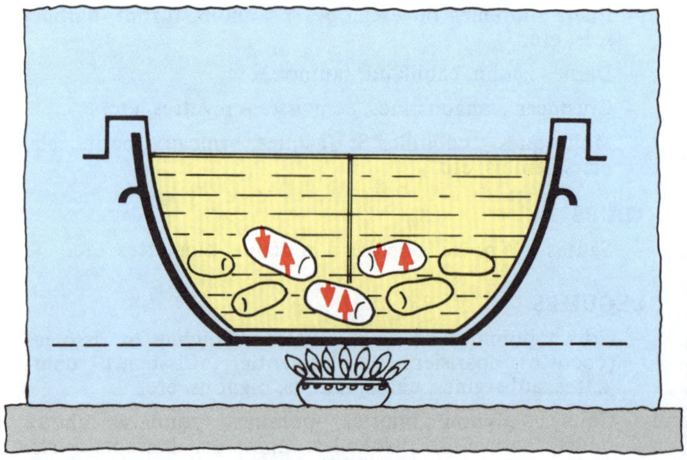

INTERET DE LA TECHNIQUE

La brusque immersion d'un aliment dans un bain d'huile porté à haute température (de 160 à 180 °C maximum) amène la coagulation immédiate des protéines superficielles, la caramélisation de l'amidon et la réaction de Maillard combinant protéines et amidon, en donnant des composés bruns croustillants très appréciés. La croûte ainsi formée s'oppose à la sortie des substances sapides et aromatiques de l'aliment et empêche la pénétration du corps gras. L'eau de constitution ou de végétation se met sous forme de vapeur qui diffuse en cuisant l'aliment.

Sapidité particulière, croustillance extérieure et mœlleux intérieur sont les principaux attraits des aliments frits.

CHEF DE PARTIE RESPONSABLE

Rôtisseur (grillardin et friturier selon l'importance de l'établissement).

ALIMENTS TRAITES

VIANDES

- Fondue bourguignonne, beignets ou croquettes à base de viande...
  Exemples : cromesquis, fondants, rissoles.

VOLAILLES

- Poulet frit, fritots de volaille, etc.

ABATS

- Fritots de cervelle et de fraise de veau, rissoles de ris de veau, etc.

POISSONS

- Petite friture, goujonnettes, merlan frit, sole Colbert, Mireille, croquettes de poisson, scampis frits, etc.

ŒUFS

- Œufs frits au bacon, à l'américaine, tyrolienne, etc.

LEGUMES

- Pommes de terre : pommes cheveux, paille, allumettes, mignonnettes, Pont Neuf, chips, gaufrettes, copeaux colerettes, soufflées Châtouillard, croquettes Dauphine et autres dérivés.
- Beignets et fritots de légumes (courgettes, aubergines, oignons, choux-fleurs, etc.).
- Persil frit, etc.

DESSERTS

- Beignets de fruits (pomme, banane, ananas...). Beignets soufflés (« pets de nonne »), beignets lyonnais (Bugnes).
- Beignets viennois, beignets de carnaval.
- Crèmes frites.

MATERIEL UTILISE

Bassine à friture ; mais l'utilisation de ce type de matériel est à proscrire. L'absence du contrôle de la température entraîne un risque de surchauffe, de plus les manipulations sont dangereuses.

Friteuse à gaz ou de préférence électrique (voir cours sur le matériel).

Petite poêle pour les œufs.

TECHNIQUE DE CUISSON

- Déterminer et régler la température du bain de cuisson : elle est fonction de la nature, de la taille, de l'épaisseur et du résultat escompté.
- 150 à 160 °C : cuisson lente, dessèchement prononcé et coloration progressive (première cuisson des pommes allumettes, Pont Neuf, soufflées ; cuisson et coloration des « pommes sèches » comme les chips, gaufrettes, cheveux, paille, copeaux, etc.).
- 170 °C : cuisson des aliments enrobés (beignets, fritots, pommes Dauphine par exemple). La pâte doit pouvoir « gonfler » avant de colorer.
- 180 °C : coloration immédiate et formation d'une croûte (deuxième cuisson des pommes allumettes ou Pont Neuf, aliments de très petite taille comme la petite friture).

Remarque

- *Si la température du bain de friture n'est pas assez élevée, les aliments s'imprègnent de graisse et deviennent indigestes.*
- *Eponger soigneusement les aliments traités.*
- *Les assaisonner et éventuellement les enrober en fonction de leur teneur en amidon, leur richesse en eau, la nature et l'appellation de la préparation : lait/farine, bière/farine, farine/œuf/mie de pain, pâte à frire, pâte à crêpes, etc.).*
- *Frire les aliments progressivement par petites quantités (selon la puissance de l'appareil).*
  Une quantité trop importante d'aliments abaisse la température du bain d'huile, surtout lors de l'utilisation de produits congelés ou surgelés. Provoque la formation éventuelle de mousse (risque de débordement et d'incendie) et de projections dangereuses. Augmente la production de vapeurs, de buées et d'odeurs désagréables.
- *Frire les aliments au dernier moment, « à la commande », afin de les maintenir bien croustillants.*
- *Egoutter soigneusement sur du papier absorbant.*
- *Saler (mais jamais au-dessus du bain de friture !).*

DRESSAGE

Les préparations salées sont généralement dressées en dôme sur une serviette pliée ou sur du papier gaufré. Les éléments de présentation (citrons historiés, persil frit par exemple) sont disposés harmonieusement tout autour. La sauce d'accompagnement ou le beurre composé sont dressés en saucière.

Les préparations sucrées sont disposées sur du papier dentelle, après un saupoudrage de sucre glace ou un glaçage sous la salamandre.

La sauce d'accompagnement (sauce abricot, groseille, coulis de fruits rouges, sabayon par exemple) est servie en saucière.

Les aliments frits ne sont jamais recouverts, ni clochés : la condensation risquerait de les ramollir.

Après chaque utilisation, et avant le complet refroidissement du bain de friture, il est indispensable de bien filtrer la matière grasse et de nettoyer soigneusement les parois de la friteuse. Si la friteuse n'est pas équipée d'un système de pompage et de filtration incorporé il suffit d'utiliser des filtres synthétiques ultra-microscopiques et des filtres automatiques indépendants.

LES CORPS GRAS UTILISES POUR LES FRITURES

La réussite et la qualité des fritures n'est pas seulement due à la qualité de l'aliment traité, elle dépend aussi du choix de la matière grasse utilisée, des conditions d'utilisation et de son entretien (température de chauffe, filtrage, renouvellement du bain, durée d'utilisation). Le choix du matériel et son parfait état d'entretien est également déterminant dans la longévité du bain de friture : nettoyage quotidien, précision du thermostat, appareil à zone froide, ou équipé d'un système de filtration incorporé.

CHOIX DES CORPS GRAS UTILISES

Les corps gras utilisés doivent présenter les qualités suivantes :

- Avoir un goût neutre pour conserver aux aliments leurs saveurs caractéristiques.
- Supporter sans se décomposer des températures élevées (souvent supérieure à 180 °C).
- Etre purs et « anhydres », (ne pas contenir d'eau), ainsi le beurre et la margarine ne peuvent être utilisés.
- Résister à l'oxydation (rancissement) durant de nombreux chauffages répétés.
- Supporter sans se dégrader de nombreuses montées et descentes en température.
- Etre très fluides à chaud afin de très bien s'égoutter.
- Etre pauvres en acides gras insaturés.*

* Les propriétés physico-chimiques des corps gras dépendent directement de leur composition chimique en acides gras.

On distingue :

- Les corps gras à prédominance « saturée » (graisses dures, solides à la température ambiante).
- Les corps gras à prédominance « mono insaturée » (huile d'arachide et d'olive).
- Les corps gras à prédominance « poly insaturée » (huile de tournesol, germe de maïs et de pépins de raisin).

Les huiles riches en acides gras poly-insaturés* s'oxydent plus rapidement à la lumière (elles sont généralement livrées dans des conditionnements opaques), elles ne conviennent pas pour des chauffages répétés : c'est le cas par exemple de l'huile de tournesol, de germe de maïs et de pépins de raisin.

Plus un corps gras est saturé, plus il est solide, stable et résistant à la chaleur et à l'oxydation.

Plus un corps gras est insaturé, plus il est liquide et fragile. Le terme « saturé » correspond également à « hydrogéné » : si l'on hydrogène un corps gras, on le sature et il devient plus solide, plus stable. C'est le cas de certains corps gras destinés aux fritures et des différentes margarines et « shortenings » professionnels dit à « consistance contrôlée » dont l'onctuosité et la plasticité sont fonction de la saison et de la température du laboratoire de pâtisserie.

CLASSIFICATION DES PRINCIPAUX CORPS GRAS UTILISES POUR LES FRITURES

- **L'huile d'arachide** (la plus appréciée, mais aussi la plus chère).
- **Les huiles multivégétales** (mélange de différentes huiles végétales) : arachide, tournesol, soja, palme hydrogénée.
- **Les huiles végétales concrètes** (solides).
  Leur structure chimique est presque totalement hydrogénée (saturée) ce qui leur confère un aspect solide et une très bonne résistance aux fritures prolongées : huile de coprah (dont la végétaline), huile de palme et de palmiste. Elles sont particulièrement fluides à chaud et s'égouttent très bien. Il est important de les faire fondre doucement (60 °C maximum) et de ne jamais les mélanger à des huiles fluides (risque de formation de mousse, débordement et incendie).
- **Les « shortenings »** à base de graisses animales.
  Ce sont des corps gras économiques qui ont une bonne tenue à la chaleur prolongée. Ils sont composés d'un mélange de saindoux, de suif et de graisses de bœuf, l'ensemble étant raffiné et hydrogéné. Les shortenings sont des corps gras concrets (solides), purs, blancs, neutres, inodores et anhydres. Ils sont généralement commercialisés en pains ou en cubes de 5 kg ou de 10 kg.

Remarque :

Le terme graisse est normalement réservé aux corps gras solides d'origine animale, mais en pratique il est souvent utilisé indifféremment pour toutes les matières grasses.

REMPLACEMENT DU BAIN DE FRITURE USAGE

Il est impossible d'indiquer le nombre maximal de bains à ne pas dépasser, car il dépend de nombreux facteurs dont les principaux sont les suivants :

- composition chimique du corps gras utilisé,
- température et durée de chauffage,
- conditions de chauffage (chauffage direct ou indirect par brûleurs à air soufflé ou par résistances blindées et immergées,
- existence d'une zone froide, d'un thermostat précis,
- nature des aliments traités enrobés ou non (présence de farine, d'œuf ou de mie de pain),
- qualité et fréquence de la filtration.

L'utilisation répétée d'un bain de friture s'accompagne de transformations physico-chimiques de la graisse qui correspondent progressivement à son brunissement, à l'apparition d'un goût désagréable et à la formation plus ou moins importante de fumée. A cette altération visible s'ajoute la formation de composés toxiques, dissous et non éliminables par filtration. Selon des études scientifiques récentes, il apparaît que les corps gras correctement utilisés pour les fritures n'ont aucun effet nocif et que ce sont les mauvaises conditions d'utilisation qui font apparaître ces composés.

La vidange complète du bain est indispensable car les composés toxiques dissous s'accumulent progressivement, et la filtration est incapable de les éliminer. Par ailleurs, rappelons que « l'acroléine », composé toxique et fortement lacrymogène, autrefois mis en cause, ne se forme en réalité qu'à des températures proches de 300 °C, rarement atteintes en cuisine.

En règle générale, si les conditions d'utilisation sont excellentes, le nombre de bains peut aller de 8 à 12 bains pour les huiles fragiles, de 12 à 15 bains pour l'huile d'arachide pure, et de 15 à 20 pour les corps gras concrets et stables.

Des tests d'appréciations de la qualité des bains de friture peuvent être utilisés. Ils se présentent sous forme de coffrets rechargeables contenant les réactifs nécessaires pour contrôler les produits de l'oxydation des corps gras et évaluer le degré d'altération du bain.

TABLEAU DES PRINCIPAUX CORPS GRAS UTILISES POUR LES FRITURES

(composition en acides gras et températures de fusion et de décomposition)

HUILES POUR FRITURES									
		Composition en acides gras				**Températures particulières**		
Nom de l'huile		**Acides gras (1)**	**Acides gras mono-insaturés (2)**	**Acides gras poly-insaturés (3)**		**Température de fusion**	**Température critique décomposition**	**Température maximale du bain de friture**
				total	**acide linolénique (4)**			
Arachide (raffinée)	Afrique	17 %	64 %	19 %	traces	18 °C	220 °C	180 °C
	Amérique	22 %	44 %	34 %	traces			
Tournesol (raffinée)		8 à 22 %	18 à 22 %	65 à 70 %	1 %	5 °C	200 °C	170 °C
Germe de maïs		14 %	30 %	56 %	1,5 %	5 °C	220 °C	170 °C
Pépins de raisins (raffinée)		11 %	19 %	70 %	traces	5 °C	220 °C	160 °C
Olive vierge (non raffinée)		15 %	79 à 75 %	6 à 10 %	1 %	5 à 12 °C	220 °C	180 °C
LES GRAISSES CONCRETES DE FRITURES								
Saindoux raffiné		50 %	45 %	5 %	< 1 %	36 à 40 °C	230 °C	180 °C
Blanc de bœuf raffiné (avec 0,01 % d'anti-oxydant)		55 %	41 %	3 %	0,7 %	40 à 43 °C	230 °C	180 °C
Huile de palme raffinée		50 %	41 %	9 %	0,4 %	39 °C	230 à 250 °C	180 °C
Huile de coprah (amande de noix de coco)		98 %	2 %	0 %	0 %	33 °C	190 °C	180 °C
Huile de coprah de la marque Végétaline		85 %	12 %	3 %	0 %			

1) Les acides gras saturés confèrent une grande stabilité au corps gras et une texture dure.
2) Les acides gras mono-insaturés interviennent peu dans la stabilité et la texture.
3) Les acides gras poly-insaturés sont responsables de l'oxydation et de la fragilité des corps gras.
4) L'acide linolénique est pris comme référence pour les utilisations réglementaires : si la teneur dépasse 2 %, le corps ne peut pas être utilisé en friture profonde. Mais ce critère est actuellement controversé car il semble que c'est la quantité totale de poly-insaturés qui définit la fragilité du corps gras.

Source : Journal l'Hôtellerie (Dominique BRUNET)

BRAISER

DEFINITION

Braiser : c'est cuire à couvert, lentement et régulièrement, dans un liquide lié et sur une garniture aromatique, des pièces entières préalablement rissolées.

Cette technique de cuisson s'applique principalement à de grosses pièces de viandes fermes provenant d'animaux adultes et nécessitant une durée de cuisson longue.

Certains gros poissons ou légumes peuvent également être cuits par cette technique, mais ils ne sont pas rissolés au préalable.

Selon l'aliment à traiter et le résultat escompté, apparaissent quatre techniques de braisage :

1) le braisage à brun :

Pour les viandes de boucherie, de volaille, de gibier, ou certains abats fermes (la mise en marinade de la pièce est souvent nécessaire).

2) Le braisage à blanc : principalement pour les viandes blanches et les abats blancs.

3) Le braisage des poissons : pour les grosses pièces généralement farcies.

4) Le braisage des légumes.

TYPE DE CUISSON

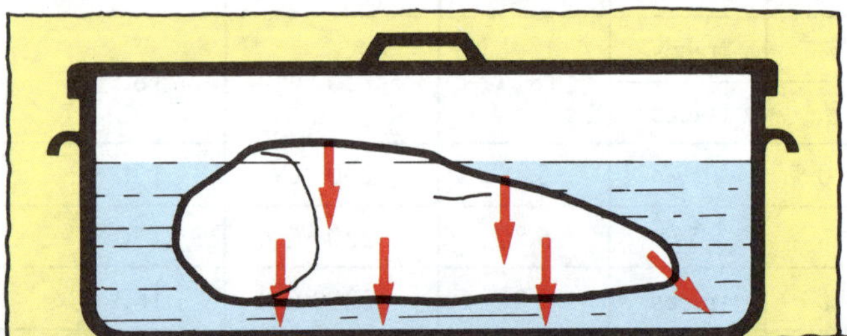

MIXTE seulement pour le braisage à blanc des viandes.

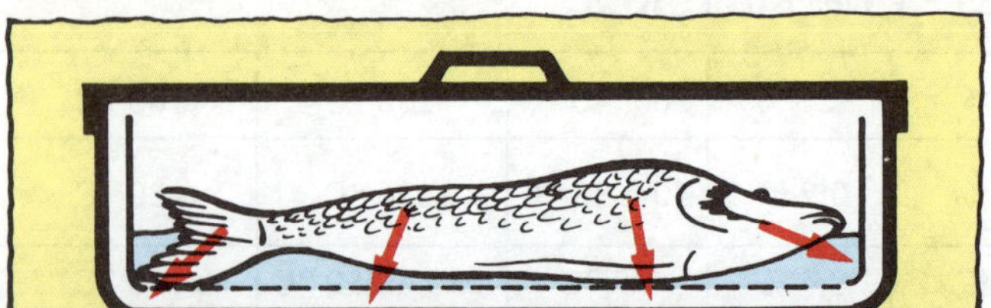

EXPANSION pour les poissons et les légumes.

INTERET DE LA TECHNIQUE

POUR LES VIANDES

Grâce au rissolage, former une « croûte » superficielle, plus ou moins colorée selon qu'il s'agisse d'un braisage à brun ou à blanc, et riche en substances sapides et aromatiques. Puis, lors du mouillement, solubiliser ces substances dans le fond de braisage pour le parfumer et le colorer.

POUR LES POISSONS

Favoriser le passage des substances sapides et aromatiques du poisson vers le fumet : pour le corser et réaliser la sauce d'accompagnement.

POUR LES LEGUMES

Parfumer et aromatiser grâce à l'emploi d'un fond et d'une garniture aromatique.

CHEF DE PARTIE RESPONSABLE

Viandes : saucier.
Poissons : poissonnier ou saucier.
Légumes : entremétier.

ALIMENTS TRAITES

VIANDES DE BOUCHERIE

- Bœuf : aiguillette baronne et rumsteak, gîte à la noix, basses côtes, paleron, etc.
- Veau : épaule, épaule farcie, fricandeaux, grenadins, paupiettes, longe, selle, tendrons, etc.
- Mouton : épaule farcie, gigot, etc.
- Porc : jambons, etc.

ABATS

- Veau, bœuf (ris, cœur, langue, etc.).

VOLAILLES

- Poulardes, chapons, dindes, canards.

POISSONS

- Turbot et barbue soufflés, tronçon de saumon, gigot de lotte, brochet, truite de mer farcie, etc.

LEGUMES

- Endive, laitue, céleri branche, fenouil bulbeux, choux blanc ou vert, marrons, etc.

MATERIEL UTILISE

Récipients creux avec couvercles fermant ou s'emboîtant de façon hermétique.

Braisière, turbotière ou poissonnière avec plaque perforée, rondeaux plats, sauteuses ou sautoirs, cocotte en fonte, sauteuse basculante en collectivité.

TECHNIQUE DE CUISSON

VIANDES

- Parer, dégraisser, dénerver et désosser les pièces à braiser.
- Larder (dans le sens des fibres de la viande) ou piquer les petites pièces (grenadins, fricandeaux, ris de veau) avec des petits bâtonnets de lard gras.
- Placer les grosses pièces de viande rouge ou de gibier en marinade.
- Egoutter et éponger soigneusement les viandes marinées.
- Choisir un récipient de grandeur bien appropriée et une matière grasse convenant pour le rissolage.
- Rissoler vivement la pièce sur toutes ses faces.
- L'égoutter, ajouter la garniture aromatique, suer, légèrement à feu doux, puis dégraisser.
- Déglacer avec la marinade, s'il y a lieu, ou avec un fond brun ou blanc corsé et gélatineux de même nature
- Réduire, mouiller à nouveau et ajouter éventuellement des morceaux de pieds de veau et de couenne de porc blanchis.
- Cuire lentement et régulièrement au four à 200 °C.
- Arroser et retourner la pièce en cours de cuisson.

FINITION

- Enlever la pièce du récipient et la maintenir au chaud.
- Rectifier la consistance du fond de braisage avec un peu de fond brun de veau lié et tomaté, ou avec de la crème dans le cas d'un braisage à blanc.
- Passer au chinois étamine sans fouler, dégraisser et vérifier l'assaisonnement.
- Ajouter la garniture suivant l'appellation et laisser mijoter durant quelques minutes.
- Débarrasser le fond de braisage à couvert dans un bain-marie.

Remarque :

Si la pièce est présentée entière, la glacer à l'entrée d'un four très chaud ou sous la salamandre, tout en l'arrosant sans arrêt avec le fond de braisage.

Si le fond de braisage ne comporte pas d'éléments gélatineux (couennes et pieds de veau), il est possible de mouiller directement avec un excellent fond légèrement lié. Les pièces découpées en cuisine ne sont pas glacées. Les tranches sont généralement nappées au moment de l'envoi.

DRESSAGE

- Dresser la pièce glacée sur un plat creux (plat sabot par exemple) ou dans une cocotte (bimétal) entourée de sa garniture.
- Servir le complément de fond de braisage en saucière.

LEGUMES

ENDIVES

- Disposer les endives soigneusement lavées dans un récipient creux, les talons orientés vers les parois du récipient (elles peuvent être blanchies).
- Ajouter très peu d'eau, du jus de citron, du beurre, du sucre, du sel et du poivre.
- Recouvrir d'un papier sulfurisé beurré et de quelques assiettes retournées, pour empêcher les endives de remonter à la surface pendant la cuisson.
- Couvrir hermétiquement, puis cuire au four à 200 °C (la durée de cuisson est fonction de la grosseur et de la qualité des endives).

LAITUES

- Blanchir les laitues durant quelques minutes, les rafraîchir puis les égoutter.
- Les presser et les disposer dans un récipient creux sur une garniture aromatique suée au beurre.
- Placer les talons des laitues contre les parois du récipient.
- Mouiller au 2/3 de la hauteur des laitues avec du fond blanc de veau.
- Assaisonner et ajouter un petit bouquet garni si nécessaire.
- Recouvrir avec des couennes de porc (le côté gras sur les laitues) et une feuille de papier sulfurisé.
- Poser le couvercle et cuire au four à 200 °C pendant 1 h à 1 h 30, selon la grosseur et la qualité des laitues.

CHOUX

- Blanchir, rafraîchir, égoutter et presser les choux découpés en quartiers.
- Les disposer sur une garniture aromatique suée au beurre.

– Mouiller avec du fond blanc et ajouter un morceau de salaison (dessalé et blanchi) ou un morceau de porc fumé.
– Couvrir et braiser au four. Selon les préparations, il est possible d'ajouter des carottes entières, des oignons piqués et un bouquet garni.

MARRONS

Monder, puis braiser les marrons, dans un sautoir beurré, sur une seule épaisseur avec un morceau de céleri et, additionnés soit de fond blanc de volaille, soit de lait.

POISSONS

Cette technique est apparentée au pochage à court-mouillement (voir cours sur la cuisson des poissons). Elle s'applique principalement à de grosses pièces de poisson, généralement farcies, et plaquées directement sur une garniture aromatique dans un récipient creux muni d'un couvercle.

– Habiller le poisson à braiser.
– Tronçonner, éventuellement piquer (bâtonnets de truffe ou de rouge de carotte) ou
– Désarêter et farcir selon la préparation.
– Foncer une turbotière ou une poissonnière d'une fine paysanne de carotte, d'oignon, d'échalotes et de queues de persil, et suée au beurre.
– Placer le poisson sur la plaque perforée beurrée et disposer la plaque dans le récipient.
– Mouiller au tiers de la hauteur du poisson avec du fumet froid, du vin blanc ou rouge (selon l'appellation).
– Monter à une température voisine de 95 °C.
– Couvrir d'une feuille de papier sulfurisé beurrée et placer le couvercle.
– Cuire au four entre 160 et 180 °C (en évitant l'ébullition).
– Arroser fréquemment durant la cuisson.

FINITION

– Débarrasser le poisson, l'ébarber et le maintenir au chaud à couvert.
– Passer (sans fouler) le fumet de braisage et le réduire jusqu'à lui donner une consistance sirupeuse.
– ***Pour la sauce « vin blanc » :***
Crémer, réduire à nouveau, et monter la sauce au beurre.
– ***Pour la sauce « vin rouge » :***
Donner éventuellement une légère onctuosité en ajoutant soit un peu de sauce espagnole maigre, soit très peu de beurre manié. Mais cette dernière solution présente l'inconvénient de blanchir la sauce et de modifier sa saveur.
– Monter la sauce au beurre.

DRESSAGE

Disposer le poisson sur un grand plat beurré, répartir harmonieusement la garniture (bouquet de julienne de filets de sole sautés, têtes de champignons tournées, écrevisses troussées, petits oignons, etc.).

RAGOÛTS OU SAUTÉS EN SAUCE

DEFINITION

Réaliser un ragoût ou un sauté en sauce c'est cuire à couvert, lentement et régulièrement dans un liquide lié, des aliments découpés en morceaux et préalablement rissolés.

Cette technique de cuisson s'applique plus particulièrement à des morceaux de viandes fermes, riches en tissus conjonctifs gélatineux (riche en collagène), de 2ème ou éventuellement de 3ème catégorie.

TYPE DE CUISSON

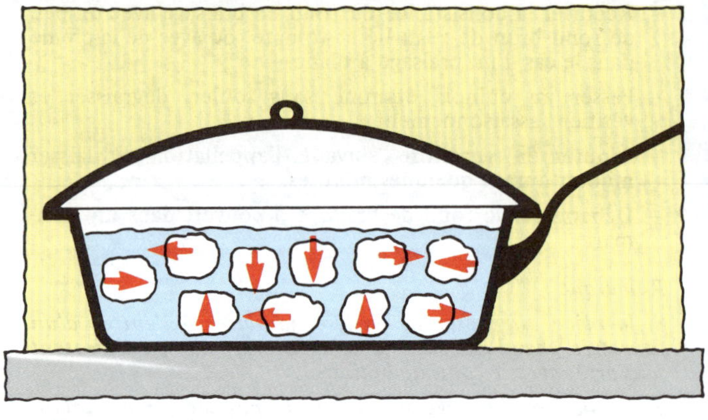

MIXTE

Union de la concentration par rissolage et de l'expansion par mouillement.

INTERET DE LA TECHNIQUE

Grâce au rissolage, former une « croûte » superficielle plus ou moins colorée suivant qu'il s'agisse d'un ragoût à blanc ou à brun, particulièrement riche en substances sapides et aromatiques.

Puis lors du mouillement, solubiliser ces substances dans le liquide de cuisson, pour parfumer et colorer la sauce d'accompagnement.

CHEF DE PARTIE RESPONSABLE

Saucier.

ALIMENTS TRAITES

VIANDES DE BOUCHERIE

- Bœuf (collier, paleron, macreuse, surlonge, gîte à la noix). Exemples : estouffades, goulash, carbonades.
- Veau (épaule, poitrine, collier, osso-bucco). Exemples : veau Marengo, fricassées, etc.
- Mouton (épaule, poitrine, collier). Exemples : navarin, curry, haricot de mouton, couscous, irish-stew, cassoulets, etc.
- Porc (échine, épaule, travers). Exemples : civet, porc aux pruneaux, etc.

VOLAILLES

- Poulets, coqs, canards, pintades, oies, lapins. Exemples : coq au vin, fricassée de volailles, gibelotte, etc.
- Gibier (chevreuil, biche et cerf, sanglier, lièvre, faisan , etc). Exemple : civets.
- Poissons (anguilles, brochet, lotte, thon, turbot, etc.). Exemples : matelotes, fricassées, etc.
- Crustacés (étrilles, crabes, homards, langoustes, écrevisses...). Exemples : américaine, bordelaise, Nantua, technique des bisques.

MATERIEL UTILISE

Récipients moyennement creux à fond épais munis d'un couvercle : sauteuses, sautoir, marmite à ragoûts, rondeaux plats, cocotte en fonte, sauteuse basculante en collectivité.

TECHNIQUE DE CUISSON

- Parer, dégraisser, dénerver, désosser, découper la viande en morceaux réguliers, ou
- Habiller et découper les volailles, ou
- Habiller et tronçonner les crustacés.

Certaines préparations à base de bœuf ou de gibier nécessitent une mise en marinade (estouffades, daubes, civets par exemple).

- Choisir un récipient de grandeur bien adaptée, et une matière grasse convenant bien au rissolage. S'il est trop petit, le rissolage se fait mal et la viande risque de « bouillir ». Trop grand, la matière grasse brûle et la quantité de liquide de mouillement est trop importante.
- En fonction de la coloration désirée, rissoler vivement ou raidir les morceaux plus lentement (le rissolage peut être effectué dans une poêle).
- Dégraisser et ajouter une garniture aromatique (oignons et carottes, Mirepoix) ; suer sans coloration.
- Singer (saupoudrer de farine).
- Pour les ragoûts de couleur brune seulement : torréfier la farine dans un four chaud. En utilisant un fond lié, le singeage devient inutile.
- Tomater (si la préparation le permet).
- Mouiller à hauteur des morceaux avec, selon la recette : de l'eau, du fond de même nature que l'aliment traité, du vin blanc ou du vin rouge ou de la marinade.
- Ajouter le bouquet garni et éventuellement de l'ail.
- Porter à ébullition.
- Assaisonner et cuire à couvert, lentement et régulièrement, sur une plaque de mijotage ou au four à 200 °C.

FINITION

- Décanter la viande et passer la sauce sans fouler au chinois étamine.
- Dégraisser, vérifier l'assaisonnement.
- Ajouter la garniture (suivant l'appellation).
- Laisser mijoter l'ensemble durant quelques minutes.
- Débarrasser à couvert dans un bain-marie.

Remarque

Les fricassées (volaille, veau, agneau, poissons, crustacés) sont réalisées selon le même principe. Les chairs sont simplement raidies et non rissolées, et la coloration blanche est obtenue avec de la crème ajoutée au moment de la finition.

DRESSAGE

Dresser les morceaux légèrement en dôme, dans un plat creux ou dans une cocotte ronde (bi-métal).

Disposer la garniture harmonieusement sur le dessus ou tout autour, puis napper l'ensemble uniformément.

Saupoudrer de persil fraîchement haché.

GARNITURES D'ACCOMPAGNEMENT

Exemples de garnitures courantes :

- Petits oignons glacés, champignons, petits lardons.
- Pommes vapeur, pommes à l'anglaise, pommes fondantes.
- Primeurs tournés ou levés à la cuillère.
- Légumes secs (flageolets, haricots blancs...).
- Riz créole ou pilaf, pâtes alimentaires.
- Croûtons de pain de mie, etc.

Remarque

Les pommes de terre, les carottes, les navets, les champignons ou les petits oignons peuvent être ajoutés progressivement au cours de la cuisson de manière à obtenir simultanément la cuisson de la viande et celle des légumes.

Les ragoûts sont souvent jugés trop riches, lourds et indigestes ; pour éviter ces inconvénients, il suffit de bien dégraisser les viandes lors de la préparation, ainsi que la sauce en cours et en fin de cuisson.

Le légume d'accompagnement, qui est souvent à base de féculent, peut être avantageusement remplacé par des légumes verts, des champignons, etc.

LES FONDS DE SAUCE ET LES SAUCES

GENERALITES

« C'est par les sauces que se distingue un bon cuisinier. Il n'est de bons cuisiniers que de bons sauciers » affirment avec juste raison tous les grands maîtres de la cuisine. Ils insistent sur l'importance des fonds en cuisine, sur la qualité des matières premières, sur l'art de les confectionner et sur le choix judicieux de leur utilisation.

Dans l'organisation d'une brigade classique, le poste de saucier revient généralement au cuisinier le plus expérimenté, souvent au chef-adjoint ou au second. Ceci explique l'intérêt particulier que l'on attache à ce poste. La confection des sauces fait l'objet de soins jaloux et attentifs de la part de leur réalisateur qui les considèrent comme l'une de ses prérogatives essentielles.

Proscrites par les médecins, délaissées par les consommateurs soucieux d'hygiène et de diététique, les grandes sauces classiques, gloires d'avant-guerre, disparaissent progressivement des cartes des restaurants.

Le frein psychologique à l'égard des sauces classiques souvent trop épaisses, trop riches, trop grasses, trop indigestes justifie le souci hygiénique et diététique qui oriente actuellement la cuisine française.

Les besoins physiologiques des consommateurs ne sont plus les mêmes. Ils mangent moins, plus léger, recherchent la fraîcheur, la qualité, le bon produit, le goût originel et le respect des saveurs. La cuisine se remet donc en cause. Elle s'adapte et évolue.

La cuisine française est une cuisine « de sauce » ce qui la différencie des autres cuisines du monde. On ne peut réaliser de véritables sauces sans un fond, et la véritable cuisine, celle du cuisinier professionnel, nécessite une base de grande qualité. Cependant les fonds réalisés aujourd'hui sont différents d'autrefois.

Beaucoup avouent ne plus réaliser de fonds, mais en réalité, les fonds sont toujours présents. Leurs réalisateurs préfèrent utiliser les termes de fumet, essence, jus, infusion, décoction... Problème de terminologie certes, mais ce qui a changé, c'est la façon de les réaliser et de les utiliser. A vrai dire, il s'agit de techniques différentes, mieux adaptées à la qualité des produits actuels, au nouveau matériel particulièrement performant, aux conditions sociales et à l'organisation de l'établissement, ainsi qu'aux nouvelles règles législatives en vigueur.

Une chose est certaine, « la marmite poubelle ou dépotoir » qui mijotait sur le coin du feu toute la journée, les sauces espagnoles, demi-glace ou les veloutés passe-partout ont fort heureusement disparu des cuisines.

La tendance actuelle :

– très peu de fond pour lequel l'essentiel est de n'employer que de très bons produits (os de veau, crosse et jarret, queue de bœuf, arêtes de poissons maigres, légumes très frais pour les garnitures aromatiques) ;

– des cuissons courtes bien dépouillées et bien dégraissées afin d'obtenir des fonds très clairs ;

– des fonds ou des fumets par type de produit, afin de respecter l'identité de l'aliment et la quintessence des goûts (chaque viande et chaque poisson à son propre fond ou fumet) ;

  exemples :
  - fond de veau pour le veau
  - fond de canard pour le canard
  - fond de volaille pour la volaille
  - fumet de sole pour la sole, etc. ;

– des fonds enrichis d'éléments gélatineux (crosses, jarret, pieds de veau, queue de bœuf) pour apporter suffisamment d'onctuosité en fin de réduction et éviter l'utilisation d'agents de liaison ;

– des liaisons allégées (à cause également du service sur assiette), des roux bruns, blonds, blancs oubliés, les autres éléments de liaison étant utilisés avec beaucoup plus de discernement ;

– disparition des grandes sauces de base, maintenues dans les bains-marie (sauces espagnole, Béchamel, tomate, velouté, etc.).

Remarque :
Dans l'ancienne cuisine, le fond brun et la sauce espagnole servaient indifféremment à la réalisation et à la cuisson des viandes de boucherie, de volaille ou de gibier. Les saveurs étaient identiques et provenaient plus de la qualité du fond que du produit traité.

LA REALISATION DES SAUCES

Les sauces sont actuellement réalisées à la commande, principalement par déglaçage après dégraissage complet du récipient de cuisson (comme pour la réalisation des jus). On utilise beaucoup de Porto, de Madère, de Noilly, de vin rouge, de vin blanc, de vinaigres de cidre, de vin vieux, de Xérès ou de framboise, de jus de truffe, ...

Le déglaçage est ensuite réduit pour concentrer les parfums et les saveurs, et pour solubiliser les sucs caramélisés. Puis est ajouté le fond spécifique à la nature du produit. Et la réduction est conduite jusqu'au degré de sapidité et de consistance souhaité.

Ces sauces peuvent être émulsionnées au dernier moment avec un peu de crème fleurette fouettée ou du beurre aromatisé. Les liaisons varient suivant les préparations et sont obtenues par des œufs (sabayon), de la purée de légumes, un apport de sang ou de corail de homard, et pour le rouget à l'aide de son foie pilé.

Les aromates et les épices jouent également un grand rôle dans la cuisine actuelle : ciboulette, persil, aneth, menthe, sauge, basilic, coriandre par exemple. Les poivres verts, blancs, gris, le gingembre, l'anis, le curry sont utilisés, mais en recherchant une harmonie discrète, une saveur fondue, nuancée, sans agressivité et dont l'impression doit rester fugace.

Les sauces ainsi obtenues doivent être d'une légèreté absolue, courtes, peu liées, digestes et bien construites. Elles doivent respecter l'identité du produit et le mettre en valeur grâce au mariage subtil des composants.

Les sauces d'aujourd'hui ne doivent ni masquer, ni dominer le produit. Elles doivent chercher à la sublimer, en étant un accompagnement révélateur :
- légèreté absolue,
- mariages subtils
- respect des goûts et des saveurs

sont les trois nouvelles règles de la grande cuisine actuelle.

En restauration traditionnelle, il existe une très grande variété de sauces. Une douzaine d'entre elles sont réellement indispensables à la réalisation de l'éventail le plus large des sauces classiques.

Les innombrables variantes sont obtenues simplement en ajoutant ou en retirant certains éléments, en variant les arômates, les épices, les garnitures, les vins, les alcools.

LES PRINCIPALES SAUCES DE BASE CLASSIFICATION

- **Les sauces ayant pour base un fond brun**
- **Les sauces ayant pour base un fond blanc ou un fumet**
- **La sauce tomate**
- **La sauce béchamel**
- **La sauce américaine**
- **Les sauces émulsionnées instables froides**
- **Les sauces émulsionnées stables froides**
- **Les sauces émulsionnées semi-coagulées chaudes**
- **Les sauces émulsionnées chaudes**
- **les sauces à base de purée de légumes**
- **Les sauces diététiques (basses calories)**
- **Les sauces industrielles et les sauces en petits flaconnages, dits de table.**

Les sauces ayant pour base un fond brun
- fond brun de veau → fond brun de veau lié ;
- fond brun de canard → fond brun de canard lié ;
- fond brun de volaille → fond brun de volaille lié ;
- fumet de gibier → sauce poivrade ;

Les sauces ayant pour base un fond blanc
- fond blanc de veau → velouté de veau ;
- fond blanc de volaille → velouté de volaille ;
- fond blanc de bœuf (marmite) → auxiliaire de déglaçage ou de liaison ;
- fumet de poisson → velouté de poisson ;
- bouillon de légumes → auxiliaire de déglaçage ou de cuisson ;

Les fonds blancs servent également à la réalisation des potages.

La sauce tomate

Elle peut être utilisée seule ou additionnée à d'autres sauces (diable, Bolognaise, portugaise, zingara).

La sauce Béchamel

La sauce américaine

Les sauces émulsionnées instables froides
- la sauce vinaigrette et ses dérivés ;
- les coulis de légumes (tomates, poivrons, fenouil) froids.
- les sauces réalisées sur la base d'une crème fleurette fouettée (grelette, cressonnette).

Les sauces émulsionnées stables froides
- la sauce mayonnaise et ses dérivés ;

Les sauces émulsionnées semi-coagulées chaudes
- la sauce hollandaise et ses dérivés ;
- la sauce béarnaise et ses dérivés ;
- les sabayons (au cresson, à la lie de vin, aux poivrons doux).

Les sauces émulsionnées chaudes
- les beurres émulsionnés (beurre fondu, beurre blanc).

Les sauces à base de purée de légumes
- coulis d'asperges, d'artichauts, de carottes, de poivrons, de choux-fleurs, de brocolis.

Les sauces diététiques
- sauces réalisées à partir de produits allégés du commerce (yaourts maigres, fromage blanc à 0 %).

Les sauces industrielles en petits flaconnages, dits de table
- tomato ketchup, relish, sauce anglaise.

LES FONDS

Définition

Les fonds sont des préparations culinaires liquides aromatiques claires (sans liaison), plus ou moins concentrées et légèrement parfumées, que l'on obtient en faisant pocher dans de l'eau deux types d'ingrédients :

- ***des éléments déterminant l'appellation***
  - os, jarret, crosse, pieds de veau pour un fond de veau
  - carcasses, abattis et volaille pour un fond de volaille
  - arrêtes et parures de sole pour un fumet de sole.

- ***une garniture aromatique***
  – Mirepoix ou paysanne suivant le cas, et un bouquet garni.

Ils peuvent être complétés suivant leur nature, leur couleur et leurs utilisations par des tomates, du céleri, du poireau, des champignons, du vin blanc, du Noilly, du Porto, du Madère, des herbes (estragon) et des épices.

Classification

On distingue en cuisine traditionnelle :

- ***les principaux fonds bruns :***
  – le fond brun de veau
  – le fond brun de volaille
  – le fond brun de canard
  – le fond brun de pigeon
  – le fond brun d'agneau
  – le fumet de gibier
- ***les principaux fonds blancs :***
  – le fond blanc de veau
  – le fond blanc de volaille
  – le fond blanc de bœuf (marmite)
  – les fumets de poissons et crustacés ou fond d'américaine
  – le bouillon de légumes.

Remarque :
La tendance actuelle est de réaliser un fond ou un fumet par nature de produit, ceci afin de respecter l'authenticité des goûts et des saveurs.

La réalisation des fonds représente le travail le plus délicat du saucier, et celle du poissonnier pour la réalisation des fumets de poissons et de crustacés. Aucune sauce ne saurait être conduite correctement sans un fond de qualité irréprochable :
- *qualité des éléments déterminant l'appellation (veau, volaille, poisson) ;*
- *qualité des légumes et des aromates entrant dans la composition de la garniture aromatique ;*
- *qualité des mouillements auxiliaires (vins, Noilly, Madère).*

Nous assistons actuellement à une modification dans l'organisation du travail. La notion de brigage spécialisée disparaît progressivement. Le saucier ne devient plus le seul réalisateur des sauces.

La présentation sur assiette nécessite une prise de responsabilité individuelle dans chaque secteur spécialisé. Les préparations, les cuissons, les garnitures ainsi que les sauces d'accompagnement sont intégralement réalisés dans chaque « partie » :

– *cuisine chaude :* viandes, gibiers, volaille → saucier
poissons, crustacés → poissonnier
– *cuisine froide :* salades composées,
hors d'œuvre froids → garde-manger

Utilisation des fonds

Les fonds sans éléments de liaison, plus ou moins réduits donneront naissance à 3 types de préparations :

– les fumets,
– les essences,
– les glaces.

Complétés avec une quantité d'éléments gélatineux, puis réduits ou additionnés d'un ou de plusieurs éléments de liaison (fécule, arrow-root, jaunes d'œufs, roux, purée de légumes), ils seront transformés en grande sauce de base ou sauce mère.

Les sauces mères ainsi réalisées seront à leur tour transformées en sauces dérivées grâce à l'adjonction d'éléments complémentaires (garnitures, vins, alcools, épices, aromates, crème, gruyère, etc.), règle de réalisation.

REALISATION DES FONDS

LES FONDS BRUNS DE VEAU, DE VOLAILLE, DE CANARD, ETC.

(La réalisation est la même, seuls diffèrent les éléments nutritifs).

Composition

Ingrédients de base :
os, parures, jarret, crosse, pieds de veau, queue de bœuf ou carcasses, abattis ou volaille âgée.

Garniture aromatique :
carottes, oignons, tomates, ail, bouquet garni.

Mouillement :
eau froide ou un autre fond brun de même nature, afin de corser et de réduire le temps de cuisson.

Technique

– S'assurer de la fraîcheur et de la qualité des produits.
– Concasser finement les os ou les carcasses et abattis.
– Les faire colorer au four dans une plaque aux dimensions appropriées
  - ne pas ajouter de matière grasse
  - la coloration doit être blonde et uniforme (une coloration trop poussée apporte de l'amerture)
– Aux 2/3 de la coloration, ajouter les carottes et les oignons taillés en Mirepoix
  - puis finir la coloration des os
  - la garniture sera alors juste suée.
– Débarrasser les os et la garniture dans une marmite à l'aide d'une écumoire.
– Dégraisser soigneusement la plaque, puis la déglacer avec de l'eau froide si nécessaire,
  - verser le déglaçage sur les os.
– Mouiller à l'eau froide ou avec un autre fond de même nature.
– Porter à ébullition.
– Dégraisser et écumer soigneusement.
– Ajouter le reste de la garniture aromatique (ail, tomates, bouquet garni).
– Maintenir à la température de l'ébullition (elle doit être très lente) durant 2 à 3 heures pour le fond de veau, 30 à 45 min pour les fonds de volaille.
– Dépouiller et écumer fréquemment.
– Compenser l'évaporation si nécessaire en rajoutant de l'eau ou du fond.
– Au terme de la cuisson, passer au chinois étamine sans fouler.
– Dégraisser à la perfection.
– Refroidir rapidement
  - soit en cellule de refroidissement, soit à l'aide d'un refroidisseur à sauce, ou simplement en plaçant le récipient dans de l'eau glacée.
– Réserver à couvert en enceinte réfrigérée à + 3 °C.

Durée de conservation

- 24 heures maximum
  en enceinte réfrigérée à + 3 °C.
- 3 jours maximum
  en enceinte réfrigérée à + 3 °C si le fond a subi un refroidissement rapide (en cellule)
- 6 jours maximum
  avec un refroidissement rapide dans un établissement ayant obtenu la marque de salubrité relative aux plats cuisinés à l'avance.
- 12 mois maximum
  congélation rapide, marque de salubrité relative aux P.C.A., conservation en froid négatif à – 18 °C.

Utilisation des fonds bruns

Outre la confection des grandes sauces de base traditionnelles (espagnole, demi-glace, fond brun de veau lié) et de leurs nombreux dérivés (sauce Madère, Bordelaise, Périgueux, etc.), les fonds bruns servent à la réalisation de toutes les sauces brunes réalisées « à la minute » par déglaçage (sauce Bercy, au poivre, à la lie de vin). Les fonds bruns servent également à la confection des glaces de viande, à la cuisson et au mouillement des viandes braisées et des sautés en sauce (ragoûts) et à la confection de certains jus et fonds de poêlage.

Remarque :
La réalisation des sauces brunes comportant une réduction, les fonds bruns ne se salent pas.

LES FONDS BLANCS DE VOLAILLE ET DE VEAU

(La réalisation est la même, seuls les éléments nutritifs diffèrent).

Composition

Ingrédients de base :
abattis, carcasses de volaille ou volaille à pocher, ou os et parures de veau, jarret, crosse, pieds, collier, poitrine, tendrons, flanchet pour la réalisation de la blanquette.

Garniture aromatique :
carottes, blancs de poireaux, céleri, oignons, bouquet garni, clou de girofle.

Mouillement :
eau froide ou un fond blanc de même nature pour le corser et réduire les temps de cuisson.

Technique

- Concasser finement les os ou les carcasses (habiller et brider la volaille s'il y a lieu).
- Blanchir les os et la viande (départ eau froide).
- Ecumer soigneusement.
- Rafraîchir à l'eau courante.
- Replacer les os et la viande dans la marmite parfaitement rincée.
- Mouiller à l'eau froide ou avec un fond blanc de même nature.
- Porter à ébullition.
- Ecumer et dégraisser soigneusement.
- Ajouter la garniture aromatique.
- Cuire doucement et régulièrement durant 2 à 3 heures pour le veau, et 45 min à 1 heure pour la volaille.
- Ecumer et dégraisser fréquemment.
- Au terme de la cuisson, passer au chinois étamine sans fouler
  - le fond doit être parfaitement limpide et non « laiteux »
- Dégraisser à nouveau si nécessaire.
- Refroidir rapidement
  - en cellule de refroidissement, à l'aide d'un refroidisseur à sauce, ou simplement en plaçant le récipient dans de l'eau glacée (en agitant pour accélérer le refroidissement).
- Réserver à couvert en enceinte frigorifique à + 3 °C.

Durée de conservation

Idem fonds bruns.

Utilisation des fonds blancs

En dehors de la confection des grandes sauces de base traditionnelles (velouté de veau, de volaille, de poisson) et de leurs nombreux dérivés (sauce suprême, marinière, aurore), les fonds blancs servent à la réalisation de nombreux potages (voir cours sur les potages) au mouillement des légumes braisés (laitue, chou, céleri branche), des viandes pochées et des fricassées (poularde pochée, fricassée de volaille, blanquette de veau), ainsi qu'au mouillement du riz pilaf d'accompagnement.

Remarque
Les fonds blancs sans utilisations précises ne se salent pas ou alors très peu (le sel étant révélateur de saveurs).
Par contre, la cuisson de la poularde pochée, des fricassées et des blanquettes se salent légèrement, l'assaisonnement étant rectifié en finition.

LES FUMETS DE POISSON

COMPOSITION

Ingrédients de base :
arêtes et parures de poissons maigres (soles, turbot, barbue, merlan, St-Pierre, colin...).

Garniture aromatique :
oignons et échalotes finement ciselés, fine paysane de carottes (facultatif), parures et pieds de champignons, bouquet garni, poivre en grains, (certains professionnels ajoutent du blanc de poireau finement émincé).

Mouillement :
eau froide, vin blanc ou rouge selon l'appellation, Noilly éventuellement.

TECHNIQUE

PREMIERE METHODE

- Concasser, rincer et dégorger les arêtes durant quelques minutes.
- Les égoutter soigneusement.
- Suer au beurre la garniture aromatique finement ciselée.
- Ajouter les arêtes et suer à nouveau.
- Mouiller juste à hauteur des arêtes : trop mouillé, le fumet n'a aucune saveur et acquiert un mauvais goût à la réduction.

- Ajouter le bouquet garni et les parures de champignons.
- Porter à ébullition.
- Ecumer soigneusement.
- Cuire à très faible ébullition durant 20 à 25 minutes : une ébulliton trop rapide trouble le fumet qui doit être parfaitement limpide.
- Ecumer fréquemment au cours de la cuisson.
- Ne pas saler ou le moins possible (selon l'utilisation).
- Quelques minutes avant la fin de la cuisson, ajouter quelques grains de poivre écrasés.
- Passer au chinois étamine, sans fouler.
- Refroidir rapidement : en cellule de refroidissement, à l'aide d'un refroidisseur à sauce, ou simplement en plaçant le récipient dans de l'eau glacée.
- Réserver à couvert en enceinte frigorifique à + 3 °C, ou utiliser immédiatement.

DUREE DE CONSERVATION

Idem fonds blancs et bruns.

UTILISATIONS

Mouillement des poissons pochés au court-mouillement, des poissons braisés, glace de poisson ; réalisation de la sauce de base (velouté de poisson) de la sauce « vin blanc » et de ses dérivés, des potages (crèmes et veloutés de poisson).

SECONDE METHODE

Réunir dans le récipient les arêtes concassées dégorgées et rincées, la garniture aromatique et le liquide de mouillement (aucune matière grasse n'est utilisée).

Cuire lentement en écumant fréquemment, durant 20 à 25 min.

Passer au chinois étamine, sans fouler.

Refroidir rapidement.

UTILISATIONS

Ce fumet sans matière grasse doit être parfaitement limpide. Il est utilisé après clarification pour la réalisation du consommé et de la gelée de poisson.

LE FUMET DE POISSON AU VIN ROUGE

Certaines préparations nécessitent l'utilisation d'un fumet au vin rouge (Matelote, poissons Bordelaise, Bourguignonne, Maconnaise, Dijonnaise, etc.). Il fait souvent l'objet d'une préparation spécifique et il est souvent constitué par la cuisson même du poisson traité.

LES ESSENCES

Définition et réalisation

Les essences sont des fonds très corsés et très sapides. Elles peuvent être obtenues de deux manières :

en augmentant la quantité des ingrédients de base et la garniture aromatique des fonds,

ou en diminuant la quantité du liquide de mouillement.

LES GLACES

Définition et réalisation

Les glaces de viande, de volaille, de gibier, et de poisson sont des fonds CLAIRS (sans liaison), NON ASSAISONNES, que l'on réduit très lentement pour évaporer une partie de l'eau et concentrer ainsi les sucs.

L'A POINT DES GLACES SE RECONNAIT :

- Lorsque le liquide restant prend une consistance sirupeuse.
- Lorsque la glace recouvre (nappe) une cuiller d'une couche brillante et bien adhérente.

UTILISATION

- Envelopper les mets d'une couche brillante (lames de truffe).
- Renforcer la tonalité d'une sauce.
- Corser un fond ou une sauce insipide.
- Directement comme sauce mise à point avec crème et beurre : sauces Chateaubriand, Bercy, Colbert, Solférino, par exemple.

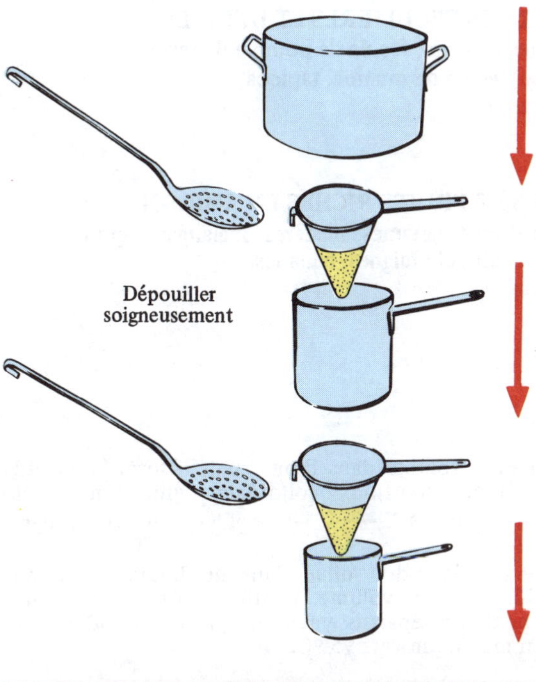

LES LIAISONS

DEFINITION

Les liaisons sont des préparations culinaires simples ou élaborées, obtenues à partir de produits alimentaires appelés LIANTS qui ont des propriétés épaississantes, émulsifiantes, gélifiantes capables de modifier la consistance et la tenue des liquides auxquels ils sont ajoutés.

But initial : épaissir des liquides, par exemple fonds, fumets, lait pour la réalisation des sauces, potages, crèmes, veloutés, crèmes sucrées diverses.

Buts secondaires : modifier l'aspect, la couleur ou la saveur de certaines préparations.

CLASSIFICATION DES « LIANTS »

LES LIANTS AMYLACES

CEREALES ET DERIVES

- **riz, crème de riz,**
- **blé, farines, semoules, pain, mie de pain,**
- **maïs, crème de maïs, maïzena, semoule de maïs,**
- **orge, crème d'orge, orge perlée,**
- **sarrasin, farine de «blé noir», semoule de sarrasin,**
- **amidons et amidons modifiés*.**

TUBERCULES FECULIERES ET DERIVES

- **pommes de terre, fécule de pomme de terre,**
- **manioc, fécule de manioc, tapioca,**
- **arrow-root.**

LEGUMES ET FRUITS RICHES EN AMIDON

- **patate douce, ignames, madères, malangas, légumes secs, fruits à pain, châtaignes, bananes...**

AMIDON

L'amidon est insoluble dans l'eau ; mais il forme à chaud (vers 70 °C) une solution « colloïdale » qui a un aspect particulier et qui s'épaissit en donnant un gel appelé « empois ».

Chaque grain d'amidon dilué dans un liquide, absorbe jusqu'à 30 fois son volume, gonfle, éclate et provoque graduellement un épaississement à partir de 50 °C et atteint son maximum vers 95 °C.

La consistance du gel formé dépend principalement des conditions suivantes :

- de la quantité d'amidon ajouté au liquide,
- de la température atteinte,
- des conditions de cuisson : un chauffage rapide donne un empois plus ferme, une cuisson prolongée entraîne son relâchement ou sa liquéfaction.
- de la présence d'acides : les acides ont la particularité de liquéfier les empois d'amidon. La liquéfaction est d'autant plus importante qu'elle est associée à une chaleur prolongée. Il faut donc ajouter les éléments acides en fin de cuisson (jus de citron, vin réduit, tomates, oseille, câpres, cornichons, etc.),
- de la nature de l'amidon : à concentration égale, les empois de maïs sont plus fermes que les empois de blé.
- de la concentration du liquide en substances dissoutes (sel, sucre). L'épaississement est plus important dans une eau faiblement minéralisée. Le sucre rend le gel plus fluide,
- du degré de dextrinisation de l'amidon (l'empois de dextrines est moins épais que l'empois d'amidon cru). Dans le cas de l'utilisation de farine torréfiée, de roux blond ou brun, il est nécessaire d'augmenter la quantité de farine par rapport à la quantité de liquide.

AMIDONS MODIFIES *

Les propriétés épaississantes et gélifiantes des amidons modifiés sont renforcées pour stabiliser l'empois formé et pour éviter une liquéfaction pouvant apparaître après différents chocs thermiques subis par les aliments au cours des éventuelles opérations de refroidissement – congélation ou surgélation, pasteurisation, appertisation ou remise en température – et, en présence d'acides.

En attendant la fin de l'élaboration d'une directive C.E.E. « Amidons et amidons modifiés », les instances compétentes françaises autorisent l'emploi dans l'alimentation des amidons modifiés suivants : amylose, amylopectine, amidons modifiés par traitement enzymatique, dextrines blanches et blondes, amidons modifiés par traitement acide, amidons blanchis, amidons modifiés par traitement alcalin, phosphate de monoamidon.

Toutes les liaisons réalisées à base d'amidon doivent bouillir. La consistance du gel épaissit en refroidissant.

LES LIANTS PROTEIQUES D'ORIGINE ANIMALE

- **les œufs et les ovoproduits,**
- **la crème et le beurre,**
- **la caséine de lait (caséinates),**
- **le plasma du sang, le foie de canard,**
- **le corail des mollusques et des crustacés, le foie des rougets,**
- **la gélatine.** Elle est obtenue par l'hydrolyse partielle du collagène d'origine animale (extrait des arêtes ou cartilages de certains poissons, peau, tissus conjonctifs et os des animaux).

La gélatine à usage alimentaire, a la propriété après gonflement dans l'eau froide, de se dissoudre entièrement dans l'eau chaude et de prendre en gelée par refroidissement.

Remarque :

Outre la propriété de modifier la couleur et la saveur des aliments, les liants protéiques d'origine animale, possèdent un bon pouvoir émulsifiant, un bon pouvoir de rétention de l'eau et, à l'exception de la caséine du lait et de la gélatine, ils coagulent à la chaleur et assurent ainsi la cohésion et la stabilité des mélanges.

Les épaississements réalisés avec les protéines des œufs entiers, des jaunes ou des blancs séparés, du sang ou du corail, exigent beaucoup de précaution afin de ne pas atteindre la température d'ébullition. Pour la crème anglaise par exemple, les risques de coagulation (floculation) apparaissent autour de 85 à 95 °C selon les proportions d'œufs et de sucre.

En revanche, les préparations renfermant des protéines en présence d'amidon (ce qui est le cas des crèmes pâtissières, de nombreuses sauces et veloutés par exemple) peuvent bouillir sans inconvénients.

Dans ce cas, l'empois d'amidon se forme avant la coagulation des œufs. Il entoure les molécules de protéines et elles ont plus de difficulté pour former le réseau de coagulation.

La température de cuisson et la rapidité de la coagulation des crèmes prises, salées ou sucrées, (appareils à quiches, subrics, royales, flancs, pots de crème et crème caramel, etc.) doivent être très précises.

Coagulé trop rapidement ou cuit à une température trop élevée, l'appareil est ferme et le coagulat tend à se contracter en laissant exsuder du liquide.

LES LIANTS PROTEIQUES D'ORIGINE VEGETALE

Les graines protéagineuses (riches en protéines végétales) sont principalement les suivantes :

– soja, colza, tournesol, fèves, fèverolles.

Elles sont utilisées sous forme de farine, de semoule, de protéines structurées (structure alvéolaire ou fibreuse), de protéines concentrées (poudre ou granulés à 70 % de protéines) et de protéines isolées (95 % de protéines)

Egalement :

– le gluten de blé et les protéines de maïs.

Ces liants protéiques, d'origine, végétale, sont principalement utilisés dans l'élaboration de plats cuisinés, de pâtisseries, et de charcuteries industriels. Ils se caractérisent par un taux en protéines supérieur ou égal à 50 % (calculé par rapport à l'extrait sec).

LES GELIFIANTS ET EPAISSISSANTS POLYSACCHARIDIQUES D'ORIGINE VEGETALE

Ils sont principalement utilisés en agro-alimentaire pour la fabrication industrielle des plats cuisinés appertisés ou surgelés, des charcuteries, des pâtisseries, des glaces, des desserts gélifiés, etc.

La pectine

La pectine est un polysaccharide obtenu à partir de plantes comestibles, principalement pommes, agrumes, coings, groseilles, etc. par extraction à l'eau, éventuellement suivie d'une précipitation à l'alcool. Elle est extraite industriellement du marc de pomme séché. La pectine se trouve sous forme d'une poudre blanche, jaune clair ou brunâtre.

La pectine amidée a subi une extraction à l'eau suivie d'un traitement en milieu alcalin.

Les alginates

Sels de l'acide alginique qui se présentent sous forme de poudre fibreuse ou granuleuse inodore, de couleur blanche à jaunâtre.

L'agar-agar

Polysaccharide colloïdal, extrait de plusieurs variétés d'algues marines (en majorité des gélidiales). Il a une odeur et un goût de mucilage. Alginate vient du mot algue.

Les carraghénanes ou carraghénates

Polysaccharides extraits de certaines algues. Ils se trouvent sous forme de poudre grossière à fine, dont la couleur varie du jaune à l'incolore, pratiquement inodore avec un goût de mucilage. Carraghénate vient du mot breton « carraghen » qui veut dire algue.

La farine de graine de caroube

Polysaccharide colloïdal extrait de l'endosperme broyé des graines de caroubier (arbre à feuilles persistantes) ; il s'agit d'une poudre blanche à blanc jaunâtre pratiquement inodore.

Farine de graines de guar (gomme de guar)

Polysaccharide colloïdal extrait de l'endosperme des graines de guar (légumineuse). Elle se présente sous forme d'une poudre blanche à jaunâtre, inodore.

Gomme xanthane

La gomme xanthane est un polysaccharide obtenu par la fermentation bactérienne d'un glucide. Poudre de couleur claire.

Gomme arabique

Polysaccharide présent dans l'exsudation gommeuse séchée provenant des tiges et branches d'acacias particuliers ou d'espèces apparentées. Elle se trouve sous forme non broyée de particules ovoïdes ou anguleuses, ou sous forme broyée de flocons, granulés ou poudre, blanc à jaunâtre.

Gomme adragante

Polysaccharide présent dans l'exsudation gommeuse séchée provenant d'une plante appelée « astragalus » (légumineuse). La gomme adragante se trouve sous forme non broyée de fragments plats ou incurvés, ou sous forme broyée de poudre blanche à jaunâtre. Elle est inodore, insipide ou de saveur mucilagineuse.

Remarque :

Ces polysaccharides gélifiants sont inassimilables par l'organisme donc sans valeur énergétique (sans apport de kilojoules ou kilocalories).

LES LIANTS AMYLACES

Produits utilisés	Technique	Exemples d'utilisation
AMIDON EMPLOYE A SEC :		
Farine torréfiée	– Colorer au four la farine répartie uniformément sur une plaque, sous faible épaisseur. ou – Singer et exposer l'aliment à la chaleur directe du four.	Ragoûts : – navarins, – veau Marengo, – estouffades...
AMIDON MELANGE A UN CORPS GRAS		
Beurre manié	Beurre en pommade mélangé en proportions égales avec de la farine crue. – Incorporer progressivement et par petites quantités, dans le liquide à l'ébullition. – Remuer vivement avec un fouet et laisser cuire quelques minutes.	Traditionnellement les sauces au vin rouge se lient au beurre manié. – Œufs en meurette, pochés bourguignonne. – Poissons bordelaise, macônnaise, matelotes diverses. – Principalement utilisé pour rectifier l'onctuosité des sauces (faire l'à point d'une liaison).
Les roux blanc blond brun	Beurre fondu sur le feu et mélangé en proportions égales avec de la farine, cuit doucement, plus ou moins longtemps selon la couleur recherchée. Le liquide est toujours ajouté bouillant sur le roux froid. Il est nécessaire de remuer vivement avec un fouet jusqu'à la reprise de l'ébullition.	Roux blanc : – Sauce Béchamel et dérivés – Veloutés de veau, de volaille, de poisson. – Sauces blanches diverses. – Potages, crèmes et veloutés. Roux blond : – Sauce tomate. – Sauce américaine éventuellement. Roux brun : (très rare actuellement) – Sauce espagnole et sauce demi-glace.
AMIDON DILUE (EAU, FONDS, FUMETS, VINS, ALCOOLS)		
Fécule de pomme de terre Arrow-root Maïzena	– Délayer l'élément de liaison avec un peu de liquide froid. – Verser progressivement la liaison dans le liquide bouillant. – Remuer à l'aide d'un fouet.	– Fond brun de veau lié. – Jus liés. – Sauce bigarrade. – Rectification des liaisons.
Crème de riz Crème d'orge Crème de maïs	– Délayer l'élément de liaison avec un peu de liquide froid. – Verser progressivement la liaison dans le liquide bouillant. – remuer à l'aide d'un fouet.	Potages : crèmes et veloutés. Alimentation infantile (bouillies).
Riz Tapioca Semoule de blé et de maïs	– Verser en pluie dans le liquide bouillant. – Remuer à l'aide d'une spatule en bois.	– Sauce Soubise. – Bisques de crustacés. – Potages (Crécy au riz, Portugaise). – Garnitures des potages (velours). – Gnocchis à la romaine. – Polenta. – Entremets (puddings de riz, de tapioca, flameri de semoule, etc.
Mie de pain et chapelure blanche	– Imbiber la mie de pain avec du lait ou de la crème. – Mixer.	– Farces pour volailles farcies (farce américaine). – Crabes farcis, boudin antillais. – Boudin blanc, quenelles. – Pâtes alimentaires farcies, etc.
Purée de fruits et de légumes (pommes de terre, légumes secs, fruits amylacés).	Les propriétés épaississantes et liantes des fruits et des légumes riches en amidon sont utilisées dans de nombreuses préparations.	– Potages purée de légumes frais : potage Parmentier et dérivés. – Potages purée de légumes secs : potages St-Germain, Musard, Esaü, Condé, soissonnais et dérivés. – Purées Parmentier, Crécy ou Vichy, Freneuse, Clamart, Argenteuil, Conti, Dubarry, Favorite, Musard, Rachel, St-Germain... – Sauces ou coulis de légumes : purées détendues au fond blanc (parfois crémées et/ou beurrées).

Produits utilisés	Technique	Exemples d'utilisation
LIANTS PROTEIQUES D'ORIGINE ANIMALE		
Œufs entiers	– Verser progressivement le lait bouillant sucré et vanillé, sur les œufs battus, remuer sans fouetter, passer et écumer. – Ajouter en l'état dans certaines préparations.	Appareil à crème caramel, viennoise, villageoise, beau rivage, à crème prise, à puddings divers, etc. – Farces pour pâtés, terrines, galantines, quenelles.
Jaunes utilisés seuls ou en mélange avec des œufs entiers	– Verser progressivement le liquide (fond, fumet, consommé) légèrement refroidi sur les jaunes, ou sur un mélange d'œufs entiers et de jaunes. – Passer, écumer.	Appareil à subrics et à royales diverses.
Jaunes blanchis avec du sucre	– Verser progressivement le lait bouillant et vanillé sur les jaunes blanchis avec le sucre. Passer, écumer. ou – Cuire à la nappe, passer et écumer ou – Verser progressivement dans un appareil les jaunes blanchis avec du sucre. – Remuer délicatement à la spatule. – Porter à nouveau à ébullition.	Appareil à pots de crème (vanille, café, chocolat). Crème anglaise. Appareil à glace aux œufs. Appareil à bavarois. Appareil à pudding de semoule de riz (riz Condé).
Jaunes mélangés à la crème	– Verser une petite quantité de liquide bouillant sur le mélange pour le diluer. – Verser progressivement la liaison dans le reste du liquide en remuant. – Cuire à la nappe, ou – Porter à nouveau à l'ébullition et passer.	– Consommés liés. – Liaison des potages (veloutés), – Liaison de la sauce de la blanquette et de la fricassée à l'ancienne, etc.
Jaunes ou œufs entiers utilisés en seconde liaison dans une préparation à base d'amidon	Les préparations à base d'amidon, liées en seconde liaison avec des œufs entiers ou des jaunes, peuvent bouillir quelques minutes sans inconvénient. (Voir généralités sur les liaisons).	– Crème patissière. – Sauce Mornay. – Sauce de la blanquette et de la fricassée à l'ancienne. – Potages (veloutés). – Appareil à soufflé. – Appareil à pommes Duchesse.
Jaunes utilisés à cru comme émulsifiant.	Voir cours sur les sauces émulsionnées froides.	Sauce mayonnaise et dérivés.
Jaunes en état de semi-coagulation utilisés comme émulsifiant.	Voir cours sur les sauces émulsionnées semi-coagulées chaudes.	Sauce hollandaise et dérivés. Sauce béarnaise et dérivés. Sabayons divers, salés et sucrés, etc.
Liaisons utilisant le sang ou le corail. **– (Sang de porc, de gibier et de volaille).** **– (Corail de crustacés et d'oursins).**	Les différents éléments de liaison présentent les mêmes propriétés que les jaunes d'œufs utilisés pour les liaisons. La température de coagulation étant inférieure à la température de l'ébullition, certaines précautions doivent être observées. – Détendre le sang ou le corail avec un peu de liquide chaud, puis verser progressivement la liaison dans la préparation. – éviter l'ébullition, mais elle peut être maintenue durant quelques minutes dans le cas d'une double liaison contenant de l'amidon.	– Civet de porc, de lièvre, de lapin ou de venaison. – Coq au vin – Canard au sang ou à la presse. – Sanguettes, boudin noir. – Sauce rouennaise. – Sauce américaine. – Sauce corail. – Sauce vin blanc au corail d'oursin. etc.
Liaisons effectuées par la réduction d'un fond, d'un jus ou d'un fumet	La réduction bien conduite des fonds ou des fumets riches en éléments gélatineux provoque l'évaporation de l'eau et la concentration des sucs et des substances gélifiantes. Le liquide ainsi obtenu prend une consistance sirupeuse, brillante et particulièrement savorique (principe de la fabrication des glaces de viande ou de poisson). La réduction peut être utilisée en l'état ou additionnée de crème réduite et/ou de beurre émulsionné.	– Glace de viande, de poisson, de volaille, etc. – Sauce Chateaubriand, Colbert, Solférino, Bercy, etc. – Toutes les sauces « vin blanc » ou « vin rouge » réalisées avec le fumet ou la cuisson des poissons pochés au court-mouillement ou braisés.

Produits utilisés	Technique	Exemples d'utilisation
LIANTS PROTEIQUES D'ORIGINE ANIMALE		
Liaisons par réduction à base de crème	La crème épaisse réduite, associée à d'autres éléments de liaison ou à un fond ou un fumet réduit ou à du beurre émulsionné donne une certaine onctuosité aux préparations auxquelles elle est ajoutée.	– Toutes les sauces crémées (escalopes, côtes de veau, ris de veau à la crème). – Sauce vin blanc pour poissons pochés au court-mouillement ou braisés.
Liaisons instables obtenues par émulsion de corps gras	Le beurre ou tout autre corps gras ajouté en petites parcelles et émulsionné – soit par fouettage, soit par un mouvement de rotation du récipient – procure une certaine onctuosité et brillance aux préparations auxquelles il est ajouté. Remarque : les préparations « montées » au beurre ne doivent pas bouillir.	– Beurre fondu. – Beurre blanc et nantais. – Beurres émulsionnés divers. – Finition des sauces et des potages.

Remarque :

Les substances émulsifiantes, stabilisantes, épaississantes et gélifiantes sont des produits d'addition aux denrées alimentaires : elles sont donc classées dans les additifs et soumises à la législation particulière (décret du 12.3.73) qui définit la liste des produits autorisés, leurs critères physico-chimiques (pureté,...) et leurs conditions d'emploi.

Rappelons que la législation française a repris les listes de la C.E.E. qui classe les additifs en quatre catégories :
- *colorants (E 100, ...),*
- *conservateurs (E 200, ...),*
- *agents anti-oxygène et ayant d'autres fonctions (E 300,... E 220,...),*
- *agents émulsifiants, stabilisants, épaississants et gélifiants (E 400,...; E 322).*

Par ailleurs, il existe d'autres produits d'addition pour lesquels il n'existe pas de liste : ce sont les matières aromatisantes (naturelles, artificielles) pour lesquelles la législation (Convention professionnelle sur le commerce des matières aromatiques pour les industries alimentaires) conserve leurs dénominations (essences, huile essentielle, esprit, infusion, extraits,...), les mentions d'étiquetage (pur fruit naturel, artificiel, ou naturel renforcé artificiellement).

AGENTS EMULSIFIANTS, STABILISANTS, EPAISSISSANTS ET GELIFIANTS

On entend par :

- agents émulsifiants et agents stabilisants, les substances qui, ajoutées à une denrée alimentaire, permettent de réaliser ou de maintenir la dispersion uniforme de deux ou plusieurs phases non miscibles ;
- agents épaississants, les substances qui, ajoutées à une denrée alimentaire, en augmentent la viscosité ;
- agents gélifiants, les substances qui, ajoutées à une denrée alimentaire, lui confèrent la consistance d'un gel.

(Article 1er de la Directive C.E.E. n° 74/329 du Conseil du 18.6.1974 modifiée).

A titre indicatif :

Numérotation de la C.E.E.	Dénomination
E 322	Lécithines
E 339	Orthophosphates de sodium
E 340	Orthophosphates de potassium
E 341	Orthophosphates de calcium
E 400	Acide alginique
E 401	Alginate de sodium
E 402	Alginate de potassium
E 403	Alginate d'ammonium
E 404	Alginate de calcium
E 405	Alignate de propylène-glycol
E 406	Agar-agar
E 407	Carraghen, carragenines, carraghénanes
E 410	Farine de graines de caroube
E 412	Farine de graines de guar, gomme de guar
E 413	Gomme adragante, tragacanthe
E 414	Gomme arabique
E 415	Gomme Xanthane
E 420	Sorbitol et sirop de sorbitol
E 421	Mannitol
E 422	Glycérol
E 440	Pectines : a) Pectine b) Pectine amidée
E 450	Phosphates et polyphosphates
E 460	Cellulose microcristalline et cellulose en poudre
E 461	Méthylcellulose
E 463	Hydroxypropylcellulose
E 464	Hydroxypropylméthylcellulose
E 465	Méthyléthylcellulose
E 466	Carboxyméthylcellulose
E 470	Sels de sodium, de potassium, de calcium des acides gras alimentaires seuls ou en mélange, ces sels étant obtenus à partir soit de matières grasses comestibles, soit d'acides gras alimentaires distillés
E 471	Mono et diglycérides d'acides gras alimentaires
E 472	Esters : – acétiques, – lactiques, – citriques, – tartriques, – monoacétyl-tartrique et diacétyl-tartrique, – mixtes acétiques et tartriques des mono et diglycérides d'acides gras alimentaires
E 473	Sucroesters (esters de saccharose et d'acides gras alimentaires)
E 475	Esters polyglycériques des acides gras alimentaires non polymérisés
E 477	Monoesters du propylène-glycol et des acides gras alimentaires, seuls ou en mélange avec diesters
E 481	Stéaroyl-2-lactylate de sodium
E 482	Stéaroyl-2-lactylate de calcium
E 483	Tartrate de stéaroyle.

LES SAUCES A BASE DE FOND

REALISATION DES PRINCIPALES SAUCES A BASE DE FOND

Voir l'ouvrage «Cuisine de référence» pages 280 à 338 - Editions BPI.

Fonds	+ Eléments de liaison	= Sauce de base	+ Eléments complémentaires et garnitures diverses	= Sauces dérivées
FOND BRUN DE VEAU	Roux brun Fécule diluée (Madère, Porto, vin blanc ou rouge...)	Sauce Espagnole fond brun de veau lié	Echalotes ciselées, mignonnette, thym et laurier broyés, vin rouge réduit, fond brun de veau lié, glace de viande (facultatif) beurre, dés ou rondelles de moelle dégorgée et pochée, persil haché	sauce Bordelaise ou sauce moelle
			échalotes ciselées, vin blanc réduit, fond brun de veau lié, glace de viande (facultatif) beurre, persil haché	sauce Bercy
			brunoise de carotte, d'oignon, et d'échalote suée au beurre ; déglacer Madère, réduire ; fond brun de veau réduit et corsé, passer beurrer, ajouter du Madère à l'envoi	sauce Madère
			idem sauce Madère, remplacer le Madère par du Porto	sauce Porto
			idem sauce Madère, mais ajouter une brunoise de truffe et un peu de jus de truffe	sauce Périgueux
			idem sauce Périgueux, mais ajouter purée ou dés de foie gras	sauce Périgourdine
			oignons ciselés sués au beurre, vin blanc réduit, fond brun de veau lié, moutarde, beurre, julienne de cornichons	sauce Charcutière
FOND BRUN DE VOLAILLE	Fécule diluée ou arrow-root	Fond brun de volaille lié	champignons émincés et échalotes ciselées suées au beurre, Cognac, vin blanc réduit, fond brun de volaille lié et tomaté, beurre, cerfeuil et estragon haché	sauce Chasseur
			sauce Bordelaise (sans moelle) purée crue de foie de canard	sauce Rouennaise
			gastrique blonde, jus d'orange et de citron, fond brun de canard lié à l'arrow-root, julienne de zeste de citron et d'orange bigarrade.	sauce Bigarrade
FUMET DE GIBIER	Fond brun ou sauce Espagnole ou fécule diluée	sauce Poivrade	sauce Poivrade à l'essence de venaison, gelée de groseille, crème (facultatif)	sauce Grand-Veneur
			sauce Poivrade à l'essence de venaison, crémée (peut comporter des truffes)	sauce Diane
			Mirepoix revenue au beurre, vin rouge réduit ; sauce poivrade à l'essence de venaison relevée au piment de Cayenne	sauce Chevreuil
			Mirepoix revenue au beurre, peau, parures, abattis, carcasse de gibier à plumes, vin blanc réduit, fine Champagne ou Cognac, sauce demi-glace à l'essence de gibier traité, essence de truffe et champignons, beurre	sauce Salmis

Fonds	+ Eléments de liaison	= Sauce de base	+ Eléments complémentaires et garnitures diverses	= Sauces dérivées
FOND BLANC DE VEAU	Roux blanc	Velouté de veau	velouté à l'essence de champignons lié aux jaunes d'œufs, mignonnette, muscade, jus de citron, beurre	sauce Allemande ou Parisienne
			idem + persil haché	sauce Poulette
			idem, mais très réduite et à l'essence de truffes. Peut être soubisée (oignons) ou tomatée (voir cours sur les potages)	sauce Villeroy
FOND BLANC DE VOLAILLE	Roux blanc	Velouté de volaille	velouté réduit + crème et beurre	sauce Suprême
			idem + glace de viande blonde	sauce Ivoire
			idem sauce ivoire + beurre de piments	sauce Albuféra
			oignons ciselés sués au beurre, vin blanc réduit, velouté de volaille crémé, paprika	sauce Hongroise
			velouté réduit + crème et gelée de volaille	sauce chaud-froid pour volaille
			velouté réduit + crème, tomate, et gelée de volaille (voir cour sur les potages)	sauce chaud-froid aurore
FUMET DE POISSON	Roux blanc ou réduction crémée montée au beurre	Velouté de poisson	échalotes ciselées suées au beurre, vin blanc et fumet de poisson réduit, velouté, glace de poisson (facultatif) beurre, persil haché	sauce Bercy
			idem sauce Bercy mais à l'essence de moules ; garnir de moules ébarbées	sauce Marinière
			velouté au fumet de sole, essence de champignons, jus d'huîtres et de moules, jaunes d'œufs, crème et beurre	sauce Normande
			velouté réduit + crème, beurre de crevette, beurre rouge, crevettes décortiquées	sauce aux crevettes
			velouté réduit + crème, tomate et beurre (voir cours sur les potages)	sauce Aurore
LAIT (peut être considéré comme un fond naturel)	Roux blanc	Sauce Béchamel	sauce Béchamel + crème et beurre	sauce crème
			sauce Béchamel + jaunes d'œufs, gruyère tamisé et beurre	sauce Mornay
			oignons émincés blanchis, étuvés au beurre, sauce Béchamel. Passer	sauce Soubise

Exemples de sauces dérivées de la sauce américaine

Fonds	+ Eléments de liaison	= Sauce de base	+ Eléments complémentaires et garnitures diverses	= Sauces dérivées
FOND D'AMERICAINE AU FUMET DE POISSON	Roux blond ou beurre manié parties crémeuses et corail de crustacés	Sauce Américaine	sauce Américaine, velouté de poisson crémé à l'essence de truffe, beurre de homard	sauce Cardinal
			sauce Américaine crémée	sauce New-burg
			sauce Américaine, sauce Normande, dés de truffes et de homard	sauce Diplomate
			fond de sauce Américaine réalisé à partir d'écrevisses, velouté de poisson, beurre d'écrevisses, écrevisses décortiquées	sauce Nantua
			sauce Américaine + crème et curry	sauce Orientale
			Remarque : *il est courant d'adoucir la sauce américaine avec de la crème, ou en la mélangeant avec de la sauce vin blanc crémée.*	

Exemples de sauces dérivées de la sauce tomate

Fonds	+ Eléments de liaison	= Sauce de base	+ Eléments complémentaires et garnitures diverses	= Sauces dérivées
FOND BLANC OU EAU	Roux blanc + Mirepoix, concentré de tomates, tomates fraîches, ail, bouquet garni, sel, poivre, sucre	Sauce tomate	échalotes ciselées, mignonnette, vin blanc et vinaigre réduits, fond brun de veau ou de volaille lié, sauce tomate, beurre, persil haché	sauce Diable
			oignons ciselés sués à l'huile, tomate concassée, sauce tomate, glace de viande, ail, persil haché	sauce Portugaise
			julienne de langue écarlate, de champignons, de truffe et de jambon, fond brun de veau lié, Madère, sauce tomate, beurre	sauce Milanaise ou Zingara

LES SAUCES ÉMULSIONNÉES

CLASSIFICATION

- Les sauces émulsionnées instables froides (sauce vinaigrette et dérivés).
- Les sauces émulsionnées instables chaudes (beurre fondu, blanc ou Nantais et dérivés).
- Les sauces émulsionnées stables froides (sauce mayonnaise et dérivés).
- Les sauces émulsionnées semi-coagulées chaudes (sauces hollandaise, béarnaise et dérivés).

GENERALITES SUR L'EMULSION

Une émulsion est le mélange de deux phases non miscibles (qui ne se mélangent normalement pas) : le mélange phase « eau » et phase « graisse » (sauces émulsionnées) ou encore le mélange phase « liquide » et phase « air » (produits fouettés). Lorsque ce mélange est simplement réalisé par un battage mécanique suffisamment énergique des deux phases, l'émulsion est instable et les deux phases se séparent au bout d'un certain temps.

Schéma expliquant les émulsions

EMULSION INSTABLE

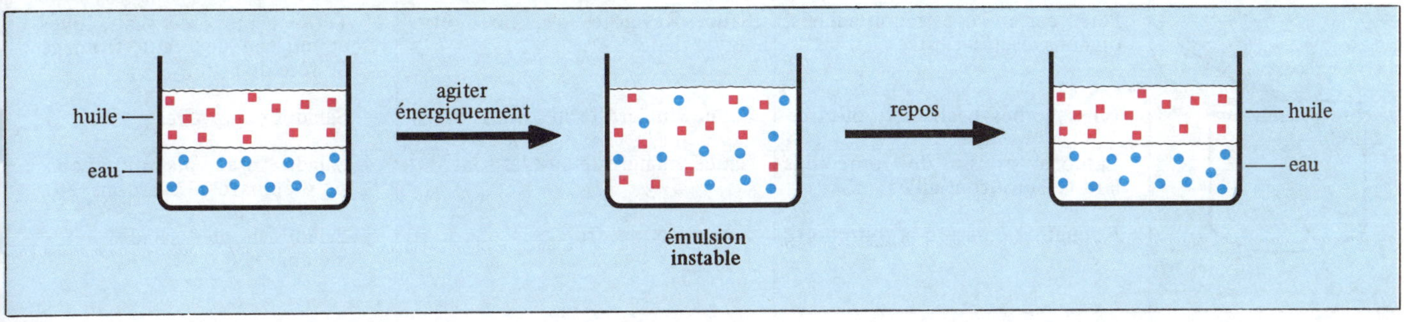

Pour rendre l'émulsion stable, il faut y ajouter un « émulsionnant » qui crée un lien entre les 2 phases pour qu'elles ne puissent plus se repousser.

Dans le cas d'une émulsion « eau-graisse », ce phénomène s'explique par la constitution chimique des molécules en présence :

- l'eau n'aime pas les graisses, ou lipides, et les repousse (on dit qu'elle est lipophobe)
- les graisses n'aiment pas l'eau et la repoussent (on dit qu'elles sont hydrophobes)
- un émulsionnant est une molécule pourvue de 2 pôles : un pôle qui aime et attire l'eau (pôle hydrophile) et un pôle qui aime et attire les lipides (pôle lipophile).

Lorsqu'un mélange d'eau et de graisse renferme des molécules d'émulsionnant, celles-ci accrochent ensemble les molécules d'eau et de graisse.

Cette réaction est parfois imagée de la façon suivante :

chaque molécule d'émulsionnant retient une molécule d'eau dans l'une de ses mains et une molécule de lipide dans l'autre main.

Exemples d'émulsionnants « eau-graisse » :

- les graisses phosphorées du jaune d'œuf, appelées « LECITHINES » (qui se trouvent également dans d'autres aliments : le soja par exemple).
- les détergents et savons dont les propriétés émulsionnantes sont utilisées pour le nettoyage de la vaisselle, des surfaces, etc. (Le détergent permet de mélanger les graisses à l'eau de lavage et de les éliminer par rinçage).

EMULSION STABLE

En présence d'un émulsionnant

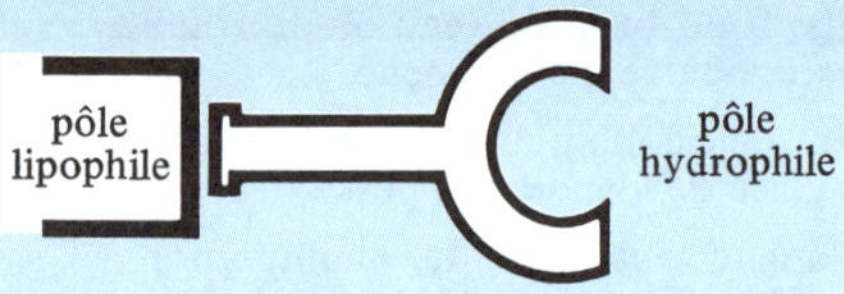

qui fixe une molécule de lipide et une molécule d'eau en donnant :

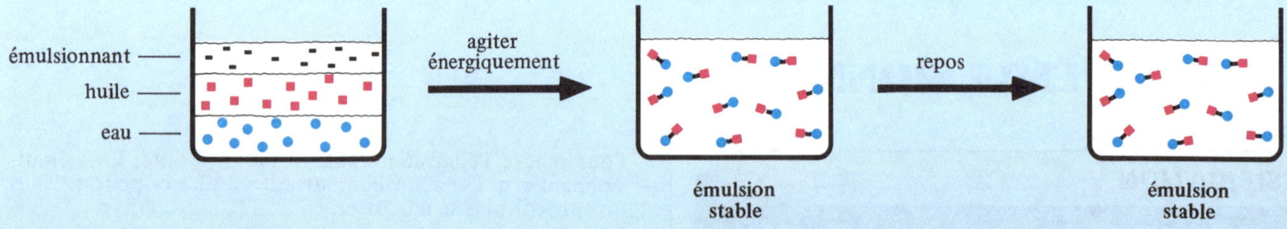

Cette réaction ne doit pas être confondue avec celle d'autres émulsifiants qui ont une action un peu différente : l'amidon, les protéines de lait, divers autres produits « stabilisants », des « liants », ont plutôt le rôle d'épaissir, de maintenir la consistance, de maintenir des particules en suspension, de conserver une certaine homogénéité à des aliments obtenus par mélange complexe de différents ingrédients.

Ils donnent une meilleure onctuosité ou empêchent des dépôts, par exemple.

LA SAUCE VINAIGRETTE ET SES DERIVES

Voir «Cuisine de référence» page 322

Sauce émulsionnée instable, froide ou parfois tiède, réalisée au garde-manger.

Exemples de sauces, dérivées de la sauce vinaigrette

Sauce de base	Garnitures	Sauces dérivées	Utilisations
SAUCE VINAIGRETTE 	Moutarde blanche ou moutarde de Meaux	Sauce vinaigrette moutardée	– Salade de céleri rave, poireaux, choux-fleurs, haricots verts, etc.
	Persil, cerfeuil et estragon hachés, oignons ciselés, câpres	Sauce Ravigote, qui peut être servie tiède	– Tête et pieds de veau, joues et museau de bœuf, fromage de tête de porc.
	Fines herbes hachées, moutarde	Sauce vinaigrette aux fines herbes	– Salades composées
	Lardons, graisse de fonte des lardons, croûtons aillés	Sauce vinaigrette aux lardons	– Salade frisée, pissenlit, pousses d'épinard aux lardons, etc.
	Roquefort écrasé à la fourchette	Sauce Roquefort	– Salades simples, salades mélangées.

COMPOSITION

- **Ingrédients aqueux et acides**

Vinaigre de vin, d'alcool, de cidre, de fruits, de Xérès, parfumés ou non. Vin blanc, jus de citron.

- **Ingrédients gras et doux**

Huile d'assaisonnement (olive, noix, noisettes, tournesol, etc.), crème, fromage plus ou moins gras, graisse de fonte de lardons, etc.

- **Assaisonnement**

Sel, poivre, moutarde (facultatif).

REMARQUE :

La sauce vinaigrette est principalement utilisée pour l'assaisonnement des salades simples, des salades composées et des abats (tête, pieds et fraise de veau, hure de porc, joue et palais de bœuf, par exemple). Elle est souvent additionnée d'ingrédients très variés ; fines herbes, moutardes, fromage (roquefort, fourme d'Ambert, gruyère), noix, noisettes, cornichons, câpres, oignons, œufs durs hachés, etc. Elle peut être servie tiède pour l'assaisonnement des salades composées à base de viande (par déglaçage) ou pour accompagner les préparations à base d'abats blancs pochés.

LA SAUCE MAYONNAISE ET SES DERIVES

Voir «Cuisine de référence» page 324

Sauce émulsionnée stable froide, réalisée au garde-manger.

REALISATION

Matériel

- calotte en acier inoxydable
- ramequin ou petite calotte pour clarifier et réserver les blancs d'œufs
- fouet à sauce en acier inoxydable
- corne.

Composition

– jaunes d'œufs	4 à 6
– moutarde blanche	0,040 kg
– sel, poivre blanc ou piment de Cayenne	P M
– vinaigre	P M
– huile pour assaisonnement	1 L

Technique

- Réunir les denrées sur le poste de travail (les denrées doivent être à la température ambiante)
- clarifier les œufs
- ajouter le sel, le poivre blanc ou le piment de Cayenne, le vinaigre, la moutarde (le vinaigre peut être ajouté avant, pendant ou après la réalisation de la sauce)
- verser l'huile doucement au départ, puis accélérer au fur et à mesure que la quantité de mayonnaise augmente
- vérifier l'assaisonnement
- corner les bords du récipient
- couvrir d'un film plastique alimentaire
- réserver *

** La sauce mayonnaise réalisée avec de l'huile de tournesol peut être réservée en enceinte frigorifique, sa température de solidification étant voisine de 0 °C.*

Exemples de sauces, dérivées

Sauce de base	Garnitures	Sauces dérivées	Utilisations
SAUCE MAYONNAISE	Fondue de tomate pressée et hachée, brunoise de poivrons rouges	Sauce Andalouse	– Terrine de poisson, – Poissons froids ou grillés – Brochettes de crustacés, etc.
	Tomato ketchup, Cognac, sauce anglaise, tabasco ou piment de Cayenne	Sauce cocktail	– Cocktail de crustacés (crevettes, crabe, homard) – Salades composées à base d'avocat et de crustacés
	Echalotes ciselées réduites au vin blanc, ciboulette finement ciselée, piment de Cayenne	Sauce Mousquetaire	– Fritots d'abats blancs – Salades composées à base de viande ou de poisson servies tièdes
	Câpres, cornichons, oignons (facultatif), persil, cerfeuil et estragon hachés	Sauce tartare	– Poissons ou croquettes de poissons frits – Fritots – Salades composées, etc.
	Extrait de chlorophylle obtenu en chauffant doucement à environ 70 °C le jus de cerfeuil, persil, cresson, épinards, estragon hachés et fortement pressés	Sauce verte	– Poissons pochés froids – Œufs durs – Terrine de poisson – Décors
	Pomme de terre cuite en robe des champs, épluchée, pilée dans un mortier avec ail, jaune d'œuf, jus de citron et huile d'olive	Sauce aïoli	– Soupes de poissons (bouillabaisses, cotriades)
	Gelée blanche ajoutée lorsqu'elle commence à « figer »	Sauce mayonnaise collée	– Chauds-froids

REMARQUE :
La sauce mayonnaise est principalement utilisée pour accompagner les préparations froides à base de viandes, de poissons, de crustacés, d'œufs et de légumes, pour assaisonner les salades composées ou pour servir de base à la réalisation de nombreuses sauces dérivées.

RECOMMANDATIONS

- Utiliser un récipient dont le fond a une surface de base réduite pour que chaque coup de fouet ait un maximum d'efficacité
- un battage prolongé permet d'obtenir une mayonnaise plus ferme
- ajouter toujours le sel au départ afin qu'il puisse se dissoudre sans laisser de traces blanches
- ajouter l'huile doucement au début, puis d'autant plus rapidement que la quantité de mayonnaise croît
- n'utiliser que des ingrédients de même température : « chambrés » (jamais d'huile figée)
- ne jamais « remonter » la mayonnaise du jour sur celle de la veille
- toujours bien corner les bords du récipient
- éviter le contact de la sauce avec du matériel argenté (risque d'oxydation)
- n'ajouter les ingrédients complémentaires qu'au moment de l'envoi (risque de fermentation).

Malgré ces recommandations, il arrive parfois que la phase aqueuse et la phase grasse de la sauce mayonnaise se séparent : on dit alors que la sauce « tourne » (expression abusive).

Il existe plusieurs manières de la « rattraper » ou de la « remonter », en déterminant d'abord les raisons de l'échec.

Causes d'échec	Solutions de rattrapage
Addition trop importante d'huile au départ.	Remonter la mayonnaise tournée avec un peu d'eau
Surface de base du récipient trop importante	Recommencer la sauce dans un récipient de grandeur appropriée avec un peu d'eau Dans ces deux cas, lorsque l'assaisonnement de la sauce le permet, il est possible de la remonter avec un peu de vinaigre ou de moutarde.
Ingrédients trops froids (œufs ou huile sortant de la chambre froide)	Avec quelques gouttes d'eau tiède.
Quantité insuffisante de jaunes d'œufs par rapport à la quantité d'huile	En incorporant, petit à petit, la sauce tournée à la quantité d'œufs manquante.

LA SAUCE HOLLANDAISE ET SES DERIVES

Voir «Cuisine de référence» page 332

Sauce émulsionnée semi-coagulée, chaude, réalisée par le poissonnier ou le saucier.

La réalisation des sauces émulsionnées semi-coagulées chaudes repose principalement sur les propriétés physico-chimiques des œufs :

- propriété des protéines des œufs à augmenter de volume sous l'action d'un fouettage intense avec incorporation d'air (propriété de moussage des protéines) ;
- propriété des protéines des œufs à coaguler sous l'action de la chaleur et des acides (jus de citron, vin blanc, etc.) ;
- propriété des graisses phosphorées contenues dans les jaunes d'œufs (lécithine) à stabiliser l'émulsion « eau-graisse ».

REALISATION

Matériel

- sauteuse parfaitement étamée ou en acier inoxydable
- fouet à sauce très souple
- ramequin ou calotte pour clarifier les œufs
- bain-marie ou bahut
- chinois étamine
- pochon et corne.

Tout ce matériel doit être en parfait état d'entretien et rigoureusement propre. Le choisir de préférence en acier inoxydable.

Composition

– jaunes d'œufs	16
– jus de citron	P M
– sel, piment de Cayenne	P M
– beurre clarifié et décanté	1 kg

(La sauce hollandaise peut être réalisée à partir d'une réduction de vin blanc et d'échalotes ciselées. Dans ce cas, le jus de citron est supprimé).

Technique

- clarifier le beurre au bain-marie et le décanter
- clarifier les œufs
- placer les jaunes dans une sauteuse de grandeur appropriée
- ajouter un peu d'eau froide
- fouetter énergiquement sur le coin du feu (chaleur très douce) jusqu'à ce que la température atteigne les environs de 60 °C.

Retirer le récipient du feu lorsque les œufs ont atteint la consistance d'une crème mousseuse et que chaque coup de fouet laisse apercevoir le fond de la sauteuse.

- ajouter le sel, le jus de citron (le jus de citron peut être ajouté juste au moment de l'utilisation de la sauce)
- incorporer progressivement le beurre décanté à l'aide d'un fouet à sauce (si le mélange est un peu trop épais, lui ajouter un peu d'eau)
- passer la sauce au chinois étamine
- vérifier l'assaisonnement
- corner les bords du récipient et réserver la sauce à couvert dans un endroit tiède (40 à 50 °C).

RECOMMANDATIONS

- Utiliser toujours un fouet très souple et une sauteuse parfaitement étamée, de grandeur parfaitement appropriée à la quantité de sauce à réaliser : dans une sauteuse trop grande, les oeufs coagulent trop rapidement et n'augmentent pas de volume
- maintenir la sauce terminée dans un endroit tiède, mais surtout pas au bain-marie (une température supérieure à 65 °C dissocie les ingrédients de la sauce)
- isoler le fond du récipient qui aura servi à débarrasser la sauce (terrine) de toute source de chaleur directe à l'aide d'une plaque ou d'assiettes retournées
- couvrir le récipient
- ne jamais remonter la sauce hollandaise du jour sur celle de la veille (le mélange étant peu cuit, il y a un risque grave de multiplication bactériologique)
- éviter le contact de la sauce avec du matériel argenté (cuiller) : risques d'oxydation.

DIFFERENTES CAUSES D'ECHEC ET RATTRAPAGE DE LA SAUCE HOLLANDAISE « TOURNEE »

Une sauce hollandaise peut « tourner » à cause de 2 phénomènes très différents :

- coagulation excessive des jaunes (formation de petits caillots)
- rupture de l'émulsion eau-graisse (séparation de la phase aqueuse et de la phase grasse).

Causes d'échec	Solutions de rattrapage
Jaunes d'oeuf trop cuits (coagulation excessive) : allure de chauffe trop rapide ou sauteuse trop grande	Détendre avec un peu d'eau tiède
Beurre clarifié trop chaud (risque de coagulation des protéines)	Refroidir et remonter la sauce avec un peu d'eau froide ou un glaçon
Température d'entreposage trop élevée (risque de coagulation des protéines)	Refroidir et remonter la sauce avec un peu d'eau froide
Température d'entreposage trop basse (graisse qui fige)	Réchauffer et remonter la sauce avec un peu d'eau tiède
Addition trop importante de beurre au départ (émulsion difficile à obtenir)	Remonter la sauce avec un peu d'eau tiède en incorporant le beurre plus lentement
Lorsque toutes les solutions ont échoué	Remonter la sauce tournée sur un nouveau sabayon moins riche en oeuf ou incorper la sauce à une autre sauce hollandaise

Exemples de sauces dérivées

Sauce de base	Garnitures	Sauces dérivées	Utilisations
SAUCE HOLLANDAISE 	Moutarde blanche ou Moutarde de Meaux	Sauce moutarde	– Poissons grillés abats blancs pochés
	Crème fouettée très ferme	Sauce mousseline ou vierge	– Légumes pochés (asperges, brocolis, fonds d'artichauts, choux fleurs, etc.
	Jus et zestes d'oranges sanguines taillés en julienne et blanchis Jus et julienne blanchie de zestes de mandarines (Peut être réalisée avec du pamplemousse)	Sauce Maltaise Sauce Mikado	– Poissons en papillote – Poissons à la vapeur – Poissons pochés – Légumes cuits à la vapeur ou à l'anglaise, etc.
	Coulis de crustacés Coulis de tomate, de poivron, de fenouil.	Sabayon dont l'appellation correspond à la garniture	– Terrine chaude de poisson – Terrine de légumes – Terrine de crustacés – Poissons et légumes pochés ou cuits à la vapeur – Œufs pochés ou mollets, etc.

REMARQUE :

La sauce hollandaise et ses dérivés sont principalement utilisés pour accompagner les préparations à base de poisson, d'œufs et de légumes pochés ou cuits à la vapeur, et servis chauds.

La sauce hollandaise peut être également utlisée pour favoriser le glaçage des sauces poisson (sauce vin blanc à glacer). Ce procédé fréquemment utilisé donne d'excellents résultats, mais il est peu recommandable car il dénature le caractère orignal de la sauce.

LA SAUCE BEARNAISE ET SES DERIVES

Voir «Cuisine de référence» page 336

Sauce émulsionnée semi-coagulée chaude, réalisée par le rôtisseur ou le grillardin.

REALISATION

Matériel

- sauteuse parfaitement étamée ou en acier inoxydable
- fouet à sauce très souple
- ramequin ou calotte pour clarifier les œufs
- bain-marie ou bahut
- chinois étamine
- pochon et corne.

Tout ce matériel doit être en parfait état d'entretien et rigoureusement propre. Le choisir de préférence en acier inoxydable.

Composition

Réduction	
– vinaigre d'estragon	
– échalotes ciselées	
– mignonnette	P M
– estragon et cerfeuil hachés (cerfeuil facultatif)	P M
Sauce	
– jaunes d'œufs	16
– beurre clarifié et décanté	1 kg
Finition	
– estragon et cerfeuil fraîchement hachés	P M

Technique

- Clarifier le beurre au bain-marie et le décanter
- réduire le vinaigre avec l'échalote ciselée, la mignonnette et l'estragon haché
- refroidir la réduction (pour éviter la coagulation des œufs)
- ajouter les jaunes d'œufs et un peu d'eau froide
- fouetter énergiquement sur un feu très doux. Retirer le récipient du feu lorsque les œufs ont atteint la consistance d'une crème mousseuse et que chaque coup de fouet laisse apercevoir le fond de la sauteuse
- saler et ajouter progressivement, hors du feu, le beurre clarifié et décanté
- passer la sauce au chinois étamine
- ajouter l'estragon et le cerfeuil fraîchement hachés
- vérifier l'assaisonnement
- corner les bords du récipient
- réserver à couvert la sauce béarnaise dans un endroit tiède.

RECOMMANDATIONS

Elles sont identiques à celles de la sauce hollandaise. Les sauces émulsionnées à base d'œufs, soumises au battage et à ses risques de contamination microbienne, ne subissent pas de cuisson. Elles représentent un milieu particulièrement propice au développement microbien : richesse du milieu, oxygène, eau, température tiède, préparation à l'avance.

Certaines précautions doivent donc être respectées :

- veiller tout particulièrement à la propreté (désinfection) du matériel utilisé (calottes, bahuts, fouets, poches, douilles)
- ne pas utiliser un matériel en argent en raison de phénomènes d'oxydation
- n'utiliser que des œufs extra-frais
- bien se laver les mains et ne pas goûter les sauces avec les doigts ou deux fois de suite avec la même cuiller
- ne préparer que les quantités de sauce nécessaires au service
- ne pas conserver les excédents (qui ne doivent en aucun cas servir à « remonter » la sauce du service suivant !).

DIFFERENTES CAUSES D'ECHEC ET RATTRAPAGE DE LA SAUCE BEARNAISE « TOURNEE » :
(identique à la sauce hollandaise)

Exemples de sauces dérivées

Sauce de base	Garnitures	Sauces dérivées	Utilisations
SAUCE BEARNAISE 	Fondue de tomate réduite, hachée ou mixée (pas d'estragon ni de cerfeuil en finition)	Sauce Choron	– Viandes grillées et poissons grillés
	Glace de viande	Sauce Foyot ou Valois	– Viandes et poissons grillés
	Sauce béarnaise montée à l'huile Fondue de tomate réduite hachée ou mixée	Sauce Tyrolienne	– Viandes et poissons grillés
	Sauce béarnaise dont l'estragon est remplacé par la menthe	Sauce Paloise	– Crustacés grillés (homards, langoustes)
	Sauce béarnaise dont les jaunes d'œufs ont été remplacés par du corail de homard ou de langouste	Sauce corail	– Crustacés grillés (homards, langoustes)

REMARQUE :
La sauce béarnaise et ses dérivés sont principalement utilisés pour accompagner les préparations à base de viandes et de poissons grillés (tournedos Henri IV, Beaugency, Helder, entrecôte Choron, tyrolienne, Valois, béarnaise, Belle-Hélène..., turbotin grillé sauce Choron ; œufs pochés Bragance, Henri IV, etc.).

LES FONDS DE SAUCE INDUSTRIELS

GENERALITES

Préparer une sauce est un art. Mais c'est aussi une tâche contraignante qui exige de la matière première, de la main-d'œuvre, du temps et de l'énergie pour une rentabilité toute relative.

C'est pourquoi, les industriels de l'agro-alimentaire mettent à la disposition des cuisiniers (qu'ils soient du secteur traditionnel ou de la restauration collective à caractère social ou commercial) des fonds de sauce, des bouillons, des jus ou des sauces déjà terminées. Les produits « prêts à servir » connaissent actuellement une progression intéressante dans tous les secteurs de la restauration.

Le restaurateur ou le cuisinier se trouve aujourd'hui confronté à un certain nombre de difficultés (organisationnelles, législatives, économiques) qui favorisent l'utilisation des produits « semi-élaborés » ou « élaborés » du commerce :

Difficultés organisationnelles et techniques

- La modification des achats :
La restauration fait de plus en plus appel à des ateliers de découpe et reçoit la viande désossée, en muscles ou piécée. Les os livrés à part sont souvent traités en « sous-produits » et subissent fréquemment des ruptures de froid, ils sont donc particulièrement sensibles aux altérations microbiennes et enzymatiques. Les substances produites sont identiques à celles obtenues par le faisandage et malgré une très longue cuisson, il est très difficile d'éviter ces dégradations (apparition de composés toxiques).

- La restauration collective qui pratique la « cuisine d'assemblage » achète les poissons habillés, filetés ou en darnes ou tronçons. Il devient ainsi difficile de se procurer des arêtes complémentaires (elles sont souvent conservées par le poissonnier pour réaliser ses propres plats cuisinés ou sa soupe de poisson).

- Les légumes proviennent de plus en plus de l'agro-alimentaire (légumes de la 4ème gamme prêts à l'emploi). Il n'y a donc plus de parures.

- Le manque de régularité dans la qualité du produit final (qualité variant selon l'intervenant) : os trop pincés, fond trop mouillé, trouble, cuisson trop rapide, fond mal dépouillé, mal dégraissé, refroidissement insuffisant, degré de concentration inégal, etc.

- Travail contraignant pour un produit qui doit être renouvelé fréquemment (faible durée de conservation).

Difficultés économiques

- Augmentation considérable du coût des matières premières
- Augmentation des salaires et des charges
- Augmentation des coûts d'énergie
- Immobilisation du matériel de préparation, de cuisson et d'entreposage.

Difficultés législatives

« Il est interdit de confectionner, dans les cuisines de collectivités ou d'assemblage, des bouillons et des fonds à base d'os achetés à l'extérieur (risques de vétusté des os, générateurs de toxines). » dit le Journal Officiel des 6 mars 1968, 16 mai 1969 et 18 novembre 1974.

« Il est possible de réaliser des fonds à base d'os, mais seulement dans le cas d'une utilisation d'os consécutive au traitement de la viande sur place » précise l'arrêté du 26 juin 1974 concernant les conditions d'hygiène relatives aux plats cuisinés à l'avance.

Suivant l'équipement et les installation du restaurateur, la durée de conservation des fonds est variable.

Trois cas peuvent être envisagés :

FONDS			
Refroidissement	« Refroidissement rapide en cellule »	« Refroidissement rapide en cellule » dans un établissement ayant obtenu la marque de salubrité relative aux plats cuisinés à l'avance	
Conservation à température inférieure à + 3 °C ↓ **24 heures maximum**	Conservation à température inférieure à + 3 °C ↓ **3 jours maximum**	Liaison réfrigérée, température inférieure à + 3 °C ↓ **6 jours maximum**	Liaison congelée ou surgelée température à – 18 °C ↓ **12 mois maximum**

(Voir cours sur la restauration différée : les liaisons)

- Le « refroidissement rapide » doit s'effectuer dans des appareils spéciaux (cellule de refroidissement rapide) capables d'abaisser la température du fond de + 65 °C à + 10 °C en moins de 2 heures (pour sortir de la plage de températures propices à la prolifération microbienne).

- Avant leur utilisation, les fonds doivent être reportés et maintenus à l'ébullition durant quelques minutes. Les sauces ainsi réalisées seront maintenues à une température supérieure à + 65 °C. Les restes de fond ou de sauce remis à température et maintenus à + 65 °C pendant toute la durée du service, doivent ensuite être jetés.

Quant aux sauces, elles devront être préparées le jour même de leur consommation et dans le délai le plus rapproché du service.

PRESENTATIONS COMMERCIALES

Lès fonds ainsi que les sauces industriels sont présentés sous diverses formes :
- déshydratés de façon traditionnelle (granulés, poudre) ;
- déshydratés par lyophilisation ;
- liquides appertisés (prêts à servir ou légèrement concentrés).
- fortement concentrés en glace de viande et avec l'aspect de rouleaux.

Chaque présentation a ses avantages et ses inconvénients. En ce qui concerne le goût, la facilité d'emploi ou de stockage, c'est à l'utilisateur de juger quelle est celle qui lui convient le mieux, et à trouver un compromis.

CLASSIFICATION DES FONDS ET DES SAUCES INDUSTRIELS

- **Les préparations de base :**
  - le fond brun clair ;
  - les fonds blancs de veau, de volaille ;
  - les fumets de poissons, de crustacés ;
  - les bouillons ;
  - les jus de viande.

(les fonds de base servent à la réalisation des grandes sauces de base : fond lié, velouté de veau, de poisson, etc.).

- **Les sauces « semi-élaborées » ou « à cuisiner » :**
  - des préparations de base pour sauce hollandaise, béarnaise, etc ;
  - une mayonnaise à compléter pour la réalisation des sauces cocktail, tartare, verte, etc.

(elles doivent être terminées au moment de leur utilisation).

- **Les sauces élaborées ou sauces à napper :**
  - sauces marchand de vins, chasseur, aux champignons, Mornay, américaine, etc.

(les sauces élaborées peuvent être utilisées telles quelles ou améliorées suivant l'inspiration ou l'imagination de l'utilisateur).

- **Les sauces de table**
  - tomato ketchup, relish, sauce anglaise, etc.

(elles ne demandent aucune préparation, le client se sert lui-même).

Remarque :
Les industriels proposent donc des produits qui se rapprochent le plus près possible du goût des sauces traditionnelles.

Toutes les appellations sont classiques et empruntées au répertoire culinaire français. Il n'existe en effet aucune réglementation au niveau de l'appellation des fonds de sauces et des sauces, seulement un « code des usages », sorte de déontologie corporative faisant foi au niveau du service de la Répression des Fraudes.

Pour tirer le meilleur parti des sauces industrielles, il importe de respecter scrupuleusement le dosage prescrit par le fabricant.

Ensuite, le cuisinier aura tout le loisir de personnaliser ses préparations.

AVANTAGES

L'utilisation des fonds de sauce et des sauces industriels présente les avantages suivants :
- produit bactériologiquement sûr (conforme à la législation) ;
- réduction des coûts-matière (le fond industriel est moins cher) et d'un coût constant ;
- réduction des charges en énergie ;
- soulagement de tâches contraignantes pour le personnel ;
- pour la clientèle, un produit de qualité constante tout en ayant la possibilité d'être amélioré et personnalisé ;
- mise en œuvre de la quantité nécessaire, en évitant ainsi le gaspillage grâce à une utilisation rapide et facile.

LES BEURRES COMPOSÉS

DEFINITION

Les beurres composés sont des préparations culinaires à base de beurre, d'éléments aromatiques et colorants, crus ou cuits, et d'assaisonnements divers.

Ils sont destinés :
- à accompagner les viandes et les poissons grillés ;
- à donner une saveur caractéristique, de la couleur et de la brillance à certaines préparations (sauces, potages, par exemple) ;
- à garnir les canapés et les toasts lors de la préparation des cocktails ;
- à décorer certaines préparations froides (charcuteries, par exemple).

REMARQUE :
Le beurre a la propriété de fixer les odeurs et de rancir facilement : il est donc nécessaire d'utiliser des produits d'une grande qualité et d'une grande fraîcheur, de réaliser les beurres composés au moment de leur utilisation, et de les protéger en les enveloppant soigneusement avec du papier d'aluminium ou un film plastique alimentaire, de les conserver au froid (+ 3 °C).

PRESENTATION DES BEURRES COMPOSES

Lorsque les beurres composés accompagnent les viandes et les poissons grillés, il sont généralement servis « en pommade », à part et en saucière. Dans le cas d'un service simplifié, il peuvent être roulés, puis rafraîchis et servis en rondelles disposées directement sur la pièce à accompagner.

CLASSIFICATION

On distingue :
- les beurres composés réalisés à froid à partir d'ingrédients crus
- les beurres composés réalisés à froid à partir d'ingrédients cuits
- les beurres composés réalisés à chaud puis refroidis.

Exemples de beurres composés et utilisation

Appellations	Composition	Techniques	Utilisations
BEURRES COMPOSES A FROID A PARTIR D'INGREDIENTS CRUS			
Beurre Maître d'Hôtel	Beurre, jus de citron, persil fraîchement haché et essoré, sel, poivre du moulin.	Mélanger tous les ingrédients avec le beurre en pommade.	Viandes et poissons grillés.
Beurre d'escargots	Beurre, persil fraîchement haché, échalotes finement ciselées, ail haché, sel poivre du moulin (peut comporter éventuellement un peu de mie de pain ou de poudre d'amande).	Mélanger tous les ingrédients avec le beurre en pommade.	Escargots, praires, moules, palourdes farcies, etc.
Beurre d'anchois	Beurre, filet d'anchois à l'huile égoutté ou « anchovy sauce », sel, poivre du moulin.	Mixer le beurre et les filets d'anchois. Passer au tamis si nécessaire.	Poissons grillés, canapés, allumettes et feuilletés aux anchoix, etc.
Beurre de poisson fumé (saumon, truite, esturgeon, etc.)	Beurre, poisson fumé, poivre du moulin (peut comporter de l'aneth, du raifort et de la crème).	Mixer le beurre et le poisson fumé. Passer au tamis si nécessaire.	Canapés, pains « surprise », etc.
Beurre de fromage (bleus, fromages frais)	Beurre, fromage selon l'appellation. Peut comporter des ingrédients complémentaires : noix, noisettes, ciboulette ciselée, crème, paprika.	Mixer le beurre et le fromage. Ajouter les éléments complémentaires s'il y a lieu.	Canapés, pains « surprise », etc.
BEURRES COMPOSES REALISES A FROID A PARTIR D'INGREDIENTS CUITS			
Beurre de crevettes d'écrevisses, de homard, etc.	Beurre : – crevettes grises décortiquées – écrevisses décortiquées, – chair, parties crémeuses, corail de homard Sel, piment de Cayenne.	Mixer finement la chair des crustacés avec le beurre. Passer au tamis.	Canapés aux crevettes Canapés aux écrevisses Canapés au homard.
Beurre de paprika	Beurre, oignons, vin blanc, paprika, sel, poivre du moulin.	Suer les oignons finement ciselés au beurre. Ajouter le paprika, déglacer au vin blanc, réduire, mixer avec le beurre, Passer au tamis.	Finition de la sauce hongroise (poulet sauté, poularde pochée). Côtes de veau au paprika. Canapés, etc.
Beurre Colbert	Beurre Maître d'Hôtel glace de viande estragon à la place du persil	Mélanger tous les ingrédients avec du beurre en pommade.	Viandes ou volailles grillées.
Beurre marseillais	Beurre Maître d'Hôtel, fondue de tomate réduite, pointe d'ail (peut comporter selon l'utilisation du fenouil ou de l'anis).	Mélanger tous les éléments avec le beurre en pommade, (la fondue de tomate peut être mixée ou tamisée).	Poissons grillés (loups, rougets).
Beurre Bercy	Beurre, échalotes ciselées, vin blanc, persil haché, dés de moelle (dégorgée, pochée, soigneusement épongée), sel, poivre du moulin.	Réduire le vin blanc avec l'échalote ciselée, refroidir, mélanger avec le beurre en pommage le persil et les dés de moelle.	Viandes et poissons grillés.
Beurre hôtelier	Beurre Maître d'Hôtel, Duxelles sèche.	Mélanger la Duxelles sèche au beurre Maître d'Hôtel en pommade.	Poissons grillés ou poissons panés et sautés.
Beurre marchand de vins	Beurre, échalotes ciselées, vin rouge, thym, laurier, mignonnette glace de viande, citron, persil haché, sel, (peut comporter des dés de moelle dégorgée et pochée).	Réduire le vin rouge avec l'échalote ciselée, le thym, le laurier et la mignonnette. Ajouter la glace de viande. Refroidir, puis mélanger avec le beurre en pommade, le jus de citron et le persil haché. Saler.	Viandes de bœuf grillées (entrecôtes, pavés, côtes à l'os, par exemple).
Beurre colorant vert	Beurre, extrait de chlorophylle, sel, poivre.	Mélanger le beurre en pommade à l'extrait de chlorophylle, assaisonner.	Sert principalement à colorer les sauces vin blanc ou les veloutés divers. Elément de décor des buffets froids.
BEURRES COMPOSES REALISES A CHAUD			
Beurre rouge, ou beurre de crustacés (homard, écrevisse)	Beurre, carapaces, parties « crémeuses » et œufs de crustacés.	Piler ou broyer les carapaces avec le beurre. Faire fondre doucement au bain-marie et à couvert. Passer à l'étamine sur un récipient contenant de l'eau glacée. Recueillir le beurre figé à la surface de l'eau. Faire refondre et clarifier (décanter).	Finition des sauces et des potages à base de curstacés. Exemples : Sauce Cardinal Sauce homard Sauce Nantua Sauce Amiral Sauce Victoria.

LES MARINADES

DEFINITION

Les marinades sont des préparations liquides, aromatiques, destinées à parfumer, attendrir, et parfois prolonger la durée de conservation de certains aliments (grosses pièces de viande de boucherie, viandes noires (gibier), volailles, abats, poissons, mêlées et farces diverses pour la réalisation des terrines...).

BUTS RECHERCHES

Parfumer ou aromatiser les chairs

Par phénomène d'osmose et diffusion, certains composés solubles dans l'eau ou dans l'huile pénètrent à l'intérieur de la pièce, des composés provenant de la viande passent dans le liquide de marinade.

La marinade peut ensuite être utilisée soit pour effectuer un déglaçage, soit pour mouiller la sauce destinée à cuire ou accompagner l'aliment.

Attendrir les fibres musculaires

Les marinades renfermant des composés acides permettent de rendre la viande plus tendre à la cuisson : le produit acide diffuse dans le muscle, et lors de la cuisson le collagène est hydrolysé plus rapidement. Le collagène est une protéine particulière responsable de la dureté d'une viande ; elle nécessite une cuisson longue pour devenir tendre (les viandes riches en collagène sont toutes des viandes à cuisson longue).

Par ailleurs les marinades favorisent les échanges d'arômes par osmose (échange d'ions) et par capillarité (phénomène physique).

Prolonger la durée de conservation

L'aliment est immergé dans une préparation relativement acide, renfermant vinaigre, sel et alcool. Il est également protégé de l'oxygène de l'air par une couche d'huile. La préparation est maintenue en chambre froide à + 3 °C jusqu'à son utilisation. L'ensemble de ces conditions constitue un milieu peu propice à la multiplication des germes de putréfaction.

DIFFERENTS TYPES DE MARINADES

Les marinades peuvent être classées ainsi :

1 – marinades crues

2 – marinades cuites

3 – marinades instantanées

LES MARINADES CRUES

Elles sont principalement utilisées pour les viandes de boucherie et de gibier : estouffade de boeuf, daube, aiguillette braisée, gigue, selle, carré, côtelettes de cerf ou de biche, morceaux de volaille, civet de lièvre, etc.

Composition

- carottes, oignons, échalotes, ... émincés ;
- céleri en branche, ail écrasé ;
- queues de persil, thym, laurier ;
- sariette, romarin, basilic (selon utilisation) ;
- poivre en grains, clous de girofle, baies de genévrier, sel ;
- vin blanc ou rouge (suivant recette) ;
- cognac ;
- vinaigre de vin ;
- huile.

Technique

- Préparer la pièce (désosser, dégraisser, dénerver, piquer, larder) ;
- assaisonner la ou les pièces à mariner ;
- répartir la moitié de la garniture aromatique émincée dans le fond d'un récipient en acier inoxydable ou en polycarbonate. La dimension doit être juste suffisante pour contenir la pièce et la marinade ;
- disposer la pièce et la recouvrir avec le reste de la garniture aromatique ;
- ajouter le vin, le cognac et le vinaigre de vin ;
- recouvrir d'une fine pellicule d'huile, puis d'un film plastique alimentaire ou d'un couvercle hermétique ;
- maintenir en enceinte réfrigérée, retourner fréquemment la pièce dans sa marinade ;
- il est possible de conditionner sous vide l'élément à mariner et sa marinade.

LES MARINADES CUITES

Elles conviennent principalement à des grosses pièces de viande de boucherie ou de gibier ayant un goût fort, ou provenant d'animaux fermes (cuissot de brocard, de sanglier, gigot de mouton ou chevreuil).

Composition

Même composition que la marinade crue.

Technique

- Faire revenir la garniture aromatique à l'huile dans un rondeau plat ;
- mouiller avec le vin et le vinaigre ;
- ajouter le bouquet garni, l'ail, le sel, les épices, ... ;
- cuire doucement durant une 1/2 heure ;
- refroidir rapidement ;
- immerger la pièce, couvrir et réserver en chambre froide.

Attention : la marinade doit être bien froide avant d'y ajouter la pièce à traiter.

La marinade cuite a le même rôle que la marinade crue, mais elle a l'avantage d'accélérer le temps de pénétration des composés aromatiques et elle se conserve mieux.

Attention : certains établissements réutilisent la marinade cuite après lui avoir fait subir une ébullition et une addition de vin et de vinaigre. Cette pratique est peu recommandable tant sur le plan hygiénique que gastronomique.

LES MARINADES INSTANTANÉES

Elles s'appliquent aux petites pièces. Exemples :

Viandes grillées	Côtelettes d'agneau, brochettes diverses, noisettes. Blanc de volaille, escalopes, piccata.	– *huile, thym et laurier pulvérisés, herbes de Provence ;* – *huile, jus de citron, herbes épices (curry, paprika, safran, colombo, etc.).*
Petites pièces de gibier sautées	Noisettes, côtelettes, filet mignon de chevreuil ; râbles et filets de lièvre.	– *huile d'olive, jus de citron, cognac ou vin blanc, échalotes ciselées, thym, laurier, romarin et baies de genévrier pulvérisés.*
Abats blancs de veau ou d'agneau	Cervelles, amourettes, morceaux de pied et de fraise de veau.	– *huile, jus de citron, sel, poivre, herbes fraîches hachées.*
Charcuteries	Farces pour terrines, pâtées, galantines, ballotines.	– *Cognac, Madère, Porto, jus de truffe, sel épicé ou nitrité, quatre épices.*
Poissons grillés	Soles, turbotins, tronçons de turbot, darnes de saumon...	– *huile, tranches de citron pelées à vif, thym et laurier pulvérisés ;*
Crustacés grillés	Queues de langoustines, gambas, scampis...	– *idem + herbes fraîches hachées.*
Poissons crus	Fines tranches ou filets de saumon, de daurade, de bar, de St-Pierre...	– *sel, sucre, huile d'olive, aneth, badiane, jus de citron* *OU* – *lait de coco, jus de citron vert ou jus de lime...*
Poissons cuits	Maquereaux, harengs	– *vin blanc, vinaigre, aromates...*
Légumes	Achards, variantes, piments.	*Dégorger au sel durant 24 heures.* – *huile, vinaigre, petits oignons, échalotes, ail, piment, poivre en grains.*

Technique

- Ranger les éléments dans une plaque en acier inoxydable de grandeur appropriée ;
- arroser légèrement d'huile et de jus de citron si nécessaire ;
- ajouter la garniture aromatique, les arômates ou les condiments ;
- laisser mariner : quelques heures pour les terrines et les pâtés, les grosses pièces de gibier (râble de lièvre, selle de chevreuil), les légumes et les poissons cuits ; quelques minutes pour les petites pièces taillées finement, les beignets et fritots, et les poissons portions.

Pour déterminer le temps de mise en marinade, il faut tenir compte :

- du but recherché,
- de la nature, de l'âge et des conditions de capture de l'animal,
- de l'origine anatomique des morceaux,
- du poids et du volume des pièces concernées,
- de la température appliquée.

LES PRODUITS DE BASE

LES PRODUITS LAITIERS

Source : Centre Interprofessionnel de Documentation et d'Information Laitière

GENERALITES

Aliments « populaires » par excellence, les produits laitiers sont consommés tout au long de la journée sous des présentations très variées.

Ils sont à la base de notre alimentation et permettent la fabrication de nombreux produits dérivés : les produits laitiers tiennent une place prépondérante dans l'équilibre nutritionnel des menus.

En restauration, le lait, la crème, le beurre, les fromages, entrent dans la composition de nombreuses préparations : potages, crèmes, gratinées, hors d'œuvre, salades composées, soufflés, gratins, sauces, desserts lactés, crèmes, glaces, entremets divers et pâtisseries, ...

Ils procurent aux préparations une finesse et des saveurs très appréciées.

L'industrie laitière a une place importante dans l'économie de notre pays. Le chiffre d'affaires réalisé sur les ventes de produits laitiers porte ce secteur en tête des industries agro-alimentaires.

La France est le premier pays producteur de lait à l'intérieur de la CEE, et le troisième dans le monde (après l'U.R.S.S. et les U.S.A.).

Les principales régions productrices : Bretagne, pays de Loire, Normandie, région Rhône-Alpes, Auvergne et Lorraine, qui fournissent plus de 60 % de la production nationale.

Le cheptel français est composé de trois espèces : vaches, brebis et chèvres. Le lait produit par ces deux dernières catégories est principalement utilisé pour la fabrication des fromages.

CLASSIFICATION DES PRODUITS LAITIERS

- **LE LAIT**
  - Les laits liquides :
    - *le lait cru*
    - *le lait frais pasteurisé*
    - *le lait stérilisé*
    - *le lait stérilisé UHT*
    - *les laits aromatisés*
  - Les laits concentrés :
    - *le lait concentré non sucré*
    - *le lait concentré sucré*
  - Les laits en poudre :
    - *déshydratés (atomisés)*
    - *spéciaux pour l'alimentation des bébés*
  - Les laits diététiques *(à composition bien déterminée)*
    - *stérilisés UHT ou en poudre.*

- **LES YAOURTS**
  - yaourts nature (lait à 11 g de matière grasse par litre)
  - yaourts au lait entier (lait à 36 g de matière grasse par litre)
  - yaourts à 0 % de matière grasse
  - yaourts sucrés
  - yaourts aromatisés
  - yaourts brassés nature
  - yaourts aux fruits
  - yaourts brassés aux fruits
  - yaourts maigres aux fruits

- **LA CREME**
  - crème crue
  - crème épaisse ou double (maturée)
  - crème douce liquide ou fleurette (non maturée)
  - crème fouettée
  - crème Chantilly

- **LE BEURRE**
  - beurre fermier
  - beurre laitier
  - beurre pasteurisé
  - beurre d'appellation d'origine
  - beurre salé et demi-sel
  - beurre aromatisé
  - beurre concentré ou beurre sec
  - spécialité laitière allégée (beurre allégé)
  - beurre d'intervention

- **LES FROMAGES**
  - fromages à pâte fraîche
  - fromages à pâte molle à croûte fleurie
  - fromages à pâte molle à croûte lavée
  - fromages de chèvre
  - fromages à pâte persillée
  - fromages à pâte pressée non cuite
  - fromages à pâte pressée cuite
  - fromages fondus.

- **LES DESSERTS LACTES**
  - laits gélifiés aromatisés
  - crèmes desserts et flans aromatisés
  - laits empresurés et aromatisés
  - mousses
  - entremets et desserts cuits à base de riz ou de semoule.

LE LAIT

Le lait est un aliment d'une richesse exceptionnelle. Il peut subir de nombreuses transformations et ses présentations commerciales sont très diversifiées.

DEFINITION (légale)

« Le lait est le produit intégral de la traite totale et ininterrompue d'une femelle laitière bien portante, bien nourrie et non surmenée. Il doit être recueilli proprement et ne pas contenir de colostrum*. Lorsqu'on parle de lait, il s'agit exclusivement de lait de vache. »

PRODUCTION DU LAIT

Le lait mis à la disposition du public est soumis à une série de contrôles sanitaires qui sont effectués depuis sa production (contrôle sanitaire du troupeau) jusqu'à son conditionnement.

LES PRINCIPALES ETAPES DE LA PRODUCTION DU LAIT SONT LES SUIVANTES :

• LA TRAITE

Elle est mécanique dans plus de 86 % des exploitations, ce qui représente un grand progrès sur le plan de l'hygiène et de l'efficacité. La quantité de lait produit et sa composition varient selon le nombre de traites, l'animal (race, stade de lactation), son alimentation, des facteurs climatiques, etc.

• LA REFRIGERATION IMMEDIATE

Le lait cru doit être aussitôt refroidi et conservé dans des tanks réfrigérés à + 4 °C. Il est collecté à la ferme par des camions citernes isothermes.

• LA COLLECTE

Pratiquement toutes les exploitations laitières vendent leur production à une laiterie qui en assure la conservation (pour les laits de consommation) ou la transformation (fromages, beurre, produits frais, etc.).

• LE PAIEMENT

Des prélèvements destinés à des contrôles (analyses) permettent de déterminer le prix à payer au producteur. Ce prix est fixé en fonction des trois critères suivants :

- la qualité bactériologique, définie par le nombre de micro-organismes présents au ml ;
- le taux de matière grasse, le taux de référence étant de 38 g par litre ;
- le taux de matières protéiques, le taux de référence étant de 32 g par litre.

** **Colostrum** : liquide sécrété par la glande mammaire dans les jours qui suivent la mise bas. Sa composition et son aspect sont très différents du lait. Il renferme des immunoglobulines et des vitamines transmettant au jeune l'immunité de la mère.*

• LES CONTROLES SANITAIRES

Les contrôles du lait et des produits laitiers commencent à la ferme. Au départ, le troupeau laitier est soumis à divers contrôles sanitaires qui visent à éradiquer la tuberculose et la brucellose. Puis les contrôles sont effectués sur le lait et les produits finis.

Le contrôle bactériologique du lait à la laiterie :

Les laits sont d'abord classés d'après leur teneur en germes :
- laits de catégorie I : moins de 50 000 germes au millilitre ;
- laits de catégorie II : entre 50 000 et 100 000 germes au millilitre ;
- laits de catégorie III : plus de 100 000 germes au millilitre.

D'autres contrôles portent ensuite sur le nombre de leucocytes (globules blancs), le taux de protéines et de matière grasse par litre. La détection des antibiotiques et la recherche du mouillage (par cryoscopie) font également partie de la série de contrôles.

En 1987, 80 % du lait est classé en catégorie A : c'est-à-dire un lait qui contient le moins de micro-organismes par millilitre après plusieurs prélèvements.

Les contrôles des produits finis

Le lait et les produits laitiers sont soumis à des contrôles effectués sur le plan national par le Ministère de l'Agriculture (service de la répression des fraudes et direction de la qualité). Ces contrôles concernent :
- les résidus d'antibiotiques
- les résidus de pesticide
- les résidus d'aflatoxines (l'aflatoxine est une mycotoxine élaborée par une moisissure particulière l'Aspergillus flavus, et qui peut se retrouver dans le lait des animaux ayant consommé certains aliments ou céréales moisis),
- les résidus d'iodophores (désinfectants).

LA CONSERVATION DU LAIT

Le lait est un produit très nutritif donc très favorable à la multiplication des microbes. Du fait de sa teneur en micro-organismes, il doit être soumis à des traitements de conservation. Ces traitements ne comportent aucun procédé chimique (ni conservateur, ni stabilisateur). Les traitements sont uniquement physiques et font actuellement appel à l'action de la température. Ils sont appliqués après la standardisation de la matière grasse (standardisation effectuée pour tous les laits). En effet, la législation définit le taux de matière grasse que doit contenir un litre de lait :
- 36 g/l pour le lait entier
- entre 15,5 g et 18,5 g/l pour le lait demi-écrémé
- moins de 3 g/l pour le lait écrémé.

La standardisation est effectuée à l'aide d'une « écrémeuse standardisatrice » utilisant la force centrifuge.

La plupart des laits subissent également une « homogénéisation » avant le traitement de conservation. L'homogénéisation est un procédé physique qui consiste à faire éclater, par pression, les globules de matière grasse en très fines particules. Celles-ci sont réparties de façon homogène et restent alors en suspension dans le lait. L'homogénéisation facilite le traitement thermique de conservation et évite le dépôt de la crème le long des parois de l'emballage, ou la formation d'un « bouchon » en haut des bouteilles.

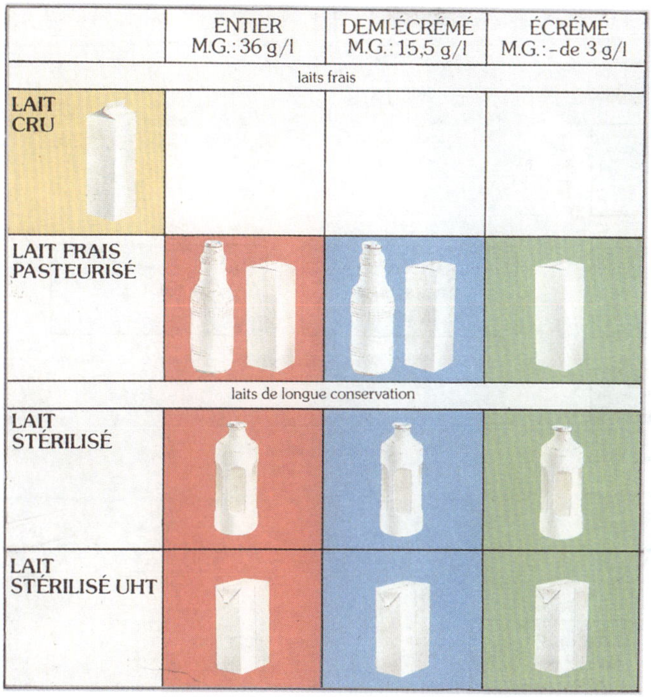

Quatre couleurs ont été respectivement attribuées et doivent figurer sur l'emballage (capsules des bouteilles par exemple) :

- **JAUNE** : lait cru
- **ROUGE** : lait entier, 36 g/l de matière grasse
- **BLEU** : lait 1/2 écrémé, 15,5 à 18,5 g/l de mat. grasse
- **VERT** : lait écrémé moins de 3 g/l de matière grasse.

REMARQUE :
Ces directives ne touchent que les laits liquides, les autres laits (concentrés ou en poudre) peuvent adopter des taux différents à condition de préciser le pourcentage de matière grasse qu'ils contiennent ou que l'on obtient dans le lait reconstitué.

TECHNIQUES DE CONSERVATION DU LAIT

Les deux traitements de conservation visant à diminuer ou à détruire la flore microbienne du lait sont la pasteurisation et la stérilisation.

LA PASTEURISATION

La pasteurisation a pour but de détruire les germes pathogènes (dangereux) qui peuvent être présents dans le lait.

Le lait est chauffé jusqu'à la température de + 85 °C qui est appliquée durant 15 à 20 secondes, puis il est refroidi très rapidement à + 4 °C.

Il existe du lait pasteurisé, dit de « haute qualité » : ce lait est recueilli dans des étables soumises à des normes d'hygiène et à un contrôle sanitaire spécial, et lors de la pasteurisation, il est interdit de dépasser la température de + 72 °C appliquée pendant 15 secondes. Ce lait présente, outre de bonnes garanties hygiéniques, des qualités organoleptiques remarquables.

LA STERILISATION

Le but de ce traitement est de détruire la totalité des germes présents dans le lait.

- la stérilisation simple : le lait, déjà conditionné en emballages stériles et hermétiquement fermés, est porté à une température de + 115 °C pendant 15 à 20 minutes puis refroidi rapidement.
- la stérilisation « UHT » (ultra haute température), contrairement à la stérilisation précédente, se pratique sur les laits non conditionnés (en vrac) selon deux procédés :
  - la stérilisation directe : la vapeur sous pression est injectée directement dans le lait pour le porter à 145 °C pendant quelques secondes ; il est ensuite refroidi très rapidement et conditionné en ambiance aseptique (sans microbe) ;
  - la stérilisation indirecte : le lait est chauffé par l'intermédiaire d'échangeurs à plaques ou à tubes, porté à 145 °C pendant quelques secondes, puis refroidi brutalement et conditionné aseptiquement.

Les qualités gustatives et nutritives du lait stérilisé UHT sont très supérieures à celles du lait stérilisé selon l'ancienne méthode, car la durée de chauffage est plus courte : les composants du lait ne sont pratiquement pas modifiés (notamment les vitamines), tout en lui assurant une qualité hygiénique optimale.

Il existe aussi deux autres modes de conservation : la concentration et la déshydratation qui permettent de réduire le volume et le poids du lait, ce qui en facilite le transport et le stockage.

LA CONCENTRATION

La concentration résulte d'une déshydratation partielle du lait : le lait standardisé et pasteurisé est ensuite soit « concentré et stérilisé », soit « concentré et sucré ». Près de la moitié de l'eau du lait est évaporée sous l'action combinée du vide et de la chaleur (à pression réduite, l'eau peut bouillir vers 45 à 50 °C, ce qui n'altère pas les composants du lait).

Le lait concentré non sucré est stérilisé (après conditionnement), contrairement au lait concentré sucré dans lequel la forte teneur en sucre s'oppose à la multiplication microbienne (le lait concentré sucré est une sorte de confiture de lait). Pour obtenir 1 kg de lait concentré non sucré, on utilise 2,2 l de lait frais (voir étiquetage du produit).

LA DESHYDRATATION

Le lait en poudre est ce qui reste de la déshydratation pratiquement totale du lait, c'est-à-dire de l'élimination de toute l'eau du lait. 1 kg de poudre de lait provient de la déshydratation de 11 litres de lait. Pour la reconstitution du lait, se conformer à l'étiquetage du produit.

Il existe deux procédés de fabrication du lait en poudre :

- le procédé « spray » ou « atomisation » appliqué aux laits de consommation courante : le lait préalablement pasteurisé et concentré est passé sous forte pression à travers une fine buse de sorte qu'il se transforme en un fin brouillard (principes des bombes aérosols ou atomiseurs). Le fin brouillard est envoyé dans une tour de séchage où la température de l'air se situe entre 180 et 230 °C. Chaque micro-gouttelette se déshydrate et la poudre de lait tombe au bas de la tour.
- le procédé Hatmaker est utilisé pour les laits à destination industrielle et pour l'alimentation du bétail : le lait est séché sur des cylindres chauffés à 130 °C ; le résultat est beaucoup moins bon (agglomérats).

La plupart des fabricants proposent des laits en poudre « à dissolution instantanée ». La poudre est faiblement réhumidifiée puis séchée à nouveau : elle se dissout alors beaucoup plus facilement dans de l'eau froide.

Les laits en poudre sont pratiques d'utilisation et de stockage, mais ils ne présentent pas les mêmes qualités gustatives que les laits crus ou stérilisés UHT. Néanmoins, ils peuvent être très utiles en cas de rupture de stock ou de difficultés d'approvisionnement.

Ils se conservent pendant plus d'un an dans leur emballage, hermétiquement fermé, et dans un endroit frais et sec. Après l'ouverture de l'emballage la durée de conservation varie avec la teneur en matière grasse (rancissement du lait en poudre entier), et selon le taux d'humidité qui est en contact avec le produit (bien refermer l'emballage après usage). Le lait reconstitué (voir les conseils de l'étiquetage) ne doit pas être conservé et considéré comme du lait frais.

LA CHAINE DU LAIT

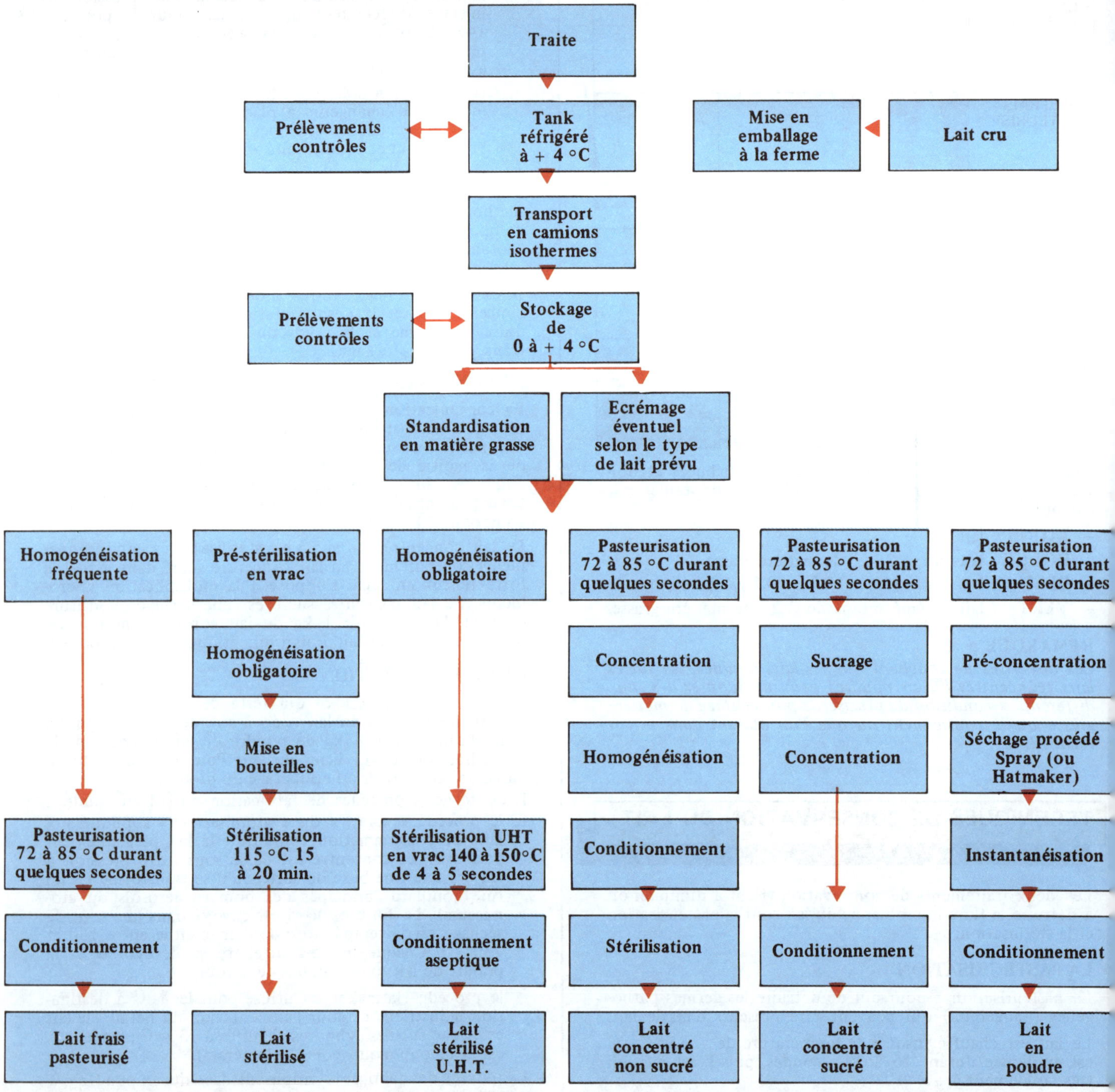

CLASSIFICATION

Selon ses utilisations, ses possibilités de stockage, selon le goût et les besoins de sa clientèle, le restaurateur a la possibilité de choisir le ou les laits suivants :

LES LAITS LIQUIDES DE CONSERVATION LIMITEE

- **LE LAIT CRU**

Venu tout droit de la ferme, le lait cru est seulement réfrigéré Il doit répondre à de sévères prescriptions réglementaires et doit notamment provenir d'étables contrôlées et agréées sur le plan sanitaire. Dans les villes de moins de 20 000 habitants, il peut être livré et distribué en « vrac » ; au-delà, il doit être impérativement conditionné. Quelque soit sa présentation, le lait cru doit être porté à ébullition quelques minutes avant d'être consommé.

- **LES LAITS FRAIS PASTEURISES**

Les laits frais pasteurisés conservent actuellement toutes les qualités gustatives du lait cru. Ils conviennent parfaitement en cuisine et en boissons. Les laits frais pasteurisés sont commercialisés en vrac, en bidons plombés, ou conditionnés en emballages divers (briks par exemple). Ils doivent impérativement être conservés en enceinte réfrigérée et être utilisés dans les 7 jours qui suivent le conditionnement (voir étiquetage).

– **Le lait frais pasteurisé en vrac ou en bidons plombés**

Le lait frais pasteurisé, en vrac ou en bidons plombés de 20 litres, est autorisé dans les villes de moins de 20 000 habitants. Les établissements de l'agro-alimentaire et les collectivités sont autorisés à en recevoir à condition de le consommer ou de l'utiliser sur place dans les 7 jours qui suivent son conditionnement, et sous réserve qu'il présente au bout de 7 jours les mêmes caractéristiques bactériologiques que le lait pasteurisé conditionné. Toutes les mentions obligatoires portées sur l'emballage des laits pasteurisés doivent être consignées sur les documents d'accompagnement livrés avec chaque bidon.

– **Le lait frais pasteurisé conditionné**

Il est conditionné en bouteilles plastiques ou en cartons de un ou deux litres. Comme le précédent, il est soumis à une pasteurisation réglementaire.

• LE LAIT FRAIS PASTEURISE DE HAUTE QUALITE

La mention « haute qualité » sur l'emballage d'un lait pasteurisé révèle des qualités supérieures au niveau gustatif et bactériologique. Ce lait provient d'étables soumises à un contrôle sanitaire rigoureux. Il reçoit un traitement thermique limité à + 72 °C durant 15 secondes. Sa saveur est celle du lait cru et il a une qualité hygiénique très satisfaisante.

LES LAITS LIQUIDES DE LONGUE CONSERVATION

• LES LAITS STERILISES

– **Le lait stérilisé simple**

dont la durée de conservation est très longue (150 jours) à température ambiante (mais à l'abri d'une source de chaleur). Les consommateurs lui reprochent son goût de cuit ou de caramel.

– **Le lait stérilisé UHT**

Le lait stérilisé UHT est de plus en plus utilisé et apprécié en restauration. Son goût se rapproche de celui du lait cru. Il possède une date limite de consommation optimale de 3 mois à température ambiante.

Les laits frais pasteurisés, stérilisés et stérilisés UHT peuvent être utilisés sans ébullition préalable. Après ouverture du conditionnement, ils doivent être placés en enceinte réfrigérée, bien bouchés, et utilisés rapidement.

LES LAITS AROMATISES

Ce sont des boissons constituées uniquement de lait partiellement écrémé ou non, sucré ou non, additionné de substances aromatiques autorisées. Les laits aromatisés sont stérilisés et se conservent comme le lait UHT.

LES LAITS DIETETIQUES

Il s'agit de laits liquides, le plus souvent demi-écrémés, soumis au traitement UHT, à teneur garantie en vitamines. Ils peuvent également être présentés en poudre et adaptés à l'alimentation des nourrissons (laits maternisés et laits dits du deuxième âge).

LE LAIT CONCENTRE
LE LAIT CONCENTRE SUCRE

Les différentes opérations de déshydratation partielle et de sucrage éventuel permettent la conservation prolongée des laits concentrés : plus d'un an à température ambiante dans l'emballage hermétiquement fermé. Dès l'ouverture du conditionnement, le lait concentré doit être conservé en enceinte réfrigérée : il se conserve ainsi durant une dizaine de jours (recouvrir l'ouverture du récipient avec du film alimentaire).

CONSERVATION DU LAIT EN RESTAURATION

Types de lait	Conservation avant ouverture	Conservation après ouverture	Emploi
LAIT CRU	en enceinte réfrigérée à + 4 °C, 48 heures maximum après la traite	en chambre froide à + 3 °C, 24 h maximum	ébullition de 5 à 8 min.
LAIT FRAIS PASTEURISE	en enceinte réfrigérée à + 4 °C, jusqu'à la DLC* (J + 7 jours après le conditionnement) à l'économat	en chambre froide à + 3 °C, dans le conditionnement d'origine, 2 à 3 jours en tenant compte de la DLC ; 24 heures en collectivité	ébullition inutile, maintien strict en enceinte réfrigérée
LAIT STERILISE	à l'économat ou dans un local à une température n'excédant pas 15 °C, à l'abri de la lumière jusqu'à la DLC* (J + 120*, ou 150 jours maximum)	en enceinte réfrigérée à + 3 °C 1 à 2 jours maximum	ébullition inutile
LAIT STERILISE UHT	à l'économat ou dans un local à une température n'excédant pas 15 °C, jusqu'à la DLC* (J + 90*)	en enceinte réfrigérée à + 3 °C 1 à 2 jours maximum	ébullition inutile
LAIT CONCENTRE	à l'économat ou dans un local à une température n'excédant pas 15 °C, durant 12 à 18 mois selon la DLUO*	en enceinte réfrigérée à + 3 °C durant 1 à 2 jours maximum	ébullition inutile
LAIT EN POUDRE	à l'abri de la chaleur et de l'humidité jusqu'à la DLUO* (12 à 18 mois après la date de fabrication)	à l'abri de la chaleur et de l'humidité entier → 10 jours 1/2 écrémé → 2 semaines écrémé → 3 semaines	ébullition inutile

* **DLC** : date limite de consommation **J** : jour du conditionnement **DLUO** : date limite d'utilisation optimale

REMARQUE :

Les laits pasteurisés, stérilisés, et stérilisés UHT portent une DLC indiquée par la mention : « à consommer avant le ... »

Les laits concentrés ou déshydratés portent une DLUO indiquée par la mention : « à consommer de préférence avant le ... ». Cette mention n'est pas obligatoire, mais elle est appliquée par tous les fabricants.

La marque de salubrité :

Depuis décembre 1982, la marque de salubrité garantit la conformité de l'établissement traitant le lait. Cette marque doit être apposée visiblement sur les emballages. Elle est obligatoire pour les laits soumis à une DLC.

Seuls les laits porteurs de cette marque de salubrité peuvent être utilisés pour la réalisation des « plats cuisinés à l'avance » destinés à la restauration différée.

LES YAOURTS

Le yaourt ou yoghourt est un produit laitier frais connu depuis plus de 2 000 ans en Asie et en Europe Centrale. C'est seulement depuis quelques décennies qu'il est devenu un produit de consommation courante en France.

FABRICATION

Le yaourt est un lait fermenté qui est obtenu après ensemencement par un mélange de 2 bactéries lactiques bien particulières. Il est préparé avec des laits écrémés ou non, pasteurisés ou stérilisés, éventuellement additionnés de poudre de lait (afin d'en améliorer la consistance).

Les deux bactéries que doit obligatoirement renfermer un yaourt sont : le streptococcus thermophilus et le lactobacillus bulgaricus. Au terme de la fermentation (à 45 °C pendant environ 2 heures), le lait coagulé est devenu un yaourt contenant plus de 100 millions de bactéries lactiques vivantes par gramme.

C'est l'activité bactérienne qui confère au yaourt son arôme et son goût caractéristique ainsi que ses qualités nutritionnelles spécifiques. C'est pour cette raison que la législation n'autorise pas que l'on garde le nom de « yaourt » lorsque le produit a été surgelé.

Il n'est pas possible non plus de vendre des « glaces au yaourt » alors que ce type de produit (frozen jogourt) remporte un grand succès à l'étranger.

REMARQUE :

Le yaourt « B.A. » est un nouveau produit fabriqué avec un autre germe lactique qui est un bifidobacterium, d'où le nom de B.A. (qui vient de Bifidus Actif). Ce produit a une onctuosité, une douceur et un goût remarquables.

SCHEMA DE LA FABRICATION DES YAOURTS

- Réception du lait
- Standardisation de la matière grasse du lait
- Pasteurisation
- Homogénéisation
- Renforcement de la matière sèche (addition de poudre de lait ou concentration par évaporation)
- Chauffage et chambrage
- Refroidissement à la température de fermentation
- Ensemencement en bactéries lactiques spécifiques Agitation

Conditionnement en pots	Fermentation en cuves 45 °C (coagulation)
Fermentation en chambres chaudes 45 °C (étuvage, coagulation)	Décaillage (brassage du coagulum)
Refroidissement	Refroidissement
	Addition éventuelle de fruits, colorants et arômes
	Conditionnement
Stockage réfrigéré	Stockage réfrigéré
Commercialisation	Commercialisation
YAOURT FERME EN POT	YAOURT BRASSE

CLASSIFICATION

Les yaourts sont classés d'après leur teneur en matière grasse, leur goût ou leur texture.

Selon leur teneur en matière grasse :
- yaourts maigres à moins de 1 % de matière grasse
- yaourts nature à 1 % de matière grasse
- yaourts au lait entier à 3,5 % de matière grasse

SELON LE GOUT :
- **yaourts nature** (sans addition d'arômes)
- **yaourts sucrés**
- **yaourts aux fruits, au miel, à la confiture** (moins de 30 % d'éléments ajoutés)
- **yaourts aromatisés** (aux arômes naturels ou de synthèse autorisés par la législation)
- **yaourts bulgares** ensemencés avec des bactéries sélectionnées selon la texture
- **yaourts fermes coagulés en pots** (leur texture est ferme et leur surface est lisse)
- **yaourts brassés** (coagulés en cuve et brassés avant la mise en pots (leur texture est onctueuse)
- **yaourts à boire** (texture liquide)

AUTRES LAITS FERMENTES

Mis à part les yaourts qui sont réalisés à partir de lait acidifié, par des ferments spécifiques, il existe de nombreux types de laits fermentés :

- **le lait ribot** :
  c'est un lait acidifié par des cultures de ferments non spécifiques,
- **le kéfir** :
  c'est une boisson d'origine caucasienne, réalisée à base de lait, mais gazeuse, acide et alcoolisée, le kéfir a subi une fermentation lactique et alcoolique,
- **le koumis** :
  boisson préparée en Russie méridionale, par fermentation lactique et alcoolique du lait de jument, d'ânesse ou de chamelle.

Les yaourts sont à conserver en enceinte réfrigée à + 4 °C maximum jusqu'à la date limite de consommation.

LA CRÈME

La crème est le produit de l'écrémage centrifuge du lait. A l'état naturel, le lait contient environ 35 à 45 grammes de lipides par litre. Cette matière grasse se présente sous la forme de globules en émulsion dans la phase aqueuse appelée lactosérum ou « petit lait » (plusieurs milliards de globules par millitre).

La densité de la matière grasse étant inférieure à celle de la phase aqueuse du lait, celle-ci est séparée par simple opération de centrifugation (séparation des constituants en fonction de leur masse). La centrifugation sépare deux phases :
- la phase la plus légère : la crème
- la phase la plus lourde : le « petit lait » (riche en protéines et sels minéraux, il est réservé à d'autres usages alimentaires ou à l'alimentation des animaux).

La crème ainsi obtenue est liquide et douce. Sa teneur en acide lactique est encore faible (moins de 2,5 pour mille de la partie non grasse). Puis progressivement, la crème fait l'objet de nombreuses réactions physicochimiques et biologiques qui modifient sa saveur et son onctuosité.

Les bactéries lactiques naturellement présentes (ou ajoutées dans le cas des crèmes maturées) se développent. La crème s'acidifie, s'épaissit, devient apte au foisonnement et développe de nouveaux arômes (formation de diacétyle, arôme caractéristique du beurre).

CLASSIFICATION

Différentes catégories de crèmes sont actuellement commercialisées. Elles se distinguent par leur teneur en matière grasse et par les traitements qu'elles ont subis (procédés de conservation).

- **LA CREME A 30 GRAMMES DE MATIERE GRASSE POUR 100 GRAMMES MINIMUM (30 %)**
  - crème crue
  - crème fraîche pasteurisée liquide ou fleurette
  - crème fraîche pasteurisée épaisse ou maturée
  - crème stérilisée liquide
  - crème U.H.T liquide
- **LA CREME LEGERE SONT LA TENEUR EN MATIERE GRASSE EST COMPRISE ENTRE 12 ET MOINS DE 30 %**
  - crème légère épaisse ou maturée pasteurisée
  - crème légère douce liquide ou fleurette pasteurisée
  - crème légère douce liquide ou fleurette stérilisée U.H.T.
  - crème à fouetter et crème fouettée
  - crème sous pression

REMARQUE

La crème «fraîche» est une crème crue ou pasteurisée (épaisse ou fleurette). Elle est commecialisée soit en vrac dans des seaux de 5 à 10 litres, soit au détail en petits pots de 12, 25 ou 50 cl.

LES DIFFERENTS TYPES DE CREME

Les crèmes les plus courantes sont la crème UHT (en tête), la crème fraîche en seau et la crème fleurette. Nous mentionnons à titre indicatif les autres crèmes, bien qu'elles soient très peu présentes en restauration (crème crue, crème légère, crème à fouetter, crème sous pression.

- **La crème crue**

C'est la crème de nos grands-mères : elle n'a subi aucun traitement thermique particulier.

La crème obtenue aussitôt après écrémage est liquide et douce : sa teneur en acide lactique est faible (moins de 2,5 ‰ de la partie non grasse). Sa teneur en matière grasse est généralement supérieure à celle des produits pasteurisés. Après l'écrémage, la crème crue est refroidie et stockée à +8°C.

La mention «crue» est obligatoire sur l'étiquetage.

SCHEMA DE FABRICATION DE LA CREME

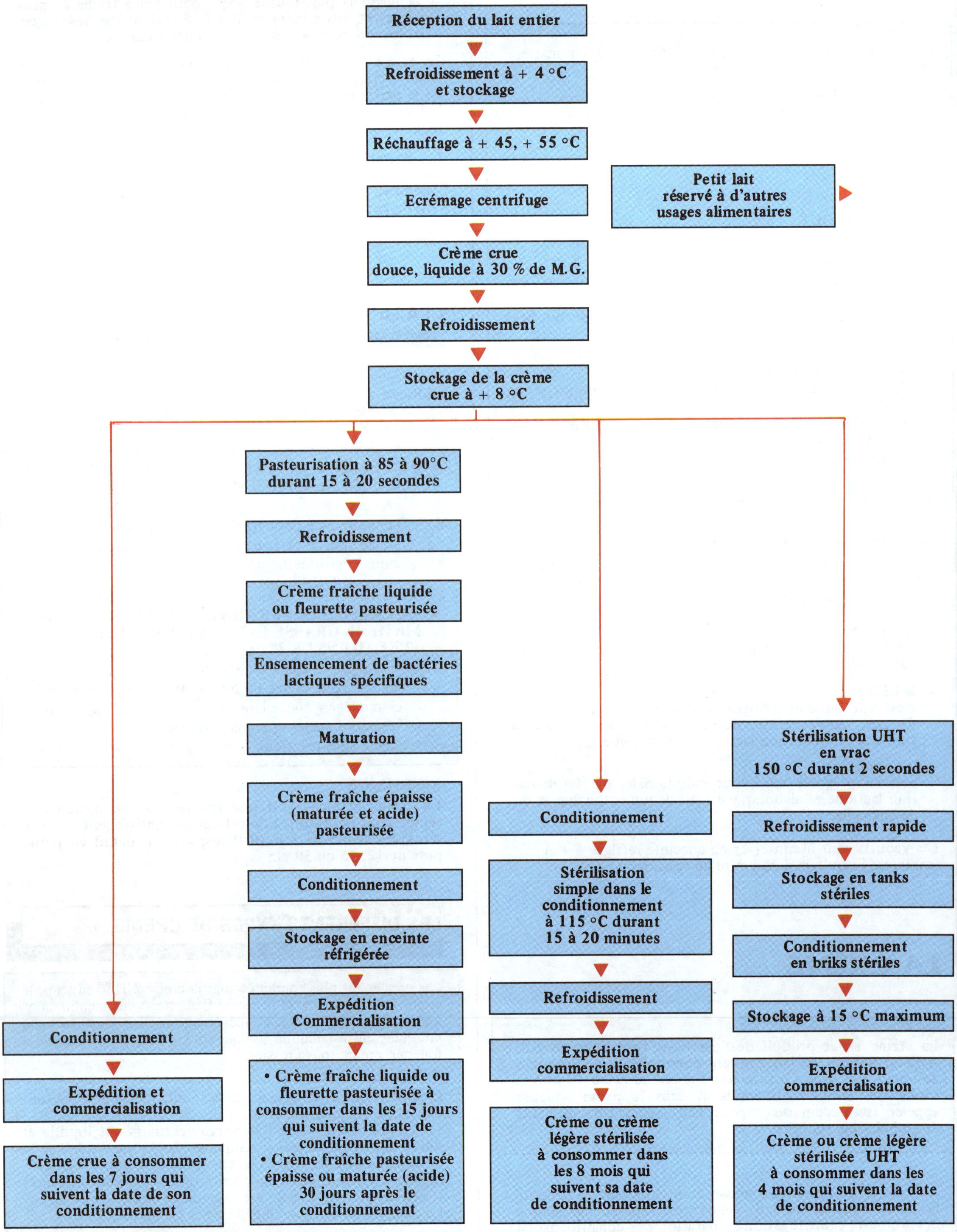

- **La crème fraîche pasteurisée liquide douce ou fleurette**

La pasteurisation permet de détruire les germes pathogènes de la crème crue et d'assurer au produit une meilleure conservation. Elle s'effectue entre 85 et 90°C et ne dure que 15 à 20 secondes. La crème est refroidie. **Si elle n'a pas été ensemencée avant maturation, cette crème est liquide et douce.** Elle est rarement commercialisée, sauf à l'attention des restaurateurs, sous l'appellation «crème fleurette». Il s'agit d'une appellation générique non légale mais très courante dans le milieu des professionnels, qui l'apprécient beaucoup pour son aptitude au foisonnement. Elle se différencie des crèmes liquides habituelles par le fait qu'elles est seulement pasteurisée et non pas stérilisée. Etant plus fragile, elle est de moins en moins utilisée. Comme il s'agit d'une crème liquide, l'appellation «fleurette» est de plus en plus souvent employée pour désigner l'ensemble des crèmes liquides UHT.

- **La crème fraîche pasteurisée épaisse (ou maturée)**

A la suite de la pasteurisation, si l'on désire une crème épaisse, on procède à la maturation. Ce procédé consiste à refroidir la crème à 6-7°C pour «cristalliser» une partie de la matière grasse (maturation physique), puis à l'ensemencer avec des ferments lactiques prélevés sur des crèmes particulièrement aromatiques (maturation biologique) et possédant un taux d'acidité élevé. Cette opération influe sur le goût et la texture de la crème. **De douce et liquide, la crème devient épaisse et acide.** Son goût s'affirme.
Le qualificatif «épaisse ne signifie donc absolument pas un taux de matière grasse supérieur. une crème épaisse peut d'ailleurs être légère (12 % de M.G.). La seule dénomination «crème fraîche» indique que le produit a été pasteurisé, la mention «pasteurisé» n'étant pas obligatoire.

- **La crème stérilisée (liquide)**

Après conditionnement, la crème crue est stérilisée à 115°C durant 15 à 20 minutes, puis refroidie. Cette crème répond aux caractéristiques d'une crème liquide, la stérilisation ne permettant pas l'ensemencement.
Ce type de stérilisation présente comme inconvénient de développer dans le lait et la crème un goût de cuit et de caramel, ce qui explique la préférence actuelle pour la crème UHT. Elle n'a pas le droit à l'appellation crème fraîche. Elle se présente dans des emballages hermétiques (carton, matière plastique).

- **La crème UHT (iquide)**

La crème crue est stérilisée à 150°C durant 2 secondes puis refroidi rapidement. Ce traitement thermique préserve les qualités nutritionnelles gustatives et fonctionnelles de la crème. Elle n'a pas le droit à l'appellation «crème fraîche». Conditionnée de façon aseptique, elle se présente dans des briques multicouches de haute qualité (étanches à l'air et à l'humidité).

- **La crème légère**

La force de l'écrémage détermine le taux de matière grasse. On règle l'écrémeuse selon le pourcentage de matière grasse désiré. La crème légère contient au minimum 12 % de matière grasse mais moins de 30 %. Le taux de matière grasse doit être précisé sur l'emballage. Elle ne peut être commercialisée qu'en récipient clos et étanche. Elle peut être liquide ou épaisse, mais obligatoirement pasteurisée ou stérilée. Toutes les crèmes (à fouetter, sous pression, stérilisée...) peuvent être «légères». Les crèmes légères sont à distinguer des «préparations laitières à base de crème fraîche légère à teneur en lipide réduite» dont la stabilité est assurée par certains additifs comme l'amidon modifié.

- **Ne pas confondre : crème double et crème enrichie en matière grasse**

On croit souvent que le terme «double» s'applique à une crème particulièrement riche en matière grasse, alors qu'il ne s'agit que d'un synonyme d'«épaisse». C'est une crème maturée, donc épaissi». On trouve certaines crèmes très riches en matière grasse, destinées à la cuisine et à la pâtisserie. Leur taux est précisé sur l'emballage (en général 40 %).

- **La crème à fouetter et la crème fouettée**

Ce produit se compose de crème ou de crème légère, dans la proportion de 75 % au minimum. L'addition de certains produits est autorisée : saccharose (15 % maximum), ferments lactiques, matières aromatisantes naturelles, protéines de lait. Le taux de foisonnement (rapport entre le volume de la crème fouettée prête à la vente et le volume initial) varie entre 2 et 3. La dénomination «crème chantilly» s'applique à une crème fouettée contenant au minimum 30 % de matière grasse.

- **La crème sous pression**

Ce produit est toujours pasteurisé ou stérilisé. Son taux de foisonnement et sa composition sont similaires à celle de la crème à fouetter, à l'exception des stabilisateurs dont l'addition est limitée à 0,1 %. Son conditionnement sous pression assure le foisonnement et une bonne conservation. Il existe des bombes congelées et des bombes à stockage à température ambiante. Le gaz (protoxyde d'azote), en s'échappant, provoque le foisonnement de la crème.

- **La conservation de la crème**

L'hygiène impose de respecter rigoureusement la Date Limite de Consommation des crèmes crues, ou pasteurisées ou UHT.
La crème crue, extrêmement fragile, doit être consommée dans les 7 jours qui suivent la date de son conditionnement.
La crème fraîche liquide (ou fleurette) est de conservation limitée (15 jours). Ce produit fragile présente des problèmes sanitaires, en particulier en restauration social, car elle n'a pas de protection acide (au contraire de la crème fraîche épaisse).
La crème fraîche épaisse doit être conservée entre 4 et 6°C maximum et consommée dans les 30 jours qui suivent la date de son conditionnement. Après ouverture, elle doit être consommée dans les 48 heures. Au delà, des moisissures, des levures et un goût désagréable, risquent d'apparaître.
La crème stérilisée doit être stockée dans un endroit frais (à une température inférieure à 18°C) et consommée dans un délai de 8 mois à partir de la date de conditionnement
Après ouverture, il faut la maintenir à 6°C maximum et la consommer dans les 48 heures.
La crème stérilisée UHT doit être stockée avant ouverture dans un endroit frais (à une température inférieure à 18°C) et consommée dans un délai de 4 mois à partir de la date de conditionnement (il est préférable de ne pas dépasser 3 mois, ce que recommande la plupart des fabricants). Après ouverture, elle se conserve dans les mêmes conditions que la crème stérilisée.
Dans tous les cas, il est primordial de maintenir la chaîne du froid et de ne pas exposer la crème à des changements de température répétés. Il est dangereux de la laisser trop longtemps à température ambiante. Il est préférable, dans le cas de gros conditionnements, d'en prélever une part pour la mise en place quotidienne et de laisser le restant en chambre froide.
Une odeur aigre, une texture excessivement humide, une couleur jaunie, la présence de levures noirâtres ou verdâtres et une saveur rance trahissent une crème altérée.

Remarque :

La «crème d'Isigny», seule crème pour l'heure à bénéficier d'une Appellation d'Origine Contrôlée (AOC), appartient à la catégorie des crèmes fraîches épaisses pasteurisées.
Soumise à une législation très stricte, elle se caractérise par une grande finesse. Elle doit avoir une teneur en matière grasse au moins égale à 35 g/litre (dans les faits, elle affiche toujours 40 %), être pasteurisée dans les 36 heures précédant l'écrémage, et ne doit pas être préparée à partir de crèmes congelées ou surgelées. Ainsi, la crème crue, stérilisée ou UHT et les crèmes légères ne peuvent prétendre à cette appellation contrôlée.

EMBALLAGE ET CONDITIONNEMENT

Les emballages les plus fréquemment employés sont les pots en plastique ou en verre, les briks de carton, les bidons ou les seaux de 2,5/5/10 litres, et les bombes sous pression.

Tous les récipients doivent comporter une estampille de salubrité garantissant que la crème provient d'un atelier de fabrication contrôlé et ayant obtenu une marque de salubrité.

La température de conservation des crèmes crues, fraîches (pasteurisées) doit être comprise entre 0°C et +6°C maximum.

Dès que les emballages ont été ouverts, toutes les crèmes doivent être consommées dans les plus brefs délais. Elles doivent être maintenus en permanence en enceinte réfrigérée à +3°C.

Une crème altérée se reconnaît facilement par sa texture, son odeur et sa saveur anormales, ou encore par un excès d'humidité, par le développement de levures noirâtres ou verdâtres, et un goût de «rance».

Les crèmes crues et pasteurisées présentent une DLC indiquée par la mention : «à consommer avant le...».

Les crèmes stérilisées et stérilisés UHT, une DLUO (date limite d'utilisation optimale) indiquée par la mention «à consommer de préférence avant le...».

LE BEURRE

DEFINITION ET COMPOSITION

La dénomination «beurre» est réservée au produit obtenu après barattage de la crème de lait pasteurisée et maturée. Le beurre obtenu doit être suffisamment débarrassé d'eau par malaxage et lavage pour ne plus renfermer que 18 grammes (au maximum) de matière non grasse, 16 grammes d'eau (au maximum), 2 grammes de matière sèche dégraissée pour 100 grammes de beurre. Le beurre est donc composé de 82% de lipides minimum provenant du lait (matière grasse butyrique).

Il faut environ 22 litres de lait pour fabriquer 1 kg de beurre. De nouvelles spécialités laitières à tartiner (S.L.T.) sont apparues sur le marché. Classées comme aliments «diététiques», ces produits renferment 41 % de matière grasse soit environ deux fois moins de matières grasses (matière grasse laitière ou mélange de matières grasses laitières et végétales).

FABRICATION DU BEURRE

Jusqu'à la fin du 19ème siècle, tous les beurres étaient fabriqués à la ferme. Chacun possédait sa méthode. L'invention de l'écrémeuse centrifuge accélérant le processus naturel de séparation de la crème a pratiquement mis fin à cet usage.

Schématiquement, le processus d'élaboration du beurre suit les 6 étapes essentielles suivantes.

ECREMAGE DU LAIT

Soumis à une rotation très rapide à l'intérieur d'une cuve, la fraction lipidique du lait se sépare des autres constituants plus denses.

PASTEURISATION

La plupart des laits et des crèmes, destinés à être transformés en beurre, font l'objet de ce traitement thermique. Le produit est soumis à une température élevée pendant quelques secondes, puis refroidi très rapidement.

MATURATION

La crème est ensemencée de bactéries lactiques, puis mise à maturer dans des cuves, pendant environ 15 heures à une température comprise entre 14 et 16 °C. Cette opération développe l'arôme du beurre, tout en préservant les qualités du goût et de l'arôme originels. Elle facilite également l'étape suivante : le barattage.

BARATTAGE OU BUTYRIFICATION

Pour devenir du beurre, la crème maturée n'a plus qu'à être barattée. Il s'agit d'une agitation énergique et répétitive qui fait éclater les globules de matière grasse et qui les soude entre eux pour former les grains de beurre, en libérant le « babeurre ».

Le babeurre est constitué d'eau, de protéines, de lactose, de sels minéraux, etc.

LAVAGE

Pratiqué avec de l'eau pure, il a pour but d'éliminer la totalité du babeurre pouvant encore être retenu par les grains de beurre, et de faire perdre le goût acide de la crème.

MALAXAGE

Il améliore la soudure des grains de beurre entre eux et répartit de manière homogène l'eau (16% maximum) au sein de la masse de beurre.

En dépit de progrès technologiques, les principes de fabrication du beurre n'ont pas changé. Le processus naturel a été maintenu comme au temps de la baratte en bois : les changements n'ont porté que sur les conditions d'hygiène, la rapidité et la fiabilité de la production.

CLASSIFICATION DES BEURRES

TROIS NOUVELLES DENOMINATIONS, FONDEES SUR LES TRAITEMENTS DE LA CREME

Beurre cru ou beurre de crème crue : pas de traitement thermique du lait hormis sa réfrigération après la traite. Barattage de la crème crue.

Beurre extra fin : fabriqué 72 h au plus tard après collecte du lait ou de la crème. Pasteurisation puis barattage de la crème au plus tard 48 h après l'écrémage.

Beurre fin : pasteurisation puis barattage de la crème avec possibilité d'utiliser au maximum 30 % de crème conservée par congélation ou surgélation.

De nouvelles dénominations pour des produits à teneurs en matière grasse différentes mais ne contenant que de la matière grasse laitière

Beurre cuisinier ou beurre de cuisine : beurre pasteurisé déshydraté contenant au moins 96 % de matière grasse laitière.

Beurre concentré : beurre pasteurisé déshydraté contenant au moins 99,8 % de matière grasse laitière.

Beurre allégé : sa teneur en matière grasse doit être comprise entre 41 et 65 % et doit être clairement indiquée sur l'emballage.

Demi-beurre : ce terme peut être utilisé pour le beurre allégé lorsque la teneur en matière grasse est de 41 %, elle doit être indiquée clairement sur l'emballage.

Spécialité laitière à tartiner allégée ou à teneur lipidique réduite : sa teneur en matière grasse doit être comprise entre 20 et 40 % et doit être clairement indiquée sur l'emballage.

... Et d'autres indications portées sur l'étiquette s'il y a lieu

Appellation d'origine contrôlée

Actuellement deux aires géographiques sont définies : «Beurre Charentes-Poitou» (Beurre des Charentes ou Beurre des Deux-Sèvres), et «Beurre d'Isigny».

Salé, Demi-sel...

Aromatisé (avec indications des produits ajoutés : épices, cacao, plantes aromatiques, fruits, etc).

Foisonné ou aéré (le produit obtenu ne peut dépasser 3,5 fois le volume du beurre initial).

LE BEURRE CONCENTRE OU « BEURRE PATISSIER »

Il s'agit de beurre frais, d'excellente qualité, dont on a retiré toute l'eau et la matière sèche non grasse contenue dans cette eau, par fonte douce, décantation et essorage en centrifugeuse. Cette façon de conserver le beurre est connue depuis très longtemps sous l'appellation « beurre clarifié ».

Sans eau, la matière grasse butyrique peut être conservée au moins neuf mois à température ambiante. En effet la vie microbienne et les différentes actions enzymatiques responsables du rancissement ont besoin de l'eau et de l'oxygène contenue dans l'eau pour se développer.

Ce beurre porte l'appellation officielle de ***« beurre concentré ».***

Sa consistance peut être modulée selon la saison, la température du laboratoire et son utilisation. Son point de fusion est également bien défini (27/28°, 30/31°, 38/39°, 40/41°). Ce beurre est « tracé », c'est-à-dire marqué par de la vanilline ou d'autres produits autorisés en alimentation, de façon à ce qu'il ne soit pas frauduleusement revendu en tant que beurre frais en le mélangeant avec de l'eau.

Les pâtisseries fabriquées au beurre concentré ont le droit à l'appellation « pâtisserie au beurre ».

D'autres beurres concentrés sont utilisés comme matière première dans l'industrie agro-alimentaire :

- Le butter oil ou huile de beurre.
- La MGLA (matière grasse laitière anhydre).

Ces produits contiennent 99,8 % de matière grasse et très peu d'eau, moins de 0,2 %.

CONSEILS D'UTILISATION DU BEURRE CONCENTRE POUR PATISSIERS

- Eviter de le stocker au froid, il supporte bien 18° à 20 °C ; le froid fait cristalliser ses acides gras, et modifie sa consistance (point de fusion).
- Maintenir le beurre concentré à l'abri de la lumière.
- Utiliser 16 % de poids de beurre concentré en moins par rapport aux recettes à base de beurre classique (cela correspond au poids de l'eau manquante).

LA CONSISTANCE DU BEURRE

La plasticité et la consistance du beurre sont fonction de la composition de la matière grasse. Les pâtissiers parlent de beurres « secs » ou de beurres « gras ». Pourtant leur teneur en eau est toujours de 16 %, c'est obligatoire (sauf dans le cas des beurres concentrés).

Quand on le travaille, un beurre « gras » graisse plus les doigts. Un beurre « sec » ne colle pas aux doigts. Pourtant ils contiennent tous les deux, de par la législation, le même pourcentage de matière grasse.

La composition de la matière grasse varie selon l'alimentation de la vache (et selon la saison), mais aussi en fonction du stade de lactation (correspondant à l'évolution des besoins du petit veau auquel le lait est destiné).

La crème des laits d'été, correspondant au beurre d'été, contient une plus grande proportion d'acides gras insaturés (acide oléique par exemple) parce que les vaches sont nourries de fourrages verts : les acides gras insaturés ont pour propriété de rester liquides même à température assez basse. Les beurres d'été ont donc tendance à être moins durs et à paraître plus gras. En hiver les vaches sont généralement alimentées de fourrages secs : la crème de leur lait, donc le beurre d'hiver, contient plus d'acides gras saturés (acide stéarique par exemple) qui ont la propriété de rester solides à la température ambiante. Les beurres d'hiver auront donc tendance à être plus durs et d'apparence plus secs.

La consistance du beurre peut varier selon les régions, les conditions d'élevage, les rythmes saisonniers et les rigueurs climatiques. Les beurres normands sont plus gras et moins fermes que les beurres de l'Est.

LA COULEUR DU BEURRE

La couleur jaune dorée est donnée au beurre par le carotène contenu dans l'herbe et par la chlorophylle. Les beurres d'été sont plus colorés que les beurres d'hiver. Ces variations de couleur ont tendance à disparaître car l'alimentation des bovins en fourrage vert ou en maïs provenant d'ensilage se généralise.

La coloration des beurres blancs par addition de carotène ou de roucou est autorisée, mais elle est rarement pratiquée.

EMBALLAGE ET CONDITIONNEMENT

Les beurres sont emballés dans du papier sulfurisé, du papier d'aluminium, du carton paraffiné ou des barquettes de plastique.

Les conditionnements de beurre sont très variés, du micropain de 8 g à la motte de 25 kg.

On dénombre ainsi :

- les micropains de 8 à 20 g
- les plaquettes et rouleaux de 0,125 kg / 0,250 kg / 0,500 kg / 1 kg
- les mottes de 2 kg / 5 kg / 10 kg / 20 kg.

L'étiquetage doit obligatoirement porter les mentions suivantes :

- nom et adresse du fabricant ou du vendeur
- poids net du beurre
- pays d'origine s'il est importé
- agrément des Services Vétérinaires s'il s'agit d'un beurre pasteurisé agréé

– l'indication de la date de conditionnement traduite en quantième des jours de l'année est obligatoire.

(à consommer de préférence avant le)

Certains fabricants indiquent également une D.L.U.O

CONSERVATION DU BEURRE

La température maximale de conservation du beurre est de 6 °C. A défaut de D.L.U.O., il faut tenir compte de la date de conditionnement inscrite sur l'emballage pour établir le délai de consommation.

Selon les types de beurre, la durée de conservation est variable :

– 10 jours environ pour le beurre de crème crue
– 6 semaines pour le beurre extra fin et fin.

Le beurre doit être acheté en fonction de la date de conditionnemnet puis conservé à + 6 °C à l'abri de l'air et de la lumière. Le beurre s'imprégnant facilement des autres odeurs : il ne faut donc pas l'entreposer avec des aliments ayant une odeur prononcée (fromages, charcuteries, fruits, etc.).

L'altération du beurre se remarque par une couleur prononcée, de légères marbrures superficielles ou intérieures, une odeur de rance et une saveur légèrement piquante.

Le beurre congelé peut être conservé deux mois au maximum après sa date de conditionnement à – 18 °C. Le froid n'arrête pas le rancissement oxydatif : il est préférable de limiter sa durée de conservation.

Le beurre subventionné ou beurre de la C.E.E. est consenti à bas prix à certains organismes. Il s'agit de beurre cuisinier ou de beurre concentré. On les reconnaît à la présence de colorants comme le carotène ou de traceurs de goût comme la vanilline.

LES SPECIALITES LAITIERES TARTINABLES A TENEUR REDUITE EN LIPIDES (ENVIRON 41 % DE MATIERE GRASSE)

Pour répondre à la demande d'une clientèle qui recherche des produits moins gras, « allégés », différents produits à base de matières grasses laitières dits « produits diététiques » sont nouvellement apparus sur le marché.

Ces produits sont des corps gras « de table » et ne sont pas utilisés en cuisine pour les cuissons.

On distingue :

- Les spécialités laitières tartinables, uniquement à base de matières grasses laitières (teneur en M.G. 41 %). Certaines sont à base de beurre et de babeurre, d'autres à base de crème et de babeurre.

- Les pâtes à tartiner à base d'un mélange de matières grasses laitières et végétales (teneur en M.G. 41 %). Elles se composent de beurre ou de « butter oil », d'huile végétale (soja ou tournesol) et d'additifs divers (gélatine, extraits d'algues, chlorure de sodium, caséinate de lait, carotène, vitamines A ou D, etc.).

Ces spécialités laitières doivent être conservées en enceinte réfrigérée. Elles doivent comporter sur leur emballage une D.L.U.O. sous la forme de « à consommer avant le ...». La durée de conservation à partir de la date de conditionnement est comprise, selon les marques, entre 45 et 55 jours.

Sauf indication de l'étiquetage, ces produits ne conviennent pas pour la cuisson.

LES FROMAGES

Le fromage est le plus ancien mode de conservation du lait et un des plus vieux aliments de l'homme.

La réglementation française actuelle précise que le mot fromage est réservé au produit fermenté ou non, obtenu par la coagulation du lait, de la crème, du lait écrémé ou de leur mélange, suivie d'égouttage. Il doit contenir au moins 23 g de matière sèche pour 100 g.

Il existe des fromages au lait de vache (environ 96 % de la production nationale) des fromages au lait de chèvre (2,2 % de la production nationale) et des fromages au lait de brebis (1,8 % de la production nationale).

Le lait utilisé pour la fabrication des fromages est obligatoirement contrôlé, ce qui garantit l'hygiène et la qualité des produits obtenus. Le lait peut être utilisé cru ou pasteurisé. Les fromages réalisés à partir de lait cru ont une saveur plus prononcée.

FABRICATION

Tous les fromages répondent aux mêmes principes de fabrication mais certaines étapes sont maintenant plus ou moins mécanisées.

LE CAILLAGE

Cette première opération consiste à faire coaguler la caséine du lait. Le caillage peut être obtenu grâce à l'utilisation de bactéries lactiques ou de présure (enzyme coagulant spécifiquement les protéines du lait). On obtient ainsi deux parties le caillé et le « lactosérum » ou « petit lait ».

Le caillé se contracte, par agrégation des particules du gel de la caséine (on parle de synérèse), et libère le lactosérum liquide renfermant encore des protéines solubles, des sels minéraux (calcium) et du lactose.

Il existe différents types de synérèses :

– synérèse spontanée (de 15 à 24 h) pour les caillés lactiques (fromages blancs)
– synérèse mécanique pour les caillés à présure qui conservent les sels minéraux, le calcium en particulier (Emmental)
– synérèse mixte en partie spontanée, en partie mécanique (Camembert).

L'EGOUTTAGE

Phase de séparation du caillé et du lactosérum, l'égouttage peut se faire spontanément par simple filtration, ou de manière accélérée par brassage, tranchage ou chauffage.

MOULAGE

La mise en forme des fromages se fait dans des moules perforés ou par pressage dans des toiles cerclées de bois ou de matériaux divers. Le fromage acquiert ainsi sa forme définitive.

SALAGE

Le sel, réparti dans la pâte ou en surface, joue un rôle sélectif sur le développement des micro-organismes, et oriente le caillé vers l'aspect et le goût final recherché. Dans la formation de la croûte, le sel régularise les échanges entre l'intérieur du fromage et l'air extérieur.

L'AFFINAGE

C'est à ce stade que les fromages perdent la qualification de « frais ». Les fromages blancs ne sont pas affinés. Durant cette période de maturation réalisée dans des hâloirs humides et frais, les fromages font l'objet de nombreuses transformations biochimiques (fermentations diverses): Transformation du lactose restant, des matières grasses (libération d'acides gras arômatiques) et des protéines (formation de nombreux composés azotés à goûts caractéristiques). Toutes ces fermentations sont fonction des souches microbiennes judicieusement sélectionnées lors de l'ensemencement du caillé, du taux de salage, de la température et du degré hygrométrique des hâloirs.

La durée de maturation est variable selon les fromages (plusieurs jours à plusieurs mois). Des soins manuels constants (retournement, brossage, piquage) interviennent pour l'aération de la pâte ou le développement des moisissures caractéristiques.

CONTROLE

Les contrôles sont échelonnés de la production du lait à toutes les étapes de la fabrication du fromage. Ils comportent une série de tests de dégustation permettant d'évaluer le maintien du type du fromage, le dosage du goût, et d'assurer la maîtrise du produit.

CONDITIONNEMENT

D'une part il préserve le fromage, qui est un produit vivant, des agressions extérieures ; d'autre part l'étiquetage informe le consommateur sur les caractéristiques du produit.

Fromages à pâte molle et croûte lavée

CLASSIFICATION DES FROMAGES

Près de 400 variétés de fromages sont actuellement recensées dans notre pays. Elles sont regroupées en 8 grandes familles classées d'après le type de pâte, la technique d'affinage et l'origine du lait. Les fromages de chèvre font l'objet d'une classification séparée et sont tous regroupés dans la même famille. On distingue :

- **les fromages frais,**
- **les fromages à pâte molle à croûte fleurie,**
- **les fromages à pâte molle à croûte lavée,**
- **les fromages de chèvre,**
- **les fromages à pâte persillée,**
- **les fromages à pâte pressée non cuite,**
- **les fromages à pâte pressée cuite,**
- **les fromages fondus.**

FROMAGES FRAIS

Leur fabrication ne comporte que les phases du caillage, d'égouttage et de moulage. Ils ne sont jamais affinés, ils ont une saveur douce et sont très riches en eau. Ils peuvent être aromatisés (herbes, poivre, ail) ou légèrement salés.

Exemples :

– **LES FROMAGES BLANCS A TENEURS VARIABLES EN MATIERE GRASSE**
  - maigres : moins de 20 %
  - standard : 30 % à 40 %
  - au lait entier : 43 %
  - à la crème : plus de 45 %.

Ils peuvent être battus, leur texture est alors plus lisse et onctueuse.

– **LES FROMAGES BLANCS DE CAMPAGNE**

Leur texture est hétérogène et morcellaire. Généralement, ils ont été moulés à la louche et égouttés en faisselle.

– **LES PETITS SUISSES**

Les Petits Suisses sont des fromages frais de forme cylindrique. Le poids est de 30 à 60 g. Ils renferment au moins 40 % de M.G. sauf dans le cas de petits suisses maigres ou écrémés.

– **LES FROMAGES FRAIS TARTINABLES (DEMI-SEL)**

Ces fromages frais sont salés à 2 % environ et renferment au moins 40 % de M.G. Ils sont parfois aromatisés (ail, fines herbes, poivre).

FROMAGES A PATE MOLLE A CROUTE FLEURIE

Leur nom vient des moisissures blanches qui fleurissent sur la croûte (duvet de moisissure appelé « la fleur »). La croûte est blanche et feutrée, la pâte est souple et onctueuse. Lorsque le développement des moisissures se poursuit trop longtemps, le fromage risque d'être trop fait, il devient piquant (fermentations différentes). Cette catégorie de fromages est la plus importante, leur forme varie énormément suivant leur origine.

Exemples :

- forme ronde plus ou moins plate
  - Camembert, Brie de Meaux, de Coulommiers, etc.
- forme carrée ou rectangulaire
  - Carré de l'Est, etc.
- formes diverses
  - Cœur de Bray, Bondon de Neufchatel, Coutançais, La Bouille, Caprice des Dieux, Suprême Chaource, etc.

FROMAGES A PATE MOLLE A CROUTE LAVEE

Ils sont soumis à des lavages périodiques à l'eau salée et à des brossages pour éliminer les moisissures externes.

Ces opérations de lavage et de brossage favorisent la formation d'une croûte lisse et vernie allant du jaune paille ou orangé au rouge brique foncé.

Exemples :

- Pont Lévêque, Livarot, Pavé d'Auge, Reblochon, Munster, Maroilles, Epoisses, Vacherin du Haut-Doubs, etc.

Fromages de chèvre

FROMAGES DE CHEVRE

Proches des pâtes molles à croûte fleurie, les fromages de chèvre peuvent être frais, tendres, demi-secs, secs ou durs. La croûte peut être fleurie, cendrée, saupoudrée d'aromates, entourée de feuilles diverses. Les formes les plus courantes sont les bûches, les pyramides et les pavés.

Exemples :

- Crottin de Chavignol, Chabichou, Pouligny-St-Pierre, Valençay, St-Maure, Selles-sur-Cher, Picodon, St-Maixent, etc.

FROMAGE A PATE PERSILLEE

Ce sont des fromages à pâte molle, ni pressés ni cuits. Leur pâte comporte des moisissures internes qui sont des souches de Pénicillium qui ont été ensemencées dans le caillé émietté. Le développement des moisissures est dû à l'aération de la pâte que l'on pique avec des grosses aiguilles spéciales durant la maturation en cave très humide. Ces fromages sont d'autant plus recherchés que leurs moisissures sont denses, et régulièrement réparties. Ces fromages peuvent être réalisés à partir de lait de vache où de brebis.

Le roquefort est un des plus anciens fromages à pâte persillée. Il est fabriqué exclusivement avec du lait entier de brebis coagulé à la présure.

Exemples :

- Bleus d'Auvergne, de Gex, des Causses, de Bresse, de Corse, du Haut Jura, de Sassenage, de Septmoncel, de Laqueuille, du Quercy. Fourmes d'Ambert, de Montbrison, Roquefort.

FROMAGES A PATE PRESSEE NON CUITE

Ce sont des fromages dont la pâte a subi, indépendamment de la fermentation lactique, d'autres fermentations et dont l'égouttage se fait par pression mécanique. L'affinage de ces fromages dure généralement plusieurs mois (2 mois à plus d'un an). Ils se conservent plus longtemps que les fromages à pâte molle. Leur forme va du cylindre à une boule plus ou moins aplatie.

Exemples :

- Cantal, Tomme de Savoie, Saint-Nectaire, Mimolette, Edam et Gouda français, Saint-Paulin, Morbier, fromage des Pyrénées, Salers Haute Montagne, etc.

FROMAGES A PATE PRESSEE CUITE

Après découpage, le caillé est cuit dans le lactosérum à température modérée pour mieux le déshydrater. L'affinage est long ; il oscille normalement entre 90 jours et 8 mois ou plus. La pâte de ces fromages contient de 62 à 65 % de matière sèche dont 45 à 50 % de matière grasse.

Durant l'affinage, ces fromages bénéficient de soins particuliers (brossage, lavage, retournement). Les trous caractéristiques de cette catégorie de fromage proviennent de la fermentation propionique qui provoque des bulles de gaz carbonique dans la pâte lors de l'affinage en cave chaude (25 °C).

Le Comté, affiné en cave moins chaude (à moins de 25 °C) présente des trous plus petits et le Beaufort, affiné en cave froide se distingue par l'absence de trous. Ce sont des fromages de grand format (40 à 100 kg) à croûte naturelle, dure et résistante.

Exemples :

- l'Emmental (fabriqué en Savoie, en Franche Comté, en lisière de la Bourgogne, dans le Sud-Ouest et l'Ouest), le Comté (Franche-Comté), le Beaufort (typiquement savoyard).

  L'appellation « gruyère » est fréquemment utilisée pour désigner ces différents fromages, Le gruyère est un fromage spécifique produit en assez faible quantité.

FROMAGES FONDUS

Les fromages fondus sont les produits provenant de la fonte de fromage additionnée d'autres produits laitiers, notamment de lait liquide, en poudre, de crème, de beurre, de caséine, de lactosérum avec ou sans adjonction d'aromates. Ces produits doivent renfermer au moins 50 % de matière sèche et 40 % de matière grasse.

Exemples :

- Crèmes de gruyère, Fondu aux noix, Fondu aux raisins, fromages à tartiner.

LES APPELLATIONS D'ORIGINE

Vingt-sept fromages bénéficient en 1987 d'une appellation d'origine contrôlée. L'A.O.C. implique que le fromage présente certaines qualités substantielles résultant des vertus du terroir, et qu'il soit fabriqué et affiné selon des usages traditionnels. Ces fromages d'une grande qualité gustative sont soumis à de nombreux contrôles.

REMARQUE

Les fromages sont parfois classés d'après leur saveur croissante.

SAVEUR DOUCE

– fromages frais	Petits Suisses...
– fromages fondus	Crème de gruyère...
– fromages à pâte pressée non cuite	Saint-Paulin...
– fromages à pâte pressée cuite	Beaufort...
– fromages à pâte molle à croûte fleurie	Camembert...
– fromages de chèvre	Valençay...

SAVEUR FORTE

– fromages à pâte molle à croûte lavée	Munster...
– fromages à pâte persillée	Roquefort...

CLASSIFICATION DES FROMAGES SELON LEUR POURCENTAGE EN MATIERE GRASSE PAR RAPPORT A L'EXTRAIT SEC

On distingue :
- les fromages maigres avec moins de 20 % M.G.
- les fromages gras 20 à 45 % M.G.
- les fromages extra gras de 45 % à 60 % M.G.
- les fromages double crème de 60 à 75 % M.G.
- les fromages triple crème avec au moins 75 % M.G.

La législation impose l'indication, sur tous les emballages et les conditionnements, du pourcentage de matières grasses des fromages.

Ce pourcentage est calculé non pas proportionnellement au poids du fromage « humide » mais par rapport à son « extrait sec » ou « matières sèches » restant après déshydratation totale du fromage.

Exemple :

Cas d'un Camembert indiquant 45 % M.G. et dont le taux d'humidité est d'environ 50 %. Ce camembert renferme

$\frac{45 \times 50}{100} = 22{,}5$ g de M.G. pour 100 g de produit humide.

UTILISATIONS

En cuisine traditionnelle, ce sont les fromages à pâte pressée cuite qui sont les plus utilisés.

Exemples :
- fondue savoyarde, gratinées, garniture de certains potages (cultivateur, soupes de poissons par exemple), quiches, croque-monsieur, soufflés, omelettes, allumettes, beignets, ramequins au fromage, sauce Mornay, gratins (Dauphinois, de marcaroni, de chou fleur), etc.

CONSERVATION DES FROMAGES

Les fromages renferment des moisissures et bactéries responsables de fermentations et réclament des conditions de conservation rigoureuses si l'on veut contrôler leur évolution.

Les fromages frais sont à conserver à + 3 °C jusqu'à leur D.L.C.

Les autres familles se réservent à l'abri des autres aliments : timbres étanches aux odeurs ou boîtes hermétiques à la température de + 6 + 8 °C, avec un taux d'humidité idéal à 90 %.

ATTENTION :

A température et humidité trop fortes, le fromage moisit.

A température et humidité trop faibles, le fromage dessèche.

(Photos extraites de l'ouvrage "Travaux pratiques de restaurant" - tome 2 de Thierry Boulicot)

LES DESSERTS LACTÉS FRAIS

Ce sont des aliments préparés avec une grande quantité de lait ou de crème. De tous les produits laitiers frais, ce sont les seuls à faire appel à la cuisson. Les traitements thermiques sont donc limités au strict nécessaire pour atteindre les caractéristiques hygiéniques requises et obtenir une structure particulière (gélification de leurs composants). Les additifs utilisés comme auxiliaires de fabrication sont des produits utilisés depuis longtemps et dont l'innocuité a été prouvée par un long usage.

Exemples d'additifs :

- **Des agents de texture :**
  amidon de céréales (fécule, etc.), farine de graines, agar-agar, caroube, gomme, pectines ou pulpe de fruits, extraits naturel d'algues marines, etc.
- **Des arômes et des colorants :**
  produits naturels, extraits de plantes ou de fruits par seul traitement physique.
- **des antifongiques :**
  (sorbates) pour éviter la contamination par les levures et moisissures.

CLASSIFICATION

LES DESSERTS GELIFIES ET LES CREMES DESSERTS

Ces aliments contiennent 70 à 80 % de lait. Le lait est additionné de sucre, de matièresaromatisées et de colorants autorisés. Puis il est épaissi par des composants amylacés constitués d'amidon ou par d'autres géléfiants qui peuvent être incorporés dans la proportion maximale de 2 % (gomme, pectines de fruits, extraits d'algues, gélatines, etc.).

LES DESSERTS FOISONNES

Lorsque les desserts sont aérés (mousses ou produits analogues), on utilise généralement du lait riche en matière grasse ou de la crème qui ont la propriété de « monter » lorsqu'ils sont battus à froid.

Néanmoins pour faciliter leur aération et leur stabilité dans le temps, il est fait également appel à :
- des agents foisonnants (protéines du lait, du soja, du blé)
- des agents émulsifiants (des corps gras essentiellement)

Ces produits sont le plus souvent aromatisés (chocolat, vanille, café, caramel, etc.).

AUTRES DESSERTS LACTES

- **Les desserts à base de céréales**

Leur structure est obtenue par le gonflement de céréales en présence de lait chaud.

Exemple : gâteau de riz, de semoule, etc.

- **Les desserts cuits au four**

Ce sont des desserts fabriqués selon des recettes et des modes de cuisson traditionnels.

Exemples : crème caramel, crème renversée, etc.

LA CONSERVATION DES DESSERTS LACTES FRAIS

Ces produits doivent être maintenus impérativement dans leur emballage d'origine en enceinte réfrigérée (température inférieure ou égale à + 6 °C) et être consommés dans un délai de 24 jours après leur conditionnement (voir étiquetage).

LES CORPS GRAS

Le groupe des corps gras utilisés en cuisine rassemble différentes matières grasses dont les origines peuvent être :

- **Animale** :
  beurre, saindoux, graisse de bœuf, d'oie, de canard, shortenings à base de graisses animales adaptées aux fritures profondes et aux pâtisseries industrielles, etc.
- **Végétale** :
  huiles pour assaisonnement, pour friture et assaisonnement, margarines végétales, végétaline, etc.
- **Mixte** :
  margarines standards à base d'huiles végétales et de graisses de poisson, margarines et shortenings pour pâtissiers, etc.

Les corps gras sont présents dans l'alimentation sous deux formes :

- les corps gras faisant partie de la composition chimique des aliments, ce sont les « **matières grasses invisibles** ». Certains aliments en sont très riches : lard, viande de porc, de mouton, jaune d'œuf, foie gras, noix, cacahuète, olive, par exemple. Ce sont les matières grasses présentes dans les matières premières brutes ;
- les corps gras introduits dans certains aliments au cours de leur élaboration, ce sont les « **matières grasses ajoutées** ». Certaines préparations en sont très riches : sauces à base de crème et de beurre, pâtisseries et entremets divers, par exemple. Ce sont les matières grasses qui ont été extraites des matières premières pour obtenir ce que l'on appelle des « corps gras ».

REMARQUE

Les corps gras peuvent aussi être classés d'après leur consistance solide ou liquide à température ambiante. Les propriétés physico-chimiques des corps gras dépendent directement de leur composition chimique en acides gras.

On distingue :

- **Les corps gras durs ou solides à la température ambiante (+ 15 °C)** :
  Ils sont riches en acides gras saturés et ont un point de fusion élevé (entre 30 et 45 °C). Ces corps gras sont parfois appelés « graisses concrètes » : beurre, graisses animales, huiles rendues solides par hydrogénation.
- **Les corps gras fluides à la température ambiante** :
  Le point de fusion, qui varie en fonction de la nature des acides gras, se situe aux alentours de + 10 °C, et au-dessous de 0 °C pour l'huile de tournesol.

Ce sont des corps gras riches en acides gras insaturés et l'on distingue :

– les corps gras riches en **acides gras « mono-insaturés »** tels que les huiles d'arachide et d'olive qui sont fluides à la température ambiante et résistent bien à la chaleur prolongée et répétée,

– les corps gras riches en **acides gras « poly-insaturés »** tels que les huiles de tournesol, germes de maïs, pépins de raisins, noix. Ce sont des huiles également fluides à la température ambiante, mais fragiles à la lumière et aux chauffages répétés.

Plus un corps gras est saturé, plus il est solide, stable et résistant à la chaleur et à l'oxydation.

Plus un corps gras est insaturé, plus il est liquide et fragile.

Selon la législation, les huiles utilisées exclusivement pour les assaisonnements peuvent avoir une teneur en acide linolénique (acide gras poly-insaturé excessivement sensible à la chaleur et à l'oxydation) supérieure à 2 %, et pour les huiles pour friture et assaisonnement, cette teneur doit être inférieure à 2 %.

CLASSIFICATION DES CORPS GRAS

ORIGINE	VEGETALE		ANIMALE	MIXTE
	Pulpes de fruits ou graines d'oléagineux		Tissus adipeux, graisses sous cutanées et d'organes	Huiles végétales hydrogénées, graisses de poisson ou animale
CONSISTANCE	HUILES FLUIDES	HUILES CONCRETES	MATIERES GRASSES CONCRETES	MATIERES GRASSES CONCRETES
Exemples	arachide colza soja carthame cotonnier germes de maïs pépins de raisins noix noisettes amandes olives	Palme *1 palmiste *2 coprah *3 margarines végétales (fruit d'or) végétaline (coprah)	« beurre » *4 saindoux graisse de bœuf de rognon d'oie de canard de volaille shortenings *5 pour fritures profondes (GAT 10, lardex, blanc de bœuf)	margarines courantes shortenings divers

**1 palme : huile extraite de la pulpe du fruit du palmier à huile*
**2 palmiste : huile extraite de l'amande du noyau du palmier à huile*
**3 coprah : pulpe de noix de coco cueillies à maturité*
**4 voir cours sur les produits laitiers page 162*
**5 shortenings : graisses animales ou végétales et animales raffinées et hydrogénées.*

UTILISATION DES CORPS GRAS

Selon leurs origines ou leur texture, les corps gras utilisés en cuisine sont très diversifiés. Leur composition chimique les rend rarement polyvalents. **Ils doivent être choisis en fonction de leurs caractéristiques :**

• QUALITES GUSTATIVES

Lors de la mastication, les corps gras enrobent les particules d'aliments et favorisent le contact avec les papilles gustatives. Ils améliorent donc le goût des aliments car les arômes se dissolvent préférentiellement dans les matières grasses.

En dehors de leur rôle de révélateur de saveur, les corps gras (le beurre en particulier et les huiles vierges obtenues par pression à froid) sont utilisés comme « facteur d'assaisonnement » ou « condiments gras » : assaisonnement des salades, accompagnement des crudités, des charcuteries, des fromages, des huîtres, par exemple.

• RESISTANCE A LA TEMPERATURE OU AUX CHAUFFAGES REPETES

Le beurre, la margarine, et certaines huiles dites d'assaisonnement ne supportent pas d'être chauffés. Leur « point critique » ou point de fumée est relativement bas, il est préférable de les utiliser crus, fondus ou pour des techniques de cuisson dont la température ne dépasse pas 120 °C (cuisson basse température sous vide, à l'étuvée ou à l'étouffée par exemple). Il faut choisir un corps gras supportant des températures élevées pour les fritures plates (sauter, rissoler) et les fritures profondes (matières grasses anhydres, concrètes ou pauvres en acide linolénique : huile d'arachide, shortening animal, par exemple), (voir cours sur les friteuses et les produits laitiers, chapitre du beurre).

• APTITUDES D'ADAPTATION A UN TRAVAIL DONNE

La consistance, la texture, la fluidité doivent être recherchées en fonction de l'utilisation, de la température ambiante, de la saison, mais aussi de la technique de travail (travail manuel ou mécanique).

La maléabilité, la plasticité, la souplesse et l'aptitude du corps gras à s'étaler sans se rompre doivent être recherchées en fonction de l'utilisation (shortenings spécifiques à la fabrication des pâtes feuilletée, brisée, levée par exemple).

• QUALITES DIETETIQUES

Selon leur origine (animale ou végétale) leur technique de réalisation et leur degré de raffinage, les corps gras peuvent être émulsionnés ou non, contenir des acides gras essentiels ou des vitamines A, D, E par exemple. Certaines margarines sont adaptées à des régimes spéciaux (margarines riches en acides gras essentiels).

Le beurre peut être allégé (41 % de matière grasse).

Ce sont les matières grasses émulsionnées, telles que le beurre et les margarines ayant une température de fusion inférieure à la température du corps (37 °C) qui sont les plus digestes.

Prix de revient

Selon qu'il s'agisse d'une cuisine gastronomique ou d'une cuisine de collectivité sociale, le prix de la matière grasse peut avoir une incidence sur son choix.

Le point de fusion :

C'est la température à partir ou au-dessus de laquelle un corps gras se liquéfie. Le point de fusion est difficile à préciser car, avant d'être liquides, les corps gras passent par un état pâteux. De même, toutes les composantes d'un même corps gras naturel ne se solidifient pas à la même température : cas des huiles à demi figées, qui sont des mélanges de corps gras différents.

Le point de fumée :

C'est la température à laquelle un corps gras commence à se décomposer, en noircissant et en dégageant une fumée âcre. Le point de fumée correspond à la « température critique » qui ne doit jamais être dépassée.

Même si les corps gras pour fritures profondes ont un point de fumée élevé (entre 200 et 240 °C) pour un seul bain, il ne faut pas dépasser la température de 180 °C dans le bain d'huile car dans le cas des fritures profondes, le chauffage est répété de nombreuses fois, ce qui rend le corps gras plus fragile.

LA RESISTANCE A LA CHALEUR DES PRINCIPAUX CORPS GRAS

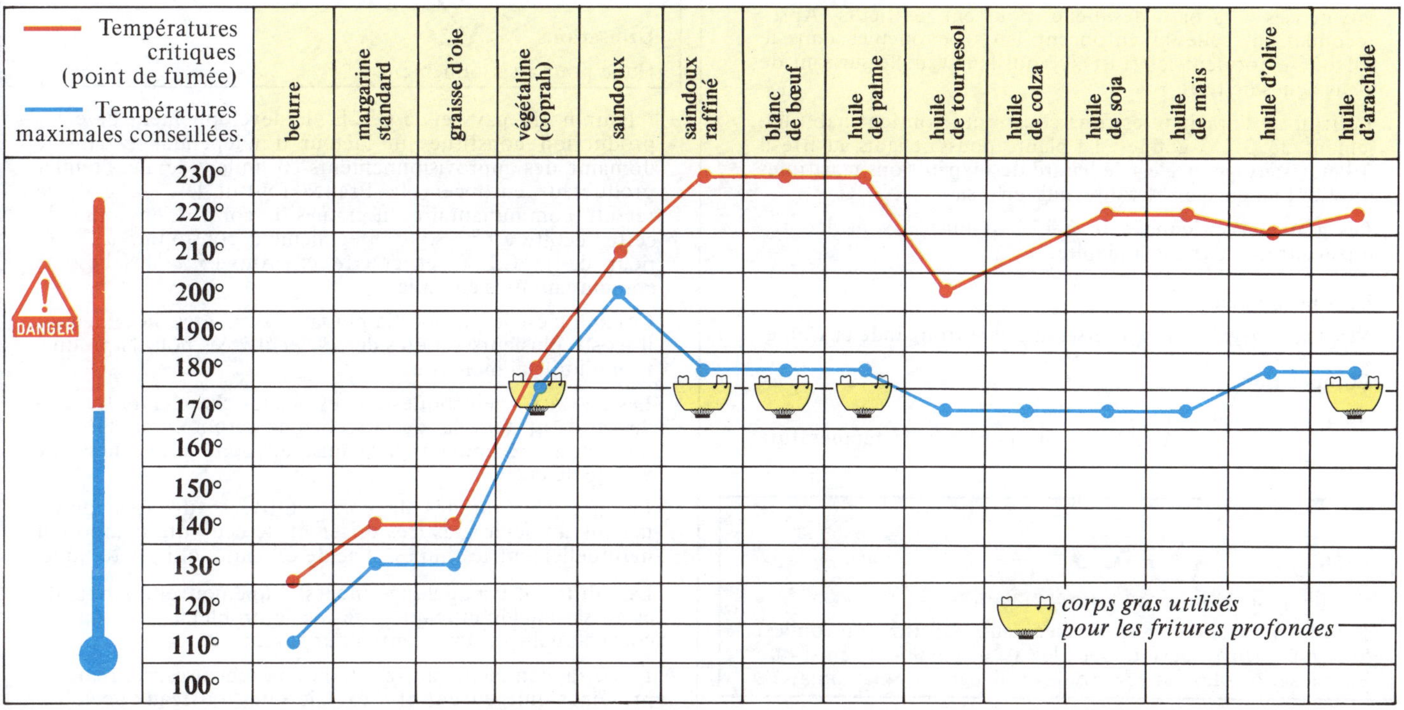

LES PRINCIPALES PLANTES OLEAGINEUSES

Les plantes oléagineuses sont des plantes que l'on cultive essentiellement pour en extraire de l'huile. Elles ont la particularité d'avoir des graines ou des fruits dont la composition est à dominante lipidique. Après extraction de l'huile, les autres composants sont destinés à la fabrication d'aliments pour le bétail (tourteaux), ou de protéines végétales traitées pour l'alimentation humaine (protéines de soja, par exemple).

ARACHIDE

(arachis hypogaea) – *cacahuète*

Légumineuse de la même famille que les pois, les haricots, le trèfle et la luzerne.

C'est le seul fruit qui mûrisse sous terre. L'arachide est une plante de vingt à soixante centimètres de haut, à feuilles duveteuses à la base desquelles poussent les fleurs. Après fécondation, celles-ci enfoncent leurs pédoncules dans le sol où se forment les fruits, ce qui leur vaut le surnom de « pistaches de terre ».

Le fruit de l'arachide est une gousse qui contient habituellement de 2 à 3 graines. La plante poussait jadis au Brésil à l'état sauvage et c'est le hasard des expéditions maritimes qui l'ont amenée en Afrique, puis en Asie.

Les graines contiennent 40 à 45 % d'huile et sont décortiquées sur les lieux de la récolte.

Pays producteurs

Nigéria, Sénégal, Niger, Etats-Unis, et surtout Inde et Chine.

Composition

Acides gras saturés 18 %
Acides gras insaturés 82 % (huile liquide à la température ambiante)

Utilisations

« Huile pour friture et assaisonnement »

L'huile d'arachide résiste bien aux fritures profondes. Son goût neutre permet tous les assaisonnements ainsi que la réalisation des sauces froides (vinaigrette, mayonnaise).

COLZA

(brassica oleifera)

Crucifère de la même famille que la giroflée, le chou et la moutarde , le colza est connu depuis la plus haute antiquité. Il tire son nom du hollandais « kolzaad » qui signifie fleur de chou.

Ses fleurs jaune pâle donnent naissance à des siliques qui contiennent chacune de vingt à trente graines et qui éclatent à maturité. La récolte se fait à la moissonneuse-batteuse à la fin du mois de juin. Battues et criblées, les graines sont séchées, puis stockées.

L'huile est extraite par pression et par extraction : il s'agit d'une huile fluide qui, une fois raffinée, a une couleur jaune or.

Le colza est une facteur positif d'équilibre pour un grand nombre de régions agricoles. Il constitue une excellente terre d'assolement, le blé cultivé après le colza a un meilleur rendement.

Pays producteurs

Europe septentrionale, U.R.S.S., Chine, Japon, Canada, France*.

Composition

Acides gras saturés 7 %
Acides gras insaturés 93 % (huile liquide à la température ambiante).

Utilisations

Huile pour assaisonnement

* Pour notre pays et la C.E.E., le développement de cette production constitue un facteur d'indépendance dans le domaine des approvisionnements en huile végétale. Premier producteur européen, la France fournit les 7/10e de la récolte communautaire en graines de colza. L'ensemble de cette récolte est presque intégralement consommé à l'intérieur de la C.E.E. et couvre environ 15 % des besoins communautaires en huile.

Comme c'est le cas pour la plupart des plantes oléagineuses, il existe plusieurs variétés de colza cultivées pour la production d'huile alimentaire.

Les travaux scientifiques menés par les chercheurs français de l'Institut national de la recherche agronomique (INRA) ont abouti récemment à la mise au point d'une nouvelle variété de colza.

En effet, les variétés de colza cultivées autrefois renfermaient un acide gras très différent de ceux qui composent habituellement les huiles : l'acide érucique qui est toxique.

La culture, il y a quelques années, d'une nouvelle variété de colza sans acide érucique a résolu le problème et l'huile de colza actuelle est excellente pour la santé.

Le colza, comme les autres graines oléagineuses, est riche en protéines qui peuvent être extraites des tourteaux de colza.

COCOTIER
(cocos nucifera)

Monocotylédone de la classe des palmacées ; de la même famille que le dattier, le raphia et le palmier à huile. Le cocotier porte des régimes de dix à quinze fruits à l'épiderme vert et lisse (noix de coco). Sous cette première enveloppe, se trouvent la bourre et la coque brune dure, fibreuse, protégeant la pulpe blanche. Cette pulpe, c'est le coprah, riche à 65 % d'une belle huile blanche, concrète (huile saturée, composant la végétaline). La noix de coco est ouverte en deux, séchée puis débarrassée de sa coque. Le coprah est acheminé à l'huilerie où son huile est extraite et raffinée.

Pays producteurs

Pays tropicaux : Philippines, Indes, Nouvelles-Hébrides, Tahiti, Nouvelle Calédonie, Ceylan, Caraïbes, Dahomey, Togo, Côte d'Ivoire.

Sa culture demeure toutefois essentiellement asiatique et océanienne.

Composition

Acides gras principalement saturés 93 %
Acides gras insaturés 7 %
(huile solide à la température ambiante – concrète)

Utilisations

L'huile de coprah rentre dans la fabrication des margarines, de la marque végétaline, et dans divers shortenings.

MAÏS
(zéa mays)

Céréale géante, le maïs possède de longues feuilles lancéolées. Ses épis, surmontés d'une houppe soyeuse, laissent apparaître des rangées de graines serrées les unes contre les autres.

La graine du maïs comprend trois parties : l'enveloppe, le germe et l'amande. Le **germe** (8 % environ du poids du grain) seul, donne de l'huile : il contient 45 à 50 % d'huile. L'huile de germe de maïs est très riche en acides gras essentiels donc très intéressante sur le plan nutritionnel.

Pays producteurs

Etats-Unis, U.R.S.S., Brésil et France

Composition

Acides gras saturés 15 %
Acides gras insaturés 85 % (huile liquide à la température ambiante)

Utilisations

Principalement pour les assaisonnements et la réalisation des sauces froides.

Elle résiste relativement bien à la température des fritures plates, mais son prix est élevé. Sa teneur en acides gras poly-insaturés la rend fragile à la lumière et aux chauffages répétés (fritures profondes).

OLIVIER

Famille des oléacées ; l'olivier cultivé est obtenu par greffage sur l'olivier sauvage.

Les fleurs naissent, très petites, blanches et odorantes à la base des feuilles de l'année précédente. Les fruits apparaissent à la fin de la floraison, vers le mois de juin. Chaque rameau ne fructifie qu'une fois dans sa vie.

L'olive est une « drupe » de forme ovoïde. Sa taille varie entre celle d'une noisette et celle d'un œuf de pigeon. Verte au début, l'olive devient jaune clair, puis rose, rouge-violet, enfin brune et noire à complète maturité (en hiver).

La récolte des olives destinées à l'huilerie se fait entre octobre et décembre lorsque l'olive est noire, donc mûre. Certaines variétés cependant se récoltent seulement au printemps suivant.

La pulpe charnue et huileuse, contenant entre 30 et 50 % d'huile brute, est pressée pour extraire l'huile.

Pays producteurs

Italie, Espagne, Grèce, Portugal, France.

Composition

Acides gras saturés 15 %
Acides gras insaturés 85 % (huile liquide à la température ambiante)

Utilisations

L'huile d'olive, selon des travaux scientifiques récents, a des propriétés nutritionnelles très importantes (elle a tendance à faire baisser le taux de cholestérol sanguin).

Elle est utilisée principalement pour les assaisonnements à froid, la réalisation des sauces (vinaigrettes, aïoli, rouille) et dans la cuisine méditerranéenne.

L'huile d'olive résiste bien aux températures élevées (180° maximum) mais son prix est cher. Il vaut mieux consommer l'huile d'olive vierge à l'état cru et réserver l'huile d'olive raffinée à la cuisson.

PALMIER A HUILE
(l'elaeis guineensis) – ou arbre à olives de Guinée

De la famille des palmacées monocotylédones, le palmier à huile se rattache à la famille du cocotier. Le palmier à huile sauvage est un arbre très haut, mais les palmeraies naturelles disparaissent au profit de palmeraies de culture dont les elaeis sont des nains d'une taille ne dépassant pas quatre mètres !

Les noix de palme sont groupées en régimes : un régime peut porter jusqu'à 1 500 noix. Le fruit est doublement riche en huile. D'une part, la pulpe du fruit donne une huile d'un beau rouge orangé riche en carotène et que l'on appelle « huile de palme ».

D'autre part, après séchage, les noyaux sont concassés et leurs amandes broyées donnent une huile appelée « huile de palmiste ».

Pays producteurs

Togo, Dahomey, Côte d'Ivoire, Nigeria et Congo, Malaisie, Indonésie, Zaïre.

Composition

Huile de palme :
Acides gras saturés 50 %
Acides gras insaturés 50 %
(huile semi-concrète onctueuse à la température ambiante).

Huile de palmiste :
Acides gras saturés 83 % (huile concrète à la température ambiante).
Acides gras insaturés 17 %

Utilisations

Fabrication et coloration des margarines, rentre dans la composition de nombreux shortenings destinés aux fritures profondes ou aux pâtisseries industrielles.

(Photos extraites de la brochure pédagogique "Huiles et margarines" - ASTRA CALVE)

SOJA
(soja hispida)

Plante de la famille des légumineuses du groupe des papilionacées dont l'aspect rappelle celui des haricots. Les fleurs blanches ou violettes sont groupées par 3 ou par 5 ; elles se transforment en gousses longues contenant des graines de couleurs différentes selon les variétés. Les principales variétés de soja sont :

– les graines vertes, utilisées surtout en Asie, et qui sont pauves en huile. Elles sont mises à germer pour obtenir des « pousses de soja »,
– les graines jaunes, cultivées en Amérique du Nord et qui sont les plus riches en protéines. Ce sont celles dont on extrait l'huile de soja et d'autres produits (farine, filtrat,...) voir cours sur le soja.

L'huile est obtenue par pression et extraction des graines écossées et décortiquées, qui donnent 17 à 20 % de leur poids en huile très riche en acides gras essentiels. L'huile de soja a donc une bonne valeur nutritionnelle.

Pays producteurs

U.S.A., Chine, Brésil.

Composition

Acides gras saturés 15 %
Acides gras insaturés 85 % (huile liquide à la température ambiante).

Utilisations

Huile pour assaisonnement

Réalisation des sauces froides (vinaigrette, mayonnaise).

Sensible à la chaleur et à la lumière (emballage opaque) elle ne peut être utilisée en fritures profondes.

TOURNESOL
(helianthus annuus) ou (héliotrope en grec)

De la famille des hélianthus composés, le tournesol, sœur géante du pissenlit et de la marguerite, porte le nom de l'astre solaire dans la plupart des langues du monde.

Du levant au couchant, le bouton du jeune tournesol (et non la fleur comme on le croit généralement) se tourne vers le soleil.

Considéré très longtemps comme fleur ornementale (sauf en Russie où la composition de la graine de tournesol est exploitée depuis très longtemps), le tournesol comprend en fait deux sortes de fleurs : des pétales jaunes d'or et au centre, de minuscules fleurs brunes ou noires, drues et serrées, qui forment le « capitule ». Celui-ci atteint parfois des dimensions géantes (de 30 à 40 cm).

C'est le capitule qui, après floraison, contient les graines blanches, noires ou striées, appelées « akènes ».

A la fin de l'été, lorsque les belles fleurs solaires perdent leurs pétales, le tournesol est mûr pour la récolte.

Fauchés à la moissonneuse-batteuse, les capitules sont séchés, puis égrénés. Les graines décortiquées donnent, par pression et extraction, une huile fluide au léger goût de noisette.

Pays producteurs

U.R.S.S., Argentine, Roumanie, Bulgarie, Turquie, France.

Composition

Acides gras saturés 10 %
Acides gras insaturés 90 % (huile liquide à la température ambiante).

Utilisations

Il s'agit encore d'une huile principalement insaturée qui est recommandée au point de vue nutritionnel.

Huile pour friture et assaisonnement. Sa température critique est élevée (200 °C) mais son instabilité à la lumière et aux chauffages répétés en font une huile déconseillée pour les fritures profondes.

Elle rentre également dans la composition de certaines margarines (margarine au tournesol), notamment les margarines à tartiner (onctueuses).

La sauce mayonnaire réalisée à partir d'huile de tournesol peut être réservée sans inconvénient en enceinte réfrigérée car son point de fusion est inférieur à 0 °C.

LES GRAISSES D'ORIGINE ANIMALE

SAINDOUX

Le saindoux est obtenu par la fonte des tissus adipeux du porc ; il doit uniquement être obtenu par extraction à chaud.

On distingue :
- **le saindoux « pure panne »** qui est un saindoux exclusivement obtenu à partir de la panne,
- **le saindoux « hydrogéné »**, destiné aux fritures profondes. Il est raffiné, blanchi, désodorisé et hydrogéné. L'hydrogénation donne au produit une texture plus concrète et le stabilise à l'oxydation.

Le saindoux hydrogéné, mélangé avec d'autres corps gras, rentre dans la fabrication des shortenings pour fritures profondes (le GAT produit par la Compagnie gâtinaise des corps gras par exemple).

Utilisation du saindoux pure panne

Cuisine régionale, pâte à pâté, choucroute, rillettes, recouvrement des andouillettes et des terrines.

Composition

Saindoux « pure panne » :
Acides gras saturés 45 % (graisse concrète à la température ambiante).
Acides gras insaturés 55 %

Saindoux « hydrogéné » :
Acides gras saturés 55 % (graisse concrète et stable à la température ambiante).
Acides gras insaturés 45 %

GRAISSE D'OIE OU DE CANARD

Graisse obtenue uniquement par la fonte et la clarification des tissus adipeux d'oies ou de canards.

Composition

Acides gras saturés 45 % (graisse concrète à la température ambiante).
Acides gras insaturés 55 %

Utilisations

Cuisine régionale du Sud-Ouest, confit d'oie ou de canard, pommes sautées à la graisse d'oie, cassoulets...

HUILES DE POISSONS

Dans les pays nordiques, les huiles d'animaux marins ont toujours constitué la principale source de corps gras.

Au début du siècle, l'huile de baleine était largement utilisée dans les margarineries.

Aujourd'hui, la baleine étant protégée, les huiles de poissons proviennent de différentes espèces de poissons gras (harengs, menhadens, pilchars, anchois, sprats) dont la plupart appartiennent à la famille des clupéidés.

Leur chair contient de 10 à 15 % d'huile, mais cette teneur varie considérablement en fonction de la maturité sexuelle de l'animal.

Les poissons sont traités directement à bord des bateaux-usines. L'huile est généralement extraite par des procédés combinant la pression et l'extraction par solvant. La grande insaturation des huiles de poisson les rend très oxydables.

Elles doivent subir un raffinage et une hydrogénation partielle pour être ensuite utilisées en mélange dans la préparation des graisses composées et des margarines.

Composition

Acides gras saturés 23 %
Acides gras insaturés 77 %
(huiles fluides semi pâteuses à la température ambiante).

Les huiles de poissons ont des propriétés nutritionnelles très élevées : elles renferment des acides gras particuliers qui permettent de lutter contre les maladies cardio-vasculaires.

FABRICATION DES HUILES VEGETALES

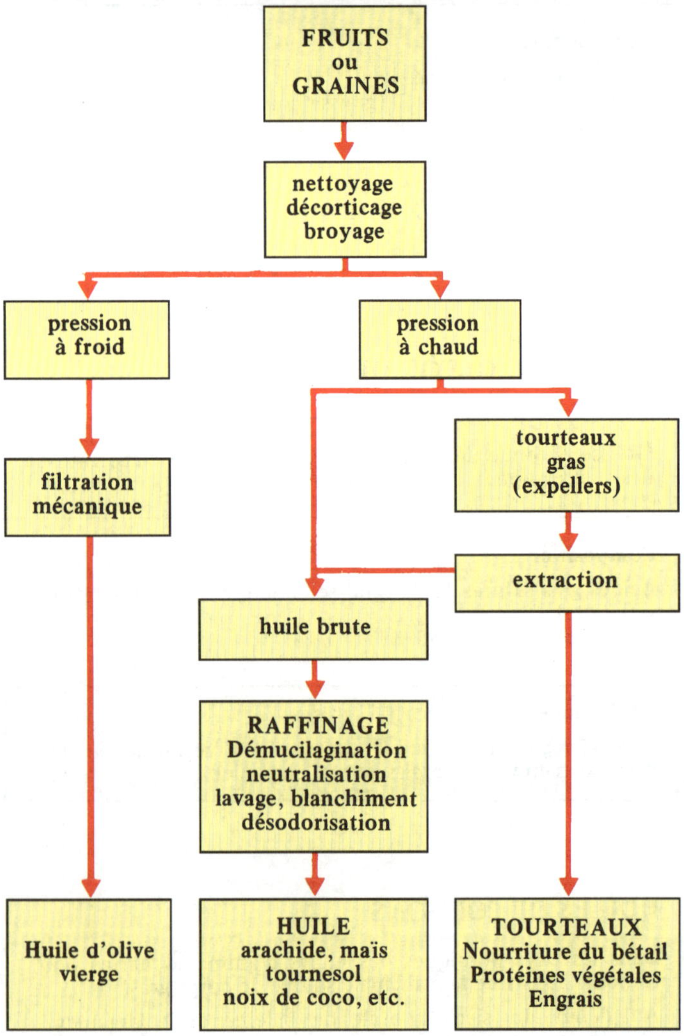

Le cycle de transformation des graines et des fruits oléagineux en huiles propres à la consommation est à quelques détails près, le même pour toutes les graines.

Ce cycle comporte les opérations suivantes :
- la trituration
- le raffinage
- le conditionnement.

LA TRITURATION

C'est l'opération qui aboutit à la production de l'huile brute. Les graines stockées dans des silos d'attente à l'intérieur des usines renferment encore des corps étrangers : terre, pierres, etc. Avant de les triturer, il faut les nettoyer. Les graines ou les fruits passent à travers différents tamis vibrants, des électro-aimants retiennent les impuretés métalliques, tandis que de puissants aspirateurs absorbent poussières et sable. Les graines et les fruits sont alors propres et prêts à être triturés.

La trituration proprement dite comporte deux phases essentielles :
- la pression
- l'extraction.

• LA PRESSION

Les graines, dont certaines ont été préalablement débarrassées de leur enveloppe (décorticage) sont broyées et subissent un traitement thermique (à 100° environ) destiné à faire disloquer les tissus et à rendre possible la sortie de l'huile par pression.

La pression est appliquée en continu dans une presse à vis. Les graines arrivent à une extrémité et sont pressées de façon progressive. L'huile obtenue est une huile chargée de particules solides appelées « pieds ». Ces « pieds » sont ensuite éliminés par passage dans des centrifugeuses ou des filtres-presses. On obtient ainsi une **huile brute limpide.**

• L'EXTRACTION

Ce qui reste de la graine après pression s'appelle « le tourteau expeller ». Ces tourteaux contiennent encore 10 à 15 % d'huile. L'extraction a justement pour but de récupérer cette huile : elle est pratiquée généralement à l'aide d'un solvant (hexane).

Après élimination du solvant par évaporation, on obtient des « tourteaux déshuilés » ou « désolvantés ». Les huiles brutes et les huiles obtenues grâce à l'action du solvant sont ensuite mélangées. Elles présentent un aspect et un goût peu agréables.

Dans le cas des fruits (olive, palme), les premières étapes sont un peu différentes en raison de la fragilité des fruits, de la présence d'un noyau dur et d'une chair riche en eau.

Les tourteaux déshuilés sont des produits riches en protéines et sont des matières premières fort intéressantes (alimentation, engrais).

LE RAFFINAGE

Le raffinage a pour but d'améliorer les qualités de l'huile en la rendant parfaitement limpide, stable et inodore.

Le raffinage comprend plusieurs traitements strictement réglementés :

- **la démucilagination ou le dégommage**
  qui élimine les cires et mucilages (substances gélifiantes) provoquant des dépôts lors du stockage et le moussage des bains de friture. Ces composés sont éliminés à l'aide de vapeur d'eau ;
- **la neutralisation ou désacidification**
  qui élimine les acides gras libres en les combinant avec de la soude, et la pâte de neutralisation (savon insoluble) ainsi formée et séparée par centrifugation ;
- **le blanchiment ou la décoloration**
  qui élimine les matières colorées (pigments dissous instables) grâce à des terres absorbantes ou des charbons actifs qui sont ensuite séparés par filtration ;
- **la désodorisation**
  qui élimine différents composés odorants grâce à un chauffage sous vide entraînant ces composés très volatils.

Le raffinage fait perdre une grande partie des anti-oxydants naturels des huiles (vitamine E - tocophérols) qui sont dans certains cas rajoutés dans les huiles raffinées.

Il existe d'autres traitements autorisés et dont le but est de modifier les propriétés physico-chimiques des corps gras.

Certains de ces traitements permettent par exemple de solidifier et de stabiliser des corps gras destinés à des utilisations culinaires précises (fritures) ou industrielles (biscuiteries...). Il s'agit des réactions chimiques suivantes :

– **l'hydrogénation**
qui permet de « saturer » un lipide insaturé grâce à la fixation chimique d'hydrogène.

EXEMPLES : graisses de porc ou de cheval hydrogénées pour fritures, graisse de coprah hydrogénée (végétaline), huiles hydrogénées des margarines.

Cependant une hydrogénation plus ou moins poussée peut également saturer les acides gras poly-insaturés essentiels dont la teneur peut ainsi être diminuée.

L'hydrogénation a fait l'objet de nombreuses recherches. Il faut distinguer l'hydrogénation « non sélective » très employée qui sature la plus grande partie des acides gras poly-insaturés, et l'hydrogénation « sélective » plus récente qui ne sature que l'acide linolénique (responsable de la fragilité des huiles) mais qui préserve bien l'acide linoléique essentiel ; toutefois cette dernière technique peut modifier les acides poly-insaturés par « isomérisation géométrique » (passage de formes géométriques « cis » en formes « trans ») en leur faisant perdre certaines propriétés nutritionnelles.

– **l'interestérification**
qui permet d'interchanger au hasard, les acides gras sur les molécules de triacylglycérols constituant les lipides. Elle vise à améliorer certaines propriétés des corps gras : point de fusion, plasticité, dilatation. L'interestérification ne modifie pas les corps gras.

FABRICATION DES HUILES VIERGES (huile d'olive vierge)

Les huiles vierges sont exclusivement obtenues par pression à froid et éventuellement filtrées.

Pour l'huile d'olive, les olives mûres (cueillies, triées) composées à 40 % d'huile, sont pressées en donnant une phase liquide (huile et eau de végétation) dont l' « huile vierge » est extraite par centrifugation. Le résidu ou pâte d'olive restant contient encore 6 à 15 % d'huile et subit une deuxième pression à chaud pour extraire une simple « huile d'olive » de moindre qualité (plus acide). Le deuxième résidu ou grignon est ensuite soumis à une extraction au solvant et fournit de l' « huile de grignon » très colorée, très acide et à goût prononcé.

L'huile d'olive et l'huile de grignon sont raffinées mais restent moins fruitées. La dénomination « huile d'olive pure » correspond à un mélange d'huile d'olive vierge et d'huile d'olive. Les appellations « fine » et « extra-fine » correspondent au degré d'acidité des huiles.

LE CONDITIONNEMENT

C'est la mise sous emballage des huiles pour assurer leur transport et leur conservation depuis l'usine de fabrication jusqu'au consommateur.

LES MARGARINES

La découverte de la margarine date de l'exposition universelle de Paris en 1866. Lorsque Napoléon III organisa un concours proposant la recherche d'un produit capable de remplacer le beurre destiné à la Marine et aux classes peu aisées.

C'est un pharmacien, Mège Mouriès, qui eut l'idée de baratter un corps gras fondant entre 22 et 25 °C avec du lait écrémé, obtenant ainsi une émulsion possédant un point de fusion satisfaisant, tartinable et se conservant bien. Le produit fut appelé oléo-margarine à cause de son aspect nacré (du grec margaron : blanc de perle). Son brevet fut déposé en 1869 et la commercialisation démarra dès 1872.

DEFINITION

Sont désignées comme margarines, toutes les substances alimentaires autres que le beurre, quelles que soient leur origine, leur provenance et leur composition, qui présentent l'aspect du beurre et sont préparées pour le même usage que ce dernier (loi du 16 avril 1897 modifiée par l'article 1 de la loi du 28 février 1937).

La mise en vente, la présentation, l'emballage, et les documents commerciaux relatifs aux margarines sont réglementés par différentes lois, décrets et arrêtés.

ETUDE DES CONSTITUTANTS

La margarine est une émulsion du type eau dans huile (voir définition page 145).

L'huile constitue la phase grasse.

L'eau ou le lait la phase aqueuse.

Ces phases sont stabilisées par l'action émulsifiante des produits ajoutés ou de substances contenues dans ces produits (lécithines par exemple).

CONSTITUANTS DE LA PHASE GRASSE (80 % MINIMUM)

La phase grasse est constituée de différentes matières grasses :

- **Matières grasses d'origine végétale** :
  - huiles liquides ou fluides à 15 °C, provenant en particulier de graines d'arachide, colza, coton, maïs, soja, tournesol,
  - huiles concrètes fondant entre 15 et 40 °C, obtenues à partir de noix de coco (coprah), de fruits du palmier à huile (palme et palmiste)
- **Matières grasses d'origine animale** :
  - huiles de poisson hydrogénées
  - saindoux.

CONSTITUANTS DE LA PHASE AQUEUSE (18 À 20 % MAXIMUM)

- eau (bactériologiquement pure)
- lait (écrémé ou entier reconstitué à partir du lait en poudre ensemencé de bactéries particulières produisant certains arômes).

AUTRES CONSTITUANTS (2 %)

– **sel,** en faible quantité, pour relever la saveur
– **amidon** (fécule, etc.) dont l'addition prescrite par la loi permet d'identifier rapidement la margarine (car il se colore en violet en présence d'iode)
– **glucose ou lactose,** qui favorise le brunissement des aliments à la cuisson
– **émulsifiants,** dont le rôle consiste à faciliter la dispersion de la phase aqueuse dans la phase grasse (en fines gouttelettes). On utilise des lécithines de soja, des mono et diglycérides, des acides stéarique, palmitique, oléique ou linoléique
– **additifs :**

Les additifs suivants peuvent être utilisés pour certaines margarines :

- diacétyle pour les margarines sans lait ; c'est un constituant naturel de l'arôme caractéristique du beurre ; le diacétyle peut être obtenu par fermentation du lait ou par synthèse chimique,
- conservateurs : ce sont des anti-microbiens qui empêchent le développement des micro-organismes, notamment des moisissures et des levures,
- antioxygène : ils permettent de ralentir l'oxydation responsable du rancissement. L'antioxygène le plus utilisé est le tocophérol et ses dérivés (famille de la vitamine E, naturellement présent dans les corps gras végétaux). L'acide citrique, l'acide ascorbique et leurs dérivés sont parfois ajoutés pour maintenir l'acidité réglementaire (pH 3 à 5).

REMARQUE :

La couleur jaune des margarines est due à la couleur naturelle de l'huile de palme riche en carotène.

Certaines margarines ne contiennent que des huiles d'origine végétale (100 % tournesol hydrogéné par exemple).

SCHEMA DE FABRICATION DES MARGARINES

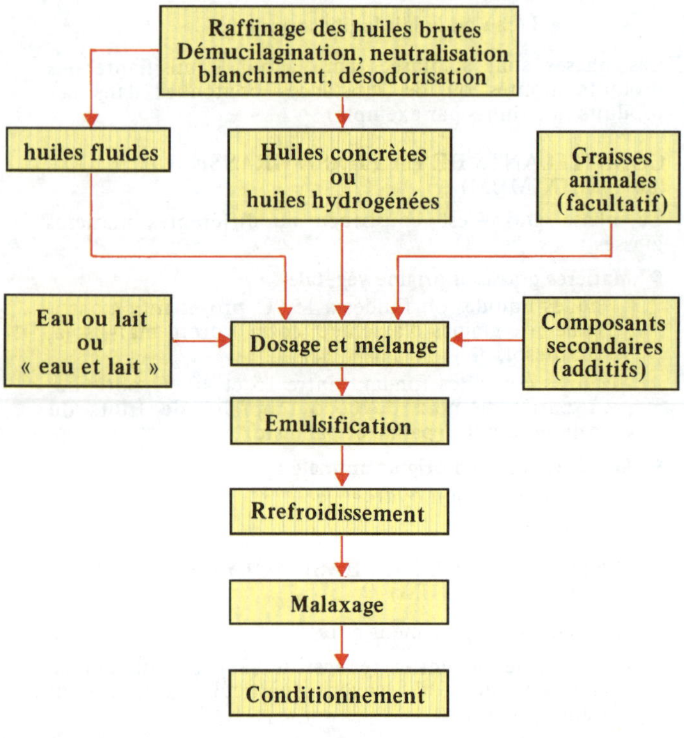

La fabrication industrielle des margarines se réalise selon les étapes suivantes :

– TRITURATION DES FRUITS OU DES GRAINES OLEAGINEUSES :

pression, extraction par solvant.

– RAFFINAGE DES HUILES BRUTES :

Démucilagination ou dégommage, neutralisation ou désacidification, blanchiment ou décoloration, hydrogénation éventuelle selon la consistance des huiles obtenues.

Ces premières opérations sont exactement les mêmes que celles qui se déroulent dans une raffinerie où l'on fabrique des huiles pour assaisonnement, ou pour fritures et assaisonnements.

– MELANGE DES DIFFERENTS COMPOSANTS :

La phases grasse (82 %) est composée d'huiles raffinées fluides ou hydrogénées, d'huiles concrètes et éventuellement de graisses animales (poisson, porc).

La phase aqueuse (16 %) contient de l'eau ou du lait, ou de l'eau et du lait.

Le dosage des différents composants de la phase grasse, de la phase aqueuse et des composants secondaires (additifs), est effectué automatiquement de façon très précise et réglementée.

– L'EMULSIFICATION ET LA STABILISATION :

Elle est obtenue par une agitation vigoureuse et mécanique du mélange dans les barattes en acier inoxydable.

Le mélange émulsionné se présente sous la forme d'une crème liquide, jaune clair, lisse et onctueuse.

– REFROIDISSEMENT :

L'émulsion ainsi obtenue est refroidie et solidifiée dans des tubes froids.

– MALAXAGE :

Le malaxage a pour but de donner à la margarine une meilleure consistance et une plus grande homogénéité.

L'émulsification, le refroidissement et le malaxage se déroulent automatiquement et sans intervention manuelle, à l'abri de l'air et de toute impureté dans des appareils en acier inoxydable stérilisés.

– EMPAQUETAGE :

La margarine est ensuite automatiquement pesée, empaquetée et conditionnée en cartons, puis stockée en entrepôts climatisés à + 15 °C.

REMARQUE :

Les différentes opérations de fabrication et d'empaquetage sont très rapides : entre l'entrée des huiles dans l'appareil et la mise en cartons des pains de margarine, il s'écoule environ 5 minutes.

Divers contrôles sont effectués tout au long de la fabrication :

- *contrôles chimiques (composition)*
- *contrôles physiques (température de fusion, plasticité)*
- *contrôles microbiologiques et organoleptiques (goût, couleur, odeur).*

En ce qui concerne certains traitements éventuels, signalons l'hydrogénation et l'intérestérification.

L'hydrogénation consiste à fixer des atomes d'hydrogène sur les acides gras insaturés des huiles utilisées. Cette réaction chimique a pour but de saturer les huiles pour les rendre plus dures et plus stables.

L'intérestérification permet d'améliorer le point de fusion, la plasticité ou la dilatation d'un corps gras.

DIFFERENTES MARGARINES

La gamme des margarines offre une grande variété de produits conçus pour les professionnels de la cuisine ou de la pâtisserie. Les différentes margarines se distinguent par leur goût, leur saveur, leur couleur, leur consistance (point de fusion), leur plasticité et leur présentation (briques, plaques, bâtonnets). Leurs différentes propriétés sont dues à la nature des matières grasses qui les composent, leur point de fusion que les fabricants peuvent faire varier selons les besoins.

Avant de choisir une margarine de pâtisserie par exemple, il faut tenir compte du type de pâte ou de préparation à réaliser (pâte feuilletée, levée ou sablée, garniture type crème moka), de la température du local de travail, de la saison, de la méthode de travail (manuelle, mécanique, produits soumis à une fermentation contrôlée, à la surgélation...). En général, ce sont les margarines à consistance moins ferme (point de fusion bas) qui donnent les meilleurs résultats du point de vue saveur, friabilité et croustillance des produits.

On distingue :
- les margarines de table ou à tartiner,
- les margarines pour cuissons,
- les margarines pour fritures
- les margarines végétales
- les margarines diététiques
- les margarines pour la pâtisserie.

• LES MARGARINES DE TABLE OU A TARTINER

Généralement à base d'huile poly-insaturées, elles possèdent une texture très souple et tartinable, même à la sortie d'une enceinte réfrigérée. Fines de goût, elles conviennent plus particulièrement aux emplois crus.

• LES MARGARINES POUR CUISSON

Elles sont composées à la fois d'huiles végétales et animales. Les fabricants proposent les variétés suivantes :

- **les margarines standard**, bas de gamme, riches en acides gras saturés, qui sont composées en plus grande partie de graisses animales et d'huiles de poisson ;
- **les margarines supérieures**, destinées à la cuisine fine. Elles peuvent contenir du beurre (10 % maximum), ont une saveur agréable, et résistent bien à la cuisson (viandes sautées, poissons meunière, par exemple)
- **les margarines pour fritures.**
  Elles supportent bien les fritures profondes et répétées.
- **les margarines végétales**, composées en totalité d'huiles végétales hydrogénées (tournesol, maïs, par exemple). Elles sont riches en acides gras essentiels et sont recommandées pour une alimentation plus équilibrée. Elles présentent une texture souple, tartinable et peuvent être utilisées pour les cuissons,
- **les margarines diététiques**, possèdent une forte teneur en acides gras poly-insaturés essentiels, et parfois enrichies en vitamines A et E (selon la réglementation relative aux produits diététiques). Elles peuvent être présentées sans sel, sans sucre, sans lait et sans diacétyle. Elles conviennent à froid ou en cuisson,
- **les margarines pour la pâtisserie**, sont adaptées aux différents emplois en pâtisserie professionnelle. Leur consistance (point de fusion) varie selon la saison, la température du laboratoire et les diverses utilisations. Les margarines à feuilletage par exemple doivent supporter le tourage à toutes les températures, leur plasticité-malléabilité doit leur permettre de s'étirer et de s'aplatir sans rupture, de façon à former lors du laminage un film continu entre les couches de détrempe.

  Grâce à leur pouvoir d'absorption de l'air et des liquides, dans le cas du crémage ou du battage, certaines margarines confèrent aux produits une structure légère et aérée (pâte à cake, crème d'amande). D'autres margarines présentent la particularité de foisonner lors du crémage : margarine de garniture type crème au « beurre ».

CONSEILS D'UTILISATION

- Conserver les margarines dans un local sec à l'abri de l'humidité et de la lumière (entre + 12 et + 16 °C) ;
- Respecter la date limite d'utilisation optimale (6 à 8 semaines après la fabrication) ;
- Vérifier l'intégrité des emballages, ils doivent être hermétiques car l'oxydation au contact de l'air provoque le rancissement et l'humidité favorise le développement de moisissures ;
- Eviter la proximité de denrées alimentaires ou de produits pouvant communiquer des odeurs fortes et persistantes ;
- Vérifier la rotation des stocks (utiliser en premier les produits les plus anciens) ;
- Ne sortir à température ambiante de la cuisine que les quantités strictement nécessaires au travail. Les écarts de température répétés détériorent le produit (rancissement, moisissures) ;
- La margarine à feuilletage doit être maintenue à la température ambiante de la pâtisserie ; elle ne doit pas être réchauffée près d'une source de chaleur car elle risquerait de grainer au moment de l'utilisation.

Remarque sur l'altération des corps gras :

Les corps gras peuvent être altérés par plusieurs réactions :

- **l'OXYDATION**, sous l'action de l'oxygène, facteur majeur de la détérioration des corps gras. De très faibles quantités d'oxygène sont suffisantes et cette réaction peut être considérablement accélérée à la chaleur et à la lumière (action lente mais prolongée des ultra-violets).

  L'oxydation atteint beaucoup plus facilement les acides gras insaturés ce qui explique la grande fragilité des corps gras poly-insaturés. Une série de réactions d'oxydation très complexes provoque la formation de composés ALDEHYDIQUES qui ont des odeurs caractéristiques, généralement définies par le terme « rance ». Le rancissement aldéhydique est autocatalytique, c'est-à-dire que les produits d'oxydation stimulent l'oxydation des acides gras restants. En pratique, pour prolonger la conservation des corps gras, il faut réduire le contact avec l'air (récipients bien remplis, emballage bien hermétique par exemple) et dans le cas des corps gras poly-insaturés, un conditionnement opaque aux U.V. est indispensable.

  Lors de l'utilisation des corps gras comme fluide calo-porteur pour la cuisson des aliments, l'élévation de la température à 200 °C en moyenne accélère d'une part, les réactions d'oxydation d'autant plus que le rapport surface/volume est grand (couche mince de corps gras) et d'autre part, des réactions purement thermiques de polymérisation formant des oxy-polymères. Ces altérations thermo-oxydatives sont proportionnelles au taux d'insaturation et très importantes pour les fritures répétées à températures trop élevées.

  Compte tenu de la complexité des dégradations thermo-oxydatives des corps gras chauffés et de l'apparition de composés nocifs, il faut éviter les surchauffes et renouveler dès que nécessaire les bains de fritures profondes.

- **l'ACIDIFICATION** ou RANCISSEMENT BUTYRIQUE correspond à la libération des acides gras (hydrolyse) qui ne peut s'effectuer que dans les corps gras renfermant de l'eau (crème, beurre, margarine) et sous l'action de microbes LIPOLYTIQUES présents dans ces corps gras. Les acides gras libérés ont des goûts et des odeurs plus ou moins forts et généralement désagréables rappelant le savon.

  En outre, les acides gras libérés s'oxydent ensuite beaucoup plus rapidement et de ce fait l'acidification est souvent accompagnée de l'oxydation. Pour limiter l'altération microbienne, les corps gras de type émulsions doivent impérativement être conservés à température positive basse entre + 4 °C et + 6 °C ; leur durée de conservation est relativement courte (respecter les dates limites).

ETIQUETAGE DES CORPS GRAS

Les emballages doivent comporter diverses mentions obligatoires :

- **MARGARINES :**
  - Le mot « margarine » doit apparaître sur quatre faces au moins.
  - Le type d'émulsion doit être précisé : émulsion d'huiles végétales (ou d'huiles végétales et de graisses alimentaires) et d'eau ou de lait pasteurisé (ou d'eau et de lait écrémé ou pasteurisé).
  - Dans la composition, les corps gras utilisés doivent être énumérés par ordre d'importance décroissante, à l'intérieur de deux catégories suivantes :
    - huiles et graisses végétales
    - huiles et graisses animales.
  - Doivent également être mentionnés, les traitements qu'ont pu subir les huiles (hydrogénation, intérestérification, etc.)
  - Les autres composants :
    - sel, sucre, révélateur (amidon) et différentes catégories d'additifs autorisés. Certains additifs peuvent être indiqués par leur numéro de code.
  - La mention « aromatisée au diacétyle » doit, s'il y a lieu, être indiquée.
  - Le nom et l'adresse du fabricant.
  - La marque commerciale.
  - Le poids des paquets.
  - La date limite d'utilisation optimale (DLUO).

Mentions facultatives :

L'étiquetage peut comporter des conseils d'utilisation et de conservation : « à conserver en 10 et 15 °C » par exemple.

- **HUILES**

  Dénomination de vente des corps gras (décret du 12 février 1973).

- « **HUILE DE...** » avec le nom d'une graisse ou d'un fruit, est réservé aux huiles alimentaires provenant exclusivement de la graine ou du fruit indiqué.
- « **HUILE VEGETALE** » désigne une huile constituée par un mélange d'huiles végétales. Cette dénomination doit être suivie de l'énumération par ordre d'importance décroissante des composants du mélange, accompagnée de la représentation graphique de cette composition qui doit suggérer l'ordre de grandeur des constituants du mélange par inscription sur l'étiquette, soit de lignes, soit de surfaces (rectangles, cercles ou portions de cercles) éventuellement divisées.
- « **HUILES VIERGE DE...** » avec le nom d'une graine ou d'un fruit, est réservé aux huiles extraites par des moyens mécaniques à partir d'un seul fruit ou d'une seule graine.

Cas de l'huile d'olive

Il existe deux sortes d'huiles d'olives, les huiles vierges et les autres. Les huiles d'olive vierges sont obtenues par pression ou par centrifugation, directement, et ne subissent aucun traitement chimique. On les classe en trois catégories :

- **Vierge extra** : la meilleure. Taux d'acidité : moins de 1 %.
- **Vierge fine** : moins savoureuse que la précédente (moins chère aussi). Acidité : jusqu'à 1,5 %.
- **Vierge, semi-fine, courante** : extraite d'olives cueillies et traitées sans précautions particulières.

A NE PAS CONFONDRE AVEC

- **L'huile de grignons d'olives** : obtenue par extraction au solvant de la pâte d'olive subsistant après une première pression. Nettement meilleur marché, mais moins « noble », que l'huile d'olive.

INDICATION DE L'UTILISATION DES CORPS GRAS

- « **HUILE VEGETALE POUR FRITURE ET ASSAISONNEMENT** » (la teneur en acide linolénique de ce produit ne dépasse pas 2 %).

huile pouvant être utilisée pour la friture sans dépasser 180 °C. (Ex. mélange 70 % arachide, 30 % tournesol).

- « **HUILE OU HUILE VEGETALE POUR ASSAISONNEMENT** » (la teneur en acide linolénique de ce produit est supérieure à 2 %).

huile à utiliser à froid pour assaisonnement. (Ex. huile de soja).

L'AFEI (Association Française pour l'Etiquetage Informatif) a réalisé des symboles qui indiquent les usages des huiles.

LES GRAISSES ANIMALES :

- « **GRAISSE DE...** » avec le nom d'un animal ou d'une plante, est réservé aux graisses alimentaires provenant d'un seul animal (excepté le porc) ou d'une seule plante.
- « **GRAISSE** », « **GRAISSE MELANGEE** », « **GRAISSE COMESTIBLE** », ou « **GRAISSE ALIMENTAIRE** » suivi de l'indication de la composition (liste des constituants du mélange par ordre d'importance décroissante) qui désigne les mélanges de graisses animales et/ou végétales ; mais ce mélange ne doit pas ressembler au beurre, sinon il doit être appelé « margarine ».
- « **SAINDOUX** » définit la graisse obtenue exclusivement à partir du tissu adipeux du porc et n'ayant subi aucun traitement.
- « **SAINDOUX PUR PANNE** » est réservé à la graisse provenant exclusivement de la panne de porc (graisse entourant les rognons).

LA FARINE

La dénomination « farine » sans autre qualificatif désigne exclusivement le produit de la mouture de l'amande du grain de blé tendre (froment), sain, nettoyé et industriellement pur.

Le produit de la mouture des autres graines (céréales ou légumineuses) nettoyées et industriellement pures est désigné par le mot « farine suivi du qualificatif indiquant l'espèce des graines » entrant dans sa composition soit à l'état isolé soit à l'état de mélange.

Exemples :

Farine d'orge, farine de seigle, farine de méteil, farine de riz, farine de soja, etc.*

*** Farine de Méteil :**

Farine issue de la mouture du produit du même nom, provenant de la culture et du battage d'un mélange de blé et de seigle (au moins 50 % de seigle).
Le mélange blé/seigle réalisé postérieurement au battage ne peut être considéré comme étant du méteil.

FABRICATION DE LA FARINE

- **Nettoyage du blé**

Le blé est d'abord criblé, épierré, trié et séparé des corps et des graines étrangères, des poussières et des éventuels débris métalliques. Il peut être lavé, essoré, et séché.

- **Broyage**

Le broyage est réalisé à l'aide de cylindres cannelés qui écrasent et laminent progressivement les grains. Les rouleaux sont cannelés au départ, puis lisses et de plus en plus rapprochés en fin de mouture.

- **Blutage**

Cette opération consiste à tamiser les produits de la mouture entre chaque broyage, et à classer les semoules selon leur grosseur (sassage).
La farine séparée des issues* et extraite lors du premier blutage porte le nom de farine de « 1er jet » ou « sur blé ». Le reste forme ce que l'on appelle les gruaux , ils sont plus riches en gluten.
Les semoules classées repassent à plusieurs reprises entre des cylindres lisses et de plus en plus rapprochés (claquage et convertissage) pour obtenir finalement « la farine ». Les farines obtenues à chaque stade de la mouture sont mélangées pour donner la farine entière.

- **Conditionnement**

Les farines panifiables sont conditionnées soit en sacs plombés munis d'une étiquette de garantie et dont les indications sont reproduites sur les factures remises aux acheteurs (boulangers, pâtissiers par exemple), soit emballées en vue de la vente au détail dans des emballages renfermant les poids nets fixés par l'arrêté du 28.10.1974. (0,250 kg, 0,500 kg, 1 kg et multiples de 1 kg).

*** Issues :**

Ce terme désigne tous les produits de la mouture autres que la farine. Les plus importants sont le son et le germe.

TAUX D'EXTRACTION. TAUX DE CENDRES

Le taux d'extraction correspond au pourcentage de farine obtenue par rapport à la quantité de blé mis en œuvre. Plus le taux d'extraction est faible, plus la farine est blanche (élimination des enveloppes et du germe).

EXEMPLE : la mouture de 100 kg de blé fournit en moyenne pour la farine blanche :

Farine 75 kg – Issues 23 kg – Pertes 2 kg

Le taux d'extraction est donc : $\frac{75 \times 100}{100} = 75\ \%$

Le « **taux de cendres** » correspond à la teneur en sels minéraux (principalement localisés dans le son). Le taux de cendres est donc proportionnel à la quantité de son conservée dans la farine. Plus le taux de cendres baisse, plus la farine est blanche.
C'est en fonction du poids de cendres contenu dans 100 g de matières sèches qu'ont été définis les principaux types de farine. Voir tableau.

PRINCIPAUX TYPES DE FARINE

Types	Taux moyen à extraction	Taux de cendres	UTILISATION
45	67 %	– de 0,50	Pâtes fermentées (levées) demandant beaucoup d'élasticité et de plasticité : pâte à savarin, à brioche, à kougloff, etc.
55	75 %	de 0,50 à 0,60	Farine courante utilisée en en cuisine ou en boulangerie pâtisserie. Réalisation des pâtes à foncer, à génoise, à biscuit, etc. La farine du type 55 destinée à d'autres usages que la panification peut porter la mention U.S. (usages spéciaux)
66	78 %	de 0,62 à 0,75	Farine pour biscuiteries
80	80 à 85 %	de 0,75 à 0,90	Farine utilisée pour la fabrication des « pains spéciaux »
110	85 à 90 %	de 1,00 à 1,20	Farine bise
150	90 à 98 %	plus de 1,40	Farine complète

Deux catégories de farine sont seulement utilisées en cuisine

LA FARINE « TYPE 45 »

Pour les pâtes levées, sa richesse en gluten lui procure une texture élastique après pétrissage.

LA FARINE « TYPE 55 »

Ou farine courante utilisée principalement pour les pâtes souples qui ne doivent pas présenter une texture élastique (pâte à foncer, pâte à génoise, à biscuit, etc.).

Le taux moyen d'humidité d'une farine est compris entre 14 et 16 % mais celui-ci peut varier au cours de la conservation.

Placée dans un local trop sec, la farine se déshydrate ; dans un local humide, elle absorbe l'humidité. Lors de la réalisation des différentes pâtes, il est nécessaire de tenir compte du taux d'humidité d'une farine. Lors de la réalisation de la détrempe de la pâtes feuilletée, par exemple, il ne faut pas incorporer toute la quantité d'eau en une seule fois, mais en garder une petite quantité pour pouvoir l'ajouter seulement si nécessaire.

CRITERES DE QUALITE

L'appréciation de la qualité d'une farine est fondée sur l'ensemble de ses caractères organoleptiques et sur les résultats de son analyse. Une bonne farine de froment présente une couleur blanche plus ou moins crème, uniforme et homogène, sans nuances bleutées ou rougeâtres (elle serait trop ancienne), sans marbrures (mélange pouvant provenir de farines à taux d'extraction différent ou éventuellement moisi).

L'odeur doit être douce, agréable, rappelant le froment propre, et sans caractère anormal (odeur de rance, de moisi, de poussière, de vieux).

La saveur doit être douce, sans goût acide, amer, âcre ou poussiéreux. Elle doit être douce, fine, onctueuse et sèche au toucher, fleurante* et elle ne doit pas s'agglomérer lorsqu'elle est comprimée dans la main.

*** FLEURANTE :**

Se dit d'une farine qui a la propriété de laisser une très fine couche blanchâtre adhérente aux doigts.

LE SUCRE

ORIGINE

Les différentes sortes de sucre : 1.9. Pain de sucre – 2. Sucre raffiné en morceaux – 3. Sucre roux – 4. Sirop de sucre – 5. Sucre cristallisé – 6. Sucre roux de canne – 7. Sucre à gros cristaux – 8. Sucre semoule – 10. Sucre Adant (de luxe n° 1) – 11. Vergeoise blonde – 12. Vergeoise brune – 13. Cubes – 14. Candi blanc – 15. Candi brun.
Source CEDUS

Le sucre est une substance alimentaire de saveur douce et agréable, obtenue par extraction et cristallisation du jus de plantes saccharifères, c'est à dire riches en saccharose (canne et betterave à sucre principalement).

L'attirance pour les produits sucrés est très ancienne. De tout temps l'homme a recherché la saveur doucereuse, édulcorante caractéristique du sucre au travers des plantes, des racines et du miel. Le sucre existait déjà en Asie, quelques milliers d'années avant notre ère, sous forme d'un sirop de canne. A cette époque, les pays méditerranéens ne connaissaient que le miel. La légende rapporte que les Indous et les Chinois savaient depuis toujours fabriquer le sucre cristallisé. L'origine du nom « sucre » provient d'ailleurs de la langue sacrée des Brahmanes qui l'appelaient « sarkara ». Ce nom a donné le radical du mot sucre dans de nombreuses langues : « saccharum » en latin, « sugar » en anglais, « zucchers » en italien, « sukkar » en arabe, etc. Au VIIème siècle, les Arabes ont envahi le Moyen-Orient et ont introduit la canne à sucre dans les pays du bassin méditerranéen. Au cous de leurs voyages, les Croisés ont rapporté du sucre de Syrie et l'ont fait connaître en France.

Jusqu'au Moyen-Age, le sucre a été considéré comme un produit de luxe ; il a fait, au même titre que les épices, la fortune des apothicaires.

La découverte du Nouveau-Monde, puis l'époque coloniale ont ensuite permis le développement et l'extension de la culture de la canne à la Réunion et aux Antilles.

En 1789, Bordeaux possédait déjà 26 raffineries et traitait environ le cinquième de la consommation européenne en sucre. Sous Henri IV, l'agronome français Olivier de Serres a signalé que le jus de betterave était sucré. Le chimiste allemand Marggraf réussit, en 1745, à extraire et à cristalliser du jus de betterave blanche dite de Silésie.

Les travaux de son disciple Achard attirèrent l'attention du roi de Prusse, puis le marquis de Vilmorin ayant eu connaissance de ses recherches introduisit la culture de la betterave à sucre en région parisienne.

Sous Louis XVI, deux petites sucreries fonctionnaient déjà, mais elles ont malheureusement échoué faute de moyens techniques suffisants.

Vers 1800, le chimiste Jean Chaptal a annoncé la divulgation d'essais décisifs sur l'utilisation de la betterave sucrière ; mais Parmentier préconisait encore l'extraction du sucre de raisin.

En 1806, la lutte économique franco-anglaise s'est agravée : les îles françaises sont passées aux mains des anglais. Napoléon a alors répondu au blocus des côtes françaises par le blocus continental*. Contraint de faire marcher les raffineries métropolitaines, Napoléon fit ensemencer dès 1811 d'immenses surfaces en betteraves et ouvrit des crédit à l'Académie des Sciences.

C'est l'industriel Benjamin Delessert qui réussit le premier à clarifier le sucre de betterave dans son usine de Passy.

Actuellement la France se situe au premier rang de la production et de l'exportation de sucre de betterave à l'intérieur de la CEE.

LA CANNE A SUCRE

La canne à sucre est une graminée originaire d'Asie. Son aspect rappelle un peu celui du roseau ou du maïs. Sa culture exige beaucoup de chaleur, d'humidité et de luminosité. Au bout de 12 à 14 mois, la tige atteint sa taille adulte (1,50 mètre à 3 mètres selon la variété et la richesse du terrain), et se gorge de sucre sous l'action du soleil.

Le bourgeon terminal se transforme en fleur, une sorte de plumeau dont les poils blancs, gris ou violacés donnent aux champs de canne une apparence soyeuse et vaporeuse.

Environ 18 mois après la plantation, les cannes sont coupées au ras du sol, les parties inférieures étant les plus sucrées. La souche reste en terre et produit tous les ans de nouveaux bourgeons et de nouvelles tiges. Le cycle recommence ainsi de suite durant 5 à 6 ans, et les pieds sont remplacés dès que le rendement est devenu insuffisant.

Lors de la coupe, les cannes sont débarrassées des parties inutiles (sommet et feuilles), puis liées en fagots et acheminées très rapidement vers l'usine pour limiter le risque de fermentation indésirable.

FABRICATION DU SUCRE DE CANNE
(phases simplifiées)

EXTRACTION DU VESOU

- **Coupage et broyage des cannes** dans une batterie de moulins composés de cylindres qui écrasent et pressent de plus en plus fortement ;

** **Blocus continental** : ensemble des mesures décrétées à Berlin le 21.11.1806 par Napoléon 1er pour fermer tous les ports du continent au commerce de l'Angleterre et ruiner sa marine.*

- le jus sucré qui s'écoule est appelé « vesou », il représente 70 à 80 % de la canne et contient entre 15 et 20 % de sucre ;
- les matières fibreuses ou les résidus ligneux obtenus après le broyage sont appelés « bagasse » ; ils sont imbibés d'eau pour dissoudre le maximum de saccharose et sont utilisés comme combustible pour les chaudières des sucreries ou des raffineries ;

- **Tamisage et filtration du vesou**

Cette opération doit être menée avec le plus grand soin pour éviter « l'inversion ». Cette réaction transforme progressivement la solution de saccharose en mélange de glucose et de fructose (lévulose), qui fait obstacle à la cristallisation.

Le vesou ainsi obtenu peut suivre deux destinations :

- La fabrication du rhum blanc issu de la fermentation et de la distillation du vesou. Ce rhum blanc, dit « agricole », est exclusivement produit par des distilleries ne fabriquant que du rhum.
- L'extraction du sucre de canne et l'utilisation des mélasses résiduelles* et de l'eau mère pour la fabrication du rhum industriel. Le rhum industriel est ainsi produit par les distilleries de sucreries.

** Mélasses résiduelles*
Les mélasses résiduelles sont composées d'impuretés, de sucres réducteurs directement fermentescibles (glucose et fructose), et de saccharose difficile à extraire et ne pouvant fermenter qu'après avoir été inverti.

EXTRACTION DU SUCRE

- **Concentration et cristallisation du vesou**

- Après avoir été épuré, décanté, filtré, le vesou est évaporé et concentré jusqu'à la consistance d'un sirop. Il est ensuite recuit jusqu'à la cristallisation spontanée du saccharose. Par centrifugation, les cristaux sont séparés du liquide impur qui les enrobe (eau mère), séchés avec soin puis stockés à proximité des lieux d'embarquement.
- Le raffineur s'occupe de l'épuration complète du sucre, de son façonnage et de sa mise en distribution.

REMARQUE
La sucrerie est une industrie saisonnière, alors que la raffinerie est une industrie permanente.

LA BETTERAVE SUCRIERE

La betterave sucrière est une plante dicotylédone appartenant à la famille des Chéniopodiacées (qui compte un certain nombre de plantes cultivées, telles que l'épinard, la bette ou blette) et dont la betterave n'est qu'une variété de racine pivotante et tubérisée.

Il existe différentes variétés de betteraves :

- **betterave potagère** : légume de consommation courante à chair rouge ;
- **betterave fourragère** : à chair rouge ou blanche utilisée pour nourrir le bétail ;
- **betterave sucrière** : à chair blanche dont la racine de forme conique s'enfonce presque complètement dans le sol.

Les feuilles de la betterave sucrière constituent une sorte de « laboratoire » où est fabriqué le sucre, grâce à la chlorophylle (c'est le phénomène de la photosynthèse). La racine est le « magasin » où s'accumule ensuite le sucre synthétisé. Ce sucre se répartit inégalement : la région du collet en contient peu, d'où l'opération du décolletage.

L'arrachage de la betterave s'effectue de façon mécanique : certaines machines très perfectionnées réalisent simultanément les opérations d'effeuillage ou décolletage, d'arrachage et de ramassage.

En France, la récolte commence généralement après le 20 septembre et se termine vers le 15 novembre. La durée moyenne de stockage et d'extraction est de plus en plus réduite (en moyenne 80 à 90 jours).

FABRICATION DU SUCRE DE BETTERAVE
(phases simplifiées)

TRANSPORT ET RECEPTION DES BETTERAVES

- Pesée directe et pesée géométrique (évaluation forfaitaire d'après le rendement au m^2).
- Contrôle saccharimétrique (dosage de la teneur en saccharose effectué sur échantillon).

LAVAGE, EPIERRAGE ET EPAILLAGE DES BETTERAVES. DECOUPAGE EN COSSETTES

Les betteraves propres sont découpées en fines lamelles ressemblant à du « céleri rémoulade ». Les cossettes ainsi obtenues offrent une très grande surface de contact pour l'extraction du sucre.

DIFFUSION

Les cossettes sont placées dans d'immenses cylindres horizontaux et mises en présence d'eau chaude. Par phénomène d'osmose, le sucre passe à travers les parois cellulaires des cossettes et se dissout dans l'eau. Le jus sucré ainsi extrait contient environ 84 % d'eau, 13 à 14 % de sucre, et 2 à 3 % d'impuretés diverses, (sels, acides minéraux et organiques, protéines très gênantes, et des débris de cellules végétales restées en suspension).

EPURATION DU JUS SUCRE

- **Chaulage** : le jus est épuré à l'aide de lait de chaux qui précipite une partie des impuretés et forme avec elles des sels insolubles ;
- **Carbonatation** : le jus sucré chaulé est chauffé à une température de 80 à 85 °C et mis en présence de gaz carbonique. Celui-ci retransforme la chaux en carbonate insoluble, donnant ainsi un précipité granuleux facile à éliminer par filtration.

FILTRATION

Le précipité de carbonate de chaux contenant les impuretés est alors séparé du jus clair sucré par filtration. On obtient un jus épuré jaune pâle contenant de 12 à 13 % de sucre.

CONCENTRATION DU JUS PAR EVAPORATION

Le jus sucré épuré passe dans des chaudières d'évaporation et se concentre. L'opération s'effectue de façon continue dans une série de chaudières maintenues sous légère pression et fonctionnant sous vide d'air. Rappelons à cet effet que la température d'ébullition d'un liquide diminue avec sa pression. L'évaporation à une température relativement basse évite la transformation du saccharose en glucose et fructose, ce qui gênerait la cristallisation.

CRISTALLISATION

Pour provoquer la cristallisation du sucre, le jus sucré doit être concentré jusqu'à sursaturation. La concentration et la cristallisation sont effectuées sous vide, dans d'énormes chaudières, à une température proche de 85 °C (pour éviter le risque de caramélisation). A un moment très précis de la concentration, on introduit une petite quantité de sucre en poudre dans le sirop sursaturé : elle « amorce » et développe le phénomène de cristallisation qui se généralise aussitôt.

MALAXAGE

A la fin de la cristallisation on obtient un mélange appelé « masse cuite » qui est formé de cristaux bien apparents, de sirop non cristalisé et de quelques impuretés. La masse cuite est déversée dans un malaxeur où la température est abaissée vers 45 à 50 °C. En refroidissant, les cristaux continuent de grossir au détriment du sirop-mère dans lequel ils baignent, et il faut donc les séparer.

ESSORAGE ET CLAIRÇAGE DES CRISTAUX

La masse cuite est envoyée dans des essoreuses centrifugeuses. Grâce à la force centrifuge, les cristaux de sucre se séparent de l'eau-mère et des impuretés restantes.

Les cristaux ainsi obtenus restent encore un peu jaunes et ils sont lavés grâce à une pulvérisation d'eau très chaude : c'est le « clairçage » qui rend le sucre très blanc, mais encore chaud et humide.

L'eau chassée de la centrifugeuse contient encore une forte proportion de sucre : cette eau-mère appelée « égout de premier jet » subit une nouvelle cuisson, un nouvel essorage et donne le « sucre de deuxième jet », plus coloré et moins pur que le « sucre de premier jet ». Les « égouts de deuxième jet » encore riches en sucre sont à leur tour réincorporés au cycle de fabrication et donnent un « sucre de troisième jet », sucre brun, roux chargé d'impuretés et un dernier égout qui est appelé « mélasse ».

Les sucres de deuxième et de troisième jets sont généralement refondus et réintégrés dans la fabrication. La mélasse contient encore du sucre, mais son extraction serait beaucoup trop onéreuse. Le goût de la mélasse est désagréable (impuretés concentrées) elle peut être utilisée pour la production d'alcool, pour la fabrication d'aliments pour le bétail, pour la culture de levures de panification, pour diverses fermentations microbiologiques industrielles (production d'acide glutamique, d'acide citrique, d'antibiotiques, etc.).

SECHAGE, ENSACHAGE ET STOCKAGE

Le sucre cristallisé blanc est séché par de l'air chaud (séchoirs rotatifs), puis refroidi.

Le sucre est ensuite tamisé, classé, pesé, puis dirigé soit vers des ateliers de conditionnement où il est éventuellement transformé en semoule ou en morceaux puis emballé, soit vers de vastes silos où il est conservé en vrac et repris tout au long de l'année au fur et à mesure des besoins.

LE RAFFINAGE

Les raffineries sont complémentaires des sucreries. Leur rôle est non seulement de purifier les sucres bruts de canne et quelques sucres de betterave de deuxième et de troisième jets, mais surtout de conditionner et commercialiser le sucre destiné à la consommation directe.

DIFFERENTES PRESENTATIONS COMMERCIALES

Il faut distinguer le sucre produit en sucrerie et le sucre obtenu en raffinerie : ce dernier correspond au raffiné ou sucre de luxe dont la teneur minimale en saccharose est fixée à 99,7 %.

SUCRE RAFFINE EN MORCEAUX

Sucre obtenu par cristallisation des sirops purs de raffinerie. Les cristaux humides sont moulés et séchés. Suivant les dimensions des moules, on obtient deux types de produits : des morceaux ou des barres appelées « lingots » et qui donnent des morceaux après séchage et cassage.

Le poids et la taille des morceaux sont indiqués par un chiffre (calibre) apposé sur l'emballage.
- Un morceau de calibre 3 pèse environ 7 g.
- Un morceau de calibre 4 pèse environ 5 g.

SUCRE EN MORCEAUX ENVELOPPES

Morceaux enveloppés par des machines automatiques de calibre et nombre variables selon les fabricants.

SUCRE DE LUXE OU SUCRE ADANT

Sucre obtenu par cristallisation des sirops purs de raffinerie. Le collage des cristaux entre eux n'est pas obtenu par compression mais par refroidissement dans des moules du mélange de cristaux et d'eaux-mères de cristallisation. Après essorage, on obtient des plaquettes de sucre qui, après séchage, sont sciées et cassées en morceaux de différentes formes (dominos, cubes, etc.). Généralement de grandes dimensions, ces cristaux gardent ainsi tout leur brillant.

PAIN DE SUCRE

Les pains de sucre sont obtenus dans les mêmes conditions ; seule varie la forme du moule où s'opère le refroidissement.

SUCRE GRANULE

Sucre obtenu par cristallisation des sirops purs de raffinerie. Un tamisage permet le classement des cristaux, et l'on obtient une gamme de cristaux de dimensions variant de 3 millimètres à 0,15 millimètre.

SUCRE CRISTALLISE

Sucre obtenu par cristallisation directe des sirops de sucrerie. Le sucre cristallisé n° 3 désigne un sucre dont la nuance, la pureté et la richesse en saccharose correspondent à celles d'un étalon déposé chaque année à la Bourse du Commerce de Paris. Après broyage du sucre cristallisé, le tamisage donne deux produits classés d'après la dimension moyenne des fragments de cristaux.

Différents sucres obtenus :

- **Sucre semoule**
  Poudre de sucre cristallisé de sucrerie dont la dimension moyenne des fragments de cristaux est voisine de 0,5 millimètre.

- **Sucre glace**
  Poudre très fine de sucre cristallisé de sucrerie, dont la dimension moyenne des fragments de cristaux est inférieure à 0,15 millimètre. Ce sucre est habituellement additionné de 2 à 3 % de matières amylacées ce qui évite sa prise en bloc.
- **Sucre gélifiant pour gelées et confitures**
  Poudre de sucre critallisé de sucrerie renfermant un gélifiant (0,4 à 1 % de pectine) et un acide naturel (0,6 à 0,7 % d'acide citrique ou tartrique), capable d'augmenter la gélification.
- **Vergeoise blonde**
  Sucre en cristaux provenant d'un premier sirop d'épuisement de raffinerie.
- **Vergeoise brune**
  Sucre en cristaux provenant d'un deuxième sirop d'épuisement de raffinerie.
- **Sucre candi blanc**
  Très gros cristaux obtenus par cristallisation lente (de l'ordre de 10 jours) d'un sirop de raffinerie d'une pureté très élevée, concentré et chaud, qui est refroidi lentement dans des bacs tendus de fils de lin ou de coton.
- **Sucre candi brun**
  Très gros cristaux obtenus dans les mêmes conditions mais à partir du sirop d'épuisement qui reste dans les bacs après cristallisation du sucre candi blanc.
- **Cassonade**
  Sucre brun obtenu par cristallisation d'un sirop de sucre de canne n'ayant pas subi de raffinage.

S.H.T.F. (sucre à haute teneur en fructose)

Le SHTF est obtenu par transformation de l'amidon de féculents divers (céréales, notamment le maïs, pommes de terre, etc.).

L'amidon est hydrolysé par des enzymes qui détachent ses milliers de glucoses constitutifs. Après une purification, suivie d'une concentration, le sirop de glucose est soumis à l'action d'une enzyme particulière (isomérase) qui transforme 90 % des molécules de fructose (très sucrant), ce qui donne le sirop SHTF. Ce sirop, moins cher et beaucoup plus sucrant que le saccharose, est très répandu dans divers pays (USA, Japon) ; mais la CEE freine l'expansion du SHTF, sous pretexte qu'elle est grande exportatrice, et pour protéger ainsi le marché traditionnel. Sur le plan nutritionnel, le SHTF présente cependant un net avantage, car il permet de sucrer avec un apport glucidique inférieur à 30 % par rapport au sucre traditionnel (source : Sciences appliquées à l'alimentation. D. Brunet-Loiseau - Editions BPI).

GLUCOSE

Le glucose se présente sous la forme d'un sirop concentré, transparent, épais et visqueux, obtenu par l'hydrolyse de l'amidon (du maïs) en présence d'un acide. Il est composé de molécules de glucose et de maltose ; son pouvoir sucrant est trois fois moins important que celui du saccharose.

Le glucose est principalement utilisé en pâtisserie, en confiserie et en glacerie. Ajouté à un sirop de saccharose en cuisson, il permet d'éviter les risques de cristallisation (fabrication de la nougatine par exemple) et de préserver un certain moelleux aux petits fours.

FONDANT

Le fondant se présente sous forme d'une pâte blanche, épaisse, visqueuse et collante. Il est composé d'un mélange de saccharose, d'eau et de glucose ; mélange chauffé généralement au boulé, travaillé et refroidi à l'aide d'une spatule spéciale sur un marbre jusqu'à ce que sa consistance devienne épaisse et sa couleur blanche.

Il est utilisé tiède, à environ 37 °C, pour glacer les choux, éclairs, mille-feuilles et divers entremets.

EDULCORANTS DE SYNTHESE

Les édulcorants de synthèse sont des molécules non glucidiques qui ont une saveur sucrée plus ou moins proche de celle du saccharose. Il existe différentes familles d'édulcorants : saccharine, aspartam, cyclamates... Pour leur utilisation, se conformer aux prescriptions de l'étiquetage.

MIEL

Le miel se présente à l'état solide ou liquide. Il est composé essentiellement de glucides (environ 75 %) sous forme de sucre inverti (glucose et fructose). Il est produit par les abeilles à partir du nectar ou des sécrétions sucrées de certaines plantes (fleurs, arbres fruitiers, colza, acacia, sapin, thym, etc.).

Grâce à une enzyme (invertine) présente dans leur jabot, les abeilles hydrolysent le saccharose en un mélange de glucose et de fructose dont la saveur sucrée est forte.

Le miel est principalement utilisé en pâtisserie (pains d'épices par exemple) et en confiserie. Il est généralement servi au petit-déjeuner avec les confitures.

GLACE ROYALE

La glace royale est composée d'un mélange à froid de blancs d'œufs, de sucre glace et de jus de citron.

La glace royale est « à point » lorsque en retirant la spatule, la pointe formée est rigide ; si elle s'affaisse il faut rajouter du sucre glace.

Pour éviter à la glace royale de couler au four, lors de la cuisson des allumettes glacées ou des conversations par exemple, certains professionnels ajoutent un peu de farine.

La glace royale est principalement utilisée pour recouvrir certains gâteaux et petits fours, ou pour décorer à l'aide d'un cornet certains entremets.

LA CUISSON DU SUCRE

Les sirops sont des solutions plus ou moins concentrées d'eau et de sucre, éventuellement de sucre et de jus de fruits. La consistance visqueuse est fonction du degré de concentration en sucre. Si on prolonge la cuisson d'un sirop, l'eau s'évapore, le sirop se concentre et sa température s'élève.

Pour évaluer de façon précise la concentration en sucre d'un sirop, on utilisait autrefois un pèse-sirop gradué en degrés Baumé. Actuellement pour uniformiser les unités de mesure, on utilise soit un densimètre gradué de 1,000 à 1400, soit un thermomètre à sucre gradué en degrés centigrades. Le densimètre plongé dans de l'eau distillée à 15 °C indique 1000. Plus le sirop est concentré, moins le densimètre s'enfonce, et plus il indique un chiffre élevé. Dans un sirop très concentré, la pénétration est difficile et le densimètre ne peut être utilisé : le sirop n'est plus « pesé » mais « cuit » d'où l'appellation « cuisson du sucre ». Les professionnels expérimentés utilisent plutôt un thermomètre à sucre ou une méthode de contrôle basée sur la consistance et le toucher du sirop. Cette technique empirique donne néanmoins chez certains ouvriers une très grande précision.

L'évolution des différents stades de cuisson est très rapide et requiert un certain nombre de précautions :

- utiliser un poêlon à sucre (non étamé) et parfaitement propre ; le frotter avec du sel et du vinaigre et le rincer soigneusement ;
- utiliser du sucre de raffinerie en morceaux ; le sucre de sucrerie (sucre cristallisé) est moins raffiné et contient encore quelques impuretés ;
- selon son utilisation, graisser éventuellement le sirop avec du glucose, de la crème de tartre, de l'acide tartrique, ou quelques gouttes de jus de citron. L'utilisation de ces produits évite au sirop de masser (cristalliser) ;
- dissoudre doucement le sucre avec de l'eau. La quantité utilisée doit correspondre au tiers du poids en sucre ; s'il y a trop d'eau, la durée de cuisson est augmentée, d'où une perte de temps et une consommation inutile d'énergie. Le sirop risque de colorer ou de masser ;
- régler soigneusement l'intensité calorique. Le sucre doit fondre doucement et les flammes du brûleur (cas du gaz) ne doivent pas dépasser le fond du poêlon. Les projections du sirop contre les parois du poêlon risqueraient de brûler et de colorer le sirop ;
- écumer soigneusement le sirop si nécessaire, et nettoyer fréquemment les bords du poêlon à l'aide d'un pinceau trempé dans de l'eau froide ;
- ne pas remuer le sirop durant la cuisson car il risque de masser ;
- surveiller attentivement l'évolution de la cuisson et contrôler fréquemment.

L'utilisation d'un pèse-sirop ou d'un thermomètre demande quelques précautions particulières

- les nettoyer soigneusement avant de les utiliser ;
- ne pas les plonger brusquement dans un sirop dont la température est élevée ;
- laver le thermomètre à l'eau chaude et le placer dans le sirop au début de la cuisson ;
- poser doucement le densimètre dans une éprouvette et le laisser descendre doucement sans l'enfoncer de force ;

REMARQUE

Pesé à chaud et à froid, un sirop laisse apparaître un degré de concentration différent : un sirop froid pèse généralement de 3 à 5° Baumé de plus que lorsqu'il est bouillant ;

Il est dangereux de conserver un sirop dont la concentration en sucre est inférieur à 32° Baumé ou à 1.2850 à cause du risque de fermentation ;

Les sirops les plus utilisés en cuisine sont, le sirop à 16° Baumé ou 1.1247 pour le pochage des fruits, et le sirop à 32° Baumé ou 1.2850 pour la réalisation des sorbets.

Ils sont obtenus (en quantités simplifiées et arrondies)

- *pour le sirop à 32° Baumé ou à 1.2850 en portant à l'ébullition 1 litre d'eau avec 1 kg à 1,200 kg de sucre.*

TABLEAU DES PRINCIPALES PHASES DE LA CUISSON DU SUCRE

Appellations	Densités	Températures	Reconnaissances des stades de cuisson	Utilisations
NAPPE	1,2964 D. (33° Baumé)	105 °C	Une fine pellicule de sirop s'étale sur une écumoire et forme des gouttes	Confitures, gelées, marmelades, etc.
PETIT FILET	1,3199 D. (35° Baumé)	107 °C	Une goutte de sirop prise entre le pouce et l'index se transforme en petits fils lorsque l'on écarte les doigts	Mousses aux fruits.
GRAND FILET	1,3319 D. (36° Baumé)	109 à 110° C	Les fils précédemment décrits s'allongent sans se rompre ; ils sont plus épais, plus visqueux et plus résistants	Crème au beurre, marrons glacés.
PETIT BOULÉ	1,3440 D. (37° Baumé)	115 à 117° C	Plonger les doigts dans de l'eau froide, les égoutter, puis les plonger dans le sirop. Replonger immédiatement les doigts dans l'eau froide et rouler le sucre qui doit former une petite boule encore souple et molle.	Crème au beurre, appareil à bombe, à parfait et soufflés glacés.
BOULÉ	1,3680 D. (39° Baumé)	120° C	La boule précédemment décrite est un peu plus consistante	Fondant mou, meringue italienne.
GROS BOULÉ	1,3830 D. (40° Baumé)	125 à 130° C	La boule devient plus ferme.	Fondant dur, meringue italienne, rochers.
PETIT CASSÉ	la densité du sirop ne permet plus l'utilisation du densimètre ni du pèse-sirop	135 à 140° C	Lorsque l'on remet les doigts dans l'eau froide, le sirop durcit en émettant de petits craquements ; il ne forme plus une boule et devient cassant, il semble dur mais colle sous la dent.	Pâte d'amandes.

Appellations	Densités	Températures	Reconnaissances des stades de cuisson	Utilisations
GRAND CASSÉ	la densité du sirop ne permet plus l'utilisation du densimètre ni du pèse-sirop	145 à 150° C	Dans l'eau froide, le sucre durcit immédiatement, laisse entendre des petits pétillements et casse net ; il ne colle plus aux dents.	Décor en sucre (vers 150°C) sucre tiré, voilé, soufflé, etc. glaçage des salambos, des choux pour croquembouches, des fruits ou fleurs déguisés.
CARAMEL CLAIR	"	155 à 165° C	Une quantité importante de caramel donne l'illusion d'une coloration toujours supérieure à ce qu'elle est réellement.	Crème caramel, crème viennoise, glace au caramel gâteau de riz au caramel caramélisation des moules nougatines, pralines, etc.
CARAMEL	"	165 à 180° C	Pour s'assurer de la juste coloration du caramel, tremper un petit morceau de papier sulfurisé dans le sirop. La coloration du caramel sur le papier reflète plus fidèlement la coloration de la masse dans le poêlon.	
CARAMEL FONCÉ	"	185 à 190° C	Le sucre noircit rapidement et dégage une fumée âcre et irritante (risques d'inflammation).	Caramel pour colorants.

LE CHOCOLAT

Le cacao est une matière première produite en Afrique, secondairement en Amérique du Sud (cacaos les plus fins et les plus aromatiques), et faiblement en Asie.

Le cacaoyer est un arbre dont le fruit appelé « cabosse », mesure entre 10 et 30 centimètres et pèse entre 300 grammes et 1 kilogramme. La cabosse mûre renferme une quarantaine de graines appelées « FEVES FRAICHES DU CACAO » qui donneront le cacao et le chocolat.

OBTENTION DU CACAO

Après la récolte des cabosses, les fèves fraîches sont extraites et subissent une fermentation qui a pour rôle de former des substances appelées « précurseurs d'arômes », sans lesquels il est impossible d'obtenir le goût de chocolat.

Ce sont ces fèves de cacao qui sont utilisées par les chocolateries (le marché du cacao est côté en bourse, donc très fluctuant).

Dans l'usine, les fèves subissent une torréfaction qui transforme les précurseurs d'arômes en composés responsables de l'arôme. Les fèves grillées sont ensuite concassées et décortiquées pour en extraire les amandes qui après broyage, donnent la pâte de cacao : mélange de beurre de cacao (matière grasse blanchâtre) et de cacao (correspondant au cacao amer en poudre), ces deux constituants peuvent être ensuite facilement séparés.

La pâte de cacao est soit torréfiée (rôtie), soit alcalinisée (procédé hollandais donnant un produit moins acide).

On obtient ainsi différentes matières premières :
pâte de cacao, beurre de cacao et cacao amer en poudre.

LE CHOCOLAT

Le chocolat est un mélange complexe gras et sucré ; mélange homogène de pâte de cacao beurre de cacao, cacao amer, sucre glace, arômes (vanille, vanilline), émulsifiants (lécithines), éventuellement du lait en poudre. La qualité d'un chocolat (moelleux, onctuosité, finesse, fondant) dépend des proportions de ces ingrédients et de la durée de malaxage du mélange (conchage). Le corps et l'amertume varient en fonction de la teneur en cacao et de sa nature.

APPELLATION DU CHOCOLAT
(décret du 13 juillet 1976)

	CACAO mat. sèche % mini	TOTAL mat. grasse % mini	LAIT sec % mini	SUCRE % maxi
« blanc »		20	14	55
« de ménage au lait »	20	25	20	55
« au lait »	25	25	14	55
« au lait et aux noisettes »	25	noisettes : 5 à 40 % (1)		
« de ménage »	30	18		70
« au lait supérieur »	30		18	50
« aux noisettes »	35	noisettes : 5 à 40 % (1)		
« chocolat »	35	18		65
« supérieur »	43	26		

(1) Pourcentage précisé sur l'emballage.

LES ASSAISONNEMENTS

LES AROMATES, LES ÉPICES ET LES CONDIMENTS

UN PEU D'HISTOIRE

L'art de relever le goût des aliments est aussi vieux que le monde et ce serait une erreur de croire que l'introduction, dans l'alimentation de l'homme, des épices, des plantes aromatiques et des condiments est uniquement due à un raffinement des sens olfactifs et gustatifs. Certes, l'usage de ces substances, tel que nous les concevons aujourd'hui, est le signe d'une civilisation évoluée. Mais auparavant, l'homme de la préhistoire fatigué de la fadeur des herbes et des baies sauvages ramassées au hasard des cueillettes, a éprouvé le besoin de les assaisonner, pour stimuler son appétit, mais aussi pour compléter tout naturellement ce besoin instinctif qu'est la faim.

Après avoir exploité le monde végétal pour leur nourriture, nos lointains ancêtres s'efforcèrent de rechercher dans les sucs de celui-ci, le premier condiment naturel qui est le sel. Puis, dans la sève de certains arbres et dans certaines baies sauvages, ils ont trouvé des substances édulcorantes pour sucrer leur nourriture.

Rapidement, ces deux condiments de base ne leur suffirent plus pour masquer le goût désagréable ou trop fade de certaines de leurs grossières préparations culinaires. L'homme a été alors amené à rechercher d'autres substances ayant des odeurs et des saveurs variées, les unes douces, les autres amères ou acides, mais toujours arômatiques.

Ces substances peuvent être considérées comme les formes primitives des épices et des aromates que nous connaissons actuellement.

L'usage des épices est venu de l'Orient, d'où la plupart d'entre elles sont originaires: En Europe, la première épice connue a été la « graine de Paradis » (poivre de Guinée) citée dans plusieurs manuscrits avant et après Jésus-Christ. Toutes les épices ont fait l'objet d'importantes convoitises avec toutes les luttes que cela implique, elles étaient aussi prisées que l'or et les gouvernements qui pratiquaient le négoce des épices s'enrichissaient en les imposant fortement. La terrible route de la soie (route terrestre), source de mystère et de profit, devint également la route des épices.

C'est en recherchant des routes maritimes nouvelles pour atteindre les épices de l'Asie et des Indes que les explorateurs espagnols et portugais (Marco Polo, Christophe Colomb, Vasco de Gama, Magellan) découvrirent le Nouveau Monde.

Les riches marchands romains, vénitiens et génois achetaient les épices à prix d'or et elles servirent longtemps de monnaie d'échange : « on payait en épices », de là vient l'expression « payer en espèces ».

En France, le sel constituait une source de richesse très importante, son exploitation était rigoureusement réglementée et faisait l'objet d'un impôt particulier, la gabelle.

DEFINITION

Le sens exact de chacune de ces substances, si largement employées et très voisines les unes des autres dans leur utilisation, se confond dans la pratique du langage courant.

LES AROMATES

Originaires pour la plupart d'Europe (généralement indigènes), les arômates représentent des substances végétales (herbes ou plantes aromatiques fraîches, déshydratées ou lyophilisées) exhalant des effluves aromatiques, une saveur caractéristique douce et agréable, une odeur suave, parfumée, légèrement pénétrante, généralement peu épicée. Leur parfum compte plus que la force de la saveur. Ils servent à parfumer, à améliorer le goût, la couleur et la présentation des plats.

Exemples :
Le basilic, le cerfeuil, l'estragon, le persil, l'aneth, le thym.

La cuisine actuelle redécouvre et fait une très large utilisation des herbes aromatiques fraîches.

Exemples : *sole au beurre de ciboulette, poisson cru mariné à l'aneth, filets de rougets grillés au pistou, noisettes d'agneau à l'estragon, escalope de saumon à l'oseille, etc.*

LES EPICES

Originaires pour la plupart des tropiques ou d'Asie, les épices représentent les parties séchées des plantes aromatiques (feuilles, boutons floraux, baies, graines, écorces, racines). Elles sont utilisées seules ou en mélange, destinées à relever la saveur des mets, à les parfumer ou à les colorer tout en communiquant une saveur particulière. Les épices sont généralement utilisées à très faible dose à cause de leur saveur prononcée souvent âcre, piquante, parfois violente.

***Exemples** : piment de Cayenne, poivre, paprika, curry.*

Dans le langage courant, le terme épice est souvent employé pour désigner toutes substances aromatiques exotiques, par opposition aux plantes et herbes arômatiques indigènes.

LES CONDIMENTS

Ils représentent généralement des substances à la fois aromatiques et épicées, ou des associations de substances aromatiques ajoutées aux aliments pour en révéler ou en accentuer le goût, mais aussi pour les aromatiser. Ce terme s'applique également aux substances ajoutées « sur table » aux aliments déjà préparés (beurre, vinaigre, cornichons, moutarde, tomato ketchup, etc.).

LE TERME « ASSAISONNEMENT »

Il signifie rehausser le goût des préparations culinaires. Il est utilisé lorsque le cuisinier ajoute à ses préparations soit des épices, soit des condiments, soit des aromates. Il définit une action et non pas un produit.

Dans la pratique courante, l'assaisonnement sans précision particulière signifie simplement ajouter aux préparations du sel et du poivre.

PRINCIPAUX FOYERS D'ORIGINE DES EPICES ET DES PLANTES AROMATIQUES

Toutes ces plantes trouvées à l'état « sauvage » ont été par la suite cultivées, améliorées par l'homme au fur et à mesure de ses découvertes.

***Exemple** : l'ache transformé en céleri.*

De ces grands foyers naturels d'origine, les épices et les plantes aromatiques ont émigré vers d'autres pays. Les migrations des peuples, les invasions, les croisades, ainsi que la colonisation facilitèrent leur diffusion d'un pays à l'autre. La vanille américaine est aujourd'hui cultivée en Afrique, dans l'Océan Indien (Réunion), aux Antilles. Le giroflier et le muscadier à l'origine exclusivement asiatiques, sont cultivés à l'Ile Maurice, aux Antilles et les piments américains se sont parfaitement adaptés en Europe (Hongrie et Espagne). Aujourd'hui la plupart des épices, des aromates et des condiments sont devenus cosmopolites, pour le plus grand bien de notre cuisine.

CLASSIFICATION

LES AROMATES *(plantes aromatiques)*

l'aneth, l'angélique, l'anis frais, le basilic, la coriandre fraîche, le céleri, la ciboulette, le cerfeuil, la citronnelle, l'estragon, le fenouil, la marjolaine ou l'origan, la menthe, l'oseille, le persil, la pimprenelle, le romarin, la sauge, la sarriette, le thym, le laurier, etc.

LES HERBES MELANGEES *(fraîches, séchées ou en pâte)*

le bouquet garni, les fines herbes, les herbes de Provence, les mélanges pour salades, grillades, etc., les herbes à tortue, le pistou, etc.

LES EPICES *(appelées parfois « aromates acres »)*

l'anis en grains, l'anis étoilé ou badiane, la cannelle, les baies de genévrier, les baies roses, le clou de girofle, la coriandre en grains, le cumin, le curcuma, le fenouil en

FOYERS D'ORIGINE	EPICES ET PLANTES AROMATIQUES																																
	le poivre	*la cannelle*	*le gingembre*	*le curcuma*	*le safran*	*le clou de girofle*	*la muscade*	*le macis*	*l'anis*	*l'estragon*	*la badiane*	*le basilic*	*la murrhe ou myrte*	*l'encens*	*le laurier*	*le genévrier*	*le thym*	*le serpolet*	*la marjolaine*	*la menthe*	*la sarriette*	*le fenouil*	*le cresson*	*le raifort*	*l'aneth*	*le persil*	*le cerfeuil*	*l'angélique*	*le carvi*	*la vanille*	*le piment*	*la capucine*	*le poivre de Guinée*
Asie orientale (Chine et les Indes)	●	●	●	●	●																												
Insulinde, Célèbes et Moluques, Iles de Banda						●	●	●																									
Asie centrale									●	●	●	●																					
Asie occidentale, Arabie													●	●																			
Bassin méditerranéen															●	●	●	●	●	●	●	●											
Pays tempérés																							●	●	●	●	●	●	●				
Amérique tropicale																														●	●	●	
Afrique																																	●

grains, le macis, la noix de muscade, le paprika, les poivres, gris, blancs, verts, de Jamaïque (ou bois d'Inde), les piments, le piment de Cayenne, le safran, le sésame en grains, etc.

LES EPICES MELANGEES *(poudre, pâte, extrait liquide)*

les quatres épices*, le curry**, le Colombo, le sel épicé, le ras el hanout, les nouets divers, l'harissa, le mangia (pâte à Colombo), le garam masala (pâte à curry), le beurre de roucou, la sauce curry, le tabasco, le nuoc-man, etc.

* *La feuille du « poivrier » de la Jamaïque est également appelée quatre épices.*

** *Le curry se présente aussi sous la forme d'une feuille apparentée au citronnier et apporte à certaines poudres de curry un goût caractéristique.*

LES CONDIMENTS

- **Les condiments âcres à saveur alliacée**

  l'ail blanc, l'ail fumé, les ciboules ou cives ou oignons de pays, les petits oignons secs, les oignons nouveaux, les oignons blancs, les oignons rouges, les échalotes, le poireau, le raifort, etc.

- **Les condiments à saveur saline**

  le sel marin, le sel gemme, les glutamates de sodium, le salpêtre (nitrate de potassium), le sel fumé, le sel de céleri le sel de régime, le sel épicé, etc.

- **Les condiments à saveur sucrée**

  les différents sucres de canne et de betterave (glace, semoule, cristallisé, concassé, en morceaux, candi, la cassonnade, la vergeoise), le miel, les sucres de régime (édulcorants de synthèse, type saccharine ou aspartam), le sucre vanillé, etc.

- **Les condiments à saveur acide**
  - les jus et zestes d'agrumes (citron, pamplemousse, orange, bigarrade, etc) ;
  - les moutardes : de Dijon (forte), douce, à l'ancienne (de Meaux), parfumées ou aromatisées, etc. ;
  - les vinaigres, le verjus (vinaigre d'alcool, de vin, de cidre, de Xérès, parfumé à l'ail, à l'échalote, à l'estragon, aux fruits), etc. ;
  - les cornichons, la criste marine/salicorne/perce pierre ;
  - les pickles, les piccallily, les achards, les petits oignons, les cerises au vinaigre, etc. ;
  - les câpres, les boutons de capucine, etc.

- **Les condiments à saveur aigre-douce**

  les différents chutneys (à la mangue, aux pommes, etc.), le tomato ketchup, le relisch (cornichons à l'aigre-doux), la Worcestershire sauce, la sauce soja, etc. ;

- **Les condiments gras**
  - le beurre, les beurres composés (aux fines herbes, aux échalotes, ...), les beurres parfumés (beurre rouge, d'estragon, de ciboulette, de truffe, ...) ;
  - les huiles parfumées (à l'ail, au basilic, à l'estragon, aux baies roses, ...) ;
  - les graisses animales (graisse d'oie, graisse de fonte du foie gras, graisse à « soupe », ...).

- **Les alcools, vins et liqueurs**
  - le Cognac, l'Armagnac, le Calvados, le Rhum, le Kirsch, l'alcool de poire, de framboise, etc. ;
  - le Porto, le Madère, le Muscat, le Sauternes, les vins rouges et blancs, etc. ;
  - le Grand Marnier et le Cointreau (et leur extrait), les liqueurs de fraises, de framboises, de cassis, etc.

- **Les essences aromatiques naturelles et artificielles**

  de café, de vanille, de noyau ou d'amande amère, de fleur d'oranger, de menthe poivrée, l'angostura, la vanilline de synthèse, etc.

- **Les garnitures aromatiques**

  Matignon et Mirepoix confèrent aux préparations une saveur particulière.

- **Les truffes et le jus de truffe**

  les truffes et le jus de truffe communiquent une saveur et un parfum particulièrement recherchés.

Actuellement, de nombreux cuisiniers mélangent dans leur moulin à poivre des baies de myrte aromatique (baies roses), du poivre gris et du poivre blanc.

Outre leur rôle essentiel en gastronomie, la plupart des épices et aromates sont utilisés en phytothérapie (pour leurs vertus thérapeutiques et médicamenteuses). Emplois parallèles et complémentaires, comme l'écrivait Michelet : « cuisine, c'est médecine, la médecine préventive, la meilleure ». En effet, si l'on veut bien faire abstraction des excès gastronomiques et des maux qui en découlent, ces deux arts visent un même but : la santé de l'homme.

Par ailleurs, les épices et les aromates sont également utilisés dans les domaines suivants :

- les condiments acides et sucrés sont utilisés en conserverie ;

- les épices et aromates sont utilisés
  - en pâtisserie et en confiserie ;
  - en liquoristerie (boissons alcooliques dites apéritives ou digestives) pour les amères :gentiane, orange amère, quinquina ; pour les boissons anisées : essence d'anis, de badiane et de réglisse ; pour les liqueurs : Grand Marnier, Cointreau, Bénédictine, Chartreuse . Il existe aussi des boissons à base de plantes aromatiques, sans alcool.
  - en parfumerie (eau de la Reine de Hongrie, ancêtre de l'eau de Cologne) ;
  - en cosmétique et industrie des produits d'hygiène corporelle ;
  - et dans l'industrie des colorants et des teintures.

DIFFERENTES PARTIES UTILISEES

LES BAIES
les baies roses, les baies de genévrier, ...

LES BULBES
l'ail, l'échalote, l'oignon, la ciboule, ...

LES FEUILLES
Le persil, le cerfeuil, le basilic, l'estragon, la menthe, la sauge, l'oseille, ...

LES FEUILLES ET LES FLEURS
le thym, la sarriette, le serpolet, ...

LES STIGMATES DE FLEURS
le safran, ...

LES BOUTONS FLORAUX
les câpres, les capucines, les clous de girofle, ...

LES FLEURS
le macis (fleur de muscade), ...

LES FRUITS
les cornichons, les piments, la vanille, ...

LES GRAINES
la coriandre, le fenouil, le cumin, le carvi, les poivres, la noix de muscade, ... ;

L'ECORCE
la cannelle, ...

LES RACINES
le céleri, le raifort, ...

LES RHIZOMES
le curcuma, le gingembre, ...

ROLES DES EPICES ET DES AROMATES DANS L'ALIMENTATION

Les épices et les aromates ont plusieurs rôles :

- aromatiser, relever, parfumer, mettre en valeur et révéler certaines saveurs ;
- donner un caractère particulier à un plat ;
- varier les saveurs en évitant la monotonie ;
- apporter une coloration douce, appétissante et agréable ;
- améliorer la présentation (bouquet de persil, pluches de cerfeuil, feuilles d'estragon) ;
- stimuler ou réveiller les appétits défaillants (plus particulièrement dans les pays tropicaux), en stimulant les sens du goût, de l'odorant et de la vue ;
- faciliter la digestion en favorisant la sécrétion des sucs digestifs (salivaires, gastriques, pancréatiques, intestinaux) ;
- apporter une quantité plus ou moins intéressante d'éléments minéraux ou de vitamines.

Remarque :
L'abus des aromates et des épices peut avoir des effets néfastes : difficultés digestives, irritation gastro-intestinale, hémorroïdes, dilatation des vaisseaux, etc... Le sel favorise l'hypertension et la rétention de l'eau dans l'organisme.
Les épices n'ayant pas subi un traitement antimicrobien (ionisation par exemple) sont souvent très riches en germes ce qui représente un risque d'intoxications alimentaires si les épices ne sont pas bien cuites (pour détruire les germes) ou si elles ne sont pas ajoutées juste au dernier moment (pour ne pas leur laisser le temps de se multiplier).

LA CONSERVATION DES EPICES ET DES AROMATES

Pour les épices concassées, en grains, pulvérisées, déshydratées ou lyophilisées, conditionnées en bocaux de verre ou en sachets de matière plastique, il est important de veiller aux points suivants :

- comparer les différents produits du commerce, car ils sont souvent de qualité inégale. Certaines épices ne rappellent que de loin la substance originale ;
- les acheter en petits conditionnements (les arômes sont très volatiles) ;
- conserver les flacons hermétiquement fermés, à l'abri de la chaleur, de la lumière et de l'humidité (avec les mêmes soins que pour le café fraîchement moulu).

L'idéal est de broyer soi-même la quantité nécessaire, au fur et à mesure des utilisations. Pour la préparation d'un mélange d'épices personnel (spécialité maison), les mêmes règles de fraîcheur et de conservation sont de rigueur.

Les plantes aromatiques fraîches

Toute les herbes crues utilisées pour parfumer ou saupoudrer un mets doivent être utilisées aussi fraîches que possible. Les herbes de sa propre culture doivent être cueillies au moment le plus proche possible de leur utilisation.

Précautions à respecter :

- Laver soigneusement les herbes (eau éventuellement javellisée à raison de deux gouttes par litre d'eau) ;
- puis rincer à deux reprises ;
- égoutter sur du papier absorbant (ne jamais laisser tremper, elles peuvent perdre de leurs arômes ou des substances nutritionnelles ;
- les conditionner à l'abri de l'air, dans des boîtes étanches en polycarbonate (bank, par exemple), dans des sachets plastiques de conservation, ou encore sous vide d'air en sachets ou en bocaux ;
- les réserver en enceinte réfrigérée positive ou négative dans le cas d'une congélation.

Remarque :
Les piments frais sont généralement congelés ou placés dans des bocaux avec de l'huile ou du vinaigre auquel peut être ajoutée une garniture aromatique.

UTILISATIONS CULINAIRES DES PRINCIPAUX EPICES, AROMATES ET CONDIMENTS

LES AROMATES

L'ACHE DES MONTAGNES OU LIVECHE

Description :
Ombellifère dont est issu le céleri en branche (céleri sauvage). Toutes les parties de la plante ont une forte odeur caractéristique. Assez peu utilisée en France la livèche est en revanche très appréciée des Anglais et des Allemands.

Exemples d'utilisations culinaires :
Feuilles et tiges agrémentent bouillons, potages, pot au feu. Les pétioles des feuilles blanchis, les racines crues ou cuites se consomment en salade.

L'ANETH *(anethum graveolem)*

Description :
Fenouil batard, ou herbes de fenouil ; seules les jeunes tiges et feuilles pennées sont utilisées.

Exemples d'utilisations culinaires :
- marinade des poissons crus (saumon, daurade, rouget, etc.) ;
- coulibiac de saumon au beurre d'aneth ;
- petite nage de St-Jacques et de langoustines à l'aneth, etc.

LE BASILIC *(ocimum basilicum)*

Description :
Feuille aromatique d'une plante méditérranéenne ; fraîche, séchée ou conservée dans l'huile.

Exemples d'utilisations culinaires
- filet d'agneau en rognonnade au basilic ;
- mousse d'avocat au crabe, coulis de tomate au basilic ;
- côte de veau à la crème de basilic ;
- pâtes fraîches aux fruits de mer et au basilic ;
- pistou, potage minestroni, etc.

1. Ciboulette – 2. Estragon – 3. Basilic – 4. Fenouil – 5. Aneth – 6. Persil frisé – 7. Romarin – 8. Persil plat – 9. Menthe – 10. Cerfeuil – 11 . Thym – 12. Laurier.

LA CORIANDRE FRAICHE ***(coriandrum sativum)***

Description :

Les jeunes feuilles tendres de la plante sont actuellement utilisées en cuisine. De la même famille que les carottes, elle est aussi appelée « persil chinois ».

Exemples d'utilisations culinaires :

- salades composées, marinade de poissons crus,
- filet de rouget mariné à la coriandre,
- crêpes tièdes de saumon mariné à la coriandre, etc.

LE CELERI ***(apium graveolem)***

Description :

Les jeunes pousses et branches sont utilisées mais le céleri-rave peut également aromatiser.

Exemples d'utilisations culinaires :

- salades composées, aromatise les condiments,
- bouquet garni pour les fonds blancs de volaille et de veau. Consommé à l'essence de céleri.

LA CIBOULETTE ***(allium schoenoprasum)***

Description :

Tiges fines et creuses d'une plante de la famille des liliacées, elle doit être utilisée fraîche, crue et ciselée.

Exemples d'utilisations culinaires :

- élément des fines herbes, salades composées,
- suprême de brochet à la vapeur, beurre fondu à la ciboulette,
- sole à la ciboulette,
- pommes de terre sous la cendre à la crème de ciboulette.

LE CERFEUIL ***(anthriscus cerefolium)***

Description :

Cette plante potagère ressemble au persil plat, dotée de feuilles pennées c'est l'une des plus utilisées en cuisine actuelle.

Exemples d'utilisations culinaires :

- élément des fines herbes, composition de sauces (béarnaise, beurre de cerfeuil, crème de cerfeuil), élément de décoration utilisé depuis le service sur assiette (pluches), garniture des potages, blanc de turbot à la crème de cerfeuil,
- petite nage de crustacés au cerfeuil.

L'ESTRAGON ***(artemisia dracunculus)***

Description :

Herbe très aromatique apparentée à l'absinthe disponible sous les formes fraîche, séchée, en poudre ou au vinaigre.

Exemples d'utilisations culinaires :

- réalisation des sauces béarnaise, américaine, chasseur, etc.
- élément des fines herbes, salades composées, ...
- noisettes d'agneau, coquelet à l'estragon,
- aromatise les condiments (vinaigre, moutarde, cornichons, ...)

LE FENOUIL ***(Foeniculum vulgare)***

Description :

Plante à feuilles pennées utilisée en bulbe, en feuilles fraîches, en tiges séchées ou en graines.

Exemples d'utilisations culinaires :

- salades composées, aromatise les condiments,
- dos de loup rôti et sa compote de fenouil,
- aumônière de poisson cru fenouillette,
- rougets grillés au beurre de fenouil, etc.

L'HYSOPE ***(hysopus officinalis)***

Description :

Plante aromatique à saveur amère et à odeur forte un peu âpre. Très utilisée au Moyen-Age pour parfumer les potages, les salades, les viandes, les farces, certaines charcuteries et les sauces, elle est surtout utilisée aujourd'hui dans la fabrication des liqueurs (Chartreuse).

LA MENTHE POIVREE *(mentha piperata)*

Description :

Feuille allongée légèrement duvetée très aromatique. Plusieurs espèces : la menthe verte, la menthe à feuilles rondes, etc.

Exemples d'utilisations culinaires :

- salades composées (concombres, champignons crus à la menthe, taboulé, ...)
- sauce paloise, mint sauce (cuisine anglaise),
- petits pois à la menthe, etc.

LA MARJOLAINE OU ORIGAN *(organum vulgare et majorana)*

Description :

Herbe aromatique originaire du bassin méditerranéen.

Exemples d'utilisations culinaires :

- cuisine italienne, pizza ; aromatise les préparations à base de tomate, les salades composées, ...
- jambonnette de volaille à la vapeur de marjolaine, etc.

L'OSEILLE *(rumex ocetosa)*

Description :

Plante cultivée apparentée aux épinards ; le goût acide de l'oseille provient de sa teneur en acide oxalique.

Exemples d'utilisations culinaires :

- garniture des potages (chiffonnade), maraîchère, consommé Germiny,
- escalope de saumon à l'oseille, œufs à l'oseille, etc.

LE PERSIL *(petroselinum crispum)*

Description :

Plusieurs sortes : le persil plat, le persil frisé pour les décors, le persil de Hollande (cultivé pour ses racines), etc.

Exemples d'utilisations culinaires :

- en branches pour le décor des plats, frit pour accompagner les fritures,
- haché pour saupoudrer les mets, les pommes persillées ; élément des fines herbes,
- composition des sauces (verte, Bercy, ravigote, ...)
- panaché de poisson à la crème de persil plat, etc.

LA RUE *(ruta graveolens)*

Description :

Plante herbacée qui exhale un arôme très fort lorsque l'on froisse ses feuilles. Les petites feuilles gris bleuté ont une saveur amère. Utilisée au Moyen-Age en liquoristerie, elle parfumait traditionnellement les hypocras aux herbes. En Italie elle parfume la grappa ; en Europe de l'Est, elle est utilisée dans la composition des farces de viande. Elle aromatise les sandwichs, les huiles à salade, les fromages blancs et les marinades.

LA SAUGE *(salvia officinalis)*

Description :

Plante aux feuilles duvetées, au goût très aromatique.

Exemples d'utilisations culinaires :

- principalement avec le porc, composition de la farce américaine, à l'anglaise pour les volailles, ...
- aromatise le gibier, la cuisson des graines de légumineuses, etc.

LA SARRIETTE *(satureje hortensis)*

Description :

Plante herbacée dont le parfum rappelle légèrement le thym.

Exemples d'utilisations culinaires :

- plante « carminative » nécessaire à la cuisson des fèves et de tous les légumes secs en général,
- gibelotte et sauté de lapereau,
- baron d'agneaux à la sarriette,
- sauce aux aromates, aromatise les condiments, etc.

LE ROMARIN *(rosmarinus officinalis)*

Description :

Feuilles dures et pointues commercialisées fraîches, séchées ou en poudre.

Exemples d'utilisations culinaires :

- marinade, civets, pièces de porc rôties, bouquet garni pour les gibelottes et sautés de lapereau, etc.

LE THYM *(thymus vulgaris)*

Description :

Différentes variantes : le thym commun, le serpolet à feuilles étroites, le thym citronné.

Exemples d'utilisations culinaires :

- composition du bouquet garni,
- grillade d'agneau,
- carré d'agneau à la fleur de thym,
- turbot grillé aux aromates,
- marinades, gratin de courgette à la fleur de thym, etc.

LE LAURIER SAUCE *(laurus nobilis)*

Description :

Feuille d'un arbuste originaire des régions méditerranéennes ; feuilles fraîches, séchées ou en poudre.

Exemples d'utilisations culinaires :

- rentre dans la composition du bouquet garni,
- marinades.

LES HERBES MELANGEES

LE BOUQUET GARNI

Description :

Composé de tiges de persil, de thym et de laurier. Peut comporter, selon son utilisation, du poireau, du céleri, une branche de sarriette ou de romarin.

Egalement présenté sous forme déshydratée en «sachet infusion» (nouet).

Exemples d'utilisations culinaires :

Base aromatique de la cuisine française :
- fonds bruns, blancs, fumets,
- sauces de base (espagnole, tomate, ...),
- poularde pochée, blanquette,
- cuisson des légumes secs.

LES FINES HERBES

Description :

Composées de persil, cerfeuil et estragon hachés, et de ciboulette ciselée.

Exemples d'utilisations culinaires :

- omelette aux fines herbes,
- sauces vinaigrette ou mayonnaise aux herbes, sauce Vincent,
- assaisonnement des salades et salades composées, etc.

LES HERBES A TORTUE

Description :

Mélange de sauge, marjolaine, romarin, basilic, thym, laurier, persil, poivre et clou de girofle.

Exemples d'utilisations culinaires :

- tête de veau en tortue,
- sauce tortue,
- braisage des terrapènes et des tortues,
- consommé de tortue, etc.

LES EPICES

1. Poivre moulu – 2. Poivre blanc moulu – 3. Poivre en grains – 4. Poivre vert – 5. Baies roses – 6. Piment de Cayenne – 7. Baies de genièvre – 8. Paprika.

LA CANNELLE *(cinnamomum zeylanicum)*

Description :

Ecorce aromatique du cannelier, disponible sous forme de bâtons ou de poudre.

Exemples d'utilisations culinaires :

Rentre dans la composition du curry, des quatre épices, parfume agréablement les compotes et beignets de fruits (pommes, ...), les fruits pochés au vin (poires), vins chauds, chaudeau, gateau de riz, pâtisseries et autres desserts, punchs, etc.

LES BAIES DE GENEVRIER *(juniperus communis)*

Description :

Les fleurs femelles de cet arbrisseau se composent de trois boutons charnus et globuleux. De couleur verte au cours de la première année, ils deviennent brun foncé la seconde année.

Exemples d'utilisations culinaires :

- marinades pour gibier, sauce gibier,
- choucroute, viande de porc, marinades des poissons crus,
- eau de vie de Steinhagen, genièvre, gin,
- entre dans la composition de nombreuses épices mélangées.

LES BAIES DE MYRTE AROMATIQUE ou BAIES ROSES *(myrtus communis)*

Description :

Baies d'un arbrisseau de la famille des myrtacées, dont le parfum est proche de celui du poivre de Guinée.

Exemples d'utilisations culinaires :

- en mélange avec le poivre blanc ou gris,
- terrines, farces pour galantines, ballotines,
- aiguillettes de caneton aux baies roses,
- magret aux trois poivres, etc.

LES CLOUS DE GIROFLE *(eugenia aromatica)*

Description :

Boutons séchés très aromatiques de la fleur du giroflier non parvenue à éclosion.

Exemples d'utilisations culinaires :

- piqués dans le talon des oignons pour les fonds blancs de veau ou de volaille, blanquette, marmite, compotes, pain d'épices, marinades, vins chauds, etc.

LA CORIANDRE *(coriandrum sitivum)*

Description :

Graines d'une plante de la famille des carottes (ombellifère) originaire des régions méditerranéennes et moyen-orientales.

Exemples d'utilisations culinaires :

- entre dans la composition du curry, du Colombo,
- légumes traités à la grecque, fabrication du gin, etc.

LE CARVI ou CUMIN SAUVAGE *(cuminum cyminum)*

Description :

Graines allongées de couleur brun clair, très utilisées en Allemagne et dans les pays scandinaves.

Exemples d'utilisations culinaires :

- parfume certains fromages (munster, fromages blancs), le pain, la brioche, les préparations à base de chou, pain d'épices, ...
- fabrication de l'Aquavit, eau-de-vie de cumin, etc.

LE FENOUIL *(foeniculum vulgare)*

Description :

Graines d'une plante à feuilles pennées. Existe également à l'état sauvage.

Exemples d'utilisations culinaires :

- sec, en branches pour les poissons grillés (bar grillé au fenouil), dans la cuisine méditerranéenne (bouillabaisse, soupes de poissons), dans les boissons anisées, etc.

LE CURCUMA *(curcuma longa)*

Description :

Epice jaune clair, extraite des rhizomes d'une plante de la famille des liliacées ; aux Antilles appelé « safran pays ».

Exemples d'utilisations culinaires :

- pour les préparations du curry, du Colombo et du mangia (pâte à Colombo), dans les moutardes anglaises.

LE MACIS *(myristica fragrans)*

Description :

Encore appelé « fleur de muscade », enveloppe ou tégument de la noix de muscade.

Exemples d'utilisations culinaires :

- marinades, charcuteries et pâtisseries, curry, ras el hanout, etc.

LA NOIX DE MUSCADE *(myristica fragrans)*

Description :

Graine séchée du fruit du muscadier. Cette graine est protégée par la fleur de muscade ou macis.

Exemples d'utilisations culinaires :

- sauces blanches (béchamel et dérivés), pomme Duchesse, purées diverses, appareil salé à crème prise, subrics d'épinards, de maïs, gnocchi, farces diverses, etc.

LE PAPRIKA *(capsicum tétragonum)*

Description :

Variétés mûres de poivrons, séchés et moulus (piments à fruits rouges). Existe sous forme de paprika doux, demi-doux et de paprika à la rose (très fort).

Exemples d'utilisations culinaires :

- cuisine hongroise et espagnole,
- goulash, sauté de bœuf strogonoff,
- sauce hongroise, volaille au paprika,
- côte de veau au paprika,
- fromages frais, etc.

LE POIVRE GRIS, BLANC, VERT, LA MIGNONNETTE *(piper nigrum)*

Description :

Les poivres proviennent d'une sorte de liane des régions tropicales portant des fruits en grappes.

Obtention des poivres :

- les baies vertes non parvenues à maturité sont mises à sécher, deviennent noires et se racornissent. Puis elles sont triées par grosseur et commercialisées sous le nom de poivre « noir ».
- Les fruits rouges, presque parvenus à maturité, sont mis à macérer dans l'eau pendant 2 ou 3 jours pour qu'ils se gorgent d'eau et se ramollissent. Les graines sont ensuite débarrassées de leur peau et vendues sous le nom de poivre « blanc ».
- le poivre « vert » est constitué de fruits non mûris du poivrier, conservés en saumure légère ou lyophilisés.
- la mignonnette est le poivre « gris » ou « blanc » simplement écrasé.

Exemples d'utilisations culinaires :

Le poivre entre dans presque toutes les préparations culinaires. Il rehausse les mets grâce à sa saveur chaude, parfumée et piquante (à condition qu'il soit moulu au dernier moment) :

- viandes, charcuteries diverses,
- sauces diverses (poivrade, béarnaise, diable),
- marinades des viandes et des gibiers,
- salades et salades composées,
- steack au poivre , magret au poivre vert,
- rillettes de saumon au poivre vert.

POIVRE DE GUINEE, MANIGUETTE, ou GRAINES DE PARADIS

Description :

Provient d'une plante herbacée vivace, à tige florale peu élevée très proche de la cardamone. Baie pulpeuse contenant une infinité de petites graines de la grosseur d'un grain de poivre, de couleur brun rougeâtre.

Exemples d'utilisations culinaires :

Grâce à son odeur pénétrante et son prix peu élevé, la maniguette sert à « sophistiquer » certaines espèces de mauvaise qualité...

POIVRE OU PIMENT DE LA JAMAIQUE *(pimenta officinalis) ou « bois d'Inde ».*

Description :

Ce n'est ni un piment, ni un poivre, mais une myrte. Ses baies, cueillies avant maturité, sont séchées au soleil et prennent une belle couleur rouge. Leur saveur forte tient à la fois du poivre, du girofle, de la cannelle et de la muscade. C'est ce qui lui a valu le surnom de « quatre épices ».

Exemples d'utilisations culinaires :

Surtout utilisé aux Antilles pour les blaffs, les court-bouillons. Mélangé à la cannelle et au piment, il entre également dans la composition du boudin créole. La feuille est également utilisée sous le nom de « quatre épices ».

LES PIMENTS FRUTESCENTS

Il en existe de nombreuses variétés. A la fois condiments, épices ou légumes, les piments enragés proviennent pour la plupart d'Amérique latine.

LE PIMENT DE CAYENNE

Description :

Fine poudre provenant d'un piment rouge originaire de Guyane française (piment enragé ou piment-oiseau).

Exemples d'utilisations culinaires :

Dosé en « pointe » (très petite quantité), il donne une saveur brûlante aux préparations où le poivre risquerait de laisser des traces noirâtres ou grisâtres.

- sauce hollandaise, sauces blanches, appareils à crème prise, subrics, royales, etc.

LES PIMENTS DES ANTILLES

Piment zozio : long, effilé comme une langue de perroquet.

Piment z'indien : allongé, légèrement recourbé à saveur forte.

Piment sept court-bouillons : peut servir jusqu'à 7 fois de suite.

Piment bonda à man Jacques : trapu et largement assis, dont le nom signifie « la croupe de Madame Jacques »

Exemples d'utilisations culinaires :

Ces piments colorés font chanter et « parfois mordre » la cuisine créole,

- féroce d'avocat, christophines farcies,
- sauce chien,
- accras, boudin, colombo, court-bouillon,
- blaff, crabes farcis, daube, matoutou, etc.

LE SAFRAN *(crocus sativus)*

Description :

Stigmates et styles brun-rouges des fleurs d'une variété de crocus du Maroc et d'Espagne. Epice très colorante. Il faut environ 200 000 stigmates de fleurs cueillis à la main pour produire 1 kg de safran, ce qui en justifie le prix très élevé. Appelé parfois « filaments d'or ». Existe en poudre ou en pistils.

Exemples d'utilisations culinaires :

- soupes de poissons (bouillabaisse, cotriade, ...),
- soupe de moules au safran,
- sauce rouille,
- pétales de Saint-Jacques au safran,
- poulet en bouillabaisse,
- terrine de poisson en gelée de bouillabaisse,
- rizotto au safran, paëlla, etc.

LES EPICES MELANGEES

LES QUATRE-EPICES

Description :

Poudre composée de poivre, de muscade, de girofle, de gingembre ou de cannelle.

Exemples d'utilisations culinaires :

Aromatise les préparations de base pour les farces en charcuterie (pâtés, terrines, ...).

LE CURRY, CARI, CARY ou KARI

Description :

Mélange d'épices, fortement colorant (à cause de sa teneur en curcuma). Selon son origine (Indes, Thaïlande, Malaisie, Sri Lanka), il peut comporter jusqu'à une trentaine d'épices différentes : gingembre, tamarin, coriandre, macis, poivre, cumin, clou de girofle, paprika, piment de Cayenne, ail, romarin, carvi, graines de moutarde, feuille de curry, pomme verte et ciboule pour les pâtes de curry. En Europe, la formule du curry « Madras » commercialisé est utilisée en « mild » (doux), « hot » (chaud et relevé) ou « very hot » (très fort).

Exemples d'utilisations culinaires :

Cuisine d'Extrème-orient,
- curry Madras d'agneau, de poulet, de cabri, de porc, de poisson, ...
- mouclade au curry,
- filets de sole singalaise,
- poularde à l'indienne, etc.

LE COLOMBO

Description :

Curry réalisé aux Antilles (par les coolies des Indes) avec les épices et les aromates locaux : curcuma, piment, ail, cive, tamarin, graine de moutarde, riz, coriandre, anis, fenugrec, girofle et poivre.

Exemples d'utilisations culinaires :

Utilisé en poudre ou en pâte appelée « mangia »
- colombo de cabri, de poulet, de poisson, de porc, d'agneau, etc.

HARISSA

Description :

Pâte rougeâtre composée de piments « oiseau » écrasés, d'ail, de tomate, d'huile et d'épices orientales.

Exemples d'utilisations culinaires :

Accompagnement des différents couscous nord-africains.

LE TABASCO

Description :

Fabriqué en Angleterre à partir de petits piments rouges de Louisiane, de vinaigre, d'alcool et de sel.

Exemples d'utilisations culinaires :

Rehausse la saveur de certaines préparations, sauce cocktail, sauce diable, sauce barbecue, ...

LE RAS EL HANOUT

Description :

Poudre composée d'une dizaine d'épices et de fleurs dont le nom signifie « toit de la boutique ». Ce produit renferme poivre noir, maniguette, coriandre, cannelle, macis, muscade, quatre-épices, girofle, safran ou curcuma, cumin, paprika, boutons de roses, fènes (fruits du frêne).

Exemples d'utilisations culinaires :

Préparation du couscous.

LES CONDIMENTS

Les condiments âcres à saveur alliacée

L'AIL *(allium sitivum)*

Description :

Plante vivace bulbeuse composée d'un grand nombre de gousses ovales oblongues, consommées à l'état frais ou déshydraté.

Exemples d'utilisations culinaires :

Très utilisé en cuisine méditerranéenne
- sauce (aïoli),
- assaisonnement de salades, soupes de poisson,
- parfume les viandes d'agneau et de porc, les préparations dites « à la provençale »
- tomates, courgettes, pommes de terre, coquilles Saint-Jacques, cuisses de grenouille,
- beurre d'escargot.

CIVES OU CIBOULES *(allium fistulosum)*

Description :

Plante potagère de la famille des liliacées et proche des oignons nouveaux, et dont les tiges creuses et les bulbes se consomment.

Exemples d'utilisations culinaires :

- salades composées à la croque au sel, etc.
- cuisine antillaise et sud-américaine (base de la cuisine des Caraïbes).

LES ECHALOTES *(allium ascalonicum)*

Description :

Plante potagère bulbeuse de forme allongée, ayant une pelure brune.

Exemples d'utilisations culinaires :

- rentre dans la composition de nombreuses sauces (bordelaise, bercy, béarnaise, diable),
- salades composées, aromatise les condiments.
- remplace avantageusement l'oignon,
- farces diverses pour terrines, pâtés, etc.
- cuisson des poissons braisés ou pochés au court-mouillement, fumet de poisson
- onglet ou bavette à l'échalote, etc.

L'OIGNON *(allium cepa)*

Description :

Plante potagère bulbeuse à saveur alliacée, dont il existe plusieurs espèces : doux, forts, blancs, rouges, petits de forme ronde ou allongée.

Exemples d'utilisations culinaires :

- Rentre dans la composition de nombreuses sauces (soubise)
- garniture aromatique pour les fonds, les poêlés, les braisés,
- dans les farces, les salades composées,
- éléments de décoration,
- petits oignons glacés pour les garnitures,
- pommes lyonnaise,
- foie de veau à la compote d'oignon en aigre-doux,
- entrecôte lyonnaise,
- oignons frits, oignons farcis, etc.

LE POIREAU *(allium porrum)*

Description :

Plante vivace à racine longue brun jaunâtre à l'extérieur, et blanche et fibreuse à l'intérieur, dont la saveur forte et

Exemples d'utilisations culinaires :

- base des potages taillés, purée de légumes frais et secs, crèmes et veloutés,
- garniture aromatique des fonds blancs de volaille et de veau,
- cuit et servi tiède avec une sauce vinaigrette aux herbes,
- escalope de saumon soufflée à la crème de poireau,
- filet de barbue à la fondue de poireau,
- huîtres tièdes à la julienne de poireau safranée, etc.

LE RAIFORT *(cochlearia armoracia)*

Description :

Plante vivace à racine longue brun jaunâtre à l'extérieur, et blanche et fibreuse à l'intérieur, dont la saveur forte et brûlante rappelle un peu celle de la moutarde. Il s'utilise râpé et citronné.

Exemples d'utilisations culinaires :

- sauce raifort (sauce anglaise) utilisée en Alsace, en Allemagne, en Angleterre et dans les pays scandinaves avec les viandes froides ou pochées, et les poissons fumés,
- assortiment de poissons fumés à la crème de raifort,
- terrine d'anguille fumée et son bavarois au raifort,
- filet de bœuf au raifort en pot-au-feu, etc.

Les condiments à saveur saline

LE SEL MARIN ET LE SEL GEMME

Description :

Chlorure de sodium (NaCl) présent dans la plupart des aliments (à plus ou moins forte dose), sauf dans les aliments hyposodés (à faible teneur en sodium) et les aliments désodés (dont le sel a été éliminé).

Exemples d'utilisations culinaires :

- ajouté dans toutes les préparations, il agit en tant que révélateur de goût,
- il est aussi utilisé pour la conservation des aliments (teneur élevée en sel) , petit salé, poitrine salée, jambon, morue, sardines, etc.

LE SALPETRE *(nitrate de potassium)* **et LE SEL NITRITE** *(chlorure de sodium et nitrate de potassium)*

Description :

S'emploie principalement en charcuterie pour les produits saumurés (coloration rouge des produits). Sel nitrité : 10 % de nitrite maximum.

Exemples d'utilisations culinaires :

- jambon de Paris, jambonneaux,
- farces pour pâtés et terrines, galantines,
- langue écarlate.

LE SEL EPICE

Description :

Préparation destinée à assaisonner les farces pour terrines, les pâtés et les foies gras.

Exemples d'utilisations culinaires :

Exemple de formule de « sel épicé » pour assaisonner une terrine : pour 1 kg de viande, 16 g de sel, 2 g de sucre cristallisé, 1 g de salpêtre, 2 g de quatre-épices, 1 g de poivre gris moulu.

Les condiments à saveur sucrée

SUCRE GLACE, SEMOULE, CRISTALLISE, MORCEAUX SUCRE D'ORGE, DE POMME

Description :

Sacharose extrait de la betterave ou de la canne à sucre. Après lavage, découpage ou broyage des végétaux, l'extraction est réalisée par de l'eau chaude. Le sirop obtenu est filtré, concentré par évaporation. Le sucre est ensuite cristallisé (dans la sucrerie), puis raffiné (dans la raffinerie). Les sous-produits sont la mélasse et la vergeoise (sucre de betterave) ainsi que la cassonade (sucre de canne).

Exemples d'utilisations culinaires :

Sucre glace
décor en pâtisserie, glace royale, coulis de fruits, meringues, crème chantilly,

Sucre semoule, sucre cristallisé
pâtes, crèmes de base, entremets divers, sirops, glaçage des légumes, gastrique,

Sucre en morceaux
cuisson du sucre (filet, boulé, cassé, caramel), crème au caramel, nougatine, etc.

Sucre d'orge et sucre de pomme
confiserie.

Le sucre intervient aussi dans la conservation de certains aliments (confiture, fruits confits, pâtes de fruits, fruits surgelés ou congelés).

LE MIEL *(mélange de saccharose, fructose, glucose)*

Pâtisserie, glaçage des jambons, des canetons.

Les condiments à saveur acide

LES AGRUMES

(voir cours sur les fruits en cuisine)

Exemples d'utilisations culinaires :

Le jus de citron est le plus utilisé pour :
- aciduler les sauces froides ou chaudes, sauce vin blanc, poisson, hollandaise, ...
- garniture des poissons pochés, grillés ou meunière, grenobloise, ...
- limite l'oxydation de certains légumes ou fruits (artichauts, champignons, pommes, poires, etc.).

LES CAPRES

Description :

Boutons floraux du câprier. Commercialisés confits au vinaigre, ou dans une saumure légère.

Exemples d'utilisations culinaires :
- garniture grenobloise, sauce aux câpres, ravigote, tartare, gribiche,
- poisson au câpres, etc.

LES CORNICHONS

Description :

Fruits d'une plante légumière à tiges rampantes de la famille des cucurbitacés. Mis à dégorger au sel sec, puis confits dans du vinaigre blanc avec des échalotes, de l'estragon, des petits oignons et du poivre en grains.

Exemples d'utilisations culinaires :
- accompagnement invariable des viandes froides, du pot-au-feu, des buffets froids, des hors d'œuvre à base de charcuteries,
- rentre dans la composition de certaines sauces (tartare, gribiche, charcutière, piquante),
- salades composées, etc.

LA CRISTE MARINE ou SALICORNE ou PERCE PIERRE

Description :

Algue marine des bords de mer subissant les marées. Elle est dégorgée au sel, puis confite comme les cornichons. Elle peut aussi être utilisée en légume.

Exemples d'utilisations culinaires :
- buffets froids, hors d'œuvre, salades composées,
- poissons crus et marinés,
- terrines de poisson diverses, etc.

PICALLILY, VARIANTES, ACHARDS

Description :

Assortiment de petits légumes (petits oignons, petits épis de maïs, carottes, chou-fleur, chou palmiste, etc.) confits dans le vinaigre.

Exemples d'utilisations culinaires :
- Viandes froides, buffets froids, hors d'œuvre, etc.

LES DIFFERENTS VINAIGRES :

d'alcool blanc, d'alcool coloré, de vin, de cidre, de Xérès, parfumé à l'estragon, à l'échalote, à la framboise, à la cerise, au cassis, ...

Description :

Obtenu grâce à la fermentation acétique de l'alcool éthylique, du vin ou du cidre sous l'effet d'un champignon (mycoderma aceti). Le champignon se multiplie sous forme d'une membrane gluante en surface (la mère), puis elle descend progressivement dans le liquide. Le champignon transforme l'alcool en acide acétique.

Exemples d'utilisations culinaires :
- révélateur de saveurs,
- acidifie et parfume certaines sauces (vinaigrette, mayonnaise, diable, beurre blanc, béarnaise),
- utilisé pour la conservation (cornichons, câpres, criste marine, etc.),
- marinades crues ou cuites,
- favorise la coagulation des protéines des œufs (œufs pochés),
- utilisé en déglaçage pour réaliser les sauces de viandes ou de poisson sautés,
- raie au beurre noisette,
- œufs à la diable
- salade tiède de raie au vinaigre de framboise,
- aiguillette de caneton sauvage aux pommes et au vinaigre de cidre,
- foie de veau au vinaigre et aux baies de cassis,
- foie de veau au vinaigre de Xérès, etc.

LES MOUTARDES

De Dijon

Description :

Graines de moutarde noires concassées et trempées dans du verjus et auxquelles sont ajoutés des aromates (appellation contrôlée).

La moutarde douce

Description :

Fabriquée à partir de moutarde forte adoucie par oxydation d'où sa teinte plus brune.

La moutarde à l'ancienne

Description :

Moutarde forte classique qui n'est pas tamisée, trempée dans du vin blanc au lieu du verjus et aromatisée.

Exemples d'utilisations culinaires :
- relève et aromatise les sauces (mayonnaise, moutarde, charcutière, rémoulade, Robert, ...),
- assaisonnement des salades composées,
- viandes froides, buffets froids,
- filet de porc, sauce dijonnaise,
- baron de palereau à la moutarde et aux pâtes fraîches,
- rognon de veau à la graine de moutarde, etc.

LES MOUTARDES AROMATISEES

Description :

Avec du citron vert, estragon, poivre vert.

Exemples d'utilisations culinaires

Ce sont principalement des moutardes de table.

Les condiments gras

LE BEURRE - CRU, FONDU, CUIT

Description :

Le beurre renferme 82 % de matières grasses. Le beurre cru, composé, parfumé ou cuit noisette, apporte à certaines préparations une saveur caractéristique. De plus, le beurre possède la propriété de capter les saveurs (les arômes sont souvent liposolubles) et de les restituer lors de la dégustation. Les beurres de table allégés renferment environ deux fois moins de matières grasses.

Exemples d'utilisations culinaires :

Les utilisations en cuisine sont innombrables. La véritable cuisine gastronomique exige un beurre de qualité irréprochable.

– cru : avec les crudités, les hors d'œuvre, les radis, la charcuterie, les fruits de mer, les sardines, les légumes, les viandes et les poissons sous la forme de beurres composés (Maître d'Hôtel, d'anchois, de crevette), avec les fromages ; il entre aussi dans la composition des pâtes et des crèmes de base en pâtisserie.
– fondu : beurre fondu, blanc, sauce hollandaise, béarnaise, ...
– cuit noisette : poissons « meunière », viandes et jus de rôti, pâte à crêpes, etc.

LES GRAISSES ANIMALES (oie, canard, etc.)

Description :

La graisse d'oie et la graisse de fonte du foie gras communiquent aux aliments une saveur caractéristique. Malheureusement ces graisses sont particulièrement indigestes.

Exemples d'utilisations culinaires :

– pommes sarladaise,
– confits, cassoulet,
– cuisine du sud-ouest.

LES HUILES
Olive, noix, noisette, pépins de raisins, aromatisées à l'ail, au basilic, à l'estragon, etc.

Description :

Consommées crues, les huiles non raffinées apportent aux assaisonnements des parfums caractéristiques. Les huiles industrielles raffinées, neutralisées, décolorées et désodorisées n'ont pas cette propriété.

Exemples d'utilisations culinaires :

– assaisonnement de toutes les salades, des salades composées, des hors d'œuvre, etc.

LES ALCOOLS, LES VINS ET LES LIQUEURS

COGNAC, CALVADOS, RHUM, KIRSCH, MADERE, PORTO, MUSCAT, VINS ROUGES, VINS BLANCS, COINTREAU, GRAND MARNIER ...

Description :

Les alcools, les vins et les liqueurs peuvent être utilisés comme produits aromatisants. Comme les épices, ils doivent être d'une qualité irréprochable. Ils servent principalement aux flambages ou aux déglaçages. Les vins doivent être impérativement réduits pour éliminer l'acidité.

Exemples d'utilisations culinaires :

– poulet sauce chasseur, steack au poivre, homard à l'américaine,
– crêpes flambées,
– sauce Madère, Porto,
– sauce vin blanc, Bercy, bourguignonne, bordelaise, marchand de vins,
– œufs en meurette,
– pâtisseries diverses, fruits pochés, compotes, etc.

CONSEILS D'UTILISATION

S'il existe une technique pour la préparation d'un mets, il n'existe aucune méthode pré-établie dans l'art de l'assaisonner. Chaque cuisinier modifie la composition de ses assaisonnements en fonction de chacune de ses préparations, des goûts de sa clientèle, de sa personnalité, mais aussi en fonction de certaines traditions culinaires et habitudes alimentaires locales. Les saisons et le climat (température) ont également leur importance.

Croire qu'il suffit de bien relever ou épicer un plat pour lui donner une note exotique est une erreur. Toutes les épices du monde ne sauraient améliorer une cuisine médiocre. Tout comme une bonne cuisine peut être gâchée par leur emploi abusif.

Le dosage doit être subtil et judicieux. Leur présence doit être discrète et doit développer toutes les saveurs, sans les masquer, ni les dominer (sauf dans le cas de cuisines exotiques particulières). Les épices, les aromates et les condiments sont à la cuisine ce que sont les teintes, les ombres ou les lumières à la peinture. Ils doivent intervenir judicieusement par touches délicates et subtiles, permettant ainsi aux cuisiniers de personnaliser leurs préparations.

LA CONSERVATION DES ALIMENTS

D'origines animale ou végétale, tous les aliments subissent à plus ou moins brève échéance des transformations qui altèrent leurs qualités marchandes et sanitaires.

Dès la récolte, la cueillette, la traite et l'abattage, les denrées alimentaires sont l'objet de nombreuses transformations.

Ces transformations sont provoquées par différentes espèces microbiennes (moisissures, levures qui sont des champignons microscopiques, bactéries et virus).

Dans certaines conditions favorables à leur développement, les microbes se multiplient rapidement (richesse du milieu en substances nutritives, températures optimales comprises entre + 20 et + 40° C, teneur en eau libre supérieure à 16 %, pH proche de la neutralité (7), exigence en oxygène etc.).

Une bactérie mère peut, par exemple, avoir dans les conditions ci-dessus une descendance d'un milliard de bactéries au bout de 10 heures.

Si certaines précautions visant à limiter ou à arrêter rapidement le développement des microbes ne sont pas observées, ces transformations peuvent provoquer des modifications ou des dégradations des qualités organoleptiques *1, nutritionnelles *2 et microbiologiques *3 des denrées alimentaires et les rendre impropres à la consommation. En cas de mauvaise conservation, il peut y avoir dégradation des qualités organoleptiques (aspect, texture, flaveur...), nutritionnelles, biochimiques et microbiologiques. Le consommateur risque alors d'être victime d'une intoxication alimentaire (voir cours de sciences appliquées à l'hygiène et à l'alimentation - Editions BPI).

*1. Propriétés d'un aliment perçues par les organes des sens : aspect, texture, odeur, saveur...

*2. Propriété d'un aliment, qui par sa composition assure la vie et la croissance équilibrée d'un être vivant.

*3. Un aliment de bonne qualité microbiologique est un aliment sain exempt de tout germe pathogène, qui ne peut avoir d'influence préjudiciable à la santé humaine.

MODIFICATIONS DES QUALITÉS ORGANOLEPTIQUES

aspect : l'altération se traduit par un aspect douteux, flétri, déshydraté, ramolli, trop mûr, pourri. Des fermentations gazeuses peuvent provoquer le gonflement ou le bouillonnement des conserves, des fonds, des sauces et des potages (la prolifération microbienne est plus facile dans un milieu liquide riche en substances nutritives).

couleur : selon leur nature, les légumes altérés deviennent mats, jaunâtres et brunis. Les viandes noircissent et deviennent verdâtres si les conditions de stockage sont trop humides (présence de moisissures).

texture : flasque, molle, filante, poisseuse (présence de limon constitué de couches de microbes).

odeur : formation d'odeurs nauséabondes pour les végétaux, rances pour les corps gras, acides pour les sauces et les fonds, ammoniacales, sulfureuses et putrides pour les aliments riches en protéines.

saveur : anormale, forte, acide, goût de rance, de moisi, de pourri.

DÉGRADATION DE LA VALEUR NUTRITIONNELLE

- perte en eau, en vitamines, et en sels minéraux
- dénaturation des constituants de l'aliment (protéines).

DÉGRADATION DE LA QUALITÉ MICROBIOLOGIQUE

- réactions d'oxydation
  - rancissement oxydatif des corps gras
  - changement de coloration des végétaux
  - oxydation des vitamines ;
- apparition de composés toxiques dus à la putréfaction (ptomaïnes) ;
- dégradation des aliments gras (beurre, huiles, graisses) en composés à odeur rance (peroxydes) et en acides divers. L'oxygène de l'air provoque également un rancissement ;
- développement de microbes pathogènes et production de toxines (toxinogénèse) responsables des principales toxi-infections alimentaires et des maladies infectieuses alimentaires.

Les microbes sont naturellement présents dans les aliments, ils peuvent être également ajoutés lors des différentes étapes que constitue le circuit alimentaire.

L'absence d'hygiène lors des nombreuses manipulations, les négligences ou les erreurs professionnelles, les techniques de cuisson ou de conservation mal maîtrisées, les locaux et le matériel mal entretenus, la présence d'animaux domestiques, d'insectes et de rongeurs représentent les principales causes de contamination et d'altération des aliments.

- aliment sain bactériologiquement sûr et contrôlé
- mise en oeuvre immédiate d'un procédé de conservation
- règles d'hygiène rigoureuses
sont les trois règles fondamentales de la bonne conservation des aliments.

Il faut cependant distinguer plusieurs espèces microbiennes différentes

- **les microbes banals ou saprophytes**

Ils n'ont aucun effet notable s'ils restent en quantité limitée

exemples :

- la flore normale de l'eau potable
- la flore normale des aliments
- la flore de la peau, des muqueuses, des intestins.

- **les microbes utiles**

Ils sont capables de produire des substances intéressantes au cours de diverses transformations chimiques ou «fermentations» qu'ils réalisent lors de leur multiplication.

exemples :

- les bactéries lactiques responsables de la fermentation lactique acidifiant et coagulant le lait lors de la fabrication des yaourts et des fromages
- les bactéries responsables de la maturation de la crème et de la formation d'arômes particuliers (le diacétyle)
- les bactéries responsables de la fermentation maléolactique des saucissons secs et de la choucroute
- les bactéries acétiques (Acétobacter) responsables de la fermentation acétique, elles forment la «mère du vinaigre» et transforment les boissons alcoolisées en acide acétique
- les bactéries responsables de la maturation (mortification) des viandes de boucherie
- les bactéries responsables du mûrissement des fruits et de la production d'arômes spécifiques
- les levures responsables des fermentations alcooliques : transformation des jus de fruits en boissons fermentées alcolisées
- les levures responsables des fermentations panaires (levure de boulanger ou levure de bière : Saccharomyces cerevisiae), elles transforment les sucres en alcool et en gaz carbonique
- les moisissures de l'affinage de nombreux fromages (moisissures blanches des fromages à pâte molle et à croûte fleurie : camembert, moisissures bleues des fromages à pâte persillée : bleus et Roquefort)
- les moisissures nobles des raisins destinés à la fabrication de certains vins : le Sauternes par exemple

● **les microbes d'altération des aliments**

- les microbes de la putréfaction ou bactéries protéolytiques: ils dégradent les protéines ; certains produits de la putréfaction sont toxiques (les ptomaïnes), d'autres peuvent provoquer des allergies (cas du gibier trop faisandé ou faisandé dans de mauvaises conditions d'hygiène)
- les microbes du rancissement des corps gras ou bactéries lipolytiques : le beurre, les huiles, les corps gras sont dégradés en composés à odeur rance (péroxydes) et en acides divers. Certains de ces composés sont toxiques. Les aliments rances doivent être impérativement jetés
- les microbes d'altération des végétaux

bactéries glucidolytiques, cellulolytiques etc. dégradent préférentiellement les fruits, les légumes et leurs produits dérivés

● **les microbes pathogènes**

Salmonelles, staphylocoques, anaérobies sulfito-réducteurs, clostridium perfringens, bacille du botulisme (clostridium botulinium).

Les microbes pathogènes peuvent provoquer de nombreuses toxi-infections alimentaires et de nombreuses maladies infectieuses alimentaires de gravité variable (fièvre typhoïde, hépatite virale A par exemple).

Ce sont les microbes pathogènes qui justifient l'importance des règles d'hygiène à observer en restauration et tout particulièrement en matière de conservation des aliments.

Remarque

Lorsque les conditions d'existence de certaines bactéries deviennent défavorables (bacille du botulisme par exemple) elles peuvent avoir la propriété de se transformer en spore. Cette forme d'hibernation des microbes leur permet de résister, parfois très longtemps, à la chaleur, à la dessication, au manque de nourriture et à la présence d'antiseptiques.

Lorsque les conditions de vie redeviennent favorables, la spore se transforme à nouveau en bactérie normale capable de se multiplier et de fabriquer des toxines.

DIFFERENTS FACTEURS RESPONSABLES DE LA PROLIFERATION MICROBIENNE

Comme toute cellule vivante, la vie des microbes exige un certain nombre de facteurs favorables à leur développement, d'autres par contre appelés facteurs inhibiteurs permettent de ralentir ou de stopper définitivement leur multiplication :

LA RICHESSE DU MILIEU EN SUBSTANCES NUTRITIVES

Facteurs favorables	Facteurs inhibiteurs
Pour se développer, les bactéries ont besoin de nourriture. Elles se développent plus facilement sur les denrées alimentaires liquides riches en substances nutritives d'origine animale (lait, fonds, fumet, sauces, crèmes à base d'oeufs, plats cuisinés en sauce, etc.). Leur développement produit suivant les cas des acidifications, des fermentations ou des putréfactions. Les bactéries pathogènes peuvent produire des toxines responsables des toxi-infections alimentaires.	• Choisir des denrées alimentaires saines, très fraîches, bactériologiquement sûres et contrôlées (estampille sanitaire des Services Vétérinaires) • Eviter les risques de contamination en appliquant les règles d'hygiène les plus rigoureuses • Traiter les préparations les plus vulnérables, rapidement, les maintenir à une température, si possible, supérieure à + 65° C ou les refroidir rapidement et les réserver en enceinte frigorifique à + 3° C jusqu'au moment de leur utilisation.

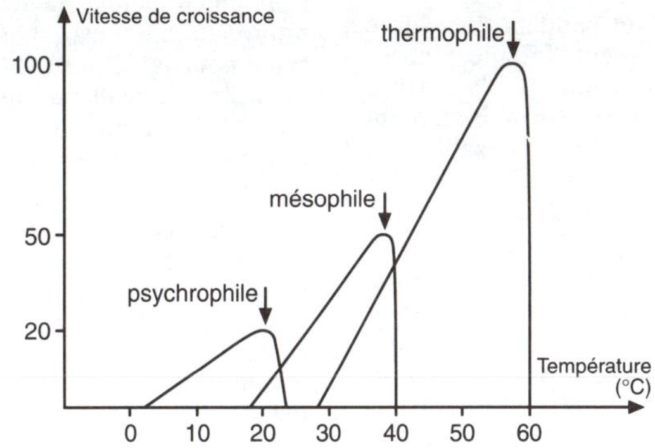

Classification des bactéries selon leur température optimale de croissance

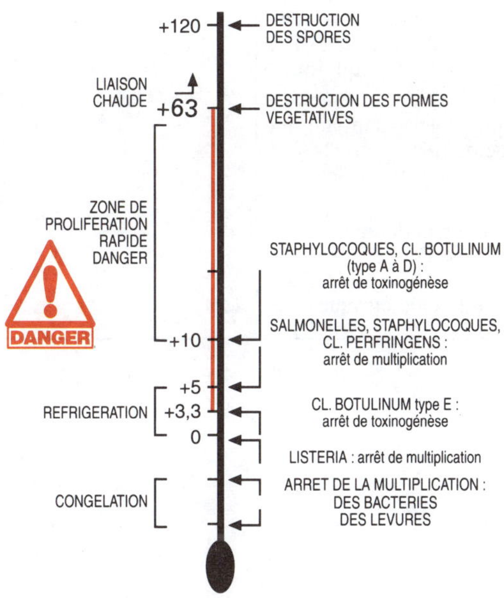

Action de la température sur le développement microbien

LA TEMPERATURE

Facteurs favorables	Facteurs inhibiteurs
L'influence de la température est très importante sur le développement des microbes. On distingue plusieurs plages favorables ou néfastes à leur prolifération. Les bactéries cryophiles se développent principalement aux alentours de 0° C, les bactéries psychrotrophes entre 0° C et + 20° C (ex Pseudomonas), les bactéries mésophiles entre + 20 et + 40° C (il s'agit de la température moyenne de la cuisine) (ex Salmonella). Les bactéries thermophiles aiment la chaleur et se développent entre + 45 et + 60° C (ex Cl. Perfringens). Le froid ralentit la prolifération microbienne. En dessous de - 12° C la plupart des bactéries ne se divisent plus mais elles ne sont pas détruites. Dès que les conditions climatiques redeviennent favorables, leur développement reprend. La chaleur appliquée à une température supérieure à + 63 °C et pendant une durée suffisamment longue détruit progressivement la flore microbienne (principalement les enzymes responsables de certaines oxydations et les germes pathogènes). La rapidité et l'efficacité de la destruction totale de la flore microbienne dépend principalement de la température atteinte et de la durée d'exposition à cette température. Plus la température est élevée, plus la durée du traitement thermique est courte. Exemples : pasteurisation du lait : 75° C durant quelques minutes ; stérilisation U.H.T. : 150° C durant quelques secondes. Remarque : le chauffage en milieu acide (pH supérieur à 7) facilite la destruction des microbes. Ceci explique la durée de stérilisation plus courte pour les denrées acides ou acidifiées grâce à de l'acide citrique.	• Utilisation du froid au-dessous de + 3° C. • Utilisation de la chaleur au-dessus de 63 °C. • Ne jamais laisser les aliments refroidir lentement. La plupart des microbes pathogènes sont mésophiles et se développent à la température de la cuisine. • Les sauces à base d'oeufs servies tièdes (sauces hollandaise ou béarnaise doivent être réalisées dans le délai le plus rapproché de la consommation ; les restes ne doivent pas être conservés. • La réfrigération des aliments constitue un procédé de conservation de courte durée puisque l'activité microbienne est seulement ralentie. La congélation permet une conservation de plus longue durée. • La pasteurisation détruit progressivement une partie de la flore microbienne, la température atteinte n'est pas suffisante pour la détruire entièrement, les aliments pasteurisés doivent être maintenus impérativement en enceinte réfrigérée. • La stérilisation simple ou U.H.T. détruit l'ensemble de la flore microbienne. Les produits stérilisés peuvent être stockés et réservés à la température ambiante de l'économat.

LE BESOIN EN EAU

Facteurs favorables	Facteurs inhibiteurs
Le développement des bactéries est facilité en milieu liquide. Une certaine quantité d'eau dite «eau disponible» est nécessaire à la vie et à la prolifération microbienne (mini. 16 %).	Le manque d'eau ralentit ou stoppe la prolifération des bactéries mais il ne les tue pas, elles sont tout simplement «inhibées», elles reprennent leur vie végétative dès que le pourcentage d'eau redevient supérieur à 16 %. • Les procédés de conservation par séchage naturel, dessication ou déshydratation industrielle, lyophilisation, privent l'aliment de son eau de constitution. • La conservation des aliments par sucrage (confitures, pâtes de fruits) et salage au sel sec (jambon) ou saumurage (produits de charcuterie) constituent avec la déshydratation et le fumage les plus anciens procédés de conservation.

LE DEGRE D'ACIDITE OU DE BASICITE OU pH (abréviation de «potentiel hydrogène»).

Facteurs favorables	Facteurs inhibiteurs
Le pH correspond à la mesure de l'acidité d'un produit, il est exprimé par une échelle variant de 0 à 14. On distingue 3 zones principales : • la zone acide (pH de 0 à 6) • la zone neutre (pH autour de 7) • la zone alcaline ou basique (pH de 8 à 14). Les différentes espèces microbiennes ont des pH préférentiels, mais la plupart des bactéries pathogènes exigent un pH proche de la neutralité (= 7) ; il s'agit également du pH de la plupart des aliments. Certaines bactéries se développent en milieu acide : pH 4 - 4,5 (bactéries acidophiles) mais elles ne sont pas dangereuses (bactéries acidifiant les yaourts ou bactéries responsables de la fermentation acétique, par exemple).	• L'acidification suffisante de certaines denrées est utilisée comme procédé de conservation (cornichons au vinaigre par exemple), les principales bactéries pathogènes sont inhibées. • L'acide citrique est souvent utilisé comme additif conservateur. • Les bactéries lactiques, par exemple, acidifient les yaourts, le lait, la crème, la choucroute, les saucissons et permettent de prolonger leur conservation. • Les microbes de la putréfaction abaissent le pH des aliments riches en protéines.

Les microbes pathogènes sont pour la plupart des microbes mésophiles. Ils se développent plus rapidement entre + 20° C et + 40° C, c'est-à-dire à la température de la cuisine. Ils apprécient également les pH proches de la neutralité : il s'agit du pH de la plupart des aliments.
Ceci justifie le respect rigoureux des règles d'hygiène en cuisine et tout particulièrement en conservation.

LES BESOINS EN GAZ (OXYGENE ET GAZ CARBONIQUE)

Facteurs favorables	Facteurs inhibiteurs
Selon leurs exigences en gaz nécessaire à leur vie et à leur développement, on distingue : • les microbes aérobies : ils ont besoin impérativement d'oxygène, ils se multiplient généralement à la surface des aliments (bactéries de la putréfaction et d'altération des végétaux). • Les microbes anaérobies stricts : ils sont inhibés par l'oxygène et se développent dans tous les aliments privés d'air, aliments conditionnés sous vide, conserves mal stérilisées, bouillons ou fonds dont l'ébullition prolongée a chassé l'oxygène (bacille du botulisme, par exemple). • Les microbes aéro-anaérobies facultatifs : ils s'adaptent et survivent en présence ou en absence d'oxygène.	• Conserver les aliments le plus possible à l'abri de l'air (pelliculage, utilisation de papier film alimentaire, sacs plastiques, boîtes hermétiques, etc.) et les maintenir en enceinte réfrigérée. • Isoler certaines préparations de l'air par enrobage dans le saindoux (terrines, pâtés), dans la graisse d'oie ou de canard (confits) ou sous une couche de paraffine (confitures). Le conditionnement sous vide ne stoppe pas le développement des bactéries anaérobies, les produits ainsi traités doivent être impérativement soumis à un refroidissement rapide et à un maintien en enceinte réfrigérée à + 3° C durant une période réglementée (3 à 6 jours pour les restaurateurs). • Utiliser des sacs de conditionnement parfaitement étanches aux gaz.

Remarque : le gaz carbonique et certains mélanges gazeux inhibent la prolifération de certaines espèces microbiennes. Cette propriété est utilisée lors de la conservation des légumes et de certaines préparations délicates et fragiles sous atmosphère contrôlée (quatrième gamme, par exemple).

LA PRESENCE D'ALCOOL

	Facteurs inhibiteurs
	La présence d'alcool est un facteur hostile au développement des microbes. A un degré de concentration suffisant, il détruit la flore microbienne. L'action bactériostatique et bactéricide de l'alcool est utilisée comme procédé de conservation. Exemple : cerises à l'eau-de-vie.

LES DIVERSES RADIATIONS

	Facteurs inhibiteurs
	Les rayons infra-rouges agissent par leur effet thermique. Les rayons ultra-violets stérilisent les surfaces directement exposées à leur rayonnement mais les zones d'ombre ne sont pas traitées. Ils ne pénètrent pas dans les aliments. Ils sont principalement utilisés en restauration pour assainir l'air, désinfecter les chambres froides et les couteaux. Les rayons gamma ou rayons ionisants exercent une action anti-microbienne à la surface et en profondeur des aliments. Ce traitement a l'avantage de ne pas modifier les caractères organoleptiques des aliments traités. Les micro-ondes ou ondes électro-magnétiques, dans certaines conditions d'utilisation précises sont employées pour pasteuriser ou stériliser.

LES SUBSTANCES CHIMIQUES (désinfectants, conservateurs alimentaires)

	Facteurs inhibiteurs
	Selon les conditions d'utilisation, de température, de concentration microbienne, les désinfectants exercent une action bactériostatique (action inhibitrice) ou une action bactéricide (action mortelle sur les bactéries). Les conservateurs alimentaires sont principalement utilisés en agro-alimentaire (conserveries, biscuiteries industrielles, produits de charcuterie) pour ralentir ou empêcher la dégradation des aliments par les microbes. Leur utilisation est strictement réglementée.

LES DIFFÉRENTS PROCÉDÉS DE CONSERVATION

Le problème de la conservation des aliments, denrées périssables et denrées saisonnières, s'est posé dès les premiers temps de la civilisation. Il s'agissait principalement de se prémunir contre la famine et d'adapter son alimentation au rythme des saisons.

Pour ce faire, de nombreuses méthodes ont été utilisées, d'abord le froid naturel dans les pays du nord, le séchage ou la dessication, le salage, le fumage, le sucrage, la conservation dans l'alcool et, plus récemment, la pasteurisation, la stérilisation simple et ultra-haute température (U.H.T.), la réfrigération, la congélation, la déshydratation industrielle, la lyophilisation, l'utilisation d'additifs alimentaires (conservateurs), le conditionnement sous vide ou sous atmosphère contrôlée, l'ionisation.

Remarque : il est fréquent d'associer 2 procédés de conservation :

Exemples : la pasteurisation et la réfrigération
le salage et le fumage
le sous-vide et la réfrigération ou la surgélation.

LE FROID

GÉNÉRALITÉS

Pendant très longtemps, l'homme a essayé d'utiliser le froid sans savoir le produire. L'action stabilisante du froid est connue et utilisée depuis la plus haute antiquité. Néron faisait venir de la neige des Appenins à grands frais pour offrir à ses invités un mélange glacé de fruits et de miel. Les mêmes sorbets étaient confectionnés à la cour de Bagdad. Les peuplades nordiques enfouissaient dans les premières neiges ce qu'elles souhaitaient garder pour la fin de l'hiver.

Actuellement, le froid est produit principalement par la vaporisation d'un fluide capable de se liquéfier à une température et à une pression déterminées. Les différents appareils se distinguent par la manière de boucler le cycle du fluide, c'est-à-dire de liquéfier à nouveau les vapeurs de ce fluide : absorption par un solvant ou compression mécanique.

Les fluides frigorigènes les plus utilisés sont actuellement l'ammoniac, les fréons, l'azote liquide et le gaz carbonique pour la cryogénie. Le froid peut être produit également par la sublimation d'un corps solide, le CO_2 à l'état de glace carbonique (glace sèche ou carboglace, par exemple), qui se fait à -79°C à la pression atmosphérique.

ACTION DU FROID SUR LES ALIMENTS

A partir de +10°C, et surtout au voisinage de 0°C, le froid ralentit la plupart des transformations et des altérations microbiennes et biochimiques. A partir de -12°C, le froid stabilise l'aliment dans l'état où il se trouve au moment de sa mise en œuvre. Mais il faut atteindre la température de -18°C pour arrêter véritablement toute activité microbienne. Cependant, à cette température, les aliments subissent toujours certaines modifications biochimiques (acidification et rancissement des graisses, pertes d'arômes, brunissement, déshydratation superficielle, etc.)

Le froid ne détruit pas les microbes. Micro-organismes et réactions biochimiques reprennent toute leur activité dès qu'une élévation de température suffisante le leur permet.

Ceci justifie l'intérêt tout particulier de la qualité sanitaire des produits destinés à la congélation ou à la surgélation.

LES DIFFÉRENTS NIVEAUX DE FROID

Actuellement, on utilise deux niveaux de froid pour la conservation des aliments :
- le froid positif pour les denrées réfrigérées (+)
- le froid négatif pour les denrées congelées et surgelées (–)

Ces deux niveaux de froid se distinguent :

- par la température atteinte
  - positive
  - négative
- par le temps mis pour atteindre cette température
  - congélation simple
  - congélation ultra-rapide pour les denrées de faible épaisseur (produits surgelés, par exemple)
- par la durée de conservation
  - quelques jours : produits réfrigérés
  - quelques mois : produits congelés et produits surgelés.

Réfrigération Froid positif Conservation de courte durée	**Congélation** Froid négatif Conservation de longue durée
↓	↓
Refroidissement rapide en cellule de refroidissement température à cœur de +63°C à +3°C en moins de deux heures	Refroidissement rapide en cellule de congélation ou en sorbetière pour les glaces et les sorbets
Entreposage des denrées réfrigérées	Stockage des denrées congelées et surgelées
Enceintes réfrigérées spécifiques par catégorie de produits de +8°C à 0°C	Chambres froides négatives, conservateurs «congélateurs» de -12 à -20°C

La durée de conservation des denrées alimentaires soumises à l'action du froid varie selon plusieurs facteurs :
- qualité bactériologique initiale du produit
- état de fraîcheur
- température de conservation
- nature du produit et teneur en matières grasses
- conditionnement, etc.

D'une manière générale, la conservation de longue durée n'est pas recommandée. La rotation rapide des stocks est préférable.

Les produits surgelés présentent l'avantage d'un étiquetage précis : date de surgélation, date limite d'utilisation optimale (DLUO).

LA RÉFRIGÉRATION

DÉFINITION

La réfrigération consiste à soumettre un produit à un traitement frigorifique destiné à abaisser sa température à cœur, sans toutefois atteindre en un endroit quelconque son point de congélation initial.
Le point de congélation initial d'un produit dépend directement de la concentration de ses molécules en substances dissoutes et non pas de sa teneur en eau.

Exemple : les fruits ont une teneur en eau supérieure à la viande et présentent un point de congélation initial inférieur : -2 à -3°C pour les fruits, -1°C pour la viande.

Ceci s'explique par la richesse de la solution aqueuse des fruits en sucre et en acides organiques (voir également la nouvelle technologie appelée Freeze Flo, au chapitre des pâtisseries surgelées).
La réfrigération met en œuvre, selon la nature des produits, des températures supérieures à 0°C. Elles sont le plus souvent comprises entre 0°C et +8°C.

La réfrigération est un procédé de conservation de courte durée (quelques jours). Les différents phénomènes d'altération (action enzymatique, prolifération microbienne, oxydation) sont considérablement ralentis, mais pas stoppés.

Les produits réfrigérés évoluent lentement, ils peuvent présenter, au bout de quelques jours, des caractéristiques extérieures modifiées (déshydratation, changement de coloration et de texture, par exemple).

La conservation des denrées alimentaires réfrigérées doit être réduite à son strict minimum et plus particulièrement pour les viandes découpées, non conditionnées, les abats, les légumes, les fruits fragiles (épinards, salades, herbes aromatiques, fraises, framboises...).

CONSEILS D'UTILISATION DE LA CHAMBRE FROIDE (voir également le cours sur le garde-manger)

- Stocker les différentes catégories de produits dans des compartiments séparés et à la température la mieux adaptée à leur conservation.
- Isoler ou stocker à part le gibier non dépouillé ou non plumé, les légumes terreux et les produits particulièrement odorants (fromages, melons, etc.).
- Débarrasser tous les produits de leurs emballages commerciaux (cageots, caisses, cartons).
- Recouvrir toutes les denrées fragiles ou semi-élaborées (viandes parées, légumes épluchés) d'un film plastique alimentaire ou les entreposer dans des récipients de stockage hermétiques, réservés à cet usage.
- Ranger méthodiquement les denrées, sans les entasser, sur des rayonnages conformes aux règles d'hygiène en vigueur et maintenus en parfait état de propreté.
- Ne pas gêner la circulation naturelle de l'air froid entre les rayonnages et les produits.
- Ne pas entreposer de denrées à même le sol.
- Ne pas introduire de denrées chaudes (élévation de la température et risque de condensation et de givrage).
- Respecter la règle : premier stocké = premier sorti.
- Vérifier périodiquement le bon état d'entretien et de fonctionnement de l'appareil (dégivrage si non automatique, joints d'étanchéité des portes, sonnerie d'alarme, thermomètre, etc.).

EXEMPLES DE TEMPÉRATURES DE STOCKAGE CONSEILLÉES

Produits	Températures conseillées en °C	Durées maximales de conservation
Fruits autres que tropicaux	+6 à +8	1 à 2 semaines
Fromages fermentés	+8	2 semaines, plus selon les pâtes
Œufs	+8	2 semaines (voir également le chapitre sur les œufs et les ovoproduits)
Légumes	+4 à +8	Variable selon le produit : quelques jours à 2 semaines
Volailles - lapins - gibier	0 à +4	Quelques jours (7 jours à partir de la date d'abattage et de conditionnement)
Viande de boucherie en carcasse	0 à +3	10 à 15 jours maximum
Viande de boucherie en muscles non conditionnée	0 à +3	Quelques jours
Viande de boucherie en muscles conditionnée sous vide	0 à +3	21 jours maximum après la date de conditionnement
Fromages frais, yaourts, crème fraîche	0 à +4	DLC
P.C.A. refroidis rapidement en cellule	0 à +3	Quelques jours } Se conformer aux prescriptions du fabricant
P.C.A. refroidis rapidement dans un établissement agréé par les services vétérinaires	0 à +3	Quelques jours* } Se conformer aux prescriptions du fabricant
Poissons sous glace fondante	0 à +2	Quelques jours

*Après étude et accord des services vétérinaires.

Remarque :
A défaut de plusieurs enceintes frigorifiques séparées, disposer les produits dans des récipients hermétiques destinés à cet usage. La température de stockage la plus basse doit être retenue : de 0 à +3°C maximum.

LA CONGÉLATION

DÉFINITION

Un aliment est dit congelé lorsqu'une forte proportion de l'eau qu'il contient est sous la forme de glace. Ce terme englobe la congélation proprement dite, mais aussi la surgélation.

La congélation consiste donc à abaisser la température d'un produit, en toutes ses parties donc à cœur, au-dessous de son point de congélation initial à une température comprise entre -10°C et -20°C. Cet état doit être maintenu jusqu'à l'utilisation du produit.

La congélation met en œuvre des températures très basses. Elles peuvent atteindre -40°C, parfois inférieures lorsque l'on emploie des gaz liquéfiés (gaz carbonique et azote, par exemple).

Les techniques de congélation varient suivant la nature, le volume, la forme et les dimensions du produit à congeler (congélation par contact, par air pulsé, par immersion, par pulvérisation d'azote).

Cette technique assure un extrême ralentissement de l'activité bactérienne, mais à -18°C, toutes les altérations microbiennes ne sont pas stoppées (acidification et rancissement des corps gras, par exemple limitent la durée de conservation).

La congélation n'apporte aucune amélioration au produit. Au moment de la décongélation, le produit présente exactement le même état d'altération qu'à l'instant de sa congélation. Comme pour la réfrigération, les mesures d'hygiène et une congélation précoce sont de rigueur.

Tunnel de congélation

LA SURGÉLATION

Elle a été appelée par son promoteur Clarence Birdseye «quick freezing» (congélation ultra-rapide). Le mot surgélation est apparu vers 1948, il est souvent confondu avec le terme congélation.

Les aliments surgelés sont définis officiellement par un décret datant du 9-09-1964. Dans l'article premier de ce décret ou peut lire les points suivants :

- Le qualificatif «surgelé», ou toute autre dénomination ou dérivé de ce mot, est réservé aux produits alimentaires ou boissons qui ont été soumis en vue de leur stabilisation à un abaissement de température suffisant pour permettre l'obtention à cœur d'une température égale ou inférieure à -18°C, appliquée le plus tôt possible après la cueillette, la capture, l'abattage ou la préparation.
- L'opération de surgélation doit être conduite de manière à franchir le plus rapidement possible la zone de température de cristallisation maximum.

Pour répondre à cet impératif de rapidité et d'obtention à cœur d'une température égale ou inférieure à -18°C, la surgélation ne s'applique essentiellement qu'à des préparations de petites dimensions et de faibles épaisseurs (5 à 7 cm au maximum). Les produits très épais (viandes en carcasses, volailles entières, gros poissons sont donc des produits congelés et non surgelés).

Pour répondre à l'appellation de «surgelés», les produits doivent présenter les caractéristiques suivantes :

- se trouver au moment du traitement en parfait état de fraîcheur et de salubrité,
- être conformes à des normes microbiologiques précises,
- être préparés dans un établissement agréé,
- se présenter sous une faible épaisseur,
- avoir subi une congélation ultra-rapide (donc à une température très basse),
- être maintenus à une température minimale de -18°C (température prise à cœur, c'est-à-dire au centre du produit) de la production à la vente au consommateur ; c'est ce que l'on appelle la chaîne du froid,
- répondre à des conditions d'emballage et d'étiquetage fixées par voie réglementaire (nature du produit, provenance, poids, mode d'emploi, date de surgélation, date limite d'utilisation optimale, estampille sanitaire.)...

Ce décret, dans ces autres paragraphes, souligne le caractère impératif de ce que le Professeur Monvoisin appelle le **«trépied frigorifique»**, c'est-à-dire :

- **Produit sain au départ**
  - A leur arrivée à l'usine, les produits sont soumis à de sévères contrôles (aspect, contrôles physico-chimiques, bactériologiques, organoleptiques). Les produits non-conformes sont rejetés.
- **Mise en œuvre immédiate du procédé de surgélation**
  - matériel performant : cellule ou tunnel de congélation
  - produit de faible épaisseur pour que le froid pénètre plus rapidement.
- **Maintien jusqu'à la vente d'une température inférieure ou égale à -18°C** (respect de la chaîne du froid*).

Remarque :

Pour que les produits soient traités le plus rapidement possible, les installations de surgélation sont souvent construites à proximité des zones de cultures, ou à proximité des abattoirs.

Effet de la vitesse de refroidissement sur la cristallisation

Une bonne vitesse de pénétration du froid au cœur de l'aliment ne peut être obtenue qu'avec des aliments de faible épaisseur (cas des produits surgelés). Si la vitesse de refroidissement est lente, les cristaux de glace deviennent relativement grands (200 µ). Ils écrasent les cellules, leurs arêtes

* Ce terme symbolise la continuité des moyens utilisés successivement en vue d'assurer la bonne conservation par le froid des denrées alimentaires périssables, de la production à la consommation. Les différents maillons de la chaîne sont le refroidissement initial, l'entreposage, le transport et la distribution. Ils servent à assurer le maintien sans faille de la température requise.

tranchantes altèrent les membranes cellulaires. Il y a mort des cellules à la fois par une action mécanique et par une plasmolyse trop active (perte d'eau des cellules).

A la décongélation, le produit présente un aspect flasque, peu appétissant, et il se produit un important exsudat de suc cellulaire.

Si, au contraire, la vitesse de congélation augmente, comme c'est le cas des produits surgelés, le nombre de cristaux de glace s'accroît. Leur dimension est alors très réduite (paillettes de glace de 60 à 80 µ) et l'eau n'a pas le temps de sortir des cellules. Ces petits cristaux non coupants, surtout intracellulaires, n'endommagent pas les cellules.

A la décongélation, la denrée retrouve l'aspect du produit frais et les exsudats sont très faibles.

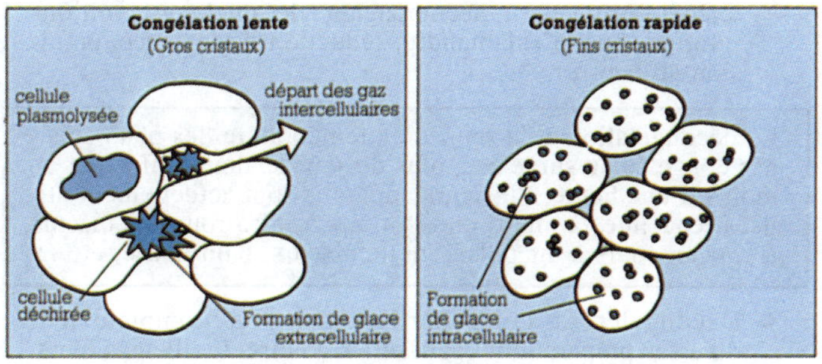

La congélation et plus particulièrement la surgélation sont des procédés de conservation de longue durée.

Ces températures qui ne sont que des minimums acceptables doivent être vérifiées au moins une fois par jour.

LA CONGÉLATION CHEZ LE RESTAURATEUR

Il existe fréquemment une confusion grave entre les congélateurs professionnels (cellules par exemple) et les conservateurs à usage domestique appelés à tort «congélateurs». Ces derniers appareils sont essentiellement destinés à stocker un produit livré, congelé ou surgelé.

L'utilisation d'un «conservateur» pour congeler un produit frais ou des plats cuisinés est interdite en restauration.

Le groupe frigorifique d'un «conservateur» est capable de maintenir une température permanente légèrement inférieure à -18°C, mais pas d'abaisser rapidement à cœur la température des denrées alimentaires à -18°C. La congélation lente dans ce type d'appareil ne stoppe pas suffisamment vite le développement des germes et provoque la formation de cristaux de glace à l'intérieur de l'aliment.

Ce procédé est donc néfaste au maintien des qualités organoleptiques et biochimiques des aliments. Il peut être dangereux pour la santé des consommateurs.

Le restaurateur qui désire congeler lui-même ses denrées ou ses plats cuisinés doit respecter les modalités suivantes :

- Disposer de locaux ou d'annexes conformes ;
- Disposer de cellules de congélation ;
- Faire une déclaration à la Préfecture (Direction des Services Vétérinaires) du département dans lequel est situé cet établissement. La déclaration doit être faite dans le mois qui suit l'ouverture de l'établissement.
- Respecter les divers articles de l'arrêté du 26-06-1974 concernant les conditions d'hygiène, de congélation, de conservation et de décongélation des denrées animales et d'origine animale. A ce propos, il est rappelé que la congélation de ces dernières denrées n'est admise par les Services Vétérinaires que dans la mesure où elles répondent aux caractéristiques suivantes :
  - provenir directement d'abattoirs ou d'ateliers de découpe agréés à l'exportation dans les états membres de la CEE pour les viandes, abats et volailles,
  - être traitées directement sur les lieux de capture ou provenir du lieu de débarquement ou de production pour les poissons, batraciens, crustacés et mollusques et à l'exclusion de tout autre intermédiaire,
  - provenir d'établissements agréés pour les ovoproduits et produits laitiers ; seul le beurre répondant aux normes de beurre pasteurisé peut être utilisé,

Toute provenance de denrées animales ou d'origine animale doit être obligatoirement attestée par une facturation.

- Respecter les règles de conditionnement des produits

Le rôle des emballages est de protéger les aliments contre toutes les sources éventuelles de contamination, d'oxydation, de dessèchement superficiel et de transmissions d'odeurs.

EXEMPLES DE DURÉES DE CONSERVATION CONSEILLÉES

Produits congelés	Températures minimales conseillées	Durées maximales de conservation chez l'utilisateur
Viandes		
• viandes maigres (bœuf, veau)	-10°C	9 mois
• viandes grasses (mouton, porc)	-10°C	2 à 4 mois
• volailles, lapins, gibier	-12°C	6 à 8 mois
• abats	- 12°C	2 à 3 mois
Poissons		
• poissons maigres	-18°C	variable selon la teneur en matières grasses : 4 à 6 mois
• poissons gras	-18°C	2 à 4 mois
• coquillages, crustacés	-18°C	4 à 6 mois
Produits laitiers - ovoproduits		
• œufs entiers	-18°C	4 à 6 mois
• blancs séparés	-18°C	8 à 10 mois
• jaunes séparés	-18°C	2 à 4 mois
Légumes	-18°C	8 à 12 mois
Fruits	-18°C	6 à 8 mois
Plats cuisinés	-18°C	selon la DLC ou la DLUO 1 à 2 mois
Tous les produits répondant à l'appellation «surgelés»	-18°C	DLC ou DLUO

Les matériaux d'emballage utilisés pour la congélation doivent satisfaire aux exigences suivantes :
- être de qualité alimentaire et chimiquement neutre,
- être imperméables à l'oxygène, aux gaz et aux liquides,
- avoir une bonne résistance mécanique,
- pouvoir être fermés hermétiquement
- être étiquetables ou imprimables,

- Etiqueter chaque paquet

Le restaurateur doit porter sur chaque conditionnement les indications suivantes :
- nature du produit,
- identification du fabricant et pays d'origine,
- reproduction de l'estampille sanitaire,
- numéro d'agrément,
- poids net exprimé en grammes,
- composition, additifs utilisés s'il y a lieu,
- mode et suggestions d'emploi,
- date de congélation,
- DLC ou DLUO.

RÉCEPTION ET STOCKAGE DES PRODUITS CONGELÉS ET SURGELÉS

- Exiger des livraisons par camion frigorifique.
- Refuser les produits dont la température est supérieure à -18°C.
- Vérifier l'intégrité des conditionnements : ils doivent être d'origine et en bon état.
- Refuser impérativement les produits ayant subi une amorce de décongélation visible à la présence d'exsudat, de traces sanguinolentes, de givre, de glace à l'intérieur des conditionnements. Surtout ne pas les recongeler (Secouer, par exemple, les paquets de petits pois, de haricots verts ou de pommes allumettes. Le contenu doit bien se détacher et ne pas former un bloc.).
- Garder les produits surgelés entreposés en masse compacte, la réserve de froid est supérieure.
- Vérifier le délai de conservation recommandé par le fabricant à partir de la date de congélation.
- Vérifier la DLC ou la DLUO si le conditionnement en comporte une.
- Refuser impérativement les produits dont la date de congélation est trop ancienne.
- Stocker immédiatement les denrées congelées ou surgelées dans un conservateur à une température inférieure à -18°C.
- Ranger les produits selon une rotation méthodique : premier rentré = premier sorti.
- Ne sortir que les quantités strictement nécessaires à un emploi immédiat.
- Ne pas ouvrir les portes du conservateur inutilement, trop fréquemment ou pour un temps trop long.
- Contrôler le bon fonctionnement des appareils (dégivrage, nettoyage, vérification des joints et du système de fermeture des portes).
- Contrôler tous les jours la température.
- A l'emploi, bien suivre les indications portées sur les emballages :
  - mode de remise en température et/ou de cuisson
  - durée de remise en température et/ou de cuisson
  - températures, suggestions diverses...

UTILISATION DES PRODUITS SURGELÉS

Cuits ou crus, en vrac ou en conditionnements individuels, les produits congelés ou surgelés sont, généralement, prêts à l'emploi. Ils peuvent se présenter sous les formes suivantes :
- produits bruts (légumes épluchés et taillés, volailles P.A.C., viandes désossées),
- produits semi-préparés (croquettes de poisson, pâtes diverses, légumes mélangés),
- produits terminés (plats cuisinés).

L'utilisation des produits congelés et surgelés est fonction de leur degré d'élaboration. Plusieurs possibilités peuvent être envisagées :

- Décongeler et amener une préparation ou un aliment devant être consommé froid à la température idéale de consommation (pâtisseries diverses, fruits).

La décongélation doit être effectuée impérativement dans une enceinte réfrigérée à la température de +3°C.

- Décongeler et remettre en température une préparation ou un aliment prêt à être consommé (P.C.A.). La remise en température peut s'accompagner de quelques finitions (gratins sous la salamandre, réduction de la sauce, émulsion au beurre).

La décongélation et la remise en température des plats cuisinés congelés ou surgelés à plus de + 65°C doit s'effectuer en moins d'une heure. Plusieurs appareils sont actuellement utilisés (enceintes à micro-ondes, fours à infra-rouges, cuiseurs à vapeur, fours à air pulsé, multicuiseurs, bain-marie, etc.).

- Décongeler et cuire partiellement ou complètement diverses préparations (pâtisseries à cuire, feuilletés divers, viennoiseries, pizzas, crêpes, beignets, etc.).

La cuisson s'effectue sans décongélation préalable. Le produit est placé dans un four à une température inférieure d'environ 20°C à la température normale de cuisson. Lorsque la décongélation est atteinte, la température du four doit être montée à la température normale de cuisson.

- Cuire un aliment avec ou sans décongélation préalable :

Sans décongélation préalable

Il n'est pas nécessaire de décongeler avant la cuisson les aliments de petit volume. La décongélation s'opère en même temps que la cuisson. Cette double opération offre une plus grande sécurité hygiénique et organoleptique.
- Les légumes verts sont directement plongés dans de l'eau bouillante salée ou cuits à la vapeur ou à l'étuvée.
- La cuisson des graines de légumineuses fraîches doit être salée en fin de cuisson. Elle peut être additionnée de beurre (voir cours sur les légumes).
- Les légumes au gratin (choux-fleurs, salsifis) peuvent être directement nappés de sauce Mornay. La décongélation, la cuisson et le gratin s'opèrent en même temps.
- Les pommes allumettes, croquettes, dauphine sont placées directement dans un bain de friteuse de 170 à 180°C.

Les légumes ont subi un blanchiment préalable. Les durées de cuisson sont raccourcies.
- Les poissons-portions ou les filets sont plongés non décongelés dans un court-bouillon ou dans un fumet bouillant. Ils peuvent être également traités directement en sauteuse, à la poêle ou en friture.
- Les petites pièces de viande (steaks hachés, côtelettes, tranches d'abat) sont directement traitées en sauteuse, à la poêle ou sur le gril. Elles sont d'abord saisies des deux côtés à feu vif, puis elles finissent de cuire à chaleur réduite en décongelant.
- Les charcuteries fragiles (saucissons à pocher, saucisses, etc.) sont blanchies ou cuites.
  Départ : eau froide, l'eau ne doit pas bouillir (risque d'éclatement). Après égouttage, les pièces sont colorées en sauteuse, à la poêle ou sur le gril.
- les P.C.A.

Ne jamais décongeler à la température ambiante.
Ne jamais décongeler une denrée en la plongeant dans de l'eau tiède.
La recongélation de denrées décongelées est interdite.

Avec décongélation préalable

- Les grosses pièces de volaille ou de viande de boucherie à rôtir ou à poêler sont décongelées partiellement ou totalement avant la cuisson.
  Les placer en enceinte réfrigérée sur une plaque munie d'une grille pour les isoler des risques éventuels d'exsudat, la veille au soir de leur cuisson.
- Les gros morceaux rôtis en état de semi-décongélation doivent être placés dans un four à une température légèrement inférieure à celle préconisée normalement. La durée de cuisson sera un peu plus longue.
- Les gros poissons traités entiers ou en tronçons peuvent être décongelés dans de l'eau froide courante. Ils sont alors maintenus dans leur emballage d'origine fermé hermétiquement (s'il s'agit d'une enveloppe plastique). La durée de décongélation n'excède généralement pas une heure.
- Les gros morceaux à pocher (pot-au-feu, poulardes, poules) sont marqués en cuisson à l'eau froide. Ils décongèlent en cuisant.
- La langue de bœuf est marquée en cuisson congelée, ou, en semi-décongélation, dans de l'eau ou dans un fond bouillant.

LA CHALEUR

La durée d'exposition des denrées alimentaires à la chaleur et la température atteinte nous permettent de distinguer plusieurs procédés de conservation.

Procédés de conservation et produits	Températures	Durée du traitement thermique	Durée maximale de conservation
Plats cuisinés à l'avance pasteurisés (potages, sauces...)	supérieure ou égale à + 63 °C	Remise en température en moins d'une heure	Durée du service : environ deux heures, au-delà, dégradation des caractères organoleptiques
Pasteurisation basse (ovoproduits, appareils à glace...)	+ 63 à + 65°C	30 minutes	Quelques jours (7 jours pour le lait)
Pasteurisation haute (lait, semi conserves...)	+ 70 à + 75°C	Quelques minutes	Quelques mois pour les semi-conserves maintenues en enceinte réfrigérée
Flash pasteurisation (lait pasteurisé, haute qualité, jus de fruits...)	+ 95°C	Quelques secondes	DLC ou DLUO
Stérilisation simple (tous les «appertisés»)	+ 115 à + 120°C	1 à 2 heures selon le produit, son acidité et le volume de son conditionnement	Théoriquement quelques années : DLUO
Stérilisation UHT (lait, crème, potages,jus de fruits, sauces...)	+ 145 à + 150°C	Quelques secondes	90 jours en moyenne : DLUO

En règle générale, plus la température est élevée, plus la durée du traitement thermique est courte.
Le rapport température/temps est également fonction de l'acidité du produit.
Les denrées alimentaires dont le pH est acide (inférieur à 4,5 par exemple) ne demandent pas une stérilisation longue et à haute température.

LA PASTEURISATION

DÉFINITION

Les produits pasteurisés sont des denrées alimentaires d'origine animale ou végétale, périssables, conditionnées dans des récipients étanches aux liquides et ayant subi un traitement thermique en vue de prolonger leur durée de conservation.

Le traitement thermique est suivi d'un refroidissement rapide. La température atteinte (inférieure à +100°C) n'est pas suffisante pour détruire l'intégralité de la flore microbienne. La pasteurisation doit être obligatoirement associée à un autre procédé de conservation.

Exemple :
- le froid et la réfrigération
- conditionnement sous vide
- acidification (vin blanc, sauce tomate...)
- sucrage
- enrobage d'huile, de saindoux ou de graisse d'oie...

Les denrées alimentaires pasteurisées ont une durée de conservation limitée (7 jours pour le lait, par exemple) et doivent être impérativement maintenues en enceinte réfrigérée jusqu'au moment de leur utilisation.

LES SEMI-CONSERVES

DÉFINITION

Sont considérées comme semi-conserves toutes les denrées alimentaires d'origine végétale ou animale, périssables, conditionnées en récipients étanches aux liquides et ayant subi un traitement (le plus souvent thermique) destiné à leur assurer une durée de conservation limitée. Le traitement appliqué a pour effet d'éliminer ou de rendre inactive la plus grande partie de la flore microbienne (principalement les microbes pathogènes).

Les semi-conserves doivent être considérées comme des produits pasteurisés. Ils doivent être maintenus impérativement en enceinte réfrigérée jusqu'au moment de leur utilisation.

La température conseillée pour le transport et l'entreposage des semi-conserves doit figurer de façon apparente sur le conditionnement, elle est comprise généralement entre 0 et +10°C.
Les semi-conserves, à base de produits de la pêche, comportant souvent du sel, de l'huile, du citron ou du vin blanc peuvent être stockées à une température supérieure soit aux environs de +15°C.

PRÉSENTATION

Les semi-conserves se présentent sous différentes formes : boîtes métalliques, bocaux de verre, tubes, emballages souple (pellicules plastiques hermétiques pour certaines salaisons et fumaisons).
Il convient d'être particulièrement vigilant afin de ne pas les confondre avec les conserves qui peuvent se présenter sous des conditionnements identiques.

DURÉE DE CONSERVATION

La durée de conservation est limitée. En règle générale, elle ne dépasse pas 6 mois. Il faut se reporter aux indications figurant sur les conditionnements :

- date de fabrication
- date de durabilité (DLUO) date à laquelle le produit garde ses caractérisques essentielles pour le consommateur dans des conditions normales de conservation.

Exemples de semi-conserves

- Produits de faible acidité pasteurisés : foie gras, jambon cuit, rillettes, confits d'oie, céleri, raves, carottes rapées, betteraves rouges...
- Produits de faible acidité non pasteurisés : anchois, olives, rollmops...
- Produits de forte acidité non pasteurisés : choucroute...

LES APPERTISÉS

DÉFINITION OFFICIELLE

Sont considérées comme appertisées, les denrées alimentaires d'origine végétale ou animale, périssables dont la conservation est assurée par l'emploi combiné des deux techniques suivantes :

- conditionnement dans un récipient étanche aux liquides, aux gaz et aux micro-organismes à toute température inférieure à +55°C,
- traitement par la chaleur ou par tout autre procédé autorisé. Ce traitement doit avoir pour but de détruire ou d'inhiber totalement d'une part, les enzymes, d'autre part, les micro-organismes, leurs toxines et leurs spores dont la présence ou la prolifération pourrait altérer la denrée considérée ou la rendre impropre à la consommation humaine.

La stérilisation est un procédé de conservation de longue durée. Les produits sont stables à la température ordinaire (15 à 20°C maximum).

PRÉSENTATION

La présentation la plus fréquente est la boîte métallique de forme cylindrique dont l'unité de base est la boîte 1/1 souvent appelée «quatre quarts» d'une contenance de 850 ml.

Les formats des boîtes sont définis, en France, par la norme AFNOR. Les capacités des boîtes rondes sont en conséquence des sous multiples 1/32 - 1/16 - 1/12 - 1/10 - 1/8 - 1/6 - 1/5 - 1/4 - 1/3 - 1/2 et des multiples 5/4 - 3/1 - 2/1 - 5/1 de l'unité de capacité 850 ml.

D'autres présentations sont également rencontrées : bocaux de verre, boîtes de formes diverses (rectangulaire, trapézoïdale, ovale, «mandoline» pour les jambons, par exemple).
La présentation en emballage souple existe également. Les boîtes parallélépipédiques sont plus spécialement destinées à la stérilisation des plats cuisinés à l'avance. Leur faible épaisseur permet de diminuer la durée d'exposition au traitement thermique et de mieux préserver les caractères organoleptiques des produits. Les risques de surcuisson sont limités. Cette présentation rectangulaire permet de stocker aisément et de gagner de la place. Les plats cuisinés stérilisés en boîtes rectangulaires peuvent être remis en température très rapidement et directement dans leur conditionnement.

Le plat PL 2700 : barquette gastronome pour aliments appertisés (document UPPIA)

FABRICATION DES APPERTISÉS

- **Sélection des matières premières**

Les conserveurs ont le souci de rechercher des matières premières de qualité.
La réfrigération et la congélation sont des pratiques courantes pour préserver cette qualité et régulariser les apports.
Les préoccupations majeures qui régissent le choix des matières premières sont :

- les qualités hygiéniques,
- les qualités organoleptiques,
- l'adaptation à la mécanisation de la transformation pour les légumes, par exemple.

Des contrats sont passés avec les producteurs pour assurer les approvisionnements. Ces contrats planifient de manière rigoureuse le choix des variétés les mieux adaptées, les dates des semis et des récoltes de façon à disposer de la matière première de la meilleure qualité et à la transformer dans les plus brefs délais.

- **Préparation**

Cette phase rassemble une grande variété d'opérations spécifiques à chaque produit :

- battage des petits pois, calibrage,
- éboutage des haricots verts,
- dénoyautage des abricots, mondage,
- étêtage, habillage des poissons, mise en filets,
- désossage, parage, broyage en cutters des viandes

Opérations spécifiques :

Les légumes sont blanchis par immersion pendant quelques minutes dans de l'eau bouillante ou à la vapeur. Le blanchiment ramollit le produit pour faciliter la mise en boîte. Il régularise la teneur en eau, élimine une certaine âcreté, libère les gaz inclus dans les tissus et les matières mucilagineuses, enfin, il inhibe les enzymes et permet de fixer la couleur.
Les poissons sont immergés quelques minutes dans une saumure froide qui enlève le sang, blanchit et raffermit la chair.

Selon le type de conserve, ils sont mis en boîte avant ou après la cuisson.
Les viandes sont pré-cuites, ce qui diminue leur teneur en eau. Le jus peut servir à préparer du concentré d'extrait de viande. Les plats cuisinés relèvent des recettes culinaires.

• Conditionnement

Les produits sont mis en boîte, le plus souvent mécaniquement à l'aide de remplisseuses gravimétriques ou volumétriques. Les produits ont différents aspects :

- en l'état avec addition d'un liquide de couverture (eau légèrement salée et aromatisée pour les légumes, sirop pour les fruits, sauce pour les viandes, huile pour les sardines...),
- à l'état liquide : jus de fruits, lait, sauces...,
- à l'état pâteux : compote, concentré de tomate, purée d'épinards, pâtés...

Les boîtes ainsi remplies subissent un pré-chauffage avant fermeture. Il s'agit d'élever la température des produits de telle sorte que l'air inclus soit chassé (lorsque les boîtes sont remplies d'un produit déjà chaud, supérieur à +65°C, il n'y a pas lieu de le pratiquer : c'est le cas de la plupart des plats cuisinés).

Ceci explique pourquoi les boîtes sont normalement en dépression et présentent à l'ouverture un espace libre dû au retrait du produit refroidi. Aussitôt après le remplissage, les boîtes reçoivent leur fond-fermeture qui est serti de manière étanche.

• Stérilisation

Pour assurer la stabilité biologique et microbiologique des produits, les boîtes reçoivent un traitement thermique approprié. Pour les produits à base de fruits pH < 4,5, il suffit d'opérer dans un bain d'eau bouillante. Pour les autres produits pH > 4,5, il est nécessaire d'opérer dans des enceintes de vapeur sous pression dans une gamme de températures de 115 à 130°C pendant des temps variables selon le format des boîtes et la consistance du produit. La tendance est à appliquer des barèmes courts à haute température pour mieux préserver les qualités organoleptiques et nutritives des produits.

Exemple :

Pour une efficacité stérilisatrice équivalente, une boîte de petits pois 5/1 peut être stérilisée par l'application d'un des deux barèmes suivants :
60 minutes à 115°C,
30 minutes à 121°C.

Le respect des qualités organoleptiques est également assuré par un refroidissement, le plus rapide possible, du contenu des boîtes, après application du traitement de stérilisation.

SCHÉMA DES PRINCIPALES ÉTAPES DE LA FABRICATION DES APPERTISÉS DE LÉGUMES ET DE POISSONS

Stérilisation des légumes	Stérilisation des poissons
Réception et contrôle	Réception et contrôle
Lavage, nettoyage, épluchage, parage	Lavage, étêtage, habillage, découpage ou mise en filets
Blanchiment	Pré-cuisson
Mise en conditionnement	Portionnage et mise en conditionnement à chaud
Préchauffage	
Fermeture - Sertissage	Fermeture - Sertissage
Stérilisation	Stérilisation
Refroidissement rapide	Refroidissement

• Etiquetage des appertisés

L'étiquetage doit comporter les mentions suivantes :

- nom ou marque et adresse du fabricant,
- dénomination du produit conforme à la réglementation et aux usages,
- type de présentation (indication de la catégorie, lorsqu'il y a calibrage, indication de la coupe [entier, en morceaux, par exemple]),
- mode de préparation : produit au sirop, cuisiné, à l'huile...
- composition : indication obligatoire de la liste complète des constituants et des additifs donnés par ordre d'importance décroissante. Les constituants cités dans la dénomination sont précisés en poids ou en pourcentage,
- indication du poids :
  - poids net total si le produit est entièrement utilisable
  - poids net égoutté dans le cas contraire
- indication du pays d'origine en caractères d'au moins 4 mm pour les produits importés,
- date limite d'utilisation optimale (DLUO) indiquée
  - soit en clair :
    «à consommer de préférence avant le ....» suivi du jour, du mois et de l'année ou «avant fin..........» suivi du mois ou de l'année
  - soit en faisant référence à la date de fabrication du produit :
    «à consommer de préférence dans un délai de .... après le ....» suivi de la date de fabrication, ou «à consommer de préférence dans un délai de .... après la date figurant ....» suivi de l'indication de l'endroit où la date se trouve
- marque de salubrité (pour les conserves à base de viande).

• Marquage des appertisés

Il doit comporter les mentions suivantes :

- Nom du pays d'origine par estampage ou moulage,
- Date de fabrication par estampage, moulage ou encrage indélébiles.

La réglementation actuelle prévoit que la date de fabrication peut être indiqué :

- Soit en clair : 17 DEC 88 ou 17-12-88
- Soit en semi-clair : par deux groupes de chiffres inscrits l'un à la suite de l'autre mais séparés par un trait d'union et indiquant le premier, l'année de fabrication et le second le jour de fabrication de l'année.
  Exemple : 88-182 pour le 30 juin 1988 (182ème jour de l'année).
- Soit en code dit «semi-clair» à l'aide de la lettre de l'année (désignée par le Service de la Répression des Fraudes) suivie d'un nombre de 1 à 365, correspondant au jour de fabrication.
  Exemple : A 31 pour le 31 janvier 1988.

LES CONSERVES FABRIQUÉES PAR LE RESTAURATEUR

Si l'on reconnaît, en règle générale, que les conserves industrielles présentent toutes les garanties sanitaires, il n'en est pas de même pour les conserves fabriquées par le restaurateur.

Elles peuvent être à la base de nombreuses intoxications alimentaires de gravité variable ou même être à l'origine de nombreux cas de botulisme.

Fabriquer une conserve de bonne qualité hygiénique et nutritionnelle est une opération complexe et délicate qui nécessite :

- L'utilisation de denrées d'une grande fraîcheur et bactériologiquement sûres (produits agréés).
- Un appareillage spécifique : obligation d'utiliser un autoclave parfaitement équipé et muni d'un thermomètre enregistreur et d'un thermomètre de contrôle à mercure à lecture directe.
- La connaissance des notions fondamentales de microbiologie appliquée aux conserves (développement des micro-organismes, fermentations...).
- La connaissance des barèmes de stérilisation*.

Les restaurateurs peuvent se procurer ces barèmes auprès de l'Institut National de la Conserve (Institut Appert).

En tout état de cause, les conserves réalisées par le restaurateur doivent présenter les mêmes garanties que celles fabriquées industriellement. De plus, leur utilisation, en cas d'accident, entraîne la responsabilité pénale et civile du restaurateur.

CONSEILS CONCERNANT L'UTILISATION DES APPERTISÉS
(voir également cours sur les légumes en «conserve appertisée»).

- Les appertisés sont en général susceptibles de se garder très longtemps. Toutefois, pour maintenir leur présentation et leurs qualités gustatives, il y a intérêt à ne pas prolonger excessivement leur durée de stockage. D'autre part, une quantité importante de conserves nécessite de la place et l'immobilisation de capitaux. Le prix des conserves étant relativement stable et les livraisons fréquentes, une rotation mensuelle est conseillée.
- Réserver les appertisés dans un économat frais et aéré, à l'abri des écarts de température (risque de condensation et de formation de rouille). Une température fraîche +15°C retarde les risques éventuels de flochage ou de bombage d'origine chimique.
- Manipuler les boîtes avec précaution, principalement pour les grands formats (5/1, par exemple). Les chocs produits lors des diverses manutentions peuvent déformer les boîtes et provoquer des micro-fuites au niveau des sertis.
- Vérifier attentivement les boîtes avant de les ouvrir : elles doivent présenter un aspect normal, c'est-à-dire ni «floches», ni «bombées», ni «fuitées» ou perforées. Une boîte est dite normale lorsque ses fonds présentent une légère concavité.

Une boîte «floche» ou «bombée» n'est pas forcément mauvaise. La déformation des fonds peut provenir d'un dégagement d'air inclus dans le produit ou d'un excès de remplissage ou d'un fond mal adapté. Toutefois, comme le flochage et le bombage peuvent aussi résulter d'une fermentation (altération microbienne du produit) et qu'il n'est pas possible d'après l'examen extérieur de la boîte de déterminer l'origine de la déformation, une boîte «floche» ou «bombée» doit être purement et simplement éliminée.

Une boîte fuitée ou perforée doit être également jetée.

La présence de rouille n'est pas forcément un indice d'ancienneté. La rouille résulte peut-être de la condensation de l'humidité à la surface de la boîte. Les boîtes rouillées doivent être minutieusement inspectées. La rouille peut aboutir à la perforation du métal.

- Nettoyer soigneusement le fond qui doit être ouvert.
- Choisir un ouvre-boîtes propre, désinfecté régulièrement, efficace et pratique (éviter les appareils anciens de type couteau qui risquent de provoquer des blessures).
- S'assurer que la conserve présente l'aspect normal et l'odeur caractéristique de l'aliment cuit dont il s'agit.
  Un aspect ou une odeur étrangère doit faire éliminer le produit. Lors du transvasement, éviter toutes les manipulations avec les mains.
  - La quasi-totalité des appertisés de légumes et de fruits se déboîte sans problème.
  - Les produits consistants se consommant chauds peuvent être déboîtés plus facilement par un pré-chauffage de la boîte au bain-marie. Le même conseil vaut pour les produits en gelée.
  - Dans le cas de produits consistants se consommant froids (pâté de foie, par exemple) ou de produits compacts, il y a intérêt à ouvrir la boîte par les deux côtés et à en sortir le contenu en la retournant et en faisant pression sur l'un des fonds que l'on aura laissé en place.
  - Pour ne pas abîmer les asperges, il faut ouvrir la boîte dans le sens opposé aux pointes.
- Utiliser les appertisés en suivant les indications des fabricants. Elles peuvent être accommodées selon presque toutes les recettes applicables aux mêmes produits frais, mais se rappeler que dans les conserves, le produit est déjà cuit. Pour préserver la présentation des produits, il est souhaitable d'éviter les changements fréquents de récipients et les manipulations répétées.

Les conserves ouvertes redeviennent des denrées altérables et il est indispensable de les réserver en enceintes réfrigérées et de les consommer dans les plus brefs délais.

* la destruction des micro-organismes, de leurs enzymes, de leurs spores et de leurs toxines suppose l'application rigoureuse de «barèmes de stérilisation» dont les conditions sont fonction :

- du format du récipient,
- de la nature du produit (structure physique, composition, pH),
- du mode de stérilisation (durée et température du traitement thermique),
- du nombre et de la nature des germes présents dans le produit à stériliser.

AUTRES PROCÉDÉS DE MOYENNE OU DE LONGUE CONSERVATION

LA DÉSHYDRATATION

Technique de conservation «vieille comme le monde» : les Anciens séchaient au soleil le produit de leur chasse ou de leur pêche. Plus près de nous, nos grand-parents séchaient dans leur grenier les haricots verts de leur jardin ou encore les champignons cueillis en forêt, au début de l'automne.

Définition

La multiplication bactérienne exige un milieu renfermant au minimum 16 % d'eau.

Déshydrater un produit consiste donc à diminuer l'activité de son eau de constitution, dans le but d'inhiber ou d'arrêter le développement des bactéries et les réactions enzymatiques. Le manque d'eau ralentit ou stoppe leur développement, mais ne les tue pas.

Selon les procédés de déshydratation utilisés et la nature des denrées, les produits déshydratés présentent un taux d'humidité résiduelle inférieur à 10 %. Les produits ainsi traités peuvent être conservés dans leur emballage d'origine, hermétiquement fermé et à l'abri de l'humidité durant plusieurs mois.

Plusieurs procédés sont actuellement utilisés :

Procédés	Principe	Exemples de produits
Evaporation par ébullition	L'eau des fonds, des fumets est évaporée par une ébullition prolongée, on obtient un concentré.	– Glace de viande, de poisson...
Séchoir par ébullition sous-vide	La température de l'ébullition est inférieure à 100°C, les produits déshydratés n'acquièrent pas un goût de cuit.	– Nectar de fruits – Jus de fruits concentré – Lait concentré
Séchoir par infrarouge	Les rayons infrarouges ont une action calorifique et sont produits artificiellement par des lampes à filaments à tungstène. Les produits circulent sur des tapis roulants avec arrivée d'air froid et sec.	– Fruits secs – Légumes secs – Pâtes alimentaires – Biscuits – Algues...
Séchoir par cylindres chauffés	Les produits liquides ou pâteux sont déposés en couches minces sur des cylindres rotatifs chauffés intérieurement. Le produit séché est ensuite raclé par des couteaux.	– Flocons de pommes de terre – Aliments infantiles – Laits destinés à l'alimentation du bétail
Séchoir par air chaud à tunnel	Le produit est disposé sur des claies, des chariots ou un tapis roulant et traverse un tunnel dans lequel passe un courant d'air chaud à contre courant ou perpendiculairement.	– Fruits ou légumes secs
Séchoir par fluidisation	Le produit pulvérulent est disposé sur une grille sous laquelle est soufflé un air chaud qui fait «sautiller» le produit (donnant parfois l'impression de bouillir).	– Céréales – Légumes de fine coupe, petits pois – Produits pulvérulents
Séchoir par pulvérisation ou atomisation	Le produit liquide ou pâteux est divisé en micro-gouttelettes en passant à travers un dispositif fugueur (atomiseur, buse) puis le brouillard ainsi formé est envoyé dans un courant d'air chaud qui provoque l'évaporation quasi-instantanée de l'eau. Les particules de poudre tombent au fond du séchoir.	– Lait en poudre – Café, thé – Jus de fruits – Poudre d'œufs

Les produits déshydratés ne pèsent plus en moyenne que le dixième de leur poids initial et n'occupent plus qu'un volume très réduit. Ils se transportent et se stockent très facilement.
A titre d'exemple, 1 kilogramme de haricots verts déshydratés équivaut à 12 kg de haricots verts frais, il faut 12 l de lait pour obtenir un kilogramme de lait en poudre.

LA LYOPHILISATION OU LA CRYODESSICATION

Définition

La lyophilisation est un procédé de déshydratation particulier. A l'inverse des procédés classiques qui appliquent des températures de séchage supérieures à 0°C et parfois très élevées, la lyophilisation réalise la déshydratation sur un produit congelé et sous-vide. En effet, dans les procédés classiques, l'eau passe de l'état «liquide» à l'état de «vapeur», alors que la lyophilisation consiste en une sublimation, c'est-à-dire passage de l'eau «solide» ou glace à l'état de «vapeur», sans passer par l'état liquide. Cette sublimation ne peut être obtenue qu'à pression très réduite (sous vide poussé).
Cette technique est onéreuse mais elle donne les meilleurs résultats sur le plan des qualités organoleptiques (goût, texture...) et diététiques (teneurs vitaminiques...) car la congélation du produit à -40°C arrête tous les phénomènes chimiques et biologiques. Le séchage à l'abri de l'air limite les phénomènes d'oxydation.

Description du cycle (exemple du procédé utilisé dans les établissements Blanchaud) :

- Le produit est lavé, épluché et mis sur plateaux. Les plateaux sont empilés sur des chariots qui sont introduits dans le lyophilisateur de telle sorte que chaque plateau vienne s'intercaler entre deux plaques chauffantes(1). Les ventilateurs pulsent sur les produits de l'air refroidi en circulant à travers les batteries froides (2) et les congèlent rapidement.
- Des pompes à vide extérieures abaissent la pression à moins de 1 mm de mercure.
- Les plaques chauffantes sont alors parcourues par un fluide chaud qui apporte les calories nécessaires à la sublimation. La vapeur d'eau (à -20°C) se dégage du produit et va se condenser sur les batteries plus froides (à -40°C), les recouvrant de glace.

En fin d'opération :
- Le produit ne contient plus que des traces d'eau.
- Les batteries sont couvertes de glace.
- Le vide est cassé à l'azote et le produit sorti du lyophilisateur est entreposé en atmosphère sèche, puis conditionné. Il reste à dégivrer les batteries avant de commencer un nouveau cycle.

Les produits lyophilisés gardent leur forme initiale et leur arôme. Leur texture est devenue très poreuse. Ils sont très légers et reprennent, instantanément, leur eau au moment de l'emploi.

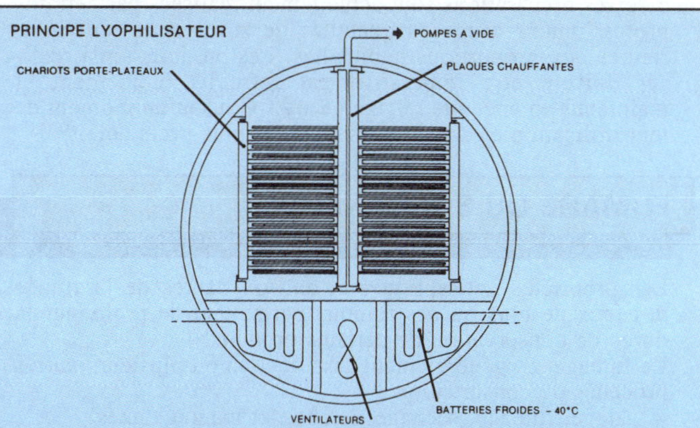

Principe de fonctionnement d'un lyophilisateur. Le lyophilisateur est un cylindre de 3 mètres de diamètre et de 12 mètres de long, comportant des plaques entre lesquelles viennent s'intercaler les plateaux du chariot chargés d'aliments à lyophiliser. La congélation préalable (– 20 °C) est réalisée grâce à des batteries froides et des ventilateurs très puissants. Puis la pompe à vide fait baisser intensément la pression. Les plaques réchauffent progressivement les aliments congelés donc l'eau s'évapore et se fixe sur les batteries portées à – 40 °C beaucoup plus froides que les aliments eux-mêmes. Cette opération dure plusieurs heures. Pour trois tonnes de champignons frais chargés, il reste dans le tunnel de lyophilisation 250 kg de champignons secs et 2.750 kg de glace qu'il faudra ensuite dégivrer. (Doc SPAB. Saumur)

Exemples de produits lyophilisés :
- café, champignons, aromates, épices, légumes pour potages, crevettes... (ceux-ci peuvent subir ensuite un traitement par ionisation).

SALAGE AU SEL SEC OU EN SAUMURE

Le pouvoir anti-bactérien du sel ne se manifeste qu'à partir d'une dose suffisante. Cette dose est exprimée en pourcentage par rapport à la quantité d'eau présente dans l'aliment et non par rapport à son poids. Le sel n'a une action anti-bactérienne qu'à partir d'un salage à 20 % (20 grammes de sel pour 100 g d'eau).

Exemple : un aliment renferme 80 % d'humidité, pour saler 100 g de cet aliment, il faut 20 x 80/100 = 16, soit 16 g de sel pour 100 g d'aliment.

Les aliments salés doivent être impérativement dessalés avant consommation, soit en les plaçant dans de l'eau froide courante, soit en les faisant blanchir départ eau froide.

Exemples d'utilisation :

- poissons salés (anchois, morue...)
- charcuterie ou salaisons (palette de porc, poitrine, petit salé, jambon...)
- beurre demi-sel ou beurre salé
- olives, câpres, petits oignons.

Remarque : les produits salés sont souvent associés à un autre procédé de conservation

- salage et séchage (magret d'oie séché, jambon cru au sel sec)
- salage et fumage (poitrine de porc fumée, andouille de Vire, poissons fumés...)

SUCRAGE

Le sucre (saccharose) qui n'est pas fermentescible est un excellent conservateur à partir d'une dose d'environ 40 % (40 g de sucre pour 100 g d'eau).

Exemples d'utilisation :

- confitures, gelées de fruits, pâtes de fruits, fruits déguisés, marrons glacés
- lait concentré sucré.

Remarque :

L'action conservatrice du sucre s'exerce également sur les appareils et les crèmes de base réalisés en pâtisserie. Ces diverses préparations sont actuellement réalisées par certains professionnels avec des quantités de sucre nettement inférieures aux proportions habituelles. Les produits ainsi réalisés doivent être impérativement refroidis rapidement et maintenus en enceinte réfrigérée à +3°C jusqu'au moment de leur utilisation et consommés dans les plus brefs délais.

FUMAGE OU BOUCANAGE

Les propriétés antiseptiques et anti-oxydantes de la fumée des feux de bois ou des fumoirs permettent de prolonger la durée de conservation de certains produits.

Le fumage est généralement associé à un ou plusieurs autres procédés de conservation :

- salage, fumage, séchage (jambon et magret fumés)

Exemples d'utilisation :

- poissons fumés : saumon, truite, haddock (églefin), hareng, spratt, thon, esturgeon, anguille, flétan...
- viandes et produits de charcuterie : jambon et poitrine fumés, filet de bacon, andouille
- magrets d'oie et de canard
- poulets.

ACIDIFICATION

Le pH acide inhibe la prolifération microbienne et plus particulièrement les microbes pathogènes.

A concentration suffisante, le vinaigre est parfois utilisé comme procédé de conservation.

L'activité de l'eau de constitution des denrées conservées par le vinaigre est modifiée par un salage préalable. L'aliment est mis à «dégorger» au sel sec.

Exemples d'utilisation :

- cornichons, criste marine, cerises, piments, achards...
- marinades diverses.

Remarque : la fermentation lactique acidifie certaines denrées et inhibe le développement des bactéries d'altération. Cette propriété est utilisée dans la fabrication des yaourts, des fromages, des saucissons, de la choucroute, des boissons fermentées (vin, cidre...).

ENROBAGE DANS L'HUILE OU DANS LA GRAISSE (saindoux, graisse d'oie ou de canard)

Les corps gras purifiés ou clarifiés sont pratiquement «imperméables» à l'air et préservent les aliments de l'oxydation.

L'activité de l'eau de constitution des aliments ainsi traités est aussi modifiée par un salage préalable (aliment mis à «dégorger» au sel sec). Les denrées sont donc généralement salées, cuites (confites) doucement et longtemps, puis immergées ou recouvertes d'une épaisse couche d'huile ou de graisse clarifiée. Le récipient de stockage est couvert hermétiquement après son refroidissement et placé au frais, à l'abri de la lumière (risque d'oxydation de la matière grasse).

L'enrobage dans un corps gras associe la chaleur par la cuisson prolongée de la denrée, le salage et l'action conservatrice de la matière grasse.

Exemples d'utilisation :

- produits dégorgés, sans cuisson
  - légumes divers, citrons, piments
  - harengs à l'huile
- produits dégorgés et confits
  - confit de porc, rillons, grattons, confits d'oie, de canard.

Certains corps gras peuvent être utilisés pour protéger momentanément certaines préparations de l'oxygène de l'air.

Exemples :

- recouvrement des terrines, des andouillettes, des pieds de porc avec du saindoux
- recouvrement des confitures et des gelées de fruits grâce à de la paraffine.

MACÉRATION DANS L'ALCOOL

Les propriétés bactériostatiques et antiseptiques de l'alcool sont utilisées comme procédé de conservation. Cette méthode peut être associée au sucrage (fabrication des liqueurs).

Exemples d'utilisation :

- fruits macérés à l'alcool
- cerises à l'eau-de-vie.

CONSERVATION PAR IONISATION

L'ionisation des aliments (traitement par des rayonnements ionisants) est l'un des modes de conservation de l'avenir. Il s'agit d'une technique bien maîtrisée, l'une des plus sûres. Mais sa mise en application n'est pas facile : d'une part les équipements sont de type industriel, d'autre part les denrées devront porter la mention «irradié», «traité par irradiation» ou «traité par rayonnements ionisants», ce qui n'inspire pas confiance auprès de la clientèle... Pourtant, les aliments ionisés n'ont absolument rien à voir avec des aliments renfermant une quelconque radioactivité.

De nombreuses recherches sont menées dans le monde entier depuis 1950 pour définir le procédé d'ionisation qui est maintenant bien au point et utilisé dans divers pays (Canada, C.E.I. - ex-U.R.S.S., Israël, Pays-Bas, etc). En France, malgré les lenteurs administratives, l'ionisation est autorisée pour empêcher la germination de certains légumes (pommes de terre, oignons), débactériser les épices, les légumes déshydratés, les flocons de céréales, désinsectiser les fruits et légumes secs, pasteuriser les viandes de volailles séparées mécaniquement (reste de viande présent sur les carcasses et destiné en industrie à la fabrication de farces, saucisses, etc.). D'autres autorisations sont en cours de projet (plats cuisinés par exemple).

PRINCIPE DE L'IONISATION

Parmi les ondes électromagnétiques, il existe des ondes radio, des infra-rouges, la lumière visible, des ultra-violets, des rayons X, mais aussi des rayons gamma qui sont moins connus du grand public. Les rayons ionisants qui, comme leur nom l'indique, ont une action ionisante, sont actuellement obtenus par deux sources : les rayons gamma (émis par le césium 137 ou le cobalt 60), les « électrons accélérés » produits par des appareils spéciaux. Les rayons gamma ont une action en profondeur de l'aliment, alors que les électrons accélérés ne peuvent agir qu'en superficie. Les doses d'ionisation sont exprimées en une énergie mesurée en Gray (autrefois en Rad).

MODE D'ACTION

Le mode d'action des rayons ionisants qui sont utilisés pour traiter des aliments s'explique ainsi : les rayons ionisants agissent au niveau des noyaux des cellules vivantes (acides nucléiques). Cette action ne perturbe en rien les aliments eux-mêmes qui sont, par définition, des animaux morts ou des plantes mortes. L'ionisation permet en revanche de perturber la vie des trois principaux facteurs de l'altération des aliments : les cellules en germination (bulbes et tubercules), les insectes et les microbes. Selon les doses appliquées, il est possible d'arrêter le développement de ces cellules indésirables (inhibition), de détruire certains germes pathogènes (pasteurisation), ou de détruire tous les microbes d'un aliment (stérilisation).

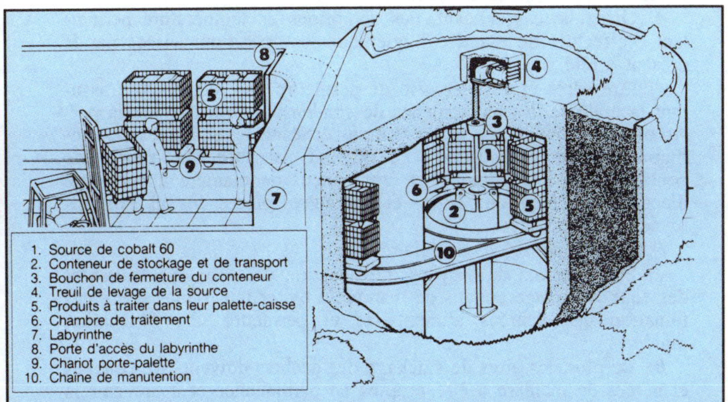

Schéma d'une installation d'ionisation utilisée dans le domaine agro-alimentaire (modèle IBL 60.000 commercialisé par International CIS).
Ce schéma correspond, dans la réalité, à un bâtiment de 30 mètres de long, 10 mètres de large, avec une épaisseur de radioprotection de 1,80 mètre et un volume de béton de 300 mètres-cubes. Ses performances atteignent 4.000 tonnes par an en débactérisation (dose de 5 kilograys), et 20.000 tonnes par an pour des traitements moins poussés (dose de 1 kilogray).
Le schéma montre bien que l'ionisation est un traitement de type industriel.

Les effets obtenus ont officiellement reçu les appellations suivantes :
- radappertisation : élimination totale des microbes et de leurs toxines (10 à 60 kilograys)
- radicidation : élimination de germes pathogènes non sporulés (2 à 5 kilograys)
- radurisation : diminution substantielle du nombre de germes pouvant altérer le produit (moins de 7 kilograys)

L'IONISATION EST UN VRAI PROCEDE DE CONSERVATION

En ce qui concerne la sécurité de cette technique, des études approfondies et coordonnées entre 23 pays ont été réalisées en 1969. Ce projet international a permis de conclure en 1976 que l'ionisation est un procédé de conservation proprement dit, et de ne plus le considérer comme un traitement par additif, ce qui était le cas avant ces travaux. En 1980, la réunion du Comité mixte d'experts du monde entier (Organisation Mondiale de la Santé, Agence Internationale à l'Energie Atomique, etc.) a annoncé que sous reserve que la dose ne dépasse pas 10 kilograys, les aliments ionisés ne présentent aucun risque toxique pour l'homme et n'entraîne pas de modifications nutritionnelles.

DENOMINATIONS AUTORISEES POUR L'ETIQUETAGE

Un arrêté datant du 8 mai 1970 prévoyait la mention des indications « irradié » ou « traité par irradiation » sur l'emballage des produits ainsi traités. Un texte communautaire datant de décembre 84 recommande également l'expression « traité par rayonnements ionisants ». Le Conseil Supérieur d'Hygiène Publique de France a préconisé, par la suite, plus explicite : « produit dont la conservation est assurée par un traitement par irradiation (ou électrostabilisation) » suivi d'une information expliquant l'innocuité du procédé telle « hygiène garantie par ionisation ». Un avant-projet destiné à modifier l'arrêté cité précédemment s'oriente plutôt vers des mentions du genre « protégé par ionisation », « assaini par ionisation », etc.

BILAN DES AUTORISATIONS D'IONISATION EN FRANCE (1987)

- **Produits autorisés**
  - inhibition de la germination : pomme de terre (1972), oignons, aulx, échalotes (1977, 1984)
  - pasteurisation : épices et aromates déshydratés (1983, 1986), mélange de produits céréaliers (1985), légumes déshydratés (1985), gomme arabique (1985), viandes de volailles séparées mécaniquement (1985), sang et plasma (1986)
  - aseptisation : emballages alimentaires (1986)
  - stérilisation : aliments pour animaux de laboratoire (1975/1981)
- **Demandes ayant reçu un avis favorable du Conseil Supérieur d'Hygiène Publique de France**
  - désinsectisation : légumes secs et fruits secs (1986)
  - pasteurisation : plantes à infusion (1984)
- **Demandes d'autorisation en cours d'examen**
  - destruction des germes pathogènes : crevettes congelées et surgelées (1985), cuisses de grenouilles (1985), ovoproduits « blanc et poudre d'œuf » (1984)
  - pasteurisation : farines de riz et de légumineuses (1986), épices et aromates congelés (1986), caséine et caséinates (1986)
- **Dossier de demande d'autorisation en projet ou en cours de constitution**
  - pasteurisation : aliments destinés aux animaux, gélatines, enzymes, colorants, volailles (carcasses, abats, découpes, etc.), fraises, choucroute, saucisses et jambon sous vide, bouchons de liège.

CONSERVATION PAR ADDITIFS

Les additifs sont des substances généralement étrangères à un aliment et ajoutées volontairement.

Pour utiliser les mêmes dénominations dans les pays européens, les additifs ont été désignés par la lettre « E » (comme Europe) suivie d'un numéro, ce qui évite l'utilisation des termes chimiques trop compliqués.

L'emploi d'additifs répond à une nécessité technologique de l'industrie agro-alimentaire (longue chaîne reliant la production à la consommation).

Les additifs ont pour but de prolonger la conservation des aliments, d'améliorer leur texture, leur couleur ou leur saveur.

La France ne tolère qu'une liste définie d'additifs, colorants, conservateurs (anti-microbiens et anti-oxydants), agents de texture (émulsifiants, stabilisants, gélifiants) : soit environ 130 substances de base autorisées par l'Académie Nationale de Médecine et du Conseil Supérieur d'Hygiène Publique en France.

En ce qui concerne les additifs conservateurs, il est difficile de les considérer comme un mode de conservation à part entière. En effet, ils ont plutôt pour but de compléter ou de renforcer d'autres procédés de conservation.

Arrêté du 9 mai 1995 réglementant l'hygiène des aliments remis directement au consommateur

NOR : *ECOC9500071A*

Le ministre d'Etat, ministre des affaires sociales, de la santé et de la ville, le ministre de l'économie et le ministre de l'agriculture et de la pêche,

Vu la directive 93/43/CEE du Conseil du 14 juin 1993 relative à l'hygiène des denrées alimentaires ;

Vu le décret n° 55-241 du 10 février 1955 portant application de la loi du 1er août 1905 susvisée concernant le commerce des conserves et semi-conserves alimentaires, et notamment ses articles 3 et 4 ;

Vu le décret n° 64-949 du 9 septembre 1964 portant application de la loi du 1er août 1905 sur les fraudes et falsifications en matière de produits ou de services en ce qui concerne les aliments surgelés destinés à l'alimentation humaine ;

Vu le décret n° 71-636 du 21 juillet 1971 pris pour l'application des articles 258, 259 et 262 du code rural et relatif à l'inspection sanitaire et qualitative des animaux vivants et des denrées animales ou d'origine animale, et notamment ses articles 3, 5, 7, 8, 25 et 26 ;

Vu le décret n° 73-138 du 12 février 1973 portant application de la loi du 1er août 1905 sur les fraudes et falsifications en ce qui concerne les procédés et les produits utilisés pour le nettoyage des matériaux et objets destinés à entrer en contact avec les denrées, produits et boissons pour l'alimentation de l'homme et des animaux ;

Vu le décret n° 84-1147 du 7 décembre 1984 portant application de la loi du 1er août 1905 sur les fraudes et falsifications en matière de produits ou de services en ce qui concerne l'étiquetage et la présentation des denrées alimentaires, notamment ses articles 5 et 17 ;

Vu le décret n° 89-3 du 3 janvier 1989 relatif aux eaux destinées à la consommation humaine, à l'exclusion des eaux minérales naturelles ;

Vu le décret n° 91-409 du 26 avril 1991 fixant les prescriptions en matière d'hygiène concernant les denrées, produits ou boissons destinés à l'alimentation humaine, à l'exclusion de ceux mentionnés aux articles 258, 259 et 262 du code rural, des eaux destinées à la consommation humaine et des eaux minérales naturelles, et notamment ses articles 2, 3, 4, 5, 10, 15, 19 et 20 ;

Vu le décret n° 92-631 du 8 juillet 1992 relatif aux matériaux et objets destinés à entrer en contact avec les denrées, produits et boissons pour l'alimentation de l'homme ou des animaux ;

Vu l'arrêté du 26 juin 1974 relatif à la réglementation des conditions hygiéniques de congélation, de conservation et de décongélation des denrées animales ou d'origine animale ;

Vu l'arrêté du 28 septembre 1989 relatif aux viandes hachées, préparations de viandes et de morceaux de moins de cent grammes ;

Vu l'arrêté du 22 mars 1993 relatif aux règles d'hygiène applicables aux produits végétaux ou d'origine végétale destinés à la consommation humaine et qui sont soumis à un traitement thermique leur conférant la stabilité biologique à température ambiante d'entreposage ;

Vu l'avis du Conseil supérieur d'hygiène publique de France,

Arrêtent :

TITRE Ier
CHAMP D'APPLICATION

Art. 1er. – Les dispositions du présent arrêté s'appliquent à tous les établissements où les aliments sont soit préparés en vue de leur remise directe au consommateur, soit remis directement au consommateur.

Par remise directe, on entend toute opération, à titre gratuit ou onéreux, réalisée entre un détenteur d'un aliment et un particulier destinant ce produit à sa consommation.

Sont notamment visées :

- les activités des établissements de distribution alimentaire qui assurent la remise directe d'aliments provenant d'un autre établissement ou de leur propre production, y compris les producteurs fermiers commercialisant leur production à la ferme ou sur un marché de proximité à l'exclusion de l'abattage des volailles à la ferme visé par le décret n° 66-239 du 18 avril 1966 ;
- les activités des établissements de restauration, y compris les fermes-auberges, sans préjudice des dispositions réglementaires plus spécifiques prévues pour la restauration à caractère social ;
- les activités non sédentaires ou occasionnelles, en particulier celles s'exerçant sur les marchés de plein air équipés ou non, les voitures boutiques, les activités utilisant des structures légères.

TITRE II
DISPOSITIONS GÉNÉRALES

Art. 2. – Les prescriptions de l'ensemble des chapitres du présent titre s'appliquent à tous les établissements dans lesquels s'exercent les activités mentionnées à l'article 1er, à l'exclusion de ceux utilisés pour des activités non sédentaires ou occasionnelles de distribution ou de restauration. Pour ces derniers établissements, qui sont couverts par le chapitre III du titre III, seules sont applicables les dispositions des chapitres IV à VII du présent titre.

CHAPITRE Ier
Locaux

Art. 3. – 1. Les locaux mentionnés au présent titre doivent être propres et en bon état d'entretien. Ils ne doivent pas entraîner, par les activités qui s'y exercent, un risque de contamination des aliments.

2. Par leur conception, leurs dimensions, leur construction et leur agencement, ces locaux doivent permettre la mise en œuvre de bonnes pratiques d'hygiène, et notamment :

a) Prévenir la contamination croisée, entre et durant les opérations, par les denrées alimentaires, les équipements, les matériaux, l'eau, l'aération, le personnel et les sources de contamination extérieures tels les insectes et autres animaux ;

b) Pouvoir être nettoyés et/ou désinfectés de manière efficace ;

c) Permettre de prévenir le contact avec des substances toxiques, le déversement de matières contaminantes dans les denrées alimentaires, y compris du fait des plafonds, faux plafonds et autres équipements situés en hauteur ;

d) Offrir, le cas échéant, des conditions de température permettant d'effectuer de manière hygiénique les opérations visées par le présent arrêté ;

e) Etre aérés et ventilés afin de permettre une hygrométrie assurant la maîtrise des phénomènes de condensation ou d'éviter la persistance des mauvaises odeurs. Le cas échéant, les systèmes de ventilation ou de climatisation ne doivent pas être une source de contamination des aliments et être conçus de manière à permettre d'accéder aisément aux filtres et aux autres pièces devant être nettoyées ou remplacées ;

f) Etre convenablement éclairés ;

g) Etre pourvus de moyens d'évacuation des eaux résiduaires et des eaux de lavage conçus de manière à éviter tout risque de contamination des denrées alimentaires et permettre une évacuation rapide ;

h) De plus, les aires de stockage des déchets doivent être conçues et gérées de manière à être propres en permanence et à prévenir la contamination des denrées alimentaires, de l'eau potable, des équipements et des locaux.

3. Dans ces locaux, des méthodes adéquates doivent être utilisées pour lutter contre les insectes et les ravageurs.

Art. 4. – Afin d'assurer l'hygiène corporelle et vestimentaire du personnel, ces mêmes locaux doivent comporter :

a) Des vestiaires ou des penderies en nombre suffisant permettant de revêtir des vêtements de protection propres et adaptés à son activité avant l'entrée dans les locaux où sont manipulés ou manutentionnés les aliments ;

b) Un nombre suffisant de lave-mains et de cabinets d'aisances équipés d'une cuvette et d'une chasse d'eau et raccordés à un système d'évacuation efficace. Ces cabinets d'aisances ne doivent pas communiquer directement avec des locaux utilisés pour la préparation et la détention des denrées alimentaires.

Les lave-mains sont alimentés en eau courante chaude et froide et sont équipés de dispositifs adéquats pour le lavage et le séchage hygiéniques des mains. Ils doivent être distincts des dispositifs de lavage des denrées alimentaires.

Ces équipements doivent être maintenus en permanence en état de propreté.

Ces locaux doivent être équipés d'une ventilation adéquate.

CHAPITRE II
Equipements

Art. 5. – 1. Sans préjudice des dispositions du décret du 12 février 1973 susvisé, tous les matériels et équipements avec lesquels les denrées alimentaires entrent en contact, notamment les comptoirs de vente, les gondoles, les tables et les ustensiles, doivent être maintenus en permanence propres et :

a) Construits et entretenus de manière à éviter les risques de contamination des denrées alimentaires ;

b) Construits et entretenus de manière à permettre un nettoyage efficace et, lorsque cela s'avère nécessaire pour éviter la contamination des aliments, une désinfection adéquate, à l'exception des conteneurs et emballages perdus ;

c) Installés de manière à permettre le nettoyage de la zone environnante.

2. Des installations et/ou dispositifs adéquats doivent être prévus pour maintenir les denrées alimentaires dans les conditions de température mentionnées à l'article 10 ci-dessous et pour contrôler celles-ci.

En particulier, les locaux d'entreposage d'aliments surgelés et congelés ainsi que de glaces, crèmes glacées et sorbets d'une capacité comprise entre dix et cent mètres cubes doivent être équipés d'instruments appropriés d'enregistrement automatique de la température destinés à mesurer fréquemment et à intervalle régulier la température de l'air à laquelle sont soumis ces produits. Dans le cas de chambres froides de moins de dix mètres cubes destinées à la conservation de stocks dans les magasins de détail, cette mesure peut être réalisée au moyen d'un thermomètre aisément visible.

Les meubles de vente au détail d'aliments surgelés, congelés et de glaces, crèmes glacées et sorbets doivent être équipés d'un thermomètre ou d'un enregistreur de température pour la mesure de la température de l'air ; l'indication de la température doit être visible par le consommateur. Dans le cas des meubles ouverts, un thermomètre indique la température au retour d'air ; le capteur du thermomètre doit être accessible sans démontage afin de vérifier le fonctionnement de l'appareil et être placé au retour d'air, immédiatement au-delà des zones vitrées, si elles existent, et au plus près de la ligne de charge maximale, qui doit être nettement indiquée.

Les dispositions de l'alinéa précédent sont applicables aux meubles de vente en place à la date de publication du présent arrêté au *Journal officiel* de la République française dans un délai maximum d'un an à compter de cette publication.

CHAPITRE III

Alimentation en eau

Art. 6. – Sans préjudice des dispositions du décret du 3 janvier 1989 susvisé :

1. L'alimentation en eau destinée à la consommation humaine doit être suffisante, en particulier pour son utilisation dans le cadre de la prévention de la contamination des denrées alimentaires.

2. Lorsque la glace est nécessaire, elle doit être fabriquée, manipulée et stockée dans des conditions prévenant toute contamination.

3. L'eau non potable, utilisée pour la production de vapeur, la réfrigération, la lutte contre l'incendie et à d'autres fins semblables sans rapport avec les denrées alimentaires, doit circuler dans des conduites séparées, facilement identifiables et sans raccordement avec les systèmes d'eau destinés à la consommation humaine ou possibilité de reflux dans ces systèmes.

CHAPITRE IV

Personnel

Art. 7. – Sans préjudice des dispositions relatives au personnel prescrites par les décrets du 21 juillet 1971 et du 26 avril 1991 susvisés, les responsables des établissements des secteurs mentionnés à l'article 1er ou leur délégataire doivent s'assurer que les personnes qui manipulent ou manutentionnent les aliments suivent des instructions précises leur permettant d'appliquer les dispositions du présent arrêté et disposent le cas échéant, selon leur activité, d'une formation renouvelée en matière d'hygiène des aliments.

CHAPITRE V

Denrées alimentaires

Art. 8. – 1. Toutes les matières premières, les ingrédients, les produits intermédiaires et les produits finis doivent être manipulés, stockés, emballés, exposés et remis au consommateur dans des conditions évitant toute détérioration et toute contamination susceptibles de les rendre impropres à la consommation humaine ou dangereux pour la santé. En particulier, sont interdits dans les locaux où s'exercent ces activités l'entreposage les denrées à même le sol et la présence d'animaux familiers.

2. Toutes précautions sont prises pour que les aliments présentés non protégés soient à l'abri des pollutions pouvant résulter de la proximité du consommateur ou des manipulations de sa part.

Art. 9. – Lorsque sont effectuées, dans une même structure, des opérations telles que l'épluchage, le tranchage, le parage des matières premières et, le cas échéant, leur nettoyage, elles doivent s'effectuer de manière à éviter toute contamination croisée avec des aliments présentant un niveau d'hygiène différent.

En particulier, dans les établissements préparant sur le lieu de vente ou de consommation des aliments, les opérations mentionnées ci-dessus et celles de préparation des aliments peuvent être réalisées en un même emplacement sous réserve d'être échelonnées dans le temps et séparées par des opérations de nettoyage et de désinfection des plans de travail.

Art. 10. – 1. Les matières premières, les ingrédients, les produits intermédiaires et les produits finis jusqu'à leur présentation aux consommateurs doivent être conservés à des températures limitant leur altération et plus particulièrement le développement de micro-organismes pathogènes ou la formation de toxines à des niveaux susceptibles d'entraîner un risque pour la santé.

Pour certains de ces produits, et à l'exclusion des denrées pour lesquelles la température de conservation est définie par des réglementations spécifiques, cette température est fixée en annexe du présent arrêté.

2. Toutefois, et pour autant que la sécurité alimentaire soit assurée, il est admis de soustraire les produits à ces températures ou, le cas échéant, à la température inscrite sur leur emballage sous la responsabilité du conditionneur, conformément aux dispositions du décret du 7 décembre 1984 susvisé :

a) Pour les produits réfrigérés :

i) Lorsque cela s'avère nécessaire, pour de courtes périodes, lors du chargement-déchargement de ces produits aux interfaces entre l'élaboration, le transport, le stockage et l'exposition des aliments et lors de leur présentation à la vente pour permettre le dégivrage des équipements ;

ii) Lors de l'exposition de ces produits en quantités limitées pour une remise immédiate aux consommateurs, sous réserve que les conditions de cette exposition satisfassent à celles prévues dans un guide de bonnes pratiques hygiéniques validé propre au secteur concerné ;

A titre transitoire pour une durée de cinq ans à compter de la publication du présent arrêté au *Journal officiel,* les dispositions ci-dessus ne s'appliquent pas à l'exposition des produits concernés en vue de leur vente sur les marchés de plein air existant à la date de publication de cet arrêté.

b) Pour les aliments congelés et surgelés ainsi que pour les glaces, crèmes glacées et sorbets :

i) Dans la mesure où la différence de température n'excède pas 3 °C, lorsque cela s'avère nécessaire, pour de brèves périodes, lors du chargement-déchargement de ces produits aux interfaces entre l'élaboration, le transport, le stockage et l'exposition des aliments et lors de leur présentation à la vente ;

ii) Lors de l'exposition des glaces et crèmes glacées pour leur consommation immédiate dans la mesure où leur approvisionnement s'effectue en quantités adaptées aux besoins du service.

Le détenteur des aliments qui ne sont pas conservés dans les conditions fixées à l'alinéa 1er du présent article doit faire procéder à leur retrait de la consommation humaine en l'état.

Art. 11. – Lorsque les denrées alimentaires doivent être conservées ou servies à basse température, elles doivent être réfrigérées aussitôt après le dernier stade du traitement thermique ou, en l'absence de traitement thermique, après le dernier stade de l'élaboration. Les produits sont ensuite immédiatement maintenus aux températures de réfrigération mentionnées à l'article 10 ci-dessus.

Le réchauffement des denrées réfrigérées en vue de leur consommation doit s'effectuer rapidement en vue d'assurer la sécurité alimentaire.

Art. 12. – La décongélation des aliments congelés doit être effectuée à l'abri des contaminations :

A l'occasion de la cuisson ou du réchauffage du produit prêt à consommer ;

Dans une enceinte réfrigérée à une température comprise entre 0 °C et + 4 °C ou par toute autre méthode conforme aux dispositions de l'arrêté du 26 juin 1974 susvisé ayant fait l'objet d'un avis publié au *Journal officiel* de la République française.

Une fois décongelés, les aliments doivent être présentés réfrigérés durant une période limitée de manière à satisfaire aux dispositions du 1er alinéa de l'article 10 du présent arrêté. Les aliments décongelés ne peuvent être recongelés.

Les aliments ne satisfaisant pas aux dispositions du présent article ne sont pas reconnus propres à la consommation humaine en l'état.

Art. 13. – Sans préjudice des dispositions de l'arrêté du 22 mars 1993 susvisé, les conserves appertisées de denrées alimentaires dont le pH est supérieur ou égal à 4,5 doivent être soumises au traitement décrit au 2° de l'article 2 du décret du 10 février 1955 susvisé dans des autoclaves ou stérilisateurs :

- munis d'un thermomètre à mercure à lecture directe étalonné ou d'un autre système fiable et étalonné régulièrement pour le contrôle de la température, ainsi que d'un dispositif assurant un enregistrement de la température en fonction du temps ;
- employés dans des conditions permettant de satisfaire à leur stabilité.

Les produits appertisés n'ayant pas satisfait aux dispositions du présent article ne sont pas reconnus propres à la consommation.

Art. 14. - Le déconditionnement des produits destinés au tranchage ou au service doit s'effectuer au fur et à mesure des besoins et dans des conditions d'hygiène évitant leur contamination. Les informations conncernant l'identification du produit et sa durée de vie doivent être conservées durant toute la détention de celui-ci.

Toutes précautions d'hygiène doivent être prises lors du tranchage des denrées. Les produits tranchés sur place doivent être présentés en quantités aussi réduites que possible au fur et à mesure des besoins du service.

Les denrées microbiologiquement très périssables déconditionnées doivent être protégées de toute contamination lors de leur stockage et de leur mise en vente.

Art. 15. - Les substances et préparations dangereuses et les produits non destinés à l'alimentation humaine doivent être stockés et, le cas échéant, présentés à la vente sur des emplacements particuliers qui font l'objet d'une identification.

Chapitre VI

Déchets

Art. 16. - En dehors des sous-produits du traitement primaire des denrées alimentaires, notamment les os et les produits de parage des viandes, qui doivent être traités comme des denrées alimentaires à part entière s'ils sont susceptibles d'une utilisation alimentaire ultérieure à leur obtention sur leur lieu de production, les déchets alimentaires non susceptibles d'une récupération et les autres déchets non alimentaires :

a) Sauf dans le cas visé à l'article 24 ci-dessous, ne doivent pas être stockés dans une zone où sont entreposées des denrées alimentaires. Des dispositions appropriées doivent être prises pour l'éliminaton et le stockage de ces déchets et autres matières.

b) Doivent être déposés dans des conteneurs étanches, dotés d'une fermeture, ou tout autre moyen satisfaisant au regard de l'hygiène. Ceux-ci doivent être conçus de manière adéquate, régulièrement entretenus, et faciles à nettoyer et à désinfecter. En aucun cas, les déchets produits au cours des opérations sur les aliments ne doivent être jetés à même le sol.

Des dispositions et/ou installations adéquates doivent être prévues pour stocker et élimer, dans des conditions d'hygiène, les substances et déchets, alimentaires ou non, dangereux, qu'ils soient solides ou liquides.

Chapitre VII

Contrôles et vérifications

Art. 17. - Les responsables des établissements mentionnés à l'article 1er doivent procéder, chacun en ce qui le concerne, à des contrôles réguliers pour vérifier la conformité des aliments aux dispositions du présent arrêté et, lorsqu'ils existent, aux critères microbiologiques réglementaires auxquels ils doivent satisfaire.

Ces contrôles doivent notamment s'assurer de l'état des produits à réception et porter sur les conditions de conservation, ainsi que sur les méthodes de nettoyage et de désinfection.

Pour établir la nature et la périodicité de ces contrôles, ils doivent identifier tout aspect de leurs activités qui est déterminant pour la sécurité des produits mentionnés à l'article 1er et veiller à ce que des procédures de sécurité appropriées soient établies, mises en œuvre, respectées et mises à jour en se fondant sur les principes utilisés pour développer le système d'analyse des risques et des points critiques pour leur maîtrise, dit système « HACCP », en particulier :

- analyser et évaluer les risques alimentaires potentiels aux différentes étapes du processus de mise en vente et, s'il y a lieu, d'élaboration ;
- mettre en évidence les points des étapes où des risques alimentaires peuvent se présenter ;
- identifier parmi les points qui ont été mis en évidence ceux qui sont déterminants pour la sécurité alimentaire, appelés « points critiques » ;
- définir et mettre en œuvre des moyens de maîtriser ces points et des procédures de suivi efficaces.
- revoir périodiquement, et notamment en cas de modification des opérations, les procédures établies ci-dessus.

Les responsables de ces établissements doivent être en mesure de porter à la connaissance des agents des administrations chargées des contrôles la nature, la périodicité et le résultat des vérifications définies selon les principes mentionnés à l'alinéa précédent ainsi que, s'il y a lieu, le nom du laboratoire de contrôle.

TITRE III

DISPOSITIONS SPÉCIFIQUES

Chapitre Ier

Locaux de préparation des aliments et leurs équipements

Art. 18. - Les dispositions du présent chapitre sont applicables aux locaux dans lesquels sont préparés des aliments, à l'exclusion des installations utilisées pour des activités de distribution ou de restauration non sédentaires ou occasionnelles qui sont couvertes par le chapitre III du présent titre et des salles à manger dans les établissements de restauration.

Art. 19. - Sans préjudice des dispositions générales du titre II du présent arrêté, dans les locaux mentionnés à l'article 18 ci-dessus :

a) Les surfaces telles que les revêtements de sol, les surfaces murales et les portes doivent être construites ou revêtues avec des matériaux dont les caractéristiques physiques, en particulier d'étanchéité et d'absence d'absorption, permettent, notamment en facilitant leur nettoyage, leur lavage et leur désinfection, de limiter les risques de contamination des aliments.

b) Les fenêtres et autres ouvertures doivent être conçues et entretenues de manière à ne pas constituer une source d'insalubrité pour les aliments. Celles ouvrant sur l'extérieur doivent, si nécessaire, être équipées d'écrans de protection contre les insectes. Ces écrans doivent pouvoir être facilement enlevés pour le nettoyage.

Art. 20. - Dans ces locaux, des dispositifs adéquats pour le nettoyage et la désinfection des outils et équipements de travail doivent être prévus. Ces dispositifs doivent être fabriqués dans des matériaux résistant à la corrosion, être faciles à nettoyer et disposer d'une alimentation adéquate en eau potable chaude et froide.

Le nettoyage des matières premières est assuré, le cas échéant, au moyen d'un évier ou d'un dispositif semblable de lavage, alimenté en eau potable froide ou chaude selon les besoins et nettoyé régulièrement.

Chapitre II

Etablissements de restauration

Art. 21. - Dans les établissements de restauration mentionnés à l'article 1er, doivent être prévues des toilettes comprenant des cabinets d'aisances et des lavabos à l'usage exclusif de la clientèle.

Les cabinets d'aisances ne doivent pas communiquer directement avec la salle à manger ni avec les autres locaux renfermant des aliments.

Toutefois, dans les établissements offrant moins de 50 places, les équipements sanitaires mentionnés à l'article 4 *(b)* ci-dessus peuvent également servir à la clientèle. Ces équipements doivent être situés de telle manière que la clientèle ne puisse pas pénétrer dans les locaux de préparation des aliments.

Art. 22. - Dans les salles de restaurant et locaux assimilés :

La présence des animaux domestiques ou de plantes ne doit pas constituer un risque d'insalubrité pour les aliments. Le cas échéant, la nourriture destinée aux animaux ne peut être servie dans ces locaux que dans des récipients réservés à cet usage.

Les tables sont tenues constamment en parfait état de propreté et des ustensiles et du linge propres sont mis à la disposition de chaque client.

Chapitre III

Activités de distribution ou de restauration, non sédentaires ou occasionnelles

Art. 23. - Pour toutes les activités de distribution ou de restauration, non sédentaires ou occasionnelles :

1. Les installations sont conçues, construites, nettoyées et entretenues de manière à éviter la contamination des denrées alimentaires, y compris, dans la mesure du possible, du fait de la présence d'insectes et d'autres animaux.

2. Plus particulièrement :

a) A défaut d'installations permanentes répondant aux dispositions du paragraphe *b* de l'article 4 ci-dessus, des dispositifs doivent être prévus pour permettre aux personnes manipulant les aliments de se nettoyer les mains de manière hygiénique ;

b) Les surfaces en contact avec les aliments, y compris les comptoirs de vente, les étals et les tables, doivent être bien entretenues, faciles à nettoyer et, lorsque cela s'avère nécessaire pour éviter la contamination des aliments, à désinfecter. Elles doivent être maintenues en état permanent de propreté. Sans préjudice des dispositions du décret du 8 juillet 1992 susvisé, elles doivent être conçues en matériaux lisses, sauf si les exploitants peuvent prouver aux agents des administrations chargées des contrôles que d'autres matériaux utilisés conviennent ;

c) Des moyens adéquats doivent être prévus :

- pour le nettoyage et, lorsque cela s'avère nécessaire pour prévenir la contamination des aliments, la désinfection des outils et équipements de travail ;
- pour protéger les denrées alimentaires des contaminations éventuelles ;
- pour assurer le respect des conditions de température requises à l'article 10 ci-dessus ;

d) De l'eau potable, froide ou chaude, doit être prévue en quantité suffisante, notamment pour réaliser les opérations visées sous *a*, *b* et *c* ci-dessus.

CHAPITRE IV
Distribution automatique

Art. 24. - Les distributeurs automatiques sont conçus, construits, installés, nettoyés, entretenus et utilisés de manière à éviter la contamination des denrées alimentaires, y compris du fait de la présence d'insectes et d'autres animaux.

Les parties des distributeurs destinées à être en contact avec les aliments doivent être bien entretenues, faciles à nettoyer et à désinfecter. Elles doivent être maintenues en état permanent de propreté. Sans préjudice des dispositions du décret du 8 juillet 1992 susvisé, elles doivent être conçues en matériaux lisses et lavables.

Les denrées alimentaires doivent être renouvelées en temps utile de manière à rester constamment saines et en bon état de conservation. En particulier les conditions de température mentionnées à l'article 10 ci-dessus doivent être respectées et pouvoir être vérifiées à tout moment.

Les distributeurs automatiques sont munis, en tant que de besoin, d'un dispositif permettant la distribution de gobelets individuels dans des conditions hygiéniques. Une installation doit être prévue pour recueillir et éliminer régulièrement les gobelets et autres déchets.

En vue de permettre en particulier la vérification des conditions d'entretien des distributeurs automatiques par les agents des administrations chargées des contrôles, le nom de la personne responsable ainsi que son adresse et son numéro de téléphone sont apposés de manière à être lisible de l'extérieur de l'appareil.

CHAPITRE V
Transport pour livraison

Art. 25. - Les équipements de transport pour la livraison des aliments doivent être correctement entretenus et constamment maintenus en état de propreté. Leur utilisation ne doit pas constituer un risque de contamination des aliments.

Ces équipements doivent permettre si nécessaire le maintien des températures de conservation mentionnées à l'article 10 ci-dessus.

TITRE IV
DISPOSITIONS COMMUNES

Art. 26. - Les responsables des établissements mentionnés à l'article 1er ne doivent accepter aucun ingrédient, matière première, produit intermédiaire ou produit fini dont ils savent ou auraient pu estimer, en tant que professionnel et sur la base des éléments d'information en leur possession, qu'ils sont contaminés par des parasites, des micro-organismes pathogènes, par des substances toxiques ou qu'ils contiennent des corps étrangers, de manière telle qu'ils resteraient impropres à la consommation même après le triage et les autres opérations de préparation ou de transformation hygiéniquement réalisées.

Art. 27. - Pour l'application du présent arrêté, les responsables des établissements mentionnés à l'article 1er peuvent se référer à un guide de bonnes pratiques hygiéniques validé conformément à la procédure publiée au *Journal officiel* de la République française du 24 novembre 1993. Dans tous les secteurs où un tel guide a été élaboré, les administrations compétentes prennent en considération son application par les établissements concernés pour l'organisation et la fréquence du contrôle du respect des dispositions du présent arrêté.

Art. 28. - Les dispositions de l'arrêté du 13 septembre 1967 fixant les prescriptions d'hygiène applicables aux locaux de fabrication, d'entreposage et de vente ainsi qu'au matériel et aux conditions de manipulation en ce qui concerne les glaces et crèmes glacées, de l'arrêté du 4 octobre 1973 réglementant les conditions d'hygiène applicables dans les lieux de vente au détail des produits de la mer et d'eau douce, des titres II et IV de l'arrêté du 26 juin 1974 susvisé, pour ce qui concerne les établissements visés au présent arrêté, et de l'arrêté du 26 septembre 1980 réglementant les conditions d'hygiène applicables dans les établissements de restauration où sont préparés, servis ou distribués des aliments comportant des denrées animales, en qui concerne les établissements visés au présent arrêté, sont abrogées.

Art. 29. - Le directeur général de la santé, le directeur général de la concurrence, de la consommation et de la répression des fraudes et le directeur général de l'alimentation sont chargés, chacun en ce qui concerne, de l'exécution du présent arrêté, qui sera publié au *Journal officiel* de la République française.

Fait à Paris, le 9 mai 1995.

Le ministre de l'économie,
Pour le ministre et par délégation :
Le directeur général de la concurrence, de la consommation et de la répression des fraudes,
C. BABUSIAUX

Le ministre d'Etat, ministre des affaires sociales, de la santé et de la ville,
Pour le ministre et par délégation :
Le directeur général de la santé,
J.-F. GIRARD

Le ministre de l'agriculture et de la pêche,
Pour le ministre et par délégation :
Le directeur général de l'alimentation,
P. GUÉRIN

ANNEXE

TEMPÉRATURES DE CONSERVATION DE CERTAINES DENRÉES ALIMENTAIRES

Les denrées mentionnées ci-après doivent être maintenues jusqu'à leur remise au consommateur aux températures ci-dessous :

Sur glace fondante (0 °C à + 2 °C) : poissons, crustacés, mollusques autres que vivants.

+ 4 °C maximum : tout aliment très périssable et dont l'absence de maîtrise de la température pendant une courte période peut présenter un risque microbien pour le consommateur, tel que :

Denrées animales ou végétales cuites ou précuites, prêtes à l'emploi, non stables à température ambiante ; préparations froides non stables à base de denrées animales, notamment les viandes froides, les pâtes farcies, les sandwiches, les salades composées et les fonds de sauce ; produits transformés non stables à base de viande ; abats, volailles, lapins ; découpes de viandes ; produits de la pêche fumés ou saumurés non stables ; préparations non stables à base de crème ou d'œuf (pâtisseries à la crème, crèmes pâtissières, entremets) ; lait cru, produits frais au lait cru, crème Chantilly non stable ; fromages découpés ou râpés préemballés ; végétaux crus prédécoupés et leurs préparations ; jus de fruits ou de légumes crus de pH supérieur à 4,5 ; produits décongelés ; produits non stables en distributeur automatique.

+ 8 °C maximum : tout aliment périssable et dont l'absence de maîtrise de la température peut générer un risque microbien pour le consommateur moins immédiat, tel que :

Produits laitiers frais autres que les laits pasteurisés, desserts lactés ; beurres et matières grasses ; desserts non stables à base de substituts du lait ; produits stables à base de viande tranchée.

- 18 °C : glaces, crèmes glacées, sorbets et tout aliment surgelé conformément aux dispositions du décret du 9 septembre 1964 susvisé.

- 15 °C : tout aliment congelé.

Supérieur à + 63 °C : plats cuisinés livrés chaud au consommateur.

LA CUISSON ET LA CONSERVATION SOUS VIDE

Le domaine du concept «sous vide» couvre d'une part les différents procédés adaptés à des productions limitées (procédés artisanaux utilisés par les restaurateurs, les traiteurs et les charcutiers), et d'autre part les procédés de fabrication de plats cuisinés appliqués par les industriels de l'agro-alimentaire.

Il convient également de différencier la cuisson sous vide qui a pour but principal de préserver la saveur initiale des produits et les différentes techniques de cuisson sous vide avec conservation qui recherchent en outre l'allongement de la durée de vie des produits ou des plats cuisinés.

On distingue les différentes techniques suivantes :
– La conservation sous vide ou sous un mélange gazeux ;
– La cuisson sous vide ;
– La cuisson et la conservation sous vide (plats cuisinés sous vide) ;
– Les plats cuisinés traditionnellement puis conservés sous vide.

LA CONSERVATION SOUS VIDE, SOUS GAZ INERTE, SOUS ATMOSPHERE CONTROLEE OU RAREFIEE

Il s'agit d'un procédé destiné à conserver dans leur état initial des denrées alimentaires solides ou liquides, d'origine animale ou végétale, sous vide d'air ou sous un mélange gazeux (gaz carbonique, argon, hélium, azote, hydrogène, protoxyde d'azote).

La durée de conservation est variable selon la nature et l'origine des produits et la technique appliquée, généralement de 4 à 21 jours, parfois 42 jours dans le cas de process industriels pratiquant la double pasteurisation et après étude de vieillissement.

Ce procédé de conservation est généralement mis en œuvre par les industriels de l'agro-alimentaire :

- légumes de 4ème et de 5ème gammes ;
- poissons et viandes crus, poissons et viandes pré-cuits ;
- divers produits semi-élaborés (PAI), bases culinaires et plats cuisinés à l'avance.

Le restaurateur ne peut conserver sous vide des denrées animales ou d'origine animale crues (viandes et poissons).

LA CUISSON SOUS VIDE

Cette technique consiste à conditionner dans un sac spécifique de cuisson, des produits crus, pré-cuits, blanchis ou marqués, quadrillés ou rissolés, ou à les associer à d'autres éléments pré-élaborés (assaisonnement, garniture aromatique, sauce, éléments de décor), puis à réaliser le vide et cuire immédiatement.

Selon la nature des produits et les résultats souhaités, les aliments peuvent cuire à haute température (légumes cuits aux environ de 100°C) ou à basse température (viandes cuites à 60/62°C à cœur).

Cette technique de cuisson préserve mieux les qualités organoleptiques des produits, limite les pertes en poids par déshydratation à la chaleur, limite les diverses oxydations et concentre les arômes dans le conditionnement.

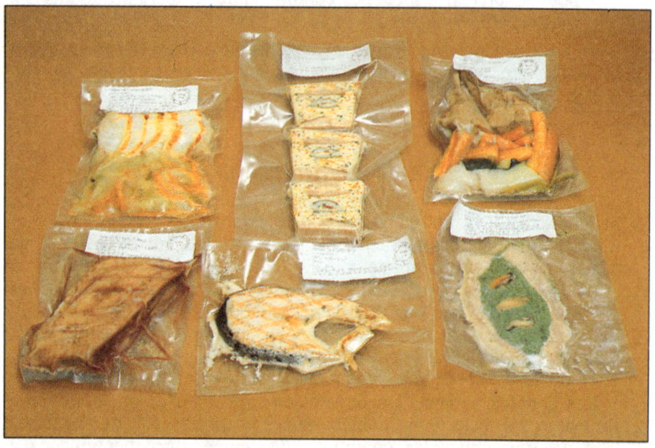

LA CUISSON-CONSERVATION SOUS VIDE

Cette technique s'inscrit dans la suite logique de la cuisson sous vide.

Si le produit n'est pas utilisé immédiatement après sa cuisson, il est refroidi réglementairement de + 63 °C à + 10 °C à cœur en moins de 2 heures, en cellule de refroidissement rapide agréée. Le produit est ensuite conservé en enceinte réfrigérée spécifique à une température comprise entre 0 et + 3 °C à cœur.

La durée de stockage est limitée. Elle dépend des conditions d'hygiène appliquées et des critères microbiologiques du produit fini.

LES PLATS CUISINES MIS SOUS VIDE APRES CUISSON

Cette technique permet de réaliser les recettes classiques selon les méthodes traditionnelles de cuisson (marmites, sauteuses, rondeaux...), puis les aliments sont conditionnés dans des sacs de conservation.
Le vide est réalisé, puis les plats cuisinés à l'avance sont refroidis rapidement et stockés en enceintes réfrigérées spécifiques. La température des enceintes réfrigérées est enregistrée à l'aide d'un thermomètre enregistreur.
Dans ce cas, les rendements des matières premières sont identiques à la cuisson traditionnelle, mais la durée de vie des produits est augmentée grâce à l'absence d'oxygène.
Lors de la fabrication industrielle, les sachets ainsi conditionnés peuvent être soumis à une «flash pasteurisation» ou à une «double pasteurisation».

Exemple d'une technique de double pasteurisation :

Une première montée thermique à 90°C est appliquée durant 10 à 15 minutes (selon la texture des produits) pour détruire les formes végétatives des bactéries. Puis a lieu un étuvage d'une durée d'environ 6 heures afin de faire germer les spores, et enfin une dernière montée en température permet de détruire les bactéries redevenues végétatives.
Suivant les valeurs pasteurisatrices appliquées, la durée de conservation peut être de 21, voire 42 jours.

Conclusion

Dans tous les cas, il est absolument nécessaire et obligatoire d'associer le froid positif de 0 à +3°C maximum.

PRINCIPALES ETAPES DES TECHNIQUES EMPLOYEES

PRODUITS VEGETAUX UTILISES CRUS

C'est la technique employée pour préparer les produits de la 4ème gamme (salades diverses, composées, crudités, produits végétaux de mise en place, garnitures aromatiques d'appellations, d'accompagnements, préparations pour potages...).

PRINCIPE

Préparations préliminaires des légumes
Epluchage lavage rinçage taillage

▼

Conditionnement sous vide
ou réintroduction de gaz inertant dans le cas d'un conditionnement sous atmosphère contrôlée

▼

Conservation en enceinte réfrigérée de + 4 à + 6 °C
(4 jours environ)

▼

Utilisation

Les légumes sont épluchés, lavés, désinfectés et rincés en légumerie selon la méthode habituelle.

Remarque : (voir également légumes de 4ème gamme)

Bien qu'ils soient épluchés, lavés et découpés, les fruits et les légumes crus sont toujours «vivants». Leur mise sous vide ne bloque pas la vie enzymatique, ce qui explique leur évolution accompagnée de fermentations et de pourrissement.

En milieu industriel, les fruits et les légumes peuvent subir un traitement thermique rapide (flash pasteurisation) qui est appliqué avant leur conditionnement.

Les végétaux peuvent aussi être cuits sous vide dès leur conditionnement (voir légumes de 5ème gamme). Ils peuvent aussi être additionnés de sel, de poivre et de jus de citron.

Les industriels de l'agro alimentaire traitent leurs produits en leur additionnant des produits bactériostatiques, fongistatiques et autres inhibiteurs (anti-oxydants par exemple).

PRODUITS VEGETAUX CUITS SOUS VIDE

Préparations préliminaires
Epluchage, lavage, rinçage, taillage

▼

Blanchiment à l'eau ou à la vapeur
ou **pré-cuisson** spécifique (dans le cas d'assemblage de légumes dont les durées de cuisson sont différentes)

▼

Refroidissement rapide

▼

Assaisonnement
(sel, poivre, beurre, épices...)

▼

Conditionnement sous vide
en sacs de cuisson

▼

Cuisson
Cuiseurs à bain d'eau, à vapeur sans pression
polycuiseurs, steams régulés ou thermostatés

▼

Refroidissement rapide
(+ 63°C à + 10°C à cœur en moins de 2 heures)
cellules à froid mécanique, cryogénique, hydrothermique

▼

Etiquetage réglementaire
(nature du produit, date de fabrication,
D.L.C. reproduction de la marque sanitaire)

▼

Conservation en enceinte refrigérée
dont la température est contrôlée
par un thermomètre enregistreur
durée de conservation limitée à quelques jours

▼

Remise en température
de consommation
(sauf préparations destinées à être servies froides)
+ 10°C à + 65°C à cœur en moins d'1 heure

▼

Utilisation immédiate ou assemblage
dans le cas de la réalisation d'un plat cuisiné
comportant une garniture

PLATS CUISINÉS À L'AVANCE CUITS SOUS VIDE

Les légumes sont blanchis et rafraîchis, les poissons et les viandes sont marqués, rissolés ou quadrillés selon leur nature et le mode de cuisson choisi.

PRINCIPE

Réception des denrées
Contrôles, stockages, déconditionnement

Préparations préliminaires

Parage, désossage, piéçage des viandes de boucherie	Habillage des poissons, taillage, filetage	Habillage des volailles et gibiers, découpage, bridage	Epluchage, lavage, taillage des légumes

Rissolage, marquage ou quadrillage selon la recette

Blanchiment ou pré-cuisson

Refroidissement rapide

Assemblage des différents éléments
(fonds, sauces, assaisonnements, garniture aromatique...)

Prélèvement pour contrôle microbiologique
Congélations et identification de l'échantillon

Conditionnement sous vide en sacs de cuisson
Les différents éléments de la recette peuvent être conditionnés séparément (assemblage)

Cuisson
Fours mixtes, cuiseurs à vapeur basse pression, cuiseurs à bain d'eau, steams régulés ou thermostatés. Les différents appareils de cuisson sont munis de sondes thermiques permettant de contrôler la cuisson à cœur au degré près.

Refroidissement rapide en cellule
Cellules à froid mécanique, cryogénique et hydrothermique. Pour chaque lot, on doit avoir conservé la feuille d'enregistrement thermique (cuisson et refroidissement) obtenue grâce aux relevés effectués par les sondes

Etiquetage réglementaire
Nature du produit, date de fabrication, DLC, reproduction de l'estampille sanitaire PC

Conservation
Stockage de 0 à + 3 °C maxi en enceinte réfrigérée spécifique munie d'un thermomètre enregistreur - Durée de conservation limitée à 4 jours dans le cas d'une fabrication artisanale

Remise en température de consommation
+ 10 °C à + 63 °C à cœur en moins d'1 heure (fours mixtes, cuiseurs à vapeur sans pression, cuiseurs hydrothermiques dotés de températures pré-sélectionnées avec contrôle électronique)
En poches ouvertes : enceinte à micro-ondes, remise en température par les procédés traditionnels (russe, sautoirs, sauteuses...)

Distribution

Remarque :
Actuellement plusieurs procédés permettent de cuire et de refroidir automatiquement sans aucune manutention (c'est le cas de l'appareil à bain d'eau ou «hydrothermique», du steam à chauffage indirect, c'est-à-dire par double enveloppe vapeur et refroidissement, également par double enveloppe, circulation d'eau réfrigérée ou glycolée). Ces matériels sont munis de sondes thermostatiques et d'enregistreurs.

Remarque :
Le système de Socamel «Le cook in pack» permet de cuire et de refroidir des PCA conditionnés dans des barquettes munies d'une valve thermofusible, dans un appareil «roto four» dont la paroi centrale pivotante permet de faire passer automatiquement le chariot de cuisson dans le compartiment de refroidissement. La zone de cuisson ainsi liberée peut accepter alors un nouveau chariot.

PCA CUITS TRADITIONNELLEMENT ET CONSERVES SOUS VIDE

PRINCIPE

Réception des denrées
Contrôles, déconditionnement, stockage

Préparations préliminaires

Cuisson traditionnelle selon la recette
(sauteuses, marmites, fours...)

Addition des autres éléments de la recette. Garniture s'il y a lieu (facultatif), elle peut être conditionnée à part selon sa nature

Prélèvement pour autocontrôle microbiologique
Congélation et identification de l'échantillon

Portionnement
(pour faciliter le tranchage, certaines grosses pièces cuites entières peuvent être refroidies réglementairement au préalable)

Conditionnement sous vide ou en poches clipsées
Sacs souples de conservation, barquettes préformées et operculées, barquettes thermoformées

Pasteurisation éventuelle
(pour les industriels de l'agro alimentaire, afin d'obtenir une prolongation de la durée de conservation)
(produits apparentés aux semi-conserves pasteurisées)

Refroidissement rapide en cellule de refroidissement
(mécanique, cryogénique, hydrothermique)
avec contrôle à cœur des températures
+ 63 °C à + 10 °C à cœur en moins de 2 heures

Etiquetage réglementaire
Nature du produit, date de fabrication, DLC, reproduction de l'estampille sanitaire PC

Stockage réglementaire de 0 à + 3 °C maxi
Chambres froides positives munies d'un thermomètre enregistreur
Durée de conservation limitée à 4 jours (plus dans le cas de dérogations)

Remise en température réglementaire de + 10 °C à + 63 °C à cœur en moins d'1 heure (fours mixtes, cuiseurs à vapeur sans pression, cuiseurs à bain d'eau thermostaté, armoire hygrothermique ventilée pour le maintien prolongé en température, enceinte à micro-ondes...)

Distribution

Remarque sur le système américain Groen :
Ce procédé appelé «Cap-Kold» comprend :

- un cuiseur de type marmite à chauffage indirect à double enveloppe avec mélangeur intégré,
- une pompe volumétrique pour transférer automatiquement les produits, liquides de préférence ou en morceaux de petites sections (ragoût), vers le poste de conditionnement,
- un poste de dosage et de conditionnement ; les produits sont dosés, puis conditionnés à chaud dans des poches qui sont aussitôt fermées hermétiquement par des agrafes, et étiquetées,
- un refroidisseur rotatif à bain d'eau glacée permet d'obtenir une température à cœur de + 3°C en moins de 30 minutes ; les poches sont stockées en enceintes réfrigérées de 0 à + 1°C jusqu'à l'utilisation finale.

Le produit peut être remis en température dans sa poche en le plongeant dans un bain-marie ou hors de sa poche en utilisant les méthodes classiques.

Les plats cuits sous vide sont immédiatement refroidis (cellules de refroidissement rapide mécanique, cryogénique, hydrothermique). La température à cœur du produit doit passer réglementairement de + 63 °C à + 10 °C à cœur en moins de 2 heures.

Les plats cuisinés à l'avance sont stockés dans une chambre froide positive (+ 2, + 3 °C) spécifique, munie d'un thermomètre enregistreur. La durée de stockage est limitée (4 jours par exemple) (plus si dérogation).

Armoire de stockage munie d'un thermomètre enregistreur.

Bain-marie thermostaté avec minuterie et paniers à relevage automatique

AVANTAGES DU PROCEDE

En restauration différée et en petites unités de fabrication de plats cuisinés à l'avance, les avantages peuvent être de divers types :
- organisationnel ;
- social ;
- économique ;
- nutritionnel, hygiénique et gustatif.

AVANTAGES D'ORDRE ORGANISATIONNEL ET SOCIAL

La mise en place d'une technique «cuisson/conservation» sous vide offre les avantages suivants :

Une meilleure organisation des achats et des approvisionnements
- les achats peuvent être effectués 2 ou 3 fois par semaine en plus grosse quantité et à des prix plus compétitifs,
- les opérations de contrôle, déconditionnement et de stockage sont regroupées et simplifiées.

Un travail plus rationnel
- les préparations sont regroupées par nature de produits,
- les mises en route de fabrications et les cuissons sont également regroupées par nature et origine de produits. Ex : les mardis et jeudis : poissons.

Une gestion plus efficace de l'activité du personnel
- Une meilleure planification et une meilleure répartition du travail sur l'amplitude de la journée et de la semaine permet de limiter les temps morts.
- Une atténuation des coups de feu (moins d'affolement, moins de bousculade, risque d'accidents limités, travail plus serein).
- Une meilleure répartition des horaires journaliers, hebdomadaires et mensuels permet de créer des emplois à mi-temps, de mieux répartir les congés, de limiter les équipes durant les week-ends. Cette meilleure répartition de l'intensité du travail permet peut-être de trouver une solution aux «heures d'équivalence» qui ne se justifieront plus. Elle permet aussi de limiter les heures supplémentaires et le recours aux extras en cas de besoins plus importants.

La mise en place d'une technique cuisson/conservation sous vide nécessite l'emploi de personnel hautement qualifié et sensibilisé à tous les problèmes d'hygiène. La remise en température des P.C.A. dans les offices relais de distribution nécessite du personnel polyvalent formé et peu nombreux. Ce procédé apporte beaucoup de souplesse d'utilisation : les P.C.A. peuvent être conservés 6 jours après la date de leur fabrication. (plus selon dérogations).

AVANTAGES D'ORDRE ECONOMIQUE

- La cuisson sous vide limite les pertes de froid par évaporation et par déshydratation, notamment lors de la cuisson de produits chers (viandes rouges, foie gras, poissons).
- Le regroupement des achats permet de bénéficier de prix plus intéressants et plus faciles à négocier, ou de profiter d'opportunité de marché.
- Le conditionnement individuel permet de ne remettre en température que les plats réellement vendus (plus de retours, de desserte, ni d'invendus).
- Les quantités d'aromates, d'assaisonnement, de matières grasses sont réduites car leurs arômes sont mieux préservés lors de la cuisson sous vide.
- La cuisson lente sous vide à «basse température» permet d'utiliser des viandes de 2ème catégorie et de leur donner des qualités organoleptiques sensiblement identiques aux viandes de première catégorie.
- Cette technique permet d'économiser de l'énergie : les cuissons «basses températures» consomment moins d'énergie que les cuissons traditionnelles à l'air libre. Les cuissons peuvent être programmées la nuit et bénéficier de tarifs préférentiels (heures creuses).
- Les fourneaux n'ont plus besoin de fonctionner toute la journée. Il est possible de remettre en température en même temps, dans le même bain-marie, et dans leurs sacs respectifs, des légumes, des poissons, des viandes, des volailles, etc.
- Cette technique limite l'utilisation du matériel de cuisson traditionnel (russes, sauteuses, rondeaux). La diminution du travail de la plonge est importante.
- L'utilisation des produits conditionnés sous vide permet de mieux faire face aux variations imprévues de la clientèle : produits toujours disponibles de 6 à parfois 21/42 jours (lors de dérogations spécifiques).
- Ils permettent d'offrir rapidement un choix important de prestations.
- Ils rendent possible l'augmentation de l'activité de l'entreprise avec le même personnel (ouverture d'un service vente à emporter, traiteur, banquet, portage de plateaux repas au domicile de particuliers, etc).

AVANTAGES D'ORDRE GUSTATIF, HYGIENIQUE ET NUTRITIONNEL

La cuisson/conservation sous vide concentre les arômes, préserve la saveur originale du produit. Les denrées cuites lentement à «basse température» présentent une texture plus tendre, plus moelleuse et plus juteuse. Les qualités organoleptiques sont donc mieux préservées.
Le conditionnement sous vide préserve aussi les aliments de toutes les éventuelles sources de contamination extérieures.
La cuisson/conservation sous vide suivie de la réfrigération à + 3°C ralentit l'activité enzymatique des produits et inhibe momentanément la prolifération des bactéries et des microbes aérobies (selon la température atteinte et la durée d'exposition à cette température, les produits «sous vide» sont de qualité bactériologiquement sûre et contrôlée). L'estampille sanitaire doit figurer sur le conditionnement.

La cuisson sous vide préserve mieux les nutriments suivants:
- les vitamines, principalement les vitamines hydrosolubles lors de la cuisson sans liquide et à basse température,
- les minéraux, car elle limite les pertes par hydrolyse et le passage par phénomène d'osmose,
- les protéines qui sont moins dénaturées et dont on maîtrise mieux le pouvoir de rétention d'eau.

Par ailleurs, les risques d'oxydation sont limités (vitamines, rancissement des corps gras, noircissement de certains légumes) grâce à la conservation à l'abri de l'air et de la lumière, à une température inférieure à + 3° C. Ceci permet en outre de limiter l'utilisation de produits acidifiants et des additifs «anti oxygène».

Remarque concernant la fabrication de P.C.A. conditionnés sous vide dans de petites unités ou chez les restaurateurs.

La mise en place d'une technique de fabrication de P.C.A. cuits et conditionnés sous vide, ou cuits sous vide, nécessite la stricte observation de la réglementation :
- Des locaux agréés (respect de la marche en avant) ;
- Un matériel très performant (cher et difficile à rentabiliser) ;
- Un personnel formé et sensibilisé à tous les problèmes d'hygiène ;
- L'utilisation de produits «sûrs» provenant d'ateliers agréés ;
- La connaissance et la maîtrise parfaite des barèmes de cuisson ;
- Des auto-contrôles microbiologiques. Etiquetage ;
- Le suivi microbiologique et commercial des produits.

Cette technique ne permet pas l'à-peu-près !
Elle peut être le meilleur ou le pire des procédés de cuisson et de conservation.
En outre, les investissements en locaux spécifiques et en matériels sont très lourds et difficiles à rentabiliser.
La technique nécessite beaucoup de manipulations, principalement dans le cas de conditionnements individuels, et de la main d'oeuvre hautement qualifiée et responsable.

Dans le cadre d'une petite entreprise, il s'avère plus intéressant de faire appel à des produits de l'industrie agro-alimentaire. Les différentes présentations commerciales des produits s'adaptent à toutes les formules de restauration. Les plats cuisinés sont livrés séparément des sauces et des garnitures. Le cuisinier qui utilise des «bases» peut exprimer une forme de créativité et doit personnaliser ses prestations dans le cadre de la cuisine «d'assemblage».

LES MACHINES DE CONDITIONNEMENT SOUS VIDE

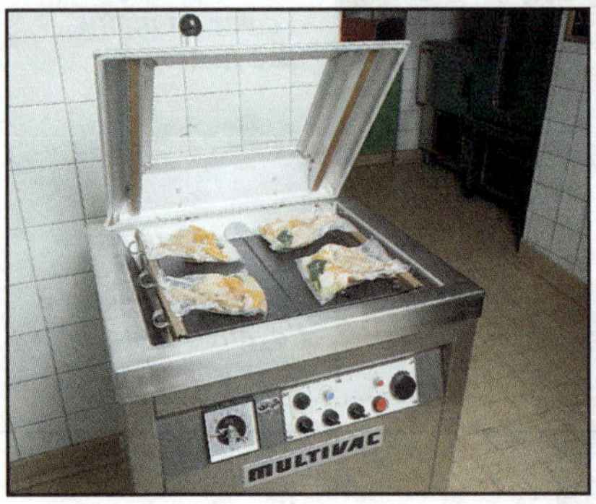

Les produits sont conditionnés immédiatement dans des sacs de cuisson en respectant rigoureusement toutes les règles d'hygiène spécifiques au procédé. Le port d'un masque et l'usage de gants sont nécessaires. Le vide d'air est réalisé selon des barèmes très précis.

Les machines actuellement utilisées peuvent être classées en trois catégories.

- <u>Les machines manuelles à cloche ou à double cloche</u>
  Machines de table ou à roulettes, elles conviennent pour les petites et moyennes capacités de production. Elles sont bien adaptées aux restaurants qui pratiquent la cuisson sous vide.
- <u>Les machines semi-automatiques</u>
  Adaptées à des cadences plus importantes, elles permet-

tent de conditionner sous atmosphère contrôlée ou compensée, en barquettes préformées industriellement. La conception de ces machines offre un conditionnement de haute qualité, tant pour le vide et la réinjection de gaz, que pour la présentation finale (grâce à une découpe précise du film opercule).

- Les machines automatiques de thermoformage et de thermoscellage
  Elles répondent à des besoins de production très importants. La machine entièrement automatique réalise toutes les formes d'emballage sous vide à partir de deux bobines de films thermoformables : le film intérieur pour le chargement des produits à conditionner et le film supérieur pour l'operculage. Les alvéoles sont formées à partir d'un procédé thermopneumatique.

Les machines de conditionnement sous vide manuelles à cloche ou à double cloche permettent de conditionner uniquement en sachets plastiques. Les barquettes ne peuvent pas être utilisées. Leur capacité de conditionnement varie de la monoportion aux sachets multiportions de 2 à 10 couverts environ. La durée du cycle de conditionnement varie entre 10 et 40 secondes.

DESCRIPTION

Ces machines se composent d'une pompe à vide agissant dans une enceinte «chambre à vide» appelée cloche. C'est dans cette cloche que sont positionnés les sachet^ contenant les produits qui vont subir la mise sous vide. Toutes les machines doivent être conformes à la norme AFNOR U 60010 de décembre 1986 «Matériel agro-alimentaire, règles de construction pour assurer l'hygiène à l'utilisation».
Les machines de conditionnement sous vide doivent être conçues selon des critères précis :

1 le vide obtenu doit être inférieur à 15 mb (millibars),
2 être équipées d'un vacuomètre à contact permettant un réglage précis des temps de mise sous vide en fonction des températures des produits à traiter par opposition au vacuomètre à temps moins fiable et seulement adopté sur les machines très simples,
3 être équipées d'un système de réglage du pourcentage de vide obtenu (au-delà de 99%),
4 posséder un variateur de vitesse du vide pour le conditionnement des produits pulvérulents,
5 avoir une cloche à hublot (plexiglas bombé) de façon à visualiser le produit durant la phase de mise sous vide (particulièrement pour tous les produits liquides et fragiles),
6 disposer d'un dispositif de réinjection de gaz (selon la nature et la fragilité des produits traités (salades diverses, pâtisseries, pâtes alimentaires, salades composées etc...). Il est inutile dans le cas spécifique de la cuisson sous vide,
7 être dotées d'un système de double soudure à chaud avec découpe des sacs par impulsion électrique réglable, adapté à chaque épaisseur de sachet,
8 être équipées d'un dispositif de remise progressive à la pression atmosphérique. Ce système permet d'éviter les risques d'écrasement brutal du produit par une forte pression ou par un vide trop poussé,
9 proposer un plan inclinable pour la mise sous vide de liquides, plats en sauces ou sauces conditionnées à part et pour les produits en poudre,
10 être équipées d'un dispositif d'arrêt d'urgence pour stopper immédiatement le processus d'aspiration ou de remise en atmosphère en cas d'incident.

Remarque : selon les fabricants, les machines disposent de plaques de remplissage généralement en polyéthylène permettant de réduire le volume de la cloche (chambre) et de conditionner des sachets de petites dimensions.

LES DIFFERENTES PHASES DE FONCTIONNEMENT

- effectuer les réglages (différents cycles peuvent être pré-réglés)
- fermer le couvercle de la cloche (verrou de sécurité)
- aspirer l'air
- injecter éventuellement le mélange gazeux compensateur de pression
- souder à chaud le sachet
- remettre en atmosphère.

Ce cycle s'effectue automatiquement après la fermeture de la cloche à vide.
Il existe une machine dont la cloche en fonte d'aluminium se déplace de droite à gauche sur un bâti roulant en inox (machine MULTIVAC). Ce système dit de «doubles cloches» permet d'installer les produits à conditionner d'un côté de la machine, tandis que de l'autre côté sous la cloche, a lieu le conditionnement sous vide. Cette machine est capable de doubler la cadence de production.

LIMITES DE LA TECHNIQUE

Le conditionnement et la cuisson sous vide ne s'appliquent pas systématiquement à tous les produits. Certains aliments donnent d'excellents résultats, d'autres moins.
Pour les cuissons longues qui nécessitent une réduction de la sauce (estouffade de boeuf, coq au vin), il vaut mieux travailler en atmosphère libre.
Les légumes hors saison doivent être fortement blanchis.
Les viandes et les poissons grillés présentent souvent un aspect de «poché» ; ils doivent être séchés sous la salamandre avant d'être servis.
Les farces mousselines doivent être «désaérées» pour limiter les risques d'augmentation de volume et d'éclatement.
Les liaisons à base d'amidon peuvent se dissocier ou se liquéfier. Il est indispensable de les stabiliser en utilisant des amidons modifiés (kool floo des moulins de Paris par exemple).
Les extrémités pointues ou coupantes des os, arêtes et carapaces de crustacés doivent être protégées pour ne pas percer les conditionnements.
Les produits chauds liquides doivent être conditionnés sous vide partiel pous diminuer les risques d'ébullition.

LE RECONDITONNEMENT DE P.C.A. EN MILIEU INDUSTRIEL

Les salles maîtrisées microbiologiquement ou salles blanches

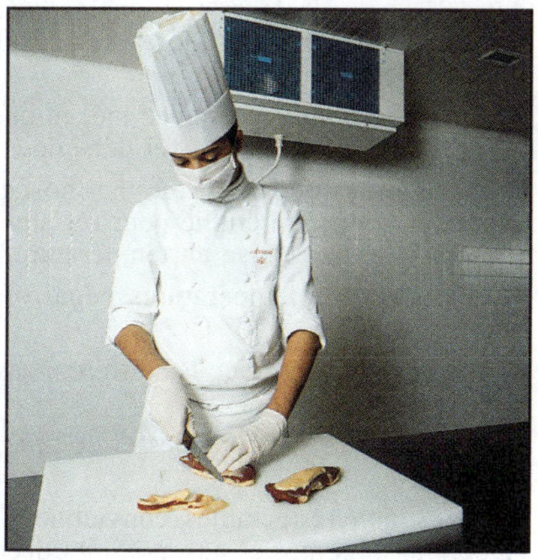

Dans certains cas très particuliers (par exemple tranchage et reconditionnement de plats cuisinés à l'avance cuits sous vide), les locaux doivent permettre une hygiène de très haut niveau pour autoriser une D.L.C. longue sans risque sanitaire.
On utilise alors des salles microbiologiquement maîtrisées, mieux connues sous la dénomination «salles blanches». L'air de ces salles, débarrassé de la presque totalité de ses poussières par ultra-filtration, est soufflé par des hottes à flux laminaire ou turbulent sur les plans de travail. La surpression ainsi créée repousse les particules éventuellement présentes en périphérie de la pièce, loin des denrées. Selon le nombre de particules (de taille supérieure à 0,5 micromètre) par pied cubique (normes améri-

caines) on parle de salle de classe 100 ou 10 000. En norme NF, respectivement 400 et 400 000 particules par mètre-cube. Ces salles blanches utilisent un matériel spécifique (nettoyé et désinfecté en circuit fermé) et ne sont accessibles qu'à travers des sas à du personnel spécialement formé et habillé. Leur conception et aménagement sont l'affaire de très rares spécialistes.

LE CONDITIONNEMENT

Pour cuire, conserver, cuire et conserver dans le même conditionnement, il est nécessaire d'utiliser des sacs ou des poches spécifiques qui sont de 2 types :
- des sacs ou poches adaptés uniquement à la conservation des aliments ;
- des sacs ou poches destinés à la cuisson, puis à la conservation sous vide. Ces derniers peuvent être rétractables.

Les sacs adaptés seulement à la conservation constituent une véritable barrière à l'oxygène. Dans le cas de la «cuisson-conservation» sous vide, outre leurs qualités de barrière à l'oxygène, les sacs de cuisson doivent être thermorésistants, c'est-à-dire être capables de supporter des températures allant de - 40° C à + 110° C.

Ils doivent tous répondre à un cahier des charges extrêmement précis. Divers arrêtés et directives fixent leurs exigences : 12/02/73 (normes de résistance et migration), arrêté du J.O. du 16/07/74 et la directive de la CEE du 18/10/1982.

Les critères sont les suivants :
- Tous les matériaux utilisés doivent être agréés pour contact alimentaire.
- Ils doivent être chimiquement neutres, inertes et stables.
- Ils ne doivent pas contenir de substances chimiques toxiques pour la santé des consommateurs, ni communiquer d'odeur ou de saveur particulière aux aliments.
- Ils doivent représenter une barrière imperméable à l'oxydation et aux échanges gazeux et assurer une protection contre toutes les éventuelles sources de contaminations extérieures.

Outre l'aspect de la migration, les sacs ou poches doivent posséder plusieurs aptitudes à assurer un travail de qualité, c'est-à-dire :
- avoir une bonne résistance mécanique de façon à pouvoir subir des manipulations et des chocs sans se rompre ;
- être thermosoudables ou thermoscellables ; l'agent de soudure doit être étudié pour résister aux températures de cuisson et de remise en température ;
- supporter des températures négatives (- 40° C) et positives jusqu'à + 120° C ;
- être compatibles avec les différents systèmes de remise en température ;
- et enfin, être imprimables et compactables (pour les barquettes).

Les sacs non rétractables conviennent mieux aux plats en sauce, aux légumes et aux produits décorés.

Remarque

Tous ces emballages «barrières en matériaux multicouches ou coextrudés», rigides ou souples, associés à des conditionnements aseptiques sous vide, ou sous atmosphère contrôlée permettent de prolonger à volonté la durée de vie des P.C.A. Les emballages «barrières, thermoformés multicouches» remplacent progressivement les appertisés en fer blanc et ouvrent la voie à de nouvelles méthodes de conservation moyennement longues, sans stérilisation, sans réfrigération ou sans surgélation.

Les sacs rétractables sont principalement utilisés pour les produits réputés exsudatifs (rôtis de viande), viandes farcies (épaule, gigot, selle d'agneau), poissons farcis (gigot de lotte, enroulade, ballotines diverses). La brusque plongée du produit conditionné permet à la matière plastique de se rétracter autour du produit, c'es-à-dire d'épouser complètement sa forme et de la maintenir tout en limitant l'exsudation.

APPOSITION DES INSCRIPTIONS REGLEMENTAIRES SUR LES CONDITIONNEMENTS (ETIQUETAGE)

Chaque conditionnement doit comporter les indications suivantes :
- Dénomination
- Composition
- Date de fabrication
- Date limite de consommation DLC* (à consommer avant le...)
- Température maximale de stockage (de 0 à + 3° C)
- Reproduction de l'estampille sanitaire d'immatriculation (PC)

LA REINJECTION DE GAZ (atmosphère compensée ou contrôlée)

La réinjection de gaz compensateur de pression est principalement utilisée par les industriels de l'agro-alimentaire. Elle est indispensable pour les produits réputés fragiles risquant de s'écraser lors de la remise en pression atmosphérique (salades diverses, pâtisseries). L'injection de gaz se produit immédiatement après la phase de vide. Elle intervient juste avant la phase de soudure.

Les différents gaz autorisés en atmosphère contrôlée

E 948 l'oxygène (O_2) utilisé en mélange permet de conserver la couleur rouge des viandes

E 941 l'azote (N_2) gaz inerte servant à compenser le volume d'air extrait

E 290 l'anhydride carbonique (CO_2 ou dioxyde de carbone). Ce gaz partiellement inerte agit sur l'eau de composition de certains aliments pour former de l'acide carbonique qui abaisse le pH et qui acidifie ainsi le produit.

* La durée de conservation des plats cuisinés à l'avance réfrigérés, entre la fin de la cuisson et la consommation est de quelques jours seulement (à convenir avec les Services Vétérinaires).

D'autres gaz sont aussi utilisés : E 938 l'argon, E 939 l'hélium, E 942 le protoxyde d'azote, E 947 l'hydrogène.

Remarque :

L'Air Liquide commercialise des mélanges gazeux bien spécifiques pour les différents types de produits à conserver.

LE SYSTEME GROEN ET WELBILT CLEVELAND

Dans le cas de productions plus importantes (cuisine centrale agréée), des appareils plus performants peuvent être utilisés. Ils ont pour la plupart, l'avantage de faciliter la mise en oeuvre de la technique et d'obtenir des gains de productivité grâce à la mécanisation ou l'automatisation des différentes étapes du procédé. Certains matériels entièrement automatisés ne nécessitent plus aucune intervention manuelle.

Les systèmes Groen-Cryovac (procédé Cap Kold) et le procédé Cook-Chill de Welbilt Cleveland mécanisent la cuisson, le mélange, le remplissage des poches (conditionnement), la fermeture hermétique, l'étiquetage et le refroidissement des aliments.

Les produits à préparer sont cuits de façon traditionnelle dans un cuiseur marmite à double enveloppe, munie d'un bras mélangeur intégré. Le produit est porté à la température désirée en faisant circuler de la vapeur à 6 bars de pression dans la double enveloppe. Le bras mélangeur à vitesse variable assure un mélange uniforme durant la cuisson et le conditionnement. Une sonde est insérée dans l'une des poches afin de garantir la cuisson à coeur du produit. Grâce à cette sonde, la cuisson est contrôlée en permanence sur un lecteur/contrôleur/enregistreur qui est le témoin des règles d'hygiène.

Les recettes classiques peuvent être utilisées, le procédé ne modifie en rien la composition des plats.

Lorsque le cycle de cuisson est terminé, le produit est maintenu à une température d'environ + 80° C, puis pompé automatiquement vers le poste de conditionnement. Ce témoin laisse une trace écrite de chaque cuisson pour le contrôle sanitaire.

La pompe volumétrique convient plus particulièrement aux produits liquides (potages, sauces), aux produits dont la taille des morceaux n'excède pas 3,5 cm de côté (viandes en sauces, pâtes et légumes). La quantité de produit est déterminée par l'opérateur et affichée sur le tableau de commande du poste «dosage mise en poche».

Lorsque les poches sont remplies, elles sont hermétiquement clipées ou agrafées, puis étiquetées. Elles sont immédiatement introduites dans un refroidisseur rotatif à bain d'eau glacée à renouvellement constant et qui permet d'abaisser la température à coeur du produit à + 2° C en moins d'une heure (selon l'épaisseur et la compacité du produit). Les poches sont ensuite stockées dans des enceintes réfrigérées spécifiques de 0 à + 1° C jusqu'à l'utilisation finale.

Le produit est transféré vers les offices relais de distribution où il est remis en température, soit dans sa poche en le plongeant dans un bain-marie thermostaté, soit hors de sa poche par toute méthode traditionnelle (fours mixtes, marmites, sauteuses, cuiseurs vapeur sans pression, micro-ondes, armoires hygrothermiques, etc.).

Les grosses pièces de viande de volaille, d'abats et de légumes entiers sont conditionnées sous vide après marquage s'il y a lieu ou blanchiment. Ils sont ensuite cuits dans un cuiseur à bain d'eau. On affiche le temps et la température de cuisson à obtenir au coeur du produit et la cuisson s'effectue automatiquement. Dès que le temps et la température à coeur du produit sont atteints, l'eau chaude est évacuée ; puis la cuve est remplie d'eau glacée, le produit est refroidi très rapidement à + 2° à coeur ; le stockage, le transport et la remise en température sont réalisés selon les modalités précédentes.

LE SYSTEME COOK-CHILL DE WELBILT CLEVELAND

Générale «Système cook-chill»

Ligne de production liquide/semi liquide comprenant :
- une marmite à agitateur hydraulique,
- une pompe doseuse-ensacheuse,
- un tambour de refroidissement.

La marmite est équipée d'un bras hydraulique agitateur râcleur. Elle peut comporter un système de refroidissement automatique de la double enveloppe, ainsi qu'un enregistreur graphique de temps et température permettant un contrôle permanent et un archivage de l'opération.

La montée en température est de l'ordre de 15 minutes de 10° C à 100° C pour 400 l d'eau.

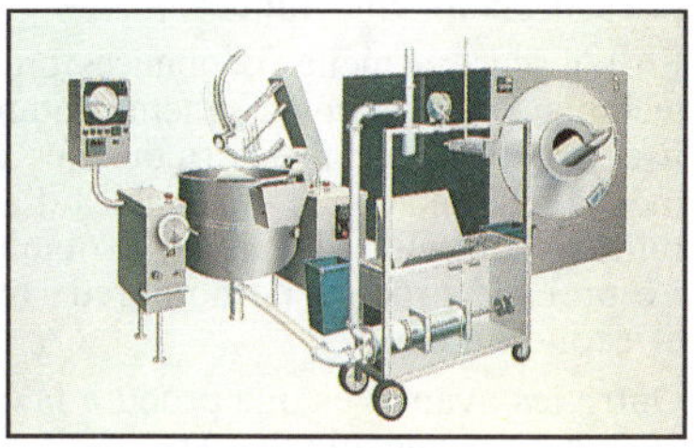

LA POMPE DOSEUSE MFS CLEVELAND RACCORDEE SUR MARMITE TMKDL 125 T (2 x 475 litres)

- Pompe pneumatique à débit réglable de 0,170 kg à 4 kg par cycle.
- Double système de sécurité de remplissage des poches dont une commande au pied.
- Fonctionnement à air comprimé.
- Agrafage des poches en acier inoxydable.

Le tambour de refroidissement permet l'abaissement de la température des produits conditionnés de 80°C à + 10°C en 25 à 65 minutes en fonction de la nature du produit et de la dimension du conditionnement. L'action douce de brassage en eau glacée assure une durée de vie du produit maximum.

LE MODULE DE CUISSON ET DE REFROIDISSEMENT PAR IMMERSION CLEVELAND ALLETRU

Appareil spécialement conçu pour la cuisson basse température et le refroidissement par immersion des aliments conditionnés sous vide.

La cuisson et le refroidissement sont réalisés dans un bain d'eau agité en permanence.

La régulation de la température est effectuée par micro-processeur au 1/10ème de degré.

Le refroidissement automatique se fait dans la même enceinte, sans manipulation.

Les produits sont maintenus à + 3°C jusqu'à l'intervention de l'utilisateur.

Modèle AS 80

LA CUISSON LENTE A «BASSE TEMPERATURE»

La cuisson lente à basse température repose principalement sur le rapport suivant :
Durée de cuisson/Température atteinte au cœur du produit.

Cette technique de cuisson très précise ne supporte pas l'improvisation ! Elle nécessite le respect scrupuleux de barêmes précis «à la minute et au degré près».

La cuisson basse température (50/75°C) est inférieure à la température de destruction totale et systématique de tous les microbes pathogènes. Elle peut se révéler extrêmement dangereuse si les durées d'exposition à cette température ne sont pas suffisamment longues.

En l'absence actuelle de données précises et réglementaires, la technique de cuisson basse température doit être uniquement utilisée par des spécialistes (industries de l'agro-alimentaire) formés à cette technique et capables d'assurer sous leur responsabilité le contrôle et le suivi microbiologique de leurs produits.
Le procédé procure de nombreux avantages organoleptiques et économiques.

Outre les avantages que procure la cuisson sous vide (respect des saveurs, développement des arômes naturels, meilleure hygiène des produits), la cuisson lente sous vide à basse température amène plusieurs améliorations par rapport à la cuisson traditionnelle :

- La cuisson lente sous vide à basse température permet de diminuer d'environ 20 à 25% la perte en poids lors de la cuisson. Aux alentours de 63 ou 65°C, et selon leurs origines (provenance anatomique du morceau, âge et race de l'animal), certaines protéines dites myofibrillaires, constituées essentiellement de myosine et d'actine, perdent leur pouvoir de rétention en eau. Les viandes laissent alors apparaître un exsudat important, elles deviennent sèches et fermes.
- Elle permet également de valoriser des morceaux de deuxième catégorie (rond de gîte) réputés fermes, riches en tissus conjonctifs, et de les rendre tendres comme des morceaux de 1ère catégorie. En cuisant longuement à basse température (+ 50 à + 60°C selon le point de cuisson souhaité), on modifie la structure du collagène (raccourcissement des fibres) qui est responsable de la fermeté des viandes. Dans la cuisson basse température, le collagène se dissocie et se solubilise partiellement et enfin se transforme en gélatine. Il en résulte une amélioration de la tendreté, d'autant plus significative que la viande est riche en tissu conjonctif.
- La cuisson lente sous vide à basse température permet de mieux maintenir la couleur rouge des viandes cuites bleues, saignantes et à point. La viande change de couleur selon la température à cœur atteinte lors de la cuisson. Ces modifications sont principalement dues à la myoglobine qui représente environ 90 à 95 % des pigments rouges. Lorsque la viande rouge est cuite saignante et à point, la couleur intérieure reste rouge. Dès que la température de cuisson s'élève, la couleur devient grise. En effet, à une température de + 60/62°C, l'albumine qui est présente entre les fibres rouges, coagule et devient blanchâtre. La superposition des deux couleurs donne la teinte grisâtre caractéristique des viandes cuites, puis marron clair/gris foncé lors de la coagulation de l'ensemble.

La jutosité, la tendreté, l'onctuosité et la couleur de la viande sont fonction de la température obtenue à cœur. Une température à cœur élevée favorise une plus grande garantie sanitaire (par une plus grande destruction des microbes), mais procure des viandes sèches et plus fermes.

Pour chaque produit, il faut trouver un couple «temps/température» idéal qui, lié à une hygiène parfaite lors de la préparation, donnera les meilleures qualités organoleptiques en éliminant tout risque de toxi-infection.

Réglementation

Le conditionnement sous vide est une pratique qui est très surveillée par les services vétérinaires.

Car si le conditionnement sous vide inhibe le développement de certains microbes aérobies, il favorise le développement des microbes anaérobies dont certains sont pathogènes (exemple du bacille du botulisme).

Il faut donc travailler en conformité avec la réglementation.

Depuis 1984, une circulaire (DQ/SVMA/N 84) de la Direction de la qualité donne un certain nombre de limites à cette technique. En vue d'une réglementation spécifique, des commissions techniques étudient actuellement l'évolution des divers produits animaux.

La circulaire, encore applicable début 1995, n'autorise pas le restaurateur à conditionner sous vide de la viande crue. En effet, seules certaines cuisines de collectivité qui possèdent un atelier de découpe agréé et immatriculé (conforme à l'arrêté du 18 juillet 1977 relatif aux ateliers de découpe et de conditionnement des viandes), peuvent réaliser ce type de conditionnement.

Les services vétérinaires déconseillent aussi la mise sous vide de poisson cru.

Dans le cas des plats cuisinés conditionnés sous vide, il faut se conformer à la législation concernant les plats cuisinés à l'avance. Les conditions d'hygiène exigées sont très strictes : local conforme, hygiène stricte au niveau du personnel et des matériels, matériel de refroidissement rapide, températures et durées de conservation bien définies, etc...

Dans tous les cas, avant de se lancer dans ce type d'activité, il faut se renseigner auprès des services vétérinaires du département pour connaître la réglementation en vigueur.

LE SOUS VIDE ET L'ANALYSE DES RISQUES SELON LA MÉTHODE HACCP

La fabrication de plats cuisinés sous vide ou simplement la conservation sous vide de plats cuisinés oblige le restaurateur à mettre en place une démarche réglementaire respectant les principes de l'H.A.C.C.P.

- **Réalisation de fiches techniques de fabrication** précises, décrivant de manière progressive et logique chaque phase de travail.
- **Elaboration de fiches produits** précisant, entre autres, les standards de qualité souhaités, la présentation commerciale, la provenance et l'identification du fournisseur (Assurance Qualité Fournisseur, certification, marque de salubrité...).
- **Réalisation d'un diagramme de fabrication** reprenant les principales phases de la fiche technique de l'arrivée de la marchandise à la remise du plat cuisiné au consommateur. Le diagramme doit indiquer la durée et la température de stockage, de cuisson, de refroidissement et s'il y a lieu de remise en température ainsi que l'identification du matériel utilisé (cuiseur vapeur, cellule de refroidissement mécanique, enceinte à micro-ondes...).

Ce diagramme permet :

- d'analyser et d'évaluer les risques et les dangers potentiels rencontrés à tous les stades de l'élaboration du produit,
- de mettre en évidence les niveaux et les moments où les risques peuvent se présenter,
- d'établir lesquels de ces points sont critiques pour la salubrité des aliments,
- de définir et de mettre en œuvre des procédures permettant de s'assurer de la maîtrise effective des points critiques,
- de définir les actions correctives à mettre en œuvre lorsqu'un point critique n'est plus maîtrisé,
- d'établir et mettre en œuvre des procédures de vérification et de suivi de l'efficacité du système H.A.C.C.P,
- de revoir l'analyse des risques et de rectifier les procédures en cas de modifications de la recette et de constituer un système documentaire (procédures et enregistrements) précis et démontrable à un tiers.

LES POTAGES

LE POTAGE ET SON EVOLUTION

Le potage est un plat traditionnel de l'ancienne cuisine française. De tout temps, il a été la base de l'alimentation des peuples, et le parler populaire témoigne encore qu'il servait jadis de nourriture de base.

D'après l'historien André Castelot, dès qu'il y a eu pot, il y a eu potage. Mais la réalisation de cette préparation remonte très certainement à avant la découverte de la poterie. A l'époque primitive, nos lointains ancêtres faisaient chauffer l'eau dans des trous creusés dans la terre en se servant de pierres chauffées à blanc. Dans ces marmites de fortune cuisaient des racines, des herbes et des céréales sauvages dont se régalaient vraisemblablement les hommes de l'âge de pierre.

Les cuisiniers médiévaux cuisaient de la viande ou du poisson avec des légumes les plus variés. Le vin jouait aussi un rôle important. Si les potées sont nées de ces marmites remplies de viandes et de légumes, elles ont également donné naissance aux « brouets » ou ragoûts d'aujourd'hui. Le ragoût est en effet un potage réduit où la viande, avant de baigner dans une certaine quantité de liquide, a été rissolée.

Le Moyen-Age a été la haute époque des soupes. On en faisait à l'oignon, aux fèves, à la moutarde, aux œufs, à la citrouille, au lait d'amandes, aux racines de persil, au fenouil, et toujours fortement épicées de cannelle, de gingembre, de verjus ou de sucre. On préparait également, tout comme Jeanne d'Arc, la soupe au vin. Autre fantaisie médiévale, les soupes étaient colorées : en jaune avec du safran, en vert avec des herbes, en blanc avec du lait d'amandes.

Autrefois, le potage figurait au menu des repas du midi et du soir. Il était même, dans certaines couches de la société, l'élément principal du repas, sinon le seul. Les cartes des grands restaurants proposaient chaque jour un potage différent dans chaque catégorie (voir classification des potages).

Actuellement, si le retour aux sources est en vogue, et notamment dans le domaine de l'alimentation, il semble que les potages échappent encore à ce courant en restauration.

Rares sont en effet les restaurateurs qui consacrent quelques efforts d'imagination à leur réalisation. Seuls, la soupe à l'oignon des restaurants de nuit, la soupe de poisson, les bisques et quelques consommés connaissent encore une vogue solide.

En revanche, la restauration collective à caractère social (restauration scolaire avec internat, centres hospitaliers, maisons de retraite, de détention) fait une large consommation de potage l'hiver et au repas du soir. Mais il s'agit la plupart du temps de potages de fabrication industrielle.

Plus souvent boudé pour des raisons sociales (le potage est souvent synonyme de difficultés économiques) que pour des raisons pratiques et gastronomiques, le potage permet d'apporter grâce à sa composition variée, un apport nutritionnel intéressant et particulièrement bon marché :

Protides : *viandes, poissons, œufs, légumes secs*
Lipides : *crème, beurre, poitrine de porc, jaune d'œuf*
Glucides : *amidon, fécule (pommes de terre, légumes secs, éléments de liaison).*

Eau
Eléments minéraux
Vitamines
Fibres
} *légumes frais et légumes secs*

L'évolution actuelle montre que le client abandonne le potage au profit des salades composées. Mieux adaptées aux nouveaux goûts et aux besoins des consommateurs, elles permettent d'équilibrer avantageusement le repas grâce à leur composition variée, fraîche, appétissante et diététique (voir salades composées et hors d'œuvre froids).

Le potage d'aujourd'hui est donc devenu une préparation culinaire qui s'est fortement simplifiée. Plus raffiné, plus léger, moins nourrissant, il est servi au début du repas et le plus souvent au dîner.

Il doit être en parfaite harmonie avec l'ensemble du menu, il en est le premier plat et il doit donner une très juste idée de ce qui suivra.

Erreurs à ne pas commettre :

Erreur diététique
Potage cultivateur – Rôti de bœuf, jardinière de légumes – Compote de fruits – *(trop de légumes et fruits cuits).*

Erreur gastronomique
Velouté dieppoise – Fricassée de volaille aux primeurs – Riz arlequin – Gâteau au chocolat crème anglaise – *(potage et sauces ayant les mêmes bases et la même couleur).*

QUELQUES DÉFINITIONS

LA SOUPE OU LE POTAGE

D'après le Littré, l'étymologie montre que le sens primitif de soupe est *potage*. Le mot soupe désignait alors la tranche de pain trempée dans le potage ou le bouillon.

Soupe ou potage ont été indifféremment employés jusqu'au XVIIème siècle où un traité des bons usages de l'époque stipule que le « bel usage » veut que l'on dise *« potage de santé »*.

LES POTAGES CLAIRS

Les potages clairs ont pour base un « bouillon » appelé *marmite ou un fond blanc ou un fumet*. Le bouillon type le plus utilisé en cuisine est celui que l'on obtient en préparant un pot-au-feu. Suivant son utilisation, le bouillon de pot-au-feu (la marmite) peut être complété par de la volaille ou du veau.

Par définition ce sont des préparations liquides, claires (sans liaison) plus ou moins concentrées et parfumées, obtenues en faisant pocher des viandes, des os, des légumes aromatiques ainsi que des herbes dans de l'eau.

Ils constituent en eux-mêmes d'excellents potages, mais permettent également de mouiller d'autres potages (cultivateur, Saint-Germain, crème Dubarry, crème Agnès Sorel, crème dieppoise).

Clarifiés, ils donneront naissance aux consommés simples ou doubles. Clarifiés et renforcés en éléments gélatineux (pieds de veau), ils se transforment en consommés en gelée ou simplement en gelée.

Ils servent également à la réalisation de nombreuses sauces de base (velouté de veau, de volaille, de poisson), aux déglaçages pour l'obtention des jus, ainsi qu'au mouillement et à la cuisson de nombreuses préparations culinaires (blanquette de veau, fricassée de volaille, laitues et céleris braisés, pommes fondantes, etc.).

LES POTAGES LIÉS

Les potages liés sont des préparations onctueuses, opaques, contenant en suspension les extraits cités précédemment (de viande, de poisson, de légumes et de plantes aromatiques) et dont la consistance a été modifiée par l'apport d'un ou de plusieurs éléments de liaison :
- jaunes d'œufs ;
- fécule et amidon (pommes de terre, purée de légumes frais et secs, farine sous la forme de roux, tapioca, maïzena, semoule) ;
- céréales et crème de céréales (riz, orge perlée, crème de riz, crème d'orge, crème de maïs) ;
- crème double, beurre ;
- sauces émulsionnées (aïoli, rouille).

Remarque :
La réalisation des potages liés utilisant un fond blanc ou un fumet de base est similaire à la réalisation de nombreuses sauces blanches de base.

Exemples :

Sauces de base	Potages
– velouté de veau sauce béchamel	crème Dubarry, Choisy, etc.
– velouté de volaille	crème Agnès Sorel, crème Boïeldieu
– velouté de poisson	crème dieppoise, crème carmélite
– sauce américaine	bisques de crustacés

LES SOUPES

Par extension à la tranche de pain trempée dans le bouillon, le terme soupe désigne aujourd'hui un potage à caractère régional comportant du pain (soupe à l'oignon, soupe de poisson).

Il s'agit également d'une préparation familiale, épaisse, consistante « confortable » et nourrissante ; de cette rusticité naît alors la soupe populaire.

LA RÉALISATION DES POTAGES

Au début de notre siècle, comme il y existait les sauciers, les rôtisseurs, il y avait aussi dans les brigades importantes, un ou des « potagistes » ou potagers. Appellations disparues de nos jours.

Actuellement, la réalisation des potages est confiée :
- à l'Entremétrier pour les potages chauds,
- au Garde-Manger pour les potages froids.

LE SERVICE DES POTAGES

Mis à part quelques potages froids servis généralement en tasses (gazpacho, consommé en gelée, crème vichyssoise, crème d'avocat), tous les autres potages doivent absolument être servis brûlants, c'est-à-dire :
- en tasses préalablement chauffées pour les consommés,
- en soupières chaudes munies de couvercles pour tous les autres potages.

CLASSIFICATION DES POTAGES

Les potages sont innombrables : riches, variés, clairs, épais, à base de légumes, de viande, de poisson, de fruits, de vin, etc.

La technologie actuelle ne retient que deux grandes familles, qui se subdivisent en plusieurs catégories :

Les « potages clairs » du type « consommé »

Les potages clairs ayant subi une clarification :
- consommé de bœuf
- ox-tail clair
- consommé de volaille
- consommé de poisson
- consommé de crustacés
- consommé de tortue
- consommé de gibier

Les potages clairs n'ayant pas subi de clarification :
- petites marmites
- bouillon de légumes

Les potages liés
- potages taillés
- potages purée de légumes frais
- potages purée de légumes secs
- potages purée de légumes frais et secs
- potages purée de fruits
- crèmes et veloutés (de veau, de volaille, de poisson)
- bisques de crustacés
- consommés liés
- soupes régionales.

LES POTAGES CLAIRS

Exemples et suggestions d'accompagnement

CONSOMMÉS	GARNITURES	APPELLATIONS
Consommés de bœuf *(marmite ou consommé blanc simple clarifié)*	- brunoise de légumes - pluches de cerfeuil	Consommé brunoise
	- fine julienne de chou - petits losanges de haricots verts - pâtes d'Italie	Consommé belle fermière
	- royales de formes et de couleurs diverses	Consommé mosaïque
	- pâtes diverses : vermicelle, cheveux d'ange alphabet, spaghetti, ravioli, perles du Japon gnocchi, nouilles chinoises, etc.	L'appellation est en fonction des pâtes - Exemple : consommé au vermicelle
Marmite clarifiée à la queue de bœuf *(ox-tail clair)*	- petites boules de légumes levées à la petite cuillère dite « à ox-tail » - sherry ou madère	Consommé à la queue de bœuf ou « ox-tail clair »
Marmite clarifiée à la tortue	- dés de chair de tortue - xérès - herbes à tortue	Consommé de tortue ou « turtle soup »
Petites marmites *(marmite partiellement dégraissée, non clarifiée, devant comporter de la volaille)*	- abattis de volaille - légumes tournés - lamelles de flûte (pain) arrosées de graisse de marmite et séchées au four	Petite marmite Henri IV
	- julienne de volaille - légumes de marmite taillés en paysanne	Petite marmite béarnaise
	- petits dés de « pot-au-feu » - boules de choux braisées - toasts à la moelle (servis à part)	Petite marmite bouchère
	- petits oignons glacés - boules de carottes et de choux - petits tronçons de queue de bœuf	Petite marmite charolaise
Consommé de volaille *(fond de volaille clarifié réalisé à partir d'abattis, de carcasses et de volailles colorées au four)*	- consommé fortement tomaté, à l'essence de céleri - dés de tomates et de poivrons (peut se servir froid)	Consommé madrilène
	- tapioca - julienne de crêpes aux fines herbes ou aux truffes	Consommé Célestine
	- tapioca - cubes de royale à la purée de volaille - fine julienne de blanc de volaille	Consommé à la reine
	- quenelles de volaille de trois couleurs (vertes, rouges et blanches)	Consommé Joinville
	- consommé parfumé à l'essence de truffes - tapioca - profiteroles à la purée de foie gras - dés de truffes	Consommé Rossini
Consommé de poisson *(fumet clarifié)* *Remarque :* ***Dans les restaurants de type « haute gastronomie », il était d'usage de clarifier le fumet de poisson avec des œufs d'esturgeon (caviar frais)***	- tapioca, huîtres pochées - julienne de filets de sole - quenelle de merlan	Consommé cancalaise
	- rondelles de royale au coulis d'écrevisses - losanges de filets de sole	Consommé Vatel
Consommé de crustacé *(fond d'américaine clarifié)*	- garnitures diverses - brunoise ou julienne de chair de crustacé - brunoise ou julienne de champignons ou de truffes - œufs de homard, de saumon, caviar - royales de crustacés	Appellation en fonction de la garniture - Exemple : Consommé de homard aux perles noires

CONSOMMÉS	GARNITURES	APPELLATIONS
Consommé de gibier *(fond ou fumet de gibier clarifié, réalisé à partir de maigre, d'os, de parures, d'abattis ou de carcasses de gibier coloré au four)*	consommé au fumet de faisan - petites quenelles en farce de faisan - brunoise de céleri - orge perlée	Consommé Diane
	consommé de volaille à l'essence de pigeon - julienne de pigeon - « œufs de pigeon pochés » (suivant la législation) (le pigeon peut être remplacé par la caille)	Consommé Colombine
	consommé de gibier à plumes - profiteroles à la purée de gibier - julienne de champignons - Porto et pluches de cerfeuil	Consommé chasseur
	consommé de gibier à poils au vin de Pouilly réduit - royale en forme de croix à la purée de gibier et à la purée de lentilles - julienne de gibier.	Consommé Saint Hubert

Remarque :
Ces exemples sont extraits du Répertoire de la cuisine de Gringoire et Saulnier, et du Guide culinaire de Auguste Escoffier.

PREPARATIONS OBTENUES A PARTIR D'UN CONSOMME

LES GELEES

Les gelées sont obtenues à partir des consommés clarifiés renforcés en éléments gélatineux.

UN CONSOMME DOUBLE

est un consommé qui a été corsé suivant l'une des deux manières :
- en augmentant la quantité de viande et de légumes lors de la clarification
- en diminuant la quantité du liquide de mouillement

UN CONSOMME FROID

est en général un consommé double aromatisé au porto ou au xérès, servi légèrement pris en gelée.

Le consommé est généralement servi en tasse.

LA ROYALE

est une sorte de crème prise salée réalisée à partir de deux décilitres de consommé parfumé au cerfeuil, un œuf entier et deux jaunes, le tout poché au bain-marie et détaillé après complet refroidissement.
Les royales peuvent être colorées à la tomate, aux épinards. Elles peuvent aussi se faire au gibier, à la volaille, au foie gras.

LA CLARIFICATION

En partant d'une marmite (bouillon de pot-au-feu), d'un fond ou d'un fumet de poisson, la clarification permet d'obtenir soit un consommé, soit une gelée.

BUTS

Rendre clairs : grâce aux protéines des blancs d'œufs, de la viande ou du sang qui coagulent progressivement et entraînent ainsi les impuretés emprisonnées dans les mailles du coagulant.

Corser : grâce à l'addition de viande hachée (maigre de bœuf, blanc de volaille, chair de poisson, de gibier suivant le cas) et une garniture aromatique (vert de poireaux, céleri, tomates suivant la couleur désirée, bouquet garni, etc.).

TECHNIQUE : *(clarification d'une marmite)*

- hacher finement le maigre de bœuf
- émincer finement la garniture aromatique
- réunir ces éléments dans une russe ou un rondeau, suivant la quantité
- ajouter la tomate fraîche concassée (ou du concentré)
- adjoindre un blanc d'œuf et un peu d'eau froide par litre de consommé
- bien mélanger le tout
- verser la marmite (de préférence refroidie) sur la clarification
- remuer à l'aide d'une spatule
- remettre sur le feu
- porter à ébullition en remuant doucement
- dès que l'ébullition commence à se manifester, retirer le récipient sur le coin du feu
- ne plus remuer, laisser juste frémir
- laisser cuire pendant une petite heure
- passer très délicatement à l'étamine
- vérifier l'assaisonnement
- finir de dégraisser au papier de soie.

Remarque :
La marmite peut être ajoutée bouillante, mais dans ce cas il est nécessaire d'utiliser de la glace pour éviter la coagulation trop rapide des blancs d'œufs et de la viande (coagulat dont la structure n'emprisonne pas les particules). Afin d'obtenir une bonne clarification, la marmite doit être salée. Ne pas exagérer la quantité de blanc d'œuf, en effet, celui-ci affaiblit la valeur du consommé.

LES POTAGES LIES

LES POTAGES « PUREES DE LEGUMES FRAIS »		
Potage de base :	**Potage Parmentier** blancs de poireaux sués au beurre, pommes de terre, crème, beurre, pluches de cerfeuil, croûtons frits.	
Exemples de potages dérivés : **Potage Parmentier +**	- navets, lait ou crème, beurre	Potage Fréneuse
	- carottes, crème, beurre, croûtons frits, pluches de cerfeuil	Potage Crécy Briarde
	- cresson, crème, beurre, feuilles de cresson blanchies	Potage cressonnière
	- chiffonnade d'oseille, pluches de cerfeuil, crème, lamelle de flûte séchées au four	Potage santé
	- julienne de carottes, de blanc de poireau, de navets, de céleri, crème, beurre, pluches de cerfeuil	Potage julienne Darblay
	- céleri rave, crème, beurre, brunoise de carotte et de céleri rave	Potage champenoise
	- choux de Bruxelles, crème, beurre	Potage flamande
	- potiron, chiffonnade de laitue, d'oseille, beurre, crème, lamelles de flûte gratinées au fromage	Potage Marianne
	- crème de tomate, boules de carotte et de pomme de terre levées à la cuillère	Potage Solférino
	- haricots verts, dés de haricots verts, crème et beurre	Potage Cormeilles
LES POTAGES « PUREES DE LEGUMES SECS »		
Potage de base réalisé à partir de pois cassés	**Potage Saint-Germain** mirepoix suée au beurre, pois cassés, lavés et blanchis, fond blanc, beurre ou crème suivant la couleur, pluches de cerfeuil	
Exemples de potages dérivés : **Potage Saint Germain +** **Purée de petits pois frais**	- riz poché, chiffonnade de laitue et d'oseille, beurre ou crème	Potage Ambassadeur
	- tapioca, beurre	Potage Lamballe
	- chiffonnade d'oseille, vermicelle, pluches de cerfeuil, beurre	Potage Longchamp
	- petits pois, losanges de haricots verts, chiffonnade pluches de cerfeuil, beurre et crème	Potage Marigny
Potage de base réalisé à partir de haricots blancs	**Potage soissonnais** mirepoix suée au beurre, haricots de Soissons lavés et trempés, fond blanc, beurre et crème, croûtons frits	
Exemples de potages dérivés : **Potage soissonnais +**	- brunoise de légumes, crème et beurre	Potage Dartois
	- julienne de légumes, crème et beurre, pluches de cerfeuil	Potage Faubonne
	- chiffonnade d'oseille, pluches de cerfeuil, beurre	Potage Compiègne
	- printanier de légumes, beurre et crème	Potage Maria
Potage de base réalisé à partir de flageolets	**Potage Musard** mirepoix suée au beurre, flageolets lavés et trempés, fond blanc, beurre et crème, petits flageolets, croûtons frits	
Exemples de potages dérivés : **Potage Musard +**	- pommes de terre, tapioca, crème, julienne de poireau	Potage Jackson
	- purée de haricots verts, petits flageolets, beurre et crème	Potage tourangelle
	- purée d'artichauts soubisée, beurre et crème, croûtons frits	Potage Villars
Potage de base réalisé à partir de haricots rouges	**Potage Condé** mirepoix suée au beurre, haricots rouges lavés et trempés, vin rouge et fond blanc, beurre	
Remarque : *Il y a très peu de dérivés en cuisine classique.* **Potage Condé +**	- crème, brunoise de légumes cuits au consommé	Potage Girondin

LES POTAGES « PUREES DE LEGUMES SECS »

Potage de base réalisé à partir de lentilles	**Potage Esaü** mirepoix suée au beurre, lentilles lavées et blanchies, fond blanc, riz, beurre et crème	
Exemples de potages dérivés : **Potage Esaü** + (sans riz)	- petits lardons frits, pluches de cerfeuil, beurre - chiffonnade d'oseille, riz poché, beurre - essence de gibier, dés de jambon, croûtons frits, beurre, Madère	Potage Conti Potage Choiseul Potage gentilhomme
Potage de base réalisé à partir de fèves *Remarque :* *Il n'y a pas de dérivé en cuisine classique.*	**Potage purée de fèves** mirepoix suée au beurre, fèves lavées, trempées, blanchies et dérobées, bouquet de sariette, beurre et crème	

LES BISQUES DE CRUSTACES

Les bisques sont des préparations réalisées sensiblement selon la technique de la sauce américaine. La liaison est généralement effectuée en ajoutant du riz blanchi cuit dans du fumet de poisson.

Technique :

– Revenir au beurre les crustacés entiers (écrevisses, langoustines) ou tronçonnés (tourteaux, homards).
– Ajouter la garniture aromatique finement taillée en brunoise.
– Suer sans coloration.
– Flamber au Cognac.
– Ajouter du vin blanc. Réduire.
– Mouiller avec du fumet de poisson.
– Saler, poivrer.
– Ajouter des tomates concassées et un bouquet garni.
– Cuire quelques minutes.
– Décortiquer les crustacés et réserver la chair pour la garniture.
– Piler les carcasses au broyeur ou au mortier.
– Remettre les carcasses pilées en cuisson avec du riz précuit au fumet de poisson.
– Passer, rectifier l'onctuosité et l'assaisonnement (poivre de cayenne).
– Remettre à bouillir, crémer, beurrer et débarrasser au bain-marie.
– Ajouter la chair détaillée en dés et de la fine champagne.

Exemples de bisques de crustacés :
bisque de homard, de tourteau, d'écrevisses, de langoustines, de crevettes.

LES POTAGES TAILLES

Potage de base :	**Potage parisien** poireaux émincés sués au beurre, paysanne de pommes de terre	
Exemples de potages dérivés : **Potage parisien** +	- beurre et crème, rondelles de flûte ou de baguette séchées au four - lard, carottes, navets, céleri, chou en paysanne, petits pois, haricots verts, pluches de cerfeuil, gruyère râpé et lamelles de pain séchées au four (facultatif) - paysanne de carottes, flageolets frais, beurre et crème - jambon fumé, huile d'olive, oignons, carottes, céleri, petits pois, tomates, haricots verts, haricots blancs, persil, ail, basilic, gros spaghetti ou macaroni, parmesan	Potage bonne femme Potage cultivateur Potage normande Potage Minestrone

LES CREMES ET LES VELOUTES

Les crèmes et les veloutés sont des potages particulièrement onctueux, réalisés à partir d'excellents fonds blancs de veau, de volaille ou de poisson, et suivant les techniques, liés avec un roux blanc ou (plus particulièrement pour les crèmes) avec de la crème (farine très fine) de riz, d'orge, d'avoine ou de maïs. Cette farine est délayée dans du lait froid et ajoutée au fond de base bouillant.

Pour les crèmes à base de légumes (asperges, chou-fleur, laitue), le point de départ peut être une sauce Béchamel

Les veloutés sont liés au moment de les servir (en liaison secondaire) avec de la crème et des jaunes d'œufs.

Les crèmes sont uniquement liées avec de la crème fraîche.

En règle générale, les crèmes et les veloutés se réalisent selon les proportions suivantes (pour huit couverts) :

- 1 litre de velouté (de veau, de volaille, de poisson ou de sauce Béchamel)
- 1/2 litre de purée suivant l'appellation (légume, volaille, poisson)
- 1/2 litre d'appoint final de consistance (fond de même nature, lait et liaison selon qu'il s'agisse d'une crème ou d'un velouté, crème seule ou crème et jaunes d'œufs).

Remarque :
La réalisation de ces potages est identique à celle des sauces de base (velouté de veau, de volaille et de poisson).

Potages réalisés à partir de	**velouté de veau** roux blanc + fond blanc de veau	
Exemples de potages dérivés : **velouté de veau** +	- chou-fleur blanchi, sommités de chou-fleur, pluches de cerfeuil, jaunes d'œufs et crème	Velouté Dubarry
	- asperges d'Argenteuil blanchies, pointes d'asperges, pluches de cerfeuil, crème	Crème d'Argenteuil
	- laitues blanchies, chiffonnade de laitue, croûtons frits, pluches de cerfeuil, jaunes d'œuf et crème	Velouté Choisy
	- fonds d'artichauts blanchis et citronnés, perles du Japon, crème	Crème Georgette
Potages réalisés à partir de	**velouté de volaille** roux blanc + fond blanc de volaille	
Exemples de potages dérivés : **velouté de volaille** +	- purée de champignons de Paris, julienne de champignons, de blanc de volaille, de langue écarlate, crème	Crème Agrès Sorel
	- quenelles de volaille farcies au foie gras, brunoise de blanc de volaille et de truffes, crème	Crème Boïeldieu
	- lait de noix de coco, curry, riz poché, crème	Crème indienne
	- brocolis blanchis, sommités de brocolis, crème	Crème de brocolis
Potages réalisés à partir de	**velouté de poisson** roux blanc + fumet de poisson	
Exemples de potages dérivés : **velouté de poisson** +	- blanc de poireau fondu au beurre, parures de champignons, cuisson de moules, queues de crevettes, moules ébardées, jaunes d'œufs et crème	Velouté dieppoise
	- coulis de homard, beurre de homard et beurre rouge, brunoise de chair de homard, jaunes d'œufs et crème	Velouté Cardinal
	- quenelle de merlan, julienne de filet de sole, jaunes d'œufs, crème	Velouté carmélite
	- coulis d'écrevisses, dés de queues d'écrevisses, de champignons et de truffes, beurre, jaunes d'œufs et crème	Velouté d'écrevisses Joinville

LES CONSOMMES LIES

Les consommés liés ont pour base une marmite clarifiée, liée au tapioca ou à l'arrow-root, puis passée, ou liée au jaune d'œuf et à la crème. Cette dernière liaison est ajoutée au consommé bouillant. Puis le consommé est cuit « à la nappe » comme une crème anglaise et passé

Consommé de bœuf +	- liaison à base de jaune d'œuf et de crème, chiffonnade d'oseille, paillettes au parmesan (facultatif)	Consommé Germiny
Consommé de volaille +	- tapioca, fine julienne de blanc de volaille, quenelles de volaille, chiffonnade de laitue *(remarque : il s'agit d'une très légère liaison)*	Consommé Alexandra
	- liaison à base de jaune d'œuf et de crème, truffes fraîches râpées	Consommé Fémina
Consommé à la queue de bœuf +	- liaison à base de roux et purée de tomate ou d'arrow-root, tronçons de queue de bœuf, boules de légumes levées à la cuillère et étuvées au beurre	Potage ox-tail lié

LES POTAGES FROIDS

Façon agréable et rafraîchissante de commencer un repas en été. Les potages froids n'appartiennent pas à une classification rigoureuse. Leur composition associe souvent plusieurs techniques de base (fond blanc de veau ou de volaille, consommés, purées de légumes cuits ou crus, purées de fruits, etc.).

Réalisés à partir : **d'un consommé**	- consommé de volaille tomaté à l'essence de céleri, dés de tomate crue et de poivrons	Consommé madrilène
	- consommé à la purée de tomate	Consommé portugaise
de fond blanc	- fond blanc de volaille, purée d'avocat, lait de noix de coco, petites boules d'avocat	Crème d'avocat
d'une purée de légumes cuits	- parmentier clair au céleri, crème et ciboulette ciselée	Crème vichyssoise
d'une purée de légumes crus	- poivrons, concombres, tomates et jus de tomate, ail, olives noires, oignons, mie de pain, vinaigre de vin rouge, huile d'olive, piment « chile », ciboule - servir à part : une brunoise d'oignons, de poivron, de tomate et de concombre	Gazpacho
d'une purée de fruits	- cerises, vin blanc, cannelle, jus de citron, crème aigre, velouté de volaille	Potage aux cerises
	- poires pochées, jus de citron, crème, velouté de volaille, julienne de feuilles de cresson	Potage aux poires et au cresson

LES SOUPES REGIONALES

La gastronomie des provinces françaises a donné naissance à des soupes originales, de production locale et saisonnière, les produits de la terre et de la mer voyageaient alors peu.

Les soupes régionales sont suffisamment consistantes pour constituer un repas à elles seules. Leur composition, souvent transmise de famille en famille, n'a pas été « codifiée » avec précision comme l'ont été les potages classiques.

Quelques exemples :

- les différentes soupes de poisson, de crustacés et de coquillages (bouillabaisse, chaudrée, cotriade, bourride, aïoli, soupe de moules).
- les potées (alsacienne, auvergnate, lorraine, etc.)
- les garbures (béarnaise, dauphinoise, savoyarde, etc.)
- les thourins, les soupes à l'oignon, la soupe aux choux, la soupe aux fèves, à la jambe de bois, au lait, à la graisse, au pistou, aux tripes, ..., sont autant d'exemples qui illustrent bien la cuisine régionale caractérisant chaque province.

EXEMPLES DE GARNITURES D'ACCOMPAGNEMENT

Garnitures à base de viande, de volaille, de gibier et de poisson

- petits lardons sautés, julienne de jambon, de langue écarlate, de blanc de volaille, de caille, de faisan, de pigeon, ailerons de volaille farcis
- petits dés de viande provenant de la marmite (bœuf, jarret, volaille)
- quenelles de filet de sole, quenelles de poisson, moules ébarbées, crevettes décortiquées, huîtres pochées
- julienne ou brunoise de chair de homard, de langouste, de langoustine, de crabe et d'écrevisse.

Garnitures à base d'œuf

- œufs de poule ou de caille pochés, œufs filés
- œufs de poisson (caviar, œufs de homard, de saumon)
- royales diverses (blanches, vertes, rouges, jaunes)

Garnitures à base de légumes

- julienne de poireau, carotte, navet, céleri, champignons et truffes
- brunoise de carotte, navet, tomate, poivrons rouges et verts, champignons et truffes

- boules de légumes levées à la cuillère à « oxtail » (printanier)
- petits légumes tournés
- chiffonnade d'oseille, épinard, laitue, cresson
- feuilles de cresson, basilic, menthe blanchie
- petits flageolets, losanges de haricots verts, petits pois à l'anglaise
- pluches de cerfeuil, de coriande, de persil, d'aneth.

Garnitures à base de pâtes diverses
- vermicelle, cheveux d'ange, spaghetti, macaroni, petits ravioli, pâtes de couleur, alphabet, perles de gnocchi
- julienne de crêpes aux fines herbes, aux truffes
- profiteroles à la mousse de foie gras, de gibier, de volaille
- paillettes et sacristains au parmesan, sablés au comté, palmiers au gruyère

Garnitures à base de céréales et dérivés
- riz, orge perlée, flocons d'avoine, maïs, tapioca, perles du Japon, etc.

Garnitures à base de pain
- croûtons de pain de mie frits, rondelles de baguette ou de flûte séchées au four, diablotins, croûtes au pot

Garnitures à base de fromages
- gruyère râpé, parmesan tamisé

Garnitures à base de sauces émulsionnées
- aïoli, sauce rouille

« Garnitures » à base de vins
- Sherry, Xérès, Porto, Madère, Marsala, Sauternes

LES POTAGES INDUSTRIELS

Les potages sont donc innombrables et ils permettent à la restauration collective ainsi qu'aux ménagères soucieuses de varier leurs menus tout en respectant un budget souvent limité d'apporter un aliment de valeur nutritionnelle intéressante et particulièrement bon marché.

C'est pourquoi l'agro-alimentaire a mis au point une grande variété de potages qui allient rapidité de préparation, facilité d'emploi et de stockage, à un coût modéré et stable.

Principaux secteurs de vente :
- consommation domestique (à domicile)
- restauration collective à caractère social
- distribution automatique (6 % des boissons chaudes)

Présentations commerciales :
- potages instantanés déshydratés ou lyophilisés
- potages concentrés ou surconcentrés stérilisés et UHT
- potages pasteurisés (à conserver à + 3 °C)
- potages surgelés (à conserver à – 18 °)C)
- bouillons liquides (bœuf, volaille)
- fonds blancs de base (veau - volaille - poisson)*
- potages de régimes ou diététiques (désodés par exemple)

** les fonds blancs peuvent, servir non seulement à mouiller d'autres potages (Saint-Germain, cultivateur, crème Dubarry) mais aussi à réaliser de nombreuses sauces de base (velouté de veau, de volaille, de poisson).*

L'agro-alimentaire propose également des bases pour potages taillés, appelés « légumes de quatrième gamme » (légumes épluchés, lavés, taillés, conditionnés sous vide ou sous atmosphère contrôlée, à conserver 6 jours ou plus en enceinte réfrigérée à + 3 °C).

Avantages

L'utilisation des potages industriels permet :
- de stocker et de conserver aisément, sous un faible volume, des produits faciles à utiliser et dont le coût est relativement faible et constant ;
- dans le cas d'une cuisine d'assemblage, de supprimer la légumerie ;
- de supprimer certaines tâches fastidieuses (épluchage, lavage, taillage des légumes) ;
- de limiter les manutentions souvent lourdes ainsi que les transvasements particulièrement dangereux ;
- de réduire la main d'œuvre (ou l'employer à des tâches plus valorisantes) ;
- d'employer du personnel moins qualifié ;
- de limiter l'immobilisation du matériel de cuisson ;
- de réaliser des économies d'énergie ;
- de proposer à la clientèle une gamme de potages particulièrement variée (plus de 40 sortes sur le marché) ;
- de limiter la standardisation en mélangeant plusieurs sortes de potages et en variant les garnitures.

Conclusion

La tendance actuelle montre que le restaurateur attend des bases de potages à terminer plutôt que des potages « prêts à servir ». La nouvelle orientation de l'agro-alimentaire permet ainsi aux cuisiniers de confectionner et de personnaliser leurs préparations en évitant la standardisation et en limitant avantageusement les travaux préliminaires que sont les épluchages, lavages et taillages des légumes, gros consommateurs de temps et de main-d'œuvre.

Salade d'écrevisses aux légumes (document Uncle Ben's)

LES HORS-D'ŒUVRE

Généralités

A l'origine, les hors-d'œuvre représentaient de petites préparations froides servies entre les plats principaux (hors de l'œuvre). On les laissait sur la table à la disposition des convives pour servir de distraction entre les différents mets.

Cette tradition persiste encore avec les « appetizers » anglo-saxons (petits raviers de légumes crus taillés en bâtonnets servis avec un assaisonnement à part). Ils se retrouvent également dans l'ordonnacement des menus slaves avec les zakouski.

Aujourd'hui, les hors-d'œuvre sont servis au début du déjeuner (première assiette) ou après le potage dans le cas du dîner.

Classification

On distingue :

- *les hors-d'œuvre froids*
- *les hors-d'œuvre chauds*

Rôle

Les hors d'œuvre doivent répondre à divers critères :

- impressionner favorablement le client (premier plat, sorte d'introduction ne devant ni masquer, ni dominer le plat principal) ;
- être en parfaite harmonie avec le plat suivant (notion de raffinement, de valeur, de quantité, de qualité, de saveur et d'équilibre alimentaire) ;
- mettre en appétit grâce à la grande variété des composants, des couleurs et des présentations ;
- faire patienter les convives en attendant le plat principal ;
- permettre l'utilisation rentable de la desserte.

Place dans la composition des menus

En règle générale les hors-d'œuvres froids sont servis le midi en premier plat. Mais ils peuvent être servis le soir, surtout en été, à la place du potage.

Les hors-d'œuvre chauds sont en général réservés au repas du soir. Mais ils peuvent également figurer au repas du midi, surtout en hiver.

Service

Les hors-d'œuvre peuvent être servis :

Seuls
(un seul élément de base, l'appellation précise la composition).
Exemples : saumon fumé, champignons à la grecque.

Assortiment ou hors-d'œuvre variés
Offre étendue d'éléments dont la présentation et la composition reposent sur l'habileté, l'esprit d'initiative et imaginatif, le sens artistique de l'exécutant.

Ils peuvent être servis à volonté :

- dressés sur des raviers et placés sur un chariot à mouvement rotatif,
- disposés sur un buffet (table suédoise),
- dressés en raviers et disposés sur un comptoir mobile réfrigéré (salad'bar).

Sur assiettes ou plats compartimentés
(service simplifié : banquet).

Réalisation des hors d'œuvre

En grande restauration traditionelle ou haute-cuisine, les hors-d'œuvre sont exécutés à l'office sous la responsabilité du chef trancheur.

En restauration moderne, ils sont réalisés en cuisine froide ou au garde-manger par un commis hors-d'oeuvrier, placé sous la responsabilité du chef garde-manger.

La réalisation des hors-d'œuvre chauds, en revanche relève de la responsabilité du chef entremétrier ou du chef pâtissier, suivant leur nature. Exemple : soufflé au parmesan, allumettes aux anchois.

La réalisation des beignets, fritots, cromesquis est confiée au chef rôtisseur (fritutier).

LES HORS-D'ŒUVRE FROIDS

Enumération des principaux hors-d'œuvre froids

A base de légumes crus
A base de légumes cuits
A base de légumes confits
A base de légumes farcis
A base de légumes cuits à la grecque
A base de mousse, terrine et bavarois de légumes
A base de sorbet de légumes
A base de salades composées
A base de céréales
A base de fruits
A base de charcuterie crue
A base de charcuterie cuite
A base de coquillages crus
A base de coquillages cuits
A base de crustacés
A base de poissons crus, marinés, cuits, fumés, desserte de poisson
A base de viande salée, fumée, pochée, desserte de viande
A base d'œuf de poule, de poisson, de caille.

HORS D'ŒUVRE A BASE DE LEGUMES CRUS (CRUDITES)

Exemples de suggestions de service et d'assaisonnement

Carottes
Vinaigrette au citron, sucre, échalotes ciselées, ail, persil haché.

Concombre
Dégorger au sel.
Jus de citron, crème double, ciboulette ou cerfeuil, aneth.

Celeri branche
Vinaigrette ou mayonnaise légère, crème double moutardée, paysanne de pomme fruit citronnée.

Céleri rave
Sauce rémoulade, crème moutarde et jus de citron.

Champignons de Paris
Crème double, jus de citron, fromage blanc maigre, ciboulette ou menthe hachée.

Choux blanc
Dégorger au sel fin, égoutter puis rincer.
Sauce vinaigrette, lardons sautés, cervelas.

Choux rouges
Dégorger au sel et au vinaigre bouillant.
Huile, poivre, julienne de pomme fruit citronnée, noix hachées.

Choux fleurs
En petits bouquets, sauce vinaigrette, roquefort, sauce moutarde

Christophines
Rincer, égoutter.
Sauce vinaigrette pimentée, ail, cives, oignons hachés.

Fenouil
Dégorger au sel, égoutter.
Sauce vinaigrette moutardée, mayonnaise légère, crème double et jus de citron.

Fèves fraîches
A la croque au sel.

Poivrons rouges et verts
En julienne, sauce vinaigrette à l'huile d'olive (assaisonner à l'avance).

Radis roses
En ravier avec beurre et sel fin. Emincés en salade.

Radis noirs
Dégorger au sel fin, égoutter.
Sauce vinaigrette moutardée aux herbes.

Tomates
Mondées ou non, en quartiers ou en tranches.
Sauce vinaigrette à l'oignon, oeufs durs hachés, filets d'anchois, olives noires, mozzarella et basilic.

HORS D'ŒUVRE A BASE DE LEGUMES CUITS

Artichauts
Cuire à l'anglaise, rafraîchir, égoutter, éliminer le foin, servir tiède.
Sauce vinaigrette aux herbes ou moutardée à l'échalote.

Fonds d'artichauts
Cuire dans de l'eau citronnée à couvert avec un peu d'huile ou sous vide.
Sauce vinaigrette aux herbes, mayonnaise légère.

Asperges
Cuire à l'anglaise, rafraîchir partiellement, égoutter, servir tiède.
Sauce vinaigrette aux herbes, sauce mayonnaise avec crème fouettée.

Betteraves rouges
Cuire à l'anglaise, sous vide, au four ou à la vapeur.
Sauce vinaigrette moutardée. Crème moutardée, jus de citron, moutarde.

Choux fleurs
Cuire à l'anglaise ou à la vapeur.
Sauce vinaigrette aux herbes, sauce mayonnaise légère, œufs durs hachés.

Cœurs de céleri
Cuire à l'anglaise avec jus de citron et à couvert.
Mayonnaise légère. Vinaigrette moutardée aux herbes.

Cœurs de palmiers (chou coco)
Lait de coco, jus de citron vert ou de pamplemousse, cives ciselées.

Haricots blancs - Haricots secs verts «flageolets ou chevriers»
Cuire comme les légumes secs, égoutter, assaisonner encore tièdes.
Sauce vinaigrette moutardée avec échalotes et oignons ciselés.

Haricots verts
Cuire à l'anglaise, maintenir fermes, rafraîchir, égoutter.
Sauce vinaigrette à la moutarde de Meaux et estragon haché ou cerfeuil.

Lentilles
Cuire comme les légumes secs, égoutter, assaisonner encore tièdes.
Vinaigrette moutardée avec lardons ou échalotes et oignons ciselés.

Poireaux
Cuire à l'anglaise, à la vapeur ou sous vide, rafraîchir, égoutter.
Sauce moutarde aux herbes, sauce mayonnaise légère, œuf dur haché.

Pousses de bambou
Sauce vinaigrette au soja, moutardée.

Pommes de terre
Cuire en robe des champs ou à la vapeur, assaisonner encore tièdes.
Vinaigrette aux herbes, échalotes, vin blanc, fines herbes, sauce tartare.

Aubergines (caviar)
Cuire au four avec oignons ciselés et huile d'olive. Hacher, refroidir, dresser en raviers.

Poivrons verts et poivrons rouges
Confire à l'huile d'olive avec ail, basilic haché.

HORS D'ŒUVRE A BASE DE LEGUMES CONFITS

Achards
Boules ou bâtonnets de légumes blanchis puis confits. Accompagnement des charcuteries et des viandes froides.

Pikles, variantes
Produit du commerce, mélange de légumes confits en saumure légère.
Accompagnement des charcuteries et des viandes froides.

Cornichons
Dégorger au sel puis confire au vinaigre blanc avec échalotes, poivre en grains, estragon, clous de girofle.
Accompagnement des charcuteries et des viandes froides.

Cèpes
Confits à l'huile.

Gombos
Confits en saumure légère.

Petits oignons
Confits en saumure légère.

Relishes
Existent aux légumes et aux fruits, confits dans un sirop d'érable et épices.

HORS D'ŒUVRE A BASE DE LEGUMES FARCIS

Artichauts (fonds)
Aux moules liées à la sauce mayonnaise, aux crevettes, aux queues d'écrevisses, au blanc de volaille, à la macédoine de légumes.

Aubergines
Tronçons farcis avec un riz à la grecque, une ratatouille froide, des poivrons confits, une fondue de tomates, du jambon de Bayonne.

Concombres
Tronçons farcis, oeufs de saumon, poissons fumés, thon mayonnaise, crevettes sauce cocktail, tarama.

Courgettes
Comme aubergines.

Oignons
Traiter à la grecque avec riz, brunoise de jambon ou de poivrons rouges et verts, pipérade.

Poivrons
Farcir avec riz au safran, brunoise de jambon, braiser, refroidir, tailler en tranches épaisses. Confire avec huile d'olive, ail, menthe ou basilic.

Tomates
Farcies avec macédoine de légumes, thon mayonnaise, salpicon de crevettes ou de queues d'écrevisses ou de langoustines sauce cocktail.

Champignons
Têtes farcies avec crevettes, moules, huîtres, queues de langoustines sauce cocktail.

Feuilles de vigne ou de chou farcies
Farcies avec riz à la turque, avec des épices le plus souvent achetées toutes prêtes dans le commerce.

HORS D'ŒUVRE A BASE DE LEGUMES A LA GRECQUE

Aubergines – **Artichauts** (petits violets) (fonds) – **Champignons de Paris** – **Céleri rave** – **Christophines** – **Choux fleurs** – **Fenouil** – **Poireaux** (tronçons de blancs) – **Petits oignons**

- La technique est commune à tous les légumes (ajouter un peu d'eau pour les légumes à cuisson longue).
- Huile d'olive, oignons ciselés ou petits oignons nouveaux, vin blanc, jus de citron, poivre en grains, coriandre, ail, bouquet garni.
- De nombreuses variantes peuvent être obtenues en ajoutant au choix : curry, safran, paprika, sauce tomate ou fondue de tomate, raisins secs, brunoise de poivrons rouges et verts.

HORS D'ŒUVRE A BASE DE MOUSSE, TERRINE ET BAVAROIS DE LEGUMES

Mousse et terrine
Terrines réalisées le plus souvent sur une base de farce neutre (veau, porc, volaille) additionnée de blancs d'œufs et montée à l'huile de maïs, ou de farce mousseline de veau ou de volaille.
Les légumes sont fortement blanchis puis intercalés régulièrement entre les couches de farce.
La terrine est cuite lentement au four et au bain-marie, puis demoulée et servie avec un coulis de tomate au basilic, une mousse de cresson, un coulis de brocolis, d'artichaut, d'asperge ou une mayonnaise légère au poivron ou à la tomate.

Bavarois
Purée de légumes additionnée de crème fleurette fouettée et collée à la gélatine. Faire prendre sur glace, servir comme ci-dessus.

HORS D'ŒUVRE A BASE DE SORBETS DE LEGUMES

Tomates – Poivrons – Concombres
Purée de légumes détendue au sirop léger citronné, puis sanglée en sorbetière.
Sert principalement d'accompagnement pour les terrines de légumes et de poisson.

HORS D'OEUVRE A BASE DE SALADES COMPOSEES

Voir cours suivant

HORS D'ŒUVRE A BASE DE CEREALES

Blé précuit
Rentre dans la composition des salades composées (pil-pil).
Laisser tremper avant la cuisson, assaisonner encore tiède.

Maïs
Rentre dans la composition des salades composées, avec riz, poivrons, volaille, etc.
Assaisonner avec sauce vinaigrette ou mayonnaise.

Riz
Cuire à l'anglaise (à la créole). Assaisonner encore tiède.
Salades composées, niçoise au riz, andalouse, Carmen.

« **Soja** » (germes)
Laver, blanchir, rafraîchir, égoutter.
Salades composées exotiques.

Semoule
A réhydrater avant l'emploi, salades composées, taboulé à la menthe, taboulé aux fruits de mer, aux raisins.

HORS D'ŒUVRE A BASE DE FRUITS

Ananas
Rafraîchis. Eléments de salades composées (Alice, Florida, japonaise).

Avocats
Vinaigrette, sauce cocktail, mousse au crabe, aux crevettes, aux langoustines, aux écrevisses, terrine d'avocat aux crevettes.

Cerises
Confites au vinaigre de vin salé et sucré avec épices et aromates. Accompagnement des viandes froides.

Cassis
Salades composées (harvey).

Melon — Pastèque
Servir rafraîchis sur glace en neige, au Porto, au Muscat, au sherry ou avec du jambon de Bayonne, de Parme, du saumon mariné. En cocktail, aux framboises.

Figues
Pelées et servies très fraîches avec du jambon de Bayonne ou de Parme, avec des tranches fines de viandes des Grisons.

Noix
Donne du « craquant » aux salades composées (Waldorf, Gadski, des Lords, Eve).

Noisettes
Donne du « craquant » aux salades Ainsée, Alice.

Pamplemousses
Grapefruit cocktail, coupe florida, cerisette, farcis au crabe, aux crevettes, salades composées, Alexandra, Beach.

Pommes
Salades composées (principalement avec du céleri), Alice, Allemande, Beaucaire, Caprice de Reine, Dalila, Delmonico, Eve, etc.

Pignons
Donne du « craquant » aux salades composées.

Oranges
Salades composées Louisiana, Olinda, Javanaise, des Lords.

Olives
Confites en saumure ou à l'huile, farcies ou non. Salades composées (niçoise), accompagnement des charcuteries et des viandes froides.

HORS D'ŒUVRE A BASE DE CHARCUTERIES CRUES

- **Coppa de Corse et d'Italie**
- **Jambon de Bayonne, de Parme (San daniele), de Westphalie, d'Aoste, de pays sec ou fumé.**
- **Saucissons secs, d'Arles, de Lyon, Rosette.**
- **Saucisses sèches**
- **Salami d'Italie, de France.**
- **Chorizos.**

Les charcuteries sont présentées le plus souvent en assortiment, taillées en tranches fines et accompagnées de cornichons, d'olives, de pikles, parfois de figues fraîches ou de melon pour les jambon (les jambons sont généralement taillés à la commande devant le client).

HORS D'ŒUVRE A BASE DE CHARCUTERIES CUITES

Jambon d'York — de Paris — de Prague
En tranches fines, taillées en salle devant le client, ou servies sur assiette.

Andouilles de Guéméné — de Vire
En assortiment

Cervelas
En salade, sauce vinaigrette moutardée aux herbes.

Galantines de canard, de volaille, de gibier
Tranches servies lustrées de gelée ou de sauce chaud-froid.

Mortadelle
En tranches fines et en assortiment

Terrines de volaille, de gibier, de lapin, de campagne, etc.
Pâtés de campagne, de veau et jambon, de canard, lorrain de foie gras truffé, etc.
Pâtés en croûte, canard à l'orange au poivre vert.
Petits pâtés
Servir avec de la gelée hachée ou en « croûtons », olives, cornichons, différentes moutardes, cryste marine, petits oignons, pikles, pain de campagne, etc.

Pâté de tête (fromage de tête, hure de porc)
Servir avec une sauce vinaigrette moutardée, aux herbes, additionnée d'échalotes et d'oignons ciselés.

Fritons ou gratons
Servir tièdes à l'apéritif (produit résiduel de la clarification des graisses).

Saucissons à l'ail, de Paris, Jésus
En tranches pas trop fines.
Servir avec beurre et en assortiment.

Langue écarlate
En tranches fines et assortiment.

Rillettes d'oie, de porc, de lapin, du Mans, de la Sarthe
Servir en petites terrines vernissées avec pain de campagne et différentes moutardes.

HORS D'ŒUVRE A BASE DE COQUILLAGES CRUS

Huîtres plates (Belons) — Huîtres creuses (Portugaises) — Moules — Palourdes — Praires — Oursins
S'assurer de la parfaite fraîcheur des coquillages.
- ouvrir au dernier moment,
- disposer sur un lit de glace et d'algues,
- servir avec citron, vinaigre à l'échalote, pain de seigle et beurre demi-sel,

L'assortiment de coquillages et de quelques crustacés (tourteau, crevettes, langoustines) forme le plateau de fruits de mer.

HORS D'ŒUVRE A BASE DE COQUILLAGES CUITS

(Voir cours sur les mollusques)

Bigorneaux — Burgos, buccins ou bulots
Cuire au court-bouillon et servir tièdes, avec du pain de campagne et du beurre demi-sel (apéritifs, plateaux de fruits de mer).

Clams — Couteaux — Coques — Moules — Palourdes — Praires — Petoncles
Ouvrir selon la technique dite « à la marinière ».
Décortiqués, ils entrent dans la composition de nombreuses salades composées.

HORS D'ŒUVRE A BASE DE CRUSTACES

(Voir cours sur les crustacés)

Crabes (araignées, tourteaux, étrilles) — Crevettes (grises, roses, bouquets) — Homards et Langoustes — Langoustines Ecrevisses
Les dessertes des crustacés concourent à la réalisation de nombreuses salades composées :
- cocktail de crevettes, avocat au crabe, pamplemousse aux langoustines ;
- barquettes de crevettes, d'écrevisses ;
- canapés aux crevettes, au crabe ;
- plateaux de fruits de mer ;
- crabe farci à la parisienne.

HORS D'ŒUVRE A BASE DE POISSON

Poissons crus marinés (huile d'olive, jus de citron, poivre vert, aneth) Saumon, daurade, thon, sardines
Servir en tranches très fines sur assiette avec : sauce grelette, caviar d'aubergines, tarama, toasts ou blinis.

Poissons marinés (maquereau au vin blanc, rollmop, sardines en escabèche)
Dresser en raviers avec un peu de marinade.

Poissons conservés à l'huile (sardines, thon, maquereau, hareng, anchois)
Dresser en raviers avec un peu d'huile, échalotes, petits oignons en bracelets, filet de vinaigre.

Poissons fumés (saumon, anguille, truite, esturgeon, thon, flétan, hareng, spratts).
Servir en tranches fines avec toasts et citron, parfois blinis et sauce raifort (assiette nordique).

Desserte de poissons (saumon, turbot, colin, joues de turbot et de barbue)
Coquille de poisson à la parisienne, barquettes de poisson mayonnaise, Salades composées, Rillettes de saumon.

HORS D'ŒUVRE A BASE DE VIANDE

Viande salée et fumée ou séchée
(Bœuf fumé de Hambourg, viande des Grisons, poitrine d'oie fumée, magret de canard fumé)
Taillées en tranches très fines et dressées en « vagues » ou en cornets.
Salades composées.

Viandes pochées (Pot-au-feu , langue de bœuf, volaille pochée, gibier)
Salade bouchère (vinaigrette aux câpres, oignons, cornichons, fines herbes).
Salades composées

Museau et palais de bœuf
Tranches fines assaisonnées de vinaigrette moutardée, aux herbes et aux oignons ciselés.

HORS D'ŒUVRE A BASE D'ŒUFS

Œufs de poule – Œufs de caille
Voir cours sur les œufs.

Œufs de poisson
Caviar : Œufs d'esturgeons égrénés, lavés, tamisés et salés provenant principalement de Russie et d'Iran.
Variétés : Beluga ou Belouga (gros grains, le plus recherché) – l'Ociètre ou l'Osetrova (grains plus fins) – Sevruga ou Sievriouga (grains très fins et salés) – Caviar pressé (œufs pressés, meilleur marché)
Servir dans la boîte ou dans le pot d'origine de 30 à 50 g. par personne. Pour les grosses boîtes : peser au départ et au retour au garde-manger. Présenter sur un socle de glace taillée ou moulée. Accompagner de toasts ou de blinis, de citron, de crème aigre et d'oignons ciselés.

Poutargue
Œufs de mulet ou de cabillaud salés, fumés et pressés, commercialisés sous la forme d'un rouleau. Servir en rondelles fines avec toasts et citron.

Saumon (roses ou rouges)
Servir sur canapés ou toasts avec citron ou lamelles de concombres.

Lump
Œufs de lump ou d'églefin colorés en noir (craquants). Canapés, toasts pour cocktail.

Escargots
Nouvellement apparus sur le marché, sous la forme de gros grains translucides ayant un léger goût d'amande ou d'essence de noyau (arômatisés).
Servir comme le caviar. Très cher.

Tarama
Œufs de cabillaud salés et fumés, huile de maïs et d'olive, pain de mie, pomme de terre, citron.

Truite de mer
Commercialisée sous l'appellation « troutchka » en provenance du Danemark, de Suède et de Norvège. Le procédé de fabrication est comparable à celui du caviar. Accompagner de toasts ou de blinis, de citron ou de crème aigre.

HORS D'ŒUVRE A BASE DE FOIE GRAS

Définition
Présentations traditionnelles
En terrine
Foie gras d'oie ou de canard frais, dénervé, mariné, truffé ou non, cuit au naturel en terrine (au bain-marie, au four, à la vapeur, sous vide au multicuiseur).
Au torchon ou ballotine
Foie gras d'oie ou de canard frais, dénervé, mariné, truffé ou non, enveloppé dans une mousseline et poché dans un fond corsé ou dans une gelée au Porto.
En pâté ou en brioche
Foie gras d'oie ou de canard frais, dénervé, mariné, truffé ou non, enrobé d'une farce fine de veau et de porc, puis cuit en croûte ou en brioche.
La perte de poids à la cuisson est compensée par de la gelée.
En aspic ou en médaillon en gelée
Foie gras d'oie ou de canard, truffé ou non, cuit et disposé en tranches dans des moules chemisés de gelée et décorés.
Foie gras mi-cuit en semi-conserve
Foie gras d'oie ou de canard dénervé, mariné, truffé ou non, pasteurisé (en bocaux ou autre conditionnement). A conserver impérativement en enceintes réfrigérées. + 3 °C maxi.
Foie gras en conserve appertisée
Foie gras stérilisé. Se conserve plusieurs mois. Il perd son moelleux et sa couleur est souvent grisâtre.

Présentations commerciales
Hors d'œuvre à base de foie gras
Une nouvelle réglementation a été mise en vigueur en juillet 1987. Elle a pour but d'uniformiser la dénomination des produits «foie gras» et l'ensemble des produits à base de foie gras.

CANARD	OIE
FOIE GRAS DE CANARD ENTIER (Lobes moulés)	**FOIE GRAS D'OIE ENTIER** (Lobes moulés)
FOIE GRAS DE CANARD (minimum 50 % de morceaux apparents à la coupe, agglomérés entre eux par du foie gras de canard)	**FOIE GRAS D'OIE** (100 % de morceaux de foie gras d'oie agglomérés entre eux)
BLOC DE FOIE GRAS DE CANARD AVEC MORCEAUX (minimum 30 % de morceaux apparents à la coupe, agglomérés entre eux par du foie gras de canard)	**BLOC DE FOIE GRAS D'OIE AVEC MORCEAUX** (minimum 50 % de morceaux apparents à la coupe, agglomérés entre eux par du foie gras d'oie)
BLOC DE FOIE GRAS DE CANARD (masse de foie gras de canard)	**BLOC DE FOIE GRAS D'OIE** (masse de foie gras d'oie)

Caractéristiques générales
- Ces préparations contiennent 100 % de foie gras.
- Les produits truffés doivent comporter au minimum 3 % de truffes.
- L'utilisation de la barde n'est plus autorisée.
- L'ancienne appellation de «parfait» est maintenue mais peut contenir jusqu'à 25% de foie de volaille.

Remarques :
- *Pour toutes les préparations comportant de 20 à 50% de foie gras, le pourcentage de foie gras doit être indiquée sur le conditionnement.*
- *Toutes les préparations (sauf le foie gras entier au naturel) peuvent être enrobées de farce, bardées et contenir de la gelée. Ces indications doivent être mentionnées sur les étiquettes. Le taux de barde doit être limité à 10 % pour les préparations d'un poids supérieur à 0,200 kg et à 13 % pour les préparations d'un poids inférieur à 0,200 kg.*
- *Pour prétendre au qualificatif «truffé», le pourcentage de truffe doit être au minimum de 3 %.*

Utilisations :
Servir en tranches d'1 cm à 1,5 cm d'épaisseur avec de la gelée au Porto ou au Sauterne, et accompagner de toasts ou de brioches toastées chaudes. Compter environ 80 à 120 g. par personne.
Les foies gras de conserve (mousse, bloc) servent principalement à la réalisation de nombreuses salades composées.
Exemples :
Salades des gourmets :
Salades mélangées, haricots verts craquants, foie gras, huile de noisettes, vinaigre de Xerès.
Salade landaise :
Salades mélangées, magret fumé, foie gras, gésiers confits, huile de noix, vinaigre de framboises, pignons de pin.

LES HORS-D'ŒUVRE CHAUDS

Généralités

Les hors d'oeuvre chauds, petites entrées ou entrées volantes sont pour la plupart réalisées à partir d'une pâte de base (à foncer, feuilletée, etc.), ou de «farinages» et d'appareils composés de salpicons et farces diverses qui proviennent généralement de la desserte et liés avec de la sauce Béchamel ou du velouté réduit.

La disparition de la desserte dans les nouvelles conditions de travail (petites pièces réalisées à la commande), les exigences actuelles de la clientèle (préparations fraîches allégées), l'augmentation de la consommation de poisson, sont des facteurs provoquant la disparition progressive des hors d'œuvre chauds, au niveau des cartes des restaurants gastronomiques ou de « haute cuisine ».

Seules les restaurants d'hôtel (à cause des groupes), les restaurants de collectivité sociale et commerciale continuent à les servir, mais le plus souvent, le soir à la place du potage.

Toutefois, les hors-d'œuvre chauds permettent de passer avantageusement toutes les dessertes de façon originale, nourrissante, variée et très peu onéreuse.

Exemples : Coquilles de poisson au gratin, crêpes farcies, bouchées de volaille, quiches diverses, rissoles, croquettes, etc.

Enumération des principaux hors-d'œuvre chauds

Hors d'œuvre chauds réalisés à partir d'une pâte de base (brisée, à foncer, feuilletée, à choux, à crêpes, à frire, etc.).

Hors d'oeuvre chauds réalisés à partir de sauce Béchamel ou de veloutés (soufflés, cromesquis, croquettes, fondants, côtelettes).

Hors d'œuvre chauds réalisés à partir de céréales (semoule de blé, de maïs, riz).

Hors d'œuvre chauds réalisés à partir de fruits ou de légumes farcis (concombre, tomates, artichauts, aubergines, pommes de terre).

Hors d'œuvre chauds réalisés à partir de pommes duchesse (gnocchi, croquettes, mazagrans, croustades).

Hors d'oeuvre chauds réalisés à partir de pommes Duchesse (gnocchi, croquettes, mazagrans, croustades).

Hors d'œuvre chauds réalisés à partir de coquillages (huîtres chaudes, praires, moules, etc.).

Hors d'œuvre chauds réalisés à partir de crustacés (crabes, écrevisses, crevettes, langoustes).

Hors d'œuvre chauds réalisés à partir d'une desserte de poisson.

Hors d'œuvre chauds réalisés à partir d'une desserte de viande.

Hors d'œuvre chauds réalisés à partir de subrics.

Hors d'œuvre chauds réalisés à partir d'une mousse de légumes, de poisson, de viande.

Hors d'œuvre chauds réalisés à partir d'œufs.

HORS D'ŒUVRE CHAUDS RÉALISES A PARTIR D'UNE PATE DE BASE

Pâte brisée – Pâte à foncer

Barquettes
de crevettes (Joinville), d'écrevisses (Nantua), de langoustines, à l'américaine, de poisson, dieppoise, d'huître florentine, etc.

Tartelettes
de volaille à la reine, de ris de veau financière, de gnocchi à la parisienne, d'œufs mollets ou pochés (Argenteuill, bénédictine, Henri IV, Montglas, etc.).

Quiches
lorraine, jambon et épinards, volaille et champignons, fruits de mer, saumon fumé, etc.

Tourtes
aux pommes de terre, aux épinards, à la farce mousseline de poisson.

Tartes
à l'oignon.

Flamiches
picarde (poireaux)

Flans
appareils à subrics (épinards, brocolis, choux fleurs, courgettes).

Petits pâtés chauds
pâté lorrain, pâté Duxelles.

Rissoles
bergère (agneau), de volaille, de gibier, de poisson, au foie gras.

Remarque
Les barquettes sont généralement réservées aux garnitures à base de produits de la pêche, les tartelettes aux garnitures à base de volaille, de champignons, de gibier, etc.

Pâte feuilletée

Allumettes
au fromage, au roquefort, à la fourme, aux anchois, aux crevettes, Caprice (farce de volaille, langue écarlate, truffes)

Dartois
comme les allumettes mais découpés après cuisson. Jalousie de filets de sole, aux anchois, au thon et ratatouille.

Cannelons
sorte de cornets réalisés avec des bandelettes de feuilletage, aux œufs brouillés truffés, à la reine, Nantua.

Chaussons
grosses rissoles cuites au four fourrées de salpicons divers liés de sauce ou de velouté de même nature. Appellation selon la composition : chaussons aux fruits de mer, à l'américaine, à la volaille et aux morilles.

Bouchées
à la reine, Diane, Saint Hubert (gibier), Dieppoise, Granvillaise, Victoria (homard). Elles peuvent être rondes et unies, rondes ou ovales et cannelées.

Croustades
réalisées fréquemment en parures de feuilletages. Aux œufs brouillés et aux asperges.

Friands
abaisse rectangulaire de feuilletage, chair à saucisse nature ou à l'oignon.

Feuilletés
aux asperges, aux poissons divers, à la mousseline de poisson.

Pomponnettes
sorte de petites bourses (aumônières) en rognure de feuilletage traitées à la friture. Prennent le nom de leur garniture : au gibier, à la volaille, au poisson, aux crevettes, etc.

Rissoles
formes différentes suivant la composition, traitées en fritures et accompagnées de persil frit. rissoles Joinville, Normande, aux morilles, au foie gras et truffes, etc.

Talmouses
en tricorne, au fromage, aux épinards, au jambon, à la poitrine fumée.

Petits pâtés
Beauceronne (mauviette désossée), Bourgeois (farce fine plus champignons et persil) Parisienne (godiveau truffé).

Vol au vent ou « Pithiviers »
aux filets de sole normande, aux fruits de mer, au ris de veau et aux morilles.

Pâte à choux et Pâte à ramequin (pâte à choux au lait)

Choux et Carolines
farcis de salpicons divers liés de velouté ou de sauce de même nature. Appellation suivant la composition.

Gougères
Gougère bourguignonne.

Talmouses
(voir aussi pâte feuilletée), à l'ancienne, Pont-Neuf, Bagration (tartelette garnie de pâte à chou fromagée et fourrée de sauce Mornay après cuisson).

Beignets
beignets soufflés au fromage (beignets parlermitaine), beignets pignatelli (jambon et amandes), accras (beignets de morue).

Gnocchi
Gnocchi à la parisienne (pâte à choux pochée nappée de sauce Béchamel et gratinée).

Ramequins
au fromage (pour l'apéritif).

Profiteroles
avec farces et salpicons divers. Appellation suivant composition.

Pâte à crêpes

Crêpes farcies
au fromage, au jambon et endives, aux fruits de mer.

Ficelles picardes

Pannequets
crêpes garnies d'appareils divers (farces, salpicons, roulées, puis détaillées en losanges. Prennent le nom de l'élément principal de leur composition.

Cromesquis à la polonaise
appareil à croquettes additionné de velouté réduit et lié aux jaunes, détaillé après refroidissement, enrobé dans une crêpe dont les extrémités sont trempées dans de la pâte à frire, puis traités en friture. Appellation suivant composition.

Aumônières diverses
crêpes repliées en forme de bourses et maintenues par un petit lien de ciboulette, de poireaux ou un anneau de pâte à choux.

Blinis
crêpe épaisse réalisée avec de la farine de froment et de blé noir, de la levure de boulanger , du lait et des blancs d'œufs en neige. Servis avec caviar et autres œufs de poissons fumés, piroguis aux truffes.

Pâte à frire

Beignets
éléments souvent crus, enrobés de pâte à frire, frits, égouttés et dressés sur serviette ou papier avec persil frit et citron. Ex. : beignet de thon aux anchois, de St-Jacques. Terme aussi utilisé pour les entremets : beignets de pomme, de banane, de crevettes, de langoustines, etc...

Fritots
éléments cuits, marinés, traités en friture, accompagnés de persil frit et d'une sauce d'accompagnement. Fritots de cervelle Orly, Bénédictine (brandade), de volaille, etc.

Cromesquis à la française
appareil à croquettes, Tremper dans la pâte à frire, puis traiter à la friture. Dresser sur serviette ou papier avec persil frit.

Cromesquis à la russe
enrober l'appareil à croquettes dans une crépine de porc très fine, puis tremper dans la pâte à frire. Appellation suivant composition.

Pâte à brioche

Petites brioches garnies
petites brioches à tête, évidées, légèrement séchées au four, puis garnies d'appareils divers liés d'une sauce de même nature. Bohémienne (foie gras truffé sauce Madère), de homard à l'américaine, de volaille aux morilles, de faisan aux champignons sauvages.

Saucisson en brioche
saucisson à pocher enrobé de pâte à brioche et servi avec une sauce Madère, Porto, Périgueux, chasseur, etc.

Coulibiac
filets de saumon pochés enrobés de pâte à brioche avec œufs durs, semoule de sarrasin (kasha*, vesiga*, etc.). Servir avec un beurre blanc à l'aneth.

Petits pâtés
petits pâtés Dauphine.

Rissoles
Bohémienne (foie gras truffé) de volaille, de crevette, de langoustine, à la Dauphine.

Foie gras en brioche
foie gras frais et cru, cuit en brioche après marinade. Servir avec une sauce Périgueux.

**Kasha : semoule de sarrasin*
** Vesiga : moelle épinière de l'esturgeon.*

Pâte à pain ou à pizza

Réalisation de différentes pizza et pissaladières
pizza napolitaine, reine, quatre saisons, aux fruits de mer, pissaladière, niçoise, mentonnaise, marseillaise, etc.

Pâte à nouilles

Pâtes alimentaires — Beurreks
Spaghetti, ravioli, canneloni (voir cours sur les pâtes alimentaires)

Version française des beurreks à la turque : fromage « à la pie » lié à la béchamel serrée, façonner (forme de cigare ou de rissole), enrober d'une fine abaisse de pâte à nouille dont les bords sont soudés à l'œuf, paner à la mie de pain blanche et tamisée, puis traiter à la friture.

HORS D'ŒUVRE CHAUDS REALISES A PARTIR DE SAUCE BECHAMEL OU DE VELOUTE

Appareil à soufflé

- Béchamel : soufflé au fromage
- Velouté de volaille, purée et dés de volaille : soufflé de volaille.
- Velouté de poisson, purée et dés de poisson : soufflé de poisson.

Appareil à croquettes

Hachis ou salpicon de volaille, de gibier, de poisson dont l'élément principal détermine l'appellation, avec champignons, cèpes, truffes, jambon ou langue, et lié de sauce ou de velouté réduit.

Détailler après refroidissement et façonner. Paner soigneusement à l'anglaise et traiter en friture. Dresser sur serviette ou papier avec du persil frit et une sauce en rapport avec l'élément principal.

Appareil à cromesquis

Voir à cromesquis à la française, à la polonaise et à la russe.

Appareils à côtelettes

Façonner l'appareil à croquettes en forme de côtelettes, paner puis sauter au beurre clarifié (simuler l'os à l'aide d'un morceau de macaroni).

Appareil à fondants

Appareil à croquettes. Façonner en forme de poire (simuler la queue à l'aide d'un morceau de petit macaroni), paner à l'anglaise puis traiter en friture, servir sur serviette et sur papier avec du persil frit. Appellation suivant l'élément principal (fondants de volailles, de faisan, de turbot).

HORS D'ŒUVRE CHAUDS REALISES A PARTIR DE CEREALES

Maïs – Semoule de blé

Semoule de maïs : polenta diverses

- Pâtes alimentaires (voir cours sur les pâtes)
- Gnocchi à la romaine
- Barquettes chevreuse, barquettes chemisées d'un appareil composé de semoule cuite au consommé et lié au parmesan râpé et aux jaunes d'œufs. Garnir l'intérieur avec l'élément déterminant l'appellation, puis recouvrir d'une fine abaisse de semoule. Démouler, paner à l'anglaise, frire et dresser sur serviette ou sur papier avec du persil frit.
- Colombines : même réalisation que les barquettes chevreuse, mais en forme de tartelettes.

Riz

- Rizzoto divers.
- Subrics piémontais
- Croustades de semoule de riz. Cuire la semoule de riz au consommé, lier l'appareil au fromage et aux jaunes, débarrasser sur plaque beurrée en couche de 3 ou 4 cm d'épaisseur. Détailler à l'emporte-pièce rond, paner à l'anglaise (2 fois), marquer l'emplacement du couvercle à l'aide d'un emporte-pièce plus petit, puis frire et évider l'intérieur. Garnir d'appareils divers. Appellation suivant composition.

HORS D'ŒUVRE CHAUDS REALISES A PARTIR DE FRUITS OU DE LEGUMES FARCIS

Aubergines – Courgettes – Poivrons – Christophines – Tomates – Fonds d'artichauts – Tête de gros champignons

légumes généralement farcis d'une « Duxelles à farcir » : de Duxelles sèche additionnée de vin blanc, sauce demi-glace tomatée, ail, mie de pain ou chair à farcir additionnée de Duxelles sèche (chairs diverses hachées ou farce mousseline).

Pommes de terre

pommes à l'ardennaise, œufs pochés Toupinel.

HORS D'ŒUVRE CHAUDS REALISES A PARTIR DE POMMES DUCHESSE

Croquettes

Appareils divers (salpicon, purée) liés à la pomme duchesse, façonner, paner frire, servir avec sauce tomate.

Croquette de morue à l'américaine ou fish ball.

Croustades

A réaliser comme les croustades de semoule de riz, mais moulées dans des petits moules à darioles beurrés.

Gnocchi

Gnocchi à la niçoise.

Mazagrans

Terme désignant tout appareil enfermé entre deux abaisses de pomme duchesse.

Dorer à l'œuf, colorer au four, démouler, servir sur serviette ou papier accompagné de persil en branches.

HORS D'ŒUVRE REALISES A PARTIR DE PETITES BROCHETTES ET D'ATTEREAUX

Brochettes

Actuellement servies en tant que plat principal. Les brochettes en « entrées » doivent être de petites tailles, et elles comportent généralement en plus de l'élément principal déterminant l'appellation, des éléments auxiliaires tels que de la poitrine de porc fumée, des morceaux d'oignon, de tomate, de poivron, des têtes de champignons, des quartiers de pommes, d'ananas, etc.

Brochettes de porc aux pruneaux, de magret aux pommes, de moules au bacon, d'agneau aux poivrons, de volaille à l'ananas.

Attereaux

Hors d'œuvre chauds pratiquement disparus aujourd'hui. Composés d'un élément principal, déterminant l'appellation, enfilé sur une brochette en bois, enrobé d'une sauce très réduite, paré puis pané après refroidissement et traité à la friture, la brochette est remplacée par un hâtelet. Servir sur serviette ou papier accompagné de persil frit.

Attereaux de ris de veau, de cervelle de foie gras Villeroy (enrobé de sauce Villeroy).

HORS D'ŒUVRE CHAUDS REALISES A PARTIR DE COQUILLAGES

Voir cours sur les produits de la pêche.

Coques

marinière, farcies, barquettes, bouchées, rissoles, quiches.

Palourdes

marinière, farcies, en cassolettes.

Moules

marinière, poulettes, pilaff de fruits de mer, crêpes farcies aux fruits de mer, gratin de moules, mouclades.

Huîtres

au champagne, florentine, à la fondue d'oseille, de tomates, de poireaux, d'endives, etc.

Coquilles Saint Jacques

pochées, grillées, sautées, en pilaff, en feuilleté.

Ormeaux, lambis

à l'américaine, en tourte, en pâté.

Escargots

farcis, en cassolettes, en ravioli.

Remarque

Les coquillages cuits, ayant séjourné en chambres froides, sont généralement décoquillés, et peuvent servir de garniture à diverses préparations chaudes : gratin, pilaff, bouchées, feuilletés, crêpes farcies, quiches, rissoles, barquettes, pizza, etc.

HORS-D'ŒUVRE REALISES A PARTIR DE CRUSTACES

Voir cours sur les produits de la pêche

Araignées – Tourteaux – Etrilles – Crabes de terre – Crevettes roses bouquets – Gambas – Langoustines – Langoustes – Homards – Ecrevisses

Les crustacés cuits ayant séjourné en chambre froide sont généralement décortiqués et peuvent servir de garniture à diverses préparations chaudes.

Crabes farcis, barquettes Joinville, Nantua, Victoria, quiches aux crabes, aux crevettes, aux écrevisses, rissoles, feuilletés, bouchées, crêpes aux fruits de mer, gratins, pilaf, crêpes farcies, légumes farcis, croquettes, soufflés, brochettes, fritots, raviolis aux fruits de mer, etc.

HORS-D'ŒUVRE CHAUDS REALISES A PARTIR DE DESSERTE DE POISSON

Saumon en bellevue – Tronçon de colin – Turbot en chaud-froid – Joues de turbot ou de barbue – Parures de filet

coquilles de poisson au gratin, quiches de poisson, soufflé, bouchées, crêpes farcies, croquettes, côtelettes, pilaff de poisson, garniture des pâtes fraîches, etc.

HORS D'ŒUVRE CHAUDS REALISES A PARTIR DE DESSERTE DE VIANDE

Volaille – Veau – Bœuf – Gibier

croquettes, côtelettes, cromesquis divers, farces diverses pour légumes à farcir, rissoles, chaussons, bouchées, pannequets, etc.

HORS D'ŒUVRE CHAUDS REALISES A PARTIR DE SUBRICS

Abats et légumes

Salpicons divers ou purée de légumes. Additionner d'appareil à crème prise et salée (œufs entiers et jaune, crème et lait ou fond blanc), pocher au bain-marie dans des petits moules à darioles, puis sauter au beurre clarifié ou cuire directement dans des petits cercles à tarte placés dans un sautoir ou dans une poêle. Dresser sur serviette ou papier avec citron et persil en branches.

Subrics de cervelle, de ris de veau, d'épinards, de maïs, de brocoli, de choux-fleur, etc.

HORS D'ŒUVRE CHAUDS REALISES A PARTIR DE MOUSSE OU DE MOUSSELINE

Légumes

mousseline de poivron, de céleri, de fenouil au coulis de tomate.

Poisson

mousseline de merlan, de daurade, de colin, de St Jacques de grenouilles au cresson.

Viande

mousseline de jambon, de volaille aux morilles.

HORS D'ŒUVRE CHAUDS REALISES A PARTIR DES ŒUFS

Durs, mollets, pochés, en cocotte, frits au plat, brouillés, en omelettes plates, roulées, fourrées.

Voir cours sur les œufs.

LES SALADES COMPOSÉES

GENERALITES

L'ordonnancement traditionnel des cartes de restaurants subit actuellement de profondes modifications.

Les potages classiques, les hors d'œuvre, les œufs, les pâtes et les farinages disparaissent des grands restaurants gastronomiques ou de « haute cuisine » au profit des salades composées.

Mieux adaptées aux exigences, aux besoins des consommateurs, aux nouvelles conditions de travail en cuisine (petites pièces traitées à la commande) et en salle (service sur assiette), les salades composées répondent mieux aux attentes des clients pressés, soucieux d'équilibrer leur menu et qui recherchent des préparations originales, appétissantes, fraîches, légères et diététiques.

Servies sur assiettes ou en saladiers individuels, les salades composées demandent beaucoup plus d'imagination, de créativité, d'esprit d'initiative, d'habileté, de goût et d'originalité que de technicité professionnelle.

COMPOSITION

Il n'y a pas de règles strictes de composition. Il faut rechercher :
- l'accord des mélanges
- le mariage des saveurs
- l'originalité de la composition
- l'harmonie des couleurs pour la présentation
- la précision de l'assaisonnement
- le choix judicieux des herbes et des aromates

qui en feront la réussite.

De multiples combinaisons sont possibles et elles peuvent varier à l'infini.

Peuvent être utilisés : tous les fruits et les légumes (crus, cuits, frais, secs, régionaux, exotiques, etc.) les viandes, les charcuteries, les produits de la pêche, les fromages, les herbes aromatiques, etc. En règle générale, les salades se composent de trois grandes parties :

- **une partie principale dont l'élément déterminera l'appellation ;**
- **des éléments secondaires ou complémentaires servant à aromatiser, parfumer ou colorer** (salades panachées, maïs, poivrons rouges, etc.) ;
- **une sauce d'assaisonnement** (vinaigrette, mayonnaise, etc.).

Remarque :
Dans certaines formules de restauration rapide, les salades composées constituent « le plat principal ». Elles sont alors servies copieusement et comportent généralement en plus des légumes de base, de la viande ou du poisson, des œufs, parfois du fromage. Elles permettent aux clients pressés de déjeuner rapidement, de manière appétissante et équilibrée.

L'accord judicieux des composants n'est pas le seul facteur de réussite pour une salade composée, il y a aussi : **la présentation et l'assaisonnement.**

Elles peuvent être présentées aux convives de différentes manières :

- mélangées, non assaisonnées sur un buffet réfrigéré (assaisonnements placés à proximité) ;
- en saladiers individuels (salade niçoise) ;

Exemples :

APPELLATION	ELEMENT PRINCIPAL	ELEMENTS COMPLEMENTAIRES	ASSAISONNEMENT
Salade tiède de langoustines aux truffes	Queues de langoustines Truffes	Feuille de chêne, mâche, trévise, julienne de légumes	Vinaigrette au jus de truffe
Frisée ou pissenlit au chèvre chaud	Chicorée frisée ou pissenlit	Chèvre chaud sur toasts, lardons	Vinaigrette à l'huile de noix et vinaigre de Xérès.

- sur assiette dont le fond sera recouvert :
  - d'une sauce d'accompagnement,
  - d'un coulis de légumes,
  - d'une mousse de légumes disposée en forme de quenelle
  - ou d'un lit de salades mélangées (mâche, trévise, frisée, feuille de chêne) ;
- dans un fruit évidé (pomme, pamplemousse, avocat, grosse tomate, etc.) ;
- dans une coquille de Saint Jacques ;
- dans un cornet ou une aumonière de jambon, de saumon fumé ou mariné, ou de crêpe.

Les assaisonnements peuvent aussi se démarquer des classiques sauces vinaigrette ou mayonnaise.

Plusieurs possibilités :

- **Choisir une huile originale en rapport avec le produit à assaisonner et la saison** (huiles d'olive, tournesol, maïs, raisin, noix, noisettes, crème double ou allégée, yaourt, fromage blanc maigre) ;
- **Choisir un vinaigre en rapport avec le produit à assaisonner et l'huile retenue,** le réduire par déglaçage pour les salades tièdes (vinaigre de vin vieux, de Xérès, de cidre, de framboise, de cerise , ou vinaigres parfumés aux herbes, du jus de citron, de pamplemousse, de lime, etc.)
- **Utiliser des moutardes douces parfumées** (au poivre, à l'estragon, etc.) ;
- **Détendre l'acidité** des sauces avec du jus de truffe, du jus de viande, de la glace de volaille, de poisson, de la cuisson de légumes pour les salades tièdes ;
- **Parfumer judicieusement** les sauces avec des épices (curry, safran) ;
- **Aromatiser avec des herbes** (estragon, cerfeuil, cives, ciboulette, aneth, basilic, menthe, etc.) ; oignons, échalotes, ail, fenouil, céleri, etc.

Des assaisonnements plus originaux peuvent être obtenus en acidifiant au jus de citron ou au vinaigre de fruits, avec des coulis de légumes (coulis d'asperges, de tomates, de céleri, de brocoli, de chou-fleur), en utilisant de la sauce mayonnaise détendue à la glace de viande, de poisson, au coulis de crustacés, au coulis de légumes, au tomato ketchup.

CLASSIFICATION

Les salades composées sont classées d'après l'élément principal de leur composition :

Salades composées à base de légumes crus
Salades composées à base de légumes crus et de fruits
Salades composées à base de légumes cuits (secs ou frais)
Salades composées à base de légumes crus et cuits
Salades composées à base de céréales (riz, semoule de blé, germes de blé)
Salades composées à base de graines germées (soja, radis, lupin)
Salades composées à base de viande (volaille, gibier)
Salades composées à base de poisson, de coquillages et de crustacés.

Exemples :

SALADES COMPOSEES A BASE DE LEGUMES CRUS

APPELLATION	ELEMENTS PRINCIPAUX	ELEMENTS COMPLEMENTAIRES	ASSAISONNEMENT	DRESSAGE
SALADE FRAICHEUR	– Carottes râpées – Tomates mondées – Céleri, champignons et concombres en petits bâtonnets	– Feuille de chêne – Laitue, frisée – Segments d'orange et de pamplemousse – Brunoise de zestes	Vinaigrette au jus de pamplemousse	Saladier individuel
SALADE DE COPEAUX AU ROQUEFORT	– Copeaux de céleri rave, concombre et carottes	– Cœur de laitue, noix, copeaux de pommes	Vinaigrette au roquefort	Saladier individuel

SALADES COMPOSEES A BASE DE LEGUMES CRUS ET DE FRUITS

SALADE NORMANDE	– Pommes acides – Céleri branche en petits dés	– Jambon fumé – Noix hâchée – Ciboulette	Crème acidulée	– Dans une pomme évidée – Sur feuilles de laitue.
SALADE MIAMI	– Banane – Pamplemousse – Ananas – Céleri branche – Pomme	– Laitue – Citron – Tomates	Mayonnaise légère détendue au jus de pamplemousse	Dans une demi-banane évidée disposée sur feuilles de laitue

SALADES COMPOSEES A BASE DE LEGUMES CRUS ET CUITS

APPELLATION	ELEMENTS PRINCIPAUX	ELEMENTS COMPLEMENTAIRES	ASSAISONNEMENT	DRESSAGE
SALADE NIÇOISE	– Pommes de terre – Haricots verts – Poivrons – Tomates	– Laitue – Filets d'anchois, – Œufs durs, – Olives noires, thon	Vinaigrette à l'huile d'olive	Saladier individuel
SALADE IMPERIALE	– Haricots verts – Carottes en bâtonnets – Pomme – Champignons crus	– Salade mélangée – Julienne de truffe – Quartiers de tomate	Vinaigrette aux fines herbes	Sur assiette ou en saladier individuel

SALADES COMPOSEES A BASE DE LEGUMES CUITS

SALADE CENDRILLON	– Céleri rave – Artichauts – Asperges (pointes)	– Salades panachées : pommes, citron, julienne de truffe, noix, cerfeuil, tomates	Crème moutardée	Saladier individuel
SALADE D'ASPERGES AUX TRUFFES	– Pointes d'asperges vertes	– Brunoise de truffe, tomates olivettes historiées, sommités de brocoli	Coulis d'asperges au jus de truffe	Sur assiette

SALADES COMPOSEES A BASE DE CEREALES

SALADE DE RIZ AUX BLANCS DE VOLAILLE	– Riz – Poulet	– Salade panachée : maïs, poivrons rouges et verts, petits pois	Mayonnaise détendue au fond blanc de volaille	Saladier individuel ou multiportions, en tartelettes
TABOULÉ AUX FRUITS DE MER	– Semoule de blé – Fruits de mer (moules, crevettes, crabe, calmar ou blanc de seiche, etc)	– Tomates – Concombre – Menthe	Jus de citron, huile d'olive, eau tiède	Saladier individuel ou multiportions

SALADE COMPOSEE A BASE DE GRAINES GERMEES

SALADE CHINOISE	– Germes de soja – Volaille en julienne	– Champignons noirs – Pousses de bambou – Carottes râpées	Vinaigrette détendue au jus de carotte sucré et à la sauce soja	Petit bol individuel

SALADES COMPOSEES A BASE DE VIANDE

CHEF'S SALADE	– Gruyère en julienne – Jambon de Paris – Blanc de volaille	– Laitue	Mayonnaise détendue au fond blanc de volaille	Ravier ou saladier individuel
SALADE DE POULE FAISANNE AUX CHOUX	– Escalopes fines de blanc de poule faisanne – Choux blanc et rouge dégorgés et blanchis	– Lardons – Noix – Pommes, céleri – Salades panachées	Vinaigrette à l'huile de noix et au vinaigre de fruits	Sur assiette (tiède)
SALADE DE CAILLE AUX PLEUROTES	– Filets de caille sautés – Pleurotes sautés	– Salade panachée – Julienne de foie gras – Raisins de muscat mondés et épépinés – Pignons de pin	Déglaçage au vinaigre de framboise, huile de noisette, jus de truffe	Sur assiette (tiède)
SALADE DE MAGRET FUME, GESIER ET FOIE GRAS	– Fines escalopes de magret fumé, – Gésiers confits – Escalopes et tranches tièdes de foie gras	– Mesclun, – Pignons de pin, – Dés de tomate – petits croûtons – Toasts	Huile de noix, Vinaigre de Xérès Jus de truffe	Sur assiette

SALADES COMPOSEES A BASE DE POISSON, DE COQUILLAGES ET DE CRUSTACES

APPELLATION	ELEMENTS PRINCIPAUX	ELEMENTS COMPLEMENTAIRES	ASSAISONNEMENT	DRESSAGE
SALADE DE HADDOCK AUX DEUX POMMES	– Haddock poché au lait et effeuillé – Pommes de terre en robe des champs – Pommes fruits	– Salade panachée – Pluches de cerfeuil	Sauce mayonnaise détendue de poisson à la cuisson	Sur assiette
SALADE DE RAIE AUX AGRUMES	– Aileron de raie poché et effiloché – Segments de pamplemousse et d'orange	– Salade panachée – Brunoise de zeste, pluches de cerfeuil	Vinaigrette chaude au jus d'orange	Sur assiette (tiède)
AUMONIERE DE SAUMON MARINE AUX PETALES DE ST JACQUES	– Fine tranche de saumon cru mariné – Pétales de St Jacques crus marinés – Dés d'avocat	– Julienne de truffe, de champignons crus – Toasts ou blinis – Tiges de ciboulette	Quenelle de sauce grelette et de mousse d'avocat	Sur assiette
PANACHE DE CRUSTACES A LA GELEE DE BOUILLABAISSE	– Queues de langoustines, – Médaillons de langouste, – Queues de crevettes roses, – Ecrevisses troussées	– Œufs de caille en tonnelets, garnis de caviar et d'œufs de saumon – Toasts et blinis	Cuisson de bouillabaisse réduite, liée à l'aïoli et crème fouettée	Sur assiette (tiède)

LES HORS D'ŒUVRE ET LES SALADES COMPOSÉES DU COMMERCE

GENERALITES

Les fabricants de l'agro-alimentaire ont mis au point à l'intention des cuisiniers de la petite restauration, de la restauration collective et tout spécialement des grandes unités de restauration collective, des légumes prêts à l'emploi : seuls ou mélangés, assaisonnés ou non, en conserves appertisées, en semi conserves pasteurisées, conditionnés sous vide ou sous atmosphère contrôlée à conserver à + 3 °C, et déshydratés. D'un prix constant et abordable, ces légumes prêts à l'emploi permettent d'inscrire au menu des préparations très variées, faciles et rapidement préparées.

En restauration collective, l'élaboration des hors d'œuvre pose souvent un grave problème de temps. Les quantités impressionnantes de légumes à éplucher, laver, râper, émincer, couper en rondelles, en dés, en julienne, obligent à de nombreuses manipulations.

Cette élaboration mobilise du personnel, nécessite des locaux séparés, des équipements et du matériel spécifiques, afin de travailler dans les règles de sécurité bactériologique et le strict respect de la législation (1974 et 1980).

A ce propos, rappelons que les légumes bruts appartiennent au secteur des produits fortement souillés et contaminés. (voir cours sur la marche en avant et la légumerie).

Les légumes prêts à l'emploi permettent de contourner facilement cette difficulté.

D'autre part, dans cette catégorie de restauration « à petit budget », il n'est pas toujours possible de servir des légumes frais toute l'année, principalement en hiver lorsque ces produits subissent des fluctuations de prix parfois importantes.

Aujourd'hui, les fabricants proposent une large gamme de produits qui permettent de varier et renouveler la carte des hors d'œuvre et des salades composées, évitant ainsi la monotonie et la lassitude de la clientèle des restaurants sociaux où la fréquentation est quotidienne. (Restauration scolaire et d'entreprise : 5 déjeuners sur 7 en moyenne).

Salade de riz sauvage aux fruits de mer.
Recette M. Kerever – Restaurant « Le Duc d'Enghien »
Doc. Uncle Ben's

PRODUITS PROPOSES PAR L'AGRO-ALIMENTAIRE

PRODUIT SEUL (1 seul produit par conditionnement)

Ce sont des produits de base à assaisonner ou à assembler (à mélanger à d'autres éléments).
Exemples : carottes râpées, céleri rave râpé, blancs de poireaux, pousses de soja, flageolets verts, lentilles...

EXEMPLES	COMPOSITION	CONDITIONNEMENT conserves appertisées Btes 4/4, 3/1 5/1	Semi-conserves pasteurisées, sous vide, barquettes d'aluminium et de plastique scellées hermétiquement	FRAIS sous vide ou sous atmosphère contrôlée légumes de la 4ème gamme	DUREE ET TEMPERATURE moyenne de conservation (1)	ASSAISONNEMENT	OBSERVATIONS
Carottes râpées	Carottes Eau Sel Citron Sucre	5/1 2,200 égouttés		X	Maximum 2 ans à l'économat (+ 15 °C) 6 jours maxi à + 3 °C (possibilité d'autorisation à 21 jours)	Vinaigre au jus de citron, persil hâché, ail, échalotes ciselées	Rincer, égoutter assaisonner (25 portions) (se conformer aux prescriptions de l'étiquetage)
Céleri râpé	Celéri, sel, acide citrique, concentré de citron	5/1 2,200 égouttés		X	Maximum 2 ans à l'économat (+ 15 °C) 6 jours maxi à + 3 °C	Sauce rémoulade mayonnaise fortement moutardée	Rincer, égoutter assaisonner (25 portions)
Maïs doux en grains	Maïs, eau, sel	5/1, 3/1, 4/4 1/2, 1/4 1,700 kg pour 1 bte 3/1			2 ans maximum à l'économat	Suivant l'assemblage, mayonnaise légère	Rentre dans la composition de nombreuses salades composées

(1) A partir de la date de conditionnement

PRODUITS MELANGES NON ASSAISONNES

- plusieurs légumes mélangés et conditionnés au naturel
- ce sont généralement des produits prêts à être assaisonnés et à ne pas rincer

Exemples : les salades composées (riz à la niçoise, sombrero, sojanade, caraïbes, etc.).

Salade exotique	Riz, cœur de palmier, ananas maïs, poivrons rouges et verts, oignons, raisins secs	5/1 2,800 kg			2 ans maximum à l'économat (+ 15 °C)	Vinaigrette moutardée, pointe de cognac	Ajouter du blanc de volaille en cubes, environ 20 portions
Légumes chinois au naturel	Pousses de soja, lamelles de carottes, pous-de bambou, champignons noirs, oignons, poivrons, marrons d'eau	5/1 2,200 kg			2 ans maximum à l'économat (+ 15 °C)	Vinaigrette au soja	Ajouter du blanc de poulet émincé ou en julienne, crabe émietté ou bâtonnets de poisson au crabe
Taboulé déshydraté	Semoule de blé, tomates, courgettes, poivrons	Bte carton métal 0,600 kg			2 ans maximum à l'économat (+ 15 °C)	Jus de citron, huile d'olive, menthe fraîche, hâchée	A réhydrater la veille en chambre froide à couvert avec l'assaisonnement
Salade mexicaine	Maïs, haricots rouges, poivrons rouges et verts, oignons, cornichons.	5/1 2,800 kg			2 ans maximum à l'économat (+ 15 °C)	Vinaigrette moutardée légèrement pimentée	Ajouter des cubes de poisson fumé (haddock ou crevettes)

(1) A partir de la date de conditionnement

PRODUITS SEULS ET ASSAISONNES (semi-conserve)

A utiliser directement.

Exemples : champignons à la grecque, céleri rémoulade, salade de carottes

EXEMPLES	COMPOSITION	CONDITIONNEMENT conserves appertisées Btes 4/4, 3/1 5/1	Semi-conserves pasteurisées, sous vide, barquettes d'aluminium et de plastique scéllées hermétiquement	FRAIS sous vide ou sous atmosphère contrôlée légumes de la 4ème gamme	DUREE ET TEMPERATURE moyenne de conservation	ASSAISONNEMENT	OBSERVATIONS
Champignons à la grecque	Champignons, oignons, vin blanc, huile de tournesol, concentré de citron, épices, aromates, amidon de maïs, concentré de tomate		barquettes de 2,500 kg	sacs plastique multiportions	6 semaines à 3 mois après la date de fabrication à + 3 °C 6 jours maxi à + 3 °C possibilités d'autorisation à 21 jours	déjà assaisonné	Dresser en raviers, décorer avec des 1/2 lamelles de citron historié
Céleri rémoulade	Céleri rave, huile de tournesol, eau, jaunes d'œuf, vinaigre, moutarde, amidon, sucre, sel, épices		barquettes de 2,500 kg		6 semaines à 3 mois après la date de fabrication à + 3 °C 6 jours maxi à + 3 °C	déjà assaisonné	Dresser en raviers, décorer avec quartiers d'œufs durs ou œuf mimosa, Elément de la salade Lorette Cornet de jambon au céleri

PRODUITS MELANGES ET ASSAISONNES

Salades mélangées prêtes à servir. Elles peuvent être améliorées en leur apportant des éléments complémentaires : dés de poulet, thon, crevettes, crabes, salades diverses, quartiers de tomates, d'œufs durs, etc.

Exemples : macédoine de légumes mayonnaise, salade de riz niçoise.

Macédoine de légumes mayonnaise	Carottes, petits pois, haricots verts, navets, haricots grains, huile de tournesol, vinaigre, moutarde, jaune d'œuf amidon, sucre, sel, épices		barquettes de 2,500 kg	sacs plastique multiportions	de 6 semaines à 3 mois après la date de fabrication 6 jours maxi à + 3 °C possibilités d'autorisation à 21 jours	déjà assaisonné	Dresser en ravier multiportions ou en ravier individuel Décorer avec laitue, quartiers de tomate et d'œuf dur
Salade de riz niçoise	Riz, poivrons rouges et verts, tomates, thon, olives vertes et noires, cornichons		barquettes de 2,500 kg	sacs plastique multiportions	de 6 semaines à 3 mois après la date de fabrication 6 jours maxi à + 3 °C possibilités d'autorisation à 21 jours	déjà assaisonné	Dresser en saladier multiportions ou individuels. Décorer avec laitue, quartiers d'œufs durs, tomates, filets d'anchois, basilic et cerfeuil haché

AVANTAGES DES HORS D'ŒUVRE ET SALADES COMPOSEES DE FABRICATION INDUSTRIELLE

Gain de temps

Sortir le produit du conditionnement, vérifier son intégrité, et suivant sa nature et son conditionnement procéder ainsi :

– Laver - rincer - égoutter, assembler avec d'autres éléments (fines herbes, échalotes, oignons ciselés, dés de volaille, thon, quartiers d'œufs durs, de tomates, etc.)
– Assaisonner - dresser

Dans le cas d'un produit fini : dresser - décorer

Remarque : une fois assaisonnés, ces produits sont à maintenir en enceinte réfrigérée à + 3 °C jusqu'au moment de leur utilisation. Lors de cet entreposage les salades doivent être protégées par un couvercle ou un film alimentaire.

Economie de main d'œuvre et utilisation de personnel moins qualifié ou plus polyvalent (les hors d'œuvre peuvent être réalisés par les étagères, les femmes de service ou les débarrasseuses).

Moins de manipulations

Moins de risques d'intoxication alimentaire.

Produits faciles à stocker

– Produits appertisés : jusqu'à 2 ans après la date de conditionnement à + 12 à + 15 °C
– Produits pasteurisés en chambre froide : de 6 semaines à 3 mois à + 3 °C.
– Produits conditionnés sous vide ou en atmosphère contrôlée : 6 à 21 jours à + 3 °C (produits de la 4ème gamme).

Prix relativement peu onéreux et stable

en tenant compte de l'incidence des autres coûts : stockage des produits bruts, pertes, préparation, matériel, temps, énergie.

Le prix des conserves n'est pas soumis aux mêmes fluctuations que celui des légumes frais.

L'évolution des prix des conserves est prévisible à moyen terme, ce qui facilite la gestion.

La gamme des prix des produits est extrêmement variable et peut s'adapter à toutes les formules de restauration.

Produits variés et disponibles en toutes saisons

Ils permettent de proposer à la clientèle des crudités en toutes saisons, d'associer des légumes arrivés à maturité à différentes époques de l'année, ou d'utiliser des produits frais difficiles à se procurer dans certaines régions (produits exotiques).

De nombreuses fiches techniques d'utilisation sont fournies par les fabricants.

Produits bactériologiquement sûrs

Produits élaborés dans des ateliers agréés et sous le contrôle des Services Vétérinaires.

Produits d'excellente valeur nutritionnelle

(suivant la composition)

En raison de la diversité de leurs composants, les salades composées peuvent être judicieusement équilibrées et constituent à elles-seules un véritable repas complet.

Salades composées appertisées Bonduelle

LES ŒUFS

DEFINITION

Corps organiques qui se forment chez la femelle de plusieurs classes d'animaux (les ovipares), et qui renferment le germe d'un animal de la même espèce.

Les œufs d'oiseaux (caille, pintade, oie, cane), de poissons (saumon, truite, esturgeon, cabillaud) ou de reptiles, entrent dans notre alimentation. Mais aux termes du décret du 15 juin 1939 sur la répression des fraudes, la dénomination « œufs » sans indication de l'espèce animale de provenance est strictement réservée aux œufs de poule « en coquille ».

Tout œuf provenant d'un oiseau autre que la poule doit être désigné par la dénomination « œufs » suivie du nom de l'oiseau dont il provient.

Exemples : **œufs de caille, œufs de cane, œufs de pintade**

Remarque : ***les œufs de vanneaux et de pluviers sont actuellement interdits à la vente.***

PRODUCTION ET CONSOMMATION DES ŒUFS EN FRANCE

Essentiellement « fermier » il y a quelques années, l'élevage avicole français s'est considérablement industrialisé. Les rythmes de ponte sont actuellement minutieusement réglés et la production saisonnière (printemps) a complètement disparu au profit d'une production dite « en continu ».

La régularité de la production et des approvisionnements a entraîné la stabilité des prix, ainsi que la disparition des œufs conservés « artificiellement en coquille » (immersion dans du lait de chaux, dans du silicate de potasse et de soude, stabilisation en atmosphère gazeuse et réfrigérée).

Il y a actuellement une diminution de l'effectif des poules pondeuses et une progression spectaculaire du rendement annuel par unité de poule. La France produit actuellement 12 milliards d'œufs par an, soit environ 4 % de la production mondiale.

Ces œufs sont pondus par environ 60 millions de poules pondeuses (soit à peu près une par Français !...)

Quelques exemples de la production annuelle d'œufs :

U.S.A.	ALLEMAGNE	FRANCE	ITALIE
70 millards d'unités	14 milliards d'unités	12 milliards d'unités	10 milliards d'unités

Malgré ces chiffres impressionnants, les Français ne sont pas de gros consommateurs d'œufs : ils occupent la 12ème place dans le monde avec 210 unités par an et par habitant.

Les principaux consommateurs :

ISRAEL	U.S.A.	GRANDE-BRETAGNE	FRANCE
420 unités par habitant	318 unités par habitant	270 unités par habitant	210 unités par habitant

Cette consommation relativement faible est due à différents facteurs :

des facteurs psychologiques :
- Il peut être difficile d'admettre qu'un aliment bon marché (5 fois moins cher qu'une entrecôte) puisse avoir une valeur nutritionnelle égale, sinon supérieure à celle de la viande, aliment considéré comme noble pour certains.

des facteurs d'habitudes alimentaires :
- l'absence de véritable petit déjeuner (3 français sur 4 partent le matin au travail pratiquement à jeun). L'œuf pourrait être intégré dans le petit déjeuner afin qu'il devienne le premier repas de la journée.

des préjugés ou de fausses idées :
- ennemi supposé du foie
- problème d'allergie
- apport trop important de cholestérol, etc.

STRUCTURE DE L'ŒUF

Coupe d'un œuf de poule

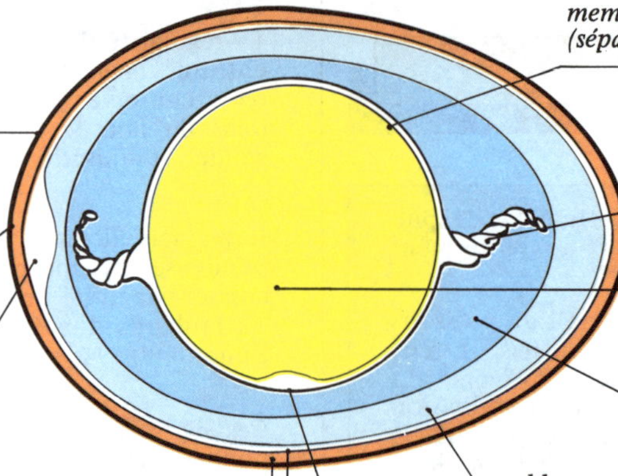

L'œuf se compose de trois parties principales :

– **la coquille** :	10 % = 6 g	poids moyens pour un œuf de 60 g
– **le jaune** :	30 % = 18 g	
– **le blanc** :	60 % = 36 g	

LA COQUILLE

- Elle est recouverte d'une couche protectrice, la cuticule, mince pellicule cireuse qui lui donne un aspect brillant et un peu gras (œufs extra frais seulement, non brossés, ni lavés).
- D'épaisseur variable, elle est plus ou moins fragile suivant que l'alimentation de la poule est riche ou non en calcium. La coquille est constituée essentiellement par du calcaire que la poule trouve dans sa nourriture.
- La coloration de la coquille peut varier du blanc au roux suivant la race de la poule (caractères génétiques spécifiques), son alimentation et l'époque de la ponte.
- Elle doit être naturellement propre et solide, non fêlée, non marbrée. Elle ne doit pas présenter de défauts, de rugosités, ni de plissements.

La coquille étant poreuse, toute souillure déposée à la surface peut pénétrer à l'intérieur de l'œuf. Malgré l'action protectrice des membranes, les germes se développent rapidement et la durée de conservation se trouve diminuée. La coquille ne doit pas être nettoyée car l'humidité facilite la pénétration des bactéries à l'intérieur, de plus le lavage et le brossage détruisent la cuticule, ce qui facilite la pénétration ultérieure d'autres germes.

LE JAUNE

Egalement appelé « vitellus », le jaune est un véritable tissu de réserve dans lequel l'embryon du poulet va trouver toute sa nourriture. Le jaune a une forme sphérique. Sa coloration brillante, qui peut aller du jaune clair au jaune d'or foncé, provient en grande partie de pigments présents dans la nourriture ingérée par la poule.

Plus une poule mange d'herbe verte, de maïs ou de produits à base de carotène et de flavones, plus les jaunes ont une teinte foncée. Une poule vivant en plein air pourra pondre des œufs dont les jaunes seront plus foncés que si elle vivait enfermée.

Si l'œuf a été fécondé, on peut apercevoir le germe. Il est intéressant de noter que la grosseur du jaune est à peu près constante, quelle que soit la grosseur de l'œuf.

LE BLANC

Egalement appelé « albumen ». Si l'on casse un œuf quelques heures après la ponte, le blanc s'étale sur l'assiette en une masse transparente, comportant deux parties : la première, plus dense, entoure le jaune, tandis que l'autre, plus mouvante et fluide, s'étale tout autour.

Dans le blanc se trouvent des filaments plus épais, les chalazes ou tortillons d'albumine, qui maintiennent le jaune au centre de l'œuf (elles ont tendance à se rompre lorsque l'œuf vieillit).

Le blanc n'est pas directement en contact avec la coquille. Deux membranes minces mais très fortes doublent l'intérieur de la coquille et y adhèrent fermement.

Après la ponte, à mesure que l'œuf se refroidit et que le gaz carbonique et l'eau s'évaporent, le blanc et le jaune se contractent. Le léger vide formé attire l'air entre les deux membranes de la coquille, il se forme ainsi la poche d'air nommée « chambre à air ».

Aspect du blanc et du jaune

Les deux parties du blanc d'un œuf de qualité sont nettement différenciées, la première, très ferme, entoure le jaune en une masse régulière ovoïde, tandis que la seconde s'étale tout autour. Les chalazes doivent apparaître nettement.

Pour un œuf de bonne qualité, au moins la moitié du blanc doit être du blanc ferme ; dans un œuf moins frais, les deux blancs tendent à se confondre et à se liquéfier.

Le jaune d'un œuf de bonne qualité est bombé, brillant, un peu transparent. Le jaune d'un œuf trop vieux est affaissé et d'une couleur terne.

Odeur et goût

Un œuf de bonne qualité ne dégage pratiquement pas d'odeur. Au fur et à mesure que l'œuf vieillit, celle-ci s'affirme et devient désagréable.

D'autres odeurs peuvent se présenter, dues soit à la nourriture de la poule, soit à la pénétration de l'odeur de substances avec lesquelles l'œuf s'est trouvé en contact (produits désinfectants, essence pendant le transport).

APPRECIATION DE LA FRAICHEUR DES ŒUFS

En pratique, la fraîcheur des œufs se reconnait :
– par mirage
– par observation

œuf extra frais **œuf frais** **œuf vieux**

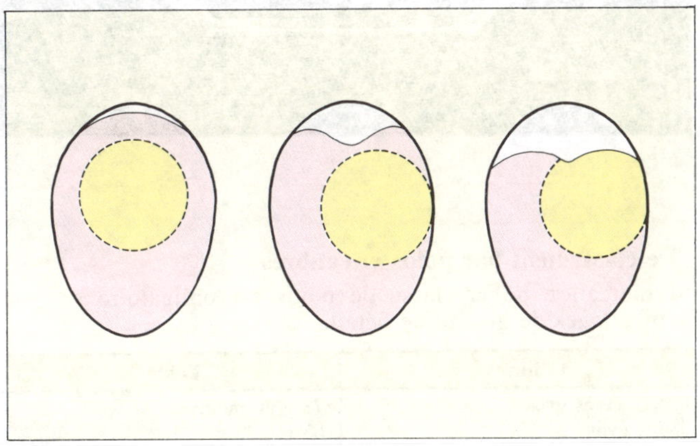

par mirage
coloration à peine rosée du blanc, jaune bien centré, chambre à air presque inexistante, absence de toute tache suspecte.

œuf extra frais **œuf frais** **œuf vieux**

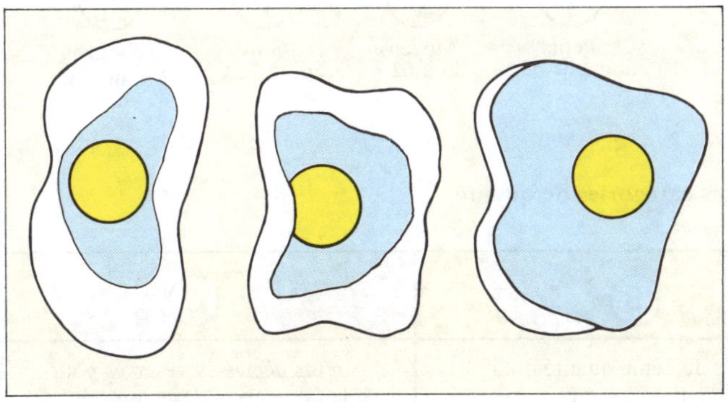

par observation
aspect de l'œuf cru cassé
moitié du blanc très ferme et entourant le jaune bien centré, celui-ci doit être bombé et brillant.

œuf extra frais **œuf frais** **œuf vieux**

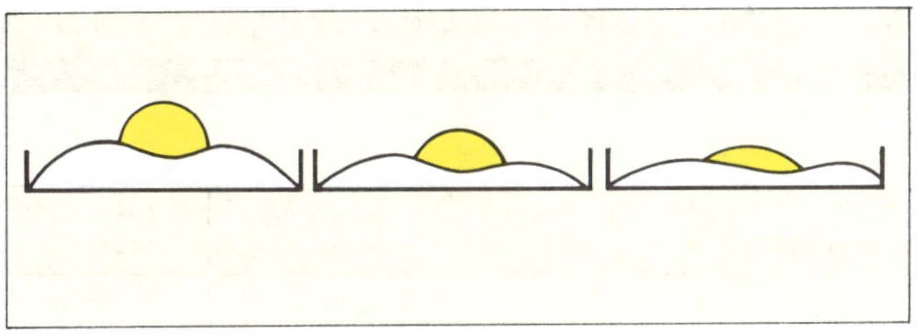

aspect de l'œuf cuit au plat
jaune particulièrement globuleux et bombé.

œuf extra frais **œuf frais** **œuf vieux**

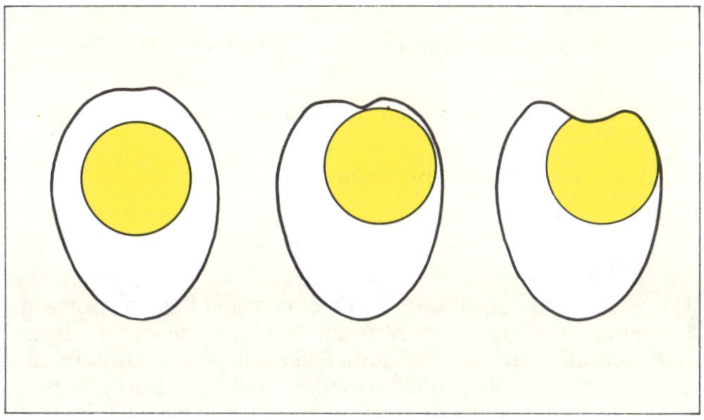

aspect de l'œuf cuit dur
chambre à air réduite, jaune bien centré.

œuf extra frais **œuf frais** **œuf vieux**

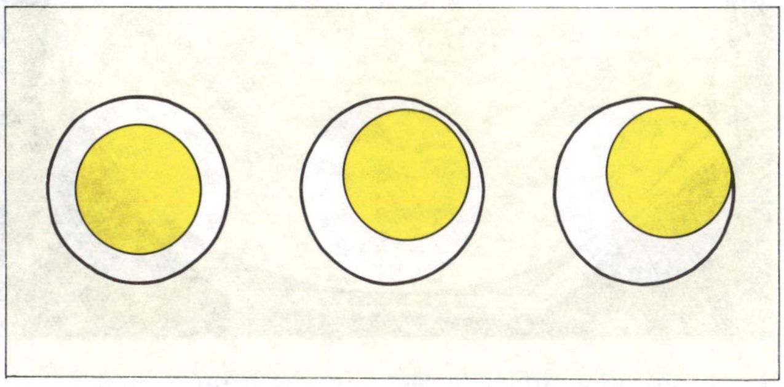

en rondelle
jaune bien centré.

Au fur et à mesure que l'œuf vieillit, la chambre à air située au gros bout de l'œuf s'agrandit et les chalazes s'affaiblissent.

Pour mesurer la fraîcheur de l'œuf, il est donc préférable de tenir compte, non pas du nombre de jours écoulés, mais de la dimension de la chambre à air ainsi que de la position du jaune au centre de l'œuf.

COMPOSITION ET VALEUR NUTRITIONNELLE MOYENNE POUR UN ŒUF DE 60 g

Constituants principaux	Œuf entier en %	Jaune seul en %	Blanc seul en %
Eau	72	49	87,9
Protéines	14	16,7	10,6
Lipides	12	32,2	0,05
Glucides	1	1	0,9
Minéraux	1	1,1	0,6
Energie	320 Kj		

Remarque :
Les protéines des œufs sont riches en acides aminés essentiels et sont d'une grande valeur nutritionnelle (le blanc d'œuf est la seule protéine complète).

Il est à noter que le rapport : $\frac{\textit{qualité des protéines}}{\textit{prix}}$ *est excellent (5 fois inférieur à la viande)*

Equivalence en apport protéinique :

2 œufs 1/2
ou = 100 g de viande ou 100 g de poisson
3 petits œufs

Dans un repas équilibré, comme la viande ou le poisson, les œufs peuvent être servis en « plat principal ». Il est indispensable de choisir judicieusement la technique de cuisson : les œufs semi-coagulés sont les plus digestes (cocotte, mollets, pochés).

LA COMMERCIALISATION DES ŒUFS

Le classement par poids et calibres

L'indication de la classe de poids est obligatoire sur les emballages de gros et de détail.

Calibres	Poids
XL : très gros	73 g au moins
L : gros	63 g à 72 g
M : moyen	53 g à 62 g
S : petit	moins de 53 g

***Remarque** : sur les petits conditionnements (boîtes de 4, 6, 9, 12, 18), il est fréquent de trouver l'indication du calibre sous la forme d'un schéma.*

Exemples :

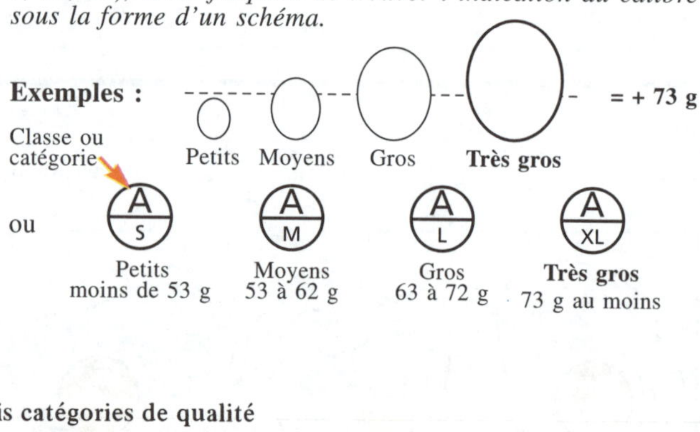

La classification officielle des œufs par qualité

Les œufs sont classés selon une réglementation communautaire en trois catégories de qualité

Classe ou Catégorie	(A)	(B)	(C)
Définition	Commercialisés en 2 sous-catégories – *les œufs extra-frais* – *les œufs frais*	œufs de 2ème qualité ou œufs conservés industrie agro-alimentaire	œufs déclassés, réservés pour la fabrication des ovoproduits

Les œufs commercialisés sont tous de catégorie A

Etiquetage de gros emballages :

Classe ou Catégorie	A	B	C
Définition	Œufs extra-frais ou œufs frais.	Œufs de 2ème qualité ou œufs conservés.	Œufs déclassés destinés à l'industrie ne pouvant être commercialisés en l'état.
Description	Œufs ***non brossés, ni lavés,*** n'ayant subi ***aucun procédé de nettoyage.*** Œufs n'ayant subi ***aucun procédé de conservation et*** conservés à la température de + 8 °C (cette température ne concerne pas les locaux de vente). Les coquilles et les cuticules doivent être normales, naturellement propres, intactes, ni fêlées, ni marbrées.	a) Œufs non conservés et non réfrigérés dont la profondeur de la chambre à air est comprise entre 6 et 9 mm. b) Œufs réfrigérés à une température inférieure à + 8 °C. c) Œufs conservés dans un mélange gazeux ou soumis à un autre procédé de conservation. Coquilles normales, intactes.	Œufs propres à la consommation humaine qui ne satisfont pas aux exigences requises pour les catégories A et B. Ils ne peuvent être cédés qu'à des casseries en vue de la fabrication d'ovoproduits pasteurisés.
Hauteur de la chambre à air	**Œufs extra-frais : *inférieure à 4 mm*** **Œufs frais : *inférieure à 6 mm***	Inférieure à 9 mm	Inférieure à 9 mm
Aspect du blanc	Clair, limpide, de consistance gélatineuse, exempt de corps étrangers de toute nature.	Limpide, exempt de corps étrangers.	
Aspect du jaune	Visible au mirage sous la forme d'une ombre seulement sans contour apparent, de position centrale en cas de rotation, exempt de corps étrangers de toute nature.	Ces œufs ont pratiquement disparu des marchés, remplacés avantageusement par les ovoproduits.	
Germe	Développement imperceptible.		
Odeur	Exempt d'odeurs étrangères.		
Estampillage des coquilles	Facultatif.	Obligatoire (sous forme de symboles) ● ▲ ◆	Obligatoire
Etiquetage des emballages	**Extra-frais : *date du jour de ponte ou du jour de l'emballage*** **D.L.U.O. ou D.C.R.** **Frais : *date du jour de l'emballage ou numéro de la semaine*** **D.L.U.O. ou D.C.R.** Le numéro de la semaine disparait au profit de la date du jour de l'emballage.	Mode de conservation ou de réfrigération : ● œufs conservés par immersion ▲ œufs conservés par réfrigération ◆ œufs stabilisés et réfrigérés	

Différence entre les œufs «extra-frais» et les œufs «frais»

EXTRA-FRAIS A	FRAIS A
La chambre à air doit avoir une hauteur inférieure à 4 mm au moment de l'emballage. Collectés au moins deux fois par semaine chez le producteur. Conditionnés uniquement en petits emballages (moins de 30 unités).	La chambre à air doit avoir une hauteur inférieure à 6 mm. Collecte pouvant être effectuée seulement une fois par semaine. Conditionnés en petits emballages après avoir éliminé la banderole «extra», ou en gros conditionnement type canadienne (360 unités).

Le qualificatif «extra» doit être indiqué grâce à une banderole à fond rouge en lettres blanches d'un cm de hauteur rendue inutilisable après ouverture de l'emballage. ***Cette banderole doit être retirée par le commercant si les œufs n'ont pas été vendus dans les 7 jours suivant la date de conditionnement ou 9 jours après la date de ponte.*** Les œufs deviennent alors «œufs frais». Date de conditionnement en clair (jour/mois/année).	Dispositif d'étiquetage rendu inutilisable par l'ouverture de l'emballage et délivré sous le contrôle des organismes officiels. Date de conditionnement ou numéro de la semaine.

LES EMBALLAGES

Etiquetage de gros emballages :

Mentions portées sur l'emballage :

L'étiquetage des gros emballages doit comporter :

- le numéro de l'étiquette,
- le nom ou la raison sociale de l'entreprise,
- l'adresse de l'entreprise,
- le numéro d'immatriculation,
- le nombre d'œufs,
- la catégorie de qualité,
- la catégorie de poids,
- la D.L.U.O.,
- 3 : identification de la France dans la réglementation européenne,
- 22 : centre d'emballage (Côtes du Nord),
- 227E : numéro d'agrément du centre,
- 360 : nombre d'œufs dans l'emballage,
- A : œufs frais,
- 47 : semaine 47.

Etiquetage des petits emballages :

- Marque commerciale Loué,
- Œufs de poules fermières élevées en libre parcours,
- Nom de l'éleveur,
- N° d'enregistrement,
- Date de ponte 07/07,
- Extra-frais jusqu'au 16/07 (9 jours),
- A consommer de préférence avant le 04/08 (28 jours après la date de ponte),
- Classe et calibre de poids.

Les petits emballages contenant des œufs «extra» comportent la mention «extra-frais» sur une banderole rouge rompue par l'ouverture de l'emballage. Elle est à retirer obligatoirement à l'expiration du délai de 9 jours après la date de ponte. Il est fréquent de trouver des œufs datés du jour de ponte.

La mention D.L.U.O. (à consommer de préférence avant le) est souvent remplacée par les lettres D.C.R. (date limite de consommation recommandée) ou par le tableau suivant :

Date de ponte le 07/07	
Extra frais jusqu'au 16/07	**Œufs frais D.C.R. 28 jours après**
Préparations sans cuisson ou avec cuisson partielle : œufs à la coque, pochés, en cocotte...	Préparations avec cuisson complète ou ébullition

Les conditionnements des œufs peuvent indiquer également des signes officiels de la qualité.

Exemples :

- le signe de l'obtention du label Rouge
- le signe attestant la provenance de l'agriculture biologique.

Les emballages utilisés pour les œufs doivent être résistants aux chocs, secs, maintenus en bon état d'entretien et de propreté, fabriqués en matières qui ne puissent provoquer ni odeur, ni altération.

- Les petits emballages ne peuvent être réutilisés.
- Le réemploi des grands emballages (+ de 30 œufs) peut se faire après nettoyage et désinfection.

Présentation des grands emballages

Plaques alvéolées (type Keyes) contenant 30 œufs (5 x 6). carton contenant deux rants juxtaposés de six plaques alvéolées, soit 12 x 30 = 360.

CONSEILS PRATIQUES

Le reproche fréquemment formulé pour les œufs est le manque de fraîcheur. Toutefois les réseaux de distribution sont actuellement très performants. Afin de préserver les qualités naturelles des œufs (qualités hygiéniques et diététiques, propriétés physiques), il suffit de respecter un certain nombre de précautions :

- Vérifier la date de conditionnement des petits et gros emballages.
- Vérifier l'intégrité des étiquettes (elles doivent être ni décollées, ni déchirées).
- Vérifier le parfait état des emballages et des conditionnements (propreté absolue, absence de taches d'humidité).
- Contrôler la température de livraison des ovoproduits (+ 3 °C pour les ovoproduits réfrigérés, - 18 °C pour les ovoproduits congelés).
- Entreposer les œufs dans leur emballage d'origine dans un local frais (+ 8 à + 12 °C), à l'écart des produits trop odorants et à l'abri de la lumière.
- Manipuler les caisses avec précautions ; éviter les chocs brutaux.

- Eviter tous les écarts de température (risques de condensation) car l'humidité en surface détruit la cuticule protectrice (pénétration des microbes, pertes de gaz et eau).
- Limiter les stocks trop importants (en fonction de la périodicité des livraisons).
- Conserver les œufs la pointe en bas (afin d'éviter au jaune de se rapprocher de la chambre à air).
- Effectuer une rotation logique des stocks (premiers livrés, premiers utilisés).
- Ne laisser en mise en place (à la température de la cuisine que la quantité strictement nécessaire au service).
- Eviter de sortir et de rentrer les œufs plusieurs fois de suite dans la chambre froide (risque de condensation).
- N'utiliser que des œufs naturellement propres, non fêlés, ni marbrés.
- Casser les œufs dans un récipient autre que celui destiné à recueillir l'ensemble, ceci afin de vérifier la fraîcheur.
- Rejeter tous les œufs suspects (odeur ou couleur anormale, œufs à corps étrangers).
- Se laver les mains avant et après les opérations de cassage.
- Casser les œufs à plat et non sur le bord du récipient, jaunes et blancs ne se mélangeront pas.
- Ne jamais corner les œufs avec le doigt, ni les clarifier dans la main.
- Refuser les œufs sans garantie de provenance (revendeurs non agréés, œufs sans emballage d'origine).
- Les œufs de cane sont interdits en restauration collective, néanmoins, il est possible de les utiliser en restauration classique mais seulement après 10 minutes d'ébullition.
- Eviter de conserver la dorure (24 heures maximum à + 3 °C).
- Eviter de conserver les blancs trop longtemps (malgré des habitudes empiriques fort ancrées, ils ne se développeront pas davantage).
- Ne pas placer les œufs directement de la chambre froide dans de l'eau bouillante (risque d'éclatement).
- Ajouter une pincée de sel fin aux blancs destinés à être « montés en neige », ils se développeront davantage.
- Ecaler les œufs durs ou les œufs mollets dans de l'eau froide et sous un filet d'eau entre la coquille et la membrane coquillière (ils s'écaleront plus facilement).
- Eviter le contact direct œufs et matériel argenté (risque d'oxydation).

Remarque :

Il faut garder présent à l'esprit qu'un œuf ouvert est un milieu idéal pour la prolifération microbienne. En conséquence, il est préférable de casser les œufs juste au moment de leur utilisation. De plus, le bactéricide naturel contenu dans le blanc (lysozyne) devient inefficace au contact de l'air et ne protège plus l'œuf.

Cette fragilité pose des problèmes aux établissements utilisant davantage de blancs que de jaunes ; dans ce cas, l'utilisation des ovoproduits peut rendre de nombreux services.

UTILISATIONS CULINAIRES

Qu'ils soient du domaine de l'entremétrier (voir les différentes techniques de cuisson des œufs) ou du pâtissier, les œufs sont largement utilisés en cuisine.

Grâce à leurs nombreuses propriétés physiques dues à la variété de leurs composants (protéines, lipides, lécithines), les œufs se prêtent à d'innombrables combinaisons culinaires.

Propriétés liantes (dues aux protéines du jaune et du blanc)
Les protéines du blanc coagulent vers 65/70 °C, celles du jaune vers 75/80 °C suivant le taux de concentration ou de dilution, la nature du liquide, la présence de sel, de sucre ou d'amidon et la vitesse de chauffage.

Utilisations culinaires :

- les pâtes (à génoise, à choux, sablée, à brioche, à savarin, à nouilles)
- les farces pour pâtés, terrines, ballotines, galantines et farces diverses (mousselines, quenelles)
- les appareils à crèmes prises salés (appareil à quiche, subrics, royales).
- les appareils à crèmes prises sucrés (crème caramel, viennoise, beau rivage)
- les crèmes sucrées (d'amandes, frangipane, au beurre, anglaise, pâtissière)
- les petits fours secs (cigarettes, tuiles)
- la panure à l'anglaise
- liaison des sauces – jaunes seuls – (sauce Mornay, sauce de la blanquette)
- liaison des potages – jaunes seuls – velouté Dubarry, Choisy), consommés liés (Germiny).

Propriétés moussantes et levantes (blancs)
Sous l'action mécanique d'un fouettage intense, qui consiste à incorporer de l'air, le blanc d'œuf a la propriété de se transformer en «mousse» (œufs en neige) : innombrables petites vésicules remplies d'air. La neige ainsi obtenue est stable du fait de la modification de la structure des protéines obtenue sous l'effet mécanique. A la cuisson, l'air ainsi emprisonné se dilate, les bulles se développent jusqu'à ce que leurs parois soient coagulées par la chaleur.
Les traces de matière grasse s'opposent à cette propriété, c'est pourquoi il est indispensable d'utiliser du matériel parfaitement propre et des blancs débarrassés de toute trace de jaune.

Utilisations culinaires :

- meringues (française, suisse, italienne)
- omelettes soufflées (norvégienne, volcan, vésuvienne)
- appareil à biscuit (Savoie, biscuit à la cuiller)
- les soufflés salés et sucrés (au fromage, liqueur, chocolat)
- la pâte à frire pour beignets et fritots (cervelle, oignons, fruits).

Propriétés émulsifiantes et stabilisantes (jaunes)
Grâce aux propriétés physico-chimiques des protéines et des lécithines (graisses phosphorées) contenues dans les jaunes, les œufs peuvent, sous l'action mécanique d'un fouettage, augmenter de volume, réaliser et stabiliser des émulsions (mélange d'une phase aqueuse et d'une phase grasse), et de coaguler à chaud.

Utilisations culinaires :

- sauces émulsionnées froides (sauce mayonnaise et dérivés)
- sauces émulsionnées semi-coagulées chaudes (sauce hollandaise, béarnaise et leurs dérivés)
- les sabayons (au vin, à la liqueur)
- les tartares de viande, de poisson.

Propriétés colorantes

Le jaune confère aux préparations (pâtisseries, sauces) une couleur jaune agréable et caractéristique, et favorise la coloration lors des glaçages et des cuissons. Cette couleur est due à des pigments appelés « flavones ».

Utilisations culinaires :

- dorure (pour les pâtes en pâtisseries)
- glaçage des sauces, poisson, gratins, fruits, etc.

Propriétés aromatiques et sapides

L'œuf possède une saveur caractéristique qui subsiste après un mélange à d'autres ingrédients et se révèle à la cuisson. D'autre part, il a la propriété de fixer d'autres saveurs, formées en cours de préparation.

Propriétés clarifiantes (blancs)

Sous l'action de la chaleur et des acides, les protéines des blancs coagulent et emprisonnent dans les maillons du coagulat (solution colloïdale), les impuretés contenues dans les liquides dans lesquelles ils ont coagulé.

Cette réaction est utilisée dans les cas suivants :

- clarification des marmites pour les consommés
- clarification des fonds ou des fumets pour les gelées
- clarification du vin.

Quelques conseils pratiques

Dans les concours, c'est l'unité/18 œufs au kg qui est généralement retenue. Dans le travail courant, en considérant que l'œuf sans coquille pèse 50 g, c'est l'unité/20 œufs au kg qui est utilisée.

Quantités moyennes dans une mesure d'un litre

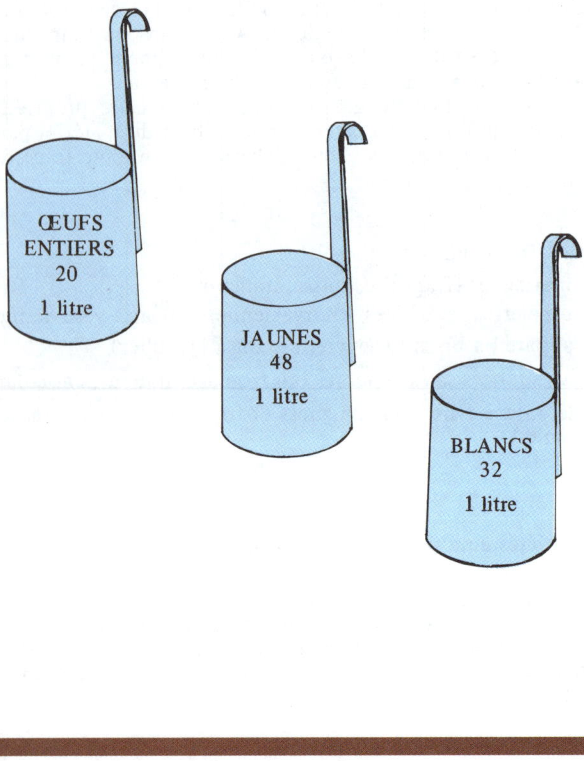

Equivalence œufs-ovoproduits congelés

(un œuf de 55/60 renferme environ 50 g de contenu liquide)

- Quantités moyennes au kg calibre 55/60

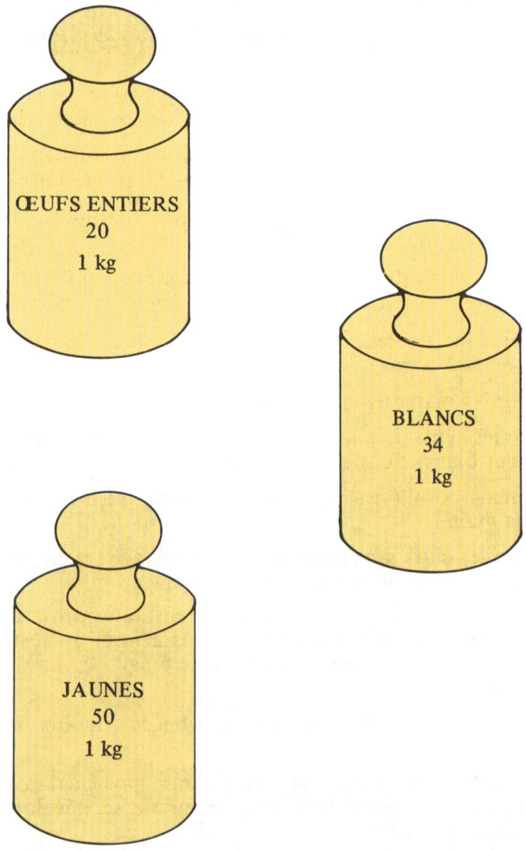

LA CUISSON DES ŒUFS

	Cuissons	Techniques de préparation	Nbre de pièces par couvert	Appellations	**Compositions** *(extrait du Répertoire de la cuisine de MM. Gringoire et Saulnier)*
	A – Avec coquille				Principalement au petit déjeuner
Œufs à la coque	*2 min et demie à 3 min de cuisson (suivant le goût du client) à partir de la reprise de l'ébullition. Blanc semi-coagulé, jaune liquide.*	• *Vérifier minutieusement la coquille (fêlures)* • *Plonger délicatement les œufs dans de l'eau en ébullition pendant le temps désiré* • *Servir dans un petit légumier contenant de l'eau à 60 °C.*	2	Œuf coque au caviar	*Caviar, crème fouettée, oignons ciselés ou ciboulette*
				Œuf coque aux truffes	*Brunoise de truffes*
				Œuf coque aux asperges	*Les asperges remplacent les « mouillettes »*
				Œuf coque aux crevettes	*Salpicon de crevettes.*
Œufs mollets	*5 min et demie à 6 min de cuisson suivant leur grosseur blanc coagulé, jaune crémeux*	• *Utiliser des œufs à température ambiante* • *Vérifier l'intégrité de la coquille* • *Plonger délicatement les œufs dans de l'eau en ébullition (à l'aide d'une petite passoire à queue) ; maintenir le temps désiré* • *Rafraîchir* • *Ecaler délicatement sous un filet d'eau ou en maintenant les œufs plongés dans de l'eau (commencer par le gros bout en soulevant délicatement la membrane coquillière)* • *Réchauffer à la commande dans une chauffante salée* • *Dresser sur toast rond frit au beurre clarifié, en tartelette, en demi-tomate étuvée au beurre ou sur fond d'artichaut.*	2	Tartelette d'œuf mollet Argenteuil	*Dresser en tartelette garnie de pointes d'asperges d'Argenteuil, napper de sauce crème au coulis d'asperges*
				" Nantua	*Dresser en tartelette garnie d'un salpicon de queues d'écrevisses, napper de sauce Nantua, et disposer un croisilon de queue d'écrevisse sur le dessus*
				" Montglas	*Dresser en tartelette garnie d'un salpicon de jambon, de foie gras et de truffe, napper de sauce madère tomatée*
				" Florentine	*Dresser sur lit d'épinards en branches sautés au beurre noisette, napper de sauce Mornay, gratiner*
				" Montrouge	*Dresser sur tête de gros champignons de Paris, napper de sauce suprême à la purée de champignons*
				" au cresson	*Dresser en croustade sur purée de cresson à la crème, napper de sauce crème, feuilles de cresson blanchies.*
Œufs durs	*9 à 11 minutes suivant leur grosseur et à partir de la reprise de l'ébullition. Blanc et jaune coagulés. Cuits trop longtemps, le jaune sèche et noircit.*	• *Utiliser des œufs à température ambiante* • *Vérifier l'intégrité de la coquille* • *Plonger délicatement les œufs dans de l'eau en ébullition (se servir d'une passoire suivant la quantité)* • *Maintenir le temps désiré* • *Rafraîchir, écaler.*	1 1/2	**Froids :**	
				Mimosa	*En demi, jaune haché additionné de sauce mayonnaise et de persil haché, garnir à l'aide d'une poche munie d'une douille cannelée. Décorer.*
				Décor salades composées	*En quartiers, en rondelles, en tonnelets farcis*
				Farcis au thon	*Thon naturel, sauce mayonnaise*
				" aux crevettes	*Salpicon de crevettes, sauce cocktail*
				" aux anchois	*Anchois pilés avec ail et montés à l'huile d'olive.*
				Chauds :	
				Farcis Chimay	*Duxelles de champignons, jaune haché persil, sauce Mornay, napper, gratiner*
				A l'oseille	*Napper sauce crème additionnée de chiffonnade d'oseille*
				A la tripe	*En rondelles, napper de sauce Soubise*
				Aurore	*Napper de sauce béchamel tomatée*
				Portugaise	*Dresser sur demi-tomate étuvée, napper de sauce tomate*
				Croquettes Côtelettes	*Appareil composé d'œufs durs hachés de persil, de Béchamel liée aux jaunes Façonner, paner, frire. Servir avec une sauce tomate.*

	Cuissons	Techniques de préparation	Nbre de pièces par couvert	Appellations	Compositions *(extrait du Répertoire de la cuisine de MM. Gringoire et Saulnier)*
	B – Hors coquille				
Œufs pochés	*2 à 2 min 1/2 dans de l'eau frémissante vinaigrée (0,05 l de vinaigre blanc par litre d'eau)* *– les œufs peuvent être pochés dans du vin rouge* *Blanc coagulé, jaune crémeux*	*N'utiliser que des œufs extra-frais ayant une masse de blanc globuleux importante* • *Rafraîchir immédiatement pour arrêter la cuisson et éliminer le goût acide du vinaigre* • *Ebarber* • *Réchauffer à la commande dans une chauffante salée (sauf pour les œufs pochés au vin rouge)* • *Dresser sur toast rond frit au beurre clarifié, sur muffins toastés, en tartelettes, en demi-tomate étuvée, sur fond d'artichaut, en pomme de terre évidée.*	2	**Froids :** En gelée ou aspic d'œuf	*Disposer dans un moule chemisé de gelée et décorer avec du jambon, des crevettes, du saumon fumé, des motifs de légumes*
				En chaud-froid	*Napper de sauce chaud-froid, décorer, lustrer à la gelée ou saupoudrer de brunoise de truffes, de poivrons.*
				Moscovite	*Dresser sur fond d'artichaut, entourer de saumon fumé ou mariné, napper sauce cocktail, décorer œufs de saumon et caviar.*
				Armoricaine	*Dresser sur coquille d'huître, napper de sauce armoricaine froide montée à la crème fouettée, huître pochée sur le dessus.*
				Chauds : **pochés à l'eau vinaigrée**	
				Bragance	*Dresser sur demi-tomate étuvée, napper de sauce béarnaise, cordon de fond lié*
				Henri IV	*Dresser en tartelette, napper de sauce béarnaise*
				Cardinal	*Dresser en tartelette sur salpicon de homard, napper de sauce cardinal, œufs de homard*
				Hollandaise	*Dresser en croustade sur saumon effeuillé, napper de sauce hollandaise*
				Œufs de caille Rossini	*Dresser en brioche évidée sur tranche de foie gras, napper de sauce Périgueux lame de truffe*
				Reine	*Dresser en croustade sur salpicon de volaille, napper de sauce suprême à l'essence de champignon*
				pochés au vin rouge Bourguignonne	*Dresser sur croûton frit, napper de sauce bourguignonne (réduction vin de Bourgogne, échalotes, thym, laurier, champignon, demi-glace, beurre), pointe de persil haché, peut être accompagné d'une garniture bourguignonne (lardons, champignons et petits oignons glacés)*
				En meurette	*Pocher dans du vin rouge (passetougrain) avec lardons, oignons ciselés et ail. Dresser sur croûton frit aillé, réduire la cuisson, sucrer si nécessaire, lier au beurre manié, napper, persil haché.*
				Sans Gêne	*Dresser sur fond d'artichaut, napper de sauce bordelaise, lame de moelle pochée, persil haché.*
Œufs moulés	*4 à 5 minutes suivant l'épaisseur du moule.* *Laisser reposer avant de démouler.* *Blanc coagulé, jaune crémeux.*	• *Pocher dans un moule beurré placé au bain-marie, le moule peut être chemisé (farces diverses, macaroni, lames de truffe, etc.)* • *Les œufs peuvent être assaisonnés, puis mélangés.*	2	Boitelle	*Moule chemisé de lamelles de champignons, démouler sur toast, napper d'essence de champignons montée au beurre*
				Périgourdine	*Moule beurré, chemisé d'une brunoise de truffes. Dresser sur lame de truffe, napper de sauce demi-glace à l'essence de truffe.*
				Viroflay	*Moule chemisé d'épinard en feuilles. Démouler sur croûton, napper de sauce Suprême.*

Cuissons		Techniques de préparation	Nbre de pièces par couvert	Appellations	Compositions *(extrait du Répertoire de la cuisine de MM. Gringoire et Saulnier)*
Œufs cocotte	*Environ 3 minutes au bain-marie (suivant l'épaisseur des cocottes).* *Blanc coagulé, jaune crémeux*	• *Cuire au bain-marie dans une cocotte beurrée, saler et poivrer.* • *La garniture peut être placée dessous ou sur l'œuf, suivant sa composition ou l'appellation*	2	Crême Dieppoise Portugaise Bordelaise Périgourdine Ribeaucourt	*Cordon de crème réduite autour du jaune* *Moules, crevettes, cordon de sauce vin blanc à l'essence de moule* *Fondue de tomate, cordon de sauce tomate* *Rondelles de moelle pochée, cordon de sauce bordelaise* *Tranche de foie gras, cordon de sauce Périgueux* *Brunoise de truffes, de champignons, de jambon, de langue écarlate, sauce madère tomatée.*
Œufs au plat	*Blanc semi-coagulé, jaune liquide*	• *Cuire dans un plat à œuf beurré, salé et poivré (cuisson lente sans coloration)* • *La cuisson peut être terminée au four (œufs au miroir)*	2	Au foie de volaille Chasseur Au jambon Forestière Portugaise Aux fruits de mer	*Foie de volaille sauté, échalotes, sauce madère* *Idem, plus champignons sautés* *Garnir de tranches de jambon sautées* *Plat garni de morilles émincées et étuvées, lardons, échalotes ciselées. Bouquet de morilles émincées au départ* *Bouquet de fondue de tomate, cordon de sauce tomate* *Moules, crevettes, salpicon de langoustines, St Jacques, cordon d'américaine crémée.*
Œufs sautés ou « poêlés »	*Blanc coagulé, jaune crémeux*	• *Cuire avec faible coloration dans une petite poêle avec du beurre « légèrement noisette » glisser sur assiette chaude.* • *Les œufs peuvent être parés à l'emporte pièce* • *Ils peuvent être retournés (œufs à la diable)*	2	Au bacon Espagnole A la diable	*Glisser les œufs sur tranche de bacon sautée* *Dresser sur demi-tomate grillée, oignons frits* *Retourner, beurre noisette, déglacer avec un filet de vinaigre*
Œufs frits	*Blanc coagulé, doré et croustillant ; jaune crémeux*	• *Cuire des œufs extra-frais, un par un, dans une petite poêle, contenant de l'huile très chaude (200 °C)* • *Les façonner à l'aide d'une spatule en bois parfaitement sèche* • *Dresser sur croûton frit de forme ovale, tranche d'aubergine ou de courgette frite, ou sur tomate évidée avec persil frit.* • *La sauce, si la garniture en comporte une, sera servie à part en saucière.*	2	Au bacon ou au lard Andalouse Bordelaise Tyrolienne Villeroy	*Dresser sur croûton, disposer sur chaque œuf, une tranche de bacon ou de lard grillée, bouquet de persil frit* *Dresser sur tranche d'aubergine frite, sauce tomate servie à part* *Dresser sur demi-tomate étuvée garnie de cèpes à la bordelaise, persil frit* *Dresser sur demi-tomate étuvée, bracelets d'oignons frits, persil frit* *Pochés ou mollets, napper de sauce Villeroy, paner, frire, persil frit, sauce tomate.*

	Cuissons	Techniques de préparation	Nbre de pièces par couvert	Appellations	Compositions *(extrait du Répertoire de la cuisine de MM. Gringoire et Saulnier)*
	C – Hors coquille et mélangés				
Œufs brouillés	*Aspect crémeux* *Les œufs doivent rester moelleux : jaune et blanc juste pris.* *Ils sont parfois servis « baveux » (à la demande du client)*	• *Cuire doucement les œufs préalablement battus à la fourchette et passés au chinois dans une petite sauteuse contenant du beurre ramolli.* *Peuvent être réalisés au bain-marie.* • *Remuer à l'aide d'une spatule en bois. Arrêter la cuisson avec beurre ou beurre et crème.* • *Servir en croustades, feuilletés divers, cannelons, brioches évidées, tomates, coques d'oursin ou simplement en légumier beurré (en porcelaine ou en acier inoxydable, pas d'argenterie)*	3	Aux truffes	*Ajouter une brunoise de truffes. Peuvent être dressés dans une brioche évidée, lame de truffe.*
				Au corail d'oursin	*Dresser dans les coques des oursins (blancs de préférence), recouvrir de corail d'oursin chauffé au beurre*
				Aux croûtons	*Dresser en légumier beurré, croûtons frits en dents de loup disposés tout au tour*
				Espagnole	*Dresser en demi-tomate étuvée à l'huile poser dessus un quadrillage de poivrons*
				Grand-mère	*Garnir de croûtons de pain de mie frits et de fines herbes*
				Au caviar	*Caviar, crème fouettée, oignons ciselés ou ciboulette*
				Feuilleté portugaise	*Dresser en feuilleté avec fondue de tomate, bouquet de fondue, pointe de persil au moment du service.*
Œufs en omelette	*Cuisson presque intégrale des œufs, mais l'omelette doit rester moelleuse.* *Elle peut se faire « baveuse » à la demande du client.* *Les omelettes peuvent être servies plates, roulées, fourrées ou soufflées (desserts)*	• *Cuire dans une poêle très propre (ne servant qu'à la réalisation des omelettes) avec du beurre très chaud « mousseux » et parfois un peu d'huile.* • *Vanner et façonner : elle doit être parfaitement lisse et légèrement colorée (blonde)* • *Lustrer au dernier moment*	3	**Roulées**	
				Au jambon	*Mélanger à l'appareil une brunoise de jambon sauté au beurre, losange de jambon sur le dessus*
				Aux champignons	*Champignons émincés sautés au beurre lamelles de champignons sur le dessus*
				Aux fines herbes	*Persil, ciboulette, estragon, cerfeuil*
				Lyonnaise	*Oignons sués et légèrement colorés au beurre*
				Fourrées	
				Chasseur	*Escalopes de foie de volaille, champignons émincés liés, sauce demi-glace au madère. Fendre l'omelette, disposer un bouquet de garniture sur le dessus, cordon de sauce autour*
				Portugaise	*Fourrer de fondue de tomate, fendre le dessus, bouquet de fondue, cordon de sauce tomate autour*
				Aux fruits de mer	*Salpicon de fruits de mer, étuver au beurre, flamber au cognac, sauce américaine crémée. Fourrer, cordon de sauce autour.*
				Forestière	*Morilles et cèpes sautés au beurre, lardons, liés à la glace de viande, fourrer, cordon de fond lié autour*
				Plates	
				Espagnole	*Fondue d'oignon, de tomate et de poivron*
				Fermière	*Dés de jambon et fines herbes*
				Paysanne	*Lardons, dés de pommes de terre sautées, chiffonnade d'oseille, fines herbes.*
				Savoyarde	*Pommes de terre sautées à cru, lamelles de gruyère*
				Soufflées	*Omelette « Mère Poulard »*
				Soufflées dessert	*(voir cours sur les entremets de cuisine)*

LES OVOPRODUITS

DEFINITION

Le terme ovoproduits désigne les nouvelles formes de présentation, de conservation et de commercialisation **des œufs hors coquille** propres à la consommation humaine.

Ils proviennent pour la plus large part des œufs de poule, mais les œufs de pintade, d'oie, de cane, de dinde et de caille peuvent être utilisés. Il s'agit en fait de denrées consituées principalement par la totalité ou une partie seulement du contenu de l'œuf.

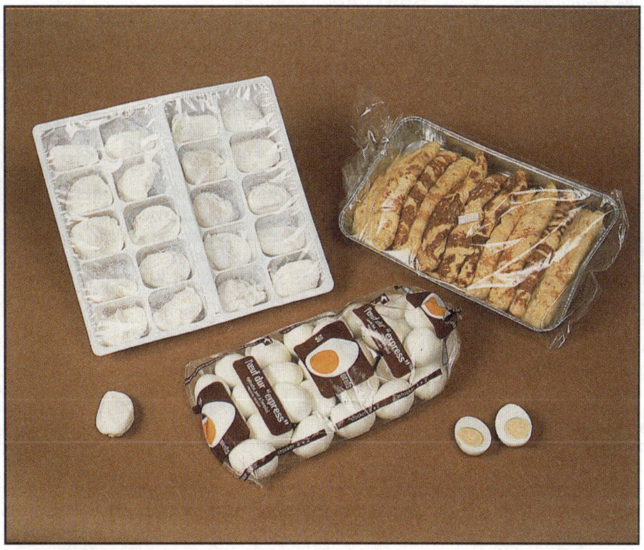

Produits France Ponte

Exemples :

Œufs entiers
Jaunes et blancs mélangés dans les proportions naturelles de jaunes et de blancs non modifiés.

Jaunes seuls
Contenu de l'œuf après séparation du blanc.

Blancs seuls ou albumine d'œuf
Contenu de l'œuf après séparation du jaune.

Ovoproduits modifiés
Les proportions naturelles de jaune et de blanc ont été modifiées par concentration, soit parce qu'une partie de l'eau de constitution a été éliminée, soit parce que certaines substances autorisées par la réglementation ont été ajoutées.

Remarque :

Les ovoproduits peuvent être éventuellement débarrassés de certaines composants mineurs – glucides, lysozyme (1), cholestérol – ou additionnés d'ingrédients tels que du sucre, du sel, de la glycérine, des conservateurs et des anti-coagulants, de l'acide ascorbique (anti-coagulant), dans des proportions variant selon les utilisations et les fabricants.

(1) Bactéricide naturel contenu dans le blanc.

PRINCIPE DE FABRICATION

Les ovoproduits ne peuvent être préparés que dans des établissements autorisés, les casseries sont soumises à une réglementation très stricte en matière d'hygiène et doivent avoir obtenu l'agrément des services vétérinaires (estampille de salubrité).

Les étapes de fabrication :

- Le brossage ou le lavage est effectué à l'aide de produits autorisés.
- Les œufs sont déplacés sur des tapis roulants à ventouses et cassés individuellement grâce à un maillet qui brise la coquille. La séparation du blanc et du jaune est effectuée dans des coupelles par phénomène de gravité (le blanc traverse la coupelle percée)
- Ce procédé permet d'éliminer les fragments de coquille, les germes et les chalazes ainsi que tous les éléments indésirables à la présentation et à la consommation.
- Permet d'éliminer les fragments de coquille, les germes et les chalazes ainsi que tous les éléments indésirables à la présentation et à la consommation.
- La pasteurisation est actuellement effectuée par chauffage à 65 °C durant environ 2 minutes et demie en présence d'anti-coagulants autorisés, pour détruire les germes pathogènes, notamment les salmonelles.
- La température est immédiatement abaissée à + 3 °C.

Nettoyage de la coquille

↓

Cassage

↓

Filtrage

↓

Pasteurisation

↓

Refroidissement rapide

↓

Présentations commerciales(1)

Œufs réfrigérés	Œufs congelés	Œufs concentrés	Œufs déshydratés ou lyophilisés

↓

Conditionnement

- Cuves, bidons en acier inoxydable
- Bricks en packs, sachets, boîtes métal, etc.

PRESENTATIONS COMMERCIALES	PRINCIPE DE FABRICATION	UTILISATIONS
Ovoproduits liquides réfrigérés. Température obligatoire inférieure à : + 3 °C	Immédiatement pasteurisés et réfrigérés après cassage ; puis conditionnés dans des récipients en acier inoxydable ou en matière plastique, ils sont livrés dans les 24 heures après la pasteurisation et comportent une date limite d'utilisation. Ils doivent être maintenus à la température de + 3 °C	– Œufs entiers – Jaunes et blancs séparés. Ces ovoproduits conviennent plus particulièrement à différents secteurs : pâtisserie, biscuiteries, glaceries industrielles, fabrication des pâtes alimentaires, des sauces (mayonnaise), etc.
Ovoproduits congelés Température obligatoire inférieure à . – 12 °C Température conseillée : – 18 °C.	Pasteurisés, conditionnés dans des bidons, en sacs de matière plastique, en bricks ou en packs de volumes variables, puis congelés à une température d'environ – 40 °C et maintenus à – 18 °C afin de limiter l'oxydation des lipides du jaune (le seul antioxydant autorisé en France étant l'acide ascorbique). La décongélation peut être réalisée en enceinte réfrigérée à + 3 °C ou au bain-marie à + 60 °C. Après décongélation, les ovoproduits doivent être utilisés dans les meilleurs délais.	Ces ovoproduits conviennent à tous les secteurs de l'alimentation : agro-alimentaire, pâtisseries, biscuiteries, glaceries restauration collective, classique, etc. – Œufs entiers – Œufs entiers sucrés pour génoise, quatre-quarts crèmes diverses – Œufs entiers salés pour pâtes et appareils divers – Jaunes purs – Jaunes sucrés pour crèmes, glaces, pâtisseries – Jaunes salés pour sauces émulsionnées – Blancs d'œufs purs pour les meringues, les biscuits et soufflés – Blancs salés
Ovoproduits concentrés. Conservation à température ambiante.	Obtenus en éliminant une partie de l'eau et des microbes par ultra-filtration (filtres spéciaux ne laissant passer que l'eau et les microbes). Cette réalisation brevetée est présentée sous la marque «Confidœuf». Ils sont garantis sans additifs chimiques et leurs qualités bactériologiques sont exceptionnelles.	Ces ovoproduits conviennent à tous les secteurs de l'alimentation. – Confidœuf sucré pour crèmes, génoises, cakes, petits fours – Confidœuf (jaune salé et sucré) pour la confection de la sauce mayonnaise dite « inratable » (concentration de lécithines) – Confidœuf (blanc sucré) pour les petits fours, rochers, macarons, cigarettes, etc. – Le Dor'œuf, œuf concentré salé, sucré additionné de glycérine pour la dorure.
Ovoproduits secs (poudre, paillettes, granulés). Température de conservation du conditionnement non ouvert : + 15 °C maximum.	Les œufs sont soumis, après cassage, homogénéisation et pasteurisation, à une dessiccation réalisée le plus souvent par atomisation en enceinte surchauffée, ou par lyophilisation. On obtient ainsi des œufs déshydratés en paillettes, en granulés ou en poudre. Il faut 80 à 90 œufs pour obtenir 1 kg de poudre. La teneur en eau ne doit pas dépasser : 2 % pour les œufs entiers 3 % pour les jaunes 8 % pour les blancs Lors de leur fermeture, les conditionnements étanches sont privés d'oxygène. Les utiliser rapidement après leur ouverture.	Ces ovoproduits intéressent principalement les industries alimentaires, biscuiteries, pâtisseries, fabrication des poudres à desserts (flan, crèmes instantanées, crème anglaise déshydratée, pâtissière, poudre à flan, appareil à biscuit, génoise pâte à choux, etc.
Œufs cuits, écalés (pochés, mollets, durs) Conditionnés sous vide ou sous atmosphère contrôlée Stockés en enceinte réfrigérée à : + 3 °C maximum	Produits calibrés, cuits durant un temps variant avec le poids et le résultat souhaité. En quelques secondes, l'œuf est écalé, emballé en sachet stérile sous vide ou sous atmosphère contrôlée, conservé à + 2 °C à + 3 °C maximum. Ces œufs ne renferment aucun additif chimique ni aucune saumure. La durée de conservation varie de 20 à 28 jours suivant les présentations. Lorsque les sachets sont ouverts, les œufs doivent être maintenus dans de l'eau glacée et consommés dans les 24 heures.	Ces produits remportent un vif succès en restauration collective. Les utilisations sont les mêmes que les œufs utilisés de façon traditionnelle. Ces œufs permettent d'éviter les opérations fastidieuses de cuisson, de refroidissement et d'écalage. Ils réduisent les pertes dues à l'éclatement lors de la cuisson et aux difficultés d'écalage.
Œufs durs en saumure liquide.	Œufs durs conservés dans un liquide à base de saumure, de conservateurs ou d'acide. A rincer soigneusement avant utilisation.	Utilisations identiques aux œufs traités de façon traditionnelle. Le blanc est souvent caoutchouteux et le goût de saumure ou acide persiste lors de la consommation.
Œufs durs en rouleaux congelés – 18 °C.	L'œuf dur en rouleau est obtenu en cuisant du jaune et du blanc liquides dans deux tubes concentriques. Ce rouleau d'environ 20 cm de long et de 4,5 cm de diamètre donne une cinquantaine de tranches. Après ouverture du rouleau, le maintenir en enceinte réfrigérée à + 3 °C et l'utiliser dans les plus brefs délais.	Utilisés principalement pour les décors des plats froids (salades composées, hors d'oeuvre, poissons froids, canapés pour traiteurs).
Préparations pour omelettes ou œufs brouillés, déshydratées ou concentrées.	Les poudres pour omelette proposées actuellement sur le marché sont constituées d'un mélange d'œufs, matière grasse végétale, lait écrémé, épices, aromates et autres ingrédients (fines herbes, oignons, tomates).	– Omelettes diverses – Œufs brouillés

DIFFERENTES PRESENTATIONS COMMERCIALES DES OVOPRODUITS

) A cette liste, il convient d'ajouter les nouvelles présentations : les œufs cuits pochés, mollets ou durs conditionnés hors coquille en sachets ou en barquettes thermo formés sous vide ou sous atmosphère contrôlée (gaz neutre) et réfrigérés, les œufs cuits durs conservés en saumure légère et conditionnés en bocaux, les rouleaux d'œufs durs et les œufs décoquillés des bars et cafétérias.

Remarque :

Parmi les différents produits proposés par les fabricants, signalons également les essais d'ovoproduits modifiés de « régime » non commercialisés en France : œufs débarrassés de gludices, de cholestérol ; œufs allégés en lipides ; œufs renforcés en vitamines liposolubles (A et D) ; œufs renforcés en protéines.

ETIQUETAGE DES OVOPRODUITS

- Nom, raison sociale et adresse de l'entreprise ayant procédé à la préparation (cassage, contidionnement, réfrigération, congélation, dessication).
- Dénomination du produit (œufs entiers, jaunes, blancs)
- Etat physique (liquide, congelé, en poudre, en paillettes)
- Nom de l'espèce de provenance pour les espèces autres que la poule
- Produits d'additions éventuels (sel, sucre, acide ascorbique, conservateur) ainsi que leurs pourcentages.
- Traitement effectué (pasteurisation ou tout autre procédé agréé).
- Poids net
- Date de préparation
- Estampille de salubrité : étiquette de garantie portant le numéro d'immatriculation de l'établissement et la date de remplissage.

AVANTAGES DE L'UTILISATION DES OVOPRODUITS

Les ovoproduits dont les qualités organoleptiques se sont considérablement améliorées ces dernières années offrent les avantages suivants :

- Utilisation rationnelle, pratique, rapide
- Facilité d'emploi
- Garantie bactériologique très sûre
- Qualité constante
- Préparations économiques :
  - coût inférieur aux produits traditionnels
  - économie de temps et de main d'œuvre
  - économie par absence de perte (l'utilisateur de blancs ou de jaunes n'achète que des blancs ou des jaunes)
- Facilité de stockage et de conservation
- Propriétés physiques remarquables (émulsion, liaison, coagulation).

Remarque :

Etant donné la grande variété des ovoproduits et l'apparition de nouvelles présentations, il faut se conformer strictement aux divers conseils de l'étiquetage.

EXEMPLE D'UNE FICHE TECHNIQUE D'OVOPRODUIT

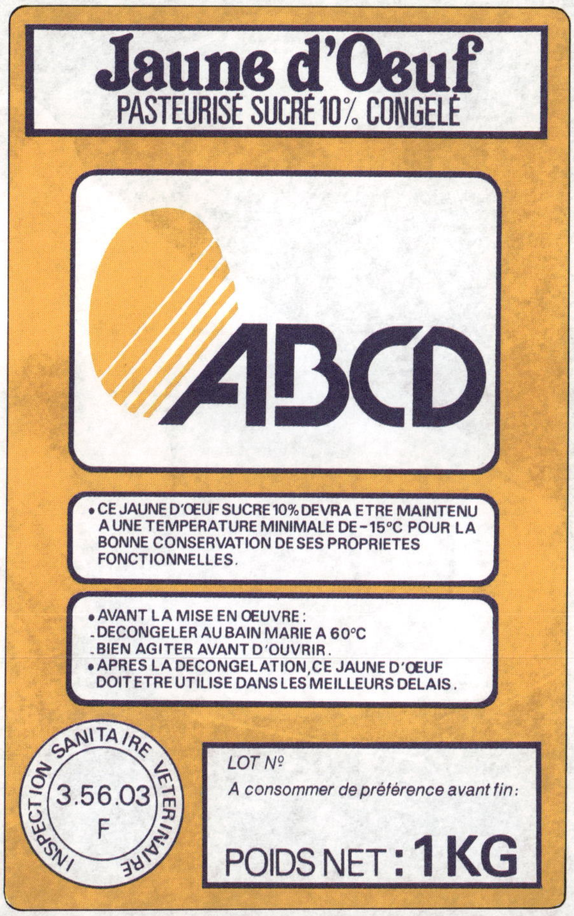

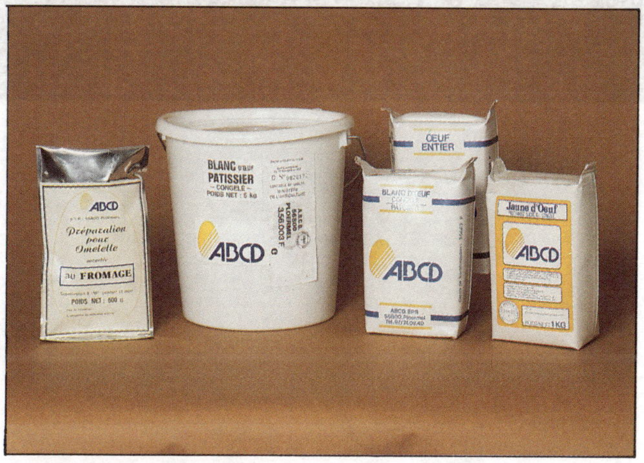

Présentation d'ovoproduits

LES PRODUITS DE LA PÊCHE

GENERALITES

Très tôt l'homme a découvert les immenses possibilités de nourriture que lui offrait la faune marine. L'homme primitif cherchait à prendre du poisson uniquement pour se nourrir.

La pêche, la chasse ou la simple récolte de produits comestibles ont représenté les premières activités humaines. Les hommes primitifs étaient des pêcheurs vivant au bord des cours d'eau, des lacs et des mers. Puis, avec l'avènement des premières civilisations, l'homme a appris à se servir de barques et de navires, à capturer des poissons à des distances plus ou moins importantes des côtes, et à le conserver au moyen du séchage ou du salage. Les Phéniciens et les Chinois étaient d'habiles et de fameux pêcheurs et également des marchands de poissons.

La pêche à l'hameçon était en usage déjà dans la préhistoire. Les hameçons de nos ancêtres du paléolithique supérieur étaient constitués de petits bâtons dentelés d'os ou de silex. Des hameçons similaires faits de petits morceaux de coquilles sont encore en usage chez les Polynésiens.

Présentation de poissons – « Pêcheries des Lilas » – Paris

Actuellement nous connaissons 20 000 espèces de poissons et toutes ne sont pas encore répertoriées. La pêche est devenue une véritable industrie, les bateaux usines traitent le poisson sur les lieux même de pêche. Des avions sont utilisés pour localiser le poisson, tandis que des radiotéléphones dirigent les bateaux droit sur lui. Les radars et les sonars repèrent des bancs indétectables par reconnaissance aérienne.

Les sciences océaniques ont déterminé les conditions de salinité et de température requises pour le développement des diverses espèces. Le thermomètre et le salinomètre sont utilisés par les flottes de pêche ultra-modernes.

En aval de la pêche, sont apparus divers phénomènes : une évolution des technologies de production et d'élevage (réserves côtières, fermes marines), une transformation industrielle orientée vers l'élaboration de produits semi-élaborés ou élaborés, ainsi que la fabrication de plats cuisinés à base de poisson. L'amélioration de la qualité est directement liée à l'évolution des techniques de conservation.

La pêche intensive pratiquée par certains pays détériore les fonds marins et certaines espèces se raréfient. L'exploitation, par exemple, du merlan bleu pour la fabrication de farine de poisson autorise actuellement les Danois à des prises tout à fait inacceptables, car elles sont constituées par des larves de poissons nobles. La raréfaction du vrai merlan et de l'églefin en Mer du Nord est déjà bien visible.

La quantité de déchets rejetés en Mer du Nord est évaluée à 100 millions de tonnes : un tel laisser-aller menace environ 60 % des poissons.

Face au saccage des biotopes, une prise de conscience collective devient absolument nécessaire. Une réglementation stricte et un contrôle minutieux devraient permettre de lutter contre cette imprévoyance. L'avenir des pêcheurs et de l'industrie de la pêche est en jeu.

LES DIFFERENTES CATEGORIES DE PECHE

La loi française retient quatre catégories de pêches :

La petite pêche ou petit métier (artisanale)

Navires ou barques non pontées de moins de 10 tonneaux.

Pêche pratiquée par tout navire ne s'absentant du port que pour une durée inférieure ou égale à 24 heures. En règle générale, les embarcations quittent le port vers 19 h, pêchent la nuit, et rentrent au port au petit matin.

La pêche côtière (artisanale)

Navires de 10 à 50 tonneaux.

Pêche pratiquée par tout navire s'absentant du port pour une durée égale ou supérieure à 24 heures, mais inférieure ou égale à 96 heures. Il s'agit, dans les deux cas, d'artisans pêcheurs s'éloignant peu du littoral et pratiquant la « petite pêche », appelée ainsi car elle ne représente que 5 % du marché et procurant à quelques restaurateurs privilégiés un poisson côtier d'une qualité incomparable (sole, turbot, barbue, bar, etc.).

La pêche au large ou pêche hauturière

Pêche industrielle, saisonnière, pratiquée par des navires de plus de 50 tonneaux (Islande, golfe de Biscaye, côtes africaines par exemple).

Pêche pratiquée par des navires s'éloignant habituellement du port pour une durée supérieure à 96 heures, lorsqu'elle ne répond pas à la définition de grande pêche.

La durée d'absence des chalutiers est souvent supérieure à 10 jours et a tendance, pour des raisons de rentabilité, à se prolonger au-delà, mais souvent au détriment de la qualité du poisson.

Après le chalutage, le poisson (lieu, lingue, colin, baudroie) est trié, vidé, parfois étêté, et conservé dans de la glace jusqu'au débarquement.

La grande pêche ou « Terre-Neuvas »

Pêche indusrielle (Océan Arctique, Groënland, Labrador, Terre-Neuve).

Pêche pratiquée d'une part par tout navire de 1000 tonneaux et plus, et d'autre part, par tout navire de 150 tonneaux et plus s'absentant habituellement plus de 25 jours (chalutiers congélateurs 9 mois à un an).

A ce jour, l'un des plus grands navires soviétiques le « Vostock » (construit en 1971) peut congeler plusieurs centaines de tonnes de poissons par jour, fabriquer plusieurs milliers de boîtes de conserves, et préparer plus de 20 tonnes de farine de poisson.

La filière « Snekkar Davigel » exploitant des navires congélateurs opérationnels en Mer du Nord a, depuis quelques années, valorisé une espèce à chair fragile : le colin (bleu). Cette espèce représente actuellement 10 % des pêches françaises.

LES DIX PRINCIPAUX PORTS DE PECHE FRANÇAIS (par rapport au tonnage de poisson débarqué)

Les 10 principaux ports de pêche français par rapport au tonnage de poisson débarqué

Boulogne	130 400	Douarnenez	16 400
Lorient	55 400	Saint Malo	14 100
Concarneau	44 500	Dieppe	9 700
Fécamp	28 800	Cherbourg	6 800
La Rochelle	20 200	Saint-Jean-de-Luz	10 900

D'autres petits ports moins connus se distinguent par la qualité exceptionnelle de leur poisson de « petite pêche » : **Guilvinec, Loctudy, Audierne, Ouistreham, Granville.**

LA COMMERCIALISATION DES PRODUITS DE LA PECHE

Les circuits commerciaux ont une grande importance sur la qualité et la fraîcheur des produits de la pêche.

C'est l'Institut Scientifique et Technique des Pêches Maritimes (I.S.T.P.M.), avec un corps de vétérinaires inspecteurs et de préposés sanitaires, qui contrôle la qualité du poisson à tous les niveaux, du débarquement à la vente.

Selon les ports, si le poisson n'a pas été habillé à bord du navire ou de l'embarcation, il est trié, calibré, glacé, parfois vidé (suivant les espèces) à terre. Il suivra ensuite l'un des deux circuits suivants :

Le circuit traditionnel

- *La criée*

C'est une vente aux enchères qui a lieu dans les principaux ports de pêche. Les mareyeurs* viennent y acheter le poisson en gros. Ce marché est une véritable source d'informations sur les tonnages débarqués. C'est un lieu d'arbitrage entre l'offre et la demande. Certains détaillants de la zone côtière ont également le droit de s'approvisionner à la criée.

- *Les mareyeurs*

(ensemble des commerçants grossistes installés dans les ports)

Ils distribuent environ 85 % du poisson débarqué, s'occupent du triage, du lavage, de l'étêtage, du conditionnement et de la commercialisation du poisson vers « le commerce de gros ».

- *Le commerce de gros*

Situés à l'intérieur du territoire dans les grands centres urbains, les Marchés d'Intérêt National (M.I.N. Bordeaux, Toulouse, Rennes, Rouen, Caen, etc.) fournissent les restaurateurs, les collectivités ainsi que les détaillants.

- *Le commerce de détail* (près de 10 000 points de vente)

– poissonniers détaillants sédentaires (magasins)
– poissonniers détaillants non sédentaires (étals, marchés)
– grands magasins, supermarchés.

Le circuit court

Du producteur (pêcheur) aux détaillants ou aux consommateurs. Pratiqué couramment en Suède et en Grande-Bretagne, le circuit court échape plus ou moins en France aux contrôles des services sanitaires et fiscaux, et il ne représente qu'une tolérance.

Pratiqué principalement par les pêcheurs côtiers, le circuit court (sans intermédiaires) procure aux restaurateurs, des poissons d'une grande fraîcheur n'ayant pas subi le contact avec la glace et vendus seulement quelques heures après leur capture.

LA PRODUCTION ET LA CONSOMMATION DU POISSON EN FRANCE

La production

De tradition maritime, avec 3.000 km de littoral, la France possède une flotille de pêche de 8.667 unités (8.362 en pêche artisanale et 305 en pêche industrielle). La production de ces navires représentait en 1986 à peine 570.000 tonnes pour une consommation de plus d'un million de tonnes. Le français consomme approximativement une fois sur deux du poisson d'importation.

La fixation des limites des eaux territoriales à 200 miles, ainsi que la restriction de pêche ou « quotas » limitent les captures des navires français dans leurs zones de pêche les plus accessibles et traditionnelles (côtes européennes et mer du Nord).

La pêche française se situe quantitativement au quinzième rang mondial, mais qualitativement au sixième rang, après le Japon, l'U.R.S.S., la Chine, les U.S.A. et l'Espagne.

Production française en tonnes dans les différentes présentations des produits de la mer

CATÉGORIES	QUANTITÉS		
	1982	1983	1982/1983 / %
Poissons frais			
Poissons de fond ronds	248.000	249.000	+ 0,4
Poissons de fond plats	34.500	35.300	+ 2,3
Poissons pélagiques*	88.300	73.200	− 17,1
Poissons anadromes**	2.300	2.000	− 13,0
Poissons divers	19.800	21.900	+ 10,6
Total poissons frais	392.900	381.400	− 2,9
Poissons congelés			
Poissons pélagiques	50.300	63.500	+ 26,2
Poissons de fond (grande pêche)	14.000	17.300	+ 22,7
Total poissons congelés	64.300	80.800	+ 25,5
Poissons salés	200	220	+ 10,0
Total général	**457.400**	**462.420**	+ **1,1**

* *Poissons pélagiques : poissons vivant en pleine eau, souvent près de la surface.*

** *Poissons anadromes : certains poissons migrateurs (exemple : thon, maquereaux, harengs) changent de milieu au cours de leurs déplacements. Ils sont dits diadromes. Les poissons anadromes sont les espèces qui grossissent en mer et se reproduisent en eau douce (exemple : le saumon). Les poissons catadromes effectuent le cycle opposé (exemple : l'anguille).*

• La présentation en bloc de filets congelés constitue la matière première essentielle pour l'industrie de transformation (tranches panées, beignets, plats cuisinés, brochettes, etc.).

La consommation

Le français, comme l'ensemble des occidentaux, reste un consommateur de viande. Néanmoins, son intérêt pour le poisson augmente régulièrement et tout particulièrement en restauration hors domicile. Le français reste donc un bien piètre ichtyophage (du grec ikhtus – poisson – et phagien – manger), avec environ 15,800 kg de produits de la mer par an et par habitant pour environ 100 kg de viande !

Japonnais	:	**50 kg/an/habitant**
Norvégien	:	**30 kg/an/habitant**
Anglais	:	**18 kg/an/habitant**
Français	:	**15 kg/an/habitant**

La fréquence de consommation est liée à des habitudes alimentaires très fixes :
- 1 à 2 fois par semaine (principalement dans les catégories socio-professionnelles élevées) ;
- 1 fois par semaine dans 50 % des cas (le vendredi) ;
- 10 % des français n'en n'ont jamais mangé.

La consommation du poisson est sujette à des variations régionales importantes :
- conditions géographiques ;
- genre de vie, degré d'urbanisation ;
- milieu social, catégorie socio-professionnelle ;
- possibilités d'approvisionnement, périodes d'abondance.

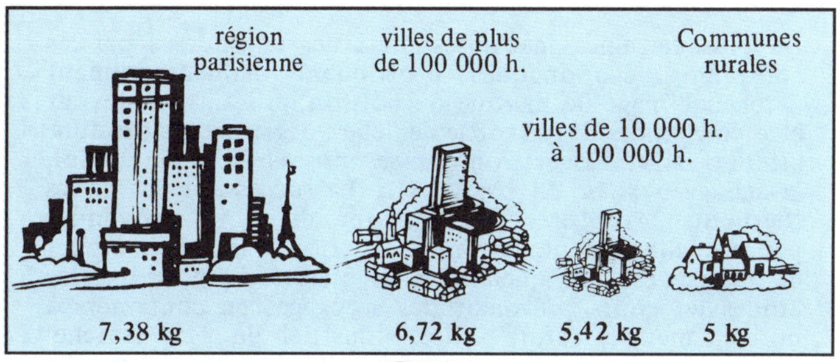

Estimation des différentes présentations commerciales des produits de la mer : (1986)
- produits réfrigérés conservés en glace . . 600.000 tonnes
- produits conservés sous vide et sous atmosphère inerte . . . . pour mémoire
- produits congelés et surgelés . . . . 120.000 tonnes
- produits appertisés . . . . 100.000 tonnes
- produits séchés/salés/fumés . . . . 30.000 tonnes
- charcuterie de poisson . . . . pour mémoire
- produits texturés . . . . pour mémoire

Néanmoins, il apparaît que la clientèle accepte facilement de consommer d'une façon rapprochée (plusieurs fois par semaine) des plats cuisinés à base de poisson dès lors qu'elle ne craint pas d'être confrontée à des problèmes d'épluchage, d'odeurs ou de goûts forts. Les formules culinaires industrielles permettent à présent de présenter en restauration collective le poisson en entrée et en plat principal, avec des variations attrayantes de formes, de couleurs, de goûts et d'accompagnements.

En revanche, en restauration classique traditionnelle, la clientèle montre un engouement tout particulier pour les poissons nobles de petite pêche. Les proportions de vente, il y a 20 ans, étaient de :
- 20 % pour le poisson
- 80 % pour la viande,

elles sont actuellement sensiblement les mêmes pour les deux catégories de produits. La sole et le turbot battent carrément le rumsteak et la côte de bœuf. Cependant la clientèle n'accepte plus de trouver des arêtes dans l'assiette, ce qui limite le choix pouvant être proposé.

LA QUALITE ET LA FRAICHEUR DU POISSON

La quasi-totalité de la pêche française est débarquée sous la forme de produits réfrigérés (sous glace vive). Dans ces conditions, l'état biologique de la chair de poisson n'est pas stabilisé et se dégrade dans un temps dépendant de nombreux facteurs (espèces, zones de pêche, état des captures). Les poissons bleus sont plus fragiles que les poissons plats ou les grosses pièces vidées comme le cabillaud et le lieu jaune.

De plus, certaines mauvaises pratiques engendrées par les contraintes économiques contribuent malheureusement à ternir l'image de marque du poisson, produit qui devrait être consommé dès sa sortie de l'eau : déglaçage du produit, attente sans réfrigération, caisses posées à même le sol, lavage avec l'eau du bassin, etc. La succession des chocs thermiques (ruptures de la chaîne du froid) provoqués par le déchargement, la vente à la criée, le travail en atelier de marée, est préjudiciable à la qualité du poisson. Des études en cours prévoient des stockages en containers à bord mêmes des futurs navires industriels de pêche fraîche, des ventes sur échantillon, des criées électroniques. La diminution des interventions humaines ira nécessairement de pair avec l'amélioration de la qualité du produit.

En l'absence de toute pathologie, la chair du poisson sortant de l'eau est quasiment stérile, mais elle s'altère plus vite que la plupart des autres denrées alimentaires. Comme les autres animaux, ses intestins sont riches en germes fécaux. Il existe une concordance entre l'indice d'altération (voir tableau suivant) et la prolifération microbienne. Laissé trop longtemps à une température non réfrigérée, surtout à la température ambiante des cuisines, ses tissus s'altèrent rapidement par putréfaction et multiplication des microbes. Il se produit alors une fermentation putride et le poisson dégage une odeur ammoniacale caractéristique.

Pour lutter contre ces altérations il faut appliquer des mesures de propreté au niveau des manipulations et des conditionnements, et généraliser l'usage du froid (mais un froid suffisant !).

Depuis la cale du bateau jusqu'à la consommation, le poisson ne doit subir aucune rupture de la chaîne du froid et être en permanence recouvert de glace fondante.

Les caractéristiques de fraîcheur

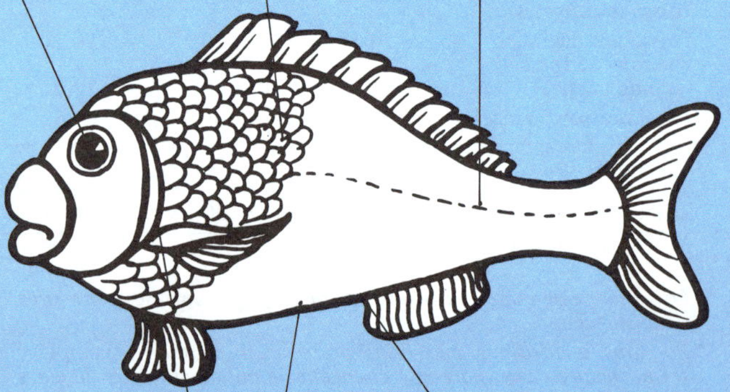

Evolution des caractéristiques de fraîcheur (les deux stades extrêmes)		
Odeur	Légère, agréable, rappelant l'algue marine pour les poissons de mer, ou les herbes aquatiques, pour les poissons d'eau douce.	Désagréable, âcre, acide, ammoniacale, putride.
Aspect général	Brillant, avec éclat métallique et reflets irisés, couleurs chatoyantes.	Mat, sans éclat ni reflet, teintes décolorées.
Rigidité du corps	Corps rigide, arqué Consistance ferme et en même temps élastique.	Corps flasque, mou. Consistance molle, la pression des doigts laisse des marques.
Ecailles	Fortement adhérentes, brillantes.	Soulevées, se détachent facilement.
Peau	Tendue, bien colorée, bien adhérente.	Ridée, décolorée, facilement déchirable.
Œil	Clair, vif, brillant, luisant, convexe, transparent, occupant toute la cavité orbitaire.	Terne, vitreux, opalin, opaque, concave, affaissé dans l'orbite, pupille grise, cornée laiteuse.
Opercule	Adhérent, sans taches	Légèrement soulevé avec taches rouge-brun.
Branchies	Humides, brillantes, roses ou rouge-sang.	Sèches, grisâtres, plombées, décolorées.
Abdomen	Forme normale (ni gonflé, ni affaissé, ni tendu, ni déchiré). Pas de taches.	Flasque, déformé, souvent gonflé, convexe, avec taches colorées (bleu foncé, verdâtre ou noirâtre). Relâchement de la paroi abdominale.
Anus	Hermétiquement fermé.	Béant, souvent proéminent.
Viscères	Lisses, propres, brillants, nacrés. Péritoine adhérent à la paroi de la cavité viscérale.	Affaissés, gonflés. Péritoine fragile.
Côtes et colonne vertébrale	Adhérentes et faisant corps avec la paroi thoracique et les muscles du dos.	Soulevées, faciles à détacher sans emporter de lambeaux de muscle.
Chair	Ferme, blanche ou rose, rarement rouge (thon). Reflets nacrés en surface et à la coupe.	Friable, coloration rouge plus ou moins brune, notamment le long de la colonne vertébrale.
Mucus	Transparent.	Visqueux, jaunâtre et malodorant.
Péritoine	Adhérent à la chair.	Détérioré.

La qualité des poissons varie en fonction de divers paramètres.

- l'espèce à laquelle ils appartiennent (certaines sont plus estimées que d'autres) ;
- le milieu dans lequel ils vivents (eau douce/eau de mer/ eau rocheuse/eau vaseuse) ;
- leur alimentation (plancton, autres larves de poissons) ;
- l'âge et l'état sexuel (surtout pour les femelles) ;
- le procédé de capture (technique de pêche), ligne, filet ou chalut (dans les chaluts, les poissons sont souvent comprimés, traînés, meurtris, puis meurent par asphyxie) ;
- les conditions de stockage, de transport et de vente (rupture de la chaîne du froid, absence d'hygiène, manque de rapidité lors des diverses opérations) ;
- les procédés de commercialisation et de conservation (les altérations proviennent pour une large part des intestins: préférer les poissons vidés à bord) ;
- les techniques de transformation (mode de cuisson, garniture et sauces les mieux appropriées).

Mais il ne faut pas oublier qu'avec les têtes débarrassées des yeux et ouïes, et les arêtes des poissons maigres (sole, turbot), il est possible de réaliser du fumet pour la cuisson des poissons et pour la confection des sauces, des consommés et des gelées.

La saison

Comme pour les fruits et légumes, il existe des saisons pour le poisson de mer ou d'eau douce et pour les produits de la mer en général. Pendant les périodes d'abondance des pêches ou pleine saison, les produits sont généralement moins chers et souvent plus savoureux.

Certains poissons sont présents sur le marché toute l'année, ou presque :
- le saumon et la truite d'aquaculture, la roussette, le cabillaud, la lotte, le congre, le maquereau, la sole, le carrelet.

D'autres sont plutôt des produits d'hiver ou de début de printemps :
- le grondin, la lingue (julienne), l'églefin, le colin (lieu), le merlan.

Au printemps ou en été, il vaut mieux choisir :
- le merlu, la daurade, le rouget barbet, le bar, les poissons à griller (sardine), mais aussi les poissons gras (thon, anguille).

L'ACHAT DU POISSON

Pour bien acheter du poisson, il faut tenir compte :
- ***de la fraîcheur et de la qualité du poisson,***
- ***de la part comestible (pourcentage de déchets),***
- ***de la saison.***

La part comestible

La part de déchets varie beaucoup avec l'anatomie du poisson. Elle est souvent importante, ce qui augmente alors son prix de revient. Il faut savoir évaluer les déchets :

Poissons	Vidage (% de déchets)	Vidage et étêtage (% de déchets)	Mise en filet % de chair (poids net/brut)
Lotte	15 %	60 %	30 %
Merlan	12 %	35 %	55 %
Colin	18 %	30 %	60 %
Cabillaud	18 %	28 %	60 %
Sole	7 %	15 %	50 %
Saint-Pierre	18 %	33 %	45 %
Turbot	7 %	30 %	40 %

Pour avoir une portion nette de 150 grammes comestibles, il faut compter :
- 150 g de filet ;
- 175 g de poisson en tranches (darnes) ;
- 220 g de poisson entier à petite tête ;
- 280 g de poisson entier à grosse tête ;
- 200 g de poisson décapité ;
- 350 g de barbue ou de turbot ou de Saint-Pierre en tronçons ;
- 250 à 300 g de sole à filets ;
- 220 g de petite friture.

LA CLASSIFICATION DES PRODUITS DE LA PECHE

(classification zoologique)

CLASSIFICATION ZOOLOGIQUE DES PRINCIPALES ESPECES DE POISSONS DE MER AVEC PERIODE D'ABONDANCE POUR LES PLUS UTILISES EN CUISINE														
	ESPECES	NOM COMMERCIAL	J	F	M	A	M	J	J	A	S	O	N	D
POISSONS OSSEUX TELEOSTEENS	LOPHIDÉS	baudroie (lotte	●	●	●				●	●	●	●	●	●
	TRACHINIDÉ	vive	●	●	●	●	●	●	●	●	●	●	●	●
	PLEURONECTIDÉS	barbue												
		carrelet (plie)	●	●	●	●	●	●	●	●	●	●	●	●
		flétan												
		limande	●	●	●	●							●	●
		sole	●	●	●	●	●	●	●	●	●	●	●	●
		turbot	●	●	●	●	●	●	●	●	●	●	●	●
	GADIDÉS	cabillaud	●	●	●	●	●	●	●	●	●	●	●	●
		colin (merlu)	●	●	●	●	●					●	●	●
		églefin	●	●	●	●	●					●	●	●
		lieu (noir et jaune)	●	●	●	●						●	●	●
		gr. lingue ou julienne	●	●	●	●						●	●	●
		merlan	●	●	●	●				●	●	●	●	●
	BERYCIDÉS	bérix												
	ZEIDÉS	Saint Pierre	●	●	●	●	●	●	●	●	●	●	●	●
	MULLIDÉS	rouget barbet	●	●	●	●	●	●	●	●	●	●	●	●
	SALMONIDÉS	éperlan												
	LABRIDÉS	vieille												
	SCORPENIDÉS	rascasse												
	SPARIDÉS	dorade (rose, grise, royale)	●	●	●	●	●	●	●	●	●	●	●	●
	SERRANIDÉS	bar, mérou												
	CARANGIDÉS	chinchard												
	SCIENIDÉS	ombrines												
	TRIGLIDÉS	grondins (rouge, gris, lyre)	●	●	●	●	●	●	●	●	●	●	●	●
	SCOMBRIDÉS	bonite												
		germon (thon blanc)												
		thon rouge						●	●	●	●	●		
		maquereau	●	●	●	●	●	●	●	●	●	●	●	●
	ENGRAULIDÉS	anchois												
	CLUPEIDÉS	aloses												
		hareng	●	●					●	●	●	●	●	●
		sardines						●	●	●	●	●	●	●
		sprat												
	SCOMBRESOCIDÉS	orphie												
	ATHERINIDÉS	athérine												
	MUGILIDÉS	mulet	●	●	●	●					●	●	●	●
	CONGRIDÉS	congre												
	ANGUILLIDÉS	anguille												
	MURENIDÉS	murènes												
	ANARHICHADIDÉS	poisson loup												
	AMMODYTIDÉS	lançon et équille												
CARTILA-GINEUX SELACIENS	GROUPE DES REQUINS	petite roussette	●	●	●	●	●	●	●	●	●	●	●	●
		grande roussette	●	●	●	●	●	●	●	●	●	●	●	●
		hâ ou milandre												
	GROUPE DES RAIES	raie (bouclée, ponctuée, perlée, papillon)	●	●	●	●	●	●	●	●	●	●	●	●

Remarque :

Les arrivages de poisson sont très fluctuants, (abondance des pêches, conditions climatiques) mais sachez qu'il y a toujours, en toute saison, « un » poisson disponible dans toute la variété de poissons offerts par votre poissonnier : Regardez donc bien l'étal, tout l'étal, avant de décider de votre choix.

Source : Les produits de la pêche Dr. J. GOUSSET et G. TIXERANT

Classification nutritionnelle

Les poissons peuvent être classés d'après la teneur en graisses (taux lipidique). Plus leur teneur en lipides est élevée, plus leur teneur en eau diminue et inversement. Mais la teneur en graisses varie aussi selon l'époque : certains poissons sont parfois maigres et parfois gras.

On distingue
- **les poissons maigres,** moins de 5 % de lipides
- **les poissons 1/2 gras,** de 5 à 10 % de lipides
- **les poissons gras,** plus de 10 % de lipides

Poissons maigres		Poissons 1/2 gras	Poissons gras
brochet	carrelet	rouget	anguille
églefin	raie	sardine	thon
colin	grondin	hareng	saumon
merlan	dorade	congre	murène
esturgeon	roussette	flétan	lamproie
lieu	mulet	bonite	
barbue	turbot	germon	
cabillaud	truite	baudroie	
sole	perche	maquereau	
rascasse	carpe	alose	
tanche	gardon	carpe d'élevage	
goujon	brème		
anchois	espadon		
limande	(haddock)		

Classification en cuisine

On distingue
- les poissons de mer osseux (téléostéens) et cartilagineux (sélaciens) à 2 ou 4 filets
- les poissons d'eau douce (ruisseau, rivière, fleuve, étang, lac)

Compte tenu de cette première classification, et en fonction des caractères anatomiques (forme du corps, aplatissement, allongement) une seconde classification implique obligatoirement une découpe spécifique tenant compte de la grosseur et du poids de l'animal.

Seconde classification en cuisine

I Les poissons ronds

2 filets	baudroie (lotte), bar (loup), cabillaud, colin (lieu), congre, merlu, julienne, merlan, mulet, rouget, sardine, thon

II Les poissons plats

4 filets	barbue, cardine, carrelet (plie), flétan, limande, sole, turbot, raie
2 filets	dorade (daurade), Saint-Pierre

III Les poissons d'eau douce et migrateurs

2 filets	alose, anguille**, brochet, brème, carpe, esturgeon*, féra, goujon, gardon, lamproie, omble chevalier, perche, sandre, saumon*, tanche, truite.

* poisson anadrome ** poisson catadrome

Remarque :
Il existe une réglementation formelle déterminant la taille des poissons à pêcher et à vendre aux restaurants. Voici un extrait de l'arrêté du 19 octobre 1964 (Journal Officiel du 3 novembre 1964) :

bar	25 cm	saumon	48 cm	turbot	30 cm
barbue	30 cm	truite	23 cm	plie	25 cm
sole	24 cm	mulet	20 cm	congre	58 cm
merlan	23 cm	esturgeon	145 cm	lieu noir	21 cm

PREPARATIONS PRELIMINAIRES DES POISSONS

Dès leur livraison, les poissons sont immédiatement dirigés vers un local ou une zone d'habillage (éventuellement la légumerie) ; l'équipement et les installations doivent correspondre aux recommandations de l'arrêté du 26 septembre 1980, surtout pour le nettoyage et la désinfection. Le ou les garçons de cuisine doivent réaliser et vérifier l'habillage (ébarbage, écaillage suivant les espèces, vidage, lavage à l'eau glacée). Les poissons ainsi préparés seront dirigés vers le garde-manger (en restauration traditionnelle) où ils y seront stockés dans des « timbres » spéciaux (tiroirs réfrigérés conçus pour le poisson), avec de la glace pilée ou dans des armoires à poissons munies de bacs de stockage à double fond évitant aux poissons le contact avec l'eau de fusion de la glace. La quantité de glace doit être suffisante, renouvelée tous les jours, répartie uniformément pour maintenir la température interne des poissons entre 0 °C et + 2 °C.

Les poissons ainsi stockés ne doivent en aucun cas subir le contact avec la glace : ils doivent être séparés par un film de plastique alimentaire. La glace « brûle », délave et décolore la chair du poisson.

Les timbres ou les bacs de stockage doivent être nettoyés, désinfectés et rincés tous les jours.

Les poissons d'eau douce supportent très mal les séjours prolongés dans la glace. La raie, le chien de mer ou la saumonette, aussitôt détaillés et dégorgés, doivent être cuits immédiatement.

Coupe d'un timbre à poisson traditionnel

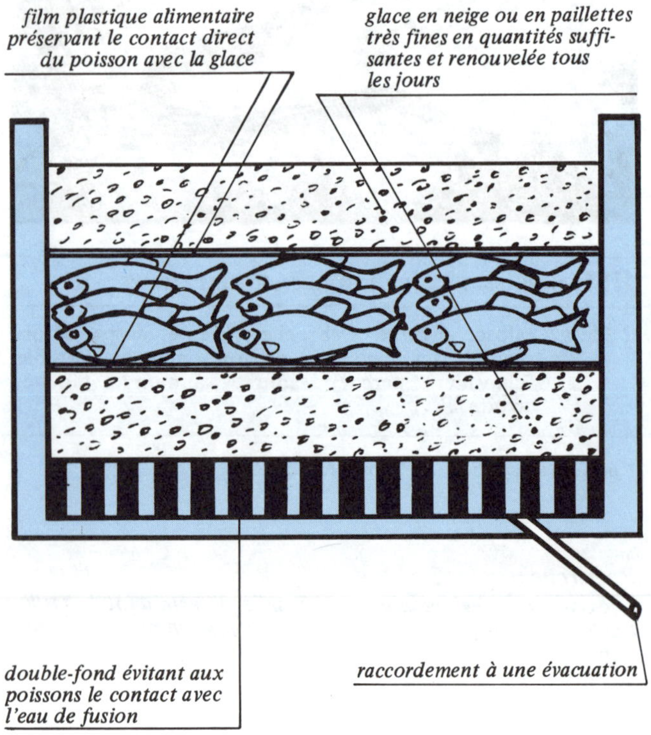

La conservation du poisson dans la glace doit être la plus courte possible (48 h maximum). Sur le plan gastronomique l'idéal serait évidemment d'éviter au poisson le contact avec la glace.

LE DETAIL DU POISSON

Le poisson est traditionnellement détaillé (fileté, désossé, tronçonné ou détaillé en darnes, en « escalopes » ou en « suprêmes » au garde-manger).

LES PETITES PIECES

Petites pièces de poisson servies à raison de plusieurs par personne (petite friture, goujons, éperlans, sardines, etc.)

LES POISSONS PORTION

Poisson de 200 à 250 g servi en entier, à raison d'une pièce par personne (merlan, truite, sole, etc).

LES FILETS

Parties charnues situées de part et d'autre de l'arête centrale

a) Poissons plats : 4 filets (sauf Saint-Pierre et dorade)
   - sole : 2 à 3 filets par personne
   - turbot : 1 filet pour une ou plusieurs personnes, suivant grosseur.

b) Poissons ronds : 2 filets
   1 filet pour plusieurs personnes (suivant grosseur) ils seront alors escalopés. (150 g/personne).

LES DARNES

Tranches de poisson rond de 2 à 3 cm d'épaisseur suivant la grosseur du poisson (180 à 200 g/personne).

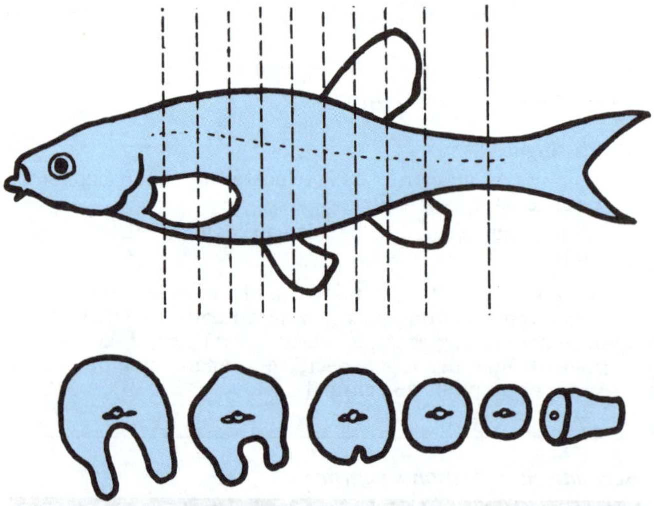

Darnes de poisson rond

LES TRONÇONS

a) tranche de poisson rond pour plusieurs personnes 200/220g par personne.
b) tranche de poisson plat pour une personne (turbot, barbue) 300 à 350 g par personne.

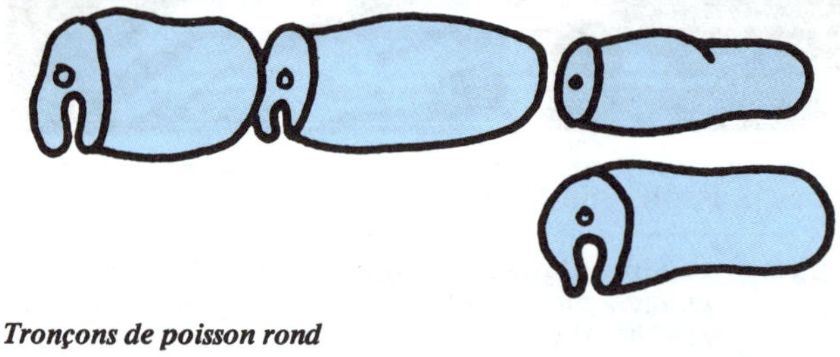

Tronçons de poisson rond

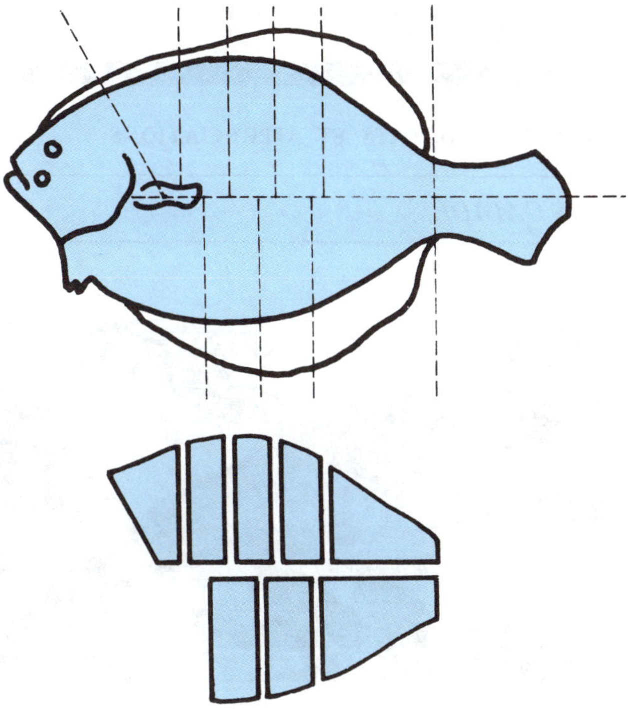

Tronçons de poisson plat

LES DIFFERENTS PROCEDES DE CONSERVATION APPLICABLES AUX POISSONS

Les technologies désormais conventionnelles de conservations des produits de la mer sont constituées par :

- la réfrigération en glace pilée (sauf pour la raie et les poissons d'eau douce) ;
- la congélation ou la surgélation réalisée à bord du navire donne d'excellents résultats à condition de ne pas rompre la chaîne du froid ;
- le séchage (méthode la plus ancienne) et aujourd'hui diverses méthodes de déshydratation dont la lyophilisation (cryodessication) ;
- le salage (souvent associé au fumage) ou saumurage ;
- le fumage à froid (associé au salage : saumon, haddock, truites) ;
- la stérilisation par la chaleur (conserves appertisées) sans assaisonnement, à l'huile d'olive ou additionnée de purée de tomate à l'huile (pilchard) ;
- la pasteurisation (semi-conserves) avec marinade (harengs marinés) à maintenir au froid.

Mais à ces techniques classiques viennent aujourd'hui s'ajouter divers procédés :

- l'ionisation ou l'irradiation : procédé consistant à soumettre l'aliment à un rayonnement ionisant (émis par des rayons gamma ou des électrons accélérés) qui a pour but de détruire les microbes et de prolonger ainsi la conservation du produit traité. L'ionisation peut être appliquée à faible dose pour lutter contre l'infestation par les insectes du poisson séché.
- le conditionnement sous vide associé à la réfrigération après cuisson (durée de conservation sous glace fixée à 6 jours maximum, sauf en cas d'autorisation de prolongation attribuée par les services vétérinaires) ;
- le conditionnement sous atmosphère gazeuse contrôlée (mélange de gaz carbonique, d'azote et d'oxygène, ou d'air) associé à la réfrigération.
- le conditionnement sous vide pasteurisé ;

Ces trois procédés ont pour but de ralentir le développement microbien et permettent d'allonger notablement la durée de conservation des produits, mais à condition de respecter scrupuleusement la température maximum de + 2° C ainsi que la date limite de consommation. Ils sont mis en application seulement par les industriels de l'agro-alimentaire ;

- le pelliculage associé à la réfrigération : ce procédé consiste à enrober complètement les poissons d'un film plastique rétractable.

Armoire Friginox, conservateur de poisson

L'EVOLUTION DES TECHNIQUES INDUSTRIELLES DE TRANSFORMATION DES PRODUITS DE LA PECHE

Comme pour les légumes et fruits de la quatrième et de la cinquième gamme, ou les produits carnés prêts à l'emploi (parés et détaillés), les produits de la pêche sont progressivement et irrémédiablement pris en charge en amont de la restauration par l'agro-alimentaire. On peut constater que la consommation de poissons entiers a disparu des collectivités et que les industriels s'orientent vers l'utilisation de

L'évolution des produits ne se borne pas seulement à la présentation de produits plus ou moins élaborés (filets, darnes, produits désarêtés, poissons panés, fumés ou marinés, quenelles, etc.) mais aussi à des produits terminés, prêts à servir (terrines de poissons ou de crustacés, plats cuisinés sous vide ou surgelés, salades composées à base de poissons, de crustacés ou de coquillages) De nombreux chefs de cuisine réputés prêtent leur concours à l'élaboration industrielle de ces produits.

filets sans arêtes dont la fabrication sur chaîne automatique est désormais réalisable à bord même des navires. De même, la consommation des crustacés s'oriente vers des produits décortiqués ou vers des préparations qui nous viennent d'Asie tel que le surimi imitant parfaitement le crabe (réalisé à partir de colin d'Alaska, traité et texturé). Les Japonais présentent également des produits imitant les coquilles Saint-Jacques, les crevettes et les homards.

LA CUISSON DU POISSON ET SON EVOLUTION

Pendant des décennies, on a sophistiqué les préparations à base de poisson, soufflé les soles et les barbues, gratiné les turbots, américanisé les lottes, et surtout noyé les poissons (souvent trop cuits) sous un raz-de-marée de sauce corsée, réduite, souvent trop liée où flottaient invariablement quelques crevettes plus ou moins insipides et des moules plutôt racornies...

Les cuisiniers d'aujourd'hui considèrent que seules la simplicité et l'extrême fraîcheur siéent au poisson. Il doit impérativement conserver toute son identité et la cuisson est si précise qu'elle est devenue un art.

Les garnitures et la présentation font partie des soucis majeurs des poissonniers. Les traditionnels pommes de terre à l'anglaise, riz et pâtes sont devenus trop monotones, rendant triste le poisson à ceux qui déjà ne l'appréciaient guère.

En cuisine actuelle, de nombreux légumes jusque-là peu utilisés accompagnent aujourd'hui très avantageusement les préparations à base de poisson :

- les petits légumes en boules, brunoise ou julienne, étuvés, accompagnent les poissons pochés au court-mouillement ou les poissons braisés ;
- les concombres tournés ou levés à la cuiller se marient bien avec les poissons à saveur douce ;
- les courgettes sautées à la fleur de thym, le fenouil, les endives et les champignons sautés peuvent accompagner les poissons meunières ;
- les gratins de courgettes, d'aubergines ou la ratatouille font merveille avec le thon ou les poissons rôtis ou braisés ;
- les fondues d'épinards, de champignons, d'endives, de poireaux, de tomates, d'oseille, etc. conviennent bien aux poissons sautés à la poêle anti-adhésive et accompagnés de beurre blanc ;
- les subrics ou flancs de carottes, de courgettes, d'asperges, de brocolis, de fonds d'artichauts accompagnent agréablement les poissons pochés accompagnés de beurre mousseux ou de sauce mousseline ;
- les herbes fraîches (cerfeuil, aneth, basilic) peuvent être largement utilisées pour leurs parfums mais aussi pour la présentation.

PRINCIPALES ESPECES UTILISEES EN CUISINE

TAILLES, HABITATS ET APPRECIATIONS

LES GADIDES

LE CABILLAUD

Taille : 0,30 à à 1 m.
Habitat : océan glacial Arctique, mer du Nord, Terre Neuve, Islande.
Chair blanche, facile à digérer, assez délicate, économique.
Fait l'objet d'un commerce important, il se prête très bien à la congélation.
Séché, il devient le stockfisch.
Salé : la morue ou klippfisch
Le foie sert à la fabrication de l'huile de foie de morue.

COLIN OU MERLU

Taille : 0,40 à 1 m.
Habitat : de l'Écosse au Maroc.
Méditerranée, Golfe de Gascogne.
Poisson de profondeur : 100 à 200 m, eaux à 9 et 10 °C.
Chair très tendre, blanche et excellente.

MERLAN

Taille : 0,20 m à 0,40 m.
Habitat : poisson côtier, vit en bancs de l'Océan Glacial Arctique à l'Espagne.
Au-dessus des fonds sableux.
Chair blanche, facile à digérer mais fragile, il doit être consommé parfaitement frais.
Il se prête très bien à la confection des farces à quenelles mousselines.

LES PLEURONECTIDES

LA BARBUE

Taille : 0,30 m à 0,70 m.
Habitat : Atlantique, Méditerranée.
Poisson côtier, fonds sableux.
Chair excellente, un peu moins fine que celle du turbot ou de la sole.
On la prépare comme le turbot.

PLIE OU CARRELET

Taille : 0,25 m à 0,65 m.
Habitat : côtes d'Europe, pénètre dans les estuaires sableux et vaseux.
Poisson à chair blanche et tendre très digeste.
Peu d'intérêts en gastronomie.
Consommation familiale ou en collectivité en raison du prix avantageux.

SOLE

Taille : 0,20 m à 0,35 m.
Habitat : côtes d'Europe, Méditerranée ; sur fonds sableux et peu profonds.
Chair blanche, tendre, très savoureuse estimée et très recherchée des gourmets.
Se prête à de très nombreuses préparations. (voir le répertoire de la cuisine par Gringoire et Saulnier).

LIMANDE

Taille : 0,20 m à 0,35 m.
Habitat : Mer de la Manche, du Nord, rare dans le Golfe de Gascogne.
Chair blanche, inférieure à celle du carrelet.
De conservation difficile.
Peu d'intérêt en gastronomie.

TURBOT

Taille : 0,40 m à 0,80 (peut atteindre 2 m : 40 kg).
Habitat : poisson côtier, Atlantique, Méditerranée.
Fonds sableux.
Chair blanche et ferme, très estimée et très recherchée des gourmets.
Se prête à de très nombreuses préparations.

DIVERSES AUTRES ESPECES

ROUGET BARBET OU BECASSE DE MER

Taille : 20 à 40 cm.
Habitat : Manche, Océan, Méditerranée.
Fonds sableux et rocheux.
Chair particulièrement savoureuse lorsque les rougets sont grillés.
Le foie est très apprécié des gourmets (ceux-ci ne le vident pas).

GRONDIN (rouge, gris, lyre)

Taille : 20 à 40 cm.
Habitat : Méditerranée, Golfe de Gascogne, Manche, rare en mer du Nord.
Chair blanche peu savoureuse se prête à la réalisation des soupes de poisson, à la bouillabaisse.
Ne pas confondre grondin rouge et rouget barbet.

DAURADE ROYALE OU VRAIE DAURADE
Dorade grise et rose

Taille : peut atteindre 50 cm.
Habitat : commune en Méditerranée, Golfe de Gascogne, peut entrer dans les étangs.
Chair feuilletée, la daurade royale est de loin la plus savoureuse. Elle peut être lardée, farcie et rotie au four.

BAR OU LOUP

Taille : jusqu'à 0,75 m.
Habitat : Atlantique, Méditerranée, poisson côtier dans les eaux agitées.
Chair excellente, et très appréciée (le plus souvent grillé avec ou sans fenouil).
Connu aussi sous le nom de loubine.

CONGRE OU ANGUILLE DE MER

Taille : peut atteindre 3 m.
Habitat : Atlantique, Méditerranée, poisson côtier vivant entre 40 et 100 m de profondeur.
Chair moins savoureuse que celle de l'anguille des fleuves. Surtout utilisé pour les soupes de poisson et bouillabaisse.

BAUDROIE OU LOTTE

Taille : 0,50 m à 2 m
Habitat : dans toutes les mers, à toutes profondeurs. Poisson très vorace.
La tête est si laide qu'on la coupe toujours. Elle est commercialisée sous le nom de queue de lotte.
Chair d'un blanc neigeux, ferme et très savoureuse. Pas d'arête. Le foie est très apprécié.

SAINT PIERRE

Taille : 30 à 50 cm
Habitat : toutes les côtes, vit sur les fonds.
Chair délicate qui rivalise avec celle du turbot ou de la barbue. Très recherché et apprécié des gourmets, le foie est très apprécié.

LES PRINCIPAUX POISSONS D'EAU DOUCE

ANGUILLES

Taille : mâles 50 centimètres ; la femelle peut atteindre 1 mètre.

Habitat : poissons migrateurs: Elles naissent dans le fond des grands océans, rejoignent les eaux douces et saumâtres.

Chair : ferme, légèrement grasse. Trop grosses, elles ont un goût de vase.

Elles se traitent principalement frites (tronçons ou entières ; pour les petites appellées civelles, en matelote, au vert, en terrines, fumées.

BROCHETS

Taille : 30 à 70 centimètres, parfois jusqu'à 1 mètre. Les trop gros brochets ne sont pas utilisés en l'état, car il contiennent beaucoup trop d'arêtes et possèdent une saveur forte légèrement vaseuse.

Habitat : eaux courantes, tranquilles, étangs.

Chair : ferme, blanche, délicate pour les jeunes sujets ; fibreuse pour les plus âgés.

SAUMONS

Taille : peuvent atteindre 1 à 1,20 mètre.

Habitat : Océan Atlantique, mer du Nord, fleuves et rivières.

Elevage : ce sont des poissons migrateurs, ils naîssent en rivière, rejoignent les océans, se reproduisent et meurent généralement là où ils ont pris naissance.

Chair : particulièrement savoureuse, légèrement grasse et mœlleuse. La chair du saumon d'élevage est parfois plus grasse et tient moins bien à la cuisson, mais le saumon d'élevage écossais par exemple a une qualité remarquable.

Le saumon se prête particulièrement à toutes les différentes formes de conservation (marinades, salage et fumage, congélation, etc.).

TRUITES

Taille : 20 à 25 centimètres (arc-en-ciel).

Habitat : eaux courantes froides et oxygénées ; elle fait l'objet d'une pisciculture intensive.

Chair : la truite sauvage est très recherchée mais très rare (pêche réglementée).

Les truites d'élevage se prêtent à de multiples préparations; pochées au court-bouillon, au bleu, meunière, pochées au court-mouillement, fumées, etc.

LA PREPARATION ET LA CUISSON DU POISSON

PREPARATIONS OU MODES DE CUISSON	TECHNIQUES	EXEMPLES	DRESSAGE	SUGGESTIONS DE GARNITURES
*Les poissons crus traités en marinade**	• **à la scandinave** : mariner les filets de poisson sur la peau avec un mélange de sel, de sucre, d'huile et d'aneth.	- Aumonière de saumon cru à la crème d'aneth - Filet de bar mariné au fenouil - Marinade de saumon sauvage à la gelée de crustacés.		• Toasts tièdes • Blinis à la crème aigre • Petite salade panachée • Crème fouettée à l'aneth à la ciboulette ou au poivre vert
	• **à la tahitienne** : trancher finement le poisson. Mariner quelques minutes avec un mélange de jus de citron vert, de lait de noix de coco et quelques grains de poivre vert ou de baies roses.	- Assiette de daurade et de mérou aux mangues vertes - Marinade de vivanneau au citron vert	En tranches très fines sur assiette froide	• Caviar d'aubergine • Tarama
	• **à l'orientale** : trancher finement, mariner quelques minutes avec un mélange de jus de citron, d'huile d'olive et d'herbes diverses (aneth, ciboulette, basilic, cerfeuil coriandre frais, fenouil). Le citron doit être ajouté en dernier, il « cuit » et blanchit le poisson.	- Tartare de mérou ou de daurade à la ciboulette - Filet de Saint-Pierre mariné à la coriandre - Tartare de maquereaux à l'échalote.		• Jaune d'œuf, câpres, oignons, cornichons
	• **à la française** : mariner le poisson quelques jours avec du vin blanc, du vinaigre et des aromates.	- Sardines au vin blanc de Champagne - Sardines au vinaigre de framboises.		• Bracelets d'échalotes d'oignons nouveaux • Lamelles de carottes cannelées
Les poissons crus traités par fumage à froid	• Traités le plus souvent industriellement, les poissons sont levés en filets (pour les plus gros) ou traités en entier pour les petits, et puis placés dans du sel durant quelques heures, fumés dans des fumoirs à sciure de bois (hêtre, chêne, bouleau).	- Saumon d'Ecosse fumé - Esturgeon fumé - Filet d'églefin (haddock) - Hareng, truite, anguille, flétan , thon fumé	En tranches fines, seul ou en mélange (assiette nordique)	• Citron • Toasts chauds • Crème fouettée • Sauce raifort • Blinis, mousse d'avocat Les poissons fumés entrent dans la composition de nombreuses préparations (salades composées, hors-d'œuvre chauds ou froids)
Les poissons pochés (départ liquide froid)	• Dans un court-bouillon (eau, vinaigre ou vin blanc ou jus de citron, carottes, oignons, bouquet garni, sel, poivre en grains (éviter l'ébullition, compter 15 min. par kg plus 5 min. par kg supplémentaire). Eviter le vinaigre ou tout autre acide pour les poissons à chair rose ou rouge (les acides décolorent la chair du poisson) • eau citronnnée et salée (15 g au litre) • eau additionnée de lait.	- Tronçon de colin - Truite en gelée - Saumon en bellevue - Brochet poché - Aileron de raie - Charcuterie de poisson - Soupe de poisson - Darne de colin pochée - Filet de merlu - Tronçon de turbot, filet de haddock	Sur plat recouvert de papier gaufré ou d'une serviette harmonieusement pliée. Sur « fond de plat » ou socle de gelée. La sauce est dressée à part en saucière sur assiette.	Poissons chauds • Pommes à l'anglaise, riz pilaf ou nature, pâtes fraîches, brocolis, asperges fonds d'artichauts, endives braisées, mousselines diverses... • Sauce hollandaise et ses dérivés, beurre fondu, blanc ou aux herbes... Poissons froids • Tomates, œufs historiés, citron, olives, persil, crevettes roses, macédoine concombre... • Sauce mayonnaise et ses dérivés.

* La consommation de poissons crus ou insuffisament cuits (plus particulièrement les poissons «bleus» (harengs, maquereaux) peut être dangereuse. Ces poissons peuvent être atteints d'Anisakis, petits vers ronds dangereux pour l'homme. Ces poissons peuvent être rendus salubres par une forte congélation ou une cuisson correcte.

PREPARATIONS OU MODES DE CUISSON	TECHNIQUES	EXEMPLES	DRESSAGE	SUGGESTIONS DE GARNITURES
Les poissons pochés (départ liquide bouillant)	Cuisson spéciale dite « au bleu » (dans une nage), la composition est identique au court-bouillon, les carottes sont cannelées et émincées très régulièrement, les oignons sont taillés en bracelets. Les poissons ainsi traités doivent être vivants, vidés délicatement, non écaillés pour préserver le limon et arrosés de vinaigre bouillant.	- Truite, brocheton, carpe, saumon de fontaine au bleu - Petite nage de poisson - Panaché de poisson en bouillabaisse	Dans une poissonnière ou une timbale en cuivre ou en argent (avec la nage) Sur assiette creuse avec dessous d'assiette.	Idem poissons pochés servis chauds. La nage peut être réduite et montée au beurre (beurre de nage). Quenelles Sauce américaine, Newburg, Nantua.
Les poissons traités à la vapeur	Dans un cuiseur à vapeur sans pression ou à basse pression, ou dans un couscoussier.	- Toutes les petites pièces peuvent être traitées à la vapeur - Panaché de poisson à la vapeur d'algues - Paupiette de sole et de saumon à la mousse de cresson - Blanc de turbot à la vapeur d'aromates	Sur serviette harmonieusement pliée ou sur papier gaufré ; La sauce est servie à part en saucière.	Idem poissons pochés servis chauds. Choisir un accompagnement simple, coloré et léger.
En papillote	Avant d'être traité à la vapeur, le poisson est hermétiquement enveloppé dans du papier d'aluminium ou sulfurisé, dans une feuille d'épinard, de chou, de laitue, etc.	- Papillote de bar aux zestes de bigarrades - Papillote de rouget et de bar au pistou		
Sous-vide	Le poisson assaisonné, garni ou décoré est placé dans un sachet spécial de cuisson, le vide d'air est pratiqué puis l'aliment est cuit soit au bain-marie, soit dans en enceinte à micro-ondes, soit à la vapeur dans un multi-cuiseur.	- Escalopines de turbot aux morilles ou aux girolles - Gigot de lotte farci homardine	Sur assiette harmonieusement dressée	
Pochés au court-mouillement (braisés)	Le poisson est placé dans une plaque beurrée, salée, poivrée avec de l'échalote ciselée et recouvert partiellement de fumet, de vin blanc ou parfois de vin rouge (la cuisson réduite sert à la confection de la sauce).	- Tous les poissons sauce vin blanc et leurs dérivés (bonne femme, Dieppoise, Marguery, Dugléré, Normande) - Blanc de turbot aux huîtres et au Champagne - Eventail de barbue aux filaments de légumes - Au vin rouge : Dijonnaise Mâconnaise, Bordelaise, Bourguignonne	Sur plat beurré rond ou long suivant la forme des poissons (la préparation peut être glacée) Sur assiette avec la garniture	• Sauce réalisée à partir de la cuisson réduite, crémée ou non et montée au beurre. • Moules, huîtres, coquilles St-Jacques pochées, crevettes, champignons, truffes, tomates, fleurons, subrics de légumes, petits légumes, etc. • Pâtes fraîches.
Sautés (à la poêle à poisson)	Cuisson dite à la meunière, le poisson est épongé, salé, poivré, fariné puis sauté dans un mélange d'huile et de beurre, il est, après dressage, nappé de jus de citron et de beurre noisette.	- Sole, truite, darne de colin meunière, Murat, aux champignons, aux amandes, à l'orange, Doria, Grenobloise - Sole dorée à l'espagnole, Mirabeau, truite saumonée Félix	Sur plat ovale dans le sens de la diagonale, la tête du poisson placée en haut du plat et à gauche. Sur assiette (éventuellement)	• Tranches de citron pelé à vif, beurre noisette au départ, persil haché (croûtons, segment d'orange, câpres, amandes, champignons, courgettes sautées, crêpes au maïs,aux épinards).
Panés puis sautés	Les poissons sautés peuvent être panés	- Merlan à l'anglaise, côtelette de saumon Dejazet, sole Richelieu	Sur plat recouvert de papier gaufré.	Beurre composé, citrons historiés.

PREPARATIONS OU MODES DE CUISSON	TECHNIQUES	EXEMPLES	DRESSAGE	SUGGESTIONS DE GARNITURES
Sautés à la poêle anti-adhésive	Cette technique s'applique principalement pour la cuisson « à la minute » de très petites pièces de poisson ou des filets finement escalopés. La poêle doit être bien beurrée. (à l'aide d'un pinceau)	- Minute de saumon au beurre de ciboulette - Piccata de barbue au curry et aux féttucines vertes - Filet de saumon à l'oseille à la fondue d'endives, d'épinards, de poireaux, de tomates - Escalope de lotte aux épinards et aux poivrons doux	Sur assiette.	Sauce aux herbes dérivées du beurre blanc, fondue d'oseille d'endives, de poireaux, de tomates, de fenouil
Rôtis	Classiquement cette technique ne s'applique pas aux poissons ; seule la cuisson des gros poissons grillés peut être terminée au four. En cuisine actuelle, les darnes ou les tronçons de poisson taillés épais peuvent être cuits au four et généralement sur le côté peau.	- Bar de ligne rôti sur la peau au beurre de poivrons doux - Dos de saumon rôti, beurre de ciboulette - Tronçon de turbot rôti aux aromates, mousseline de fenouil.	Sur plat long beurré	- Citrons historiés, persil en branches, beurre fondu - Gratin de courgettes, d'aubergines, ratatouille, etc. - Compote de fenouil - Purée d'épinards, etc. - Mousseline de carottes, de haricots, de fonds d'artichauts, etc.
Grillés	Cette technique s'applique principalement aux petites pièces de poisson ou à leurs filets escalopés (filets, darnes, tronçons, brochettes). Eponger soigneusement, placer le poisson en marinade instantanée, fariner (éventuellement) puis griller sur un gril soigneusement brossé et huilé (la cuisson des poissons épais peut être terminée au four).	- Sole, tronçon de turbot, turbotin, darne de saumon, sardine, maquereau grillé - Brochette de lotte grillée beurre de cerfeuil - Saumon grillé sur la peau, au beurre de crustacé - Bar grillé au fenouil, beurre d'anis - Turbotin grillé aux aromates - Rouget grillé à la compote de fenouil.	Sur plat beurré ou sur assiette ovale.	- Citrons historiés, persil en branches - Beurres composés (Maître d'hôtel, d'anchois, de crustacés) - Beurre blanc et dérivés - Sauce moutarde ou Béarnaise et dérivés - Courgettes sautées - Subrics d'épinards - Tomates, champignons grillés - Pommes noisettes ou parisiennes.
Panés puis grillés	Les filets de poissons grillés peuvent être panés.	- Filet de barbue St Germain - Epigramme de sole sauce tartare.	Sur plat beurré ou recouvert de papier gaufré.	
Frits	Cette technique s'applique principalement aux petites pièces de poisson ou à leurs filets escalopés. Les poissons ou leurs filets sont enrobés d'une préparation à base d'amidon (lait salé et farine, bière salée et farine, pâte à frire, pâte à crêpes, panure à l'anglaise)	- Petites fritures (civelles, blanchailles, whitebaits) - Buisson d'éperlans - Merlan frit, en colère, en lorgnette - Croquette de poisson - Cromesquis de poisson - Sole frite, Colbert, Mireille - Truite à l'hôtelière - Goujonnettes de sole, sauce tartare.	Sur plat recouvert de papier gaufré ou d'une serviette harmonieusement pliée.	- Persil frit - Citrons historiés - Sauce tartare, andalouse, mousquetaire - Sauce tomate - Beurres composés - Fenouil, endives, laitues meunière - Gratin de légumes - Mousselines diverses - Oignons frits - Beignets d'aubergine - Ratatouille - Piperade

PREPARATIONS OU MODES DE CUISSON	TECHNIQUES	EXEMPLES	DRESSAGE	SUGGESTIONS DE GARNITURES
Braisés	Cette technique s'applique principalement aux grosses pièces de poissons ainsi qu'aux tronçons de poissons ronds. Les poissons sont cuits au four dans un récipient creux, sur une garniture aromatique avec fumet réduit, vin blanc ou rouge (suivant la recette). Les tronçons peuvent être piqués ou cloutés.	- Turbot braisé au Champagne, au Chambertin - Alose braisée provençale - Darne de thon braisée, ratatouille de légumes - Quenelles de brochet, braisées Nantua - Gigot de lotte braisé aux choux verts.	Sur grand plat ovale, la petite garniture autour.	- Printanière de légumes - Brunoise de légumes - Champignons tournés - Petits oignons glacés - Fleurons - Ecrevisses troussées - Croûtons frits - Julienne de filet de sole (goujonnettes) - Eperlans frits - Pâtes fraîches.
Sautés en sauce (technique des ragoûts)	A brun (technique des ragoûts) les poissons sont détaillés puis rissolés et cuits à couvert avec fumet, vin rouge ou velouté, et une garniture aromatique. A blanc (technique des fricassées) La technique est identique mais les tronçons de poisson sont juste raidis et non rissolés avant d'être mouillés, la sauce est crémée.	- Matelote d'anguille - Pochouse bourguignonne - Meurette de carpe - Estouffade de turbot aux Champignons. - Fricassée de lotte aux petits légumes - Matelote d'anguille normande, marinière.	En timbale ronde avec sous bol ou Sur assiette creuse avec dessous d'assiette	- Petits oignons glacés à brun - Champignons sautés - Petits lardons - Croûtons frits - Printanière de légumes - Julienne de légumes - Champignons pochés - Petits oignons glacés à blanc - Concombres étuvés.
Au plat	Cuire le poisson au four dans un plat fortement beurré, avec échalotes ciselées, fumet, jus de citron, essence de truffes, vin blanc ou rouge (suivant la recette). La cuisson du poisson doit être obtenue simultanément à la réduction de la sauce.	- Sole au plat - Sole au plat Otello	Sur le plat de cuisson avec dessous de plat	- Champignons émincés ou tournés - Lames de truffe
Au gratin	Technique de cuisson au plat permettant d'obtenir un triple résultat. - la cuisson du poisson, - la réduction de la sauce à l'état sirupeux, - l'obtention d'un gratin uniforme par adjonction de mie de pain et de petites parcelles de beurre.	- Sole au gratin - Sole Mireille	"	"
La cuisson en croûte de sel, en pâte ou en crépine	Technique voisine de la cuisson en papillote, elle permet de préserver les saveurs et le moelleux tout en limitant les pertes et le dessèchement ; les poissons sont enrobés d'un mélange de gros sel, de farine et d'eau, ou d'une pâte du type à foncer, feuilletée ou à brioche ; les crépines peuvent aussi être utilisées.	- Bar au sel ou des paludiers - Bar en croûte, dartois de sole, petit pâté feuilleté de barbue aux langoustines - Coulibiac de saumon, beurre à l'aneth - Crépinette de brochet aux herbes.	Dans le récipient de cuisson placé sur un sous-bol, la croûte de sel est cassée devant le client. Sur un grand plat long recouvert d'une serviette ou d'un papier gaufré. Sur assiette	Les garnitures ainsi que les sauces d'accompagnement proposées pour les poissons pochés s'appliquent également dans ce cas.

PREPARATIONS OU MODES DE CUISSON	TECHNIQUES	EXEMPLES	DRESSAGE	SUGGESTIONS DE GARNITURES
La cuisson par rayonnement	Cette technique de cuisson rapide est beaucoup utilisée actuellement, elle permet de cuire à la commande en quelques secondes des filets de poissons finement escalopés. Matériel utilisé : - salamandre - fours à infra-rouges obscurs - enceintes à micro-ondes	Tous les poissons peuvent être traités ainsi, pourvu qu'ils soient présentés sous la forme de très fine escalopes (saumon, turbot, barbue, filet de rouget) et placés sur une assiette beurrée, salée et poivrée pour la cuisson sous la salamandre. Entre deux assiettes pour l'utilisation d'une enceinte à micro-ondes, et sur assiette clochée pour l'exposition aux infra-rouges.	Sur assiette	- Beurre fondu ou beurre blanc, ainsi que leurs dérivés - Petits légumes étuvés - Subrics ou flans d'épinards, d'asperges, de brocolis, de fonds d'artichauts, de haricots, etc. - Mousselines de légumes - Courgettes sautées, endives meunière, etc.
Au bain-marie	Cette cuisson convient particulièrement aux préparations délicates ne supportant pas le contact direct avec la chaleur (elle peut être remplacée par l'utilisation d'un cuiseur à vapeur sans pression ou d'un polycuiseur).	- Dariole de poisson - Mousses et mousselines - Couronne ou « savarin » de poisson - Terrines et charcuterie de poisson.	Sur assiette ou plat rond, beurré suivant l'importance de la pièce.	Idem ci-dessus. Les grosses pièces peuvent être présentées avec des écrevisses troussées, des champignons tournés, des huîtres ou des moules farcies, des crevettes roses ou des coraux de coquilles Saint Jacques.

Remarque :

Certaines appellations indiquées peuvent surprendre les professionnels les plus traditionnalistes, elles représentent une synthèse des appellations couramment utilisées par les restaurateurs en vogue. Les autres sont extraites du répertoire de la cuisine de MM. Gringoire et Saulnier, et du Guide culinaire de M. Auguste Escoffier.

LES CRUSTACÉS

Les crustacés sont des arthropodes caractérisés par la présence d'appendices articulés et disposés par paire. Ils sont recouverts d'une couche de chitine pouvant être calcifiée.

Ils sont classés en deux grandes catégories selon leur forme :
- les macroures (qui signifie queue longue) présentent un abdomen particulièrement développé (les marcheurs : langoustes, homards ; les nageurs : crevettes),
- les brachyoures (qui signifie queue large) dont l'abdomen est atrophié (araignée, tourteau).

Dans la grande majorité des cas, les crustacés comestibles appartiennent à l'ordre des décapodes, ainsi appelés parce qu'ils possèdent 5 paires de pattes ambulatoires terminées soit par une pince, soit par une griffe.

Leur corps est divisé en deux parties :
- le céphalothorax
- l'abdomen.

Un crustacé (décapode) : **LE HOMARD**

Le céphalothorax (ensemble tête et thorax) forme une carapace rigide qui porte, outre les cinq paires de pattes ambulatoires : les yeux, deux paires d'antennes (les antérieures sont appelées antennules) et la bouche entourée de pièces buccales utilisées pour la mastication.

L'abdomen est constitué de six segments articulés portant chacun une paire de pattes abdominales. Les cinq premières paires servent souvent chez la femelle de support pour les œufs. Les pattes abdominales fixées sur le dernier segment (telson) sont élargies en forme de palettes (nageoire caudale), sauf chez les crabes dont l'abdomen est par ailleurs réduit et replié sous la carapace.

MODE DE VIE

- Dans la mer, sur les fonds rocheux et sableux toujours à proximité des côtes : homards, langoustes, langoustines, araignées, tourteaux, étrilles, crevettes.
- En eau douce, dans les torrents, ruisseaux, rivières, fleuves : écrevisses.
- Sur terre, seulement pour une variété de crabe vivant dans les trous et anfractuosités des côtes tropicales : crabe barbette, touloulous, etc...

Les crustacés ont presque tous la particularité de rougir à la cuisson. Leur carapaces est composée de deux pigments colorés : un rouge et un violet. Ce dernier est détruit par la chaleur, et seul le pigment rouge subsiste.

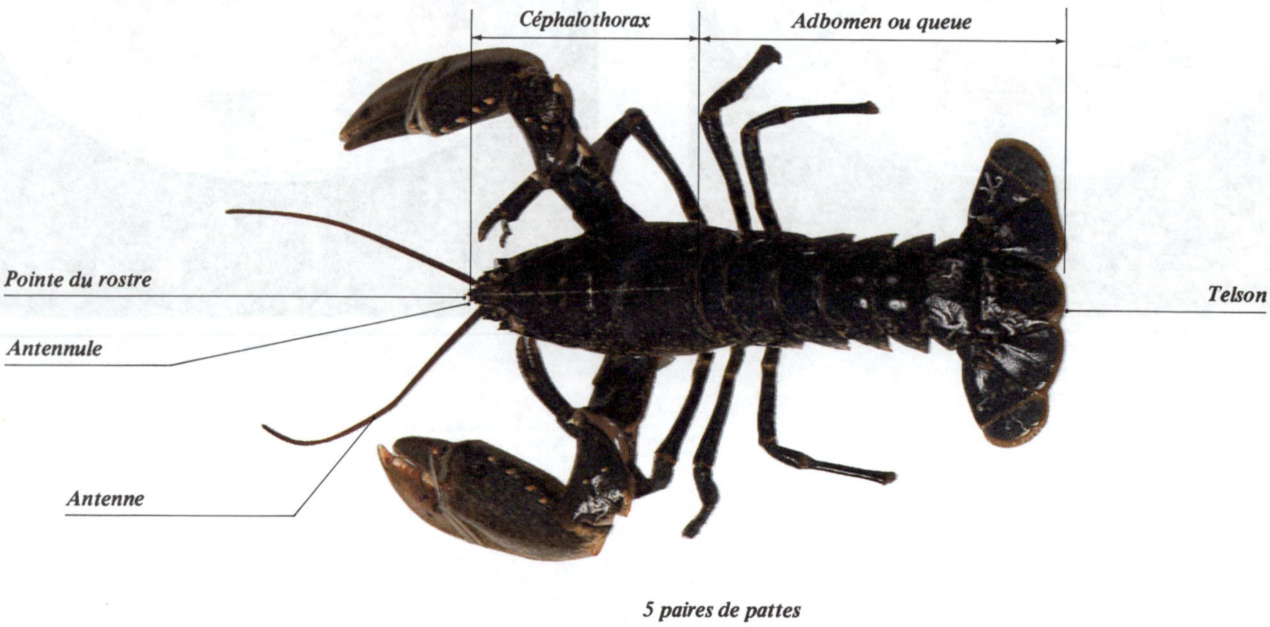

REPRODUCTION

Les crustacés se reproduisent par les œufs : 15 à 20 000 pour la femelle du homard, 100 000 pour la langouste. Ils se trouvent sous la queue à l'abri des attaques, pendant les mois que dure l'incubation. A l'éclosion, ces œufs donnent des larves qui se transforment plusieurs fois avant de prendre la forme de l'animal adulte. C'est à cette époque que beaucoup d'entre eux deviennent la proie des poissons (les 7/10).

Un homard refait sa carapace 8 à 10 fois lors de sa première année, puis un peu moins jusqu'à six ans. Devenu adulte, il ne mue plus qu'une fois par an. Il faut 5 ans d'âge pour qu'un homard atteigne 12 cm de long, et 30 ans pour peser 1 kilogramme.

L'écrevisse d'un mois pèse 10 à 13 grammes, à 3 ans environ 20 grammes, au bout de 8 années 40 grammes. Il lui faut environ 15 à 20 ans pour peser 80 à 120 grammes.

ACHAT

Le prix d'achat des crustacés est très élevé pour certains d'entre eux : homards, langoustes, crevettes roses. Le pourcentage de déchet est important par rapport au poids brut : crabes 65 %, crevettes 50 %, écrevisses 78 %, homards 60 %. Il s'avère donc nécessaire de porter une attention toute particulière sur le choix des crustacés.

Leur altération est extrêmement rapide.

- Il est donc primodial de les acheter vivants et vigoureux (achats parfois difficile dans les régions éloignées des côtes). Il faut éliminer d'office les sujets dont la queue et les pattes sont pendantes. Morts avant la cuisson, ils se vident, et la chair restante est flasque, sans saveur et s'altère immédiatement.
- Des produits très toxiques se forment rapidement chez les crabes morts.
- A taille égale, choisir les sujets les plus lourds.
- Les articulations cartilagineuses d'un bon crustacé sont gonflées, claires et transparentes.
- La carapace est résistante, couverte de parasites animaux et végétaux , dans le cas contraire, ils viennent de subir la mue et sont amaigris.
- La femelle portant des œufs a de fortes chances d'être de bonne qualité, et de renfermer du corail.
- Choisir les homards de couleur bleu noir (le plus foncé possible) ils ont été péchés dans des eaux très froides.
- Homards et langoustes peuvent vivre durant de nombreuses heures hors de l'eau dans des caisses, avec de la ferluche humide pour le transport, ou en chambre froide obscure à 2 ou 3 °C lors de l'entreposage.
- Dans le cas d'impossibilité d'approvisionnement en crustacés vivants, l'utilisation des produits surgelés est conseillée.

Lorsque la carapace des crabes se déboîte, ils ont de forte chance d'être bien pleins.

PREPARATIONS PRELIMINAIRES

- les laver à l'eau courante ;
- les brosser soigneusement ;
- pour la préparation «en belle vue», homards et langoustes sont fixés sur une planchette avant la mise en cuisson.
- faire dégorger les étrilles et les crabes à l'eau courante ;
- châtrer les écrevisses.

CLASSIFICATION DES PRINCIPAUX CRUSTACES UTILISES EN CUISINE

LA CREVETTE GRISE

Taille : 3 à 6 cm.
Habitat : fonds sableux côtiers, notamment au voisinage des estuaires. La crevette grise ou crevette ordinaire est très abondante sur toutes les côtes.
Lorsqu'elle est cuite vivante dans de l'eau de mer et consommée immédiatement sans être entreposée en chambre froide, la crevette grise possède un goût supérieur aux autres espèces de crevettes.

LA CREVETTE ROSE

Taille : 7 à 10 cm
Habitat : toutes les côtes rocheuses (Atlantique, Méditerranée).
Elle devient rose à la cuisson.

LA CREVETTE BLEUE DES CARAÏBES

Ouassous en Guadeloupe, Cribiche en Guyane, Camarou à la Réunion, elle appartient au groupe des Carides comme les crevettes roses. Les sociétés aquacoles de Kourou en Guyane les commercialisent en frais sous sac de glace. De conservation aisée, elles se consomment grillées et se prêtent aux marinades et aux courts-bouillons.

LA CREVETTE « BOUQUET »

Taille : 8 à 12 cm
Habitat : toutes les côtes rocheuses (Atlantique, Méditerranée).

Elle devient rose foncé, voire rouge, à la cuisson.

LA CREVETTE IMPERIALE – SCAMPI ET GAMBAS

Taille : 20 à 25 cm
Habitat : Méditerranée à une profondeur de 400 à 700 mètres et mer Adriatique pour les scampis.

LA CREVETTE ROSE TROPICALE
LA CREVETTE ROSE D'ALGERIE

Taille jusqu'à 20 cm
En France, elles sont surtout commercialisée décortiquées et surgelées.

LA LANGOUSTE ROSE
(langouste de Mauritanie, Pacific Sud)

Taille : 30 cm, plus petite que la langouste rouge
Habitat : fonds rocheux de l'Atlantique entre 300 et 500 mètres de profondeur (eaux froides).
Elle s'identifie grâce à ses nombreuses taches claires présentes sur le céphalothorax et sur l'abdomen.
C'est en avril/mai que les prix sont les plus intéressants.

LA LANGOUSTE ROUGE (langouste bretonne)

Taille : peut atteindre 50 cm.
Habitat : fonds rocheux des Côtes d'Irlande, de Cornouaille, d'Espagne, du Portugal, de Corse et des côtes tunisiennes, entre 20 et 150 m de profondeur.
Elle s'identifie grâce à deux taches claires triangulaires sur le dessus de chaque segment.

LA LANGOUSTE VERTE
(langouste de Dakar et de Cuba)

Taille : peut atteindre 40 cm
Habitat : fonds rocheux côtiers entre 5 et 30 m de profondeur, côte ouest-africaine, du Maroc à l'Angola, mer des Caraïbes (mers chaudes).
La langouste se distingue du homard par la présence de très longues antennes (hérissées de piquants à leur base) et par l'absence de pinces. La langouste rouge est de loin la plus fine et celle qui possède le meilleur rendement.

LE HOMARD

Taille : peut atteindre 75 cm.
Néanmoins, l'aquarium de New-York possédait en 1910 un homard géant pesant 15 kg et mesurant 1 m de longueur !
Habitat : côtes bretonnes, eaux norvégiennes, irlandaises ou écossaises, côtes des U.S.A. et du Canada.
Les petits homards (23 cm minimum), cuits dans une « nage », s'appellent « demoiselles de Cherbourg ».

Le homard se prête aux mêmes préparations que la langouste. Mais le homard servi chaud (américaine, bordelaise, thermidor) est meilleur que la langouste qui est généralement préférée froide. Le homard contient moins de chair que la langouste.

LA LANGOUSTINE

Taille : jusqu'à 25 cm
Habitat : fonds vaseux entre 40 et 200 m de profondeur. Atlantique et Méditerranée.
Chair blanche et très savoureuse.
Loin des ports de pêche, elle est rarement achetée vivante, et surtout conservée dans des caissons avec de la glace pilée.

L'ARAIGNEE

Taille : jusqu'à 20 cm
Habitat : fonds côtiers à herbiers jusqu'à 50 mètres de profondeur (océan Atlantique, plus rare en Méditerranée). Elle est recouverte de multiples petites épines. Chez le mâle, la première paire de pattes se termine par de fortes pinces ; elles sont beaucoup plus faibles chez la femelle. La chair de l'araignée est très longue et très fine.

Le crabe royal de l'Alaska est une araignée d'environ 10 kg, dont les pattes peuvent atteindre 1,80 à 2 mètres de long. Le crabe de l'Alaska est surtout vendu surgelé, cuit ou cru, décortiqué ou non, ou appertisé.

LE TOURTEAU OU LE DORMEUR

Taille : peut atteindre la largeur de 40 cm, pour un poids de 5 à 6 kg.
Habitat : fonds rocheux et caillouteux depuis la côte jusqu'à 100 mètres de profondeur.
Atlantique et Méditerranée.

Le céphalothorax est lisse et oblong, avec 5 paires de pattes dont la première paire est munie de fortes pinces. La chair est fine et délicate (plateaux de fruits de mer, base de sauce américaine).

L'ETRILLE

Taille : atteint 10 cm
Habitat : fonds côtiers et caillouteux, ou parmi les algues. Manche, Atlantique, rare en Méditerranée.

Excellente base pour la sauce américaine ou les bisques.

L'ECREVISSE (CRUSTACE D'EAU DOUCE)

Taille : 12 à 15 cm
Habitat : ruisseaux rapides, torrents, rivières et fleuves pour certaines espèces.
Dans notre pays, les écrevisses sont en voie de disparition (pollution, braconnage). Elles sont donc importées.

Après avoir été brossées sous un filet d'eau courante, les écrevisses doivent être « châtrées », c'est-à-dire qu'il faut retirer le petit boyau noir se trouvant sous l'écaille du milieu de la queue, en le saisissant avec la pointe d'un petit couteau et en tirant doucement pour ne pas le briser. Ce boyau lui confère à la cuisson un goût amer.

TAILLE MARCHANDE DES CRUSTACES

De la pointe du rostre à l'extrémité de la queue. Pour les tourteaux, dans le sens de la plus petite dimension.

- crevettes grises et roses (bouquets) : 3 cm
- homards : 23 cm
- langoustes rouges et roses (Méditerranée) : 18 cm
- langoustes rouges et roses (Atlantique et Manche) : 23 cm
- langoustines : 11,5 cm
- tourteaux . 7 cm

Poids conseillés par personne :

- homard : 0,7 à 1 kg pour deux
- langouste : 0,7 à 1 kg pour deux
- queue surgelée : 0,8 kg pour quatre
- crevettes grises : 50 g par personne
- écrevisses de 50 g : 8 à 10 pièces par personne
- langoustines de 60 g : 8 pièces par personne

CUISSON DES CRUSTACES

PREPARATIONS AVANT CUISSON ET CUISSON	UTILISATIONS
CREVETTES  Eliminer éventuellement les algues, les petites pierres ou les animaux étrangers aux crevettes (galatées). Les cuire dans un court bouillon fortement salé à raison de 30 à 40 g de sel au litre (eau, sel, poivre, thym, laurier). Faire reprendre l'ébullition rapidement en y plongeant un fer rougi au feu (un tisonnier par exemple). Dès la reprise de l'ébullition, égoutter. Etaler pour faire refroidir. Elles peuvent être également sautées.	– *A l'apéritif, servies encore tièdes avec du pain et du beurre demi-sel ;* – *Composition des hors d'œuvre, des plateaux de fruits de mer ;* – *En buisson, pour les plus grosses (crevettes roses, crevettes bouquet) ;* – *En cocktail (shrimp cocktail) avocat aux crevettes, salades composées, etc. ;* – *En garniture de poissons (Marguery, Dieppoise, Joinville, Granville) ;* – *Grillées en brochette ou en beignets pour les impériales et les gambas ;* – *En mousse, terrine ;* – *Beurre de crevettes pour les sauces et les canapés ;* – *En élément de décor.*
LANGOUSTES 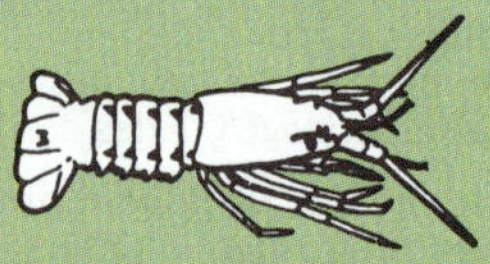 Brosser soigneusement. Si la langouste est destinée à être présentée entière, la fixer allongée sur une planchette. Les langoustes sont cuites dans un court-bouillon bouillant salé à raison de 15 g de sel au litre : eau + sel + poivre + très peu de vinaigre + thym et laurier. Prévoir 20 minutes pour une langouste d'1 kg. Egoutter sitôt la cuisson terminée. Saigner à l'extrémité du rostre et de la queue. Trop cuite la chair devient sèche et coriace.	– *Les servir encore tièdes avec de la sauce mayonnaise ou ses dérivés (sauce russe)* – *Froide : en bellevue, à la parisienne, en gelée ou aspics, en cocktail, en salades composées, en terrine ou en mousse ;* – *Chaude : grillée (elle peut être flambée), à l'armoricaine, à la bordelaise, en civet ;* *- décortiquée : thermidor, Cardinal, à la crème, aux morilles, Newburg, au curry, au gratin ;* *- en feuilleté ;* *- en garniture de poissons pochés au court-mouillement (Victoria) ;* – *Bisque.*
LANGOUSTINES  Pocher dans un court-bouillon bouillant salé à raison de 15 g de sel au litre : eau + sel + poivre + thym et laurier + très peu de vinaigre. Les plus petites cuisent dès la reprise de l'ébullition ; il faut compter 4 à 6 minutes pour les plus grosses. Egoutter immédiatement. Après 48 heures la chair des langoustines devient pâteuse.	– *Servies encore tièdes avec de la sauce mayonnaise ou ses dérivés ;* – *Composition des hors d'œuvre, des plateaux de fruits de mer ;* – *Traitées à l'américaine, à la bordelaise, en bisque, au gratin, en beignets, grillées ou en garniture des poissons pochés au court-mouillement, des soupes de poissons, de la paëlla, à la nage, sautées aux pleurotes, en papillotes, en feuilleté, en raviolis.*

PREPARATIONS AVANT CUISSON ET CUISSON	UTILISATIONS
HOMARDS 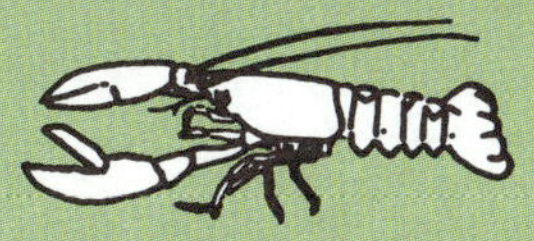 Pocher dans un court-bouillon bouillant salé à raison de 15 g de sel au litre : eau + sel + poivre + thym et laurier + très peu de vinaigre. Compter 20 minutes de cuisson pour un homard d'1 kg. Egoutter sitôt la cuisson terminée. Saigner à l'extrémité du rostre et de la queue. Les homards présentés en « belle vue » sont fixés allongés sur une planchette. Lorsque le homard est coupé en deux, retirer la « poche de pierres » : petite poche qui se trouve au niveau de la tête. Réserver précieusement le sang qui s'écoule et le corail. Ils contribuent à la liaison de nombreuses sauces, qui accompagneront le homard. Sauce Américaine, en civet, etc.	– *Les préparations applicables à la langouste conviennent également mais le homard est servi de préférence chaud (à l'américaine, Newburg, Cardinal, Thermidor, bordelaise) ou au gratin ;* – *Garniture de poissons pochés au court-mouillement (Cardinal, Waleska) ;* *Remarque : ne pas consommer les homards qui viennent d'être péchés, ils sont souvent appâtés avec des déchets en décomposition. Les laisser « dégorger » 24 heures minimum en vivier.*
TOURTEAUX, ARAIGNEES ET ETRILLES  Pocher dans un court-bouillon bouillant salé à raison de 15 g de sel au litre : eau + sel + poivre + thym et laurier + très peu de vinaigre. Certains les cuisent « départ eau froide » afin qu'ils ne perdent pas leurs pattes au cours de la cuisson, mais ce procédé n'est pas toujours efficace. Compter 20 minutes de cuisson pour un tourteau d'un kg. Égoutter sitôt cuit , saigner à l'extrémité du rostre et éliminer la pointe de l'abdomen.	– *Servis encore tièdes avec de la sauce mayonnaise ou ses dérivés ;* – *Composition des hors d'œuvre et des plateaux de fruits de mer ;* – *Décortiqués : salades composées, cocktail, canapés, avocat au crabe, en beignets (pinces de crabe), au gratin, crabes farcis, en raviolis ;* – *Bisque, garniture de potage ;* – *Etrilles et tourteaux constituent une excellente base pour la réalisation de la sauce américaine et les bisques, etc.* *Existence d'un succédané de crabe présenté sous forme de bâtonnets, réalisé à partir de colin d'Alaska texturé et parfumé au crabe.*
ECREVISSES 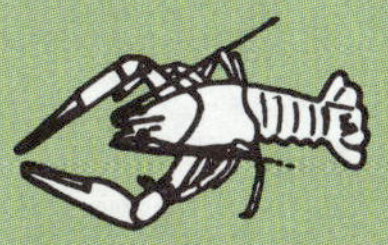 Brosser soigneusement. « Châtrer » (voir à « écrevisse »). Pocher dans un court-bouillon bouillant salé à raison de 15 g de sel au litre : eau + sel + poivre + thym et laurier + très peu de vinaigre. Il faut compter 4 à 5 minutes suivant la grosseur. Elles peuvent être pochées dans une nage au vin blanc, ou pochées dans un vin blanc avec thym et laurier, dans ce cas elles sont servies en timbale.	– *Servies tièdes, en buisson pour les buffets* – *A la nage ;* – *Elles peuvent être traitées à l'américaine, à la bordelaise ;* – *Troussées : élément de présentation ;* – *Réalisation de la sauce et de la garniture Nantua ;* – *Garniture des poissons pochés au court-mouillement ou braisés (Nantua, Normande, Alexandra) ;* – *Décortiquées, au gratin, en feuilleté, en papillote, en cocktail, en salades composées ;* – *Garniture Marengo ;* – *Bisque, garniture des soupes de poisson, des matelotes ;* – *Beurre d'écrevisse, mousse, terrines.*

Remarque :

En règle générale, les crustacés cuits supportent très mal la conservation en chambre froide.

Les carapaces peuvent servir à la réalisation de beurres composés (beurre de crustacés, beurre rouge), à la réalisation du « fond d'américaine » pour la réalisation de la sauce, des gelées et des consommés de crustacés.

LES MOLLUSQUES

GENERALITES

Les mollusques, à la différence des crustacés, sont des animaux non segmentés et dépourvus d'appendices articulés : leur corps est mou et généralement protégé par une coquille calcaire sécrétée par un repli cutané, le manteau. La coquille est formée de calcite et d'aragonite (formes cristallisées de carbonate de calcium). Les caractéristiques de la coquille permettent de distinguer trois groupes de mollusques.

CLASSIFICATION

Les lamellibranches *(bivalves)*

- huîtres
- palourdes
- coquilles St-Jacques Pecter maximus française
- vanneaux
- pétoncles ou Saint-Jacques Chlamys islandica par exemple
- moules
- dattes de mer
- clams
- vernis
- lavignons
- coques
- amandes de mer
- couteaux
- praires

Les gastéropodes *(univalves)*
coquille généralement spiralée et un pied locomoteur

- bigorneaux
- ormeaux
- patelles ou berniques
- buccin ou bulot
- lambis

Les céphalopodes
coquille inapparente ou absente
bouche entourée de 8 à 10 tentacules

- poulpes
- petites pieuvres
- seiches
- encornets et calmars ou calamars.
- chatrous

Remarque :
Beaucoup d'entre eux n'offrent que très peu d'intérêt en gastronomie.

ACHAT DES MOLLUSQUES

Les mollusques doivent être achetés très frais. Ils doivent être bien vivants, même s'ils doivent se consommer cuits (sauf pour les produits surgelés ou transformés). Il faut éliminer ceux qui sont entrouverts (bivalves).

Les mollusques frais sont lourds, donnent un son mat au malaxage, leurs coquilles sont difficiles à ouvrir et elles doivent se refermer au toucher.

Au lavage, ils ne doivent pas remonter à la surface de l'eau.

Le liquide intérieur est limpide et abondant.

L'odeur doit être agréable.

Le bord du manteau touché avec la pointe du couteau doit se rétracter facilement.

Après l'ouverture, laisser tomber une goutte de citron sur l'animal pour voir s'il se retracte bien.

L'origine des coquillages doit être sûre. Ces mollusques, filtrant une quantité d'eau considérable, peuvent accumuler des microbes très pathogènes : bacilles typiques et paratypiques (fièvre typhoïde ou paratyphoïde très grave pouvant entraîner la mort), salmonelles de maladies infectieuses, virus de l'hépatite, etc.

Pour les céphalopodes :

La chair doit être ferme, de couleur blanc nacré et brillante. Les tentacules sont résistants et l'odeur agréable.

Les taches de sang éventuelles doivent être bien rouges.

ETIQUETTE DE SALUBRITE ET CONTROLES SANITAIRES

Les mollusques doivent être achetés chez un marchand sérieux capable de fournir l'étiquette de salubrité. Chaque colis doit être muni d'une étiquette délivrée par IFREMER attestant la salubrité du lieu d'origine.

Le contrôle sanitaire des coquillages s'exerce sur :
- la qualité bactériologique,
- les conditions d'élevage, d'affinage et de dégorgement,
- le conditionnement, l'expédition
- la vente au consommateur.

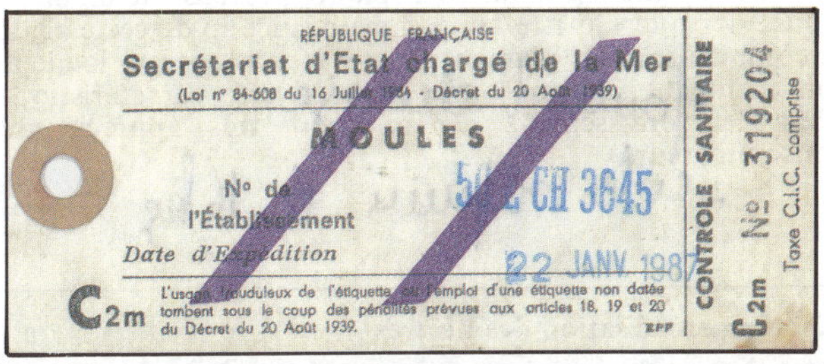

RÉPUBLIQUE FRANÇAISE

Secrétariat d'Etat chargé de la Mer

(Loi nº 84-608 du 16 Juillet 1984 - Décret du 20 Août 1939)

MOULES

Nº de l'Établissement

Date d'Expédition

L'usage frauduleux de l'étiquette ou l'emploi d'une étiquette non datée tombent sous le coup des pénalités prévues aux articles 18, 19 et 20 du Décret du 20 Août 1939.

C2m

CONTROLE SANITAIRE C2m Nº 319204 Taxe C.I.C. comprise

République Française — Marine Marchande

INSTITUT DES PÊCHES MARITIMES (Décret du 20 Août 1939)

HUITRES, MOULES, COQUILLAGES

Nº du Réexpéditeur

Nº de l'Expéditeur

Date de Réexpédition

Date d'Expédition

L'usage frauduleux de l'étiquette ou l'emploi d'une étiquette non datée tombent sous le coup des pénalités prévues aux articles 18, 19 et 20 du Décret du 20 Août 1939.

Imprimerie Guillaud

F

CONTROLE SANITAIRE F14 Nº 667954 Taxe C.I.C. comprise

Huîtres, moules, coquillages, de réexpédition en cas de reconditionnement

Les coquillages entièrement propres sont triés par grosseur et emballés. Les huîtres sont placées, valve inférieure au-dessous, dans des bourriches, fermées par un couvercle cerclé. Sur chaque bourriche, l'expéditeur doit agrafer une étiquette de salubrité portant son numéro d'établissement agréé, et la date de conditionnement. L'étiquette doit rester en place jusqu'à l'étal de vente au consommateur. L'expéditeur appose également son étiquette commerciale qui doit spécifier la provenance, la catégorie, la variété, le poids et/ou le nombre d'huîtres, ainsi que le nom du destinataire.

Les mois sans R

Traditionnellement, les coquillages ne sont pas consommés durant cette période qui correspond à leur reproduction ; leur aspect est moins engageant, mais ils ne sont pas nocifs, on les dit « laiteux ». Mais il est possible de trouver actuellement durant cette période des huîtres non laiteuses grâce à un procédé maintenant les huîtres dans des eaux très profondes.

TROUBLES ET INTOXICATIONS PROVOQUES PAR LES COQUILLAGES

Intolérance : avec des produits parfaitement sains, certaines personnes ont des accidents congestifs (enflements) ou éruptifs (allergie cutanée) sans gravité.

Coquillages toxiques : une bonne connaissance des coquillages est nécessaire. Aspect, odeur, saveur vous les feront rejeter. Les moules mortes sont toxiques et provoquent des troubles nerveux pouvant entraîner la mort.

LA DEGUSTATION DES COQUILLAGES

Les conditions et la rapidité des transports actuels permettent de consommer des fruits de mer toute l'année, en tout point du territoire.

Les fruits de mer dégustés crus sont consommés vivants : il est donc indispendable de s'assurer de leur fraîcheur et de contrôler l'étiquetage.

CONSERVATION DES COQUILLAGES

Tous les coquillages peuvent être facilement conservés (sauf les bigorneaux, qui doivent être cuits sitôt après leur livraison et consommés immédiatement), à condition qu'ils soient maintenus dans leur conditionnement d'origine, à plat, la partie creuse en-dessous, recouvert d'un couvercle et d'un poids afin de les maintenir hermétiquement fermés (pour les bivalves) et maintenus en chambre froide à + 5 °C environ.

La rotation devra tout de même être effectuée le plus rapidement possible 3 à 5 jours maximum et sans rupture de froid.

Ouvrir les coquillages juste avant leur dégustation et les disposer sur un lit de glace recouvert d'algues soigneusement rincées, ceci permet d'améliorer leur saveur mais également de les caler.

La vente « sauvage » de coquillages ou de coquillages provenant de gisements naturels non contrôlés est interdite. Les produits actuellement commercialisés proviennent tous d'élevages agréés.

Remarque :
La conchyliculture désigne l'ensemble des cultures de coquillages comestibles.

LES LAMELLIBRANCHES

LES HUITRES

L'ostréiculture (culture des huîtres) est fondée en France sur l'élevage de deux espèces d'huîtres :

- la plate (ostre edulis) : belon, Marennes, Bouzigue, arcachonnaise, pied de cheval, Gravettes ;
- la creuse (crassostera gigas), appelée aussi *portugaise* en raison de son origine, mais aussi depuis quelques années *japonaise* ou *canadienne* (Normandie-sud, Bretagne-nord, Ré, centre-ouest, Marennes, Oléron, Arcachon, Aquitaine).

L'élevage des huîtres

Rappelons que les huîtres sont hermaphrodites. L'huître plate est vivipare et l'huître creuse est ovipare.

La graine (larve ou œuf) qui provient des huîtres-mères parquées dans des gisements protégés (écloseries), est captée sur des collecteurs (au bout d'une dizaine de jours après la ponte). Il existe plusieurs types de collecteurs :

- tuiles romaines recouvertes de lait de chaux,
- anciennes coquilles disposées sur des supports métalliques,
- supports plastiques de toutes formes.

Fixées sur ces collecteurs, les larves prennent le nom de naissain. Au bout de huit ou neuf mois, on pratique le détroquage ou détachage des collecteurs.

Le naissain ainsi détroqué est placé en « demi-élevage » jusqu'à 18 mois ou 2 ans. Il est ensuite vendu aux ostréiculteurs des différentes régions qui termineront l'élevage ou la pousse.

Suivant le profil du littoral, les jeunes huîtres peuvent être élevées de différentes manières :

- en parc découvrant à fond ferme ;
- en eaux profondes (lorsque l'espace côtier est insuffisant) ;
- en surélévation (sacs en grillage plastique solidement arrimés sur des tables à claire-voie). Dans ce cas, les huîtres sont mieux protégées des prédateurs ;
- sur cordes (en Méditerranée).

Au bout d'une ou deux années d'élevage, les huîtres atteignent la taille marchande et à ce stade, elles sont placées dans des bassins pour l'engraissement, l'affinage et le verdissement.

L'engraissement, l'affinage et le verdissement

L'engraissement et l'affinage des huîtres se font dans des parcs où l'eau est un peu moins salée qu'en parc d'élevage, et plus riche en plancton. Ils se font également dans les « claires », bassins où l'huître reste en immersion permanente, sous une faible hauteur d'eau, environ 60 cm. Ce sont souvent d'anciens marais salants. C'est dans les « claires » que l'huître prend une belle couleur verte. Ce « verdissement » est pratiqué principalement dans la région de Marennes-Oléron.

L'engraissement améliore surtout le poids de chair du mollusque et l'affinage parfait, son goût. La salinité de l'eau, la nature du fond, les variétés de plancton, donnent à l'huître une saveur particulière selon sa région : « son goût de terroir ».

C'est dans les claires que se développe la « navicula ostrearia », une algue microscopique, porteuse de pigments bleus. Lorsque l'huître consomme beaucoup de cette algue, la combinaison des pigments bleus avec la couleur jaune de son manteau lui donne une couleur verte caractéristique. C'est le verdissement généralement très apprécié des consommateurs.

La commercialisation des huîtres

Classification par calibres de poids

Le consommateur peut acheter des huîtres à la douzaine, le plus souvent, et parfois au poids – notamment dans le Midi – comme tous les autres fruits de mer. Moules et bigorneaux se vendent aussi au litre.

CLASSIFICATION DES HUITRES PLATES

Catégorie	100 huîtres	Catégorie	100 huîtres	Catégorie	100 huîtres
000	10/12 kg	1	7 kg	4	4 kg
00	9/10 kg	2	6 kg	5	3 kg
0	8 kg	3	5 kg	6	2 kg

CLASSIFICATION NORMALISEE DES HUITRES CREUSES

Huîtres	très grosses	(TG)	pesant 100 g et au-dessus
	grosses	(G)	de 80 à 99 g
	moyennes	(M)	de 50 à 79 g
	petites	(P)	moins de 50 g

CLASSIFICATION POUR UN TRI AFFINE

Huîtres	très grosses	(TG1)	pesant 100 g et au-dessus
	grosses	(G2)	de 80 à 99 g
	moyennes	(M3)	de 65 à 79 g
	moyennes	(M4)	de 50 à 64 g
	petites	(P5)	de 40 à 49 g
	petites	(P6)	moins de 40 g.

Seule la norme AFNOR NF V 45-056 fait foi avec toutes ces modalités d'application.

Les huîtres de pleine mer, les fines de claires et les spéciales

On distingue :

- **les huîtres de pleine mer** : affinées en pleine mer ou à l'embouchure des rivières (Normandie, Bretagne-nord) ;
- **les fines de claires** : le terme « fines de claires » s'appliquant aux huîtres qui ont séjourné dans les claires (parcs d'engraissement pendant un séjour d'au moins 2 mois à raison d'une vingtaine au m^2) ;
- **les spéciales** : le terme « spéciales » s'appliquant aux huîtres qui ont séjourné également dans les claires durant 4 mois au minimum à raison de 4 à 5 au m^2.

Remarque :
Les huîtres qui existaient à l'état naturel dans les zones de balancement des marées, notamment à l'embouchure des rivières (gisements naturels), ont pratiquemment disparu.

LES COQUILLES SAINT-JACQUES OU PECTEN MAXIMUS

A la différence de la plupart des mollusques, les coquilles Saint-Jacques sont des bivalves très vagabonds. Elles se propulsent en chassant l'eau par brusque fermeture de leur valve supérieure. L'élevage des coquilles Saint-Jacques n'est encore qu'au stade expérimental (la pectiniliculture) et les fonds marins se raréfient. Aussi, les pouvoirs publics ont-ils réglementé sévèrement les périodes ainsi que les horaires de la pêche (généralement l'ouverture se fait la première semaine de novembre).

- Taille : de 10 à 15 cm.
- Habitat : fond sableux et herbiers côtiers (Manche et Atlantique).

Seuls les noix et les coraux sont utilisés.

Citons dans la même famille : vanneaux et pétoncles

Remarque :

Un arrêté du 26 juin 1996 détermine l'appellation des coquillages de la famille des pectinidés.

Lorsqu'ils sont présentés en conserve, semi-conserve ou à l'état surgelé, «pétoncles» et «Saint-Jacques» doivent être commercialisés sous **la dénomination unique de «Saint-Jacques»** complétée du nom scientifique de l'espèce et du pays d'origine

Exemples :

- Coquille Saint-Jacques des Côtes d'Armor (Pecten maximus) pour les authentiques noix de Saint-Jacques bretonnes
- Saint-Jacques «Argapecten purpuratus» du Pérou ou Noix de Saint-Jacques «Chlamys Islandica», des côtes d'Islandes pour les noix de «pétoncles».

LES MOULES

Les gisements naturels de moules sont encore assez répandus sur nos côtes, mais les moules sauvages sont peu charnues et peu savoureuses. La mytiliculture française fournit actuellement des moules d'élevage de qualité. Toutefois, des moules d'importation doivent compléter notre production (Espagne, Hollande).

L'élevage des moules

L'élevage des moules peut être réalisé de différentes manières :

- **sur des bouchots d'engraissement**
  Les bouchots d'engraissement sont composés de rangs de pieux espacés d'un demi-mètre environ. Les filets-tubes de jeunes moules dont on les garnit sont putrécibles. Au bout de 15 jours, ils se sont dissous. Les jeunes moules ont eu le temps de trouver le bois pour se fixer par leur byssus*. Elles atteignent la taille marchande de 4 à 6 cm en 12 ou 18 mois. Les plus grosses forment des « paquets » prêts à se détacher et à tomber à l'eau. Pour éviter cette perte, et étaler ses expéditions, le mytiliculteur pose des filets de « catinage » : filets-tubes imputréscibles, à larges mailles souples qui retiennent les « paquets » autour des pieux jusqu'à leur récolte.
- **« à plat »**
  Cette méthode s'apparente beaucoup à l'élevage des huîtres sur parcs. Elle a débuté au Croisic, où l'élevage sur bouchot présentait des difficultés. Le fond doit être assez résistant et à l'abri des fortes houles. Les moules font beaucoup de vase. Il faut les en dégager, et enlever de temps en temps cette vase, pour maintenir le fond à son niveau. L'élevage « à plat » est aussi pratiqué dans l'estuaire de l'Aven (en aval de Pont-Aven), autour de Boulogne-sur-Mer et de Cherbourg.
- **sur cordes**
  C'est une méthode propre à la Méditerranée. Les cordes pendent verticalement dans l'eau. Bien adaptée à la

faible amplitude des marées, cette méthode est employée également pour l'élevage des huîtres.

* *byssus : le byssus est un écheveau de filaments terminés chacun par un disque adhésif, assurant une fixation solide. La moule peut en rompre les fils pour se déplacer sur son pied et se fixer à nouveau un peu plus loin.*

LES PRAIRES

Proches parentes des palourdes, elles s'enfouissent dans le sable. Certains conchyliculteurs de Bretagne et Ré-Centre Ouest les pêchent pour le parquage. Les praires s'y comportent bien et gagnent rapidement en taille et en saveur.

– Taille : 3 à 6 cm
– Habitat : fonds côtiers sablonneux (Manche, Océan Atlantique, rare en Méditerranée).

La coquille est très épaisse, les valves sont très convexes et ornées de plis circulaires épais.

LES PALOURDES

L'élevage se pratique en Bretagne, à Noirmoutier, à l'Ile de Ré et en Normandie, en reparquage de petites palourdes de pêche ou à partir de naissins d'écloseries.

– Taille : 4 à 8 cm
– Habitat : fonds côtiers sablo-vaseux à une profondeur de 1 à 5 cm et jusqu'à 12 cm chez les adultes. Deux petits trous révèlent leur présence à marée basse. Ce sont les entrées des deux petits siphons, l'un pour la respiration, l'autre pour la déjection. La coquille subtrapézoïdale possède deux systèmes de striations formant un fin treillis visible à l'œil nu.

Autres espèces voisines de la palourde : coque bleue, clovisse, fausse palourde.

LES COQUES

Les coques sont des mollusques très répandus sur nos côtes, abondants en permanence et très bon marché.

– Taille : 3 à 4 cm
– Habitat : fonds côtiers sableux ou sablo-vaseux (Manche, Atlantique, Méditerranée).

La coquille est globuleuse avec 26 côtes bien marquées partant du sommet de chaque valve.

Autres espèces voisines de la coque : la coque rouge appelée aussi gros rigadeau, la coque épineuse encore appelée bucarde.

LES CLAMS

Ce sont les cousins d'Amérique du Nord des palourdes. La culture des clams se pratique dans l'estuaire de la Seudre en plein pays de Marennes (Charente Maritime).

LES AMANDES DE MER

Leur coquille circulaire possède une charnière comportant une vingtaine de petites dents. Les fonds sableux constituent leurs terrains d'élection.

PREPARATIONS PRELIMINAIRES ET CUISSON DES MOLLUSQUES : LES LAMELLIBRANCHES

PREPARATION AVANT CUISSON	CUISSON ET UTILISATIONS
LES HUITRES Elles ne doivent pas être grattées. Ne les laver, au moment de les ouvrir, que si nécessaire. – ouvrir juste au moment de les servir – éliminer les petites écailles qui peuvent se produire.	*Elles sont le plus souvent consommées crues, dressées sur un lit de glace et d'algues avec du citron, du vinaigre d'échalote, du pain de seigle et du beurre demi-sel (composition du plateau de fruits de mer). Elles peuvent aussi être pochées dans leur eau de mer avec un peu de vin blanc et de l'échalote ciselée, en prenant soin de filtrer soigneusement la cuisson et de ne pas trop la faire réduire (à cause du sel).* *– une montée en température à 70 °C maximum suffit à les cuire. Elles sont ensuite ébarbées, puis replacées dans leur coquille stérilisée.* *– la sauce est réalisée avec la cuisson (huîtres chaudes au champagne, aux épinards, à la fondue de tomate, de poireaux, à la Duxelles de champignons, etc.*
LES COQUILLES SAINT-JACQUES OU PECTEN MAXIMUS Les ouvrir avec précautions, détacher l'animal de la coquille, séparer la membrane et les franges de la noix, et du corail. Laver et laisser dégorger quelques minutes.	*– Consommées crues, taillées en fins « pétales » et marinées* *– Pochées comme les huîtres à 70 °C maximum (Nantaise, Dieppoise, au gratin, au safran, petite nage de St-Jacques)* *– Sautées rapidement, à la provençale (Meunière, aux pleurotes) ;* *– Grillées en brochettes* *– Garniture de poissons pochés au court-mouilllement, salades composées.*
LES MOULES Les gratter, éliminer les filaments fixateurs (byssus), les laver, les égoutter. Ne jamais les laisser tremper car elles risquent de s'ouvrir et de perdre ainsi leur eau de mer, sauf les moules élevées à plat qui risquent de contenir du sable ; dans ce cas, les laisser tremper dans de l'eau salée au gros sel à raison de 20 g par litre d'eau ; changer l'eau fréquemment.	*Parfois consommées crues, elles sont le plus souvent ouvertes « à la marinière » avec du beurre, du vin blanc, de l'échalote ciselée, du persil haché et du poivre (le sel n'étant pas nécessaire).* *– La cuisson dite « à la marinière » est une base pour tous les autres coquillages.* *– Ouvertes, elles peuvent être farcies, sautées à la provençale ou frites (garniture havraise) ;* *– Le plus souvent, les moules servent de garniture aux poissons pochés au court-mouillement (Dieppoise, Marguery, etc.), pour les bouchées, feuilletés divers, pilaff de fruits de mer, mouclades, salades composées, soupes de poissons diverses, veloutés, paëlla, etc.*
LES PRAIRES ET LES PALOURDES Ne les laver que si nécessaire (à l'eau de mer si possible). Les ouvrir au dernier moment, éliminer les écailles qui peuvent se produire.	*Souvent consommées crues, elles sont comme pour les huîtres servies sur un lit de glace et d'algues. Elles font partie du plateau de fruits de mer. Ouvertes à la marinière, elles peuvent être farcies ou servir de garniture à de nombreuses préparations à base de fruits de mer.*
LES COQUES Elles ne doivent pas être grattées. Les laver en les brassant vigoureusement. Les faire dégorger à l'eau fortement salée.	*Traitées à la marinière et décortiquées, elles servent de garniture : salades composées, hors d'œuvre à base de fruits de mer, etc.*

LES GASTÉROPODES

Les birgorneaux (ou vigneaux)
Taille : 2 à 3 cm
Habitat : fonds côtiers et herbiers de l'Océan Atlantique. Souvent importés de Hollande ou d'Irlande.
Coquille petite, globuleuse, brune ou noire, spiralée avec striations parallèles aux tours de spire.
Ouverture bordée d'une petite lunule blanche et munie d'un opercule.

Les buccins ou bulots
Taille : 4 à 8 cm.
Habitat : sur les rochers de toutes les côtes.
C'est un grand coquillage fusiforme à coquille spiralée de couleur verdâtre.

Les ormeaux (pêche momentanément réglementée)
Taille : 8 à 12 cm.
Habitat : fonds rocheux côtiers (collés sous les pierres). Coquille plate avec une série de trous sur le bord. Intérieur nacré. Appelé aussi « oreille de mer ».

Les patelles ou berniques (aucun intérêt gastronomique)
Taille : 2 à 4 cm de diamètre
Habitat : sur les rochers littoraux de la Manche, de l'Atlantique, de la Méditerranée.
La coquille est en forme de tronc de cône, à côtes rayonnantes.

ORMEAUX, PATELLES, BUCCINS ONT TRES PEU D'INTERET EN GASTRONOMIE.

GASTEROPODES TERRESTRES : LES ESCARGOTS

Deux espèces d'escargots sont actuellement rencontrées sur les marchés.

L'ESCARGOT DE BOURGOGNE

(Helix pomatia)
Taille : 3 à 5 cm
Grosse coquille jaune fauve, à peine marquée de bandes spiralées de couleur pelure d'oignon. Le bord de l'ouverture est tranchant ou légèrement ourlé. Le manteau est plus ou moins tacheté ou veiné. Autres appellations, Hélice vigneronne, vigneron, moucle de vigne, luma, gros blanc de bourgogne.

L'ESCARGOT « PETIT GRIS »

(Hélix aspersa Muller)

Taille : 2 à 3 cm

Petite coquille de couleur gris fauve veinée. Le manteau est de teinte unie. Autres appellations : hélice chagrine, tapada. carago.

La période la plus propice à la consommation des escargots se situe au début de l'automne, avant l'operculation. Au printemps, ils sont amaigris par le jeûne de l'hibernation. L'escargot de Bourgogne est le plus apprécié, mais c'est aussi le plus cher.

Remarque :

« L'escargot Achatine » désigne l'espèce Achatina fulica, de qualité bien inférieure à celle des 2 espèces précédentes. Lorsque la chair et la coquille n'appartiennent pas à la même espèce, les escargots doivent être désignés par l'appellation correspondant à la chair et non à la coquille, complétée par le vocable « rencoquillés ». Ceci est fréquent avec l'utilisation des coquilles de « Bourgogne » pour les escargots du commerce.

PREPARATIONS PRELIMINAIRES ET CUISSON DES MOLLUSQUES : LES GASTEROPODES

PREPARATION AVANT CUISSON	CUISSON ET UTILISATIONS
LES BIGORNEAUX Bien les laver en les brassant vigoureusement, les égoutter. Ne pas les laisser séjourner dans l'eau douce.	*Ils sont plongés dans un court-bouillon fortement condimenté (eau bouillante salée à raison de 20 à 25 g de sel au litre, poivre du moulin, thym, laurier et vinaigre). Ils sont ensuite refroidis et conservés dans la cuisson.* *Les bigorneaux meurent très rapidement en dehors de l'eau, aussi est-il fréquent de les trouver déjà cuits chez les poissonniers.* *Ils peuvent être servis :* *– à l'apéritif (pour faire patienter les clients)* *– sur les plateaux de fruits de mer.*
LES BUCCINS OU LES BULOTS Bien les laver en les brassant, les égoutter aussitôt. Ne pas les laisser tremper. Ils peuvent être dégorgés durant quelques heures avec du gros sel.	*Comme pour les bigorneaux, le temps de cuisson est plus long : 6 à 10 minutes suivant leur grosseur. Trop cuits, ils deviennent coriaces.*
LES ORMEAUX Décoller l'animal de sa coquille, le laver en le brassant vigoureusement, égoutter. La chair est souvent coriace : enveloppée dans un linge propre, elle peut être battue longuement à l'aide d'une batte ou d'un rouleau à pâtisserie ou laissée à mortifier quelques jours en enceinte réfrigérée. Le proverbe dit : « pas d'ormeaux sans marteau ».	*Suivant leur taille, ils peuvent être sautés (meunière), dressés en légumier avec une persillade, ou s'ils sont trop gros donc coriaces, ils doivent faire l'objet d'une cuisson plus longue.* *Il est possible de les traiter en ragoût (à l'américaine).* *Rentre dans la composition de nombreuses spécialités japonaises.*
LES ESCARGOTS La consommation d'escargots « coureurs » est dangereuse. Ces gastéropodes peuvent impunément manger des plantes vénéneuses. Les « bouchés » se consomment immédiatement. La qualité d'un escargot se reconnaît au niveau de l'opercule par rapport à l'ouverture. Les plus gros (les plus charnus étant les meilleurs) ont l'opercule au ras de l'ouverture. Les autres dont l'opercule est enfoncé sont maigres et n'ont pas assez de ventre pour remplir le logis. L'ouverture des escargots operculés doit être désobstruée en les lavant à l'eau tiède. Les faire dégorger (écumer) 1 à 2 heures avec du gros sel et de la farine. Bien les laver plusieurs fois. Les plonger 5 minutes dans de l'eau bouillante. Puis sortir l'animal de la coquille (l'eau peut être additionnée de cendre de bois).	*Ils sont pochés dans un court-bouillon composé d'eau, de vin blanc ou de vinaigre, bouquet garni, fenouil, romarin, sel et poivre.* *La cuisson est assez longue, environ 1 heure 30 à 3 heures suivant la grosseur et l'âge de l'escargot.* *Pendant la cuisson, écumer fréquemment. Il faut les laisser refroidir dans le court-bouillon.* *Ils sont le plus souvent remis dans leur coquille avec un beurre composé.* *Ils peuvent être traités en « ragoût », en cassolettes, en feuilletés, en bouchées, en raviolis, en papillottes, être frits à la vigneronne, etc.* *Il existe actuellement des coquilles en pâte de fabrication industrielle pour le service des escargots.*

Remarque :

Des achatines en provenance du sud-est de l'Asie, des Philippines sont récemment arrivés sur les marchés. Leur coquille spiralée est proche de celle du bulot ; ils ne doivent pas être commercialisés sous l'appellation «escargot».

LES CÉPHALOPODES

POULPE OU PIEUVRE OU MINARD

Taille : 30 à 80 cm
Habitat : côtes rocheuses (Océan et Méditerranée)
Elle se pêche surtout pendant la belle saison, car elle se rapproche des côtes pour frayer.

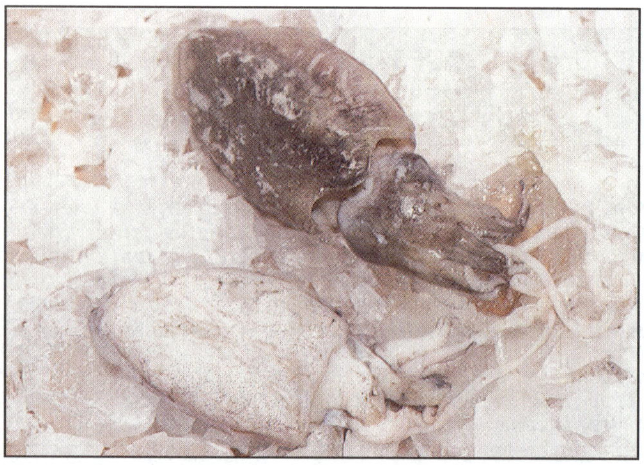

SEICHE OU MARGADE OU CASSERON OU SEPIOLES

Taille : 20 à 60 cm
Habitat : fonds côtiers dans les herbiers. Dans certaines régions , les casserons ou cassirons sont de toutes petites seiches. Dans le midi on les nomme sépioles.

Seuls les casserons ou sépioles sont consommés. La chair des animaux plus âgés est beaucoup trop coriace.

ENCORNET OU CALMAR OU CALAMARES OU CHIPIRONS

Taille : atteint 50 cm
Habitat : vit au large se rapproche du littoral l'été.
Son nom vient probablement du latin « calimarius » qui signifie écritoire, parce qu'il a tout ce qu'il faut pour écrire : encre, et, sur le côté, un petit dard qui peut faire office de plume.
Comme pour les seiches, la chair des animaux jeunes est bien plus tendre.

PREPARATIONS PRELIMINAIRES ET CUISSON DES MOLLUSQUES : LES CEPHALOPODES

PREPARATION AVANT CUISSON	CUISSON ET UTILISATIONS	
POULPES OU PIEUVRES La chair est savoureuse lorsque l'animal est jeune. Néanmoins elle doit être battue longuement avec le côté plat de la batte. Enlever les intestins et toute la partie noire, la tête, les yeux, la peau. Laver à l'eau courante tout ce qui reste, c'est-à-dire la chair blanche du corps et les tentacules dépouillés. Laisser dégorger.	*Pocher* *Sauter* *Frire* *A « l'américaine »* *En sauté en sauce*	*hors d'œuvre* *ou* *plat principal*
SEICHES Tirer doucement la tête pour enlever les entrailles. Retirer l'os du manteau et la poche à encre ou liquide noir. Couper les nageoires. Retirer les petites peaux. Laver le corps (aussi appelé blanc ou manteau). Laisser dégorger. De préférence, utiliser les jeunes sujets qui n'ont pas besoin d'être battus.	*Pocher* *Sauter* *Frire* *A « l'américaine »* *En sauté en sauce*	*hors d'œuvre* *ou* *plat principal*
CALMARS Séparer la tête du corps en tirant doucement pour enlever toutes les entrailles. Garder les tentacules en les sectionnant après le bec corné. Retirer les nageoires du manteau, la peau et les cartilages, sans fendre le cornet. Laver à grande eau. Battre le corps avec le côté plat de la batte, ou avec un rouleau à pâtisserie, pour l'attendrir, en faisant bien attention de ne pas le briser.	*Pocher,* *Sauter* *Frire* *A « l'américaine »* *En sauté en sauce* *Farcis et braisés (les tentacules servent à la fabrication de la farce)* *« A l'encre »* *Rentrent dans la préparation de la paëlla.*	

AUTRES ANIMAUX AQUATIQUES

LES BATRACIENS

LA GRENOUILLE

3 espèces principales en France :

LA GRENOUILLE VERTE

La plus répandue et la plus estimée pour sa chair blanche et délicate. Elle est svelte et très allongée, le dessus de son corps est d'un beau vert clair avec des taches noires et trois raies jaunes sur le dos.

Taille : 20 à 25 cm pattes étendues.

Sa vie peut durer 20 ans mais c'est à l'âge de 5 ans qu'elle atteint son entier développement ; c'est à cette époque qu'elle doit être pêchée pour la consommation.

Habitat : Asie Orientale, Afrique du Nord, Europe (étangs, marais, mares, ruisseaux) trous à herbiers aquatiques (Vendée).

Elle est essentiellement aquatique et vit là où elle a pris naissance.

(Ne pas confondre avec la rainette verte beaucoup plus petite qui vit sur les arbres : 4 à 5 cm).

LA GRENOUILLE ROUSSE

Un peu moins svelte que la précédente, de teinte jaunâtre tachetée et striée de noir.

Habitat : lieux boisés, prés, champs et jardins, assez loin de tout point d'eau.

Chair comestible mais beaucoup moins délicate que celle de la précédente.

LA GRENOUILLE AGILE

Peu de différence avec la grenouille rousse elle se distingue tout de même par sa taille plus élancée et ses pattes de derrière plus allongé.

Elle est d'un beau brun roux clair et a des habitudes terrestres.

Elle fait des sauts d'un mètre quand elle est poursuivie.

Sa vie a une durée de 12 à 15 ans.

C'est surtout en été et en automne que la chair de la grenouille est appréciée, en hiver, elle est amaigrie par le jeûne et ensuite par la ponte qui suit son réveil.

Commercialisation

Elles sont généralement commercialisées au poids pour les surgelées et à la douzaine pour les fraîches. Les cuisses sont sectionnées en laissant une partie de l'épine dorsale, puis dépouillées et enfilées sur une baguette de bois blanc ou de jonc ; ainsi, chaque paquet devient une unité commerciale.

Préparation et cuisson :

- sautées : meunière, grenobloise, provençale, aux fines herbes,
- frites : panées ou en beignets, Orly ou sauce tartare,
- potage : velouté de grenouilles au cresson,
- en mousse et en terrine,
- pochées : sauce vin blanc, poulette.

LES OURSINS

L'oursin est un échinoderme globuleux dont le nom latin échinus marinus signifie hérisson de mer, on l'appelle aussi chataigne de mer. Il en existe plusieurs variétés dont deux comestibles courantes.

La fraîcheur de l'oursin se reconnaît à la fermeté de ses piquants pointés drus comme ceux d'une chataigne.
L'orifice de la bouche doit être très serré.
Il faut les acheter vivants et les consommer aussitôt : on vérifiera leur fraîcheur aux mouvements de leurs « ambulacres », piquants fourchus et articulés leur permettant de se déplacer dans l'eau alors que les vrais piquants sont fixes.
Bonne époque de consommation : du 1er Septembre au 1er Avril.

L'oursin violet

Taille : 6 à 8 cm. Les piquants atteignent 2 cm.
Habitat : rochers côtiers (Océan, Méditerranée).
Gros comme une mandarine, il vit par bancs sur les roches baignées d'eaux très pures.

L'oursin conique

Avec des piquants courts, il a la taille d'un gros pamplemousse. On le trouve sous les roches recouvertes d'algues.

L'oursin blanc

Principalement le long des côtes antillaises et d'Amérique du Sud.

Préparation et cuisson :

Ils sont le plus souvent consommés crus.
Les langues disposées en forme d'étoile de mer et de couleur jaune (le corail) sont les glandes sexuelles de l'animal. Certains ne s'en contentent point et mangent tout l'intérieur de la carapace.
Pocher « à la coque »
Potage (velouté aux oursins)
Œufs brouillés aux oursins
Soufflé d'oursins
Liaison des sauces poisson.

LES VIOLETS

Le violet appartient à l'embranchement des Protocordés, sous l'embranchement des Tuniciers, classe des Ascidiacés. Son nom scientifique est Microcosmus sulcatus Coquebert. Il est encore appelé vioulet, bitoche ou figue de mer.

Taille : 12 à 15 cm de long sur 3 à 6 cm de large.

Habitat : Méditerranée.

Les violets présentent l'aspect général de grosses pommes de terre brunes, noirâtres, à chair jaune vif. L'extrémité opposée à la bouche est souvent couverte de débris de coquillages ou de graviers sur lesquels l'animal s'était fixé.

Utilisation : très riche en iode, les violets sont traités comme les oursins.

Présentation de viandes : Boucheries Roger - Paris

LA VIANDE DE BOUCHERIE

DEFINITION

L'origine du mot « *viande* » vient du latin « *vivenda* ». Dans la Rome antique, « *vivanda* » désignait tout ce qui entrait dans l'alimentation humaine.

Le « *vivandier* » ou la « *vivandière* » représentait la personne qui suivait un corps de troupe et vendait les vivres. « *viander* » signifie « *pâturer* » en parlant des bêtes fauves, et « *viandis* » le lieu où elles pâturent.

Dans le langage courant, le mot «viande» désigne la chair musculaire des animaux comestibles. La viande de boucherie s'applique plus spécialement à la chair des bovins, des ovins, des caprins, des porcins et des équidés ou solipèdes domestiques. Mais le terme «viande», dans son sens général, peut s'utiliser pour désigner la chair de la volaille, du gibier et parfois du poisson.

CLASSIFICATION

Conventionnellement, en restauration, les viandes sont classées par rapport à la couleur de la chair de la manière suivante :

– ***viandes rouges***

bœuf, mouton, cheval (bien que cette dernière fasse l'objet d'une commercialisation à part).

– ***viandes blanches***

veau, agneau de lait, chevreau (lorsqu'il n'est pas commercialisé par le volailler).

– ***viande de porc***

légèrement rosée, elle peut être commercialisée soit par le boucher, soit par le charcutier.

Remarque :

Sous certaines appellations, sont également sous-entendues plusieurs classes d'animaux de la même espèce, mais abattus à des périodes différentes de leur vie. Exemple : sous l'appellation « bœuf », sont également sous-entendus la génisse, le taurillon précoce, le baby beef, la vache de réforme et le taureau. Sous l'appellation « mouton » sont aussi sous-entendus les brebis et le bélier.

GENERALITES *(production et consommation)*

La France se situe au quatrième rang de la production mondiale, avec environ 5.250.000 tonnes de viande derrière les U.S.A., la Chine et l'U.R.S.S. et au premier rang à l'intérieur de la C.E.E. Cette production devrait largement suffire si le goût des consommateurs pour les morceaux nobles ne nous obligeait pas à en importer et à exporter les morceaux les moins demandés.

LES 12 PLUS GRANDS PRODUCTEURS DE VIANDE DU MONDE

		Production en milliers de tonnes	Consommation en kg/ habitant/an
	U.S.A.	25 700	105
	Chine	21 000	22
	U.R.S.S.	15 500	47
	France	5.250	100
	Allemagne Fed.	4 700	67
	Brésil	3 800	32
	Argentine	3 700	95
	Italie	3 300	46
	Pologne	3 000	41
	Australie	3 000	110
	Grande-Bretagne	2 900	60
	Japon	2 800	13

Le cheptel français comprend actuellement *(chiffres arrondis)*

25,6 millions de bovins pour 3,2 millions de veaux de boucherie
13,1 millions d'ovins
1,2 million de caprins
11,7 millions de porcins

Quant aux Français, ils font partie des grands mangeurs de viande avec les Américains et les Australiens. Ils consommaient en 1987 :

Porc	: 36 kg par an et par habitant
Bœuf	: 25,800 kg par an et par habitant
Veau	: 7,200 kg par an et par habitant
Mouton Caprin	: 4,300 kg par an et par habitant
Équidé	: 1,400 kg par an et par habitant

(Le solde correspond à la consommation de volaille).

LES CIRCUITS DE LA VIANDE

Avant d'arriver dans l'assiette du consommateur sous la forme d'un steak, d'une côtelette ou d'une estouffade bourguignonne, la bête d'élevage va parcourir un chemin plus ou moins long qui comporte plusieurs étapes.

Le parcours commence à la ferme pour rejoindre le marché local ou la foire aux bestiaux. La viande est ensuite dirigée vers l'abattoir et prise en charge par de nombreux intervenants (bouchers expéditeurs, commissionnaires, bouchers en gros ou chevillards) qui constituent « la filière viande ».

La tendance actuelle vise à raccourcir le plus possible le transport, ainsi que toutes les étapes de la commercialisation de l'animal vivant (circuit vif).

Pour éviter aux animaux un trajet trop long et pour préserver leur qualité, le circuit est actuellement beaucoup plus court.

Les différentes étapes du circuit «mort» constituant la «filière viande» sont :

- producteurs (éleveurs)
- foires ou marchés
- abattoirs industriels (nationaux ou agréés CEE) implantés dans la région d'élevage
- les viandes traitées sur place sont ensuite acheminées dans des wagons ou camions frigorifiques par les bouchers expéditeurs vers :
  - les ateliers de découpe ou vers les halles (MIN : Marché d'Intérêt National)
  - bouchers en gros ou chevillards
  - bouchers détaillants, collectivités, restaurateurs
  - consommateurs.

Ces différentes étapes sont parfois prises en charge, ou du moins en partie, par une seule et même entreprise (circuit coopératif). Les Sociétés d'Intérêts Collectifs Agricoles (SICA) disposent de tous les moyens techniques appropriés pour assurer la commercialisation de la viande du producteur jusqu'à la commercialisation du détail. Les SICA commercialisent environ 1/5ème de la viande bovine en France.

La modernisation des équipements a permis de concentrer l'abattage dans un nombre limité d'abattoirs régionaux offrant toutes les garanties sanitaires.

LA TRACABILITE AU SEIN DE LA FILIERE BOVINE

La traçabilité est un «outil» qui permet le transfert ininterrompu de l'élevage à la distribution, d'informations de natures réglementaire ou volontaire à destination du consommateur pour assurer sa sécurité alimentaire et l'informer (source : C.I.V., Centre d'Information des Viandes).

La traçabilité des bovins repose sur un système d'identification mis en œuvre dès 1978, et qui au fil des années s'est perfectionné et plus précisément en mars 1996 lors de la crise de l'Encéphalopathie Spongiforme Bovine (E.S.B.), maladie dégénérative du système nerveux central, pour permettre aujourd'hui un suivi de la naissance de l'animal jusqu'au point de vente de la viande découpée.

La procédure d'identification des animaux sert d'une part à assurer un suivi sanitaire du bétail, et d'autre part à apporter des garanties au consommateur sur l'origine de l'animal ou sur la qualité du produit par l'apposition de signes de qualité : labels, certifications, marques.

En France, pose d'une boucle comportant le N° de l'élevage de naissance à l'oreille droite dans les 48 h après la naissance de l'animal

Pose d'une boucle comportant le N° d'identité national de l'animal sur l'oreille gauche au plus tard 4 mois après la naissance de l'animal

Inscription sur le registre d'élevage

Enregistrement des informations par les services officiels
Edition de la carte d'identité de l'animal : D.A.B.
(Document d'Accompagnement Bovin)

Information écrite sur la carte d'identification des bovins

(Source : Institut de l'Elevage - France)

LE NUMERO DE CARCASSE

Après l'abattage, un numéro est attribué à chaque carcasse : il correspond au numéro à 10 chiffres de l'identification de l'animal vivant.

Ce numéro d'abattage est conservé dans un document interne à l'entreprise et est apposé sur chacun des 4 quartiers de la carcasse, sur l'étiquette V.F. (viande française). Le numéro d'abattage doit figurer également sur tous les documents constituant le système de traçabilité (registre d'abattage, fiche de découpe, bons de livraison, factures...).

Cette procédure permet, à tout moment, et à tout stade de la filière (élevage, abattage, transformation, distribution) d'attester de l'origine du produit.

Des contrôles officiels sont menés par les services vétérinaires du Ministère de l'Agriculture et la Direction Générale de la Concurrence, de la Consommation et de la Répression des Fraudes.

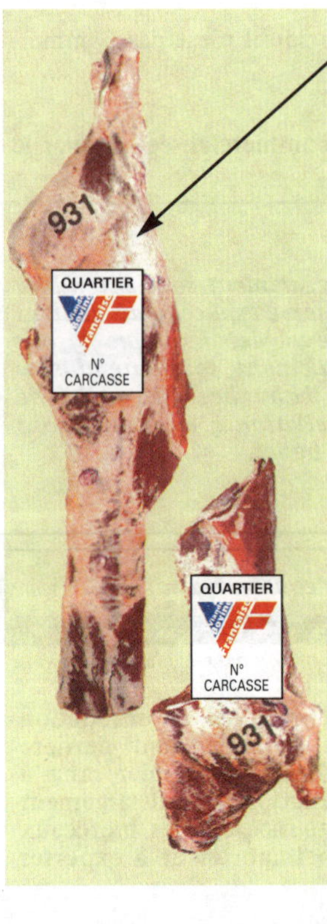

Etiquette V.F. (12 cm x 8 cm)

Etiquette V.F. (6 cm x 14 cm) en cas de coupe de gros

Etiquette V.F.

Facture N°...

1 ART 8 VF

Carcasse 931

Bons de livraison et factures portant la mention V.F. avec le numéro de carcasse

DIFFERENTES INFORMATIONS FIGURANT SUR LE D.A.B.

- **Origine nationale de l'animal dont la viande est issue**

Le nom du pays ne peut être indiqué comme mention d'origine que si **l'animal est né, élevé et abattu dans ce même pays.**

Si l'animal est né, élevé et abattu dans différents pays, l'étiquetage doit porter :
- le nom du pays de naissance,
- le nom du pays d'élevage,
- le nom du pays d'abattage.

Si aucune des informations précédentes n'est disponible, l'étiquetage doit porter la mention : origine indéterminée.

Si l'animal est né, élevé et abattu en France, le logo «viande bovine française» est apposé.

- **Catégorie de l'animal**
- jeune bovin (mâle de moins de 2 ans)
- bœuf (mâle castré de plus de 2 ans)
- taureau (mâle de plus de 2 ans)
- génisse (femelle n'ayant jamais vêlé, de moins de 3 ans)
- vache jeune (femelle de moins de 5 ans)
- vache adulte (femelle de plus de 5 ans).

A défaut, la mention Mâle (M) ou Femelle (F) obligatoirement accompagnée de l'âge de l'animal (date de naissance) doit être utilisée.

- **Type racial de l'animal**
- laitier (Ex. : F.F.P.N., holstein...)
- à viande et croisé viande (Ex. : Charolais, Limousine, blonde d'Aquitaine) et les races rustiques (Ex. : Salers, Aubrac, Gasconne...)
- mixte (Ex. : Normand, Monbéliarde, Abondance...)

L'ETIQUETAGE DE DETAIL

L'étiquetage de la viande obéit à des règles précises et obligatoires.

Il apporte au consommateur un ensemble d'informations lui permettant de choisir et de comparer en toute connaissance de cause.

Ces informations concernent pour l'essentiel l'origine, la catégorie et le type de l'animal dont est issue la viande, le nom du morceau, le poids, le prix au kg, le prix à payer et la date limite de consommation, la reproduction de l'estampille sanitaire.

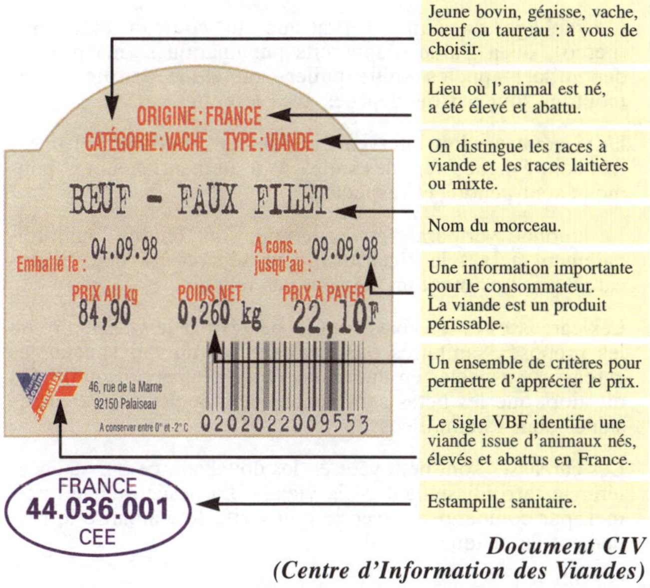

Document CIV (Centre d'Information des Viandes)

LES SIGNES DE QUALITE

La loi française du 3 janvier 1994 reconnait officiellement l'existence de 4 signes officiels.

1) L'appellation d'origine contrôlée : A.O.C.
2) Le label rouge qui est national. Les labels régionaux qui ont le même cahier des charges que le label rouge.
3) L'agriculture biologique : AB.
4) La certification de conformité : Atout qualité certifié.

Appellation d'Origine Contrôlée.
La mention AOC identifie un produit typique, lié à son terroir d'origine.

Label Rouge
Le logo Label Rouge garantit la qualité supérieure d'un produit.

Agriculture Biologique
Le logo AB garantit que le produit est issu d'un mode de production biologique.

Certificat de Conformité
C'est la garantie d'une qualité régulière et distincte du produit courant.

Source des signes : C.I.V. (Centre d'Information des Viandes), 64 rue Taitbout, 75009 Paris

CORRESPONDANCES EUROPÉENNES DES SIGNES DE QUALITÉ FRANÇAIS

Depuis 1992, il existe des protections juridiques au niveau de la C.E.E. De nombreux producteurs français ont opté directement pour un label européen sans passer par un signe officiel français.

FRANCE	EUROPE
Appellation d'origine contrôlée **AOC**	Appellation d'origine protégée **AOP**
Label rouge Certification de conformité	Indication géographique protégée **IGP** Spécialité traditionnelle garantie
Agriculture biologique **AB** (produits animaux)	Agriculture biologique (produits végétaux)

EXEMPLES DE VIANDE LABELLISÉES

Label rouge (France) :
- Porc au grain du Sud-Ouest
- Bœuf de Chalosse
- Veau fermier du Lauragais
- Agneau fermier du Périgord

IGP (C.E.E.) :
- Porc de Normandie
- Bœuf de Chalosse
- Veau de l'Aveyron et du Ségala
- Agneau du Bourbonnais

LES MARQUES COLLECTIVES NATIONALES

Elles correspondent à un circuit de distribution.

BŒUF

Marques collectives nationales identifiant la viande issue d'animaux de race à viande élevés traditionnellement.

Le Bœuf Verte Prairie - Distribué en Grandes et Moyennes Surfaces.

Le Bœuf de Tradition Bouchère - Distribué en Boucheries Artisanales.

VEAU

Marques collectives nationales identifiant la viande issue d'animaux élevés selon la tradition française :
- durée d'élevage d'environ 20 semaines
- animaux nourris au lait ou produits laitiers.

Le Veau de Tradition Bouchère - Distribué en Boucheries Artisanales

Le Veau des Provinces - Distribué en Grandes et Moyennes Surfaces

AGNEAU

Marques collectives nationales identifiant la viande d'agneau issue d'animaux élevés traditionnellement et faisant l'objet de contrôles par un organisme tiers indépendant.

L'Agneau de nos Bergers - Distribué en Grandes et Moyennes Surfaces

L'Agneau de Tradition Bouchère - Distribué en Boucheries Artisanales

Depuis janvier 1998 les marques collectives qui souhaitent s'associer à la signature Critères Qualité Contrôlés doivent avoir obtenu un signe officiel comme le label rouge ou une certification de conformité produit.

Critères Qualité Contrôlés
La signature CQC est une nouvelle identification mise en place par la filière bovine. Elle permet aux consommateurs de repérer facilement les marques engagées dans une démarche de qualité qui s'inscrit dans le cadre de la certification et dont les critères affichés sont contrôlés par un organisme tiers indépendant.

EXEMPLE D'UNE CHAINE D'ABATTAGE

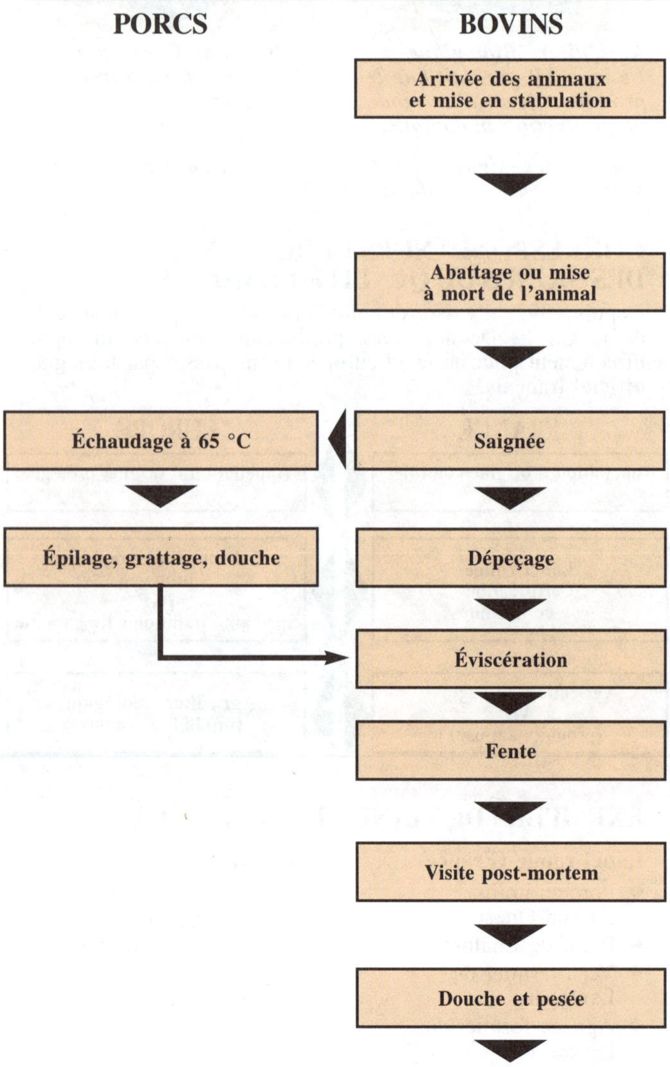

Dès leur arrivée, les animaux sont pesés, identifiés. Une fiche est remplie pour chaque bête. Une stabulation permet de laisser le bétail au repos et à la diète pendant 24 heures ; les animaux sont parfois douchés avant l'abattage.
Le vétérinaire ou préposé sanitaire inspecte alors les animaux (inspection ante-mortem).

L'anesthésie de l'animal peut être obtenue par les moyens suivants :
- pistolet à tige percutante placé sur l'os frontal ;
- électrocution en caisson recevant une décharge de courant ou par des conducteurs placés sur la région temporale ou de chaque côté de la nuque ;
- par asphyxie en faisant descendre les animaux dans une fosse remplie de gaz carbonique.

Aussitôt après l'anesthésie, les animaux sont saignés en sectionnant les veines jugulaires : l'animal est suspendu par une patte arrière (la qualité de la saignée a une incidence sur la qualité de la viande et sur sa conservation).

L'arrachage du cuir se pratique au couteau électrique (perco), ou à l'aide d'appareils pneumatiques (machines à dépouiller) appelés «hide puller» ou «hide deroller». Les moutons sont parfois dépecés avec le poing.

L'éviscération doit intervenir rapidement, estomacs et intestins sont évacués vers des salles de traitement, cœurs et poumons sont pendus et inspectés.

La colonne vertébrale et le sternum sont fendus longitudinalement à la scie électrique pour séparer les deux demi-carcasses. Les moutons ne sont pas fendus.

Les carcasses et les abats sont inspectés par le vétérinaire ou les préposés sanitaires qui envoient sur un rail spécial les carcasses suspectes en vue d'une étude plus approfondie. On dit alors que les bêtes sont consignées. Seules les carcasses saines sont estampillées.

Les carcasses sont nettoyées en les douchant, ce qui va accélérer le refroidissement de la viande. La pesée à chaud permet, par comparaison avec le poids vif, de connaître le rendement de chaque animal.

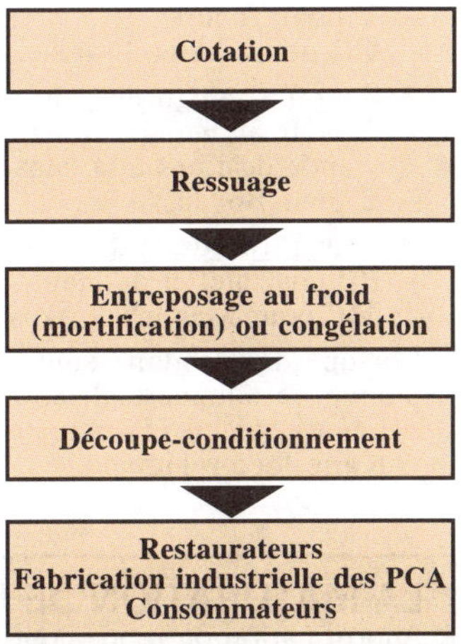

La cotation officielle est effectuée par un préposé classificateur qui appose un tampon sur les carcasses externes des animaux (voir grille EUROPA).

Les carcasses sont entreposées dans un local où d'énormes ventilateurs propulsent de l'air frais à environ 10 °C. Au cours du ressuage, les carcasses perdent environ 2 % de leur poids.

Les opérations terminées, les carcasses sont expédiées vers les boucheries de détail, les ateliers de découpe, ou vers des entrepôts de congélation.

Les ateliers de découpe prennent progressivement en charge le travail de la viande. Les conditionnements sont le plus souvent effectués sous vide d'air ou sous atmosphère contrôlée.

LES CONTROLES SANITAIRES ET L'ESTAMPILLAGE DES CARCASSES

La législation française sur le contrôle sanitaire de la viande est la plus stricte d'Europe. Ce contrôle est assuré par des vétérinaires-inspecteurs avant, pendant et après l'abattage. Avant tout, les vétérinaires prennent soin de la santé du cheptel à la ferme même. Puis, les animaux arrivés à l'abattoir sont contrôlés à deux reprises :

a) La visite ante-mortem (avant la mort) au cours de laquelle les animaux sur pied sont observés afin de diriger les bêtes malades vers l'abattoir sanitaire (appelé abattoir de secours) ;

b) La visite post-mortem (après l'abattage). Les carcasses et les abats sont inspectés par le vétérinaire qui prononcera la saisie des viandes impropres à la consommation. La saisie peut être partielle ou totale. Les viandes insalubres devront être détruites (en les aspergeant de produits chimiques par exemple).

MOTIFS DE SAISIES

- animaux morts sans abattage
- animaux ayant une maladie contagieuse : tuberculose, brucellose, méningite (maladie de la vache folle)
- animaux parasités (douve)
- carcasses à odeur ou couleur anormale
- viandes fiévreuses, poisseuses, etc.

SEULES LES VIANDES SAINES PEUVENT ETRE COMMERCIALISEES

L'inspecteur vétérinaire appose une estampille sur les carcasses livrées à la consommation.

Les estampilles sanitaires d'abattoir

Nouveau système d'identification unique des établissements (note de service du 9 août 1993). Cette note de service de la Direction Générale de l'alimentation fixe, en attente d'un arrêté qui sera pris ultérieurement, la forme et la taille des différentes estampilles. Pour les viandes fraîches d'animaux de boucherie et la viande fraîche de volaille, de lapins, et de gibier d'élevage, la taille de l'ovale est définie. En conséquence, il convient d'attribuer aux établissements producteurs de ces denrées les numéros d'ordre dans la commune les plus courts, de 1 à 99, pour permettre de placer tous les chiffres dans l'ovale. D'autre part, pour les départements d'outre-mer, le numéro de département est composé de 3 chiffres, le numéro de commune de 2.

Formes des marques de salubrité

Marque communautaire de salubrité

De façon générale, la marque de salubrité de type communautaire est de forme ovale. Dans la partie supérieure de cet ovale, doit figurer la lettre F, identifiant le pays d'origine. Dans la partie inférieure, figurent les lettres CEE, et au centre, les trois groupes de chiffres, séparés d'un point, qui composent le numéro d'identification de l'établissement.

La marque de salubrité a une taille précise et définie dans les cas suivants :

- marque de salubrité apposée directement sur les viandes d'animaux de boucherie (carcasses et morceaux de découpe), **ovale de 7,5 cm sur 5,5 cm, les lettres ayant une hauteur de 0,8 cm et les chiffres ayant une hauteur de 1 cm ;**
- marque de salubrité apposée sur les viandes de volaille nues ou conditionnées, sur viandes de lapins et les viandes de gibier d'élevage, **les lettres doivent avoir une hauteur de 0,2 cm,** la taille de l'ovale n'est pas définie ;
- marque de salubrité reproduite sur l'emballage de viandes d'animaux de boucherie, de viandes de volailles, de viandes de lapins, de viandes de gibiers d'élevage, **ovale de 7,5 cm sur 5,5 cm, les lettres ayant une hauteur de 0,8 cm et les chiffres ayant une hauteur de 1 cm.**

Dans les autres cas, aucune dimension précise n'est requise, il convient toutefois de veiller à la lisibilité de l'ensemble.

Marque nationale de salubrité

La marque nationale de salubrité est de forme ronde, y compris pour les viandes de volaille, ou de lapin.

Dans la partie supérieure de cet ovale doit figurer le numéro minéralogique du département, précédé de la lettre F. Dans la partie inférieure figurent les lettres ISV, pour Inspection Sanitaire Vétérinaire et au centre, les groupes de trois et de deux chiffres, séparés d'un point, qui composent le numéro d'identification de l'établissement, le numéro du département étant inscrit en haut. La marque de salubrité de type national n'a de taille définie que pour le marquage des viandes de boucherie. **Elle doit avoir un diamètre de 6,5 cm, et les lettres et les chiffres une hauteur de 1 cm.** Dans les autres cas, aucune dimension précise n'est requise. Il convient toutefois de veiller à la lisibilité de l'ensemble.

Marque loco-régionale de salubrité

Elle sera définie ultérieurement par la commission, pour le moment, elle reste identique à la marque de type national.

Exemples de marques de salubrité

Marque communautaire de salubrité

Département métropolitain

Département d'outre-mer

Marque nationale de salubrité

Département métropolitain

Département d'outre-mer

Nouveau système d'identification unique des établissements

Le système, ci-après décrit, permettra de n'attribuer à chaque établissement qu'un seul numéro, sans pour autant engendrer une perte d'information sur les activités de cet établissement. Ces informations sont indispensables pour répondre aux exigences de la commission.

Chaque établissement sera identifié par un nombre composé des :
- numéro du département,
- numéro de commune (pas le code postal, mais le numéro INSEE),
- numéro d'ordre de la commune.

Pour le département de Paris, ce nombre sera composé :
- du numéro du département, 75,
- du numéro de l'arrondissement,
- du numéro d'ordre dans l'arrondissement.

Ce qui donnera, par exemple : 01-001-01 ou 75-15-001

L'ensemble des numéros attribués sera inscrit dans un tableau donnant les activités en face de chaque numéro.

Les différents types d'ateliers seront symbolisés par :
- **A** pour Abattoir de volailles,
- **B** pour Abattoir de boucherie,
- **C** pour Découpe de volailles,
- **D** pour Découpe de boucherie,
- **E** pour Equarissage et transformation de déchets,
- **F** pour Entrepôt Frigorifique,
- **H** pour viande Hachée, préparation de viande, morceaux de moins de cent grammes, viande séparée mécaniquement,
- **L** pour produits Laitiers,
- **0** pour Ovoproduit, – **S** pour Pâtisserie,
- **P** pour produits de la Pêche, – **T** pour Transformation.

Dans les colonnes 0 et S, une simple croix permettra de signaler l'activité. Dans les colonnes A, B, C, D, E, F, H, L, P et T, des lettres symboliseront l'activité :

- Pour A et C (abattoir et découpe de volailles) :
- **V** pour Volaille, – **G** pour Gibier sauvage,
- **L** pour Lapin, – **R** pour Ratite.
- **E** pour gibier d'Elevage,

- Pour B et D (abattoir et découpe de boucherie) :
- **B** pour Bovin, – **K** pour Chevreau
- **0** pour Ovin caprin, – **E** pour gibier d'Elevage,
- **P** pour Porcin, – **G** pour Gibier sauvage.
- **S** pour Solipède,

- Pour E (équarrissage et transformation de déchets) :
- **HR** pour atelier de transformation de matières à Haut et faible Risque,
- **FR** pour atelier de transformation de matières exclusivement à Faible Risque,
- **AC** pour atelier de fabrication d'aliments pour Animaux de Compagnie (enregistrement),
- **PC** pour atelier de fabrication de produits PHarmaceutiques et technologiques (enregistrement).

- Pour F (entrepôt frigorifique) :
- **C** pour produits Carnés, – **P** pour produits de la Pêche.
- **L** pour produits Laitiers,

- Pour H (viande hachée, préparation de viande) :
- **H** pour viande Hachée,
- **PV** pour Préparation de Viande,
- **VSMV** pour Viande Séparée Mécaniquement de Volaille,
- **VSMB** pour Viande Séparée Mécaniquement de Bovin,
- **VSMP** pour Viande Séparée Mécaniquement de Porcin.

- Pour L (produits laitiers) :
- **B** pour Beurre, – **PF** pour Produits Frais,
- **F** pour Fromage, – **LS** pour Lait Stérilisé,
- **Y** pour Yaourt, – **LP** pour Lait Pasteurisé.
- **CR** pour Crème Fraîche,

- Pour T (transformation) :
- **T** pour atelier de Transformation des produits à base de viande destinés à la consommation humaine,
- **B** pour Boyau, – **G** pour Graisse.

- Pour P (produits de la pêche) :
- **PP** pour atelier de manipulation des Produits de la Pêche,
- **MP** pour Marché de gros de Poisson.

Lorsque des produits sont soumis à une restriction géographique de commercialisation, celle-ci est précisée dans les colonnes par un (1) pour une aire nationale et un (2) pour une aire loco-régionale.

LA MATURATION DE LA VIANDE
(mortification ou repos contrôlé)

Juste après l'abattage, les muscles sont tendres et flasques ; on dit qu'ils sont pantelants. Cette phase ne dure que quelques heures, mais il est impossible de commercialiser ainsi les carcasses. Après la mort, la viande est en effet l'objet de réactions biochimiques, en particulier une acidifîcation, qui se traduisent par la contraction des fibres musculaires : c'est la rigidité cadavérique ou rigor-mortis.

Cette rigidité dure environ 20 heures chez le bœuf. Les substances responsables du durcissement du muscle disparaissent lentement, le muscle redevient tendre.

La tendreté s'améliore dans les viandes conservées à + 2 °C, c'est-à-dire réfrigérées, pendant environ une semaine. C'est alors le meilleur moment pour consommer cette viande qui est à la fois savoureuse et tendre ; on dit qu'elle est «rassise» ou «mûre». Si l'on attendait davantage, la viande s'attendrirait encore, mais son goût et sa couleur seraient modifiés.

La maturation de la viande a trois ennemis à éviter :
- la chaleur, en employant le froid,
- l'humidité, en ventilant les salles de ressuage en particulier
- le manque d'air, en séparant les demi-carcasses et en laissant un espace entre elles pour permettre à l'air de circuler.

On évite ainsi le développement des microbes et des moisissures qui risqueraient d'entraîner la putréfaction.

LA CATEGORIE ET LA QUALITE

lère catégorie	*parties postérieures (cuisse) et lombaires (dos)*	*cuissons rapides : griller, sauter, rôtir*
2éme catégorie	*parties antérieures (épaules) et régions costales*	*cuissons un peu plus longues : poêler, braiser, sauter en sauce*
3éme catégorie	*collier, poitrine, muscles abdominaux, extrémités des membres*	*cuissons très longues : pocher, braiser, sauter en sauce*

Deux termes souvent confondus.

La catégorie est en rapport avec l'emplacement anatomique du morceau

Un morceau de 3ème catégorie peut être d'excellente qualité. Un filet de bœuf (lère catégorie) peut être de mauvaise qualité.

La catégorie détermine le mode de cuisson à employer .

Différents critères souhaités :
- **la flaveur** (ensemble des impressions olfactives et gustatives éprouvées au moment de la dégustation. Odeurs et saveur sont dues à un ensemble de composés chimiques libérés à la cuisson, étroitement liés à la matière azotée (protéines) et à la présence de gras. Certains de ces composés chimiques sont particulièrement solubles ou volatils ;
- **la succulence** qui est la faculté que possède une viande à demeurer «juteuse» après la cuisson. Elle est liée au pH ;
- **la consistance**, car la viande n'est commercialisée par les bouchers sérieux que lorsqu'elle est rassise (voir la maturation). La dimension (diamètre et longueur) des fibres musculaires varie avec l'emplacement anatomique du morceau, la présence de tissus conjonctifs et de collagène et varie aussi en fonction de la race de l'animal, son âge, son sexe et son état d'engraissement ;
- **la qualité hygiénique** : l'aspect, la couleur, l'odeur permettent de s'assurer de la bonne conservation du produit. Les viandes vendues aux consommateurs doivent porter une estampille sanitaire. La conservation et la maturation doivent être réalisées avec l'emploi du froid.

La qualité de la viande

La qualité est la même pour tout l'animal. Elle dépend de nombreux facteurs :
- l'âge de la bête (chez les jeunes animaux, la viande est plus tendre) ;
- le sexe (la viande du mâle est souvent plus foncée, plus odorante, plus sèche et plus dure) ;
- la race (la sélection et l'amélioration de la race permettent d'obtenir un meilleur rendement et une meilleure conformation) ;
- le mode d'élevage (liberté ou élevage industriel) ;
- l'alimentation (produits laitiers, pâturages, aliments industriels) ;
- le stade d'engraissement (la viande persillée est plus savoureuse et plus tendre) ;
- l'état de santé de l'animal ;
- le travail physique (uniquement pour certains bœufs : en voie de disparition) ;
- la provenance anatomique du morceau (la catégorie) ;
- le stade de mortification ;
- les conditions d'abattage (stress, saignée, éviscération) ;
- le respect des règles d'hygiène lors du transport et du stockage ;
- le choix judicieux de la technique de préparation (désossage, suppression des «nerfs» aponévroses, technique de cuisson appropriée, tranchage dans le sens opposé aux fibres de la viande) ;
- la teneur en tissus aponévrotiques et en collagène.

La vue, l'odorat et le toucher permettent d'identifier une viande de bonne qualité.

LE CALCUL DU RENDEMENT A L'ABATTAGE, ET A LA DECOUPE

Le rendement à l'abattage définit le rapport du poids net de l'animal sur le poids vif.

«Poids vif» : poids de l'animal avant l'abattage et à jeun.

«Poids net» : poids de l'animal abattu, dépouillé (poids de la carcasse) sans compter :
- la tête,
- l'extrémité des membres coupés aux genoux et aux jarrets,
- les abats contenus dans la cavité thoracique et abdominale (y compris les rognons),
- les parties tendineuses de la gorge.

Le «poids net» est aussi appelé «poids fiscal».

- **Calcul du rendement à l'abattage**

$$\frac{\textbf{poids net (ou poids fiscal) x 100}}{\textbf{poids vif}}$$

Exemple : un bœuf de 800 kg donne 449,200 kg de carcasse et 0,800 kg de rognon

$$\frac{449{,}200 + 0{,}800}{800} = 56{,}25\ \%$$

- **Calcul du rendement à la découpe**

Le parage des carcasses, la perte de poids occasionnée par le ressuage et la maturation, le désossage entraînent des pertes importantes en poids. On appelle rendement à la découpe le ***rapport de la viande consommable sur le poids de carcasse.***

Exemple : un bœuf de 800 kg donne 449,200 kg de carcasse et 0,800 kg de rognon. Au désossage, la carcasse donne 360 kg de viande, le rendement à la découpe sera :

$$\frac{360 \times 100}{449{,}200 + 0{,}800} = 80\ \%$$

APPRECIATION OFFICIELLE DE LA QUALITE

L'appréciation officielle de la qualité (cotation EUROPA) s'applique uniquement aux bovins (bœufs et veaux) et aux ovins. Les porcs font l'objet d'une cotation à part.

Deux critères sont retenus pour le bœuf et le mouton, trois pour le veau :

pour le bœuf et le mouton :
- la conformation est caractérisée par la grille EUROPA.
- l'état d'engraissement est défini par cinq chiffres (1 - 2 - 3 - 4 - 5).

pour le veau :
- à la conformation et à l'état d'engraissement s'ajoute un des quatre chiffres déterminant la couleur (1-2-3-4).

La classification et le marquage sont effectués par un classificateur officiel.

Tableau comparatif :

	Viandes de bonne qualité	*Viandes de qualité inférieure*
Aspect de la viande	Masses musculaires volumineuses, compactes, fermes, souples sous la pression du doigt.	Musculature insuffisante, flasque, poisseuse (animaux fatigués), élastique. Viande suintée.
Couleur de la viande	Rouge vif, brillant et soutenu pour le bœuf et le mouton ; rose pâle pour le porc ; blanc satiné avec des reflets irisés pour le veau ; rose et sans trace d'humidité pour le porc.	Rouge pour le veau ou pour le porc ; rouge trop clair pour le bœuf (animal trop jeune (babybeef, génisse) ; rouge terne, noirâtre verdâtre ou trop foncé.
Odeur	Douce, agréable.	Pas d'odeur du tout ou une odeur trop forte (animal mâle ou trop vieux, viande mal conservée). Odeur acide (pH) lactique.
Finesse du grain à la coupe transversale	Grain fin et lisse.	Grain rugueux, présence de tissus conjonctifs et de collagène.
Aspect et couleur de la graisse	Abondante autour des organes (rognons), blanche et ferme, présence de persillé (fines infiltrations graisseuses à l'interieur des muscles) et de marbré.	Peu abondante, jaunâtre, molle, pas de marbré, ni de persillé, ou beaucoup trop importante au niveau des organes (reins, cœur) et de la couverture.

Remarque : *la race, l'âge de l'animal et son alimentation jouent un rôle prépondérant dans la couleur de la viande et de la graisse. Par exemple, le maïs procure une graisse plus jaunâtre.*

Tableau simplifié de la grille de conformation et de l'état d'engraissement :

Lettre	*conformation*	*chiffre*	*engraissement*
E	**supérieure**	**1**	**maigre**
U	**très bonne**	**2**	**ciré ou peu couvert**
R	**bonne**	**3**	**couvert**
0	**assez bonne**	**4**	**gras**
P	**passable**	**5**	**très gras**

Remarque : *la lettre E désigne une classe spéciale qui est moins fréquente et située au haut de gamme. Les lettres U R 0 P désignent les classes les plus fréquentes. La lettre A est réservée à la «fabrication». La classification des veaux ne comporte que cinq classes, seules les cinq premières lettres ont été retenues.*

La distribution statistique que l'on peut attendre globalement de l'appréciation de la grille EUROPA, sur l'ensemble du marché national, a sensiblement l'allure suivante :

Classes	E	U	R	0	P	A	Total
Proportion attendue %	5	18	**40**	22	10	5	100

Le marquage des carcasses se fait par l'apposition d'un tampon sur la face externe de la cuisse et au milieu de l'épaule.

Ordre du marquage :
1. la lettre de conformation
2. le chiffre de l'état d'engraissement.

Exemple : **R 3**

Pour le veau, une numérotation de 1 à 4 s'ajoute en fonction de la couleur de la viande :

1	2	3	4
blanc	rosé clair	rosé	rouge

Ordre du marquage :
1. le chiffre correspondant à la couleur de la viande
2. la lettre de la conformation
3. le chiffre de l'état d'engraissement

Exemple : **2 R 3**

Grille de classement des carcasses de veaux *(extrait du J.O.du 1er juillet 1976).*

HOMOLOGATION D'UN CATALOGUE DE CLASSEMENT DES CARCASSES DE VEAUX DE BOUCHERIE EN VUE DE LEUR MARQUAGE

(arrêté du 8 juin 1976)
(Journal Officiel du 1er juillet 1976 p. 3958)

Tableau I. - Conformation

		CLASSES PRINCIPALES				CLASSE SPECIALE
		U	R	0	P	E
Conformation		Très bonne	Bonne	Assez bonne	Passable	supérieure
Profils et musculature		Les profils sont convexes dans l'ensemble. Certains sauf ceux des cuisseaux peuvent être rectilignes. Musculature compacte et massive.	Tous les profils sont au moins rectilignes, musculature épaisse.	Les profils dans l'ensemble sont rectilignes, parfois subconcaves. Musculature d'épaisseur moyenne.	Les profils sont concaves. Epaisseur musculaire réduite.	Tous les profils sont convexes et caractérisent une musculature compacte et massive dans toutes les parties.
	Cuisseau Profil général	Rebondi et épais.	Peut être allongé mais toujours épais.	Allongé d'épaisseur moyenne.	Allongé et plat.	Court, très rebondi et très épais.
	Noix	Rebondie et épaisse.	Légèrement rebondie et encore assez épaisse.	Peut manquer d'épaisseur.	Manque nettement d'épaisseur.	Toujours très rebondie et très épaisse.
	Jarret	Musclé et rebondi.	Peut être assez important.	–	–	Court, très musclé et rebondi.
	Quasi	Rebondi, large et épais.	Légèrement rebondi mais encore large.	Rectiligne ; peut manquer d'épaisseur.	Subconcaves ; manquant d'épaisseur.	Toujours très rebondi, large et épais.
Longe et carré		Toujours larges et épais ; la longe et le carré forment des saillies musculaires moins prononcées.	Larges et épais ; le carré peut manquer de largeur mais non d'épaisseur.	Souvent étroits. Manquant d'épaisseur sans être creux.	Etroits et creux.	Très larges et très épais. La longe et le carré forment des saillies musculaires très développées.
Basse	Epaule	Rebondie et musclée.	Epaisse.	Manque d'épaisseur.	Généralement plate allant jusqu'aux os apparents.	Très rebondie, très épaisse et musclée.
	Bas de carré	Toujours large et épais.	Encore épais.	D'épaisseur moyenne.	Etroit.	Large et très épais.

Tableau II. - Etat d'engraissement

CATEGORIE	**APPELLATION**	**DESCRIPTION**
1	Maigre	Aucune trace de graisse à l'intérieur ni à l'extérieur de la carcasse.
2	Peu couvert	Les graisses de couverture sont insuffisantes ; le muscle est presque partout apparent ; une mince pellicule recouvre certaines parties de la carcasse.
3	Couvert	Légère pellicule de gras régulièrement répartie, sur l'ensemble de la carcasse. Elle peut être trés légèrement plus importante au niveau de la longe.
4	Gras	Les graisses de couverture sont légèrement excédentaires. Dans l'ensemble le gras recouvre toute la carcasse.
5	Très gras	Les graisses de couverture sont nettement excédentaires.

Tableau III. - Couleur de la viande

CLASSE	1	2	3	4
APPELLATION	Blanc	Rosé clair	Rosé	Rouge

AVERTISSEMENT SUR LA DECOUPE DE GROS ET SUR LES DIFFERENTES TERMINOLOGIES UTILISEES

Chaque région emploie un langage particulier pour désigner les différentes parties des animaux. Ces différences de langage sont souvent la source d'incompréhension, de discussion, parfois même de litiges. Aussi les termes proposés correspondent-ils aux appellations officielles.

LE SQUELETTE DU BŒUF

Avant d'entreprendre l'étude de la découpe des animaux de boucherie, il est nécessaire de rappeler certains petits détails d'anatomie.

Les animaux de boucherie font partie des vertébrés, c'est-à-dire qu'ils possèdent un squelette osseux interieur soutenu par une colonne vertébrale.

Les vertébrés se divisent en cinq classes : mammifères, oiseaux, reptiles, batraciens ou amphibies et poissons. Les bovins, caprins, ovins, porcins et équidés font partie des mammifères.

Le squelette du bœuf comporte :
- les os de la colonne vertébrale,
- les os des membres,
- les os du sternum et des côtes qui les retiennent aux vertèbres dorsales.

Afin de mieux comprendre le «mécanisme» de découpage des carcasses, il est primordial de se souvenir de la constitution de la colonne vertébrale :

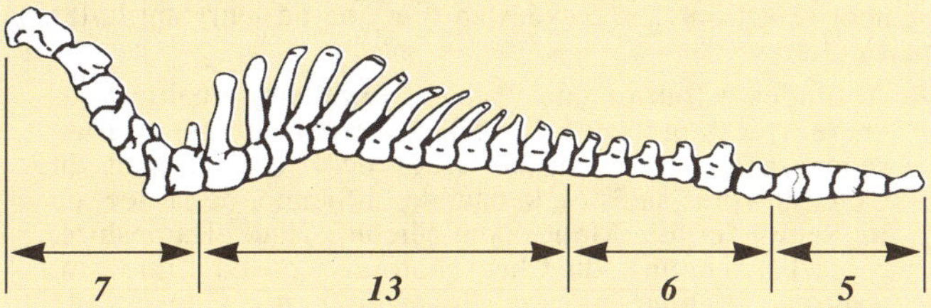

(dans le sens de la tête vers la queue)

13 vertèbres dorsales = 13 paires de côtes = carrés

5 côtes → **carré découvert**

8 côtes → **carré couvert (5 côtes 1ère + 3 côtes secondes)**

Tableau du nombre de vertèbres des animaux de boucherie					
Espèces	vertèbres cervicales	vertèbres dorsales	vertèbres lombaires	vertèbres sacrées	vertèbres coccygiennes
Bovins	7	13	6	5	16 à 20
Ovins	7	13	6 à 7	4	16 à 24
Caprins	7	13	6	4	11 à 22
Porcins	7	14	6 à 7	4	21 à 23
Equidés	7	18	5 à 6	5	15 à 18

Cotation officielle d'après la grille Europa (coupe transversale)

Conformations :

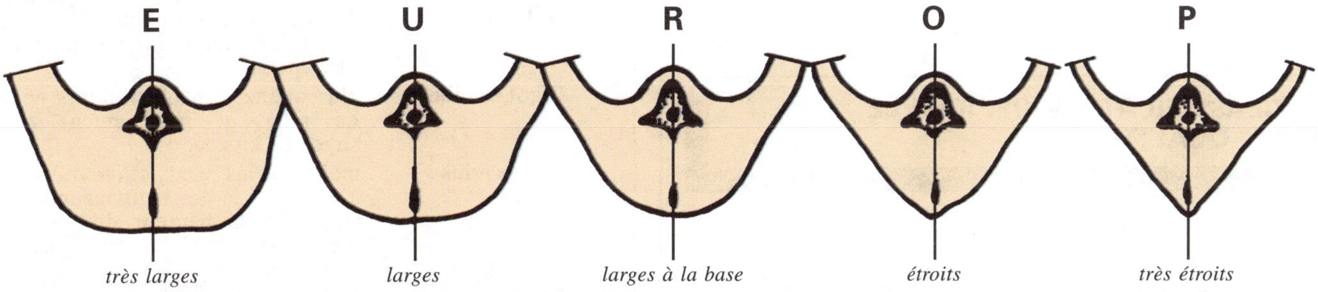

Le squelette du bœuf vu sur la carcasse

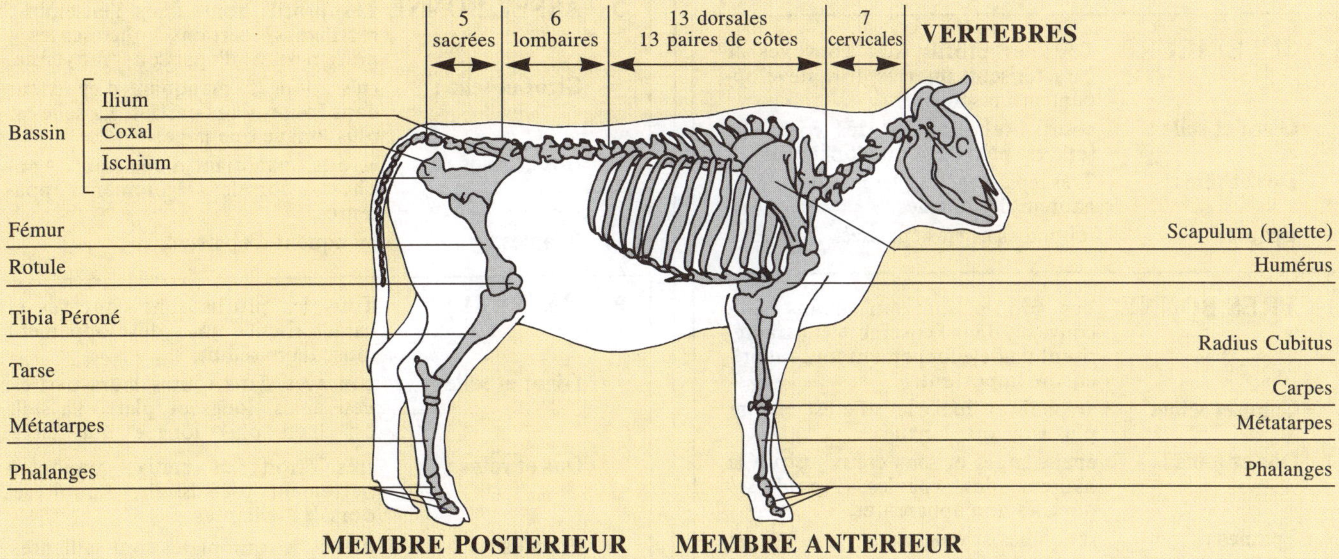

LE MOUTON

L'élevage ovin français comporte plus de 40 races rigoureusement sélectionnées, élevées en fonction de leurs aptitudes particulières :

- Aptitudes à fournir une viande d'excellente qualité bouchère : races précoces d'excellente conformation à croissance rapide et prolifique, races de l'Avranchin et du Cotentin (prés-salés de la baie de la Sienne, de la Sée, de la Sélune et du Mont Saint-Michel), race Hampshire, races berrichonne, du Cher, charolaise ou du Limousin, agnoval, agnocéan, agneau fermier du Quercy, de Pauillac, Texel du Limousin...
- Aptitudes à fournir une laine de grande qualité (races mérinos d'Arles, de Rambouillet) ;
- Aptitudes à fournir du lait propre à la fabrication des fromages : races du Larzac, Lacaune, races laitières des Pyrénées (basco-béarnaises, Manech à tête noire, Manech à tête rousse).

Remarque :
La race de l'Avranchin et du Cotentin (prés-salés) est en voie de labellisation, malheureusement la production est si faible qu'elle ne quitte guère les limites du département.

CLASSIFICATION

APPELLATION	AGE	POIDS DE LA CARCASSE	NOURRITURE
LES AGNEAUX DE BERGERIE			
Agnelet ou agneau volailler	4 à 6 semaines	7 à 8 kg	lait maternel
Agneau blanc ou laiton ou agneau de lait	2 mois	12 à 13 kg	lait maternel et de substitution
Agneau pascal ou agneau gris sevré	100 jours à 4 à 5 mois	15 à 18 kg	lait et grains
MOUTONS D'HERBE			
Mouton de boucherie	4 mois à 1 an	18 à 25 kg	Herbes, grains, aliments de complément
Antenais ou broutart	12 à 18 mois	25 à 30 kg (suivant les races)	Herbes, grains aliments de complément
Animaux de réforme, brebis, béliers	indéterminé	20 à 30 kg	Herbes, grains aliments de complément

LA CLASSIFICATION OFFICIELLE DE LA QUALITE *

LA CONFORMATION

E SUPERIEURE — Tous les profils sont convexes et caractérisent un très fort développement musculaire.
- **Gigot et selle :** courts, rebondis et très épais. La selle est plus large que longue.
- **Dos et reins :** Très épais et très larges jusqu'à la hauteur des épaules.
- **Epaules :** rebondies et très épaisses.

U TRES BONNE — Les profils sont au moins subconvexes dans l'ensemble et caractérisent un développement musculaire encore important.
- **Gigot et selle :** arrondis et épais, la selle est encore plus large que longue.
- **Dos et reins :** épais, larges et sans creux jusqu'à la hauteur des épaules. Apophyses dorsales non apparentes.
- **Epaules :** rebondies et épaisses.

R BONNE — Tous les profils sont au moins rectilignes et caractérisent une musculature épaisse.
- **Gigot et selle :** plus allongés, mais toujours épais. La selle est sensiblement aussi large que longue.
- **Dos et reins :** moins pleins, mais toujours larges à la base ; le dos peut manquer de largeur à la hauteur des épaules. Apophyses dorsales très légèrement apparentes.
- **Epaules :** peuvent manquer d'épaisseur.

O ASSEZ BONNE — Les profils sont, dans l'ensemble, rectilignes, certains subconcaves ; musculature d'épaisseur moyenne.
- **Gigot et selle :** très allongés, manquant d'épaisseur dans toutes leurs parties. La selle est plus longue que large.
- **Dos et reins :** étroits, manquant d'épaisseur. Apophyses dorsales légèrement apparentes.
- **Epaules :** manquent d'épaisseur.

P PASSABLE — Tous les profils sont concaves et caractérisent un développement musculaire réduit.
- **Gigot et selle :** concaves dans toutes leurs parties. Peu épais, longs et plats. La selle est bien plus longue que large.
- **Dos et reins :** très étroits et creux, manquent nettement d'épaisseur. Apophyses dorsales saillantes.
- **Epaules :** plates, les omoplates sont saillantes.

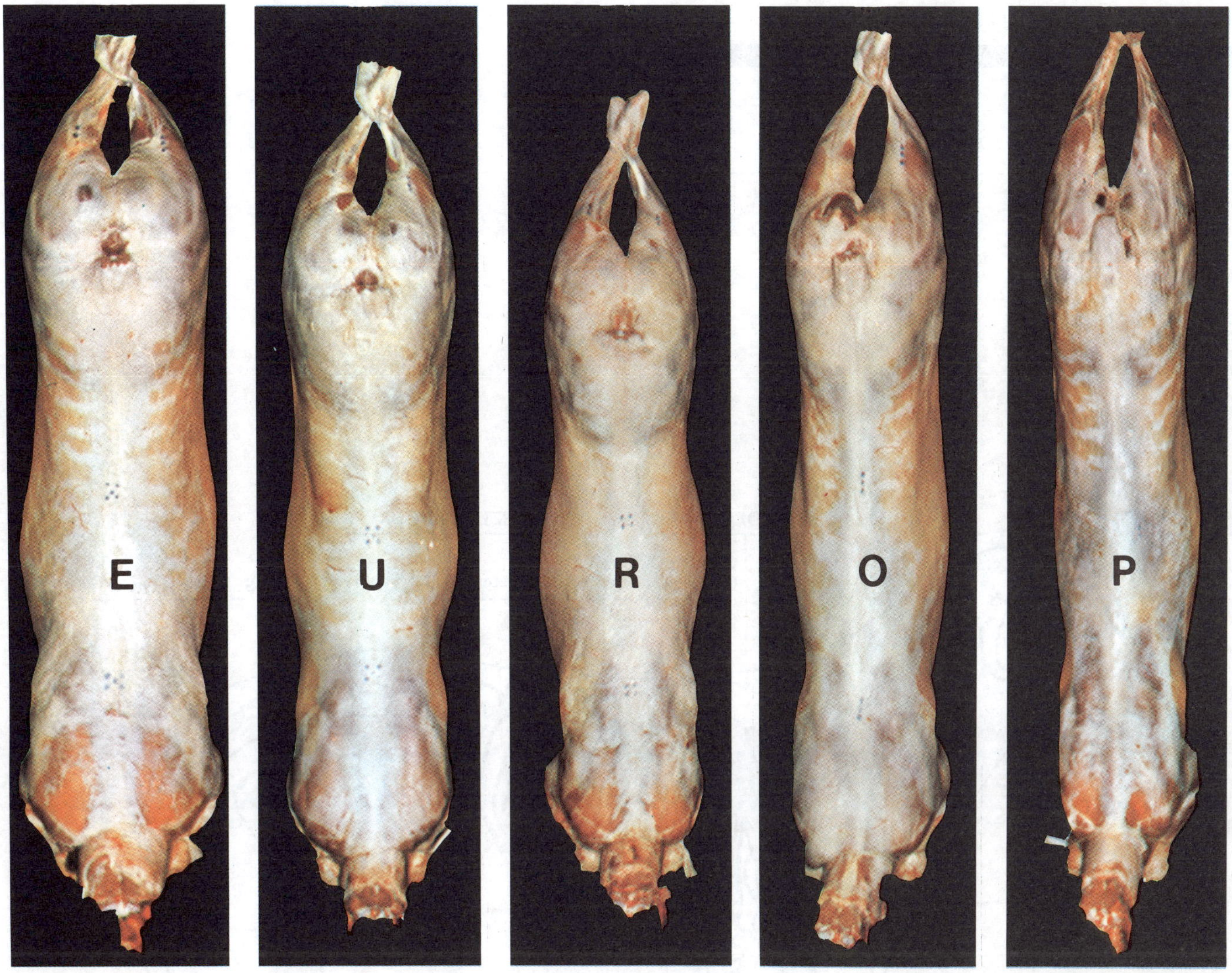

ETAT D'ENGRAISSEMENT

1.	**MAIGRE**	Aucune trace de graisse, ni à l'intérieur ni à l'extérieur de la carcasse, les muscles sont parfaitement visibles
2.	**CIRE**	Une mince pellicule de graisse recouvre en partie la carcasse, laissant apercevoir les muscles des épaules et des gigots. Sur la face interne de la cage thoracique, les muscles entre les côtes sont nettement visibles.
3.	**COUVERT**	Une couche de graisse recouvre uniformément et sans excès la presque totalité de la carcasse. Elle peut présenter des plaques légèrement épaissies à la base de la queue. Sur les reins, des zébrures apparaissent de part et d'autre de la colonne vertébrale. Sur la face interne de la cage thoracique, les muscles entre les côtes sont visibles. Pour les brebis, les zébrures peuvent ne pas apparaître, les muscles entre les côtes sont moins visibles.
4.	**GRAS**	Un manteau de graisse assez épaisse recouvre entièrement la carcasse ; sur les membres, la couche est moins importante. Sur la face interne de la cage thoracique, quelques légers amas de graisse, dits grappés, peuvent apparaître. Les muscles entre les côtes peuvent être infiltrés de graisse. De plus, le rognon est très enveloppé, pour la brebis, le manteau de graisse et la masse de grappé peuvent être plus importants.
5.	**TRES GRAS**	Un manteau de graisse très épais recouvre la carcasse marquée à différents niveaux par des amas graisseux. Sur la face interne de la cage thoracique se forment des amas de graisse, dits grappés : entre les côtes, les muscles sont très infiltrés de graisse. De plus, le rognon est enrobé dans une masse importante de graisse.

* *Extrait de l'ouvrage édité par OFIVAL « Les découpes de viandes ».*

LE DETAIL DU MOUTON

Situation anatomique des morceaux sur l'animal :

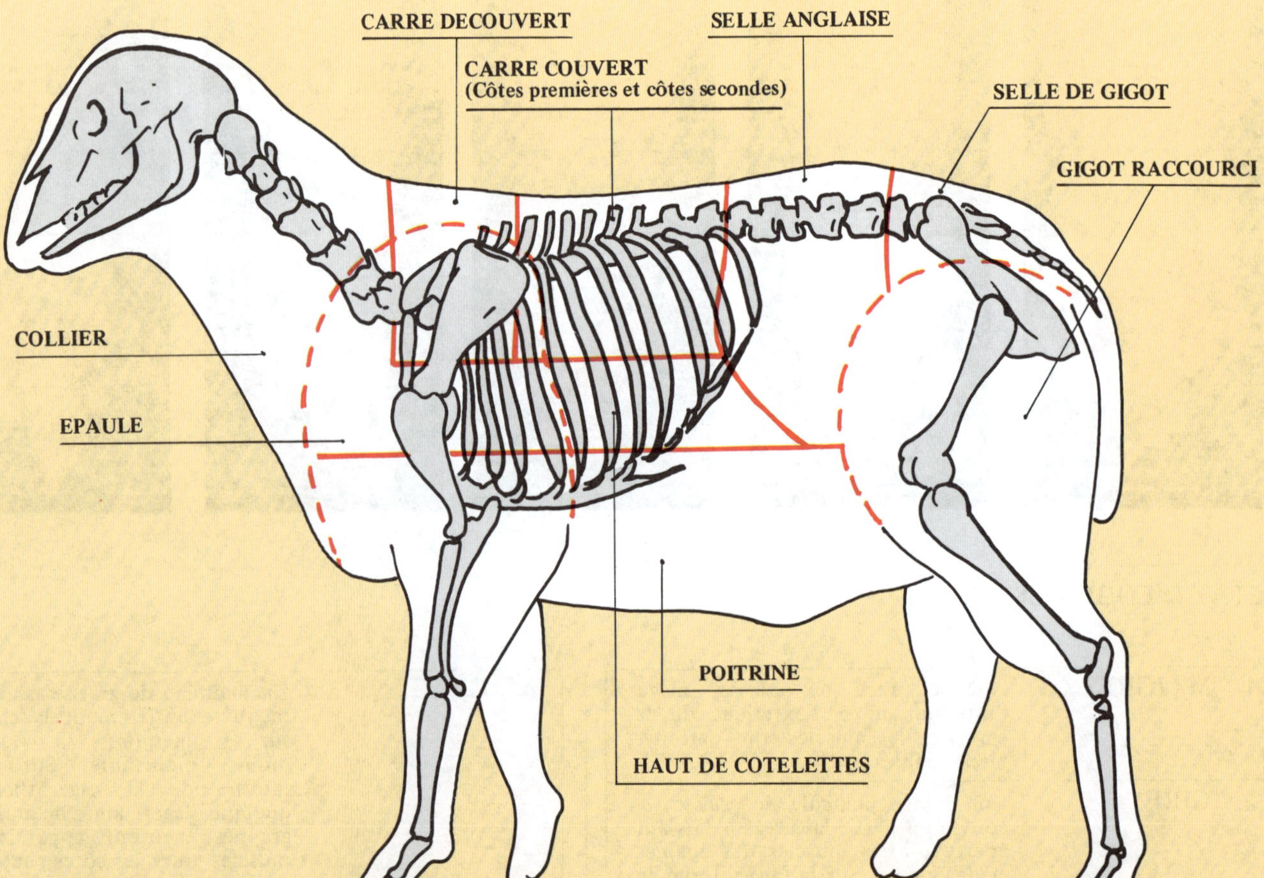

Remarque :
En raison de leur faible poids, les carcasses d'ovins sont en principe commercialisées entières (stade commercial de gros), sans tête ni pieds, sous le sigle MT (mouton entier).
Elles peuvent être débitées selon deux manières :

En demi (1ère solution), sous le sigle DEM-MT

La carcasse est fendue en deux :

- La colonne vertébrale et le sternum sont fendus longitudinalement, afin de séparer les deux demi-carcasses.
- Les demi-carcasses sont ensuite débitées en gros morceaux (gigot, filet, carré couvert, carré découvert, épaule, collier ou collet, poitrine).
- Les gros morceaux peuvent être débités en petits morceaux pour le détail. Exemples :
  - gigot : rouelles et cubes pour brochettes
  - filet : noisettes
  - carrés : côtelettes et noisettes
  - épaule et collier : morceaux pour navarin

Coupe d'une demi-carcasse

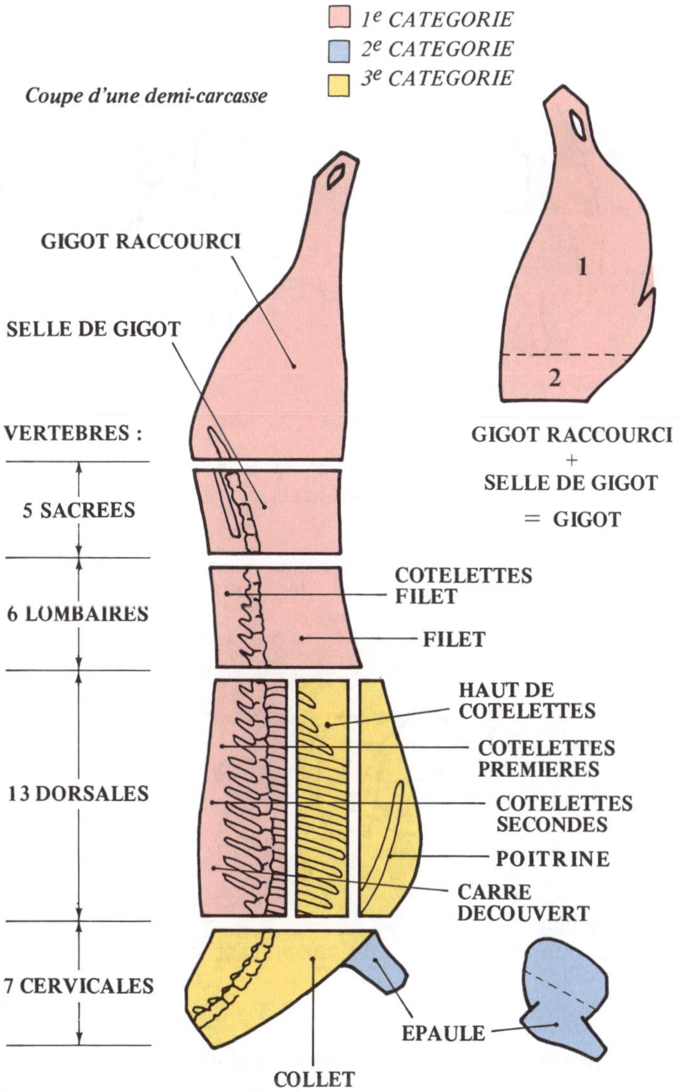

Le gigot raccourci (N° 1) n'est généralement pas séparé de la selle de gigot (N° 2). Ils forment tout simplement le gigot.

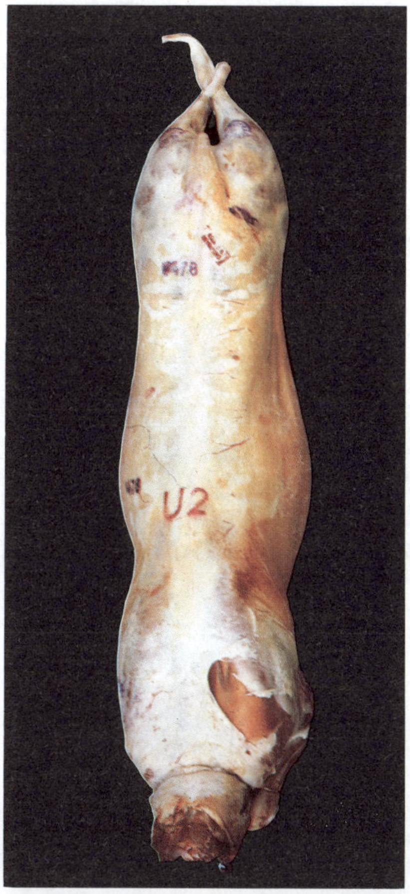

Mouton entier commercialisé sous le sigle M.T.

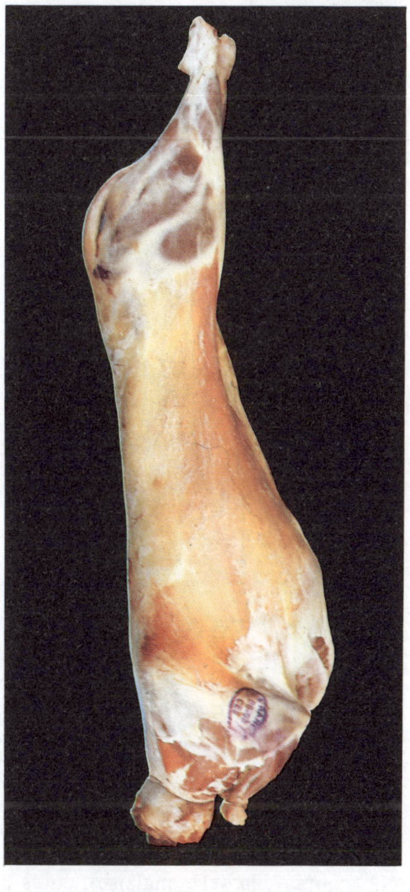

Demi mouton. Le demi mouton résulte de la fente sagittale de la carcasse en deux parties symétriques.

* *Extrait de l'ouvrage édité par OFIVAL « Les découpes de viandes ».*

En gros morceaux (2ème solution) découpe en demi-gros :

La découpe de demi-gros consiste à couper l'agneau ou le mouton en gros morceaux : Exemples :

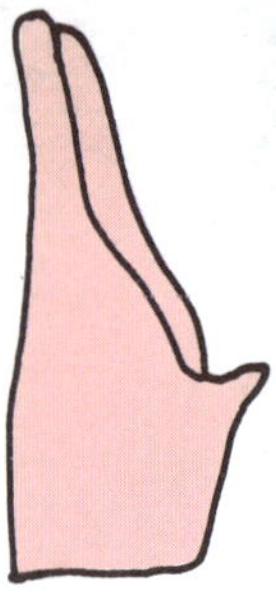

La culotte

Séparée du coffre par une section entre les deux dernières vertèbres lombaires (membres postérieurs du mouton comprenant les deux gigots entiers avec les selles de gigot et la dernière vertèbre lombaire).

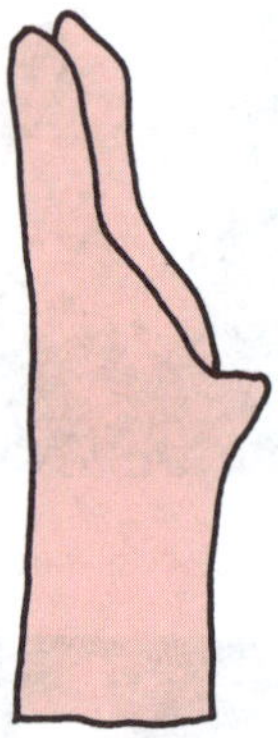

Le baron

Partie postérieure et dorsale supérieure du mouton comprenant ; la culotte (les deux gigots), et la selle anglaise. Le baron est sectionné entre la dernière vertèbre lombaire et la première vertèbre dorsale.

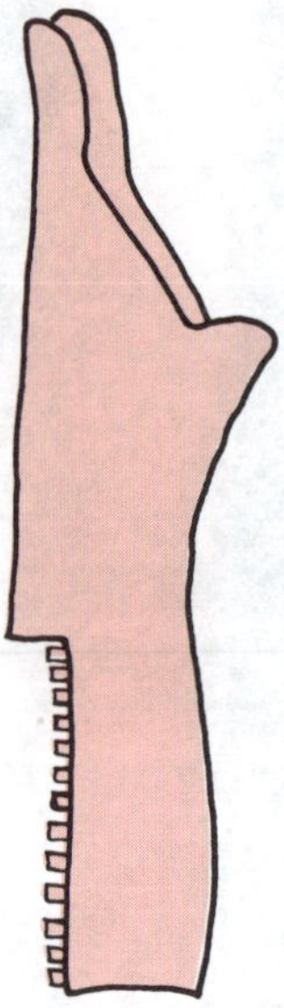

Le rosbif

Baron (les 2 gigots + la selle anglaise), côtes premières et secondes, carré découvert , le rosbif est séparé entre la dernière vertèbre dorsale et la première cervicale

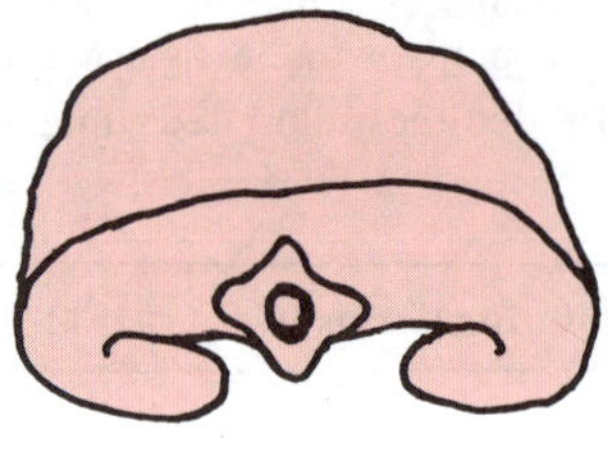

La selle anglaise

Partie dorsale supérieure du mouton comprenant les deux côtés de côtes avec les parois abdominales.
Base osseuse : 5 vertèbres lombaires

Les carrés

Partie dorsale du mouton comprenant les 13 côtes dorsales et se décomposant en :
– carré couvert : 8 côtes (5 côtes premières + 3 côtes secondes)
– carré découvert : 5 côtes vers le collier.

Le demi-rosbif

Partie dorsale supérieure et antérieure du mouton, sans la culotte, comprenant la selle anglaise (5 vertèbres lombaires) et les carrés couvert et découvert (13 vertèbres dorsales).

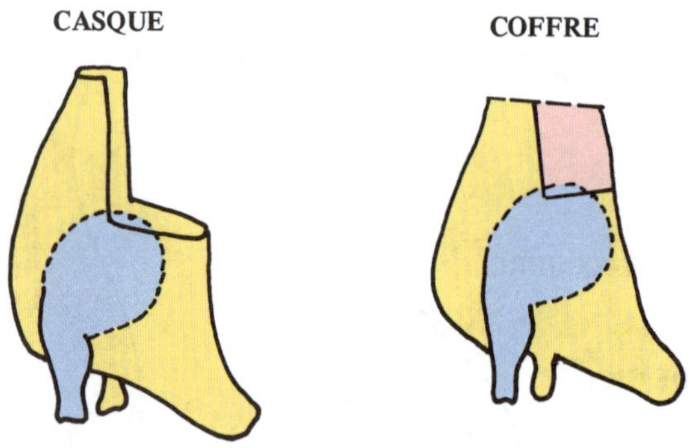

Le casque

Partie antérieure du mouton comprenant les épaules, les côtes découvertes, le collier, les hauts de côtelettes.

Le coffre

Partie antérieure du mouton comprenant les épaules, les côtes découvertes, le collier, les deux demi-poitrines.

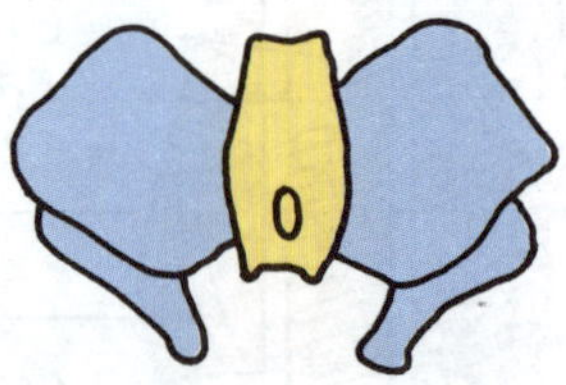

Le papillon

Partie antérieure du mouton comprenant les deux épaules et le collier.

Les gros morceaux sont ensuite, suivant les utilisations prévues, débités en petits morceaux pour le détail. Exemples :
– selle anglaise : Lamb chops ou « binocles » (tranche de selle anglaise comportant 2 côtelettes) ;
– carrés : côtelettes noisettes ;
– papillon : morceaux pour ragoûts.

DECOUPE D'UN DEMI-MOUTON
DEMI-CARCASSE DE 9,5 KG

1e CATEGORIE
2e CATEGORIE
3e CATEGORIE

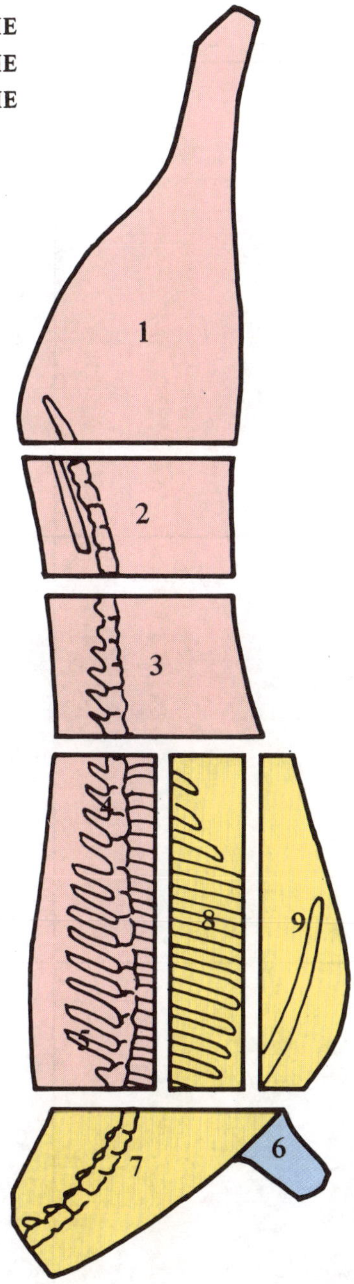

N°	Morceaux	Catégorie	Poids des* morceaux
1	**GIGOT RACCOURCI**	1	2,200 kg
2	**SELLE DE GIGOT** 1 + 2 = gigot (1 + 2) X 2 = **La culotte ou gigot double**	1 1 1	0,600 kg 2,800 kg 5,600 kg
3	**FILET SIMPLE + FILET MIGNON** 3 X 2 = selle anglaise (1 + 2 + 3) X 2 ou gigot double plus la selle anglaise = **baron**	1 1 1	1 kg 2 kg 7,600 kg
4	**CARRE COUVERT** 5 côtes premières + 3 côtes secondes	1	0,900 kg 0,500 kg 0,400 kg
5	**CARRE DECOUVERT** 5 côtes	1	0,900 kg
6	**EPAULE**	2	1,700 kg
7	**1/2 COLLET**	3	0,550 kg
8	**HAUT DE COTELETTES**	3	0,400 kg
9	**1/2 POITRINE** **ROGNON**	3 3	0,500 kg 0,050 kg

** avec os*

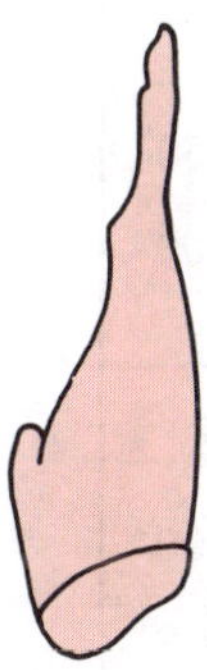

gigot entier
(1 + 2)

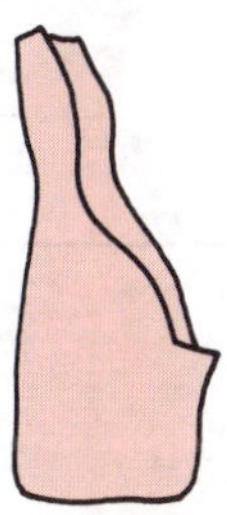

gigot double
(1 + 2) X 2

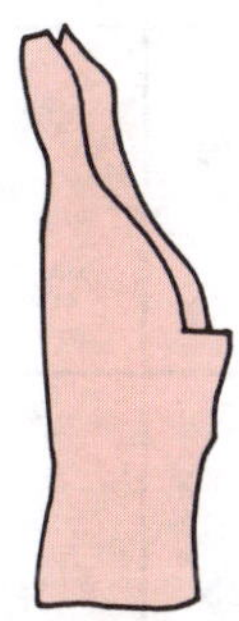

baron
(1 + 2 + 3) X 2

	Préparations et utilisations des morceaux	MODES DE CUISSON: POCHER	ROTIR	POELER	GRILLER	SAUTER	EN RAGOUT	BRAISER	Poids conseillé par portion
1	• **GIGOT RACCOURCI DESOSSE OU NON**								
1 + 2	• **GIGOT ENTIER DESOSSE OU NON**								
1 + 2 × 2	• **GIGOT DOUBLE**								
1 + 2 + 3 × 2	• **BARON** (un baron de 7,600 correspond à une table de 30 couverts)								0,200
	Ces morceaux sont le plus souvent rôtis au four ou à la broche		•						
	– Le gigot peut être désossé et farci			•					
	– Exceptionnellement poché à l'anglaise	•							
	– Détaillé en rouelles ou				•				
	en cubes pour les brochettes et				•				
	les sautés minutes					•			
3	• **FILET**								
	– Détaillé en côtelettes appelées côtelettes dans le filet				•				
	– En côtelettes de double épaisseur (mutton chops)				•				
	– Désossé, paré et détaillé en noisettes				•	•			
3 × 2	• **SELLE ANGLAISE**								0,300
	– Rôtie entière ou désossée		•						
	– Désossée et farcie (elle peut être traitée en rognonnade)		•	•					
	– Détaillée en tranches (Lamb chops)				•				
	– Désossée, parée et détaillée en noisettes ou mignonnettes				•	•			
4	• **CARRE COUVERT**								
	– Entier paré et manchonné. Rôti, persillé ou non		•						
	– Détaillé en côtelettes : côtelettes premières (5) côtelettes secondes (3)				•	•			
	– désossé, paré et détaillé en noisettes				•	•			0,250
5	• **CARRE DECOUVERT**								
	– Détaillé en côtelettes : côtelettes découvertes (5)				•	•			
	(les côtelettes du carré couvert et du carré découvert peuvent être panées).								
6	• **EPAULE**								0,250 à 0,300
	– Selon l'âge de l'animal, l'épaule peut être rôtie entière ou désossée		•						
	– Désossée et farcie			•				•	
	– Désossée et détaillée en morceaux	•					•		
7	• **COLLET ou COLLIER**	•					•		
8 et 9	• **POITRINE ET HAUT DE COTELETTES**	•					•		0,300 à 0,350
	Ces morceaux sont principalement utilisés pour la réalisation des ragoûts et des plats régionaux typiques.								

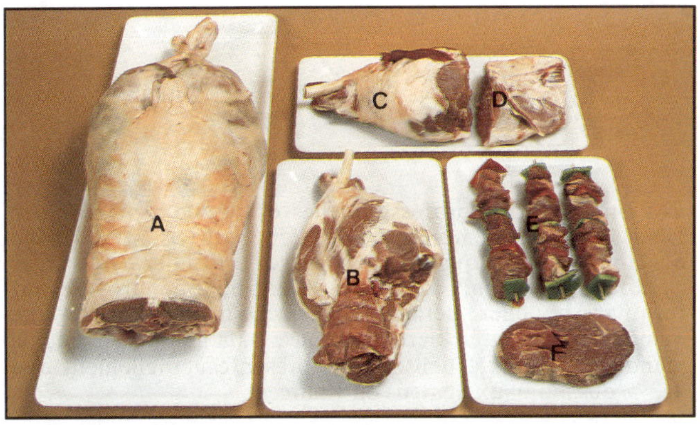

A – Baron d'agneau
B – Gigot d'agneau
C – Gigot raccourci
D – Selle de gigot
E – Brochettes
F – Rouelle de gigot

A – Selle anglaise
B – Lamb chops
C – Filet
D – Mutton chop
E – Côtelettes dans le filet
F – Filet désossé et paré
G – Noisettes ou mignonnettes

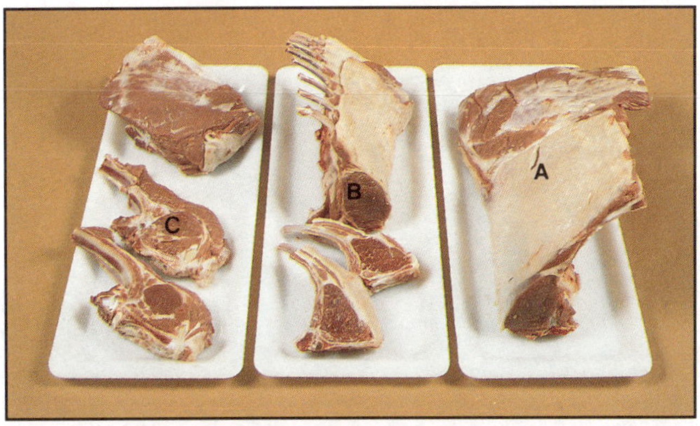

Carrés d'agneau

A – Carré complet
B – Carré couvert, côtelettes premières
C – Carré découvert, côtelettes découvertes

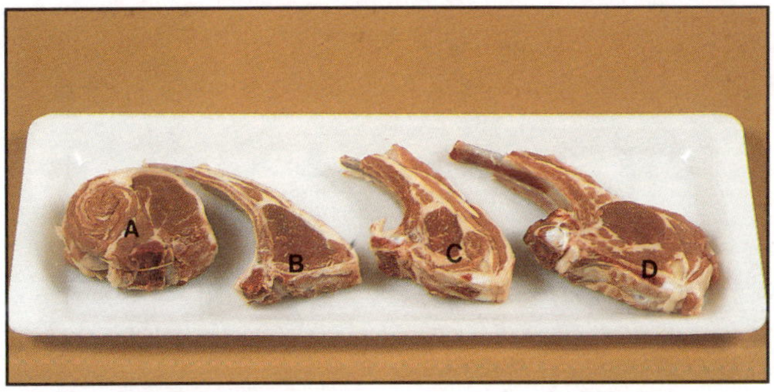

Cotelettes d'agneau

A – Côtelette dans le filet
B – Côtelette première
C – Côtelette seconde
D – Côtelette découverte

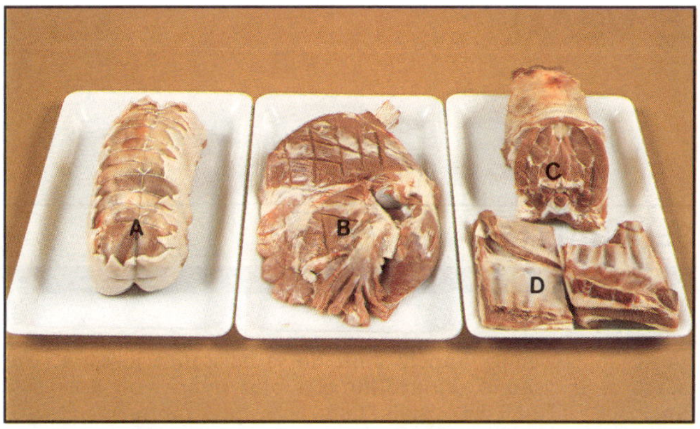

A – Epaule d'agneau désossée roulée bardée et ficelée
B – Epaule entière
C – Collier
D – Poitrine et haut de côtelettes

SUGGESTIONS DE GARNITURES

- **PIECES ROTIES**
  (gigot, baron, selle, carré, épaule)
  - pommes boulangère, Darphin, Anna, Duchesse aux épinards, Dauphine
  - pommes sautées à l'ail, provençale, lyonnaise
  - gratin dauphinois, de courgettes sautées à la fleur de thym, tomates provençale
  - bouquetière de légumes, timbale de primeurs, jardinière, haricots verts au beurre
  - haricots bretonne, panachés, flageolets
  - mousseline de haricots, purée Musard

- **PIECES POELEES - BRAISEES**
  (gigot, selle, épaule farcie)
  - bonne femme, boulangère, bourgeoise, villageoise

- **PIECES SAUTEES**
  (côtelettes, noisettes, rouelles de gigot)
  - au poivre vert, à l'estragon, aux champignons sauvages, aux cêpes, à la bordelaise, à la provençale, au basilic

- **PIECES PANEES ET SAUTEES**
  (côtelettes secondes et découvertes, épigrammes)
  - Maréchale, Marie-Louise, bretonne

- **PIECES GRILLEES**
  (rouelles de gigot, brochettes, côtelettes noisettes)
  - idem pièces rôties
  - pommes sèches traitées à la friture (allumettes, mignonnettes, colerettes, soufflées)
  - aux herbes de provence, à la sarriette, à la fleur de thym, au basilic, à la sauge, à la menthe
  - vert pré, Henri IV

- **PIECES TRAITEES EN RAGOUT**
  (épaule, collier, poitrine, haut de côtelettes)
  - navarin aux pommes, aux primeurs, aux fèves, au basilic, aux aubergines et aux poivrons
  - haricot de mouton, daube avignonnaise
  - cassoulets, carry, colombo, couscous, Irish stew

- **FARCES POUR GIGOT SELLE ET EPAULE**
  farce fine (mousseline) de veau et d'agneau aux truffes (Prince noir) aux pistaches, au basilic, à la sarriette, aux poivrons rouges et verts.

LE VEAU

GENERALITES

Petit de la vache, appelé ainsi de sa naissance jusqu'à son sevrage, le veau d'aujourd'hui n'a plus rien à voir avec ses ancêtres. C'est désormais une bête programmée, élevée et nourrie avec des aliments dits « de compléments industriels » et abattue à l'âge d'une centaine de jours (100 à 120) pour un poids vif d'environ 180 à 200 kg.

Depuis les années 80, le veau est devenu de plus en plus lourd : le poids des carcasses est passé de 100 à 115 kg. Plusieurs explications : la sélection génétique rigoureuse, l'amélioration de l'alimentation, la volonté des éleveurs à rentabiliser leurs investissements et à produire une viande de meilleure qualité, le nouveau goût des consommateurs pour les viandes mieux faites, plus fermes et plus goûteuses.

A côté de cette production industrielle subsiste la tradition du « veau sous la mère », un veau exclusivement nourri au lait entier (au pis de la vache ou au seau). Cet élevage traditionnel et saisonnier ne représente que 10 % de la production totale française.

Dans certaines régions, pour améliorer la qualité de la viande, il était d'usage durant les 15 jours qui précédaient l'abattage de casser quelques œufs dans la gueule du veau. Le palais de ces jeunes veaux prenait une couleur jaune d'or, ce qui faisait dire aux amateurs de viande que ces veaux avaient le « palais royal ». Raffinement réservé aujourd'hui à une minorité de gourmets privilégiés.

La consommation de viande de veau stagne depuis quelques années (7,200 kg par an et par habitant). Probablement en raison des nombreuses campagnes de dénigrement et de boycott organisées par l'Union Fédérale des Consommateurs, reprochant le manque de qualité (viande se liquéfiant à la cuisson) et la présence de nombreux additifs alimentaires (stimulateur de croissance, anabolisants, rétenteur d'eau, antibiotique, etc.). Depuis le 1er janvier 1987, l'usage des hormones* est interdit dans l'ensemble des pays de la Communauté Européenne.

***Les hormones en élevage :**

- **Les androgènes** (testostérone), produits par les testicules et les glandes surrénales, sont responsables du caractère sexuel mâle. Ils ont des effets anabolisants, c'est-à-dire qu'ils permettent une meilleure assimilation des aliments par les animaux au début de la croissance, tout en limitant les risques de stress (stéroïdes anabolisants).
- **Les œstrogènes,** hormones femelles sont administrées aux ruminants pour favoriser dans les tissus une augmentation de la teneur en eau et en protéines, avec diminution des graisses. Elles ont aussi un pouvoir anti-infectieux qui permet une diminution de l'emploi des antibiotiques.

Ces hormones existent sous leur forme naturelle, mais peuvent aussi être reconstituées par synthèse en laboratoire.

Cette situation a conduit les organisations professionnelles à créer une Charte du veau. Les éleveurs ont pris des engagements et il est apparu sur l'étal des boucheries des macarons indiquant que la viande avait fait l'objet de contrôles vétérinaires certifiant qu'elle ne contenait pas d'hormones.

Les organisations professionnelles ont également créé des labels pour les veaux sous la mère, garantissant l'origine des animaux et la qualité de l'élevage. Un cahier des charges rigoureux, une maîtrise totale de la filière depuis l'éleveur jusqu'au boucher détaillant permettent de trouver une viande de qualité bien contrôlée. Malheureusement, la viande des veaux labelisés ne représente actuellement que 1,2 % des animaux abattus en France.

La stagnation de la consommation de viande de veau est également due à l'arrivée sur le marché d'une autre viande blanche de qualité : « la viande de dinde et ses produits de découpe » qui utilise d'ailleurs la même terminologie (escalopes, blanquette, paupiettes, etc.).

PRINCIPALES REGIONS PRODUCTRICES

Le centre de la France, le Limousin, la Haute-Vienne, la Corrèze, la Normandie.

LA CLASSIFICATION OFFICIELLE DE LA VIANDE DE VEAU *

Les trois critères retenus s'expriment dans l'ordre suivant :

– **la couleur,** exprimée par un chiffre allant de 1 à 4 ;

– **la conformation,** exprimée par une lettre : E U R O P ;

– **l'engraissement,** exprimé par un chiffre allant de 1 à 5.

Le marquage s'effectue par l'apposition d'un cachet sur 2 zones :

– la face externe du cuisseau

– au milieu de l'épaule.

E U R O P

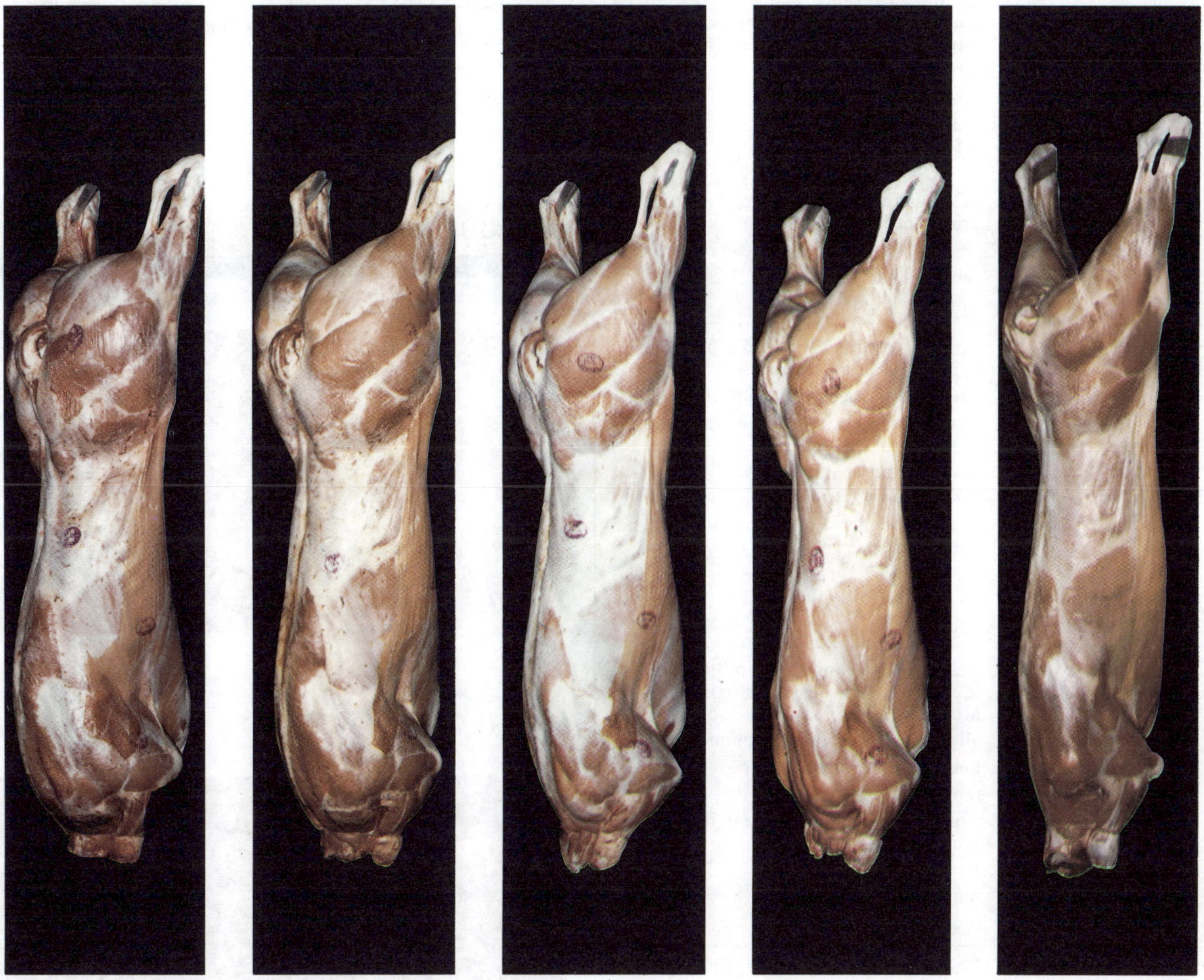

* *Extrait de l'ouvrage édité par OFIVAL « Les découpes de viandes ».*

LA CONFORMATION

E	**SUPERIEURE**	Tous les profils sont convexes et caractérisent une musculature compacte et massive dans toutes les parties.
	Cuisseau :	court, très rebondi et très épais
	Noix :	toujours très rebondie et très épaisse
	Jarret :	court, très musclé et rebondi
	Quasi :	toujours très rebondi, large et très épais
	Longe et carré :	très large et très épais, forment des saillies musculaires très développées
	Basse :	
	Epaule :	très rebondie, très épaisse et musclée
	Bas de carré :	large et très épais.
U	**TRES BONNE**	Les profils sont convexes dans l'ensemble. Certains, sauf ceux des cuisseaux, peuvent être rectilignes. Musculature compacte et massive.
	Cuisseau :	rebondi et épais
	Noix :	rebondie et épaisse
	Jarret :	musclé et rebondi
	Quasi :	rebondi, large et épais
	Longe et carré :	toujours larges et épais, forment des saillies musculaires moins prononcées.
	Basse :	
	Epaule :	rebondie et musclée
	Bas de carré :	toujours large et épais.
R	**BONNE**	Tous les profils sont au moins rectilignes. Musculature épaisse.
	Cuisseau :	peut être allongé mais toujours épais
	Noix	légèrement rebondie et encore assez épaisse
	Jarret :	peut être assez important
	Quasi :	légèrement rebondi mais encore large
	Longe et carré :	larges et épais. Le carré peut manquer de largeur, mais non d'épaisseur
	Basse :	
	Epaule :	épaisse
	Bas de carré :	encore épais.
O	**ASSEZ BONNE**	Les profils dans l'ensemble sont rectilignes, parfois subconcaves. Musculature d'épaisseur moyenne.
	Cuisseau :	allongé, d'épaisseur moyenne
	Noix :	peut manquer d'épaisseur
	Quasi :	rectiligne, peut manquer d'épaisseur
	Longe et carré :	souvent étroits. Manquent d'épaisseur sans être creux
	Basse :	
	Epaule :	manque d'épaisseur
	Bas de carré :	d'épaisseur moyenne.
P	**PASSABLE**	Les profils sont concaves. Epaisseur musculaire réduite.
	Cuisseau :	allongé et plat
	Noix :	manque nettement d'épaisseur
	Quasi :	subconcave, manquant d'épaisseur
	Longe et carré :	étroits et creux
	Basse :	
	Epaule :	généralement plate allant jusqu'aux os apparents
	Bas de carré :	étroit.

ETAT D'ENGRAISSEMENT

1.	**MAIGRE**	Aucune trace de graisse ni à l'intérieur ni à l'extérieur de la carcasse.
2.	**PEU COUVERT**	Les graisses de couverture sont insuffisantes. Le muscle est presque partout apparent : une mince pellicule recouvre certaines parties de la carcasse.
3.	**COUVERT**	Légère pellicule de gras régulièrement répartie, sur l'ensemble de la carcasse. Elle peut être très légèrement plus importante au niveau de la longe.
4.	**GRAS**	Les graisses de couverture sont légèrement excédentaires. Dans l'ensemble, le gras recouvre toute la carcasse.
5.	**TRES GRAS**	Les graisses de couverture sont nettement excédentaires.

LA COULEUR

Blanc (+)
1

Rosé clair
2

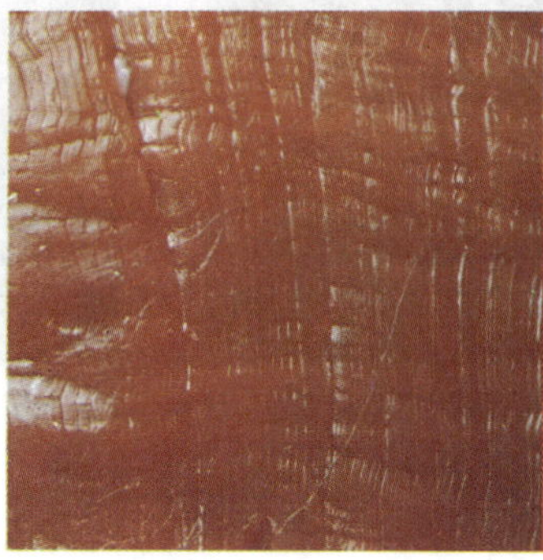

Rosé

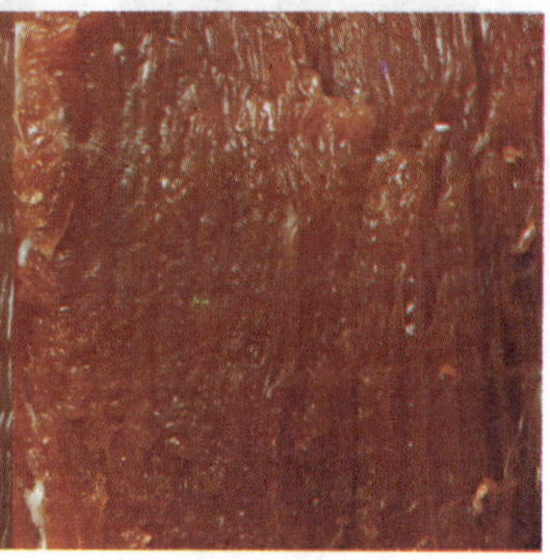

Rouge (–)
4

LA DECOUPE DU VEAU

Situation anatomique des morceaux sur l'animal :

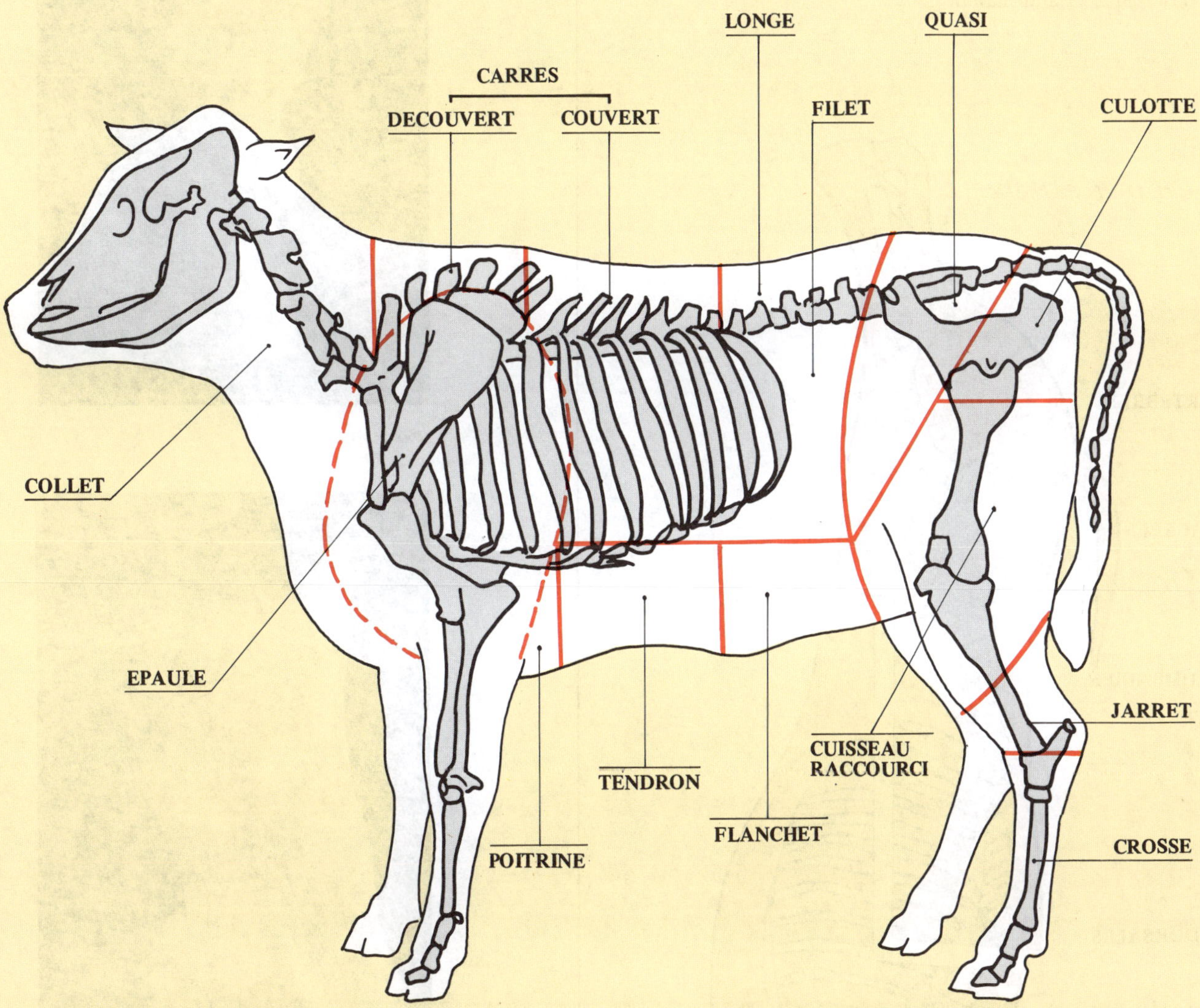

Les carcasses peuvent être commercialisées de 5 manières :

1. **EN ENTIER** (stade commercial de gros)
   sans tête, ni pieds

2. **EN DEMI**
   La colonne vertébrale et le sternum sont fendus longitudinalement afin de séparer les deux demi-carcasses.

3. **EN QUARTIERS**
   Le pan simple
   Parties postérieures lombaire et dorsale comprenant : le cuisseau, la longe, le carré couvert.
   La basse simple ou le devant
   Parties antérieure et inférieure de la carcasse comprenant : le carré découvert ou bas carré, le collet ou le collier, l'épaule, la poitrine (toute la partie inférieure, thoracique et abdominale).

COUPE D'UN PAN SIMPLE

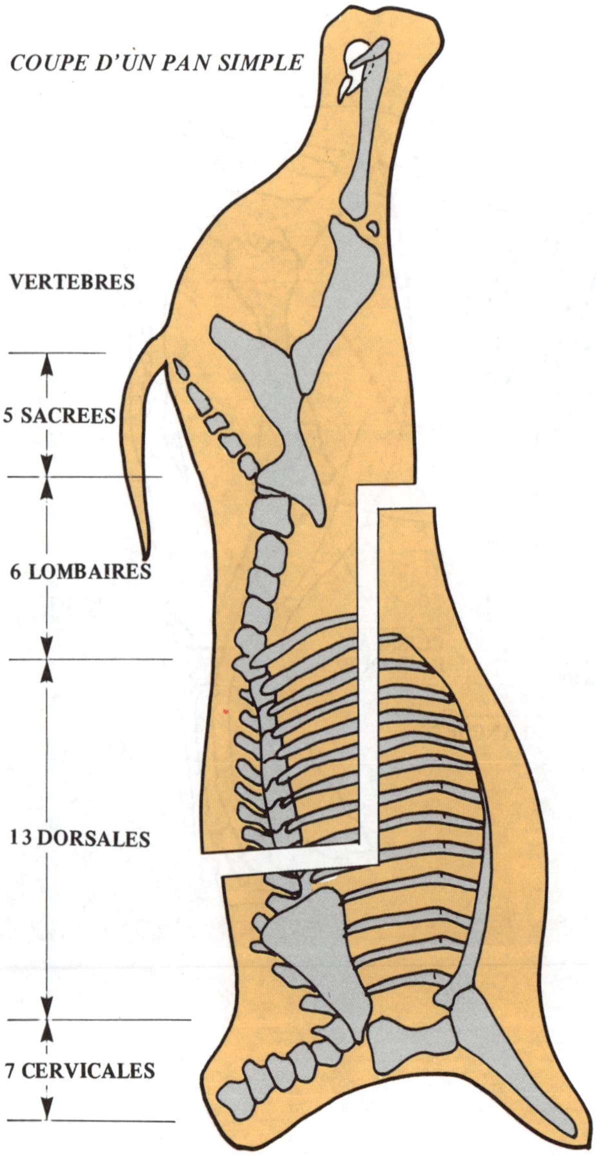

COUPE D'UNE BASSE SIMPLE

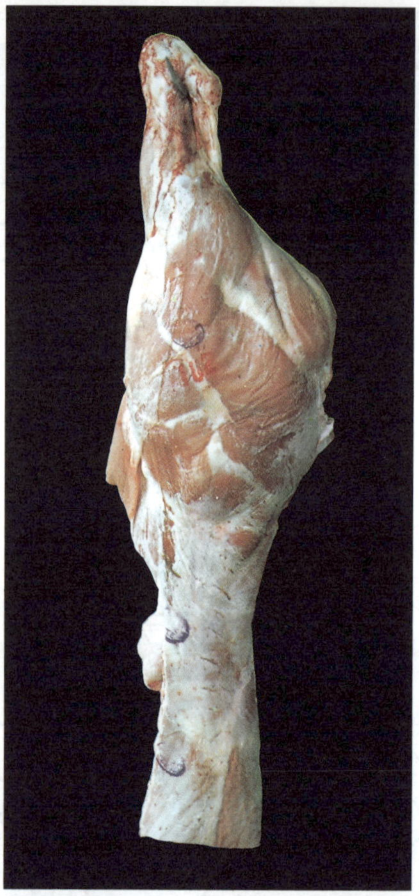

Pan simple

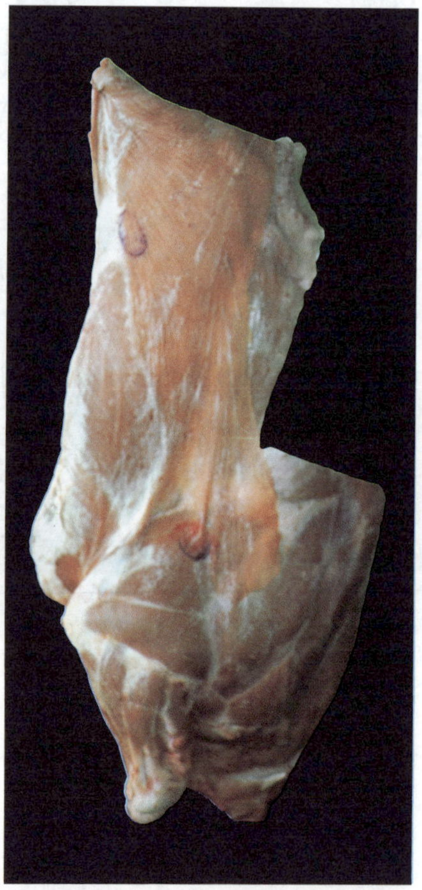

Basse simple ou devant

* *Extrait de l'ouvrage édité par OFIVAL « Les découpes de viandes ».*

4. EN GROS MORCEAUX

Le pan simple comprend :

- **Le cuisseau** : sectionné entre la 1ère et la 2ème vertèbre lombaire, il comprend : la crosse et le jarret, la noix, la sous-noix, la noix patissière, la culotte et le quasi.
- **La longe** : partie dorsale postérieure comprenant les 5 demi-vertèbres lombaires et une partie du filet mignon
- **Le carré couvert** : partie dorsale comprenant les 8 premières demi-vertèbres dorsales (5 côtes premières + 3 côtes secondes).

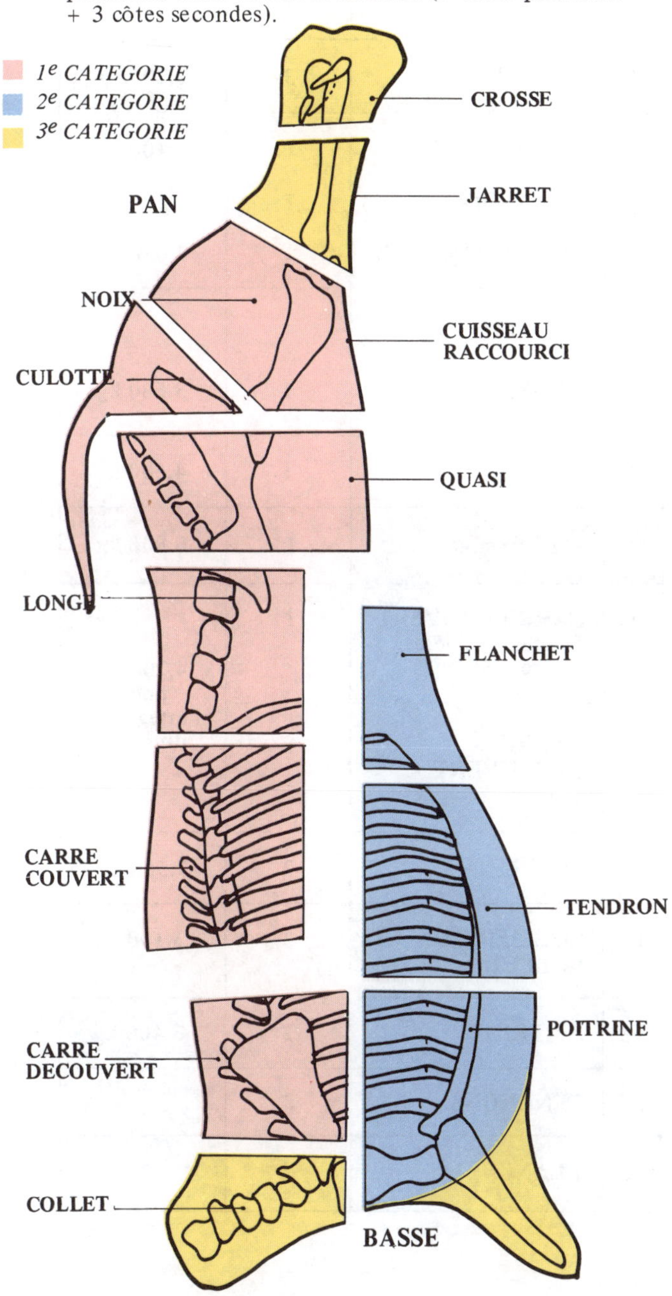

La basse simple comprend :

- **Le carré découvert** (5 côtes, les 5 demi-dernières vertèbres dorsales)
- **Le demi-collet** ou collier (7 demi-vertèbres cervicales)
- **L'épaule**
- **La demi-poitrine** :
  - le flanchet : partie inférieure de la paroi abdominale
  - les tendrons ou milieu de poitrine correspondant aux 8 côtes du carré couvert avec os ou sans os
  - la poitrine ou gros bout de poitrine correspondant aux 5 côtes du bas carré et au demi-sternum.

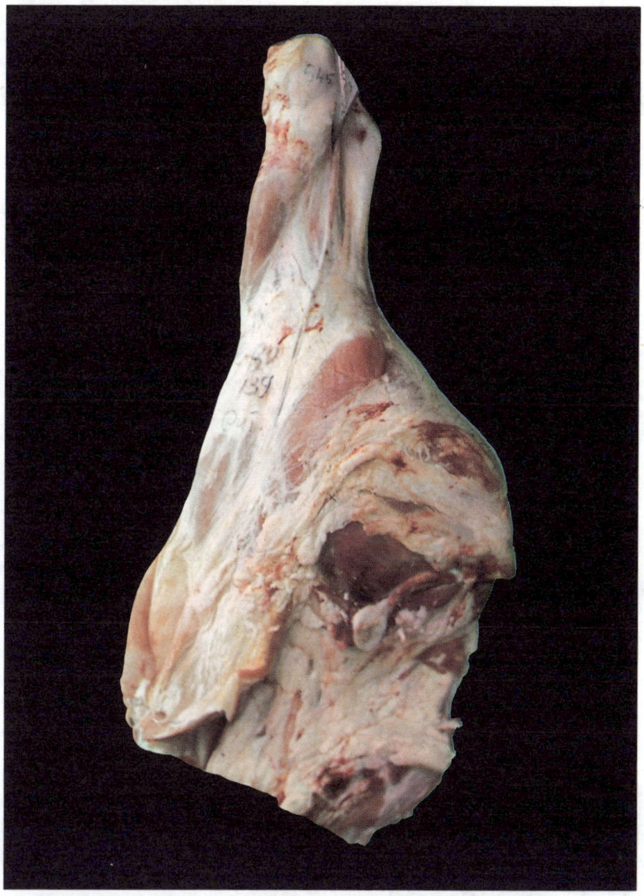

Cuisseau de veau

5. EN MORCEAUX POUR LE DETAIL

Exemples :

Noix, sous-noix, noix pâtissière : escalopes, grenadins, piccatas ;
Longe : côtelettes dans le filet
Filet : médaillons, piccatas
Carré : côtelettes
Epaule : morceaux pour blanquettes et ragoûts.

Autres gros morceaux de la découpe de demi-gros :

- **Pan double**

  Partie postérieure lombaire et dorsale comprenant : les deux cuisseaux, la longe double appelée également la selle, les carrés couverts doubles (dans ce cas, le quartier avant est donc constitué de la « basse double »).

- **Basse double** :

  Partie antérieure et inférieure comprenant : les deux épaules, les bas carrés (carrés découverts), le collier, les poitrines, tendrons et flanchet.

COUPE D'UN DEMI VEAU DEMI CARCASSE

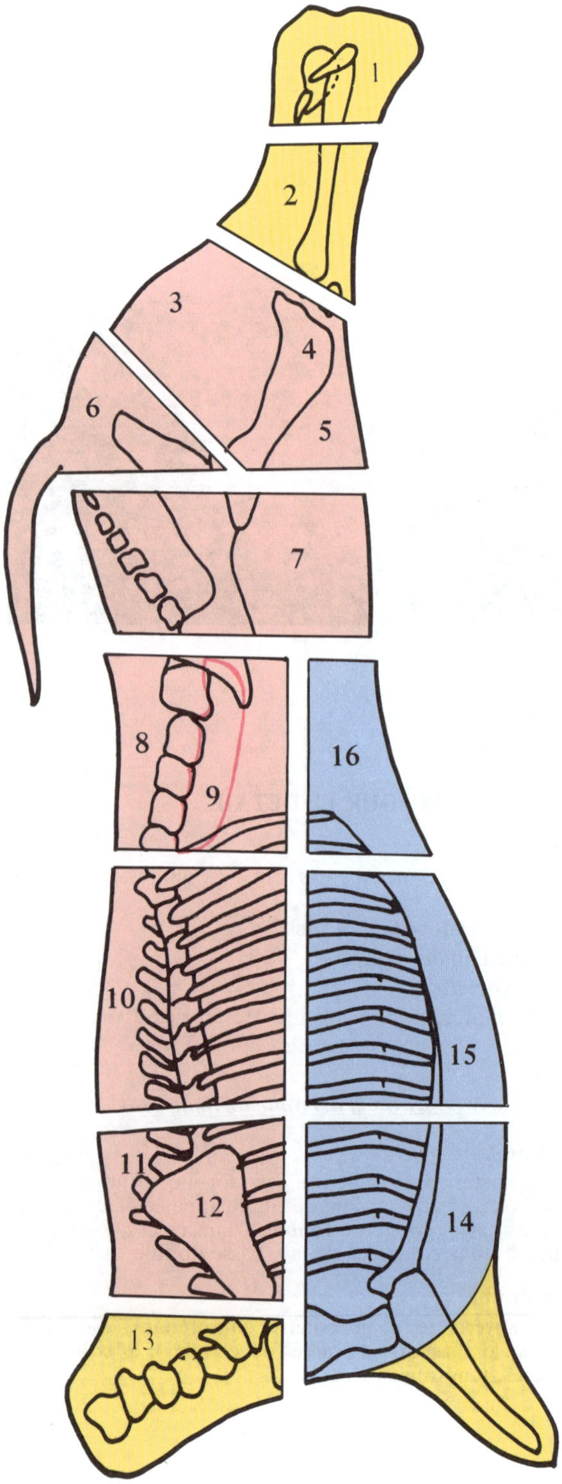

N°	Morceaux	Catégorie	Poids des morceaux
1	CROSSE	3	
2	JARRET	3	2,200 kg
3	NOIX	1	3,100 kg
4	SOUS-NOIX	1	6,200 kg
5	NOIX PATISSIERE	1	2,650 kg
6	CULOTTE	1	
7	QUASI	1	3,600 kg
8	LONGE	1	4,500 kg
9	FILET (mignon)	1	0,800 kg
10	CARRE COUVERT 5 côtes premières 3 côtes secondes	1	4,200 kg pour l'intégralité du carré
11	CARRE DECOUVERT 5 côtes	1	
12	EPAULE	2	7,500 kg
13	COLLIER OU COLLET	3	3,100 kg
14	POITRINE	2	3,400 kg
15	TENDRONS	2	
16	FLANCHET	2	

- 1ère CATEGORIE
- 2ème CATEGORIE
- 3ème CATEGORIE

	Préparations et utilisations des morceaux	MODES DE CUISSON: POCHER	ROTIR	POELER	GRILLER	SAUTER	EN RAGOUT	BRAISER	Poids conseillé par portion
1	• **CROSSE** (avant et arrière)								0,300 à 0,350
	– Fonds bruns et blancs, gelées, marmites	•							
2	• **Jarrets** (avant et arrière)								
	– Fonds bruns et blancs, gelées, marmites	•							
	– Détaillés en tranches (osso-bucco)						•	•	
3 + 4 + 5	• **CUISSEAU RACCOURCI** (noix, sous-noix, noix patissière)								0,150
	– Morceaux entiers			•					
	– Détaillés en tranches épaisses et piquées (fricandeaux) pour plusieurs personnes							•	
	– Détaillés en grenadins et piqués							•	
	– Détaillés en escalopes, en piccatas,				•	•			
	en « minutes » ou paillardes de veau				•				
	– Escalopes farcies en « paupiettes »							•	
	– Chair hachée pour la réalisation des farces (mousseline, à terrine, à paté, à côtelettes pojarsky)								
6 et 7	• **CULOTTE ET QUASI**								0,200 à 0,250
	– Traité en entier, désossé ou non		•	•					
8	• **LONGE** (les deux réunies forment la selle)								0,200 à 0,250 désossé 0,150
	– Traitée entière, désossée ou non		•	•					
	– Peut être farcie			•					
	– En rognonnade			•				•	
	– Détaillée en côtes (dans le filet ou dans la longe)				•	•			
	– Désossée, parée et détaillée en médaillons				•	•			
9	• **FILET** (filet mignon)								0,150 à 0,180
	– Traité en entier			•					
	– Paré et détaillé en médaillons (mignons de veau) ou en piccatas				•	•			
10	• **CARRE COUVERT**								0,250 à 0,300 désossé 0,150
	– Traité entier paré et manchonné			•					
	– Détaillé en côtes : côtes premières (5) côtes secondes (3)				•	•			
	– Désossé, paré et détaillé en médaillons ou ou en grenadins					•		•	
11	• **CARRE DECOUVERT**								
	– Traité en entier, désossé ou non			•					
	– Détaillé en côtes : côtes découvertes (5)				•	•			
12	• **EPAULE**								0,250 désossé 0,150 à 0,180
	– Désossée, farcie ou non		•	•				•	
	– Détaillée en morceaux pour blanquettes et ragoûts	•					•		
14 - 15 - 16 13	• **POITRINE, TENDRONS, FLANCHET, COLLIER**								0,300
	– Détaillés en morceaux pour blanquettes, ragoûts et braisés	•					•	•	
	(la poitrine peut être désossée et farcie)			•					

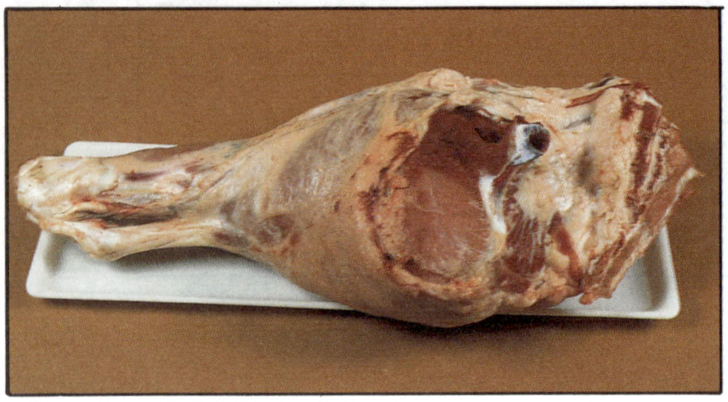

Cuisseau de veau
(crosse, jarret, noix, sous-noix,
noix patissière, culotte, quasi)

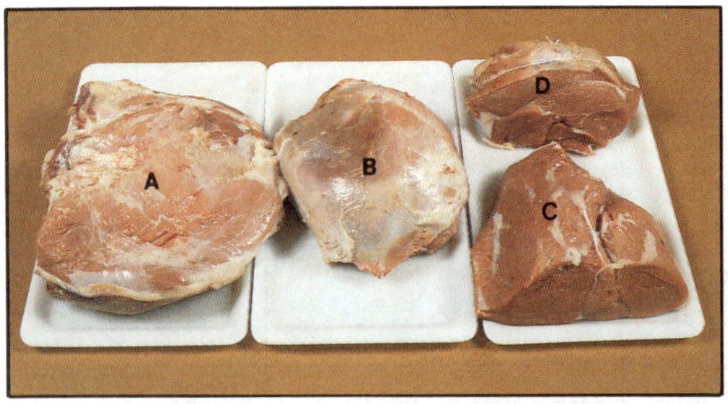

A – Noix de veau
B – Sous-Noix
C – Noix patissière
D – Quasi désossé

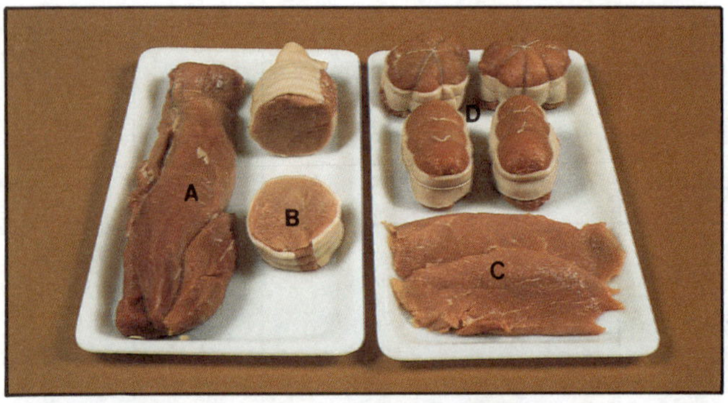

A – Filet mignon de veau
B – Médaillon
C – Escalopes
D – Paupiettes

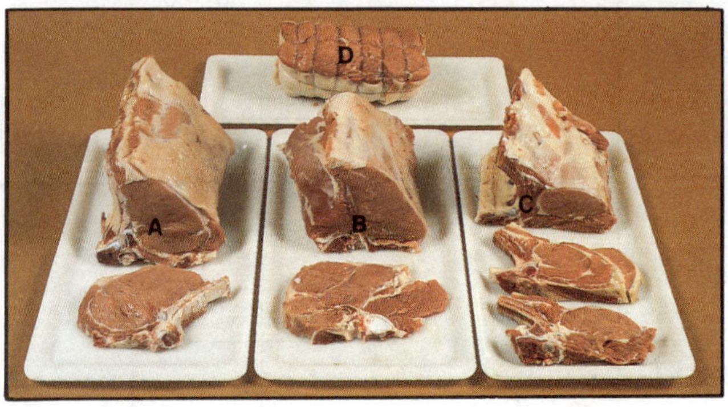

Carrés de veau
A – Longe
côtes dans le « filet »
B – Carré couvert
côtes premières
C – Carré découvert
côtes secondes
et découvertes
D – Rôti dans la longe

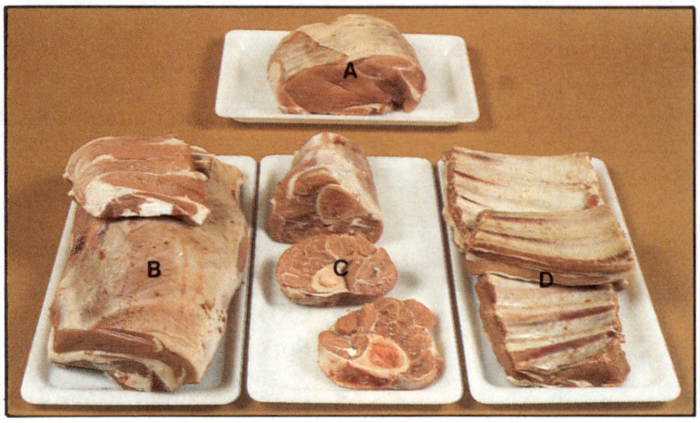

A – Epaule de veau désossée
B – Poitrine, tendrons
C – Jarret et osso bucco
D – Haut de côtes

SUGGESTIONS DE GARNITURES

- **PIECES ROTIES**

  Les pièces de veau rôties sèchent facilement (sauf dans le cas de l'utilisation d'un polycuiseur) aussi, seront-elles de préférence poêlées

  – gratin de pommes de terre, de choux-fleur
  – épinards, carottes à la crème
  – petits pois paysanne, à la française
  – endives meunière, choux et céleris braisés, brocolis au jus, purées diverses
  – pâtes alimentaires, pommes fondantes

- **PIECES POELEES**
  (noix, sous-noix, noix pâtissière, longe, selle, filet, carré, épaule farcie)

  – Choisy, bruxelloise, Judic, Florian, Dubarry, Richelieu, Renaissance, Clamart, Mâillot, jardinière, Orloff, en cocotte...

- **PIECES GRILLEES**
  (paillardes, piccatas, côtelettes)

  – aux herbes de provence, au citron, vert pré, grand mère...

- **PIECES SAUTEES**
  (escalopes, médaillons, côtes)

  – à la crème, aux champignons, aux pleurotes, aux morilles, au Porto, aux asperges, au basilic, vallée d'Auge, au paprika, en papillote...

- **PIECES PANEES ET SAUTEES**
  (escalopes, piccatas, côtes)

  – viennoise, milanaise, Maréchale, à l'anglaise

- **PIECES TRAITEES EN RAGOUT**
  (collet, poitrine, épaule tendrons, flanchet)

  – sauté de veau Marengo, portugaise, provençale, printanier, aux pâtes fraîches, en matelote au vin rouge
  – fricassée de veau aux primeurs, aux concombres, hongroise, à l'indienne

- **PIECES POCHEES**
  (épaule, collet, poitrine)

  – blanquettes : à l'ancienne, au céleri, aux choux-fleurs, aux poireaux...

- **PIECES BRAISEES**
  (fricandeaux, grenadins, paupiettes, poitrine farcie, tendrons)

  – bourgeoise, aux primeurs, au citron, à l'estragon, Vichy, aux petits pois, zingara, aux nouilles fraîches, chasseur, nivernaise...

LES BOVINS

LES DIFFERENTS TYPES DE BOVINS COMMERCIALISES SOUS L'APPELLATION « BŒUF »

L'appellation «boeuf» regroupe les produits de plusieurs animaux issus de la race bovine abattus à des périodes différentes de leur vie.

Le baby-beef
Mâle castré de moins de 18 mois, pesant de 400 à 500 kg (poids vif). Le rendement de viande est très élevé, mais la chair est pâle et peu savoureuse. La production actuelle est faible.

Le taurillon précoce
Mâle non castré abattu entre 18 et 20 mois, pesant de 450 à 550 kg (poids vif). La viande est un peu plus colorée que celle du baby-beef, tendre mais pas encore faite, et totalement insipide.

Les génisses ou « taures »
Agées de 24 à 36 mois (n'ayant jamais porté). Elevées pour la viande, elles sont particulièrement recherchées dans les races précoces et bouchères par excellence.

La vache de réforme
(ou vache laitière transformée en viande)
Autrefois il s'agissait de vaches âgées ne pouvant plus porter ou donner du lait. Aujourd'hui, avec les problèmes laitiers de la CEE (limitation de la production, institution des quotas), l'âge de la réforme a baissé et les vaches l'atteignent entre 6 et 8 ans.
Spécialement engraissées pour la reconversion, ces animaux fournissent dans les races bouchères ou mixtes, une viande de qualité très appréciée.

Le bœuf
Animal mâle castré de 30 mois à 3 ou 4 ans suivant les traditions d'élevage, qui fournit (dans les races bouchères les mieux adaptées) une viande de grande qualité très recherchée.

La vache âgée et le taureau de réforme
Ils fournissent une viande maigre, ferme, foncée, d'odeur et de saveur prononcées.

Remarque :
Le sexe de l'animal n'est qu'un aspect secondaire : la race, l'âge, la méthode d'élevage, et notamment l'alimentation, ont beaucoup plus d'importance.

Toutefois il est incontestable qu'un bovin castré (bœuf) de 3 à 4 ans, de race limousine, normande ou charolaise, nourri au grand air avec des herbes odoriférantes, fournit une viande qui se situe au sommet de la qualité.

A ces critères de qualité, il faut en ajouter d'autres, plus subjectifs mais tout aussi prépondérants :

- la tradition locale d'élevage (état et qualité de l'engraissement) ;
- les soins procurés à l'animal ;
- les conditions d'abattage : transport de l'animal, abattage (stress), saignée, éviscération, refroidissement, maturation ;
- le transport des carcasses, le stockage, le respect de la chaîne du froid ;
- le processus de commercialisation (découpe, préparation, présentation...) ;
- le savoir faire du cuisinier ;
- les préférences socio-culturelles (les goûts des consommateurs).

Actuellement l'exploration de tous ces facteurs devient de plus en plus difficile. La vulgarisation des découpes en atelier et le conditionnement des petites pièces sous vide ou sous atmosphère contrôlée rendent impossible, même à un professionnel, de déterminer le type de bovin, son âge, son sexe, dès lors que l'animal est désossé et détaillé en petites pièces.

Les critères de qualité les plus sûrs restent l'aspect de la viande (sa couleur et son odeur), l'existence de graisse ferme intracellulaire (persillé) et extracellulaire (marbré). Cette graisse fond à la cuisson et apporte à la viande de la saveur et du moelleux.

LES DIFFERENTES RACES ET LEURS APTITUDES

Quelques statistiques

L'élevage bovin français était constitué en 1986 par 23,6 millions de têtes dont :

- 7,1 millions de vaches laitières
- 2,9 millions de vaches allaitantes.

La production moyenne de viande bovine se répartissait ainsi :

- 3 185 000 veaux de boucherie
- 762 000 taurillons
- 772 000 bœufs
- 750 000 génisses
- 2 083 000 vaches de réforme.

Actuellement 23 races sont reconnues et élevées pour leurs aptitudes particulières, certaines sont en expansion, d'autres en régression, peut-être même en voie de disparition (races de trait).

Aptitudes particulières des différentes races :

- **La viande**
  charolaise, limousine, salers, blonde d'aquitaine, Parthenay, Maine Anjou, bazadaise, nivernaise.
- **Le lait**
  races normandes, FFPN, montbéliardaise, prim'Holstein.
- **Les races mixtes (lait et viande):**
  races normandes, abondance, pie rouge de l'est, Salers.

Les principales races (en nombre)

La race Française Frisonne Pie Noir (FFPN), hollandaise : 40 % du cheptel français. C'est avant tout une race laitière. Mais avec l'amélioration de la race, elle a une fin de plus en plus honorable en boucherie.

La race normande : 19 %. C'est un bovin rustique, fécond, excellent laitier et remarquable pour le beurre. Il fournit, par son exceptionnelle conformation et son développement précoce, une viande de très grande qualité bouchère, égale ou supérieure dans bien des cas aux races spécialisées pour cette production.

Le groupe des pie rouges : 10,1 %. Abondance, montbéliardaise, pie rouge de l'est.

La race charolaise : 11 %. Elle fournit très tôt une viande persillée, tendre, de qualité savoureuse. C'est une race bouchère par excellence.

La race limousine : 4,5 %. Excellente race bouchère.

Les races dites «rustiques» (Salers, Aubrac, Gasconne)

Remarque :

A côté des meilleures races françaises (charolaise, normande, de Bazas, de Salers) il faut signaler d'exceptionnelles viandes de boeuf d'importation : notamment les boeufs black angus et Aberdeen angus, produits en Ecosse et le boeuf japonais de Kobé.

CLASSIFICATION OFFICIELLE DE LA VIANDE DE BŒUF *

Le classement des carcasses de gros bovins s'effectue en appréciant successivement :

- *la conformation* (cinq classes E U R O P)
- *l'état d'engraissement* (cinq chiffres 1 2 3 4 5)

Pour être classée en E (classe spéciale), la carcasse de conformation excellente ne doit présenter aucun défaut de ses parties essentielles.

LA CONFORMATION

E	EXCELLENTE	Tous les profils convexes à superconvexes. Développement musculaire exceptionnel.
	Cuisse :	très rebondie.
	Dos :	large et très épais, jusqu'à la hauteur de l'épaule.
	Epaule :	très rebondie.
		Le tende de tranche déborde largement sur la symphyse (symphisis pelvis). Le rumsteak est très rebondi.
U	TRES BONNE	Profils convexes dans l'ensemble ; fort développement musculaire:
	Cuisse :	rebondie.
	Dos :	large et épais, jusqu'à la hauteur de l'épaule.
	Epaule :	rebondie.
		Le tende de tranche déborde de la symphyse (symphisis pelvis). Le rumsteak est rebondi.
R	BONNE	Profils rectilignes dans l'ensemble ; bon développement musculaire.
	Cuisse :	bien développée.
	Dos :	encore épais, mais moins large à la hauteur de l'épaule.
	Epaule :	assez bien développée.
		Le tende de tranche et le rumsteak sont légèrement rebondis.
O	ASSEZ BONNE	Profils rectilignes à concaves ; développement musculaire moyen.
	Cuisse :	moyennement développée.
	Dos :	d'épaisseur moyenne.
	Epaule :	moyennement développée à presque plate.
		Le rumsteak est rectiligne.
P	MEDIOCRE	Tous les profils concaves à très concaves ; développement musculaire réduit.
	Cuisse :	peu développée.
	Dos :	étroit avec os apparents.
	Epaule :	plate avec os apparents.

L'ETAT D'ENGRAISSEMENT

1. TRES FAIBLE	Couverture de graisse inexistante à très faible. Pas de graisse à l'intérieur de la cage thoracique.
2. FAIBLE	Légère couverture de graisse, muscles presque partout apparents. A l'intérieur de la cage thoracique les muscles entre les côtes sont nettement visibles.
3. MOYEN	Muscles, à l'exception de la cuisse et de l'épaule, presque partout couverts de graisse ; faibles dépôts de graisse à l'intérieur de la cage thoracique. A l'intérieur de la cage thoracique, les muscles entre les côtes sont encore visibles.
4. FORT	Muscles couverts de graisse mais encore partiellement visibles au niveau de la cuisse et de l'épaule ; quelques dépôts prononcés de graisse à l'intérieur de la cage thoracique. Les veines de gras de la cuisse sont saillantes. A l'intérieur de la cage thoracique les muscles entre les côtes peuvent être infiltrés de graisse.
5. TRES FORT	Toute la carcasse recouverte de graisse, dépôts de graisse à l'intérieur de la cage thoracique. La cuisse est presque entièrement recouverte d'une couche épaisse de graisse, de sorte que les veines de gras sont très peu apparentes. A l'intérieur de la cage thoracique les muscles, entre les côtes sont infiltrés de graisse.

* *Extrait de l'ouvrage édité par OFIVAL « Les découpes de viandes ».*

Conformation

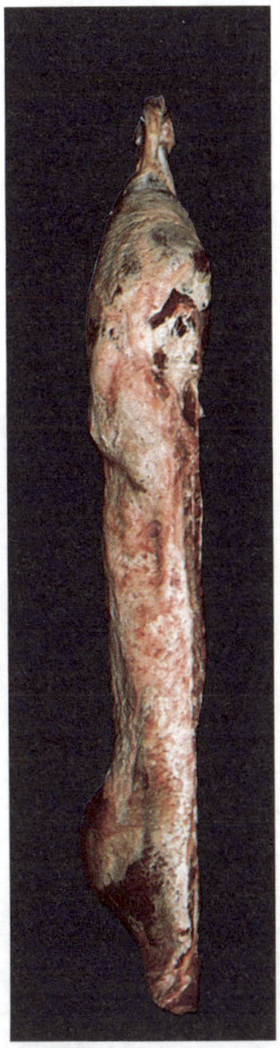

E - Excellente

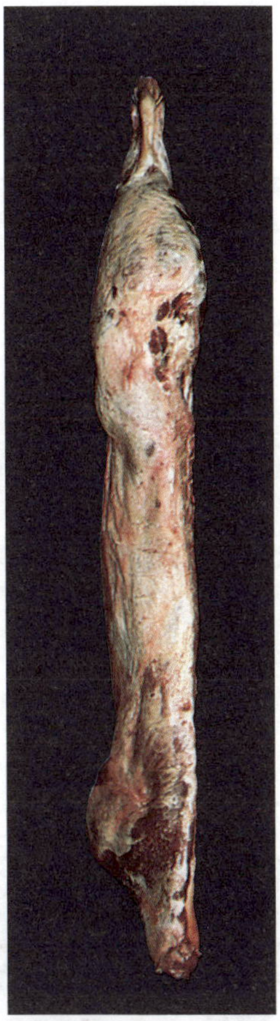

U - Très bonne

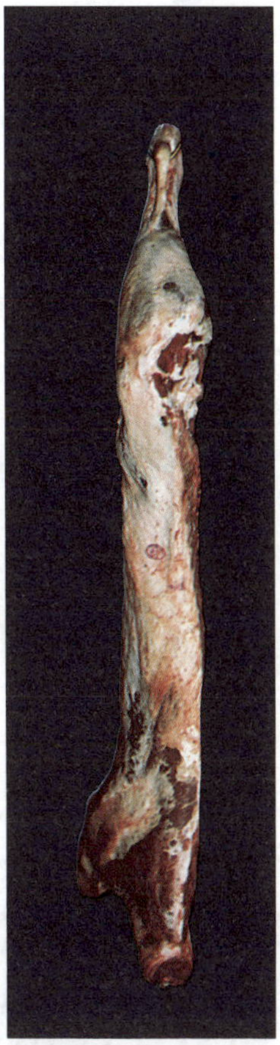

R - Bonne

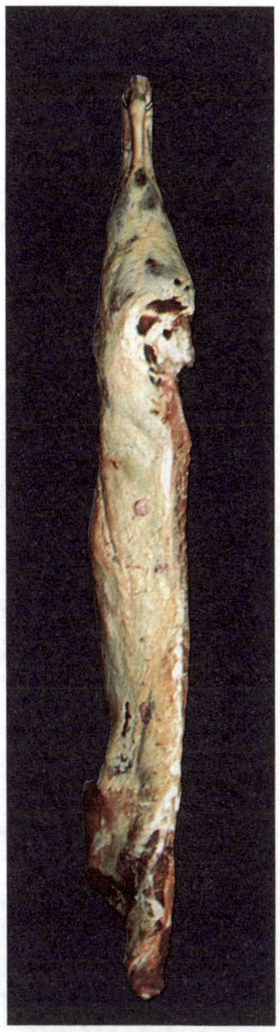

O - Assez bonne

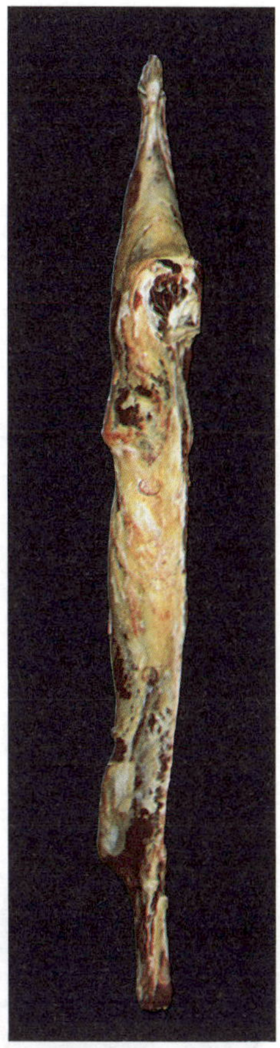

P - Médiocre

Etat d'engraissement

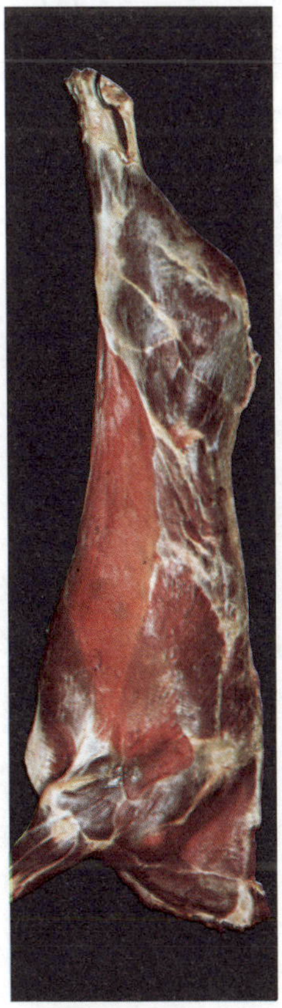

1 - Très faible

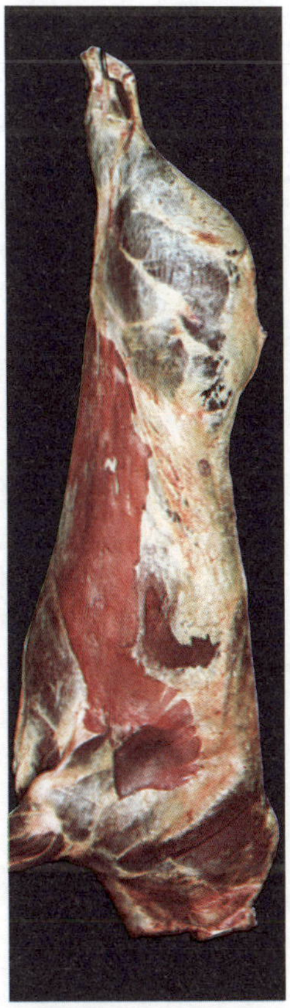

2 - Faible

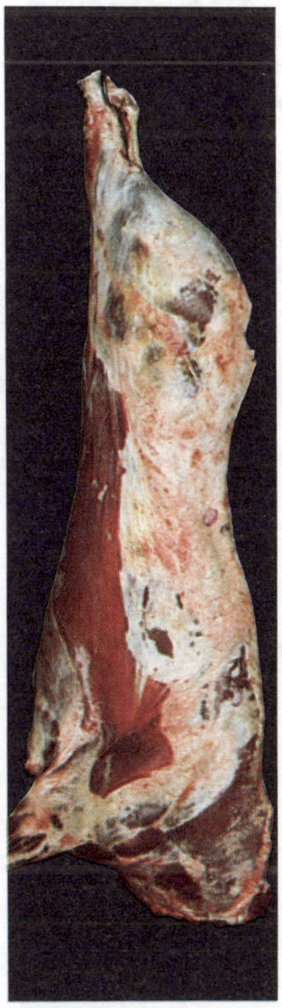

3 - Moyen

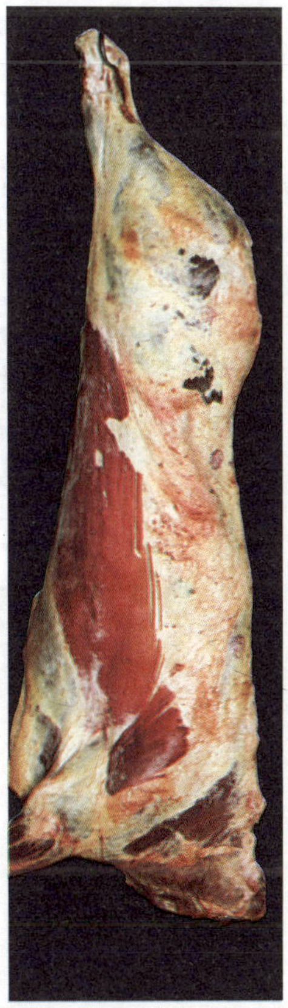

4 - Fort

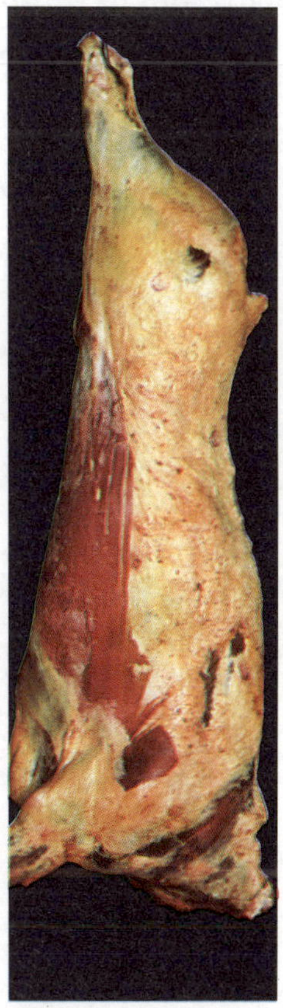

5 - Très fort

LA DECOUPE DU BŒUF

Situation anatomique des morceaux sur l'animal.

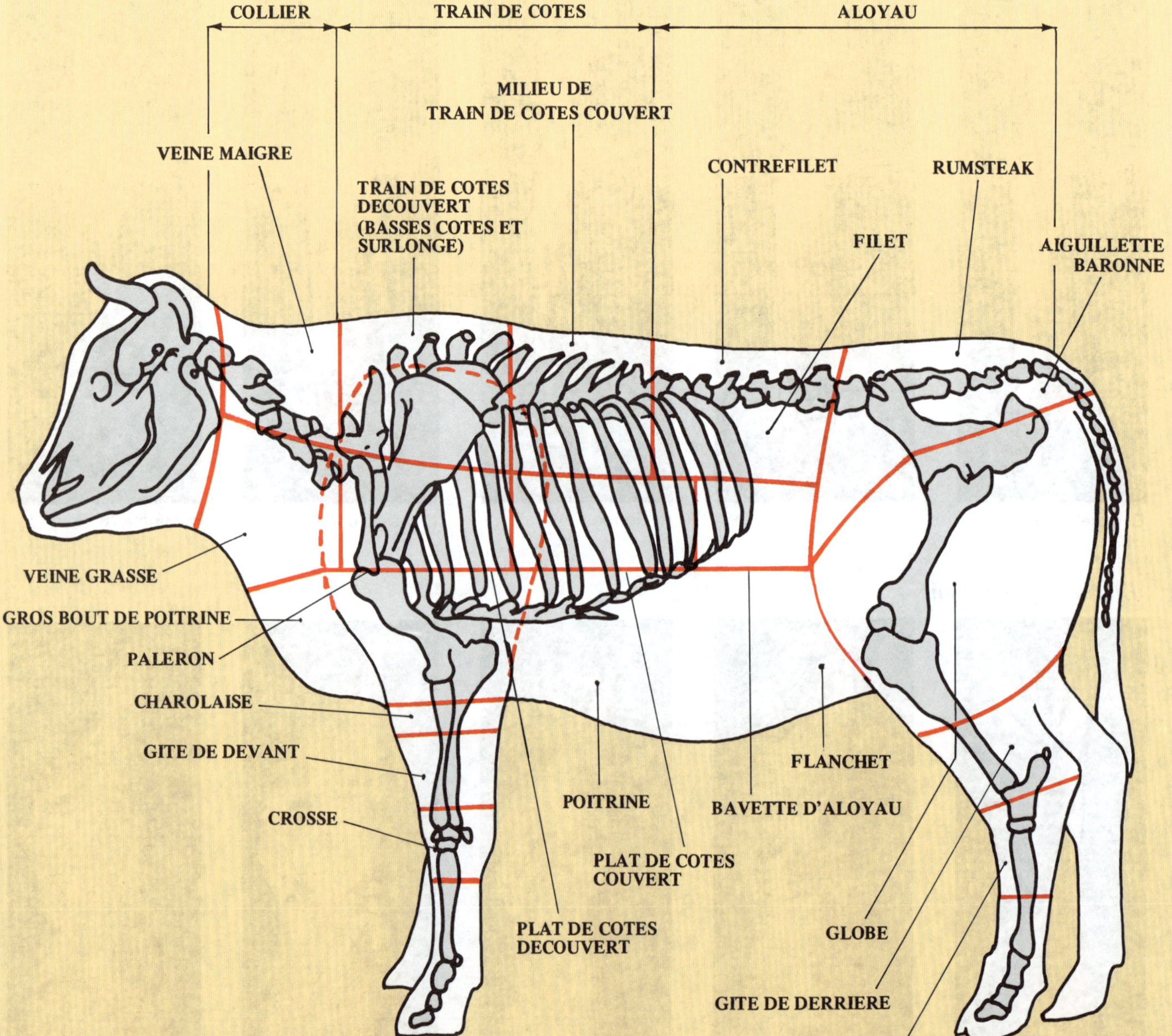

Un bovin possède treize paires de côtes et il y a deux techniques principales pour obtenir 4 quartiers.

LA FENTE EN DEMIS (commune aux deux solutions)

La colonne vertébrale et le sternum sont fendus longitudinalement pour séparer les deux demi-carcasses. La queue n'est pas partagée et laissée sur une demi-carcasse.

On obtient :
- 1 côté queue (avec la queue)
- 1 côté fausse queue (sans la queue).

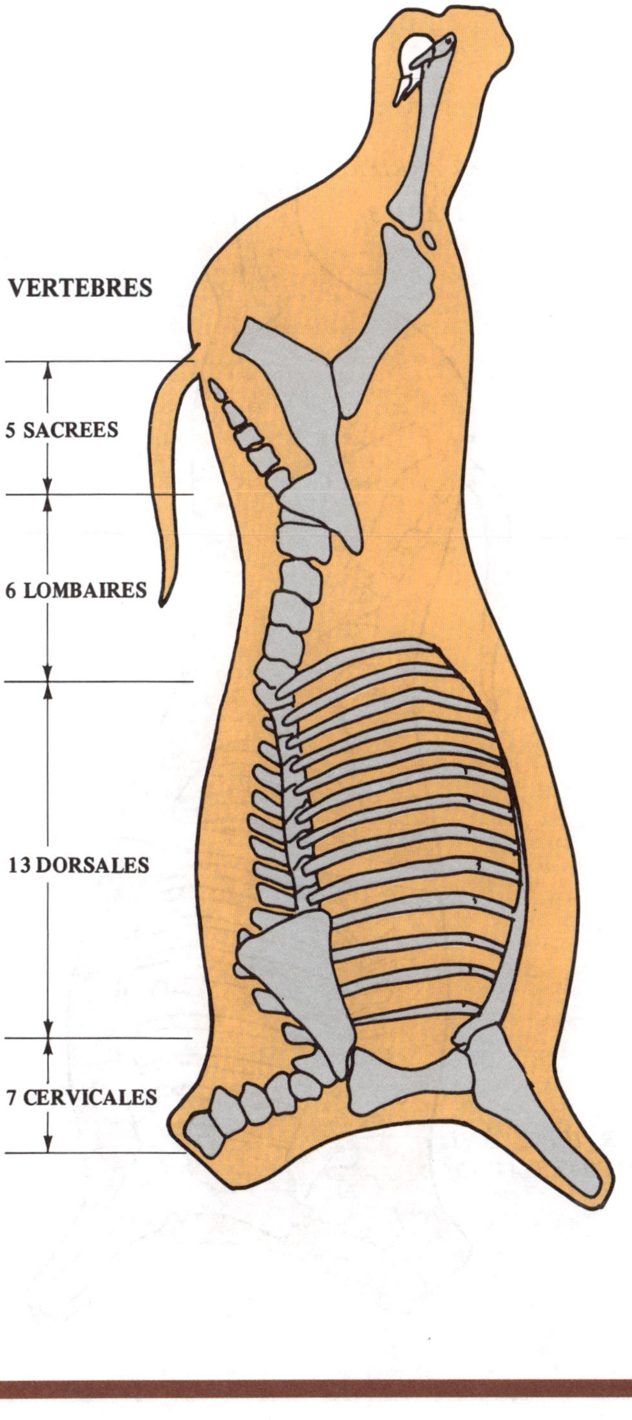

EN QUARTIERS :

Chaque demi-carcasse est partagée en deux. On obtient 2 quartiers :
- 1 quartier arrière
- 1 quartier avant.

1ère solution :

La demi-carcasse est partagée en deux en coupant à travers les bavettes et en descendant jusqu'à la 8ème côte.

On obtient :

1 quartier ARrière Traité à 8 côtes : « ART 8 » comprenant :
- la cuisse
- l'aloyau
- le milieu de train côtes avec ou sans les bavettes de flanchet et d'aloyau, et avec ou sans la queue et l'onglet.

1 quartier avant comprenant :
- le train de côtes découvert (5 côtes)
- l'épaule (raquette et paleron)
- le collier
- le caparaçon

vendu sous l'appellation « AVant CAParaçon à 5 côtes » soit « AV CAP 5 ».

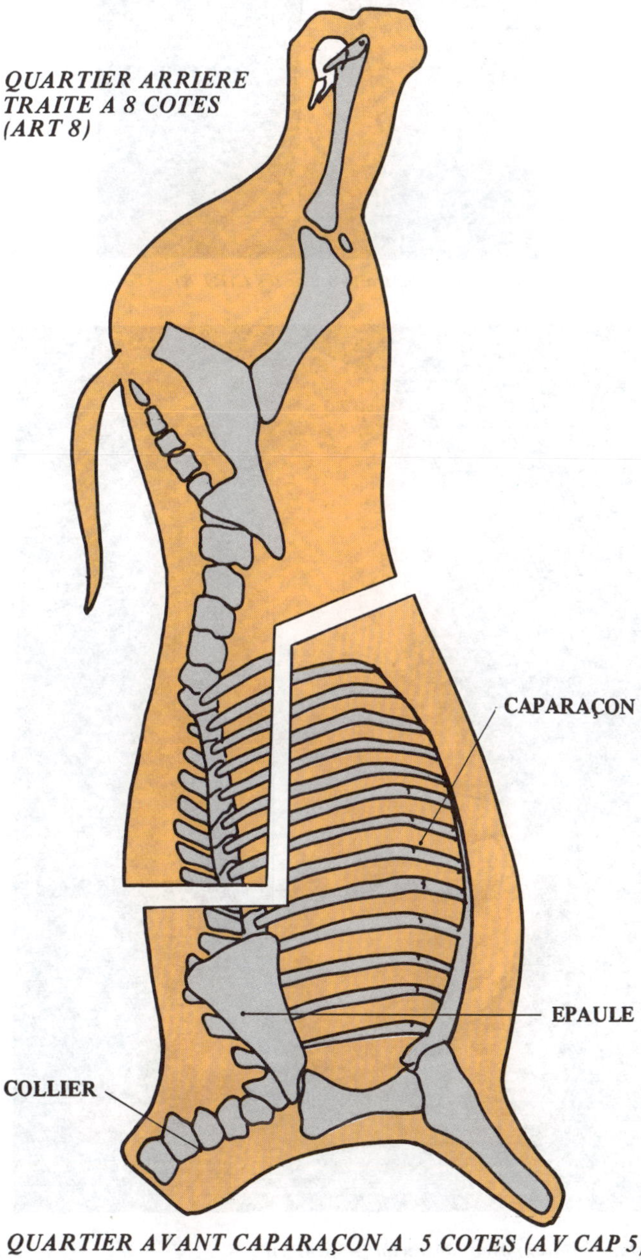

QUARTIER AVANT CAPARAÇON A 5 COTES (AV CAP 5)

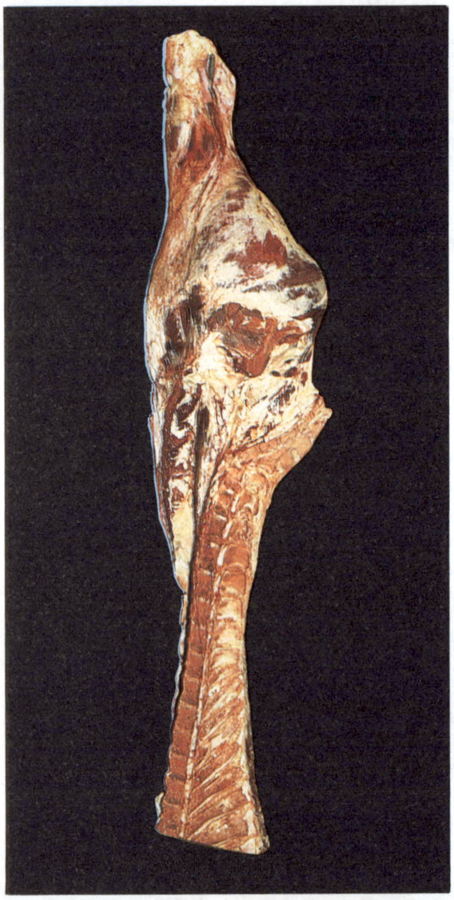

Quartier arrière traité à 8 côtes (ART 8)

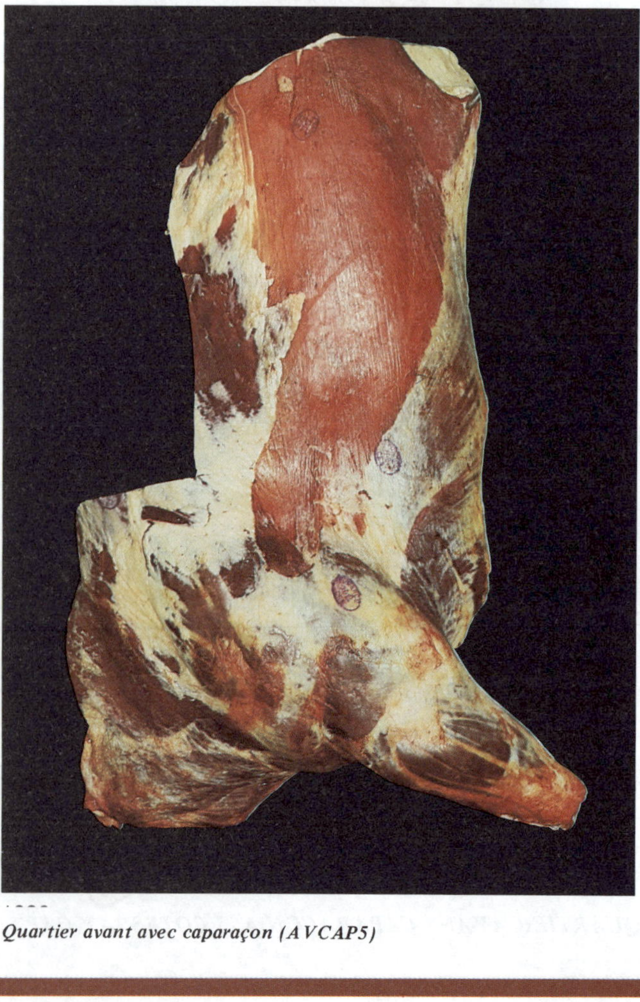

Quartier avant avec caparaçon (AVCAP5)

2ème solution :

La demi-carcasse est partagée en deux en coupant droit transversalement entre la 3ème et la 4ème dorsale. L'aloyau comporte donc les 3 premières côtes.

On obtient :

1 quartier ARrière Droit à 3 côtes, soit un « ARD 3 » comprenant :
- la cuisse
- l'aloyau à 3 côtes
- les bavettes d'aloyau et de flanchet, éventuellement la queue et l'onglet.

1 quartier avant comprenant :
- le train de côtes entier (10 côtes, puisque les 3 premières sont restées sur l'aloyau)
- l'épaule (raquette et paleron)
- le collier
- une partie du gros bout de caparaçon (plat de côtes couvert et découvert, milieu et gros bout de poitrine),

vendu sous l'appellation « AV 10 ». (AVant 10 côtes).

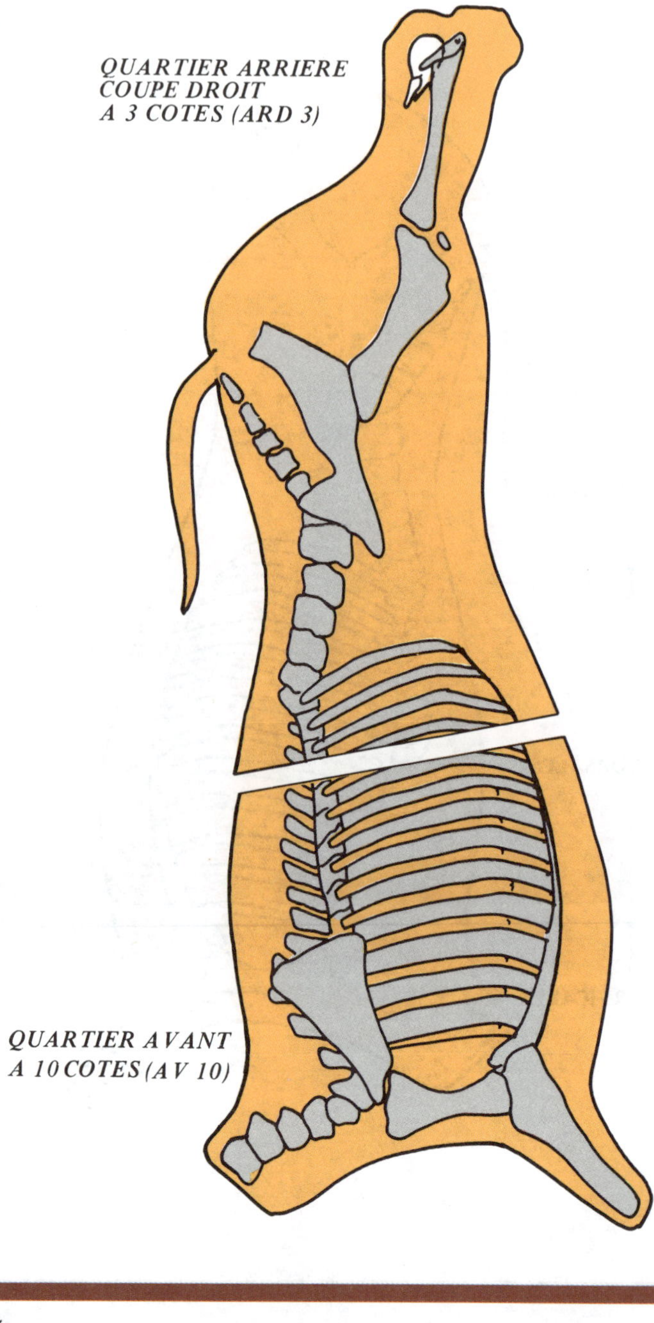

Puis les quartiers sont débités en gros morceaux

Cette étude n'envisage que « l'ART 8 » qui correspond le mieux à l'utilisation de la viande de bœuf en restauration classique.

Un « ART 8 » comprend :

La cuisse

La cuisse se compose en deux parties principales :

- ***la jambe :*** → la crosse,
  → le gîte arrière ou gîte-gîte ;
- ***le globe :*** → la tranche,
  → la tranche grasse,
  → la semelle ou gîte à la noix.

L'aloyau :

L'aloyau comprend :

- ***le rumsteak :*** → le cœur de rumsteak,
  → l'aiguillette de rumsteak,
  → l'aiguillette baronne ;
- ***le déhanché :*** → le contre-filet à 3 côtes,
  → le filet.

Le milieu de train de côtes ou train de côtes couvert (5 côtes).

Les 3 premières étant restées sur le contre-filet, le milieu de train de côtes comprend :

- les 2 côtes premières restantes
- les 3 côtes secondes soit 5 côtes au total appelées également « côtes bouchères ».

Remarque :

L'aloyau peut être traité à 3 côtes, mais également à 8 côtes. On appelle « coquille » le contre-filet avec os comprenant les 6 vertèbres lombaires et les 3 premières vertèbres dorsales.

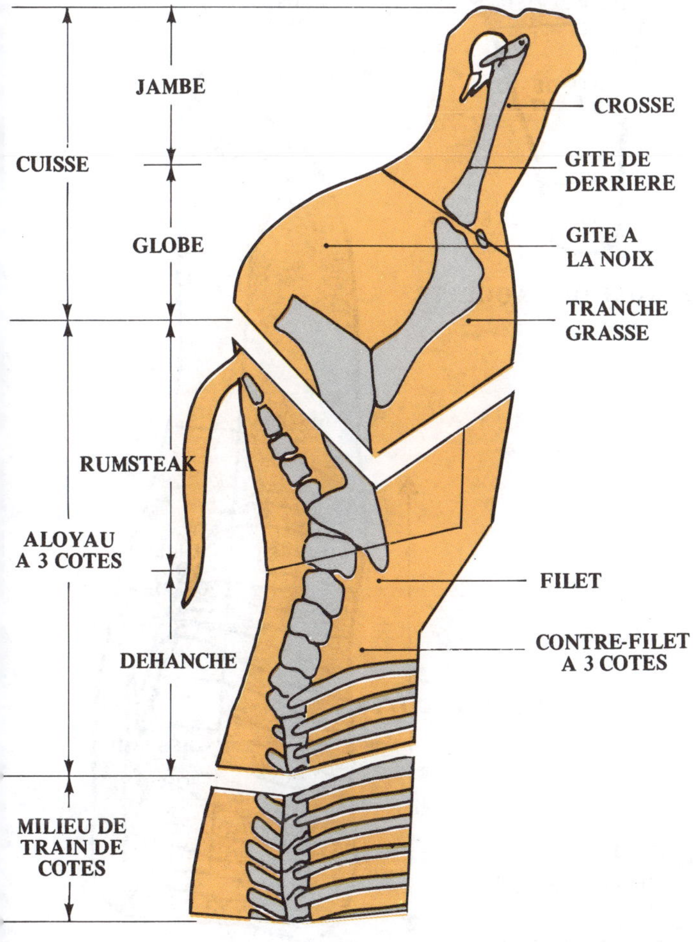

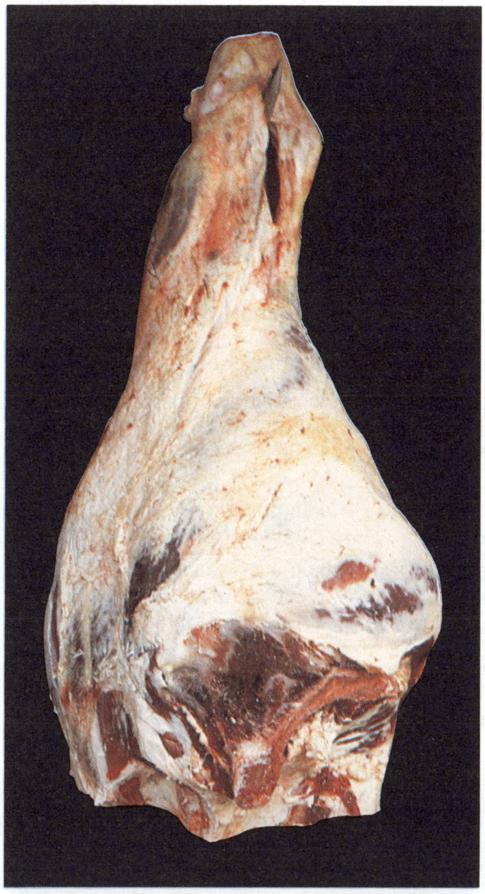

Cuisse de bœuf, coupe droite

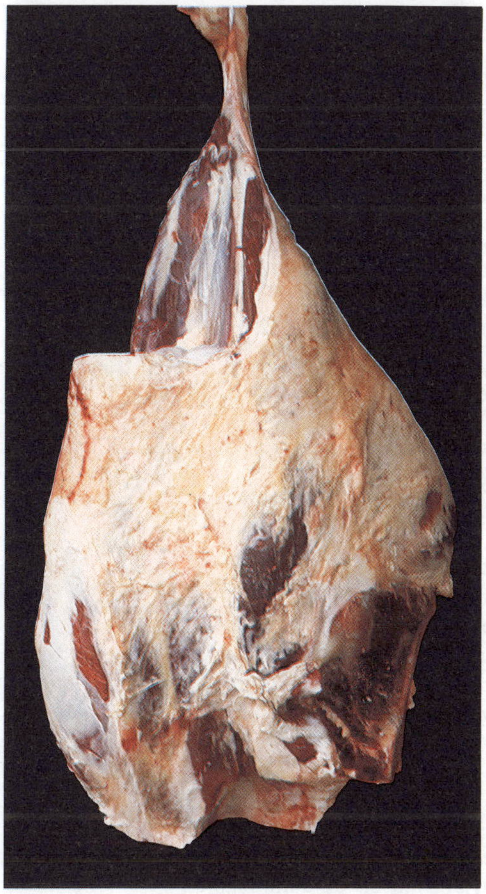

Globe

* *Extrait de l'ouvrage édité par OFIVAL « Les découpes de viandes ».*

Les gros morceaux sont ensuite débités en morceaux pour le détail.

Exemples :

- **Le globe** (3 morceaux principaux : tranche, tranche grasse, semelle)

  la tranche :
  → le tende de tranche,
  → le dessus de tranche,
  → la poire,
  → le merlan,
  → l'araignée,
  → la fausse araignée ;

  la tranche grasse :
  → le rond de tranche grasse,
  → le plat,
  → le mouvant ;

  la semelle :
  → le gîte à la noix,
  → le rond de gîte à la noix,
  → le nerveux de gîte ;

  le rumsteak :
  → le cœur de rumsteak,
  → l'aiguillette de rumsteak,
  → l'aiguillette baronne ;

  le contre filet (appelé aussi faux-filet) :
  → pièces à rôtir,
  → détaillé en tranches épaisses ;

  le filet :
  → chateaubriands,
  → tournedos ;

  le milieu de train de côtes :
  → désossé : entrecôtes, noix d'entrecôte,
  → en côtes pour 2 à 3 personnes.

A titre indicatif, un « AV CAP 5 » comprend :

Le train de côtes découvert (5 côtes)

- les basses côtes et la surlonge

L'épaule

- le paleron ou la raquette
  – derrière de paleron
  – pièce parée
  – macreuse à bifteck
  – macreuse à pot-au-feu
  – jumeau à bifteck
  – jumeau à pot-au-feu
  – griffe
  – charolaise
- la jambe avant
  – le gîte avant
  – la crosse
- le collier
  – veine maigre
  – veine grasse
  – salière

Le caparaçon

- le gros bout de poitrine
- le milieu de poitrine
- le flanchet
- les plats de côtes couvert et découvert
- la bavette d'aloyau

Quelques appellations :

- ***la hampe*** : muscle charnu périphérique du diaphragme ;
- ***l'onglet*** : muscle du diaphragme ;
- ***la poire, le merlan, l'araignée*** : muscles de la tranche (cuisse).

REMARQUE :

Les morceaux du quartier avant ne sont pas traités dans ce chapitre. Ils sont très rarement utilisés en restauration classique.

Ces morceaux de 2ème et 3ème catégorie nécessitent des cuissons longues (ragoûts, braisés, pot-au-feu) et sont plus spécialement utilisés en restauration collective.

Ils sont utilisés également pour la fabrication des viandes hachées, des viandes compressées et des viandes restructurées (voir encadré).

PRINCIPAUX MORCEAUX DE L'EPAULE ET DU CAPARAÇON

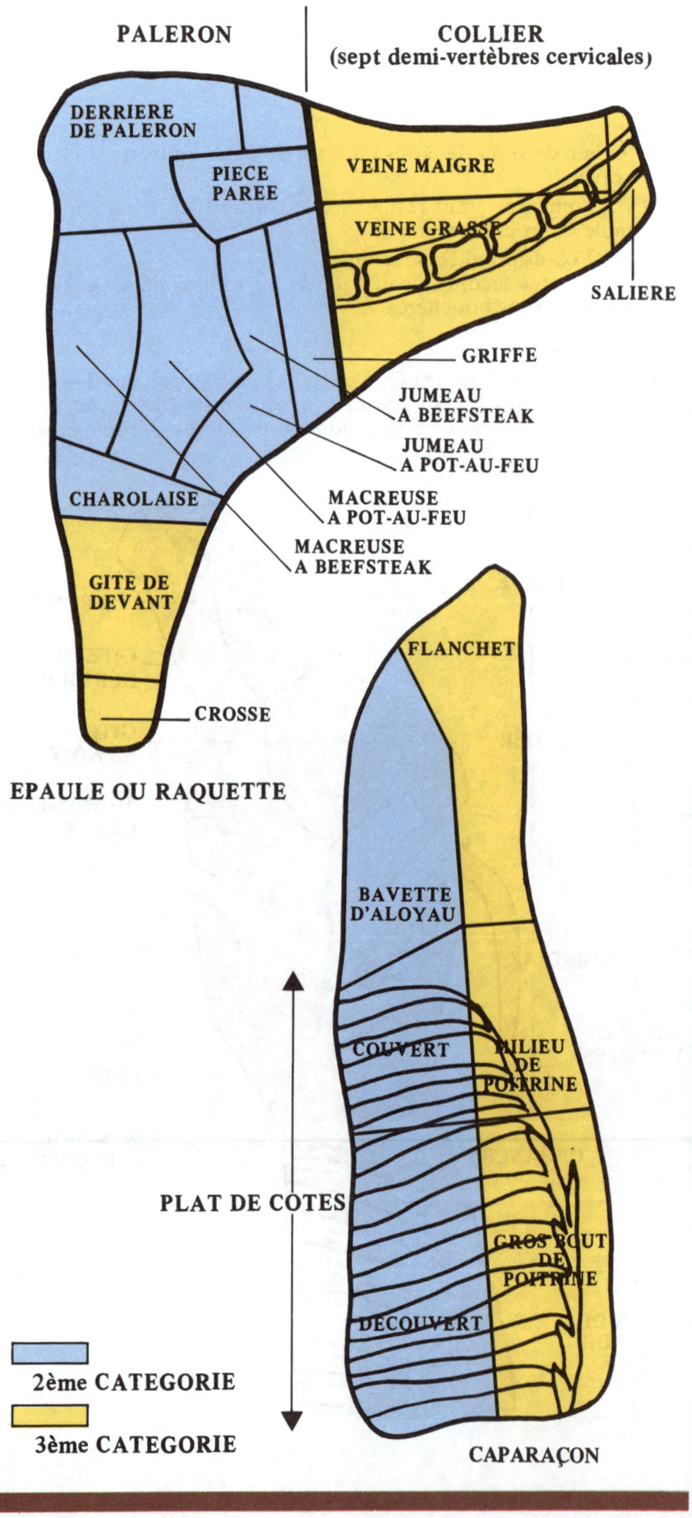

DECOUPE D'UN PAN DE BŒUF

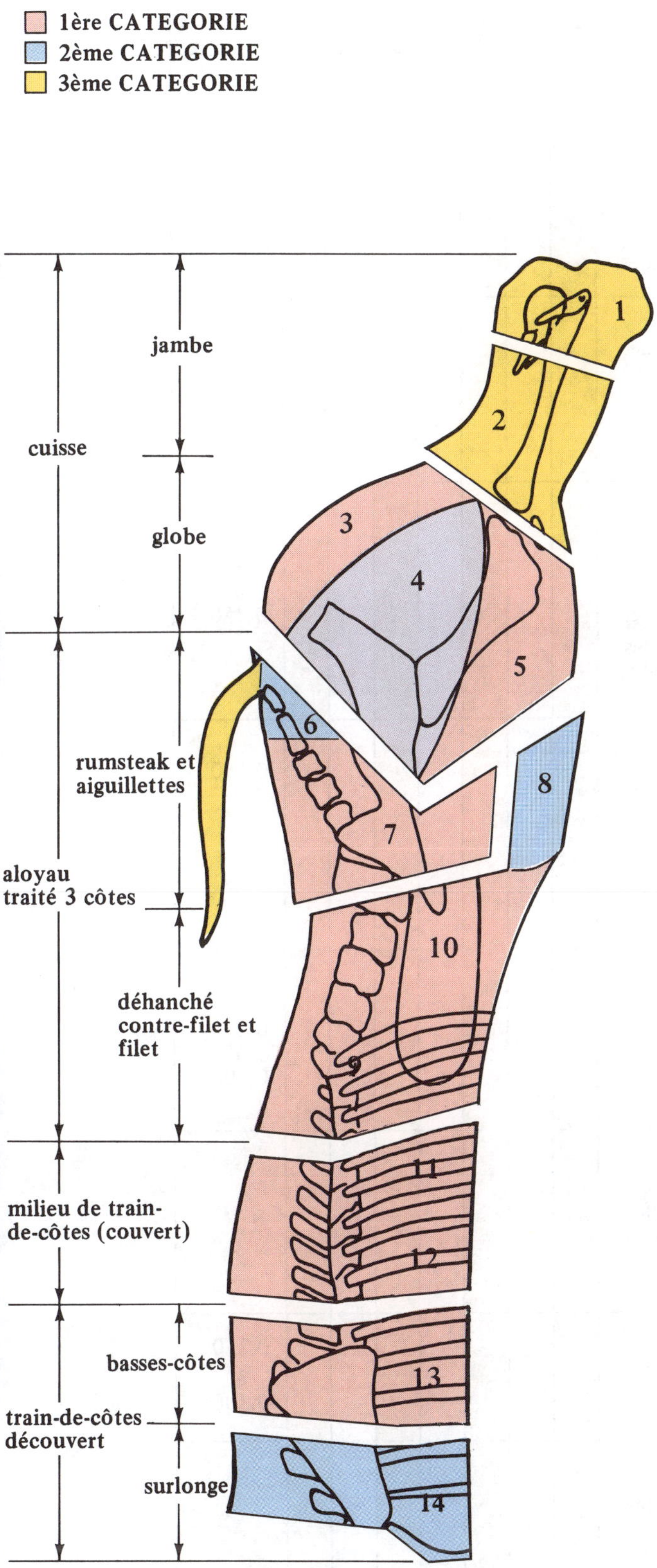

REMARQUE : dans le cas d'un ART. 8 l'aloyau est traité à 8 côtes

N°	Morceaux	Catégorie	Poids des morceaux
1	**CROSSE**	3	5,500 kg
2	**JARRET**	3	
3	**TRANCHE** (tranche, tendre de tranche, dessus de tranche, poire, merlan, araignée, fausse araignée)	1	10 kg
4	**SEMELLE** (semelle, gîte à la noix, rond de gîte à la noix nerveux de gîte)	2	12 kg
5	**TRANCHE GRASSE** (tranche grasse, rond de tranche grasse, plat, mouvant, nourrice)	1	9,500 kg
6	**AIGUILLETTE DE RUMSTECK**	2	2 kg
7	**RUMSTECK**	1	5, 500 kg
8	**AIGUILLETTE BARONNE**	2	2 kg
9	**CONTRE-FILET OU FAUX-FILET**	1	8 kg
10	**FILET**	1	4,200 kg
11	**MILIEU DE TRAIN DE COTES**	1	8,500 kg
12	**ENTRECOTE** (millieu de train-de-côtes sans os)		6 kg
13	**BASSES-COTES**	1	4,500 kg
14	**SURLONGE**	2	3,200 kg

	Préparations et utilisations des morceaux	POCHER	ROTIR	POELER	GRILLER	SAUTER	EN RAGOUT	BRAISER	Poids conseillé par portion
1	• **CROSSE**								
	– Marmites, consommés, gelées, fonds éventuellement	●							
2	• **GITE ou JARRET ou GITE-GITE** (bout de gîte, milieu de gîte, joint de gîte)								
	– Marmites, pot au feu, consommés, gelées	●							
3	• **TRANCHE** (tende de tranche, dessus de tranche, poire, merlan, araignée, fausse araignée)								0,150
	– Le tende de tranche constitue d'excellentes grillades et rôtis		●		●				
	– Poire, merlan, araignée : grillades				●				
4	• **SEMELLE** (gîte à la noix, rond de gîte, nerveux de gîte)								0,200 à 0,250
	Ces morceaux souvent classés en 1ère catégorie sont particulièrement fermes et recommandés pour les braisés et les ragoûts : estouffades, daubes, bœuf mode						●	●	
5	• **TRANCHE GRASSE** (rond de tranche grasse, plat, mouvant, nourrice)								0,150
	– Ces morceaux constituent d'excellentes grillades et rôtis		●		●				
	– La nourrice peut être hachée ou pochée : pot au feu, marmites	●							
6	• **AIGUILLETTE DE RUMSTECK**								0,250 à 0,300
	– Braisés et ragoûts						●	●	
	(ces deux aiguillettes provenant d'animaux jeunes et tendres peuvent être éventuellement rôtis)		●						
7	• **RUMSTECK**								
	– Traité entier, il fournit d'excellents rôtis .		●						
	– Détaillé en steaks ou en « pavés » (griller ou sauter)				●	●			
	– Steak tartare								
	– En cubes pour brochettes (griller)				●				
8	• **AIGUILLETTE BARONNE**								0,250 à 0,300
	– Braisés et ragoûts						●	●	
9	• **CONTRE-FILET ou FAUX-FILET**								
	– Dégraissé, paré il fournit d'excellentes pièces à rôtir		●						
	– Paré, détaillé en « contre-filets » pour une ou deux personnes, ou en « pavés » (griller ou sauter)				●	●			
	– Steak tartare								
	– En cubes pour brochettes				●				

	Préparations et utilisations des morceaux	POCHER	ROTIR	POELER	GRILLER	SAUTER	EN RAGOUT	BRAISER	Poids conseillé par portion
		MODES DE CUISSON							
10	• **FILET**								
	– Dégraissé, paré, ficelé (éventuellement piqué ou bardé) il fournit la viande rôtie la plus tendre		•						0,150
	– Il peut être rôti en croûte (pâte feuilletée ou pâte à brioche), farci ou non								
	– Paré et détaillé : Chateaubriand (tranche épaisse pour 2 personnes - 0,300 à 0,350 kg)				•				
	Tournedos (tranche épaisse pour une personne - 0,150 à 0,180 kg)				•	•			
	– Steak tartare								
	– La queue de filet peut être utilisée en « steak dans le filet » ou pour la réalisation des sautés minutes : sauté de bœuf				•				
	Strogonoff, sauce bolognaise).					•			
11	• **MILIEU DE TRAIN-DE-COTES** avec os (côtes bouchères)								
	– Paré, manchonné, rôti en entier (souvent protégé par une croûte en « pâte à repère » (farine, gros sel et eau), et découpé devant le client sur une table de tranche.		•						0,300 à 0,350
	– Paré et détaillé en côtes (côtes de bœuf pour 2 ou 3 personnes)				•				0,350 à 0,400
	– Ou découpé selon une technique américaine en côtes de bœuf pour une personne (T bone steak et Porter house steak)				•				
12	• **MILIEU DE TRAIN-DE-COTES** désossé (entrecôtes)								0,180
	– Fournit d'excellentes pièces à rôtir (noix d'entrecôtes)		•						
	– détaillé en tranches (entrecôtes pour une ou deux personnes)				•	•			0,180
13	• **BASSES-COTES** Idem milieu de train-de-côtes								
	(les côtes sont plus allongées, plus grasses et généralement plus fermes)				•				
14	• **SURLONGE**								
	– Désossée, elle est principalement utilisée pour les braisés, les ragoûts, éventuellement pour les pots au feu et pour clarifier les gelées et les consommés	•					•	•	0,300 à 0,350

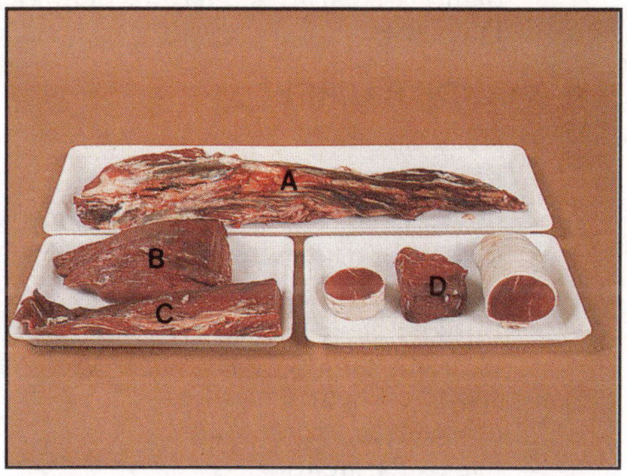

A – Filet de bœuf
B – Tête de filet
C – Queue de filet
D – Cœur de filet chateaubriand tournedos

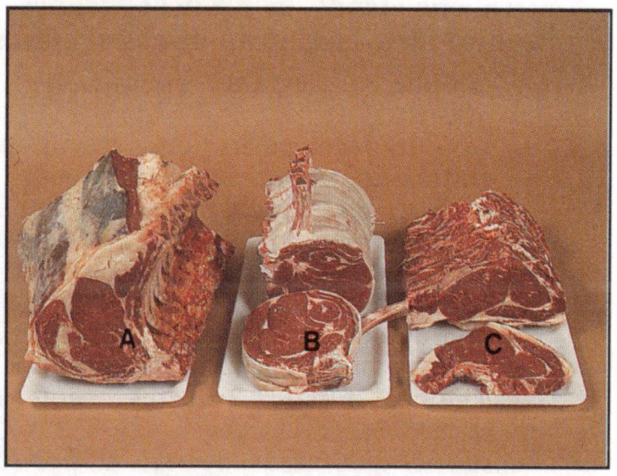

A – Milieu de train de côtes
B – Côtes de bœuf
C – Milieu de train de côtes désossé entrecôte

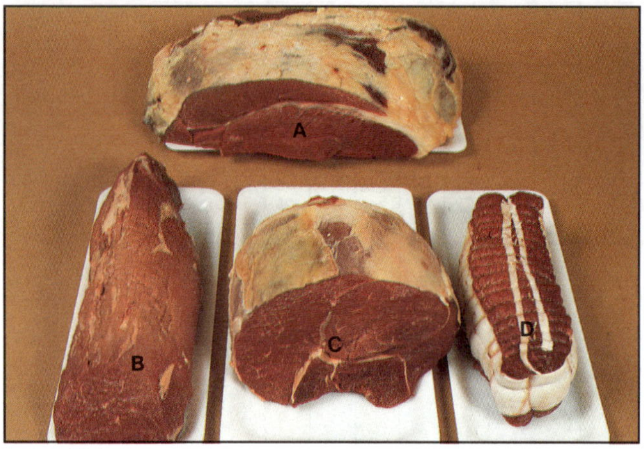

Globe
A – Tranche (tende de tranche et dessus de tranche)
B – Gite à la noix
C – Tranche grasse
D – Rôti de bœuf

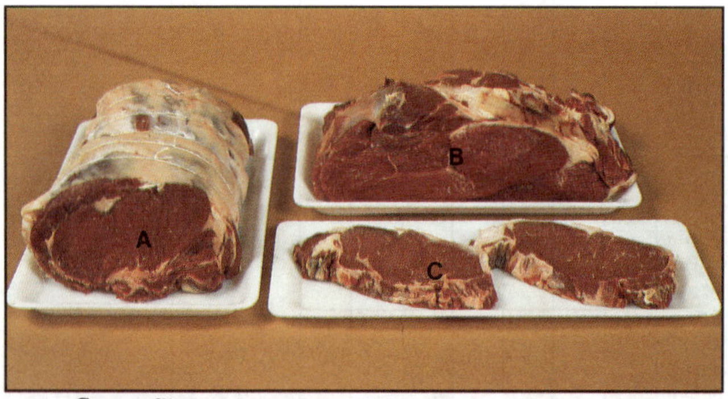

A – Contre filet ou faux-filet
B – Rumsteak
C – Pièces de contre filet

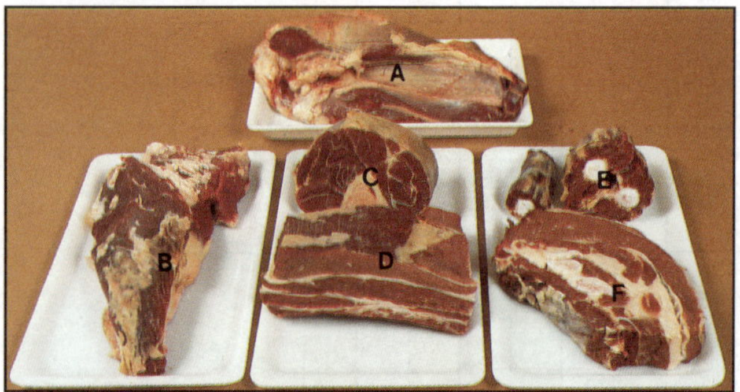

A – Macreuse à pot au feu
B – Aiguillette baronne
C – Gîte Gîte
D – Flanchet
E – Tronçons de queue
F – Poitrine

SUGGESTIONS DE GARNITURES

• PIECES ROTIES
(tranche, tende de tranche, tranche grasse, rumsteck, contre-filet, filet, train-de-côtes, entrecôte)

- jardinière de légumes, bouquetière, timbale de primeurs
- haricots verts, petits pois, brocolis au beurre
- gratin de pommes de terre, de choux-fleurs, de haricots verts et champignons, de pâtes alimentaires...
- pommes sèches traitées à la friture
- pommes rissolées : cocotte, château
- pommes sautées : à cru, lyonnaise, provençale
- pommes croquettes, dauphine...
- endives meunière, laitues braisées
- légumes farcis : tomates, têtes de champignons, laitues...
- subrics d'épinards, de maïs au poivron...

• PIECES GRILLEES
(rumsteak, pavé de rumsteak, contre-filet, côte de bœuf, entrecôte, chateaubriand, tournedos, brochettes)

- garnitures : identiques aux pièces rôties
- sauces : béarnaise, Choron, Foyot ou Valois, Bercy, bordelaise, bourguignonne, marchand de vins, au poivre...
- beurres composés : beurre Maître d'hôtel, Colbert, Bercy, marchand de vins, marseillais, Café de Paris...
- exemples classiques :
  entrecôte, contre-filet, tournedos : vert pré, tyrolienne, Mirabeau, marseillaise, béarnaise, Choron, Belle Hélène, Brébant, catalane, continental, Henri IV, Montgolfier...

• PIECES SAUTEES
(rumsteak, contre-filet, tournedos, entrecôte, bavette)

- garnitures : identiques aux pièces rôties
- exemple clasiques :
  à l'échalote, lyonnaise, Bercy, bordelaise, au poivre, au poivre vert, marchand de vins, chatelaine, mascotte, Helder, périgourdine, Rossini, Beaugency, au Porto, au Madère, au jus de truffes, fleuriste, Masséna, aux morilles...

• PIECES TRAITEES EN RAGOUTS
(semelle, gîte à la noix, surlonge)

- carbonade à la flamande
- estouffade bourguignonne, provençale
- daubes
- goulash

• PIECES BRAISEES
(semelle, gîte à la noix, aiguillette baronne, aiguillette de rumsteak, basses-côtes, surlonge, paupiette de bœuf, queue farcie)

- bœuf mode, aux carottes
- garnitures : bourgeoise, bourguignonne, flamande, provençale, printanière, aux olives...

• PIECES POCHEES A L'ANGLAISE
(filet de bœuf, tournedos) : bœuf à la ficelle

• PIECES POCHEES POUR MARMITES ET POT AU FEU
(gîte, surlonge, morceaux du caparaçon : plats de côtes, flanchet, poitrine – et du quartier avant : macreuse, jumeau, paleron, collier)

- pot au feu sauce raifort, tomate, piquante ...
- marmite : consommés, gelées

• TRONÇONS DE QUEUE

- potages : oxtail clair ou oxtail lié
- petites marmites
- en ragoût :
  auvergnate : lard poché, marrons braisés au consommé, petits oignons glacés
  charolaise : carottes et navets tournés et glacés, quenelles de porc, bordure du plat en pomme Duchesse
  en hochepot : oreilles et pieds de porc, choux, oignons, carottes, navets, chipolatas, pommes à l'anglaise.

• VIANDE HACHEE

- steak tartare
- hamburgers
  grillés : américaine : œuf frit, sauce tomate
  à cheval : œuf sauté à la poêle sur le dessus
  sautés (voir pièces sautées)
- bitoks : chair hachée avec mie de pain imbibée au lait, oignons ciselés, sués au beurre, œufs (façonner et sauter au beurre clarifié).
- croquettes, cromesquis
- hachis Parmentier

LE PORC

GENERALITES

Tout au long de notre histoire, depuis nos lointaines origines gauloises, le porc a été le fournisseur de notre viande essentielle, voire l'unique viande de nos campagnes.

Animal alimentaire par excellence, de la pointe du museau à l'extrémité de la queue, tout s'utilise (chair, sang, graisse, abats, peau).

Aujourd'hui, produit d'un élevage industrialisé et spécialisé, il fournit toujours la viande que nous consommons le plus et celle qui nous coûte le moins cher : 36 kg par an et par habitant.

Le porc se consomme à l'état frais, mais sa chair se prête particulièrement au salage, au fumage et aux multiples transformations qui constituent l'art de la charcuterie.

L'espèce porcine connaît un essor important en France. Elle est représentée par de nombreux cheptels de races importées, qui ont fait depuis 40 ans l'objet d'améliorations rationnelles basées sur le contrôle dans les élevages et en station, et sur une étroite surveillance sanitaire.

11,7 millions de têtes dont 1,23 million de truies reproductrices. Cinq races principales dominent la production nationale :
- le large white est la race la plus répandue
- la landrace française
- la landrace belge
- la race du Piétrain et du Hampshire
- le Blanc de l'ouest (produit du croisement de la race normande et craonnaise).

La sélection et l'amélioration des races permettent d'obtenir des animaux rustiques s'adaptant facilement aux conditions de l'élevage industriel et ayant une excellente conformation, peu de gras et une excellente qualité de viande.

L'effort de sélection se porte actuellement sur la recherche de sujets plus longs, à ossature plus fine, de forme plus parallélépipédique ayant un excellent développement des morceaux nobles (jambon, longe). Le rendement

$$\frac{\text{poids du jambon + poids de la longe}}{\text{poids net}}$$ doit être élevé.

CLASSIFICATION

Le cochon de lait : 5 à 6 semaines – 10 kg

Le porc charcutier : 5 à 6 mois – 95 à 110 kg (vif)

La chair de la truie et du verrat (mâle reproducteur) fournit une viande de qualité médiocre réservée de préférence aux fabrications.

LA CLASSIFICATION OFFICIELLE DES CARCASSES *

Divers éléments caractérisent un porc abattu : race, sexe, qualité sanitaire, qualité de la viande, poids de la carcasse, conformation anatomique, teneur en viande maigre, gras...

L'ensemble de ces éléments définit, dans une situation donnée de l'offre et de la demande, la valeur d'une carcasse.

Deux éléments fondamentaux :
- **le classement** : estimation de la quantité de muscle de la carcasse par rapport aux autres constituants.
- **le poids** : résultat de la pesée.

CLASSEMENT

Les carcasses de porc sont classées selon leur teneur en viande maigre. On entend par :

- **carcasse de porc** : le corps d'un porc abattu, saigné et éviscéré, entier ou divisé par le milieu, sans la langue, les soies, les onglons et les organes génitaux, mais avec la panne, les rognons et le diaphragme.
- **poids net** : le poids de la carcasse définie précédemment, pesée dans les meilleurs délais, après l'abattage, mais au plus tard quarante cinq minutes après que le porc ait été égorgé ; diminué de la « réfaction de chaud » pratiqué dans le pays intéressé.
- **teneur en viande maigre** - rapport (exprimé en %) entre :
  - d'une part le poids de l'ensemble des muscles rouges striés obtenus par dissection totale de la carcasse, pour autant qu'ils puissent être séparés à l'aide d'un couteau, et,
  - d'autre part, le poids net de la carcasse tel que défini précédemment.

Le classement de la carcasse s'effectue au moment de l'abattage par estimation de la teneur en viande maigre au moyen des méthodes objectives. Celles-ci sont fondées sur des mesures physiques, à l'aide d'appareils automatiques, réalisés en des sites anatomiques définis (épaisseurs de gras, de muscle).

Un calculateur déduit à partir de ces mesures l'estimation de la teneur en viande maigre de la carcasse selon une équation appropriée.

Les appareils utilisés, les mesures, les sites anatomiques, et l'équation d'estimation sont soumis à l'agrément et au contrôle de l'OFIVAL.

Les règlements CEE N. 3220/84, et 2967/85 prévoient de regrouper les carcasses en classe de teneur en viande maigre selon la grille suivante.

Viande maigre estimée en pourcentage du poids de la carcasse	Classe
55 et plus	E
50 jusqu'à moins de 55	U
45 jusqu'à moins de 50	R
40 jusqu'à moins de 45	O
moins de 40	P

* *Extrait de l'ouvrage édité par OFIVAL « Les découpes de viandes ».*

Toutefois compte tenu des caractéristiques de leur production porcine, les Etats membres peuvent, pour les porcs abattus sur leur territoire, introduire une classe supplémentaire pour les carcasses ayant une teneur en viande maigre de 60 % et plus.

PESEE

La présentation des carcasses en vue de la pesée est définie par l'arrêté du 5 juillet 1977.

- Les carcasses de porc doivent être présentées à la pesée, saignées, vidées, entières ou divisées par le milieu, sans la langue, les soies, les sabots et les organes génitaux.
- La pesée doit s'effectuer dans l'heure suivant l'étourdissement de l'animal.

On définit :

- Poids chaud : poids observé à la pesée.
- Poids froid : poids chaud moins 2 %.

Les balances sont contrôlées périodiquement par les services de l'Etat, leur tare doit l'être quotidiennement par l'utilisateur.

Note : L'OFIVAL subventionne en partie les appareils de classement et les appareils de pesée.

LA DECOUPE DU PORC

Situation anatomique des morceaux sur l'animal :

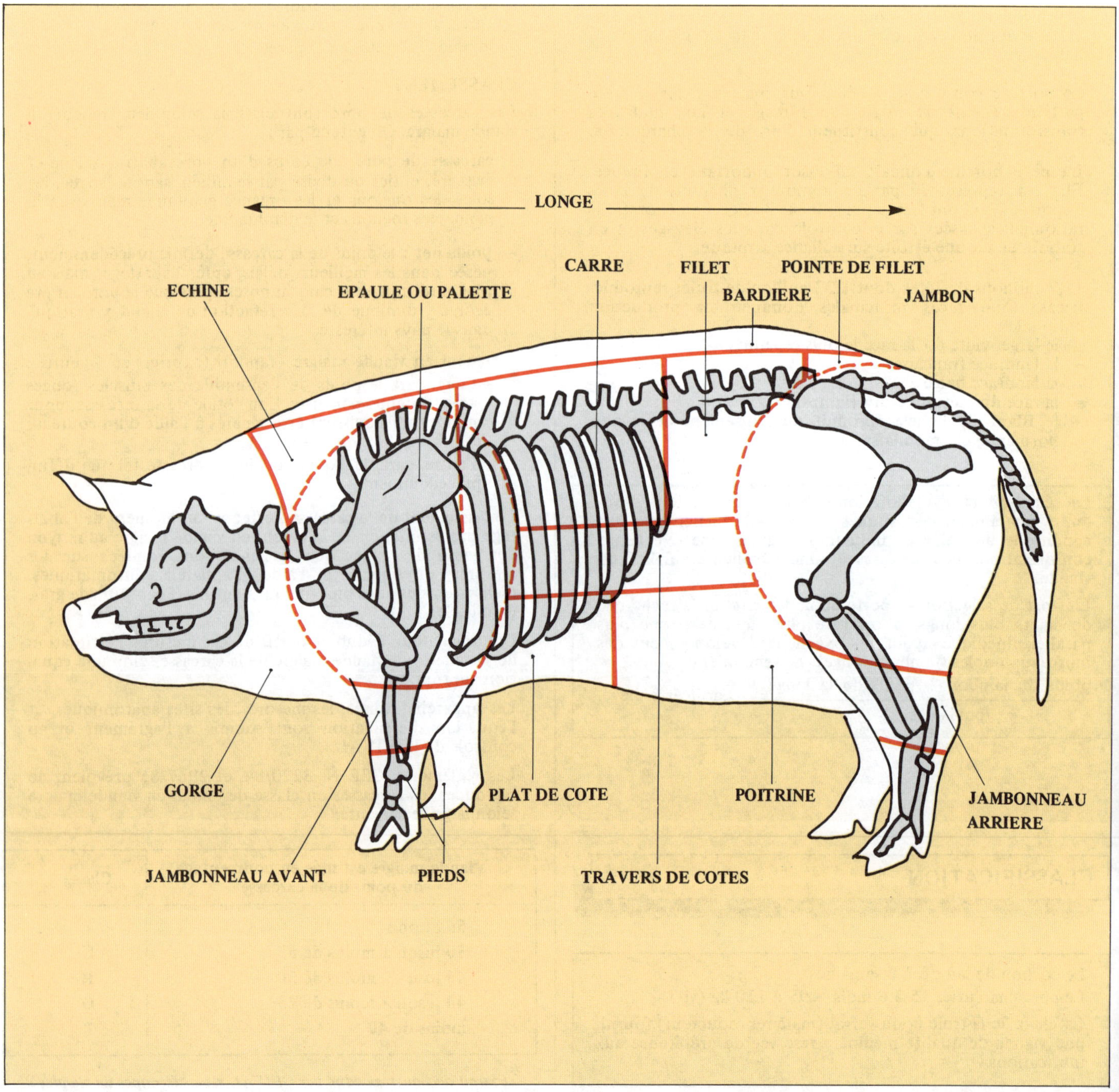

La fente de demis

Après éviscération, la colonne vertébrale et le sternum sont fendus longitudinalement afin de séparer les deux demi-carcasses. La couenne, la gorge et les pieds restent sur la carcasse, les rognons, la tête et la panne sont enlevés.

La découpe en gros morceaux

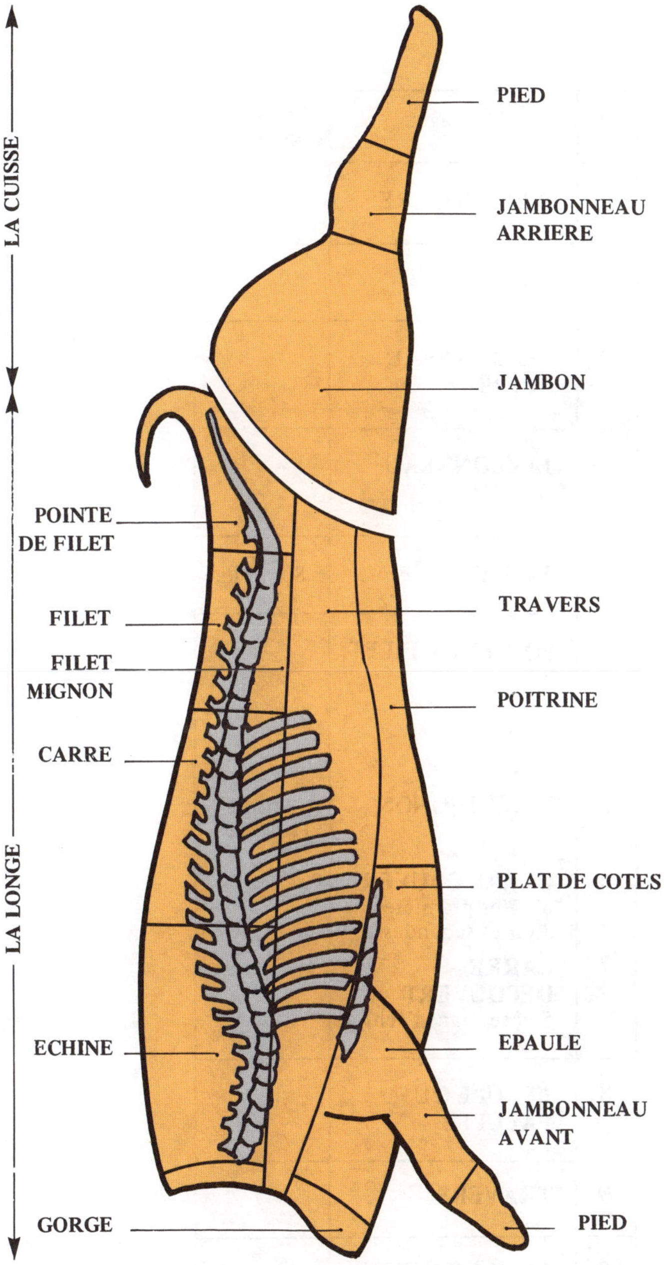

Extrait de l'ouvrage édité par OFIVAL « Les découpes de viandes ».

On obtient :

- la cuisse, composée :
  - du pied
  - du jambonneau arrière
  - du jambon
- la longe avec ou sans bardière, composée :
  - de la pointe du filet
  - du filet (plus le filet mignon)
  - du carré couvert
  - de l'échine (carré découvert) ; (5 dernières demi-vertèbres dorsales plus les 7 cervicales).
- le travers
  - partie latérale du thorax
- l'épaule
  - avec le jambonneau avant et le pied
- la poitrine, partie ventrale et abdominale
- le plat de côtes

  partie de la poitrine correspondant aux côtes (partie thoracique)
- la gorge

Longe de porc avec travers. Rein sans la bardière, même base osseuse.

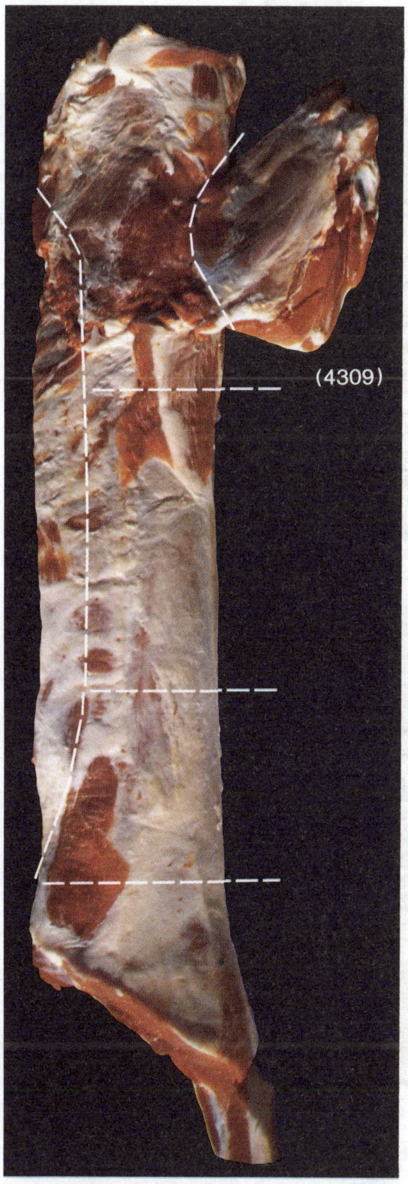

4. Echine.

3. Carré couvert

2. Filet

1 Poite de filet

La découpe de détail

Les gros morceaux peuvent être découpés en petits morceaux pour le détail.

Exemples : le jambon → en rôtis
→ en rouelles
le filet → en médaillons
le carré → en côtelettes

COUPE D'UN DEMI PORC
1/2 CARCASSE DE 78 KG

Remarque :
Il n'existe pas de catégorie pour la classification de la viande de porc.

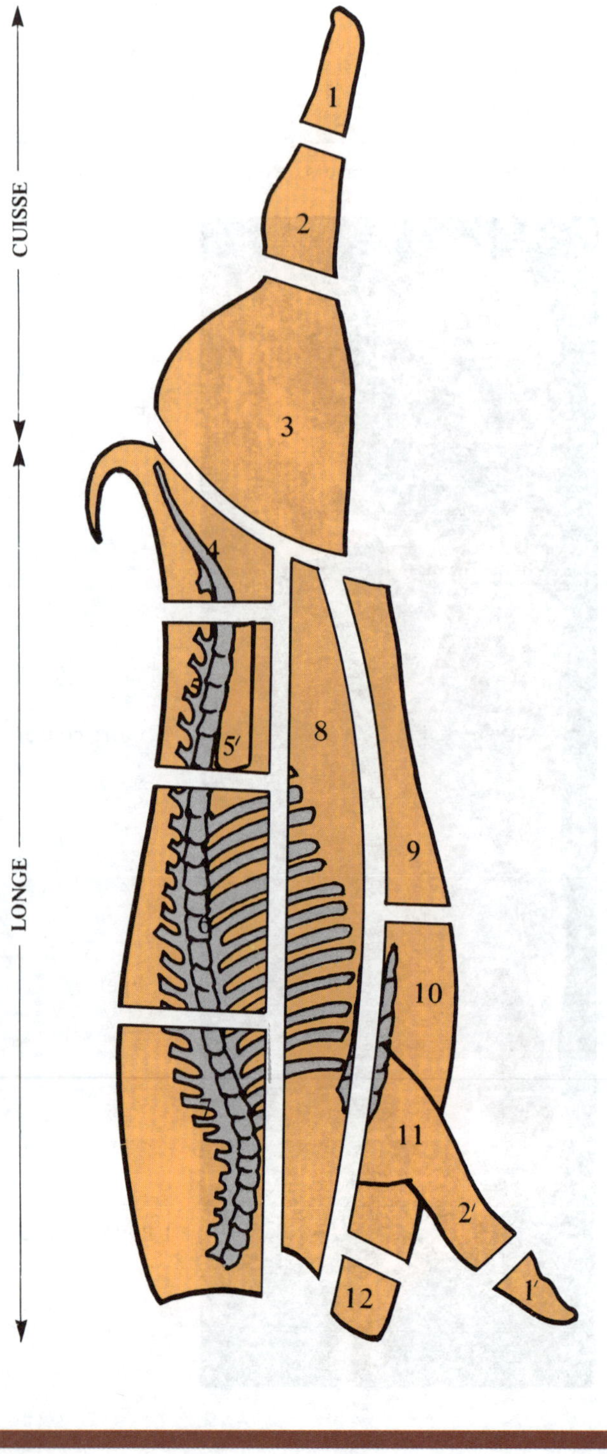

N°	Morceaux	Poids des morceaux
1	**PIED ARRIERE**	
1′	**PIED AVANT**	
2	**JAMBONNEAU ARRIERE**	
2′	**JAMBONNEAU AVANT**	
3	**JAMBON**	**8,650 kg**
4	**POINTE DE FILET**	**Longe 11,500 kg**
5	**FILET**	
5′	**FILET MIGNON**	
6	**CARRE COUVERT** 5 côtes premières 3 côtes secondes	
7	**CARRE DECOUVERT** 5 côtes dans l'échine	
8	**EPAULE OU PALETTE**	
9	**TRAVERS**	
10	**PLAT DE COTES**	
11	**POITRINE**	**3,700 kg**
12	**GORGE**	

	Préparations et utilisations des morceaux	MODES DE CUISSON						
		POCHER	ROTIR	POELER	GRILLER	SAUTER	EN RAGOUT	BRAISER
1 et 1'	**• PIEDS** Ils sont très peu utilisés en restauration							
	– Désossés, cuits dans un fond gélatineux	●						
	ils sont généralement panés				●			
	– Pochés et présentés en gelée	●						
	– Farcis et enveloppés dans une crépine				●	●		
2 et 2'	**• JAMBONNEAUX**							
	– Surtout utilisés en salaison, les jambonneaux sont préparés comme les jambons de « choix » (salés, moulés ou roulés, pochés, éventuellement pannés et présentés avec le péroné) ; des morceaux de jambon ou d'épaule peuvent être ajoutés lors du moulage.	●						
3	**• JAMBONS**							
	Ils peuvent être traités à l'état frais, détaillés en « rôtis » ou en « rouelles ».		●					
	– En restauration, les jambons sont le plus souvent présentés entiers et cuits « à l'os ». (voir jambon d'York et de Prague, cours sur les produits de la charcuterie).							
	– Dessaler, supprimer l'os du quasi	●						●
	– Pocher dans un fond avec une garniture aromatique ou pocher au 2/3, découenner et dégraisser partiellement, terminer la cuisson par braisage sur un fond d'aromates avec soit du Porto ou du Madère, soit du Xérès ou du Marsala.							
	– Les jambons sont généralement glacés soit avec un fond de braisage, soit à l'aide de sucre glace en les exposant à la chaleur vive d'un four ou d'une salamandre.							
	• Les jambons de Paris Voir cours sur les produits de la charcuterie.							
	• Les jambons crus salés, séchés ou fumés (Bayonne, Aoste, Parme) Voir cours sur les produits de la charcuterie.							
	• LA LONGE (pointe de filet, filet, filet mignon, carrés, échine) :							
4	**• Pointe de filet**							
	– Désossée, roulée, ficelée, présentée sous la forme de rôtis		●	●				
	– Elle peut être traitée en salaison	●						
5	**• Filet**							
	– Désossé, roulé, ficelé, présenté sous la forme de rôtis		●	●				
	– Détaillé en côtes (côtes dans le filet)				●	●		
5'	**• Filet mignon**							
	– Traité en entier		●	●				
	– Détaillé en noisettes ou médaillons (mignons de porc)				●	●		

	Préparations et utilisations des morceaux	MODES DE CUISSON						
		POCHER	ROTIR	POELER	GRILLER	SAUTER	EN RAGOUT	BRAISER
6	**• Carré couvert**							
	– Traité en entier paré et manchonné			●				
	– Désossé, roulé, ficelé, présenté sous la forme de rôtis		●	●				
	– Détaillé en côtes : côtes premières (5), côtes secondes (3)				●	●		
7	**• Carré découvert**							
	Idem carré couvert		●	●				
	– Les côtes, plus grasses, sont grillées de préférence				●			
	(Carrés couvert et découvert peuvent être traités en salaison)							
	Sous l'appellation « filet de bacon » il faut entendre la longe désossée, parée, salée puis fumée. Elle est ensuite fermement maintenue par une baudruche ou par un film plastique alimentaire				●	●		
	• Echine							
	– L'échine fraîche est désossée, roulée, ficelée sous la forme de rôtis		●					
	– Détaillée en morceau pour les ragoûts de porc						●	
	– Elle est le plus souvent traitée en salaison et légèrement fumée	●						
8	**• EPAULE**							
	Idem échine (rôtis, ragoûts, salaisons)	●	●				●	
9 et 10	**• TRAVERS ET PLAT DE COTES**							
	Ces morceaux sont le plus souvent traités en salaison et vendus sous l'appellation « petit salé »	●						
11	**• POITRINE**							
	Elle peut être utilisée fraîche pour le « hachage », mais elle est le plus souvent traitée en salaison (poitrine 1/2 sel), ou salée	●				●		
	et fumée (poitrine fumée) appelée à tort « bacon »				●	●		
12	**• GORGE**							
	Elle est traitée fraîche pour le « hachage ».							

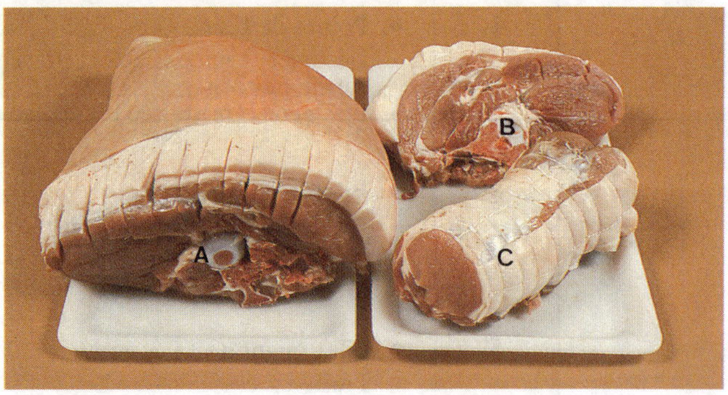

A – Jambon frais
B – Rouelle de jambon
C – Rôti de porc

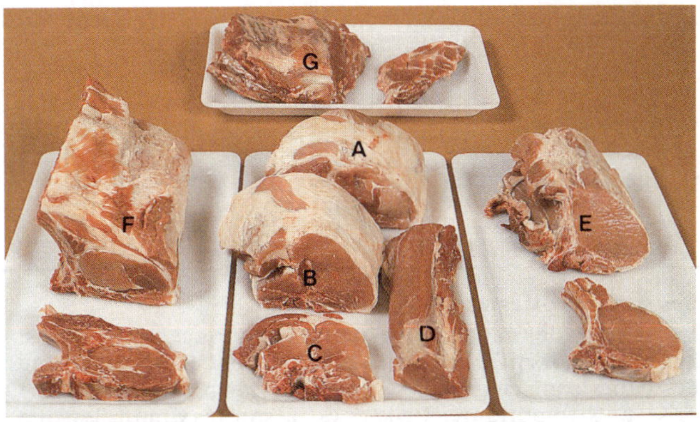

Longe de porc
A – Pointe de filet
B – Filet
C – Côte « dans le filet »
D – Filet mignon
E – Carré couvert côte première
F – Carré couvert côte seconde
G – Carré découvert côte « dans l'échine »

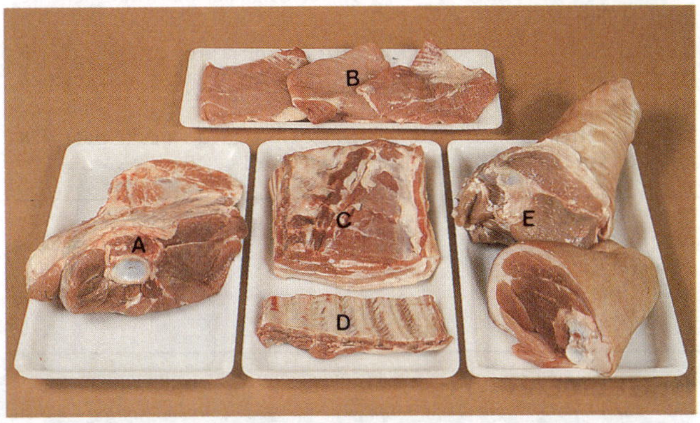

A – Epaule (palette de porc)
B – Grillades
C – Poitrine fraiche
D – Travers
E – Jambonneaux avant et arrière

SUGGESTIONS DE GARNITURES

- **PIEDS grillés, frits ou sautés**
  - sauce tartare, gribiche, ravigote, tomate, Robert, charcutière, Bercy, moutarde piquante
  - purées diverses (pommes de terre, céleri, pois cassés)
- **JAMBONNEAUX**
  - garniture de plats régionaux : choucroute, potées,
  - soupes régionales : aux choux, aux lentilles, aux fèves
  - les jambonneaux panés sont servis froids en « assortiment de charcuterie » (buffets froids et campagnards)

JAMBONS

- **Jambons servis chauds**
  - braisé au Madère, au Porto, au Marsala...
  - aux ananas, aux épinards, aux fèves...
  - purées diverses : pommes de terre, lentilles, pois cassés...
  - pommes boulangère, gratin dauphinois, choux braisés, choux de Bruxelles...
  - mousses, mousselines, soufflés au jambon...
  - détaillés en tranches et grillés : ham, steaks
- **Jambons servis froids**
  - jambon en gelée détaillé et reconstitué pour les buffets (jambon en « surprise »
  - mousse de jambon, aspics...
- **Jambon de Paris**
  - garnitures diverses (zingara, Ribeaucourt, milanaise)
  - quiche au jambon, œufs au jambon, salades composées
- **Jambons crus salés, séchés ou fumés**
  - jambon cru au melon, aux figues, en « assortiment de charcuterie »
  - buffets campagnards

LONGE

- **Longe rôtie**

  idem jambons
  - purées diverses, « pommes fruits », céleri, marrons
  - choux braisés, choucroute
- **Longe poêlée**

  Badoise : choux rouges braisés, lard maigre et purée de pommes

  Conti : purée de lentilles au lard

  Flamande : boules de choux braisés, carottes et navets tournés, lard, pommes à l'anglaise, rondelles de saucisson poché

  Lorraine : choux rouges braisés, pommes fondantes

  Bruxelloise : endives braisées, choux de Bruxelles, pommes Château

COTES

- **Côtes sautées** (filet, carré, couvert et échine)
  - charcutière, Flamande, Robert, piquante, milanaise...
- **Côtes grillées**
  - aux herbes, grand-mère (hachée et reconstituée)
  - les garnitures sont identiques aux pièces rôties ou poêlées.
- **BACON**
  - œufs sautés (poêlés) ou frits au bacon
  - poulet grillé à l'américaine
- **ECHINE**
  - échine de porc, carbonade de porc à la flamande
  - sauté de porc aux pruneaux, aux fèves
  - garniture de la choucroute, des potées, des soupes régionales
  - échine fumée aux lentilles, etc.
- **EPAULE**

  idem échine
- **TRAVERS**
  - petit salé aux lentilles, aux choux, purée diverses
  - les morceaux de travers peuvent être grillés ou confits dans du saindoux

POITRINE

- **Poitrine fraîche**
  - hachée pour la réalisation des farces pour terrines, pâtés, ballotines, galantines, crépinettes, saucisses fraîches
  - en cubes pour la réalisation des rillons ou des grillons
- **Poitrine 1/2 sel**
  - braisage des choux, cuisson des légumes secs, garniture des potages et des potées...
  - détaillée en lardons : garnitures bourguignonne, grand-mère, bourgeoise, composition de la Mirepoix
- **Poitrine fumée**
  - œufs à la poitrine fumée, foie de veau à l'anglaise, quiche lorraine, salades aux lardons, brochettes diverses, pruneaux au « bacon »
- **GORGE**
  - farce pour terrines et pâtés.

LA VIANDE HACHÉE

GENERALITES ET HYGIENE

Le peu d'intérêt des consommateurs pour les morceaux à « cuissons longues », morceaux de 2ème et 3ème catégories, a obligé les industriels de la viande à trouver de nouvelles formes de valorisation de ces morceaux. La solution a été la fabrication de viande hachée. Au cours des dernières années, l'augmentation de la consommation de cette viande se poursuit : augmentation due à la grande fiabilité du produit, mais due aussi au développement spectaculaire de la restauration sociale à faible budget et à l'utilisation massive de « hamburgers » en restauration rapide.

Le hachage est une opération particulièrement délicate au cours de laquelle la structure des muscles est détruite. Les fibres sont fractionnées et les germes de surface peuvent être introduits en profondeur.

La viande (pratiquement aseptique à cœur) est contaminée en surface par de nombreux germes amassés lors de l'abattage, du transport, et de toutes les manipulations. Le développement des bactéries dans une viande est fonction de plusieurs facteurs :

- les surfaces offertes à l'air (le hachage multiplie la surface d'exposition) ;
- la durée d'exposition (elle devrait toujours être réduite à son strict minimum) ;
- la température ambiante (la température de l'atelier dans le cas de viande hachée à l'avance est réglementée à + 8 °C maximum) ;
- les manipulations et les contacts avec le matériel utilisé (il faut du matériel désinfecté).

Les surfaces offertes
Un muscle de viande offre moins de surface quand il est entier que lorsqu'il est divisé en cubes par exemple. Quand des cubes sont eux-mêmes subdivisés, les bactéries ont une prise plus importante. Celle-ci est à son maximum lorsque la viande est hachée.

Le temps et la température
Le développement des bactéries s'accélère en fonction du temps pendant lequel la viande reste exposée à l'air. Elle s'accroît en fonction des variations et des hausses de température.

Il faut savoir qu'à température ambiante une bactérie comme la salmonelle peut produire un million de germes en 24 heures.

Ceci explique les nombreuses mises en garde de la part des services vétérinaires face à la viande hachée.

REGLEMENTATION

L'arrêté du 15 Mai 1974 (J.O. 26 Juin 74) clarifie un ensemble de textes législatifs ou réglementaires. Cet arrêté (voir copie en annexe) traite de la fabrication de la viande hachée qu'elle soit : « à la demande » ou « à l'avance » c'est-à-dire réfrigérée ou surgelée.

Les contraintes imposées à la production de viandes hachées ont permis, grâce à la mise en place d'installations modernes et automatisées, et grâce à un contrôle bactériologique permanent, d'obtenir un produit industriel dont les qualités sont garanties et reconnues.

LES DIFFERENTES FORMES DE PRESENTATION DE LA VIANDE HACHEE

La viande hachée par le restaurateur sur les lieux même de la consommation :

Elle doit provenir de carcasses estampillées non découpées à l'avance et réfrigérées à + 3 °C.

Le matériel utilisé doit être facile à démonter, à nettoyer, et être désinfecté et rincé après chaque demi-journée d'utilisation.

Le personnel doit respecter une propreté rigoureuse au niveau de sa tenue, de la technique de hachage et lors des différentes opérations et manipulations.

La viande doit être hachée au fur et à mesure des besoins.

Les viandes hachées du commerce :

- ***La viande hachée « à la demande » achetée chez le boucher (V.H.)***
  - elle doit être hachée sur le champ, à la demande et à la vue du client ;
  - le personnel pratiquant le hachage doit respecter une hygiène scrupuleuse, aussi bien dans sa technique que dans sa tenue vestimentaire ;
  - le matériel utilisé doit être en parfait état de propreté et d'entretien, démonté, nettoyé et désinfecté après chaque demi-journée de travail, et protégé contre toutes sources éventuelles de pollutions extérieures ;
  - la viande doit être manipulée à l'aide d'instruments ou de matériel réservés strictement à cet usage, et placés en chambre froide jusqu'au moment de l'utilisation ;
  - la viande ne sera pas découpée en menus morceaux à l'avance ;
  - l'utilisation de déchets de parage est interdite, ainsi que l'incorporation du jus de viande pouvant s'écouler lors du hachage ;
  - le délai séparant le moment de l'achat et le moment de cuisson doit être le plus bref possible : inférieur à deux heures.

Remarque :
La viande hachée à la demande par un boucher extérieur à l'établissement est déconseillée en restauration. Il est préférable de la confectionner dans le restaurant au moment de l'utilisation.

- ***Les viandes hachées à l'avance :***
  - la viande hachée réfrigérée conditionnée (VHR)
  - la viande hachée surgelée conditionnée (VHS)

Les viandes hachées à l'avance sont obligatoirement préparées dans un atelier qui satisfait aux normes d'hygiène, ayant reçu un numéro national d'immatriculation.

Une estampille sanitaire, sur laquelle figure ce numéro, doit être reproduite sur les emballages ainsi que sur chaque unité de vente.

- Les locaux de travail des viandes et d'emballage doivent être maintenus à une température inférieure à + 8 °C, et avec un degré hygrométrique constant.
- Les viandes proviennent obligatoirement d'abattoirs agréés CEE, et sont stockées au maximum 48 h à une température de + 2 à + 3 °C (afin que s'effectue le ressuage sans mortification).
- Le personnel doit porter une coiffure enveloppante, un masque bucco-nasal et des gants à usage unique.
- Le matériel est obligatoirement désinfecté.
- Le transfert des carcasses des chambres de stockage à l'atelier de découpe s'effectue mécaniquement.
- Les opérations de désossage, dégraissage et parage restent manuelles ; mais le hachage, le calibrage, le formage et le conditionnement doivent être effectués à l'aide de machine évitant tout contact manuel (la plupart des machines sont maintenant réfrigérées).
- La température de la viande ainsi traitée ne doit en aucun cas dépasser + 4 °C.
- Des examens microbiologiques sont obligatoires.

Précautions à observer lors de la réception de la viande hachée à l'avance

Outre le contrôle quantitatif, il faut effectuer un contrôle qualitatif très minutieux :

- **Vérifier** l'intégrité et la propreté des conditionnements ainsi que l'estampille sanitaire ;
- **Vérifier** la température de livraison de 0 à + 2 °C pour la VHR et – 18 °C pour la VHS ;
- **S'assurer** qu'aucune altération susceptible de modifier la salubrité n'a pu se produire (remontée en température, décongélation) ;
- **Vérifier** la date limite de consommation ou la date limite de vente ;
- **Stocker** immédiatement la viande hachée à sa température spécifique ;
- **Détruire** systématiquement les viandes hachées décongelées et non servies au clients.

NE JAMAIS RECONGELER DE LA VIANDE HACHEE DECONGELEE

Conseils d'utilisation de la viande hachée surgelée

Steaks hachés portionnés :
- ne pas décongeler le produit avant cuisson,
- assaisonner avant et après la cuisson,
- huiler légèrement les steaks,
- les griller de préférence sur un grill à plaque lisse ou un grill rotatif à balancelle (broilers),
- ne pas saisir brutalement,
- temps de cuisson pour un steak de 120 g
  - saignant : 4 min de chaque côté
  - à point : 6 min de chaque côté.

Rôtis de viande hachée :
- décongeler le produit dans son enveloppe de protection pendant environ 24 heures en chambre froide à + 3 °C,
- enlever l'enveloppe plastique,
- assaisonner avant et après cuisson,
- saisir dans un four chaud (220 °C) pendant 15 min, puis réduire la température à 170 °C pendant le reste de la cuisson,
- ne pas trancher à la sortie du four, mais attendre une quinzaine de minutes à une température d'environ + 40 °C.

Caractéristiques particulières aux VHR et aux VHS

VIANDES HACHEES A L'AVANCE	
Viandes hachées réfrigérées conditionnées (VHR).	**Viandes hachées surgelées conditionnées (VHS).**
Température de transport, de mise en vente et de stockage inférieure ou égale à + 3 °C.	Température de transport, de mise en vente et de stockage inférieure à – 18 °C.
Date limite de consommation (après la date de conditionnement) • le jour même (si l'atelier est situé sur le lieu de vente) ; • le surlendemain (si l'atelier est situé hors du lieu de vente) ; • possibilité de dérogation à 5 jours dans des conditions d'hygiène particulières.	Date limite de vente (après la date de conditionnement) : 9 mois.
L'étiquetage porte obligatoirement : • l'identification du fabricant (nom ou raison sociale, numéro d'agrément, adresse) • la date de conditionnement ; • la date limite de consommation ; • la marque sanitaire ; • la quantité de matière grasse exprimée en pourcentage. *Facultativement :* • le poids net en kg ; • le prix au kg et le prix du paquet ; • la mention « tenir au froid de 0 à + 2 °C ».	L'étiquetage porte obligatoirement : • l'identification du fabricant (nom ou raison sociale, numéro d'agrément, adresse) • la date de conditionnement ; • la date limite de vente ; • la marque sanitaire ; • la quantité de matière grasse exprimée en pourcentage. *Facultativement :* • le nombre de pièces ; • le poids net en kg ; • le prix au kg et le prix du paquet ; • la mention « à maintenir à – 18 °C et ne jamais recongeler ».

Les conseils de l'étiquetage doivent être suivis scrupuleusement.

TEXTE LÉGISLATIF CONCERNANT LES VIANDES HACHÉES

Le ministre de l'agriculture et du développement rural,

Vu le décret n° 67.295 du 31 mars 1967 portant règlement d'administration publique pour l'application des articles 258, 259 et 262 du code rural et relatif à l'organisation et au fonctionnement de l'inspection sanitaire et qualitative des animaux vivants et des denrées animales ou d'origine animale ;

Vu le décret n° 71.636 du 21 juillet 1971 pris pour l'application des articles 258, 259 et 262 du code rural et relatif à l'inspection sanitaire et qualitative des animaux vivants et des denrées animales ou d'origine animale ;

Vu l'arrêté du 25 août 1972 relatif aux normes auxquelles doivent satisfaire les abattoirs agréés pour l'exportation des viandes et déterminant les conditions de l'inspection sanitaire dans ces établissements,

Arrête :

TITRE Ier

Objet et définitions

Art. 1er

Le présent arrêté concerne les conditions de préparation, de commercialisation et d'inspection sanitaire des viandes hachées destinées à la consommation humaine.

Sont exclues de cette règlementation les préparations visées par le décret du 15 avril 1912, notamment les chairs à saucisses et les farces (art. 8, alinéa 2) et celles qui viendraient à faire l'objet de dispositions règlementaires particulières.

Art. 2

Pour l'application du présent arrêté, il faut entendre par :

a) Viandes hachées
Toutes les préparations vendues à l'état cru ou précuit, obtenues par le hachage des viandes, que ces viandes soient mélangées ou non entre elles et additionnées ou non de denrées ou de substances étrangères dont l'emploi est autorisé par la règlementation en vigueur ;

b) Conditionnement
L'opération qui réalise la protection des unités de vente par l'emploi d'une première enveloppe ou d'un premier contenant au contact direct de la denrée ;

c) Emballage
La mise des unités conditionnées dans un deuxième contenant ;

d) Établissement agréé
Établissement d'abattage ou de découpage dont l'installation, l'équipement et le fonctionnement satisfont aux exigences communautaires pour l'exportation des viandes et qui figure sur la liste des établissements agréés.

TITRE II

Viandes hachées « à la demande »

Art. 3

Les viandes hachées à la demande doivent être préparées sur le champ, à la demande et à la vue de l'acheteur. Peuvent être seules utilisées pour la préparation des viandes hachées à la demande les viandes d'animaux de boucherie des espèces bovine, ovine, caprine, porcine, équine, asine et leurs croisements.

Art. 4

Toute personne pratiquant le hachage des viandes et la vente des viandes hachées à la demande est tenue d'observer sur sa personne et dans ses vêtements les règles d'une rigoureuse propreté.

Toutes mesures doivent être prises pour éviter la souillure des viandes ; elles doivent être manipulées à l'aide d'instruments réservés strictement à cet usage.

Le hachoir, les moules et tous les ustensiles ou appareils nécessaires à la préparation des viandes hachées doivent être en matériaux conformes à la règlementation en vigueur, faciles à démonter et à nettoyer.

Ils sont maintenus en parfait état de propreté et d'entretien, démontés, nettoyés et désinfectés après chaque demi-journée de travail et protégés d'une manière efficace contre les pollutions extérieures.

Les viandes destinées au hachage doivent être entreposées en chambre froide jusqu'au moment même de leur préparation.

Il est interdit d'utiliser les déchets de parage, quelle qu'en soit l'importance, pour la préparation des viandes hachées à la demande.

Marque sanitaire d'ateliers de préparation de viandes hachées « à l'avance » conditionnées ou de produits à base de viandes hachées « à l'avance » conditionnés.

Art. 13
Marque nationale d'atelier de préparation de viande hachée.

Art. 18
Marque sanitaire d'atelier de transformation

Art. 19
1) Estampille personnelle de vétérinaire inspecteur

Art. 19
2) Estampille fabrication

Art. 19
3) Estampille d'examen trichinoscopique

Il est interdit d'incorporer dans la viande hachée le jus de viande qui a pu s'écouler lors de la préparation de cette denrée.

Il est interdit de découper à l'avance, en menus morceaux, des pièces de viandes destinées à être hachées.

Art. 5

Toute viande hachée à la demande, qui n'a pas été préparée dans les conditions des articles 3 et 4, est retirée de la vente et dénaturée en présence d'un agent des services vétérinaires.

TITRE III

Viandes hachées « à l'avance »

CHAPITRE 1 – Dispositions générales

Art. 6

Les viandes hachées à l'avance comprennent toutes les viandes hachées préparées dans des conditions autres que celles prévues au titre II.

Les viandes hachées à l'avance doivent être surgelées ou réfrigérées et conditionnées.

Art. 7

Peuvent être seules utilisées pour la préparation des viandes hachées à l'avance les viandes d'animaux de boucherie des espèces bovine, ovine, caprine et porcine, les viandes de lapins, les viandes de volailles.

Art. 8

Quiconque se propose de se livrer à la préparation de viandes hachées à l'avance en vue de la vente pour la consommation publique doit au préalable adresser au préfet (direction des services vétérinaires) du département où siège l'établissement de préparation une déclaration indiquant :

Pour les particuliers : l'identité et le domicile du demandeur ;

Pour les sociétés ou les groupements particuliers : la raison sociale, le siège social, la qualité du signataire et l'identité du responsable de la société ou du groupement ;

Le siège de l'établissement ;

La désignation et la nature de la préparation.

La déclaration doit en outre être accompagnée des documents suivants :
- *Un plan d'ensemble de l'établissement ou de l'atelier à l'échelle de 1/200 au minimum.*
- *Une notice qui donne :*
  - *1) la description sommaire des locaux dans lesquels s'effectuent l'entreposage des viandes, le découpage, le désossage, le hachage des viandes et le conditionnement, l'emballage et l'entreposage des produits finis ;*
  - *2) la description du matériel utilisé.*

La déclaration doit être renouvelée à chaque changement d'exploitant et lors de toute modification importante dans l'installation des locaux, leur aménagement, leur gros équipement ou leur affectation.

Tout établissement conforme reçoit un numéro d'immatriculation.

CHAPITRE II – Conditions d'installation et d'équipement

Art. 9

Les ateliers dans lesquels est effectuée la préparation des viandes hachées à l'avance doivent comporter :

1) Un ou plusieurs locaux ou enceintes spécialement affectées à l'entreposage de viandes réfrigérées, congelées ou surgelées destinées au hachage.

2) Un local pour le découpage et le désossage ;

3) Un local réservé au hachage des viandes et à leur conditionnement ;

4) Un local d'emballage. Ce local n'est pas exigé lorsque l'atelier de fabrication et le magasin de vente sont inclus dans le même établissement ;

5) Éventuellement une unité de surgélation ;

6) Une chambre d'entreposage permettant la conservation des produits à la température exigée par le présent arrêté ;

7) Un local pour la resserre des matériaux d'emballage ;

8) Un emplacement ou des dispositifs spéciaux avec eau chaude et froide pour le nettoyage et la désinfection du gros matériel et des récipients ;

9) Des vestiaires et des installations sanitaires pour le personnel.

Ces installations sanitaires comportent des lavabos avec eau froide et chaude, des douches ainsi que des cabinets d'aisance avec chasse d'eau. Ces derniers ne doivent en aucun cas communiquer directement avec les locaux de travail et de stockage. Des lavabos doivent être placés à la sortie.

Art. 10

Les locaux doivent être disposés de façon à réaliser une progression continue des différentes opérations.

Ils sont de dimensions suffisantes pour que les opérations puissent y être réalisées dans des conditions d'hygiène et de sécurité satisfaisantes.

Art. 11

Les locaux doivent avoir :
- *Un sol en matériau imputréscible, imperméable, antidérapant, résistant aux chocs, facile à nettoyer et à désinfecter, pourvu d'une pente légère et d'un réseau d'évacuation approprié pour l'écoulement des liquides vers des orifices grillagés munis d'un siphon ;*
- *Des murs lisses, enduits sur toute leur hauteur d'un revêtement imperméable, résistant aux chocs, faciles à nettoyer, de teinte clair. Les angles de raccordement des murs entre eux et avec le sol sont aménagés en gorges arrondies.*
- *Un plafond à surface lisse et lavable.*

Art. 12

L'entreposage des viandes destinées au hachage doit être assuré à une température comprise entre 0° et 3 °C pour les viandes réfrigérées et à une température inférieure ou égale à – 18 °C pour les viandes congelées ou surgelées. Les locaux de travail des viandes et d'emballage sont dotés d'une climatisation assurant une température ambiante inférieure ou égale à + 8 °C.

L'humidité relative doit être telle qu'aucune condensation ne puisse se produire sur les viandes.

Des thermomètres enregistreurs ou des téléthermomètres enregistreurs sont convenablement placés pour contrôler à tout moment la température réelle de ces locaux ainsi que celle des locaux de stockage. Les graphiques sont conservés pendant un mois au moins à la disposition des services d'inspection.

Art. 13

Doivent être en outre prévus dans les locaux de travail des viandes et d'emballage :

Des aménagements tels qu'ils assurent :
- *une aération suffisante ;*
- *un éclairage naturel ou artificiel ne modifiant pas les couleurs ;*

L'évacuation des eaux résiduaires conformément à la réglementation en vigueur.

Des dispositifs suffisants, permettant le nettoyage et la désinfection des mains et des outils, placés le plus près possible des postes de travail, pourvus :
- *d'eau courante froide et chaude ;*
- *de produits de nettoyage et de désinfection ;*
- *d'essuie-mains ne pouvant être utilisés qu'une seule fois ;*

et munis de robinets à commande non manuelle.

Le nettoyage et la désinfection des outils et du petit matériel en cours de fabrication doivent être faits par trempage dans l'eau portée à une température au moins égale à 82 °C.

Art. 14

L'approvisionnement en eau froide et chaude exclusivement potable, sous pression et en quantité suffisante, doit être assuré.

Art. 15

La manutention des viandes et des récipients utilisés pour les viandes doit être conçue de façon que les viandes et les récipients n'entrent pas en contact avec le sol, le bord supérieur des récipients doit être à une hauteur suffisante pour assurer une protection efficace contre les pollutions basses. Le matériel et les outils de travail doivent être en matière résistant à la corrosion, non susceptible d'altérer les viandes, faciles à nettoyer et à désinfecter.

CHAPITRE III – Hygiène du personnel, du matériel, des locaux

Art. 16

Le personnel est tenu à la plus grande propreté corporelle.

Il doit notamment porter des vêtements de travail et une coiffure propre enveloppant la totalité de la chevelure. Le personnel préposé, après le désossage, à la préparation des viandes hachées, doit porter un masque bucco-nasal et des gants.

Les mains doivent être lavées et désinfectées chaque fois qu'il est nécessaire, ainsi qu'à chaque reprise de travail, les ongles sont tenus courts et brossés.

Les gants sont lavés et désinfectés plusieurs fois au cours du travail et à la fin de chaque journée de travail.

Le travail et la manipulation des viandes doivent être interdits aux personnes susceptibles de contaminer ces viandes par des micro-organismes pathogènes pour l'homme, notamment aux personnes :

a) Exerçant par ailleurs une activité incompatible avec la manipulation des viandes ;

b) Portant un pansement aux mains, à l'exception d'un pansement étanche protégeant une blessure non purulente du doigt.

Art. 17

Les machines, ustensiles, instruments ainsi que les récipients mis en contact avec les viandes sont maintenus constamment en bon état d'entretien et de propreté.

Ils doivent être soigneusement nettoyés et désinfectés chaque fois qu'il est nécessaire et obligatoirement à la fin des opérations de la journée.

Toutes les parties des appareils ou machines de hachage, de préparation et de conditionnement doivent être accessibles aux produits de nettoyage.

Leurs éléments démontables en contact avec les denrées, couteaux et grilles notamment, doivent, à la fin des opérations, être séparés, nettoyés, désinfectés et mis à l'abri de toutes pollutions jusqu'à la prochaine utilisation.

Le nettoyage et la désinfection de ces appareils et de leurs éléments doivent être effectués avec de l'eau portée à une température au moins égale à 82 °C ou par tout autre procédé autorisé.

Art. 18

Les locaux sont tenus dans le plus parfait état de propreté.

Il est interdit de fumer dans les locaux de travail et d'entreposage.

L'utilisation de la sciure sur le sol est interdite.

La présence de tout animal est prohibée.

La destruction des rongeurs et des insectes doit y être systématiquement réalisée à l'aide de moyens autorisés.

CHAPITRE IV – Préparation, conditionnement et emballage

Art. 19

Sont seules autorisées pour la préparation des viandes hachées à l'avance, les viandes réfrigérées, congelées ou surgelées satisfaisant aux prescriptions suivantes :

- *Les carcasses, demi-carcasses et quartiers d'animaux de boucherie doivent provenir directement d'un abattoir agréé et porter l'estampille C.E.E. ;*
- *Les viandes désossées d'animaux de boucherie doivent provenir directement d'un atelier de découpe agréé situé en annexe d'un abattoir agréé et porter l'estampille C.E.E. Seules peuvent être désossées pour la préparation des viandes hachées, les viandes provenant d'animaux de boucherie abattus dans l'abattoir auquel l'atelier de découpage est annexé ;*
- *Les carcasses de volailles éviscérées doivent provenir directement d'un abattoir immatriculé ;*
- *Les carcasses de lapins doivent provenir directement d'un abattoir immatriculé.*

Toutefois, les viandes désignées ci-dessus peuvent transiter par un entrepôt frigorifique agréé.

Art. 20

Les viandes destinées à être hachées à l'avance sont munies, outre des estampilles règlementaires, d'une étiquette apposée sous la responsabilité du vétérinaire inspecteur de l'établissement de provenance soit sur les carcasses, demis ou quartiers des animaux de boucherie, soit sur les emballages renfermant les viandes désossées d'animaux de boucherie, les volailles, les lapins.

Sur cette étiquette sont mentionnés :

- *l'abattoir d'origine ou l'atelier d'origine ;*
- *l'atelier de préparation de viandes hachées destinataire ;*
- *les dates d'abattage, de découpage, et éventuellement de congélation ou de surgélation.*

Les viandes destinées à être hachées à l'avance doivent être conservées et transportées depuis leur préparation jusqu'à leur introduction dans l'atelier de fabrication dans les conditions fixées par la règlementation en vigueur.

Les viandes réfrigérées doivent être utilisées pour la préparation des viandes hachées à l'avance six jours maximum après l'abattage des animaux dont elles proviennent.

Les viandes congelées ou surgelées doivent être utilisées pour la préparation des viandes hachées à l'avance six mois au maximum après leur congélation ou leur surgélation.

Art. 21

Les viandes doivent être introduites dans le local de découpage et de désossage puis dans le local de hachage prévu à l'article 9, au fur et à mesure des besoins. Les viandes en cours de préparation et destinées au hachage doivent être utilisées jusqu'au terme de la fabrication, sans arrêt de travail. Toutefois, si les techniques utilisées pour la préparation de viandes hachées à l'avance exigent l'abaissement à une température inférieure ou égale à – 3 °C, de la température interne du produit, les opérations peuvent être interrompues le temps nécessaire à cet abaissement de température.

Le hachage, le mélange, le moulage, le découpage en portions et le conditionnement doivent être effectués à l'aide de machines évitant tout contact manuel de la viande.

Toutes les opérations réalisées entre le moment où les viandes sortent des locaux d'entreposage prévus à l'article 9-1 et le moment où les viandes hachées sont introduites dans l'unité de surgélation ou placées dans la chambre de réfrigération prévue à l'article 9-6 doivent être exécutées dans le délai maximum d'une heure. Ce délai n'est pas imposable aux procédés nécessitant l'abaissement de la température interne des viandes hachées au cours de la préparation des viandes hachées à l'avance surgelées.

Pendant le travail de découpage, de désossage et de hachage, les viandes doivent être maintenues à une température interne inférieure ou égale à + 4 °C.

Le désossage des quartiers, sans découpage, ni parage, peut être effectué dans les ateliers de préparation de viandes hachées à l'avance au plus tôt la veille du hachage des viandes. Ces viandes désossées, non découpées, ni parées, sont entreposées dans une chambre froide spéciale dont la température est inférieure ou égale à + 2 °C. Le découpage et le parage de ces viandes doivent précéder immédiatement le hachage.

Art. 22

Est interdite l'utilisation ou l'addition au cours de la préparation des viandes hachées à l'avance en vue de leur conservation, de leur coloration ou de leur aromatisation, de toutes substances autres que celles expressément autorisées par la règlementation en vigueur.

Art. 23

Les viandes propres à la consommation, non retenues pour la préparation des viandes hachées et qui sont destinées à l'élaboration de produits fabriqués sont recueillies dans des récipients destinés à cet effet. Ces viandes ne doivent pas être entreposées dans les chambres froides réservées aux viandes destinées au hachage.

Les déchets et résidus de parage sont reçus dans des récipients spéciaux, en matière inaltérable, munis d'un couvercle et d'un système de fermeture, entourés de bandes de peinture jaune bien visible. Ces déchets et résidus de parage ne doivent pas être entreposés dans les chambres froides réservées aux viandes destinées au hachage.

CHAPITRE V – Transport et mise en vente

Art. 24

Depuis le moment de leur préparation jusqu'à celui de leur remise au consommateur, les viandes hachées à l'avance doivent être conservées sans interruption à une température comprise entre 0 °C et + 3 °C pour les viandes réfrigérées et à une température inférieure ou égale à – 18 °C pour les viandes surgelées.

Les engins utilisés pour le transport des viandes hachées doivent satisfaire aux prescriptions de la règlementation en vigueur.

Art. 25

Les établissements se livrant à la vente de viandes hachées à l'avance doivent disposer d'une chambre froide ou d'un matériel permettant de maintenir la totalité de celle-ci depuis leur réception jusqu'à remise au consommateur à une température inférieure ou égale à – 18 °C pour les viandes hachées à l'avance surgelées et inférieure ou égale à + 3 °C pour les viandes hachées à l'avance réfrigérées.

Les thermomètres, disposés au point le plus éloigné de la source du froid, doivent permettre à tout moment le contrôle de la température exigée dans les locaux de stockage et les meubles d'exposition.

Les viandes hachées doivent être livrées au consommateur dans leur conditionnement d'origine. Celui-ci ne doit être ouvert sous aucun prétexte.

Les viandes hachées doivent être livrées au consommateur :

- ***Dans le délai de neuf mois à partir de la date de leur conditionnement, pour les viandes hachées à l'avance surgelées ;***
- ***Au plus tard le surlendemain du jour de leur conditionnement pour les viandes hachées à l'avance réfrigérées préparées dans un atelier de fabrication situé hors du lieu de vente.***
- ***Dans la journée même de leur préparation pour les viandes hachées à l'avance réfrigérées préparées sur le lieu de vente.***

Après ces délais, ces denrées sont retirées de la consommation.

CHAPITRE VI – Contrôle sanitaire

Art. 26

L'estampille sanitaire doit être reproduite sur chaque unité de vente et sur les emballages regroupant les unités de vente.

Art. 27

Sous la responsabilité du fabricant ou celle du détenteur en cas de faute démontrée de celui-ci, les viandes hachées à l'avance doivent satisfaire aux critères bactériologiques figurant en annexe du présent arrêté. Le fabricant doit faire procéder à ses frais à des examens bactériologiques et à des analyses chimiques périodiques de produits prêts à la vente, la périodicité de ces examens et analyses doit être en rapport avec la quantité des produits fabriqués.

Les résultats de ces examens et analyses sont mis à la disposition des services vétérinaires et conservés pendant un an au moins.

Art. 28

Le présent arrêté est applicable à compter du 1er octobre 1974.

Art. 29

Le directeur général de l'administration et du financement (service de la répression des fraudes et du contrôle de la qualité) et le directeur des services vétérinaires du ministère de l'agriculture et du développement rural sont chargés, chacun en ce qui le concerne, de l'exécution du présent arrêté, qui sera publié au Journal Officiel de la République Française.

Fait à Paris, le 15 mai 1974.

Pour le ministre et par délégation :
Le directeur du cabinet,
F. BLAIZOT

A PROPOS DES VIANDES RESTRUCTUREES...

« Les viandes restructurées seront dans un premier temps des produits élaborés à partir des parties peu tendres de bovins et dont la structure initiale aura été modifiée pour obtenir une structure nouvelle plus apte à la consommation (produit plus facile à mastiquer et moins gras), sans oublier que ces produits seront moins chers d'au moins 40 % ! Par ailleurs, cette technique permet également d'incorporer d'autres composés (autres protéines animales, protéines végétales, etc.). La restructuration ne doit pas être confondue avec le « formage » qui consiste simplement à découper les viandes, à les comprimer fortement dans une forme, et à les congeler après avoir été panées ou non. La restructuration n'est pas non plus l'« extrusion » qui consiste à forcer une pâte (viandes hachées assaisonnées par exemple) à travers une filière pour obtenir une sorte de pain qui sera découpé et congelé à la sortie ; cette technique associera à l'avenir la cuisson pour obtenir des produits « précuits ».

La restructuration, elle, est un phénomène qui se situe au niveau moléculaire. Dans un premier temps, l'opération consiste en un déroulement des molécules de protéines (modifications des édifices protéiques) avec rupture de certaines liaisons entre les fibres, mais sans modification des acides aminés constitutifs, donc sans toucher à leur valeur nutritive.

Dans un deuxième temps, la réorganisation des protéines en nouveaux faisceaux de fibres doit être fixée grâce à des procédés thermiques (gélification, coagulation), chimiques (gélifiants), ou autres. Les viandes restructurées se présentent actuellement sous forme de steaks portions, rôtis, boulettes, panés ou non, cubes (bourguignon), etc. destinés à être grillés, rôtis, éventuellement nappés de sauce, par exemple.

L'utilisation des carcasses de bovins sera, de ce fait, totalement différente de celle qui en est faite actuellement. Ainsi, grâce à cette très haute technologie, qui ne correspond pas à un simple hachage-broyage, les consommateurs trouveront en l'an 2000 des produits qui répondront à toutes leurs exigences : sécurité hygiénique, qualités organoleptiques, facilités d'usage, valeur nutritionnelle, etc. Mais, que certains se rassurent, la vraie viande de boucherie n'aura pas disparu. Les repas quotidiens se composeront de produits à bonne valeur nutritionnelle, ayant des caractéristiques précises et connues, et les repas festifs donneront libre cours à tous les plaisirs gastronomiques avec, pour ceux qui le désirent, les meilleures viandes du monde... »

Dominique BRUNET
(extrait d'un article paru dans le journal l'Hôtellerie)

LES ABATS

Les différentes phases constituant l'abattage des animaux de boucherie (saignée, éviscération, contrôles sanitaires, fente en demi ou en quartiers...) permettent d'obtenir d'une part la carcasse, et d'autre part un ensemble de produits divers, consommables ou non, auxquels les professionnels ont donné le nom de « cinquième quartier » ou « cinquième viande ».

Boucheries Roger Paris.

LE CINQUIEME QUARTIER COMPREND :

- **Les abats blancs et rouges** (éléments comestibles).
- **Les issues, les glandes et les déchets** (généralement éléments non comestibles, réservés à des usages industriels).

Exemples d'issues réservées à des usages industriels :

- *le sang* : laboratoires (médicaux ou de recherche), engrais, alimentation du bétail, etc.
- *la peau ou « cuir vert »* : tannerie ;
- *les poils, soies de porc, toupillons de queue* : tapis, brosses, pinceaux, etc.
- *les os* : alimentation du bétail (phosphore et calcium), objets de toilette, colle, gélatine ;
- *le suif* : savonnerie, parfumerie, cosmétique ;
- *les pieds de bœuf* : fournissent une huile utilisée pour lubrifier les instruments de précision ;
- *les cornes et onglons :* objets de toilette (peignes).
- *les produits opothérapiques* : Ce sont les glandes à sécrétion interne (hormones par exemple) récupérées par les laboratoires pour la fabrication des médicaments. *Exemples :* Thyroïde, pancréas (insuline), hypophyse, ovaires, surrénales, testicules (considérés comme abats chez l'agneau et le veau, et appelés rognons blancs, ou animelles, ou frivolités).
- *les déchets divers* : vessie, œsophage, organes génitaux, ...
- *le contenu du tube digestif* : matières fécales.

Remarque :

Dans certains laboratoires, les épithéliums des langues sont récupérés en milieu stérile pour fabriquer le vaccin antiaphteux. Cette classification consacrée par l'usage n'est cependant pas satisfaisante. Les éléments comestibles varient selon les pays, les usages régionaux et les habitudes culinaires. Le sang, peut être considéré comme abat lorsqu'il est consommé sous la forme de boudin, ou comme issue lorsqu'il est destiné à un usage industriel. Les couennes de porc peuvent être incorporées à certaines préparations culinaires (fond de braisage, charcuterie) ou servir à la fabrication de colle ou de gélatine. Les intestins peuvent être utilisés en cuisine et en charcuterie (fraise de veau, menu de porc) ou servir à la fabrication de cordes.

DEFINITION

Sont considérés comme abats propres à la consommation humaine, toutes les parties consommables des animaux de boucherie, autres que la viande proprement dite, provenant de la carcasse, et autres que les issues. Dans les grandes villes, les abats sont généralement commercialisés soit par le tripier (d'où leur deuxième appellation de produits de « triperie »), soit par le charcutier dans le cas des abats de porc.

CLASSIFICATION

Deux types d'abats :

- *les abats blancs*
  - subissant une préparation à l'abattoir ;
  - ne nécessitant aucune préparation
- *les abats rouges*

LES ABATS BLANCS

Certains ne sont livrés aux consommateurs qu'après avoir subi une préparation à l'abattoir (vidage, lavage, grattage, épilage, échaudage), selon leur nature et leur utilisation.

Exemples :

- estomacs de bovins : panse (rumen), bonnet (réseau), feuillet, caillette (franche mule) ;
- intestins (gros et grêle) correspondant à la fraise de veau ou au menu de porc ;
- pieds ;
- têtes ;
- mamelles.

D'autres abats blancs ne subissent aucun traitement à l'abattoir et sont directement livrés en l'état.

Exemples :

- ris,
- cervelle,
- amourette (moelle épinière),
- herbière (enveloppe charnue de l'œsophage),
- épiploon (crépine, coiffe ou voilette suivant les régions).

LES ABATS ROUGES

Ils sont collectés dans les abattoirs sans préparations particulières.

Exemples :

– foies, rognons, cœur, rate (pancréas), joues, palais et museau de bœuf, langue, sang, queue.

Remarque :

Chez le veau et le mouton, les poumons, le cœur, le foie, la rate et les ris enlevés en une seule pièce s'appellent la fressure.

Dans la nouvelle réglementation de la CEE relative à l'entrée en France de viandes fraîches en provenance des Etats Membres, la queue fait partie des abats.

Selon la conformation et l'état d'engraissement de l'animal, le poids du cinquième quartier représente approximativement 50 % du poids de l'animal vivant.

Les abats représentent environ 15 % du poids du 5ème quartier.

EXEMPLE DE POIDS
POUR UNE CARCASSE DE VEAU DE 140 KG

Abats	Poids bruts	Poids consommables après préparations préliminaires
Foie	3,500 kg	2,700 kg
Cœur	0,900 kg	0,800 kg
Ris	0,600 kg	0,500 kg
Tête entière	8,250 kg	3,550 kg
Langue	1,200 kg	1,000 kg
Cervelle	0,350 kg	0,350 kg
Fraise	4,500 kg	2,500 kg
4 pieds	4,000 kg	3,500 kg
2 rognons	0,700 kg	0,700 kg

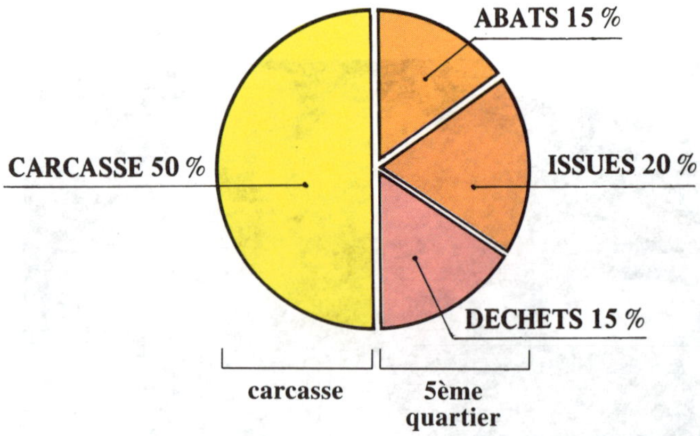

EMPLACEMENT ANATOMIQUE DES ABATS SUR UNE CARCASSE DE VEAU

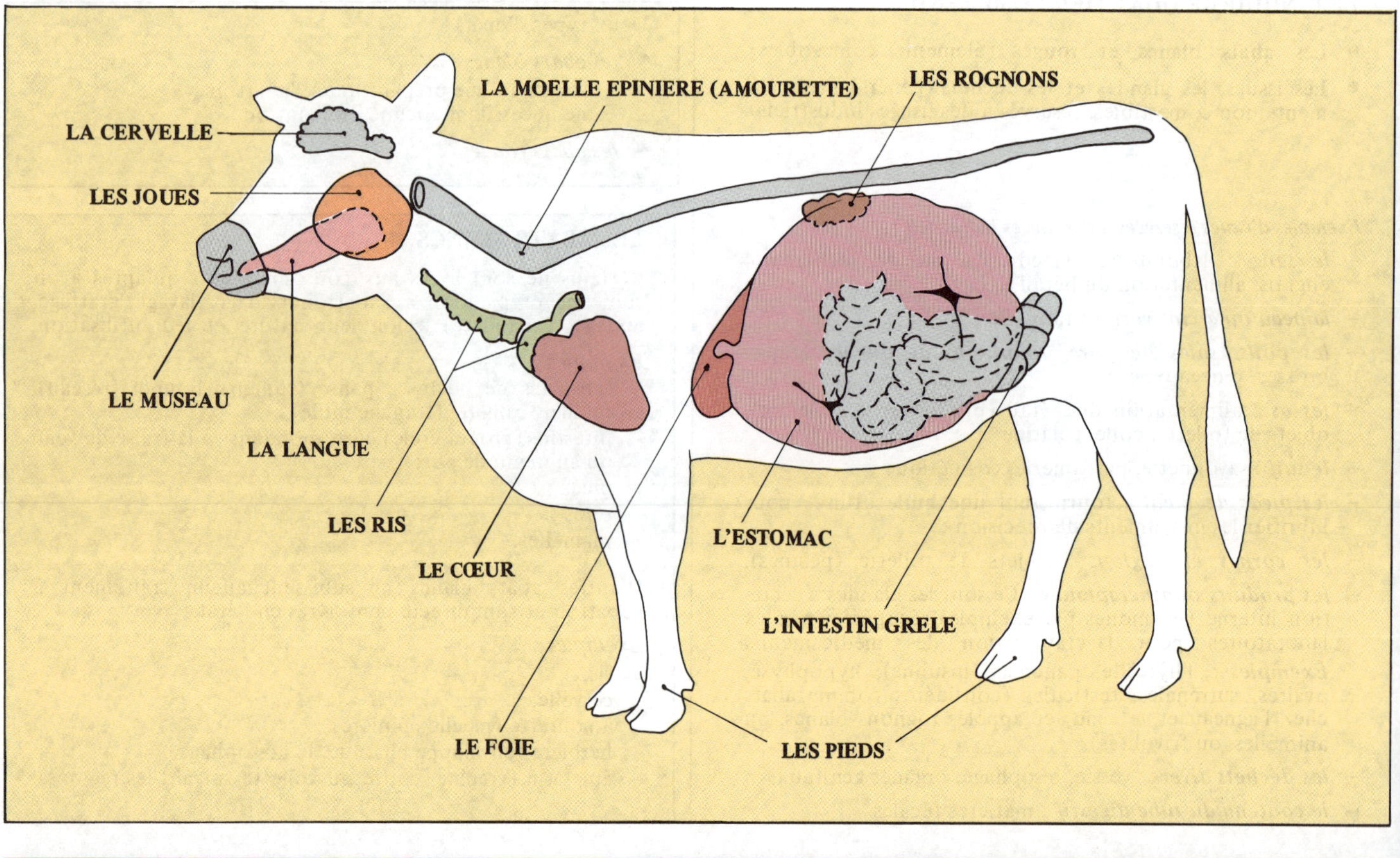

LA CONSOMMATION DES ABATS

Certains clients ont un préjugé défavorable vis à vis des abats et refusent d'en consommer. Plusieurs raisons expliquent cette réticence : aspect souvent sanguinolent, doutes au niveau de la qualité et de la fraîcheur, crainte de résidus d'hormones ou d'antibiotiques, etc. La restauration classique propose généralement très peu d'abats, excepté trois d'entre eux considérés comme « abats nobles » ou de luxe (foie, ris, rognons de veau ou d'agneau).

En raison de leur prix encore modique les abats de porc, de génisse et de bœuf sont plutôt utilisés en restauration collective.

LA QUALITE DES ABATS

Les abats sont des produits extrêmement fragiles : ils doivent être consommés très frais et nécessitent des précautions d'hygiène très rigoureuses lors de leur préparation.

La qualité des abats dépend de différents facteurs :

- du respect rigoureux des règles d'hygiène lors du prélèvement et des préparations à l'abattoir ;
- de la rapidité d'application du froid ;
- du respect de la chaîne du froid et des durées d'entreposage tout au long du circuit de distribution ;
- des soins apportés lors des manipulations et préparations (propreté du matériel et de l'exécutant, rapidité d'utilisation, etc.).

Précautions particulières à la livraison

- Vérifier la propreté et la température du véhicule de livraison (véhicule avec agrément sanitaire) ;
- Vérifier la propreté et l'intégrité des conditionnements ;
- Vérifier les produits
  - ils doivent provenir d'abattoirs ou d'ateliers de découpe agréés (immatriculés) ;
  - ils ne doivent pas baigner dans leur sang ;
  - ils doivent être brillants, sans odeur particulière, légèrement humides au toucher, sans aucune trace de poissage ;
  - ils doivent être propres et débarrassés de tous déchets (caillots de sang, gros vaisseaux, etc.) ;
  - les abats surgelés ou congelés doivent être livrés dans un véhicule frigorifique, dans leur emballage d'origine et portant la date de congélation ;
  - Refuser les produits dont la date de congélation est trop ancienne (3 mois maximum) ;
  - ils ne doivent pas présenter de traces de décongélation. Pour cela examiner la présence de cristaux de glace, la forme des organes, l'intégrité des sachets de conditionnement, et l'aspect des cartonnages.

Précautions particulières lors du stockage

Immédiatement après les vérifications d'usage, placer les abats en chambre froide positive à + 3 °C, ou en chambre froide négative à – 18 °C selon le procédé de conservation ;

- Limiter la durée de stockage au strict minimum ;
- Effectuer une rotation rapide et logique (premier arrivé, premier sorti) ;
- Placer les abats frais réfrigérés sur grille, les maintenir enveloppés ou pelliculés, jusqu'au moment de leur utilisation ;
- Maintenir les rognons dans leur graisse de couverture ;
- Supprimer la fine pellicule qui recouvre les lobes de foie au fur et à mesure du tranchage ;
- Dégorger, limoner et pocher les cervelles, les ris et les amourettes aussitôt après leur livraison. Les refroidir rapidement puis les réserver en enceinte frigorifique ;
- Utiliser les abats congelés ou surgelés après une semi-décongélation effectuée en chambre froide ;
- Se faire livrer si possible le jour même de l'utilisation ;
- Ne pas conserver les restes après le service.

Cas des langues

Les langues fraîches ou congelées présentent un danger tout particulier. Elles ont été responsables de nombreuses toxi-infections alimentaires dont les causes étaient dues à une mauvaise découpe des langues (l'arrière-gorge est très riche en germes) et au mode de cuisson (pochage la veille et maintien dans le bouillon toute la nuit à température ambiante). Cependant pour des raisons économiques et gastronomiques, les langues ne peuvent être exclues des menus. Pour les utiliser sans risque il faut veiller aux points suivants :

- Les langues doivent provenir obligatoirement d'abattoirs agréés, et être présentées avec la coupe dite « coupe suisse » ou « coupe short », c'est-à-dire débarrassées de l'arrière gorge : os hyoïdes, la majeure partie du gras adhérent, la partie musculaire constituant la racine, les glandes salivaires, le larynx dans sa totalité et les restes de la trachée. La langue, ainsi désossée et dégraissée, est formée uniquement du corps du muscle contenant approximativement 95 % de maigre ;

- L'état des langues doit être contrôlé encore plus rigoureusement que toutes les autres denrées ;
- Dans le cas de langues congelées :
  - vérifier qu'elles soient bien livrées en état de congélation, sans aucune décongélation préalable (interdite) ;
  - les langues ne peuvent être livrées au plus tôt que la veille au soir pour le service du lendemain. Elles peuvent être entreposées en chambre froide à + 3 °C pour qu'elles subissent un début de décongélation. Mais il est également possible de les marquer en cuisson sans décongélation préalable ;
  - démarrer (de préférence) la cuisson dans le liquide bouillant ;
  - l'épluchage et la découpe en portions doivent s'effectuer dans le délai le plus rapproché du service (deux heures maximum) ;
  - les langues doivent être égouttées immédiatement après la cuisson : il n'est pas recommandé d'utiliser le fond de cuisson pour réaliser la sauce d'accompagnement ou toute autre utilisation (sauf si le processus de fabrication a été spécialement conçu pour éviter tout risque de multiplication microbienne) ;
  - les différentes opérations d'épluchage et de tranchage doivent être effectuées dans les conditions d'hygiène corporelle et matérielle les plus strictes ;
  - il est interdit de garder les restes pour un service ultérieur.

Remarque :

Il est possible de blanchir ou de cuire les langues la veille de leur consommation, à condition de les égoutter aussitôt après la cuisson, de les refroidir immédiatement en cellule de refroidissement rapide, et de les réserver en enceinte frigorifique à + 3 °C maximum jusqu'au moment de leur remise en température. Le passage de + 10 °C à + 65 °C « à cœur » du produit doit s'effectuer en moins d'une heure. Tous les restes doivent être détruits après le service (limiter les quantités à servir).

PREPARATION, CUISSON ET UTILISATION DES ABATS

LES ABATS BLANCS

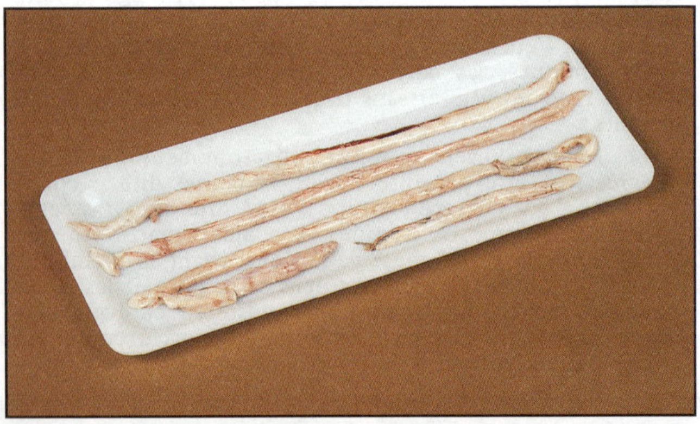

AMOURETTE OU MOELLE EPINIERE (veau et bœuf)

Préparation et cuisson

- Dégorger dans de l'eau glacée vinaigrée.
- Limoner sous un filet d'eau, éliminer les membranes et les vaisseaux sanguins qui l'entourent.
- Pocher dans un court-bouillon brûlant et légèrement vinaigré (sans ébullition).

Utilisation et suggestions de garnitures

- Garniture de bouchées, croustades, vol au vent, rissoles, ...
- Fritots sauce tomate (Orly) ;
- Cromesquis et croquettes
- etc.

RIS ou Thymus (agneau, veau)

Préparation et cuisson

- Dégorger dans de l'eau glacée.
- Blanchir quelques minutes sans ébullition.
- Rafraîchir parfaitement.
- Parer (supprimer la peau, le gras et les parties cartilagineuses)
- Placer sous presse en chambre froide : conserver les ris recouverts d'un film plastique alimentaire (ou d'un torchon stérilisé) sous une planchette et un poids.
- Ils peuvent être piqués de lard gras ou cloutés de bâtonnets de truffe.
- Braiser à blanc ou à brun sur fond d'aromates.
- Sauter
- Griller
- Pocher dans un fond blanc.
- Pocher, mariner et frire.

Utilisation et suggestions de garnitures

Braisé : aux morilles ; aux pleurotes ; aux chanterelles ; aux petits pois (clamart) ; aux pointes d'asperges (Princesses) ; aux épinards (Florentine) ; aux reinettes et au calvados ; au Madère ; au Porto ; au jus de truffes ; zingara. En papillote ; en chartreuse ; des gourmets (finir en cocotte lutée avec du foie gras et truffes) ; garniture de bouchées et vol-au-vent (Régence, Financière) ; etc.

Grillé : St-Germain (purée de petits pois et fonds d'artichauts), Gismonde (dresser en croustade avec champignons et fonds d'artichauts, sauce Chateaubriand).

Sauté : à la crème, au basilic, aux champignons, Vallée d'Auge.

Poché : salades composées tièdes, Excelsior (quenelles de trois couleurs, sauce soubise additionnée de julienne de truffe, de langue et de champignons).

Frit : fritots Orly, tartare, tyrolienne, etc.

Les ris d'agneau entrent dans la composition des petits ragoûts de béatilles.

TRIPES

Les tripes sont constituées par des morceaux provenant de toutes les parties de l'estomac des bovins (panse, bonnet, feuillet, caillette) et de pieds désossés.

Préparation et cuisson

- Détailler l'estomac en morceaux de 5 cm de côté.
- Désosser les pieds.
- Laver l'ensemble à l'eau vinaigrée et laisser dégorger dans de l'eau glacée.
- Blanchir fortement (au moins deux fois).
- Braiser dans un fond assaisonné avec une garniture aromatique (rondelles de carottes, oignons piqués), bouquet garni.

Utilisation et suggestions de garnitures

Tripes à la mode de caen : cuisinées dans un fond comportant du cidre ou du Calvados.

Tripes vendéennes : idem mais cuisinées au vin blanc et bien épicées.

Tripes à la lyonnaise : pouvant comporter de l'estomac de veau, préparées à la sauce tomate et au vin blanc.

Tripes marseillaise : composées de panse et de pieds de veau, préparées à la sauce tomate.

GRAS DOUBLE

Préparation et cuisson

Il est composé des quatre parties de l'estomac cuites sans être cuisinées.

Utilisation et suggestions de garnitures

Utilisé sans cuisson complémentaire pour différentes préparations.

TRIPOUX D'AUVERGNE

Préparation et cuisson

Ils sont préparés à partir de panse et de fraise de veau, de pieds, de caillette et de pansette de mouton. Les tripoux sont roulés et noués par un menu (intestin grêle).

Utilisation et suggestions de garnitures

Les tripoux peuvent être farcis (farce à base de panse de mouton et de veau, d'oignon, d'ail et de persil).

LA TETE (veau et porc)

Préparation et cuisson

Seule la tête de veau est utilisée en cuisine.

- Désosser, dégorger, rouler, ficeler et blanchir fortement.
- Pocher dans un blanc citronné.

La langue est souvent conservée.

Utilisation et suggestions de garnitures

Servie tiède ou chaude avec de la sauce vinaigrette ou une mayonnaise bien relevée (sauce fines herbes, gribiche, Ravigote, poulette, ...).

- Tête de veau en tortue.
- Fritot de tête de veau avec sauce tomate ou sauce Madère.
- etc.

La tête de porc est principalement utilisée en charcuterie.

- Fromage de tête, pâté de tête, museau, tête roulée, hure.

CERVELLE (agneau ou veau)

Préparation et cuisson

Les cervelles subissent les mêmes préparations que les amourettes.

- Dégorger, limoner, pocher.
- Sauter.
- Mariner et frire.

Utilisation et suggestions de garnitures

- Cervelle meunière, grenobloise, aux champignons sauvages, ...
- Fritots de cervelle Orly, tartare,
- Subrics, mazagrans, ...
- Garniture de bouchées, vol au vent, rissoles, ...
- Salades composées servies tièdes.
- etc.

LES PIEDS

• Veau

Préparation et cuisson

– Désosser, dégorger à l'eau glacée et blanchir fortement.
– Citronner et pocher dans un blanc.

Les pieds peuvent être braisés.

Utilisation et suggestions de garnitures

Servis tièdes ou chauds avec de la sauce vinaigrette ou une mayonnaise bien relevée (gribiche, Ravigote, etc.).

Les pieds de veau sont utilisés pour leurs propriétés **gélifiantes** : fabrication des gelées, des fonds, des fonds de braisage, des tripes (pièces de bœuf braisées, bœuf mode, etc.).

• Porc

Préparation et cuisson

– Désosser, puis farcir d'une préparation à base de queue désossée, de jambonneau et de groin, le tout enveloppé dans une crépine.

Utilisation et suggestions de garnitures

Pieds de porc farcis et grillés : avec sauce charcutière, Robert, Moutarde, Bercy, etc.
Panés et grillés : pieds de porc Sainte-Menehould.

• Mouton

Préparation et cuisson

– Désosser, blanchir et farcir avec une saucisse pur porc à pâte fine. Le pied reformé est pané à l'anglaise et frit.
– Farcir avec une préparation à base d'intestins ou de panse de mouton, éventuellement de fraise de veau, et préparer à la sauce tomate.

Utilisation et suggestions de garnitures

Pieds de mouton à la rouennaise ; Pieds paquets.

LA FRAISE DE VEAU (intestin grêle)

Préparation et cuisson

– Dégorger à l'eau glacée, blanchir, citronner et cuire dans un blanc.

Utilisation et suggestions de garnitures

Servie tiède ou chaude, comme la tête et les pieds de veau ;
Détaillée en morceaux panés et frits ;
Sautée lyonnaise.

LES ABATS ROUGES

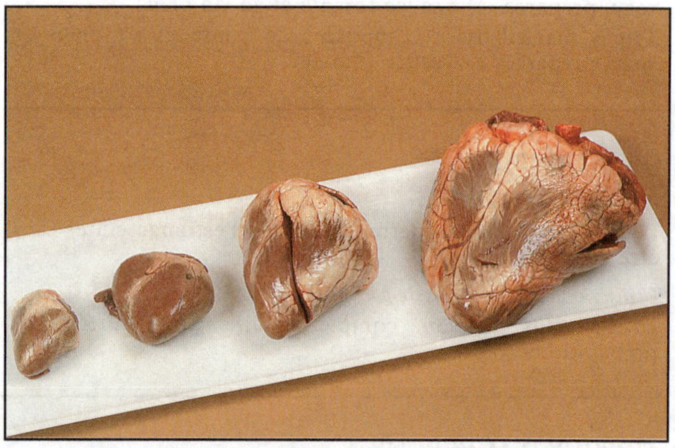

LE CŒUR (agneau, veau, parfois bœuf et porc)

Préparation et cuisson

– Ouvrir et supprimer les fibres dures, les gros vaisseaux et les caillots de sang.
– Dégorger à l'eau glacée.

Le cœur de bœuf longuement braisé constitue un plat très économique.

Utilisation et suggestions de garnitures

Braisé : farci ou non (bourgeoise, aux carottes, bourguignonne, milanaise, ...).

Poêlé : en cocotte (Matignon, printanière, paysanne, ...).

Sauté : provençale, lyonnaise, chasseur, Madère, ...

Grillé : cœur d'agneau ou de veau en brochettes, avec le foie et les rognons.

LE FOIE (veau, agneau, porc, bœuf)

Préparation et cuisson

Le foie de veau est le plus estimé. Le foie de porc, plus économique, a un aspect plus grumeleux et une couleur plus foncée (même valeur nutritionnelle que le foie de veau).

- Supprimer la fine membrane protectrice au moment de l'utilisation.

Utilisation et suggestions de garnitures

Fariner juste au moment de la cuisson.

Sauté : au beurre (sans saisir), à la lyonnaise (oignons), Bercy, au vinaigre de Xérès, aux raisins, bordelaise...

Grillé : « à l'anglaise » (tranches de poitrine fumée grillée), à l'espagnole (tomates grillées, rondelles d'oignons et persil frit), en brochettes. Il permet aussi la réalisation des quenelles, des mousses et des soufflés.

Braisé (pour les lobes entiers).

Le foie de porc est également utilisé pour la fabrication des pâtés et des terrines (mousse de foie).

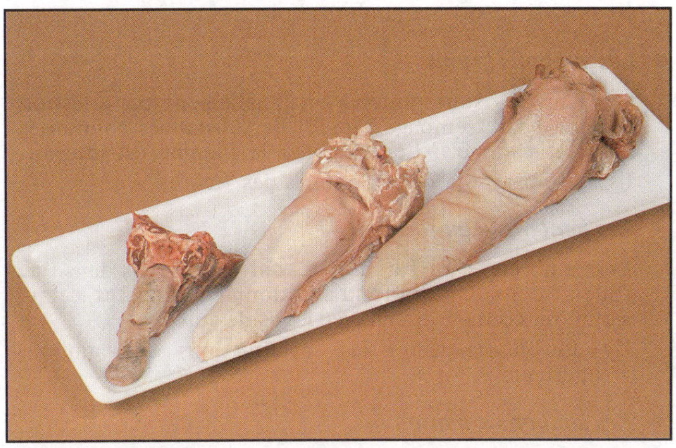

LA LANGUE (bœuf, veau, agneau).

Préparation et cuisson

(voir cas des langues)

- Parer, dégorger à l'eau glacée.
- Blanchir, rafraîchir.
- Pocher, ou braiser, ou pocher aux 2/3 et braiser pour finir la cuisson.
- Monder.

Utilisation et suggestions de garnitures

Sauce piquante, tomate, Madère, Porto, Florentine, ... Avec diverses garnitures : bourgeoise, jardinière (Italienne, purées de pommes de terre, de choux fleurs ou de petits pois frais, etc.).

La langue « écarlate »

Préparation et cuisson

- Parer, dégorger à l'eau glacée.
- Saler par injection ou par immersion durant 4 à 5 jours.
- Dessaler à l'eau courante (12 heures environ).
- Pocher dans un fond bouillant.
- Dépouiller, parer, assaisonner.
- Barder et enrober dans une baudruche*
- Piquer et pocher.
- Colorer la langue avec du carmin de cochenille.
- Sécher, refroidir et huiler légèrement.

Utilisation et suggestions de garnitures

Buffets froids, hors d'œuvre, garnitures milanaise, zingara ou Ribaucourt.

Sert également à piquer les ris de veau.

LES ROGNONS (veau, génisse, porc, agneau)

Préparation et cuisson

Les rognons de veau sont les plus estimés.

- Ne supprimer la graisse et la peau qu'au moment de l'utilisation. La gangue de graisse des rognons de veau peut être utilisée pour leur cuisson (Rognons de veau en casserole).
- Les rognons d'agneau et de porc sont généralement ouverts en deux. Les rognons de veau ou de génisse sont traités entiers ou détaillés en tranches de 2 cm d'épaisseur.
- Supprimer les parties blanchâtres et graisseuses (le bassinet).

Utilisation et suggestions de garnitures.

Attention : les rognons grillés ou sautés cuisent très vite et doivent être servis **rosés**.

Grillés : pour le mixed-grill et les brochettes, Tyrolienne, Vert pré, Maître d'Hôtel, à l'américaine, Henri IV ;

Sautés : sauce Madère, aux champignons, Bercy, berrichone, bouchère, Turbigo...

Braisés : pour les plus fermes (génisse et bœuf).

- Entrent dans la composition des rognonnades.

** Baudruche : partie la plus large du gros intestin du bœuf.*

LES PRODUITS DE CHARCUTERIE

Les différents produits de charcuterie sont essentiellement réalisés à partir de viande ou d'abats de porc, selon des dénominations et une réglementation consacrée par les usages français.

Les exemples ci-dessous sont extraits du « code de la charcuterie, de la salaison et des conserves de viandes », remis à jour en 1986.

LES JAMBONS : CLASSIFICATION

- **Les jambons cuits** :
  - jambon de Paris ou blanc
  - les jambons cuits à l'os
  - l'épaule.
- **Les jambons crus ayant une maturation et une dessication** :
  - les jambons salés au sel sec
  - les jambons saumurés ou salés en saumure

LES JAMBONS CUITS

L'appellation « jambon » est réservée à la musculature du membre postérieur du porc et du sanglier.

Les jambons cuits sont préparés à partir de jambons convenablement désossés, parés et présentés soit :

- Avec la Couenne et le gras de couverture (jambons AC)
- Découennés et Dégraissés (jambons DD), dans ce cas l'épaisseur du gras ne doit pas dépasser 4 mm
  - traités en salaison (frottage, pompage, immersion avec un mélange salant, égouttage) ;
  - cuits de façon suffisante pour assurer la coagulation à cœur des protéines.

Les jambons cuits sont présentés au détail

- en pièces qui permettent un tranchage mécanique et qui peuvent être de formes diverses :
  - oblongue (jambon mandoline) ;
  - parallélépipédique (jambon de Paris) ;
  - cylindrique ;
  - tonneau, etc ;
- en tranches préemballées ou non.

LES DIFFERENTES PRESENTATIONS COMMERCIALES

- Les jambons « supérieurs »
- Les jambons « choix »
- Les jambons « cuits » ou jambons « X » (jambons ordinaires).

Boucheries Roger Paris.

AUTRES DENOMINATIONS DES JAMBONS CUITS

- ***Les jambons « braisés »***

  Ils doivent avoir subi un « braisage » conforme aux usages en cuisine, comprenant une cuisson douce en vase clos à très court mouillement.

  Les jambons braisés doivent correspondre à la définition des jambons supérieurs.

  Ils se distinguent des jambons brunis.

- ***Les jambons brunis***

  Ces jambons sont noircis artificiellement par addition externe (par trempage rapide) de substances colorantes (sang et caramel). Le brûlage à la flamme est interdit.

  Ils doivent répondre aux critères des « choix ».

- ***Les jambons « au torchon »***

  Les jambons « au torchon » sont enveloppés dans une toile et cuits dans un fond additionné d'aromates, ce qui assure un contact direct avec le jus de cuisson.

  Ils doivent respecter les spécifications des jambons « supérieurs ».

- ***Les jambons « maison »***

  Ils doivent être fabriqués par le charcutier, le traiteur ou le restaurateur, et doivent satisfaire au minimum aux spécifications des jambons « choix ».

- ***Les jambons sans sel et les jambons de régime***

  D'après la réglementation, le jambon vendu « sans addition de sel » ou « jambon non salé », à « teneur en sodium non garantie » présente une teneur en sodium supérieure à 120 mg/100 g.

  Ce jambon n'a pas le droit à la mention « jambon de régime ».

  Un jambon dont la teneur en sodium est inférieure à 120 mg/100 g peut être vendu sous l'appellation de « jambon de régime » avec l'indication « teneur en sodium réduite ».

Pour une teneur inférieure à 40 mg/100 g, le jambon sera vendu sous l'indication « teneur en sodium très réduite ».

Remarque :

Certains jambons sont présentés colorés extérieurement avec des épices ou enrobés de poivre ou conservés dans de la cendre.

LES JAMBONS CUITS A L'OS

Ces jambons sont cuits et présentés à la vente avec leurs os, notamment le fémur, ils sont découpés à la main.

Selon le Code des Usages, leur composition doit répondre aux règles du « jambon supérieur ».

Il existe un certain nombre de types de jambons cuits à l'os, les deux principaux utilisés en cuisine sont : le jambon d'York et le jambon de Prague.

York et Prague ne sont pas des mentions d'origine, mais correspondent à des modes de fabrication.

Le jambon d'York est un jambon de coupe longue ou courte, traité en salaison lente (saumure douce et égouttage prolongé), étuvé en atmosphère de fumée et cuit avec os, gras et couenne. Il doit être présenté à la vente avec l'os et ne peut être vendu en tranches préemballées.

Le jambon de Prague est un jambon (coupé rond) salé en saumure douce et sucrée, déssalé, égoutté, étuvé et souvent fumé, et rapidement séché (15 jours). Il peut être vendu cuit ou dans certains cas « à cuire ».

L'EPAULE

La musculature du membre antérieur du porc constitue l'épaule. Les produits qui en dérivent doivent être dénommés « épaules » et en aucun cas « jambons de devant » ou « jambon-épaule ». Par contre, elle est fabriquée de la même manière que le jambon et commercialisée sous deux dénominations :

- 1er choix
- épaule cuite ou « ordinaire ».

Ces deux catégories correspondent aux mêmes ingrédients et additifs autorisés pour le jambon.

CRITERES ANALYTIQUES DES JAMBONS CUITS

Nouveau Code de la Charcuterie

Catégories de jambons	Humidité du produit dégraissé (H.P.D.)	Sucre, dextrose et saccharose %	Sel nitrité, Nitrate %	Acide ascorbique % ascorbate de sodium	Polyphosphate %	Caractéristiques
JAMBONS DESOSSÉS Jambons « supérieurs » Jambons labellisés	75 %	0,6	sel nitrité 1,7 et salpêtre 0,02	0,03	0	Fabriqués à partir de jambons frais (pas de jambons surgelés). L'addition de polyphosphate, de L monoglutamate de sodium et d'hydrolysats de protéines est interdite. Le délai de vente après cuisson est fixé à 27 jours.
Jambons supérieurs « maison ». Jambons « braisés » Jambons « au torchon » Jambons « à l'ancienne »	75 %	0,5	idem	0,03	0	Préemballé entier après cuisson, il doit être tranché sur les lieux et le jour même de la vente. En tranches préemballées, il perd le qualificatif « supérieur » et devient « surchoix » Le jambon supérieur « maison » doit être fabriqué par le vendeur.
Jambons choix brunis et « maison »	75 %	2	soit sel nitrité 1,7 et salpêtre 2 , soit salpêtre 0,05 %	0,03	0,2	Fabriqués à partir de jambons frais ou congelés. Ils contiennent des polyphosphates dont le rôle est de retenir l'eau et d'améliorer l'aspect et la tenue à la coupe. L'addition de L monoglutamate de sodium est autorisée. Le taux de sucre peut atteindre 2 %. Le délai de consommation n'est pas fixé mais laissé sous l'entière responsabilité du fabricant. Il est souvent commercialisé en tranches préemballées.
Jambons cuits ou jambons X (jambons ordinaires et de régime)	76 %	3	idem	0,03	0,3	X étant le nom ou la marque du fabricant, ou toute autre appellation non définie par les usages et n'évoquant aucun qualificatif de supériorité. Le plus souvent ces jambons sont réalisés à partir de jambons surgelés, ils contiennent jusqu'à 0,3 % de polyphosphate, le taux de sucre peut s'élever jusqu'à 3 %, et ils peuvent contenir du L monoglutamate de sodium en quantité strictement nécessaire. Cette catégorie ne représentait en 1986 que 12 % des ventes. Peut être vendu en tranches préemballées.
JAMBONS CUITS A L'OS Jambons d'York et de Prague	76 %	1	idem	0,03	0	Correspond à la catégorie des supérieurs. Fabriqué avec du jambon frais. DLC : 27 jours. Ne peut être vendu en tranches préemballées.

LES PRINCIPALES ETAPES DE LA FABRICATION D'UN JAMBON CUIT

Le désossage et le parage des viandes

Pour la fabrication des jambons découennés et dégraissés, il est nécessaire d'ôter la couenne et de ramener l'épaisseur du gras de couverture à 4 mm.

- la cuisse du porc est alors désossée (sauf dans le cas d'un jambon « à l'os ».
- les parties internes (nerfs, tendons, ganglions graisseux) sont supprimés afin de favoriser la présentation des tranches.

Le saumurage

Des machines « multi aiguilles » injectent la saumure à l'intérieur des muscles.

Le pourcentage d'ingrédients et d'additifs injectés est calculé très précisément.

Le malaxage ou le barattage ou le massage

La viande est placée à l'intérieur de cuves (barattes) qui tournent pendant environ 24 heures, afin de répartir uniformément la saumure à l'intérieur des muscles, de faciliter la solubilisation des protéines dans la solution de salage, et d'assouplir les muscles pour faciliter le moulage.

Le moulage et le pressage

Les muscles sont placés dans des moules métalliques qui donneront aux jambons une forme régulière et caractéristique.

C'est la pression des couvercles qui conditionnera la bonne tenue du jambon au tranchage.

De nouvelles techniques de moulage (conditionnement des jambons en sacs plastiques rigides ou rétractables sous vide) remplacent progressivement les moules traditionnels.

La cuisson

Le jambon est cuit dans son moule à l'intérieur d'un cuiseur à vapeur. La température de 67 à 68 °C à cœur doit être obtenue pour assurer la coagulation des protéines (dans le cas de jambons « au torchon » la cuisson s'effectue sans moule et dans un fond aromatisé).

Le refroidissement

Le refroidissement des moules s'effectue par douchage à l'eau froide, puis ils sont placés 48 heures en enceintes frigorifiques.

Le démoulage et le conditionnement

Les jambons sont démoulés, puis conditionnés sous vide avant la commercialisation.

L'ETIQUETAGE DES JAMBONS CUITS

Qu'ils soient conditionnés entiers ou en tranches, l'étiquetage des jambons doit comporter un certain nombre d'indications obligatoires :

- **le nom du fabricant ou du distributeur**
- **la dénomination de vente**
  jambon supérieur, choix, jambon braisé, cuit au torchon
- **la date limite de consommation**
  Ex : 17 décembre 1987
- **suivie des conditions de conservation**
  à conserver à + 5 °C.
- **le poids net**
  Ex : 2,850 kg
- **la marque de salubrité**
  cette obligation doit être mise en application depuis septembre 1986.

QUELQUES CONSEILS D'UTILISATION

- Réserver les jambons entiers dans leur emballage d'origine à + 5 °C en respectant la date limite de consommation (27 jours après conditionnement pour les jambons de qualité « supérieure » ; pour les autres qualités se conformer aux prescriptions du fabricant).
- Protéger le jambon entamé de la lumière, des odeurs et de la chaleur : en l'enveloppant dans du papier d'aluminium et en le réservant en enceinte frigorifique à + 3 °C (le consommer dans les huit jours suivant l'ouverture de l'emballage à condition de ne pas dépasser la date limite de consommation).
- Couper le jambon au fur et à mesure des besoins.
- Conserver les tranches découpées dans du papier d'aluminium ou sous film plastique alimentaire, à + 3 °C durant 24 heures maximum.
- Vérifier la propreté du trancheur universel, le laver, le désinfecter, le rincer et le laisser sécher après chaque demi-journée de service.
- Eviter la manipulation des tranches avec les doigts.
- Utiliser du matériel propre en acier inoxydable ou en polycarbonate de préférence (les jambons conditionnés et cuits sous vide se conservent à + 3 °C environ quatre mois après la date de cuisson – se conformer aux prescriptions du fabricant).
- A la coupe les tranches doivent être lisses, sans trous ni traces de tendons, ni de ganglions. Elles doivent être de couleur rose uniforme et ne pas présenter de reflets anormaux. Elles doivent avoir de la tenue à la tranche et ne pas présenter de traces d'humidité.

LES JAMBONS CRUS AYANT SUBI UNE MATURATION ET UNE DESSICATION

Ils sont vendus en entier, désossés, en morceaux ou en tranches préemballées ou non.

Ils sont classés selon deux types de critères :

- le processus technologique utilisé (modalité et durée)
- le mode de salage.

On distingue :

Les jambons salés au sel sec.
Les jambons saumurés ou salés en saumure.

LES JAMBONS SALES AU SEL SEC

Ce sont des produits de tradition très ancienne dont le processus technologique comprend essentiellement :

- l'utilisation de jambons avec os, coupe ronde et sans mouille ;
- un salage des jambons avec os réalisé par frottage au sel sec (un enfouissement dans le sel peut complémentairement être utilisé dans la mesure où l'humidité exsudée par le jambon peut s'écouler dès sa formation) ;
- une maturation, affinage de plus ou moins longue durée (air libre ou atmosphère conditionnée).

DENOMINATIONS DE VENTE DES JAMBONS CRUS

- *Jambons crus :*

  Sans aucune mention d'ordre géographique ou de qualité si le cycle de fabrication est inférieur ou égal à 120 jours (de la mise au sel au conditionnement).

  La date de la mise au sel doit être indiquée de façon indélébile, l'absence de ce marquage assimile tous les jambons à cette catégorie.

- *Jambons secs ou jambons « sel sec » :*

  La coupe ronde sans mouille ne doit pas excéder 6 cm au-delà de la tête du fémur. L'os du quasi est partiellement enlevé, le jarret est déjointé ou éventuellement scié au niveau de l'articulation.

  Le cycle de fabrication est de :
  - 130 jours minimum si le jambon pèse au plus 5,5 kg avec os et 4,6 kg sans os ;
  - 145 jours minimum si le jambon à la vente pèse plus de 5,5 kg avec os.

  Exemples de jambons secs ou jambons « sel sec » :

  Jambons de Bayonne, de Savoie, d'Auvergne, de Lacaune, de Najac, de Montagne, des Alpes, de Royan, du Bocage normand, de Bretagne, du Haut-Doubs.

  Le « Jambon de Vendée » est une nouvelle dénomination qui correspond à la catégorie des jambons crus étuvés, fumés ou non. Sa fabrication est la suivante : Le jambon cru est frotté au sel sec additionné d'eau-de-vie, d'arômates et de salpêtre ; il subit ensuite un salage-maturation en cuve ou dans un linge, suivi d'un temps de pressage progressif pour lui faire perdre son jus ; puis un étuvage et/ou séchage imparfait. Il n'est pas fumé.

- ***Les jambons secs ou « sel sec » avec qualificatif de supériorité:***

  Un jambon sec avec qualificatif de supériorité doit peser à la vente au minimum 5,7 kg avec os et 4,7 kg sans os.

  Le cycle complet de fabrication doit être supérieur à
  - 210 jours si le jambon pèse à la vente de 5,700 kg à 6,700 kg avec os et 4,700 kg à 5,500 kg désossé ;
  - 270 jours si le jambon pèse à la vente plus de 6,700 kg avec os ou 5,700 kg désossé.

  Exemples de jambons secs sous label :
  - Jambon de Lacaune sous label certifié par APSALAC
  - Jambon de Bayonne sous label certifié par BAYONADOUR
  - Jambon sec sous label (région lyonnaise)
  - Jambon d'Auvergne sous label certifié par ADITVA.

LES JAMBONS SAUMURES OU SALES EN SAUMURE

Il s'agit de jambons ayant reçu une addition de saumure, si faible soit-elle, soit par injection, soit par immersion.

La dénomination de vente comprend obligatoirement la mention « jambon saumuré » ou « jambon salé en saumure » sans aucune mention d'ordre géographique ou de qualité, à l'exception des jambons de Westphalie et des noix de Cobourg qui sont des produits de ce type.

LES JAMBONS AVEC MENTIONS ETRANGERES

Diverses appellations étrangères commercialisées en France sont protégées dans le cadre d'accords commerciaux.

Jambons de Westphalie

Les jambons (coupe ronde longue) sont frottés au sel nitrité, saumurés, déssalés, égouttés et fumés à froid pendant une semaine ou plus avec des essences fortement odoriférantes, puis séchés.

L'appellation « jambon de Westphalie » est protégée par un accord commercial franco-allemand.

Jambons d'Ardenne

Les jambons sont fumés à froid pendant plusieurs semaines puis séchés. Cette dénomination est protégée mais non la dénomination « Jambon des Ardennes ».

Afin d'éviter toute confusion avec les jambons fabriqués en France, et conformément à l'article 5 du décret du 7 décembre 1984, l'indication de provenance doit figurer sur les documents d'accompagnement et les étiquettes.

Jambons italiens

Le jambon de Parme est (avec le jambon de San Daniele) le plus connu et le plus réputé.

- Les accords commerciaux franco-italiens protègent non seulement les jambons « Parme sous label », dont la définition est donnée ci-après, mais l'appellation générique « Jambon de Parme » qui s'applique aux jambons secs italiens fabriqués et affinés selon les usages loyaux et constants de l'industrie italienne.

Marque de qualité « Jambon de Parme »

La loi italienne n° 506 du 4 juillet 1970 définit la délimitation du territoire de production et les caractéristiques du produit. L'appellation « Prosciutto di Parma » est réservée aux jambons :

- provenant de porcs élevés en stabulation au moins 4 mois en Emilie, Romagne, Lombardie, Vénitie et Piémont, nourris, abattus et saignés selon d'excellentes règles d'hygiène. Un certain nombre de produits sont interdits dans les rations des porcs pendant les 40 jours qui précèdent l'abattage,
- frais, à l'exclusion des jambons congelés,
- de coupe arrondie et correctement parés,
- salés et maturés dans une zone typique parfaitement définie et à basse altitude (moins de 900 m).

Les jambons ne peuvent être commercialisés sous la dénomination « Prosciutto di Parma » ou « Jambons de Parme » que dans la mesure où :

- les fabricants font l'objet de contrôles portant tant sur les locaux, les techniques de fabrication que sur les documents concernant l'origine des jambons et la durée de fabrication,
- le poids commercialisé (normalement entre 8 et 9 kg) n'est pas inférieur à 7 kg (5,5 kg désossé),
- la durée de fabrication (de la mise au sel à la vente) n'est pas inférieure à 10 mois pour les jambons pesant entre 7 et 9 kg et à 12 mois pour les jambons de poids supérieur à 9 kg.

AUTRES PRODUITS DE LA DECOUPE DU PORC

Noix de jambon

Il s'agit des masses musculaires du jambon, traitées au sel ou avec de la saumure. La durée du cycle de fabrication est en général inférieure à 120 jours. Les appellations suivantes correspondent à des usages : Noix d'Armorique, Noix de Bretagne, Noix fumée d'Alsace.

Lard de jambon

Traduction de « Schinkenspeck ». Spécialité de l'Est de la France. Il s'agit de l'ensemble des muscles du jambon à l'exclusion de la noix, traités en salaison (mixte), fumés et séchés.

Noix de Cobourg

Cette dénomination est protégée par l'accord commercial franco-allemand du 8 mars 1960.

Elle correspond à l'ensemble des muscles de la noix et la sous noix et est présentée sous forme parallélépipédique. Le produit est fortement fumé.

Coppa

On désigne sous cette dénomination italienne une préparation constituée par l'échine de porc désossée et parée, traitée en salaison, enveloppée et ficelée en boyau naturel ou artificiel. Le produit est ensuite étuvé et séché.

Les « coppas » sont vendues à peine sèches, dès qu'elles ont atteint une certaine consistance.

Spalla

Spécialité italienne, analogue à la coppa, mais composée d'épaule.

Poitrine (ventrèche, pancetta)

Les poitrines peuvent entrer dans cette catégorie lorsqu'elles subissent une maturation-séchage prolongée.

Foie de porc de Carcassonne

Cette ancienne spécialité locale correspond à du foie de porc salé, poivré, embossé dans un chaudin de porc et séché.

AUTRES PRODUITS PROVENANT DE LA FABRICATION CHARCUTIERE

LES PRODUITS CRUS VENDUS SOUS LA DENOMINATION GENERIQUE « CHAIR A SAUCISSE »

- ***Les crépinettes***

  Il s'agit de « chair à saucisse » enveloppée dans un morceau de crépine (épiploon), dont la farce peut être persillée. En cuisine, elles peuvent être préparées avec de l'agneau, du lapin, des ris de veau ou de la volaille, elles prennent alors le nom de l'ingrédient qui sert de base.

  Exemple : crépinette de lapereau aux champignons sauvages.

- ***Les saucisses***

  Elles sont réalisées à partir de chair à saucisse (hachage moyen ou gros) poussée dans un boyau naturel (menu de porc ou de mouton) ou artificiel. Le diamètre est fonction des coutumes régionales (de 2 à 4 cm).

  Exemple : saucisses de Toulouse, chipolata, saucisse au vin blanc, saucisse à l'oignon.

  Elles sont en général grillées ou sautées. Elles peuvent être blanchies avant cuisson.

LES PRODUITS CUITS CONFITS DANS LA GRAISSE

Il s'agit de préparations obtenues par la cuisson de morceaux de viande de porc dans sa propre graisse ou dans de la graisse de porc.

- ***Les rillettes***

  Les rillettes sont des préparations obtenues par la cuisson longue dans leur propre graisse, ou dans de la graisse de porc, des viandes ou des mélanges de viandes assaisonnées de sel, poivre, parfois d'épices, et dilacérées par un procédé mécanique ou manuel. Sur le plan industriel, peuvent être ajoutés, du salpêtre, du sel nitrité et des colorants.

  Les types de rillettes de porc les plus connues sont :

  les rillettes du Mans ou de la Sarthe
  elles sont cuites lentement, en gros morceaux et sont de couleur claire

  les rillettes de Tours
  elles ont une texture plus fine que les rillettes du Mans et contiennent assez souvent du foie de porc. La cuisson est conduite rapidement et elles présentent une teinte plus soutenue,

  les rillettes d'oie
  différentes dénominations sont utilisées :

Rillettes « pure oie »	ne contiennent que de l'oie
Rillettes d'oie*	au moins 50 % de maigre d'oie et 20 % de graisse d'oie
Rillettes « oie et porc »	plus (et inversement) de maigre d'oie que de maigre de porc
Rillettes « porc et oie »	au moins 20 % de maigre d'oie et 20 % de graisse d'oie.

** non en conserves*

Les rillettes de canard apparues récemment sur le marché suivent les mêmes règles.

Les rillettes de volaille et de lapin

Elles sont obtenues par rissolage et cuisson dans la graisse de porc ou de la graisse d'oie, de maigre de volaille ou de lapin ou d'un mélange de volaille ou de lapin, et de maigre de porc.

Les appellations correctes sont :

Rillettes « de volaille » « de lapin »	au moins 50 % de maigre de volaille ou de lapin
Rillettes « de volaille et porc » « de lapin et porc »	plus de maigre de volaille ou de lapin que de maigre de porc
Rillettes « porc et volaille » « porc et lapin »	plus de maigre de porc que de maigre de volaille ou de lapin, mais au moins 15 % de maigre de volaille ou de lapin.

- ***Les rillons ou rillauds***

  Spécialité obtenue en cuisant dans de la graisse de porc chaude des morceaux de poitrine ou d'épaule assaisonnés et coupés en cubes de 50 à 200 g.

  Différentes appellations régionales semblables : grillons, chichons et graisserons ;

- ***Les grattons ou frittons***

  Ils sont composés des résidus maigres obtenus lors de la fonte des gras de porc au moment de la fabrication du saindoux ;

- ***Le confit de porc***

  Le produit est obtenu par cuisson dans la graisse de morceaux de porc, en général échine désossée ou non, épaule, mais les autres morceaux de porc peuvent être traités de la même manière (museaux, oreilles, langues, travers, etc.) ;

- ***Le confit d'oie ou de canard frais***

  Les ailes, les cuisses, les filets de canard présalés sont cuits en marmite ouverte dans la graisse de l'animal. Après cuisson, ils sont égouttés, et après un léger refroidissement, rangés dans des pots et recouverts de la graisse chaude de l'animal considéré.

  Les confits de dinde ou de poule préparés comme des confits d'oie ou de canard, peuvent être recouverts de graisse d'oie ou de canard ou de saindoux.

- ***les cous farcis d'oie ou de canard***

  La peau du cou de l'oiseau sert d'emballage à une farce

(généralement à galantine). Les cous farcis d'oie ou de canard sont cuits dans la graisse comme les confits ;

- ***Les cous d'oie ou de canard à la périgourdine***

  La farce contient 10 % de foie gras d'oie ou de canard.

Remarque : les rillettes et les confits présentés en pots sont souvent recouverts de graisse chaude avant refroidissement. Cette couche de graisse sert à améliorer la conservation.

LES PATES ET LES TERRINES

Cette catégorie comprend une gamme très large de produits très caractéristiques de la charcuterie française .

Les pâtés sont composés :

- de viandes (maigre et gras, abats) des espèces animales autorisées, présentés en morceaux et/ou en pâte fine,
- d'éléments déterminant l'appellation (jambon, épices),
- d'un assaisonnement traditionnel (sel, poivre, épices),
- et de certains additifs autorisés et réglementés (œufs, lait, amidon, sel nitrité ou salpêtre, acide ascorbique, polyphosphates, colorants, gélifiants).

Remarque :
La réglementation détermine les quantités maxima admissibles en ce qui concerne les additifs et fixe les proportions à respecter pour les composants « nobles » (maigre de viande par exemple) selon les préparations.

Exemples :

- ***Pâté maison ou pâté du chef :***
  Il s'agit d'un pâté fabriqué par le vendeur. En aucun cas, il ne peut donc sortir d'une boîte !
- ***Pâté de jambon***
  Il s'agit d'un pâté pur porc renfermant au moins 20 % de maigre de jambon.
- ***Pâté de campagne***
  Il s'agit d'un mélange de maigre, de gras, de gorge et d'abats (foie, cœur, parties comestibles des têtes et éventuellement rognons). Il est pur porc.

  Cette dénomination très ancienne n'évoque pas la provenance (les dénominations pâté de ferme ou pâté fermier sont interdites).
- ***Pâtés de volaille, de lapin***
  Ces produits doivent renfermer au minimum :
  - 15 % de maigre (et éventuellement de foie) de volaille ou lapin,
  - 20 % de maigre (et éventuellement de foie) de volaille ou lapin s'ils portent un qualificatif de supériorité.
- ***Pâtés de gibier (et pâtés des espèces assimilées élevées en captivité)***
  Ils doivent renfermer 20 % de maigre (et éventuellement de foie) de gibier. La présence du poumon, du cœur et des reins du gibier considéré est fréquente. L'addition de viandes séparées mécaniquement est interdite.
- ***Pâté forestier***
  Il s'agit d'un pâté de campagne ou d'un pâté de foie renfermant exclusivement des champignons sylvestres (morilles, trompettes de la mort, lactaires délicieux, etc.), en quantité au moins égale à 1 %.
- ***Les pâtés en croûte***
  Il s'agit d'un pâté cuit dans une pâte et destiné à être consommé chaud ou froid.
  Le pourcentage de pâte ne doit pas dépasser 50 % pour les pâtés en tranches, 40 % dans le cas d'un qualificatif de supériorité et 70 % si le paté est enrobé totalement de pâte (petit paté feuilleté).
  Dans le cas du saucisson en brioche, la pâte ne doit pas excéder 40 % du poids total du produit vendu. Dans le cas contraire, la dénomination brioche fourrée au saucisson est admise.
- ***Pâté de foie***
  Patés à base de foie ou confit de porc avec 40 à 60 % de foie.

Le terme terrine

L'appellation « terrine » s'applique impérativement à un pâté de viande cuit dans un moule (en terre de préférence) et au four avec un qualificatif de « qualité supérieur ».

Par extension, l'appellation « terrine » est actuellement utilisée pour désigner de nombreuses préparations à base de viande mais aussi à base de poisson ou de légumes.

Le terme crème

Ce terme désigne une consistance très onctueuse mais ne peut être assimilé à un qualificatif de supériorité.

Le terme galantine

Les galantines sont composées :

- de morceaux de maigre (en filets ou en lèches) de porc, de veau, de lapin, de volaille, de gibier ou d'abats (foie, foie gras, ris de veau) ;
- d'une farce composée de viandes ou de foie de porc, de veau, de lapin, de volaille, de gibier, ainsi que de lait, d'œufs, d'épices et d'aromates, d'alcool et éventuellement de liants.

Outre le respect des mentions de l'espèce animale, la proportion de maigre en morceaux doit être au moins égale à 20 % du poids du produit débarrassé de la barde et de la gelée d'enrobage.

Le poids de barde et de gelée doit être inférieur à 20 % du poids net total, sauf pour les produits de diamètre inférieur à 50 mm où il peut atteindre 25 %. Le poids de barde ne peut dépasser à lui seul 10 %.

La mention « qualité supérieure » ou « maison » ou « du chef » implique une proportion de maigre en morceaux ou de foie d'au moins 35 %.

La mention « de gibier » est assimilée à une mention de supériorité, donc avec au moins 35 % de gibier.

Le terme ballotine

Il est réservé à des produits de taille réduite de forme cylindrique ou tronconique dont la composition est assimilée à celle d'une galantine de qualité supérieure (35 % de morceaux maigres).

Le terme suprême

Il s'agit d'une galantine de qualité supérieure renfermant un noyau central de foie gras d'oie ou de canard.

Remarque :
Les pâtés, terrines, crèmes, mousses, purées sont préparés à base de foies d'oies ou de canard non gras:

Ces produits ne peuvent en aucun cas porter dans leur dénomination de vente les mots « foie d'oie » ou « foie de canard » qui sont réservés à des préparations contenant au moins 50 % de foie gras d'oie ou de canard.

Leur dénomination de vente peut être :

- soit pâté, terrine, crème, mousse ou purée de foie de volaille suivie de la mention (qui peut être inscrite directement sous la dénomination de vente) « oie » ou « canard », entre parenthèses et en caractères de même typographie mais de hauteur moitié de celle de la dénomination de vente. Par exemple terrine de foie de volaille (canard) ;
- soit pâté, terrine, crème, mousse ou purée de foie maigre d'oie (ou de canard) ;
- soit pâté, terrine, crème, mousse ou purée d'oie (ou de canard).

Dans les trois cas, l'indication dans la composition est « foie maigre d'oie » (ou de canard).

LES DIFFÉRENTES MENTIONS POSSIBLES

Pur porc, pure oie, etc.

Elle n'implique pas une supériorité, ni que le produit ne renferme pas d'additifs.
« Garanti pur porc » équivaut à « pur porc ».
(100 % pur porc est une mention interdite).

Aux truffes

Equivaut à « truffé » soit 3 % minimum de truffes dans le produit fini. « Truffé à X % » si le taux de truffes garanti est compris entre 1 et 3 %.

Aux pistaches ou aux noisettes

La teneur en pistaches ou en noisettes varie de 0,5 à 2 %.

Au Cognac, à l'Armagnac, au Porto, etc.

Implique l'indication du pourcentage d'alcool, de vin, ou de liqueur par rapport au produit fini.

Aromatisé ou parfumé au Cognac, à l'Armagnac, etc. n'implique pas le pourcentage à préciser.
L'addition d'un excès de barde ou de gelée de présentation n'est pas permise. On peut considérer comme conformes aux usages les proportions suivantes :

- moins de 20 % pour les terrines et pâtés, les foies gras et produits à base de foie pesant plus de 0,250 kg ;
- moins de 25 % pour les fromages de tête, les hures, et pour les pièces de moins de 0,250 kg.

En tout état de cause, la proportion de barde seule ne doit pas dépasser :

- 10 % pour les pièces de plus de 0,250 kg ;
- 13 % pour les autres.

La proportion de gelée pour les produits non bardés ne doit pas dépasser :

- 15 % pour les produits de plus de 0,250 kg ;
- 20 % pour les produits de moins de 0,250 kg.

AUTRES PRODUITS PROVENANT DE LA FABRICATION CHARCUTIERE

- ***Les andouilles*** (de Vire, de Guéméné, de Lesneven)

Les andouilles sont composées de l'appareil digestif du porc (la ventrée complète), gros intestin, menus, estomac, éventuellement de lanières de gorge ou de poitrine.

- Les différents éléments sont soigneusement lavés, partiellement dégraissés, les muqueuses stomacales sont supprimées.
- Découpés en lanières puis placés en saumure quelques jours (sel, poivre, épices).
- Enfilés les uns sur les autres, selon le calibre désiré, en formes elliptiques, puis enrobés dans un chaudin (partie du gros intestin du porc).
- Egouttés puis entreposés dans une grande cheminée pour les andouilles de Vire ou dans des fumoirs pour les autres (le fumage dure de un à deux mois).

Les andouilles sont ensuites ficelées, mises à déssaler et pochées à l'eau ou dans un fond judicieusement aromatisé.

- ***Les andouillettes***

Les andouillettes sont préparées à partir de chaudin, et/ou d'estomacs de porc, et/ou de fraises de veau, précuits dans un fond ou dans du lait. Dans certaines préparations, on ajoute de la panse de veau ou de mouton. En cas d'addition de gorge de porc, la gorge n'est pas découennée. Les andouillettes sont souvent présentées à la vente entourées de chapelure ou enrobées dans de la gelée ou nappées de saindoux.

L'andouillette de Troyes est un produit pur porc composé exclusivement de chaudins, d'estomacs et éventuellement de gorge découennée (5 % maximum) ; sans addition d'ingrédients autres que le sel, le sel nitrité, le salpêtre, les épices, aromates et condiments. Elle est embossée au poussoir sous boyau naturel.

Les andouillettes de Cambrai, lyonnaises, rouennaises contiennent de la fraise de veau.

- ***Le boudin noir***

Ce sont des préparations à base de sang, de gras de porc, d'oignons, de sel, de poivre et d'aromates (cerfeuil), embossées dans des boyaux naturels (menus de porc) ou artificiels, et pochées.
Les formules de fabrication sont variables et toute addition de produits alimentaires est autorisée (pommes, châtaignes, etc.) sous réserve de leur mention dans la dénomination de vente.

Exemples : le Boudin de Paris (1/3 de sang, 1/3 de gras, 1/3 d'oignons cuits) pouvant comporter du lait ou de la crème.
Le boudin coutançais (35 % de sang, 30 % d'oignons crus, 25 % de gras et de ratis). Le mélange est embossé dans le gros intestin de porc et le caecum.

- ***Le boudin antillais***

Spécialité créole à base de sang de porc, de pain trempé, d'huile, d'oignons, de cives, d'ail et de piment, parfumée à la muscade, au bois d'Inde et au girofle. Il est souvent présenté en unités de 6 à 8 cm réunies en « chapelets ».

- ***Le boudin blanc***

Le boudin blanc est une préparation composée d'une pâte fine de viande blanche maigre (volaille, veau, porc) et de matière grasse (crème, gras de porc), liée avec du lait, des œufs et facultativement de substances amylacées (il peut être truffé). Il est vendu cuit ou mi-cuit et consommé après avoir été sauté ou grillé.

- ***Les saucisses à pâte fine***

Le nouveau Code des Usages comporte une classification des saucisses à pâte fine en trois niveaux de qualité :

- **Les produits haut-de-gamme** : ceux dont la dénomination de vente comporte la mention « supérieure » ou « de qualité supérieure » à condition qu'ils ne contiennent pas de viandes séparées mécaniquement et qu'ils n'utilisent comme liant que le plasma sanguin à dose maximale de 1 %.
  Si la dénomination de vente est suivie de la mention « traditionel(le) » le produit doit être embossé en boyau naturel. Il en est de même pour les appellations « authentique » ou « véritable » saucisse de Strasbourg, d'Alsace ou Alsacienne.
- **Les produits classiques** ne comportent ni qualificatif de supériorité, ni mention « véritable », « authentique », ou « traditionnel(le) ». Ils portent comme dénomination « saucisse de Francfort », « de Strasbourg », « d'Alsace » ou « Alsacienne », « Knack », « Saucisse cocktail », « Saucisse viennoise », « saucisse de viande », « cervelas de Strasbourg » ou « saucisse choix ». Ils peuvent contenir des viandes séparées mécaniquement et des liants autres que le plasma sanguin.
- **Les produits courants** portent l'appellation saucisse ou cervelas suivie des mentions « pâte fine », « cuit », ou « X », X étant la marque de fabrique ou de commerce, ou encore l'appellation saucisse de viande sans aucune autre mention que « X ». Ils peuvent renfermer des émulsions de couennes ainsi que de l'amidon ou des liants amylacés.

LES VOLAILLES

DEFINITION

Le terme « volaille » englobe tous les animaux (oiseaux) dits de basse-cour, vivant à l'état domestique (gallinacés, palmipèdes), y compris les oiseaux de mêmes espèces que le gibier s'ils sont nés et élevés en captivité (pigeons, cailles).

L'expression « viande de volaille » correspond à toutes les parties de volaille et lapin propres à la consommation humaine. C'est-à-dire maigre de volaille constitué par du muscle squelettique strié et les abattis parés.

Remarque

En restauration, le terme « volaille » utilisé sans aucune précision complémentaire définit les animaux du genre Gallus (poulets), quel que soit leur âge ou leur état d'engraissement. Exemple : Fricassée, ballotine ou quenelles de volaille signifient fricassée, ballotine ou quenelles de poulet.

Boucheries Roger Paris.

CLASSIFICATION

Les volailles sont traditionnellement classées d'après la couleur de leur chair.

On distingue :

Les volailles à chair blanche

- Poussins et coquelets : sujets dont le poids est inférieur ou égal à 0,800 kg ;
- Poulets et poulardes : sujets n'ayant pas encore atteint la maturité sexuelle et dont le poids est supérieur à 0,800 kg ;
- Coqs à rôtir et chapons ;
- Poules et coqs : sujets ayant atteint la maturité sexuelle ;
- Dindonneaux et dindes.

Les volailles à chair brune

- Canards : Nantais ou de Challans, Rouennais ou de Duclair, de Barbarie ou d'Inde ou musqué, et mulard (croisement amélioré entre le canard de Barbarie et la cane de Rouen élevé pour la production de foie gras, magrets et confits).
- Oies ;
- Pintades ;
- Pigeons ;
- Cailles d'élevage.

Le lapin domestique, animal de basse-cour, est généralement rattaché à la classification des volailles.

GENERALITES

En France, comme dans le monde entier, la viande de volaille prend une place croissante dans l'alimentation. Parmi les différents animaux « à viande », la volaille reste un produit bon marché et de bonne qualité, tant sur le plan diététique (richesse en protéines de bonne qualité, pauvreté en graisse) que gastronomique. La volaille se prête à de multiples préparations culinaires.

PRODUCTION

En 1986, la France a produit 900 millions de volailles, soit 1.333.000 tonnes.

Répartition selon les espèces :

Poulet	55 %
Dinde	22 %
Poule	10 %
Canard	8 %
Pintade	5 %

CONSOMMATION

L'aviculture est une véritable richesse agricole.

Premier producteur de viande de volaille de la CEE, la France est aussi l'un des pays qui en consomme le plus.

La consommation annuelle est d'environ 17,3 kg (viande nette) par an et par habitant.

Consommation annuelle dans quelques pays des états membres :

Italie	**18 kg**
RFA	**10 kg**
Belgique	**13,500 kg**
GB	**13,200 kg**

PRINCIPALES REGIONS PRODUCTRICES

L'élevage des volailles se caractérise par un cycle d'élevage très court : 6 à 8 semaines pour un poulet, 13 à 16 semaines pour un dindonneau, contre 6 mois pour produire un porc, 2 ans et demi à trois ans pour un bœuf.

Cet élevage peut se pratiquer « hors sol » ou sur parcours herbeux peu étendus, contrairement aux bovins et aux ovins qui exigent des surfaces beaucoup plus importantes. La production industrielle de volailles est généralement pratiquée dans des régions à terres peu fertiles et dans de petites exploitations agricoles.

Exemples :

- La Bretagne et les pays de Loire (45 % de la production nationale)
- La Sarthe et la Mayenne (Le Mans, la Flèche)
- La Gasgogne
- Les Landes
- L'Auvergne Centre
- La Bresse (Saône et Loire, Ain, Jura).

LA SELECTION DES RACES

La production de poulet exige le choix de races particulières. La sélection rigoureuse des caractères génétiques a pour but de porter au plus haut degré les qualités naturelles d'une race, de développer sa productivité, et d'améliorer sans cesse son rendement. Les volailles sont élevées en fonction de leurs aptitudes particulières :

La ponte

Les races Leghorn, Wyandotte, Rhodes Island qui pondent jusqu,à 280 œufs par an.

La production de viande

- **Poulets à croissance rapide** et à faible indice de consommation. Ils sont obtenus par croisement à base de Cornish, poulets destinés aux élevages industriels.
- **Poulets à croissance lente,** ce sont des races d'une seule souche ou provenant de croisement de souches à base de Cornish, Faverolle, Sussex, Bleu de Hollande, Coucou de Malines, New Hampshire, Race Bresse, Bourbonnaise...

La production et la ponte

- Poulets de races mixtes (bons reproducteurs et excellente conformation).

Les races mixtes sont principalement élevées dans de petites exploitations de type familial.

L'ABATTAGE DES VOLAILLES

La durée minimale d'élevage varie selon les catégories suivantes :

- 6 à 8 semaines pour les poulets de claustration (moins parfois).
- 81 jours pour les poulets labellisés
- 110 jours pour les poulets AOC
- 84 jours pour les canards de Barbarie labellisés
- 94 jours pour les pintades labellisées
- 140 jours pour les dindes fermières de Noël labellisées.

L'enlèvement s'effectue la nuit ou au plus tard à l'aube. Les mangeoires sont retirées 6 heures au moins avant l'attrapage. Les volailles sont transportées dans des casiers plastiques à claire -voie vers des abattoirs agréés. Pour éviter le stress lors du transport l'aire de ramassage des poulets labellisés ne doit pas être supérieure à un rayon de 100 km.

DIFFERENTES PROCEDURES D'ABATTAGE

- Accrochage des volailles sur une chaîne à convoyeur mécanique ;
- Anesthésie électrique (électronarcose) ;
- Saignage par incision de la veine située sous la langue ;
- Echaudage dans un bain d'eau chaude pour « ramollir » les plumes ;
- Plumaison grâce à des machines à disque ou alvéoles pinçant et aspirant les plumes. Pour certaines catégories de volaille la finition est manuelle ;
- Ablation des viscères thoraciques et abdominales, des pattes (selon la présentation commerciale, effilés ou éviscérés) ;
- Contrôle sanitaire (voir les marques de salubrité) ;
- Ressuage, pour lequel les volailles sont placées dans une chambre froide fortement ventilée, dite de ressuage, permettant d'abaisser la température à + 4 °C et d'évaporer l'humidité de la peau ;
- Conditionnement ou découpe dans un atelier agréé ;
- Commercialisation.

Remarque

Les volailles doivent être soumises, immédiatement après leur préparation, à la conservation par le froid.

Pour les volailles réfrigérées : la température interne doit être supérieure à + 0 °C et inférieure ou égale à + 4 °C.

Pour les volailles congelées : la température interne doit être égale ou inférieure à – 12 °C. La congélation doit être effectuée dans un délai maximum de 24 heures après l'abattage.

Pour les volailles surgelées : (petites pièces de découpe) la température interne doit être égale ou inférieure à – 18 °C.

Contrairement aux viandes de boucherie, les volailles ne nécessitent pas une maturation (mortification) durant plusieurs jours avant la consommation. Leur durée de maturation est très courte : elles acquièrent leur tendreté après 12 à 18 heures de réfrigération. La date limite de vente après l'abattage est de 7 jours pour les poulets, de 9 jours pour la pintade de chair et le canard de Barbarie labellisés, et de 14 jours pour la dinde.

L'ESTAMPILLE SANITAIRE OU LA MARQUE DE SALUBRITE

L'estampillage des carcasses et abattis de volaille est effectué dans les centres d'abattage, satisfaisant aux normes sanitaires en vigueur, par les exploitants d'abattoirs sous le contrôle des services vétérinaires.

Exemple d'une estampille adhésive communautaire d'un abattoir agréé :

Inscriptions en rouge sur fond oval blanc ou incolore bordé de rouge, en caractères de 0,2 cm de hauteur : sur la partie supérieure, figurent les 2 majuscules FR ; au centre le numéro d'immatriculation de l'abattoir. Département, numéro d'inscription, la lettre « A » étant la classe de qualité ; partie inférieure avec le sigle CEE.

Exemple d'une estampille adhésive nationale :

Inscriptions en bleu, dans un losange à fond blanc bordé de bleu, en caractère de 0,2 cm de hauteur ; à gauche, le numéro du département ; à droite, le numéro de l'abattoir, la lettre « A » étant la classe de qualité.

Remarque

La reproduction de l'estampille nationale peut figurer sur l'étiquette commerciale.

Le registre d'abattage

Chaque centre d'abattage doit tenir un registre spécial. Le nombre de volailles abattues, classées par espèces et par modes de présentation et de conditionnement, doit y être inscrit jour par jour, sans blancs ni ratures.

LES TYPES D'ELEVAGES PRATIQUÉS EN FRANCE

LES POULETS INDUSTRIELS

L'élevage industriel est né avec l'explosion démographique qui a suivi la dernière guerre et le phénomène de l'urbanisation intensive. En devenant une filière avec sélection des races, accouvage, élevage, abattage et distribution. La production rationnelle et moderne de ce type de volaille pallie l'incapacité de la production familiale et artisanale à fournir tout au long de l'année une volaille de qualité constante et contrôlée.

LES POULETS LABELLISÉS (label rouge)

Placées sous le contrôle du Ministère de l'Agriculture, deux catégories de labels rouges sont actuellement proposées :

Le « Label rouge » correspondant à un élevage sans parcours extérieur ;

Le « Label rouge fermier » correspondant à un avec parcours herbeux extérieur.

Comparés aux poulets industriels (de claustration), les poulets labellisés nécessitent plus de temps d'élevage, une alimentation particulièrement étudiée, et un espace vital plus important.

LES POULETS «APPELLATION D'ORIGINE»

Le poulet de Bresse bénéficie d'une appellation d'origine légalement contrôlée. Tout comme un «grand cru», il est une volaille haut de gamme. Il est élevé en totale liberté, selon des usages locaux traditionnels, à l'abri de toute forme d'industrialisation. La finesse de sa chair et sa saveur sont dues à sa race, au terroir, aux méthodes d'élevage artisanal, et à une alimentation naturelle (céréales et lait). Ces conditions justifient d'ailleurs son prix élevé.

CRITERES DISTINCTIFS

	POULETS INDUSTRIELS (ou de claustration)	POULETS LABELLISÉS Labels rouge et rouge fermier	POULETS A APPELLATION D'ORIGINE CONTROLÉE
PRODUCTION ANNUELLE (1986)	600 millions	45 millions.	1,2 million.
RACES UTILISÉES	Croisement à base de Cornish Souches sélectionnées à croissance rapide.	Croisement à base de Cornish, Sussex, Faverolle, New-Hampshire. Les poussins doivent provenir d'une seule souche ou d'un seul croisement de souche. Souche sélectionnée à croissance lente.	Race Bresse – Originaire de la zone d'appellation « Ain, Jura, Saône et Loire ». Blanche à pattes bleutées, crête simple à grandes dentelures rouges. Souche sélectionnée à croissance lente, provenant du centre de Béchanne à St Etienne du Bois.
ALIMENTATION	Aliments industriels (farines, tourteaux de soja, matières grasses, minéraux, additifs autorisés (antibiotiques, activateurs de croissance, coccidiostatiques) du 1er jour à la vente.	Aliments industriels jusqu'à l'âge de 28 jours ; les régimes ne doivent pas comporter de matières grasses, ni de farine de poisson. A partir du 28ème jour, seules les matières premières suivantes sont autorisées : – les céréales et leurs issues avec un minimum de 70 % et 75 % 15 jours avant l'abattage ; – les tourteaux de soja, de tournesol et de colza ; – farine de luzerne. – poudre de lait écrémé, – compléments minéraux et vitaminiques. L'emploi d'antibiotiques est strictement réservé au rétablissement de la santé. Ils ne peuvent être utilisés durant les 5 derniers jours qui précèdent l'abattage. La mention « fini au maïs, au blé ou aux céréales » est admise s'il y a distribution exclusive de maïs, de blé ou d'un mélange selon le cas, pendant 15 jours avant l'abattage.	Aliments industriels jusqu'au 35ème jour, sans matière grasse. A cinq semaines, parfois plus tôt, si la saison le permet, les poulets commencent à sortir. Ils ont alors une nourriture naturelle à base d'herbe, de petits mollusques et de petits cailloux ; maïs, blé, avoine, riz et poudre de lait. La période de liberté est fixée au moins à 9 semaines, la finition (affinage) s'effectue en « épinettes » durant 8 à 15 jours. Pas d'antibiotiques.
AGE D'ABATTAGE	6 à 8 semaines.	81 jours minimum (elle est exprimée en jours).	16 semaines.
METHODE D'ÉLEVAGE	Claustration complète 25 à 30 kg de poids vif au m². Le débecquage et le désonglage sont autorisés.	Label rouge : bâtiment à fenêtres, 10 sujets ou 20 kg de poids de vif au m². Label fermier : bâtiment à fenêtres, 10 sujets au m² + parcours herbeux 2 m² par sujet. Le débecquage et le désonglage sont interdits.	Liberté totale avec au minimum 10 m² par sujet. Le débecquage et le désonglage sont interdits.

LES CLASSES DE QUALITE

Le classement est effectué par l'abatteur, sous sa responsabilité. Trois classes ont été définies par les lettres A, B et C. Le classement repose sur l'examen de l'aspect extérieur de chaque carcasse.

Les critères d'appréciation sont les suivants :

- La conformation et les masses musculaires ;
- L'état d'engraissement ;
- La qualité de la plumaison (présence de plumes, filoplumes, duvet et siccots) ;
- La présence de défauts survenant avant l'abattage au cours des opérations d'abattage, ou pendant le stockage (fractures, ecchymoses, déboîtages, blessures, coupures, etc.).

CLASSE A

L'animal est bien conformé ; les masses musculaires sont importantes au niveau du bréchet, le corps est bien musclé, une mince couche de graisse bien répartie apparait sous la peau (veines grasses).

L'animal effilé est dépourvu de plumes à l'exception de la collerette, des jarrets et des bouts d'ailes. Quelques siccots et filoplumes sont tolérés.

L'animal éviscéré est complètement dépourvu de plumes, siccots et filoplumes.

Quelque soit la présentation, l'animal doit être exempt de fractures, déboîtages, ecchymoses (en particulier ampoule du bréchet), déchirures ou coupures autres que les incisions effectuées au cours des opérations d'éviscérage.

CLASSE B

L'animal peut présenter un certain nombre de déformations peu accusées (bréchet incurvé, dos arrondi). Les masses musculaires doivent être suffisamment importantes au niveau de la poitrine et des cuisses. Le bréchet peut être légèrement proéminent.

L'engraissement peut être insuffisant ou excessif à condition qu'il n'affecte pas la présentation.

L'animal effilé est dépourvu de plumes à l'exception de la collerette, des jarrets et des bouts d'ailes, quelques siccots et filoplumes sont tolérés.

L'animal éviscéré est complètement dépourvu de plumes, siccots et filoplumes.

Deux déboîtages ou fractures non ouvertes ainsi que les ecchymoses sont admis dans la mesure où la partie atteinte a été reconnue apte à la consommation. L'animal peut présenter des blessures, coupures ou déchirures à condition qu'elles ne portent pas de préjudice à la présentation ni à la conservation.

CLASSE C

Cette catégorie regroupe tous les animaux exclus des classes A et B. Ils ne peuvent être livrés en l'état à la consommation et doivent être réservés à l'industrie de transformation.

Seules les catégories A et B sont admises à la vente au public. La catégorie C est destinée à la transformation (potages, bouillons, fonds déshydratés par exemple).

LES CALIBRES DE POIDS

Les caractéristiques de poids sont définies par une réglementation nationale.

CALIBRES DE POIDS EN KILOGRAMMES

Différentes appellations	CALIBRE	VIF	EFFILÉ	ÉVISCÉRÉ avec abattis	ÉVISCÉRÉ sans abattis
POUSSINS		0,800 maxi	0,650	0,550	0,500
POULETS PETITS	1	⩽ 1,300	⩽ 1,100	⩽ 0,900	⩽ 0,850
MOYENS	2	> 1,300 ⩽ 1,700	> 1,100 ⩽ 1,400	> 0,900 ⩽ 1,200	> 0,850 ⩽ 1,100
GROS	3	> 1,700 ⩽ 2,200	> 1,400 ⩽ 1,800	> 1,200 ⩽ 1,500	> 1,100 ⩽ 1,400
TRES GROS	4	> 2,200	> 1,800	> 1,500	> 1,400

Remarque

La dénomination « Coquelet » est admise pour une volaille du genre « Gallus », abattue pour la consommation humaine, pesant de :

0,600 kg à 0,900 kg pour les effilées
0,500 kg à 0,800 kg pour les éviscérées avec abattis
0,400 kg à 0,700 kg pour les éviscérées sans abattis.

Coquelet

LA PRESENTATION COMMERCIALE

LES VOLAILLES NON VIDÉES

- Saignées et plumées,
- présentant une collerette de plumes ne dépassant pas 2 cm de largeur à la base de la tête, et quelques plumes aux jarrets.

Cette présentation n'offre aucune garantie sanitaire et ne représente actuellement qu'une tolérance de la part des services vétérinaires. Ces volailles proviennent généralement de petits élevages où l'exploitant assure directement la vente aux consommateurs. Elles doivent être utilisées immédiatement après leur livraison.

LES VOLAILLES EFFILÉES

– Saignées et plumées,
– elles ont subi l'ablation des intestins par l'orifice cloacal ; les autres viscères restent à l'intérieur de la carcasse (jabot, foie, gésier, cœur, poumons) ;
– les abattis sont conservés (pattes, tête, cou) ;
– présence tolérée à une collerette de plumes ne dépassant pas 2 cm (de largeur à la base de la tête) et quelques plumes aux jarrets.

En restauration classique, c'est généralement sous cette présentation que sont utilisées les volailles. Néanmoins, elles n'offrent pas toutes les garanties d'hygiène indispensables. L'inspection sanitaire est incomplète. Les viscères restants sont souvent riches en germes fécaux et peuvent entraîner une altération rapide. L'habillage de ce type de volaille doit se faire immédiatement à la livraison, dans le respect le plus scrupuleux des règles d'hygiène (les viscères ne doivent pas entrer en contact avec la planche de travail où est posée la volaille, ni avec les abattis). La réfrigération à une température inférieure ou égale à + 4 °C s'impose jusqu'à la mise en cuisson.

LES VOLAILLES ÉVISCÉRÉES OU « PRETES A CUIRE » (PAC)

– Saignées et plumées ;
– elles ont subi l'ablation totale : de l'œsophage, du jabot et de la trachée ; des viscères thoraciques (cœur et poumons) ; des viscères abdominaux (proventricule, gésier, intestin, foie) ; et du cou, celui-ci étant sectionné à sa naissance thoracique. Un morceau de peau du cou, suffisamment grand mais non excessif, rabattu de façon à masquer l'ouverture doit être maintenu.
– les pattes peuvent être coupées à deux niveaux : à l'articulation du jarret ou au maximum à un centimètre au-dessous de cette articulation ; en conservant les tarses. Pour favoriser le troussage, la section des pattes peut être pratiquée à 5 cm au-dessous de l'articulation. La mention « avec tarses » doit être portée sur l'étiquetage.

Les volailles éviscérées (ou prêtes à cuire) peuvent être présentées :
– soit avec abattis
– soit sans abattis.

Dans le premier cas, ceux-ci doivent faire l'objet d'un conditionnement avec le foie défiélé (dépourvu de la vésicule biliaire), le gésier déhoussé (sans le revêtement corné), le cœur, débarrassé de la membrane péricardique et des amas sanguins, éventuellement le cou.

LES VOLAILLES DECOUPEES EN MORCEAUX
(voir produits de la découpe des volailles)

L'ETIQUETAGE DES COLIS

A la sortie de l'abattoir, chaque colis doit porter grâce à une inscription directe ou des étiquettes extérieures solidement fixées, les indications suivantes :
– nom et adresse ou numéro d'immatriculation de l'abattoir ;
– nom et adresse du vendeur si ce dernier n'est pas l'abatteur ;
– l'indication du nombre d'unités, du type de présentation, du mode de conservation, de la classe, du calibre de poids, ou le poids total net, de la date d'abattage ;
– la mention « assortis », s'il y a lieu.

Le mode de refroidissement peut être indiqué par l'une des mentions : « refroidi à sec » ou « refroidi par voie humide ».

Exemple d'étiquette d'un colis de volaille.

Poulets Evis.
Sans Abats - Classe **A**
Pièces : **12**
Calibre : **1250**
Poids Net : **15 kg**
N° 013197

L'ETIQUETAGE COMMERCIAL

Quelques définitions :

LA MARQUE

Elle appartient à une personne physique ou morale qui peut la céder ou la vendre. Elle peut recouvrir un produit standard et n'être qu'un moyen de publicité, sans pour autant garantir la qualité.

LE LABEL ROUGE

Le label rouge est un label agricole qui n'appartient pas à celui qui produit ou qui vend. Il est attribué de façon non définitive à tout groupement ou entreprise de la filière de production de volailles (accouveurs, éleveurs, fabricants d'aliments, abattoirs) qui accepte un cahier des charges visant à améliorer et à maintenir, de l'origine à la vente aux consommateurs, un certain degré de qualité contrôlée. Il est apposé sur un produit qui correspond à une définition précise. Il est homologué par le Ministère de l'agriculture, après avis d'une commission supérieure de la qualité.

Il porte un numéro d'ordre, ce qui permet un contrôle précis en cas de réclamation.

L'APPELLATION D'ORIGINE

L'appellation d'origine correspond au nom géographique des produits ayant acquis une notoriété indiscutable.

Elle est contrôlée par les services de la Répression des Fraudes.

***Exemples :** poulets, poulardes, dindes fermières de Bresse, poulets fermiers de la Sarthe.*

Différentes indications portées sur les étiquettes

POULETS INDUSTRIELS	POULETS LABELLISÉS	POULETS DE BRESSE
Marque de salubrité ou estampille sanitaire Classe « A » ou « B » Calibre de poids I - II - III - IV. Marque commerciale Présentations – Efillé – PAC avec abattis, sans abattis Procédé de conservation s'il y a lieu : – refrigéré, à maintenir à + 4 °C – congelé, à maintenir à – 12 °C avec date d'abattage – surgelé, à maintenir à – 18 °C avec date d'abattage Indication du pays d'origine pour les volailles importées. ***Remarque*** *Les volailles présentées sans indication du mode de conservation sont considérées comme « volailles fraîches réfrigérées ».*	Marque de salubrité Classe « A » seulement Dénomination du produit – poulet label rouge – poulet fermier label rouge N° d'homologation (produit certifié par : nom et adresse) Identification de l'abattoir (abbatu et conditionné par ...) Présentation – éffilé – éviscéré avec abattis, sans abattis Date limite de vente : 7 jours après l'abattage Origine (Région), seulement pour les poulets élevés sur parcours herbeux (Fermier) Durée d'élevage : 81 jours minimum. Mode d'alimentation : 70 % minimum de céréales. La mention « fini aux céréales » est admise, « fini au blé ou au maïs » également s'il y a eu distribution exclusive de grains durant les 15 derniers jours. Identification du lot par l'indication du numéro de contrôle. Le nom et l'adresse de l'organisme contrôleur. La mention « tenir au frais » pour les poulets réfrigérés. Pour les poulets préemballés : poids, prix au kg, prix.	Marque de salubrité Classe « A » seulement Bague métallique inviolable d'identification posée par l'éleveur à la patte gauche du poulet. Etiquette commune du comité interprofessionnel de la volaille de Bresse. Scellé tricolore apposé à la base du cou, il porte au dos le nom de l'expéditeur ayant préparé et vendu la volaille. La présentation des volailles de Bresse « prêts à cuire » est admise à condition que les membres, à l'exception des doigts, ne soient pas amputés.

La bague d'identification

Les étiquettes sont examinées et ratifiées par la « Commission Nationale des Labels » et déposées comme marque auprès de l'Institut National de la Propriété Industrielle (INPI) pour son enregistrement. Toute modification entraîne la ratification par la Commission Nationale des Labels.

LES CARACTERISTIQUES DE QUALITÉ DES VOLAILLES

La qualité dépend principalement des facteurs suivants :

- La race (en fonction de la sélection génétique) ;
- Les conditions d'élevage (claustration, semi-liberté, parcours herbeux, liberté totale) ;
- La nourriture (aliments industriels, céréales, produits laitiers) ;
- L'emploi ou non d'additifs autorisés (antibiotiques, substances ayant des effets anti-oxygène, coccidiostatiques, émulsifiants, stabilisants, épaississants, gélifiants, matières colorantes, facteurs de croissance, etc...) ;
- L'âge : pour être tendres, les volailles doivent être consommées jeunes (poulet, caneton, pintadeau, dindonneau). Chez les animaux sexués, la femelle est de meilleure qualité (pintade, dinde) ;
- Les conditions de transport et d'abattage (stress, blessures, ecchymoses) ;
- La qualité de l'échaudage et de la plumaison ;
- Le refroidissement rapide des carcasses ;
- Le respect de la chaîne du froid lors des différentes étapes : effilage, éviscération, conditionnement, transport et stockage.

COMMENT RECONNAITRE LA QUALITE D'UNE BONNE VOLAILLE

Vérifier l'étiquetage commercial (Label rouge, AOC) ;

Elle doit être lourde ;

L'odeur doit être douce et agréable ;

La tête doit être claire, les yeux vifs et bombés, la crête et les barbillons bien rouges (refuser les sujets à tête violacée et aux yeux creux) ;

Le cou doit être charnu ;

La conformation doit être excellente - poitrine large, épaisse et bien «en viande» ;

Les membres doivent être exempts de fractures ou d'ecchymoses ;

Le bréchet doit être flexible dans sa partie inférieure. S'il est résistant (ossifié), l'animal est adulte.

Elle doit être correctement plumée ;

La peau doit être nette, sans siccots, déchirures, meurtrissures, ou colorations anormales. Elle doit être fine, tendue, à grains fins, blanche ou jaunâtre suivant la race et la nourriture. Elle doit laisser apparaître de nombreuses et très fines veines grasses, bien réparties, sans «amas graisseux» ;

La chair doit être ferme et souple sous la pression du doigt.

La colonne vertébrale doit être à peine visible ;

Les viscères doivent être naturellement propres, brillants, sains, sans odeur particulière. Le gésier doit être développé et le foie brillant et sans taches.

La poule se reconnaît aisément aux caractères suivants :

- Les pattes sont plus maigres que celles du poulet et elle sont recouvertes d'écailles ;
- L'ergot est développé ;
- Le bréchet est ossifié et ferme ;
- La peau est rugueuse (grain épais), et généralement très grasse ;
- La chair est plus flasque. Il est indispensable d'ôter la poche à œufs » car elle peut être toxique.

PRÉPARATIONS PRÉLIMINAIRES

En restauration classique, les volailles sont généralement achetées effilées (voir définition). Les présentations classiques se réalisent à partir de volailles entières avec membres et abattis (poulardes pochées ou poelées, bridées).

La rupture des intestins entraîne inévitablement la propagation de nombreux germes fécaux et microbes pathogènes (salmonelles, staphylocoques, campylobacter jejuni).

L'habillage doit être pratiqué dans un local ou dans une zone à part, et à l'abri de toutes les autres denrées alimentaires. Le matériel utilisé (table, planches à découper, plaques à débarrasser, couteaux, etc...) doit être soigneusement lavé, désinfecté et rincé après utilisation. L'intervenant doit respecter les règles d'hygiène techniques et corporelles les plus rigoureuses.

Le respect de la chaîne du froid est l'un des meilleurs moyens pour lutter contre les toxi-infections alimentaires.

DIFFERENTES PHASES DE L'HABILLAGE

ETIRAGE

Les volailles sont généralement commercialisées repliées ou troussées, pour faciliter leur rangement dans les conditionnements et améliorer la présentation.

FLAMBAGE

Cette opération est généralement réalisée à l'aide des brûleurs (feux nus) des fourneaux ou d'un flamboir. L'élimination des derniers duvets et siccots doit être suivie d'un essuyage soigneux à l'aide d'un linge propre ou de papier absorbant.

PARAGE

Selon l'utilisation de la volaille, différentes techniques peuvent être utilisées (voir livre de travaux pratiques).

VIDAGE (éviscération)

Les viscères de la cavité thoracique et abdominale doivent être extraits après « décollage », sans être posés sur la planche à découper tant que la volaille n'est pas terminée.

BRIDAGE ET DECOUPAGE A CRU (selon l'utilisation)
Plusieurs techniques peuvent être utilisées, seules comptent la simplicité et la qualité du résultat.

LA PREPARATION DES ABATTIS

La volaille est placée dans une plaque à débarrasser, les abattis peuvent alors être traités sur la planche. Le cou et les ailerons sont concassés, les pattes peuvent être flambées ou blanchies, débarrassées de leur peau écailleuse et des ongles. Le foie est défiélé, le gésier déhoussé.

Si la volaille et les abattis ne sont pas utilisés immédiatement ils doivent être maintenus en enceinte frigorifique (+ 3 °C maxi).

Remarque

Pour toutes les volailles découpées en salle : (canetons, poulets, poulardes), supprimer les clavicules (os en forme de « V » encore appelé « fourchette » qui se trouve à l'extrémité supérieure du bréchet).

Pour les canetons et canards : en plus des clavicules, supprimer les glandes sébacées (uropygiennes) situées au-dessus du croupion.

Pour le dindonneau et la dinde : « dénerver », à l'aide d'un crochet (par élongation et arrachage), les tendons des muscles des pilons. Chez l'animal adulte, ceux-ci sont calcifiés.

UTILISATIONS CULINAIRES DES VOLAILLES A CHAIR BLANCHE

ESPECES	CATEGORIES	Pocher ou à la vapeur	Rôtir	Poêler	Griller	Sauter	Ragoûts et braiser	UTILISATIONS CULINAIRES – SUGGESTIONS
								Les appellations classiques sont extraites du « guide culinaire » de A. Escoffier et du « répertoire de la cuisine » de M. Th. Gringoire et L. Saunier.
POULETS N'AYANT PAS ATTEINT LA MATURITE SEXUELLE	**Poussins** **Coquelets** **Poulets petits calibre I**		● ● ●	● ● ●	● ● ●			Les poussins, coquelets et poulets de calibre I sont généralement rôtis (à la broche ou au four), accompagnés de leur jus (obtenu par déglaçage) et d'un bouquet de cresson. – Poêler : en cocotte ou en casserole, farcis ou non. La farce est généralement composée de mie de pain imbibée de crème, de foies hachés, d'herbes et d'oignons ciselés. – Griller : ouverts par le dos, ils sont aplatis, désossés et grillés.
	Poulets moyens calibre II **Poulets gros calibre III** **Poulets très gros calibre IV** **Poulets labellisés** **Poulets d'appellation d'origine**		●	●	●	●	●	Les utilisations de ces différentes catégories de poulets sont identiques : – Rôtir : à la broche ou au four, accompagnés de jus de rôti et de cresson. Ils peuvent être rôtis en croûte, en croûte de sel, dans de l'argile. – Poêler : en cocotte ou en casserole ; Bonne femme (champignons, petits oignons, pommes cocotte), Grand-Mère (avec lardons en plus), Anglaise (farcis, tranches de bacon, grillés au départ), Polonaise, Printanière... – Griller : à l'américaine, en crapaudine, à la diable, Casanova, Cendrillon, Tartare... – Sauter à blanc : Alexandra. Déglacer, sauce suprême crémée à l'oignon, bouquet d'asperges. Archiduc : déglacer, sherry, Porto ou Whisky, crème, velouté, garnir avec brunoise de légumes, truffes. Au curry, au paprika, vallée d'auge, aux morilles, à l'estragon, aux concombres. – Sauter à brun : chasseur, Marengo, basquaise, bordelaise, bourguignonne, forestière, au vinaigre de fruits, aux cèpes... – Sauter (suprêmes panés) Richelieu, Saint Germain, Valençay, à la Kief... – En fricassée : à l'ancienne, écrevisses, aux primeurs...
	Coq à rôtir ou jeune coq vierge		●					Le jeune coq peut être rôti s'il est tendre, mais le rendement en viande est inférieur à celui de la femelle (squelette plus important, masses musculaires moins volumineuses). – Coq-en-pâte : farcir foie gras et truffes, colorer au four, envelopper dans une abaisse de pâte feuilletée, sauce Périgueux.

ESPECES	CATEGORIES	Pocher ou à la vapeur	Rôtir	Poêler	Griller	Sauter	Ragoûts et braiser	UTILISATIONS CULINAIRES – SUGGESTIONS
	Poulardes labellisées et d'appellation d'origine	●		●			●	– Pocher : sauce suprême, aurore, ivoire, Argenteuil, aux champignons, demi-deuil, Monte-Carlo, petite mariée, Renaissance... – Poêler : le poêlage est la meilleure technique de cuisson pour la poularde. Armenonville, Niçoise, Chatelaine, Matignon, Montglas, Montfermeil, Souvaroff, aux morilles, Diva, Edouard VII, Gastronome... – Braiser : technique peu utilisée en restauration moderne. Aumâle, Cussy, Godard, Maintenon... Remarque : les suprêmes des poulardes sont utilisés pour la réalisation des chauds-froids de volaille, des pojarsky, des ballotines, des farces mousseline et des quenelles.
	Chapons		●	●				– Rôtir ou poêler : les suggestions de garniture sont identiques à celles de la poularde.
POULETS AYANT ATTEINT LA MATURITE SEXUELLE	Coqs ou « coq au vin »						●	(La chair du coq nécessite généralement une marinade). Coq au vin, au Chambertin, au Riesling, au vin jaune, à la bière...
	Poules	●						– Pocher : réalisation du fond blanc de la gelée du velouté ou des crèmes de volaille (voir cours sur les potages et les sauces). Blanquette de volaille, chauds-froids, garniture de bouchées, de vol au vent...
	Viandes de desserte							Capilotades, coquilles de volaille, crèpes farcies, bouchées, feuilletés, tartelettes, rissoles, croquettes, cromesquis, cotelettes, émincés, fritots, pilaf, soufflé de volaille, etc. (voir cours sur les hors d'œuvre chauds).

Remarque : *l'appellation « poulet de grain » ne peut se justifier que si l'on est en mesure de prouver que le poulet a été élevé exclusivement au grain.*

ESPECES	CATEGORIES	Pocher ou à la vapeur	Rôtir	Poêler	Griller	Sauter	Ragoûts et braiser	UTILISATIONS CULINAIRES – SUGGESTIONS
DINDE	Dindonneaux et dindes fermières		●	●				– Rôtir ou poêler – farcie ou non. Exemples de farces : Chair à saucisse fine, marrons, pruneaux ; Mie de pain, lait ou crème, oignons, échalotes, herbes fraîches ciselées, foies hachés, sautés et flambés, œufs ; Chair à saucisse et maigre de volaille ou de veau, mie de pain, crème, foies de volaille sautés et flambés, échalotes, cèpes et noix.
	Dindes de découpe	●	●	●	●	●	●	Toutes les techniques de cuisson s'appliquent en fonction du choix des morceaux (voir cours sur la volaille de découpe). Blanquette, rôtis, roulés, cuisses, hauts de cuisse, pilons, escalopes, ailerons, ailes, paupiettes, brochettes de dindonneau ou de dinde.

Eventail de dinde
Tutti Fruiti – Réalisation Fauchon

UTILISATIONS CULINAIRES DES VOLAILLES A CHAIR BRUNE

ESPECES	CATEGORIES	Pocher ou à la vapeur	Rôtir	Poêler	Griller	Sauter	Ragoûts et braiser	UTILISATIONS CULINAIRES – SUGGESTIONS
CANARD	Rouennais Nantais Barbarie	●	●	●		●	●	– Rôtir pour les canetons, poêler pour les canards : au sang, à la presse, Rouennaise. Aux navets, aux olives, aux petits pois fermière, bigarrade. A l'orange, au citron, aux cerises, aux pêches, Beaulieu, Nivernaise... – Sauter pour les filets (voir magrets). Bourguignonne, à la lie de vin pour les cuisses. – Pot au feu de canard (après saumurage).
	Mulards				●	●		– Sauter ou griller pour les magrets. Au poivre vert, aux pommes et au vinaigre de cidre, au poivre et à l'orange, aux airelles, aux baies de cassis, aux cèpes, au vinaigre de framboises... Les canards de race « Mulard » fournissent le foie gras de canard, les carcasses sont utilisées pour la réalisation du confit. Confit de canard aux petits pois, pommes à l'ail, pommes sarladaise, cassoulet au confit...
OIE	Petites		●	●			●	– Rôtir : farcie ou non. – En ragoût pour les sujets âgés. Aux pommes, aux primeurs, aux fèves, aux carottes, en civet.
	Grosses							Les oies gavées de Toulouse fournissent le foie gras d'oie. Les carcasses sont utilisées pour la réalisation des confits. Les magrets sont commercialisés frais, salés et séchés ou salés, séchés et fumés. Taillés en très fines lamelles, ils entrent dans la composition de nombreuses salades composées. Autres produits provenant de la découpe de l'oie : gésiers confits, cous d'oie farcis, graisse d'oie, etc.
PINTADE	Pintadeaux		●					– Rôtir la poitrine recouverte d'une fine barde de lard gras. Sur canapé (avec farce et gratin), en salmis.
	Pintades			●			●	– Poêler en cocotte ou en casserole : aux chanterelles, aux pleurotes, grand-mère, au jus de truffe, Souvaroff... – Braiser (pour les sujets âgés), en Chartreuse, aux choux...
PIGEON	Pigeonneaux		●		●			Les préparations proposées aux poussins, coquelets, poulets de calibre I et pigeons sauvages, sont applicables. – Rôtir : farci ou non sur canapé, salmis, aux petits pois, aux pois gourmands, aux fèves fraîches, au jus de truffe, aux champignons sauvages... – Griller : en crapaudine, à la diable, à l'américaine, Katoff...
	Pigeons			●			●	– Poêler en cocotte ou en casserole, bonne-femme, aux morilles, printanière, compote... – Braiser pour les sujets âgés, en Chartreuse, aux choux, en salades composées servies tièdes.
CAILLES			●					Voir cours sur le gibier (cailles sauvages) les préparations proposées sont analogues.
LAPINS DOMESTIQUES	Lapereaux		●					– Rôtir : à la moutarde, à la crème, aux pâtes fraîches, aux herbes de Provence, à la sarriette. Baron de lapereau à la fleur de thym.
	Lapins						●	– En ragoût : en blanquette, en gibelotte, aux pruneaux, aux carottes. Rillettes.

DESCRIPTION DES PRINCIPALES ESPECES UTILISÉES

LA POULARDE

En l'absence d'une réglementation précise, il convient de se référer aux usages établis dans la profession. La poularde est une volaille de 5 à 6 mois, n'ayant pas atteint la maturité sexuelle et proche de la ponte. Elle est nourrie durant le mois qui précède l'abattage avec une alimentation forcée (gavée en épinette pour les poulardes de Bresse). Le gavage est réalisé à partir de pâtons de céréales et de produits laitiers ; il est pratiqué à l'abri de la lumière, dans un local de dimension réduite. Toutefois, la dénomination « poularde » peut également s'appliquer à de jeunes sujets, présentant les mêmes critères d'engraissement, sans qu'ils soient obtenus par gavage.

Le poids doit être supérieur à 1,800 kg. La chair de la poularde est savoureuse, mais un peu grasse. Elle se prête tout spécialement au pochage ou au poêlage.

LE CHAPON

Le chapon est un mâle qui a subi la castration. Le chaperonnage a lieu vers trois mois avant le développement sexuel. Son élevage ressemble à celui de la poularde. Le chapon de Bresse se reconnaît par l'absence de crête. Il pèse au minimum 2,5 kg effilé, mais il peut atteindre un poids nettement supérieur (jusqu'à 5 kg).

A 6 mois sa chair est particulièrement moêlleuse et persillée. Chapons et poulardes sont des volailles festives par excellence. Le poêlage lent en cocotte est le mode de cuisson le plus conseillé.

LE COQ

La dénomination « coq » est parfois utilisée de façon abusive pour qualifier de très gros poulets d'un poids de 2,5 kg environ ; le coq est un animal ayant atteint la maturité sexuelle : cette évolution physiologique coïncide avec l'ossification de la pointe du sternum. Seul peut-être appelé « coq », tout sujet mâle du genre « gallus » présentant cette caractéristique.

Les plats cuisinés, élaborés à partir de poulet selon la recette du « coq au vin », devront obligatoirement être dénommés « poulets », avec la possibilité d'indiquer les mentions « recette coq au vin » « préparation coq au vin » portées en caractères identiques (circulaire du 28.01.80).

LA DINDE

On distingue généralement trois sortes de souches :
- les souches légères (élevées uniquement pour les fêtes de fin d'année) ;
- les souches moyennes ou médium ;
- les souches lourdes (destinées aux ateliers de découpe).

La production française s'oriente uniquement vers deux types d'élevages suivants :
- élevage de dindes dites « fermières » (souches légères) ;
- élevage de dindes dites « de découpe industrielle » (souches lourdes).

La dinde fermière

Principales races : noire du Gers, de Sologne, du Sud-Ouest, de Loué, de Bresse, rouge des Ardennes, blanche d'Auvergne.

La dinde fermière pèse entre 3,5 kg et 5 kg. A l'abattage, elle est âgée de 6 mois. La vente est très saisonnière et s'échelonne entre le 10 décembre et le 1er janvier. Une partie de la production (environ 30 %) est écoulée en auto-consommation. La dinde fermière de Bresse est une dinde noire, aux pattes noires et caroncules rouges. La peau et la chair sont blanches. Les poussins doivent naître avant le 1er juillet de l'année et la période de démarrage ne doit pas dépasser 10 semaine. Les dindonneaux sont élevés en liberté (sauf en cas de rigueur climatique exceptionnelle) et disposant d'au moins 20 m² de parcours herbeux. La période de croissance dure 14 semaines et la finition est effectuée en claustration durant 3 semaines. L'emploi de tous médicaments est interdit, sauf prescription vétérinaire.

Les dindes pèsent de 3 à 5 kg, les mâles de 5,5 kg à 8 kg. Elles sont identifiées par un scellé portant l'appellation « dinde fermière de Bresse » et par une bague métallique placée à la patte gauche de l'animal portant un numéro d'ordre.

La qualité d'une dinde se reconnaît de la manière suivante :
- La chair de la femelle est beaucoup plus savoureuse que celle du mâle, le dindon n'est donc pas utilisé en cuisine.
- Les masses musculaires de la poitrine doivent être volumineuses.
- Le bréchet doit être large, flexible et enveloppé de graisse.
- La peau doit être souple, fine, douce, de couleur blanc crème (les meilleures ont une véritable peau de bébé).
- La chair doit être fondante et souple sous la pression des doigts.
- Les pattes doivent être noires lisses, avec des éperons courts.
- Le cou doit être charnu et court.

La dinde de « découpe industrielle »

L'élevage industriel de la souche de dindes lourdes (15 à 18 kg) a connu, ces dernières années, un développement spectaculaire. La réussite de cette production est due d'une part à la production non saisonnière, et échelonnée sur toute l'année, et d'autre part à la diversité des produits de découpe proposés. Le succès de la dinde industrielle a démarré en 1966 avec un produit qui a reçu un accueil favorable dans les collectivités : le rôti de dindonneau.

Les produits à base de dindes industrielles empruntent leurs appellations au vocabulaire de la découpe du veau. La présentation des produits et leur préparation sont analogues mais ils sont meilleur marché. A cet intérêt économique, non négligeable en cuisine de collectivité, s'ajoute un intérêt d'ordre diététique. Le taux de protéines est élevé et le pourcentage de matières grasses faible.

Exemple comparatif (pour 100 g de produit)

	DINDE	VEAU	PORC
Protéines en g	24	20	16
Lipides en g	2	3	30
Energie en kJ	477	447	1396

Remarque
Pour les principaux produits de la découpe de la volaille voir le cours suivant.

LE CANARD

On distingue quatre sortes de canards domestiques

– Le Nantais (ou canard des challands)
Sa chair est très fine et savoureuse. Le mâle pèse de 1,8 à 2,2 kg ; la femelle (canette) est plus légère, de 1,2 à 1,6 kg, et convient pour 2 couverts.

– Le Barbarie, ou canard d'Inde, ou canard musqué
Beaucoup moins estimé, à cause de son goût particulier dit « de musque », est beaucoup plus lourd (son poids effilé peut atteindre 2,5 à 3,5 kg).

– Le Rouennais
Issu du croisement de la cane domestique et du canard sauvage « col-vert», le canard de Rouen ou de Duclair donne une race de canetons « bâtards », qui ne sont ni de ferme, ni sauvages. La taille est moyenne (1,3 à 1,8 kg), les cuisses sont petites, et les filets sont très développés, épais, charnu et fortement irrigués de sang.

Le canard Rouennais n'est pas saigné mais étouffé : sa chair est rouge et possède un goût légèrement sauvage très apprécié. Il est encore servi dans certains grands restaurants rouennais et parisiens : on l'a souvent transformé, enrichi, parfois déformé, mais il est toujours possible de l'apprécier selon le rituel ancestral de la presse en argent.

– Le Mulard
Croisement de la cane de Rouen et du canard de Barbarie, il est principalement élevé et engraissé pour la production du foie gras de canard. Les filets (magrets) sont généralement commercialisés à part, et le reste des carcasses concourt à la réalisation des confits.

Le canard doit être consommé jeune. Il figure généralement sur les menus sous l'appellation « de caneton ».

Le caneton de qualité se reconnaît de la façon suivante :
- les mandibules du bec doivent être souples ;
- les filets doivent être développés, larges et épais. Ils sont généralement taillés en aiguillettes ;
- la peau doit être recouverte d'un fin duvet (peau duveteuse) ;
- l'extrémité des ailerons et du bréchet doit être souple.

REMARQUE CONCERNANT LA DEFINITION DES MAGRETS
Un décret (N° 86.226 du 18.02.86 – J.O. du 20.02.86) entré en vigueur le 20.02.87 précise :

« Il est interdit de détenir en vue de la vente, de distribuer à titre gratuit ou onéreux, d'importer pour la mise en consommation sur le territoire national, sous la dénomination « magret » ou « maigret » ou sous une dénomination contenant les mots « magret » ou « maigret » un produit qui ne répondrait pas aux conditions suivantes :

La dénomination « magret » ou « maigret » est réservée aux muscles de la masse pectorale constituant le filet, prélevés sur un canard ou une oie engraissés par gavage en vue de la production de foie gras. Le magret ne comprend pas le muscle de l'aiguillette et doit être présenté avec la peau et la graisse sous-cutanée le recouvrant.

La dénomination « magret » ou « maigret » doit être complétée par le nom de l'espèce animale dont le produit est issu. Les restaurateurs n'utilisant pas les « magrets ou maigrets » issus des canards engraissés en vue de la fabrication de foie gras sont tenus d'utiliser les termes suivants : filets, suprêmes ou poitrine de canard ».

LA PINTADE

Durant longtemps la pintade a été considérée comme une « volaille festive ». Mais sa production s'est considérablement « démocratisée » au cours des dernières années. L'élevage industriel (en claustration) lui a fait perdre une grande partie de sa sapidité particulière qui s'apparentait à celle du faisan. La pintade fermière Label rouge, élevée en liberté et sacrifiée entre la 12ème et la 15ème semaine, permet de proposer aux clients une volaille de bonne qualité.

Sa faible teneur en graisse et sa musculature dense rendent nécessaire de la recouvrir de fines bardes de lard gras pour la cuisson. Le pintadeau de 0,8 kg effilé convient pour 2 couverts. Les pintades plus lourdes, de 1,2 à 1,4 kg sont généralement servies pour 4 personnes.

L'OIE

Deux races sont principalement élevées en France :

– *La petite* (3 à 5 kg), ou oie commune ou oie normande. Née dans l'année (6 mois maximum), donne une viande de qualité acceptable mais généralement très grasse. Née au début de l'été, elle est élevée principalement pour les fêtes de fin d'année.

– *La grosse* ou oie de Toulouse
Les oies gersoises, landaises et strasbourgeoises en sont des dérivés. C'est avec cette race, âgée de 6 à 7 mois, et gavée intensivement durant quelques semaines, que l'on obtient le foie gras d'oie. Les filets (magrets) font généralement l'objet d'une commercialisation à part (magrets d'oie salés ou séchés, magrets salés, séchés et fumés). Le reste des carcasses permet la réalisation des confits. La chair des oies trop âgées devient grasse et coriace ; elle demande une cuisson longue. La jeunesse de l'oie se reconnaît de la même façon que celle du canard.

LE PIGEON DOMESTIQUE

Seul le pigeonneau ayant atteint son entier développement est utilisé en cuisine. Il est sacrifié à 4 ou 5 semaines, juste avant de prendre son vol. Sa chair est tendre et savoureuse, les caractéristiques de jeunesse et de qualité sont les suivantes :

- aspect bourru et duveteux ;
- pattes grosses, bec et bréchet flexibles dans leur partie inférieure.
- poitrine épaisse, large et charnue,
- peau du ventre légèrement rosée,
- croupion charnu.

Les pigeons traités en cuissons longues (braisés aux choux par exemple) se reconnaissent à l'absence de duvet, à l'ossification du bréchet. Le cou et les pattes sont maigres et la peau est souvent bleuâtre.

Le foie du pigeon ne contient pas de fiel aussi il est de coutume de le laisser à l'intérieur de l'animal lors de l'habillage. La poitrine doit être protégée d'une fine barde de lard pendant la cuisson.

Les mêmes apprêts culinaires que le pigeonneau sauvage lui sont appliqués.

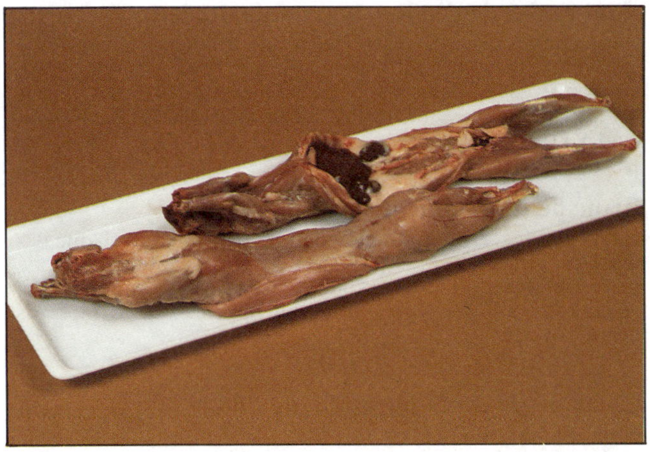

LE LAPIN DOMESTIQUE

Animal de basse-cour communément rattaché au secteur de la volaille, le lapin domestique doit être consommé jeune (3 à 4 mois maximum). Il a une chair légèrement rosée, fine, ferme et serrée. La dépouille de l'extrémité des membres doit être totale. Le foie doit être volumineux, foncé brillant et sans taches particulières. Les rognons doivent être recouverts de graisse blanche et ferme. Il doit être bien « râblé ».

La jeunesse du lapereau vivant se reconnaît :
- à la largeur et l'épaisseur de son râble
- à la longueur de son cou (il doit être court)
- à la flexibilité des pattes avant,
- à la dentition (les dents doivent être longues, pointues et blanches),
- à la fragilité des oreilles.

En restauration classique, seul l'arrière train est utilisé (cuisses et râbles).

Les mêmes apprêts culinaires que le lapin de garenne lui sont appliqués.

LES PRODUITS DE LA DÉCOUPE DES VOLAILLES

Viande fréquemment utilisée dans l'alimentation des français, la volaille a connu ces dernières années une grande évolution.

Au poulet rôti, à la dinde de Noël, et à la poularde pochée sauce suprême réalisés avec des volailles entières, s'est ajoutée une gamme de produits découpés ou élaborés, qui offrent à la restauration « hors foyer » des produits portionnés, calibrés, de préparation facile et rapide, et d'une plus grande sécurité bactériologique. Ces produits d'un coût raisonnable et économique répondent principalement à la demande des collectivités.

La production avicole est une activité agro-alimentaire « intégrée » en filière. Cette situation de relations étroites entre le producteur et le transformateur, dans le cadre d'une production rationnellement contrôlée, permet de proposer une gamme de produits semi-élaborés variés, et d'en garantir la qualité hygiénique tout au long de la chaîne. Tout comme les abattoirs, les ateliers de découpe de volaille reçoivent une marque sanitaire placée sous le contrôle des services vétérinaires.

CLASSIFICATION

- Les produits de la découpe du poulet (frais ou surgelés, élaborés) ;
- Les produits de la découpe du canard (frais ou surgelés) ;
- Les produits de la découpe de la dinde (crus, surgelés, cuits, transformés).

LES PRODUITS DE LA DECOUPE DU POULET

Le nombre de produits de découpe du poulet est relativement limité :
- Escalopes (blanc de poulet sans os et sans peau) ;
- Ailes avec peau, filet roulé façon tournedos ;
- Pilon et haut de cuisse avec peau (cuisse) ;
- Demi-poulet découpé en 4 morceaux.

Produits élaborés
- Poulet cuit présenté entier ou en découpe ;
- Poulet fumé saumuré, cuit et fumé.

LES PRODUITS DE LA DECOUPE DU CANARD

Nouvellement arrivés sur le marché, les produits de la découpe du canard sont encore peu nombreux : (filet et magret, cuisse, aile, rôti, filet de canard roulé façon tournedos par exemple).

LES PRODUITS DE LA DECOUPE DE LA DINDE

Ils sont beaucoup plus diversifiés. La liste et la description des produits crus font l'objet d'un code des usages édité par le Cidef (Comité Interprofessionnel de la dinde française).

LES PRODUITS CRUS DE DINDONNEAU

Source : CIDEF

Les produits crus de dinde sont préparés à partir de viande de dindonneau lorsqu'elle provient d'oiseaux abattus avant l'âge de 25 semaines, ou de viande de dinde lorsqu'elle provient d'oiseaux abattus après l'âge de 25 semaines après désossage la viande crue se répartit en :

- viande blanche (de couleur rose pâle),
- viande rouge (de couleur franchement rouge).

Ils sont obtenus par découpage manuel ou mécanique dans un atelier ayant fait l'objet d'une immatriculation par le Service vétérinaire d'Hygiène Alimentaire. Le découpage doit être effectué le plus tôt possible après l'abattage. Les produits ne doivent contenir aucun additif mais ils peuvent être assaisonnés. L'ensemble bardage et ficelage ne doit pas excéder 10 % de la masse totale du produit. Tous les produits doivent répondre aux critères bactériologiques en vigueur à la date de leur fabrication. Pour la collectivité, les rôtis sont généralement de 2 kg.

Les rôtis de dindonneau sont composés de l'assemblage en nombre limité et en proportions définies, de masses musculaires provenant du découpage et du désossage de carcasses de dindonneau. Les roulés de dindonneau sont composés de l'assemblage de masse musculaire de dindonneau généralement plus petites que celles utilisées pour les rôtis.

Les rôtis et roulés doivent être exempts de masses graisseuses, d'amas sanguins, d'esquilles d'os et de morceaux de peau surajoutés. Les tendons des muscles du membre postérieur doivent être éliminés (dénervage). Le ficelage des viandes peut être réalisé :

- à l'aide de ficelle, façon boucherie ;
- à l'aide de filet élastique de coton autorisé.

Tous ces produits doivent répondre aux critères bactériologiques en vigueur à la date de leur fabrication.

Les dénominations ci-après indiquées sont obligatoires.

Elles recouvrent les produits suivants :

Filet entier de dindonneau ou de dinde

Il est constitué de la masse pectorale du dindonneau ou de la dinde qui comprend le muscle pectoral supérieur, non portionné, avec ou sans peau adhérente (l'étiquette doit préciser avec ou sans peau). Le muscle pectoral profond peut y être adjoint.

Blanc de dindonneau ou de dinde

C'est le filet entier comme défini ci-dessus, ainsi que les muscles entourant l'humérus. S'ils sont accompagnés de peau, celle-ci doit être adhérente aux masses musculaires. Dans tous les cas, l'étiquette doit préciser avec ou sans peau.

Escalope de dindonneau ou de dinde

C'est la tranche de filet sans peau.

Rôti de filet de dindonneau ou de dinde

Il est composé exclusivement de viande en provenance des muscles de la masse pectorale. Il ne doit pas comporter de peau. Le nombre de morceaux le constituant est au maximum de 2 par kilo.

Il est présenté avec bardage et ficelage. Le poids de ces deux éléments ne peut dépasser 10 % de la masse du produit.

Rôti de dindonneau

Composé d'un mélange de viande blanche et de viande rouge, celle-ci ne devant pas dépasser le pourcentage de 65 % par rapport à la masse nette, le nombre de morceaux le constituant est au maximum de 3 par kilo, le pourcentage de peau ne doit pas dépasser 8 % de la masse totale du produit, il est présenté avec bardage et ficelage.

Roulé de dindonneau

Composé de viande en provenance des muscles du membre postérieur et de ceux de l'avant-bras, donc plus petits que ceux utilisés pour le rôti. Le nombre de morceaux le constituant est au maximum de 4 par kilo. Le pourcentage de peau ne doit pas excéder 10 % de la masse totale de viande. Bardé et ficelé.

Steak de dindonneau

C'est une tranche de viande rouge sans peau.

Sauté de dindonneau ou de dinde

C'est la cuisse coupée en morceaux, avec ou sans os (l'étiquette devra le préciser), avec peau attenante.

Blanquette de dindonneau ou de dinde

Elle est constituée par le premier segment de l'aide, avec ou sans os (l'étiquette devra le préciser), avec peau attenante.

Cuisse de dindonneau

C'est la cuisse entière dénervée et non désossée, détachée ou sectionnée à l'articulation du tarse avec peau attenante.

Haut de cuisse de dindonneau

C'est le morceau non désossé ayant pour support osseux le fémur, détaché par section de la hanche et à l'articulation fémorotibiale, avec peau attenante.

Pilon de dindonneau

C'est le morceau non désossé et dénervé ayant pour support osseux le tibia, détaché par section à hauteur de la rotule, et au niveau de l'articulation fémorotibiale, avec peau attenante.

Aileron de dindonneau ou de dinde

C'est le deuxième ou le troisième segment de l'aile, avec peau attenante.

Aileron de dindonneau ou de dinde avec pointe

Ce sont les deuxième et troisième segments de l'aile, avec peau attenante.

Aile de dindonneau ou de dinde avec pointe

Ce sont les trois segments de l'aile constituant un seul morceau, avec peau attenante.

Aile de dindonneau ou de dinde

Ce sont les premier et deuxième segments de l'aile, avec peau attenante.

Remarque : le terme « morceau » désigne une pièce de viande détachée de la carcasse.

LES PRODUITS CONGELES ET SURGELES

Tous les produits frais décrits précédemment peuvent être congelés ou surgelés en l'état (décret 64 949 du 9 septembre 1984).

Les produits crus saumurés sont obligatoirement congelés ou surgelés.

- Le terme saumuré doit apparaître dans la dénomination de vente, notamment sur les factures et dans les soumissions sur appel d'offre.
- La saumure utilisée est constituée au plus des éléments suivants : eau, sel, dextrose, épices.

Les produits saumurés devront porter sur l'étiquette :

- le pourcentage de saumure sur poids total,
- la teneur en sucres solubles totaux exprimée en dextrose.

Tout autre additif est interdit

- Tous les produits saumurés pour des motifs de technologie et de présentation sont obligatoirement congelés ou surgelés. Ils ne peuvent être vendus à l'état frais.
- La liste actuelle de produits crus saumurés est la suivante :

- Rôti de dindonneau saumuré congelé ou surgelé

  Il est composé d'un mélange de viande blanche et de viande rouge. En aucun cas, le pourcentage de viande rouge par rapport à la masse totale de viande ne peut dépasser 65 %. Le pourcentage de peau ne peut dépasser 8 % de la masse du produit fini. Le nombre de morceaux le constituant est au maximum de 4 par kilo. Le taux de saumure sur produit fini ne peut dépasser 15 %.

  La teneur en sucres solubles totaux exprimée en dextrose ne pourra dépasser 1 % du produit fini.

- Roulé de dindonneau saumuré ou surgelé

  Il est composé de viande provenant des muscles des membres postérieurs et éventuellement de l'avant-bras.

  Le pourcentage de peau ne doit pas dépasser 10 % de la masse totale du produit fini. Le taux de saumure sur produit fini ne pourra excéder 20 %. La teneur en sucres solubles totaux exprimée en dextrose ne pourra pas dépasser 1,5 % du produit fini.

LES PRODUITS CUITS

Les principaux produits actuellement offerts sont :

- Rôti cuit entier ou tranché

  C'est en fait un « roulé » cuit au titre du code des usages. La viande est saumurée ; il est parfois accompagné de gelée, sinon de son jus de cuisson.
- Gigot cuit

  Cuisse partiellement désossée, saumurée, bardée, présentée avec son jus de cuisson.

LES PRODUITS TRANSFORMES

- Paupiettes

  Tranche reconstituée de blanc d'épaule ou escalope de filet entourant une farce composée de petites viandes de dindonneau, d'oignons et d'épices, entourée d'une crépinette de porc ou d'une barde et ficelée. Très généralement présentée surgelée.

EVOLUTION DU MARCHE

Parallèlement à la production de produits de découpe crus ou cuits, réfrigérés ou surgelés, apparaissent de nombreux produits industriels très élaborés : paupiettes, cuisses farcies, brochettes, crépinettes, etc.

LES VIANDES RECONSTITUEES (formées et compressées)

La viande est désossée et dénervée, les muscles en morceaux sont ensuite accolés par compression mécanique avec ou sans composé liant (collagène). Les pièces ainsi formées ont une texture proche de celle du muscle. On peut leur donner une forme et un poids réguliers, des compositions variées, des aromatisations particulières (lait, protéines végétales) avec une très grande régularité et homogénéité.

LES VIANDES CO-EXTRUDEES

Il est actuellement possible d'associer deux viandes différentes, une viande et une farce, une viande et un légume, ou encore une viande et du fromage, en un morceau composite co-extrudé et composé de deux phases distinctes (tranches superposées). Certaines gammes inspirées du « fast food » américain (hamburger) proposent des superpositions de tranches d'épaules de dindonneau et de fromage ou de concentré de tomate. L'ensemble peut être enrobé de farine, de chapelure ou de pâte à frire pour les cuissons en friteuse.

Ces préparations peuvent être présentées pré-cuites. Elles apportent un gain de temps appréciable en cuisine.

LES VIANDES DE VOLAILLE SEPAREES MECANIQUEMENT (VVSM) IRRADIEES

Définition

Viande adhérente aux coffres et aux cous de volaille qui n'a pas été prélevée à l'occasion de l'opération de découpe ou de désossage et qui est ultérieurement séparée des os par broyage puis séparation mécanique.

Il s'agit donc de viande broyée comportant une fraction de moelle osseuse et de moelle épinière.

Analytiquement, les VSM comportent, selon la matière première et les espèces entre 15 et 19 % de protéines, 6 et 25 % de graisse, 0,8 et 1,5 % de matières minérales.

Le taux de collagène se situe entre 7 et 15 % des protéines.

Elles représentent 12 % du « consommable » de la dinde et 24 % du poulet.

Normes microbiologiques

Une circulaire de novembre 1977, émanant de la Direction de la Qualité, précise les conditions d'agrément et de fonctionnement des ateliers de séparation, ainsi que les critères microbiologiques que doivent respecter les VSM (T1). Un laissez-passer vétérinaire doit obligatoirement accompagner toute vente de VSM, il atteste la conformité aux critères microbiologiques. Les contrôles portent sur chaque tonne de produit, les lots non conformes interdits à la vente pour l'alimentation humaine sont orientés vers l'alimentation des animaux familiers.

Les contraintes

Les ateliers de VSM sont astreints, comme ceux qui préparent la viande hachée, à des règles d'hygiène très sévères. Le risque est toutefois plus important pour les VSM car les cous et coffres dont elles sont issues, offrent une surface importante pour leur poids et hébergent une flore plus abondante, notamment en ce qui concerne les bactéries de la sphère viscérale. Les ateliers de VSM doivent donc fonctionner dans les conditions d'hygiène les plus strictes.

Les utilisations

La composition analytique de ces produits est très comparable à celle des viandes en muscle. La séparation des tissus osseux a également permis celle des fibres conjonctives, provoquant un abaissement du taux de collagène.

Analytiquement, les VSM se montrent plus riches que les muscles en calcium, en fer et en phospholipides.

Les VSM sont donc des alternatives aux viandes dans les produits qui acceptent ou qui recherchent des produits broyés. On les utilise principalement dans les émulsions fines (saucisses, quenelles), les farces (saucissons, pâtés).

Enfin la circulaire en limite l'usage aux produits appertisés ou pasteurisés.

Les VSM sont les premières viandes qui ont reçu l'autorisation d'être pasteurisées par « irradiation » ou « ionisation » (traitement aux rayons ionisants). L'arrêté du 6 février 1985 (J.O. 16 février) précise que lors de leur commercialisation en l'état, l'indication du traitement subi est obligatoire selon l'une des mentions suivantes, après la dénomination de vente : « irradiées », « traitées par irradiation » ou « traitées par rayonnements ionisants ». Lorsque les VSM irradiées sont incorporées à des denrées alimentaires, et dans la mesure où elles ne constituent pas l'ingrédient de base, l'indication du traitement d'irradiation n'est pas exigée au niveau de la liste des ingrédients des produits contenant ces viandes.

Les produits de la découpe de la volaille offrent les avantages suivants :

- Produits portionnés et calibrés : la préparation d'ailes ou de cuisses séparées ou de morceaux de la même qualité permet une plus grande régularité et plus de précision dans les cuissons. Elle limite également les risques de contestation au moment du service.
- Produits prêts à l'emploi (économie de main d'œuvre).
- Produits éventuellement pré-cuits (économie d'énergie).
- Produits rapidement préparés (économie de temps).
- Produits faciles à utiliser (main d'œuvre moins qualifiée).

Les produits à base de découpe de volaille sont bon marché et bien acceptés, ils permettent la réalisation de nombreuses préparations culinaires et bénéficient d'une image de viande moderne hygiénique bien adaptée aux besoins et aux attentes de la vie de notre époque.

LA CHARCUTERIE DE VOLAILLE

Ce n'est pas une nouveauté puisque traditionnellement la charcuterie fine, particulièrement les galantines et les ballotines, sont fabriquées à base de volaille. En revanche, la nouveauté réside dans la mise au point de produits tels que jambons, saucisses, chipolatas, saucissons, boudins, rillettes, terrines, quenelles, etc. Les appellations de la charcuterie de volaille sont synonymes de celles de la charcuterie de porc.

Moins grasse que cette dernière, la charcuterie de volaille est riche en protéines bon marché et qui ont une excellente valeur alimentaire. Elle reçoit un accueil favorable en restauration collective : elle permet de contourner les interdits religieux ou médicaux, elle correspond à la demande de la clientèle qui recherche une alimentation plus équilibrée.

Pourcentages comparés des teneurs en matières grasses de la charcuterie de porc et de volaille (100 g volaille).

Produits	Charcuterie de porc	Charcuterie de volaille
Jambon	4* à 20 %	2 %
Saucisses	40 à 45 %	18 %
Saucisson	50 à 55 %	9 %
Rillettes	50 à 60 %	40 %

** Jambon dégraissé et découenné.*

LE GIBIER

Le gibier sauvage et le gibier d'élevage

GENERALITES

La consommation de viande de gibier en France est extrêmement faible, environ 300 à 350 g par an et par habitant. En comparaison, nos voisins allemands en consomment plus de 700 g.

90 % de notre consommation sont importés :

- Angleterre et Ecosse pour le petit gibier frais (faisan, lièvre, perdreau, pigeon ramier)
- Allemagne et Autriche pour le gros gibier
- Pays de l'Est pour le cerf, la biche, le chevreuil congelé ou surgelé
- Australie pour le sanglier
- Argentine et Uruguay pour le lièvre.

Le déboisement des forêts, l'assèchement des marécages, le remembrement, le brûlage des chaumes, les produits phytosanitaires utilisés en agriculture moderne, les diverses épidémies (myxomatose, ornithose) provoquent un déséquilibre «agro-sylvo-cynégétique» (terre, bois, forêt, gibier) et menacent certaines espèces de disparition. Toutefois, certaines régions sont privilégiées (Alsace, Sologne).

En collaboration avec le Ministère de l'Environnement et du Cadre de vie (service de la chasse et de la faune sauvage), le Ministère de l'Agriculture (service du code rural), la Direction Départementale des Services Vétérinaires, et les Fédérations Départementales de chasse, une réglementation particulièrement contraignante a été instituée. Cette réglementation permet de lutter efficacement contre toutes les imprévoyances, mais elle dissuade certains restaurateurs de proposer du gibier à leur clientèle.

CLASSIFICATION DES ESPECES COMMERCIALISABLES

- **Gros gibier de/ou en poil**

Mammifères de l'ordre des ongulés appelés également venaison : biche, cerf, chevrette, chevreuil, sanglier.

- **Petit gibier**

Mammifères de la famille des léporidés : lièvre, lapin de garenne, ragondin, rat musqué.

- **Gibier de/ou en plume**

Canard colvert, faisan commun, perdrix grise et rouge, pigeon ramier, étourneau et sansonnet.

Remarque :

La caille des blés n'est pas inscrite sur la liste des oiseaux commercialisables.

La législation française sur la protection des mammifères et des oiseaux sauvages est fréquemment modifiée. Elle peut changer d'un département à l'autre. Il est donc impératif pour le restaurateur de s'informer auprès des organisations syndicales professionnelles ou auprès de la préfecture du département des périodes légales de vente et des différentes espèces autorisées.

LA COMMERCIALISATION DU GIBIER SAUVAGE FRANCAIS

La commercialisation du gibier sauvage est régie par un ensemble de textes très stricts visant essentiellement à combattre le braconnage et à protéger certaines espèces en voie de raréfaction.

La commercialisation du gibier sauvage se fait exclusivement durant la période d'ouverture de la chasse.

Un restaurateur ne peut détenir du gibier sauvage avant la date autorisée de mise en vente. Elle varie selon les départements. Dans la plupart d'entre eux, cette date est fixée entre 15 jours et un mois après l'ouverture de la chasse. Sinon le gibier peut être présent sur les tables le jour même de l'ouverture.

Les Préfets peuvent interdire durant un mois l'achat et la vente de n'importe quelle espèce qu'il juge menacée (exemple : le lièvre).

Le Ministre chargé de la chasse peut interdire pour une durée de trois ans, la vente et l'achat sous toutes les formes et notamment celles de pâtés et de conserves, le transport en vue de la vente de certaines espèces de montagne qu'il juge menacées.

Il est interdit également de vendre ou d'acheter sciemment du gibier soumis au plan de chasse, autorisé à la vente, non muni du bracelet de marquage dûment daté et non accompagné d'une attestation justifiant son origine.

Le nombre des gibiers commercialisables est très restreint. Toutes les autres espèces sont frappées d'interdiction ainsi, par exemple, il est interdit de vendre ou d'acheter une bécasse ou des alouettes ainsi que les conserves et les pâtés.

- Le restaurateur doit cesser le service du gibier le dimanche suivant celui de la clôture de la chasse (mortification, mise en marinade du gros gibier).
- Le restaurateur peut s'approvisionner chez un grossiste ou un détaillant ou auprès d'un chasseur particulier. Il est en droit de vendre le gibier qu'il aura chassé lui-même.
- Le restaurateur doit tenir un registre coté et paraphé par le Maire ou le Commissaire de police, sur lequel il inscrit jour par jour, sans blanc ni rature, les nom, qualité et adresse de ceux qui lui ont vendu le gibier ainsi que le nombre et l'espèce des animaux achetés ou vendus.
  Les gardes de l'ONF (Office National des Forêts), les agents des services vétérinaires peuvent se faire présenter ce registre.
- Le gibier sauvage provenant d'un pays membre de la CEE ou hors CEE, c'est-à-dire uniquement d'un pays agréé est commercialisé du 01/09 au 28/02 de chaque année.

Les dispositions de cette réglementation sont difficilement applicables à la cession par le chasseur à un détaillant ou à un restaurateur de très petites quantités de pièces entières de gibier, non dépouillé ou non plumé et dans le cas du petit gibier sauvage non éviscéré, exception faite, pour les carcasses de sanglier qui doivent être revêtues de l'estampille d'examen trichinoscopique.

Le registre du gibier - Pages des entrées et des sorties

Date d'entrée	N° d'enregistrement	Nom de la commune, pays ou territoire d'origine (1)	Nom, qualité et adresse du fournisseur (N° d'immatriculation pour un éleveur)	Identification des produits						N° des étiquettes sanitaires ou n° d'autorisation d'importation
				Nombre	Espèce	Qualité (2)	Nature (3)	Age	N° des logements d'installation des animaux	

(1) Pour les œufs de sauvetage et les animaux sauvages capturés et les produits importés

(2) Préciser selon le cas : OS - Œufs de sauvetage. AS = Animaux sauvages capturés. PE = Produits de l'élevage.

(3) Préciser selon le cas : O = Œufs. J = Animaux non sexés. M = Mâles. F = Femelles.

Mod. 7074 - Berger-Levrault, Nancy (B)

Date de sortie	N° d'enregistrement	Nom, qualité et adresse de l'acquéreur (N° d'immatriculation pour un éleveur)	Destination (1)	Identification des produits					N° des étiquettes sanitaires
				Nombre	Espèce	Nature (2)	Age	Origine ou n° du logement	

(1) Préciser selon le cas : E = Elevage. R = Repeuplement. T = Tir AV = Alimentation humaine animaux vivants. AT = Alimentation humaine animaux tués.

(2) Préciser selon le cas : O = Œufs. J = Animaux non sexés. M = Mâles. F = Femelles.

Ministère de l'agriculture

LA FILIERE DU GIBIER SAUVAGE FRANÇAIS

Gibier sauvage tué par action de chasse durant la période autorisée

Le gibier peut être éviscéré immédiatement, dans ce cas, les viscères (foie, reins, poumons, cœur, rate) accompagnent la carcasse.

Centre de collecte agréé (s'il existe)

Site où le gibier tué est regroupé en vue de son transport vers un atelier de traitement agréé.
Le gibier peut y être éviscéré, sa température est amenée aux températures inférieures ou égales à + 7 °C pour les gros gibiers, + 4 °C pour les petits gibiers.

Contrôle des viscères thoraciques par les services vétérinaires

Les carcasses de sangliers font l'objet d'une analyse relative à la recherche de trichines.
Délivrance d'un compte rendu officiel signé.

Atelier de traitement (découpe) agréé

Le gibier est clairement identifié, selon sa nature, il est dépouillé, plumé et éviscéré pour les oiseaux, paré, portionné, estampillé et conditionné. L'inspection sanitaire autorise l'estampillage* et la délivrance d'un certificat sanitaire attestant que le résultat de l'inspection est satisfaisant.

Transport et commercialisation

Températures égales ou inférieures à + 7 °C pour les carcasses, + 4 °C pour les morceaux, - 12 °C pour les gros morceaux congelés. Les documents commerciaux sont visés par le vétérinaire officiel et sont à conserver durant un an.

* Les viandes de gibier sauvage déclarées aptes à la consommation humaine doivent porter une marque de salubrité de forme pentagonale.

Partie supérieure : le nom en toutes lettres ou la ou les initiales du pays expéditeur.

Au centre : le numéro d'agrément vétérinaire de l'atelier de traitement ou de découpe.

Partie inférieure : le sigle CEE ou le sigle permettant d'identifier le pays tiers d'origine (pour le gibier sauvage importé).

Le marquage de salubrité des carcasses non conditionnées de petits gibiers à poil ou à plume s'effectue à l'aide d'une estampille plaquette.

LES GIBIERS SAUVAGES SOUMIS A UN PLAN DE CHASSE

Le plan de chasse consiste à déterminer un nombre d'animaux d'une espèce donnée vivant sur un territoire délimité pouvant être abattus durant la saison de la chasse.

Véritable outil de gestion, le plan de chasse vise à assurer un équilibre agro-sylvo-cynégétique. Le Plan de chasse tient compte de la nécessaire protection des espèces chassables (amélioration des espèces) mais aussi des dégâts qu'elles sont susceptibles de causer aux cultures ainsi qu'à l'environnement en général et notamment aux arbres.

Les maires et les préfets ont la mission de veiller à la stricte application du plan.

Le contrôle des animaux abattus est assuré au moyen de marques numérotées accordées au demandeur. Cette marque, généralement un bracelet, est fixée sur l'animal immédiatement après l'avoir tué sur le lieu même où il a été abattu.

Le plan de chasse peut s'appliquer au cerf, au chevreuil, au daim, au moufflon, à l'isard, au chamois. Il peut être étendu à d'autres espèces (lièvres, perdrix, faisans communs).

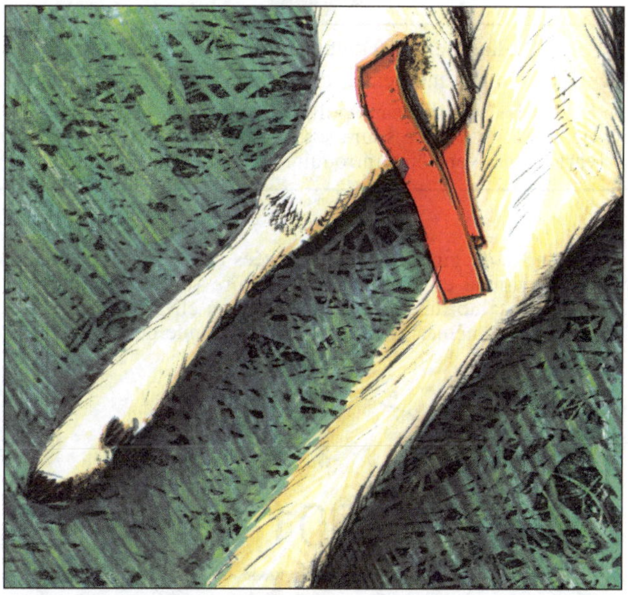

Le bracelet est fixé à l'une des pattes arrière entre l'os et le tendon avant tout déplacement de l'animal.

LA COMMERCIALISATION DU GIBIER D'ELEVAGE FRANÇAIS

La commercialisation du gibier d'élevage se pratique toute l'année (y compris durant la période de fermeture de la chasse). Cependant, pour commercialiser ou transformer du gibier d'élevage en dehors de la période de la chasse, le restaurateur doit **s'approvisionner auprès d'un établissement autorisé** (autorisation délivrée par les services préfectoraux) et **consigner ses entrées et ses sorties sur le registre du gibier** (voir gibier sauvage) coté et paraphé par le maire ou par le commissaire de police.

Le gibier d'élevage est entièrement sous le contrôle des services vétérinaires. Des examens ante-mortem sont pratiqués périodiquement.

La filière du gibier d'élevage français

Examen ante-mortem du troupeau

↓

Abattage sur l'exploitation (abattoir agréé)
en présence d'un agent des services vétérinaires.

Egorgement ou saignée conforme à la réglementation.
L'abattage par balle peut être autorisé.

↓

Transport immédiat vers un abattoir agréé, camion réfrigéré (+ 4 °C maxi).

Les carcasses sont accompagnées d'une attestation des services vétérinaires attestant le résultat favorable de l'inspection ante-mortem, la pratique correcte de la saignée et l'heure d'abattage.

↓

Eviscération - Refroidissement des carcasses

Contrôle post-mortem des viscères et examen trichinoscopique pour les sangliers.

↓

Atelier de traitement ou de découpe agréé

Identification des morceaux, estampillage et conditionnement.

Seules les viandes sans poils et sans plumes totalement éviscérées et ayant été soumises à une inspection post-mortem favorable peuvent être introduites dans la salle de découpe.

Les viandes de gibier d'élevage jugées conformes aux conditions d'hygiène et d'inspection sanitaire sont revêtues de la marque de salubrité de l'établissement où elles ont été préparées dans les mêmes conditions que la viande de boucherie.

Tampon de forme ovale

Partie supérieure : la ou les initiales du pays expéditeur en lettres capitales.

Au centre : le numéro d'agrément vétérinaire de l'abattoir ou de l'atelier de découpe.

Partie inférieure : le sigle CEE.

Le marquage est appliqué :

- directement sur les carcasses non enveloppées,
- sous ou sur les enveloppes ou autres emballages,
- sur les conditionnements de grandes dimensions.

L'enveloppe ou l'emballage doivent être scellés de manière qu'ils ne puissent être réutilisés après l'ouverture.

L'ETIQUETAGE DES PRODUITS ISSUS DE LA DECOUPE DU GIBIER D'ELEVAGE

Outre la reproduction de l'estampille de salubrité, l'étiquetage doit comporter :

- la nature du produit
- son origine
- la raison sociale du fabricant ou de l'importateur
- le procédé de conservation
- la température de stockage
- la date de conditionnement
- la D.L.C ou la D.L.U.O (selon le procédé de conservation)
- le poids net
- le nombre de pièces (s'il y a lieu)
- le code de l'article ou le numéro du lot
- des informations «consommateurs» (facultatif).

Le contrôle à la réception s'effectue comme pour la viande de boucherie ou pour la viande de volaille.

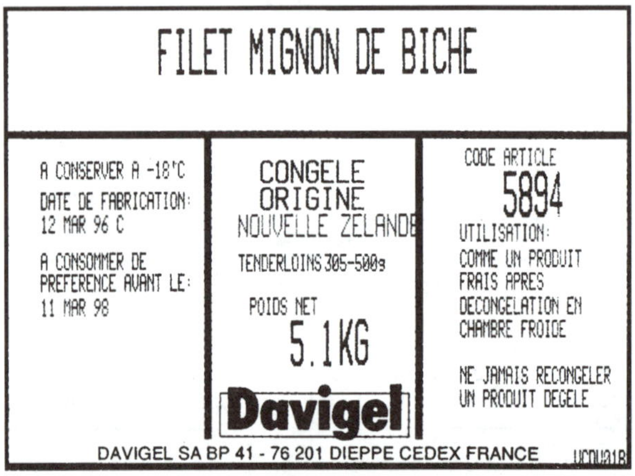

Seules les viandes de gibier d'élevage dûment agréées sont acceptées en restauration collective à caractère social.

LA COMMERCIALISATION DE VIANDES «EXOTIQUES» DE GIBIER SAUVAGE ET D'ELEVAGE

Pour être importées en France, les viandes «exotiques» de gibier doivent provenir impérativement :

- d'un pays autorisé à exporter vers la C.E.E.
- d'un établissement agréé pour l'exportation vers la communauté.

La liste des établissements agréés est publiée au journal officiel de la République Française.

Actuellement, seules les viandes d'autruche, d'émeu et de kangourou provenant d'établissements agréés d'Australie peuvent être importées en France.

Aucun établissement africain n'est agréé pour l'exportation vers la France des viandes d'antilope springbok, de chameau ou de paon. La commercialisation de viande de crocodile, de serpent et de criquets pourrait s'envisager après avis favorable du Conseil Supérieur d'Hygiène Publique en France.

DESCRIPTION DES PRINCIPALES ESPECES UTILISEES EN RESTAURATION

GROS GIBIER (VENAISON)

LE SANGLIER

Poids : 200 à 250 kg.

Femelle : la *laie,* 120 à 150 kg.

Les petits sont appelés *marcassins* jusqu'à six mois, puis à un an, ce sont les *bêtes rousses,* de un à deux ans, les *bêtes de compagnie.* A deux ans, l'animal est devenu noir, il est appelé *ragot.* Ensuite, on le nomme successivement tiers ans et quartanier.

En cuisine, on utilise surtout le sanglier de un à deux ans (le marcassin faisant partie des espèces protégées). En vieillissant, l'animal devient coriace et nécessite une longue marinade.

LE CHEVREUIL

Poids : 25 kg.

Femelle : la *chevrette,* 15 à 20 kg.

Les petits faons mâles se nomment *chevrillards* jusqu'à six mois, puis *chevrotins* jusqu'à un an. Dès l'apparition des premières broches, on les nomme *daguets.*

En cuisine, on utilise surtout la chair des jeunes daguets (elle ne nécessite pas la mise en marinade). En revanche, la chair du vieux brocard demande une marinade d'autant plus poussée que l'animal est âgé. A la cuisson, la chair du chevreuil doit être maintenue rosée. Trop cuite, elle perd de sa valeur gustative.

LE CERF

Poids : 150 kg.

Femelle : la *biche,* 80 kg.

Le petit est appelé *faon* jusqu'à six mois, puis *hère* jusqu'à un an. Ensuite, *daguet,* ou *jeune biche* à l'apparition des bois (18 mois à 2 ans). Au fur et à mesure que les bois se forment, il prend le nom de seconde tête, troisième tête. A 5 à 6 ans, la ramure de l'animal s'étant parée de superbes «andouillers» et de « perlures», il porte le nom de dix cors, et plus tard, le nom prestigieux de grand vieux cerf.

(Mêmes préparations que pour le chevreuil.)

Daim et daine, chamois ou isards, bouquetin, mouflon de Corse subissent les mêmes apprêts que les gibiers de grande venaison.

Attention : s'informer sur les textes législatifs : certaines espèces sont momentanément protégées.

PETIT GIBIER

LE LIEVRE

Le lièvre des plaines pèse environ 3 kg, celui des montagnes jusqu'à 4 kg. Le lièvre allemand jusqu'à 10 kg (beaucoup moins estimé).

Femelle : la *hase* (légèrement plus petite que le mâle).

D'après les amateurs, la chair du lièvre de montagne est supérieure à celle du lièvre de plaine. Cette qualité provient des plantes aromatiques qui constituent la base de sa nourriture. Le lièvre appelé «trois quarts» est vraiment digne d'intérêt en gastronomie (jeune lièvre de l'année, 6 à 8 mois, environ 2,5 kg). La jeunesse de l'animal se reconnait à la fragilité de ses oreilles, à la finesse de ses membres, à sa dentition courte et à ses ongles flexibles.

Ce gibier doit se manger frais, car il a tendance à s'altérer rapidement. Un lièvre récemment tué a le nez légèrement saignant et les yeux brillants.

Le sang, élément précieux pour la liaison des sauces, doit être entièrement recueilli. Pour l'empêcher de coaguler, on lui ajoute quelques cuillerées de vin et on le tient au frais (+ 3 °C).

La découpe du lièvre (ou du lapin) doit être franche pour ne pas briser les os ; il est donc recommandé de rechercher les articulations.

Les morceaux les plus appréciés sont les cuisses et le râble, qui sont généralement servis rôtis. Le râble est situé entre les premières côtes et le point de jonction des cuisses.

Pour être rôti, l'arrière train est dénervé, piqué et mariné quelques heures avant l'emploi.

La chair du lièvre rôti doit être légèrement saignante. Les vieux lièvres sont traités en civet ou permettent de réaliser des terrines, des pâtés, des ballotines, des mousses et des farces diverses.

LE LAPIN DE GARENNE

Il pèse de 1 kg à 1,200 kg. Le meilleur lapin de garenne est celui «de l'année».

Ce gibier peut subir les mêmes préparations que le lapin de clapier ou le lièvre. Le train arrière, c'est-à-dire les cuisses plus le râble réunis, peut être rôti ou grillé après avoir été bardé ou piqué.

Le jeune animal se reconnaît à la fragilité de ses oreilles et à l'état de sa dentition, et surtout (comme pour le jeune lièvre) à un osselet gros comme une lentille qui se trouve à la jointure des pattes de devant (cette particularité disparaît chez les vieux sujets).

LE GIBIER DE PLUME

LE FAISAN

Comme tous les gibiers, le faisan doit être consommé jeune. Sa jeunesse se reconnaît à l'extrémité des rémiges qui doivent être pointues, à la couleur grise de ses pattes et à la flexibilité du bréchet. La caroncule entourant l'œil du jeune coq est de petite dimension, ainsi que les ergots des pattes.

La poule faisanne, plus petite et moins belle que le coq, est beaucoup plus estimée.

Quelques jours d'attente dans la plume, en un lieu frais, sont suffisants pour mortifier, attendrir les chairs du faisan et développer l'arôme caractérisant le goût sauvage recherché par certains amateurs.

LA PERDRIX

La perdrix grise, la plus commune, est la plus appréciée des gourmets.

La jeunesse du perdreau dit «de l'année» se reconnaît à l'extrémité pointue des rémiges tachées d'un point blanc, à la flexibilité du bec et aux pattes non écailleuses. Le liseré rouge accentué, entourant l'œil, est un signe de vieillesse.

Le perdreau est le plus souvent grillé ou rôti à la broche ou au four, avec la poitrine recouverte d'une feuille de vigne et cerclée d'une mince barde de lard.

La «Bartavelle» est une grosse perdrix rouge vivant dans les montagnes (espèce protégée).

LA GROUSE OU LAGOPEDE D'ECOSSE

En Grande-Bretagne, la grouse tient la même place au point de vue gastronomique que la perdrix en France. Les Anglais l'apprécient saignante. Elle est rôtie à la broche ou au four entourée d'une tranche de bacon.

LE PIGEON RAMIER

Sa chair est plus serrée (dense) et plus parfumée que celle du pigeon domestique. Toutefois, les préparations de ce dernier lui conviennent également. Malheureusement, cet oiseau a souvent plus de 6 mois lorsque la chasse est ouverte, et dans ce cas il n'est pas toujours tendre.

LA PALOMBE

La chasse à la palombe se fait dans le midi, notamment dans les Landes et au Pays Basque. Ce gibier abonde en automne lors de leur migration vers l'Espagne et aux premiers jours du printemps à leur retour sur notre territoire. Certains amateurs de palombes les consomment comme les grouses anglaises : saignantes.

En cuisine, il ne faut utiliser que les jeunes sujets ayant atteint leur complet développement.

CAILLES, GRIVES, ALOUETTES, ORTOLANS

C'est surtout en automne, au seuil de l'hiver, lorsque ces oiseaux sont gras à souhait qu'ils sont intéressants pour la gastronomie.

Ces oiseaux doivent se consommer dans leur extrême fraîcheur. Le dicton des gourmets «c'est au bout du canon du fusil que l'on doit consommer la caille» est justifié. Culinairement parlant, l'alouette se nomme mauviette.

LE CANARD SAUVAGE

Les canards de surface (chipeau, souchet, pilet, sarcelle) et les canards plongeurs (milouin, morillon, milouinan, macreuse) font actuellement partie des espèces protégées. Le col-vert a donné naissance par ses croisements à une variété domestique bien connue dans la région rouennaise. Pour être appréciés, tous les canards doivent être jeunes, c'est-à-dire «de l'année». Leur jeunesse se reconnaît à la flexibilité de leur bec. L'oiseau doit également être bien en chair, ce qui n'est pas le cas des vieux sujets.

Étant donné le goût sauvage (légèrement amer) de ces oiseaux, la préférence va aux sauces qui ont une saveur aigre-douce telle que la sauce bigarrade. Beaucoup de fruits s'accommodent très bien avec le canard sauvage. Pour les préparations rôties, la chair du canard doit être maintenue rosée à la cuisson.

Le canard sauvage peut être traité à la presse ou au sang, dans les mêmes conditions que le canard rouennais. Les canards sauvages, les sarcelles, sont considérés par l'Église comme un aliment maigre, mais leur utilisation est actuellement prohibée.

ACHAT DU GIBIER

LE GIBIER DE PLUME

Mis à part les cailles et les pigeons d'élevage qui sont généralement plumés, les gibiers de plume sont généralement présentés non plumés et non vidés.

Acheter le gibier frais, si possible, afin de contrôler aisément le degré de faisandage.

Le faisandage est une mortification prolongée qui ne doit en aucun cas atteindre la putréfaction !

Cette opération consiste à conserver le gibier (faisans, perdrix) un certain temps avant sa consommation. L'oiseau doit être suspendu dans un endroit frais et aéré, à l'abri des autres aliments et des insectes. Les plumes doivent être lissées avec soin pour ne pas laisser pénétrer l'air trop profondément à l'intérieur de l'animal.

Cette opération a pour but d'attendrir les chairs en développant un goût particulier dit «goût sauvage». Le gibier dont l'abdomen a été abîmé par les plombs ou par les crocs des chiens ne se fait pas faisander.

Le faisandage doit être effectué dans de bonnes conditions d'hygiène et au froid.

La consommation de gibier faisandé à l'excès est contraire à toute règle d'alimentation rationnelle, tant du point de vue gastronomique qu'hygiénique (toxines responsables d'allergies ou d'intoxications).

- Ne pas se laisser tenter par la beauté du plumage : il s'agit généralement du mâle et la qualité de la chair est inférieure à celle de la femelle.
- L'extrémité des rémiges doit être pointue et il faut apercevoir sous les plumes un fin duvet.
- La carontule entourant l'œil des perdreaux ou des faisans doit être à peine accentuée.
- Les pattes doivent être claires, sans écailles prononcées, et les ergots à peine développés.
- Le bréchet doit être flexible et la poitrine charnue et bien développée (large et épaisse).
- Le bec doit être souple et flexible.
- Refuser les sujets abîmés par les plombs et les crocs de chiens.

REMARQUE :

Faisans, perdrix gagnent à être légèrement faisandés, les autres oiseaux se traitent à l'état frais (au bout du fusil).

Les oiseaux aquatiques ne se font pas faisander.

Les microbes de la putréfaction peuvent avoir des répercussions nocives sur l'organisme.

Le vidage :

La question du vidage du petit gibier est souvent controversée. Il est d'usage de ne pas vider les oiseaux à bec mince et effilé (alouettes, bécasses, bécassines, becfigues, ortolans). Le jabot est éliminé, le gésier est extrait à l'aide d'une aiguille à brider piquée dans le flanc de l'oiseau.
Lorsque la tête subsiste, les yeux sont supprimés, et le bec est passé à travers le corps à la hauteur des cuisses.
Remarque : le transit intestinal de ces oiseaux étant rapide, ils se vident naturellement en prenant leur vol.
Actuellement, la commercialisation des petits oiseaux à bec fin et effilé est interdite.

LE GIBIER DE POIL

- Vérifier l'aspect du pelage : il doit être brillant et propre.
- Refuser les morceaux comportant des hématomes ou de gros caillots de sang.
- Sentir les morceaux : l'odeur doit être caractéristique. Trop forte, l'animal est âgé ou manque de fraîcheur.

REMARQUE :

Si la même pièce est utilisée pour les préparations préliminaires et pour l'habillage ou la découpe des viandes, ces phases doivent avoir lieu ***à des moments différents.*** *La salle, le matériel utilisé doivent être lavés et désinfectés selon la procédure interne avant d'être affectés à la préparation ou à la découpe d'un autre type de viande ou de denrée.*

Les services vétérinaires préconisent de respecter l'ordre suivant :

- *viandes de boucherie,*
- *viandes de volailles,*
- *viandes de gibier d'élevage,*
- *viandes de gibier sauvage.*

La viande de sanglier doit faire l'objet d'une recherche négative de trichine indiquée par la lettre T. Une congélation à - 18 °C et une bonne cuisson à cœur permettent de limiter tout risque en détruisant aisément les kystes de la trichine.

TABLEAU DES PRINCIPALES UTILISATIONS CULINAIRES

Espèces	Animaux	Morceaux	Techniques de cuisson: *Rôtir*	*Poêler*	*Griller*	*Sauter*	*Braiser et ragoûts*	Suggestions
Gibier de plume	**CAILLES** poids moyen : 0,2 à 0,3 kg âge : de 1 à 3 mois	entière, 1 ou 2 pièces par personne (selon grosseur)	●					Pendant la cuisson, protéger les suprêmes avec une feuille de vigne, une barde de lard ou une tranche de poitrine de porc fumée ; Au nid (réalisé en pommes paille) ; aux raisins de muscat ; aux figues, aux pommes, aux cerises, en douillons ; en croûte ; – salades composées servies tièdes.
				●				farcie au foie gras, en cocotte ou en casserole
	PIGEON poids moyen : 0,3 à 0,4 kg âge : de 6 semaines à 3 mois	entier, 1 par personne, 1/2 s'il est farci	●					Pendant la cuisson, protéger les suprêmes avec une fine barde de lard ou une tranche de bacon ; – à la broche – aux petits pois, aux pois gourmands, aux fèves fraîches, au jus de truffe, aux champignons sauvages, au miel, etc., en salmis ;
				●				farci ou non, en cocotte ou en casserole ; – bonne femme, aux morilles, – printanière, compote, ...
					●			en crapaudine, à l'américaine, à la diable ;
						●		bordelaise, au vinaigre de framboise, minute, ...
							●	chartreuse ; – salades composées servies tièdes.
	PERDREAU poids moyen : 0,3 à 0,4 kg âge : 6 semaines à 2 mois	entier, 1 par personne	●					Pendant la cuisson, protéger les suprêmes avec une fine barde de lard ou une tranche de poitrine fumée (idem pigeonneau) – normande, vigneronne, aux lentilles vertes ;
			●					salmis
	PERDRIX poids moyen : 0,4 à 0,5 kg âge : 4 à 6 mois « à la St Remi tous les perdreaux sont perdrix »	1 par personne 1/2 si elle est farcie		●				bourguignonne, en couveuse, aux olives, Souvaroff, ...
					●			en crapaudine, à la diable ;
							●	chartreuse, aux choux,...
	FAISAN poids moyen : 0,8 à 1,2 kg âge : 4 à 6 mois	1 pour 2 personnes pour 4 s'il est farci	●					Pendant la cuisson, protéger les suprêmes avec une fine barde de lard. sur canapé, à la broche, aux pommes, à la fondue de chou, au cidre, salmis, etc...
				●				en cocotte : aux pleurotes, aux chanterelles, grand-mère, bonne maman, à la crème, Souvaroff, ...
						●		au jus de truffe, au vinaigre de fruits, aiguillettes aux figues, suprêmes aux champignons, ...
							●	chartreuse, braiser aux choux, ballotines, terrines, mousses,... – salades composées servies tièdes.

Espèces	Animaux	Morceaux	Techniques de cuisson: Rôtir	Poêler	Griller	Sauter	Braiser et ragoûts	Suggestions
Gibier de plume	**CANARD SAUVAGE** (canette, col-vert) poids moyen : 1,2 à 1,6 kg âge : 4 à 6 mois	1 pour 2 personnes	●					Généralement servi rosé ; bigarrade, à la presse, au sang, rouennaise, aux figues, aux pommes, à la lie de vin, aux navets confits, aux airelles, aux baies de cassis, etc. ;
			●					en salmis
				●				aux navets, aux olives, aux petits pois, à l'orange, ...
					●			pour le filet et les cuisses pour la préparation du canard à la rouennaise ;
						●		pour les filets seulement : au cidre, au vinaigre et au miel, au poivre, ...
							●	uniquement pour les sujets âgés : terrines, pâtés, ballotines, mousses diverses,...

Espèces	Animaux	Morceaux	Techniques de cuisson: Rôtir	Poêler	Griller	Sauter	Braiser et ragoûts	Suggestions
Gibier de poil	**LEVRAULT et LIEVRE** de l'année poids moyen : 2,5 à 3 kg âge : 6 à 8 mois	Arrière train (pour 3 à 4 personnes selon sa grosseur) Râble (pour 2 personnes) Cuisses (1 par personne)						Dénerver soigneusement. Le râble et les cuisses peuvent être piqués de lard gras. Placer en marinade (instantanée pour les jeunes sujets).
			●	●				sauce poivrade, Diane, à la crème, au genièvre ;
						●		en noisettes, aux groseilles, aux cerises ;
							●	civets, à la royale, terrines, pâtés, mousses, etc. (les avants ne sont pas servis en restauration classique)
	LAPIN DE GARENNE poids moyen : 1 à 1,2 kg âge : 4 à 6 mois	Arrière train (pour 3 personnes) Râble (pour 2 personnes) Cuisses (1 pièce par personne)	●					à la crème et aux pâtes fraîches, à la graine de moutarde, au paprika, à la sariette, aux herbes de Provence, etc. ;
						●		chasseur à l'estragon, ...
							●	blanquette, gibelote, aux pruneaux, en rillettes.
	CHEVRETTE et CHEVREUIL poids moyen : 15 à 20 kg pour la femelle 20 à 25 kg pour le mâle âge : plus d'un an	Cuissot ou gigue Selle ou cimier Carré Côtelettes Noisettes Filets mignons Epaule Poitrine	●					Doit être servi rosé. Dénerver soigneusement. La chair du chevreuil ne nécessite qu'une marinade instantanée. Les grosses pièces doivent être piquées de fins bâtonnets de lard gras. sauce venaison, chevreuil, moscovite, romaine, poivrade, grand-veneur, Diane, ... – les garnitures citées en fin de chapitre s'appliquent plus spécialement aux gigues et aux selles de chevreuil.
						●		pour les noisettes et les côtelettes et les filets mignons – dresser sur croutons de pain de mie frits au beurre clarifié : au poivre vert, aux cerises, aux cèpes ;
							●	pour les bas morceaux (épaule, collet, poitrine) ; civet : les morceaux doivent être mis à mariner quelques heures à l'avance. La liaison finale est souvent effectuée avec du sang de lièvre ou à la rigueur avec du sang de lapin ou de porc.

Espèces	Animaux	Morceaux	Techniques de cuisson					Suggestions
			Rôtir	*Poêler*	*Griller*	*Sauter*	*Braiser et ragoûts*	
	BICHE et CERF poids moyen : 80 kg pour la femelle 120 à 150 kg pour le mâle âge : 18 mois à 2 ans	Cuissot ou gigue Selle ou cimier Carré Côtelettes Noisettes Filets mignons Epaule Collet Poitrine	•			•	•	Doit être servi rosé. Dénerver soigneusement. Les chairs de la biche et du cerf nécessitent une marinade plus ou moins prolongée selon l'âge de l'animal et la grosseur des morceaux (de quelques heures à deux jours maximum). Les grosses pièces doivent être piquées de fins bâtonnets de lard gras. Toutes les sauces et garnitures proposées pour le chevreuil s'appliquent également à la biche et au cerf..
	SANGLIER poids moyen : 100 à 120 kg pour la laie 150 à 200 kg pour le mâle âge : de 1 à 3 ans pour les bêtes rousses, de compagnies et ragots (le marcassin fait partie des espèces protégées).	Cuissot ou jambon Filet Carré Noisettes Côtelettes Epaule Collet ou gorge Poitrine Tête (hure)	•	•				Dénerver. Piquer les gros morceaux et les larder intérieurement. Placer en marinade (48 heures minimum) ; Rôtir ou poêler (pour le filet et le carré).
						•		Sauter pour les côtelettes et les noisettes ;
							•	Braiser pour le cuissot ; – la découpe du sanglier est identique à celle du porc – les sauces et garnitures proposées pour le chevreuil s'appliquent également au sanglier ; – exemples de garnitures : purées de pois cassés, de lentilles, de fèves, de marrons, de céleri, d'oignons. Les bas morceaux sont principalement traités en civet, en terrines, en pâtés et en crépinettes. La tête sert à préparer la « hure ».

** Poids et âges sont donnés à titre indicatif, ils correspondent à la meilleure période de consommation sur le plan gastronomique.*

Les sauces et garnitures citées sont extraites du guide culinaire de Monsieur A. Escoffier et du répertoire de la cuisine par Messieurs Th. Gringoire et L. Saulnier.

REMARQUE :

Le gros gibier (sauf le chevreuil) se fait mariner (voir cours sur les marinades).

La durée de mise en marinade est fonction :
- de l'espèce
- de l'âge de l'animal
- de la grosseur des morceaux
- des conditions de capture.

Exemples :

Côtelettes de cerf : 24 heures maximum
Cuissot de sanglier : 6 à 8 jours.

Il est impératif que la marinade s'effectue à couvert, en enceinte réfrigérée à température de + 3 °C.

Les marinades ont pour but :
- de parfumer ou d'aromatiser les chairs (garniture aromatique, vin, alcool),
- de les attendrir,
- de les conserver (froid, pH acide, huile en surface protégeant de l'oxygène de l'air).

La marinade peut être utilisée par la suite pour la réalisation du fumet de gibier ou de la sauce de base (la sauce poivrade).

SEULS LES ANIMAUX JEUNES SERONT UTILISES (en fonction de la législation)

Les bas morceaux (épaule, collet, poitrine) ainsi que les animaux plus agés servent à la réalisation des plats en sauce (ragoût, civet, salmis), des terrines, des pâtés, des galantines, des ballotines, des farces diverses, voire dans les cas extrêmes : des fonds ou fumet de gibier.

EXEMPLES DE SAUCES ET GARNITURES CLASSIQUES UTILISEES POUR LA PREPARATION DU GIBIER

Les sauces d'accompagnement les plus classiques pour les gros gibiers :

Les dérivés de la sauce poivrade : grand veneur, Diane, chevreuil, chambertin, venaison, romaine,
pour les canards : sauce bigarrade,
pour les faisans, cailles, perdreaux : sauce salmis, chasseur, crème Porto, Smitane Périgueux,
pour le lapin et le lièvre : sauce crème, moutarde.

Les garnitures les plus utilisées :
- la purée de marrons, de céleri, d'oignons, de lentilles, de fèves, de patate douce,...
- les cèpes, les chanterelles, les morilles, les pleurotes,...
- la gelée de groseilles, d'airelles, de myrtilles,...
- les cerises, les poires au vin, les pommes, le raisin, les pignes de pin,...
- les endives, les laitues, les choux blancs et rouges braisés.
- les pommes Berny, les truffes,...
- les flans et croquettes de maïs, les gratins de céleri et de pommes fruits, etc...
- les gaufrettes de céleri.

Remarque :

Les oiseaux rôtis (à la broche ou au four) sont généralement dressés sur un canapé (doré au beurre clarifié ou à la graisse de volaille), garnis d'une farce à gratin réalisée avec les foies des oiseaux en traitement.

LES LÉGUMES FRAIS
ou «légumes verts»
ou «légumes de première gamme»

DEFINITION

Dans le langage courant, le terme légume frais (ou « légume vert ») désigne des produits alimentaires d'origine végétale, consommés immédiatement après la récolte.

On distingue :
- les légumes primeurs, ou hâtifs
- les légumes de pleine saison,
- les légumes hors saison

GENERALITES

Grâce à sa situation géographique et à son climat tempéré, la France produit de nombreux légumes tout au long de l'année.

Exemples : carottes, laitues, poireaux, champignons de couche, etc.

D'autres légumes sont seulement saisonniers.

Exemples : artichauts, asperges, aubergines, choux de Bruxelles, etc.

A des époques bien déterminées de l'année, certaines variétés sont produites en grande quantité. C'est durant ces périodes que le rapport qualité/prix est le plus intéressant.

Les échanges communautaires, les importations en provenance du Maroc, d'Israël, d'Afrique du Sud, d'Amérique du Sud, de Nouvelle Zélande, etc. permettent de trouver toute l'année sur les marchés français des légumes de qualité, considérés il y a encore peu de temps, comme des produits saisonniers.

Les principales régions productrices sont :
- la Bretagne, le pays Nantais et la vallée de la Loire ;
- le littoral méditerranée (vallée du Rhône, Var, Vaucluse, Roussillon, Pyrénées Orientales) ;
- la périphérie des grandes villes (en disparition progressive en raison de l'urbanisation).

Facteurs influençant l'approvisionnement de nos marchés en légumes frais de qualité :
- la sélection et l'amélioration génétique des meilleures variétés ;
- le choix de terres et de climats mieux adaptés à la culture de certains légumes ;
- la concentration et la spécialisation des zones de culture ;
- la mise en application de techniques modernes et scientifiques (cultures plus rationnelles, traitements, lutte antiparasitaire, etc.) ;
- l'organisation des récoltes (regroupement, création de coopératives) ;
- l'implantation des centres de traitement sur les lieux mêmes de la production ;
- la rapidité des moyens de transfert ;
- la mise en application immédiate de procédés de conservation (réfrigération, conditionnement sous vide ou sous atmosphère contrôlée, etc.) ;
- la rapidité et le respect rigoureux des règles d'hygiène, de la récolte à la vente ;
- les échanges facilités entre les pays producteurs et consommateurs.

La consommation des légumes frais

La consommation des légumes frais semble, depuis quelques années, en légère baisse. Les différentes opérations de manutention, de stockage, d'épluchage, de lavage et de taillage, demandent beaucoup de temps et de main d'œuvre. Les collectivités à caractère social préfèrent limiter ces difficultés en servant des pommes de terre, du riz ou des pâtes... L'arrivée récente sur le marché de la restauration de produits provenant de l'agro-alimentaire (légumes surgelés, quatrième et cinquième gammes) devrait permettre aux collectivités de servir plus souvent à leurs clients des légumes frais et variés. L'utilisation de ces produits permet non seulement une économie de temps et de main d'œuvre, mais aussi la diminution ou la suppression des surfaces affectées à la légumerie. En outre, ces produits limitent les risques de contamination dus aux produits terreux très riches en microbes.

CLASSIFICATION

Malgré leur grande diversité botanique, les légumes frais peuvent être classés par famille en fonction de la partie comestible de la plante dont ils proviennent.

Cette classification distingue :

- **les racines :**
  carottes, betteraves rouges, céleris raves, navets, panais, radis roses/blancs/noirs, raifort, igname, rutabagas, salsifis, scorsonères.
- **les feuilles :**
  choux blancs/verts/rouges, cresson, épinards, tétragones, feuilles de bette, oseille, salades (laitue, scarole, feuille de chêne, trévise, mâche, chicorée frisée, batavia, etc.).
- **les bulbes :**
  aulx, échalotes, oignons, fenouil, poireaux, etc.
- **les tubercules :**
  pommes de terre, patates douces, topinambours, crosnes du Japon, etc.
- **les rhizomes :**
  asperges, endives, hélianthe tubéreux, etc.
- **les bourgeons ou pousses, les boutons à fleur et les fleurs :**
  choux de bruxelles, brocolis verts, artichauts, choux fleurs, fleurs de courgettes, de courge, de capucine, de sureau, d'acacia, etc.
- **les fruits « légumiers » :**
  aubergines, bananes plantains, concombres, cornichons, christophines, courgettes, courges, haricots verts, fruits à pain, gombos, patissons, poivrons, potirons, tomates, etc.
- **les tiges, les côtes ou les pétioles de feuilles :**
  côtes de bette, cardons, céleris branche, rhubarbe, etc.
- **les graines de légumineuses fraîches :**
  petits pois, haricots à égréner, fèves et fèverolles, etc.
- **les pousses de graines germées :**
  soja, blé, luzerne (alfalfa), lentilles, moutarde, lin, lupin doux, etc.
- **les champignons :**
  champignons de Paris, pleurotes, chanterelles, cèpes, morilles, strophaires, lentins des chênes, shütakés, etc.
- **les plantes aromatiques :**
  (voir cours sur les aromates).

UTILISATION DES LEGUMES FRAIS EN CUISINE

Les légumes frais offrent une très grande diversité de formes, de couleurs et de saveurs. Toutes les techniques d'utilisation et de cuisson leur sont applicables. Crus ou cuits, les légumes frais rentrent dans la composition d'une multitude de préparations.

Exemple :

- **crudités ,**
  carottes, céleris, concombres, tomates...
- **salades composées**
  à base de légumes crus ou cuits ;
- **salades et salades mélangées :**
  laitues, endives, feuilles de chêne...
- **potages :**
  taillés, purée de légumes frais...
- **agent de liaison :**
  potages, purées, sauces...
- **petites garnitures et garnitures d'accompagnement :**
  accompagnant les plats principaux (viandes, volailles, poissons),
- **garnitures aromatiques :**
  Mirepoix, Matignon ...
- **condiments :**
  ail, oignon, échalote, cornichons...
- **boissons :**
  jus de tomate, de carotte, de céleri, d'oseille...
- **herbes d'assaisonnement :**
  cerfeuil, ciboulette, persil...
- **confiture :**
  patate douce, potiron.
- **colorant naturel :**
  épinard, bettrave rouge.

COMMERCIALISATION

La commercialisation des légumes est réglementée en France et à l'intérieur de la Communauté Economique Européenne. Depuis 1987, une trentaine de légumes font l'objet d'une normalisation communautaire.

Le calibre

Selon le légume, le calibre peut correspondre à différentes valeurs :

- au diamètre (pommes de terre), au poids, ou à la longueur (concombres).

Ces calibres peuvent être exprimés de deux manières :
- par une échelle alphabétique (AAA – AA – A – B – C),
- par une échelle numérique (1 – 2 – 3 – ou 47/57 – 57/67 – 67/77 par exemple pour les tomates).

Dans un même emballage, les produits doivent être du même calibre.

La catégorie de qualité

La catégorie de qualité est déterminée en fonction de critères liés à l'aspect et à la présentation du produit.

Quatre catégories ont été déterminées : Extra – I – II – III.

La catégorie de qualité est indiquée sur l'étiquette portée par chaque conditionnement :

– Catégorie Extra	Etiquette rouge
– Catégorie I	Etiquette verte
– Catégorie II	Etiquette jaune
– Catégorie III	Etiquette grise

La variété

Les caractéristiques de goût, de forme, de couleur, d'odeur, de jutosité, de fermeté, de résistance, de tenue à la cuisson, de durée de conservation, etc. dépendent de la variété du légume considéré.

Le conditionnement

Selon leur nature et leur provenance, les légumes frais sont présentés sous divers conditionnements :
- plateaux ou cageots en bois léger ou en plastique, à usage unique. Certains renferment des alvéoles protégeant bien les produits ;
- caisses en bois dur, généralement consignées ;
- cartons à usage unique ;
- paniers en bois léger pour les champignons ;
- filets pour les échalotes, l'ail, ou les oignons ;
- etc.

L'étiquette des légumes est obligatoire (sur le conditionnement, ou avec les légumes présentés en vrac sur les marchés) Elle doit comporter les indications suivantes :

EMBALLEUR	ORIGINE	PRODUIT NORMALISE CATEGORIE
	PRODUIT VARIETE	
	CALIBRE	NOMBRE OU MASSE NETTE

Exemple d'étiquette

EMB. EXP
Coopérative Maraîchère de Lille et Environs
Marché d'Intérêt National
59160 LOMME
Tél 20. 92.32.35
Télex : 131573
Coopérative Agricole Immo. 2042

ORIGINE St OMER	PRODUIT NORMALISE I
Produit Variété CHOUX FLEURS	
CALIBRE	NOMBRE ou MASSE NETTE 6 -8

PROVENANCE FRANCE 1061 QUALITÉ RÉGLEMENTÉE
marque déposée
403
CELF NORD
Marques Deposées

Passer une commande de légumes frais c'est indiquer avec précisions à son fournisseur :

- le produit désiré et sa variété ;
- son origine (facultativement) ;
- sa catégorie de qualité ;
- son calibre ;
- la quantité en unités ou en poids ;
- la date et l'heure de livraison.

Le contrôle à la livraison

A la réception, il est indispensable de contrôler la qualité et la quantité des légumes livrés.

Cette vérification doit comporter les précautions suivantes :

- comparer le bon de commande avec le bon de livraison ;
- contrôler les indications inscrites sur les étiquettes des colis ;
- peser ou compter la marchandise livrée (elle doit correspondre aux quantités inscrites sur le bon de livraison) ;
- vérifier la qualité (chaque conditionnement doit contenir des produits de même variété, de même catégorie de qualité et de même calibre) ;
- vérifier l'aspect très frais, propre, sain, homogène et sans taches particulières ;
- la couleur doit être franche, caractéristique, brillante, homogène ;
- l'odeur doit être franche, caractéristique et parfumée ;
- les fanes doivent être fraîches, vertes, légèrement humides (mais sans excès), fermes, craquantes ou cassantes ;
- les feuilles doivent être vertes, bien serrées, légèrement humides, craquantes et cassantes ;
- la coupe doit être nette, fraîche, franche, sans traces noirâtres, ni liquéfaction ;
- la peau doit être lisse, sans flétrissement, brillante et ferme ;
- la consistance doit être ferme et craquante ;
- les bulbes doivent être secs, brillants, fermes réguliers sans traces de germination ;
- les tubercules doivent être propres, intacts, fermes, non gelés, non germés, exempts de colorations externes ou internes (taches, noircissement à la coupe, verdissement, galle, mildiou), exempts de traces de pourriture ;
- le cresson doit porter une étiquette de salubrité (provenir de cressonnières agréées).

Refuser impérativement

- les légumes jaunis, fanés, frippés, flétris, talés, présentant des traces de meurtrissures, de pourriture ou de germination ;
- les légumes exagérément humides (légumes retrempés) qui risquent de pourrir rapidement ;
- les légumes échauffés (début de fermentation) ;
- les légumes aux tiges molles, souples, liquéfiées ;
- les légumes véreux, creux, tachés, rouillés, mous, etc.

Stocker les légumes immédiatement après le contrôle à la livraison

- en enceinte frigorifique spécifique à une température comprise entre + 6 et + 8 °C ;
- contrôler le degré hygrométrique (humidité de l'air) et la ventilation ;
- stocker sous faible épaisseur en évitant l'entassement et sans manipulations brutales ;
- éliminer régulièrement les légumes abîmés qui risquent d'altérer l'ensemble du conditionnement ;
- effectuer une rotation des stocks aussi rapide que possible (en fonction de la fréquence des livraisons) principalement pour les légumes fragiles (salades, cresson, haricots verts, épinards, asperges, endives, brocolis). Plus le légume est riche en eau, plus il s'altère rapidement ;
- travailler de préférence avec un stock minimum en respectant la règle : **premier livré, premier utilisé.**

Remarque :

Certains légumes tels que l'oignon, l'ail, l'échalote ou la pomme de terre peuvent être conservés dans des casiers (métalliques ou plastiques) à la température ambiante. Les placer dans un endroit sec, bien aéré, frais de préférence (15 °C maximum), à l'abri de la lumière, des insectes et des rongeurs.

LA POMME DE TERRE

Il existe de nombreuses variétés de pommes de terre. Elles peuvent être regroupées en deux grandes catégories :

- **les pommes de terre de consommation à chair ferme** dont la tenue à la cuisson est excellente (Roseval, Belle de Fontenay, BF 15, Charlotte, Ratte du Touquet) :
  pommes à l'anglaise, vapeur, rissolées, (cocotte, château), fondantes, en robe des champs.
- **les pommes de terre de consommation** (Bintje, Kerpondy, ostara, sirtema, Rosabelle) :
  purées, potages, pommes allumettes, pont neuf, chips, boulangère, gratin dauphinois, etc.

En fonction de la période de commercialisation, on distingue :

- **les pommes de terre nouvelles ou «primeurs»** (Bea, Lola, Roseval)
  Tubercules récoltés avant leur complète maturité. La peau se détache facilement par grattage. Leur durée de conservation est très limitée (flétrissement rapide).
  La période de commercialisation des pommes de terre nouvelles produites en France se situe entre fin mai et fin juillet. Avant cette période les pommes de terre nouvelles proviennent de l'importation (Afrique, Espagne, Italie, etc.).

- **les pommes de terre de conservation**
  Pommes de terre mûres, pouvant être conservées. La période de commercialisation se situe entre le début août et fin mai, ou au-delà, selon la quantité et la qualité des stocks.

Conditionnement

- pommes de terre nouvelles : caisses ou filets de 10 à 12 kg ;
- pommes de terre de conservation : sacs de 25 kg.

Etiquetage

Remarque

La législation a fixé le calibre minimum des pommes de terre nouvelles à 28 mm ; et pour les pommes de terre de conservation à 35 mm. Toutefois ces calibres peuvent changer tous les ans au mois d'août, selon l'estimation de la quantité et la qualité de la récolte. Mais les variétés de consommation à chair ferme ne sont pas soumises à ce calibre minimum en raison de leur forme allongée.

Le terme « **tout venant** » s'applique aussi bien aux pommes de terre de conservation qu'aux pommes de terre nouvelles. Il correspond à des pommes de terre dont les calibres sont mélangés, mais conformes au minimum fixé par la législation.

Le calibre de la pomme de terre de conservation dite « **grosse triée** » n'est pas défini par la législation. Il est déterminé chaque année par la profession en fonction de l'importance de la récolte.

L'appellation « **grenaille** » définit des pommes de terre primeur ayant un calibre inférieur au calibre minimum.

LES POMMES DE TERRE PRETES A L'EMPLOI

La pomme de terre est considérée comme le légume de base de la cuisine française. Récoltée en août/septembre, la pomme de terre de conservation évolue rapidement selon ses conditions de stockage (température, degré hygrométrique, luminosité). Aqueuse en début de saison, sa teneur en eau diminue progressivement, puis elle se ride, germe et pourrit. L'industrie agro-alimentaire propose maintenant aux restaurateurs des pommes de terre fraîches ou précuites, sous diverses présentations et se conservant plus ou moins longtemps.

Différentes présentations des pommes de terre prêtes à l'emploi

- Les pommes de terre fraîches réfrigérées, conditionnées sous atmosphère contrôlée (exemple des pommes allumettes fraîches). Elles se conservent durant 6 à 21 jours en enceinte réfrigérée (0 à + 4 °C).
- Les pommes de terre précuites pasteurisées ou stérilisées. Elles sont conditionnées sous atmosphère contrôlée, et se conservent durant plusieurs semaines, parfois 3 mois, à la température ambiante.
- Les pommes de terre surgelées. Elles se conservent plusieurs mois à – 18 °C et peuvent être utilisées sans décongélation préalable (exemple : frites surgelées, purée surgelée).
- Les pommes de terre déshydratées (flocons, granulés). Ce sont les préparations pour « pomme purée, purée complète avec addition de lait et de matière grasse, purée aux herbes, purée à différents légumes ; Préparation pour pommes croquettes, dauphine, etc. Elles se conservent de 6 à 9 mois dans le conditionnement d'origine hermétiquement fermé.

Avantages de l'utilisation des pommes de terre prêtes à l'emploi

- Suppression du local de stockage.
  Le stockage des pommes de terre brutes exige des volumes importants.
- Meilleure hygiène
  Les pommes de terre sont des légumes terreux et salissants.

- Gain de temps et économie de main d'œuvre.
Les opérations d'épluchage, de lavage et de taillage sont fastidieuses, contraignantes et peu valorisantes.
- Economie de matière première.
Pas de perte par germination ou pourrissement (30 % des pommes de terre sont perdues lorsque l'épluchage est pratiqué par abrasion).
- Gain de temps à la cuisson et rapidité d'emploi.
Principalement pour les pommes de terre réfrigérées, car il n'y a pas d'abaissement brutal de la température du bain d'huile.
- Economie d'énergie
Les pommes de terre peuvent être précuites.
- Economie de matière grasse.
Les produits précuits absorbent moins d'huile, ils sont plus secs et plus digestes. Compter environ 20 centilitres d'huile pour cuire un kilogramme de pommes de terre dont 15 centilitres pour le premier bain. Les pommes de terre sont lisses, sans déchets, et les risques de résidus charbonneux sont limités.
- Diminution des risques de brûlures par projection d'huile bouillante ou de vapeur car les produits sont parfaitement secs.
- Réduction des buées et des mauvaises odeurs de friture. Les produits sont secs et se traitent rapidement.
- Cuisson et coloration régulières. Les produits sont calibrés.
- Qualité microbiologique régulière. Les produits sont bactériologiquement sûrs et contrôlés car ils proviennent d'ateliers agréés.
- Coûts réguliers (sauf pour les produits réfrigérés qui subissent les fluctuations du marché et de l'époque de l'année).

Remarque
La quasi totalité des pommes de terre prêtes à l'emploi (frites fraîches et surgelées) est réalisée à partir de Bintje, variété très appréciée en raison de son abondance, de sa forme régulière, de sa croustillance et de son moelleux après cuisson.

PREPARATION DES LEGUMES

La préparation des légumes est réalisée dans un local ou dans une zone à part (voir légumerie).

Avant consommation, tous les légumes sont, selon leur nature :
- pelés (pommes de terre, navets, carottes,...)
- mondés (tomates, poivrons,...)
- écossés (petits pois, fèves, haricots à égréner,...)
- éffilés (haricots verts)
- effilandrés ou défilandrés (fenouil, céleri en branches, cardons, pois gourmands,...)
- équeutés (épinards, oseille, persil,...)

Puis, ils sont lavés soigneusement, à l'eau froide, autant de fois que nécessaire jusqu'à l'élimination complète de la terre, du sable, des insectes, des vers, des traces de pesticides et d'engrais chimiques, etc...

Le rinçage peut être effectué dans une eau légèrement javellisée ou vinaigrée, à condition de rincer à nouveau soigneusement.

Le trempage doit être limité au strict nécessaire (perte de vitamines et de sels minéraux), exception faite pour les pommes de terre qui doivent rester immergées dans de l'eau claire et froide jusqu'au moment de leur utilisation (risque de brunissement).

LA CUISSON DES LEGUMES A L'ANGLAISE

En règle générale, les légumes se cuisent « départ eau bouillante », exception faite pour les pommes de terre. Plusieurs buts peuvent être recherchés :

- conserver le maximum de vitamines en détruisant vers 80 °C les oxydases correspondants ;
- limiter la transformation des pectines en acide pectique, composé qui a la particularité de se combiner avec le calcaire de l'eau de cuisson et de durcir le végétal. Utiliser de préférence une eau douce, pour avoir le maximum de tendreté ;
- préserver la couleur en détruisant, par un chauffage rapide, les enzymes responsables de ces dégradations ;
- limiter le temps de cuisson afin de préserver toutes les qualités organoleptiques du légume, les vitamines et les éléments minéraux. (voir généralités sur les cuissons).

Remarque
Le changement de couleur est aussi fonction de l'acidité du milieu (pH). Certains légumes ont tendance à s'oxyder, il est nécessaire de les cuire dans de l'eau citronnée (champignons de Paris, salsifis, cœurs de céleri, fonds d'artichauts, fenouil, cardons, endives, jets de houblon, etc.).

Les fonds d'artichauts, les salsifis ou les cardons peuvent se cuire dans un « blanc ». Il s'agit d'une préparation sans aucune valeur alimentaire, composée de 20 g de farine délayée à l'eau froide que l'on ajoute à 1 litre d'eau bouillante salée et citronnée. Le légume y est plongé et recouvert d'huile ou de graisse de rognon de veau hachée.

Pour conserver la couleur d'origine des légumes verts, il faut les cuire à découvert. Au moins au début de la cuisson afin de libérer certains composés volatils responsables des changements de coloration.

Il est conseillé de cuire à découvert certains légumes à goût fort, dans une grande quantité d'eau (oignons, chou-fleur) pour que les composés sulfurés à odeur caractéristique puissent se dissoudre ou se volatiliser aisément.

En règle générale, il faut saler l'eau de cuisson des légumes. Toutefois, les légumes contenant de l'amidon tels que les graines de légumineuses fraîches doivent cuire dans une eau non salée et graissée.

Le sel accentue la fixation du calcaire sur l'épiderme du légume et sa cuisson est ralentie, alors que la matière grasse favorise la déminéralisation de l'eau.

UTILISATION CULINAIRE DES LEGUMES

LES RACINES

DIFFERENTES TAILLES ET PRESENTATIONS	EXEMPLES DE PRESENTATION
CAROTTE	
crue en julienne ou en rondelles	crudités, salades composées (Bagatelle), marinades crues
cuite émincée en rondelles ou en paysanne	carottes Vichy, à la crème, marinades cuites, nage, court-bouillon, potages taillés, Matignon, garniture fermière,
en cubes	brunoise, macédoine, Mirepoix,
en bâtonnets	garnitures : fleuriste, jardinière, Porte Maillot,
tournée à la cuillère	garnitures pour potages (oxtail), pour poissons ou viandes (printanier)
au couteau d'office	garnitures : primeurs, bouquetière, bourgeoise, nivernaise, etc.
en julienne	garniture pour potages (Julienne Darblay), pour poissons en sauce,
en purée	purées **Vichy, Crécy,** potages **Vichy, Crécy,** Briarde, Médicis, Velours... subrics, mousses de carottes, terrine de légumes, etc.

BETTERAVE ROUGE	
crue en julienne	crudités, salades composées,
cuite bâtonnets ou dés	à l'anglaise, départ eau froide, à la vapeur, au four, salades composées, (Lorette, Archiduc), hors d'œuvre,
potages	Bortsch à la russe, à la polonaise,
purée	garniture pour gibier. Remarque : le rouge de betterave peut être utilisé pour colorer les sauces, les potages, les pâtes fraîches, le pain, etc.

CELERI RAVE	
cru en grosse julienne, en brunoise ou en petits bâtonnets	Il doit être citronné. Crudités : rémoulade, vinaigrette moutardée, salades composées (Beaucaire, Cendrillon, Lorette Delmonico)
cuit	dans un blanc ou dans de l'eau citronnée et huilée. Frit en beignets
en dés	salades composées (sicilienne)
tourné	à la grecque, étuvé, au jus
en lamelles	au gratin (avec des pommes fruits)
en purée	potages **champenois,** Clermont, Velouté au céleri, accompagnement du gibier, profiteroles au céleri, darioles, subrics au céleri, etc.
frit	chips pour accompagner le gibier

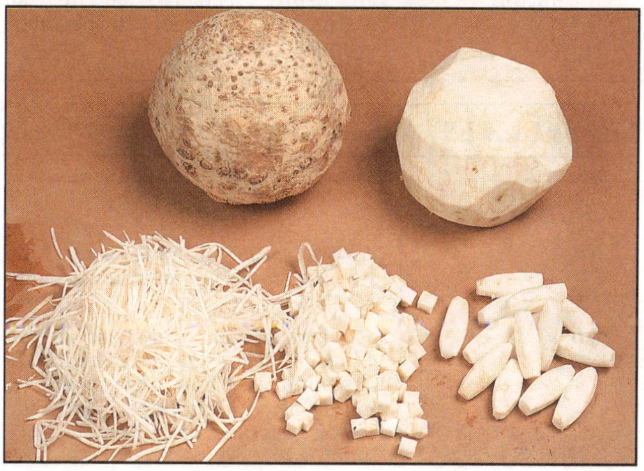

DIFFERENTES TAILLES ET PRESENTATIONS	EXEMPLES DE PRESENTATION
NAVET	
cuit *en dés*	à l'anglaise ou par glaçage à blanc garniture pour potages et consommés. Brunoise, macédoine.
en bâtonnets	garnitures fleuriste, jardinière, Porte Maillot, nivernaise
Tourné à la cuillère	garniture pour potages et consommés (ox-tail, printanier).
au couteau	élément de la garniture aux primeurs, bouquetière, timbale de légumes, caneton aux navets
en julienne et en paysanne	garniture pour potages
en purée	potages **Freneuse,** Bonvalet. Purée Freneuse, mousses, subrics, darioles de navet, garniture charolaise.

PANAIS (Pastinacca sativa)	racine charnue d'une plante potagère dont la variété la plus courante est le «demi long de Guernesey».
cuit	Il sert principalement à aromatiser le pot-au-feu et les potées.
cru	Il peut être utilisé cru râpé seul ou avec d'autres crudités.
	Les recettes des carottes et des choux raves lui sont applicables.

RADIS	
crus entiers	crudités, élément de décoration.
en lamelles	dégorgés au sel ; salades composées.

RAIFORT	
cru - julienne ou purée	sauce raifort (avec crème aigre et jus de citron), accompagnement du pot au feu et des poissons fumés.

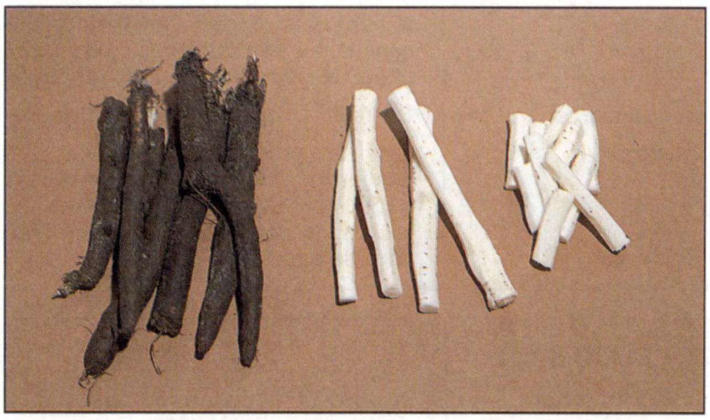

SALSIFIS	
cuits	dans un blanc ou dans de l'eau citronnée
en tronçons	au beurre, persillés, au jus, au gratin, à la crème, en beignets, polonaise, maraîchère, ...

LES FEUILLES

CHOU ROUGE	
cru	dégorgé au sel puis arrosé de vinaigre bouillant, crudités, salades composées.
cuit	accompagnement du porc et du gibier. Braisé avec des marrons ou des pommes. Chou rouge flamande, limousine. Garnitures lorraine, badoise, sultane, etc.

DIFFERENTES TAILLES ET PRESENTATIONS	EXEMPLES DE PRESENTATION
CHOU BLANC	
cru - en julienne	dégorgé au sel - crudités, salades composées en mélange avec des lardons, du cervelas, du poisson fumé.
cuit	composition de la choucroute alsacienne, hollandaise. (poissons fumés) garnitures alsacienne, strasbourgeoise, etc. Potages, potées.
CHOU VERT (Milan)	
cru « lorsqu'il est bien pommé »	dégorgé au sel, crudités, salades composées.
cuit	à l'anglaise, braisé (après blanchiement), chou farci, saucisses aux choux, perdrix aux choux, potées diverses, Chartreuse de faisan, de pigeon, de caille, potages divers, papillotes en feuille de chou... garnitures berrichonne, flamande, etc.

CRESSON	
cru	salades composées (cressonnière) garniture des viandes, des volailles rôties et grillées.
cuit	potage cressonnière, consommé au cresson alénois, mousse, purée, dariole, sauce cressonnière, beurre de cresson, chiffonnade de cresson.

EPINARDS	
crus	(jeunes feuilles très tendres ou tétragone) - salades composées : aux lardons, aux foies de volaille, aux croutons, etc.
cuits	à l'anglaise (seulement blanchis) ou étuvés, sautés au beurre noisette. **Appellation « Florentine »**, œufs, langue de bœuf, poissons, coquilles St Jacques, huîtres, aux épinards, en purée : à la crème, aux croutons, au gratin ; soufflé, croquettes, mousse, darioles, subrics d'épinards, terrine de légumes, papillotes en feuilles d'épinards. Pommes Elisabeth, garnitures française, Viroflay. Le vert d'épinard est utilisé pour colorer les sauces, les beurres composés, les pâtes fraîches, etc. Les épinards sont parfois ajoutés à la chiffonnade d'oseille pour atténuer son acidité (acide oxalique).

FEUILLES DE BETTE	
cuites	se traitent comme les épinards, tourte aux blettes, farces pour ravioli et canneloni, chemisage de paupiettes de poisson, papillottes, aumônières

DIFFERENTES TAILLES ET PRESENTATIONS	EXEMPLES DE PRESENTATION
LAITUE	
crue	élément de décor et de présentation des plats froids (salades composées, charcuterie, viandes et poissons froids) ; salades : aux herbes, au roquefort, mélangées.
cuite	A l'anglaise ou braisées, meunière, farcies ; garnitures : **Choisy,** Richelieu, Excelsior, Florian ; potages : purée Choisy, crème Choisy, chiffonnade, etc.

SALADES DIVERSES	
feuilles de chêne, chicorée, frisée, mâche, roquette, trévise, etc.)	
crues	élément de décor et de présentation des plats et assiettes froides. Salades, salades mélangées ou composées.

OSEILLE	
cuite chiffonnade	garniture des potages (Longchamp, Jeannette, Maraîchère) ; garniture des œufs : œufs à l'oseille, omelettes paysanne, jurassienne, etc. ; garniture des poissons : blanc de barbue, filet de St Pierre, saumon à l'oseille, etc.

LES BULBES

AIL	
cru	Condiment très utilisé dans la cuisine méditerranéenne ; parfume les salades, les sauces (aïoli, rouille, pistou) ;
cuit	élément de la persillade, de l'appellation « à la provençale » (tomates, cuisses de grenouilles, etc.), beurre d'escargot... ; relève les préparations à base de mouton et de tomate (fondue et sauce tomate, ratatouille niçoise, aulx en chemise, etc.

DIFFERENTES TAILLES ET PRESENTATIONS	EXEMPLES DE PRESENTATION
ECHALOTE	
crue *ciselée ou en bracelets*	Condiment pour les crudités, les hors d'œuvre et les salades composées ; élément de décoration
cuite *(suée ou étuvée)*	garniture aromatique du fumet de poisson, cuisson de poissons pochés au court-mouillement et braisés (sauce vin blanc, Bercy, etc.) ; élément de la réduction des sauces bordelaise, chasseur, diable, béarnaise, beurre nantais, etc.

FENOUIL	
cru *émincé*	crudité, hors d'œuvre, salades composées,
sec	parfume les poissons grillés, bars, daurades,...)
cuit	A l'anglaise (eau légèrement citronnée et huilée), ou blanchi et braisé, à la grecque, meunière, au gratin, au jus, à la bordelaise, sauce tomate à la provençale, etc. Beurre de fenouil.
frit	beignets

OIGNON	
cru *ciselé et en bracelets*	condiment pour les salades, les hors d'œuvre, les salades composées, les marinades crues ; élément de décoration ;
cuit *entier*	oignon farci
en dés et ciselé	Mirepoix, élément de la sauce charcutière, Robert, Smitane, **Soubise,** du riz pilaff, etc.
émincé (étuvé ou sauté)	garnitures aromatiques (fumet de poisson, marinades cuites) Matignon garnitures **lyonnaise,** espagnole, basquaise, soupes, gratinées à l'oignon, garniture des pizzas, pommes boulangère, etc.
en bracelets (frits)	oignon frit, garniture tyrolienne, arlésienne, bohémienne, ...
en purée	**purée Soubise** (à la sauce béchamel ou au riz), ...
LES PETITS OIGNONS	
entiers crus	confits au vinaigre, glacés à blanc ou à brun ; garnitures à l'ancienne, grand-mère, bourgeoise, bourguignonne, Florian, etc.

DIFFERENTES TAILLES ET PRESENTATIONS	EXEMPLES DE PRESENTATION
POIREAU	
cru	salades composées (jeune et tendre)
cuit en entier	à l'anglaise, à la vapeur, hors d'œuvre ; sauces vinaigrette moutardée, mimosa, au gratin, à la crème, polonaise, ... ; garniture aromatique des fonds blancs éventuellement du fumet de poisson (bouquet garni) ;
en tronçons, émincé	à la grecque ; élément des potages taillés, potages purées de légumes, frais et secs (parisien, Parmentier, St Germain), des crèmes, des veloutés, ... ; garniture : poissons, coquilles St-Jacques à la fondue de poireau, etc. flans

LES TUBERCULES

POMME DE TERRE	
cuite entière	en robe des champs, salades composées (niçoise, allemande, cressonnière), sautées (pommes miettes) ; au four sur un lit de gros sel, pommes farcies Macaire, Byron, Surprise, œufs pochés, Cendrillon, Toupinel ;
tournée	à l'anglaise, vapeur, persillée, à la crème, ...
tournée et rissolée	pommes cocottes chateau, noisettes, parisienne, ...
tournée et braisée	pommes fondantes, berrichonne, Champignol, Flamande, Bretonne (peut être en dés) ;
émincée en rondelles	frites : chips, colorettes, gaufrettes, soufflées, ... sautées : lyonnaise, sarladaise, provençale, à la graisse d'oie, persillée...
émincée et gratinée	pommes boulangère, gratin dauphinois ;
en dés et rissolées	pomme vert pré, Parmentier, bordelaise, sablées, ;
en bâtonnets et frites	pommes cheveux, paille, allumettes, mignonnettes, Pont Neuf ;
en rondelles et moulées	pommes Anna, Mireille, Voisin
en julienne	pommes Darphin ou Dauphin, jetée promenade, etc.
en purée	purée **Parmentier,** pomme mousseline, Biarritz, Duchesse et dérivés (pommes croquettes, Berny, amandine, Saint Florentin, Dauphine, Lorette, Bussy, etc.). élément de liaison des potages taillés (parisien et dérivés) purée de légumes frais (Parmentier et dérivés), etc.

Patates douces, ignames et pommes de terre

DIFFERENTES TAILLES ET PRESENTATIONS	EXEMPLES DE PRESENTATION
CROSNE DU JAPON ou STACHY	
cuit	Les éplucher en les plaçant dans un torchon avec du gros sel et secouer énergiquement. Les laver soigneusement. Blanchir, cuire dans un blanc ou dans de l'eau citronnée et huilée. au beurre, persillés, à la crème, au gratin, au jus, à la polonaise, en beignets ;
en purée	purée et potages, velouté aux crosnes (crème japonaise), etc.

HELIANTHE TUBEREUX ou artichaut du Canada	
cuit à l'anglaise ou à la vapeur	rhizomes allongés d'une plante herbacée voisine du topinambour (tournesol). Il se consomme de novembre à fin avril, sa saveur rappelle celle du topinambour en plus atténuée. Il se nettoie et s'apprête comme les salsifis et les crosnes.

LES RHIZOMES

ASPERGES	
cuites entières	à la vapeur ou à l'anglaise, en bottes placées verticalement dans de l'eau bouillante salée, les pointes ne devant pas être immergées ; servies tièdes avec de la sauce hollandaise, mousseline maltaise, ou de la sauce vinaigrette et ses dérivés... asperges à la polonaise, flamande, au gratin...
en pointes	nombreuses garnitures : Favorite, Fedora, Grand Duc, Opéra, Princesse ; salades composées : Bagatelle, Réjane, Vicomte ;
purée	purée **Argenteuil ;** mousses, subrics, terrine de légumes ; potages, crèmes et veloutés : Argenteuil, Comtesse, Excelsior...

ENDIVE	
crue	salades : au Comté, aux noix, aux pommes... ; salades composées : caprice de Reine, Beaucaire, Fanchette...
cuite	braisée (eau, jus de citron, beurre, sucre)
entière	meunière, au gratin, aux herbes... garniture bruxelloise
émincée et étuvée	garniture des poissons, des huîtres et des coquilles St-Jacques (blanc de barbue à la fondue d'endive), etc...

LES BOURGEONS OU POUSSES
LES BOUTONS A FLEURS – LES FLEURS

DIFFERENTES TAILLES ET PRESENTATIONS	EXEMPLES DE PRESENTATION
CHOUX DE BRUXELLES	
cuits entiers	à l'anglaise ou à la vapeur, au beurre ou au jus, au gratin, garniture bruxelloise, brabançonne
purée	purée **flamande,** crème flamande, potage flamand...

BROCOLIS	
cuits en sommités	à l'anglaise ou à la vapeur, étuvés au beurre, à la crème, garniture des viandes et des poissons
purée	mousse, subrics, terrine de légumes, crème de brocolis, etc...

ARTICHAUT	
cru	à la croque au sel (pour les plus petits)
cuit entier et paré	à l'anglaise, sauces vinaigrette, hollandaise et leurs dérivés ; blanchis et braisés : farcis à la barigoule, boulangère, à la juive...
fonds tournés	cuits dans un blanc ou dans de l'eau citronnée et huilée ; à la grecque ; nombreuses garnitures : châtelaine, Mascotte, Masséna, Clamart, Médicis, Choron, Armenonville, Catalane ; farcis aux pointes d'asperges (Favorite) ; à la purée de champignons, florentine, Dubarry, Médicis, aux moules, aux crevettes... œufs pochés (Sans Gène, Masséna), etc. salades composées , Lapérouse, Eléonora, provençale...
purée	purée **Rachel ;** potages : crème de fonds d'artichauts, crème Villars...

CHOU FLEUR	
cru	Hors d'œuvre, salades composées, buffet campagnard...
cuit en bouquets ou entier	à l'anglaise : beurre fondu, sauce mousseline, sauté polonaise, au gratin à la crème, en beignets... à la grecque, en fritots ; garniture Dubarry, Paloise, bouquetière, charolaise...
purée	purée **Dubarry,** potage et crème Dubarry, etc...

LES FRUITS LEGUMIERS ET LES GOUSSES

DIFFERENTES TAILLES ET PRESENTATIONS	EXEMPLES DE PRESENTATION
AUBERGINE	
cuite *entière, en rondelles ou en dés*	caviar d'aubergine : Moussaka. dégorger au sel ou blanchir au préalable. sautée à la provençale, niçoise, élément de la ratatouille niçoise, du gratin Ismaël Bayeldi, etc., au gratin, frites, en beignets ; farçies à la provençale, à l'italienne, à l'andalouse... ; garnitures : andalouse, arlésienne...
CONCOMBRE	
cru	Eliminer les graines s'il y a lieu et dégorger au sel. Crudités, hors d'œuvre : à la crème additionnée de ciboulette ou de menthe ;
cuit	à la grecque, à la crème, étuvés, farcis;
tourné à la cuillère ou au couteau	fricassée de volaille aux concombres filet de barbue aux concombres... garnitures : **Doria,** africaine, Romanoff, Tsarine...
purée	**velouté Doria.**
COURGETTE	
cuite	Dégorger au sel ou au lait ou blanchir au préalable. Se traitent comme les aubergines. Au gratin, ratatouille, sautées, frites, étuvées, garniture mentonnaise, etc. Les fleurs peuvent être farcies.
COURGE SPAGHETTI	Plante vigoureuse à fort rampant de la famille des cucurbitacés (cucurbita moschata). Fruits de forme allongée, jaune-orangé à maturation. Chair originale par sa structure qui, après cuisson, prend la forme de véritables «spaghetti» pouvant se consommer comme ces derniers et dont le goût est délicieux.
cuite *à l'anglaise, puis sautée étuvée frite*	Cuire à l'anglaise ou à la vapeur (35 à 45 min selon grosseur), partager, ôter les grains et séparer les filaments à l'aide d'une fourchette (sautés à l'huile d'olive, à la provençale, au gratin, flans, paillassons, etc.).
CHRISTOPHINE **(Brionne chayote)**	
crue	Râper, dégorger au sel, hors d'œuvre, salades composées (vinaigrette pimentée)...
cuite	farcie (farce à base de mie de pain trempée, oignon, ail, cives, piment, persil, poitrine fumée ou jambon)... ; à la crème, étuvée... ; garniture oranaise, etc.
GOMBO ou OKRA	
cuit	à l'anglaise (trop cuit, il devient visqueux et sirupeux) ; en salade, vinaigrette pimentée, avec cives, oignons, ail et persil. Potages, farcis à la Duxelles et braisés, etc. Au Moyen-Orient, ils entrent dans la composition d'un sauté d'agneau, le bamia.

DIFFERENTES TAILLES ET PRESENTATIONS	EXEMPLES DE PRESENTATION
POIVRON	
cru	Dégorger au sel, peuvent être mondés ; hors d'œuvre, salades composées (niçoise, andalouse, Carmen, etc.),
cuit	élément de la ratatouille niçoise...
émincé	garnitures : andalouse, basquaise, espagnole, etc.
entier	à la grecque, farcis...

POTIRON - CITROUILLE	
cuit (purée)	potages : **Bressane,** Marianne, crème de potiron aux croûtons, etc. – étuver, – sauter au beurre, – évider en forme de coffrets

PATISSON ou ARTICHAUT DE JERUSALEM	
	Cuire éventuellement dans un blanc ou dans de l'eau citronnée et huilée
	à la grecque
	au beurre, à la crème, au gratin, braiser
entier	Cuire à l'anglaise, évider et farcir.
en bâtonnets	Frire en beignets

HARICOTS VERTS	
cuits entiers ou en dés	Cuire dans une grande quantité d'eau bouillante salée, rafraîchir à l'eau glacée, égoutter. Les maintenir fermes. au beurre, garniture des viandes rôties ou grillées, etc. ; élément de la macédoine de légumes, de la jardinière, de la bouquetière... garnitures : brunoise, primeurs, fleuriste, Fontainebleau, Marigny, niçoise, printanière, Porte Maillot, haricots panachés... ; salades composées (tourangelle, des gourmets) ;
purée	mousse, subrics, terrine de légumes, **purée favorite** (liée à la purée de flageolets) ... potages : crème favorite, Cormeilles, tourangelle, etc.

DIFFERENTES TAILLES ET PRESENTATIONS	EXEMPLES DE PRESENTATION
TOMATE	
crue *tranches ou quartiers mondés*	crudités, hors d'œuvre, salades composées (niçoise, Aïda, Chicago, espagnole, etc.) éléments de décor et de présentation...
cuite entière	farcie, œufs pochés, Bragance, Hussarde... évidée et étuvée : garnitures fleuriste, Bragance, algérienne, niçoise, Judic, Richelieu, marseillaise, etc. grillée : garniture du poulet grillé à l'américaine, du mixed-grill, ; garnitures catalane, Mercédès...
concassée	tomate concassée, poissons arlésienne, Dugléré, d'Antin, Bréval,
purée	concentré de tomates
sauce	sauce tomate et dérivés, potages : Malakoff, Solférino, velouté andaloux, portugais, Pompadour, crème de tomate, etc.
fondue	fondue de tomates, (œufs brouillés portugaise, sauce Aurore, choron, portugaise, provençale).

LES TIGES, LES COTES OU LES PETIOLES DE FEUILLES

CELERI BRANCHE	
cru émincé	crudités, hors d'œuvre, salades composées. (enlever soigneusement les filaments) ;
cuit	à l'anglaise (eau légèrement citronnée), blanchi et braisé, meunière, au jus, à la moëlle, au gratin, à la sauce tomate ; garniture Dartois... élément de la garniture aromatique des fonds blancs et des consommés (à l'essence de céleri).
julienne	garniture des potages.

COTES DE BETTE	
cuites	se traitent comme les salsifis

CARDONS	
cuits tronçonnés	Choisir « les cardes » les plus fermes. Enlever la pellicule et les filaments, citronner et détailler, cuire dans un blanc ou dans de l'eau citronnée et huilée ; hollandaise, à la crème, au gratin, lyonnaise, au jus, bordelaise, à la moëlle, à l'italienne, etc.

LES GRAINES DE LEGUMINEUSES FRAICHES

DIFFERENTES TAILLES ET PRESENTATIONS	EXEMPLES DE PRESENTATION
PETITS POIS	
cuits	à l'anglaise,à l'étuvée, à la française. Elément de la macédoine, de la jardinière, de la bouquetière, des garnitures printanières, Clamart, Choron, fleuriste, Marigny, Médicis, Renaissance, Saint Gèrmain. Petits pois à la menthe, paysanne, au beurre, aux lardons, bonne femme, aux laitues...
purée	purée **Saint Germain ;** potages, crème camélia, Marigny, St Marceaux, St Cloud... Les petits pois gourmands, ou petits pois mange tout, sont des gousses de petits pois n'ayant pas atteint leur degré de «maturité». Les grains ne sont pas encore formés, ils sont généralement cuits à l'anglaise et liés au beurre. Les cosses tendres ou parcheminées sont riches en cellulose et en matières mucilagineuses.

HARICOTS A EGRENER	
entiers	**Voir cours sur les légumes secs.** Se traitent sans trempage. Cuisson à l'anglaise, à l'étuvée ; au beurre, à la crème, bretonne, aux herbes, etc.
purée	flageolets : purée Musard. haricots blancs : purée bretonne...

FEVES DES MARAIS	
entières ***crues***	à la croque au sel (seulement pour les plus petites).
cuites	Ecosser, enlever la peau (dérober) avant ou après la cuisson. Cuire à l'anglaise avec un bouquet de sarriette ; au beurre, à la crème, au lard, bretonnne, au jus, etc. Elles accompagnent principalement les préparations à base d'agneau, de mouton et de porc (jambon), etc.
purée	purée de fèves, garnitures Bréhan... potages : soupe aux fèves, etc. Attention : une consommation abusive de fèves peut engendrer des problèmes sanguin (favisme).

LES POUSSES DE GRAINES GERMEES	
Luzerne (alfalfa), pousses de blé, de soja, de lentilles, de radis, de moutarde, etc.	Les graines issues de culture biologique sont placées durant quelques jours dans des germoirs. Arrivées à maturité, les pousses sont sorties et lavées pour éliminer les pellicules. Le produit est mis en barquettes et exposé à la lumière pour induire le verdissement (photosynthèse). Puis les barquettes sont emballées et commercialisées. Ces produits se conservent en enceinte réfrigérée (+ 4°C) durant quelques jours, mais il faut les consommer rapidement après l'ouverture de l'emballage. Elles sont consommées de préférence crues ou blanchies ou cuites à la vapeur; hors d'œuvre, salades composées avec oignon, ail, tomate ; mixées dans un jus de légumes; en garniture des viandes blanches (veau, volaille), du crabe, des crevettes, des langoustines ; en éléments de décor des terrines de légumes et des viandes froides.

LES ALGUES

Les algues sont des végétaux marins thallophytes, c'est-à-dire sans feuilles, tiges, racines, ni vaisseaux. Leurs variétés comestibles sont utilisées dans leur totalité, ce qui est rare pour une plante.
Elles ne forment pas de fruits et se développent comme les autres plantes grâce au phénomène de photosynthèse (énergie lumineuse).
On distingue les **micro-algues** formées d'une seule cellule et les **macro-algues** constituées de plusieurs cellules qui vivent généralement fixées sur les fonds marins peu profonds.
On trouve également des algues non comestibles en eau douce et dans l'air.
Les algues se reproduisent par des spores, les échanges nutritifs s'opèrent de cellule à cellule et non par des vaisseaux conducteurs de sève. Elles filtrent l'eau de mer et retiennent les minéraux et les oligo-éléments.

I. Production, consommation

Les algues occupent une place prépondérante dans la cuisine des pays du sud-est asiatique (Japon, Chine, Corée...). La France produit actuellement environ 100 000 tonnes d'algues par an, réparties en une quinzaine d'espèces. Leur consommation est peu développée, environ 0,200 kg par an et par habitant.

- La consommation moyenne mondiale est de 0,640 kg par habitant et par an, et de 1,800 kg pour les japonais.

Les algues françaises sont récoltées sur les côtes nord de la Bretagne avec des processus différents suivant le produit et la saison.

Récoltes à la main :

- Algue par algue, quand celles-ci sont hors d'eau à marée basse et aux grandes marées ;
- Algue par algue, en plongée, de 5 à 10 mètres de profondeur. Opération très sélective comme par exemple pour le «Kombu Royal».
- Sur cordage, comme pour certaines «Wakamé» dont les semences sont placées sur des cordages, immergées à 1 mètre de la surface des eaux puis la récolte se fait à la main après 4 ou 5 mois de pousse.

Récoltes par bateau :
Le «goémonier» permet de récolter principalement les «laminaires». Il est équipé d'une grue hydrolique (sorte de tire-bouchon appelé encore «scoubidou») qui décroche les algues des fonds marins.

II. Classification des espèces françaises autorisées

En 1990, le Conseil Supérieur d'Hygiène Publique de France a délivré un avis favorable à l'emploi de 11 algues récoltées en France, pour l'alimentation humaine (B.O. du ministère de la santé du 28/11/1991).
Les principales espèces sont les suivantes :
La Nori ou Porphyra umbicalis, la 1ère algue consommée au Japon.
La Wakamé ou Undaria Pinnatifida, la 2ème algue consommée au Japon.
Le Haricot de mer ou Spaghetti de mer ou Himantalia élongata, récolté uniquement en Bretagne
La laitue de mer ou Ulva lactuca
La Dulse ou Palmaria palmata (appellation irlandaise) ou Doucette en Bretagne.
Le Goémon blanc ou Chondrus Crispus, encore appelé Lichen ou mousse irlandaise, Irish Mass utilisé principalement dans la gélification du lait.

Les cinq autres algues autorisées :
Elles sont récoltées en moins grande quantité

- *La Gracilaria Verrucosa*,
- *L'Enteromorpha* ou Cheveux de mer, commercialisé sous la forme de feuilles comme la Nori,
- *L'Ascaphyllum Nodosum* ou Cordes à nœuds,
- *Le Fucus Vesiculasus* ou Goémon à ampoules.
- *La Spirulina :* micro-algue commercialisée comme complément alimentaire dans les magasins de diététique.

Remarque : après avoir donné un avis favorable à la commercialisation du Kombu breton (Laminaria Saccharina) en 1984 et du Kombu Royal (Laminaria digitata), le Conseil Supérieur d'Hygiène Publique a différé son approbation (à cause de leur teneur en iode trop élevée). Des études en cours conduiront prochainement à les autoriser de nouveau.

III. Utilisations des algues

Les algues sont utilisées dans différents domaines :

dans l'industrie :

- comme gélifiant
  - dans l'industrie alimentaire comme additifs épaississants (gelées, confitures, produits laitiers, glaces, charcuteries), clarifiant de la bière ou du vin ;
  - dans d'autres types d'industries (colles, peintures, caoutchouc...)

pour l'agriculture :

- comme fertilisant : le goémon est récolté de mai à octobre pour servir d'engrais et fertiliser le sol.

en thalassothérapie :
Les bains d'algues, l'enveloppement d'algues et de boues marines sont utilisés pour diverses pathologies (élimination des toxines, équilibre minéral, action anti-stress, action circulatoire, amincissante...). Ces effets sont en cours d'étude.

en cosmétologie :
Les algues entrent dans la composition de nombreux produits d'application (crèmes, masques) et apportent leur richesse aux produits cosmétiques pour régénérer et hydrater les cellules de la peau. Elles entrent également dans la composition de shampooings doux et de divers dentifrices.

en cuisine :
D'un point de vue nutritionnel, elles sont riches en sels minéraux, oligo-éléments et vitamines.

IV. Composition des algues

Elles ne renferment pas de graisses et peu de glucides assimilables.

- Elles sont faiblement énergétiques (environ 1000 kJ pour 100 g d'algues séchées). Seulement 30 % des glucides sont assimilables, les matières cellulosiques et mucilagineuses (sucres complexes) ne sont pas assimilables par l'organisme. Ces fibres douces améliorent le transit intestinal.
- La teneur en protéines est variable selon les espèces, elle est de 8 à 17 % pour 100 g d'algues séchées. Elles contiennent tous les acides aminés essentiels.
- La teneur en lipide est inférieure à 1 %.
- Les sels minéraux tels que le sodium, le potassium, le calcium et le phosphore sont présents en grande quantité (10 fois plus de minéraux que dans les légumes terrestres). Le Wakamé contient 10 fois plus de calcium que le lait.
- Les oligos-éléments (iode, cuivre, fer, zinc, cobalt) sont présents également en grande quantité. Le pourcentage de fer de l'Iziki est 10 fois supérieur à celui des épinards.
- La teneur vitaminique est également très importante :

La Nori renferme autant de vitamine A que les carottes.
Le taux de vitamine C de la laitue de mer est supérieur à celui des agrumes.
Les vitamines B1, B2, PP, E sont également présentes.

V. Classification des principales espèces utilisées (importations comprises)

Selon la profondeur sous marine où elles vivent, (niveau de l'eau où elles flottent ou sont accrochées aux fonds marins (200 m maximum), on distingue les algues de couleur :

- bleu-vert / vert,
- rougeâtre lie de vin,
- brune.

Couleurs	Nom des algues	Description, présentations commerciales et utilisations
Algues brunes	Kombu breton Laminaria Digitata Kombu Royal Laminaria Saccharina (famille des laminaires)	Longue bande plate et dure qui peut atteindre plusieurs mètres de longueur et pousse en eau profondes et froides.Elle est commercialisée en feuilles séchées. Garniture de plats en sauce (navarin, bourguignon, blanquette...). Le mot kombu en japonais signifie «bonheur».
	Wakamé Undaria Pinnatifida	Algue brune composée de longues et larges feuilles découpées en forme de bandes plates qui pousse dans les courants chauds. Elles est commercialisée déshydratée, en paillettes, ou salée. Aromatise les papillotes de poisson. Parfume les eaux de cuisson.
	Aramé, Iziki	Sorte de petit buisson aux branches filiformes, dures et noires, elles sont couronnées de nombreuses brindilles. Elle atteint plusieurs dizaines de centimètres (40 cm à 1 m) et pousse dans les mers chaudes. Trempée, l'algue Iziki augmente de volume et ressemble à un spaghetti de couleur noire. Elle est commercialisée en branches. Réhydratée, l'Iziki peut être servie comme plat de «légumes», elle est excellente sautée, et accompagne agréablement les plats à base de céréales
	Haricot ou spaghetti de la mer Vermicelle de la mer	Ressemble à une tagliatelle filiforme de couleur brun foncé de 2 à 4 m de long. Cette algue est principalement utilisée pour la cuisson des légumes secs (lentilles, pois chiches, haricots secs) dont elle réduit la durée de cuisson. Elle est commercialisée en branche appertisée sous l'appellation de «haricots de l'océan», garniture pour viandes, poissons et salades composées.
Algues rouges	Nori ou Porphyra Umbicalis	Algue très fine, mince, d'une seule épaisseur de cellules, ramassée sur les rochers ou cultivée. Elle est soit séchée immédiatement, soit déshydratée en fines plaques rectangulaires standardisées. Conservée sous vide, elle garde une partie de sa teneur élevée en vitamine C. C'est un produit très prisé au Japon qui sert à envelopper les fameux «sushis». Son goût est très délicat, elle peut être cuite avec d'autres légumes ou grillée. Elle aromatise l'eau de cuisson des pâtes, du riz. Elle peut être utilisée grillée ou séchée au four. Crue, elle accompagne les poissons cuits à la vapeur. Elle est commercialisée sous forme deplaque de 3 g (19 x 21 cm) en branches ou en paillettes.
	Agar-agar ou Kanten	Substance naturelle issue de plusieurs variétés d'algues, en majorité des gélidiales, surtout la Gélidium Amanoü. L'Agar-agar est commercialisée sous forme de barres, de paillettes et de poudre dont la meilleure qualité est d'origine japonaise.
	Dulcé Palmaria Palmata ou Doucette en Bretagne	Elle se présente sous la forme de longs et fins rubans élastiques de couleur brun-rouge pouvant atteindre 40 cm et fixée par un disque. Elle est utilisée principalement dans les potages, parfume les légumes et les poissons cuits. Elle est commercialisée en branches ou en paillettes, mais il est conseillé de l'utiliser fraîche et non cuite, en salade composée, par exemple.
Algues vertes	La laitue de mer Ulva Lactuva	C'est une algue d'un vert vif, haute d'une dizaine de centimètres et qui présente une large frondaison en forme de feuille. Sa saveur est discrète. Elle accompagne toutes les crudités, les potages, les poissons. Elle est utilisée pour envelopper les crevettes, les langoustines (sauter ou cuire à la vapeur). Elle peut être utilisée crue. Elle est commercialisée en branches ou en feuillettes.
	La Nori verte	Vendue généralement en poudre pour assaisonnement (épices de la mer).

Source CEVA, Centre d'Etudes et de valorisation des Algues - 22160 Pleubian - Algomarine 29682 Roscoff.

Présentations commerciales des algues

Selon leur espèce et leur provenance, les algues peuvent être commercialisées sous les différentes formes suivantes :

Fraîches	Réfrigérées ou conditionnées sous vide et réfrigérées. Conservation de courte durée (DLC de 6 jours).
Surgelées	A utiliser sans décongélation préalable. Elles sont surgelées crues ou pré-cuites (DLUO d'environ 2 ans).
Salées ou saumurées	Elles sont commercialisées réfrigérées et doivent être dessalées en eau douce avant utilisation (DLC de 2 mois).
Stabilisées par fermentation	Les algues sont ensemencées de ferments lactiques. Après la période de fermentation, elles sont lavées et brassées, puis «déiodées» pour s'adapter aux goûts européens. Elles se conservent 2 mois en enceinte réfrigérée et peuvent être consommées crues en l'état ou cuisinées.
Appertisées	Elles subissent une stérilisation qui leur confère une durée de conservation d'environ 2 ans. Après rinçage, elles peuvent être utilisées immédiatement.
Déshydratées	Entières (Dulsé, Iziki, Aramé), en feuilles repliées ou coupées (Wakamé, Kombu). Réhydrater par trempage puis cuire selon les indications portéessur les conditionnements (DLUO d'environ 3 ans). En poudre, flocons et paillettes. Pour saupoudrer les salades et réveiller les saveurs marines des courts-bouillons, fumets de poisson, cuisson des crustacés, des légumes, du riz, des pâtes, des potages et soupes de poisson.

Autres présentations commerciales et utilisation

Produits composés prêts à l'emploi

- Salade du pêcheur : Mélange de paillettes d'algues rouges et vertes (nori, dulsé, laitue de mer) rehausse le goût iodé des cuissons et des salades composées.
- Salade à base d'algues : Mélanges originaux pour hors d'œuvre et salades composées. Ex. : haricots de la mer, graines de soja, carottes râpées, crevettes, moules, coques ou surimi, maïs, riz et sauce soja.
- Moutarde aux algues : Personnalise les sauces vinaigrettes, mayonnaise et hollandaise.
- Court-bouillon aux algues : Rehausse la saveur iodée des cuissons des poissons et des crustacés.
- Algues au vinaigre : Condiments acides à incorporer dans les sauces. Peut remplacer les câpres dans la préparation d'ailerons de raie au beurre blond.
- Sels aux algues : Au nori, à la dulsé, au kombu ou aux trois réunis pour les assaisonnements.
- Cocktail d'algues pour la fabrication du pain. Mélange adapté à la fabrication de pains spéciaux aux algues.

Les algues entrent également dans la composition des confitures (pouvoir gélifiant), de certaines boissons (seatonic), des charcuteries allégées aux algues et de certains aliments vendus plus spécifiquement en magasins diététiques (croquettes de poisson, terrines, fromages, etc...).
Certaines algues (fucus ou goemon des plages) peuvent être utilisées pour la cuisson des poissons (bar à la vapeur d'algues), à envelopper et à protéger les poissons délicats et à protéger les poissons délicats et farcis lors de la cuisson, ou à présenter les coquillages (assiettes d'huîtres, plateaux de fruits de mer).
L'utilisation d'algues arborescentes ou en lames rejetées par les marées sur le littoral est à proscrire. Elles doivent être cueillies loin des côtes dans les eaux profondes, exemptes de toute source de pollution. Arrivées en cuisine, elles sont soigneusement rincées et réservées en enceinte réfrigérée jusqu'au moment de leur utilisation. Les algues visqueuses doivent être jetées.

LES LÉGUMES DE LA 4ᵉ GAMME

Les produits bruts disparaissent progressivement de l'environnement des cuisiniers.

L'évolution sociale et économique des entreprises conduit les restaurateurs à transférer en amont un certain nombre de tâches traditionnelles.

La viande, par exemple, est maintenant livrée en muscles, voire totalement piécée et conditionnée sous vide ou surgelée. Les poissons sont livrés habillés et souvent filtrés ou portionnés. Les fonds sont de moins en moins réalisés sur place mais achetés déshydratés ou prêts à l'emploi.

Le travail des légumes suit la même orientation. Leur traitement nécessite de la place pour les stocker, de la main-d'œuvre pour effectuer de nombreuses manipulations (épluchage, lavage, parage, taillage) : ce sont des manipulations longues, fatigantes, peu motivantes et souvent considérées comme dévalorisantes. La légumerie, bien isolée des autres secteurs de préparation et de cuisson, doit être équipée de matériels électro-mécaniques onéreux (machines à éplucher, à laver, à essorer et à tailler).

Rappelons que les légumes appartiennent au secteur souillé et doivent être impérativement traités à part dans un local maintenu en parfait état de propreté.

Pour répondre aux besoins des restaurateurs, les industriels de l'agro-alimentaire proposent actuellement **une gamme de fruits et légumes crus épluchés, lavés, parés, taillés, conditionnés sous vide d'air ou sous mélange gazeux** (gaz carbonique et azote).

Cette gamme de fruits et légumes prêts à l'emploi, prêts à cuire ou à assaisonner, est commercialisée sous l'appellation **légumes de la quatrième gamme.**

Cette quatrième gamme se situe après trois autres gammes de légumes : la première correspond aux fruits et légumes frais commercialisés en l'état, la deuxième aux fruits et aux légumes en conserves appertisées, et la troisième aux mêmes produits, surgelés.

Les produits de la quatrième gamme se présentent en sachets ou en barquettes. Ils sont utilisables immédiatement et comportent une DLC qui est actuellement de 5 à 6 jours, davantage pour certains légumes traités dans des conditions particulières. La conservation doit être impérativement assurée en enceinte frigorifique à une température de + 2 °C à + 4 °C.

EXEMPLES DE PRODUITS DEJA DISPONIBLES

Les différents produits de la quatrième gamme couvrent actuellement une large partie des besoins courants de la restauration.

- **SALADES** : trévise, scarole, frisée, salades mélangées...
- **CAROTTES** : entières, râpées, en cubes, en bâtonnets, en rondelles...
- **POIREAUX** : avec ou sans le vert, entiers ou émincés
- **CHOUX** : rouges et blancs, râpés ou émincés, choux-fleurs en bouquets ou fleurettes
- **MELANGE POUR JARDINIERE** : potages, crudités, apéritif...
- **CRESSON, RADIS, PERSIL**, etc.

La quatrième gamme ne comprend actuellement que des légumes crus, mais des recherches sont effectuées sur la présentation des fruits prêts à l'emploi : fraises équeutées, citrons historiés, morceaux pour salades de fruits, etc. qui apparaîtront bientôt sur le marché.

PRINCIPALES ETAPES DE LA PREPARATION DES LEGUMES DE LA QUATRIEME GAMME

Afin de respecter les qualités de fraîcheur des légumes, le processus de préparation comporte les étapes suivantes :

- **collecte** de légumes parfaitement sains
- **lavage et brossage** pour éliminer la terre et les déchets
- **pelage** éventuel, par exemple pour les carottes, les pommes de terre ou le céleri
- **découpage** : toutes les formes de découpe peuvent être envisagées
- **trempage** dans un bain d'eau additionné d'un désinfectant autorisé, afin de limiter l'activité bactérienne et la déshydratation et pour réduire le risque de brunissement enzymatique
- **rinçage** à l'eau claire
- **refroidissement** à + 2 ° à 4 °C
- **essorage** (seulement pour certains légumes tels que les salades vertes)
- **conditionnement** grâce à plusieurs techniques : le vacuum cooling qui est un procédé associant le froid par le vide et l'atmosphère contrôlée. Selon la nature des légumes, la concentration en gaz carbonique (CO_2) peut varier de 20 à 50 %, l'autre gaz étant l'azote (N_2).

Remarque :

Un code des usages est en cours de préparation au niveau du Centre Technique Interprofessionnel des fruits et légumes en collaboration avec des producteurs de fruits et légumes de la quatrième gamme.

La bonne qualité bactériologique (obtenue par la désinfection des légumes avant et après la coupe) ne peut être garantie que si la chaîne du froid à + 3 °C est respectée.

L'ionisation permet de garantir une meilleure qualité bactériologique, et, lorsqu'elle sera autorisée en France pour d'autres légumes que les aulx, les échalotes, les épices et les aromates, cette opération effectuée après le conditionnement excluera tous les risques de contamination ultérieure par manipulation.

AVANTAGES DE L'UTILISATION DES LEGUMES DE LA QUATRIEME GAMME

Prévue lors de l'implantation de la cuisine, l'utilisation des légumes de la quatrième gamme permet :

- de limiter les surfaces et les volumes attribués aux stockages des légumes
- de limiter l'importance ou de supprimer partiellement ou complètement les surfaces affectées aux légumeries
- de limiter l'achat d'appareils électro-mécaniques (éplucheuse, laveuse, essoreuse, coupe légumes, râpe, etc.)
- de supprimer des manipulations fastidieuses et grosses consommatrices de main-d'œuvre,
- de réaliser des économies de main-d'œuvre, de temps, de produit, d'eau, d'électricité...
- d'améliorer et de faciliter la gestion des stocks (elle peut être facilement informatisée), les prix sont définis à l'avance et les fluctuations sont moins sensibles que dans le cas de l'utilisation de produits frais.
- d'utiliser des produits faciles, pratiques et rapides à employer
- d'utiliser des produits présentant de bonnes qualités organoleptiques et bactériologiques irréprochables. (Ces légumes proviennent d'ateliers contrôlés et agréés).

LES LÉGUMES SURGELÉS
ou légumes de 3ème gamme

STOCKAGE

(voir cours sur les procédés de conservation).

Après les vérifications spécifiques aux produits surgelés, les réserver immédiatement à une température inférieure ou égale à – 18 °C.

Il ne doit y avoir, aucune rupture de la chaîne du froid.

Il est interdit et très dangereux de recongeler un produit décongelé.

Produits refroidis très rapidement dans un Cryosas : matériel utilisant un procédé cryogénique à l'azote liquide.
Document Air Liquide

UTILISATIONS

Directement sans décongélation préalable.

A l'anglaise

Dans une grande quantité d'eau bouillante salée, suffisamment importante pour ne pas arrêter l'ébullition (petits pois, haricots verts, choux de Bruxelles par exemple).

A la vapeur, avec ou sans pression

Selon le légume et sa découpe, sur plaques pleines ou perforées.

Au four et au gratin

Les légumes disposés sous faible épaisseur sont nappés de sauce Mornay. On obtient successivement la décongélation, la cuisson et le gratin (choux-fleurs).

A l'étuvée

En sauteuse avec de la matière grasse (petits pois cuisinés, épinards en galets, purées de légumes, mélange pour ratatouille, céleri braisé, etc.).

En friteuse

(Pommes allumettes, dauphine, croquettes, etc.).

Remarque

La durée de cuisson des légumes surgelés est inférieure à celle des légumes frais. Elle dépend principalement du type de matériel et du type d'énergie, de la quantité mise en œuvre. L'utilisateur doit surveiller l'évolution de la cuisson et goûter le légume. En fait, il est très utile de se conformer aux indications figurant sur les conditionnements, d'effectuer ses propres tests en tenant compte de la quantité de produit et du matériel utilisé, et de codifier ensuite ces renseignements sur les fiches techniques de fabrication.

Pour faciliter leur emploi lorsqu'ils sont en grandes quantités, les épinards en branches conditionnés en plaques de 2,500 kg peuvent être partiellement décongelés en chambre froide positive.

En règle générale, il faut saler l'eau de cuisson des légumes à l'anglaise. Cependant, pour les légumes à forte teneur en amidon (petits pois, flageolets ou les mélanges qui en contiennent) il est préférable de les cuire dans une eau non salée. Le sel accentue la fixation du calcaire sur l'épiderme des légumes et risque de les durcir. Les saler au 2/3 de la cuisson.

Il est conseillé de cuire les légumes à l'anglaise à découvert (voir cours sur les légumes frais). Cependant les différentes réactions enzymatiques ayant été inhibées par le blanchiment, il est possible de les cuire à couvert.

Afin de profiter de manière optimale des qualités des légumes surgelés, il faut respecter les conseils de préparation indiqués par les fabricants. Des suggestions d'utilisation permettant de personnaliser ou d'agrémenter les légumes sont souvent mentionnées. Des indications relatives aux bonnes conditions de conservation au froid doivent être précisées, ainsi que la date optimale de consommation.

LES LÉGUMES EN CONSERVE APPERTISÉE
ou légumes de 2ème gamme

(Voir cours sur les procédés de conservation)

Plus d'un siècle et demi après la mise au point par Nicolas Appert d'un procédé de conservation des aliments par traitement thermique dans des récipients hermétiques, les légumes appertisés procurent encore aux restaurateurs (principalement en collectivités) une large gamme de légumes disponibles en toutes saisons, facile d'emploi, d'une qualité bactériologique irréprochable et d'un prix stable. En effet, le prix des légumes en conserve ne subit pas de variations saisonnières.

NORMES ET DEFINITIONS

Les légumes en conserve sont soumis à des normes très strictes concernant les variétés, les tailles, les caractéristiques organoleptiques, les pourcentages autorisés de déchets, la présentation, le mode de préparation et de remplissage de la boîte, le poids du produit égoutté, etc.

Exemples :

PETITS POIS

Le passage des petits pois crus dans des cribles de tailles différentes permet de les sélectionner, selon leur grosseur en :

« Extra fins »	diamètre inférieur ou égal	à 7,5 mm
« Très fins »	” ” ” ”	à 8,2 mm
« Fins »	” ” ” ”	à 8,75 mm

HARICOTS VERTS

Ils sont issus de 2 variétés différentes, les haricots verts classiques « extra fins » ou « très fins » et les mange-tout « fins » et « mi-fins ». Les haricots mange-tout se caractérisent par l'absence constante de fils, quelle que soit la grosseur de la gousse.

FLAGEOLETS VERTS

Ils sont préparés à partir de gousses fraîches.

HARICOTS BLANCS

Ils sont préparés à partir de graines séchées, réhydratées par trempage.

MACEDOINE DE LEGUMES

Elle est composée de 5 légumes en morceaux : haricots mange-tout, flageolets, petits pois et 50 % minimum de carottes et de navets.

GARNITURE 4 LEGUMES

C'est un mélange de légumes composé de haricots mange-tout, flageolets verts, carottes et pommes de terre, dans la proportion d'au moins 20 % chacun.

JARDINIERE DE LEGUMES

Mélange de 4 à 5 légumes ; elle doit faire mention de tous les composants en précisant leur proportion relative. Le mélange peut prendre le nom de « printanière de légumes » ou « légumes mélangés ».

TOMATES

Elles peuvent être appertisées entières, pelées ou non (à raison de 30 tomates minimum dans une boîte 5/1 avec une tolérance de 5 tomates écrasées), ou pelées et concassées (spéciale pizza).

CONCENTRE DE TOMATES

C'est une purée de tomates obtenue par tamisage des fruits frais, suivi d'une concentration par élimination de l'eau de végétation. Il existe le « double concentré » de tomates à 28 % de matière sèche, le « concentré » à 22 % et le « semi-concentré » à 15 %.

LES ASPERGES

Elles sont de différents calibres :

17/24 « très grosses »
25/34 « grosses »
35/44 « petites »

CHAMPIGNONS

Les champignons de Paris entiers sont destinés au premier choix. Un calibrage permet de rendre homogène la taille des champignons dans chaque boîte. Les pieds et les morceaux sont destinés plus spécialement à la fabrication de purées, Duxelles ou potages par exemple.

A côté de ces légumes traditionnels, il existe une gamme importante et variée de produits appertisés.

LEGUMES, AUTREFOIS DITS « AU NATUREL »

L'ancienne désignation « au naturel » qui était réservée exclusivement aux légumes appertisés comportant ou non une addition de sel à l'exclusion de tous autres ingrédients, est abandonnée en raison de la normalisation européenne.

Dorénavant la dénomination du produit sans autre indication quant à la préparation est réservée aux conserves de légumes appertisés comportant ou non une addition de sel à l'exclusion de tous autres ingrédients, et elle doit être mentionnée sur l'étiquetage.

Certains produits acidifiés doivent être rincés (voir étiquetage).

Les légumes appertisés peuvent être utilisés tels quels et assaisonnés, ou entrer dans d'autres préparations plus élaborées (salades composées par exemple).

Exemples :

- blancs de poireaux vinaigrette
- fonds d'artichauts aux crevettes
- macédoine de légumes mayonnaise
- salades composées à base de maïs, de cœurs de palmier, de pousse de bambou, etc.

Ils peuvent aussi être réchauffés en chauffante, à l'étuvée, au four, cuits en beignets, etc.

Exemples :

- haricots verts ou petits pois au beurre
- endives meunière
- laitues et céleris braisés
- fritots de salsifis, etc.

PRODUITS DITS « CUISINES »

Les désignations « à l'étuvée », « à l'étouffée », « accommodés », « cuisinés », « au jus », précédées ou non du mot « préparés », sont réservées exclusivement aux conserves de légumes additionnées d'un jus de légume, d'aromates et/ou d'épices diverses, avec addition de sel et de sucre. Tout autre addition ou tout autre mode de préparation doit être indiqué sur l'étiquette.

Exemples : « cusinés à la tomate », « cuisinés au jus de viande », ou « cuisinés à la graisse ». Pour cette dernière préparation, la nature de la graisse peut être spécifiée sur l'étiquette, exemple : « haricots blancs à la graisse d'oie ».

Utilisations

Enlever l'excédent de jus (si nécessaire), procéder au réchauffage en évitant l'ébullition.

LE CONTROLE DES CONSERVES APPERTISEES

A la livraison

Vérifier l'intégrité des conditionnements. Les points faibles d'une boîte en général, et d'une 5/1 en particulier (en raison de son poids), sont essentiellement les parois du corps et les sertis. Lors des manipulations, il faut donc éviter les chocs brutaux susceptibles de nuire à l'étanchéité de la boîte.

Examiner minutieusement l'aspect extérieur des boîtes et signaler tout défaut apparent :

- Déformation par choc pouvant aller jusqu'à l'enfoncement avec perforation,
- Boîtes bombées, rouillées ou fuitées (les chocs peuvent être la cause de microfuites, et ultérieurement de fermentation et de bombages).

Au stockage

Les boîtes et les bocaux sont réservés à l'économat.

- La température d'entreposage doit être suffisamment fraîche (entre 15 et 18 °C). Le local ne doit pas subir d'écarts de température à cause du risque de condensation. (La proximité d'une chaufferie est exclue).
- Une température trop basse (moins de 0 °C en hiver par exemple) peut provoquer la congélation du produit avec risque d'altération, de dilatation du contenu, avec déformation de la boîte, perte de l'étanchéité des sertis, etc.
- Un local trop humide peut entraîner la formation de rouille. L'air marin peut accélérer la corrosion extérieure des boîtes.

- Les stocker avec précaution, placer les conditionnements les plus lourds en bas, les plus fragiles (bocaux de verre) à la hauteur de la main, respecter une rotation logique.
- La qualité gustative et nutritionnelle des conserves appertisées est garantie par le fabricant jusqu'à la date d'utilisation optimale (DLUO) indiquée sur chaque conditionnement. Chaque conserve porte une date indiquant la période durant laquelle le produit garde toutes ses qualités organoleptiques. Cette date est déterminée sous la responsabilité des conserveurs. L'Institut Appert leur conseille d'adopter pour les différentes conserves de légumes la durabilité suivante :

  Petits pois 5 ans, haricots verts 3 ans, petits pois et carottes 4 ans, macédoine et garniture de légumes 4 ans, carottes 3 ans, épinards 3 ans, salsifis 2 ans, carottes et céleris acidifiés 2 ans, pois chiches et haricots en grains 5 ans.

A l'utilisation

- Avant l'ouverture de la boîte, vérifier l'aspect : rejeter les boîtes cabossées, bombées, fuitées, ou rouillées. Les boîtes déformées peuvent avoir subi une multiplication microbienne et leur contenu risque d'être impropre à la consommation.
- Nettoyer soigneusement le dessus de la boîte et ouvrir.
- Ouvrir à l'aide d'un ouvre boîte propre et pratique (pour ne pas introduire de souillures à l'intérieur du contenu et limiter les risques de coupures).
- Vérifier le contenu (aspect, odeur, caractéristique, couleur).
- Utiliser selon les conseils et les indications du fabricant.

Remarque :

Si l'intégralité du produit n'est pas utilisé immédiatement, le débarrasser dans un récipient propre en acier inoxydable ou en plastique alimentaire (polycarbonate) et le réserver à couvert durant 24 heures maximum en enceinte réfrigérée.

Les olives, les câpres, les cornichons, les pickles et tous les produits conservés dans le vinaigre ou dans une saumure légère ont une durée de conservation plus longue.

Les conserves appertisées françaises subissent des barèmes de stérilisation qui détruisent obligatoirement le bacille du botulisme (responsable d'une intoxication alimentaire mortelle). Cette garantie n'est pas totale dans le cas de fabrications artisanales qui ne respectent pas toujours ces barèmes.

LES LÉGUMES DÉSHYDRATÉS

DEFINITION

Ce sont généralement des légumes calibrés, lavés, épierrés, épluchés, découpés, non assaisonnés, qui sont séchés dans des tunnels chauffés à la vapeur, sous un courant d'air chaud ou par rayonnement (micro-ondes). Ils sont de plus en plus souvent commercialisés sous vide. Certains sont lyophilisés (déshydratés par cryodessication. Voir cours sur les procédés de conservation). Les légumes déshydratés sont particulièrement adaptés à la restauration collective.

QUELQUES EXEMPLES DE LEGUMES DESHYDRATES

- Champignons de Paris entiers, émincés, champignons hachés pour Duxelles.
- Haricots verts effilés entiers ou en morceaux (durée de réhydratation 20 à 25 minutes, compter 15 à 20 g. par personne).
- Julienne pour potages, c'est-à-dire mélange de poireaux, carottes et pommes de terre (10 à 15 g par litre de potage, pour 4 personnes).
- Carottes en rondelles ou en dés (33 portions de 30 g par kg).
- Oignons émincés.
- Fines herbes en flocons pour assaisonnement (se réhydratent directement dans la sauce).
- Epinards en flocons.
- Pommes de terre en flocons ou en granulés pour purées et potages (7 kg de pommes de terre pour obtenir 1 kg de flocons)
- Pommes de terre pour purée complète (avec lait, matière grasse et assaisonnement), pouvant être additionnée de poudre de carotte, d'épinard, de chou-fleur, etc.).

Remarque

Les légumes déshydratés ne doivent pas être confondus avec les légumes secs qui représentent uniquement les graines légumineuses séchées et conservées naturellement. Leur humidité est très inférieure (environ 8 %).

AVANTAGES DE L'UTILISATION DES LEGUMES DESHYDRATES

Les légumes déshydratés sont faciles à stocker (volume réduit, poids léger), et faciles à conserver (plusieurs mois dans un économat sec à une température de + 15 à + 18 °C maximum). Ils offrent l'avantage de se réhydrater facilement « à la demande », et de supprimer la corvée d'épluchage. D'utilisation rapide et pratique, d'un prix stable, les légumes déshydratés nécessitent cependant un certain nombre de précautions qui ne sont pas toujours observées par les utilisateurs. Pour obtenir le meilleur résultat d'utilisation, il faut respecter scrupuleusement la notice explicative figurant sur chaque conditionnement.

LES LÉGUMES SECS

DEFINITION

L'expression « légumes secs » s'applique aux graines de légumineuses comestibles qui ont perdu leur humidité par séchage. (Tunnel au chaud, à l'air libre et à l'ombre pour certains produits « artisanaux »).

Exemples :

Les pois cassés, les pois chiches, les pois de bois ou d'Angole.

Les lentilles blondes, brunes ou vertes, lentilles vertes du Puy (appellation d'origine), lentilles corail.
Les fèves des marais et les fèvettes.
Les haricots secs :
verts : flageolets, chevriers, princesses verts...
blancs : cocos de vendée, paimpolais, tarbais, de Soissons, lingots du Nord, flageolets blancs, etc...
rouges : de Marans, « Rognons de coq ».
noirs.

1. Cocos blancs – 2. Haricots noirs – 3. Chevriers verts – 4. Haricots rouges – 5. Lentilles vertes – 6. Lentilles blondes – 7. Lentilles corail – 8. Haricots roses – 9. Pois d'Angole ou de bois – 10. Pois chiches – 11. Pois cassés – 12. Fèves des marais.

Remarque :

Les légumes secs ne sont ni totalement déshydratés, ni stériles. Ils doivent donc être conservés à l'économat à l'abri de l'humidité, de la poussière, des insectes et des rongeurs.

La durée de conservation doit être strictement limitée à la période séparant deux récoltes, c'est-à-dire un an maximum.

OBTENTION DES LEGUMES SECS A L'USINE

Avant d'être livrés à la consommation, les légumes secs subissent les différentes opérations suivantes :

- Ecossage mécanique.
- Nettoyage des grains et séparation des corps étrangers (cailloux, brindilles, terre).
- Triage, élimination des grains défectueux, tachés, attaqués par les insectes (grâce à des machines électroniques à cellule photoélectrique détectant les défauts).
- Calibrage pour régulariser la présentation et la cuisson ; conditionnement (voir réglementation).

Remarque :

Après cassage, les pois cassés sont décortiqués et glacés : la fine pellicule cellulosique est extraite. Les deux moitiés de grain sont séparées et donnent le pois cassé. Le glaçage est obtenu par simple frottement des pois entre eux en présence d'un sucre alimentaire (glucose et talc).

PREPARATION EN CUISINE

Lavage

Les légumes secs doivent être lavés très soigneusement, (éliminer les grains brisés ou les enveloppes de grains qui remontent à la surface).

Trempage

La durée de trempage est fonction de la variété, de l'époque de l'année et du matériel utilisé pour la cuisson. Le trempage est inutile pour les lentilles, et dangereux pour les pois cassés (risque de germination et de fermentations). La cuisson en marmites à vapeur et cuiseurs à vapeur simplifie et diminue considérablement les durées de trempage et de cuisson des légumes secs.

La durée de trempage doit être strictement limitée à la durée nécessaire à la réhydratation du légume, et il doit être effectué en enceinte réfrigérée. L'eau de trempage ne doit jamais être réutilisée.

Rinçage

Après le trempage, les légumes secs doivent être rincés à nouveau.

Cuisson

La durée de cuisson dépend de la variété du légume sec, de sa durée de conservation, mais aussi de la qualité de l'eau utilisée pour la cuisson. Entre une eau calcaire (dure) et une eau non calcaire (douce), le temps de cuisson peut doubler pour la cuisson en eau calcaire. Pour remédier à cet inconvénient, il est conseillé de « graisser » l'eau de cuisson (les corps gras provoquent une sorte de déminéralisation de l'eau par saponification. Avant la mise en cuisson du légume, faire suer au beurre une garniture aromatique ; ajouter du lard déssalé ou des couennes de porc blanchies est une habitude qui a le même effet. Certains professionnels ajoutent parfois du bicarbonate de soude ce qui n'est pas recommandé car le bicarbonate altère les vitamines).

Ne saler l'eau qu'au 2/3 de la cuisson : le sel et le calcaire se combinent pour former une pellicule qui se fixe sur l'épiderme du légume et le durcit. Le temps de cuisson est alors prolongé.

La cuisson des légumes secs se marque à l'eau ou au fond froid.

QUALITES DES LEGUMES SECS

Les légumes secs utilisés en cuisine doivent être propres et sains : exempts de souillures et d'impuretés diverses, c'est-à-dire dépourvus de parasites (charançons), d'atteintes de moisissures, de fermentations ou autres altérations, ne pas présenter d'odeur ou de couleurs anormales.

Les grains doivent être de calibre régulier, lisses, luisants et sans taches. Les grains à peau flétrie sont à rejeter.

TABLEAU DES UTILISATIONS DES LEGUMES SECS EN CUISINE

POIS CASSES

Préparations et cuisson	Utilisations	Exemples
– laver soigneusement – blanchir durant 1 à 2 minutes (départ eau froide) – écumer – rafraîchir et égoutter – faire suer une Mirepoix additionnée de vert de poireau émincé – ajouter les pois cassés – mouiller à l'eau froide ou avec du fond blanc froid – porter à ébullition – écumer, ajouter un bouquet garni, de l'ail et éventuellement un talon de jambon fumé – cuire lentement à couvert – saler au 2/3 de la cuisson – passer au tamis – beurrer ou crémer.	**Purée** (garniture des grosses pièces poêlées de porc et de gibier) **Potages**	Purée Saint-Germain – accompagnement du jambon, de la longe, du carré de porc, du cuissot, de la longe et du carré de sanglier, etc. – potage Saint-Germain et ses dérivés (Ambassadeur, Lamballe, Longchamp, Longueville, Marigny, Marcilly, etc.). Remarque : la plupart des potages « purées de pois cassés » peuvent aussi être réalisés à partir de petits pois frais.

POIS CHICHES

Préparations et cuisson	Utilisations	Exemples
Les pois chiches sont très utilisés dans les pays du bassin méditerranéen. – laver soigneusement, tremper, – blanchir, rafraîchir, égoutter – marquer en cuisson (départ eau froide) – écumer et huiler la cuisson – ajouter une garniture aromatique et un bouquet garni – cuire lentement et à couvert – saler au 2/3 de la cuisson.	**Garnitures** **En « étouffée »** **Salades composées**	– couscous – potées espagnoles (olla podrida, puchero) avec oignons, ail, tomates et huile d'olive avec thon, poivrons, oignons, tomates, semoule de blé, etc.

LENTILLES
(blondes, brunes, vertes)

Préparations et cuisson	Utilisations	Exemples
Les lentilles ne se font pas tremper (germination néfaste) – laver soigneusement – blanchir et écumer – rafraîchir et égoutter – marquer en cuisson : 1ère solution : idem pois cassés 2ème solution : – porter à ébullition – écumer – ajouter la garniture aromatique et le bouquet garni – ajouter éventuellement un morceau de poitrine de porc fraîche ou fumée blanchie – saler au 2/3 de la cuisson.	**Potages** **Salades composées** **Garnitures**	– potage Conti et ses dérivés (Esaü, Choiseul, Chantilly) – Salade de lentilles vinaigrette aux lardons (principalement avec le porc et le sanglier) – petit salé aux lentilles – crépinettes, saucisses aux lentilles – noisettes de sanglier aux lentilles – suprême de pigeonneau aux lentilles vertes – morue aux lentilles.

FEVES

Préparations et cuisson	Utilisations	Exemples
– écosser – dérober (oter la peau) ; cette opération peut se faire avant ou après la cuisson (fèves fraîches : avant ; fèves sèches : après) – tremper, rincer, blanchir, écumer, rafraîchir et égoutter – marquer en cuisson, écumer à l'ébullition – ajouter une garniture aromatique et un petit bouquet de cerfeuil ou de sarriette*	**Purée** **Garnitures**	– potage purée de fèves au lard – accompagnement du porc et du gibier – potées régionales – garniture de certains couscous – accompagnement de l'agneau et du mouton (navarin aux fèves) La farine de fève peut être utilisée avec la farine de blé dans la fabrication du pain. La pâte est plus élastique et lève plus rapidement.

LES HARICOTS SECS VERTS (chevriers, flageolets)

Préparations et cuisson	Utilisations	Exemples
– laver soigneusement – tremper (en fonction de l'âge) de 2 à 4 heures maximum – rincer et égoutter – marquer en cuisson départ eau froide – écumer à l'ébullition – ajouter la garniture aromatique et le bouquet garni – cuire lentement et à couvert – saler au 2/3 de la cuisson	**Hors-d'œuvre** **Garnitures (principalement avec l'agneau et le mouton)** **Purée** **Potages**	– salades composées (vignaigrette moutardée aux fines herbes ou sauce mayonnaise détendue (salade tourangelle) – haricots panachés – haricots au jus – haricots au gratin – purée Musard, mousse, mousseline de haricots, darioles, terrine de légumes, etc. – éléments de liaison de la purée de haricots verts – potage Musard et ses dérivés (Jackson, tourangelle, Villards...).

**Remarque :*

Certaines plantes aux propriétés carminatives, (sarriette, sauge, estragon, cerfeuil) ajoutées à la cuisson ou à l'assaisonnement des légumes secs ont la particularité de prévenir certains problèmes de digestion difficile (flatulences).

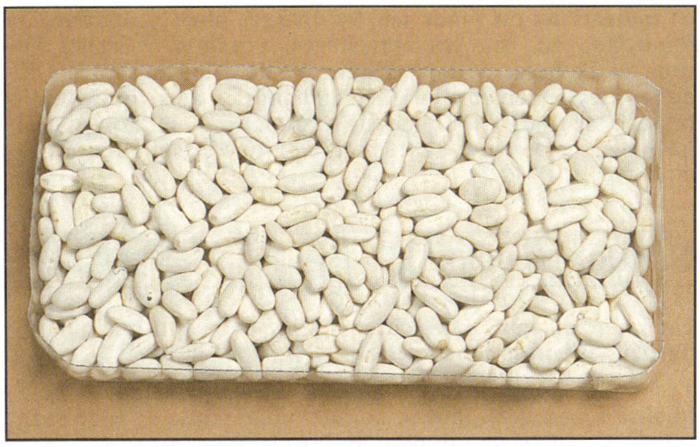

HARICOTS BLANCS (cocos, lingots)

Préparations et cuisson	Utilisations	Exemples
Idem haricots verts, secs. Ajouter éventuellement des couennes de porc fraîches, un morceau d'échine, de poitrine ou de petit salé blanchi (La durée de trempage est parfois supérieure)	**Hors-d'œuvre**	– salades composées
	Garnitures	– haricots bretonne, à la crème, sauce tomate, lyonnaise ; garniture des cassoulets, du haricot de mouton
	Purée	– mousse, mousseline et darioles de haricots blancs
	Potages	– Potages purée soissonnaise, Faubonne, Compiègne, Dartois, Maria, etc.

HARICOTS ROUGES

Préparations et cuisson	Utilisations	Exemples
Idem, Le mouillement se fait avec du vin rouge et de l'eau.	**Hors-d'œuvre**	– salades composées
	Purée et potages	– Purée Condé
	Garnitures	en complémentarité* avec du riz ou du maïs.

** La « complémentation » des protéines alimentaires*

Les légumes secs sont riches en protéines végétales (17 à 25 %), mais celles-ci sont pauvres en certains acides aminés essentiels (cystine, méthionine). Pour rendre ces protéines plus complètes il faut associer au cours du même repas les légumes secs avec des céréales ou des produits à base de céréales. Le couscous d'Afrique du Nord, associe ainsi les pois chiches à la semoule, les indiens mélangent les lentilles au riz, les mexicains servent les haricots rouges avec du maïs et les antillais les haricots rouges avec du riz.

REGLEMENTATION

Qualité spécifique

Les haricots, lentilles, pois chiches, pois ronds, pois décortiqués ou cassés, fèves et févettes cassées d'origine française ou étrangère, détenus ou expédiés en vue de la vente, mis en vente, ou vendus pour la consommation humaine doivent répondre aux conditions suivantes.

Etre propres, exempts de souillures et d'impuretés diverses, notamment : corps étrangers, poussières, débris minéraux, graines étrangères, débris végétaux.

Etre sains, dépourvus de parasites, d'atteintes de moisissures, de fermentation et autres altérations et ne pas présenter d'odeurs anormales, tant à l'état sec qu'après cuisson.

Etre exempts de grains impropres à la consommation. C'est-à-dire de grains avortés, de grains attaqués par les parasites, de grains tachés et de grains avariés pour quelque cause que ce soit.

EMBALLAGES

Les emballages renfermant des légumes secs doivent être propres, résistants, constitués de matières autorisées au contact des aliments et ne pouvant communiquer au contenu ni odeur, ni goût étranger. En outre, au stade de la vente à la consommation, les emballages doivent être neufs.

La présentation à la vente des légumes secs logés en emballages constitués en tout ou en partie de matières transparentes colorées ou teintées est interdite lorsqu'il en résulte, au risque de tromper l'acheteur, une modification notable de la couleur naturelle du produit contenu dans l'emballage.

Les légumes secs contenus dans un même emballage ou formant un même lot mis en vente en vrac ***doivent être de même variété, de grosseur homogène, les grains doivent se comporter à la cuisson d'une manière uniforme.***

Le mélange de légumes secs de types commerciaux différents ou provenant d'années de récoltes différentes est interdit.

Les légumes secs contenus dans des emballages doivent être présentés en unité d'un poids net de kg : 0,250, 0,500, 1, 2, 5, 10, 25, 50 ou 100.

INSCRIPTIONS OBLIGATOIRES

Tout emballage renfermant des légumes secs doit porter, par inscription directe ou par le moyen d'une étiquette solidement fixée sur chaque emballage, les indications suivantes inscrites en caractères très apparents et facilement lisibles pour l'acheteur :

a) **Les nom et adresse de l'expéditeur** de la marchandise ou l'identification symbolique délivrée par le service de la répression des fraudes, ou, s'il s'agit d'une marchandise usinée ou conditionnée, le nom de l'industriel ayant procédé au conditionnement, ou son identification symbolique délivrée par le service de la répression des fraudes.

b) **La dénomination du produit** (nom de l'espèce) lorsque le contenu de l'emballage n'est pas identifiable de l'extérieur, suivie de la désignation commerciale de la variété, pour les haricots « chevriers », « cocos », « flageolets », « lingots », « princesse ».

c) **L'indication du pays d'origine** : pour les légumes secs importés au stade de la vente au détail ; lorsque les légumes ont été reconditionnés en France, l'indication d'origine peut toutefois être remplacée par le terme « importation » inscrit en caractères de 4 mm de hauteur minimum.

d) **Indications du poids net** les diverses inscriptions sur les étiquettes ou sur les emballages, notamment celles du nom et l'adresse de l'expéditeur ou de celui qui a procédé au conditionnement de la marchandise, ainsi que l'indication facultative du lieu de production, ne doivent en aucun cas créer une confusion avec une appellation d'origine.

MENTION DE QUALITE

Est interdit l'emploi de toute mention évoquant une qualité particulière ou supérieure.

Les mentions telles que « extra », « supérieur », « 1ère qualité », « sélectionné », « cuisson garantie », « cuisson rapide », se trouvent donc interdites.

LES CHAMPIGNONS

DESCRIPTION

Les champignons appartiennent au groupe botanique des cryptogames. Ils ne possèdent ni racines, ni feuilles, ni fleurs et sont dépourvus de chlorophylle.

Cette absence de chlorophylle ne leur permet pas de réaliser la photosynthèse caractérisant les autres plantes (fixation du gaz carbonique de l'atmosphère et de l'énergie de la lumière). Pour se nourrir les champignons doivent se procurer le carbone directement selon l'une des 2 possibilités suivantes.

- Aux dépens d'un autre être vivant : **ce sont des champignons de type « parasites »** qui naissent, se développent et vivent sur les plantes dont ils tirent les substances nécessaires à leur existence, certains vivent au voisinage des racines de ces mêmes plantes.
- En se développant sur des matières carbonées inertes (terrains humides et peu ensoleillés, particulièrement riches en matières organiques carbonées en décomposition : **ce sont des champignons « saprophytes »**.

Les champignons se reproduisent par des spores qui se forment sur une surface spéciale appelée **hyménium.** Ces spores, de couleurs différentes selon les espèces, se présentent comme des globules de quelques millièmes de millimètre et sont produites en très grand nombre. Une très petite partie d'entre elles peuvent germer si les conditions de chaleur et d'humidité sont favorables. Elles donnent naissance à un réseau de filaments très fins, appelé **mycelium.** C'est sur ce réseau de filaments que se forment progressivement des petites masses sphériques qui grossissent pour donner les futurs champignons. Les espèces de forme classique (avec pied et chapeau) se développent à partir d'une masse ovoïde, constituée d'une enveloppe molle dans laquelle se trouve le champignon. Ce voile est plus ou moins épais suivant les espèces. S'il est très mince il ne laisse aucune trace lorsque le champignon grandit. S'il est épais le champignon conserve des restes visibles très utiles pour son identification :

- à la base du pied ⟶ **une volve** enveloppante ou simplement constituée de bourrelets ;
- au milieu du pied ⟶ **un anneau** entier ou fragmenté, parfois réduit à des filaments très fins pendant le long du pied (il prend alors le nom de cortine) ;
- sur le chapeau ⟶ **des fragments irréguliers,** des taches ou des mouchetures qui peuvent disparaître lentement avec l'âge ou sous l'action de la pluie et de l'humidité.

Remarque :

D'autres champignons n'ont ni pied, ni chapeau et peuvent présenter des formes particulières (truffes, pleurotes par exemple).

Selon le climat et la richesse du sol en humus, il est possible de trouver des champignons sauvages toute l'année. Toutefois, la période comprise entre début septembre et fin octobre est la plus propice au développement naturel des champignons.

CLASSIFICATION

- **Les principaux champignons sauvages** (ou sylvestres)
- **Les champignons cultivés.**

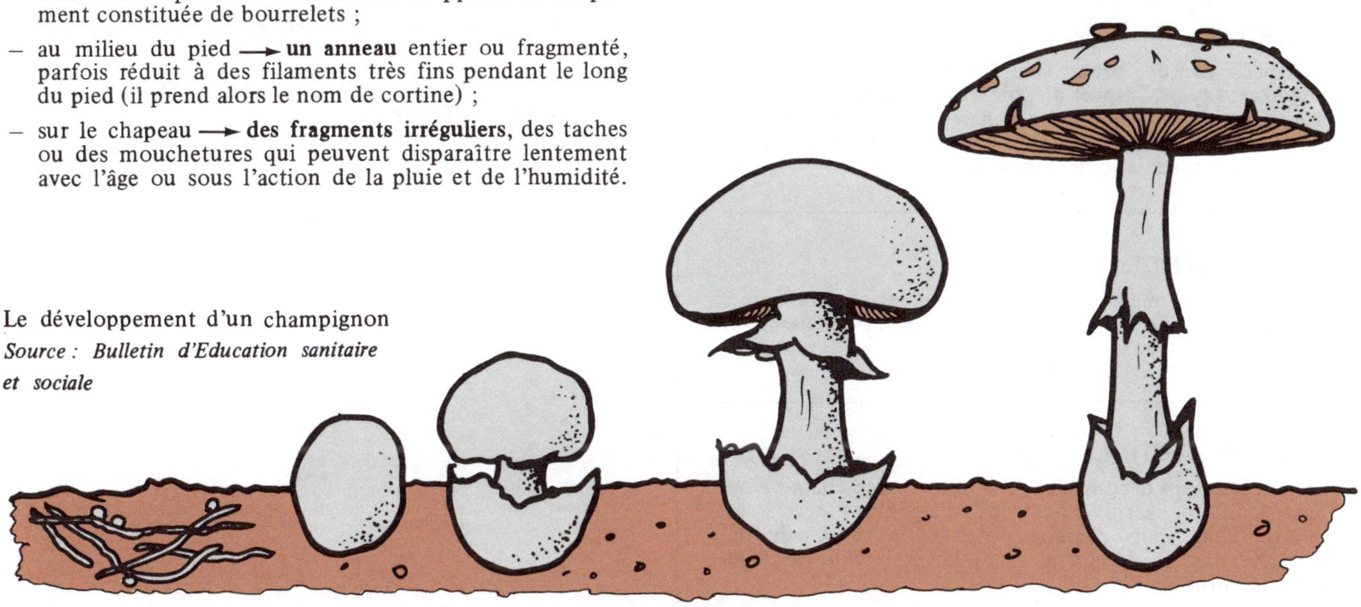

Le développement d'un champignon
Source : Bulletin d'Education sanitaire et sociale

Les principaux champignons sauvages utilisés en cuisine.

Ils sont très saisonniers et n'apparaissent que très rarement sur les marchés.

– **AGARIC CHAMPETRE, OU CHAMPIGNON DES PRES OU ROSE**

C'est l'espèce comestible par excellence. Il est cultivé sous le nom de « champigon de couche », sa chair est blanche et brûnit à la cassure.

C'est un champignon très répandu au printemps et en automne dans les patûrages et lieux fumés.

– **MOUSSERON**
(tricholome de la Saint-Georges).

A chapeau convexe, lisse, blanc crème, parfois tacheté ; pied court épais et blanc, chair blanche à odeur de farine fraîche. C'est un champignon rencontré fréquemment au printemps dans les prés, les clairières, près des haies et des taillis.

– **BOLET OU CEPE**
(de Bordeaux, jaunes et bronzés ou roux)

A chapeau charnu, convexe, hémisphèrique de couleur marron ou brun foncé à reflets bronzés ; pied robuste renflé à la base ou allongé en « massue ».

C'est un champignon très apprécié en été et en automne. (Forêts d'épicéas, lisières et bois de pins, sols sablonneux).

– **CHANTERELLE OU GIROLLE**

A chapeau de couleur jaune et à bords sinueux ; pied charnu avec de nombreux plis jaunes ; chair jaune très appréciée.

C'est un champignon d'été et d'automne (forêts de conifères, pineraies) que l'on trouve plus spécialement après les pluies d'orage.

– **MORILLE**

A chapeau ovoïde, brun, avec des alvéoles profondes et irrégulières (ayant l'aspect d'éponge ou de rayon de ruche) ; pied épais, blanc et sillonné à la base. Son parfum est très délicat et il est recherché d'avril à mai, durant les premiers orages dans les prés et bois, forêts de feuillus.

– **TROMPETTE DE LA MORT**

A chapeau en forme d'entonnoir, de couleur gris brunâtre ; pied tubuleux, gris cendré puis noirâtre. Se trouve en été et en automne dans les bois frais.

– **PIED DE MOUTON**

A chapeau charnu, convexe, de couleur jaune chamois ou blanc jaunâtre, garni au-dessous d'aiguillons serrés et inégaux blancs puis chamois ; pied épais et blanchâtre. Se trouve dans les bois à partir de la fin de l'été jusqu'au début de l'hiver.

LA COMMERCIALISATION DES CHAMPIGNONS SAUVAGES

Ils ne proviennent pas d'une culture et ne peuvent être commercialisés que s'ils sont accompagnés d'un certificat de comestibilité. Toutefois, certaines espèces notoirement connues et nommément désignées par l'autorité sanitaire peuvent être commercialisées sous la responsabilité des vendeurs. Ces espèces doivent alors être en bon état sanitaire et constituées de toutes leurs parties.

Le restaurateur peut servir à ses clients les champignons qu'il a lui-même cueillis, mais il engage sa propre responsabilité.

UTILISATION DES CHAMPIGNONS SAUVAGES

Les champignons sauvages sont généralement sautés, étuvés, parfois grillés.

Exemples

Sautés: à la bordelaise, à la provençale, à la toulousaine.
- Poêlée de langoustines aux champignons des bois.
- Aiguillettes de caneton, noisettes d'agneau ou entrecôtes aux cèpes.
- Garnitures Vatel, St-Florentin, etc.

Etuvés : à la crème, au gratin
- Suprêmes de volaille, ris de veau, aux morilles.
- Noisettes de chevreuil Romanoff.
- Côtes de veau au chanterelles.
- Suprême de pigeonneau aux champignons sauvages, etc.
- Garnitures Forestière, Béatrix, etc.

Grillés (têtes seulement).
- Mousserons, rosés qui peuvent accompagner des viandes blanches ou des poissons grillés.

Remarque :

Ces champignons étant saisonniers, ils font fréquemment l'objet de conservation.
- *soit par appertisation (stérilisation) en boîtes ou bocaux*
- *soit par séchage naturel*
- *soit confits dans l'huile ou le vinaigre.*

Les champignons cultivés

Exemples :

Les champignons de couche ou de Paris, les pleurotes, les strophaires, les shütaké et les lentins des chênes.

La culture

La culture des champignons de couche est pratiquée depuis le 18ème siècle dans des carrières, notamment celles du sous-sol de Paris ou des alentours, d'où leur seconde appellation de « champignons de Paris ». Mais la culture est également réalisée dans des carrières semblables situées dans d'autres régions (Touraine, Région d'Angers et de Saumur par exemple). La culture des pleurotes qui est très récente, se pratique dans des locaux climatisés (régulation automatisée des différents paramètres : humidité, gaz carbonique, aseptie de l'air, température...).

Les champignons de couches sont cultivés principalement sur du fumier de cheval amené à l'état de décomposition et disposé le long des galeries des carrières. Pour les pleurotes, la culture se fait sur un substrat composé de paille de blé ou d'orge, de rafles de maïs, ce mélange étant broyé, humidifié et assaini par une pasteurisation à 65 °C. Le degré d'humidité est important et la température constante (+ 12 à + 15 °C).

Les spores des champignons sont soigneusement sélectionnées et mises à germer dans un milieu stérile. Après deux ou trois semaines, se développe un réseau de filaments blanchâtres et enchevêtrés : le mycelium ou blanc de champignon. Le mycélium est ensuite piqué dans l'humus (opération appelée lardage), et quelques semaines plus tard de grandes taches blanches se forment à sa surface. Ellessont alors recouvertes d'une couche de calcaire broyé qui protège le mycelium du dessèchement. Après environ un mois, les premiers champignons apparaissent. Ils sont récoltés dès que leur diamètre atteint 3 à 4 cm.

PREPARATION ET UTILISATION DES CHAMPIGNONS DE COUCHE

Epluchage et lavage

- Eliminer la partie sablonneuse à l'aide d'un couteau d'office (procéder comme pour tailler un crayon) ;
- Les laver soigneusement juste avant de les utiliser. Ne pas les laisser tremper (ils se gorgent d'eau).
- Les brasser délicatement, puis les enlever de l'eau avec les mains pour éliminer tout le sable (important), en répétant l'opération autant de fois que nécessaire.

UTILISATIONS

Entiers :

Raccourcir le pied des plus petits.
- Garniture à l'ancienne (blanquette, fricassée).
- Garniture bourguignonne, bonne femme, etc.

Parer et supprimer le pied des plus gros.
- Champignons farcis (Duxelles à farcir, ou toute autre farce).
- Garniture Richelieu, Beauharnais, etc.

Escalopés ou en quartiers :

Raccourcir le pied, puis escaloper en 2, 4 à 6 morceaux selon la grosseur.
- Petites garnitures (viande, poisson, volaille, croustades, feuilletés, etc.).

Emincés :

Raccourcir le pied, couper en deux s'ils sont trop gros.
- Hors d'œuvre, salades composées.
- Omelette aux champignons.
- Garniture chasseur, bonne femme, Breval, escalopes aux champignons, poissons au gratin.
- Champignons à la crème, au gratin, etc.

En julienne :

Dans ce cas le pied peut être utilisé.
- Salades composées.
- Garniture (viandes, volailles, poissons et potages) : Zingara, Bosniaque, Agnès Sorel, Milanaise, etc.

Hachés ou ciselés en brunoise :

Dans ce cas le pied peut être utilisé.
- Duxelles (œufs farcis Chimay, poisson Ambassadeur, au gratin, beurre Hôtelier, etc...)
- Duxelles à farcir pour légumes farcis. (Duxelles + vin blanc réduit, sauce demi-glace tomatée, ail, mie de pain et persil haché).
  (la Duxelles à farcir peut comporter de la farce mousseline ou de la chair à saucisse).
- Composition de farces diverses.
- Potages, crèmes ou veloutés, sauces, etc.

Tournés :

Parer et supprimer le pied.
- Elément de décoration, principalement pour les poissons en sauce (Dieppoise, Bretonne), les poissons froids et les salmis.

CUISSONS

- **Pocher : Entiers, escalopés, en quartiers, tournés.**

Dans une petite quantité d'eau bouillante salée, additionnée de beurre et de jus de citron. Couvrir d'un papier sulfurisé et maintenir dans la cuisson jusqu'au moment de l'utilisation.

• **A la Grecque** : **Entiers, escalopés, en quartiers, tournés.**

Dans une sauteuse avec huile d'olive, petits oignons ou oignons ciselés, jus de citron, vin blanc, sel, poivre en grains, coriandre et bouquet garni.

Cuire jusqu'à l'évaporation de l'eau de végétation.

Il est possible d'ajouter de la fondue de tomates.

• **Sauter** : **Escalopés, en quartiers, émincés.**

Dans une poêle à feu vif avec une petite quantité de beurre très chaud. Saler lorsqu'ils sont légèrement colorés, puis égoutter.

Attention : si le feu n'est pas assez vif, les champignons perdent leur eau de végétation et sèchent.

• **Etuver** : **Emincés, ciselés, ou hachés.**

Suer doucement avec du beurre, à couvert, jusqu'à évaporation de l'eau ; puis crémer et réduire. Il est possible, suivant l'utilisation, d'ajouter de l'échalote ciselée et du Porto.

Duxelles sèche : suer de l'échalote ou de l'oignon finement ciselé, ajouter les champignons hachés et essorés, assaisonner et cuire jusqu'à évaporation complète de l'eau. Il est possible d'ajouter du persil haché.

• **En purée** : **Hachés.**

Etuver (comme pour la Duxelles sèche), ajouter de la crème et laisser réduire, ajouter à cette réduction un peu de sauce Béchamel, du velouté de veau ou de volaille selon l'utilisation. Passer au tamis ou au mixeur. Beurrer et vérifier l'assaisonnement.

• **Griller** : **Entiers.**

Disposer les têtes de champignons huilées sur un gril très chaud, les quadriller puis assaisonner et terminer la cuisson au four ou sous la salamandre pour les plus gros.

Remarques :

Les parures de champignon (parures de tournage ou pieds) peuvent être utilisées comme garniture aromatique dans la réalisation des fumets de poisson ou des fonds blancs.

Les champignons peuvent également être consommés crus (en hors-d'œuvre ou en salades composées) : les assaisonner par exemple de jus de citron, de crème et d'herbes fraîchement ciselées.

LES TRUFFES

GENERALITES

La truffe est un champignon souterrain qui, grâce au mycelium, pousse de façon symbiotique avec un arbre (chêne en général, ou noisetier). La vie en symbiose est une association dans laquelle chaque partenaire tire bénéfice de sa vie en commun avec l'autre.

Le champignon puise ses substances vitales dans les racines de l'arbre (matières carbonées fabriquées par photosynthèse). En échange, le champignon apporte à l'arbre des sels minéraux et notamment des oligo-éléments (phénomène qui n'est pas clairement élucidé).

Le développement de cette fructification globuleuse irrégulière s'étale sur une année. La germination a lieu au mois d'avril, et la fructification en juillet-août (les orages d'été ont une grande importance sur la récolte). La maturité est atteinte entre novembre et mars, avec une qualité optimale durant le mois de janvier.

La production de truffes nécessite trois conditions essentielles :

Un terrain argilocalcaire (ph de 8) rocailleux et très perméable ayant une bonne exposition (midi ou sud ouest). Un arbre. Un climat favorable (printemps et été chauds et humides, automne, avec de petites pluies).

La présence de truffe se décèle par le fait que l'arbre « brûle » ce qui signifie que la végétation se raréfie autour de lui, le mycélium ayant un fort pouvoir herbicide dans les sols pauvres.

Plus la truffe est mûre, plus elle est foncée, et plus son parfum est prononcé. Avant sa maturité, la truffe a une chair (gléba) de couleur marron clair.

Photo Fauchon

PRINCIPALES REGIONS PRODUCTRICES

EN FRANCE : autour du Massif Central. Angoumois, Poitou, Périgord, Quercy (région de Cahors), Albigeois, Cévennes, Roussillon, Gard, Ardèche, Hérault, Basses-Alpes, Vaucluse, Haute Provence.

Les principaux marchés français sont Gramat et Martel dans le département du Lot (Quercy) et Sarlat.

EN ESPAGNE : partie Sud des Pyrénées (de la Catalogne à la Navarre), en vieille et Nouvelle Castille, par îlots seulement.

EN ITALIE : contreforts des Apennins et Piémont.

RAMASSAGE

Les truffes sont ramassées avec l'aide de bêtes détectrices : autrefois la truie, aujourd'hui le chien dressé. Il y a actuellement des chenils spéciaux réalisant l'éducation truffière des chiens.

PRODUCTION

Au début du siècle, la production française de truffe était très importante (1 000 tonnes par ans). Depuis une dizaine d'années, elle s'est considérablement abaissée 10 tonnes pour la production de 1984/1985 et entre 15 à 20 tonnes pour celle de 1985/1986.

La production nationale n'étant pas suffisante, des truffes noires d'Espagne et d'Italie sont importées.

DIFFERENTES ESPECES DE TRUFFES

Il existe environ 35 espèces de truffes qui se distinguent grâce à l'examen microscopique de leurs spores.

Les plus utilisées sont :

– les truffes noires, dites nobles ou truffes du Périgord ;
– les truffes blanches du Piémont.

Truffes noires du Périgord et truffes blanches du Piémont ne sont pas des appellations d'origine. La truffe blanche du Piémont est encore plus chère que la truffe noire.

Les truffes appartiennent au genre « tuber » dont une trentaine d'espèces est comestible.

Les truffes noires : « tuber melanosporum » et « tuber brumale », à chair foncée allant au noir profond lorsqu'elles sont mûres (variété d'hiver).

Les truffes blanches : « tuber magnatum » très appréciées en Italie.

Toutes les autres variétés de Tuber ne sont pas des truffes et ne présentent aucun intérêt gastronomique. Les truffes blanches d'été correspondent à l'espèce «Tuber estivum» ou «Tuber incinatum» qui n'ont qu'un goût vague de champignon... Ces truffes de la Saint-Jean, très bon marché font fréquemment l'objet de coloration et de falsification.

PREPARATIONS PRELIMINAIRES ET COMMERCIALISATION

Les truffes fraîches sont pesées, reconnues et triées (grosses, petites, morceaux), puis entreposées à 5°C le moins longtemps possible. Elles sont ensuite trempées pour dissoudre la terre (15 à 20% de terre) et brossées avec de l'eau sous pression. Les différentes qualités sont à nouveau triées. Elles sont commercialisées sous deux formes :

- soit fraîches dans de petits paniers entre la fin décembre et le mois de mars.
- soit appertisées. La cuisson leur faisant perdre environ 25 % de leur poids, les truffes vendues en bocaux ou en boîtes peuvent se présenter de la façon suivante :
  - cuites avant conditionnement et appertisées sous vide, le poids doit être indiqué sur l'étiquette ; dans ce cas le jus de truffe fait l'objet d'une commercialisation à part.
  - cuites dans le conditionnement pendant l'appertisation (truffes de première cuisson). Le jus reste dans la boîte mais le poids de la truffe ne peut être garanti exactement. Ce type de présentation ne peut être vendu qu'aux professionnels.

DENOMINATIONS OFFICIELLES

Désignation	Matière première	Présentation
Truffes « Surchoix » pelées ou brossées	Truffes mûres à chair ferme noires	Entières, de tailles et de couleur uniformes, sensiblement rondes
Truffes « Extra » pelées ou brossées	Truffes mûres à chair ferme plus ou moins noires	Entières, légèrement irrégulières
Truffes « 1er choix » pelées ou brossées	Truffes à chair plus ou moins ferme, dont la couleur peut être relativement claire. La présence de truffes grises est tolorée	Entières, irrégulières, plus ou moins écorchées
Morceaux de truffes	Morceaux de truffes pouvant être plus ou moins foncées	0,5 cm d'épaisseur minimum
Pelures de truffes	Bandelettes provenant du pelage des truffes et pouvant être de couleur hétérogène	30 % de brisures maximum

UTILISATIONS

Les truffes sont des produits très précieux dont les arômes sont particulièrement volatiles. Le souci majeur de l'utilisateur doit être d'éviter qu'ils ne puissent s'échapper. Les préparations « en pâte », « sous la cendre », en papillote, et la technique consistant à les cuire dans une cocotte hermétiquement fermée (lutée) leur sont favorables. Par ailleurs, les arômes des truffes sont également solubles dans les graisses (il est parfois nécessaire de dégraisser les préparations, où elles sont ajoutées lorsque les parties grasses ne sont pas consommées).

Exemples de préparations à base de truffes dont la cuisson est réalisée dans une cocotte lutée ou en pâte.

- Truffes en timbale au Champagne, au Porto, au Sherry, au Madère.
- Faisan, poularde, timbale de ris de veau.
- Foie gras aux truffes ou Souvaroff.
- Foie gras en caisse et en cocotte, coq en pâte.
- Foie gras en brioche périgourdine.
- Feuilleté aux truffes sauce Madère, etc.

TRUFFES UTILISEES EN TANT QUE GARNITURES

Elles doivent être impérativement pelées : l'écorce ou péridium granuleux doit être retiré.

- **en lamelles**

Garniture waleska, volailles poêlées ou pochées et contisées aux truffes (poularde demi-deuil, Albuféra), pommes sarladaise, sole Normande, etc.

- **en bâtonnets et julienne**

Volailles, poissons ou ris de veau cloutés aux truffes.
Garnitures zingara, Talleyrand, Milanaise, Piémontaise (truffes blanches), etc.

- **en brunoise**

Pâtés, terrines, galantines, boudin blanc.
Sauces Périgueux, périgourdine, beurre de truffes.
Omelettes, œufs brouillés aux truffes, pommes Berny, etc.
Il est nécessaire de bien écraser la brunoise de truffes dans la sauce ou la préparation. Les arômes essentiels contenus dans les « asques » sont ainsi plus facilement libérés.

- **tournées en olives**

Tournedos Rossini, timbale de truffes à la crème, etc.

- **motifs de décor**

Les arômes s'altèrent très vite à l'air et il faut éviter le dessèchement. Réserver les éléments de décor dans un mélange de Cognac ou d'Armagnac, de Porto ou de Madère, ou de fond brun de veau, puis lustrer à la gelée.

- **jus de truffe**

Le jus de truffe est très utilisé pour les déglaçages.
- aiguillettes de caneton au jus de truffe,
- suprême de poule faisane au jus de truffe,
- vinaigrette au jus de truffe, etc.

- **mention « truffé »**

Les produits commercialisés avec la mention « truffé » doivent contenir un pourcentage minimum de 3 % de truffe (pourcentage beaucoup trop faible pour garantir une bonne aromatisation !).
Si le pourcentage est inférieur à 3 %, le consommateur doit en être averti par une mention telle que « X pour cent de truffes ». Les expressions « truffé » et « aromatisé aux truffes » sont synonymes.

LES CÉRÉALES, LES RACINES FÉCULIÈRES, LE SOJA

LE RIZ

Le riz représente la nourriture principale de la moitié de la population du globe. Il constitue avec le blé, le maïs et leurs dérivés, la base la plus importante de l'alimentation de l'humanité. Symbole de richesse, de prospérité, de pureté et de bonheur, le riz (oryza sativa*) fait partie de l'alimentation quasi journalière des habitants d'Extrème et du Moyen-Orient et occupe une place de choix dans nos habitudes culinaires occidentales.

Originaire du Sud-Est asiatique, où il était connu depuis plusieurs milliers d'années, le riz fut introduit en Europe par les Arabes vers le IVème siècle avant Jésus-Christ. C'est seulement vers l'an 1000 que les Maures l'implantent sérieusement dans la péninsule Ibérique d'où il gagne l'Italie. Au XVème siècle, la culture du riz couvrait la plaine de Pô. Vers la même époque, au cours de leurs conquêtes, les Espagnols et les Portugais introduisirent le riz en Amérique sur les côtes de la Caroline.

La culture du riz a cessé en Caroline, mais elle s'est répandue dans d'autres états notamment en Arkansas, Louisiane, Californie, Mississipi, Texas.

En France, le riz fit une première apparition en Camargue vers 1600, au temps d'Henri IV.

Puis ce n'est qu'en 1942, après la rupture des approvisionnements en provenance d'Indochine et de Madagascar, que la culture du riz camarguais s'est développée véritablement. En 1960, la Camargue assurait la presque totalité des besoins en riz des Français. Aujourd'hui la culture du riz dans cette région a pratiquement disparu et la France importe plus de 90 % de sa consommation.

* *Oryza sativa : appellation latine de l'espèce botanique qui regroupe la presque totalité des 8 000 variétés de riz actuellement cultivées.*

1. Riz sauvage – 2. Riz rond blanchi – 3. Riz long complet – 4. Riz long blanchi Basmati – 5. Riz rond complet.

PRINCIPAUX PAYS PRODUCTEURS

Chine, Japon, Indonésie, Thaïlande, Laos, Viêt-Nam, Bangladesh, Philippines, Etats-Unis, Amérique du Sud, Surinam, France, Italie, Guyane française, Espagne.

Les variétés les plus utilisées en restauration sont actuellement le riz Basmati des contreforts himalayens et le riz thaï.

CONSOMMATION

En France, la consommation de riz a plus que triplé au cours des 30 dernières années. Elle est actuellement de plus de 3 kg par an et par habitant (5 kg pour les Italiens et pour les Américains).

CLASSIFICATION

Il existe plus de 8 000 espèces botaniques de riz, mais seules quelques centaines d'entre elles sont utilisées industriellement. La règlementation française définit trois variétés de riz :

LE RIZ LONG, DEMI LONG ET ROND

LE RIZ A GRAINS LONGS OU RIZ DE LUXE

(Type américain) avec plus de 5 mm de long et seulement 1,5 mm d'épaisseur. Il ne s'agglutine pas et les grains restent parfaitement détachés à la cuisson. Il se prête à de multiples préparations (salades composées, hors-d'œuvre, pilaf, garniture d'accompagnement, etc.) .

LE RIZ A GRAINS MOYENS OU MI-LONGS

De 5 à 6 mm de long, 2,5 à 3 mm d'épaisseur, il convient pour les potages et les entremets.

LE RIZ A GRAINS RONDS OU RIZ COURANT

(Type Camargue) avec moins de 5 mm de long, 2 à 3 mm d'épaisseur. Riche en amidon, il a tendance à s'agglutiner si l'on ne prend pas certaines précautions à la cuisson. Il convient tout particulièrement pour les potages et les entremets (riz Condé, pudding de riz, par exemple).

REMARQUE

En règle générale, le riz n'est commercialisé que sous deux présentations principales : le riz long et le riz rond.

DIFFERENTS STADES D'ELABORATION ET PRESENTATIONS COMMERCIALES

LE RIZ PADDY, RIZ BRUT OU RIZ DE PAILLE

Riz simplement séparé de sa tige, entouré de son enveloppe (balle ou glumelle), il est impropre à la consommation en l'état et sert de semence pour la nouvelle récolte.

LE RIZ CARGO, RIZ COMPLET OU RIZ BRUN OU RIZ DECORTIQUE

Grain de riz débarrassé de sa balle. Le grain conserve une mince pellicule de péricarpe contenant le son. Il est plus long à cuire car la pénétration de l'eau est plus lente (40 min environ). Il a un léger goût de noisette et reste ferme sous la dent. Il ne colle pas à la cuisson.

Des grains moyens ou longs sont vendus sous cette forme généralement sous l'appellation de « riz brun ».

LE RIZ BLANC OU RIZ BLANCHI

Grains ronds ou longs débarrassés du péricarpe et de l'embryon. Il est constitué uniquement par l'amande ou albumen du grain. C'est la présentation la plus courante du riz mais il est malheureusement débarrassé d'une partie de son assise protéique et d'une partie de ses vitamines et minéraux.

LE RIZ POLI OU MEULÉ

C'est un riz blanc lissé par le passage dans des cônes métalliques recouverts d'émeri, tournant verticalement à grande vitesse.

LE RIZ GLACE

C'est un riz blanc poli enrobé d'un mélange de glucose et de talc alimentaire.

Les riz blancs, polis et glacés doivent être soigneusement lavés avant utilisation.

LE RIZ CAMOLINO

C'est un riz rendu brillant par de l'huile de colza, il rancit facilement.

LE RIZ PRECUIT OU RIZ VITESSE

Il a subi une cuisson complète suivie d'une déshydratation. Il suffit de le réhydrater avant utilisation (15 min pour un riz complet, 5 min pour un riz blanc).

Ce riz ne colle pas mais il a perdu un peu de sa saveur et de sa tenue.

LE RIZ ETUVE OU PRETRAITE

Il est préparé à partir de riz paddy. Tout d'abord l'air est éliminé par mise sous vide, puis le grain est étuvé grâce à de la vapeur appliquée sous pression puis séché sous vide, décortiqué pour le riz brun étuvé et blanchi pour le riz blanc étuvé.

Ce procédé vise à faire migrer les protéines, les vitamines et les minéraux des couches externes du paddy vers l'amidon du grain. Ce riz présente deux types d'avantages : une excellente tenue à la cuisson (incollable) même s'il est trop cuit, et une meilleure valeur nutritionnelle.

Sa couleur jaunâtre permet généralement de le distinguer des autres riz.

AUTRES RIZ PARTICULIERS

LE RIZ SAUVAGE

Ce n'est pas un riz, mais une graminée aquatique d'Amérique du Nord dont les indiens se nourrissaient. Son grain noir, fin et très allongé à goût caractéristique est très cher.

Actuellement, le riz «sauvage» est largement cultivé aux Etats-Unis, le qualificatif «sauvage» n'est donc plus exact. 95 % de la production américaine de «riz sauvage» est industrielle. Seule exception, le riz sauvage «Zizania aquatica» qui pousse dans les lacs nord canadiens sans aucun traitement chimique ni herbicide. Sa couleur noire est due à la torréfaction qui suit le séchage. 25 g par personne suffisent et il demande environ une heure et demie de cuisson lente.
Il est souvent proposé en mélange avec du riz complet.

LE RIZ GLUANT

C'est une variété asiatique particulièrement collante, utilisée pour certaines préparations typiques.

Filet d'agneau rôti sauce curry et riz sauvage aux poivrons
Doc. Uncle Ben's

CUISSONS ET UTILISATIONS DU RIZ

Appellations	Cuisson	Utilisations
RIZ CREOLE OU A L'INDIENNE	– faire bouillir une grande quantité d'eau salée – laver soigneusement le riz afin d'éliminer une partie de l'amidon superficiel, le glucose et le talc dans le cas d'un riz glacé – verser le riz en pluie dans l'eau bouillante – remuer de temps à autre – ne pas couvrir le récipient – s'assurer de sa cuisson en goûtant (10 à 15 min selon sa qualité) – rafraîchir – égoutter – réchauffer au four sous faible épaisseur et à couvert dans un plat beurré et saler – égréner (ne pas laisser séjourner le riz dans l'eau de cuisson)	– hors-d'œuvre – salades composées avec moules, crevettes, chair de crabe, maïs, brunoise de poivrons, dés de volaille, de poisson, etc. Sauce vinaigrette, mayonnaise, cocktail (la sauce vinaigrette doit être ajoutée avant le complet refroidissement du riz) – garniture de certains potages (Ambassadeur, Andalouse) – accompagnement ou garniture de plats principaux (blanquette de veau, poularde pochée, poissons à l'américaine, etc.).
RIZ PILAF OU PILAW OU A L'ORIENTALE OU A LA TURQUE	– faire bouillir le liquide de mouillement (eau, fond blanc de volaille, de veau ou fumet de poisson) – mesurer le riz – Suer légèrement au beurre dans oignons finement ciselés – ajouter le riz et le « nacrer* » durant quelques minutes – mouiller (1,5 à 2 volumes de liquide bouillant pour un volume de riz) – faire reprendre l'ébullition – assaisonner, ajouter un bouquet garni si nécessaire – couvrir hermétiquement d'un papier sulfurisé et d'un couvercle – cuire au four à 200 °C durant 16 à 19 min selon la qualité du riz (il est nécessaire de goûter le riz pour se rendre compte de sa cuisson) – sortir le riz du four et le laisser gonfler pendant quelques minutes – égrener, beurrer puis débarrasser le riz sous faible épaisseur ***Attention : ne jamais remuer le riz durant sa cuisson.***	– accompagnement et garniture de certains plats en sauce (le caractère spécifique du plat peut être respecté en utilisant un liquide de mouillement approprié) Exemple : – fond blanc de volaille pour accompagner une volaille pochée ou une fricassée – fond blanc de veau pour une blanquette – fumet de poisson pour accompagner un poisson poché au court-mouillement ou braisé – rizotto divers – riz cantonnais
A L'AMERICAINE OU PAR ABSORPTION	Pour le riz précuit et le riz étuvé « incollable » – ajouter un volume de riz à 1,5 à 2 volumes de liquide de mouillement bouillant – porter à ébullition et cuire à couvert durant quelques minutes jusqu'à absorption complète du liquide – laisser gonfler hors du feu – égrener et beurrer	IDEM riz pilaf
AU LAIT	– laver soigneusement le riz – le blanchir durant quelques minutes (départ eau froide) – verser le riz en pluie dans du lait bouillant vanillé et très légèrement salé – cuire à couvert et au four jusqu'à l'absorption complète du lait – ajouter une liaison composée de sucre et de jaunes d'œufs blanchis pour le riz condé ou de la crème anglaise collée pour l'appareil à riz impératrice	– riz au lait – gâteau de riz au caramel – pudding de riz – fruits condé – croquettes de riz – fruits pochés créole – etc. – riz impératrice – riz sicilienne – riz maltais – fruits pochés Joséphine.

** nacrer : « revenir » doucement le riz et sans coloration dans un corps gras. Les grains deviennent blancs, légèrement translucides et se détachent les uns des autres.*
Cette opération a pour but de transformer une partie de l'amidon superficiel du grain de riz en dextrines. L'empois de dextrines est moins important que l'empois d'amidon cru. Le riz ne « colle » pas.

REMARQUE

Le goût du riz pilaf varie selon les différents ingrédients pouvant y être incorporés.

Garnitures

- moules, crevettes, crabes, langoustines, écrevisses, dés de poisson ;
- tomates, maïs, brunoise de poivrons rouges, verts, jaunes, champignons, courgettes, truffes, raisins secs, etc. ;
- dés de volaille ou de viandes diverses ;
- crème gruyère, parmesan, consommé etc.

Corps gras

- beurre, huile d'olive, graisse d'oie, etc.

Liquide de mouillement

- eau, fond blanc de veau, de volaille, fumet de poisson.

Epices, condiments et aromates

- curry, safran, paprika, herbes diverses.

LE RIZOTTO

Le rizotto est réalisé selon la technique du riz pilaf et additionné suivant l'appellation, d'une garniture, de fromage, de crème ou de consommé.

Exemples :

MILANAISE

Colorer légèrement au safran.
Julienne de jambon, champignon, langue écarlate, truffe, sauce demi glace fortement tomatée. Bouquet de fondue de tomate. Gruyère ou parmesan rapé.

PIEMONTAISE

Truffes blanches du Piémont, ou brunoise de jambon, parmesan rapé.

GRECQUE

Chair à saucisse, petits pois, brunoise de poivrons rouges.

EGYPTIENNE

Foies de volailles sautés, dés de champignons et de jambon.

AUTRES UTILISATIONS DU RIZ

Agent de liaison

Potages. Crécy au riz, potage portugais, bisques de crustacés sauce soubise au riz, etc.

Farce pour volailles pochées ou poêlées et farcies au riz

Riz pilaf cuit au 3/4 et crémé.
Ajouter suivant l'appellation : truffes, foie gras, champignons, sauce soubise ou suprême, etc.

De nombreux produits dérivés du riz ont diverses utilisations :

- crème de riz pour la liaison des potages,
- flocons de riz (petit déjeuner),
- semoule de riz (entremets, puddings),
- alcool et « bière » de riz, etc.

LES CÉRÉALES SECONDAIRES

AVOINE

L'avoine est utilisée sous la forme de farine fine (crème), farine plus grossière (gruau), ou encore sous forme laminée (flocons).

Utilisations

Farine – Liaison des potages, entremets, crème d'avoine, galettes d'avoine écossaises (oatcakes).

Flocons – Porridge, mélanges de céréales pour petit déjeuner (muesli par exemple).

BLE

Céréale appréciée depuis la plus haute antiquité. Le blé se divise en deux catégories :

- Le blé dur (riche en gluten), principalement utilisé en semoulerie.
- Le blé tendre ou Froment, principalement utilisé en meunerie pour la fabrication de la farine.

La farine de blé est la farine panifiable par excellence.

Utilisations

Blé dur – Produit de semoulerie, couscous, taboulé, pudding de semoule, flameri, pâtes alimentaires, gnocchis.

Blé tendre – Farine complète, farine blanche, pain, pâtisseries, biscuiteries et ses dérivés, pâtes alimentaires fraîches, liaison des potages, des sauces, des crèmes, etc.

Blé précuit – Hors-d'œuvre, salades composées, garniture d'accompagnement.

Les germes et le son sont principalement utilisés en diététique.

LE BLE NOIR OU SARRASIN

Céréale non panifiable, cultivée principalement dans les terrains granitiques.

Utilisations

Farine – Galettes, crèpes bretonnes, patisseries, bouillies, blinis.

Semoule – « Kacha » utilisée dans la fabrication du coulibiac (cuisine slave).

MAIS

Le maïs, originaire d'Amérique du Sud, a été introduit en Europe au XVIe siècle par les explorateurs qui revenaient du Nouveau Monde.

Le maïs constitue l'alimentation de base pour de nombreuses régions économiquement faibles (Italie du Sud, Afrique, Inde, Amérique du Sud). Le maïs carencé en certains acides animés indispensables, est souvent associé à des graines de légumineuses (haricots rouges, lentilles...).

La farine de maïs n'est pas panifiable.

Utilisations

Maïs « sweet corn » ou « maïs doux » – (sucré et riche en eau). Consommé en épis pochés ou grillés (corn on the cob).

Maïs égrené – En hors-d'œuvre, salades composées, garnitures de rizotto, potages, croquettes, subrics, crèpes au maïs, etc.

Maïs blanc – Nouvelle variété convenant mieux pour les préparations chaudes.

Maïs éclaté – (pop corn), mélanges céréaliers pour petits déjeuners (cornflakes).

Farine et semoule de maïs – Tortillas mexicaines, Polenta italienne par exemple.

Maïzena – Farine très blanche et très épaississante, crèmes et patisseries diverses.

Huile de maïs – Assaisonnement.

ORGE ET MALT

L'orge est plus pauvre en gluten que le blé, difficilement panifiable.

En cuisine l'orge est principalement utilisée sous les formes suivantes :
- orge mondée (grain décortiqué)
- orge perlée (grain poli)
- flocons d'orge (grain laminé)
- farine d'orge.

Le « malt » est de l'orge germée, séchée et torréfiée.

Utilisations

Crème d'orge – Bouillies, liaison des potages.

Orge mondée et perlée – Garniture des potages, (principalement cuisine anglaise) orgeat.

Flocons d'orge – Produits céréaliers pour petits déjeuners.

Farine maltée – Alimentation infantile.

Malt – Boissons alcoolisées (bières, whisky...) et succédané du café.

SEIGLE

De toutes les céréales panifiables le seigle occupe le deuxième rang après le blé. Mélangé au blé, il donne le pain bis.

Il est cultivé principalement en Scandinavie, en Russie, en Pologne, et au Nord de l'Allemagne.

Utilisations
- pain de seigle
- pain bis (70 % blé, 30 % seigle)
- pain noir d'Allemagne (pumper-nickel)
- galettes de seigle
- pain d'épice
- rentre dans la composition du genièvre.

MILLET ET SORGHO

Ce sont des céréales qui poussent dans un climat chaud, sur des sols pauvres et secs.

Ils constituent un aliment de base dans différentes régions tropicales d'Afrique, de l'Asie et d'Amérique du Sud.

Utilisations

La farine extraite du grain entier (souvent de manière artisanale) est utilisée pour la réalisation de bouillies épaisses ou de galettes.

LES RACINES FECULIERES

LE MANIOC

Ce n'est pas une céréale mais un tubercule issu d'un arbrisseau orginaire d'Amérique du Sud et des Antilles.

La fécule extraite du manioc est le tapioca ; il est utilisé parallèlement à la semoule, à la fécule de pomme de terre, et à la crème de riz (son circuit de distribution est le même).

La fécule humide est transformée par cuisson en flocons de tapioca, qui sont ensuite granulés.

Utilisations
- garniture des potages (tapioca, perles du Japon)
- entremets, pudding (cassave, « sucre à coco », etc.)
- boisson fermentée le ouycou. C'est un aliment sans gluten, de digestion facile, et qui s'associe parfaitement au lait d'où son utilisation dans les restaurants d'enfants, les hôpitaux et les crèches
- la feuille de la plante est couramment employée dans les pays tropicaux comme légume d'accompagnement.

Les applications en industrie agro-alimentaire sont nombreuses, surtout comme produit de substitution des matières grasses dans les produits allégés. Des travaux menés récemment par des scientifiques et des professionnels de la charcuterie ont permis de démontrer que le tapioca pouvait se substituer partiellement ou totalement aux matières grasses dans les mousses de foie, les pâtes fines, pâtés de campagne, saucisses crues, terrines, divers produits tartinables, etc.

L'ARROW-ROOT

L'arrow-root est une fécule extraite des rhizomes, tubercules ou racines de certaines plantes tropicales (maranta arundinacia, canna edulés, tacca leonto, petlordes).

Utilisations

S'utilise comme la fécule de pomme de terre pour la liaison des potages, des sauces et des crèmes (cuisine anglaise)
- Ox-tail lié, consommé de tortue lié
- sauce bigarrade
- custard (crème anglaise)

Le rhizome peut être consommé en légume lorsqu'il est jeune.

LE SOJA (Graine oléagineuse)

Le soja est une petite plante à feuilles veloutées de la famille des légumineuses. La fleur et la graine se rapprochent du haricot gousses renfermant de petites graines de soja. Il en existe plusieurs variétés (jaune, vert, brun, noir). Le soja constitue depuis des siècles un supplément important au régime de base des habitants de l'Extrême-Orient.

Les asiatiques consomment cette source de protéines et de lipides (véritable viande végétale) sous forme de «lait» de sofa (plutôt filtrat ou jus de sofa, le terme lait n'étant plus autorisé par la législation française), de fromage ou tofu, de tempeh, de condiments (miso, sauce soja, tamari shoyou) et de divers autres produits.

Les graines de soja ne sont pas consommées à l'état brut car elles sont trop riches en graisses et ont un goût désagréable. Elles sont commercialisées sous forme de graisses et de farines dégraissées et de nombreux produits dérivés.

Utilisations

- cuisine chinoise, japonaise, vietnamienne, thaïlandaise, indienne...
- cuisine végétarienne

Germes de soja – hors-d'œuvre, salades composées exotiques, salades de soja au crabe, salades de soja au poulet et aux champignons noirs.

Huile de soja – Assaisonnement des salades. Tofu (fromage de soja frais), sauces émulsionnées, salades, sandwiches, tofu-burgers, hot-dogs, pizza, pâtes alimentaires farcies (raviolis), etc.

Tempeh – (Soja fermenté), viande hâchée (tempeh-burger).

Filtrat de soja – Desserts, boissons aromatisées, etc.

Farine de soja déshuilée – liaisons, croquettes, galettes.

Protéines de soja – Peuvent être ajoutées aux plats cuisinés comportant une farce hachée ou à des produits de type saucisses, steaks hachés, raviolis, hachis parmentier, charcuteries.
L'apport nutritionnel peut être contrôlé et ajusté aux besoins particuliers de la ration alimentaire (enrichissement des aliments infantiles, des potages, des aliments diététiques, etc.).

Langoustines rôties aux germes de soja et thym citronné
Document Suzi-Wan

PRODUITS DERIVES DU SOJA*

FILTRAT OU JUS DE SOJA

Il existe plusieurs procédés de fabrication du filtrat de soja, mais toutes les techniques doivent éliminer les composés nocifs (facteur anti-protéase) et désagréables (glucides responsables de flatulences ; lipoxydases donnant un goût particulier peu apprécié et dû à la formation de composés volatiles tel l'éthyl-vinyl-cétone).

La fabrication peut se faire à base de graines entières de soja (méthode orientale) ou à base de farine de soja (méthode occidentale) :

- Les graines lavées sont trempées durant quelques heures, et subissent ensuite un dépelliculage mécanisé, avant d'être broyées à une température supérieure à 80 °C pour détruire les composés indésirables. Après une addition d'eau, le mélange est cuit sous pression à environ 100 °C durant plusieurs minutes, et le filtrat est enfin extrait par filtration. La conservation du filtrat est prolongée grâce à une pasteurisation en vue d'une conservation courte (filtrat pasteurisé réfrigéré) ou par stérilisation (filtrat stérilisé UHT) permettant de le conserver quelques mois à température ambiante.
- Un autre procédé commence par le blanchiement des graines (destruction des composés indésirables) qui sont ensuite broyées dans l'eau froide et filtrées.

Le filtrat de soja est aussi riche en protides que le lait de vache, il est même moins gras et particulièrement riche en acides gras poly-insaturés essentiels. Il contient du saccharose au lieu du lactose et peut donc être conseillé aux personnes ne supportant pas le lactose. Contrairement au lait de vache, le filtrat de soja est très riche en fer et en magnésium, mais pauvre en calcium et en vitamines. Il est par ailleurs beaucoup moins énergétique que le lait de vache .

LE MISO : pâte obtenue par fermentation (moisissure et levure particulières) d'un mélange de soja et de céréales ; le miso a la consistance du beurre d'arachide, une couleur variable, et renferme entre 20 et 30 % de protéines ; il entre dans la composition de nombreuses préparations culinaires, surtout dans la cuisine japonaise.

LE SHOYU, TAMARI ou SAUCE SOJA : sauce à base d'un mélange de soja, de riz et de blé, fermenté successivement par deux microbes spécifiques (moisissure et levure). Cette sauce de couleur brune, riche en acides aminés, à flaveur prononcée, sert à relever les mets dans les pays orientaux.

LE TEMPEH : aliment indonésien à base de soja (tempeh Kedelee) ou de noix de coco (tempeh bongkek) résultant de la fermentation rapide en 24 h par un champignon microscopique (Rhizopus) ; la fabrication ressemble à celle des fromages et le tempeh se présente sous forme de blocs parsemés de trous. Ce produit riche en protéines et en vitamines B et PP (composition voisine du lait écrémé) est consommé cru, cuit, frit ou grillé.

LE TOFU : produit caillé blanc, non fermenté comme les précédents mais dont les protéines ont été coagulées par du chlorure de magnésium (Nigari) ; le tofu est préparé à partir du jus de soja (graines trempées, mixées et filtrées) qui est caillé puis égoutté, et vendu sous forme de cubes découpés ; le tofu peut se consommer nature et dans d'innombrables recettes de cuisine (sauté, frit, en farces, sandwichs, quiches, pizzas...).

LE SUFU : est un fromage végétal très largement consommé en Chine, obtenu après fermentation du TOFU à l'aide d'un champignon microscopique (phycomycète).

** Extrait de l'ouvrage « Sciences appliquées à l'alimentation » par Dominique Brunet.*

LES PATES ALIMENTAIRES

LES PATES FRAICHES

ORIGINE

D'après les historiens, les pâtes seraient originaires de Chine : lors de son voyage en Asie, Marco Polo aurait rapporté à Venise les recettes des pâtes chinoises. Les italiens prétendent que, près de Rome, sur un tombeau étrusque, se trouve un bas relief peint au 3ème siècle avant Jésus-Christ et présentant un rouleau à pâtisserie, une roulette coupe pâte et une table probablement destinée à abaisser la pâte... En outre, le premier ouvrage de recettes indiquant la manière de préparer les vermicelles et les tortelleti parut avant le retour à Venise de Marco Polo.

Au XVème siècle les pâtes fraîches figuraient déjà parmi les plats de base des menus italiens.

En France, c'est sous la Renaissance (après la venue de Catherine de Médicis et de ses cuisiniers florentins) que l'usage des pâtes s'est développé. Au XVIIIème siècle, une trentaine de pâtes étaient déjà connues, les plus renommées venaient de Naples et de Gênes. Quelques « vermicelliers » étaient installés à Paris et un ouvrage intitulé « Description des arts du Meunier, du Vermicellier et du Boulanger » a été publié en 1767. Jusqu'à la fin du XIXe siècle, les pâtes sont restées le privilège des nantis. Puis, avec le développement de la société industrielle et les grands bouleversements culinaires, la consommation de pâtes fraîches s'est progressivement démocratisée.

Assortiment de pâtes fraîches (document PARMIGIANA)

CLASSIFICATION

LES PATES LONGUES ET RONDES

Capelli d'angelo (cheveux d'ange) : Agrémentent généralement les bouillons, consommés et potages.

Spaghettini : Le diminutif «ini» signifie petit. Il s'agit de spaghetti fins. Grâce à leur forme fine, ils se marient bien avec les sauces légèrement épicées.

Spaghetti : Ordinaire aux épinards, à la tomate. Ce sont certainement les pâtes les plus célèbres. Leur texture permet de les accommoder des sauces les plus diverses (à l'ail et aux huiles, à la tomate et au basilic, aux fruits de mer, alla carbonara...).

Fusilli lunghi : Ces longs ressorts ressemblent à des cordons de téléphone. Ils sont excellents avec des sauces comportant des ingrédients détaillés en gros morceaux qui s'accrochent à leurs courbes.

Tonnarelli : Cette pâte ressemble à un spaghetti carré, elle est originaire des Abruzzes où on l'appelle «macheroni alla chitarra». Cette appellation vient du fait que l'on découpe l'abaisse de pâte sur un appareil muni de cordes tendues qui ressemble à une guitare («chittara» signifie guitare).

LES PATES CREUSES OU TUBULAIRES (tubi)

Elles existent en toutes sortes de dimensions, et certaines comme les gigantoni sont si larges qu'elles ne se prêtent pas aux préparations en sauce et qu'il faut les cuire au four.

Penne : Pâtes tubulaires les plus utilisées. Leur nom qui signifie «plumes» fait référence à leurs extrémités pointues taillées en diagonale «en bec de plume». Elles peuvent être lisses (lisce), penne lisce,...

Penne rigate : ...ou cannelées (rigate), penne rigate et de dimensions variées.

Penne zitti : Elles sont un peu plus grosses que les penne ordinaires.

Pennoni : Grosses penne moins répandues, elles peuvent être lisses (pennoni lisci) ou cannelées (pennoni rigati).

Bucatini : Egalement appelés «perciatelli», ces spaghetti creux, telles des pailles sont délicieux avec les sauces que l'on prépare dans le centre de l'Italie.

Bucatoni : Ce sont une variante des bucatini un peu plus grosse.

Maccheroni (macaroni) : Ce terme générique désigne une grande variété de pâtes tubulaires. Elles peuvent être également coudées (chifferi lisci et rigati). Ils peuvent être lisses (maccheroni lisci) ou cannelés (maccheroni rigati).

Rigatoni : Gros tubes excellents avec des sauces à la viande ou simplement accommodés de beurre, de parmesan râpé (parmigiano - reggiano) et d'un peu de crème fraîche.

Millerighe : Les nombreuses cannelures sont à l'origine de leur nom qui signifie «mille lignes».

Gigantoni : «Super géants», ils sont trop gros pour les préparations en sauce, mais conviennent en revanche pour les gratins et autres plats cuits au four.

Garganelli : Ce sont des tubes que l'on façonne traditionnellement à la main en roulant un morceau carré de pâte à l'aide d'un crayon ou d'un petit tube.

Cavatappi : Petits tire-bouchons creux ressemblant aux fusilli lunghi et leurs spirales retiennent bien les sauces qui les enrobent.

LES PATES PLATES FETTUCE (rubans)

C'est la forme la plus populaire des pâtes aux œufs realisées en cuisine. La forme plate permet de bien absorber les sauces crémées ou au beurre.

Tagliolini : 2 mm de large. Ce sont les pâtes rubans parmi les plus étroites. Elles sont accompagnées parfois de sauce, mais garnissent le plus souvent les consommés et les bouillons.

Linguine : Langues de mêmes dimensions, ces pâtes sont plus populaires à l'étranger qu'en Italie.

Fettuccine : 5 mm de large. Appelées également trénette, ce sont probablement les plus répandues des pâtes rubans. Plus étroites que les tagliatelle, elles s'accommodent mieux des sauces légères et crémées.

Tagliatelle : 8 mm de large. Bologne est le berceau des tagliatelle. Un étalon-tagliatelle en or est exposé à la Chambre de Commerce de la ville. La tradition veut que l'on associe à cette pâte la sauce bolognaise à la viande hachée.

Pappardelle : 2 cm de largeur. A Bologne, on les appelle également larghissime «très large». La bordure peut être droite lorsqu'elle est détaillée à la roulette à pâtisserie.

Remarque : Dans la région de Valtellina, en Lombardie, près de la frontière suisse, on appelle pizzoccheri une pâte plate composée d'un mélange de farine ordinaire et de farine de sarrasin.

Feuilles à lasagne au four : Grandes feuilles de pâte rectangulaire (10 à 15cm x 10 à 15 cm x 0,5 mm). La feuille doit avoir la largeur approximative du plat à gratin utilisé. On alterne les feuilles de pâte avec de fines couches de farce à la viande, aux fruits de mer ou aux légumes que l'on fait gratiner au four.

Feuilles à cannelloni : Feuilles de pâte rectangulaires (8 cm x 6 cm x 0,5 mm). La farce disposée à l'aide d'une poche munie d'une douille ronde unie est enroulée sous la forme d'un cylindre, puis gratiné au four.

Largeur des pâtes plates et des feuilles à farcir

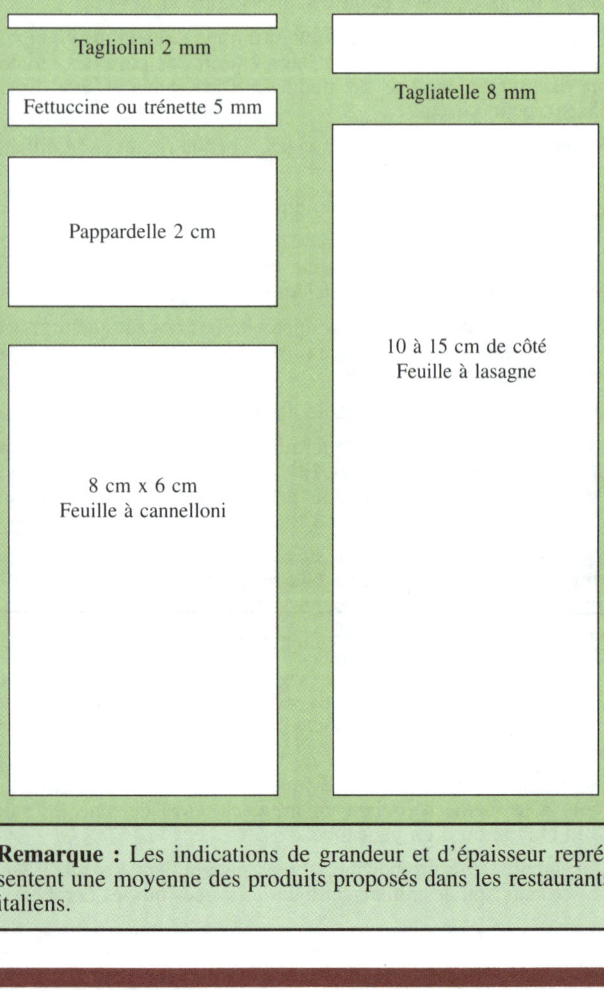

Remarque : Les indications de grandeur et d'épaisseur représentent une moyenne des produits proposés dans les restaurants italiens.

COMPOSITION DES PATES FRAICHES

Elles sont fabriquées à partir de farines de blé tendre, farine de gruau, ou farine de type 45. Les pâtes fraîches comportent une importante quantité d'œufs variant selon les utilisations.

La farine de blé tendre (moins riche en protéine «gluten» que la farine de blé dur) a tendance à se délayer dans l'eau de cuisson. Les protéines des œufs coagulent à la cuisson et durcissent la pâte en lui évitant de se déformer.

La recette de base classique comporte 10 œufs entiers et 20 g de sel pour 1 kg de farine. Il est possible de remplacer les œufs entiers par des jaunes, ou de diminuer légèrement la quantité d'œufs en la remplaçant par un peu d'huile d'olive et d'eau tiède.

Il est également possible de remplacer partiellement la farine par de la semoule fine de blé dur.

Remarque

Le gluten est la protéine présente dans la farine de blé et responsable de l'élasticité de la pâte.

Les pâtes fraîches peuvent être colorées en vert, orange, jaune, noir ou rouge en ajoutant lors de leur fabrication l'un des produits suivants :
- Purée d'épinards ou extrait de chlorophylle d'épinards (pâte à la florentine) ;
- Fines herbes fraîchement hachées ou effeuillées (cerfeuil, basilic) ;
- Purée de tomate dessechée ou concentrée (pâtes à la napolitaine) ;
- Poudre de tomates séchées ;
- Encre de seiche ;
- Jus de betterave rouge ;
- Curcuma, curry, safran ;
- Champignons ;

Il est également possible de mélanger des pâtes de couleurs différentes.

FARCES POUR RAVIOLIS, LASAGNES ET CANNELLONI

Les farces les plus couramment utilisées pour les pâtes farcies sont préparées à base de bœuf ou de veau (daube, estouffade, sauté de veau par exemple), de cervelle ou d'amourette pochées, d'épinards ou de blettes, de fromages (parmesan, ricotta, mozarella...). Elles sont généralement liées avec la sauce de la viande utilisée ou avec la sauce demi-glace tomatée.

LA CUISSON

Toutes les pâtes doivent être cuites dans une grande quantité d'eau bouillante salée (8 à 10 g de sel par litre d'eau) et légèrement huilée. La cuisson doit être réalisée au moment de l'utilisation. Il est donc totalement déconseillé (comme pour les pâtes industrielles) de les cuire à l'avance et de les rafraîchir.

La cuisson est très rapide (souvent moins de 2 minutes pour les pâtes plates de petites dimensions). Les pâtes doivent rester souples et résister légèrement sous la dent (al dente).

Après un égouttage rapide, il faut les assaisonner aussitôt.

Les pâtes fraîches destinées à une préparation froide (salade composée par exemple) sont égouttées, débarassées sous faible épaisseur et brassées délicatement avec un peu d'huile ; elles peuvent ainsi refroidir sans coller.

UTILISATION DES PATES EN CUISINE (Pâtes plates, rondes, tubulaires).

Milanaise : julienne de jambon, truffe, champignons, langue écarlate, sauce demi-glace tomatée, fondue de tomate, parmesan râpé.

Bolognaise : dés de queue de filet de bœuf sautés avec oignons ciselés, sauce demi-glace tomatée, fondue de tomate, parmesan râpé.

Napolitaine : sauce tomate, fondue de tomate, parmesan râpé.

Carbonara : lardons de poitrine fumée sautés, beurre, jaune d'œuf, crème, parmesan râpé.

Aux fruits de mer : moules, crevettes, pétoncles, coques, coquilles Saint-Jacques, seiches, encornets, calmars, etc., sauce vin blanc.

Aux crustacés : chair de crustacés (crabes, langoustines, homard) sauce américaine crémée.

Au pistou ou au basilic : ail et basilic hachés (pignons éventuellement) huile d'olive.

Toutes ces pâtes peuvent être servies indifféremment en « hors d'œuvre chauds » ou en « plat principal » (tagliatelle aux champignons sauvages, Fettuccine aux moules et au curry, pâtes fraîches au poulet et aux morilles, gratin de pappardelle aux blettes, macaroni au poisson fumé) ou en accompagnement (garniture) des plats principaux à base de viandes blanches rôties ou poêlées (veau, porc, volaille, lapin) de viandes en sauce (daubes, estouffades, coq au vin), de poissons pochés au court mouillement ou braisés (blanc de barbue aux spaghetti de légumes, paupiette de sole Grimaldi).

Remarque

Le service des pâtes composées se fait actuellement sur assiette. En restauration traditionnelle les pâtes sont simplement liées au beurre en cuisine. Les garnitures d'accompagnement sont servies à part et mélangées en salle au goût du client.

LES PATES FARCIES (pasta ripiena)

LASAGNE :

Grandes feuilles de pâte alternées de fines couches de farces diverses. Gratiner au four.

CANNELLONI :

Feuille de pâte masquée de farce et roulée en cylindre puis gratinée au four.

RAVIOLINI :

Disques de pâte d'environ 5 cm de diamètre découpés à l'emporte-pièce cannelé. Garnir avec une farce généralement à base de viande. Replier la pâte sur elle-même et pincer les bords pour bien les souder. Abaisser légèrement les extrémités pour accentuer la forme de croissant. Dans le Piémont, on les appelle agnolotti.

TORTELLONI (EN ROMAGNE)
TORTELLI (EN EMILIE) :

Pâtes farcies de forme carrée obtenue à partir d'une bande de pâte de 10 cm de large. Des petits tas de farce sont disposés tous les 5 cm, la bande de pâte est humectée puis repliée sur elle-même. Les tortelloni sont découpés tous les 5 cm à l'aide d'une roulette à pâtisserie. Ces pâtes carrées sont en général farcies de blettes ou d'épinards et de riccota. On les agrémente de beurre, d'une généreuse quantité de parmigiano-reggiano et d'une fondue de tomate.

TORTELLINI :

Disques de pâte unis de 5 cm de diamètre et garnis au centre de farces diverses. Les disques sont repliés sur eux-mêmes de manière à former des demi-disques et les extrémités sont ramenées les unes vers les autres autour du doigt. Pincer pour souder.

PANSOTI :

Carrés de pâte de 5 cm de côté garnis de farce. Replier en triangle et souder.

CAPPELLETTI :

Procéder comme pour les tortellini, mais avec des carrés de pâte. Replier en triangle et ramener les extrémités de la pâte l'une vers l'autre autour du doigt pour les souder. Semblables à des petits chapeaux, leur extrémité pointue rappelle la mitre des évêques.

Remarque : les pâtes fraîches farcies à la viande sont soumises à la législation des viandes hachées à l'avance. Elles doivent être consommées dans un délai très court après leur fabrication.

LES PATES ALIMENTAIRES INDUSTRIELLES

DEFINITION

Les pâtes alimentaires sont des produits prêts à l'emploi culinaire, obtenus par pétrissage et sans fermentation à partir de **semoule de blé dur** additionnée d'eau potable, et soumises à des traitements physiques appropriés tels que tréfilage, laminage, estampage et séchage, leur donnant l'aspect caractéristique consacré pour les usages.

Leur fabrication est protégée par une réglementation très stricte : les fabricants français ne peuvent utiliser que des blés durs ; toute addition de colorants et de produits chimiques est interdite ; ne sont autorisées que les additions de sel, œufs, gluten, lait, légumes frais, sucs ou extraits de légumes, arômates.

FABRICATION

La fabrication des pâtes industrielles comporte deux grandes étapes :

- **La pastification**

Malaxage du mélange « eau et semoule de blé dur », pressage, puis mise en forme par **tréfilage** (passage forcé à travers une filière) pour les pâtes rondes, pleines et creuses (vermicelle, spaghetti, macaroni, etc.), par **laminage** et **taillage** pour les pâtes (tagliatelle, Fettucine, lasagne, etc.) ou par **laminage** et **estampage** (découpage d'une abaisse de pâte par une estampeuse ou une papilloneuse) dans le cas des alphabets, papillons, etc.

- **Le séchage**

Passage dans un tunnel à air chaud dont l'humidité est rigoureusement dosée : le taux d'humidité des pâtes industrielles terminées ne doit pas dépasser 12,5 %.

Remarque

Les « pâtes alimentaires » commercialisées sous quelques dénominations et quelque forme que ce soient, doivent être fabriquées exclusivement à partir de pure semoule de blé dur. Selon leur granulométrie (grosseur de grains), ces semoules sont classées en deux catégories :

- *Semoule supérieure de blé dur ou semoule de blé dur de qualité supérieure → semoule de granulométrie supérieure type « SSSG ».*
- *Semoule de blé dur ou semoule courante de blé dur → semoule de granulométrie fine type « SSSF ».*

DENOMINATIONS COMMERCIALES

LES PATES COURANTES

LES PATES SUPERIEURES
(fabriquées à partir de semoules plus épurées)

LES PATES AUX ŒUFS
La règlementation impose un minimum de 140 g d'œufs entiers (coquilles exclues), ou de jaunes ou encore le poids correspondant en poudre d'œufs entiers ou de poudre de jaunes par kilo de semoule.

LES PATES AUX ŒUFS FRAIS
Mêmes proportions que les pâtes aux œufs (140 g au kg). Les œufs doivent être utilisés « frais », en fonction des dispositions règlementaires en vigueur concernant la commercialisation des œufs (voir cours sur les œufs).

LES PATES AU GLUTEN
20 % de leurs matières azotées doivent provenir du gluten.

LES PATES AU LAIT OU LAIT ECREME
Pâtes additionnées de lait ou de lait écrémé dans une proportion de 1,5 gramme d'extrait sec de lait dégraissé pour 100 g de pâte.

LES PATES AUX LEGUMES
Elles doivent être vendues sous la dénomination « Pâtes alimentaires aux ... » suivie du nom du légume incorporé.

LES PATES AROMATISEES
(sucs ou extraits de légumes, aromates)
Elles doivent être vendues sous la dénomination « Pâtes alimentaires aromatisées à ... » suivie de l'indication de la nature du légume ou de l'aromate incorporé.

LES PATES FARCIES
Elles sont proposées sous forme appertisée, surgelée, pasteurisée, déshydratée, sous vide. Elles comprennent plusieurs types de produits. Les ravioli (dominant très largement le marché), les cannelloni, les tortellini (même produit que les ravioli mais en forme d'escargot), les cappelleti (en forme de croissant), les lasagnes, pouvant être farcies de viande, de volaille ou de légumes.

PRODUCTION ET CONSOMMATION

CONSOMMATION DE PATES ALIMENTAIRES EN EUROPE

Italie	**26,00 kg par habitant**
Suisse	**10,00 kg par habitant**
Grèce/Portugal	**10,00 kg par habitant**
France	**6,20 kg par habitant**
Allemagne	**3,40 kg par habitant**
Belgique et Pays-Bas	**2,30 kg par habitant**

En 1986, la France occupait le 2ème rang au sein de la Communauté Européenne, à la fois comme producteur et consommateur de pâtes alimentaires.

PRODUCTION FRANÇAISE DE PATES ALIMENTAIRES (en quintaux)

Pâtes courantes	**47 200**
Pâtes supérieures	**2.406 500**
Pâtes aux œufs	**557 300**
Pâtes composées	**127**
Total	**3.011 127**

Source : Syndicat des Fabricants de pâtes alimentaires.

Les statistiques laissent apparaître une très nette prédominance pour les pâtes supérieures : elles représentent actuellement plus de 80 % de la production.

La restauration de collectivités publiques (armée, écoles, etc.) est le plus grand consommateur de pâtes industrielles : elle absorbe approximativement 25 % de la production nationale (soit un poids moyen d'environ 75 000 tonnes). La fréquence de consommation y est d'environ 2 fois par semaine comme plat principal ou d'accompagnement, et de plus d'une fois en plat secondaire (pâtes à potage).

LA CUISSON DES PATES

Les pâtes doivent être cuites dans une grande quantité d'eau bouillante salée (à gros bouillons) : prévoir de 6 à 8 litres d'eau pour un kg de pâtes.

- Verser toujours les pâtes en « pluie » et non en tas ;
- Rétablir l'ébullition le plus vite possible ;
- Ne pas couvrir (risque de formation d'écume et donc débordement) ;
- Remuer de temps en temps pour empêcher les pâtes de s'agglomérer au fond du récipient ;
- Surveiller la cuisson, elle est rapide et varie en fonction de l'épaisseur et la qualité des pâtes. La seule solution : goûter fréquemment. Pour les empêcher de coller il est possible d'ajouter un peu d'huile à l'eau de cuisson ;
- Obtenir l' « à point » de la cuisson : elles sont cuites dès que le point blanc central a disparu du cœur de la pâte. Elles doivent rester légèrement fermes sous la dent (cuisson « al dente ») ;
- retirer du feu et égoutter immédiatement ;
- Lier au beurre ou tout autre accompagnement ;
- Vérifier l'assaisonnement.

Remarque

En restauration courante, il est fréquent de cuire les pâtes à l'avance et de les rafraîchir. Elles sont généralement réchauffées « en chauffante », c'est-à-dire plongées dans une russe contenant de l'eau bouillante salée. Cette technique ne donne pas les meilleurs résultats : le goût de semoule disparaît et les pâtes prennent un « goût d'eau ». Dans un restaurant à fort débit, ce problème peut être facilement résolu en effectuant des cuissons décalées de 10 minutes en 10 minutes. Pour éviter tout problème de cuisson, certains fabricants ont mis au point des pâtes dites « incollables ». En restauration différée ces pâtes donnent de très bons résultats si l'on prend la précaution d'arrêter la cuisson un peu à l'avance.

UTILISATION DES PATES EN CUISINE

- Garniture pour potages et consommés (cheveux d'ange, vermicelle, alphabet, spaghetti, boccolotti, radiatori, ruote di carro, lumachine, conchigliette, farfalline, anellini, etc...
- Hors d'œuvre froids et salades composées : avec sauce mayonnaise ou vinaigrette à l'huile d'olive, additionnée d'ail, de basilic, de ciboulette, d'oignon, de cornichons, de câpres, de thon, d'anchois, ou purée d'anchois, de crabe, de crevettes, de tomate, d'œuf dur, de champignons, de poivrons, de desserte de viande de volaille ou de poisson, etc. ;
- Accompagnement des viandes blanches, des poissons, des plats en sauces : rôti de veau ou de porc, gibelote de lapereau, filet de cabillaud sauce vin blanc, civet de lièvre, veau Marengo, daube, estouffades, coq au vin, etc. ;
- Plat principal : spaghetti ou tagliatelle bolognaise, spaghetti milanaise, alla carbonara, aux fruits de mer, pâtes aux moules, macaroni au jambon et au gratin, macaroni aux tomates, aux câpres, aux olives et aux anchois, farfalle au saumon, conchiglie aux saucisses, aux tomates et à la crème, fettucine au thon et à la crème safranée, primavera aux légumes nouveaux et à la crème.

LES FRUITS EN CUISINE

GENERALITES

Il y a peu d'années encore, les fruits étaient presque exclusivement consommés pour leurs propriétés rafraîchissantes et sucrées. Aujourd'hui, les fruits entrent dans l'ordonnancement des menus, non seulement comme desserts mais aussi comme légumes. Ils entrent dans la composition des hors-d'œuvre, des salades composées, des sauces, des garnitures d'accompagnement des viandes, des poissons, des volailles et du gibier.

L'utilisation des fruits dans les préparations salées n'est pas nouvelle : le canard aux cerises, la dinde aux marrons, la truite aux amandes sont des classiques de la cuisine traditionnelle. Cependant, la cuisine actuelle emploie une très large variété de fruits. L'utilisation de certains fruits (même exotiques) semble due à l'uniformisation de la cuisine mondiale, au mélange des civilisations, et plus particulièrement aux échanges communautaires, aux importations, à la rapidité des transports et aux nouveaux procédés de conservation.

Le mariage des saveurs aigres-douces demande beaucoup de pondération et doit être réalisé avec beaucoup d'harmonie. La tendance aux goûts contrastés (sucrés et salés) reflète le plus souvent une vogue passagère.

Corbeille de fruits – Réalisation Fauchon

CLASSIFICATION

En cuisine, les fruits sont généralement classés en 2 types :

- *les « fruits fruits »,*
- *les « fruits légumes » ou « fruits légumiers »* (tomates, poivrons, melons, courgettes, etc.) (voir cours sur les légumes).

Mais les fruits peuvent être classés de façon plus précise en :

FRUITS FRAIS A PEPINS

- Pommes, poires, raisins, melons, pastèques, fruits de la passion (maracujas), goyaves, grenades, kiwis (actinidias), caramboles, papayes, banaguana ou corossols, kakis, etc.

FRUITS FRAIS A NOYAUX

- Pêches, brugnons, nectarines, prunes, abricots, cerises, avocats, mangues, litchis, etc.

AGRUMES

- Citrons jaunes, verts, limes ; oranges, satsumas...
- Pamplemousses (pomelos) blancs ou blonds de la variété Marsh, roses de la variété Thompson, rouge de la variété Rubyred...
- Mandarines, clémentines, tangerines et leurs hybrides : tangelos (tangerine + pomelo) dont la variété la plus représentative est le minneola ; tangors (tangerine + orange).
- Kumquat.

FRUITS ROUGES (baies)

- Fraises, framboises, groseilles, airelles, cassis, myrtilles, mûres, canneberges...

FRUITS OLEAGINEUX

- Amandes, noix, noisettes, pistaches, olives, noix de coco...

FRUITS AMYLACES

- Châtaignes, bananes...

FRUITS SECHES

- Dattes, figues, raisins secs, pruneaux, abricots...

LA COMMERCIALISATION DES FRUITS

La commercialisation des fruits est réglementée en France et à l'intérieur de la Communauté Economique Européenne.

Elle est identique à celle des légumes.

La catégorie de qualité est déterminée en fonction de critères liés à l'aspect et à la présentation du produit.

QUATRE CATEGORIES ONT ETE DETERMINEES

Extra, I, II, III.

La catégorie de qualité est indiquée sur l'étiquette :
- catégorie extra, étiquette rouge,
- catégorie I, étiquette verte,
- catégorie II, étiquette jaune,
- catégorie III, étiquette grise.

LA VARIETE

Les caractéristiques de goût, de forme, de calibre, de fermeté, d'utilisation, de tenue à la cuisson, de durée de conservation sont des éléments déterminants dans le choix des fruits à utiliser.

LE CALIBRE

Différents calibres ont été définis pour chaque fruit normalisé. Ces calibres peuvent être exprimés de la façon suivante :
- par « échelles alphabétiques »
  AAAA, AAA, AA, A, B, C, D pour les pêches, les abricots.
- par « échelles numériques »
  1, 2, 3 jusqu'à 13 pour les oranges, les citrons, clémentines, mandarines.
  55/60, 60/65, 70/75 pour les poires, les pommes (dimensions du diamètre de la plus grande section horizontale).

LE CALIBRE PEUT CORRESPONDRE

- ***au diamètre*** du fruit, pour les oranges, pêches jaunes, poires, fraises, cerises ;
- ***au poids*** du fruit, pour les ananas, pastèques, melons ;
- ***à la longueur*** du fruit pour les bananes.

Dans un même conditionnement, les fruits normalisés doivent être du même calibre.

L'ETIQUETAGE

L'étiquetage des fruits est obligatoire et doit comporter les indications suivantes :

EMBALLEUR	ORIGINE	PRODUIT NORMALISE CATEGORIE
	PRODUIT VARIETE	
	CALIBRE	NOMBRE OU MASSE NETTE

LE CONTROLE A LA LIVRAISON

(voir cours sur les légumes)

Les recommandations citées dans le chapitre « légumes » s'appliquent également aux fruits.

LA CONSERVATION DES FRUITS

Les fruits sont des produits qui supportent mal les variations de températures et d'humidité.

Une température trop élevée accélère la maturation.

Un degré hygrométrique faible provoque une dessication importante, trop élevée, il favorise les moisissures et le pourrissement.

Les fruits doivent être manipulés avec beaucoup de précautions et stockés en chambre froide réfrigérée entre + 6 et + 8 °C.

Cependant, certains fruits, principalement les fruits tropicaux et exotiques tels que les bananes ou les ananas, doivent être conservés dans un local frais, à la température ambiante de + 15 °C maximum, et à l'abri de la lumière.

- Les fruits à odeur forte ou caractéristique (melons, agrumes par exemples) doivent être de préférence séparés des autres fruits.
- La rotation des stocks doit être rapide, surtout pour les fruits fragiles (fraises, framboises, cerises, pêches, brugnons, nectarines, prunes, abricots, raisins, bananes).
- L'évolution des fruits fragiles est extrèmement rapide, particulièrement par temps orageux. **Surveiller et contrôler journellement le degré de maturité : éliminer systématiquement tous les fruits meurtris,** tachés ou moisis qui accélèrent l'altération de l'ensemble du colis.

Remarque :

Les agrumes sont généralement traités par des agents conservateurs « antimoisissures » (diphényle, orthophénylphéol, orthophénylphénate de sodium, thiobendazole). L'emploi de ces agents conservateurs doit être porté à la connaissance du consommateur par les mentions « traité au... » ou « conservé au moyen de... » suivies du nom de la substance utilisée, inscrite sur le colis ou sur l'étiquette.

UTILISATION DES FRUITS EN CUISINE

Fruits	Présentations	Exemples d'utilisations
AMANDES 	mondées effilées Julienne concassées hachées	Les plonger dans l'eau bouillante, puis enlever la peau. – Truites aux amandes, pommes Berny, pommes amandines, curry, riz Madras... – Salades composées (Alice, des Lords, nouvelle japonaise...). – Beurre d'amande, beurre d'escargot aux amandes.
ANANAS 	**crus** demi morceaux	– Hors-d'œuvre (servir rafraîchis). – Salades composées (Alice, Florida, Japonaise...).
	cuits tranches ou morceaux	– Garniture du jambon grillé ou braisé, du rôti de porc, du caneton, des brochettes de Scampis ou de gambas, du poulet martiniquaise ; beignets ou fritots d'ananas, riz Madras.
AVOCATS 	**crus** demi morceaux ou boules levées à la cuillère purée	– Hors-d'œuvre au crabe, aux crevettes, aux langoustines, etc. ; sauce vinaigrette, mayonnaise, cocktails... – Salades composées (avec riz et crustacés), cocktail d'avocat aux fruits de mer... – Mousse, terrine d'avocat aux crevettes...
	cuits	– Soufflé d'avocat, crème d'avocat...
BANANES 	**crues** lamelles ou dés	– Salades composées (Eve, mimosa, Louisiana, Dalila...).
	cuites tronçons	– En beignets ou sautées, garniture du poulet frit Maryland, Louisiana, sole caprice, curry, riz Madras, etc. – En garniture d'accompagnement pour la variété banane plantain des Antilles.

Fruits	Présentations	Exemples d'utilisations
CERISES		
	marinées	– Condiment utilisé en accompagnement des plats froids.
	confites	– Eléments de décoration (bigarreaux, cocktail de pamplemousse, coupe Florida...).
	au naturel	– Salades composées, soupe aux cerises, canard aux cerises (Montmorency). – Garniture du gibier (coffrets de poire ou de pomme aux griottes).
CITRONS		
	jus	– Assaisonnement des salades, des salades composées, des crudités... – Permet d'aciduler les sauces (sauce poisson, sauce hollandaise, beurre fondu...), a pour effet d'éviter l'oxydation de certains fruits et légumes (pommes, fonds d'artichauts, avocats par exemple). – Maintient la couleur blanche à la cuisson de certains fruits, légumes et viandes (champignons, pieds de veau, volailles pochées, poires au sirop). – Elément des marinades instantannées (poissons, fritots...).
	historiés cannelés	– Eléments de décor (citrons historiés), bordures de plats, accompagnement des poissons grillés et frits...
	pelés à vif segments tranches dés	– Poissons meunière, garniture grenobloise, cuisson des poissons pochés (darnes de colin, tronçons de turbot...).
	Julienne	– Sauce bigarrade, caneton au citron, etc.
FIGUES		
	crues (pelées)	– Jambon de Parme ou de Bayonne, viande des Grisons aux figues. – Hors-d'œuvre (rafraîchies).
	pochées	– Dans un sirop au vin rouge et au thé : glacer au sucre sous la salamandre. – Aiguillettes, magrets de caneton aux figues, etc.
GROSEILLES à maquereau à grappes **AIRELLES** **MYRTILLES**		
	grains entiers (baies) gelée	– Salades composées – Garniture du gibier, du canard domestique et du canard sauvage. – Sauce Cumberland, goosberry sauce, sauce Grand Veneur, Sauce Chevreuil (Roebuck sauce), sauce groseilles, etc.
CASSIS	grains (baies) entiers	– Salades composées (Harvey), melon au cassis... – Aiguillettes, magrets de caneton aux baies de cassis...

Fruits	Présentations	Exemples d'utilisations
KIWIS MANGUES CARAMBOLES		
	tranches et lamelles	– Actuellement très en vogue pour rehausser la couleur de certaines présentations sur assiettes.
MANDARINES		
	segments, zestes, ou jus	– Salades composées (Monte-Carlo, Globe, Miami...). – Sauce Mikado. – Aiguilllette de colvert aux mandarines, sole dorée aux mandarines, etc.
MARRONS CHATAIGNES		
	entiers (mondés)	– Cuits à l'étuvée, par glaçage, braisés avec du fond blanc ou du lait et du céleri. – Dinde aux marrons, choux braisés, Chartreuse aux marrons, etc. – Garniture Fedora, Grand Veneur, Nemrod...
	purée	– Mousseline de marrons, croquettes, pomme Dauphine aux marrons, etc.
MELONS ET PASTEQUES		
	**crus** entiers en demi en cocktail en tranches	– Hors-d'œuvre (rafraîchis), au Porto, au Muscat, au Marasquin, etc. - à l'italienne (Jambon de Parme) - au jambon de Bayonne, éventail de melon au saumon mariné, au magret fumé, etc. – Salades composées.

Fruits	Présentations	Exemples d'utilisations

NOIX

	cerneaux concassés	– Salades composées (salade aux noix, Waldorf, Louise, etc.). – Canapés au roquefort et aux noix, pains surprises.
	huile	– Assaisonnement des salades ou des salades composées, souvent associée au vinaigre de Xérès ou au vinaigre de framboises.

NOISETTES (avelines)

	entières (mondées)	– Garniture des pâtés, terrines, galantines.
	Concassées et légèrement grillées	– Pour donner du « craquant » aux salades composées (Aimée, Alice...).
	hachées	– Beurre de noisettes (beurre d'avelines).
	huile	– Assaisonnement des salades composées.

NOIX DE COCO sèche

	lait (terme qui n'est plus autorisé par la réglementation française).	– Mouillement du curry Madras, des potages (crème d'avocat), marinade des poissons crus...
	pulpe	– Garniture du curry et du riz Madras, salades composées...
	huile et margarine	– Composition des margarines végétales sous forme de « Coprah ».

OLIVES

	entières dénoyautées farcies	– Hors-d'œuvre, salades composées (niçoise, provençale). – Garniture Mirabeau, financière, viennoise, Beaulieu. – Caneton aux olives, pizzas, estouffade provençale. – Garniture des plats froids et des charcuteries.
	huile	– Assaisonnement des salades, cuisine méditerranéenne (aïoli, rouille, soupe de poissons, etc.).

Fruits	Présentations	Exemples d'utilisations
ORANGES		
	jus	– Assaisonnement de salades composées, des crudités... – Sauce bigarrade, Maltaise, Cumberland...
	segment et Julienne	– Salades composées (Florida, javanaise, Impératrice, des Lords, Mimosa, etc.). – Garniture des canetons, magret, sole meunière, terrine de canard, etc.
PAMPLEMOUSSES (pomelos)		
	demi et segments	– Au naturel (rafraîchis) ; peut également être grillé. – Cocktail de pamplemousse, coupe Florida. – Salades composées (Beach, Alexandra...). – Sabayon au pamplemousse (poissons pochés, asperges), caneton au pamplemousse, etc.
PECHES **BRUGNONS** **NECTARINES**		
	mondées demi ou émincées	– Pochées ou glacées sous la salamandre. – Garniture des canetons, mignon de veau, noisettes de porc, etc.
PISTACHES		
	entières (mondées)	– Garniture des pâtés, terrines, galantines, saucissons, etc. – Beurre de pistaches. – Farces diverses (selle d'agneau farcie aux pistaches)

Fruits	Présentations	Exemples d'utilisations

PIGNONS DE PIN
OU PIGNOLIS

Présentations	Exemples d'utilisations
graine entière	– Salades composées, sauces Moscovite, Romaine... – Garniture des charcuteries, etc.

POIRES

Présentations	Exemples d'utilisations
demi ou émincées	– Pochées au vin blanc ou au vin rouge, évidées et garnies de groseilles, d'airelles, de griottes, de baies de cassis (garniture du gibier)... – Salades composées (Mikael, Indienne...), etc.

POMMES

Présentations	Exemples d'utilisations
entières	– Coffrets garnis d'airelles, de groseilles ou de griottes (accompagnement du gibier), cailles en douillons.
en quartiers tournées	– Sautées au beurre avec une pointe de cannelle, avec le rôti de porc, le boudin blanc et noir, les cailles, le faisan. – Gratin de pomme et de céleri à la crème, chou rouge aux pommes, garniture Vallée d'Auge, etc.
brunoise	– Salades composées (souvent associée au céleri) Alice, Caprice de Reine, Allemande, Eve, Sicilienne... – Curry d'agneau, fricassée de volaille à l'indienne, etc.
purée	– Apple sauce, sauce suédoise.

PRUNEAUX

Présentations	Exemples d'utilisations
entiers dénoyautés	– Avec le lapereau, le rôti de porc, le bacon ; dans les terrines, pâtés, farces pour volailles, etc.
Julienne	– Cocky Lucky Soup

Fruits	Présentations	Exemples d'utilisations

RAISINS FRAIS

Fruits	Présentations	Exemples d'utilisations
	grains mondées et épépinés	– Avec la caille, le foie de veau, le foie gras, le caneton, etc. – Filets de sole Véronique. – Salades composées (Mimosa, Vigneronne, Louisette, etc.).

RAISINS SECS

Fruits	Présentations	Exemples d'utilisations
	grains réhydratés	– Garniture facultative des couscous, des pilafs, du Curry Madras, des gnocchis, des légumes à la grecque... – Choux braisés aux raisins, farces pour volailles... – Sauces Moscovite, Romaine... – Salades composées.
	Huile de pépins	– Assaisonnements des salades (surtout en cuisine diététique).

Les appellations des salades composées sont extraites du Répertoire de la cuisine par Mrs TH Gringoire et L. Saulnier.

LES PÂTES, LES CRÈMES ET LES APPAREILS DE BASE

Voir également «Cuisine de référence» pages 388 à 447

Les pâtes, les crèmes et les appareils sont les bases essentielles de la pâtisserie. Les ingrédients entrant dans leur composition sont peu variés et souvent identiques. Les nombreuses utilisations, variantes ou dérivées, sont obtenues grâce à des différences de techniques et de proportions. Mais elles se distinguent aussi grâce aux « tours de main » bien particuliers et si caractéristiques de l'art de la pâtisserie.

LES PÂTES

CLASSIFICATION DES PRINCIPALES PATES UTILISEES EN CUISINE ET EN PATISSERIE

LES PATES SECHES

Dans leur majorité, elles ont la particularité commune d'être **friables** et **croustillantes** après cuisson. Exemples :
- pâte brisée ou pâte à foncer, pâte à pâté,
- pâte feuilletée,
- pâte sablée, pâte sucrée,
- pâte à nouilles.

LES PATES MOLLES

Leur consistance est **onctueuse ou souple**. Exemples :
- pâte à choux,
- pâte ou appareil à crêpes.

LES PATES MONTEES

Leur augmentation de volume est due à la **mousse** (incorporation d'air) obtenue grâce à un fouettage intensif ou à l'addition de blancs d'œufs battus en neige. Exemples :
- pâte à génoise, ou appareil à génoise,
- pâte à biscuit (cuiller, roulé, savoie),
- pâte à frire*.

LES PATES LEVEES

Leur augmentation de volume est due à une **fermentation** de type panaire (formation de gaz carbonique) réalisée par une levure biologique vivante (levure de bière ou SACCHAROMYCES CEREVISIAE). Exemples :
- pâte à brioche ordinaire ou pâte à brioche d'office, pâte à brioche mousseline,
- pâtes à savarin et à baba,
- pâte à kouglopf,
- pâte à pizza,
- pâte à pain, à petits pains, à pain de mie.

LES PATES POUSSEES

Leur augmentation de volume (pousse) est obtenue grâce à l'addition de levure chimique (avec formation de gaz carbonique). Exemples :
- pâte à cake,
- pâte à quatre-quart,
- pâte à marbré.

* Selon leur composition, certaines pâtes peuvent être classées différemment. C'est le cas de la pâte à frire, les blancs d'œufs battus en neige peuvent être remplacés par de la levure biologique, ou encore par du bicarbonate de soude mis en présence de vinaigre.

COMPOSITION DES PATES SECHES

PATES SECHES								
Composition		Pâtes de base						
		Brisée	A foncer	A pâté	Feuilletée	A nouille	Sucrée	Sablée
Farine T 45	kg							
Farine T 55	kg	1	1	1	1	1	1	1
Fécule	kg							
Beurre	kg	0,500	0,500		0,750		0,500	0,400 à 0,500
Saindoux	kg			0,300				
Œufs entiers	P					10		4
Œufs jaunes	P		4				6	ou 8
Œufs blancs	P							
Sucre semoule	kg	0,050 (f)	0,050 (f)				0,300	0,400
Sucre glace	kg							ou 0,400
Sel	kg	0,020	0,020	0,020	0,020	0,020	0,010	0,010
Eau	l	0,30	0,20	0,40	0,50		0,10	
Lait	l							PM f*
Bière	l							
Levure biologique	kg							
Levure chimique	kg							PM f*
Vanille	PM						(f)	(f)
Rapures de zeste	PM							
Fruits confits	kg							
Raisins secs	kg							
Rhum	l							

** f : facultatif　　* PM : pour mémoire　　* p : pièce*

Les pâtes sèches sont des préparations rendues extrêmement friables grâce à une technique particulière.

L'assemblage des ingrédients est obtenu, soit en mélangeant rapidement et sans pétrir farine/beurre/sel/eau éventuellement sucre et œufs, soit en sablant farine/beurre éventuellement sucre et en ajoutant en dernier eau/sel/œufs.

Le sablage permet de fractionner la matière grasse en petites particules qui seront enrobées de farine. L'eau assure la cohésion des différents composants. A la cuisson, l'eau s'évapore, les protéines des œufs et du gluten coagulent, l'amidon se dextrinise progressivement, et la combinaison des protéines et des glucides donne lieu à une réaction de MAILLARD. L'ensemble de ces réactions est responsable de la friabilité caractéristique du produit.

L'apport d'œufs dans certaines pâtes permet d'améliorer la saveur et la couleur des préparations, mais assure également une meilleure cohésion des différents composants (coagulation des œufs, propriétés émulsifiantes des jaunes). La pâte ayant plus de tenue, les risques d'affaissement à la cuisson sont limités.

PRECAUTIONS

- Tamiser la farine.
- Avant d'effectuer le mélange, bien faire fondre le sel et éventuellement le sucre.
- Tenir compte de la consistance du beurre.
- Eviter le contact du beurre et de la main, le beurre risque de fondre et la friabilité recherchée est alors diminuée.
- Eviter de donner du corps à la pâte en la travaillant exagérément. Pour faire perdre son élasticité, le temps de repos de la pâte est allongé, les pièces se déforment à la cuisson et la friabilité est diminuée.
- Limiter les risques de boursouflures à la cuisson en piquant les abaisses avant de les retourner.
- Eliminer le maximum de farine en retournant les abaisses avant de les foncer ou de les plaquer.
- Pour éviter l'affaissement des bords et les boursouflures du fond, remplir les fonds des tartes ou des tartelettes cuits à blanc avec une couche de noyaux de cuisson.

LA PATE FEUILLETEE

La pâte feuilletée ou « feuillage » est obtenue grâce à une technique de tourage et pliage successifs. Cette technique réalise la superposition régulière de couches de détrempe et de matière grasse, qui est responsable de l'aspect caractéristique de la pâte dit « en feuillets ».

Parmi les interprétations le plus souvent retenues, nous retiendrons la suivante : à la cuisson, la matière grasse fond et se répartit régulièrement entre les couches de détrempe. L'eau se transforme en vapeur et s'échappe en soulevant et en séparant les feuillets ; le durcissement du réseau formé par l'amidon dextrinisé et le gluten coagulé assurerait le maintien des feuillets séparés.

REMARQUE

Selon le temps disponible pour réaliser la pâte, plusieurs méthodes peuvent être utilisées : feuilletage normal, rapide, inversé, viennois, pliage en portefeuille, etc. La détrempe peut renfermer un pourcentage de matière grasse, ou être réalisée avec de l'eau tiède (ou de l'eau légèrement acidulée ou vinaigrée). Du cacao peut également être ajouté:c'est le cas du feuilletage au chocolat.

PRECAUTIONS

- Pour une utilisation immédiate, la détrempe doit être souple, plus ferme pour un emploi ultérieur.
- Amener la matière grasse à la même consistance que la détrempe ; mais lors de l'utilisation de beurre dans un laboratoire chaud, le beurre doit être un peu plus ferme.
- Utiliser de préférence un beurre « sec » pauvre en humidité (beurre Echiré par exemple).
- Pendant les phases de repos, envelopper soigneusement la détrempe ou le pâton.
- Entre chaque phase de tourage, respecter les temps de repos.
- Avant de continuer le tourage, maintenir le pâton en enceinte réfrigérée et le sortir quelques instants à l'avance. La reprise de la température ambiante permet d'homogénéiser la consistance de la pâte et de la matière grasse.
- Fariner souvent le marbre lors du tourage, mais peu de farine à la fois.
- Eliminer l'excédent avec une « brosse à farine ».
- Dans le cas d'une préparation à l'avance, il est recommandé de donner quatre tours au feuilletage, de l'envelopper et de le réserver en enceinte réfrigérée.
- Après un moment de remise à température ambiante, les deux derniers tours doivent être donnés juste au moment de l'utilisation.
- Pour limiter les risques de déformation à la cuisson, réfrigérer les pièces détaillées avant leur cuisson.
- Réserver les parures de feuilletage en les empilant soigneusement sans les pétrir, ainsi elles développent moins mais peuvent être utilisées pour la réalisation de fleurons, palmiers sacristains au fromage, fonds de tarte, tartes à l'anglaise, etc.

UTILISATIONS

• PATE BRISEE ET PATES A FONCER

EN CUISINE	EN PATISSERIE
– tartelettes – barquettes – quiches – tartes à l'oignon – flamiches – tourtes – croustades – timbales – rissoles – pâtés en croûte ou petits pâtés – « pies »	– tartelettes – barquettes – tartes aux fruits – tartes alsacienne – fonds de flan – fonds de St Honoré – « pies »

- **PATE FEUILLETEE**

EN CUISINE	EN PATISSERIE
– allumettes – bouchées – cassolettes feuilletées – cannelons – dartois – feuilletés – fleurons – friands – petits pâtés – pomponnettes – paillettes au fromage – rissoles – talmouses en tricorne	– allumettes glacées – cornets à la crème – chaussons aux pommes – conversations – galettes diverses – jalousies – pithiviers – petits fours secs (éventails, mirlitons, palmiers, sacristains) – tartes feuilletées – tartes à l'anglaise

- **PATE SUCREE** *(pas d'utilisation en cuisine)*
- **PATE SABLEE**

EN PATISSERIE	EN PATISSERIE
– fonds de tartes et d'entremets – fonds de tartelettes – fonds de petits fours frais – tartelettes type amandine...	– fonds de tartes – fonds de tartelettes – fonds de petits fours frais – sablés et petits fours secs – sablés à la confiture (lunettes) – sablés au chocolat, aux amandes, etc. – damiers...

Document Belin professionnels – Produits Jean Ducourtieux

COMPOSITION DES* PATES MOLLES

Composition		PATES MOLLES – Pâtes de base – à choux	PATES MOLLES – Pâtes de base – à crêpes
Farine T 45	kg		
Farine T 55	kg	0,500	0,500
Fécule	kg		
Beurre	kg	0,400	0,100
Saindoux	kg		
Œufs entiers	P	16	6
Œufs jaunes	P		
Œufs blancs	P		
Sucre semoule	kg	0,50 f	0,50 f
Sucre glace	kg		
Sel	kg	0,020	0,010
Eau	l	1**	
Lait	l		1***
Bière	l		
Levure biologique	kg		
Levure chimique	kg		
Vanille	PM		f
Rapures de zeste	PM	f	
Fruits confits	kg		
Raisins secs	kg		
Rhum	l		f

**f : facultatif*
**PM : pour mémoire*

***Dans le cas de la pâte à ramequins, l'eau de la pâte à choux peut être remplacée par du lait.*

****Le lait de la pâte à crêpe peut être partiellement remplacé par de la bière.*

LA PATE A CHOUX

La pâte à choux est une pâte molle réalisée à chaud et subissant deux cuissons.

La première cuisson est réalisée lors de la réalisation de la détrempe suivie de l'addition des œufs. La seconde cuisson est réalisée au four, à l'eau bouillante ou dans une friture, selon le résultat souhaité.

Sous l'action de la chaleur, l'eau de la pâte se transforme en vapeur, puis s'échappe en soulevant la pâte.

La formation d'empois et la dextrinisation de l'amidon, la coagulation du gluten et des protéines des œufs, etc., assurent le maintien de la pâte cuite.

PRECAUTIONS

- Vérifier la consistance de la pâte, elle doit pouvoir être couchée sans difficultés. Trop molle elle s'étale au four, trop ferme, elle se développe en formant des boursouflures irrégulières.
- Coucher les pièces en quinconce en les espaçant suffisamment pour faciliter au moment du dessèchement le gonflement et la circulation de l'air chaud.
- Pour régulariser la forme et le développement, rayer ou quadriller le dessus des pièces à l'aide d'une fourchette trempée dans de l'eau.
- Commencer la cuisson avec le ouras fermé (pour maintenir la vapeur à l'intérieur du four) ; puis lorsque les pièces ont suffisamment de tenue, l'ouvrir pour terminer la cuisson et assurer le dessèchement.
- Cuire les petites pièces à une température plus élevée que les grosses : 210 à 220 °C pour les petites / 190 à 210 °C pour les plus grosses. Dans un four trop chaud, sans ouras, ou sans injection de vapeur, les pièces dessèchent en surface avant de se développer, elles laissent souvent apparaître des boursouflures et des craquelures nuisant à la présentation de la pâtisserie.
- Avant de l'enlever du four, bien laisser dessécher la pâte à choux. Elle est généralement cuite lorsque le fond des craquelures ou des rayures présente la même coloration que l'ensemble. S'il est plus clair, il est possible que l'intérieur ne soit pas complètement cuit. Les pièces risquent alors de « retomber ».

LA PATE OU APPAREIL A CREPES

• LA PATE A CREPES

Est une pâte semi-liquide réalisée à partir d'un mélange de farine, œufs, lait ou bière, sel éventuellement sucre. La farine de froment peut être remplacée entièrement ou partiellement par de la farine de blé noir.

• LA PATE A GALETTES

En est une variante beaucoup moins élaborée. Composée uniquement de farine, lait écrémé éventuellement œufs, les galettes remplacent le pain dans certaines spécialités régionales (galettes aux saucisses grillées).

• LES BLINIS

Accompagnent traditionnellement le caviar, les poissons marinés et fumés. Ils sont réalisés, tout comme les crêpes, dans des petites poêles rondes à bords droits. La pâte est composée d'un mélange de farine, froment et blé noir, crème, blancs d'œufs en neige et levure de bière.

A la cuisson, il y a simultanément formation d'un empois d'amidon, coagulation des œufs et du gluten, apparition d'une coloration dorée caractéristique de la réaction de MAILLARD (cours sur les cuissons).

PRECAUTIONS

- Bien vérifier l'onctuosité de la pâte, la rectifier si nécessaire.
- Utiliser une poêle parfaitement propre.
- Chauffer la poêle sans excès, trop chaude, la pâte s'étale difficilement dans la poêle, elle bouillonne et présente une texture boursouflée, ou parfois trouée et sèche. La coloration est souvent excessive.
- Verser, en une seule fois, la quantité de pâte juste nécessaire à la réalisation de la crêpe.
- Empiler les crêpes méthodiquement en les superposant toutes du même côté, la face inférieure cuite en dernier doit être placée vers le haut (sur le dessus). Cette disposition limite avantageusement les manipulations au moment de l'utilisation.

UTILISATIONS

• PATE A CHOUX

EN CUISINE	EN PATISSERIE
– beignets au fromage – beignets Pignatelli – carolines – gougères – gnocchi à la parisienne – pommes Dauphine, Lorette – ramequins au fromage – talmouses « Pont-Neuf », à la Bagration	– beignets – beignets soufflés (pets de nonne) – choux – croquembouches – éclairs – glands – polkas – Paris-Brest – petits fours frais – profiteroles – religieuses – Saint-honoré – salambos

• PATE A CREPES

EN CUISINE	EN PATISSERIE
– pliées ou roulées avec diverses garnitures, nappées de sauce et parfois gratinées (au jambon, aux fruits de mer, aux champignons, à la volaille, etc.) – garnitures pour consommés (taillées en julienne) – cromesquis à la polonaise	– au sucre – flambées (alcools ou liqueurs) – fourrées (pannequets) – soufflées (appareil à soufflé) – suzette – normande, du couvent, etc.

COMPOSITION DES PATES MONTEES

PATES MONTEES				
Composition		Pâtes de base		
		à génoise	à biscuit	à frire
Farine T 45	kg			
Farine T 55	kg	1		1
Fécule	kg		1	
Beurre	kg	0,200(f)		0,200 ou
Huile	l			0,20
Œufs entiers	P	32		10 ou
Œufs jaunes	P		32	10
Œufs blancs	P		32	16
Sucre semoule	kg	1	1 0,800 + 0,200	PM
Sucre glace	kg		PM	
Sel	kg			0,020
Eau	l			
Lait	l			1 ou
Bière	l			1
Levure biologique	kg			
Levure chimique	kg			
Vanille	PM		f	
Rapures de zeste	PM		f	
Fruits confits	kg			
Raisins secs	kg			
Rhum	l			

** f : facultatif*
** PM : pour mémoire*
** p : pièce*

L'augmentation de volume des pâtes montées est dûe aux œufs dont les protéines ont la propriété de retenir de l'air après un fouettage intense (incorporation d'innombrables petites bulles d'air dans les alvéoles). A la cuisson, ces bulles d'air augmentent encore de volume et font monter la pâte. La farine et les œufs sont responsables de la tenue, la coloration et la saveur.

REMARQUE

Dans le cas de la pâte à biscuit, la fécule peut remplacer partiellement ou complètement la farine, la pâte devient alors plus légère.

Le beurre, dont l'incorporation est facultative dans la pâte à génoise, apporte son parfum et rend la génoise plus mœlleuse à la conservation. En revanche, le beurre présente l'inconvénient d'alourdir la préparation.

Document Belin professionnels – Produits Jean Ducourtieux

PRECAUTIONS

- Pour alléger et aérer la farine, ou le mélange de farine/fécule, il faut le tamiser.
- Utiliser une farine faible en gluten, du type 55 par exemple.
- Nettoyer soigneusement le bassin.
- Utiliser un fouet bien « pommé » et souple (fouet à blancs).
- Eviter de trop chauffer l'appareil (les œufs peuvent coaguler).
- Effectuer le mélange appareil/farine ou fécule, ou le mélange appareil/blancs d'œufs battus en neige, avec beaucoup de précautions.
- Ne pas prolonger le mélange ; éviter les mouvements ou les chocs brutaux, les bulles d'air risquent de s'échapper.
- Cuire la génoise ou le biscuit sitôt sa préparation terminée.
- Eviter de saisir la génoise ou le biscuit dans un four trop chaud. Une coagulation superficielle trop brusque empêche la pâte de se développer.

L'à point de cuisson des pâtes montées se reconnaît aux signes suivants :

- à la pression du doigt qui doit rencontrer une consistance légèrement résistante et élastique,
- piquée au centre, une aiguille ou la pointe d'un couteau d'office, doit ressortir sec, sans aucune trace de vapeur,
- une génoise bien cuite laisse apparaître un léger rétrécissement au niveau des bords du moule, et provoque un léger crissement à la pression du doigt (on dit alors qu'elle chante).

UTILISATIONS

• PATE A GENOISE

EN PATISSERIE

- base pour entremets (gâteau Ambassadeur, Singapour, ananas couché, Danicheff, Fromage de Brie, Fraisier, etc.)
- mokas
- gâteaux au chocolat
- génoise meringuée
- bûches de Noël
- puddings
- garniture de l'omelette norvégienne

• PATE A BISCUITS

EN PATISSERIE

- biscuits à la cuiller (charlotte, russe, plombière, chantilly, etc.)
- biscuits roulés garnis et masqués de crèmes diverses (charlottes royales, chemisage des entremets à base de mousse de fruits, soufflés liqueur, etc.)
- biscuit de savoie.

• PATE A FRIRE

EN CUISINE	EN PATISSERIE
– beignets et fritots : volaille, cervelle, amourette, crevettes, cuisses de grenouille, courgettes, poivrons, oignons, salsifis, etc. – cromesquis à la française, à la polonaise et à la russe	– beignets de fruits (ananas, banane, pommes) – autres beignets (fleurs, crèmes pâtissière), profiteroles, tronçons de crêpes fourrés de crèmes diverses)

COMPOSITION DES PATES LEVEES

PATES LEVEES					
Composition		Pâtes de base			
		à brioche	à savarin	à baba	à kouglopf
Farine T 45	kg	1	1	1	1
Farine T 55	kg				
Fécule	kg				
Beurre	kg	0,500	0,400	0,400	0,400
Saindoux	kg				
Œufs entiers	P	12	10	10	8
Œufs jaunes	P				
Œufs blancs	P				
Sucre semoule	kg	0,50 à 0,100	0,100	0,100	0,200
Sucre glace	kg				PM
Sel	kg	0,020	0,020	0,020	0,020
Eau	l		0,40	0,40	
Lait	l	0,10			0,20
Bière	l				
Levure biologique	kg	0,040	0,050	0,050	0,040
Levure chimique	kg				
Vanille	PM				
Rapures de zeste	PM				
Fruits confits	kg				
Raisins secs	kg			0,200	0,200
Rhum	l				
Amandes	kg				0,200

** f : facultatif*
** PM : pour mémoire*
** p : pièce*

Les pâtes levées sont réalisées à partir d'un mélange de farine riche en gluten, œufs, beurre, levure biologique, sel et sucre. Elles sont rendues fortement élastiques grâce à une action mécanique ou à un pétrissage vigoureux. L'augmentation de volume est provoquée par une fermentation, de type panaire, obtenue grâce à des levures.

La levure de « bière » ou de « boulanger » est un « bon » microbe, il s'agit d'une variété de levure microscopique (SACCHAROMYCES CEREVISIAE) se reproduisant par bourgeonnement. Dans des conditions favorables à leur développement (température, humidité, nourriture, oxygène), les levures se multiplient en se nourrissant d'une petite partie des glucides (amidon de la farine) qu'elles transforment en rejetant du gaz carbonique et de l'alcool (fermentation). La faible quantité de glucides simples (sucre) contenus initialement dans la farine accélère le processus. Cette fermentation est un peu plus complexe et fait également apparaître diverses substances responsables de la qualité, de la saveur et de l'odeur des préparations (surtout lorsque la fermentation est prolongée). Au cours de la fermentation, le dégagement de gaz carbonique dans la pâte fait apparaître la structure alvéolaire caractéristique des pâtes levées. La pâte rendue élastique par le pétrissage s'oppose à la sortie du gaz carbonique, qui tente alors de s'échapper et la soulève. Les différentes phases de l'augmentation de volume des pâtes levées correspondent aux « pousses » ou au « pointage ». L'action de « rompre » la pâte a pour but de répartir uniformément les levures qui sont multipliées et d'apporter l'oxygène nécessaire à leur développement ultérieur.

Durant la cuisson, le gaz carbonique emprisonné dans les alvéoles se dilate, pousse la pâte. Vers 80 °C toutes les réactions (physicochimiques et biologiques) s'arrêtent. La farine et les œufs apportent leur soutien et assurent aux produits leur forme définitive. Le gaz carbonique se disperse. La faible quantité d'alcool produite au cours de la fermentation se dégage à la cuisson.

PRECAUTIONS

- Utiliser une farine riche en gluten.
- Lors du pétrissage, donner le maximum de corps ou d'élasticité à la pâte. Le gaz carbonique s'échappe plus facilement d'une pâte n'ayant pas été rendue élastique.
- Eviter le contact direct de la levure avec le sel ou le sucre (un excès de sel ou de sucre est néfaste pour les microbes et les fait éclater).
- Pour déterminer la quantité de levure nécessaire, tenir compte de la température, l'augmenter par temps froid, la diminuer lorsqu'il fait chaud (ou par temps orageux).
- En été, délayer la levure dans de l'eau ou du lait froid, et, en hiver, dans de l'eau ou du lait tiède. Ne jamais mettre la levure dans un liquide trop chaud (mort des microbes).
- Utiliser des ingrédients à la température ambiante, la fermentation sera plus rapide (meilleure adaptation de la levure).
- Utiliser de la levure très fraiche, la conserver dans une boîte hermétique placée en enceinte réfrigérée (ne pas la laisser dessécher sinon elle meurt).
- Eviter de trop laisser pousser la pâte, elle risque de devenir acide (autres types de fermentation) ou de se dégrader (pourrissement).
- Laisser pousser la pâte dans un endroit tiède (favorable à la multiplication des levures), veiller à ce qu'elle soit recouverte d'un film plastique alimentaire ou d'un linge humide et à l'abri des courants d'air.
- Donner au minimum deux pousses pour augmenter l'action des levures. La quantité de levure peut être alors légèrement diminuée et la saveur en est améliorée.

UTILISATIONS

• PATE A BRIOCHE

EN CUISINE	EN PATISSERIE
– saucisson, foie gras filet de bœuf en brioche – petites brioches fourrées (volaille, champignons, œufs brouillés) – coulibiac de saumon – petits pâtés Dauphine – rissoles à la bohémienne, Dauphine – piroguis moscovite – vatrouskis	– brioches à tête – brioches mousseline – petites brioches – brioche roulée ou brioche suisse – brioche de Nanterre – brioche en couronne – beignets viennois ou krapfens – pain brioché – pains aux raisins

• PATE A SAVARIN

EN PATISSERIE SEULEMENT
– savarin Chantilly – savarin aux fruits (fraises, framboises, macédoine de fruits) – savarin crème pâtissière – savarin meringué – Marignans

• PATE A BABA

EN PATISSERIE SEULEMENT
– baba au rhum – pomponnettes – petits fours frais.

COMPOSITION DES PATES POUSSEES

L'augmentation de volume des pâtes poussées est obtenue grâce à l'addition de levure chimique. La levure chimique agit simplement, en présence de chaleur, en se décomposant en gaz carbonique.

La levure chimique, appelée également « poudre à lever » ou « Baking powder », comporte trois éléments principaux :

- un composant alcalin : carbonate ou bicarbonate de soude qui se transforme en gaz carbonique,
- un composant acide : acide tartrique, crème de tartre, acide de calcium ou de sodium, qui est un agent favorisant la réaction désirée (catalyseur),
- un diluant ou un excipient : fécule, farine de riz.

Le fait de mettre en contact le bicarbonate avec un acide favorise le dégagement du gaz carbonique nécessaire au « développement » de la pâte. Le même résultat est obtenu en mélangeant du bicarbonate avec du vinaigre (cas de la réalisation des acras).

PATES POUSSEES					
Composition		Pâtes de base			
		à cake	à marbré	à quatre-quart	Madeleines
Farine T 45	kg				
Farine T 55	kg	1	1	1	1
Fécule	kg				
Beurre	kg	0,800	0,800	1	0,600
Saindoux	kg				
Œufs entiers	P	16	16	20	12
Œufs jaunes	P				12
Œufs blancs	P				
Sucre semoule	kg	0,800	0,800	1	0,800
Sucre glace	kg				
Sel	kg				
Eau	l				
Lait	l		0,20		
Bière	l				
Levure biologique	kg				
Levure chimique	kg	0,020	0,020	0,020	0,020
Vanille	PM	PM	PM	PM	PM
Rapures de zeste	PM	f	PM	PM	PM
Fruits confits	kg	0,600			
Raisins secs	kg	0,400			
Rhum	l	0,10			
Cacao	kg		0,080		

** f : facultatif*
** PM : pour mémoire*
** p : pièce*

PRECAUTIONS

– Très bien mélanger la levure chimique à la farine, il est d'ailleurs conseillé de les tamiser ensemble.
– Ne pas dépasser la dose de 0,020 kilogramme de levure chimique par kilogramme de farine. Le bicarbonate de soude et la matière grasse peuvent se combiner en donnant un goût de savon (réaction saponification).
– Le mélange farine/levure chimique doit être incorporé à la pâte au dernier moment.
– Cuire la préparation sitôt le mélange terminé.

REMARQUE

Les proportions des différentes pâtes sont données à titre indicatif. Elles peuvent être modifiées selon le résultat souhaité. La dextérité de l'intervenant et la méthode de réalisation (à la main ou en machine) peuvent aussi donner lieu à l'utilisation de proportions différentes. Les unités de base retenues sont le kilogramme pour les pâtes consistantes, et le litre pour les pâtes molles ou liquides. La technique de réalisation est précisée dans le livre de « Travaux Pratiques ».

LES CRÈMES

Voir également «Cuisine de référence» pages 448 à 466

Les crèmes représentent une base essentielle de la pâtisserie. La qualité des produits finis dépend pour une large part de leur finesse. Leur fabrication, souvent très simple, nécessite néanmoins beaucoup d'attention pour des raisons techniques et hygiéniques. Tous les ingrédients doivent être pesés ou mesurés avec précision. Des règles d'hygiène bien définies doivent être appliquées scrupuleusement au niveau du manipulateur, du matériel et de la fabrication. En effet, les crèmes à base d'œufs représentent un milieu favorable au développement des microbes et plus particulièrement des bactéries (dont certaines peuvent entraîner des toxi-infections alimentaires). Les crèmes confectionnées dans de mauvaises conditions d'hygiène, avec des produits manquant de fraîcheur ou sans garantie bactériologique, insuffisamment cuites ou conservées trop lontemps à température pas assez froide (+ 3 °C) peuvent provoquer des toxi-infections plus ou moins graves (dues aux staphylocoques dorés, aux salmonelles par exemple).

Pour éviter les risques d'accidents, il faut observer scrupuleusement les précautions suivantes :

- tenue vestimentaire et corporelle rigoureusement propre (mains bien lavées avant de toucher les ingrédients, ne pas goûter avec les doigts),
- poste de travail ordonné, débarrassé, soigneusement lavé et désinfecté régulièrement,
- matériel de préférence en acier inoxydable. Désinfecter tout le petit matériel nécessaire aux préparations (fouets, poches, douilles, chinois), couteaux de cutter, grilles et couteaux à hacher, etc.). Cette désinfection peut être réalisée à l'eau bouillante ou à la vapeur chaude, ou avec un désinfectant autorisé pour le contact alimentaire (rincer après désinfection). Le plus simple est d'utiliser un produit garanti «détergent-désinfectant» qui lave et désinfecte à la fois.
- Vérifier l'état de l'étamage du matériel en cuivre.
  Nettoyer les bassins à blancs et les poêlons à sucre avec du sel et du vinaigre, puis les rincer soigneusement. Attention : les crèmes ne doivent pas séjourner dans du matériel en cuivre, il faut les débarrasser immédiatement après la cuisson.

  Pour éviter le risque d'oxydation au contact des œufs, l'utilisation du matériel en argent (cuillère par exemple) est proscrite.

  Laver et désinfecter régulièrement tout le matériel de nettoyage (éponges, lavettes, tampons à récurer) et bien les laisser sécher.
- Utiliser des produits très frais, ayant une qualité bactériologique garantie (pasteurisés), d'excellente qualité, et maintenus en enceinte réfrigérée ou surgelée jusqu'au moment de leur utilisation : œufs extra-frais ou ovoproduits pasteurisés, lait et crème pasteurisés ou stérilisés, fruits très frais et bien rincés, etc.

- Après leur préparation, refroidir immédiatement et rapidement toutes les crèmes, les réserver à couvert (couvercle ou film alimentaire), sous faible épaisseur (récipient plat), et surtout en enceinte réfrigérée.
- Ne préparer que les quantités strictement nécessaires.
- Ne jamais mélanger des crèmes dont le délai de fabrication est différent (remonter une crème au beurre sur celle de la veille devrait être considéré comme une faute professionnelle).
- Toutes les préparations réalisées à partir de crèmes à base d'œufs doivent être placées en enceinte réfrigérée (à + 3° C maximum) jusqu'au moment de leur remise au client. Les manipuler avec beaucoup de précautions soit avec des pinces à pâtisserie, soit avec des gants à usage unique.

- **Il faut interdire formellement les habitudes dangereuses qui consistent à refroidir les crèmes directement sur la table de travail, à goûter ou à corner avec les doigts, à souffler dans les poches à décor et à sucer les douilles et les pointes des cornets.**

Voir également les remarques sur les règles d'hygiène à observer lors de l'utilisation des œufs en cuisine et la réalisation des sauces émulsionnées.

CLASSIFICATION DES PRINCIPALES CREMES DE BASE UTILISEES EN PATISSERIE

- **LA CREME CHANTILLY ET LES CREMES FOUETTEES PARFUMEES**
- **LA CREME ANGLAISE**
- **LA CREME PATISSIERE ET SES DERIVES**
  - crème mousseline
  - crème Diplomate
  - crème chiboust ou crème à St Honoré
  - crème légère
- **CREME AU BEURRE**
- **CREME D'AMANDE**
- **CREME GANACHE**

LA CREME CHANTILLY

COMPOSITION

Crème de base	Crèmes dérivées	Composition						
		crème fleurette (l)	crème double (l)	lait (l)	sucre semoule ou sucre glace (kg)	vanille liquide P.M*	cacao en poudre (kg)	café soluble (l)
CREME CHANTILLY		1			0,100 à 0,150	PM		
					ou			
			0,80	0,20	0,100 à 0,150	PM		
	crème fouettée au chocolat	1			0,100 à 0,150	PM	0,060	
	crème fouettée au café	1			0,100 à 0,150	PM		0,02 à 0,03

**PM : pour mémoire*

La crème Chantilly est une crème (fleurette de préférence) battue, sucrée et éventuellement vanillée. Les bulles d'air incorporées lors du fouettage (foisonnement) modifient sa consistance : la crème augmente de volume, devient mousseuse, légère et ferme.

La crème Chantilly peut être réalisée à l'aide d'appareils divers permettant d'obtenir rapidement une mousse particulièrement foisonnée et légère (aérobatteurs, appareils à gaz ou à cartouches par exemple).

La crème Chantilly peut être aérée et sucrée avec de la meringue italienne : elle est alors « fixée » grâce à un stabilisateur autorisé.

PRECAUTIONS

- Utiliser du matériel propre, en acier inoxydable de préférence.
- Si elle est trop épaisse, détendre la crème avec un peu de lait froid.
- Utiliser de la crème très froide, sinon la « monter » sur un lit de glace.
- Après foisonnement, sucrer et parfumer la crème.
- Monter la crème au moment le plus proche possible de l'utilisation et la réserver parfaitement cornée en enceinte réfrigérée.
- La crème Chantilly est suffisamment fouettée lorsqu'elle perd sa couleur brillante et qu'elle tient dans les branches du fouet. Elle doit être parfaitement lisse et homogène. Une crème Chantilly grumeleuse est sur le point de se transformer en beurre (séparation de la phase grasse et de la phase aqueuse).

UTILISATIONS

La crème Chantilly est principalement utilisée pour garnir ou décorer certains desserts ou entremets. Elle rentre également dans la composition de nombreux appareils :

- **Décor des pâtisseries, des entremets et des coupes glacées :**
  - St Honoré Chantilly, bavarois, charlottes diverses, vacherins, tartes aux fruits, glaces, etc.
- **Garnissage des entremets et des pâtisseries :**
  - choux, meringues, savarins, St Honoré, charlottes Chantilly, etc.
- **Composition d'appareils :**
  - à bavarois, à charlottes, à riz à l'Impératrice, à glace plombière, à bombe, à parfait, à soufflés glacés, mousses diverses, etc.

LA CREME ANGLAISE

COMPOSITION

Crème de base	Crèmes dérivées	Composition					
		Lait (L)	jaunes d'œufs (P)	sucre semoule (kg)	vanille (G)	parfums PM	exemples de parfums
CREME ANGLAISE		1	8 à 10	0,200 à 0,250	1	(f)	– café, chocolat, caramel, thé – essence de noyaux – fleur d'oranger – râpures de zestes de citron ou d'orange – alcools, liqueurs – cannelle, etc.
	appellation selon le parfum	1	8 à 10	0,200 à 0,250	1	PM	

** P : pièce*
** PM : pour mémoire*
** f : facultatif*
** G : gousse*

La crème anglaise est une crème semi-liquide, obtenue en chauffant progressivement un mélange de lait, sucre, jaunes d'œufs et vanille. L'épaississement est obtenu grâce à la propriété des protéines des œufs à épaissir dans ce mélange à la température de 85 à 90 °C (selon le degré de concentration en sucre et en œufs). Cette température ne doit pas être dépassée, sinon il y a un risque de floculation (coagulation trop poussée). Dès que la crème recouvre uniformément la spatule, c'est-à-dire cuite « à la nappe », il faut la passer à travers un chinois étamine et la recueillir dans un récipient froid parfaitement désinfecté, puis il faut la refroidir très rapidement en la vannant.

La crème peut être parfumée selon son utilisation, elle porte alors le nom du parfum : **crème anglaise au café**, par exemple.

UTILISATIONS

- **Sauce d'accompagnement pour certains entremets et desserts :**
  - œufs à la neige, pudding Diplomate, de Cabinet, riz au caramel, semoule au raisins, salade de fruits, etc.
- **Composition des glaces artisanales aux œufs :**
  - vanille, café, chocolat, pistache, caramel, thé, rhum raisins, pruneaux/armagnac, plombière, etc.
- **Composition d'appareils divers** :
  - appareil à bavarois, riz à l'Impératrice, charlottes café, chocolat, arlequine, Montreuil, russe, etc.
- **La crème anglaise peut également servir de base à la réalisation de la crème au beurre.**

PRECAUTIONS

– La crème anglaise doit être chauffée doucement et de façon homogène dans toute la masse ; elle ne doit pas atteindre la température de l'ébullition. Il est possible de reprendre, « remonter », une crème un peu trop cuite (floculée) en la fouettant vigoureusement (pour disloquer les flocons) et en la passant au chinois dans un récipient très froid.

– Verser progressivement le sucre sur les jaunes en remuant à l'aide d'une spatule afin de ne pas les « brûler ». Le contact direct du sucre sec sur les jaunes provoque de petits agglomérats ou petits grains insolubles.

– Verser lentement le lait bouillant sur les jaunes d'œufs blanchis avec le sucre, ceci afin de ne pas les coaguler brusquement.

– Ne pas ajouter d'ingrédients très alcoolisés ou très acides (liqueur, jus de citron ou d'orange) directement dans le lait seul car celui-ci risque de coaguler. Dans le mélange de crème anglaise froide les protéines coagulent moins facilement : il faut donc ajouter les ingrédients alcoolisés ou acides lorsque la crème est froide.

– Durant sa cuisson, remuer constamment la crème à l'aide d'une spatule en bois.

– La consistance nappante d'une crème anglaise est atteinte lorsque la fine pellicule blanchâtre recouvrant la crème disparaît.

LA CREME PATISSIERE

COMPOSITION

Crème de base	Crèmes dérivées	Composition											
		lait	jaunes d'œufs	blancs d'œufs	sucre semoule	farine	maïzena	poudre à crème	beurre	crème fleurette	gélatine	vanille	parfums
		(l)	(P)	(P)	(kg)	(kg)	(kg)	(kg)	(kg)	(l)	(kg)	(G)	(PM)
CREME PATISSIERE		1	8		0,250	0,125			PM			1	f
	ou	1	6		0,200			0,080	PM			1	f
		1	6		0,200		0,080		PM			1	f
	crème Diplomate	1	8		0,300	0,125			PM	0,50	0,010 (f)	1	PM
	crème mousseline	1	8		0,300	0,125			0,250 + 0,250			1	PM
	crème chiboust	1	8	12	0,200 + 0,100	0,125			PM		0,015	1	PM
	crème légère	1	8	8	0,200 + 0,100	0,125			PM	0,40	0,010	1	PM

** P : pièce*
** PM : pour mémoire*
** f : facultatif*
** G : gousse*

La crème pâtissière est une crème onctueuse et souple dont l'épaississement est obtenu grâce à de la farine, de la maïzena ou de la poudre à crème.

Les ingrédients de base ne changent pas, mais les proportions peuvent varier selon les utilisations.

• LA CREME DIPLOMATE

Est obtenue par l'addition de crème fleurette fouettée, elle peut être éventuellement stabilisée à l'aide de gélatine.

• LA CREME MOUSSELINE

Est obtenue en incorporant, à chaud et hors du feu, la moitié du poids de beurre. La deuxième moitié du beurre est incorporée, après un crèmage préalable, dans la crème complètement refroidie. Le mélange s'effectue à l'aide d'un fouet pour obtenir une crème bien lisse, homogène et légère.

• LA CREME CHIBOUST

Est obtenue soit en mélangeant des blancs d'œufs battus en neige et serrés avec un peu de sucre à de la crème pâtissière collée à la gélatine, soit en versant la crème pâtissière collée bouillante sur les blancs d'œufs battus en neige.

• LA CREME LEGERE

Est réalisée selon la méthode de la crème Chiboust. Après son complet refroidissement, elle est additionnée de crème fouettée ou ajoutée à de la crème pâtissière sans sucre, de la meringue italienne et de la crème fouettée.

PRECAUTIONS

- Les diverses précautions citées dans le paragraphe de la crème anglaise s'appliquent également à la crème pâtissière.
- La crème pâtissière doit impérativement bouillir. Une crème pâtissière qui relache peut être une crème insuffisamment cuite.
- L'emploi de la poudre à crème, à la place de farine, est plus simple, plus économique et assure à la crème une meilleure tenue, mais sa consistance est plus visqueuse et son goût moins fin.
- La crème pâtissière doit être refroidie immédiatement et rapidement ; elle doit être maintenue constamment en enceinte réfrigérée, et ne pas être conservée au-delà de 24 heures, sauf dans le cas de l'utilisation d'une cellule de refroidissement rapide (conservation possible durant 3 jours).
- Débarrasser la crème pâtissière sous faible épaisseur, dans un récipient en acier inoxydable préalablement désinfecté. Ne pas réutiliser la calotte du mélange sans l'avoir lavée.
- Pour éviter la formation d'une peau en surface, tamponner la crème avec un peu de beurre. L'utilisation de sucre glace ou de sirop n'est pas conseillée car ils risquent de provoquer une fermentation.

UTILISATIONS

- Garniture de nombreux entremets et pâtisseries :
- – choux à la crème, éclairs, religieuses, mille-feuilles, Pont Neuf, polkas, crèmes frites, garniture de génoises ou de biscuits pour entremets divers, garniture de fonds de tartes, etc.

- Additionnée de blancs d'œufs en neige, elle peut servir de base à la réalisation d'appareils à soufflés.
- La crème Chiboust est principalement réservée au garnissage des St Honoré, des croquembouches, éventuellement des choux à la crème.
- La crème mousseline est plus particulièrement utilisée pour le garnissage des entremets (fraisiers, framboisiers, pommiers, noyers, etc.) ; dans le cas du garnissage des Paris-Brest et de diverses pièces de pâtisserie, elle peut se substituer à la crème au beurre.

LA CREME AU BEURRE

COMPOSITION

Crème de base	Composition								
		beurre (kg)	œufs entiers (P)	jaunes d'œufs (P)	blancs d'œufs (P)	sucre (kg)	lait (l)	vanille PM	parfums
CREME AU BEURRE	1ère méthode au sucre cuit	1	4	12		0,800		PM	(f)
	2ème méthode à la meringue italienne	1			12	0,800		PM	(f)
	3ème méthode à la crème anglaise	1		12		0,800	0,50	PM	(f)
	4ème méthode avec un appareil à génoise	1	12			0,800		PM	(f)

** PM : pour mémoire*
** f : facultatif*
** P : pièce*

La crème au beurre est une crème émulsionnée particulièrement onctueuse et riche, utilisée pour garnir, masquer ou décorer un grand nombre de pâtisseries, entremets, et petits fours frais.

Parmi les nombreuses méthodes de réalisation de la crème au beurre, les plus répandues sont au nombre de 4 :

LA CREME AU BEURRE AU SUCRE CUIT

- Crémer le beurre au fouet en lui donnant la consistance d'une « pommade » lisse et onctueuse.
- Réaliser un sirop avec le sucre et le tiers de son poids en eau ; le cuire au « grand filet » ou au « petit boulé » (112 à 115 °C, ou 38 à 39° Baumé).
- Verser doucement le sucre sur les œufs en fouettant énergiquement jusqu'au refroidissement total de l'appareil.
- Verser progressivement l'appareil sur le beurre en pommade, ou incorporer le beurre à l'appareil en remuant à l'aide d'un fouet.
- Parfumer selon l'utilisation.

LA CREME AU BEURRE A LA MERINGUE ITALIENNE

- Incorporer la meringue italienne refroidie dans le beurre en pommade et lisser au fouet.
- Parfumer.

LA CREME AU BEURRE A LA CREME ANGLAISE

- Réaliser une crème anglaise onctueuse avec les proportions énoncées ci-dessus ; la refroidir rapidement en vannant régulièrement.
- Incorporer progressivement la crème anglaise dans le beurre en pommade et lisser au fouet.
- Parfumer.

LA CREME AU BEURRE A L'APPAREIL A GENOISE

- Confectionner un appareil à génoise (sans farine) avec les proportions énoncées ci-dessus.
- Fouetter jusqu'au complet refroidissement.
- Incorporer délicatement et progressivement l'appareil dans le beurre en pommade.
- Parfumer.

REMARQUES

- *La crème au beurre réalisée au sucre cuit est plus onctueuse et plus fine. Elle présente également l'avantage d'incorporer aux œufs un sirop à 115 °C, ce qui diminue partiellement et momentanément l'activité microbienne. La crème est plus stable et d'une meilleure conservation.*
- *Attention : l'appellation crème au beurre est réservée à une préparation fabriquée exclusivement avec du beurre.*

PRECAUTIONS

- Donner au beurre la consistance d'une pommade homogène, lisse et crémeuse. Cette opération est souvent rendue délicate par l'influence de la température du laboratoire. Le beurre ne doit pas être fondu, car l'émulsion naturelle du beurre serait détruite.
- Ne pas prolonger le point de cuisson du sirop au-delà du petit boulé qui est un maximum, sinon la crème devient plus visqueuse, compacte et lourde.
- Incorporer progressivement le sirop sur les œufs, pour éviter de les coaguler.
- Incorporer le beurre seulement lorsque l'appareil est complètement refroidi, car le beurre risquerait de fondre.
- Malgré ces précautions, il arrive parfois que l'émulsion se dissocie. Il est alors possible, comme dans le cas des sauces émulsionnées et semi coagulées, de remonter une crème au beurre « tournée » ou plutôt « dissociée ».

UTILISATIONS

La crème au beurre est utilisée pour garnir, masquer ou décorer un grand nombre de pâtisseries, entremets et petits fours frais :
- moka, Paris-Brest, fraisier, succès, bûches de Noël, biscuits roulés, décor des religieuses,
- entremets au chocolat, entremets crème au beurre divers, etc.

RAISONS DE L'ECHEC	POSSIBILITES DE RATTRAPAGE
– Mauvais respect des proportions trop d'appareil par rapport à la quantité de beurre	rajouter la quantité manquante de beurre en pommade
– Beurre pas assez travaillé en pommade	travailler énergiquement la crème au fouet
– Beurre trop froid	réchauffer la crème et ensuite fouetter vigoureusement
– Appareil trop chaud	placer momentanément la crème en enceinte réfrigérée, puis la fouetter énergiquement
– Sirop trop ou pas assez cuit	rééquilibrer la consistance avec une autre crème au beurre
– Température du laboratoire trop chaude ou trop fraîche	déterminer un endroit tempéré le mieux adapté à la réalisation de la crème : à proximité du matériel de cuisson ou d'une enceinte réfrigérée par exemple.

LA CREME D'AMANDES

COMPOSITION

Crème de base		Composition							
	Crèmes dérivées	beurre kg	sucre semoule kg	poudre d'amandes kg	œufs entiers P	vanille l	rhum l	farine ou fécule kg	crème pâtissière l
CREME D'AMANDES		1	1	1	20	PM	0,10	0,100 (f)	
	crème d'amandes pour Pithiviers	0,500	1	1	10	PM	0,10		0,50 à 1

** PM : pour mémoire*
** f : facultatif*
** P : pièce*

La crème d'amandes est un mélange réalisé à froid et en parties égales de beurre, de sucre, de poudre d'amandes et d'œufs. Elle est toujours cuite en association avec une pâte (pâte sucrée ou feuilletée, par exemple).

- Amener le beurre à la consistance d'une pommade onctueuse.
- Incorporer le sucre et crémer l'ensemble.
- Ajouter la poudre d'amandes et éventuellement un peu de farine ou de fécule.
- Ajouter les œufs entiers un par un.
- Parfumer.

Certains professionnels ajoutent un peu de crème pâtissière. Le mélange des deux crèmes gonfle moins à la cuisson, et il permet également d'en diminuer le prix de revient.

UTILISATIONS

La crème d'amandes est principalement utilisée pour garnir les pièces de pâtisserie ou les petits fours suivants :

- pithiviers, galettes fourrées, galettes des Rois, tarte aux poires et aux amandes, tartelettes amandine, etc.

LA CREME GANACHE

COMPOSITION

Crème de base	Composition							
		crème fleurette (l)	lait concentré (l)	couverture (kg)	vanille (g)	beurre (kg)	café (P)	liqueur ou alcool (l)
CREME GANACHE	1ère méthode intérieurs de bonbons au chocolat	1		1	PM		PM (f)	0,10
	2ème méthode pour garniture d'entremets	0,50	0,50	0,500	PM	0,100		PM
	3ème méthode pour truffes au chocolat	0,30	0,20	1	PM			0,10

** PM : pour mémoire*
** f : facultatif*
** g : gousse*

La crème ganache est rarement utilisée en tant que crème (dans ce cas, elle doit être très détendue grâce à un apport complémentaire de crème ou de lait). Elle constitue le plus souvent un appareil à fourrer les entremets, les petits gâteaux ou les petits fours au chocolat. La proportion des ingrédients varie selon les utilisations.

- Faire bouillir la crème, ou la crème et le lait, avec la vanille.
- Ajouter, hors du feu, la couverture coupée en petits morceaux.
- Mélanger au fouet pour obtenir un appareil lisse et homogène.
- Ajouter éventuellement le beurre.
- Refroidir, parfumer.
- Retravailler vigoureusement avant l'utilisation.

UTILISATIONS

La crème ganache sert principalement à garnir, fourrer ou masquer les entremets et petits fours frais ; elle permet aussi la réalisation de truffes au chocolat.

LES APPAREILS

CLASSIFICATION

Parmi les principaux appareils utilisés en pâtisserie de restaurant, on distingue :

- **les appareils à bavarois ou à moscovites**
  - aux œufs ou à la crème anglaise,
  - aux fruits,
- **les appareils à crèmes prises, sucrés**
  - à crème renversée,
  - à pot de crème,
- **l'appareil à flan**
- **les appareils à soufflés**
  - aux œufs,
  - aux fruits,
- **les appareils à meringues**
  - ordinaire,
  - cuite, ou sur le feu, ou meringue Suisse
  - italienne,
  - fonds de progrès ou de succès.

LES APPAREILS A BAVAROIS OU A MOSCOVITES

L'appareil à bavarois aux œufs est réalisé à partir d'une crème anglaise collée à la gélatine et additionnée de crème fouettée. Les parfums les plus utilisés sont : vanille, café, chocolat, liqueurs et alcools.

L'appareil à bavarois aux fruits est composé d'une purée ou d'un nectare de fruits (crus, cuits ou pasteurisés) collé à la gélatine, sucré au sirop de sucre (généralement cuit au boulé) et additionné de crème fouettée. Les fruits les plus appréciés sont les fraises, les framboises, les cassis, les poires, les fruits de la passion... mais tous les autres fruits peuvent être utilisés.

Dans le garnissage des entremets, les appareils à bavarois peuvent également remplacer certaines crèmes. Additionné de meringue italienne, cet appareil à bavarois peut servir de base à la réalisation de nombreuses mousses de fruits.

UTILISATIONS

BAVAROIS AUX ŒUFS

Bavarois « appellation selon le parfum »
Bavarois rubanné
Bavarois religieuse
Charlottes russes et charlottes royales diverses

BAVAROIS AUX FRUITS

Bavarois « appellation selon le fruit »
Charlottes aux fruits
Miroirs, terrines aux fruits
Diplomates aux fruits

COMPOSITION

Appellations	Composition						
BAVAROIS AUX ŒUFS	lait (l)	vanille g	jaunes d'œufs	sucre semoule kg	gélatine kg	crème fleurette (l)	parfums PM
	1	1	8 à 10	0,300	0,020 à 0,024	0,80	PM
BAVAROIS AUX FRUITS	purée de fruits kg	jus de citron (l)	eau	sucre semoule (kg)	gélatine (kg)	crème fleurette (l)	salpicon de fruits (kg)
	1	0,05	0,20	0,600 à 0,800	0,035 à 0,040	0,80	(f)

LES APPAREILS A CREMES PRISES SUCRES

COMPOSITION

Appellations	Composition						
	lait (l)	crème (l)	vanille g	sucre semoule kg	œufs entiers p	jaunes d'œufs p	parfum
APPAREIL A CREMES RENVERSEES	1		1	0,200	6		(f)
APPAREIL A POTS DE CREME	1		1	0,200		10 à 12	PM
APPAREIL A TARTES ALSACIENNES	0,50	0,50	PM	0,200	4	4	PM

g : gousse
f : facultatif

Les appareils à crèmes prises sucrés peuvent être réalisés de deux manières: soit en versant progressivement du lait bouillant sucré et vanillé sur des œufs entiers, soit en versant très délicatement du lait bouilli vanillé refroidi sur un mélange de jaunes d'œufs et de sucre blanchi.

Les parfums les plus utilisés sont : vanille, café, chocolat, praliné, caramel, essence d'amandes amères, zestes d'orange et de citron.

L'appareil à crème prise sucré pour tarte alsacienne est obtenu en mélangeant à froid tous les ingrédients, il est ensuite soigneusement passé au chinois.

PRECAUTIONS

Les précautions précisées dans le paragraphe de la crème anglaise et de la crème pâtissière s'appliquent également aux appareils à crèmes prises sucrés :

- Verser le lait bouillant lentement et progressivement sur les œufs, en mélangeant sans fouetter.
- Eviter la formation de mousse et écumer soigneusement.
- Passer l'appareil au chinois pour éliminer la mousse, les particules d'œufs éventuellement coagulées et les chalazes des œufs.
- Cuire les crèmes immédiatement après leur réalisation, ne pas attendre le refroidissement de l'appareil.
- L'eau du bain-marie doit être versée bouillante, et elle ne doit pas non plus bouillir durant la cuisson (risque de formation « de nids d'abeilles »).
- Placer une feuille de papier au fond de la plaque à bain-marie, elle permet de réduire le risque d'un fort bouillonnement accidentel.
- Eviter la coloration des pots de crème en les couvrant durant la cuisson.

UTILISATIONS

APPAREIL A CREMES RENVERSEES

Crème renversée au caramel
Crème viennoise
Crème Opéra
Crème beau-rivage
Appareil à pain perdu
Appareil à puddings divers (Diplomate, de Cabinet, de biscuits, Bread and Butter, etc.)

APPAREIL A POTS DE CREME

Pots de crème vanille
Pots de crème café
Pots de crème chocolat
Pots de crème praliné
Pots de crème citron
Pots de crème orange, etc.

APPAREIL A TARTES ALSACIENNES

Tartes aux mirabelles, aux questches, aux cerises, à la rhubarbe, éventuellement aux pommes.

L'APPAREIL A FLAN

COMPOSITION

Appellations	Composition								
	lait (l)	vanille liquide PM	sucre semoule kg	œufs entiers p	jaunes d'œufs p	farine kg	fécule kg	poudre à crème kg	parfums PM
APPAREIL OU CREME A FLAN	1	PM	0,200	4	4	0,080			(f)
	ou 1	PM	0,200	4	4		0,050		(f)
	ou 1	PM	0,200	4				0,050	(f)

** PM : pour mémoire*
** f : facultatif*
** p : pièce*

L'appareil à flan est une sorte de crème pâtissière moins épaisse obtenue par le mélange à froid des divers ingrédients ci-dessus. La cuisson est réalisée au four, généralement dans un cercle à entremet foncé d'une pâte brisée, ou dans un moule beurré.

UTILISATIONS

- Flans divers
- Clafoutis aux fruits.

LES APPAREILS A SOUFFLES

COMPOSITION

Appellations	Composition										
		lait (l)	beurre kg	œufs entiers p	jaunes d'œufs p	blancs d'œufs p	sucre semoule kg	sucre glace kg	farine kg	vanille g	parfums PM
APPAREIL A SOUFFLE REALISE SUR UNE CREME PATISSIERE	1ère méthode	1			8 + 4	16	0,250	PM	0,100	1	PM
	2ème méthode	1		6	4	16	0,300	PM	0,100	1	PM
APPAREIL A SOUFFLE REALISE SUR UN ROUX BLANC ET SUR UNE « PANADE »	sur un roux blanc	1	0,120		14	16	0,250		0,120	1	PM
	sur une panade	1			16	16	0,300		0,200	1	PM
APPAREIL A SOUFFLE AUX FRUITS		purée de fruits kg	jus de citron (l)	sucre kg	eau (l)	blancs d'œufs p	alcools ou liqueurs				
		1	0,05	1	0,30	24	PM				

** PM : pour mémoire*
** p : pièce*
** g : gousse*

Les appareils à soufflés aux œufs peuvent être réalisés selon l'une des trois méthodes suivantes :

- **Appareil à soufflé réalisé sur une crème pâtissière**

– Incorporer à une crème pâtissière encore tiède, des jaunes d'œufs, éventuellement un alcool ou une liqueur, et des blancs d'œufs battus en neige ferme et serrés avec un peu de sucre semoule.
La farine de la crème pâtissière peut être partiellement ou complètement remplacée par de la fécule, de la maïzéna ou de la poudre à crème.

- **Appareil à soufflé réalisé sur une panade**

– Réaliser une sorte de « détrempe de pâte à choux sucrée » en cuisant ensemble sur le feu, le lait, la vanille, le sucre, éventuellement du beurre et la farine.

– Hors du feu, ajouter les jaunes, la liqueur ou l'alcool selon l'appellation, les blancs d'œufs battus en neige ferme et serrés avec un peu de sucre semoule.

- **Appareil à soufflé réalisé sur un roux blanc**

– Confectionner une « sorte de sauce Béchamel » sucrée et vanillée.

– Hors du feu, ajouter les jaunes d'œufs, éventuellement l'alcool ou la liqueur, les blancs d'œufs battus en neige ferme et serrés avec un peu de sucre semoule.

- **Appareil à soufflé aux fruits**

Pour les appareils à soufflé aux fruits, un sirop de sucre cuit au cassé ou au grand cassé est incorporé dans une pulpe de fruit légèrement acidulée.

La pulpe de fruit « décuit » le sirop qui doit être ramené au boulé. Si la pulpe de fruit contient trop d'eau, le taux de concentration en sucre peut être insuffisant, il est alors nécessaire de recuire l'appareil jusqu'à la température de 115 °C. Mais cette solution présente l'inconvénient de décolorer la pulpe de fruit et de lui faire perdre une partie de sa saveur.

Puis verser délicatement le mélange sur les œufs battus en neige.

UTILISATIONS

SOUFFLES AUX ŒUFS

Soufflés vanille, café, chocolat, Arlequin, etc.
Soufflés liqueur
Entremets et tartes soufflées
Crêpes soufflées

SOUFFLES AUX FRUITS

Soufflés fraise, framboise, orange, citron, etc.
Crêpes soufflées aux fruits

LES APPAREILS A MERINGUES

COMPOSITION

Appellations	Composition					
MERINGUE ORDINAIRE	blancs d'œufs p	sucre semoule kg	sucre glace kg	jus de citron	eau (1)	
	16 ou 1/2 l	1	PM			
MERINGUE CUITE OU SUR LE FEU OU MERINGUE SUISSE	16 ou 1/2 l	1 ou 0,500 +	0,500	PM		
MERINGUE ITALIENNE	16 ou 1/2 l	1		PM	0,30	
FONDS DE PROGRES OU DE SUCCES	blancs d'œufs p	sucre semoule ou sucre glace	amandes en poudre	noisettes en poudre	farine ou fécule	vanille
	16 ou 1/2 l	0,400	0,400 ou 0,200 +	0,200	0,060 à 0,100	PM

** PM : poudre mémoire*

Les meringues sont composées de blancs d'œufs battus en neige et de sucre. La manière d'incorporer le sucre permet de les différencier et de les classer en trois catégories :

MERINGUE ORDINAIRE

La meringue ordinaire est obtenue en incorporant du sucre semoule tamisé dans des blancs d'œufs battus en neige ferme.

Le sucre doit être versé progressivement en pluie, et le mélange doit être réalisé délicatement.

La cuisson ou le dessèchement de ces meringues doit être réalisé dans un four très doux ou dans une étuve à la température voisine de 100 °C.

MERINGUE CUITE, OU SUR LE FEU, OU SUISSE

Cette catégorie de meringue est réalisée en mélangeant des blancs d'œufs et du sucre.

Le mélange est ensuite placé sur le feu très doux, ou au bain-marie, en fouettant énergiquement jusqu'à une température voisine de 50° 55 °C.

La meringue doit tenir aux branches du fouet ; elle peut être rendue plus ferme et plus blanche par l'addition de jus de citron.

La meringue cuite est moins légère que la meringue ordinaire, mais elle présente l'avantage d'être moins fragile et de cuire beaucoup plus rapidement.

MERINGUE ITALIENNE

La meringue italienne est obtenue en versant progressivement un sirop de sucre cuit au boulé ou au gros boulé (118 à 120 °C) sur des blancs d'œufs battus en neige, en fouettant énergiquement jusqu'à son refroidissement.

L'activité microbienne de cette meringue est momentanément stabilisée par l'apport d'un sirop à 120 °C. Elle est utilisée de préférence pour la confection des crèmes à base d'œufs et des mousses, ou plus particulièrement en été par temps orageux.

FONDS DE PROGRES OU DE SUCCES

Les fonds de progrès sont réalisés selon la méthode de la meringue ordinaire. Le mélange d'amandes ou noisettes, de sucre, de farine ou fécule, doit être réalisé au préalable et très délicatement versé en pluie sur les blancs d'œufs battus en neige.

La cuisson s'effectue dans un four moyen (150 à 160 °C) durant une vingtaine de minutes, selon la grosseur et l'épaisseur des fonds. Les fonds sont ensuite réservés dans un endroit très sec (étuve par exemple) jusqu'au moment de leur utilisation.

PRECAUTIONS

- Utiliser du matériel très propre et bien dégraissé.
- Eliminer toutes traces de jaune dans les blancs.
- Commencer à battre les blancs lentement pour bien les « casser », ajouter éventuellement une petite pincée de sel. Le sel a la propriété de diminuer la viscosité des blancs qui se développent alors mieux.
- Accélérer la cadence du fouettage et soulever la masse pour incorporer de l'air.
- Serrer les blancs battus par un mouvement circulaire et ajouter (selon l'utilisation) un peu de sucre semoule pour les empêcher de « grainer ».
- Coucher les meringues sur une plaque à pâtisserie très propre, beurrée et farinée, ou mieux sur une feuille de papier de cuisson siliconé.
- Cuire les meringues dans un four très doux (sauf pour la meringue italienne qui nécessite une température de cuisson plus élevée), puis les laisser sécher dans une étuve.
- Réserver les meringues à l'abri de l'humidité, dans une boîte hermétique par exemple.

UTILISATIONS

MERINGUE ORDINAIRE

Œufs à la neige « Iles flottantes »
Appareil à masquer les omelettes norvégiennes
Meringues sèches de formes diverses
Meringues au chocolat
Meringues glacées
Fonds de vacherins
Fonds de petits fours et petits fours

MERINGUE CUITE, OU SUR LE FEU, OU MERINGUE SUISSE

Fonds de petits fours et petits fours : doigts de dame, champignons, rochers aux amandes, à la noix de coco, etc.

MERINGUE ITALIENNE

Appareil à masquer les entremets meringués (flans, tartes, éventuellement omelettes norvégiennes)
Crème façon Chiboust, crème légère
Peut entrer dans la composition de la crème au beurre, de la crème Chantilly, des sorbets, des mousses diverses (chocolat, aux fruits), etc.
Petits fours meringués

LES MOUSSES

Les mousses sont des préparations extrêmement légères, composées d'un élément intervenant dans l'appellation (café, chocolat, praliné, pulpe, nectar ou jus de fruits par exemple), de meringue italienne et de crème fouettée. Selon le produit utilisé, la consistance peut être modifiée par un apport de beurre, de jaunes d'œufs, de crème pâtissière, de fécule ou poudre à crème. Les mousses réalisées à partir de jus ou de pulpe de fruit portant le qualificatif « frais » (n'ayant subi aucun traitement thermique destiné à les pasteuriser ou à les stériliser) sont des préparations peu stables et de conservation limitée. Elles peuvent faire l'objet d'une fermentation rapide. Les mousses ainsi réalisées doivent être maintenues constamment en enceinte réfrigérée (entre + 1 et + 3 °C) et utilisées le jour même de leur réalisation.

EXEMPLES DE COMPOSITION DE QUELQUES MOUSSES

Appellations	Composition									
MOUSSE AU CHOCOLAT NOIR	couverture kg	praliné kg	beurre kg	jaunes d'œufs p	blancs d'œufs p	sucre semoule kg	crème fleurette (l)	vanille liquide (l)	café extraits	parfums
	1		0,400	20	32	0,200		(f)	(f)	
MOUSSE AU CHOCOLAT BLANC	1				(meringue italienne) 32	1	1	(f)		(f)
MOUSSE PRALINE		1	1,500	14	(meringue italienne) 32	1				(f)
MOUSSE AUX FRUITS	pulpe de fruits (l)	crème pâtissière kg	poudre à crème kg	gélatine ou gelée à entremets kg	blancs d'œufs p	sucre kg	crème fleurette (l)			
	1	0,400 ou	0,050	0,050	(meringue italienne) 12	0,800	1			

** f : facultatif*
** p : pièce*

LES SAUCES

Les sauces sont des préparations semi-liquides destinées à accompagner ou à napper certains desserts : pièces de pâtisserie, entremets, entremets glacés, coupes glacées, fruits pochés, etc.

Les sauces les plus répandues sont les suivantes :
- la crème anglaise
- les sabayons
- la sauce chocolat
- la sauce abricot et groseille
- les coulis de fruits

COMPOSITION

Appellations	Composition					
CREME ANGLAISE	lait	jaunes d'œufs	sucre semoule	vins ou liqueurs	vanille g	parfums
	1	8 à 10	0,250		1	(f)
SABAYON		24	1	1	(f)	PM
SAUCE CHOCOLAT	couverture kg	beurre kg	crème (l)	eau (l)	parfums PM	
	1	0,200	0,20	PM	(f)	
SAUCE ABRICOT	purée d'abricots frais kg	marmelade d'abricots kg	confiture ou gelée d'abricot kg	sirop à 1.1247 ou 16 B (l)	parfums ou alcool PM	
	1 ou	1 ou	1	PM	(f)	

Appellations	Composition				
SAUCE GROSEILLE	gelée de groseille kg			sirop à 1.1247 ou 16°B (1)	kirsch
	1			PM	0,10
COULIS DE FRUITS (FRAISES, FRAMBOISES, etc.)	purée fruits rouges tamisée	jus de citron	sucre glace	sirop à 1.1247 ou 16°B	
	1	PM	0,400	(f)	

** PM : pour mémoire*
** f : facultatif*

UTILISATIONS

Crème anglaise

– Œufs à la neige, île flottante, puddings divers (Diplomate, de riz, de semoule...), etc.

Sabayons

– Pâtisseries et entremets divers, puddings, gratins de fruits, etc.

Sauce chocolat

– Pâtisseries et entremets glacés, profiteroles au chocolat, poires Belle Hélène, etc.

Sauce abricot

– Charlotte et beignets aux pommes, fruits condé, etc.

Sauce groseille

– Riz à l'impératrice, coupes glacées, etc.

Coulis de fruits rouges

– Entremets divers, coupes glacées (Melba, Cardinal), décor de fonds d'assiettes, etc.

REMARQUE :

Les coulis de fruits sont très utilisés en pâtisserie de restaurant, et tout particulièrement pour la présentation sur assiette .

LES DESSERTS

Jusqu'au XVIIIème siècle, le mot « dessert » désignait l'action de desservir la table. A cette époque, il était d'usage de débarrasser complètement la table à la fin du repas et de remplacer la nappe et les serviettes. Aujourd'hui le terme « dessert » désigne un ensemble de préparations sucrées servies à la fin du repas. Souvent associé à l'idée de récompense, de joie et de fête, le dessert permet de terminer agréablement le repas et, éventuellement, de l'équilibrer grâce à un apport de produits laitiers et de fruits par exemple. Les desserts doivent être en parfaite harmonie avec les mets qu'ils précèdent. Ils sont capables d'influencer nettement l'impression générale du repas. Leur choix et leur réalisation doivent répondre à de nombreuses exigences : diversité, originalité, goût, présentation, mode, mais aussi sécurité et facilité d'emploi. En effet, les desserts se composent fréquemment de crèmes à base d'œufs, de produits laitiers, de glaces, de purées de fruits, etc., ce qui les rend souvent très difficiles à conserver ou très fragiles si certaines précautions d'hygiène ne sont pas observées.

CLASSIFICATION DES DESSERTS

Les desserts comprennent :

- **Les entremets chauds et froids de cuisine.**
- **Les pièces de pâtisserie et les petits fours.**
- **Les glaces, les sorbets et les entremets glacés.**
- **Les fruits frais, les compotes et les salades de fruits.**

Remarque :

Les nouvelles présentations des desserts sur assiettes renferment généralement plusieurs bases : petite pièce de pâtisserie, glace, fruits frais et coulis de fruits par exemple.

Les entremets froids, les pièces de pâtisserie comportant une crème à base d'œufs, les compotes et salades de fruits, doivent être maintenus en enceinte réfrigérée jusqu'au moment de leur utilisation. Il est dangereux de laisser ces desserts en exposition dans la salle de restaurant, pendant une durée de service qui est longue. Des chariots ou des vitrines réfrigérés sont indispensables : ces appareils assurent une meilleure tenue des produits durant le service (les invendus peuvent être réservés pour le service suivant), les qualités microbiologiques sont mieux préservées, et la présentation attractive des desserts dans ces vitrines contribue à donner une bonne image de marque à l'établissement.

CLASSIFICATION DES ENTREMETS

On distingue :

- **Les entremets chauds.**
- **Les entremets froids.**

LES ENTREMETS CHAUDS

Appellations	Bases et composition	Exemples et dérivés
LES BEIGNETS	• **Pâte à frire**	
	A base de fruits	Pommes, ananas, banane, etc. Coulis de fruits, sauce abricot au calvados, etc.
	A base de fleurs	Acacia, violettes, capucines, etc. Coulis de framboises, sauce groseille, etc.
	• **Pâte à brioche**	
	Fruits, salpicon de fruits, confiture, crèmes diverses enrobées de pâte à brioche.	Beignets viennois (leur réalisation est identique à celle des rissoles, mais ils se font de forme ronde).
	Détaillé en rectangles ou en losanges, non garnis et enrobés de sucre semoule.	Beignets de carnaval.

Appellations	Bases et composition	Exemples et dérivés
	• **Pâte à choux**	Pets de nonne.
	• **Pâte à choux, crème pâtissière et crèmes dérivées, confitures, purée de fruits**	Beignets soufflés fourrés de purée de fruits, de confiture, de crème pâtissière, de crème chiboust, etc.
	• **Pâte à choux, crème pâtissière, pâte à frire** Profiteroles fourrées et enrobées de pâte à frire.	Appellation selon la composition ou la garniture.
	• **Pâte à crêpes, crème pâtissière, pâte à frire** Tronçons de crêpes fourrées (pannequets) enrobés de pâte à frire.	Appellation selon la composition ou la garniture.
	• **Pâte à bugnes** Sorte de pâte brisée sucrée parfumée à l'eau d'oranger, renfermant de la levure chimique.	Beignets lyonnais ou bugnes.
	• **Crème pâtissière, pâte à frire** La crème pâtissière peut être légèrement collée à la gélatine, et comporter un salpicon de fruits confits ou secs macéré. Détailler la crème après son refroidissement et enrober de pâte à frire.	Beignets à la crème, coulis de fruits (les beignets à la crème peuvent être panés, dans ce cas ils sont classés dans les croquettes.

Appellations	Bases et composition	Exemples et dérivés
CHARLOTTES	Moules à charlottes chemisés de tranches de pain de mie imbibées de beurre clarifié. Garnir de fruits sautés au beurre, sucrés à la confiture d'abricots et parfumés. Il est possible de résorber partiellement l'humidité des fruits par un apport de mie de pain tamisée.	Charlotte aux pommes et à l'orange. Charlotte aux pommes et aux coings. Charlotte aux poires et aux noix. Charlotte aux pêches... Charlotte sauce abricot. Charlotte meringuée.

Appellations	Bases et composition	Exemples et dérivés
CREPES	• **Appareil à crêpes**	Au sucre, flambées, Suzette...
	• **Appareil à crêpes, crème pâtissière, marmelades, confitures**	Crêpes fourrées, pannequets.
	• **Appareil à crêpes, appareil à soufflé**	Crêpes soufflées, crêpes du couvent.
	• **Appareil à crêpes et fruits**	Poires : du couvent Pommes : normande.

Appellations	Bases et composition	Exemples et dérivés
OMELETTES	Omelettes légèrement sucrées, éventuellement fourrées, saupoudrées de sucre glace, glacées à la salamandre, quadrillées au fer rouge ou au caramélisateur.	Omelettes aux fruits. Omelettes fourrées à la confiture. Omelettes flambées au calvados, au rhum, etc.
	• **Glace ou sorbet, génoise ou biscuit, appareil à omelettes soufflées**	Omelettes norvégiennes ou Omelettes « surprises ».
	Protéger la glace ou le sorbet avec de fines tranches de génoise ou de biscuit imbibé. Masquer et décorer avec un appareil composé de meringue ordinaire additionné de jaunes d'œufs et de sucre blanchi, ou d'un appareil à meringue.	Omelettes norvégiennes flambées. Omelettes moscovites.
	Dresser l'omelette en forme de volcan et disposer une demi-coquille d'œuf stérilisée au centre remplie d'alcool et flamber.	Omelette vésuvienne.

Appellations	Bases et composition	Exemples et dérivés
PUDDING	Les puddings chauds sont fréquemment d'origine anglaise et composés de bases diverses. Ces préparations particulièrement consistantes sont rarement utilisées en restauration traditionnelle.	
	• **Pâte à pudding** Garnitures diverses, fruits cuits à l'eau ou à la vapeur.	Puddings aux fruits à l'anglaise. Apple pudding. Rolly-pudding custard à la cannelle.
	• **Appareils divers**	Plum-pudding. Christmas pudding.
	• **Riz au lait et riz Condé**	Le riz au lait et le riz Condé peuvent être servis chauds.

Appellations	Bases et composition	Exemples et dérivés
RISSOLES	• **Rognures de feuilletage**	Rissoles aux fruits.
	• **Pâte à brioche**	Rissoles à la confiture.
	• **Crème pâtissière**, confiture, marmelade, compote...	Rissoles à la crème, etc. Appellation variant selon la composition.
	(Petit chausson fourré traité à la friture). Voir également hors-d'œuvre chauds.	

Appellations	Bases et composition	Exemples et dérivés
SOUFFLES	• **Appareil à soufflé, aux œufs ou à la crème** Appellation selon la composition.	Vanille, liqueur, café, chocolat, Arlequin, Rothschild...
	• **Appareil à soufflé aux fruits**	Fraise, framboise, orange, poire, pomme, etc.

LES ENTREMETS FROIDS

Appellations	Bases et composition	Exemples et dérivés
BAVAROIS OU MOSCOVITES	• **Appareils aux œufs ou à la crème** (crème anglaise collée, crème fouettée)	Bavarois vanille, café, chocolat, aux marrons, rubanné, religieuse, charlottes russes, arlequins, royales...
	• **Appareil aux fruits** Pulpe ou jus de fruits collé, sirop, crème fouettée.	Bavarois aux fraises, aux framboises, aux cassis, aux fruits de la passion, etc. Charlottes aux fruits, miroirs, diplomates, terrines aux fruits.

Appellations	Bases et composition	Exemples et dérivés
BLANC MANGER	Gelée obtenue à partir de lait d'amande sucré, collé à la gélatine et moulé.	Aux fruits (fraises, framboises, noix de coco, etc. Rubanné, au kirsch.

Appellations	Bases et composition	Exemples et dérivés
CHARLOTTES	Moules à charlotte chemisés de biscuits à la cuiller, de meringue, de rectangles de génoises, glacés au fondant de couleurs différentes, de biscuit roulé masqué de gelée de framboise ou de groseille, etc., et garnis d'appareils divers.	
	• **Appareil à bavarois**	Charlottes vanille, café, chocolat, russe, arlequins, Montreuil, Opéra, etc.
	• **Appareil à mousses diverses**	Charlottes au café, au chocolat, au praliné, etc.
	• **Crème Chantilly**	Charlottes Chantilly, Colinette, etc.
	• **Glaces diverses**	Charlottes plombière glacée, au rhum et aux raisins, aux marrons glacés et au chocolat, aux pruneaux et à l'Armagnac.

Appellations	Bases et composition	Exemples et dérivés
CREMES	• **Appareil à crème prise sucré**	Crème renversée au caramel.
	• **Appareil à crème prise sucré au lait, caramélisé**	Crème viennoise.
	• **Appareil à crème prise sucré praliné moulé dans un moule à savarin** Crème Chantilly, violettes cristallisées ou fraises macérées au kirsch. Voiler éventuellement.	Crème opéra.
	• **Appareil à pots de crème**	Pots de crème vanille, café, chocolat, praliné, à l'orange, au citron, etc.

Appellations	Bases et composition	Exemples et dérivés
ŒUFS A LA NEIGE	• **Crème anglaise.**	Œufs à la neige à la vanille, au café, au chocolat, au caramel et aux amandes.
	• **Appareil à meringue ordinaire poché dans de l'eau ou dans du lait**	
	• **Appareil à meringue ordinaire, crème anglaise collée ou appareil à bavarois** (Disposer les œufs à la neige dans un moule à savarin, recouvrir de crème anglaise collée ou d'appareil à bavarois).	Œufs à la neige moulés.
	• **Appareil à meringue ordinaire, mousse au chocolat**	Œufs à la neige au chocolat.
	• **Appareil à meringue ordinaire moulé dans un moule caramélisé et poché au bainmarie**	Ile flottante au caramel.

Appellations	Bases et composition	Exemples et dérivés
PUDDINGS	Les puddings sont pour la plupart d'origine anglaise. Ils comportent de nombreuses bases. Ce sont souvent des préparations consistantes et riches, bien adaptées aux repas familiaux et à la restauration de masse.	
	• **Appareil à crème prise sucré**	Pudding de biscuits. Pudding Diplomate. Pudding de Cabinet. Bread et butter pudding (peut être servi chaud).
	• **Semoule cuite dans du lait sucré et vanillé**	Pudding de semoule. Pudding Chevreuse. Pudding de semoule aux raisins,crème anglaise à la vanille.
	• **Semoule cuite dans un sirop au vin blanc** Additionnée de jaunes d'œufs et de blancs en neige. L'appareil est ensuite cuit au four au bain-marie.	Flamri de semoule, coulis de fraise, de framboises, de groseilles, etc.
	• **Tapioca cuit dans du lait sucré et vanillé**	Pudding de tapioca.
	Cuit au four et au bain-marie dans un moule caramélisé.	Pudding brésilien.
	• **Riz cuit au lait** Liaison sucre et jaunes d'œufs.	Pudding de riz. Gâteau de riz au caramel crème anglaise. Fruits Condé sauce abricot.
	• **Riz au lait appareil à bavarois**	Riz à l'impératrice. Fruits Joséphine.
	Riz à l'impératrice parfumé à l'orange et accompagné de segments d'oranges.	Riz maltais.
	Riz à l'impératrice moulé dans un moule à savarin chemisé de gelée de fraises. Garnir le centre de crème Chantilly à la purée de marrons glacés, et décorer avec des fraises des bois.	Riz Palerme coulis aux fraises des bois.

Appellations	Bases et composition	Exemples et dérivés
MOUSSES	Appareils divers additionnés de crème fouettée et de meringue italienne ou ordinaire.	Mousse au chocolat au café, au praliné, aux marrons, aux fruits, etc.

REMARQUE :

Beaucoup d'entremets chauds ou froids ne figurent pas sur cette liste. Il s'agit de recettes qui ont pratiquement disparu des cartes des restaurants et n'ont que très peu d'intérêt sur le plan gastronomique (croquettes, croûtes, gelées par exemple).

LES COMPOTES

Les compotes sont obtenues en pochant des fruits dans un sirop parfumé. Selon leur nature, les fruits peuvent être mondés, épépinés ou dénoyautés. Ils peuvent être traités en entier, en demi ou en quartiers. Le sirop peut être remplacé par un mélange de vin et de sucre, et parfumé à la cannelle, à la vanille ou grâce à des zestes d'orange ou de citron.

Généralement le sirop est obtenu en portant à ébullition un litre d'eau et 0,500 kg de sucre, cependant la densité doit être modifiée selon le degré de maturité et le taux d'acidité du fruit à pocher.

Les compotes peuvent être servies tièdes ou rafraîchies. Elles sont généralement dressées dans des compotiers (coupes, vasques ou saladiers) et recouvertes de sirop de cuisson soigneusement filtré. Proposées seules ou en assortiment, les compotes peuvent être nappées de coulis de fraises ou de framboises, ou arrosées d'alcool ou de liqueur. Elles contribuent également à décorer harmonieusement les présentations d'entremets, de glaces ou de sorbets servis sur assiettes.

Exemples

– **Compote d'abricots aux amandes.**
– **Fraises, pruneaux au vin et à l'orange.**
– **Poires au vin et à la cannelle.**
– **Compote de pêche à la vanille.**

LES PIÈCES DE PÂTISSERIE ET LES PETITS FOURS

(voir cours sur l'utilisation des pâtes, des crèmes et des appareils en pâtisserie).

LES PETITS FOURS

La confection des petits fours demande un travail important de la part des pâtissiers de restaurant. Leurs dimensions réduites exigent beaucoup de minutie, de patience et de précision, et elles nécessitent de nombreuses manipulations.

Les petits fours sont servis dans de multiples occasions, lunchs, cocktails et autres cérémonies. Il est aussi d'usage de placer une assiette de petits fours sur la table des convives au moment du dessert. Les truffes au chocolat accompagnent plus spécialement le café.

Parmi les innombrables sortes de petits fours se distinguent, trois catégories principales :

- **les petits fours secs**
- **les petits fours frais ou réductions** (modèles réduits des pièces de pâtisserie)
- **les fruits déguisés**

Les petits fours secs pèsent en moyenne entre 12 et 15 g la pièce soit 80 à 85 pièces par kg.

L'aspect brillant de certains petits fours secs (petits fours aux amandes couchés à la poche par exemple) peut être obtenu par un « gommage ». Cette opération consiste à lustrer les petits fours au pinceau à l'aide d'une solution de gomme arabique et d'eau chaude.

CLASSIFICATION

LES PETITS FOURS SECS (exemples)

Pâtes ou appareils de base	Appellations
PATE FEUILLETEE	– Allumettes glacées, conversations, palmiers, papillons, sacristains, tortillons, etc.
PATE SABLEE OU SUCREE	– Petits fours sablés, sablés aux amandes, au chocolat, sablés nantais, etc.

Pâtes ou appareils de base	Appellations
APPAREIL A MERINGUE	– Meringuettes, doigts de dame, champignons. Rochers aux amandes, à la noix de coco, aux raisins, boules de neige, etc.
APPAREIL A BISCUITS	– Biscuits à la cuiller, boudoirs, biscuits de Reims, etc.
APPAREILS DIVERS	– Petits fours aux amandes dits « à la poche ». – Langues de chat, copeaux, palets aux raisins. – Tuiles aux amandes, cigarettes russes, etc.

LES PETITS FOURS FRAIS OU REDUCTIONS (exemples)

Pâtes ou appareils de base	Appellations
PATE FEUILLETEE	– Petits mille-feuilles, tartelettes, barquettes aux fruits, jalousies, mirlitons, marquisettes, etc.
PATE SUCREE OU SABLEE	– Tartelettes, barquettes aux fruits, sablés à la confiture, tartelettes amandines...
PATE A CHOUX	– Petits choux, éclairs, salambos, glands, etc.
APPAREIL A GENOISE	– Petit moka, génoise aux fruits, petits fours glacés.
PATE A BABA	– Petits babas, savarins, pomponnettes...
APPAREIL A SUCCES	– Petits succès, socle de petits fours divers, etc.

LES FRUITS DEGUISES (exemples)

Pâtes ou appareils de base	Appellations
FRUITS DEGUISES CRISTALLISES, FOURRES DE PATE D'AMANDE, QUADRILLES ET ROULES DANS DU SUCRE SEMOULE	– Pruneaux, bigarreaux confits, dattes, cerneaux de noix, amandes, noisettes, etc.
FRUITS DEGUISES CARAMELISES, FOURRES DE PATE D'AMANDE, QUADRILLES, ET TREMPES DANS UN SIROP DE SUCRE CUIT AU GRAND CASSE (≃ 145 °C)	– Pruneaux, bigarreaux confits, dattes, cerneaux de noix, amandes, noisettes, marrons reconstitués réalisés à partir de pâte de marrons, segments d'orange, de mandarine, ananas confits, etc.
FRUITS, ET FRUITS A L'EAU DE VIE DEGUISES AU CHOCOLAT, TREMPES DANS DE LA COUVERTURE	– Cerises ou griottes, marrons.
FRUITS A L'EAU DE VIE DEGUISES AU FONDANT, TREMPES DANS DU FONDANT PARFUME ET COLORE SELON LE FRUIT TRAITE	– Cerises ou griottes, fraises, framboises, segments de mandarines et d'ananas confits, abricots, petites prunes (mirabelles, Reine-Claude).

LA PÂTISSERIE INDUSTRIELLE

LA PATISSERIE ET SON EVOLUTION

La réalisation de la pâtisserie et des desserts en général s'organise actuellement autour de nouveaux concepts concernant l'implantation des locaux, l'organisation du travail et choix du matériel et des produits. Un certain nombre de tâches, qui étaient effectuées il y a encore quelques années sur les lieux même de la fabrication, sont actuellement prises en charge par l'industrie agro-alimentaire. Comme en cuisine, l'évolution de la fabrication est marquée par trois grandes tendances.

- **La fabrication intégrale du produit sur les lieux même de la vente ou de la consommation.**

La grande restauration traditionnelle (haute cuisine) applique cette formule en proposant à sa clientèle une pâtisserie personnalisée et d'une très grande qualité.

- **La pâtisserie d'assemblage**

L'industrie agro-alimentaire a mis au point des produits semi-élaborés (prêts à cuire, précuits, prêts à garnir, prêts à décorer) qui sont conditionnés et conservés de différentes manières (réfrigérés et sous gaz neutre, surgelés ou déshydratés). Cette pâtisserie en « kit » permet, en associant les divers produits, de confectionner rapidement et sans main-d'œuvre hautement qualifiée des préparations de bonne qualité.

Exemples de produits d'assemblage

PRETS A CUIRE

Viennoiseries
Fonds de tartes
Pâte brisée
Pâte feuilletée
Pâte à choux

PRETS A GARNIR

Génoises rondes ou rectangulaires
Fonds de tartes et de tartelettes cuits
Eclairs, choux
Feuilletage en plaque pour mille-feuilles, etc.

PRETS A DECORER

Génoises fourrées café, chocolat
Bavarois et mousses
Gâteaux roulés, etc.

APPAREILS DE BASE

Poudre à crème
Poudre à flans
Appareils à mousses
Appareils à crème prises aux œufs

- **La pâtisserie de distribution**

Elle utilise des produits finis provenant de centres de fabrication plus ou moins industrialisés et qui, grâce aux évolutions technologiques réalisées par les industriels de l'agro-alimentaire, répondent aux exigences organoleptiques, économiques et microbiologiques désirées par la restauration.

REMARQUE SUR LES PATISSERIES SURGELEES

Une nouvelle technologie est actuellement appliquée par certaines industriels pour améliorer la consistance des pâtisseries prêtes à servir surgelées. Ce procédé américain appelé « Freeze Flow » est basé sur un phénomène physique consistant à lier fortement les molécules d'eau contenues dans les gâteaux. Ce procédé repose sur le choix et les proportions judicieuses de certains composants (glucose par exemple) ou sur un processus de fabrication spécifique. L'eau ainsi fixée ne peut plus cristalliser et le produit reste souple : il peut être découpé à – 18 °C sans décongélation préalable. L'absence d'eau disponible permet aussi de limiter considérablement le risque de prolifération microbienne.

LES GLACES ET LES SORBETS

La dégustation de glaces est très ancienne. Nées en Chine bien avant notre ère, elles se sont développées au Moyen-Orient, à la cour d'Alexandre le Grand et sur le pourtour de la Méditerranée. En l'an 60 après Jésus Christ, l'Empereur Néron faisait servir à Rome les premiers sorbets au cours de ses fastueuses réceptions. Marco Polo rapporte que les Chinois consommaient une glace fabriquée à partir de lait, eau et autres ingrédients. Les Califes de Bagdad et de Basshora en ont fait leur boisson préférée à l'encontre des boissons alcoolisées interdites par le Coran. Il s'agissait d'un mélange de sirop de fruits, et de miel, sanglé par de la neige ramenée à grand prix des sommets d'Asie Mineure, appelé « sharbet » ; ce mot étant devenu « sorbet » en notre langue. Puis l'aristocratie romaine s'est mise à construire des maisons avec des caves spécialement aménagées pour la conservation de la glace vive.

Au début du 17ème siècle, les glaciers florentins arrivés avec Marie de Médicis s'établirent à Paris autour du Château Royal. Vers 1680, le premier café créé à Paris fut un « café glacier ». Tenu par un Sicilien nommé Francisco Procopio dei Coltelli, à l'enseigne du café « Procope » (qui existe toujours), proposait déjà de nombreuses variétés de glaces et de sorbets. La mode de la glace est alors devenue si importante que de nombreux limonadiers parisiens imitèrent l'exemple du « Procope ». C'est à la fin de ce siècle que les premiers statuts réglementant cette nouvelle corporation furent institués.

DEFINITIONS

Les glaces sont obtenues par la congélation (sanglage ou turbinage) d'un mélange pasteurisé, appelé « mix », pouvant comporter du lait, de la crème, des œufs, du sucre, des fruits, du jus de fruits, du vin, de l'alcool, de la liqueur, des arômes et des additifs autorisés. La dénomination doit obligatoirement être suivie de l'indication des fruits ou des arômes mis en œuvre.

- **Les «glaces à la crème, crèmes glacées ou ice-cream»** sont obtenues par congélation d'un mélange pasteurisé de lait, de crème ou de beurre et de sucre, parfumé à l'aide de fruits ou d'un parfum naturel.
- **Les «glaces aux œufs»** obtenues par congélation d'un mélange pasteurisé de lait, de jaune d'œuf et de sucre.

4

- **Les «glaces à ...»** Cette appellation doit être suivie du nom du fruit ou d'un arôme naturel. Elles sont obtenues par congélation d'un mélange pasteurisé d'eau potable, de sucre et éventuellement de lait ou de crème (ou de beurre).
- **Les sorbets aux fruits** obtenus par congélation d'un mélange pasteurisé d'eau potable et de sucre aromatisé à l'aide de fruits frais ou de leur équivalent en fruits congelés, lyophilisés ou en jus de fruits. La proportion de fruits par rapport au produit fini doit être d'au moins 35 %. S'il s'agit de fruits acides, le pourcentage peut être abaissé jusqu'à 15 %.
- **Les sorbets aux vins, alcools, liqueurs** obtenus par congélation d'un mélange pasteurisé d'eau potable et de sucre additionné d'une quantité suffisante de vin d'appellation d'origine, de la liqueur ou de l'alcool auquel il est fait référence.

Rien ne s'oppose à ce qu'il soit fait usage de fruits pour cette deuxième catégorie de sorbets. Toutefois, s'il est fait état du nom du fruit, les mêmes proportions que celles indiquées pour les sorbets aux fruits doivent être employées.

Si le client utilise indifféremment les termes de glaces à la crème, glaces aux œufs ou sorbets, le professionnel ne peut ignorer que les dénominations de ces produits sont strictement réglementées, que leur composition et que les conditions d'élaboration sont réglementées.

Pour obtenir des glaces de bonne qualité microbiologique, il est nécessaire de mener simultanément les diverses actions suivantes :

- utiliser des matières premières saines, renfermant au départ le moins de germes possible (produits pasteurisés ou stérilisés) ;
- manipuler en ajoutant le moins de germes possible (hygiène rigoureuse des mains, coiffe obligatoire, ne pas goûter avec les doigts) ;
- désinfecter au préalable tous les ustensiles et les récipients entrant en contact avec le mix ;
- réduire au maximum la pollution microbienne de l'environnement (hygiène des locaux, éviter les courants d'air) ;
- limiter la multiplication des microbes présents dans le mélange en respectant les températures imposées avant et après la fabrication des glaces.

PRINCIPALES ETAPES DE LA FABRICATION DES GLACES

PREPARATION DU « MIX »

Le mélange destiné à la fabrication d'une glace ou d'une crème glacée (lait, œufs, sucre, éventuellement crème) ou d'un sorbet (eau, sucre, fruits, vin, alcool ou liqueur) doit être préparé dans les meilleures conditions d'hygiène à partir de produits sains et d'excellente qualité. Le mélange doit être pasteurisé à une température réglementaire et refroidi très rapidement.

PASTEURISATION

Pour détruire une partie des germes pathogènes (salmonelles, staphylocoques, par exemple) et être ainsi en accord avec les normes réglementaires, il est nécessaire de pasteurisé le mix.

Cette opération peut s'effectuer de deux façons :

– en pasteurisation « basse »
chauffage du mélange des constituants à 65 °C durant au moins 30 minutes ;

– en pasteurisation « haute »
chauffage à 85 °C durant au moins 5 minutes.

Si le mélange n'est pas utilisé dans l'heure qui suit, il doit être immédiatement refroidi à une température inférieure à + 6 °C, et maintenu à cette température jusqu'à la congélation qui doit obligatoirement intervenir dans un délai maximum de 24 heures.

A la température de + 6 °C il se produit une amélioration de la texture du mix, des échanges de saveur, un développement d'arômes, cette période de repos du mix est appelée « maturation ».

Actuellement certains appareils automatiques sont capables de brasser, cuire, pasteuriser, refroidir et maturer le mix, et de le conserver à + 6 °C jusqu'au moment où il sera congelé.

SANGLAGE OU TURBINAGE

Cette opération correspond à la congélation du mix. A ce stade primordial, le mélange va se transformer en glace, en crème glacée ou en sorbet. Au contact des parois réfrigérées de la turbine, le mix abandonne sa chaleur, absorbe du froid. La paroi intérieure de la cuve est raclée de façon à ce que la pellicule congelée se mélange continuellement au mix.

L'air est progressivement incorporé dans le mix de façon homogène, grâce au brassage mécanique, c'est le « foisonnement ». La glace augmente de volume.

FOISONNEMENT

On appelle foisonnement la prise de volume du mix après sanglage. Il est généralement de 30 à 50 % pour les glaces « maisons » et de 80 % pour les « soft ice ». Il ne doit pas dépasser 100 % : ceci veut dire que le volume final du produit sanglé ne doit pas être supérieur au double du volume initial du mix.

STOCKAGE

Le stockage des glaces doit s'effectuer dans un conservateur spécifique dont la température doit toujours rester inférieure ou égale à – 20 °C. La présence d'un thermomètre de contrôle est donc indispensable dans l'enceinte de stockage.

Dans le cas de sorbets riches en liqueur ou en alcool, une température de conservation comprise entre – 25 °C et – 30 °C s'avère indispensable car l'alcool a un effet antigel. Hors du service, la température de la glace ne doit pas, selon les textes, dépasser – 10 °C (elle doit être située entre – 10 et – 20 °C).

En outre, il est absolument interdit de recongeler un produit partiellement décongelé, à moins qu'une analyse microbiologique ne puisse certifier que le produit reste conforme aux normes en vigueur. Il faut donc essayer de ne sortir du conservateur que les quantités de glaces estimées nécessaires pour le service. L'idéal est de posséder un conservateur pour le stoackage maintenu entre – 20 °C et – 25 °C et un conservateur pour le service à – 10 °C, – 15 °C. Dans tous les cas, il faut éviter toute fluctuation de température, qui favorise la formation de paillettes.

La glace remise au client ne doit pas être trop froide ou trop dure, le froid diminue son arôme et son onctuosité. Il doit s'écouler quelques minutes entre le moulage et la remise au client : la glace doit être consommée bien onctueuse.

ETIQUETAGE DES GLACES, CREMES GLACEES ET SORBETS DU COMMERCE

- dénomination : indication obligatoire de la catégorie ;
- volume : en litre (l), centilitres (cl), millilitres (ml) ;
- composition : liste des ingrédients indiqués par ordre d'importance décroissante. Pour les ingrédients notés dans la dénomination, les proportions sont précisées (% de fruits, % de jaune d'œuf par exemple), sauf pour les glaces aux produits naturels (vanille, café, chocolat, praliné).

Les additifs (colorants et stabilisateurs autorisés) sont mentionnés par leur nom ou par leur numéro de code européen.

Le terme « sucre » ne correspond qu'au saccharose, les autres sucres devant être nommés exactement (sucre inverti, sirop de glucose, dextrose, ...). Dans le cas de produits composés (renfermant par exemple de la meringue), la composition de la partie complémentaire n'est pas obligatoire si elle ne présente pas plus de 25 % du poids total.

- délai de consommation :

– en jours s'il est supérieur à 3 mois après la date de congélation ;
– en mois s'il est compris entre 3 et 18 mois ;
– en années s'il est supérieur à 18 mois.

LES GLACES DE FABRICATION « MAISON »

La composition des glaces dites «maison» est souvent différente des produits proposés par les industriels. L'utilisation d'arômes, de colorants, de stabilisateurs n'est pas indispensable. Certaines recettes traditionnelles sont protégées par le «Code des usages» mis au point par la Confédération des Glaciers, déposé auprès du Service des Fraudes, et ayant force de loi auprès des tribunaux. Par ailleurs, les glaces «maison» ne font pas l'objet de transport, ni de revente : elles sont consommées sur les lieux même de la fabrication. Ce sont les glaces et les sorbets fraîchement turbinés qui ont une onctuosité optimale (se référer au «Guide de bonnes pratiques d'hygiène» qui concerne la fabrication de glaces artisanales).

EN RESTAURATION CLASSIQUE, LES PREPARATIONS GLACEES SONT CLASSEES EN DEUX GRANDES CATEGORIES

– **Les appareils ou mixes sanglés par turbinage.**
– **Les appareils moulés et sanglés par congélation.**

LES APPAREILS OU MIXES SANGLES PAR TURBINAGE

LES GLACES AUX ŒUFS AYANT POUR BASE UNE CREME ANGLAISE, EVENTUELLEMENT CREMEE (selon la recette) ET PARFUMEE

Les parfums les plus courants sont :

vanille, café, chocolat, cacao, capuccino, noisette, praliné, pistache, thé, caramel, noix de coco, plombière, rhum-raisins, pruneaux-armagnac, miel-noix, nougat-miel, réglisse, gingembre, etc.

LES SORBETS AUX FRUITS AYANT POUR BASE UN SIROP A 32° BAUME (1.2850 densimétrique) ramené entre 16 et 18 °B. (1.1247 à 1.1425 densimétrique) grâce à de la pulpe ou du jus de fruits ; degré variant selon l'acidité du fruit utilisé et le moelleux recherché.

De nombreux restaurateurs préparent leurs sorbets en turbinant directement une purée de fruits pure, additionnée d'un peu de sucre, sans addition d'eau.

Les parfums les plus courants sont :

fraise, fraise des bois, framboise, orange, citron, citron vert, lime, cassis, myrtille, mandarine, pomme, pomme cidrée, melon, fruits de la passion, noix de coco, goyave, carossol, mangue, papaye, banane, etc.

LES SORBETS AU VIN, A L'ALCOOL ET A LA LIQUEUR

Ces sorbets sont réalisés à partir d'un sirop, généralement à 32°Baumé, additionné d'un vin d'appellation d'origine, d'une liqueur ou d'un alcool dont il est fait référence. Le mélange à turbiner pèse généralement de 15 à 18° B, et le sorbet terminé peut être arrosé, au moment du service, de l'alcool ou de la liqueur de départ.

REMARQUE

Certains professionnels ajoutent un peu de glucose dans le sirop de base servant à la confection des sorbets.

L'apport en glucose procurerait au sorbet une consistance plus moelleuse et plus souple.

L'apport de meringue italienne provoque un foisonnement plus important, le volume du sorbet en est augmenté.

LES GRANITES

Les granités sont des sorbets réalisés à partir d'un sirop moins concentré en sucre, pesant entre 13 et 14° Baumé (1.0989 et 1.1074 densimétrique). La texture est moins onctueuse, légèrement pailletée et rugueuse, d'où leur appellation de granités.

Ces sorbets peu sucrés sont généralement servis en milieu de repas, à la place du traditionnel « trou normand ».

LES MARQUISES

Les marquises sont réalisées à partir d'un sirop au Kirsh à 17° Baumé (1.1335 densimétrique) et elles sont additionnées, au moment du service, de crème Chantilly et de purée de fruits (fraises ou ananas, par exemple).

LES SPOOMS

Les spooms sont généralement réalisés à partir d'un sirop riche en sucre à 18 à 20° Baumé (1.1425 à 1.1609 densimétrique), parfumé (parfois à base de fruits mais le plus souvent avec du champagne, du muscat, du xérès ou du Porto), et additionné d'une forte quantité de meringue italienne. Leur texture doit être légère et mousseuse.

LES SOFT-ICES OU GLACES A L'ITALIENNE

La composition des soft-ices est identique à celle des glaces à la crème, des glaces aux œufs, ou des glaces aux fruits. La technique de fabrication nécessite un foisonnement supérieur à 70 % et inférieur à 100 %. Les soft-ices sont faciles à déguster, très moelleuses, aérées, et elles ne laissent presque pas de sensation de froid à la consommation.

LES MILK-SHAKES

Les milk-shakes sont des glaces liquides mélangées à des sirops ayant des parfums différents.

LES SUNDAES

Les sundaes sont généralement des glaces parfumées à la vanille et nappées avec des sirops de parfums différents.

LES APPAREILS MOULES ET SANGLES PAR CONGELATION

APPAREIL A BOMBES ET A PARFAITS GLACES

COMPOSITION

Appellation de base	Composition			
	Jaunes d'œufs P	Sirop de sucre chaud à 28 °B ou 1.2407 ℓ	Crème fleurette ℓ	Parfum liqueur
APPAREIL A BOMBES ET A PARFAITS GLACES	32	1	1 à 1,5	0,10 l

** PM pour mémoire*

Le sirop de sucre peut être utilisé froid : il doit peser alors 5° B de plus, soit 33° B ou 1.2964 densimétrique.

L'appareil à bombes et à parfaits glacés est réalisé selon la méthode suivante :

– verser progressivement le sirop de sucre sur les jaunes d'œufs en fouettant vigoureusement ;
– placer l'appareil sur le feu doux et au bain-marie, tout en continuant de fouetter jusqu'à son épaississement (comme pour la génoise) ;
– retirer l'appareil du feu et continuer de fouetter jusqu'à son complet refroidissement ;
– parfumer et incorporer délicatement la crème fouettée.

MOULAGE

Les bombes se moulent dans des moules côniques, unis et arrondis au sommet. Le moule est chemisé de glace ou de sorbet (selon l'appellation), et le milieu est ensuite rempli avec l'appareil. Puis le moule est couvert et placé dans un conservateur durant plusieurs heures.

Exemples :

– **Bombe Aïda** : chemisage fraise, intérieur appareil au kirsch ;
– **Bombe Alhambra** : chemisage vanille, intérieur appareil à la fraise, décor constitué de fraises macérées au kirsch ;
– **Bombe Richelieu** : chemisage rhum, intérieur appareil au café, décor constitué de grains de café à la liqueur.

L'appareil à parfait est réalisé de la même façon que l'appareil à bombe, mais il ne comporte qu'un seul parfum, il n'y a donc pas de chemisage.

Exemples :
Parfait glacé au café, praliné, au chocolat, etc.

APPAREIL A SOUFFLES GLACES

COMPOSITION

Appareils de base		Composition							
		Jaunes d'œufs P	Blancs d'œufs P	Sucre kg	Eau ℓ	Sirop de sucre à 28 °B ou à 1.2407 ℓ	Purée de fruits ℓ	Crème fleurette ℓ	Parfum
APPAREILS A SOUFFLES GLACES	aux œufs ou à la crème	32				1		1 à 1,5	PM
	aux fruits		meringue italienne 20	1	0,30		1	1	

** PM pour mémoire*

L'appareil à soufflé glacé aux œufs ou à la crème se réalise comme l'appareil à bombe.

L'appareil à soufflé glacé aux fruits est obtenu en mélangeant de la purée de fruits à de la meringue italienne et à de la crème fouettée.

Les soufflés glacés sont dressés dans des timbales ou dans des moules à soufflé en porcelaine, dont l'extérieur a été entouré d'une bande de papier sulfurisé et soudé avec un peu de beurre. La bande doit dépasser de 5 à 6 centimètres les bords du moule : elle permet de maintenir l'appareil durant le sanglage et permet lorsqu'elle est enlevée de donner l'illusion d'un véritable soufflé.

Exemples :

– **Soufflé glacé praliné, moka, capuccino** ;
– **Soufflé glacé framboise, fraises des bois, pomme liane,** etc.

PRECAUTIONS A OBSERVER LORS DE LA DISTRIBUTION DES GLACES

– Vérifier le bon état de fonctionnement des installations frigorifiques ;
– Dégivrer et nettoyer régulièrement les conservateurs ;
– Contrôler les températures de conservation (– 20 à – 25 °C) et de consommation (– 10 à – 15 °C) ;
– Vérifier l'intégrité des emballages et l'absence de traces de coulage à l'intérieur et à l'extérieur de l'emballage. La présence de cristaux permet de signaler que le produit a été décongelé puis recongelé ;
– Les cuillers utilisées pour la distribution doivent être placées dans un récipient transparent muni d'un couvercle et rempli d'eau potable, renouvelée toutes les heures, ou mieux en débit continu ;
– Désinfecter et rincer les cuillers au moins une fois par jour avant usage ;
– Désinfecter et rincer le ou les récipients destinés à recevoir l'eau potable, tous les jours en fin de service. La désinfection peut être réalisée de différentes manières :
  – par ébullition prolongée, par le passage des ustensiles et petits accessoires dans un cuiseur à vapeur haute pression, par trempage dans une solution désinfectante (solution d'eau de Javel à raison d'une cuillérée par litre d'eau et en laissant agir 15 minutes, ou tout simplement en utilisant un détergent-désinfectant agréé) ;
– Egoutter très soigneusement les cuillers servant à mouler les glaces. Les gouttes d'eau projetées par la cuiller cristallisent et rendent la dégustation de la glace très désagréable ;
– Après la distribution, corner très méticuleusement les bacs à glace et les recouvrir d'un couvercle ou d'un film plastique alimentaire ;
– Proscrire impérativement la dangereuse habitude qui consiste à faire refondre le mix à la température ambiante de la glacerie et à le returbiner plusieurs fois de suite pendant le service.

REMARQUE

Il existe plusieurs tailles de cuillers à boules, les plus utilisées sont :

- *N° 24 correspondant à 1/24 de litre, soit environ 24 boules au litre ou 40 millilitres par boule.*
- *N° 20 correspondant à 1/20 de litre, soit environ 20 boules au litre ou 50 millilitres par boule.*

La taille de la cuiller est généralement gravée dans la boule.

Conception et réalisation : Atelier de la Cerisaie
ALTUS - Paris
Achevé d'imprimer en août 2003 - N° 8722
Imprimerie Chirat
Dépôt légal : 4e trimestre 1987 - 3e trimestre 1995
3e trimestre 1999 - 3e trimestre 2003
N° Editeur : 144
ISBN 2-85708-043-3
ISSN 0981-6615
Edition mise à jour